DICTIONNAIRE
MUNICIPAL
MANUEL DES MAIRES

CONTENANT, PAR ORDRE ALPHABÉTIQUE,

LES DISPOSITIONS DES LOIS, DÉCRETS, ORDONNANCES, INSTRUCTIONS

ET CIRCULAIRES, ARRÊTS DU CONSEIL D'ÉTAT ET DE LA COUR DE CASSATION

ÉDITION NOUVELLE

Entièrement refondue, très augmentée et mise au courant de la législation
et de la jurisprudence

Par T. de CROISSY

ANCIEN SOUS-PRÉFET, MEMBRE DU COMITÉ CONSULTATIF DE « L'ÉCOLE DES COMMUNES »

TOME I

PARIS

IMPRIMERIE ET LIBRAIRIE ADMINISTRATIVES

PAUL DUPONT, Éditeur

41, RUE J.-J.-ROUSSEAU (HÔTEL DES FERMES)

1886

DICTIONNAIRE

MUNICIPAL

DICTIONNAIRE
MUNICIPAL
MANUEL DES MAIRES

CONTENANT, PAR ORDRE ALPHABÉTIQUE,
LES DISPOSITIONS DES LOIS, DÉCRETS, ORDONNANCES, INSTRUCTIONS
ET CIRCULAIRES, ARRÊTS DU CONSEIL D'ÉTAT ET DE LA COUR DE CASSATION

ÉDITION NOUVELLE

Entièrement refondue, très augmentée et mise au courant de la législation
et de la jurisprudence

Par T. de CROISSY

ANCIEN SOUS-PRÉFET, MEMBRE DU COMITÉ CONSULTATIF DE « L'ÉCOLE DES COMMUNES »

TOME I

PARIS

SOCIÉTÉ D'IMPRIMERIE ET LIBRAIRIE ADMINISTRATIVES

PAUL DUPONT, Éditeur

41, RUE J.-J.-ROUSSEAU (HÔTEL DES FERMES)

—

1886

DICTIONNAIRE

MUNICIPAL

A

Abandon. — Délaissement d'une personne ou d'une chose.

Le propriétaire de terres vaines et vagues, ou de landes et bruyères ne peut s'affranchir de la contribution foncière à laquelle elles sont assujetties qu'en abandonnant la propriété de ces terres à la commune, par acte exprès, fait au secrétariat de la mairie. (L. 3 frimaire an VII, art. 66.) — *Dict. des formules*, n° 1.

Les propriétaires qui ne veulent pas adhérer aux projets d'associations syndicales formées en vue d'assurer le dessèchement des marais, l'établissement des éviers et ouvrages nécessaires à l'exploitation des marais salants, l'assainissement des terres humides et insalubres, peuvent aussi, aux termes de l'article 14 de la loi du 21 juin 1865, user dans le délai d'un mois de la faculté de délaisser les terrains qui leur appartiennent et sont compris dans le périmètre du syndicat, lorsqu'ils ne veulent pas se soumettre aux charges de l'association. — Voy. SYNDICATS.

Les communes peuvent également s'exonérer de toutes répétitions de la part de l'Etat des frais faits par lui en vue de l'assainissement des marais et de la mise en valeur des terres incultes en lui faisant abandon de la moitié des terrains communaux ainsi mis en valeur. — *Dictionnaire des formules*, n° 2.

Cette faculté d'abandon ne s'exerce plus quand il s'agit de reboisement de terrains en montagne, car la loi du 4 avril 1882 a abrogé celles des 28 juillet 1860 et 8 juin 1864, et lorsqu'il n'y a pas d'entente, on recourt toujours à l'expropriation. — Voy. TERRAINS EN MONTAGNE.

Ceux qui laissent ou abandonnent dans les rues, places, chemins ou dans les champs des coutres de charrues, des pinces, barres et autres instruments dont peuvent abuser les malfaiteurs, commettent une con-

1

travention punie d'amende par l'article 471, n° 7, du Code pénal. —
Voy. ARMES.

Sont également punis d'amende les rouliers, conducteurs de voitures
ou de chevaux, qui ne se tiennent pas constamment à portée de leurs
chevaux et voitures et les abandonnent sur la voie publique. (C. P., art.
475.) — Voy. ANIMAUX.

Enfin, ceux qui abandonnent des enfants au-dessous de l'âge de sept
ans accomplis, se rendent passibles des peines portées par les articles
349 à 353 du Code pénal. — Voy. ENFANTS. — *Dict. des Formules*,
nos 3 et 4.

Abatage. — On entend ordinairement par ce mot l'action d'abattre
des arbres. — Voy. ARBRES, AFFOUAGE, BOIS DES COMMUNES.

Le mot abatage s'emploie aussi lorsqu'il s'agit d'abattre des animaux.
— Voy. ABATTOIRS.

L'autorité administrative peut prescrire l'abatage des animaux dans
les cas d'hydrophobie et d'épizooties. — Voy. EPIZOOTIES.

Abattoirs. — Lieux destinés à l'abatage des animaux de boucherie.

Les abattoirs publics sont ordinairement placés, sinon tout à fait au
dehors des villes, au moins à une certaine distance des habitations. Ils
sont rangés dans la première classe des établissements dangereux, insalubres ou incommodes. (D. 15 octobre 1810; O. 14 janvier 1815 et
15 avril 1838.) — Voy. ETABLISSEMENTS INSALUBRES.

Les abattoirs ne sont institués que dans l'intérêt de la sûreté et de la
salubrité publiques, et on ne peut dès lors les considérer comme des établissements productifs de revenus.

Aussi les articles 68 et 133 de la loi du 5 avril 1884 rappellent et
confirment les règles posées par le décret du 1er août 1864 en vertu
duquel que les Préfets statuent en règle générale sur l'établissement
des abattoirs et sur les tarifs des taxes d'abatage :

Les taxes d'abatage doivent être calculées de manière à ne pas dépasser les sommes nécessaires pour couvrir les frais annuels d'entretien et
de gestion des abattoirs, et pour tenir compte à la commune de l'intérêt du capital dépensé pour leur construction et de la somme qui serait
affectée à l'amortissement de ce capital. (Id., art. 2.)

Ces taxes ne peuvent dépasser le maximum de 0 fr. 015 (1 centime
5 millièmes) par kilogramme de viande de toute espèce. Toutefois, lorsque les communes sont forcées de recourir à un emprunt ou à une concession temporaire pour couvrir les frais de construction des abattoirs,
les taxes peuvent être portées à 2 centimes par kilogramme de viande,
si ce taux est nécessaire pour pourvoir à l'amortissement de l'emprunt,
ou indemniser le concessionnaire de ses dépenses. (Id., art. 3 et 4.)

Lorsque l'amortissement est effectué, les taxes sont ramenées au taux
nécessaire pour couvrir seulement les frais d'entretien et de gestion.
(Id., art. 5.)

Si des circonstances exceptionnelles nécessitaient des taxes supérieures à celles qui viennent d'être indiquées, elles ne pourraient être autorisées que par décret rendu en Conseil d'Etat. (Id., art. 6.)

Les taxes d'abatage étant la représentation des services rendus aux
personnes qui font usage des abattoirs, on ne peut assujettir les bouchers ou charcutiers qui ne conduisent pas leurs animaux dans ces établissements aux taxes dont il s'agit ou à des taxes équivalentes (Jurisprudence ministérielle, *Bulletin Int.* 1862, p. 160). Il ne faut en effet pas

perdre de vue que si l'administration communale tient de ses pouvoirs de police le droit de surveiller et inspecter les comestibles, ce droit ne va pas jusqu'à interdire la vente des viandes provenant d'animaux tués hors de l'abattoir, qui échappent ainsi aux taxes d'abatage. Les municipalités ne doivent donc pas établir un droit de vérification sur ces viandes qui légalement ne peuvent être soumises qu'au droit d'octroi à l'entrée. (*Bulletin Int.* 1866, p. 40.)

Les pièces à produire à l'appui de la demande d'autorisation sont :

1° La délibération du conseil municipal, demandant l'établissement de l'abattoir; 2° le procès-verbal d'enquête de *commodo* et *incommodo*; 3° le plan figuratif des lieux; 4° le plan de la construction; 5° le devis estimatif des travaux; 6° les certificats d'affiches, délivrés par les maires des communes dans lesquelles la demande a été publiée; 7° le cahier des charges à imposer à l'entrepreneur des travaux; 8° la délibération du conseil municipal approuvant toutes ces pièces et contenant le tarif des droits d'abatage; 9° un état indiquant le montant annuel des frais d'agence, d'entretien, d'assurance contre l'incendie, etc., à la charge de la commune; 10° un tableau indiquant, d'après un relevé de la consom mation de la commune pendant les trois dernières années, le nombre moyen des animaux de chaque espèce qui seront abattus dans l'établissement, ainsi que le produit annuel de l'abattoir; 11° une copie certifiée du tarif des droits d'octroi établis dans la commune, ou bien un certificat constatant qu'il n'existe pas d'octroi; 12° la situation de la caisse municipale, cette pièce délivrée par le receveur municipal. — *Dict. des Formules*, nᵒˢ 5, 6, 7 et 8.

Dans le cas où le conseil municipal déciderait que la concession des droits de la commune sera faite à des entrepreneurs se chargeant à forfait de toutes les dépenses de construction et d'entretien de l'abattoir, moyennant la jouissance des taxes d'abatage pendant un temps déterminé, le cahier des charges mentionné ci-dessus, § 7, serait remplacé par un projet de traité de gré à gré, dressé sur papier timbré et accompagné d'une copie sur papier libre.

L'abattoir peut donner lieu, en outre, soit à un emprunt, soit à des acquisitions, aliénations ou échanges de terrains, soit à une expropriation pour cause d'utilité publique; pour chacune de ses affaires, le maire devra transmettre en même temps au sous-préfet un dossier distinct et séparé. — Voy. ACQUISITION, ECHANGE, EMPRUNT, EXPROPRIATION.

Enfin, lorsque toutes les formalités exigées pour l'autorisation et l'établissement de l'abattoir ont été remplies, il reste au maire le soin de préparer un règlement concernant la police de l'abattoir. Ces sortes de règlements aux termes de la loi du 5 avril 1884, art. 97, sont exécutoires un mois après avoir été déposés à la sous-préfecture, si le préfet n'a pas fait usage du droit de les annuler ou d'en suspendre l'exécution. — *Dict. des formules*, nᵒˢ 9 et 10.

En vertu de l'article 90 du décret du 22 juin 1881 portant règlement d'administration publique pour l'exécution de la loi sur la police sanitaire des animaux, les abattoirs publics et les tueries particulières sont placés d'une manière permanente sous la surveillance du vétérinaire délégué à cet effet. Les locaux des abattoirs ou tueries qui ont contenu des animaux atteints de maladies contagieuses sont nettoyés et désinfectés. Les employés doivent se soumettre aux mesures de désinfection jugées nécessaires.

La mise en activité de tout abattoir public et commun légalement établi entraîne de plein droit la suppression des tueries particulières situées dans la localité. (O. 15 avril 1838, art. 2.)

Les dangers que présentent, au point de vue de la salubrité, les tueries particulières, généralement fort mal tenues, ont engagé le ministre à recommander aux préfets de provoquer l'établissement d'abattoirs publics dans toutes les localités d'une certaine importance qui n'en sont pas pourvues. — (Circulaire agriculture, 22 mars 1881.)

Les tueries sont d'ailleurs rangées dans les établissements insalubres dont l'ouverture est subordonnée à une autorisation. Les maires peuvent toujours tenir la main à ce que les conditions de l'autorisation soient strictement exécutées.

L'abatage des porcs offrant, sous le rapport de la salubrité publique, de moins graves inconvénients que celui des gros bestiaux, on a laissé aux propriétaires la faculté d'abattre chez eux, dans des lieux clos et séparés de la voie publique, les porcs destinés au service de leurs maisons.

Le produit des droits de place perçus dans les abattoirs, d'après les tarifs dûment autorisés, est compris dans les recettes ordinaires de la commune. (L. 5 avril 1884, art. 133.)

Abeilles. — Pour aucune raison il n'est permis de troubler les abeilles dans leurs courses et leurs travaux. En conséquence, même en cas de saisie légitime, une ruche ne peut être déplacée que dans les mois de décembre, janvier et février. (L. 28 septembre 1791, art. 3.)

Le propriétaire d'un essaim a le droit de le réclamer et de s'en ressaisir tant qu'il n'a pas cessé de le suivre; autrement l'essaim appartient au propriétaire du terrain sur lequel il s'est fixé. (Id., art. 4.)

Les ruches à miel sont immeubles. (C. civ., art. 524.)

La loi du 25 frim. an VIII (16 décembre 1799) détermine les peines de police encourues pour vol de ruches d'abeilles. — *Dict. des formules* nº 11.

Abonnement. — On entend ordinairement par ce mot une convention entre l'administration et les redevables par laquelle on fixe à une somme déterminée certains droits éventuels, et au moyen de laquelle l'administration et les contribuables se trouvent affranchis des nombreuses formalités de la perception au détail.

Les abonnements de cette nature sont principalement :

L'abonnement pour les boissons. — Voy. BOISSONS, CONTRIBUTIONS INDIRECTES. — *Dict. des formules*, nº 218.

L'abonnement des voitures publiques et des bateaux. — Voy. CONTRIBUTIONS INDIRECTES, VOITURES PUBLIQUES.

L'abonnement pour le casernement et le logement des troupes. — Voy. CASERNEMENT.

L'abonnement pour la perception des octrois. — Voy. OCTROIS. — *Dict. des formules*, nº 1108.

L'abonnement pour la redevance proportionnelle des mines. — Voy. CONTRIBUTIONS DIRECTES, MINES.

L'abonnement pour le prélèvement de la contribution personnelle et mobilière sur les produits de l'octroi. — Voy. CONTRIBUTIONS DIRECTES. — *Dict. des formules*, nº 484.

L'abonnement concernant les subventions spéciales pour cause de dégradations habituelles aux chemins vicinaux. — Voy. CHEMINS VICINAUX.

L'abonnement pour le droit de timbre des obligations d'emprunts. — Voy. EMPRUNTS, TIMBRE.

On appelle aussi abonnement l'engagement pris de recevoir tel recueil telle publication périodique, moyennant une somme déterminée. — Le recouvrement des abonnements aux journaux et publications peut avoir lieu par la poste (décret 5 mai 1879.)— Voy. POSTES. — PUBLICATIONS ADMINISTRATIVES.

. Enfin les communes et les établissements de bienfaisance peuvent être dans le cas de contracter, soit avec des ouvriers, soit avec des marchands ou industriels, des abonnements annuels ayant pour objet des travaux d'entretien ou de fournitures. — Voy. FOURNITURES, TRAVAUX.

Abreuvoirs. — Endroits d'une rivière, d'un lac, d'une mare, où l'on mène boire les animaux domestiques.

Les maires doivent désigner les lieux où les bestiaux seront conduits à l'abreuvoir, et veiller à ce qu'on n'aille pas les faire boire ailleurs.

Une personne ne peut conduire plus de trois chevaux à la fois à l'abreuvoir. (Décl. du roi, 28 avril 1782. — Cass. 8 septembre 1809.)

Une exception existe seulement en faveur des maîtres de postes et entrepreneurs de transports, qui peuvent ainsi en faire conduire quatre, pourvu que ce soit par leurs postillons ou conducteurs enregistrés.

Ces mesures générales ne sont pas les seules que les maires doivent faire observer; et comme la conduite des chevaux touche essentiellement à la sûreté des personnes, ils peuvent en prescrire de spéciales, pourvu qu'elles le soient dans les limites tracées par les règlements d'administration publique. Ainsi, ils peuvent décider que les chevaux ne seront conduits à l'abreuvoir ni par les femmes, ni par des enfants (Loi, 5 avril 1884, art. 97). Dans tous ces cas, ceux qui contreviendraient à leurs arrêtés encourraient les peines prononcées par l'article 471 du Code pénal. — *Dict. des formules*, nos 12 et 13.

Précautions hygiéniques à observer dans la construction et l'usage des abreuvoirs. — Les abreuvoirs naturels, formés dans le lit des fleuves et des rivières, sont les meilleurs, parce que l'eau y est toujours fraîche et renouvelée. La propriété de l'eau de ces abreuvoirs est alors régie par l'article 643 du Code civil. Le propriétaire de la source ne peut en changer le cours lorsqu'elle fournit aux habitants d'une commune, village ou hameau, l'eau qui leur est nécessaire ; mais si les habitants n'en ont pas acquis ou prescrit l'usage, le propriétaire peut réclamer une indemnité, laquelle est réglée par experts. Pour éviter tout accident, il ne faut jamais négliger d'établir les abreuvoirs en pente douce, de paver le fond ou de le couvrir d'une couche de pierres brisées ou de graviers, et de former à la partie la plus profonde, qui ne doit pas excéder 2 mètres 50 centimètres à 3 mètres, une enceinte de pieux ou de bouées.

Dans les localités privées de cours d'eau, on est réduit à recueillir dans des réservoirs ou des mares les eaux pluviales. Ces abreuvoirs artificiels, s'ils ne sont pas construits avec soin, contiennent des eaux corrompues et tarissent pendant les chaleurs de l'été; de là des pertes de temps considérables pour les hommes et pour les animaux.

Les arbres que l'on plante souvent autour des abreuvoirs ont l'avantage de garantir l'eau des rayons ardents du soleil ; mais, d'un autre côté, les feuilles qui tombent en automne en altèrent la qualité ; il faut donc retirer ces feuilles avec des râteaux, maintenir l'eau dans le meilleur état de propreté possible, et surtout ne pas y laisser affluer les eaux des fumiers, des étables et des basses-cours.

Les vétérinaires recommandent avec raison de ne jamais abreuver les

animaux après leur arrivée du travail, ni en voyage lorsqu'ils ont chaud ;
il serait imprudent aussi de les laver ou de les passer à l'eau en cet état ;
l'eau des puits même ne devrait jamais leur être donnée qu'après avoir
été exposée à l'air et s'être mise en équilibre avec la température extérieure.

Lorsqu'il s'agit de faire construire un abreuvoir, le maire fait d'abord
dresser un projet par un homme de l'art. Il convoque ensuite le conseil
municipal à l'effet d'approuver le projet de construction, le cahier des
charges et de voter la somme nécessaire au payement de la dépense. La
délibération n'a pas besoin d'être autorisée si la dépense totalisée avec
celles de même nature pendant l'exercice courant ne dépasse pas les
limites des ressources ordinaires ou extraordinaires que les communes
peuvent se créer sans autorisation spéciale. Dans le cas contraire, elle
est soumise à l'approbation du préfet. En tout cas, la délibération doit
être adressée dans la huitaine à la sous-préfecture et elle ne devient
exécutoire qu'un mois après le dépôt, constaté par le récépissé, à moins
que le préfet n'use du droit que lui confère l'article 38 de la loi du
5 avril 1884 pour abréger ce délai par arrêté (art. 61, 62, 68, même loi).
Le dossier se compose des pièces suivantes :

Plans et devis des travaux en double expédition ; cahier des charges
également en double dont l'un sur timbre ; délibération en double du
conseil ; situation de la caisse municipale.

La commune ne prend pas toujours l'initiative de la construction. Il
arrive quelquefois que les habitants demandent à faire ce travail à leurs
frais, moyennant l'abandon d'un terrain commun. Lorsque cette proposition est acceptée par le conseil, il doit être stipulé expressément dans
la délibération que tous les habitants sans distinction auront droit
d'user de l'abreuvoir comme s'il avait été établi aux frais de la commune. L'entretien des abreuvoirs publics est une charge ordinaire des
communes. Elle figure dans les budgets au nombre des dépenses
facultatives. Il rentre dans les devoirs de police du maire de veiller à la
conservation, au curage et à la réparation des abreuvoirs.

Abréviation. — Retranchement de lettres dans un mot pour écrire
plus vite ou en moins d'espace ; adoption d'un signe pour les remplacer.
L'emploi des abréviations a presque toujours des inconvénients ; dans
les actes soit publics, soit privés, il ne serait pas sans danger, et la loi a
pris soin de le défendre. L'article 42 du Code civil défend qu'il soit rien
écrit par abréviation dans les actes de l'état civil et qu'aucune date y
soit mise en chiffres. — La loi du 25 ventôse an XI sur l'organisation
du notariat, article 13, défend les abréviations aux notaires, sous peine
d'une amende de 100 francs, sans préjudice des dommages-intérêts.

Abrogation. — On appelle ainsi l'abolition, l'annulation d'une loi
existante. L'abrogation est expresse ou tacite : expresse, si la disposition d'abrogation est formellement mentionnée dans la loi nouvelle ;
tacite quand le nouvel acte législatif, sans énoncer l'abrogation de telle
ou telle loi, de telle ou telle ordonnance antérieures, contient cependant
des dispositions qui leur sont contraires. Il faut se garder de confondre
le cas où une loi est tombée en désuétude avec celui où elle est tacitement abrogée. Car dans le premier cas la loi peut encore être invoquée ; dans le second elle ne peut plus l'être.

Absence. — Ce mot a deux significations distinctes : il s'emploie
dans son acception ordinaire, pour désigner celui qui n'est pas présent

à un acte auquel il est appelé, ou qui n'est pas trouvé à son domicile lorsqu'un officier public s'y présente; pris dans un sens purement légal, il s'applique à celui qui a disparu de son domicile, de telle sorte qu'il y a incertitude absolue sur son sort.

À ce point de vue le Code civil divise l'absence en trois périodes dont chacune a ses effets :

La première commence au moment de *la disparition*. Alors il n'y a même pas présomption d'absence, car les raisons qui peuvent faire croire que l'éloignement de l'absent n'est que momentané sont plus fortes que celles qui peuvent en faire douter. Dans cette période, l'absent n'est et ne peut être traité que comme le non présent.

Si la disparition sans nouvelles se prolonge, les motifs de croire que de grandes difficultés s'opposent au retour de l'absent commencent à l'emporter, et il s'élève une *présomption d'absence*. La loi, pour cette seconde période, s'en rapporte à la prudence des juges et à la surveillance du ministère public.

Enfin, lorsque la disparition se prolonge pendant cinq années pour l'absent qui n'a pas laissé de procuration, et pendant onze années pour celui qui en a laissé une, l'absence devient un fait positif, elle est *déclarée*, c'est la troisième période.

L'effet principal et direct de la *déclaration d'absence*, c'est l'envoi en possession des biens de l'absent au profit de ses héritiers présomptifs au jour de la disparition ou de ses dernières nouvelles.

Néanmoins, si l'absent reparaît, il recouvrera ses biens dans l'état où ils se trouveront, le prix de ceux qui auraient été aliénés, ou les biens provenant de l'emploi qui aurait été fait du prix de ses biens vendus.

L'application de la loi, en matière d'absence, appartient aux magistrats de l'ordre judiciaire, mais les officiers municipaux doivent fournir à la justice toutes les indications et renseignements de nature à l'éclairer sur la réalité de l'absence.

Il appartient au maire de veiller aux intérêts des absents et de sauvegarder leurs propriétés. La loi du 6 octobre 1791 confie au maire des communes rurales le soin de faire serrer les récoltes des absents au mieux de leurs intérêts.

Dans les communes où il ne réside pas de juge de paix, le maire ou son adjoint doit, sans délai, informer le juge de paix du canton de la mort de toute personne de son arrondissement qui laisse pour héritiers des pupilles, des mineurs ou des absents. La négligence, en pareil cas, expose le fonctionnaire public à la suspension et à des dommages-intérêts. (Arrêté 22 prairial an V.)

Quand il n'y a pas de commissaire de police dans une commune, le maire ou son adjoint est également tenu de recevoir les déclarations des parents, amis ou voisins de toute personne qui aurait disparu furtivement, ou qui se serait absentée sans aucun avis; il doit faire immédiatement une visite au domicile de l'absent, en dresser procès-verbal en double expédition, l'une pour le sous-préfet, l'autre pour le juge de paix, et provoquer sans aucun retard l'apposition des scellés. (L. 2 ventôse an II; 16 fructidor an XI.)

La disparition d'un agent comptable réclame les mêmes précautions pour la conservation des deniers publics. Dans ce cas, le maire doit en outre informer de suite l'autorité qui a la surveillance du comptable, afin que cette autorité pourvoie à son remplacement et prenne les mesures nécessaires pour assurer les droits du trésor des communes ou des établissements.

Le maire doit aussi constater par des certificats l'absence ou l'insolvabilité des redevables du trésor. (L. 6 brumaire an V; 6 messidor an X.) — *Dict. des formules*, n° 14.

Les exploits signifiés à des personnes absentes de leur domicile, lorsque l'huissier ne trouve au domicile aucun des parents ou serviteurs de la partie, sont remis en copie au maire ou à l'adjoint de la commune, lequel doit viser l'original sans frais. (C. proc. c., art. 68.)

Pour donner la publicité convenable au dépôt des copies, les maires tiennent registre de celles qui leur sont remises et dressent un tableau qu'ils affichent à la porte de la mairie. — *Dict. des formules,* n°s 15 et 16.

En cas d'absence des militaires, les formalités à remplir pour la constater, et les mesures à prendre par l'autorité administrative, sont d'une nature spéciale. Les lois qui régissent la matière sont celles du 11 ventôse an II, du 6 brumaire an V, du 21 décembre 1814 et du 13 janvier 1817.

Si une succession s'ouvre en faveur d'un militaire dont on n'a pas reçu de nouvelles depuis l'expiration du délai d'un mois après l'avis qui lui en a été donné par le juge de paix, le maire doit convoquer, sans frais, devant ce magistrat, la famille ou à son défaut les voisins et amis, à l'effet de nommer un curateur à l'absent.

Les cas d'absence des fonctionnaires municipaux, et les moyens de pourvoir à leur remplacement provisoire, ont été réglés par l'article 84 de la loi du 5 avril 1884. — Voy. Maires, Adjoints, Conseillers municipaux.

Abus (Appel comme d'). — Recours formé devant le pouvoir temporel contre l'abus commis, soit par un ministre du culte dans ses fonctions, abus ecclésiastique, soit par un fonctionnaire public qui porte atteinte à l'exercice public du culte ou à la liberté de ses ministres, abus civil.

Le recours compète à toute personne intéressée; à défaut de plaintes particulières, il peut être exercé pas l'autorité administrative.

Avant de se rendre appelant comme d'abus devant le conseil d'État, la partie plaignante doit adresser au ministre des cultes un mémoire détaillé, pour l'affaire être sur son rapport terminée en la forme administrative, ou renvoyée, suivant l'exigence des cas aux autorités compétentes. La demande n'est admissible qu'après l'accomplissement de cette formalité préalable, (L. 18 germinal an X, art. 8; D. 29 août 1854.) — Voy. Cultes. — *Dict. des formules*, n° 17.

Les cas d'abus ecclésiastiques sont déterminés par la loi du 18 germinal an X, article 6. Ce sont : 1° l'usurpation ou excès de pouvoir ; 2° la contravention aux lois ou règlements de l'État ; 3° l'infraction aux règles consacrées par les canons reçus en France ; 4° l'attentat aux libertés, franchises et coutumes de l'église gallicane ; 5° toute entreprise ou tout procédé qui, dans l'exercice de culte, peut compromettre l'honneur des citoyens, troubler arbitrairement leur conscience, dégénérer contre eux en oppression, en injures ou en scandales publics.

Il y a abus civil toutes les fois qu'un officier public abuse de son autorité pour vexer les ministres du culte dans l'exercice de leurs fonctions ou pour s'arroger des droits qu'il n'a pas sur les matières spirituelles.

Les indécences commises dans les temples, les coups, menaces et autres voies de fait des particuliers contre les ministres ou objets du culte ne constituent pas des abus mais bien des délits ou des crimes qui sont punis conformément aux lois pénales.

L'autorité qui connaît des appels comme d'abus est le conseil d'État. (Art. 16 loi 18 germinal an X.)

La déclaration d'abus, lorsqu'elle a lieu, peut entraîner la suppression de l'écrit ou de l'acte abusif, elle peut en même temps autoriser des poursuites à fin criminelle ou à fin civile seulement.

Abus d'autorité. — Le fonctionnaire public qui excède ses pouvoirs ou en use pour vexer ses concitoyens, commet un abus d'autorité.

Le Code pénal a divisé en deux classes les abus d'autorité, suivant qu'ils sont commis contre les particuliers ou contre la chose publique.

Les fonctionnaires abusent de leur autorité contre les particuliers lorsqu'ils s'introduisent illégalement dans leur domicile, lorsqu'ils dénient de leur rendre justice, lorsque, sans motifs légitimes, ils usent ou font user de violences envers les personnes, lorsqu'ils commettent ou facilitent la suppression ou l'ouverture de lettres confiées à la poste.

Ils abusent de leur autorité contre la chose publique, lorsqu'ils requièrent ou ordonnent, font requérir ou ordonner l'action ou l'emploi de la force publique contre l'exécution d'une loi, ou contre la perception d'une contribution légale, ou contre l'exécution soit d'une ordonnance ou mandat de justice, soit de tout autre ordre émané de l'autorité légitime.

Les peines applicables dans les différents cas d'abus d'autorité ont été déterminées par les articles 184 à 191 du Code pénal.

Abus de confiance. — Les maires, adjoints et commissaires de police, en leur qualité d'officiers de police judiciaire, sont chargés de recevoir les plaintes et dénonciations relatives aux abus de confiance commis dans leurs communes. — Voy. pour les différents cas d'abus de confiance, les articles 406 à 409 du Code pénal. — *Dict. des formules*, n° 17 *bis.*

Accaparement. — Action de ceux qui, au moyen d'arrhes ou d'achats réels, se constituent les principaux détenteurs d'une denrée ou d'une marchandise quelconque, afin d'en élever le prix à leur gré, au détriment des consommateurs.

Un décret du 22 décembre 1792 prohibait les accaparements de grains et de farines; un autre décret, du 26 juillet 1793, déclarait l'accaparement un crime capital, et prononçait la peine de mort avec confiscation des biens contre les accapareurs de denrées et marchandises de première nécessité et leurs complices.

Cette législation, adoucie par les décrets du 22 décembre de la même année et du 1er avril 1794 (12 germinal an II), est tombée en désuétude.

Le Code pénal ne prononce pas de peines contre l'accaparement proprement dit; il contient seulement quelques dispositions qui s'y rapportent:

Tous ceux qui, par des faits faux ou calomnieux, semés à dessein dans le public, par des offres faites aux prix que demandaient les vendeurs eux-mêmes, par réunion ou coalition entre les principaux détenteurs d'une même marchandise ou denrée, tendant à ne pas la vendre, ou à ne la vendre qu'à un certain prix; ou qui, par des voies ou moyens frauduleux quelconques, ont opéré la hausse ou la baisse du prix des denrées, marchandises, papiers et effets publics, au-dessus ou au dessous des prix qu'aurait déterminés la concurrence naturelle et libre du commerce, sont punis d'un emprisonnement d'un mois au moins, d'un an au plus, et d'une amende de 500 francs à 10,000 francs. Les coupables peuvent, de plus, être mis sous la surveillance de la haute police pendant deux ans au moins et cinq ans au plus. (C. p., art. 419.)

La peine est d'un emprisonnement de deux mois au moins et de deux ans au plus, et d'une amende de 1,000 francs à 20,000 francs, si ces manœuvres ont été pratiquées sur grains, grenailles, farines, substances farineuses, pain, vin ou toute autre boisson. La mise en surveillance qui peut être prononcée est, dans ce cas, de cinq ans au moins et de dix ans au plus. (C. p., art 420.)

Accession. — L'accession est une manière d'acquérir par laquelle le propriétaire d'une chose le devient aussi de ce qui est produit par cette chose ou de ce qui s'y unit, soit naturellement, soit artificiellement. (C. civ., art. 546.)

Le droit d'accession est donc une conséquence du droit de propriété; c'est une propriété qui prend sa source dans une propriété déjà existante.

Les fruits naturels, ou industriels de la terre, les fruits civils, le croît des animaux appartiennent au propriétaire par droit d'accession. (C. civ., art. 547.)

Les fruits produits par la chose n'appartiennent au propriétaire qu'à la charge de rembourser les frais de labours, travaux et semences faits par des tiers. (Id., art. 548.)

Toutes les applications du droit d'accession relativement aux choses immobilières sont réglées par les articles 552 à 564 du Code civil. — Voy. ACCRUE, ALLUVION, MINES, etc.

Accessoires immobiliers. — Les animaux attachés à la culture, les ustensiles aratoires, les pigeons des colombiers, les lapins des garennes, et, en un mot, tous les objets accessoires que le propriétaire d'un fonds y a placés pour l'exploitation de ce fonds, s'unissent à la chose principale et deviennent immeubles comme elle. (C. civ., art. 522 et suiv.)

Les servitudes sont des accessoires immobiliers des fonds auxquels elles sont attachées.

Accident. — Événement malheureux et imprévu dont il résulte un dommage.

Il est du devoir de l'autorité municipale de prendre toutes les mesures qu'elle croit les plus propres à prévenir les accidents, notamment en faisant des règlements sur la police de la voie publique. (Loi, 5 avril 1884, art. 97.) Ces règlements s'étendent à une infinité d'objets; mais en ce qui concerne spécialement les cas fortuits et accidents, ils comprennent ordinairement les dispositions suivantes.

Il est enjoint aux couvreurs, maçons et autres ouvriers qui travaillent sur les maisons et autres bâtiments, de suspendre, à une corde tombant sur la rue, une ou plusieurs lattes, pour servir d'avertissement aux passants, à peine d'amende et dommages-intérêts envers ceux qui seraient blessés par la chute de quelques matériaux. — Voy. COUVREURS.

Il est défendu, sous les mêmes peines, aux charretiers, de faire galoper ou trotter leurs chevaux dans les rues et les places publiques, et de quitter leurs chevaux ou leurs voitures;

Aux personnes qui conduisent des chevaux aux abreuvoirs, d'en mener plus de trois à la fois, y compris celui sur lequel le conducteur est monté, et à tous citoyens d'exercer des chevaux dans les rues, chemins et autres passages publics, ou d'y laisser divaguer des porcs et autres bêtes dangereuses. — Voy. ABREUVOIRS, ANIMAUX, VOITURIERS.

Il est également défendu de tirer à l'arc, de jouer au mail, fronder, crosser, jouer aux quilles, et généralement de faire dans les rues et passages publics aucun exercice qui puisse nuire aux passants.

Les puits qui sont dans les rues doivent toujours être fermés; la nuit, ils doivent l'être à clef.

On ne peut déposer sans autorisation, des matériaux dans les rues, les matériaux entreposés et les excavations dans les rues et places doivent être éclairés la nuit. — Voy. MATÉRIAUX, PUITS, VOIE PUBLIQUE.

Il peut être défendu de tirer des armes à feu, fusées ou pétards dans l'intérieur des villes et villages. — Voy. ARTIFICES, BRUITS.

Il est défendu de laisser divaguer les insensés. Les fous furieux doivent être arrêtés et conduits au juge de paix. Les parents et voisins sont assignés devant le juge, qui, après avoir constaté par information la démence de l'insensé, enjoint à son plus proche parent d'en faire bonne et sûre garde, à peine de répondre des événements. — Voy. ALIÉNÉS. — Dict. des formules, n° 20.

Les contraventions aux règlements de police, ainsi que les accidents résultant de l'inexécution de ces règlements, sont constatés par des procès-verbaux. — Dict. des formules, n° 18.

Sont punis d'amende, depuis 6 francs jusqu'à 10 francs inclusivement, ceux qui, le pouvant, auront refusé ou négligé de faire les travaux, le service ou de prêter le secours dont ils auraient été requis, dans les circonstances d'accidents, tumultes, naufrages, inondation, incendie ou autres calamités, ainsi que dans les cas de brigandages, pillages, flagrant délit, clameur publique ou d'exécution judiciaire. (C. p., art. 475.) — Voy. RÉQUISITION. — Dict. des formules, n° 19.

La peine de l'emprisonnement est toujours prononcée, en cas de récidive. (Id., art. 478.)

Les industriels fabricants ainsi que les compagnies d'entreprises de transports ou de travaux publics, encourent la responsabilité établie par les articles 1382 et 1383 du Code civil pour les accidents qui arrivent dans leurs usines, ateliers ou chantiers lorsqu'ils n'ont pas pris les mesures de précaution et de vigilance prescrites par les lois et règlements et aussi par la simple prudence.

En vertu des articles 1384, 1385 et 1386 du même code, les propriétaires les maîtres et patrons sont responsables non seulement des accidents qu'ils occasionnent par leur propre fait, mais aussi de ceux qui sont causés par le fait des personnes, des animaux et choses qu'ils ont sous leur direction ou garde.

Accotement. — On appelle ainsi la partie non pavée qui se trouve de chaque côté d'une chaussée ou d'un chemin public. C'est là que l'on dépose les matériaux destinés à l'entretien de la route. Tout autre dépôt est une contravention qui entraîne l'application des peines portées en l'article 471 du Code pénal, contre ceux qui embarrassent la voie publique.

Accouchement. — Les déclarations de naissance doivent être faites dans les trois jours de l'accouchement à l'officier de l'état civil du lieu ; l'enfant lui est présenté. (C. civ. art. 55.)

La naissance de l'enfant est déclarée par le père, ou, à défaut du père, par les docteurs en médecine ou en chirurgie, sages-femmes, officiers de santé ou autres personnes qui ont assisté à l'accouchement; et, lorsque la mère est accouchée hors de son domicile, par la personne chez qui elle est accouchée. (Id., art. 56.)

Toute personne qui, ayant assisté à un accouchement, n'aura pas fait la déclaration à elle prescrite par le Code dans le délai qu'il détermine, sera punie et d'un emprisonnement de six jours à six mois, et d'une amende de 16 francs à 300 francs. (C. p., art. 346).— Voy. ETAT CIVIL.

Accoucheurs. — Cette profession, rentrant dans les fonctions exclusivement attribuées aux médecins, aux chirurgiens et aux officiers de santé, est régie par les dispositions législatives qui concernent l'art de guérir, et ne peut être exercée que sous les conditions prescrites pour la pratique de cet art. Tout individu qui, sans avoir rempli ces conditions, exercerait, même gratuitement, la profession d'accoucheur, encourrait les peines portées par la loi du 19 ventôse an XI (10 mars 1803) contre l'exercice illégal de la médecine et de la chirurgie, sans préjudice des poursuites qui pourraient, le cas échéant, être dirigées contre lui pour homicide ou blessures causées par imprudence. (C. p. art. 319 et 320.) — Voy. MÉDECINS.

Accoucheuses. — Voy. SAGES-FEMMES.

Accrue. — Par ce mot, en usage dans quelques provinces seulement, on entend l'accroissement que reçoit une forêt dont les bois s'étendent au delà de son enceinte. Les accrues assimilées aux alluvions, appartiennent au propriétaire du terrain envahi, à moins d'une prescription de trente ans acquise contre lui; quand ce terme est révolu, il est censé avoir abandonné volontairement le terrain.

Si le propriétaire d'un fonds craint de le voir insensiblement occupé par les accrues d'un bois voisin, il peut provoquer un bornage, et si l'accrue vient à dépasser par la suite la limite authentiquement posée, elle lui appartient. Voy. BOIS, BORNAGES, FORÊT.

Accusé de réception. — L'administration municipale doit accuser réception à l'autorité supérieure de toute lettre ou de tout ordre qu'elle en reçoit ; elle ne saurait se dispenser de le faire que lorsque l'ordre n'est pas d'une nature grave ou urgente, et paraît être en même temps d'une exécution assez prompte et assez facile pour qu'on puisse annoncer sous peu de jours cette exécution par la même lettre qui porterait l'accusé de réception; autrement il importe à l'autorité supérieure qui a transmis un ordre d'avoir la certitude qu'il est parvenu, si l'exécution doit s'en faire attendre. En accusant réception d'une lettre, il faut en rappeler la date, donner l'analyse très sommaire de l'objet qui y était traité, et reproduire les annotations marginales qui indiquent le bureau dont elle émane et le numéro d'ordre qu'elle porte.

Enfin, il faut autant d'accusés de réception que de dépêches différentes. — Voy. CORRESPODANCE.

Achat d'objets mobiliers. — Aucun achat d'objets mobiliers ne peut être fait par les communes et les établissements de bienfaisance s'il n'a été préalablement pourvu au payement, soit par un article du budget, soit par un crédit supplémentaire. Lorsque la fourniture doit donner lieu à un marché, on joint à la demande d'autorisation un devis faisant connaître la nature et la quantité des objets à acquérir, et leur valeur approximative. — Voy. DEVIS.

Les marchés de fournitures pour le compte des communes et des établissements de bienfaisance doivent en règle générale, être l'objet d'une adjudication publique. Toutefois dans certaines circonstances prévues par l'ordonnance du 14 novembre 1837, toujours en vigueur, les administrations municipales et de bienfaisance peuvent obtenir l'autorisation de passer des marchés à l'amiable. — Voy. ADJUDICATION, TRAITÉS, DE GRÉ A GRÉ.

Rien ne s'oppose, d'ailleurs, à ce que, pour des achats peu importants, lorsque les administrateurs n'ont affaire qu'à un fournisseur qui leur est bien connu, les achats soient faits au moyen des simples conventions verbales. Aucun inconvénient n'en peut résulter pour les communes et établissements, puisque, en tout cas, la fourniture n'est payée qu'après la livraison. — Voy. FOURNITURES. *Dict. des formules.*

Les dépenses d'achats d'objets mobiliers se justifient : par la production, à l'appui des mandats des maires, des mémoires factures, etc., sur timbre, réglés par le maire et portant les numéros sous lesquels les objets ont été inscrits à l'inventaire ; par les copies sur timbre également certifiés des procès-verbaux d'adjudication, soumissions, conventions et marchés qui sont intervenus, appuyées des mandats de réception, décomptes de livraison, etc., également sur timbre.

Les dépenses pour réparations d'objets mobiliers sont considérées comme des acquisitions mobilières.

Ces acquisitions rentrent dans la catégorie de celles des affaires que le conseil municipal règle par ses délibérations en vertu de l'article 61 de la loi du 5 avril 1884.

Acquiescement. — Consentement que l'on donne à l'exécution d'un acte, d'un jugement, ou d'une demande que l'on serait en droit d'attaquer. L'acquiescement peut être exprès ou tacite. Comme il entraîne toujours un acte d'aliénation ou de renonciation à un droit, la loi a apporté des restrictions à la faculté d'acquiescement en ce qui concerne les tuteurs, mandataires légaux, les administrateurs des domaines et établissements publics, les maires et adjoints, etc.

Acquisition d'immeubles. — Les conseils municipaux règlent par leurs délibérations les acquisitions d'immeubles à faire par les communes lorsque la dépense totalisée avec les dépenses de même nature pendant l'exercice courant ne dépasse pas les limites des ressources ordinaires et extraordinaires que les communes peuvent se créer sans autorisation spéciale (art. 61 et 68. L. du 5 avril 1884).

Le calcul des ressources ordinaires doit être fait non sur le total des recettes ordinaires figurant au budget de l'exercice courant qui ne constitue qu'une simple prévision, mais sur la moyenne de ces recettes établie d'après les comptes administratifs des trois dernières années. Quant aux ressources extraordinaires dont il s'agit ici, ce sont celles énumérées dans les articles 139 et 141 de la loi du 5 juin 1884. Elles consistent : 1° dans les prorogations ou augmentations de taxes d'octroi pour une période de cinq ans n'excédant pas le maximum fixé par le tarif général et ne portant que sur des objets énoncés dans ce tarif (art. 139) ; 2° dans les contributions extraordinaires n'excédant pas cinq centimes pendant cinq ans que les conseils municipaux peuvent voter dans la limite fixée chaque année par le conseil général, indépendamment des trois centimes extraordinaires spéciaux de la vicinalité et des trois centimes extraordinaires exclusivement affectés aux chemins ruraux reconnus; 3° dans les emprunts remboursables sur les produits de ces centimes quand leur amortissement ne dépasse pas trente ans (art. 141).

La délibération prise par le conseil municipal n'a plus besoin d'être affichée dans la commune, l'ordonnance du 18 décembre 1838 qui prescrivait cette formalité ayant été abrogée par l'article 168 de la loi du 5 avril 1884 qui supplée à cette disposition par la publicité des séances et par le compte rendu qui doit être affiché conformément à l'article 56 de la nouvelle loi. Mais cette délibération, tout en n'ayant besoin d'aucune autorisation, doit néanmoins être envoyée dans la huitaine à la préfecture où à la sous-préfecture où sa réception est constatée sur un registre et où on en délivre immédiatement récépissé (art. 62); elle ne devient exécutoire qu'un mois après le dépôt si le préfet ne l'a pas annulée ou suspendue en vertu des articles 63, 64, 65 et 66; ce magistrat peut d'ailleurs toujours abréger ce délai par arrêté (art. 61 et 68, L. du 5 avril 1884).

Les délibérations des conseils municipaux ayant pour objet des acquisitions dont la dépense excède la proportion ci-dessus déterminée, et les délibérations des commissions administratives des établissements de bienfaisance relatives aux acquisitions d'immeubles, quelle que soit la valeur de l'immeuble à acquérir ne deviennent exécutoires que sur l'approbation du préfet (art. 68, L. du 5 avril 1884.) — *Dict. des formules,* n° 20 *bis.*

Les pièces à fournir pour l'instruction des demandes en autorisation d'acquisition soumises à l'approbation du préfet sont : 1° La délibération portant vote de la mesure, avec indication des voies et moyens pour le payement du prix d'acquisition ; 2° un procès-verbal d'expertise de la propriété, dressé par une personne désignée par le sous-préfet, et accompagné du plan figuratif de l'immeuble ; 3° une soumission du propriétaire, portant engagement de vendre l'immeuble aux prix d'estimation porté dans le procès-verbal d'expertise ; 4° un certificat du bureau des hypothèques, faisant connaître s'il existe des inscriptions sur l'immeuble.; 5° un procès-verbal d'information de *commodo et incommodo* dressé par un commissaire nommé par le sous-préfet; 6° une nouvelle délibération sur le résultat de l'enquête, si elle a soulevé des oppositions ; 7° le budget et un état de la situation financière de la commune ou de l'établissement.

Si l'acquisition concerne un établissement de bienfaisance, la délibération de la commission administrative doit, en outre, être accompagnée de l'avis du conseil municipal.

Toutes ces pièces sont adressées au préfet, par l'intermédiaire du sous-préfet, qui y joint son avis (circ. Int. 5 mai 1852).

Lorsque l'acquisition a été autorisée, le maire et le vendeur en passent l'acte soit dans la forme administrative, soit devant notaire. Il est toujours préférable de recourir à un notaire. L'acte une fois passé n'a pas besoin d'être revêtu de l'approbation préfectorale ; mais il doit toujours être envoyé au Préfet, afin que ce magistrat puisse vérifier si les conditions imposées por l'autorisation ont bien été remplies. Le maire engagerait gravement sa responsabilité en s'écartant de ces conditions dans le libellé de l'acte (L. 5 avril 1884, art. 90 et circ. Int. 15 mai 1884). L'acte doit être enregistré dans les vingt jours. — Voy. ACTES DE PROPRIÉTÉ. — *Dict. des formules,* n° 20 *ter.*

Les acquisitions par les communes ont le caractère d'un emprunt lorsque le prix est payable à long terme avec intérêts ; et elles doivent alors être autorisées dans les formes prescrites par les articles 141, 142, 143 de la loi du 5 avril 1884. — Voy. Emprunts.

Lorsque les travaux projetés par une commune exigent l'acquisition de certains immeubles et qu'il y a impossibilité de traiter à l'amiable avec les propriétaires, le conseil municipal peut demander par une délibération que le projet soit déclaré d'utilité publique. Il est procédé dans ce cas, d'après les règles établies par la loi du 3 mai 1841 ; toutefois, en ce qui concerne les chemins vicinaux, les dispositions spéciales de la loi du 24 mai 1836 (art. 15 et 16) n'ont pas été modifiées par la loi de mai 1841. A l'égard des acquisitions de terrains pour exécution des alignements de voirie urbaine résultant de l'application d'un plan d'alignement dûment approuvé, il n'est pas besoin d'autorisation spéciale, l'acte d'homologation du plan en tient lieu ; mais lorsqu'il s'élève des contestations sur le chiffre des indemnités, ce chiffre est fixé par le jury d'expropriation conformément à la loi du 3 mai 1841. — Voy. Alignement, Chemins vicinaux, Expropriation.

Le receveur ne peut payer le prix d'un immeuble, sauf en cas d'autorisation spéciale, comme il est dit ci-après, qu'après l'accomplissement des formalités prescrites pour la radiation et la purge des hypothèques. Ces formalités diffèrent selon que l'acquisition résulte d'une cession amiable d'après les règles du droit commun ou d'une expropriation pour cause d'utilité publique.

Dans le premier cas, le contrat d'acquisition est transcrit au bureau des hypothèques dans l'arrondissement duquel les biens sont situés. Jusqu'à la transcription, les droits résultant de ce contrat ne peuvent être opposés aux tiers qui ont des droits sur l'immeuble et qui les ont conservés en se conformant aux lois. A partir de la transcription, les créanciers privilégiés ou ayant hypothèque aux termes des articles 2123, 2127 et 2128 du Code civil ne peuvent prendre utilement inscription sur le précédent propriétaire. (L. 23 mars 1853, art. 3 et 6.)

La simple transcription des titres translatifs de propriété ne purge pas les hypothèques et privilèges établis sur l'immeuble. Il doit être procédé à cette purge dans les formes tracées par les articles 2183 à 2186 du Code civil. Il est nécessaire, en outre, de recourir aux formalités prescrites par les articles 2194 et 2195 du même Code pour la purge des hypothèques légales qui, étant dispensées de l'inscription, grèvent la propriété tant que ces formalités n'ont pas été remplies.

Lorsqu'il y a déclaration d'utilité publique, le jugement d'expropriation ou la convention amiable est transcrit immédiatement au bureau de la conservation des hypothèques de l'arrondissement. Dans la quinzaine de la transcription, les privilèges et les hypothèques conventionnelles, judiciaires ou légales, doivent être inscrits. A défaut d'inscription dans ce délai, l'immeuble exproprié est affranchi de tous privilèges et hypothèques, de quelque nature qu'ils soient, sans préjudice des droits des femmes, mineurs et interdits, sur le montant de l'indemnité, tant qu'elle n'a pas été payée ou que l'ordre n'a pas été réglé définitivement entre les créanciers. (L. 3 mai 1841, art. 16 et 17.)

Le receveur, en cas d'expropriation, doit notamment s'assurer que, préalablement à la transcription des actes translatifs de propriété, le jugement a été publié et affiché, par extrait, dans la commune de la situation des biens, et inséré, en outre, dans l'un des journaux publiés dans l'arrondissement ; ou, s'il n'en existe aucun, dans l'un de ceux du département. Si la transcription n'avait pas eu lieu en temps utile, il devrait ne pas hésiter à exiger une transcription nouvelle et un nouveau certificat du conservateur, de manière que la date de la transcription fût toujours le point de départ du délai de quinzaine fixé pour l'inscription des privilèges et hypothèques. (I. G. fin. art. 1018.)

Les communes et les établissements de bienfaisance peuvent être dispensés, par délibération du conseil municipal ou de la commission administrative, approuvée par le préfet, de procéder aux formalités de la purge des hypothèques lorsque le prix de cession n'excède pas 500 fr. En conséquence, le receveur peut acquitter les mandats délivrés pour le payement de ces acquisitions, pourvu que ces mandats indiquent la délibération approuvée, qui autorise à ne pas procéder à la purge des hypothèques. Mais cette dispense n'entraîne pas celle de la transcription, qui demeure obligatoire pour les acquisitions de droit commun. — Voy. Purge des hypothèques, Transcription.

En cas d'acquisition sur saisie immobilière, le jugement d'adjudication, dûment transcrit, purge toutes les hypothèques, et les créanciers n'ont plus d'action que sur le prix. On n'a donc pas, dans ce cas, à remplir les formalités relatives aux hypothèques légales.

S'il s'agit de biens dotaux ou d'incapables, les contrats d'acquisition doivent rappeler l'autorisation donnée par le tribunal pour accepter les offres de l'administration, et indiquer les mesures de conservation ou de remploi qu'il a jugées nécessaires. Si l'aliénation est permise par le contrat de mariage, l'autorisation judiciaire n'est pas exigée ; mais alors il est d'usage que le contrat de vente rappelle les conditions fixées pour le remploi du prix. A défaut de ce renseignement, le receveur doit se faire représenter, soit le contrat de mariage, afin d'y puiser les éclaircissements nécessaires sur l'étendue des droits du mari, soit un certificat de l'autorité qui a passé le contrat de vente, attestant sur la déclaration des époux que ces derniers se sont mariés sans contrat de mariage. (Inst. gén. du min. des fin., art. 1018.) Voy. Purge des hypothèques, Transcription.

Dans le cas où l'aliénation d'un bien dotal ne pourrait être faite, d'après le contrat de mariage, qu'à charge de remploi en immeubles ou en valeurs déterminées, le receveur municipal ne peut effectuer le payement que lorsqu'il est justifié d'un remploi conforme aux termes du contrat.

Toutefois, le prix des immeubles appartenant en propre à des femmes mariées, même sous le régime dotal, peut être payé sans production du contrat de mariage, lorsque le montant de la créance est inférieur à 150 francs. La justification de remploi n'est pas exigée dans ce cas (Circ. compt. publ. 31 décembre 1862). Une nouvelle circulaire de la comptabilité publique du 13 mars 1877 dispense les comptables d'exiger la production des contrats de mariage des femmes venderesses pour ces acquisitions inférieures à 500 francs, mais cette disposition ne paraît pas applicable à la comptabilité communale (1).

Lorsqu'il existe des inscriptions hypothécaires ou oppositions qui empêchent que le payement puisse être fait au vendeur, le prix de vente est versé à la caisse des dépôts et consignations en vertu d'un arrêté du maire.

Dans le cas prévu par l'article 53 de la loi du 3 mai 1841, c'est-à-dire

_____

(1) Code manuel des percepteurs, receveurs et ordonnateur des communes et établissements de bienfaisance, par M. Charles Delfaux, Paris, Paul Dupont, 1882, p. 349.

lorsque la partie refuse l'indemnité réglée par le jury, le receveur municipal remet à l'huissier chargé de faire les offres réelles, lequel en donne reçu, la somme à offrir et les pièces ci-après : 1° l'arrêté du maire prescrivant et motivant les offres de la consignation ; 2° la sommation par huissier constatant le refus de l'indemnité réglée par le jury ; 3° un mandat du maire au profit de l'ayant droit.

Si les offres réelles sont acceptées, il en est donné quittance, au bas du procès-verbal d'offres, par la partie prenante qui doit, en outre, acquitter le mandat pour ordre et par duplicata.

Si, au contraire, les offres sont refusées, l'huissier en consigne le montant dans les vingt-quatre heures, à moins que le maire ne l'en ait dispensé par écrit, conformément à l'article 5 de l'ordonnance du 3 juillet 1816, auquel cas il rend immédiatement au receveur municipal la somme offerte. Ce comptable demeure alors chargé d'opérer la consignation dans les vingt-quatre heures. Il peut, d'ailleurs, par mesure de prudence, assister aux offres.

Les pièces à fournir à l'appui de la consignation sont : 1° une ampliation de l'arrêté du maire qui la prescrit ; 2° l'original de la sommation constatant le refus de l'indemnité ; 3° l'original du procès-verbal d'offres ; 4° l'original du procès-verbal de consignation. Le récépissé délivré par le préposé de la caisse des dépôts doit contenir le détail de ces pièces.

Quand la somme à offrir a quelque importance, il convient de charger un notaire de faire les offres. (I. G. des fin., art. 1019.) — Voy. Caisse des dépôts, Offres réelles.

Acquit. — En matière commerciale, on appelle *acquit* la mention de payement faite sur une lettre de change, une facture, un mémoire ou tout autre titre de recette, par celui qui en opère le recouvrement. En matière de comptabilité publique, le mot *acquit* s'entend spécialement de la quittance donnée sur les mandats ou ordonnances de payement par les créanciers au profit desquels ils ont été délivrés.

Dans l'un et l'autre cas, le payement est suffisamment constaté par ces deux mots : POUR ACQUIT, suivis de la date du payement et de la signature de la partie prenante.

Si les quittances à donner pour le payement des ordonnances et mandats sont produites séparément, comme il arrive lorsqu'elles doivent être extraites d'un registre à souche, ou si elles sont données au bas des factures, mémoires ou contrats, l'ordonnance ou le mandat de payement ne doit pas moins être quittancé pour ordre et par duplicata. Lorsque les titres, factures, ou mémoires portant quittance sont revêtus du timbre mobile de 10 centimes, ou que la quittance timbrée est donnée séparément, l'acquit donné pour ordre au bas des ordonnances et mandats n'entraîne pas la nécessité du timbre de ces pièces. — Voy. Dépenses communales, Quittances.

Acquit-à-caution. — Certificat sur timbre délivré aux expéditeurs de marchandises par les agents des douanes et des contributions indirectes, pour autoriser la libre circulation de ces marchandises, sans payer les droits, entre le lieu de l'envoi et celui de destination. — Voy. Boissons, Contributions indirectes.

Acte administratif. — L'acte est, en général, un écrit qui constate qu'une chose a été dite, faite, convenue ou ordonnée. L'acte administratif est un fait accompli, une décision prise par un administrateur, en vertu des pouvoirs qui lui sont confiés, et, dans la limite de ses attributions.

Les actes administratifs ont pour objet l'application d'une loi spéciale ou l'accomplissement des devoirs généraux de police et de sûreté publique, ou la mise à exécution d'une décision administrative, etc. Aussi ces actes sont-ils exécutoires par eux-mêmes. Tels sont les arrêtés ou règlements des maires, pris en vertu de l'article 97 de la loi du 5 avril 1884.

Toutefois, dans une acception générale, un acte est réputé administratif lorsqu'il est fait par un agent de l'autorité, et qu'il a pour objet un service d'utilité publique. Ainsi, les délibérations des conseils municipaux, les mandats, les certificats délivrés par les maires, les actes d'adjudication, les traités de gré à gré, les procès-verbaux de contravention aux lois et règlements, les réquisitions et jugements en matière de simple police, etc., sont des actes administratifs.

Il est enjoint à chaque administration de conserver une trace régulière des actes émanés d'elle. On doit trouver, en conséquence, dans chaque mairie, un registre des délibérations du conseil municipal, un registre concernant l'ordonnancement des dépenses, ainsi que les minutes de tous les titres de propriétés, baux et autres actes concernant les biens et les intérêts de la commune. Les actes qui sont assujettis au timbre et à l'enregistrement sont, en outre, inscrits sur un registre spécial, timbré, conformément à la loi du 22 frimaire an VII. — Voy. RÉPERTOIRE.

Aux termes de l'article 37 de la loi du 7 messidor an II, tout citoyen peut demander aux jours et heures fixées ad hoc communication des pièces contenues dans les dépôts et cette communication doit leur être donnée sans frais et sans déplacement, avec les précautions convenables de surveillance. La disposition de la loi de messidor a été formellement consacrée de nouveau par l'article 58 de la loi du 5 avril 1884.

Les habitants ne sont en droit de demander la communication de pièces qu'aux heures où la mairie est ouverte. Le maire fixe les jours et heures pendant lesquels le secrétaire doit se tenir à la disposition du public (Circ. Int. 15 mai 1884). Mais si les maires ne peuvent refuser communication des actes administratifs d'intérêt général, comme délibération, comptes et budgets, listes électorales, etc., ils ne sont nullement tenus de communiquer la correspondance administrative, les rapports ou autres actes d'administration intérieure. (Décis. min. int. 1859, *Bulletin officiel*, p. 110.)

Toutes les premières expéditions des décisions des autorités administratives doivent être, aux termes des lois, délivrées gratuitement; mais les secondes ou ultérieures expéditions desdites décisions, ou les expéditions de titres, pièces ou renseignements déposés dans les bureaux des administrations, sont payées au taux de 75 centimes par rôle, fixé par l'article 37 de la loi du 7 messidor an II, indépendamment des frais de papier timbré, dit d'expédition, sur lequel elles doivent, dans tous les cas, être délivrées. — Voy. EXPÉDITIONS.

Les produits des expéditions des actes administratifs constituent une des recettes ordinaires des communes. On ne saurait les abandonner au secrétaire ou employé de la mairie et ils doivent toujours au contraire figurer en recettes au budget de la commune. (Circulaire intérieure, 16 août 1880.)

Acte arbitraire. — Acte, arrêté, décision, qui n'est point appuyé sur la loi, les ordonnances, décrets où règlements. (Voir *Abus d'autorité.*)

Acte authentique. — Acte qui émane d'un fonctionnaire public et qui est conforme aux règles de sa compétence.

L'acte authentique fait foi en justice par lui-même et sans aucune vérification préalable.

Suivant une décision du ministre de l'intérieur, concertée avec le ministre de la justice, les actes d'adjudication et les traités de gré à gré passés par les maires dans la forme administrative, ont le caractère d'authenticité. Mais il y a doute sur le point de savoir s'ils suffisent pour constituer une hypothèque, aussi le ministre de l'Intérieur estime qu'il est prudent pour les communes de se conformer aux prescriptions de l'article 2127 du Code civil lorsqu'une hypothèque est consentie à leur profit. (Avis inséré au mémoire des percepteurs de 1864, p. 44.) — Voy. Adjudications, Notaires.

Acte conservatoire. — On entend par acte conservatoire celui qui a pour but d'assurer la conservation d'un droit ou la conservation et l'entretien d'une chose. Ces actes ont lieu de plein droit et sans qu'il soit nécessaire de faire rendre un jugement, dans tous les cas prévus par les lois et règlements.

Le maire est chargé, sous la surveillance de l'administration supérieure, de la conservation et de l'administration des propriétés de la commune, et de faire en conséquence tous actes conservatoires de ses droits. (Art. 122, loi du 5 avril 1884.)

Agissant pour et au nom de sa commune, il peut, sans autorisation préalable, faire tous actes conservatoires ou interruptifs des déchéances qui pourraient être invoquées contre elle. (Id., art. 55.) Voy. Action judiciaire.

Acte de notoriété. — Acte passé devant un officier public compétent, un notaire, le plus souvent, et quelquefois le juge de paix, et par lequel des témoins attestent un fait comme notoire et constant.

L'acte de notoriété constate, non pas le fait lui-même, mais l'opinion publique sur ce fait.

Il ne vaut que comme simple renseignement qui peut être détruit par tout autre document en démontrant l'inexactitude.

Parmi les circonstances dans lesquelles on doit recourir à un acte de notoriété, il convient que nous citions les suivantes : Lorsqu'un militaire a disparu de son corps, un acte de notoriété peut être utile pour constater sa disparition. Si un créancier de l'État veut faire rectifier des erreurs de nom ou de prénoms sur le grand-livre, il doit joindre à sa pétition un acte de notoriété. Un acte de notoriété peut être nécessaire aux veuves de militaires pour obtenir une pension; enfin, des actes de notoriété sont indispensables pour rectifier les actes de l'état civil ou pour y suppléer. — Voy. État civil.

Actes de propriété. — A l'exception des baux qui ne sont définitifs qu'après l'approbation du préfet, les actes notariés ou administratifs concernant l'administration des communes et les établissements de bienfaisance, c'est-à-dire les ventes, acquisitions, partages, transactions, acceptations de dons et legs, etc., passés en vertu des délibérations des conseils municipaux ou des commissions administratives, approuvées par les préfets, constituent des contrats de droit civil et, comme tels, ne peuvent plus être annulés par l'autorité administrative. Seulement deux copies sur papier libre de ces actes doivent être immédiatement adressées à la préfecture, l'une pour être transmise au receveur des finances de l'arrondissement, l'autre pour permettre à l'autorité préfectorale de vérifier si les conditions insérées dans les actes sont bien celles qui ont été prévues dans les arrêtés d'autorisation. La copie envoyée au receveur des finances lui est exclusivement destinée et ne saurait dispenser de la grosse exécutoire qu'il doit transmettre au receveur municipal comme titre de recette. (Circ. int. 24 février et 27 octobre 1864.) — Voy. ACQUISITION, ALIÉNATIONS, ÉCHANGE, DONS ET LEGS, TRANSACTIONS.

Acte judiciaire. — Se dit ordinairement d'un acte qui tend à obtenir du juge une solution et du jugement lui-même. Par opposition, on appelle *actes extra-judiciaires* les actes qui n'ont pas ce caractère.

Actes récognitifs et confirmatifs. — On appelle actes récognitifs les actes qui contiennent la reconnaissance d'une obligation déjà existante. Ils ont ordinairement pour but d'empêcher la prescription. Les actes confirmatifs ont pour objet de donner à un titre primordial la force qu'il n'avait pas ou pour détruire un vice qui pouvait entraîner son annulation.

Actes respectueux. — Acte formel et authentique par lequel les enfants de famille, ayant atteint l'âge de majorité qui, aux termes de l'article 148 du Code civil, les rend, quant au mariage, indépendants de la volonté de leurs parents, sont cependant tenus de demander conseil à ceux-ci. (C. civ., art. 151.) — Voy. ÉTAT CIVIL.

Actes de l'état civil. — Actes par lesquels les officiers de l'état civil constatent les naissances, les adoptions, les mariages et les décès. Les produits des expéditions des actes de l'état civil, comme ceux des actes administratifs, constituent une recette ordinaire des communes, (Circul. int., 16 août 1880.) — Voy. ÉTAT CIVIL.

Action judiciaire. — Ce mot signifie à la fois le droit de réclamer en justice ce qui nous est dû et le moyen d'exercer ce droit.

Rôle du Maire. Autorisation du Conseil de préfecture. — Le maire représente la commune en justice, soit en demandant, soit en défendant. (L. 5 avril 1884, art. 122.)

Nulle commune ou section de commune ne peut introduire une action en justice sans être autorisée par le conseil de préfecture. Le maire peut toujours, sans doute, saisir à titre conservatoire, avant cette autorisation, la juridiction compétente, afin d'interrompre les prescriptions ou de prévenir les déchéances; mais s'il veut suivre sur l'instance, l'autorisation du conseil municipal lui est indispensable aux termes de l'article 61 de la loi du 5 avril 1884 comme elle l'était déjà sous l'empire de la loi du 18 juillet 1837, article 19. (Circul. Int., 15 mars 1884.)

Le conseil municipal demande l'autorisation par une délibération inscrite au registre. Une délibération non inscrite ne saurait régulièrement
servir de base à un arrêté d'autorisation : mais si, nonobstant cette
irrégularité l'arrêté était intervenu, il ne pourrait être rapporté, car ces
autorisations dont il a été fait usage ne peuvent plus être rétractées.
(*Bull. off. Int.* 1863, p. 317.) Les expéditions des arrêtés d'autorisation
de plaider délivrées au maire sont exemptes de timbre. — *Dict. des formules*, nos 1235 et 1236.

Action intentée par un contribuable. — L'article 123 de la loi du
5 avril 1884 reconnaît à tout contribuable inscrit au rôle des contributions directes dans la commune le droit d'exercer à ses frais et
risques, avec l'autorisation du conseil de préfecture les actions qu'il
croit appartenir à la commune ou section et que celle-ci, préalablement
appelée à en délibérer, a refusé ou négligé d'exercer. La nécessité
de l'autorisation préalable est toujours imposée au contribuable. La disposition de l'article 131 qui autorise implicitement la commune à ester
en justice, lorsque le conseil de préfecture n'a pas statué au bout de
deux mois, sur la demande, ne lui est jamais applicable, car cette
disposition a été édictée exclusivement en faveur des municipalités.
(Circul., 15 mai 1884.)

Action dirigée par un particulier contre la commune. — Les particuliers n'ont plus besoin d'autorisation pour intenter une action contre
les communes. Quiconque veut intenter une action contre une commune
ou section de commune est seulement tenu d'adresser préalablement
au préfet un mémoire exposant les motifs de sa réclamation. Il lui en est
donné récépissé. L'article 124 de la loi du 5 avril 1884 veut que l'action
intentée contre une commune ne puisse en principe être portée devant
les tribunaux que deux mois après la date du récépissé du mémoire
présenté par le demandeur. La présentation du mémoire n'interrompt
toute prescription ou déchéance que si elle est suivie d'une demande en
justice dans le délai de trois mois (art. 124).

Le préfet ou le sous-préfet adresse immédiatement le mémoire au
maire avec invitation de convoquer le conseil municipal dans le plus
bref délai pour en délibérer. — *Dict des formules*, no 1237.

La délibération du conseil est transmise au conseil de préfecture qui
décide si la commune doit être autorisée à ester en justice. La décision
du conseil de préfecture doit être rendue dans le délai de deux mois à
dater du dépôt du mémoire (art. 125, loi 5 avril 1884). Le préfet ne
peut pas plus, sous la nouvelle loi que sous l'ancienne, se substituer au
maire qui refuse, conformément au vote du conseil municipal, de défendre à une action judiciaire au nom de la commune, malgré l'autorisation accordée par le conseil de préfecture. Mais si le refus du
maire était contraire à la résolution prise par le conseil municipal, il
tomberait sous l'application de l'article 85 de la loi du 5 avril 1884. Le
préfet pourrait alors pourvoir au défaut d'action du maire, soit par
lui-même, soit par un délégué spécial. D'un autre côté, alors même que
le préfet ne peut intervenir directement, rien ne s'oppose à ce qu'il
engage un contribuable à remplir les formalités de l'article 123 pour
obtenir l'autorisation de faire valoir les droits que la commune refuserait ou négligerait de défendre. Enfin le ministère public devant toujours prendre des conclusions en vertu de l'article 83 du Code de procédure civile, dans les causes concernant les communes, il peut toujours
appeler son attention non seulement sur les faits qui ne permettraient

pas de considérer comme justifiée l'abstention du conseil municipal, mais encore sur les renseignements ou les titres qui seraient de nature à établir les droits de la commune. (Circulaire Int., 15 mai 1884.)

Le particulier qui obtient condamnation contre la commune ou section n'est point passible des charges ou contributions imposées pour l'acquittement des frais et dommages et intérêts qui résultent du procès. (Art. 131.)

Le conseil de préfecture apprécie les chances du succès et l'intérêt de la commune. Mais sa mission est purement tutélaire, il ne doit jamais se laisser entraîner à juger le fond même du litige.

Toute décision du conseil de préfecture portant refus d'autorisation doit être motivée (Loi 5 avril 1884, art. 126, § 1er). Le conseil de préfecture peut revenir sur son refus et accorder à la commune l'autorisation d'ester en justice après l'avoir d'abord refusée, mais il ne saurait rétracter une autorisation accordée. Il est admis aujourd'hui que le conseil de préfecture peut, en accordant l'autorisation, la restreindre à certains objets. (Ord., 24 janvier 1827 (1).

Pourvoi en conseil d'Etat. — La commune, la section de commune ou le contribuable auquel l'autorisation a été refusée, peut se pourvoir devant le conseil d'Etat. — *Dict. des formules*, n° 1238.

Le pourvoi est introduit et jugé en la forme administrative. Il doit, à peine de déchéance, être formé dans le délai de deux mois à dater de la notification de l'arrêté du conseil de préfecture. Il doit être statué sur le pourvoi dans le délai de deux mois à partir du jour de son enregistrement au secrétariat général du Conseil d'Etat (art. 126).

En cas de pourvoi de la commune ou section contre la décision du conseil de préfecture, le demandeur peut néanmoins introduire l'action, mais l'instance est suspendue, jusqu'à ce qu'il ait été statué par le conseil d'Etat, ou jusqu'à l'expiration du délai dans lequel le conseil d'Etat doit statuer. A défaut de décision rendue dans les délais ci-dessus impartis, la commune est autorisée à ester en justice. Mais en cas d'appel ou de pourvoi en cassation, il doit être procédé comme il est dit à l'article 121 (art. 127). Cet article complète et précise les règles relatives aux actions judiciaires, il donne, comme l'article 121 à la commune, l'autorisation implicite d'ester en justice si le Conseil d'Etat n'a pas statué dans le délai de deux mois qui suit l'enregistrement du pourvoi, et en outre par son paragraphe final, il établit que lorsqu'une commune, après avoir usé de l'autorisation tacite résultant du silence du Conseil d'Etat, succombera ou voudra interjeter appel ou se pourvoir en cassation, elle sera tenue de solliciter une nouvelle autorisation.

Actions des sections contre la commune. Commissions syndicales. — Lorsqu'une section se propose d'intenter ou de soutenir une action judiciaire, soit contre la commune dont elle dépend, soit contre une autre section de la même commune, il est formé pour la section et pour chacune des sections intéressées une commission syndicale distincte (L. 5 avril 1884, art. 128). Cette commission n'est plus, comme par le passé, nommée par le préfet auquel l'article 56 de la loi du 18 juillet 1837 donnait le droit de choisir ses membres parmi les électeurs de la section et parmi les personnes qui, sans être inscrites sur les listes électorales, étaient propriétaires fonciers dans la section. Désormais, en vertu de l'article 129, de la loi du 5 avril 1884 les membres de la commission.

---

(1) Voyez dans ce sens Blanche, *Dictionnaire général d'administration* (librairie Paul Dupont, 41, rue Jean-Jacques-Rousseau).

syndicale sont choisis parmi les éligibles de la commune et nommés par les électeurs de la section qui l'habitent et par les personnes qui, sans être portées sur la liste électorale, y sont propriétaires fonciers.

Le préfet est tenu de convoquer les électeurs dans le délai d'un mois toutes les fois qu'un tiers des habitants ou propriétaires de la section lui adresse à cet effet une demande motivée sur l'existence d'un droit litigieux à exercer au profit de la section contre la commune ou une autre section de la commune. Le nombre des membres de la commission est fixé par l'arrêté qui convoque les électeurs. Ils élisent parmi eux un président chargé de suivre l'action. Lorsque le conseil municipal se trouve réduit à moins du tiers de ses membres, par suite de l'abstention, prescrite par l'article 64, des conseillers municipaux qui sont intéressés à la jouissance des biens et droits revendiqués par une section, le préfet convoque les électeurs de la commune, déduction faite de ceux qui habitent ou sont propriétaires sur le territoire de la section, à l'effet d'élire ceux d'entre eux qui doivent prendre part aux délibérations aux lieu et place des conseillers municipaux obligés de s'abstenir (art. 130).

La section qui a obtenu condamnation contre la commune ou une autre section n'est point passible des charges ou contributions imposées pour l'acquittement des frais et dommages et intérêts qui résultent du procès (art. 131).

Les règles qui viennent d'être exposées ne s'appliquent que si la section est en contestation, soit avec la commune elle-même, soit avec une autre section de la même commune.

Actions des sections contre une autre commune. — Lorsqu'il s'agit d'une action à intenter ou à soutenir par une section contre une autre section ne dépendant pas de la même commune ou contre une commune autre que celle dont elle fait partie, aucune commission syndicale ne doit intervenir; chaque section intéressée est représentée exclusivement par le conseil municipal et le maire de la commune à laquelle elle appartient. (Circul., 15 mai 1884.)

La section qui a obtenu une condamnation contre la commune ou une autre section n'est point passible des charges ou contributions imposées pour l'acquittement des frais et dommages et intérêts qui résultent du procès.

Il en est de même à l'égard de toute partie qui plaide contre une commune ou section de commune (art. 131).

Actions des établissements de bienfaisance. — La loi nouvelle ne fait pas mention des établissements de bienfaisance au chapitre VI du titre IV relatif aux actions judiciaires. On peut dès lors se demander si les articles de ce chapitre peuvent leur être appliqués par analogie?

Dans le doute possible sur la question de savoir si, en l'absence de dispositions concernant spécialement les établissements de bienfaisance, l'expiration des délais prévus par les articles 124 et 127 suffit à habiliter ces établissements à ester en justice, le conseil de préfecture doit toujours avoir soin de statuer dans le délai de deux mois. (Circul., 15 mai 1884).

Nécessité d'une autorisation pour se pourvoir devant un autre degré de juridiction. — Après tout jugement intervenu, la commune ne peut se pourvoir devant un autre degré de juridiction qu'en vertu d'une nouvelle autorisation du conseil de préfecture (Loi 5 avril 1884, art. 121). Sous l'empire de l'ancienne législation, cette autorisation devait toujours être donnée expressément et la commune ne pouvait agir sans l'avoir obtenue. Aujourd'hui, au contraire, le troisième paragraphe de l'article 121 de la loi du 5 avril 1884 consacre une innovation heureuse en décidant que la décision du conseil de préfecture doit être rendue dans les deux mois à compter du jour de la demande en autorisation. A défaut de décision dans ce délai, la commune est autorisée à plaider.

En règle générale, toute action intentée sans l'autorisation expresse ou tacite prévue par l'article 121, est nulle. La nullité résultant du défaut d'autorisation est relative en ce sens que l'autorisation accordée avant le jugement valide la procédure antérieure. Cette nullité est considérée sous un autre rapport comme étant absolue et d'ordre public, en ce qu'elle peut être opposée après les conclusions prises au fond, devant le deuxième degré de juridiction et même pour la première fois devant la Cour de cassation. (Cass., 27 mai 1862). A ce dernier point de vue la question est cependant controversée. (Cass., 7 août, 15 fév. 1841). Mais la jurisprudence la plus récente est favorable au système exposé ci-dessus.

Exceptions à la règle de l'autorisation. — Il n'y a d'exception à la règle générale de l'autorisation que dans les cas suivants : 1° L'article 122 de la loi du 5 avril 1884 maintient au maire la faculté qui lui était déjà accordée par l'article 55 de la loi du 18 juillet 1837, de pouvoir, sans autorisation, intenter une action possessoire, y défendre et faire tous les actes conservatoires et interruptifs des déchéances. Cet article lui reconnaît en outre le droit d'interjeter appel de tout jugement ou de se pourvoir en cassation avant d'avoir obtenu une nouvelle autorisation, sans laquelle toutefois il ne saurait suivre sur l'appel ou sur le pourvoi. Cette dernière disposition est la consécration de la jurisprudence établie sous la législation antérieure. Elle se justifie par le caractère urgent des formalités à remplir pour l'appel ou le pourvoi. (Circ., 15 mai 1884.)

La nécessité d'une autorisation souffre une autre exception dans le cas prévu à l'article 154 de la nouvelle loi municipale, c'est-à-dire lorsqu'il s'agit de défendre devant les tribunaux judiciaires aux oppositions formées contre les états dressés pour le recouvrement des recettes municipales. (Circ. Int., 15 mai 1884.)

La jurisprudence admet également qu'une commune ayant gagné son procès en première instance après avoir été formellement autorisée à ester en justice n'a pas besoin d'une nouvelle autorisation pour défendre en appel.

Enfin, il est à remarquer que, sous la loi du 5 avril 1884, les communes pas plus que sous la législation antérieure, n'ont besoin d'aucune autorisation pour plaider devant les juridictions administratives. (Circ., 15 avril 1884.)

Même dans les divers cas où la commune n'a pas besoin d'être autorisée pour engager une instance soit judiciaire, soit administrative, ou y défendre, le maire ne peut se passer de l'autorisation du conseil municipal. Il lui appartient, sans doute, de saisir à titre conservatoire, avant cette autorisation la juridiction compétente, afin d'interrompre les prescriptions ou de prévenir les déchéances, mais s'il veut suivre sur l'instance, l'autorisation du conseil municipal lui est indispensable aux termes de l'article 61 de la loi du 5 avril 1884 comme elle l'était déjà sous l'empire de la loi du 18 juillet 1837, article 19.

Action possessoire. — Action donnée au possesseur d'un immeuble ou d'un droit réel à l'effet d'être maintenu ou rétabli dans sa possession, en cas de trouble ou d'éviction.

L'action possessoire n'est recevable qu'autant qu'elle est formée dans l'année du trouble, par ceux qui, depuis une année au moins, étaient en possession paisible par eux ou les leurs, à titre non précaire. (C. proc., art. 23.)

Les juges de paix connaissent seuls des actions possessoires.

Le maire, agissant pour et au nom de sa commune, peut, sans autorisation préalable, intenter toute action possessoire. — Voy. ACTIONS JUDICIAIRES.

Adiré. — Vieux terme de pratique qui signifie perdu, égaré; titre adiré, pièce adirée.

Adjoint. — Fonctionnaire attaché à un service, avec mission d'aider, d'assister ou de suppléer un autre fonctionnaire préposé au même service.

On attache le plus ordinairement au titre d'adjoint une idée d'infériorité hiérarchique; ainsi le médecin adjoint d'un hôpital est dans une situation inférieure à celle du médecin en chef. On dit un professeur adjoint, un inspecteur adjoint, un architecte adjoint, etc.

Le mot adjoint employé seul désigne l'*adjoint au maire*.

Le maire a, pour le seconder dans l'exercice de ses fonctions, un ou plusieurs adjoints, suivant le chiffre de la population de la commune;

Il y a un adjoint dans les communes de deux mille cinq cents habitants et au-dessous; deux dans celles de deux mille cinq cent-un à dix mille habitants. Dans les communes d'une population supérieure, il y a un adjoint de plus par chaque excédent de vingt-cinq mille habitants sans que le nombre des adjoints puisse dépasser douze sauf en ce qui concerne la ville de Lyon où le nombre des adjoints est porté à dix-sept (L. 5 avril 1884, art. 73).

Les adjoints sont élus, comme les maires, par le conseil municipal parmi ses membres au scrutin secret et à la majorité absolue des suffrages. Si après deux tours de scrutin aucun candidat n'a obtenu la majorité absolue, il est procédé à un troisième tour de scrutin et l'élection a lieu à la majorité relative. En cas d'égalité de suffrages, le plus âgé est déclaré élu (L. 5 avril 1884, art. 76). — Lorsque la commune a droit à plus d'un adjoint, il n'est point procédé à un scrutin de liste, la nomination de chacun de ces fonctionnaires doit faire l'objet d'un vote distinct. — Voy. pour tout ce qui concerne l'élection, le mot MAIRE et *Dictionnaire des formules*, n° 620.

Les adjoints prennent rang dans l'ordre de leur nomination, mais si la place de premier adjoint devenait ensuite vacante, le second adjoint passerait au premier rang et le conseil municipal aurait à élire non pas un premier, mais un nouvel adjoint, qui prendrait le second rang et ainsi de suite. Cette règle constamment pratique est formellement consacrée par l'article 83. (Circ. Int. 10 avril 1884.)

Adjoints spéciaux. — Lorsque la mer ou quelque autre obstacle rend difficiles, dangereuses ou momentanément impossibles les communications entre le chef-lieu et une fraction de commune, un poste d'adjoint spécial peut être institué sur *la demande du conseil municipal*, par un décret rendu en Conseil d'Etat. Cet adjoint, élu par le conseil, est pris parmi les conseillers, et à défaut d'un conseiller résidant dans cette fraction de la commune ou s'il est empêché, parmi les habitants de cette fraction, et nommé en sus du nombre ordinaire. L'adjoint spécial remplit les fonctions d'officier de l'état civil, et peut être chargé de l'exécution des lois et règlements de police dans cette partie de la commune. Il n'a pas d'autres attributions. (L. 5 avril 1884, art. 75.)

Les adjoints spéciaux ne prennent pas rang parmi les adjoints exerçant leurs fonctions pour toute la commune; ce ne sont en effet que des officiers de l'état civil qui ne participent pas absolument à l'administration municipale. Ils sont en dehors du nombre des adjoints fixé par l'article 73 et ceux qui sont pris en dehors du conseil, ne peuvent pas y siéger. Les demandes de créations d'adjoints spéciaux sont soumises à une enquête de *commodo et incommodo*. Le dossier, accompagné d'un plan de la commune sur lequel sont indiquées les limites du bureau de l'état civil que l'on propose de créer est envoyé au ministre.

Quand les communications son impossibles, les affiches et publications nécessaires pour la validité des mariages se font à la porte de l'adjoint spécial. Cet adjoint doit, à la fin de chaque année, remettre les registres de l'état civil, clos et arrêtés, au maire qui les réunit à ceux du chef-lieu : c'est ce que porte la loi du 18 floréal an X (8 mai 1802), et cela doit toujours s'observer.

En cas d'absence ou d'empêchement, le maire est remplacé par un de ses adjoints dans l'ordre des nominations. (Loi 5 avril 1884, art. 84.)

Démission, suspension, révocation des adjoints. — Lorsqu'un adjoint refuse, sans motifs légitimes, de remplacer le maire, l'administration supérieure a le droit de rejeter ses excuses, et il semble admis qu'après lui avoir fait connaître cette décision et l'avoir invité de nouveau à remplacer le maire, elle puisse, s'il persiste dans son refus, le déclarer démissionnaire en vertu des dispositions de la loi du 7 juin 1873 (1).

Du reste, toutes les dispositions concernant l'élection, la durée, l'incompatibilité des fonctions, la suspension et la révocation des maires sont communes aux adjoints. Ainsi les adjoints révoqués sont, comme les maires, frappés d'une inéligibilité temporaire par le fait même de la mesure dont ils sont l'objet, et ne peuvent être réélus maires ou adjoints avant l'expiration d'une année complète depuis leur révocation. (Loi 5 avril 1884, art. 86.)

L'adjoint qui remplit les fonctions de maire préside le conseil municipal et a voix prépondérante en cas de partage. (Loi 5 avril 1884, art. 84.)

Le maire, seul chef du pouvoir exécutif dans la commune, peut, quoique présent, déléguer *par arrêté* à ses adjoints une partie de ses fonctions, et sans qu'il soit nécessaire, en faisant cette délégation, de suivre l'ordre de nomination des adjoints (Loi 5 avril 1884, art. 82). — Voy. DÉLÉGATIONS DE FONCTIONS.

Lorsque l'adjoint agit ainsi aux lieu et place, ou par délégation du maire, il doit toujours faire précéder sa signature d'une formule indiquant la cause de son action, telle que : « *Pour le maire absent, malade, empêché ou décédé* »; ou bien : « *par délégation du maire* ».

Les adjoints ont, en outre, certaines fonctions qui leur sont propres : L'adjoint ou le premier adjoint, et, à défaut de ce premier adjoint, celui qui suit dans l'ordre de nomination, est, simultanément avec la maire, membre-né du conseil de répartition des contributions directes (L. 3 frimaire an VII, art. 9). — Voy. RÉPARTITEURS.

(1) Voyez dans ce sens, Morgan, *Commentaire de la loi municipale,* art. 48.

L'adjoint a la présidence d'un bureau de vote lorsqu'il en existe plusieurs. (Loi du 5 avril 1884, art. 17.)

Un adjoint concourt de même, avec le maire, à la formation des matrices d'évaluation des redevances proportionnelles auxquelles les concessionnaires de mines sont soumis. (D. 6 mai 1811, art. 18.)

En ce qui concerne la police, un adjoint, sur l'invitation du maire, peut concourir avec lui dans tous les actes qui intéressent la commune. (L. 24 fructidor an III, art. 3.)

Les adjoints doivent aussi, comme le maire ou concurremment avec lui, dresser tous procès-verbaux nécessaires pour constater les crimes ou délits, et faire saisir les prévenus en cas de flagrant délit ou de clameur publique (L. 7 pluviôse an IX, art. 4.)

En l'absence du ministère public près le tribunal de police, qui, à défaut de commissaire de police, doit être désigné par le procureur général, l'adjoint est appelé à le remplacer. Quelquefois même il peut être directement désigné pour en remplir ces fonctions pendant une année (Art. 1er, L. du 4 février 1873 modifiant les dispositions du Code d'instruction criminelle). —Enfin rien ne s'oppose à ce que l'adjoint s'il ne préside pas, soit désigné comme secrétaire du conseil municipal. — Voy. Maire, Corps municipal, Conseil municipal.

Adjonction. — Jonction d'une personne à une autre pour l'accomplissement d'un travail dont l'objet est précis et la durée limitée. En matière administrative, les plus imposés étaient adjoints aux conseils municipaux des communes ayant moins de 100,000 francs de revenu, pour le vote des impositions et des emprunts, etc. (L. 18 juillet 1837, art. 42). Cette disposition a été abrogée par la loi du 4 avril 1882, qui a supprimé le concours des plus imposés.

Adjudicataire. — Celui qui, dans une adjudication, l'emporte sur ses concurrents, soit en couvrant leurs enchères, soit en faisant des offres plus favorables que les leurs. — Voy. Adjudication.

Adjudication. — Marché avec publicité et concurrence.

On distingue trois sortes d'adjudications : les adjudications volontaires, judiciaires, administratives. Ces dernières sont les seules dont nous ayons à nous occuper.

Règles générales. — Aux termes de l'article 90, § 6, de la loi du 5 avril 1884, le maire est chargé sous le contrôle du conseil municipal et sous la surveillance de l'administration supérieure, de souscrire les marchés, de passer les baux des biens et les adjudications des travaux communaux dans les formes prescrites par les lois et règlements et par les articles 68 et 69 de la loi précitée.

Les communes étant réputées mineures, pour les contrats de cette nature l'adjudication demeure la règle, conformément à l'ordonnance du 14 novembre 1837. Il ne peut être passé de marchés de gré à gré que dans les cas exceptionnellement prévus par cette ordonnance et tout marché ne doit être approuvé par l'autorité supérieure (L. 5 avril 1884, art. 145) que dans les circonstances spécialement prévues et déterminées par la loi.

Lorsque le maire procède à une adjudication publique, pour le compte de la commune, il est assisté de deux membres du conseil municipal désignés d'avance par le conseil, ou, à défaut de cette désignation, appelés dans l'ordre du tableau. (L. 5 avril 1884, art. 89.)

Le receveur municipal est appelé à toutes les adjudications.

Toutes les difficultés qui peuvent s'élever sur les opérations préparatoires de l'adjudication sont résolues, séance tenante, par le maire et les deux conseillers assistants, à la majorité des voix, sauf le recours de droit. (L. 5 avril 1884, art. 89.)

Le receveur municipal et les deux membres du conseil municipal chargés d'assister le maire doivent être prévenus, au moins huit jours à l'avance, des lieu, jour et heure fixés pour l'adjudication. L'absence du receveur municipal, dûment constatée, n'empêche pas la validité des opérations.

Le maire ne peut procéder à aucune adjudication qu'après l'accomplissement des formalités prescrites par les règlements. Ainsi, lorsqu'il s'agit de l'aliénation d'une propriété communale, d'un bail dont la durée excède 18 ans, de fournitures, de travaux communaux, dont l'approbation est réservée à l'autorité supérieure (L. 5 avril 1884, art. 68), le maire est tenu de soumettre préalablement à l'approbation du préfet soit les résultats de l'enquête *de commodo et incommodo* sur l'utilité et l'opportunité de la vente ainsi que les conditions réglées par le conseil municipal, soit le devis des travaux ou fournitures, ainsi que le cahier des charges à imposer à l'entrepreneur. Il doit toujours être stipulé que les frais de timbre, d'enregistrement et autres quelconques relatifs à l'adjudication, seront à la charge de l'adjudicataire. — Voy. CAHIER DES CHARGES.

Toute adjudication, sauf les cas d'urgence, doit être annoncée au moins un mois d'avance par voie d'affiches indiquant : 1° l'objet de l'adjudication et la mise à prix; 2° le lieu où l'on pourra prendre connaissance du cahier des charges; 3° l'autorité chargée de procéder à l'adjudication; 4° le jour et l'heure fixés pour l'opération. Elles sont apposées par les soins du maire dans la localité et dans les principales communes voisines. — Voy. AFFICHES.

Les adjudications sont, en outre, annoncées dans la commune à son de trompe ou de caisse, à deux reprises et à quinzaine ou huitaine d'intervalle.

Divers modes d'adjudications. — Les adjudications ont lieu soit aux enchères, soit au rabais.

L'administration recourt ordinairement aux adjudications aux enchères lorsqu'elle procède à une aliénation ou à une location d'immeubles ou de produits, car elle tend alors à obtenir de ce qui fait l'objet de l'adjudication le prix le plus élevé.

L'adjudication au rabais est surtout usitée quand l'administration s'adresse à l'industrie privée pour obtenir d'elle, soit des fournitures, soit l'exécution de travaux publics. Dans cette sorte d'adjudication l'administration tend à payer pour un travail donné des prix aussi peu élevés que possible. Elle fixe toujours un *minimum de rabais* qu'elle ne doit pas dépasser. Le rabais peut, quelquefois, porter non seulement sur les sommes à payer, mais aussi quand il s'agit de chemins de fer, de canaux, de ponts, etc., sur la durée de la jouissance des péages concédés à la compagnie entrepreneur.

L'administration des forêts use ordinairement pour les coupes de bois d'un mode spécial d'adjudication au rabais, qui consiste à commencer par un prix supérieur à l'estimation et à le diminuer jusqu'à ce qu'il y ait une offre se traduisant par les mots : *je prends.* — Voir BOIS COMMUNAUX.

Au point de vue de leur forme, les adjudications se distinguent encore en adjudications à l'extinction des feux et une adjudication sur soumission cachetée. Le système d'extinction des feux peut également s'appliquer aux adjudications aux enchères et à celles au rabais. Les adjudications sur soumissions cachetées ont toujours lieu au rabais.

Adjudications à l'extinction des feux. — Pour les adjudications aux enchères ou au rabais et à l'extinction des feux, voici comment on procède.

La séance ouverte, le maire donne lecture, savoir: du devis et du cahier des charges, s'il s'agit des travaux ou fournitures; de l'arrêté qui autorise la vente, et du cahier des charges, s'il s'agit d'aliénations; enfin, des conditions réglées par le conseil municipal, s'il s'agit de baux à ferme ou à loyer. Il indique la mise à prix et fixe le chiffre de l'enchère ou du rabais qui pourra avoir lieu sur cette mise à prix.

Un premier feu est ensuite allumé, pendant la durée duquel toute personne peut enchérir ou exprimer un rabais. Néanmoins, la commission peut exiger des concurrents le versement en numéraire d'un cautionnement pour être admis aux enchères et elle peut écarter de l'adjudication les personnes qui ne présentent pas de garanties suffisantes de solvabilité, et même de capacité pour le cas où il s'agit de travaux à exécuter.

L'adjudication ne peut être faite qu'après l'extinction des trois bougies, au moins, allumées successivement, dont deux sans enchères ou rabais survenus pendant leur durée.

Lorsque le dernier feu s'est éteint sans enchères, le maire prononce l'adjudication au profit du dernier enchérisseur, et, si c'est au rabais, au profit de celui qui a fait le rabais le plus fort sur le minimum fixé.

Adjudications sur soumissions cachetées. — Pour les adjudications sur soumissions cachetées, on procède de la manière suivante:

Le maire, après avoir donné lecture du devis estimatif des travaux ou fournitures et du cahier des charges, dépose sur le bureau un paquet cacheté dans lequel se trouve indiqué un maximum de prix ou un minimum de rabais.

Les soumissions, cachetées séparément, et les pièces et justifications indiquées par l'affiche, sont remises au maire, en un seul paquet, par chaque soumissionnaire.

Les paquets sont rangés sur le bureau et reçoivent un numéro dans l'ordre de leur présentation.

A l'instant fixé pour l'ouverture des paquets, le premier cachet est rompu publiquement par le maire, et il est dressé un état des pièces, contenues sous ce premier cachet, telles que certificat de capacité, acte de cautionnement, etc.

Cet état dressé, les concurrents se retirent de la salle, et le maire, après avoir consulté les deux membres du conseil municipal qui l'assistent, arrête la liste des concurrents dont les justifications ont paru régulières.

Immédiatement après, la séance redevient publique, et le maire proclame le nom des concurrents agréés.

Les soumissions sont alors ouvertes et lues publiquement par le maire, qui déclare adjudicataire le soumissionnaire qui a fait l'offre la plus avantageuse.

Néanmoins, si les prix de la soumission excédaient ceux du projet approuvé, le maire surseoirait à l'adjudication et consulterait au plus tôt le conseil municipal sur la nécessité de modifier le projet.

L'adjudication ne serait pas non plus tranchée, si la soumission n'était pas conforme au maximum de prix ou au minimum de rabais dont il vient d'être parlé.

Dans le cas où plusieurs soumissionnaires auraient offert le même prix, et où ce prix serait le plus bas de ceux portés dans les soumissions, il serait procédé, séance tenante, à une réadjudication, soit sur de nouvelles soumissions, soit à l'extinction des feux, entre ces soumissionnaires seulement.

Dépôt de garantie. Déclaration de command.—Lorsque ces soumissionnaires ont été assujettis à verser préalablement un cautionnement de garantie pour répondre de l'accomplissement des obligations imposées aux concessionnaires, ce dépôt de garantie est rendu le lendemain de l'adjudication à ceux dont les offres n'ont pas été acceptées ou qui se sont désistés de leur soumission.

L'adjudicataire, qui agit pour le compte d'un autre, doit, dans les 24 heures, faire une déclaration de command dans le même délai, l'adjudicataire peut faire une déclaration de désistement ou de folle enchère, à charge par lui de payer la différence de son enchère avec celle qui la précède.

Procès-verbaux des adjudications. — Les résultats de chaque adjudication sont constatés par un procès-verbal dressé sur papier timbré et relatant toutes les circonstances de l'opération. On doit mentionner, dans le préambule de l'acte, la présence des deux conseillers municipaux et du receveur municipal, qui doivent assister le maire.

Dans les procès-verbaux d'adjudication, les sommes doivent être écrites en toutes lettres. Si l'acte comprend plusieurs lots ou articles successivement adjugés, chaque article doit être signé par l'adjudicataire et sa caution, et par tous les membres du bureau, lesquels signent, en outre, la clôture du procès-verbal. On doit faire ressortir, en marge et en regard de chaque article, et en chiffres seulement le montant du prix. Les renvois et ratures doivent être approuvés.

L'article 10 de l'ordonnance du 14 novembre 1837 porte que les adjudications sont toujours subordonnées à l'approbation du préfet et ne sont valables et définitives à l'égard des communes qu'après cette approbation. Rien dans la loi nouvelle ne modifie cette disposition.

L'article 68 donne bien implicitement au conseil municipal le droit de statuer sur les baux de moins de 18 ans, et sur les plans et devis de travaux dont la dépense ne dépasse pas la limite des ressources que la commune peut se créer sans autorisation spéciale, mais elle n'abroge pas l'ordonnance de 1837, qui est au contraire corroborée par l'article 113, il semble donc évident que les travaux, une fois décidés par le conseil, doivent continuer à être exécutés sous les garanties dont il parut utile d'entourer cette exécution.

Enregistrement et timbre. — L'enregistrement doit avoir lieu, sous peine de doubles droits, dans le délai de vingt jours à dater de l'adjudication, lorsqu'il s'agit d'une vente immobilière; pour les baux et les entreprises de travaux et fournitures, ce délai ne court qu'à partir du retour, dûment constaté, du procès-verbal à la mairie, après approbation. Dans aucun cas, le soin de faire enregistrer la minute ne doit être confié à l'adjudicataire; il est seulement tenu de verser le montant des frais, et c'est au maire qu'incombe l'obligation de provoquer l'accomplissement de la formalité de l'enregistrement. Il ne peut délivrer ni expédition, ni extrait, qu'après l'accomplissement de cette formalité.

Les expéditions destinées aux adjudicataires sont délivrées par le maire, sur du papier timbré de 1 fr. 80 c. Il y est fait mention de l'approbation et de l'enregistrement.

Cautionnements et cautions. — Les adjudicataires doivent fournir un cautionnement en numéraire, en rente sur l'État nominative ou en immeubles. — A défaut d'un cautionnement ainsi fourni on ne doit pas négliger d'exiger caution des adjudicataires.

Les cautionnements fournis en immeubles, soit par l'adjudicataire, soit par des tiers répondants, doivent, pour devenir valables, être consentis dans la forme authentique prescrite par l'article 2127 du Code civil. Lorsque, aux termes du cahier des charges ou de l'adjudication, il doit être pris inscription hypothécaire sur les biens de l'adjudicataire ou de sa caution, si l'acte d'adjudication est passé administrativement et, par conséquent, sans le ministère d'un notaire, il doit y être stipulé que l'adjudicataire ou sa caution s'engage à consentir cette inscription, par acte notarié, dans un délai déterminé. — Voy. CAUTIONNEMENT.

Personnes qui ne peuvent se porter adjudicataires. — Le maire, ou l'adjoint qui le remplace, ne peut, sous peine de nullité, se rendre adjudicataire, ni par lui-même, ni par une personne interposée, d'aucune location, droit, perception ou entreprise du domaine de la commune (C. civ., art. 1596). Le receveur municipal ne peut non plus concourir à une adjudication pour ferme ou loyer, à cause des obligations qui lui sont imposées par l'arrêté consulaire du 19 vendémaire an XII. Les personnes qui apportent des entraves à la liberté des enchères, ou qui, par dons ou promesses, écartent les enchérisseurs, peuvent être punis d'un emprisonnement de quinze jours à trois mois et d'une amende de 100 à 5,000 francs. (C. p. art. 442.)

Adjudications des Octrois. — Aux termes du dernier paragraphe de l'article 89, il n'est pas dérogé aux prescriptions du décret du 17 mai 1809 relatives à la mise en ferme des octrois. En vertu de l'article 135 du décret, les adjudications de cette nature sont faites en présence d'un agent des contributions directes, par le maire dans les communes de 5,000 âmes et au-dessus, et dans celles d'une population moindre par le sous-préfet. Elle ne devient définitive qu'après approbation du ministre des finances. — Voy. BAUX, BOIS, BIENS COMMUNAUX, FOURNITURES, OCTROI, TRAVAUX. — *Dict. des formules*, nᵒˢ 21 à 31.

Administration. — L'administration a pour but de pourvoir aux intérêts collectifs du pays par l'application des lois et règlements et l'exécution des mesures que ces intérêts comportent. Le mot administration désigne à la fois l'action de gérer les affaires publiques et les différents corps chargés de cette gestion. Sous le premier point de vue on considère surtout la matière, sous le second les instruments.

Divisions de la matière administrative. — La matière administrative est tellement vaste que pour en mieux faire ressortir les grandes lignes il convient de suivre la classification du baron de Gérando, qui l'avait partagée en quatre grandes divisions :

La première comprend l'ensemble des services publics ayant un caractère politique et liés à la sûreté de l'État ou aux relations diplomatiques.

Tels sont : la constitution des pouvoirs publics ; l'organisation de l'armée et de la marine ; leurs rapports avec les autorités civiles ; le service de la gendarmerie ; les établissements militaires et travaux de défense ; le commerce maritime ; le régime des douanes ; les questions de naturalisation, les relations diplomatiques, les élections.

La seconde embrasse l'administration, le patronage et la tutelle des communautés et établissements publics, tels que les établissements religieux, les établissements d'instruction publique, les communautés territoriales, les circonscriptions administratives, les établissements d'humanité, les établissements de répression, les libres associations formées dans un but agricole, financier ou économique, les professions syndiquées, etc.

La troisième s'applique à l'exercice de l'autorité administrative par des règlements de police concernant : soit les choses qui demeurent en jouissance commune comme la voirie, le régime des eaux, la navigation, la pêche, la salubrité de l'air; soit le régime sanitaire ; soit l'exercice des professions relatives à l'art de guérir; soit les approvisionnements ; soit la protection due au travail et à l'industrie; soit le maintien de l'ordre public, des bonnes mœurs ; soit enfin la sûreté générale.

La quatrième et dernière division est spéciale à la gestion de la fortune publique ou à l'administration économique du pays. Elle s'étend à la gestion du patrimoine public et du domaine de l'État; aux concessions; au régime forestier; aux dépenses publiques ayant pour objet un service matériel tels que les constructions et ouvrages d'art, les fournitures d'objets confectionnés ; aux réquisitions; aux contributions publiques ; à la gestion des deniers publics et à la comptabilité publique.

Au point de vue des instruments, l'administration publique se divise en administration active, administration délibérante, administration consultative, et administration contentieuse.

Administration active. — La mission de l'administration active étant toute de prévoyance et d'activité, demande une rapidité d'action, une énergie de volonté, qui ont amené à remettre la direction administrative, à tous les degrés à un fonctionnaire unique dont la responsabilité est d'autant plus sérieuse qu'elle n'est pas partagée. La hiérarchie des fonctionnaires constitue l'administration active. Au sommet de cette hiérarchie est le Président de la République; on trouve ensuite : un ministre pour chaque grande branche de l'administration, un préfet pour chaque département, un sous-préfet par arrondissement, un maire par commune.

Les ministres sont, sous l'autorité immédiate du Président de la République, les chefs de l'administration active pour les services qui sont du ressort du département à la tête duquel ils sont placés. L'autorité des ministres s'exerce sur tout le territoire national, et quelquefois même au dehors pour l'exécution de leurs services. — Voy. MINISTRES.

Le préfet est, sous les ordres des ministres, le représentant de la loi et du pouvoir exécutif pour la gestion des intérêts généraux dans son département. Il est aussi le représentant des intérêts spéciaux du département considéré comme personne civile. — Voy. PRÉFETS.

Les sous-préfets sont des agents intermédiaires entre les préfets et les maires. Ils sont surtout des organes d'information, de transmission, de surveillance ; cependant, dans certains cas, ils ont une autorité de commandement qui leur est propre. — Voy. SOUS-PRÉFETS.

Le maire est le chaînon qui relie l'administration à l'administré. Il est à la fois : chargé directement par la loi de certaines fonctions, agent de l'autorité supérieure, chef de l'administration communale et représentant des intérêts communaux. — Voy. MAIRE.

Telle est la hiérarchie des principaux organes de l'administration, constituée sous la forme unitaire.

Mais ces agents généraux, quelque nombreux qu'ils soient, n'auraient pu suffire à tous les détails des divers services publics. De là la nécessité de créer des agents auxiliaires, dont les attributions sont très variées et très étendues.

Parmi les agents auxiliaires, les uns préparent la confection et l'exécution des actes administratifs dans l'intérieur même de l'administration; ils n'ont point de contact officiel avec le public, ils sont essentiellement sédentaires. Ils composent ce qu'on appelle, dans le langage du monde, les *bureaux*, et dans celui du droit administratif, les *agents auxiliaires du service intérieur*. D'autres préparent et exécutent à l'extérieur les actes administratifs. Ils ont un caractère public ; ils forment ce qu'on appelle l'*agence auxiliaire du service extérieur*, agence qui se divise en presque autant de branches qu'il y a de services publics. C'est à cette partie de l'agence auxiliaire qu'appartiennent le corps des ingénieurs des ponts et chaussées et des mines, les préposés des administrations des douanes, des forêts, des contributions directes, des contributions indirectes, des postes, etc., etc.

Les administrateurs civils ordinaires (préfets, sous-préfets et maires) n'auraient pu, même sur le territoire national, pourvoir à la partie économique de la guerre. De là l'institution d'un corps spécial d'administrateurs pour l'armée : ce corps, dont l'organisation et la dénomination ont varié plusieurs fois, porte aujourd'hui le nom d'intendance militaire; il est placé sous l'autorité du ministre de la guerre.

Les intérêts maritimes de la France sont aussi trop étendus pour qu'on pût en remettre la direction aux fonctionnaires de l'administration civile. De là la création de cinq préfectures maritimes, dont le chef-lieu est dans chacun de nos cinq grands ports. Le préfet maritime est le chef de tout le service de la marine dans l'arrondissement de sa préfecture.

Administration délibérante. — Près des fonctionnaires sont institués des conseils électifs qui sont appelés à répartir les charges et jouissances communes, à régler certaines parties de l'administration qui, à raison de leur importance, leur sont réservées, enfin à guider les fonctionnaires dans leurs décisions. Indépendamment de la Chambre des députés et du Sénat, qui sont investis du pouvoir législatif et remplissent un rôle identique dans une sphère plus large et plus élevée auprès du Président de la République, on trouve le conseil général et la commission départementale auprès du préfet, le conseil d'arrondissement auprès du sous-préfet, le conseil municipal auprès du maire. Deux de ces conseils, les conseils généraux et les conseils municipaux, ont des attributions très étendues qui leur confèrent en réalité l'administration économique et financière du département et de la commune, sous le contrôle de l'Etat. Dans cet ordre d'idées c'est à eux qu'appartient l'initiative, le préfet et le maire ne sont en réalité que leurs délégués. Le conseil d'arrondissement a des attributions moins étendues, mais il répartit souverainement l'impôt entre les communes; à ce titre on peut dire de lui, comme des deux autres, qu'il est une sorte d'émanation du pouvoir législatif. Ces conseils, d'ailleurs, indépendamment de leurs attributions réglementaires et délibérantes, sont en même temps des organes consultatifs qui peuvent éclairer l'administration active et lui faire connaître les besoins et les intérêts du pays par des vœux.

A côté de ces conseils on trouve pour quelques services spéciaux, exigeant un concours de lumières et d'efforts qui fait que le partage de la responsabilité offre des avantages plutôt que des inconvénients, on trouve des commissions ou conseils qui sont investis des fonctions de tutelle et de gestion et agissent pour certains établissements publics

comme la véritable administration active. Ce sont les commissions administratives des hospices et bureaux de bienfaisance, les conseils de
fabrique, etc., qui ne sont pas élus par le suffrage universel et ont un
mode de recrutement spécial. — Voy. COMMISSION ADMINISTRATIVE,
CONSEILS DE FABRIQUE.

Tous ces conseils sont permanents.

Administration consultative. — De plus, à tous les degrés de l'administration active se trouvent correspondre des conseils chargés d'éclairer
ou de préparer les actes de l'administration. Leurs membres sont en
général nommés par le gouvernement. Le propre de ces conseils est
de ne donner que de simples avis et d'attendre pour se prononcer
qu'on les consulte ; mais dans des cas nombreux la loi ou les règlements
imposent l'obligation de prendre leurs avis, et les fonctionnaires ne pourraient sans excès de pouvoirs manquer à cette obligation ; ainsi certains
décrets ne peuvent être rendus que le Conseil d'Etat entendu ; certains
arrêtés ne peuvent être pris par le préfet qu'en conseil de préfecture.
L'avis du reste ne lie pas le fonctionnaire, il conserve sa liberté de détermination car il reste responsable de ses actes, mais l'avis est exigé
comme une garantie de sagesse de la décision à intervenir. Parmi ces
conseils consultatifs les uns embrassent la généralité d'une grande branche
des services publics, tels sont le conseil supérieur de la guerre, celui de
l'agriculture, celui du commerce, de l'instruction publique, des ponts et
chaussées. D'autres au contraire ont un objet spécial et technique comme
le comité d'artillerie, le comité du génie, le comité des bâtiments civils, etc. Certains de ces conseils sont permanents, d'autres sont temporaires. — Voy. MINISTRES, CONSEIL D'ETAT, CONSEIL DE PRÉFECTURE,
CONSEIL GÉNÉRAL DES PONTS ET CHAUSSÉES, ETC.

Administration contentieuse. — Les actes de l'administration active,
quelque éclairés que soient les fonctionnaires qui les accomplissent et
les conseils qui les ont délibérés, froissent inévitablement les intérêts et
les droits des citoyens dans beaucoup de cas. La justice, l'équité, la
prudence, demandaient qu'une voie fût ouverte aux réclamations. C'est
par ces considérations qu'on a été conduit à créer un troisième ordre
d'organes, les juridictions administratives ou l'administration contentieuse.

Les principaux organes de l'administration contentieuse, en France,
sont :

Les conseils de préfecture, qui sont chargés de prononcer, en première instance, sur presque tout le contentieux administratif ;

Les conseils de revision, pour le recrutement de l'armée de terre ;

Les conseils académiques, les conseils de facultés et le conseil supérieur de l'instruction publique ;

La cour des comptes, qui prononce, en appel ou en premier ressort,
selon les cas, sur les comptabilités en deniers ;

Enfin, le Conseil d'État, tribunal de première instance dans quelques
cas, mais bien plus souvent cour d'appel, quelquefois même cour de
cassation en matière administrative.

Les maires, les sous-préfets, les préfets et les ministres sont investis,
en certains cas, d'une juridiction contentieuse personnelle :

Les maires, en matière de voirie, de roulage, de courses de chevaux,
de contributions indirectes, de logement de troupes, etc. ;

Les sous-préfets, en matière de navigation et de recrutement ;

Les préfets, d'abord comme seconde instance dans la plupart des cas précédents, et seuls ou en conseil de préfecture, dans un certain nombre de cas déterminés par les lois spéciales ;

Enfin les ministres, qui ont à prononcer très souvent entre des intérêts privés et des intérêts généraux, et dont les décisions, dans ce cas, sont susceptibles d'un recours au Conseil d'État.

L'autorité administrative ainsi constituée, bien qu'elle ait des attributions contentieuses est nettement et légalement séparée de l'autorité judiciaire en raison même de la différence des attributions qu'elles ont réciproquement à remplir. L'autorité judiciaire en effet ne prononce que sur des choses privées entre personnes privées. L'administration, au contraire, ne décide que sur des choses publiques ou sur des débats entre la chose publique et la chose privée. L'autorité judiciaire se fonde toujours sur des titres, des conventions, des témoignages ou règles écrites et absolues, elle ne prononce que sur des droits positifs. L'administration ne consulte que l'intérêt général et l'ordre public, elle ne se dirige que par des considérations d'équité et de simple convenance. La première use de formes solennelles, la seconde d'une procédure rapide. L'autorité judiciaire ne peut que réprimer les délits ; l'autorité administrative doit les prévenir en prenant des mesures d'ordre public. Malgré cette séparation très réelle ces deux autorités ont des points de contact nombreux, elles se doivent mutuellement assistance et doivent agir avec la plus grande harmonie. Car d'une part l'autorité judiciaire reçoit les déclarations de l'autorité administrative et applique ses règlements d'ordre public en punissant les contraventions ; d'autre part l'autorité administrative pourvoit aux besoins économiques de l'autorité judiciaire et assure l'exécution de ses jugements. De plus ces deux autorités ont des agents communs : les officiers de police judiciaire. S'il s'élève entre elles des difficultés sur les questions de compétence, ces difficultés sont tranchées par le tribunal des conflits. — Voy. Conflits.

On vient de voir que l'administration est composée de fonctionnaires hiérarchiquement subordonnés les uns aux autres, et répondant aux administrations communale, départementale et générale (administration active) ; que chacun de ces fonctionnaires s'appuie sur des conseils, chargés de les éclairer et de préparer les actes de leur administration (administration consultative ou délibérante) ; enfin, qu'il y a plusieurs degrés de juridictions administratives, chargées de prononcer sur les réclamations des administrés (administration contentieuse). Ce qui précède suffit pour donner une idée de l'ensemble de notre système administratif, qui, sur presque tous les points, trouvera son développement dans les autres articles du *Dictionnaire municipal.*

ADMINISTRATION MILITAIRE. — Voy. Armée, Organisation militaire.

Administrations charitables. — Voy. Bureaux de bienfaisance, Commissions administratives, Établissements de bienfaisance, Hospices et hôpitaux, Mont-de-Piété.

Adoption. — On entend ordinairement par ce mot l'action d'adopter, pour son fils ou sa fille, une personne qui n'est pas née telle, et de lui en donner les droits civils, en remplissant certaines conditions prescrites par la loi.

L'individu adopté prend le nom de la personne qui adopte et l'ajoute à son propre nom de famille. (C. civ., art. 347.)

L'adoption établit entre l'adoptant et l'adopté des rapports de parenté civile. Mais l'adopté ne cesse pas d'appartenir à sa famille naturellle, et il y conserve tous ses droits. (Id., art. 348.) — Voy. ÉTAT CIVIL.

Adresse. — Sorte de lettre ou d'allocution formulée par un corps constitué et adressée par lui, soit aux citoyens, soit à un autre corps constitué, soit au chef de l'Etat.

Le conseil municipal ne peut faire ni publier aucune protestation, proclamation ou adresse. (L. 5 avril 1884, art. 12.) — Voy. CONSEIL MUNICIPAL.

Aérostats. — Les aérostats ou ballons aérostatiques pouvant accasionner de graves accidents, les maires tiennent de la loi le droit et le devoir de prescrire les précautions qui devront êtres prises lorsqu'on en voudra faire enlever. — *Dict. des formules*, nos 31 et 31 *bis*.

Affaires administratives. — Tout ce qui exige l'intervention d'une autorité administrative ou judiciaire s'appelle du nom générique d'*affaire*. Ainsi, une imposition communale, un emprunt, une acquisition ou une aliénation, une construction, un établissement d'école, une demande de secours pour une église, une création de foire ou de marché, etc., constituent pour les communes et les établissements de bienfaisance des affaires dont la solution se poursuit devant l'autorité compétente.

Les affaires administratives doivent toujours être envoyées d'une manière hiérarchique, c'est-à-dire en passant par les diverses autorités qui sont appelées à donner sur elles un avis préliminaire. Franchir cette échelle hiérarchique sans vouloir en suivre les degrés, c'est toujours prolonger l'instruction des affaires au lieu de l'abréger. Il faut, en effet, que les affaires ainsi engagées soient renvoyées aux administrations intermédiaires qui doivent les instruire préalablement et les transmettre ensuite à l'administration supérieure. Par exemple, lorsqu'un maire et son conseil municipal, voulant obtenir un secours pour la construction d'une maison d'école, envoient directement leur demande au ministre de l'instruction publique, croyant ainsi hâter le résultat qu'ils désirent, il y aura au contraire un retard, puisque la demande reviendra au préfet, qui recommencera l'instruction pour la renvoyer ensuite au ministre. — Voy. CORRESPONDANCE ADMINISTRATIVE.

Il est essentiel aussi, pour qu'une affaire puisse être traitée régulièrement et recevoir une prompte solution, que la demande principale soit accompagnée de toutes les pièces dont la production est exigée par les règlements ou par les instructions ministérielles. Lorsque les dossiers parviennent incomplets à l'autorité compétente, de nombreux renvois sont nécessaires pour régulariser l'instruction, et il en résulte des retards souvent très préjudiciables aux communes et établissements intéressés.

On appelle affaires *mixtes* ou *connexes* celles dont la solution dépend de plusieurs ministères ou administrations distinctes. Telles sont les questions relatives à des chemins à ouvrir dans la zône de défense des frontières, les legs et donations simultanés à des établissements communaux, charitables et religieux, les constructions de maisons d'école avec secours du gouvernement, etc. Ces affaires sont soumises nécessairement à une instruction plus longue, puisqu'elle est double et qu'elle nécessite des renvois et des communications réciproques. Toutefois, quand la décision à prendre revient pour certaine partie au ministre, et pour l'autre au préfet, c'est l'autorité supérieure qui statue seule. (Avis Conseil d'Etat, 27 décembre 1855.)

On entend par affaires *réservées* celles qui, étant d'une nature confidentielle, sont instruites avec plus de prudence, de discrétion, que les affaires ordinaires, et souvent dans le cabinet même du fonctionnaire chargé de prendre la décision.

Les affaires *contentieuses* sont celles qui ont pour objet des droits, des intérêts, sur lesquels s'élèvent des litiges et contestations.

On entend par la suite des affaires l'instruction et les décisions auxquelles elles ont donné lieu.

Les affaires doivent être enregistrées à leur arrivée dans les administrations, même lorsqu'elles doivent seulement y passer; elles doivent l'être aussi à leur sortie. Ce double enregistrement est la plus sûre garantie de l'ordre, de la régularité et de la bonne instruction; il faut qu'il existe toujours une trace authentique et certaine du passage des affaires dans les administrations supérieures et dans les administrations secondaires; les intérêts les plus graves de l'Etat, des communes, des établissements publics et des citoyens, seraient souvent compromis par l'omission de cet enregistrement.

Les ministres recommandent incessamment à leurs subordonnés la plus grande promptitude dans l'expédition des affaires. (Circul. *Bulletin officiel* 1881, p. 108.)

On désigne spécialement sous le titre *d'affaires en retard* celles qui n'ont pas été traitées dans l'espace de temps que leur instruction semblait comporter; conformément à diverses instructions du ministre de l'intérieur (1824, 1834, 1835 et 1841), les préfets doivent lui envoyer au commencement de chaque mois l'état détaillé de ces affaires, afin que l'administration centrale puisse faire connaître à ces fonctionnaires les causes véritables du retard qu'éprouve leur instruction.

Une circulaire de 1838 a étendu l'application de cette mesure aux relations des sous-préfectures et mairies avec les préfectures.

Affaires étrangères. — Voy. Ministères.

Affiche. — Placard écrit ou imprimé, ou inscription faite au moyen de la peinture ou de tout autre procédé, et que l'on expose sur la voie publique ou autre lieu public pour en porter le contenu à la connaissance du public.

Ce mode de publicité est également employé par l'autorité publique et par les particuliers.

Affiches de l'autorité. — Les affiches de l'autorité sont : 1° les affiches apposées par suite de prescriptions légales ou en vertu de jugements; 2° celles apposées par ordre du gouvernement ou de l'administration. En d'autres termes, les affiches de l'autorité sont *judiciaires* ou *administratives*.

En matière judiciaire, il y a lieu à affiches toutes les fois qu'il s'agit de ventes judiciaires par suite de saisie ou autrement; pour l'envoi en possession des successions du conjoint survivant et de l'Etat et des successions anomales ; pour annoncer le rétablissement de la communauté entre époux séparés de biens ; pour annoncer la formation des Sociétés en nom collectif ou en commandite ; pour faire connaître l'acte du gouvernement qui autorise une société anonyme et l'acte d'association ; pour les jugements et arrêts d'adoption, séparation de biens, interdictions ; pour ceux qui prononcent la peine de mort, des travaux forcés à perpétuité ou à temps, la déportation, la réclusion, le bannissement et la dégradation civique, etc. C'est par affiche que l'on donne assignation à ceux qui n'ont ni domicile, ni résidence connus en France.

En matière d'administration générale, doivent être préalablement publiés par voie d'affiches : les demandes en autorisation pour établissements de moulins et usines ; les demandes en concession de mines ; les demandes en permission pour les fourneaux à fondre les minerais de fer et autres substances métalliques, les forges et martinets pour ouvrer le fer et le cuivre, les usines servant de patouillets et bocarts, celles pour le traitement des substances salines et pyriteuses, dans lesquelles on consomme des combustibles ; les demandes en autorisation pour l'établissement des manufactures et ateliers insalubres et incommodes ; l'avis aux parties intéressées de prendre connaissance des plans de desséchement ; l'annonce de la délimitation générale et du bornage d'une forêt de l'Etat ; l'avertissement du dépôt à la mairie, du plan parcellaire des terrains ou des édifices dont la cession paraît nécessaire à l'exécution des travaux d'utilité publique, et dont les propriétaires pourraient être expropriés ; les listes électorales ; celles des jeunes gens appelés au recrutement ; celles des électeurs consulaires, etc. Sont aussi toujours annoncées par affiches les ventes de fonds ou fruits opérées par le domaine, l'administration forestière et les communes ; les adjudications des travaux publics ; l'ouverture des travaux de l'arpentage pour le cadastre, et les opérations qui en sont la suite ; les enquêtes *de commodo et incommodo* ; les avis relatifs au recrutement.

En matière municipale, doivent être affichés : le procès-verbal de l'élection du conseil municipal (Loi 5 avril 1884, art. 29) ; celui de l'élection du maire et des adjoints (Id. art. 78) ; les convocations des conseils municipaux (Id., art. 48) ; les comptes rendus des séances du conseil, (Id., art. 56) ; les arrêtés municipaux (Id., art. 96).

L'autorité administrative recourt, d'ailleurs, à ce mode de publicité toutes les fois qu'elle le juge convenable pour porter à la connaissance des citoyens, soit une loi, un décret, un arrêté de police, un programme de fête ou de cérémonie publique. Elle peut aussi, avec une sage réserve, et sous sa responsabilité, employer ce moyen pour donner connaissance au public d'un événement politique ou pour l'entretenir à l'occasion de cet événement.

Les maires doivent faire apposer immédiatement les affiches qui leur sont transmises, dans l'intérêt des divers services publics, par le sous-préfet ou par le préfet ; ils doivent aussi adresser à ces derniers des certificats d'affiche ou de publication toutes les fois que cela est recommandé.

Dans chaque commune, le maire désigne, par arrêté, les lieux exclusivement destinés à recevoir les affiches des lois et autres actes de l'autorité publique. Il est interdit d'y placarder des affiches particulières. (Loi 29 juillet 1881, art. 15.)

Il ne peut être affiché sur les édifices consacrés au culte que les annonces relatives aux cérémonies de ce culte. Si un maire désignait l'église paroissiale, le préfet aurait le droit de réformer l'arrêté qu'il aurait pris à cet effet. (Circ. min. 25 juin 1850.)

Toutefois, cette règle n'est pas sans exception. Aux termes des articles 6, 15 et 21 de la loi du 3 mai 1841, les actes relatifs à l'expropriation pour cause d'utilité publique doivent être affichés à la principale porte de l'église.

Les affiches des actes émanés de l'autorité publique doivent seules être imprimées sur papier blanc, toute contravention à ces prescriptions est punie d'une amende de 5 à 15 francs et la peine de l'emprisonnement peut être prononcée en cas de récidive dans les douze mois. (Loi 29 juillet 1881, art. 2 et 15.)

Ceux qui enlèvent, déchirent, recouvrent ou altèrent par un procédé quelconque, de manière à les travestir ou à les rendre illisibles, des affiches apposées, par ordre de l'administration, dans les emplacements à ce réservés, sont punis d'une amende de 5 à 15 francs.

Si ce fait est commis par un fonctionnaire ou un agent de l'autorité publique, la peine est de 15 à 100 francs et d'un emprisonnement de six jours à un mois, ou de l'une de ces deux peines seulement. — *Dict. des formules*, n°s 32, 33 et 34.

Affiches particulières. — La loi du 29 juillet 1881 sur la liberté de la presse a abrogé les dispositions restrictives de la liberté d'affichage, notamment la loi du 10 décembre 1830, et a rendu aux particuliers pleine liberté d'afficher tout ce qui leur convient, même les écrits à la main ou imprimés traitant de matières politiques. Mais tout imprimé rendu public, à l'exception des ouvrages dits de ville ou bilboquets, doit porter l'indication du nom et du domicile de l'imprimeur, à peine, contre celui-ci, d'une amende de 5 à 15 francs et même d'un emprisonnement en cas de récidive dans les douze mois. (Loi précitée, art. 2.) De plus, au moment de la publication de tout imprimé, il doit en être fait dépôt de deux exemplaires, soit à la préfecture, à la sous-préfecture, ou à la mairie suivant le cas, avec mention, dans l'acte de dépôt, du titre de l'imprimé et du chiffre du tirage. (Loi précitée, art. 3.)

Les particuliers restent d'ailleurs responsables des crimes et délits, contre la chose publique ou contre les personnes et les bonnes mœurs, qu'ils peuvent commettre ou provoquer par les écrits ainsi affichés par eux, et ils tombent de ce chef sous l'application des articles 23 à 41 de la loi précitée. — Voy. PRESSE.

Afin d'éviter toute méprise entre les affiches émanant de l'autorité et celles des particuliers, ces dernières doivent toujours être imprimées sur papier de couleur.

Les affiches particulières ne doivent pas être apposées sur les emplacements réservés aux actes de l'autorité, ni sur des monuments publics.

Les autorités chargées de la police locale doivent faire enlever les affiches apposées en contravention de cette prescription, qui est sanctionnée ainsi qu'il a été dit plus haut par l'article 2 de la loi du 29 juillet 1881. Les particuliers peuvent en principe afficher partout ailleurs du moment qu'ils ont obtenu l'assentiment des propriétaires sur les murs desquels ils comptent apposer les affiches; ces derniers peuvent d'ailleurs toujours s'opposer d'une manière générale à la faculté d'affichage en inscrivant sur les murs : *Défense d'afficher*. L'autorité municipale puise aussi dans ses pouvoirs de police le droit d'interdire l'affichage des particuliers aux angles de certaines rues ou carrefours, dans le but de prévenir les encombrements sur la voie publique. Ces arrêtés sont sanctionnés par des peines de simple police.

La destruction des affiches des particuliers ne peut donner lieu qu'à une action civile se résolvant par des dommages et intérêts, s'il en est résulté un préjudice. — *Dict. des formules,* nᵒˢ 35, 36, 37, et 39.

Droit de timbre. — Les affiches particulières sont soumises à un droit de timbre déterminé par leur dimension. Ce droit est fixé de la manière suivante : par feuille de 12 décimètres 1/2 carrés et au-dessous, 0 fr. 05 c.; au-dessus de 12 décimètres 1/2 jusqu'à 25 décimètres carrés, 0 fr. 10 c.; au-dessus de 25 décimètres jusqu'à 50 décimètres carrés, 0 fr. 15 c.; au delà de cette dernière dimension, 0 fr. 20 c. La loi du 23 août 1871 a ajouté deux décimes au principal des droits de timbre.

La cour de cassation a décidé par arrêt du 27 février 1878 qu'une affiche signée d'un préfet, annonçant l'ouverture d'un concours pour l'emploi d'agent voyer, avait le caractère d'affiche privée et devait être imprimée sur papier de couleur et timbré.

Dans le cas où une affiche contiendrait plusieurs annonces distinctes, le maximum ci-dessus fixé est toujours exigible. Ce maximum est doublé si l'affiche contient plus de 5 annonces. Les affiches peuvent être imprimées sur papier non timbré, pourvu que le timbre y soit apposé avant l'affichage. (L. 18 juillet 1866, art. 4.)

Ceux qui veulent apposer des affiches doivent au préalable présenter les papiers à l'administration du timbre. Ceux qui sont convaincus d'avoir apposé des affiches non timbrées sont passibles d'une amende de 100 francs. (L. 16 mai 1818.) — *Dict. des formules,* nᵒ 36.

Affiches peintes. — La loi des finances du 8 juillet 1852 (art. 30) dispose qu'à partir du 1ᵉʳ août 1852 toute affiche inscrite dans un lieu public, sur les murs, sur une construction quelconque ou même sur toile, au moyen de la peinture ou de tout autre procédé, donnera lieu à un droit d'affichage fixé à 50 centimes pour les affiches d'un mètre carré et au-dessous, et à 1 franc pour celles d'une dimension supérieure.

Cette disposition, qui avait pour but de réprimer un abus fort répandu et préjudiciable au fisc (les affiches peintes échappaient au timbre), a donné naissance au décret du 25 août suivant, réglementant l'affichage ainsi qu'il suit :

Quiconque veut, au moyen de la peinture ou de tout autre procédé, inscrire des affiches dans un lieu public, sur les murs, sur une construction ou même sur toile, est tenu de payer préalablement le droit d'affichage établi par la loi du 8 juillet 1852.

Le payement du droit se fait au bureau de l'enregistrement dans l'arrondissement duquel se trouvent les communes où les affiches doivent être placées. (D. 25 août 1852, art. 1.)

Le droit est perçu sur la présentation, pour chaque commune, d'une déclaration en double minute, datée et signée, contenant : 1ᵒ le texte de l'affiche ; 2ᵒ les noms, prénoms, professions et domiciles de ceux dans l'intérêt desquels l'affiche doit être inscrite, et de l'entrepreneur de l'affichage ; 3ᵒ la dimension de l'affiche ; 4ᵒ le nombre total des exemplaires à inscrire ; 5ᵒ la désignation précise des rues et places où chaque exemplaire devra être inscrit ; 6ᵒ et le nombre des exemplaires à inscrire dans chacun de ces emplacements. Un double de la déclaration reste au bureau pour servir de contrôle à la perception ; l'autre, revêtu de la quittance du receveur de l'enregistrement, est rendu au déclarant.

Les droits régulièrement perçus ne sont point restituables, lors même que, par le fait des tiers, l'affichage ne pourrait avoir lieu.

Toute infraction aux dispositions qui précèdent peut être punie d'une amende de 100 à 500 francs. (L. 8 juillet 1852, art. 30.)

Dispositions générales relatives au timbre. — Les timbres mobiles créés en exécution de l'article 6 de la loi du 27 juillet 1878, pour les affiches imprimées, pourront être employés à l'acquittement des droits de timbre des autres affiches passibles des droits fixés par l'article 4 de la loi du 18 juillet 1866. (Loi 30 mars 1880, art. 1er.)

Le timbre mobile doit être collé avant l'affichage au recto de chaque affiche non imprimée. Il est oblitéré soit par l'inscription d'une ou de plusieurs lignes du texte, soit par la signature de l'auteur avec date de l'oblitération, soit par l'apposition d'un timbre indiquant le nom et la résidence de l'auteur de l'affiche. Les dispositions pénales des articles 20 et 21 de la loi du 11 juin 1859, article 2, sont applicables à ces timbres.

Les contraventions sont constatées au moyen de procès-verbaux rapportés soit par les préposés de l'administration de l'enregistrement et des domaines, soit par les commissaires de police, gendarmes, gardes champêtres et autres agents de la force publique. (D. 25 août 1852, art. 5.)

Ces agents reçoivent, à titre d'indemnité, le quart des amendes payées par les contrevenants signalés par eux. (Id., art. 6.)

Enfin, les poursuites faites à la requête du ministère public sont portées devant le tribunal de police correctionnelle dans l'arrondissement duquel la contravention a été commise. (Id., art. 7.)

L'application du décret du 25 août 1852 exigeant le concours des maires, une circulaire du ministre de l'intérieur a fait connaître les instructions qui devaient être adressées à ces fonctionnaires par les préfets, chargés de surveiller l'application de la loi.

Mesures à prendre par les maires. — Les mesures à prendre par l'autorité municipale consistent :

1º A ouvrir un registre sur lequel sont inscrits par ordre de dates et de numéros les déclarations d'afficher ; 2º à délivrer récépissé de ces déclarations ; 3º à indiquer sur les récépissés le numéro du registre, pour qu'il puisse être reproduit au bas de chaque exemplaire de l'affiche ; 4º à garder et classer les déclarations par ordre de numéros pour être communiquées sans déplacement, à toute réquisition, tant au préposés de l'enregistrement et des domaines qu'aux agents chargés, par l'article 5 du décret, de constater les contraventions. (Circ. 20 octobre 1852.)

Affiches électorales. — La législation accorde aux affiches et placards électoraux des immunités spéciales en même temps qu'elle les entoure de plus grandes garanties.

La loi du 11 mai 1868 déclare affranchies de timbre les affiches électorales d'un candidat contenant sa profession de foi, une circulaire signées de lui ou seulement son nom. La Cour de cassation a décidé (arrêt du 11 novembre 1876) que pendant la période électorale aucune entrave ne devait être apportée à l'affichage des circulaires et professions de foi des candidats à la députation, et que par suite un maire ne saurait imposer, par arrêté, l'obligation de faire afficher les circulaires et professions de foi par le tambour de ville ou tout autre agent de l'autorité municipale. Ces affiches peuvent donc être placardées par toute personne désignée par le candidat. L'article 16 de la loi du 29 juillet 1881 porte formellement que les professions de foi, circulaires et affiches électorales peuvent être placardées, à l'exception des emplacements réservés aux affiches de l'autorité, sur tous les édifices publics autres que les édifices consacrés aux cultes et particulièrement aux abords des salles de scrutin. Afin d'assurer leur respect, leur conservation, l'article 17 de la même loi, §§ 3 et 4, punit d'une amende de 5 à 15 francs l'enlèvement, la lacération ou l'altération par un procédé quelconque des affiches électorales émanant de simples particuliers ; elle élève la peine de 16 à 100 francs d'amende en édictant même un emprisonnement de 6 jours à un mois, selon l'appréciation du tribunal, lorsque le coupable est fonctionnaire ou agent de l'autorité publique. Ces peines sont toujours applicables, sauf le cas où l'affichage aurait eu lieu dans les emplacements réservés, ou sur des maisons appartenant à des particuliers, sans leur consentement, car les maires doivent toujours faire enlever les affiches placardées dans les endroits réservés et les propriétaires n'encourent aucune pénalité pour faire disparaître les affiches placardées sur leurs murs sans autorisation. — *Dict. des formules*, n° 34.

Afficheur. — On appelle afficheur celui qui appose des affiches publiques ou privées en un lieu public. Quiconque veut exercer, même temporairement, la profession d'afficheur d'écrits, imprimés, lithographiés, gravés ou à la main, est tenu d'en faire préalablement la déclaration à la préfecture de son département, d'indiquer son domicile, et de renouveler cette déclaration chaque fois qu'il en change.

Il est délivré récépissé de cette déclaration.

Les contrevenants sont punis d'une amende de 5 à 15 francs et peuvent l'être en outre d'un emprisonnement d'un à cinq jours en cas de récidive, l'emprisonnement est toujours prononcé. (Loi 29 juillet 1881, art. 21.) Toutefois, l'exercice accidentel de la profession d'afficheur n'est assujetti à aucune déclaration. (Art. 20.)

La loi n'a en rien limité le nombre des afficheurs qui existent dans une commune. Tous ceux qui remplissent les conditions imposées peuvent librement exercer cette profession. Le maire peut bien désigner un afficheur spécial pour la publication des actes officiels, mais le fait de ce choix ne crée pas un monopole en faveur de celui qui en est l'objet et il est toujours loisible aux particuliers de ne pas s'adresser à l'afficheur municipal pour l'apposition de leurs affiches. (Décision ministérielle de 1842, arrêt de cassation, 11 novembre 1876.) — *Dict. des formules*, n°s 38, 41, 42 et 43.

Affinage. — Opération par laquelle on débarrasse certaines substances, notamment les métaux, de matières étrangères qui s'y trouvent mêlées.

Quiconque veut départir et affiner l'or ou l'argent est tenu d'en faire la déclaration à l'administration municipale, à celle du département et à celle des monnaies. (L. 19 brumaire an VI.)

L'affineur ne peut recevoir que des matières qui ont été essayées et titrées par un essayeur public autre que celui qui doit juger les lingots affinés. (Id., art. 114.)

Il doit avoir un registre coté et parafé par l'administration centrale, pour y inscrire, jour par jour et par numéro, la nature, le poids et le titre des matières qui lui sont apportées à affiner.

Il y a aussi contravention s'il néglige d'insculpter son nom en toutes lettres sur les lingots par lui affinés, et s'il les rend aux propriétaires sans les avoir portés au bureau de garantie pour y être essayés, marqués et le droit acquitté. (Id., art. 117.)

Une ordonnance royale du 9 février 1825 comprend, dans la première classe des établissement qui ne peuvent être formés sans autorisation, l'affinage de l'or ou de l'argent par l'acide sulfurique, quand les gaz dégagés pendant cette opération sont versés dans l'atmosphère, et dans la seconde classe seulement, lorsque les gaz sont condensés. La raison de cette différence, c'est que, dans le premier cas, il se fait un dégagement nuisible, tandis que, dans le second, il n'y a que peu d'inconvénient pour le voisinage.

L'affinage de métaux au fourneau coupelle ou au fourneau à réverbère fait partie de la première classe, attendu qu'il en résulte des vapeurs insalubres et contraires à la végétation. (O. 14 janvier 1815.) — Voy. MATIÈRES D'OR ET D'ARGENT.

Affirmation. — Déclaration par laquelle on articule la vérité d'un fait ou d'un acte. L'affirmation n'a pas besoin d'être accompagnée du serment. Elle s'emploie surtout à l'égard des procès-verbaux. — Voy. PROCÈS-VERBAL.

Affouage. — On appelle ainsi le bois distribué aux habitants, soit pour le chauffage, soit pour la construction ou la réparation des bâtiments. Le bois de chauffage est pris dans les taillis; le bois de construction, parmi les futaies. Ce droit des habitants s'exerce ordinairement dans les bois des communes; mais il existe aussi quelquefois, à titre d'usage, dans les bois de l'État et même dans ceux des particuliers.

De la différence de destination entre les bois de chauffage et ceux de construction, il résultait jadis pour chacune de ces natures de bois des règles spéciales que nous allons établir avant de passer à l'examen des règles qui leur sont actuellement communes.

Bois de chauffage. — S'il n'y a titre contraire, le partage des bois d'affouage se fait par feu, c'est-à-dire par chef de famille ou de maison ayant domicile réel et fixe dans la commune. (C. F., art. 105 modifié par loi du 23 novembre 1883.)

L'étranger qui remplit ces conditions ne peut être appelé au partage qu'après avoir été autorisé, conformément à l'article 13 du Code civil, à établir son domicile en France. (L. 26 juin 1874.)

D'après les lois générales qui attachent à la qualité d'habitant le droit de participation à tous les bénéfices communaux, la dénomination de chef de famille se confond dans celle de chef de ménage ou de maison. C'est dans ce sens que, par une ordonnance du 23 décembre 1815, rendue par voie contentieuse, il a été décidé qu'on ne pouvait revenir sur un partage fait à raison des feux ou maisons d'habitation.

Il n'est donc pas nécessaire qu'un particulier soit père de famille, dans l'acception ordinaire de ce terme, pour avoir droit à un lot séparé d'affouage; il suffit qu'il soit chef de ménage ou d'une maison d'habitation; ainsi tout individu majeur, ayant acquis domicile dans une commune et y tenant ménage, quel que soit son sexe et malgré sa qualité de célibataire ou de veuf sans enfants, a droit à une portion affouagère, et il ne peut en réclamer deux, quel que puisse être le nombre des personnes vivant avec lui, sous sa dépendance, au même feu, faisant partie du même ménage. (I. Int. août 1824.)

La loi veut que l'affouagiste soit membre de la communauté et que ce titre résulte d'une agrégation effective et de droit. Tous ceux qui sont dans ce cas, quelles que puissent être, d'ailleurs, les fonctions qu'ils exercent, sont fondés à participer aux distributions affouagères de la communauté. Ainsi les militaires composant les brigades de gendarmerie, les vicaires du curé et les fonctionnaires publics, même lorsqu'ils occupent des appartements garnis, doivent être inscrits au rôle de l'affouage. (Décis. min. de l'int., 1828 et 1863. Cour de Dijon, arrêt 19 février 1873.)

Quant à la condition du domicile réel et fixe exprimée dans l'article 105 du Code forestier, on s'accorde à penser que les règles du droit commun sur le domicile civil sont applicables. Le droit à l'affouage est donc obtenu dès que le domicile est acquis, et il n'y a pas besoin de résider depuis un an et un jour comme on l'a quelquefois soutenu. Cependant, les listes des affouagers étant dressées chaque année, le nouveau domicilié ne peut y être compris qu'autant qu'il a justifié de son droit avant la clôture de ces listes, dont l'époque est fixée par des règlements locaux.

Bois de construction. — Le principe qui servait de base au partage des bois de construction jusque dans ces derniers temps était tout autre. Le bénéfice n'était plus exclusivement attaché à la simple qualité d'habitant, il était également dû au propriétaire forain qui possédait des bâtiments dans la commune ou qui voulait en construire sur ses propriétés.

Aux termes de la loi du 25 juin 1874 modifiant l'article 105 du Code forestier : s'il n'y avait titre ou usage contraire, la valeur des arbres de construction ou réparation des maisons devait être estimée à dire d'experts et payée à la commune.

Mais la loi du 23 novembre 1883 est venue changer tout ce système, d'une part elle abolit les anciens usages, et d'autre part elle soumet à la même règle le partage des bois de construction et celui des bois taillis.

Titres et usages anciens. Nouveaux règlements. — Les titres dont il était question à l'article 105 du Code forestier sont des actes écrits et authentiques, tels que d'anciennes chartes, des édits et règlements du conseil du roi ou des parlements, des contrats anciens passés entre les communes et les particuliers ou d'anciens seigneurs. Les simples délibérations des autorités municipales ne peuvent constituer des titres; elles n'établissent que des usages, lesquels, du reste, lorsqu'ils remontaient à une date immémoriale et avaient été constamment suivis publiquement, sans trouble ni contrainte, équivalaient jusqu'ici à des titres.

Mais la loi du 23 novembre 1883 a aboli, comme il a été dit ci-dessus, les anciens usages, et a modifié l'article 105 du Code forestier ainsi qu'il suit :

« S'il n'y a titre contraire, le partage de l'affouage, en ce qui concerne les bois de chauffage, se fera par feu, c'est-à-dire par chef de famille ou de maison, ayant domicile réel et fixe dans la commune avant la publication du rôle. Sera considéré comme chef de famille ou de maison tout individu possédant un ménage ou une habitation à feu distincte, soit qu'il y prépare la nourriture pour lui et les siens, soit que, vivant avec d'autres à une table commune, il possède des propriétés divisées, qu'il exerce une industrie distincte ou qu'il ait des intérêts séparés.

« En ce qui concerne les bois de construction, chaque année, le conseil municipal, dans sa session de mai, décidera s'ils doivent être, en tout ou en partie, vendus au profit de la caisse communale ou s'ils doivent être délivrés en nature.

« Dans le premier cas, la vente aura lieu aux enchères publiques, par les soins de l'administration forestière ; dans le second, le partage aura lieu suivant les formes et le mode indiqué pour le partage des bois de chauffage.

« Les usages contraires à ce mode de partage sont et demeurent abolis.

« Les étrangers qui remplissent les conditions ci-dessus indiquées ne pourront être appelés au partage qu'après avoir été autorisés conformément à l'article 13 du Code civil à établir leur domicile en France. »

Il suffit de lire le texte de cette loi pour voir qu'il apporte une notable dérogation aux principes qui avaient jusqu'ici régi l'affouage. Il confirme la règle générale du partage par feu en décidant qu'à l'avenir il ne peut y avoir d'exception à cette règle qu'en vertu d'un titre régulier ; toutes celles qui étaient basées sur d'anciens usages sont supprimées. Non seulement le nouvel article 105 du Code forestier cherche ainsi à unifier le mode de partage du bois de chauffage, mais il étend aussi la règle du partage par feu aux bois de construction qui jusqu'alors étaient délivrés aux propriétaires d'après le toisé des bâtiments et payés par eux à la commune à dire d'experts. Désormais il n'en sera plus ainsi : le conseil municipal, dans sa session de mai, décidera s'ils doivent être, en tout ou en partie, vendus au profit de la caisse communale, ou s'ils doivent être délivrés en nature, et, dans ce dernier cas, le partage ne peut avoir lieu que par feu. — *Dict. des formules*, nos 44 et 45.

Des droits des sections de communes. — Les diverses sections d'une même commune peuvent posséder des droits de propriété privativement l'une de l'autre. Il est donc facile de savoir, lorsqu'il s'agit de l'affouage, si les habitants de telle ou telle section doivent être portés au rôle de distribution, puisqu'il suffit d'examiner si cette section est ou non copropriétaire par indivis du fonds boisé, ou si elle y exerce un droit d'usage comprenant l'affouage.

Mais il arrive souvent qu'une section est détachée d'une commune pour être réunie à une autre. Quelquefois on divise le territoire d'une commune pour en former deux. Dans aucun de ces cas la règle mentionnée ci-dessus ne doit fléchir. Ainsi, dans le premier cas, la section détachée n'acquiert pas de droit d'affouage dans sa nouvelle commune ; mais elle conserve soit celui qu'elle pouvait avoir dans l'ancienne commune à titre d'indivision ou d'usage, soit celui qui lui appartenait en propre sur les bois dont elle avait la possession exclusive. La législation, les auteurs et la jurisprudence sont d'accord sur ces divers points réglés, d'ailleurs, d'une manière générale. (L. du 5 avril 1884, art. 7.)

Délivrance des coupes affouagères. Exploitation. — Lorsque les bois de chauffage se délivrent par coupe, l'exploitation en est faite, aux frais des usagers, par un entrepreneur spécial agréé par l'administration forestière.

Aucun bois ne peut être partagé sur pied ni abattu par les usagers individuellement, et les lots ne peuvent être faits qu'après l'entière exploitation de la coupe, à peine de confiscation de la portion de bois abattu afférente à chacun des contrevenants.

Les fonctionnaires ou agents qui auraient permis ou toléré la contravention seront passibles d'une amende de 50 francs, et demeureront en outre personnellement responsables, et sans aucun recours, de la mauvaise exploitation et de tous les délits qui pourraient avoir été commis. (C. F., art. 81 et 103.)

Toutefois, dans les départements où les communes avaient l'habitude d'exploiter elles-mêmes leurs coupes, il peut être permis à l'entrepreneur de s'entendre avec les habitants pour faire faire par eux l'exploitation. (Décis. Fin. 21 novembre 1827.) Mais l'entrepreneur est responsable, les habitants sont considérés alors comme ses ouvriers.

Les entrepreneurs de l'exploitation des coupes affouagères doivent se conformer à tout ce qui est prescrit aux adjudicataires pour l'usance et la vidange des ventes; ils sont soumis à la même responsabilité et passibles des mêmes peines en cas de délits ou contraventions. Les communes qui ont droit à l'affouage sont garants solidaires des condamnations prononcées contre lesdits entrepreneurs. (C. F., art. 82.)

Les dispositions qui précèdent s'appliquent aux coupes affouagères délivrées aux communes dans les bois de l'État, de même qu'aux coupes des bois communaux destinées à être partagées en nature pour l'affouage des habitants.

Immédiatement après la délivrance de la coupe affouagère par les agents forestiers, le conseil municipal arrête la liste des affouagers, et le maire prend les dispositions nécessaires pour faire effectuer l'exploitation de la coupe, soit par voie d'adjudication publique, soit au moyen d'un traité de gré à gré avec un entrepreneur responsable.

Dans le premier cas, aussitôt après la réception du procès-verbal de balivage, il dresse un cahier des charges qu'il soumet à l'approbation du conseil municipal et qu'il transmet avec la délibération municipale au sous-préfet, pour être soumis à l'approbation du préfet.

Il procède ensuite à l'adjudication. — *Dict. des formules*, n° 46.

Dans le second cas, le maire passe un traité de gré à gré avec un entrepreneur de son choix. Il soumet ce traité au conseil municipal, et il le transmet au sous-préfet avec la délibération municipale. — Voy. TRAITÉ DE GRÉ A GRÉ.

Après l'approbation du procès-verbal d'adjudication ou du traité de gré à gré, l'administration forestière accorde le permis d'exploiter, qui est remis au maire.

Enfin, c'est d'après les règles indiquées par le cahier des charges qui a servi de base à l'adjudication, ou au traité de gré à gré, que la formation des lots ainsi que leur délivrance aux affouagistes sont faites par l'entrepreneur, sous la surveillance directe du maire, qui peut s'adjoindre deux membres du conseil municipal.

Les actes relatifs aux coupes et arbres délivrés en nature sont visés pour timbre et enregistrés en débet, et il n'y a lieu à la perception des droits que dans le cas de poursuite devant les tribunaux. (C. F., art. 104.)

Répartition de l'affouage. — Les conseils municipaux des communes règlent la distribution, entre les habitants, des bois coupés à titre d'affouage. Le législateur n'ayant pas compris l'affouage dans la nomenclature des objets à l'égard desquels les délibérations du conseil municipal ne deviennent exécutoires qu'en vertu de l'approbation préfectorale en vertu de l'article 68, il s'ensuit que la répartition de l'affouage rentre dans la plénitude des pouvoirs réglementaires des conseils municipaux. Les délibérations qu'il prend à cet effet n'ont pas besoin d'approbation et ne sont annulables qu'en violation de la loi ou d'un règlement d'administration publique. (L. 5 avril 1884, art. 63.)

Il n'y a d'exception à cette règle que si la délibération contrevenait à des titres anciens, tels que chartes, édits ou règlements, car alors il faudrait l'intervention du gouvernement pour rapporter les règlements établis par les édits ou ordonnances royales. Aujourd'hui, quelle que soit la nature de l'acte primitif, la décision a été transportée au préfet par le décret du 25 mars 1852, tableau n° 40. Sauf ce cas, le pouvoir du conseil municipal est entier.

Ces bois sont délivrés ordinairement sans autre rétribution, de la part des habitants, que celle des frais occasionnés par les coupes elles-même ; ce n'est que dans le cas de nécessité que l'administration locale peut imposer, en sus des frais, le payement d'une somme à verser à la caisse municipale pour subvenir aux dépenses de la commune. (Av. Cons. d'Etat 8 avril 1838 ; Circ. Int. 10 janvier 1839 et 25 août 1840.)

Lorsque l'affouage provient d'un bois domanial, le rôle ne doit jamais dépasser la somme strictement nécessaire à l'acquittement des frais d'exploitation. Les préfets sont tenus, le cas échéant, de réduire d'office le chiffre de la taxe assise sur chaque lot, de manière que le montant du rôle n'excède pas les frais dont il s'agit. (Av. Cons. d'Etat 29 mai 1838 ; Circ. Int. 25 août 1840.)

Le conseil municipal dresse la liste provisoire des chefs de famille ou de maison qu'il aura reconnus être dans le cas de participer au taillis provenant de l'affouage.

Cette liste est annexée à la délibération du conseil municipal, et le maire avertit les habitants qu'ils peuvent en prendre connaissance, et que leurs réclamations, s'ils en ont à présenter, seront reçues pendant huit jours à la mairie, à dater de la publication.

Un registre d'enquête est ouvert aussitôt par le maire, qui a soin de le clore à l'expiration du délai indiqué.

Dans le cas où il s'est élevé des réclamations, le procès-verbal d'enquête est communiqué au conseil municipal, qui prononce sur chaque réclamation, sauf recours au conseil de préfecture. — Dict. des formules, nos 44, 45, 47, 48 49 et 50.

La liste provisoire étant close, toute réclamation doit être rejetée par le maire sans formalité, la déchéance étant encourue de droit. Il ne peut plus être fait de rectifications à la liste des affouagistes qu'en vertu d'arrêtés du conseil de préfecture, et avant l'homologation du rôle.

En cas de difficulté relative à la distribution de l'affouage, le conseil de préfecture peut, sur la demande des parties intéressées, nommer un expert pour procéder à un nouveau règlement.

Les opérations de l'expert se font en présence du maire et des habitants de la commune auxquels peut appartenir ce droit, d'après les renseignements qui lui sont fournis. (O. 22 novembre 1815.)

Lorsque plusieurs habitants d'une commune se croient lésés dans la répartition des bois d'affouage, ou qu'ils n'ont pas été compris dans la distribution qui en a été faite aux autres habitants, si le préfet refuse d'accueillir leur demande pour être dorénavant compris dans la répartition, son arrêté ne fait pas obstacle à ce que les réclamants intentent, s'ils s'y croient fondés, une action devant les tribunaux contre la commune, à raison du droit d'affouage auquel ils prétendent. (Av. Cons. d'Etat 12 août 1829, et Arrêt 8 décembre 1833.)

Établissement des rôles de taxes et recouvrement. — La répartition des taxes affouagères est faite au moyen de rôles ou d'états de distribution dressés par les maires, rendus exécutoires par le préfet, et recouvrables par les mêmes voies de contrainte que les contributions directes. Lorsque les taxes lui paraissent trop élevées, le préfet en opère la réduction, d'office ou sur la réclamation des intéressés. (L. 18 juillet 1837, art. 44.) — *Dict. des formules*, n° 51.

Le préfet, immédiatement après avoir homologué le rôle d'affouage, le transmet au receveur municipal, par l'intermédiaire du receveur des finances de l'arrondissement. Le receveur municipal délivre à chaque ayant droit l'extrait qui le concerne, et dans lequel est indiqué le délai fixé pour le payement de la taxe. Ce délai est déterminé par l'arrêté d'homologation, de manière que tous les bois délivrés ou vendus puissent être enlevés avant l'expiration du terme des vidanges réglé par le cahier des charges. (Id., 52.)

Nul habitant ne peut enlever sa portion d'affouage qu'en présence de l'entrepreneur de la coupe, qui n'y doit consentir que sur la représentation de la quittance du receveur municipal constatant le payement de la taxe, et du permis du maire apposé au dos de cette quittance; les quittances délivrées sont soumises au timbre si elles excèdent 10 francs. (Id., n° 53.)

A l'expiration du délai fixé, le receveur municipal transmet à l'entrepreneur de la coupe l'état, visé par le maire, tant des habitants en retard de se libérer que de ceux qui ont acquitté la taxe, et cet entrepreneur demeure personnellement responsable, envers la commune, du payement des lots qui auraient été enlevés avant le payement, à moins qu'il n'ait fait constater cet enlèvement, dans le délai de trois jours, par des procès-verbaux réguliers, et qu'il ne les ait envoyés immédiatement au receveur municipal. Celui-ci doit alors diriger contre les débiteurs les poursuites autorisées par l'article 153 de la loi du 5 avril 1884, sans préjudice des poursuites criminelles auxquelles l'enlèvement furtif pourrait donner lieu, s'il présentait des circonstances qui lui donnassent le caractère d'un délit. (Id., n°s 54, 55, 56, 57 et 58.)

Les poursuites administratives doivent être précédées d'une sommation gratis, laquelle, en cas de non-payement intégral, est promptement suivie d'une sommation avec frais, et il est procédé successivement au commandement, à la saisie et à la vente, avec les formalités et dans les délais prescrits.

Les poursuites doivent s'étendre à la fois aux affouagistes signalés par les procès-verbaux d'enlèvement de lots, et à ceux qui, portés sur l'état dressé à l'expiration du délai fixé pour le payement des taxes, comme ne s'étant pas encore libérés, se seraient néanmoins emparés de leurs lots, sans que le fait eût été constaté à la diligence de l'entrepreneur, le tout sans préjudice du recours à exercer contre ce dernier.

L'obligation imposée aux entrepreneurs des coupes, de ne délivrer les lots que sur la quittance du receveur municipal, au dos du permis du maire, est consignée dans les procès-verbaux d'exploitation. Les receveurs municipaux doivent se faire délivrer une expédition de ces procès-verbaux, qui forment le titre en vertu duquel ils auront à diriger les poursuites contre les entrepreneurs qui auraient encouru la responsabilité stipulée dans le cahier des charges.

Les portions d'affouage non enlevées faute de payement de la taxe sont, à la diligence du receveur municipal, mises en vente séparément par le maire, dans la forme des adjudications publiques, mais seulement jusqu'à concurrence du montant des taxes non acquittées et des frais de vente. Le surplus est délivré, en nature, aux habitants auxquels ces mêmes portions auraient été attribuées. (Circ. Int. 10 janvier 1839.) — *Dict. des formules*, n° 59.

Les réclamations et les demandes en modération ou décharge sont du ressort du conseil de préfecture. (Instruction générale de Finances, art. 872.)

Vente de coupes ou portions de coupes affouagères. Emploi des lots. — En général, les coupes affouagères ne sont pas considérées comme une ressource communale et ne doivent pas être détournées de leur destination, de fruits perçus en nature. Cependant il est des cas où des changements de destination peuvent être nécessaires.

Aux termes du 2e paragraphe de l'article 109 du Code forestier, lorsque les coupes sont délivrées en nature pour l'affouage, et que les communes n'ont pas d'autres ressources, il doit être distrait une portion suffisante des coupes, qui est vendue aux enchères avant toute distribution, et le prix doit être employé au payement des charges inhérentes aux bois.

Les communes peuvent aussi opérer de semblables prélèvements pour les besoins des établissements municipaux, tels que les mairies, les écoles, les corps de garde et tous les locaux consacrés à un service communal, que les communes sont tenues de chauffer pendant l'hiver ou de réparer. (Décis. Fin. 27 mars 1830.)

Il y a lieu aussi à la vente des coupes affouagères lorsque les communes, possédant beaucoup de bois, ne sont pas dans l'usage d'employer la totalité de leurs coupes à la consommation des habitants. Elles doivent faire connaître à l'agent forestier local la quantité de bois qui leur est nécessaire, et il en est fait délivrance, soit par l'adjudicataire de la coupe, soit au moyen d'une réserve sur cette coupe. (O. 1er août 1827, art. 141.)

Dans les communes dont les ressources sont insuffisantes pour le payement de leurs gardes champêtres et forestiers, ou pour l'acquit des charges et des contributions établies sur leurs bois et autres biens en jouissance commune, les coupes affouagères, au lieu d'être distribuées entre les habitants, peuvent être vendues sous l'autorisation du préfet. Les conseils municipaux qui sont dans l'intention de faire vendre tout ou partie des coupes affouagères doivent en faire la demande dans la session de mai. La vente en est faite alors par voie d'adjudication; mais, à raison de la faible importance de ces coupes, il n'est pas nécessaire que l'adjudication soit faite au chef-lieu de sous-préfecture, et le préfet désigne le lieu qui lui paraît le plus convenable. Le recouvrement du prix de cette adjudication est effectué selon les règles établies pour le prix de vente des coupes ordinaires dont il vient d'être parlé. Les coupes ou portions de coupes de la valeur de 500 francs et au-dessus peuvent, avec l'approbation du ministre, être adjugées dans la commune propriétaire, sous la présidence du maire, mais toujours avec l'intervention des agents forestiers. (C. Int., 31 décembre 1828; Instruction générale, art. 873.) — Voy. Bois des communes.

Lorsque l'affouage provient d'un bois domanial, il est interdit aux habitants, qui sont alors considérés comme de simples usagers, de vendre ou d'échanger les bois qui leur sont délivrés, et de les employer à aucune autre destination que celle pour laquelle le droit d'usage a été accordé. — S'il s'agit de boi de chauffage, la contravention donne lieu à une amende de 10 à 100 francs. — S'il s'agit de bois à bâtir ou tout autre bois non destiné au chauffage, il y aura lieu à une amende double de la valeur des bois, sans que cette amende puisse être au-dessous de 50 francs. (C. F., art. 83.)

Vingtième dû au Trésor. — Les communes doivent à l'Etat le vingtième de la valeur des coupes affouagères. La valeur des coupes délivrées en nature est fixée par le ministre des finances, sur les propositions de l'agent forestier, les observations du conseil municipal et l'avis du préfet. Toutefois, la somme à rembourser à l'Etat par chaque commune ne peut dépasser un franc par hectare des bois qui lui appartiennent. (L. des finances 25 juin 1841, art. 5; 19 juillet 1845, art. 6; 14 juillet 1856, art. 14.) — Voy. Bois.

Affranchissement. — Action par laquelle on affranchit une lettre, un paquet, de telle sorte que le destinataire les reçoive sans avoir aucun droit, aucune taxe à acquitter. — Voy. FRANCHISE, CORRESPONDANCE, POSTE.

Age. — L'âge détermine la capacité civile et politique des personnes. Il est aussi une des conditions requises pour l'exercice des fonctions publiques.

A 21 ans, l'homme est réputé capable de tous les actes de la vie civile ; mais c'est seulement à 25 ans qu'il peut exercer certaines fonctions publiques. Ainsi, pour être nommé maire, adjoint, conseiller municipal, il faut avoir 25 ans accomplis. — Voy. CONSEIL MUNICIPAL, MAIRE.

Agent comptable. — Agent chargé soit d'un maniement de fonds, soit d'un mouvement ou d'une manutention de matières, qui est tenu d'en rendre compte.

Agents de change. — Officiers publics nommés par le Président de la République, et institués : 1º pour opérer, comme intermédiaires, la négociation des effets publics et des effets de commerce et pour en constater le cours ; 2º pour constater le cours des matières métalliques, dont ils ont seuls, avec les courtiers de marchandises, le droit d'opérer, comme intermédiaires, la négociation. Le Code de commerce (art. 76 et 83 à 89) détermine les règles de leur gestion et les garanties de responsabilité qui doivent environner le privilège dont ils jouissent.

Dans beaucoup de localités, la profession d'agent de change est encore réunie à celle de courtier. — Voy. BOURSE DE COMMERCE, COURTIERS.

Agents de police. — Les agents de police, qu'on désigne aussi sous le titre de sergents de ville ou d'appariteurs, sont placés sous les ordres des commissaires de police, et, dans les villes où il n'y a pas de commissaire de police, sous les ordres immédiats du maire.

Ces agents sont choisis et nommés par le maire, et leur traitement est prélevé, comme celui de tous les autres employés, sur le budget de la commune. Ils doivent être agréés par le préfet ou le sous-préfet. Ils ne peuvent être révoqués que par le préfet. (L. 5 avril 1884, art. 103.) Ils n'ont pas le caractère d'officiers de police judiciaire et ne peuvent, par conséquent, dresser des procès-verbaux faisant foi en justice. Leurs rapports n'ont d'autorité devant les tribunaux que lorsqu'ils sont appuyés par des preuves légales, telles que témoignages, aveu, etc. Dans tout autre cas, ils ne valent que comme dénonciation des faits dont les agents ont été témoins.

Cependant les agents de police sont reconnus par la loi. Ils sont assimilés aux agents de la force publique, soit lorsqu'ils sont requis de prêter main-forte à l'exécution des jugements, soit lorsque, porteurs eux-mêmes de mandats de justice, ils sont chargés d'arrêter les prévenus, accusés ou condamnés, et de les traduire devant le magistrat compétent. (D. 18 juillet 1811, art. 77.) En cette qualité, ils jouissent de la protection accordée par l'article 224 du Code pénal aux agents dépositaires de la force publique, et les outrages qu'ils ont reçus doivent être punis des peines prononcées par cet article. (Cass. 29 août 1829.)

Les agents de police, hors les cas où ils sont porteurs de mandats légaux, n'ont aucun droit coercitif sur les personnes, et ne peuvent les arrêter qu'en cas de flagrant délit. Ils ne peuvent non plus faire de leur chef aucun acte de poursuite, ni visites, ni perquisitions domiciliaires.

Lorsque, sous les ordres de l'autorité municipale qui les a institués, ils exercent la surveillance qui leur a été confiée, ils sont également compris dans la classe des agents de l'autorité publique, et les injures qui leur sont adressées pour des faits relatifs à leurs fonctions doivent être réprimées conformément aux dispositions de l'article 19 de la loi du 17 mai 1819. (Arrêt de cass. 13 mai 1831 et 16 juin 1832.) — Voy. POLICE.

Agents de poursuites. — Voy. PORTEURS DE CONTRAINTES.

Agents du Gouvernement. — Les agents du Gouvernement peuvent aujourd'hui être poursuivis judiciairement, pour faits relatifs à leurs fonctions, sans autorisation préalable. — Voy. FONCTIONNAIRES.

Agents forestiers. — On comprend sous cette dénomination les conservateurs, inspecteurs, sous-inspecteurs et gardes généraux de l'administration forestière. Les emplois de cette administration sont incompatibles avec toutes autres fonctions, soit administratives, soit judiciaires.

Les agents forestiers constatent par procès-verbaux les délits de bois, de chasse et de pêche; ils peuvent, dans toutes les poursuites et actions exercées en leur nom, faire toutes citations et significations d'exploits, sans cependant pouvoir procéder aux saisies-exécutions; ils ont le droit de requérir directement la force publique. (C. F., art. 160, 164 et 173; L. 15 avril 1821, art. 36.) — Voy. CHASSE, FORETS, PÊCHE.

Agents voyers. — Agents chargés de la direction et de la surveillance des travaux des chemins vicinaux.

L'article 14 de la loi du 21 mai 1836 est ainsi conçu :

« Le préfet pourra nommer des agents voyers. Leur traitement sera fixé par le conseil général. Ce traitement sera prélevé sur les fonds affectés aux travaux.

« Les agents voyers prêteront serment ; ils auront le droit de constater les contraventions et délits, et d'en dresser des procès-verbaux. »

Tel est le point de départ de l'organisation actuelle. Les agents voyers forment, dans chaque département, sous l'autorité du préfet, une administration complète. Il y a d'ordinaire un agent voyer en chef, qui réside au chef-lieu et qui a la direction des travaux pour tout le département, des agents voyers d'arrondissement et des agents voyers cantonaux.

L'article 11, rapporté ci-dessus, n'impose aux préfets aucune condition pour la nomination des agents voyers ; cependant, le ministre de l'intérieur a pensé qu'on ne devait confier ces fonctions qu'à des hommes qui justifieraient des connaissances nécessaires pour les remplir convenablement. Une circulaire du 11 octobre 1836 invite les préfets à ne nommer les agents voyers qu'après un examen subi devant une commission. Une nouvelle circulaire du 25 octobre 1878 a ouvert un concours à Paris et indiqué le programme de ce concours.

Le préfet a seul qualité pour prononcer la révocation des agents voyers, la loi n'ayant pas réservé ce droit à l'autorité supérieure. Mais la circulaire du 3 septembre 1879 enjoint formellement aux préfets de ne prononcer la mise à la retraite ou la révocation des agents voyers en chef et de ne procéder à leur remplacement qu'après en avoir référé au ministre et soumis leurs choix à son approbation.

Le personnel des agents voyers ne doit pas être considéré comme ayant une organisation exclusivement départementale, car la jurisprudence a établi que les dispositions des articles 33 et 45 de la loi du 10 août 1871, qui donnent au conseil général le droit de déterminer les conditions auxquelles sont tenus de satisfaire les candidats aux fonctions rétribués uniquement sur les fonds départementaux, ne sont pas applicables aux agents voyers qui ne sont pas exclusivement rémunérés sur lesdits fonds. (Décrets en Conseil d'État : 10 décembre 1872, 8 novembre 1873, 25 juin 1874, 5 août 1875, 10 mars 1875, 5 octobre 1878.) Il a été décidé par suite qu'un conseil général excédait ses pouvoirs en introduisant dans le règlement une disposition exigeant l'intervention de la commission départementale pour la nomination de l'agent voyer en chef, de même que pour les avancements ou révocations. (Décret 8 mars 1873.) Non seulement le conseil général ne doit pas s'immiscer dans les conditions de nomination des agents voyers, mais ni lui ni la commission départementale ne peut communiquer directement avec l'agent voyer en chef sans l'intermédiaire du préfet. (Décrets 23 et 25 juin 1874.)

Les agents voyers, étant appelés à constater les contraventions et délits commis sur les chemins vicinaux, doivent être citoyens français et âgés de 21 ans accomplis ; autrement, leurs procès-verbaux ne seraient pas valables. La loi veut qu'ils prêtent serment, mais elle ne dit pas devant quelle autorité. L'administration a pensé que ce serment devait être prêté devant le tribunal de l'arrondissement où ils exercent leurs fonctions, car les tribunaux de l'ordre judiciaire ont souvent à statuer sur les procès-verbaux dressés par les agents voyers, et ils pourraient contester la validité des actes rédigés par des agents qui n'auraient pas prêté serment devant l'autorité judiciaire. Le procès-verbal constatant la prestation de serment doit être enregistré moyennant le droit fixe de 3 francs.

Les agents voyers ont pour mission non seulement de préparer les projets, plans, devis et cahiers des charges concernant l'ouverture, le redressement et l'élargissement des chemins vicinaux, mais encore d'en diriger et surveiller les travaux, d'en constater la bonne exécution sous la surveillance morale des préfets, sous-préfets et maires. (Circulaire 9 juillet 1877.) Ils ont en outre la police de la conservation des chemins vicinaux.

Une loi du 28 février 1872 les a appelés, en dehors de la sphère ordinaire de leurs attributions, à concourir à la répression de la fraude concernant la circulation des boissons.

Les procès-verbaux dressés par les agents voyers n'ont pas besoin, pour être valables, d'être affirmés. (Cass. 5 janvier et 23 février 1848; Arrêt Cons. d'Etat 14 mars 1845.) Mais ils ne font foi que jusqu'à preuve contraire. Enfin, les agents voyers étant créés pour le service spécial des chemins vicinaux, il s'ensuit qu'ils n'ont pas qualité pour constater les contraventions commises sur les rues ou sur les chemins non classés. (Cass. 23 janvier 1841 et 13 décembre 1843.)

Les agents du service vicinal sont tenus, quelles que soient leurs fonctions, de conserver la dénomination spéciale d'agents voyers, titre pour lequel ils ont prêté serment et qui, seul, leur confère le droit de rédiger légalement des procès-verbaux.

Les agents voyers n'ont droit à aucune portion des amendes prononcées en matière de voirie vicinale, ni à aucune remise sur le montant des travaux dont ils dirigent l'exécution, ainsi que cela se pratique pour les agents des ponts et chaussées. Le ministre de l'intérieur a plusieurs fois donné des instructions dans ce sens. Enfin, ils n'ont pas qualité pour entrer en conférence avec les officiers du génie au sujet des travaux des chemins vicinaux situés dans la zone frontière. Les ingénieurs des ponts et chaussées sont seuls compétents à cet effet. (Circ. Int. 21 novembre 1842).

Aux termes de l'article 46, § 7 de la loi du 10 août 1871, les conseils généraux peuvent désigner les services qui sont chargés de la construction des routes départementales, des chemins de grande communication et d'intérêt commun. Il leur est loisible de choisir entre le service des ingénieurs et celui des agents voyers. (Circ. 18 octobre 1874.) La grande majorité des conseils généraux a jugé préférable de confier aux agents voyers la direction de ce service. On a reconnu aussi qu'il y aurait de très graves inconvénients à distraire ce service du ministère de l'intérieur pour le transporter à celui des travaux publics. — Voy. CHE-MINS VICINAUX.

Les agents voyers sont inéligibles dans leur ressort au conseil municipal. (L. 5 avril 1884, art. 33.)

Agiotage. — L'agiotage est le jeu sur les effets publics, les métaux précieux et les marchandises dont les cours sont régulièrement cotés.

Les paris sur la hausse et la baisse des effets publics sont punis d'un emprisonnement d'un mois au moins, d'un an au plus, et d'une amende de 500 francs à 10,000 francs. Les coupables pourront de plus être mis sous la surveillance de la haute police, pendant deux ans au moins et cinq ans au plus. (C. P., art. 421.)

Sera réputé pari de ce genre, toute convention de vendre ou de livrer des effets publics qui ne seront pas prouvés par le vendeur avoir existé à sa disposition au temps de la convention, ou avoir dû s'y trouver au temps de la livraison. (Id., art. 422.) — Voy. POLICE.

Agréé. — On désigne sous ce nom celui dont la profession est de plaider les affaires commerciales, et qui a obtenu, à cet effet, l'agrément du tribunal de commerce. — Voy. TRIBUNAL DE COMMERCE.

Agriculture. — L'action administrative s'exerce sur l'agriculture, soit comme industrie, soit comme commerce.

Dans le premier cas, l'administration doit protéger l'agriculture en dirigeant et proposant les moyens d'accroître le plus possible les produits territoriaux. C'est ainsi que la loi sur les irrigations, par exemple, a permis au cultivateur d'utiliser des eaux jusqu'alors improductives, et par suite de créer de nouvelles prairies, d'améliorer les anciennes, d'augmenter, en un mot, les produits de son exploitation. C'est ainsi encore que la loi du 10 juin 1854 est venue faire disparaître toutes les entraves qui s'opposaient à la pratique du drainage.

Enfin, c'est également dans ce but que le ministre de la guerre met chaque année, au moment des moissons, un certain nombre de militaires à la disposition des cultivateurs. (Circ. 5 avril 1882.)

Dans le second cas, l'administration détermine par des lois et règlements spéciaux la vente des productions, désigne les lieux destinés à cette même vente, tels que les foires et marchés, en fixe les époques, constate par des mercuriales le prix des grains, et s'occupe exclusivement de la police de ces mêmes lieux.

La direction de l'agriculture fait partie du ministère de l'agriculture et du commerce, c'est donc au ministre chargé de ce département que doivent être adressées, par l'entremise des préfets ou des sociétés d'agriculture, toutes les demandes relatives à l'industrie agricole. — Voy. MINISTÈRES.

Un comité central et supérieur, ayant un caractère consultatif, a été placé sous le titre de Conseil général d'agriculture auprès du ministre.

Ce conseil, dont l'organisation est aujourd'hui réglée par le décret du 25 mars 1852, peut être saisi de toutes les questions d'intérêt général sur lesquelles les chambres d'agriculture ont été consultées. Il donne aussi son avis sur toutes celles que le ministre lui soumet (art. 15). — Voy. CONSEIL GÉNÉRAL D'AGRICULTURE.

Il y a dans chaque arrondissement une chambre consultative d'agriculture, qui correspond directement avec le sous-préfet et le préfet, et par l'intermédiaire du préfet, avec le ministre de l'agriculture et du commerce. (D. 25 mars 1852, art. 1 et 7.) Voy. — CHAMBRES CONSULTATIVES D'AGRICULTURE.

Indépendamment du conseil général et des chambres consultatives dont il vient d'être parlé et qui forment une représentation officielle de l'agriculture, il peut y avoir dans chaque arrondissement un ou plusieurs comices agricoles qui correspondent avec la chambre d'agriculture, et sont particulièrement chargés des intérêts agricoles pratiques, du jugement des concours, de la distribution des primes ou autres récompenses dans leurs circonscriptions. (L. 20 mars 1851, art. 1 et 5.)

Pour favoriser les progrès de l'agriculture, la loi du 30 juillet 1875 a organisé l'enseignement élémentaire et pratique de l'agriculture. — Voy. ÉCOLES D'AGRICULTURE et COMICES.

Les comices agricoles, comme les sociétés d'agriculture, sont des institutions libres, sous la seule condition de l'approbation de leurs statuts par l'autorité préfectorale. — Voy. BERGERIES, CULTURE, DRAINAGE, ÉCOLES VÉTÉRINAIRES, FERMES-MODÈLES, HARAS, IRRIGATION, POLICE RURALE.

Ajournement. — Comme terme de procédure, ce mot s'étend d'une assignation donnée à une personne pour l'appeler *à tel jour* devant un tribunal et particulièrement un tribunal civil ou de commerce. — Voy. ASSIGNATION.

Ajourner signifie aussi différer, remettre à un autre temps ; c'est ainsi que l'on dit dans le langage législatif que la présentation, la discussion de tel projet de loi est ajournée.

On dit aussi d'un corps délibérant, politique ou autre, qu'il s'ajourne à tel jour. Cela signifie que les membres de cette assemblée, avant de se séparer, prennent jour pour leur prochaine réunion.

Algérie. — L'Algérie, au point de vue de l'administration, a toujours été divisée en territoire civil et en territoire militaire. Bien que les fonctions de gouverneur général civil et de commandant militaire aient été plusieurs fois réunies dans les mêmes mains, cette division a toujours subsisté.

Actuellement, en vertu du décret du 26 novembre 1881, ces pouvoirs sont séparés.

Le gouverneur général civil centralise l'administration de tous les territoires civils, y compris la totalité du Tell algérien, et les services administratifs concernant les Européens et les indigènes y résidant, tandis que l'administration des populations indigènes établies dans les territoires dits de commandement est confiée au commandant en chef du 19e corps d'armée.

En vertu des décrets du 26 août 1881, les services civils de l'Algérie sont, en principe, placés sous l'autorité directe des ministres compétents ; mais le gouverneur général civil statue par délégation du ministre de l'intérieur et des cultes sur les objets spécialement déterminés dans le second des décrets précités. (Voir *Bulletin de l'intérieur*, 1881, p. 401.)

Pour l'expédition des affaires administratives, le gouverneur général a auprès de lui un directeur de l'intérieur, un directeur des travaux publics et un directeur des finances institués par le décret du 30 juin 1876. Il est en outre assisté d'un conseil de gouvernement composé des trois directeurs ci-dessus indiqués, du premier président, du procureur général, du commandant en chef, du commandant supérieur de la marine, du commandant supérieur du génie, du recteur de l'Académie d'Alger, d'un conseiller secrétaire et d'un secrétaire adjoint, et enfin de l'archevêque d'Alger, qui a toujours entrée au conseil et siège à droite du président.

Les attributions de ce conseil sont déterminées conformément aux dispositions du décret des 10 décembre 1869, article 10, et 30 avril 1861.

Chaque année, les conseils généraux de l'Algérie élisent, dans la session pendant laquelle ils sont appelés à voter le budget, cinq délégués par département qui, réunis au conseil du gouvernement à Alger et aux généraux de division territoriale et aux préfets, y forment un conseil supérieur de gouvernement dont les attributions consistent principalement à donner son avis sur le projet du budget. (D. 11 août 1875, art. 12.)

L'Algérie nomme par département un député et un sénateur (1).

Le territoire civil est divisé en départements, arrondissements, cantons et communes, à la tête desquelles on trouve, comme en France,

(1) Aux termes d'un projet de loi actuellement soumis aux chambres la représentation de l'Algérie doit être augmentée ainsi que celle des colonies (il y aura désormais 2 députés par département).

un préfet, un sous-préfet et un maire qui ont auprès d'eux des conseils de préfecture, des conseils généraux organisés comme ceux de France, sauf la participation du général commandant aux travaux de ce conseil pour les affaires du territoire militaire, et sauf la présence d'assesseurs musulmans avec voix délibérative. (D. 23 septembre 1875.)

Les communes de l'Algérie se divisent en communes de plein exercice, communes mixtes et communes indigènes.

Les communes de plein exercice sont constituées comme celles de la métropole et régies par les mêmes lois.

Les communes mixtes sont administrées par un commissaire civil ou par un administrateur auquel est adjoint une commission municipale nommée par l'autorité; et dont chaque membre indigène ou européen fait fonction d'adjoint dans sa section.

La commune indigène, ou cercle (celle qui fait partie du territoire militaire), est administrée par un officier supérieur ne relevant que du général commandant la division et l'assemblée municipale ou *djemmaâ* qui n'est composée que d'indigènes.

La juridiction du conseil de préfecture s'étend sur les deux territoires civils et militaires.

La justice à quelques exceptions près est organisée comme en France, seulement tous les magistrats sont amovibles, et il est attaché à chaque tribunal un assesseur musulman, avec voix consultative pour le jugement des contestations entre musulmans, et il y a en outre des juges suppléants rétribués.

Partout où il n'y a pas de juge de paix, les indigènes sont jugés par un cadi en vertu de la loi musulmane. Les décisions du cadi sont susceptibles d'appel devant les tribunaux de première instance. (D. 13 septembre 1866 et 27 avril 1877.) Du reste, les indigènes peuvent toujours, d'un commun accord, porter leurs contestations devant la justice française. Les cadis perdent leur juridiction partout où il y a des juges de paix, ils continuent seulement d'exercer les fonctions de notaire, en concurrence avec les notaires français. (D. 29 août, 10 octobre 1874, et 13 décembre 1879.)

Le grand problème en Algérie a toujours été et est encore de développer la colonisation. La mise en séquestre de plus de 600,000 hectares de terre à la suite de l'insurrection de 1871 a donné une vive impulsion à la création des centres de colonisation. Le gouvernement en a profité pour établir en Algérie les Alsaciens-Lorrains qui avaient opté pour la naturalité française. (L. 15 septembre, 1871; D. 16 octobre 1871, 10 octobre 1872, 15 juillet 1874.) Mais cette ressource épuisée, le problème le plus difficile à résoudre était, tout en conservant aux indigènes leurs droits immobiliers, de réserver et constituer au profit du gouvernement français non seulement les biens du domaine de l'Etat et du domaine public, mais encore ceux à donner aux colons européens par voie de concessions ou autrement. La loi du 26 juillet 1873 a eu pour but de mettre fin aux incertitudes et de fixer la propriété foncière algérienne en la soumettant à une législation uniforme et notamment à la loi sur la transcription. Sa mise à exécution a donné lieu à des difficultés qui ont rendu nécessaires le vote d'une nouvelle loi sur la transcription, l'enregistrement et le timbre des titres. (Loi du 14 juillet 1879.) Comme corollaire de cette dernière loi, le parlement proposa une loi sur la constitution de l'état civil des indigènes musulmans de l'Algérie, qui a été récemment votée.

D'autre part, le décret du 30 septembre 1878 a apporté des modifications importantes au système de concession de terres domaniales jusque-là en vigueur. Aux termes de cette loi, les terres domaniales affectées au service de la colonisation sont divisées en lots de village, et en lots de ferme ; les lots ne sont plus donnés en location mais concédés à des Européens d'origine française ou nationalisés, ou même en instance de naturalisation, qui justifient, pour les lots de village, de ressources jugées suffisantes, et pour les lots de ferme, d'un capital disponible et représentant 150 francs par hectare.

Cette concession est gratuite et transporte la propriété au concessionnaire, sous la condition suspensive de l'exécution de différentes clauses réglées par le décret, dont la principale consiste dans l'obligation, à peine de déchéance, de la résidence effective sur la terre concédée pendant les cinq années qui suivront la concession. Les concessionnaires de lots de ferme, seuls, peuvent être dispensés de la résidence en s'obligeant : 1° à installer et à maintenir pendant cinq ans des colons français sur la concession ; 2° à employer aux améliorations utiles et permanentes une dépense moyenne de 150 francs par hectare.

Pendant la période provisoire le concessionnaire peut céder sa concession dans les cas et sous les conditions déterminées par le décret ; il peut aussi l'hypothéquer, lorsque l'emprunt qu'il contracte est destiné à des travaux sur la concession.

A l'expiration de la période quinquennale, le concessionnaire, s'il a rempli toutes les charges et conditions qui lui sont imposées, reçoit un titre définitif de propriété. Il peut même réclamer ce titre après trois ans de résidence, s'il justifie une dépense moyenne de cent francs par hectare en améliorations utiles et permanentes. Mais il lui est interdit de vendre sa terre aux indigènes non naturalisés, pendant 20 ans à partir de la concession définitive, s'il s'agit d'un lot de ferme, et pendant 10 ans, s'il s'agit d'un lot de village. Les concessions de lots de village sont aussi soumises à certaines conditions particulières.

Enfin les terres concédées sont exemptes pendant 10 ans, à partir de la concession, de tous impôts qui pourraient être établis sur la propriété immobilière en Algérie.

Pour terminer cette matière, ajoutons que la circulaire du 13 novembre 1871 recommande de réserver les autorisations de passage gratuit sur mer aux ouvriers ou cultivateurs fournissant la preuve qu'ils auront, à leur arrivée dans la colonie, des moyens d'existence assurés, soit par des ressources personnelles, soit par des promesses de travail.
— Voy. *Dict. des formules*, n° 60.

Aliénation. — Action d'aliéner, de vendre ; s'entend généralement des ventes d'immeubles.

Les aliénations de biens communaux continuent à être soumises comme par le passé à l'approbation préalable de l'administration (art. 68, § 2, loi du 5 avril 1884).

Les aliénations de bois communaux soumis au régime forestier sont astreintes à des règles spéciales auxquelles la loi municipale n'a pas dérogé. — Voy. Bois.

Les délibérations des conseils municipaux ayant pour objet des ventes d'immeubles autres que les bois sont exécutoires sur arrêté du préfet pris en conseil de préfecture, article 69, paragraphe 2, loi du 5 avril 1884, quelle qu'en soit la valeur. La circulaire ministérielle du 5 mai 1852 recommande aux préfets de veiller à ce que les communes ne déshéritent pas trop facilement les générations à venir par des ventes peu réfléchies, de ne les autoriser qu'en cas de nécessité bien constatée et de faire en sorte qu'elles combinent toujours cette ressource avec la voie de l'emprunt remboursable par une imposition extraordinaire. Le motif que le produit actuel des biens communaux est inférieur à l'intérêt que rapporteraient les fonds placés en rentes sur l'Etat n'est pas suffisant pour légitimer une aliénation, si, d'ailleurs, la commune n'a pas de besoins urgents, ou si elle peut subvenir par d'autres moyens au déficit de son budget. (Av. du comité de l'int. du Conseil d'Etat 31 mai 1833.)

Les ventes de meubles sont aussi soumises à l'approbation du Préfet.

La vente des biens immobiliers des communes, autres que ceux qui servent à un usage public, peut être autorisée, sur la demande de tout créancier porteur d'un titre exécutoire, par un décret du Président de la République qui détermine les formes de la vente. (Loi 5 avril 1884, art. 110.)

Ventes par adjudication. — Quant au mode d'aliénation, c'est par la voie de l'adjudication publique qu'il doit y être procédé dans les formes prescrites par l'article 89 de la loi du 5 avril 1884. Les ventes à l'amiable ne sont autorisées que dans certains cas déterminés, comme, par exemple, lorsque l'objet est de peu de valeur ou qu'il y a avantage évident pour la commune ; lorsque la vente est faite à un établissement public ; enfin, quand il s'agit de l'exécution des alignements de voirie urbaine ou vicinale. — Voy. ALIGNEMENT, CHEMINS VICINAUX, VOIRIE.

La vente aux enchères doit, dans tous les cas, être précédée d'une enquête, d'une expertise et de la rédaction d'un cahier des charges indiquant les époques de payement et les autres conditions imposées à l'acquéreur.

Les pièces à produire pour obtenir l'autorisation d'aliéner un immeuble sont les suivantes :

Pour une vente aux enchères :

1° La délibération du conseil municipal portant vote de l'aliénation ;

2° Le procès-verbal d'enquête *de commodo et incommodo* ;

3° Un procès-verbal d'estimation des immeubles à aliéner ;

4° Le plan figuré et détaillé des lieux ;

5° Le cahier des charges de l'adjudication ;

6° Enfin, la délibération du conseil municipal sur les résultats de l'expertise et de l'enquête.

Le cahier des charges, revêtu de l'approbation du préfet, est renvoyé avec les autres pièces au maire, qui procède à l'adjudication après apposition d'affiches. — Voy. *Dict. des formules,* nos 182 et 183.

Ventes à l'amiable. — Pour une vente à l'amiable, on doit produire les pièces ci-dessus indiquées, nos 1, 2, 3, 4, et 6, et de plus la soumission de l'acquéreur. Cette pièce est remplacée par une délibération du conseil municipal ou de la commission administrative, si la vente est faite à un établissement public.

Si la commune est autorisée, par l'arrêté du préfet, à consentir la vente à l'amiable, le maire dresse l'acte dans la forme administrative (art. 90, loi du 5 avril 1884), à moins que l'acquéreur, à la charge de qui sont les frais, n'aime mieux le passer par-devant notaire.

En général, il doit être stipulé dans le cahier des charges ou l'acte de vente à l'amiable que le payement sera fait entre les mains du receveur municipal avant la prise de possession de l'immeuble. Si un délai est accordé à l'acquéreur, le terme doit en être fixé avec stipulation d'intérêts et avec réserve de poursuites contre le débiteur en payement du capital, par saisie de biens, réadjudication sur folle enchère ou rescision d'adjudication. On doit, en outre, insérer dans l'acte une clause spéciale portant que l'acquéreur, s'il veut se libérer par anticipation, ne pourra le faire valablement qu'en opérant son versement à la caisse du receveur particulier de l'arrondissement, à titre de placement au Trésor public pour le compte de la commune. (Circ. int. 4 mai 1857.)

Règles communes à toutes les ventes. — Les actes de vente d'immeubles soit notariés, soit administratifs, passés en vertu des délibérations des conseils municipaux et des cahiers des charges approuvés par les préfets, sont définitifs, et comme tels ne peuvent plus être annulés par l'autorité administrative. Les maires doivent néanmoins adresser au sous-préfet, immédiatement après la vente, deux copies sur papier libre du procès-verbal d'adjudication ou du contrat à l'amiable. L'une est destinée au receveur municipal, à qui elle parvient par l'entremise du receveur des finances; l'autre permet à l'autorité supérieure de vérifier si les dispositions du cahier des charges ont été exactement observées. (Circ. int. 27 octobre 1864.)

Dans les vingt jours de la vente, l'acte doit être soumis à la formalité de l'enregistrement, aux frais de l'acquéreur. — Voy. ENREGISTREMENT, RÉPERTOIRE.

Aux termes de l'article 1596 du Code civil, il est interdit au maire de se rendre adjudicataire des biens de sa commune. Il en est de même à l'égard du maire agissant comme tuteur au nom de son pupille.

Cette exclusion ne s'étend pas aux receveurs municipaux; mais ces comptables ne pourraient concourir aux adjudications pour fermes ou loyers, attendu les obligations qui leur sont imposées par l'arrêté du 19 vendémiaire an XII.

Il résulte de la jurisprudence du comité de l'intérieur du Conseil d'Etat sur cette matière : 1° que les étrangers ne peuvent être exclus de l'adjudication au profit des seuls habitants de la commune (Av. 17 juillet 1837); 2° que le résultat de l'adjudication doit être arrêté par le maire, d'après les enchères ou soumissions, sans l'intervention du conseil municipal (Id. 24 décembre 1837); 3° que la fixation d'un *minimum* de prix déterminé à l'avance n'est pas, en général, applicable à la vente des biens communaux. (Id. 25 juillet 1832.)

Le produit des biens aliénés figure au budget extraordinaire de la commune (art. 134, § 3, loi du 5 avril 1884).

Dans le cas où le concours d'un notaire est jugé nécessaire, c'est au maire qu'il appartient de le choisir. Toutefois, s'il y a désaccord formel sur ce choix entre le maire et le conseil, le préfet doit le désigner lui-même, en vertu de l'article 4 de l'ordonnance du 7 octobre 1818. (Décis. min. 31 janvier 1840.)

Relativement aux contestations qui peuvent s'élever en matière d'aliénations communales, elles sont du ressort de l'autorité judiciaire. Ainsi, c'est aux tribunaux qu'il appartient de prononcer, tant sur les actions en nullité pour vice de forme, que sur les questions d'interprétation ou d'exécution des actes d'adjudication, de surenchères et autres semblables.

Lorsque l'enquête *de commodo et incommodo,* qui doit précéder la vente, soulève des oppositions fondées sur le droit de propriété, il y a lieu de surseoir à la vente de la portion contestée, jusqu'à décision des tribunaux. Les observations des opposants entendus dans l'enquête doivent être examinées par le conseil municipal, et ses réponses jointes aux pièces à produire pour valoir ce que de droit. (Avis du Cons. d'Etat 19 mars et 9 août 1833.)

Les aliénations d'immeubles par les établissements de bienfaisance sont soumises aux mêmes règles et formalités que celles des communes. — Voy. Bureaux de bienfaisance, Hospices.

Tout ce qui vient d'être dit ne s'applique qu'aux biens productifs de revenus. Quant aux terres incultes ou au marais composant le patrimoine commun, le législateur a dû se préoccuper de leur mise en valeur et par suite provoquer souvent leur aliénation partielle. (Loi 28 juillet 1860.) — Voy. Terres incultes, Marais.

Aliénés. — On appelle aliéné un individu atteint d'aliénation mentale ou folie.

L'entretien et le traitement des aliénés est un soin non seulement d'humanité, mais de bonne police.

L'article 97 de la loi du 5 avril 1884, reproduisant les termes de l'article 3 du titre XI de la loi des 16-24 août 1790, confie à la vigilance et à l'autorité des corps municipaux... le soin d'obvier ou de remédier aux événements fâcheux qui pourraient être occasionnés par les insensés ou les furieux laissés en liberté.

L'article 15 du titre 1er de la loi des 19-22 juillet 1791 déclare passibles de peines de police municipale ceux qui laisseront divaguer des insensés ou furieux. Le Code pénal prononce, contre les individus qui contreviendraient à ces dispositions, les peines suivantes :

« Seront punis d'amende, depuis 6 francs jusqu'à 10 francs inclusivement, ceux qui auraient laissé divaguer des fous et des furieux étant sous leur garde... La peine de l'emprisonnement, pendant cinq jours au plus, sera toujours prononcée en cas de récidive. (C. P., art. 476 et 478.)

« Seront punis d'une amende de 11 à 15 francs inclusivement, ceux qui auront occasionné la mort ou la blessure des animaux ou bestiaux appartenant à autrui, par l'effet de la divagation des fous et furieux... La peine de l'emprisonnement, pendant cinq jours, aura toujours lieu pour récidive... » (Id., art. 479 et 480.)

Dans ces différentes dispositions, le législateur ne se préoccupe, comme on le voit, que de la tranquillité de la sûreté publique.

Le gouvernement chercha enfin à apporter quelque adoucissement à la situation des aliénés, en faisant assimiler, par les lois de finances de 1836 et 1837, les dépenses pour les aliénés indigents aux dépenses variables départementales, sans préjudice du concours de la commune du domicile de l'aliéné et des hospices. Mais cette législation n'était que provisoire ; une loi définitive était nécessaire, tant pour affecter des ressources permanentes à l'entretien et au traitement des aliénés indigents, que pour pourvoir à la création d'établissements où les aliénés devaient être recueillis et soignés, et pour donner à l'autorité et aux familles le pouvoir de placer les aliénés, même non interdits, dans ces établissements. Tel a été le but de la loi du 30 juin 1838.

Des établissements d'aliénés. — D'après l'article 1er de cette loi, chaque département est tenu d'avoir un établissement public spécialement destiné à recevoir et soigner les aliénés, ou de traiter, à cet effet, avec un établissement public ou privé, soit de ce département, soit d'un autre département.

Les préfets statuent sur les traités à passer avec les établissements publics ou privés. (D. 25 mars 1852, tableau A, § 19.)

Les établissements publics consacrés aux aliénés sont placés sous la direction de l'autorité publique. (L. 30 juin 1838, art. 2.)

Les établissements privés consacrés aux aliénés sont placés sous la surveillance de l'autorité publique. (Id., art. 3.)

Le préfet et les personnes spécialement déléguées à cet effet par lui ou par le ministre de l'intérieur, le président du tribunal, le procureur de la République, le juge de paix, le maire de la commune sont chargés de visiter les établissements publics ou privés consacrés aux aliénés.

Ils reçoivent les réclamations des personnes qui y sont placées et prennent à leur égard tous renseignements propres à faire connaître leur position.

Les établissements privés sont visités, à des jours indéterminés, une fois au moins chaque trimestre, par le procureur de la République de l'arrondissement. Les établissements publics le sont de la même manière, une fois au moins par semaine. (Id., art. 4.)

Nul ne peut diriger ni former un établissement privé, consacré aux aliénés sans l'autorisation du préfet.

Les établissements privés consacrés au traitement d'autres maladies ne peuvent recevoir les personnes atteintes d'aliénation mentale, à moins qu'elles ne soient placées dans un local entièrement séparé. Ces établissements doivent être, à cet effet, spécialement autorisés par le préfet. (L. 30 juin 1838, art. 5 ; D. 25 mars 1853, tableau A, § 32.)

Les lois et règlements relatifs à l'administration générale des hospices, notamment en ce qui concerne l'ordre de leurs services financiers, la surveillance de la gestion du receveur et les formes de la comptabilité sont applicables aux établissements publics d'aliénés, en tout ce qui n'est pas contraire aux dispositions qui concernent d'une manière spéciale ces derniers établissements. (O. 18 décembre 1839, art. 16.) — Voy. Hospices.

Les médecins des établissements publics d'aliénés sont, depuis le décret du 25 mars 1852 sur la décentralisation administrative, nommés par les préfets. Leur traitement a été fixé par le décret du 4 février 1875 qui détermine en même temps les conditions d'avancement. Le médecin en chef est tenu de résider dans l'établissement, à moins d'une autorisation spéciale du ministre, et dans ce cas il est remplacé par un médecin résidant.

Le placement de l'aliéné dans un établissement, soit public, soit privé, est volontaire ou ordonné d'office. Les placements volontaires sont ceux dans lesquels n'intervient pas l'autorité publique, qui n'ont pas un caractère de contrainte, d'obligation ; les placements d'office sont ceux, au contraire, que cette autorité a le devoir et le droit de prescrire, contre la volonté même, le cas échéant, des familles des aliénés.

Des placements volontaires. — Les chefs ou préposés responsables des établissements publics et les directeurs des établissements privés consacrés aux aliénés ne peuvent recevoir une personne atteinte d'aliénation mentale, s'il ne leur est remis :

1° Une demande d'admission contenant les noms, profession, âge et domicile, tant de la personne qui la forme que de celle dont le placement est réclamé, et l'indication du degré de parenté, ou, à défaut, de la nature des relations qui existent entre elles.

La demande est écrite et signée par celui qui la forme, et, s'il ne sait pas écrire, elle est reçue par le maire ou le commissaire de police, qui en donne acte.

Les chefs, préposés ou directeurs doivent s'assurer, sous leur responsabilité, de l'individualité de la personne qui a formé la demande, lorsque cette demande n'a pas été reçue par le maire ou le commissaire de police.

Si la demande d'admission est formée par le tuteur d'un interdit, il doit fournir, à l'appui, un extrait du jugement d'interdiction.

2° Un certificat du médecin constatant l'état mental de la personne à placer, et indiquant les particularités de sa maladie et la nécessité de faire traiter cette personne dans un établissement d'aliénés et de l'y tenir renfermée.

Ce certificat ne peut être admis, s'il a été délivré plus de quinze jours avant sa remise au chef ou directeur ; s'il est signé d'un médecin attaché à l'établissement, ou si le médecin signataire est parent ou allié, au second degré inclusivement, des chefs ou propriétaires de l'établissement, ou de la personne qui fait effectuer le placement.

En cas d'urgence, les chefs des établissements publics peuvent se dispenser d'exiger le certificat du médecin.

3° Le passeport ou toute autre pièce propre à constater l'individualité de la personne à placer.

Il est fait mention de toutes les pièces produites dans un bulletin d'entrée, qui est renvoyé dans les vingt-quatre heures, avec un certificat du médecin de l'établissement, et la copie de celui ci-dessus mentionné, au préfet de police à Paris, au préfet ou au sous-préfet dans les communes chefs-lieux de département ou d'arrondissement, et aux maires, dans les autres communes. Le sous-préfet ou le maire en fait immédiatement l'envoi au préfet. (L. 30 juin 1838, art. 8.)

Si le placement est fait dans un établissement privé, le préfet, dans les trois jours de la réception du bulletin, charge un ou plusieurs hommes de l'art de visiter la personne désignée dans ce bulletin, à l'effet de constater son état mental et d'en faire rapport sur-le-champ. (L. 30 juin 1838, art. 9.)

Dans le même délai, le préfet notifie administrativement les noms, profession et domicile, tant de la personne placée que de celle qui a demandé le placement et les causes du placement : 1° au procureur de la République de l'arrondissement du domicile de la personne placée ; 2° au procureur de la République de l'arrondissement de la situation de l'établissement. Ces dispositions sont communes aux établissements publics ou privés. (Id., art. 10.)

Quinze jours après le placement d'une personne dans un établissement public ou privé, il est adressé au préfet, conformément au dernier paragraphe de l'article 8, un nouveau certificat du médecin de l'établissement : ce certificat confirme ou rectifie, s'il y a lieu, les observations contenues dans le premier certificat, en indiquant le retour plus ou moins fréquent des accès ou des actes de démence. (Id., art. 11.)

Il y a, dans chaque établissement, un registre coté et paraphé par le maire, sur lequel sont immédiatement inscrits les noms, profession, âge et domicile des personnes placées dans les établissements, la mention du jugement d'interdiction, si elle a été prononcée, et le nom de leur tuteur, la date de leur placement, les noms, profession et demeure de la personne parente, ou non parente, qui l'a demandé. Sont également transcrits sur ce registre : 1° le certificat du médecin, joint à la demande d'admission ; 2° ceux que le médecin de l'établissement doit adresser à l'autorité.

Le médecin est tenu de consigner sur ce registre, au moins tous les mois, les changements survenus dans l'état mental de chaque malade. Ce registre constate également les sorties et les décès.

Ledit registre est soumis aux personnes qui ont le droit de visiter l'établissement, lorsqu'elles se présentent pour en faire la visite : après l'avoir terminée, elles apposent sur le registre leur visa, leur signature et leurs observations, s'il y a lieu. (Id., art. 12.)

Toute personne placée dans un établissement d'aliénés cesse d'y être retenue aussitôt que les médecins de l'établissement ont déclaré, sur le registre, que la guérison est obtenue.

S'il s'agit d'un mineur ou d'un interdit, il est donné immédiatement avis de la déclaration des médecins aux personnes auxquelles il doit être soumis, et au procureur de la République. (Id., art. 13.)

L'attention toute spéciale de l'autorité administrative est appelée sur les deux derniers paragraphes de l'article 13, qui ont une grande importance pour la liberté individuelle. La déclaration des médecins est souveraine : les chefs des établissements n'ont pas besoin d'autre autorisation pour mettre en liberté la personne détenue, et ils ne pourraient continuer, sous aucun prétexte, à la séquestrer, sans compromettre leur responsabilité personnelle. (Circ. Int. 23 juillet 1838.)

Avant même que les médecins aient déclaré la guérison, toute personne placée dans un établissement d'aliénés cesse également d'y être retenue, dès que sa sortie est requise par l'une des personnes ci-après désignées, savoir :

1° Le curateur nommé en exécution de l'article 38 ;

2° L'époux ou l'épouse ;

3° S'il n'y a pas d'époux ou d'épouse, les ascendants ;

4° S'il n'y a pas d'ascendants, les descendants ;

5° La personne qui a signé la demande d'admission, à moins qu'un parent n'ait déclaré s'opposer à ce qu'elle use de cette faculté sans l'assentiment du conseil de famille ;

6° Toute personne à ce autorisée par le conseil de famille.

S'il résulte d'une opposition notifiée au chef de l'établissement par un ayant droit qu'il y a dissentiment, soit entre les ascendants, soit entre les descendants, le conseil de famille prononce.

Néanmoins, si le médecin de l'établissement est d'avis que l'état mental du malade pourrait compromettre l'ordre public ou la sûreté des personnes, il en est donné préalablement connaissance au maire, qui peut ordonner immédiatement un sursis provisoire à la sortie, à la charge d'en référer dans les vingt-quatre heures au préfet. Ce sursis provisoire cesse de plein droit à l'expiration de la quinzaine si le préfet n'a pas, dans ce délai, donné d'ordres contraires. L'ordre du maire est transcrit sur le registre tenu en exécution de l'article 10.

En cas de minorité ou d'interdiction, le tuteur peut seul requérir la sortie. (L. 30 juin 1838, art. 15.)

Dans les vingt-quatre heures de la sortie, les chefs, préposés ou directeurs en donnent avis aux fonctionnaires désignés dans le dernier paragraphe de l'article 8, et leur font connaître le nom et la résidence des personnes qui ont retiré le malade, son état mental au moment de la sortie, et, autant que possible, l'indication du lieu où il a été conduit. (Id., art. 15.)

Le préfet peut toujours ordonner la sortie immédiate des personnes placées volontairement dans les établissements d'aliénés. (Id., art. 17.)

Des placements d'office. — A Paris, le préfet de police, et, dans les départements, les préfets ordonnent d'office le placement dans un établissement d'aliénés de toute personne interdite ou non interdite, dont l'état d'aliénation compromettrait l'ordre public ou la sûreté des personnes. (Id. art. 18.)

En cas de danger imminent, attesté par le certificat d'un médecin ou par la notoriété publique, les commissaires de police, à Paris, et les maires, dans les autres communes, ordonnent, à l'égard des personnes atteintes d'aliénation mentale, toutes les mesures provisoires nécessaires, à la charge d'en référer dans les vingt-quatre heures au préfet, qui statue sans délai. (Id., art. 19.)

Les chefs, directeurs ou préposés responsables des établissements sont tenus d'adresser aux préfets, dans le premier mois de chaque semestre, un rapport rédigé par le médecin de l'établissement sur l'état de chaque personne qui y est retenue, sur la nature de sa maladie et sur les résultats du traitement.

Le préfet prononce sur chacune individuellement, ordonne son maintien dans l'établissement ou sa sortie. (Id., art. 20.)

A l'égard des personnes dont le placement a été volontaire, et dans le cas où leur état mental pourrait compromettre l'ordre public ou la sûreté des personnes, le préfet peut décerner un ordre spécial, à l'effet d'empêcher qu'elles ne sortent de l'établissement sans son autorisation, si ce n'est pour être placées dans un autre établissement.

Les chefs, directeurs ou préposés responsables sont tenus de se conformer à cet ordre. (Id., art. 21.)

Les procureurs de la République sont informés de tous les ordres donnés en vertu des articles 18, 19, 20 et 21.

Ces ordres sont notifiés au maire du domicile des personnes soumises au placement, qui en donne immédiatement avis aux familles.

Il en est rendu compte au ministre de l'intérieur.

Les diverses modifications sont faites dans les formes et délais énoncés en l'article 18. (L. 30 juin 1838, art. 22.)

Si, dans l'intervalle qui s'écoule entre les rapports ordonnés par l'article 20, les médecins déclarent, sur le registre tenu en exécution de l'article 12, que la sortie peut être ordonnée, les chefs, directeurs ou préposés responsables des établissements sont tenus, sous les peines portées par l'article 120 du Code pénal, d'en référer aussitôt au préfet, qui statue sans délai. (Id., art. 23.)

Mode de placement provisoire et de transport des aliénés. — Lorsqu'un aliéné compromet la tranquillité publique par des actes extérieurs, le maire le fait déposer provisoirement en lieu de sûreté, c'est-à-dire à l'hospice civil, s'il en existe un dans l'arrondissement, ou, à défaut, dans un local de la commune propre à le recevoir.

Cette mesure de sûreté prise, le maire dresse immédiatement un procès-verbal des déclarations qui lui sont faites par les parents ou les voisins de l'aliéné; l'enquête doit porter plus particulièrement sur les faits qui ont déterminé l'autorité à mettre l'aliéné hors d'état de nuire.

Le maire transmet le même jour au sous-préfet le procès-verbal dont il s'agit, accompagné des pièces suivantes:

1º Certificat de médecin constatant l'état mental de l'aliéné et indiquant la durée et les particularités de sa maladie, ainsi que les chances de guérison;

2º Acte de naissance de l'aliéné, ou bien, s'il est étranger, son passeport ou toute autre pièce propre à constater son individualité;

3º Certificat du maire et des répartiteurs, constatant la position de fortune de l'aliéné et celle de sa famille ou de ses parents.

Les commissions administratives et les maires doivent se rappeler qu'indépendamment du devoir légal de pourvoir au logement des aliénés pendant le trajet qu'ils font pour se rendre à leur destination, il y a le devoir d'humanité, qui consiste à prendre toutes les dispositions nécessaires pour que ce gîte soit le mieux approprié que faire se pourra à l'état du malade, et que celui-ci y soit convenablement reçu et traité. (Circ. Int., 23 juillet 1838.)

Les hospices et hôpitaux civils sont tenus de recevoir provisoirement les personnes qui leur sont adressées en vertu des articles 18 et 19, jusqu'à ce qu'elles soient dirigées sur l'établissement spécial destiné à les recevoir, ou pendant le trajet qu'elles font pour s'y rendre.

Dans toutes les communes où il existe des hospices ou hôpitaux, les aliénés ne peuvent être déposés ailleurs que dans ces hospices ou hôpitaux. Dans les lieux où il n'en existe pas, les maires doivent pourvoir à leur logement, soit dans une hôtellerie, soit dans un local loué à cet effet.

Dans aucun cas, les aliénés ne peuvent être ni conduits avec les condamnés ou les prévenus, ni déposés dans une prison. On ne doit jamais employer la gendarmerie pour le transport des aliénés. (Cir. Int., 15 juillet 1878.)

Ces dispositions sont applicables à tous les aliénés dirigés par l'administration sur un établissement public on privé. (L. 30 juin 1838, art. 24.)

Outre ces diverses justifications, le maire donne son avis particulier tant sur l'admission de l'aliéné à l'asile départemental que sur la part contributive qui peut être mise à sa charge ou à celle de sa famille dans les dépenses que nécessiteront son séjour et son entretien à l'établissement. Cet avis, qui peut être donné dans une lettre, est joint aux pièces mentionnées plus haut. Il est ensuite statué par le préfet, et l'arrêté qui ordonne, s'il y a lieu, le placement d'office de l'aliéné dans l'établissement départemental, est envoyé au maire avec un bulletin imprimé destiné à constater les antécédents du malade. Ce bulletin est rempli avec soin par le maire, d'après les renseignements qu'il a pu se procurer, et la remise en est faite au directeur de l'établissement au moment où l'aliéné lui est présenté.

Si la personne, dont le placement d'office est ordonné, n'a pu être déposée provisoirement à l'hospice, le maire doit pourvoir aux moyens de la faire transporter à destination.

Lorsque le transport est effectué par voie ferrée, le maire requiert un compartiment spécial de seconde classe à deux banquettes, deux heures au moins avant le passage du train. (Inst. minist. 15 et 26 juin 1858.)

Si le transport doit avoir lieu par voie de terre, le maire adresse une réquisition, au préposé de l'entreprise des convois civils et militaires, de fournir une voiture, ou il adresse cette réquisition à une voiture ordinaire s'il n'y a pas de préposé.

Dépenses du service des aliénés. — Les aliénés dont le placement a été ordonné par le préfet, et dont les familles n'ont pas demandé l'admission dans un établissement privé, sont conduits dans l'établissement appartenant au département ou à un département avec lequel il a traité.

Les aliénés dont l'état mental ne compromettrait point l'ordre public ou la sûreté des personnes y sont également admis, dans les formes, dans les circonstances et aux conditions qui sont réglées par le conseil général, sur la proposition du préfet, et approuvées par le ministre. (L. 30 juin 1838, art. 25.)

La dépense du transport des personnes dirigées par l'administration sur les établissements d'aliénés est arrêtée par le préfet, sur le mémoire des agents préposés à ce transport.

La dépense de l'entretien, du séjour et du traitement des personnes placées dans les hospices ou établissements publics d'aliénés est réglée d'après un tarif arrêté par le préfet.

La dépense de l'entretien, du séjour et du traitement des personnes placées par les départements dans les établissements privés est fixée par les traités passés par le département, conformément à l'article 1er. (Id., art. 26.)

Les dépenses énoncées en l'article précédent sont à la charge des personnes placées ; à défaut, à la charge de ceux auxquels il peut être demandé des aliments, aux termes des articles 205 et suivants du Code civil.

S'il y a contestation sur l'obligation de fournir des aliments ou sur leur quotité, il est statué par le tribunal compétent.

Le recouvrement des sommes dues est poursuivi et opéré à la diligence de l'administration de l'enregistrement et des domaines. (Id., art. 27.)

A défaut, ou en cas d'insuffisance des ressources énoncées en l'article précédent, il y est pourvu sur les centimes affectés, par la loi de finances, aux dépenses ordinaires du département auquel l'aliéné appartient sans préjudice du concours de la commune du domicile de l'aliéné, d'après les bases proposées par le conseil général sur l'avis du préfet, et approuvées par le Gouvernement. La commune qui doit ainsi contribuer aux frais d'entretien de l'aliéné est celle de son domicile de secours tel qu'il a été fixé par la loi du 24 vendémiaire an II, titre 5.—Voy. DOMICILE DE SECOURS.

Les hospices sont tenus à une indemnité proportionnée au nombre des aliénés dont le traitement ou l'entretien est à leur charge, et qui seraient placés dans un établissement spécial d'aliénés.

En cas de contestation, il est statué par le conseil de préfecture. (Id., art. 28.)

Bien que la dépense des aliénés soit, en principe, une dépense départementale, le département, comme on vient de le voir, n'intervient que pour combler la partie de la dépense que les ressources de l'aliéné et de la famille, les indemnités des hospices et le concours des communes ont laissée à découvert.

Les bases du concours de la commune sont proposées par le conseil général et approuvées par le préfet (D. 25 mars 1852). Ce concours doit être proportionné aux ressources de la commune, sans pouvoir jamais recevoir une importance telle qu'il cesse d'être un simple concours, et sans que la dépense, de départementale qu'elle est d'après la loi, puisse ainsi devenir communale. Aux termes des circulaires du 5 août 1839 et du 5 août 1840, dans aucun cas, les communes ayant 100,000 francs de revenus et au-dessus ne doivent être appelées à supporter plus d'un tiers de la dépense de leurs aliénés indigents ; les communes ayant 50,000 francs de revenus et au-dessus, plus d'un quart ; les communes ayant 20,000 francs de revenus et au-dessus, plus d'un cinquième ; les communes ayant 5,000 francs de revenus et au-dessus, plus d'un sixième ; enfin, les communes ayant moins de 5,000 francs de revenus, ne doivent être tenues de concourir à cette dépense que dans une proportion moindre qu'un sixième et qu'autant qu'elles pourront fournir ce concours, sans compromettre leurs autres services. Le contingent assigné à la commune conformément aux lois constitue une dépense obligatoire. (L. 5 avril 1884, art. 136. Arrêt Conseil d'Etat, 15 mars 1874.)

L'intervention des hospices dans la dépense des aliénés n'a pas lieu, comme celle des communes, à titre de concours, mais, dans certains cas déterminés, à titre d'indemnité. Les hospices qui, aux termes de leurs titres de fondation ou de donation, ou d'après l'usage, étaient chargés d'un certain nombre d'aliénés, sont aujourd'hui tenus à une indemnité proportionnée à ce nombre. C'est au préfet qu'il appartient de déterminer quelle est l'indemnité qui doit être demandée à chaque hospice. Il notifie à chaque établissement l'arrêté indiquant la somme qu'il doit payer. Si l'hospice croit devoir contester, soit le principe, soit le montant de l'indemnité, il peut déférer l'arrêté du préfet au conseil de préfecture, et la décision à intervenir peut, à son tour, être déférée au Conseil d'État.

Les aliénés des maisons centrales doivent toujours être dirigés sur Gaillon. (*B. off.* 1877, p. 105.)

Dispositions communes à toutes les personnes placées dans les établissements d'aliénés. — Le droit de vote est suspendu pour les personnes placées dans un établissement public d'aliénés, quoique non interdites (D. 2 fév. 1852, art. 18, Loi 5 avril 1884, art. 23). Toute personne placée ou retenue dans un établissement d'aliénés, son tuteur si elle est mineure, son curateur, tout parent ou ami, peuvent, à quelque époque que ce soit, se pourvoir devant le tribunal du lieu de la situation de l'établissement qui, après les vérifications nécessaires, ordonne, s'il y a lieu, la sortie immédiate.

C'est toujours à l'autorité judiciaire qu'il appartient, par application de l'article 29 de la loi du 30 juin 1838, de connaître des réclamations tendant à faire ordonner la sortie de toute personne placée dans un établissement d'aliénés. Le Conseil d'État est incompétent pour statuer sur une demande d'annulation d'une décision ordonnant la séquestration. (Décision ministérielle, 16 décembre 1881.)

Les personnes qui ont demandé le placement et le procureur de la République, d'office, peuvent se pourvoir aux mêmes fins.

Dans le cas d'interdiction, cette demande ne peut être formée que par le tuteur de l'interdit.

La décision est rendue, sur simple requête, en chambre du conseil et sans délai : elle n'est pas motivée.

La requête, le jugement et les autres actes auxquels la réclamation pourrait donner lieu sont visés pour timbre et enregistrés en débet.

Aucune requête, aucune réclamation adressée, soit à l'autorité judiciaire, soit à l'autorité administrative, ne peuvent être supprimées ou retenues par les chefs d'établissement. (L. 30 juin 1838, art. 296.)

Les chefs, directeurs ou préposés responsables ne peuvent, sous les peines portées par l'article 120 du Code pénal, retenir une personne placée dans un établissement d'aliénés, dès que sa sortie a été ordonnée par le préfet ou par le tribunal, ni lorsque cette personne se trouve dans les cas énoncés aux articles 13 et 14. (Id., art. 30.)

La loi ne borne pas sa sollicitude à assurer à l'aliéné un traitement, à protéger sa liberté individuelle, elle prend soin aussi de ses intérêts civils. Elle donne à certains mandataires légaux un pouvoir d'administration provisoire. L'un de ces mandataires est la commission administrative des hospices, ou la commission de surveillance de l'asile public. (Id., art. 31 à 36.)

Sur la demande de l'intéressé, de l'un de ses parents, de l'époux ou de l'épouse, d'un ami, ou sur la provocation d'office du procureur de la République, le tribunal peut nommer, en chambre de conseil, par jugement non susceptible d'appel, en outre de l'administrateur provisoire, un curateur à la personne de tout individu non interdit placé dans un établissement d'aliénés, lequel doit veiller : 1° à ce que ces revenus soient employés à adoucir son sort et à accélérer sa guérison; 2° à ce que ledit individu soit rendu au libre exercice de ses droits, aussitôt que sa situation lui permettra.

Ce curateur ne peut pas être choisi parmi les héritiers présomptifs de la personne placée dans un établissement d'aliénés. (L. 30 juin 1838, art. 38.)

Une ordonnance royale du 18 décembre 1839 prescrit toutes les dispositions de détail qui doivent faciliter l'application de la loi.

Pour les différents actes de l'autorité municipale, relatifs aux aliénés. — Voy. *Dictionnaire des formules*, nos 61 à 71.

Un décret du 10 mars 1881 a institué une commission chargée d'étudier l'organisation du service des aliénés et de rechercher les réformes qu'il y aurait lieu d'introduire pour créer de nouvelles garanties contre les admissions non justifiées et le séjour trop prolongé des aliénés dans les hospices.

Alignement. — On appelle ainsi la démarcation de l'emplacement que doivent occuper les constructions qui bordent la voie publique.

Donner alignement, c'est tracer sur la voie publique la ligne que doivent suivre les propriétés, édifices, murailles, haies et fossés, en sorte qu'on redresse la rue, le chemin, la place, et qu'on leur donne la largeur ou la direction convenable. Le maire, en vertu de l'article 90 de la loi du 5 avril 1884, est chargé de délivrer les alignements sur les voies dépendant de la voirie municipale. Mais en cas de refus non justifié par l'intérêt général, cet alignement peut être accordé par le préfet, article 98, loi précitée. En ce qui concerne la grande voirie les alignements sont délivrés par les autorités compétentes, le maire ne fait que donner son avis.

D'après la jurisprudence du ministre de l'intérieur, les propriétaires qui veulent construire en bordure de la voie publique sont aujourd'hui tenus de demander, indépendamment des alignements individuels, l'indication des cotes de nivellement lorsque ces cotes ont été régulièrement arrêtées et publiées. (Circul. Inst. 15 mai 1884.) — Voy. NIVELLEMENT.

Les propriétaires sont tenus, en matière d'alignement et de nivellement, de se conformer rigoureusement aux prescriptions de l'autorité. — Voy. VOIRIE.

Alliance, Alliés. — On entend par alliance, dans la langue du droit civil et du droit administratif, la relation qui existe entre deux personnes dont l'une est unie par mariage à un parent ou à une parente de l'autre; les beaux-frères, c'est-à-dire le mari d'une femme et ses frères ou ses sœurs sont alliés; ils sont frères par alliance; un gendre et son beau-père ou sa belle-mère sont alliés. L'alliance subsiste même après la mort du parent conjoint quand il reste des enfants du mariage; ainsi, pour continuer notre exemple, si une femme en mourant laisse des enfants, son frère, oncle de ceux-ci, continuera d'être l'allié de leur père, veuf de sa sœur. Il n'y a point, d'ailleurs, alliance légale entre des individus qui ont contracté mariage dans une même famille, et deux personnes qui ont épousé les deux sœurs ne sont pas pour cela alliées aux yeux de la loi.

Le mariage est prohibé, en ligne directe, entre tous les alliés, ascendants et descendants ; en ligne collatérale, entre beau-frère et belle sœur ; mais le président de la République peut lever la prohibition à l'égard de ces derniers.

Dans les communes de 501 habitants et au-dessus, les parents aux degrés de père, de fils, de frères, et les alliés du même degré, ne peuvent être en même temps membres du conseil municipal. (L. 5 avril 1884, art. 35.)

Lorsque deux parents ou alliés à un degré prohibé ont été élus membres du même conseil municipal, si l'un des deux donne sa démission, ou renonce à son élection, la nomination de l'autre doit être maintenue, quand même il aurait réuni le moins de voix des deux.

L'incompatibilité pour cause d'alliance ne vicie pas l'ensemble des opérations, mais seulement l'élection de celui qui a obtenu le moins de voix.

Si des élections sont attaquées pour cause d'alliance entre des membres d'un conseil municipal, c'est au tribunal de première instance qu'il appartient de statuer sur le degré d'alliance. (Circ. minist. 10 avril 1884.) — Voy. ÉLECTIONS, INCOMPATIBILITÉS.

Deux causes font cesser l'alliance : la mort de l'un des alliés ; la nullité du mariage, judiciairement prononcée.

La mort, sans enfant, de l'époux qui a produit l'affinité, ne détruit pas tous les effets de l'alliance et notamment les empêchements aux mariages. — Voy. ÉTAT CIVIL.

Allivrement cadastral. — Ce mot désigne le revenu imposable, c'est-à-dire le revenu net, calculé sur une moyenne déterminée tant pour les contributions afférentes aux communes que pour celles qui sont à la charge des particuliers. (Voy. CADASTRE.)

Allumettes. — La fabrication des allumettes fulminantes ayant été portée, par une ordonnance du 25 juin 1823, dans la première classe des établissements dangereux, les maires doivent s'opposer à l'établissement, dans leurs communes, de tout atelier de fabrique destiné à ce genre de fabrication et qui n'aurait pas été autorisé, conformément au décret du 15 octobre 1810. — Voy. ÉTABLISSEMENTS DANGEREUX OU INSALUBRES.

L'impôt sur les allumettes chimiques a été établi par la loi du 4 septembre 1871. La perception en était assurée, au début, par l'application chez le fabricant d'un timbre ou d'une vignette sur les boîtes ou paquets. La quotité de la taxe fut augmentée par la loi du 28 février 1872 mais l'impôt ainsi appliqué ne produisit pas les ressources qu'on devait en attendre. Le gouvernement crut alors devoir mettre la main sur l'achat, la fabrication et la vente des allumettes en expropriant toutes les fabriques et en affermant l'impôt, soit par voie d'adjudication publique soit par voie de concession directe.

La loi du 2 août 1872 a attribué à l'État le monopole de la fabrication des allumettes par mesure fiscale. L'État a cédé ce monopole à la Compagnie des allumettes le 1er octobre 1875. Cette Compagnie est, par suite de cette cession, en possession depuis le 1er janvier 1876, du droit exclusif de vendre et de fabriquer des allumettes. Tous les établissements particuliers ont été expropriés par l'État. Toute fabrication ou vente en dehors du monopole constitue une contravention. La loi du 7 mars 1875, a assimilé la fraude sur les allumettes à la fraude sur les tabacs et déclaré que les articles 222 et 223 de la loi du 28 avril 1816 étaient applicables à la constatation des contraventions.

Les agents de la police, les gendarmes et les gardes champêtres doivent exercer leur surveillance sur les fraudes qui pourraient être commises en ce qui concerne le monopole des allumettes chimiques. (Circ. Int. 17 mars 1875.)

La circulaire ministérielle du 21 juin 1877 recommande aux officiers de police judiciaire, maires, adjoints, commissaires de police, de prêter leur assistance aux agents du monopole qui ont à procéder à une visite domiciliaire chez un particulier, en vertu d'un ordre de visite délivré sous sa responsabilité personnelle, par un agent de la Régie. Le monopole de la Compagnie a été renouvelé le 28 août 1884, à partir du 1er janvier 1885, moyennant une redevance fixée de 17,010,000 francs par an, plus, pour toute quantité mise en consommation au delà de 35 milliards par an, la part de la redevance fixée afférente à cet excédent majoré de 40 0/0. — *Dict. des formules*, n° 78.

Alluvion. — Les atterrissements et accroissements qui se forment successivement et imperceptiblement aux fonds riverains d'un fleuve ou d'une rivière s'appellent alluvions. L'alluvion s'appelle *lais* lorsqu'elle se forme au moyen de terres que l'eau apporte et dépose successivement le long de la rive, et *relais* lorsqu'elle s'opère par la retraite insensible des eaux d'une rive à l'autre. L'alluvion profite au propriétaire riverain, soit qu'il s'agisse d'un fleuve ou d'une rivière navigable, flottable ou non ; à la charge, dans le premier cas, de laisser le marchepied ou chemin de halage, conformément aux règlements. (C. civ. art. 556.)

Il en est de même des relais que forme l'eau courante qui se retire insensiblement de l'une de ses rives en se portant sur l'autre : le propriétaire de la rive découverte profite de l'alluvion, sans que le riverain du côté opposé puisse venir réclamer le terrain qu'il a perdu. Ce droit n'a pas lieu à l'égard des relais de la mer. (Id., art. 557.)

L'alluvion n'a pas lieu non plus à l'égard des lacs et étangs, dont le propriétaire conserve toujours le terrain que l'eau couvre quand elle est à la hauteur de la décharge de l'étang, encore que le volume de l'eau vienne à diminuer. Réciproquement, le propriétaire de l'étang n'acquiert aucun droit sur les terres riveraines que son eau vient à couvrir dans les crues extraordinaires. (Id., art. 558.) — Voy. ACCESSION.

L'administration peut, d'ailleurs, pour assurer le libre écoulement des eaux, faire enlever les alluvions qui rétréciraient le lit des rivières. Les riverains ne pourraient s'opposer à ces mesures. Leurs droits, s'ils étaient en situation de les bien établir, ne se résoudraient jamais qu'en un droit à indemnité.

En cas de contestation, l'autorité administrative est seule compétente pour décider les questions dans lesquelles se trouve engagé l'intérêt général ou seulement l'intérêt collectif des riverains.

Alun. — Substance minérale dont les marchands de vin et les boulangers se servent souvent : les premiers, pour clarifier les liquides, les seconds, pour rendre le pain plus blanc. La santé publique est intéressée à ce qu'une surveillance rigoureuse s'oppose à un abus qui peut, en certains cas, avoir des effets mortels. L'alun devient un poison, lorsqu'il séjourne dans des vaisseaux d'étain, allié avec du plomb. — Voy. POLICE MUNICIPALE.

Aménagement. — Ordre adopté pour la coupe des bois, afin de rendre uniformes les revenus annuels, en assurant la reproduction régulière des arbres.

Tous les bois et forêts de l'Etat, ceux des communes et des établissements publics, sont assujettis à un aménagement fixé par ordonnance ou par décret. — Voy. BOIS ET FORÊTS.

Amendements marins. — On appelle ainsi les sables coquilles et autres matières qui se trouvent sur le rivage de la mer. Les demandes tendant à obtenir l'autorisation d'extraire des amendements marins sont adressées au préfet maritime qui les fait instruire par les agents de la marine et prend l'avis des ingénieurs des ponts et chaussées et des préfets.

Par un arrêt, en date du 14 juin 1884, la Cour de Cassation a décidé que si le maire, par voie d'arrêté municipal, peut prohiber pour la récolte des goémons l'emploi d'auxiliaires étrangers, il ne peut interdire aux propriétaires forains d'y procéder eux-mêmes.

Un arrêté réglementaire détermine les conditions auxquelles les extractions doivent être soumises sur les différentes parties du rivage, soit au point de vue de sa conservation, soit dans l'intérêt de la pêche côtière, soit enfin sous le rapport du prix à exiger. Lorsque l'extraction n'est pas gratuite, les prix sont fixés par les directeurs des domaines des départements jusqu'à concurrence de 500 francs, et au delà par le directeur général. (Circulaire et direction générale des ponts et chaussées 19 juin 1876.) Le décret du 19 février 1884, article 1er, autorise les maires des communes riveraines à interdire les récoltes de nuit des goémons épaves, quand cette interdiction sera réclamée par les conseils municipaux, sauf approbation de cette mesure par les préfets du département et les préfets maritimes.

Amendes. — On appelle amende une peine pécuniaire prononcée par la loi à raison d'un crime, d'un délit ou d'une contravention. La loi punit également d'une amende le citoyen qui néglige l'accomplissement d'un devoir public, par exemple, les témoins et les jurés retardataires. Elle impose aussi quelquefois l'amende comme un frein à l'obstination des plaideurs téméraires.

L'amende est tantôt prononcée seule, tantôt comme accessoire d'une peine plus importante : elle joint parfois à son caractère de peine celui de réparation du dommage causé.

Les amendes reçoivent des destinations différentes suivant le fait à l'occasion duquel elles ont été prononcées : les unes entrent dans le Trésor public, les autres dans les caisses des administrations au préjudice desquelles a été commis le fait puni ; il en est, enfin, dont le produit total ou partiel vient accroître les ressources des communes, ou est partagé avec les agents qui ont constaté les délits.

Lorsque les débiteurs sont indigents ou insolvables ou ont disparu les receveurs ou préposés chargés du recouvrement des amendes, doivent justifier du non recouvrement, par des certificats d'indigence ou d'insolvabilité, ou d'absence (modèle n° 60), que les administrations municipales sont tenues de délivrer (Décret, 8 pluviose, an VIII), sous leur responsabilité. — Ces certificats doivent être légalisés par les préfets et sous-préfets. (Inst., 20 septembre 1875, art. 450). — *Dict. des formules*, n°ˢ 74-75.

Pour éviter autant que possible cette conséquence de l'insolvabilité des débiteurs, la circulaire du ministre de l'intérieur du 22 octobre 1880 prescrit d'appliquer le produit du travail des détenus des maisons centrales au payement des condamnations pécuniaires dues par eux au Trésor.

La loi du 5 avril 1884, article 133, § 12, range parmi les recettes ordinaires des communes, la portion que les lois leur accordent dans le produit de certaines amendes.

Les amendes sur lesquelles les communes ont une attribution sont :

1° Les amendes prononcées par voie de police rurale et municipale ;

2° Les amendes prononcées par voie de police correctionnelle. (L. du 22 juillet 1791 et Ordonnance du 30 décembre 1823.)

3° Les amendes pour contravention aux règlements de grande voirie.

4° Les amendes concernant la fraude dans la vente des marchandises. (L. 27 mars 1851, art. 8.)

5° Les amendes et confiscations relatives à l'octroi. (L. 22 juillet et 6 octobre 1791 ; Arrêtés 25 floréal an VIII et 24 ventôse an X ; D. 17 mai 1809 ; O. 30 décembre 1823 ; Arrêté min., 17 octobre 1872.)

Ces amendes, sauf celles d'octroi, sont recouvrées par les percepteurs des contributions directes. (L. 29 décembre 1873, art. 25.)

Les *amendes de police rurale et municipale* sont exclusivement attribuées aux communes où les contraventions et délits ont été constatés (C. pénal, art. 466), sauf déduction de 5 0/0 qui restent acquis à l'Etat pour frais de régie et d'administration.

Le produit des *amendes de police correctionnelle* qui n'ont pas une attribution spéciale, appartient aux communes et aux hospices. Il est versé à la caisse du trésorier général de chaque département, où il forme un fonds commun (Service des *cotisations municipales et particulières*), dont la commission départementale dispose, jusqu'à concurrence d'un tiers, en faveur des communes et établissements qui supportent les plus lourdes charges. L'autre tiers est affecté au payement du prix d'abonnement au *Journal officiel*, envoyé d'office aux maires des chefs-lieux de canton, le surplus, s'il en existe, profite aux communes. Le dernier tiers est applicable au payement des mois de nourrice des enfants assistés. (O. 30 décembre 1823 ; D. 26 juin 1852, et cir. int. 24 février 1875 et 28 février 1882.)

Ces dernières dispositions ne s'appliquent pas aux *amendes de chasse*, la loi du 3 mai 1844 attribuant le produit de ces amendes aux communes sur le territoire desquelles les infractions ont été commises, sauf le prélèvement des gratifications accordées par la loi, aux agents qui ont rédigé les procès-verbaux ainsi que 5 0/0 pour frais de perception et d'administration ; le payement en est fait aux communes suivant le mode réglé pour les amendes de police rurale et municipale.

Les gendarmes, brigadiers, gardes-pêche, gardes forestiers à pied et à cheval, gardes-champêtres, ainsi que les gardes assermentés des particuliers, ont droit à une gratification qui varie selon les cas, pour chaque délit qu'ils ont constaté et qui a donné lieu à des condamnations pécuniaires, *sans qu'il soit nécessaire que ces condamnations aient été recouvrées.* (Ordonnance du 5 mai 1845.)

Mais les amendes de chasse résultant de procès-verbaux des maires, adjoints, commissaires de police et employés des contributions indi-rectes et des octrois ne donnent droit à aucune gratification. (Inst. du 20 septembre 1875, art. 375.)

Ces dispositions ne sont pas non plus applicables aux *amendes* pro-noncées pour *fraude dans la vente des marchandises*, en exécution de la loi du 27 mars 1851, article 8, les deux tiers de ces amendes étant attribués aux communes dans lesquelles les délits ont été constatés, et seulement un tiers au fonds commun des amendes de police correc-tionnelle. — Voy. Fonds commun.

Les *amendes pour contraventions ou délits commis en matière de grande voirie* résultent des procès-verbaux de contravention dressés par les agents chargés de la surveillance et de la police des routes et des chemins de fer, en ce qui concerne les anticipations sur les fossés ou canaux, et les détériorations de toute espèce ; elles sont pro-noncées par le conseil de préfecture, et le produit en est réparti de la manière suivante, savoir : un tiers aux agents qui ont constaté le délit ; un tiers au Trésor public pour les dépenses des ponts et chaussées ; un tiers aux communes dans lesquelles les délits ont été constatés. Ces amendes sont recouvrées par les percepteurs, comme les amendes de police municipale dont il vient d'être parlé. (Inst. génér. art. 933.)

Les états de répartition ou d'attribution des divers sortes d'amendes mentionnées ci-dessus sont établis, en fin d'année, par le trésorier gé-néral et par les receveurs particuliers pour leur arrondissement res-pectif. Le payement des mandats, délivrés par le préfet, auxquels ces états donnent lieu, est effectué par le trésorier général, ou, avec son visa, par les receveurs particuliers et les percepteurs, conformément aux règles établies par l'instruction ministérielle du 20 septembre 1875 sur le service des amendes et condamnations pécuniaires.

Le produit des amendes, étant essentiellement éventuel, est rattaché au budget de l'année pendant laquelle il est ordonnancé ou mandaté. (Inst., 30 septembre 1875, art. 351.)

Les *saisies et amendes pour contraventions aux droits d'octroi et de régie* sont actuellement réparties entre le Trésor et la commune en vertu de l'arrêté ministériel du 17 octobre 1872. Le Trésor et la com-mune partagent par moitié, comme par le passé, le produit net de la confiscation. Mais le produit net des amendes est réparti entre les mêmes administrations au prorata du chiffre de l'amende que la loi attribue respectivement à chacune d'elles.

L'article 83 de l'ordonnance du 9 décembre 1814 attribue exclusi-vement à la régie des contributions indirectes le droit de transiger sur les délits constatés tant dans l'intérêt de la commune que dans l'intérêt du Trésor lorsqu'il s'agit de saisies communes. Le droit de transiger appartient au maire quand la contravention n'intéresse que la com-mune. Dans l'imputation du montant des transactions, les réduc-tions consenties aux contrevenants portent sur les amendes et sur les confiscations, proportionnellement aux sommes qui auraient pu être exigées tant à titre d'amende qu'à titre de confiscation. Lorsque le taux de la transaction est supérieur au minimum des condamnations encourues, il y a lieu d'attribuer, d'abord à chaque administration, l'intégralité de ce minimum (la valeur de la confiscation se divisant par moitié) l'excédent est ensuite réparti au prorata des chiffres représentant la différence entre le maximum et le minimum de chaque amende.

Quant aux saisies et amendes pour contravention aux seuls droits d'octroi, elles appartiennent, déduction faite des frais et prélèvements autorisés, moitié aux fermiers de l'octroi ou aux employés, sauf, dans les octrois où il existe une caisse des retraites, à prélever sur les sommes revenant aux employés, la part dont elle doit profiter, et moitié à la commune dans laquelle la contravention a été commise.

Les amendes et dommages pour contravention à la police du roulage, ne donnent lieu à aucune recette au profit des communes. Bien que l'article 28 de la loi du 30 mai 1851 attribue aux communes les amendes et frais auxquels sont condamnés ceux qui ont commis des contraventions ou des dommages sur les chemins de grande communication, le produit de ces condamnations est néanmoins porté en recette par le trésorier général, à titre de produits éventuels départementaux; attendu que le service de ces chemins est rattaché au budget départemental.

Indépendamment des attributions revenant aux communes sur le produit des amendes, *des restitutions ou dommages-intérêts,* peuvent leur être adjugés en réparation de délits commis sur leurs propriétés et notamment pour délits forestiers. Le recouvrement des dommages-intérêts ainsi prononcés, est fait par les percepteurs en vertu des jugements de condamnation. Ce produit, comme celui des amendes de police, est perçu ensuite par les receveurs municipaux d'après les états de recouvrement dressés par le trésorier général et visés par le préfet. — Voy. Bois. — RESTITUTIONS.

En cas de retard dans la présentation de leurs comptes, les receveurs municipaux, et les receveurs des établissements de bienfaisance peuvent, être condamnés par l'autorité chargée de juger les dits comptes, à une amende de 10 à 100 francs, par chaque mois de retard, pour les receveurs justiciables des conseils de préfecture, et de 50 à 500 francs, également par mois de retard, pour ceux qui sont justiciables de la Cour des comptes. Ces amendes sont attribuées aux communes ou établissements que concernent les comptes en retard, elles sont assimilées, quant au mode de recouvrement et de poursuites, aux débets des comptables des deniers de l'État, et la remise n'en peut être accordée que d'après les mêmes règles. (L. 5 avril 1884, art. 159.)

Les *amendes pour contrefaçons, pour exercice illégal de la pharmacie et des fonctions d'agent de change et de courtier,* sont attribuées aux hospices ou bureaux de bienfaisance de la localité où la contravention a été constatée, ces amendes doivent profiter au service des enfants assistés, en vertu d'une décision ministérielle du 22 janvier 1875.

Outre la part revenant au service des enfants assistés dans le produit des amendes correctionnelles, le gibier confisqué pour avoir été mis en vente en temps prohibé est attribué au bureau de bienfaisance le plus voisin. Le juge de paix, ou à son défaut le maire, statue à cet égard. (Inst. 20 septembre 1815.)

Les amendes relatives aux *logements insalubres* sont attribuées en totalité au bureau de bienfaisance de la localité où sont situées les habitations en raison desquelles les amendes sont encourues. (L. 13 avril 1850, art. 14; Circ. de Comp. pub., 24 juin 1880, § VII.) Voir LOGEMENTS INSALUBRES.

Amidonniers. — L'ordonnance royale du 14 janvier 1815 range les fabriques d'amidon dans la première classe des établissements insalubres, en raison de l'odeur désagréable qu'elles exhalent. — Voy. ÉTABLISSEMENTS INSALUBRES.

Amnistie. — Acte du pouvoir souverain qui proclame l'oubli de certains faits antérieurs, les considère comme non avenus, met à l'abri des poursuites ceux qui auraient pu être recherchés à raison de ces faits et restitue les condamnés contre les effets de la condamnation par eux encourue.

Amodiation. — Voy. BAUX.

Amortissement. — On appelle amortissement la réduction successive d'une dette ou d'un emprunt public. Une loi fiscale rendue à une époque de détresse (le 20 mars 1813) avait ordonné l'aliénation des biens ruraux, maisons et usines possédés par les communes au profit de la caisse d'amortissement ; mais cette loi, source inépuisable de procès, après avoir été modifiée en 1814, fut abrogée par la loi du 28 avril 1816.

Quant à l'amortissement des dettes des communes. — Voy. EMPRUNTS.

Ampliation. — On appelle ainsi la copie d'une première expédition d'un acte administratif, revêtu d'une signature qui fait foi de son authenticité. — *Dict. des formules*, n° 76.

Analyse d'une dépêche. — Annotation marginale qui indique l'objet de la dépêche. Cette indication sommaire est usitée dans la plupart des administrations. — Voy. CORRESPONDANCE.

Animaux domestiques. — Il en est des animaux domestiques comme de toutes les propriétés, la loi les protège, et l'administration municipale est chargée de divers soins de surveillance et de conservation, suivant qu'il s'agit de l'intérêt de l'agriculture ou de la sûreté publique.

Animaux perdus ou abandonnés. — Les animaux étant assimilés aux meubles par la législation, celui qui a perdu un animal utile, peut le revendiquer, conformément aux articles 2279 et 2280 du Code civil. A cet effet, le propriétaire doit en faire la déclaration à l'autorité municipale. — *Dict. des formules*, n° 77.

Toute personne qui a trouvé un animal utile, doit en faire la déclaration à l'autorité. Si le propriétaire est connu, l'animal lui est rendu aussitôt, à la charge, par ledit propriétaire, de payer les frais que l'animal aurait pu occasionner. — *Dict. des formules*, n° 78.

Dans le cas où le propriétaire, n'est pas connu, l'animal est envoyé en fourrière et les frais sont à la charge du propriétaire ou prélevés sur le prix de la vente de l'animal, s'il n'est pas réclamé. — Voy. FOURRIÈRE. — *Dict. des formules*, n°s 79 et 80.

Celui qui trouve un animal abandonné et le garde pour se l'approprier se rend coupable de vol (C. p., art. 379).

Des délits commis par le fait des animaux. — L'abandon des animaux dans les champs d'autrui est un délit, lors même qu'il n'en est résulté aucun dégât ou dommage. (C. p. art. 479 ; Cass. 15 février 1881.)

Tout propriétaire qui éprouve des dommages a le droit de saisir les bestiaux abandonnés sur ses terres, sous l'obligation de les faire conduire dans les vingt-quatre heures au lieu de dépôt désigné par le maire. — *Dict. des formules*, n°s 78, 79 et 80.

Il est satisfait aux dégâts et aux droits de fourrière par la vente des bestiaux, s'ils ne sont pas réclamés, ou si le dommage n'a pas été payé dans la huitaine du jour du délit.

Le propriétaire d'un animal, ou celui qui s'en sert pendant qu'il est à son usage, est responsable du dommage que l'animal a causé, soit qu'il fût sous sa garde, soit qu'il fût égaré ou échappé. (C. civ., art. 1385.)

Les dégâts doivent être punis, alors même que la propriété n'a souffert qu'à défaut de clôture usitée et obligée. (Cass., 16 juillet 1824.)

Si ce sont des volailles, de quelque espèce que ce soit, qui causent le dommage, les propriétaires détenteurs ou les fermiers qui l'éprouvent peuvent les tuer, mais seulement sur le lieu et au moment du dégât, sans pouvoir d'ailleurs, en aucun cas, les enlever et en profiter. (L. 28 septembre-6 octobre 1791, titre II, art. 12.)

L'abandon des animaux sur la propriété d'autrui n'est pas seulement un cas de dommage civil, c'est encore un délit d'ordre public, susceptible d'être poursuivi d'office par le ministère public, dont l'action est indépendante de celle du propriétaire.

La sévérité de la répression varie suivant les circonstances du fait. Il n'y a lieu qu'à une action de simple police, si les animaux sont en état d'abandon, tandis qu'une action correctionnelle peut être intentée, si les animaux ont été introduits volontairement. (Cass. 31 décembre 1818.)

Sont punis d'une amende depuis un franc jusqu'à cinq francs..., ceux qui auront laissé passer leurs bestiaux ou leurs bêtes de trait, de charge ou de monture, sur le terrain d'autrui avant l'enlèvement de la récolte. (C. P., art. 471.)

Les propriétaires d'animaux trouvés de jour en délit dans les bois de dix ans et au-dessus, sont passibles d'amendes, sans préjudice, s'il y a lieu, des dommages-intérêts.

Si les bois ont moins de dix ans, ou bien s'il y a récidive, les amendes sont doublées. Les délits commis de nuit donnent également lieu à la double amende.

La réunion de deux des circonstances désignées ci-dessus donne lieu à tripler l'amende.

L'amende est prononcée contre le propriétaire du bétail, soit qu'il ait autorisé l'introduction, soit qu'elle se soit effectuée à son insu.

Les animaux non attelés, trouvés dans les forêts, hors des routes et des chemins ordinaires, donnent lieu aux mêmes amendes que les animaux en délit. (C. F., art. 199.)

Animaux malfaisants ou nuisibles. — Le soin d'obvier aux accidents fâcheux qui pourraient résulter de la divagation des animaux malfaisants et féroces sur la voie publique, a été confié spécialement à l'autorité municipale par la loi du 5 avril 1884, art. 97, § 8, et cette disposition est sanctionnée par l'article 475, n° 7 du Code pénal. Sont considérés comme animaux malfaisants : les chiens hargneux, ceux qui vaguent sans maître dans les rues, les chevaux ombrageux ou mal dirigés, ceux qui mordent ou donnent des coups de pied, les taureaux,

les bœufs, les vaches et même les béliers, qui peuvent blesser les passants à coups de cornes, et enfin les porcs qu'on a vu souvent mordre
et dévorer les enfants. En conséquence, l'autorité municipale doit faire
défense aux habitants de laisser vaguer ces animaux sur la voie publique, et de les confier à des enfants hors d'état de les conduire ou de
protéger les passants contre les attaques. — *Dict. des formules*, n° 84.

Relativement aux animaux incommodes ou nuisibles, et dont l'existence dans l'intérieur des villes et des habitations pourrait présenter des
dangers pour la salubrité publique, tels que les porcs, les chèvres, les
lapins, les pigeons, les volailles, etc., les maires peuvent également,
par des règlements de police, défendre aux habitants d'avoir chez eux
de ces sortes d'animaux pour les y nourrir et élever, en exceptant,
toutefois, les individus qui en font commerce, mais à la condition qu'ils
ne négligeront aucune des mesures de salubrité qui leur seront prescrites.

Les contraventions à ces règlements sont constatées par des procès-
verbaux, et punies, selon les cas, conformément aux articles 471 et 475
du Code pénal. — *Dict. des formules*, n° 85.

L'article 90, § 9, de la loi du 5 avril 1884, charge les maires, sous le contrôle du conseil municipal et la surveillance de l'administration supérieure,
de prendre, de concert avec les propriétaires ou détenteurs du droit de
chasse, dans les buissons, bois et forêts, toutes les mesures nécessaires
à la destruction des animaux nuisibles désignés dans l'arrêté du préfet
pris en vertu de l'article 9 de la loi du 3 mai 1884 ; de faire, pendant le
temps de neige, à défaut des détenteurs du droit de chasse, à ce dûment invités détourner, les loups et sangliers remis sur le territoire ; de
requérir, à l'effet de les détruire, les habitants avec les chiens propres à
la chasse de ces animaux ; enfin de surveiller et d'assurer l'exécution
de ces mesures et d'en dresser procès-verbal.

D'après la jurisprudence du Conseil d'Etat, arrêts en date du 1er avril
1881, les cerfs, biches et lapins ne rentrent pas dans la catégorie des
animaux nuisibles, dans le sens de l'arrêté du 9 pluviôse an V qui donne
aux préfets le droit d'ordonner des battues pour leur destruction, mais
ils restent dans la catégorie des animaux que les propriétaires, en vertu
de la loi du 3 mai 1844 sur la chasse, peuvent détruire en tout temps sur
leurs terres. (Circulaire, 6 décembre 1881, *Bull. offic.* 1881, p. 594.)
Indépendamment des chasses et battues ordonnées par l'autorité, des
primes sont accordées pour la destruction des loups. — *Dict. des formules*, n°s 87 et 88. Voy. Chasse, Loups, Louveterie, Battue.

Animaux malades ou morts. — Tout détenteur ou gardien d'animaux
ou de bestiaux soupçonnés d'être infectés de maladie contagieuse, est
tenu d'en avertir sur-le-champ le maire de la commune où ils se trouvent et de les tenir renfermés même avant que le maire ait répondu à
l'avertissement.

Les maires doivent faire abattre immédiatement les animaux atteints d'une maladie contagieuse et incurable.

Les cadavres ou parties de cadavres des animaux morts de maladies
contagieuses ou abattus comme atteints de ces maladies doivent être
conduits à l'atelier d'équarrissage, s'il en existe dans la commune, s'il
n'y en a pas, le maire prescrit l'enfouissement dans le terrain du propriétaire dans un emplacement agréé par lui.

A défaut de terrain appartenant au propriétaire, le cadavre est enfoui
dans un terrain communal. La fosse doit toujours avoir une profondeur

suffisante pour qu'il y ait une couche de terre de 1^m,50 au moins au-dessus du cadavre.

A défaut d'emplacement spécial, les cadavres sont détruits au moyen de procédés approuvés par le comité consultatif des épizooties. (L. 21 juillet 1881, D. 22 juin 1882.) — Voy. Epizooties. — *Dict. des formules*, n°s 81, 82 et 83.)

Des délits contre les animaux. — Quiconque aura empoisonné des chevaux ou autres bêtes de voiture, de monture ou de charge, des bestiaux à corne, des moutons, chèvres ou porcs ou des poissons dans les étangs, viviers ou réservoirs, sera puni d'un emprisonnement d'un an à cinq ans, et d'une amende de 16 francs à 300 francs. Les coupables pourront être mis, par l'arrêt ou le jugement, sous la surveillance de la haute police, pendant deux ans au moins et cinq ans au plus. (C. P., art. 452.)

Ceux qui, sans nécessité, auront tué l'un des animaux mentionnés au précédent article seront punis ainsi qu'il suit : si le délit a été commis dans les bâtiments, enclos et dépendances, ou sur les terres dont le maître de l'animal tué était propriétaire, locataire, colon ou fermier, la peine sera un emprisonnement de deux mois à six mois ;

S'il a été commis dans des lieux dont le coupable était propriétaire, locataire, colon ou fermier, l'emprisonnement sera de dix jours à un mois ;

S'il a été commis dans tout autre lieu, l'emprisonnement sera de quinze jours à six semaines.

Le maximum de la peine sera toujours prononcé en cas de violation de clôture. (Id., art. 453.)

Quiconque aura, sans nécessité, tué un animal domestique dans un lieu dont celui à qui cet animal appartient est propriétaire, locataire, colon ou fermier, sera puni d'un emprisonnement de six jours au moins et de six mois au plus.

S'il y a eu violation de clôture, le maximum de la peine sera prononcé. (Id., art. 454.)

Dans les cas prévus par les articles 452, 453, 454, il sera prononcé une amende qui ne pourra excéder le quart des restitutions et dommages-intérêts, ni être au-dessous de seize francs. (Id., art. 455.)

Celui qui blesse volontairement un animal appartenant à autrui se rend passible des peines correctionnelles portées par l'article 30 de la loi du 28 septembre-6 octobre 1791. (Cass. 17 août 1822.)

Aux termes de la loi du 2 juillet 1850, ceux qui exercent publiquement et abusivement de mauvais traitements envers les animaux domestiques, même leur appartenant, sont passibles d'une amende de 5 à 15 francs, et peuvent être punis d'un emprisonnement d'un à cinq jours. — *Dict. des formules*, n° 86.

Animaux sauvages. — Il est enjoint aux maires de surveiller exactement les conducteurs d'animaux dangereux qui sont montrés en spectacle ; ces conducteurs doivent suivre les grands chemins, sans jamais s'en écarter, éviter d'entrer dans les bourgs ou hameaux, dans les bois et forêts, enfin de se trouver sur les routes avant le lever et après le coucher du soleil. (Circ. Int.. 24 février 1822.)

Les propriétaires des ménageries ne peuvent s'établir dans une commune qu'après avoir obtenu la permission du maire, qui doit préalablement faire visiter par des gens de l'art, les cages renfermant les animaux, afin de s'assurer de leur solidité.

Les conducteurs d'ours ou de tous autres animaux féroces doivent tenir constamment ces animaux muselés et attachés avec une chaîne ou une forte corde ; ils sont responsables des accidents qui pourraient résulter de leur négligence.

Annexe. — On appelle ainsi une église, située dans la circonscription d'une cure ou d'une succursale dont elle dépend, légalement ouverte à l'exercice du culte sur 'la demande de souscripteurs particuliers qui prennent l'engagement d'en payer seuls tous les frais.

Les pièces à produire pour obtenir l'érection d'une annexe sont :

1º Une demande adressée à l'évêque par les principaux contribuables, faisant connaître l'utilité ou la nécessité de l'établissement ;

2º Le rôle des souscriptions volontaires à l'effet de couvrir les dépenses de l'annexe dressé en triple expédition, indiquant la cote des contributions de chaque souscripteur, soit dans la commune, soit ailleurs, et le nombre d'années pour lequel il est souscrit ;

3º L'inventaire des meubles, linges et ornements existant dans l'église ;

4º Un procès-verbal de l'enquête de *commodo* et *incommodo* ;

5º L'avis du conseil municipal ;

6º Un certificat constatant le chiffre de la population ;

7º Le projet de circonscription de l'annexe, indiquant l'étendue du territoire de la cure ou succursale, et de la portion de ce territoire à laquelle l'établissement de l'annexe doit servir. (Circ. min. 11 octobre 1811 et 31 août 1833.)

Les pièces sont transmises par l'intermédiaire du sous-préfet et du préfet à l'évêque qui, après s'être concerté avec le préfet, les adresse, avec son avis motivé, au ministre des cultes. L'autorisation est ensuite accordée par décret. (D. 30 septembre 1807, art. 2, 11 et 12.)

L'annexe ne peut être érigée sans qu'au préalable il ait été justifié de l'utilité et de la nécessité de son établissement ainsi que des moyens de l'entretenir. (Circulaire 11 octobre 1811 et Conseil d'Etat, avis 25 novembre 1840.)

L'annexe ne peut jamais être considérée comme une circonscription ecclésiastique, elle n'a pas de territoire et son existence ne dispense pas les communes ou sections de commune qui l'obtiennent de concourir aux dépenses du culte du chef-lieu de la cure ou succursale. (Avis Cons. d'Et. 14 déc. 1810 et arrêt du 12 nov. 1840.)

Les dépenses d'une annexe sont supportées par les seuls habitants qui ont demandé son érection. L'annexe n'est pas apte à posséder par elle-même. Elle a droit à l'usage gratuit ou à la jouissance de l'église et du presbytère, mais la nu-propriété en reste à la fabrique du chef-lieu (Cons. d'Et. avis 28 déc. 1819. Décisions ministérielles 17 mai 1831 et 26 mars 1845). C'est également à la fabrique paroissiale qu'il appartient d'accepter les dons et legs faits à l'annexe, mais à la charge d'en affecter le produit à ladite annexe. (Ord. 19 janvier 1820.) — *Dict. des formules,* nᵒˢ 94, 95, 96 et 97.

Les revenus particuliers des annexes sont administrés par la fabrique de l'église paroissiale, ou par une commission nommée par l'évêque, dans la forme prescrite pour l'administration des revenus des fabriques. **Voy. Fabrique.**

Annexes. — Pièces jointes à un rapport, à un procès-verbal, à un acte, etc., etc., pour en justifier ou en compléter les énonciations. — Voy. notamment, pour les pièces à annexer aux actes de l'état civil, le mot ETAT CIVIL.

Anniversaire. — Voy. FÊTES.

Annonces. — Quatre modes d'annonces sont principalement en usage : 1° l'affichage ; 2° la distribution à la main ; 3° l'insertion dans les journaux ; 4° la publication à son de trompe ou de caisse.

Annuaire. — Publication faite annuellement qui contient outre des feuilles blanches pour recevoir des notes journalières, des renseignements d'utilité pratique. La maison Paul Dupont publie l'annuaire municipal contenant tout le personnel administratif et les devoirs des maires pour chaque mois et l'annuaire des percepteurs qui renferme les mêmes renseignements pour cette branche du service des finances. Nous ne saurions trop recommander ces deux publications à nos lecteurs. — Voy. AFFICHES, AVIS IMPRIMÉS, JOURNAUX.

Annualité. — Qualité de ce qui est annuel ; on dit annualité de l'impôt.

Annuité. — Somme payée pendant un nombre d'années pour libérer un débiteur du principal et des intérêts de sa dette. Un emprunt communal se rembourse par annuités.

Annulations. — Décision qui rend nul un acte accompli contrairement aux prescriptions légales ou pour certains vices de forme. On peut aussi annuler soit une délibération du conseil municipal, soit une élection. — Voy. CONSEIL MUNICIPAL, ELECTION.

Anticipations. — Ce mot s'applique particulièrement aux envahissements des particuliers sur la voie publique. — Voy. BATIMENTS, CHEMINS VICINAUX, VOIRIE.

Antidate. — Action de dater un acte d'une époque antérieure à celle à laquelle il a été réellement passé. Il est expressément défendu d'antidater les actes.

Antiquités. — On désigne généralement par ce mot, et dans la langue ordinaire et dans la langue administrative, tous les monuments non écrits qui peuvent intéresser l'histoire du pays, comme les constructions civiles, religieuses, militaires et domestiques ; les tombeaux, les monnaies, les médailles ; les objets d'art proprement dits, tels que les bronzes, les marbres, les boiseries, les peintures, les bijoux, les meubles, la vaisselle et les instruments de musique ; enfin, les armes, les machines de guerre, et les ustensiles de toute nature. Lorsque des découvertes de ce genre sont faites dans la commune, les maires doivent en rendre compte immédiatement à l'autorité supérieure.

Apostille. — Addition ou annotation mise à la marge d'un acte.

On nomme aussi apostille les recommandations faites en marge d'un mémoire ou d'une pétition. En 1833, défense a été faite aux préfets de recommander, par apostille, aucune demande quelle qu'elle fût.

Appariteur. — Agent subalterne de la police municipale. — Voy. AGENT DE POLICE.

Appel. — Action de déférer à une juridiction ou à une autorité supérieure le jugement ou la décision d'une juridiction ou d'une autorité inférieure que l'on désire et que l'on croit pouvoir faire réformer. — Voy. ACTIONS JUDICIAIRES, PROCÈS.

Appel comme d'abus. — Voy. ABUS.

Appel militaire. — On donne le nom d'appels aux prélèvements faits chaque année parmi les jeunes Français pour le service militaire, en vertu des obligations imposées par la loi de recrutement.

Les jeunes gens ainsi versés dans les rangs de l'armée prennent la qualification d'appelés. — On distingue les appels de l'armée active, les appels des réservistes, les appels de l'armée territoriale et les appels des hommes classés dans les services auxiliaires.

Appels de l'armée active. — Aussitôt que les résultats numériques des opérations des conseils de revision sont connus et centralisés au ministère de la guerre, le ministre, par une décision, rendue en exécution de l'article 40 de la loi du 27 juillet 1872, répartit en deux portions les hommes portés sur la première partie des listes de recrutement cantonal; cette répartition numérique par subdivision de région, une fois faite et publiée, chaque commandant de bureau de recrutement procède, sous l'autorité du général commandant la subdivision, à l'affectation nominative des hommes aux divers corps. Le ministre fait connaître les époques de la mise en route de chacune des portions du contingent. Il est admis en principe que l'appel des deux portions doit toujours être séparé par un intervalle de quelques jours.

Chaque homme appelé reçoit à l'avance un ordre d'appel établi par le commandant du bureau de recrutement, qui lui est notifié par la gendarmerie. La notification doit être faite à l'intéressé lui-même et au maire en cas d'absence. (Circ. 16 février 1881 et 4 juin 1883.) S'il n'est pas obtempéré à cet ordre, le sous-intendant établit un ordre de route qu'il soumet au mandement du préfet pour faire courir les délais d'insoumission. — Voy. RECRUTEMENT.

Les jeunes soldats ainsi convoqués se rendent au chef-lieu de subdivision de région, où ils touchent l'indemnité de route, et à partir de ce moment ils ont droit au logement militaire.

Au jour fixé, le général commandant la subdivision de région, ou à son défaut l'officier supérieur qui le remplace, assisté du sous-intendant, du commandant de recrutement, du commandant de gendarmerie, du médecin, passe la revue de départ des jeunes soldats. Le général reçoit les réclamations des hommes et peut, pour motifs sérieux, accorder des sursis dans la limite de 30 jours. Les hommes sont alors examinés, afin de constater leur état physique : s'ils sont malades, on les fait entrer à l'hôpital; s'ils paraissent impropres au service, on les envoie devant une commission spéciale de réforme. On ne doit mettre en route que des hommes parfaitement valides.

Aussitôt après la revue les jeunes soldats sont formés en détachements placés sous la conduite de cadres, pris généralement parmi les troupes, quelquefois aussi choisis parmi les conscrits, qui prennent le titre de chef de détachement. Les jeunes soldats partent le lendemain de la revue. Ceux qui sont formés en détachement reçoivent uniformément avec le pain, une solde spéciale de 0 fr. 55 c. par jour. On les fait autant que possible voyager par chemin de fer. Ceux qui rejoignent isolément reçoivent l'indemnité de route ordinaire. Les retardataires sont punis disciplinairement. Lorsque les retards se prolongent de manière à atteindre les délais d'insoumission, les jeunes soldats en retard sont signalés comme insoumis et poursuivis comme tel. Sont considérés comme insoumis et punis d'un emprisonnement d'un mois à un an :

1° Les jeunes soldats qui, n'ayant jamais servi, ne sont pas rendus à leur destination, hors le cas de force majeure, dans le mois qui suit le jour fixé par leur ordre de route ;

2° Les hommes de la disponibilité, de la réserve et de l'armée territoriale qui, ayant déjà servi, et étant appelés par ordre individuel, ne sont pas rendus à destination, hors le cas de force majeure, dans les quinze jours qui suivent celui fixé par leur ordre de route.

Les délais ci-dessus sont portés : 1° à deux mois pour les hommes demeurant en Algérie (lorsqu'ils ne font pas leur service dans les conditions de la loi du 6 novembre 1875) et pour les hommes qui sont en Europe; 2° à six mois pour ceux qui demeurent en tout autre pays.

En temps de guerre ou en cas de mobilisation par voie d'affiches et publications sur la voie publique, les délais ci-dessus sont réduits à deux jours pour les hommes résidant en France, et diminués de moitié pour ceux qui sont en tout autre pays. La peine est alors portée de deux à cinq ans d'emprisonnement (loi du 18 mai 1875), et à l'expiration de sa peine l'homme est envoyé dans une compagnie de discipline. Enfin, en temps de guerre, les noms des insoumis sont affichés dans toutes les communes du canton de leur domicile et y restent affichés pendant toute la durée de la guerre.

En ce qui concerne les hommes servant en Algérie, dans les conditions de la loi du 6 novembre 1875, les délais d'insoumission ont été fixés ainsi qu'il suit : un mois si l'homme demeure en Algérie ; deux mois s'il demeure en France, dans les îles voisines des contrées limitrophes ou en Europe ; six mois s'il demeure partout ailleurs. En cas de guerre ou de mobilisation par voie d'affiches et de publication sur la voie publique : quatre jours pour les hommes habitant l'Algérie ; un mois pour les hommes habitant la France, les îles voisines ou l'Europe; trois mois partout ailleurs.

L'insoumis est toujours traduit devant le conseil de guerre de la circonscription territoriale où il a été arrêté.

Devancements d'appel. — Dès que la liste de recrutement d'un canton a été arrêtée et signée par le conseil de revision, les jeunes gens qui y sont inscrits peuvent être autorisés à devancer l'appel à l'activité ; ils peuvent alors choisir leur corps parmi ceux auxquels la subdivision de région doit envoyer des recrues, pourvu qu'ils aient l'aptitude voulue. Néanmoins il faut remarquer que ceux qui, par leur numéro de tirage, sont affectés à l'armée de mer, ne peuvent se soustraire à cette affectation par un devancement d'appel ; il leur est seulement loisible, en devançant l'appel, de choisir leur corps mais toujours dans l'armée de mer. Les hommes qui veulent devancer l'appel en font la demande au commandant de recrutement, qui, après les avoir fait visiter par un médecin militaire, leur délivre, s'il y a lieu, un certificat d'aptitude, et les envoie au général de brigade, qui autorise ou refuse le devancement d'appel; la décision du général est inscrite sur le certificat d'aptitude qui est représenté au commandant de recrutement. Si la demande est acceptée, l'homme est immédiatement mis en route.

Il faut remarquer que le jeune homme qui devance l'appel avant le 1er juillet, point de départ du service militaire, n'est pas admis pour cela à faire remonter ses services avant cette date. Le commandant de recrutement doit l'en prévenir et le lui faire connaître par écrit.

Appels des engagés, des hommes de la disponibilité, des services auxiliaires, des dispensés, etc.

Les engagés volontaires de cinq ans sont aussitôt après la signature de l'acte d'engagement, dirigés par le maire sur les plus prochaines résidences de sous-intendant.

Les engagés conditionnels d'un an sont mis en route tous ensemble à une date fixée par le ministre; ceux qui, pour cause de maladie, n'auraient pu être dirigés sur leurs corps dans le délai d'un mois après le départ général, sont ajournés à l'année suivante, et reçoivent un sursis de l'autorité militaire. — Voy. Recrutement.

En cas de mobilisation les hommes faisant partie de la disponibilité de l'armée active doivent se mettre en route pour rejoindre leurs corps, suivant les indications portées sur leur livret individuel au jour indiqué par l'affiche. Les jeunes soldats de la classe, les hommes maintenus ou renvoyés dans leurs foyers en vertu de décisions ministérielles spéciales, les engagés conditionnels ayant obtenu des sursis d'appel, ainsi que les jeunes gens classés dans les services auxiliaires restent dans leurs foyers jusqu'à ce qu'ils aient reçu des ordres d'appel individuels. Les dispensés de l'article 17, les soutiens de famille et les jeunes soldats en sursis d'appel sont l'objet d'une mobilisation spéciale. Les ordres de route annexés à leurs livrets font connaître que, dès qu'ils sont appelés par des affiches spéciales, ils doivent se rendre au bureau de recrutement de leur subdivision pour être répartis entre les différents corps. — Voy. Mobilisation.

En temps de paix, les hommes dits à la disposition sont soumis pendant les cinq années de service actif à deux revues d'appel.

Les hommes classés dans les services auxiliaires sont soumis à cinq revues d'appel, dont deux pendant la période d'activité, deux pendant les quatre années de réserve et une pendant la durée du service dans l'armée territoriale.

Ces revues ont lieu au chef-lieu de canton, le jour de la réunion du conseil de revision. Indépendamment de l'insertion au bulletin des actes administratifs et de la publication dans les communes de l'ordre fixant le jour et l'heure de l'appel dans chaque canton, cet ordre est porté à la connaissance des intéressés, au moyen d'affiches spéciales. Tous les hommes soumis à la revue et qui sont présents dans les communes du canton sont tenus de se rendre à la convocation, alors même qu'ils appartiendraient à une autre subdivision, sans qu'ils puissent jamais être obligés de se rendre pour cette cause dans leur subdivision d'origine.

Appel annuel des hommes de la réserve et de l'armée territoriale. — Aux termes de l'article 43 de la loi du 27 juillet 1872, les hommes de la réserve de l'armée active sont assujettis pendant leur temps de service dans la dite réserve à prendre part à deux manœuvres, et, aux termes de l'article 30 de la loi du 24 juillet 1873 les hommes de l'armée territoriale sont réunis ou appelés à l'activité sur l'ordre de l'autorité militaire. Originairement les territoriaux étaient soumis à deux appels pendant la durée de leur service dans la partie active de l'armée territoriale ; mais l'instruction ministérielle du 15 avril 1880 a décidé que les hommes de l'armée territoriale ne seraient soumis qu'à un seul appel pendant la période de cinq ans qu'ils passent dans ladite armée.

Les règles relatives à la convocation annuelle ont été tracées par l'instruction ministérielle du 15 juillet 1878 pour les réservistes, et par celle précitée du 15 avril 1880 pour les territoriaux. La convocation des réservistes et des territoriaux est faite par voie de publication dans les journaux et d'affiches posées en temps utile et en nombre suffisant dans chaque commune, toutes les fois qu'il s'agit de convocations générales.

Les ordres d'appel individuels, dont l'emploi était prescrit par dès instructions antérieures, ne sont plus usités que pour les appels partiels, comme ceux des réservistes de l'artillerie et du train, ou dans les cas tout à fait exceptionnels laissés à l'appréciation des commandants de corps d'armée. Lorsqu'il en est fait usage, ces ordres doivent toujours être notifiés à l'intéressé lui-même, et en cas d'absence au maire. (Circ. 16 février 1881 et 4 juin 1883.) Pour les convocations générales, ils sont remplacés par une feuille spéciale annexée au livret de chaque homme, qui, ainsi que les affiches, contient, dans la case intitulée *destination*, les renseignements nécessaires à l'homme pour rejoindre : 1° l'indication de la région dans laquelle se trouve le lieu de destination; 2° le corps ou la fraction de corps ou l'indication du bureau de recrutement que le réserviste doit rejoindre ; 3° la ville où se trouve ce corps ou ce bureau; 4° l'heure à laquelle l'homme doit se présenter.

Cette feuille spéciale donne droit au transport à prix réduit sur les voies ferrées quand il y a lieu de les employer.

Les affiches mentionnent expressément : les dates de convocation ; leur durée et les classes affectées à chaque convocation.

Les hommes de la réserve de l'armée territoriale ainsi convoqués par voie d'affiches doivent être rendus à la destination inscrite sur leur feuille spéciale à la date fixée et à l'heure qui leur est assignée. Ceux qui contreviennent à cette disposition sont punis disciplinairement. Les hommes en retard, sans motif légitime, sont toujours punis de prison; ceux qui se présentent sans livret sont punis disciplinairement. En principe les punitions de prison doivent être subies après le renvoi des réservistes, et les hommes qui en sont l'objet sont maintenus au corps après le départ de leurs camarades pendant un nombre de jours égal à la durée totale des punitions de cette nature encourues. Enfin si le retard dépasse les délais d'insoumission, l'homme est poursuivi comme insoumis.

Tous les hommes appartenant aux classes appelées doivent obéir à l'ordre de convocation. Sont seuls dispensés :

1° Les non-disponibles. — Voy. Organisation de l'armée.

2° Les hommes dispensés de l'appel pour l'année courante comme soutiens de famille. (Cir. 23 mars 1878.)

3° Les hommes résidant en Algérie, aux colonies ou à l'étranger, qui ont fait les déclarations de changement de résidence prescrites par les lois et qui ont demandé une dispense. (Cir. 1er juin 1881.)

4° Les docteurs en médecine, pharmaciens de 1re classe et vétérinaires qui, proposés pour des emplois de leur spécialité dans le cadre des officiers de réserve, n'ont pas encore été nommés ;

5° Les internes des hôpitaux de Paris ;

6° Les députés et conseillers généraux pendant la durée de leur session.

Les commandants de corps d'armée peuvent aussi dispenser exceptionnellement des ingénieurs et gardes-mines qui appartiennent à l'armée territoriale qui leur sont signalés par l'ingénieur en chef, comme ne pouvant assister à la réunion de l'année, et les huissiers près les cours et tribunaux qui, sur l'avis du procureur de la République, sont dans l'impossibilité de se faire suppléer dans leurs fonctions, enfin certains officiers de santé et de pharmaciens de 2e classe dont le maintien serait reconnu indispensable au point de vue des intérêts locaux.

Enfin les commandants des corps d'armée peuvent accorder des sursis d'appel et des ajournements à l'année suivante aux officiers et aux hommes en résidence dans leur région se trouvant dans une situation qui leur paraîtrait de nature à justifier cette mesure. Il appartient aussi aux commandants de corps d'armée d'autoriser les devancements d'appel.

Pour ce qui concerne la mobilisation des réserves et de l'armée territoriale, voyez Mobilisation.

Appel nominal. — L'appel nominal consiste à appeler par son nom chacun des individus composant une réunion. On recourt, le plus ordinairement, à l'appel nominal, soit pour constater l'inexactitude des absents, soit pour introduire dans l'opération à laquelle il s'agit de procéder, par exemple, un vote, une élection, plus d'ordre et de régularité. L'appel nominal est ordinairement complété ou contrôlé par un contre-appel. — Voy. Élections.

Appointements. — Salaire annuel attaché à une place, à un emploi. Le maire fixe les appointements des employés des mairies et des autres agents salariés qui sont nommés par lui. Ces employés et agents sont payés en vertu de mandats du maire sur la caisse municipale. — Voy. Mairie.

Apprenti, Apprentissage. — L'apprentissage est l'enseignement pratique d'une profession, donné par celui qui l'exerce, à un élève qu'on nomme apprenti.

Le contrat d'apprentissage est aujourd'hui régi par la loi du 22 février 1851, modifié sur certains points par la loi du 19 mai 1874, sur la protection du travail des enfants employés dans l'industrie. Cette loi a eu pour but de définir les droits et les devoirs réciproques du maître et de l'apprenti, et de garantir les rapports d'équité et de moralité qui doivent exister entre eux.

De la nature et de la forme du contrat. — Le contrat d'apprentissage peut être fait :

1° Par acte public reçu soit par un notaire, soit par le secrétaire du conseil des prud'hommes, soit par le greffier de la justice de paix ;

2° Par acte sous seing privé ;

3° Par convention verbale.

Cet acte est soumis pour l'enregistrement au droit fixe de 1 franc, lors même qu'il contiendrait des obligations de sommes ou valeurs mobilières ou des quittances.

Les honoraires dûs aux officiers publics sont fixés à 2 francs. (L. 22 vrier 1851, art. 2.)

L'acte d'apprentissage doit contenir : 1° Les nom, prénoms, âge, profession et domicile du maître ; 2° les nom, prénoms, âge et domicile de l'apprenti ; 3° les nom, prénoms, âge et domicile de ses père et mère, de son tuteur ou de la personne autorisée par les parents et, à leur défaut, par le juge de paix ; 4° la date et la durée du contrat ; 5° les conditions de logement, de nourriture, de prix et toutes autres arrêtées entre les parties.

Le contrat doit être signé par le maître et les représentants de l'apprenti. (Id., art. 2.)

Des conditions du contrat. — Nul ne peut recevoir des apprentis mineurs, s'il n'est âgé de vingt et un ans au moins. (Id., art. 1.)

Aucun maître, s'il est célibataire ou en état de veuvage, ne peut loger comme apprenties de jeunes mineures. (Id., art. 5.)

Les individus qui ont subi une condamnation pour crime, ceux qui ont été condamnés pour attentat aux mœurs, ceux qui ont été condamnés à plus de trois mois d'emprisonnement pour les délits prévus par les articles 388, 401, 405, 406, 407, 408, 423 du Code pénal, sont incapables de recevoir des apprentis mineurs. (Id., art. 6.)

Toutefois, l'incapacité résultant des condamnations qui viennent d'être énumérées peut être levée par le préfet, sur l'avis du maire, quand le condamné, après l'expiration de sa peine, aura résidé pendant trois ans dans la même commune. (Id., art. 7.)

Devoirs des maîtres et des apprentis. — Le maître doit se conduire envers l'apprenti en bon père de famille. Cette expression consacrée par le Code résume toutes les obligations du maître et comprend la surveillance de la conduite et des mœurs de l'apprenti, soit dans la maison, soit au dehors, l'avis à donner à ses parents ou à leurs représentants des fautes graves qu'il pourrait commettre ou des penchants vicieux qu'il pourrait manifester.

Il doit aussi les prévenir sans retard en cas de maladie, d'absence ou de tout fait de nature à motiver leur intervention.

Il ne peut employer l'apprenti, sauf conventions contraires, qu'aux travaux et services qui se rattachent à l'exercice de sa profession. Enfin, il lui est interdit de l'employer jamais à ceux qui seraient insalubres ou au-dessus de ses forces. (Id., art. 8). — Voy. ENFANTS (TRAVAIL DES)

La durée du travail effectif des apprentis âgés de moins de quatorze ans ne peut dépasser dix heures par jour. Pour les apprentis âgés de quatorze à seize ans, elle ne peut dépasser douze heures.

Aucun travail de nuit ne peut être imposé aux apprentis âgés de moins de seize ans, et l'on considère comme travail de nuit tout travail fait entre neuf heures du soir et cinq heures du matin. Il ne peut être dérogé à ces dispositions que par un arrêté rendu par le préfet, sur l'avis du maître.

Les conditions d'âge sont augmentées et la durée des heures de travail diminuées pour les apprentis de l'industrie travaillant dans les manufactures, usines, ateliers ou chantiers. (Loi 19 mai 1874). — Voy. ENFANTS (TRAVAIL DES).

Les dimanches et jours de fêtes reconnues ou légales, les apprentis, dans aucun cas, ne peuvent être tenus vis-à-vis de leur maître à aucun travail de leur profession, pas même pour ranger l'atelier.

Si l'apprenti âgé de moins de seize ans ne sait pas lire, écrire et compter, ou s'il n'a pas encore terminé sa première éducation religieuse, le maître est tenu de lui laisser prendre sur la journée de travail le temps et la liberté nécessaires pour son instruction. Néanmoins, ce temps ne pourra pas excéder deux heures par jour. (Id., art. 10.)

L'apprenti doit à son maître fidélité, obéissance et respect ; il doit l'aider, par son travail, dans la mesure de son aptitude et de ses forces.

Il est tenu de remplacer, à la fin de l'apprentissage, le temps qu'il n'a pu employer par suite de maladie ou d'absence ayant duré plus de quinze jours. (Id., art. 11.)

Le maître est légalement tenu d'enseigner à l'apprenti progressivement et complètement l'art, le métier ou la profession qui fait l'objet du contrat.

À la fin de l'apprentissage, celui qui en est l'objet reçoit, s'il y a lieu, un congé d'acquit ou certificat constatant l'exécution du contrat. (Id., art. 12.)

Tout fabricant, chef d'atelier ou ouvrier convaincu d'avoir détourné un apprenti de chez son maître pour l'employer en qualité d'apprenti ou d'ouvrier, pourra être passible de tout ou partie de l'indemnité à prononcer au profit du maître abandonné. (Id., art. 13.)

De la résolution du contrat. — Les deux premiers mois de l'apprentissage sont considérés comme un temps d'essai pendant lequel le contrat peut être annulé par la seule volonté de l'une des parties. Dans ce cas, aucune indemnité n'est allouée à l'une ou à l'autre partie, à moins de conventions expresses. (Id., art. 14.)

La loi distingue entre la résolution de plein droit et celle qui est prononcée sur la demande des parties ou de l'une d'elles.

Le contrat d'apprentissage est résolu de plein droit : 1° par la mort du maître ou de l'apprenti ; 2° si l'apprenti ou le maître est appelé au service militaire ; 3° si le maître ou l'apprenti vient à être frappé d'une des condamnations prévues par l'article 6 de la loi ; 4° enfin, pour les filles mineures, dans le cas de décès de l'épouse du maître ou de toute autre femme de la famille qui dirigeait la maison à l'époque du contrat. (Id., art. 15.)

Le contrat peut être résolu sur la demande des parties ou de l'une d'elles : 1° dans le cas où l'une des parties manquerait aux stipulations du contrat ; 2° pour cause d'infraction grave ou habituelle aux prescriptions de la loi ; 3° dans le cas d'inconduite habituelle de l'apprenti ; 4° si le maître transporte sa résidence dans une autre commune que celle qu'il habitait lors de la convention ; néanmoins, la demande en résolution de contrat fondée sur ce motif n'est recevable que pendant trois mois, à compter du jour où le maître a changé sa résidence ; 5° si le maître ou l'apprenti encourait une condamnation emportant un emprisonnement de plus d'un mois; 6° dans le cas où l'apprenti viendrait à contracter mariage. (Id., art. 16.)

Si le temps convenu pour la durée de l'apprentissage. dépasse le maximum de la durée consacrée par les usages locaux, ce temps peut être réduit ou le contrat résolu. (L. 22 février 1851, art. 17.)

De la compétence. — Toute demande à fin d'exécution ou de résolution de contrat doit être jugée par le conseil des prud'hommes dont le maître est justiciable et, à défaut, par le juge de paix du canton. Les réclamations qui pourraient être dirigées contre les tiers, en vertu de l'article 13 relatif au détournement d'apprenti, doivent être portées devant le conseil des prud'hommes ou devant le juge de paix du lieu de leur domicile. (Id., art. 18.)

L'appel des décisions du conseil des prud'hommes est porté devant le tribunal de commerce et les sentences des juges de paix sont déférées au tribunal de première instance.

Dans les divers cas de résolution du contrat, les indemnités ou les restitutions qui peuvent être dues à l'une ou à l'autre des parties doivent, à défaut de stipulations expresses, être réglées par le conseil des prud'hommes ou par les juges de paix dans les cantons qui ne ressortissent point à la juridiction d'un conseil de prud'hommes. (Id., art. 19.)

Toute contravention aux articles 4, 5, 6, 9 et 10 de la loi est poursuivie devant le tribunal de police et punie d'une amende de 5 à 15 francs.

Pour les contraventions aux articles 4, 5, 9 et 10, le tribunal de police peut, en cas de récidive, prononcer, outre l'amende, un emprisonnement d'un à cinq jours.

En cas de récidive, la contravention à l'article 6 est poursuivie devant les tribunaux correctionnels et punie d'un emprisonnement de quinze jours à trois mois, sans préjudice d'une amende qui peut s'élever de 50 francs à 300 francs. (Id., art. 20). — *Dict. des formules*, n°s 93, 94.

La loi du 19 mai 1874 a abrogé cette disposition en ce qui concerne les apprentis de l'industrie. En ce qui les concerne, les contraventions sont toujours poursuivies devant les tribunaux correctionnels et punies d'une amende de 16 à 50 francs. Cette amende s'applique autant de fois qu'il y a eu de personnes employées dans des conditions contraires à la loi.

Approvisionnement. — Voy. Boulangers, Grains, Marchés, Subsistances.

Appui. — On nomme appui une construction en pierre, en maçonnerie ou menuiserie pratiquée entre les deux montants d'une croisée pour s'y appuyer. Ils sont fixes ou permanents. Il faut une permission du maire pour établir un appui en saillie sur la voie publique. — Voy. Voirie.

Apurement. — Règlement final d'un compte. — Voy. Comptabilité.

Aqueduc. — Ouvrage d'art pour la conduite des eaux. — Voy. Cours d'eau, Irrigations.

Arbitrage. — On entend par ce mot une juridiction amiable que la volonté des parties ou la loi crée, en certains cas, pour décider d'une contestation. Le Code de procédure civile, livre III, articles 103 et suivants, et le Code de commerce, articles 51 et suivants, ont déterminé les principes et les règles de l'arbitrage.

Les décisions arbitrales n'emportent hypothèque qu'autant qu'elles sont revêtues de l'ordonnance judiciaire d'exécution. (C. civ., art. 2123.)

Arbres. — Il n'est question ici que des arbres pris isolément et non des arbres réunis en massif de forêts.

La vicinalité, la mitoyenneté et les mesures à prendre par l'autorité administrative, dans un but d'intérêt local ou communal, apportent une restriction au droit qu'a tout propriétaire de planter des arbres sur sa propriété ou d'abattre ceux qui s'y trouvent.

La loi du 20 août 1880 a modifié de la manière suivante les articles 671, 672 et 673 du Code civil qui réglaient les plantations entre voisins. D'après le nouvel article 671, il n'est permis d'avoir des arbres, arbrisseaux et arbustes près de la limite de la propriété voisine qu'à la distance prescrite par les règlements particuliers actuellement existants ou par des usages constants et reconnus, et, à défaut de règlement et usages, qu'à la distance de deux mètres de la ligne séparative des deux héritages pour les plantations dont la hauteur dépasse deux mètres, et à la distance d'un demi-mètre pour les autres plantations. Les arbres, arbustes et arbrisseaux de toute espèce peuvent être plantés en espaliers de chaque côté du mur séparatif sans que l'on soit tenu d'observer aucune distance, mais ils ne pourront dépasser la crête du mur.

Si le mur n'est pas mitoyen, le propriétaire seul a le droit d'y appuyer des espaliers.

Le voisin peut exiger que les arbres, arbrisseaux et arbustes plantés à une distance moindre que la distance légale soient arrachés ou réduits à la hauteur déterminée dans l'article précédent, à moins qu'il n'y ait titre, destination du père de famille ou prescription trentenaire.

Si les arbres meurent ou s'ils sont coupés ou arrachés, le voisin ne peut les remplacer qu'en observant les distances légales. (Art. 672 nouveau.)

Celui sur la propriété duquel avancent les branches des arbres du voisin peut contraindre celui-ci à les couper. Les fruits tombés naturellement de ces branches lui appartiennent. Si ce sont les racines qui avancent sur son héritage, il a droit de les couper lui-même.

Le droit de couper les racines ou de faire couper les branches est imprescriptible. (Art. 673 nouveau.)

Le maire peut faire valoir et exercer les mêmes droits contre le propriétaire riverain des rues, places, chemins qui sont la propriété de la commune.

Arbres plantés sur les bords des grandes routes. — Les plantations sur les bords des grandes routes sont régies par le décret du 16 décembre 1811, dont les dispositions ont été rendues applicables aux routes stratégiques et départementales.

Les plantations sont faites au moins à la distance de 1 mètre du bord extérieur des fossés, et suivant l'essence des arbres. (D. 16 décembre 1811, art. 90.)

La plantation s'exécute, dans chaque département, conformément à un arrêté préfectoral, rendu sur le rapport de l'ingénieur en chef et approuvé par le ministre des travaux publics. (Id., art. 91.)

Les arbres sont reçus par les ingénieurs des ponts et chaussées, qui surveillent toutes les plantations et s'assurent que les propriétaires se sont conformés de tous points aux dispositions de l'arrêté du préfet. (Id., art. 92.)

Les arbres morts ou manquants doivent être remplacés par les riverains dans les trois derniers mois de l'année, sur la simple réquisition de l'ingénieur en chef. (Id., art. 93.)

Lorsque les plantations se font au compte et par les soins des communes propriétaires, les maires surveillent, de concert avec les ingénieurs, toutes les opérations.

L'entreprise en est donnée au rabais, par voie d'adjudication publique, à moins d'une autorisation formelle du préfet de déroger à cette disposition.

L'adjudicataire garantit, pendant trois ans, la plantation, et reste chargé tant de son entretien que du remplacement des arbres morts ou manquants ; la garantie de trois années est prolongée d'autant pour les arbres remplacés. (Id., art. 94.)

A l'expiration du délai fixé pour l'achèvement de la plantation, le préfet fait constater par les ingénieurs si des particuliers ou communes propriétaires n'ont pas effectué les plantations auxquelles ils sont obligés, ou ne se sont pas conformés aux dispositions prescrites pour les alignements et pour l'essence, la qualité, l'âge des arbres à fournir.

Le préfet ordonne, au vu du rapport de l'ingénieur en chef, l'adjudication des plantations non effectuées ou mal exécutées par les particuliers ou communes propriétaires. (Id., art. 95.)

Ces dispositions sont applicables à tous particuliers ou communes propriétaires qui n'auraient pas remplacé leurs arbres morts ou manquants. (Id., art. 96.)

Tous particuliers ou communes, au lieu et place desquels il aura été effectué des plantations, seront condamnés à l'amende de 1 franc par pied d'arbre que l'administration aura planté à leur défaut ; et ce, indépendamment de tous frais de plantation. (Id., art. 97.)

Les arbres plantés sur le terrain de la route et appartenant à l'Etat, ceux plantés sur les terres riveraines, soit par les communes, soit par les particuliers, ne peuvent être coupés et arrachés qu'avec l'autorisation du ministre des travaux publics, sur la demande du préfet, lorsque le dépérissement des arbres a été constaté par les ingénieurs, et toujours à la charge du remplacement immédiat. (Id., art. 99.)

La vente des arbres appartenant à l'Etat et de ceux appartenant aux communes est faite par voie d'adjudication publique : le prix de ceux appartenant à l'Etat est affecté au service des ponts et chaussées ; le prix des arbres appartenant aux communes est versé dans leurs caisses respectives. (Id., art. 100.)

Tout propriétaire qui est reconnu avoir coupé sans autorisation, arraché ou fait périr les arbres plantés sur son terrain, est condamné à une amende égale au triple de la valeur de l'arbre détruit. (L. 16 décembre 1811, art. 101.)

L'élagage de tous les arbres plantés sur les routes est exécuté toutes les fois qu'il en est besoin, sous la direction des ingénieurs des ponts et chaussées, en vertu d'un arrêté du préfet, qui contient les instructions nécessaires sur la manière dont l'élagage doit être fait. Les ingénieurs et conducteurs des ponts et chaussées sont chargés de surveiller et d'assurer l'exécution desdites instructions. (Id., art. 102.)

Les travaux de l'élagage des arbres appartenant à l'Etat et aux communes sont exécutés au rabais et par adjudication publique. La vente des branches élaguées, des arbres chablis et de ceux qui seraient en partie déracinés est faite par voie d'adjudication publique : le prix des bois appartenant à l'Etat est affecté au service des ponts et chaussées; celui des bois appartenant aux communes est versé dans leurs caisses respectives. (Id., art. 103 et 104.)

Les particuliers ne peuvent procéder à l'élagage des arbres qui leur appartiennent sur les grandes routes, qu'aux époques et suivant les indications contenues dans l'arrêté du préfet, et toujours sous la surveillance des agents des ponts et chaussées, sous peine de poursuites comme coupables de dommages causés aux plantations des routes. (Id., art. 105.)

La conservation des plantations des routes est confiée à la surveillance et à la garde spéciale des cantonniers, gardes champêtres, gendarmes, agents et commissaires de police, et des maires, chargés par les lois de veiller à l'exécution des règlements de grande voirie. (Id., art. 106.) — Voy. ROUTES, GRANDE VOIRIE. — Dict. des formules, nos 95 et 97.

Arbres plantés sur les bords des chemins vicinaux. — La loi du 21 mai 1836, article 21, a donné aux préfets le droit de déterminer dans les règlements qu'ils arrêtent pour son exécution tout ce qui concerne les plantations sur les bords des chemins vicinaux, et, par conséquent, la distance à laquelle elles pourront être effectuées par les propriétaires riverains de ces chemins. L'instruction ministérielle du 24 juin 1836 regarde les limites posées par le Code civil, c'est-à-dire 2 mètres pour les arbres à haute tige, et 1/2 mètre pour les autres arbres et haies vives, comme suffisantes pour faire disparaître une grande partie des inconvénients des plantations sur les bords des chemins. — Voy. CHEMINS VICINAUX. — Dict. des formules, n° 102.

Arbres plantés sur les chemins ruraux, rues, places ou autres terrains appartenant aux communes. — Les arbres plantés sur les chemins ruraux antérieurement à la loi des 28 août-14 septembre 1792 sont réputés appartenir aux propriétaires des fonds riverains, à moins que la commune ne prouve qu'ils lui appartiennent par prescription; ceux plantés sur lesdits chemins postérieurement à cette loi sont au contraire présumés appartenir à la commune, à moins que les riverains ne prouvent les avoir acquis par prescription. (Code civil, art. 552, 553.) Les règles auxquelles sont soumises ces plantations, qu'elles aient été effectuées en bordure sur les fonds riverains ou sur le sol même des voies, sont posées par les articles 8 et 9 de la loi du 29 août 1881. — Voy. CHEMINS RURAUX.

La même distinction doit être faite en ce qui touche les arbres existant sur les terrains dépendant des chemins, places, promenades, squares, rues, boulevards et avenues appartenant aux communes. En principe, les arbres plantés postérieurement à la loi du 14 septembre 1792 sur ces voies urbaines sont réputés appartenir aux communes propriétaires de ces terrains dont ces arbres sont les accessoires. (Code civil, art. 553). Par suite, lorsque des plantations sont faites par un riverain sur le sol d'une voie communale, la commune a le droit de les retenir ou de contraindre le propriétaire à les enlever à ses frais sans indemnité ; elle peut même exiger la réparation du préjudice qui lui aurait été causé. Si elle préfère conserver les plantations, elle doit rembourser la valeur des arbres et le prix de la main-d'œuvre. Elle devrait aussi, dans ce cas, rembourser une somme égale à l'augmentation de valeur résultant de cette plantation, mais seulement lorsque le propriétaire a fait une plantation de bonne foi. (Art. 555 du Code civil.)

Arbres épars appartenant aux communes et aux établissements publics. — Les plantations d'arbres ou d'arbustes faites par la commune sur le sol des voies communales ne peuvent avoir lieu qu'en vertu d'une délibération d'un conseil municipal approuvée par le préfet. La dépense en est facultative. (Loi 18 juillet 1837, art. 19 et 20.)

Les arbres épars appartenant aux communes, aux hospices, fabriques et autres établissements publics, ne peuvent être abattus sans l'autorisation des préfets, même lorsque les arbres ont atteint leur maturité et qu'ils sont dépérissants.

Les préfets peuvent imposer à l'administration municipale ou aux administrations des établissements intéressés l'obligation de prélever sur le prix de la vente une somme suffisante pour remplacer les arbres abattus, et de procéder à la plantation des jeunes arbres destinés à ce remplacement dans l'année même de l'autorisation. (Circ. int. 5 novembre 1827.)

L'émondage des arbres épars peut avoir lieu sans autorisation.

Les arbres abattus en vertu des autorisations des préfets et les émondes des arbres doivent être vendus par adjudication publique au profit des communes ou des établissements propriétaires. — *Dict. des formules*, n° 98.

Toutefois, lorsque les objets sont de peu de valeur, ils peuvent être vendus à l'amiable. L'estimation et la vente sont alors constatées par un procès-verbal.

Des délits relatifs aux arbres. — La loi porte des peines contre ceux qui abattent, mutilent ou écorcent des arbres appartenant à autrui.

Quiconque aura abattu un ou plusieurs arbres qu'il savait appartenir à autrui, sera puni d'un emprisonnement qui ne sera pas au-dessous de 6 jours ni au-dessus de 6 mois, à raison de chaque arbre, sans que la totalité puisse excéder 5 ans. (C. P., art. 445.)

Les peines seront les mêmes à raison de chaque arbre mutilé, coupé ou écorcé de manière à le faire périr. (Id., art. 445.)

Le minimum de la peine sera de 20 jours, si les arbres étaient plantés sur les places, routes, chemins, rues ou voies publiques ou vicinales, ou de traverses. (Id., art. 448.)

Si le fait a été commis en haine d'un fonctionnaire public, et à raison de ses fonctions, le coupable sera puni du maximum de la peine. Il en sera de même, quoique cette circonstance n'existe point, si le fait a été commis pendant la nuit. (Id., art. 450.)

Dans les cas prévus par les articles ci-dessus, il sera, en outre, prononcé une amende qui ne pourra excéder le quart des restitutions et dommages-intérêts, ni être au-dessous de 16 francs. (Id., art. 455.)

Les maires, adjoints, commissaires de police, ou les gardes champêtres constatent les délits par des procès-verbaux, qu'ils transmettent au procureur de la République.

Quant aux détériorations commises sur les arbres qui bordent les grandes routes, chemins, canaux, fleuves, rivières, etc., elles doivent être constatées, réprimées et poursuivies par voie administrative. Ces contraventions sont constatées concurremment par les maires ou adjoints, les ingénieurs et conducteurs des ponts et chaussées, les agents de la navigation, les commissaires de police et par la gendarmerie. Les procès-verbaux sont adressés au sous-préfet, et il est statué définitivement par le conseil de préfecture. Mais ce conseil ne pouvant prononcer de punition corporelle, le tribunal de police correctionnelle sera, en outre, appelé à prononcer cette peine, suivant la nature et la gravité du délit. — *Dict. des formules*, nos 95 et 96. — Voy. ELAGAGE, ECHENILLAGE, PROMENADES PUBLIQUES.

Archevêque. — Prélat nommé par décret et institué par une bulle du pape, qui a sous sa juridiction plusieurs diocèses formant une province ecclésiastique. L'archevêque consacre et installe les évêques qui sont ses suffragants ; il veille au maintien de la foi et de la discipline ecclésiastique et connaît par voie de recours ou d'appel des réclamations portées contre la conduite ou les décisions de ses suffragants. La résidence de l'archevêque s'appelle métropole ; il prend par suite le titre de métropolitain et il exerce dans son diocèse les fonctions d'évêque.

Architecte. — La mission de l'architecte est de concevoir la forme et la disposition des constructions, d'en diriger l'exécution et de régler les mémoires des entrepreneurs et des ouvriers.

La loi impose aux architectes et aux entrepreneurs une sérieuse responsabilité pour les travaux qu'ils dirigent ou qu'ils exécutent. Par exemple, si l'édifice, construit à prix fait, périt en tout ou en partie par le vice de construction, même par le vice du sol; les architectes et les entrepreneurs en sont responsables pendant dix ans. (C. civ., art. 1792.)

Lorsqu'une construction faite sur un plan tracé par un architecte périt, par le vice du plan, l'architecte en est également responsable, encore qu'il n'ait pas été chargé de l'exécution. (Cass., 20 novembre 1817.)

Lorsqu'un architecte ou un entrepreneur s'est chargé de la construction à forfait d'un bâtiment, d'après un plan arrêté et convenu avec le propriétaire du sol, il ne peut demander aucune augmentation de prix, ni sous le prétexte de l'augmentation de la main-d'œuvre ou des matériaux, ni sous celui de changements ou d'augmentations faites sur le plan, si ces changements ou augmentations n'ont pas été autorisés par écrit, et le prix convenu avec le propriétaire. (C. civ., art. 1793.)

Après dix ans, les architectes et les entrepreneurs sont déchargés de la garantie des gros ouvrages qu'ils ont faits ou dirigés. (C. N., art. 2270.)

Les architectes et les entrepreneurs ont un privilège sur les bâtiments qu'ils ont construits ou réparés, pourvu que la construction ou la réparation ait été précédée d'un état des lieux et suivie d'une expertise pour la réception des travaux. (Id., art. 2103 et 2110.)

Les travaux quelconques de construction, de réparation ou même de simple entretien, exécutés pour le compte d'une commune, doivent toujours l'être avec le concours d'un architecte choisi par l'administration.

Quand il s'agit de travaux de construction ou de réparations d'une certaine importance, l'architecte doit rédiger :

1° Un devis explicatif ou mémoire indiquant, sans abréviations, la position et les dimensions des constructions à faire ; les distributions et dimensions particulières ; les espèces, les qualités et les quantités des matériaux à employer ; enfin les procédés de main-d'œuvre les plus essentiels ;

2° Le détail estimatif, présentant les prix courants des différentes espèces de matériaux, d'ouvrages et de main-d'œuvre, et, à la fin, le montant approximatif de la dépense ;

3° Les plans et dessins figuratifs des constructions, selon les règles de l'art ;

4° Enfin, le cahier des charges générales et particulières et les modèles de soumissions.

Toutes ces pièces, rédigées et signées par l'architecte, doivent être, en outre, visées et signées par le maire.

Pour les travaux de réparation ou de simple entretien d'une faible importance, l'administration supérieure n'exige ordinairement qu'un devis estimatif.

Les honoraires des architectes doivent être réglés de gré à gré entre les parties.

Dans les villes de quelque importance, un architecte spécial est chargé de la surveillance de tous les travaux entrepris par l'administration municipale. Dans ce cas, outre une remise sur les travaux extraordinaires, il peut recevoir un traitement annuel fixé par le conseil municipal, sur la proposition du maire.

Dans les autres communes, les architectes sont rétribués au moyen d'une remise proportionnelle, ordinairement fixée à 5 0/0 de la dépense, lorsque le montant des travaux est au-dessous de 100,000 francs.

Les vacations des architectes employés comme experts sont tarifées par décret du 10 février 1807 ; la taxe varie suivant la résidence et suivant la distance à parcourir.

L'action des architectes, en payement de leurs honoraires, se prescrit par six mois. Un arrêt du Conseil d'Etat du 29 juin 1847 a décidé qu'un architecte chargé de diriger et surveiller les travaux d'un bâtiment communal est éligible au conseil municipal, bien que ces travaux durent plusieurs années. — Voy. ADJUDICATIONS, CONSTRUCTIONS, DEVIS, TRAVAUX COMMUNAUX.

Archives. — Réunion de pièces et de documents que l'on garde pour les consulter au besoin. Lieu où ces documents sont gardés.

Le législateur a édicté des peines sévères contre les spoliateurs et destructeurs des dépôts publics d'archives.

Tout juge, administrateur, fonctionnaire ou officier public, qui aura détruit, supprimé, soustrait ou détourné les actes et titres dont il était dépositaire en cette qualité, ou qui lui auront été remis ou communiqués à raison de ses fonctions, sera puni des travaux forcés à temps. Tous agents préposés ou commis, soit du gouvernement, soit des dépositaires publics, qui se seront rendus coupables des mêmes soustractions, seront soumis à la même peine. (C. P., art. 173.)

Quant aux soustractions, destructions et enlèvements de pièces ou de procédures criminelles, ou d'autres papiers, registres, actes et effets contenus dans des archives, greffes ou dépôts publics, ou remis à un dépositaire public en cette qualité, les peines seront, contre les greffiers, archivistes, notaires ou autres dépositaires négligents, de trois mois à un an d'emprisonnement, et d'une amende de 100 à 300 francs. (C. P., art. 254.)

Quiconque se sera rendu coupable des soustractions, enlèvements ou destructions mentionnés en l'article précédent, sera puni de la reclusion. Si le crime est l'ouvrage du dépositaire lui-même, il sera puni des travaux forcés à temps. (Id., art. 255.)

Quiconque aura volontairement brûlé ou détruit, d'une manière quelconque, des registres, minutes ou actes originaux de l'autorité publique, sera puni de la reclusion. (Id., art. 439.)

Suivant la loi du 7 messidor an II, article 37, tout citoyen peut demander dans tous les dépôts, aux jours et heures qui seront fixés, communication des pièces qu'ils renferment : elle leur est donnée sans frais et sans déplacement et avec les précautions convenables de surveillance. Les expéditions ou extraits sont délivrés à raison de 75 centimes du rôle. Conformément à l'article 63 de la loi du 25 avril 1816, toutes expéditions pour lesquelles il y a lieu à la perception du droit doivent être faites sur papier timbré du coût de 1 fr. 80 c. — Voy. ACTES ADMINISTRATIFS, EXPÉDITIONS DES ACTES ADMINISTRATIFS.

Toutefois, un décret du 12 juillet 1807 a fixé spécialement les droits d'expéditions en ce qui concerne les actes de l'état civil. — Voy. ÉTAT CIVIL.

Les règles qui précèdent sont communes à tous les genres d'archives; nous allons retracer des règles particulières qui concernent les archives des communes et les établissements de bienfaisance, les seules dont nous ayons à nous occuper ici.

ARCHIVES DES COMMUNES. — Les titres et papiers de l'administration municipale sont entre les mains du maire; mais il n'en est que simple dépositaire à raison de ses fonctions. Le *Bulletin des lois* et les registres de l'état civil ont été payés par la commune. Les contrats anciens, les titres de propriété, les actes des conseils municipaux et les arrêtés du maire, les décisions de l'administration ou des tribunaux, plans du cadastre, tant anciens que nouveaux, les tableaux des chemins vicinaux, etc., contiennent les preuves des droits des communes et intéressent en même temps ceux des particuliers. Ces actes et documents doivent être constamment à la disposition des officiers municipaux en exercice, ainsi que la correspondance et les instructions de l'autorité supérieure indispensables pour l'expédition prompte et régulière des affaires.

Il suit de là que les archives doivent être transmises exactement d'un fonctionnaire à l'autre, toutes les fois qu'il s'opère des mutations dans le personnel.

Suivant ce qui résulte de l'arrêté du gouvernement du 19 floréal an VIII, le maire qui cesse ses fonctions doit faire la remise de tous les papiers et registres relatifs à l'administration, entre les mains de son successeur, au moment où il l'installe, ou si ce dernier n'est pas nommé, entre les mains du fonctionnaire qui exerce provisoirement.

Cette opération est constatée par un procès-verbal en double minute : l'une des minutes est remise au fonctionnaire sortant pour lui servir de décharge, l'autre reste déposée à la mairie pour établir la responsabilité du nouveau titulaire.

Le mobilier de la commune doit être remis de la même manière, suivant procès-verbal dressé en double.

Dans le cas où un maire sortant de fonctions se refuserait à procéder à l'inventaire, le sous-préfet nommerait un commissaire pour dresser cet acte, contradictoirement avec le maire en exercice.

En cas de décès du maire, ce sont ses héritiers qui ont à rendre compte des objets appartenant à la mairie et dont leur auteur se trouvait dépositaire. L'adjoint doit exiger d'eux qu'ils lui en fassent la remise immédiate. Un inventaire est dressé en double minute; l'une des minutes est remise aux héritiers.

Dans tous les cas, le procès-verbal désigne les registres et papiers ainsi que le mobilier qui ne se retrouveraient pas à la mairie, afin que, s'il y a lieu, l'ancien maire soit déclaré responsable de ces objets. (Circ. Int. 16 juin 1842). — *Dict. des formules*, n° 957.

Conservation. — Le premier soin des autorités municipales doit être de mettre les papiers à l'abri de l'humidité, de l'incendie et de toutes les autres causes d'altération et de destruction .Il faut prendre aussi les précautions nécessaires pour que ces papiers soient placés hors de la portée de toute main étrangère et ne puissent être soustraits ou égarés.

Dans les communes qui ont un hôtel de ville, il est toujours possible d'affecter aux archives une salle ou un cabinet pourvu de tablettes, de casiers, de cartons fermant à clef.

Quand le local de la mairie ne se compose que d'une seule salle consacrée à la fois au greffe et aux séances du conseil municipal, il peut être établi une armoire suffisamment profonde, garnie de rayons et pourvue de cartons. Elle doit, autant que possible, être divisée en deux parties : l'une, destinée à recevoir les pièces les plus anciennes et les plus précieuses, qu'on ne consulte que rarement, est habituellement fermée ; l'autre reçoit les papiers et registres relatifs aux affaires courantes.

Dans les communes rurales qui ne possèdent pas de mairie et où l'instituteur remplit les fonctions de secrétaire de la mairie, les archives communales doivent être déposées à la maison d'école et confiées à la garde de l'instituteur, tout en restant placées sous l'autorité et sous la surveillance directe du maire. (Circ. min. de l'int. 25 septembre 1868.)

Dans ce cas, comme lorsque c'est l'habitation personnelle du maire qui doit recevoir le dépôt des archives, il est encore nécessaire qu'un meuble spécial les renferme.

Le timbre de la mairie devra être appliqué sur tous les papiers et documents appartenant à la commune.

Méthode pour la mise en ordre. — Quoique les archives soient plus ou moins volumineuses, à raison du nombre et de l'importance des affaires de chaque commune, on peut, sauf l'étendue plus ou moins grande des développements, leur appliquer une méthode et un cadre de classement uniformes.

Pour la mise en ordre des archives, deux opérations doivent être exécutées : 1° les livres, registres ou papiers sont rangés par ordre de matières ; 2° les matières sont distribuées sous un petit nombre de divisions qui comprennent toutes les natures de documents.

On commence par reconnaitre et distinguer les matières.

Ce travail est un des plus simples à l'égard des volumes ou registres. Ceux qui appartiennent à une même collection doivent être placés sur des rayons par ordre de dates. Le *Bulletin des lois*, le recueil des actes administratifs, les délibérations du conseil municipal, les registres de l'état civil, etc., sont ainsi classés.

Quant aux papiers, on recherche d'abord tous ceux qui concernent une même affaire pour en former un dossier.

Les papiers formant chaque dossier sont rassemblés par ordre de dates.

Lorsqu'il y a plusieurs affaires, et, par conséquent, plusieurs dossiers relatifs soit à un même établissement, soit à un même ordre de fonctionnaires, en un mot, à une même matière, on les réunit dans un même carton, ou, à défaut de carton, en une même liasse. Ainsi, en ce qui concerne les affouages, on forme un dossier distinct pour le balivage, un autre pour l'exploitation des coupes, un troisième pour le partage entre les habitants, etc : la réunion de ces dossiers forme le carton ou la liasse des affouages.

Quant les dossiers relatifs à une même matière sont trop volumineux pour être contenus dans un seul carton ou pour ne former qu'une seule liasse, on les divise en autant de cartons ou de liasses qu'il est nécessaire.

Ce travail une fois terminé, il est procédé au classement définitif et à la rédaction de l'inventaire. Ces deux opérations peuvent être exécutées en même temps.

Classement et inventaire. — Un premier cadre de classement en quinze divisions fut appliqué, en vertu de la circulaire du 16 juin 1842, aux archives municipales postérieures à 1790. Mais le développement de l'administration ayant eu pour résultat de faire entrer dans les archives même des plus petites communes des séries de documents dont l'existence n'avait pas été prévue par l'instruction de 1842, le ministre a été amené à introduire dans les catégories existantes des subdivisions plus nombreuses et plus nettement définies. Tout en respectant le plan adopté en 1842, la circulaire du 20 novembre 1879 prescrit la formation de trois nouvelles séries et la confection d'une table alphabétique avec renvoi à la série. — Cette circulaire n'ordonne pas le remaniement général des archives communales, elle autorise le maintien du *statu quo* dans les localités où l'inventaire existe, et ne prescrit l'application du cadre nouveau que dans les communes où le dépouillement n'aurait pas été entrepris et dans celles où la refonte du classement actuel serait reconnu nécessaire. Nous croyons devoir donner ici les deux cadres.

Cadre ancien.	*Cadre nouveau.*
A. Lois.	A. Lois.
B. Actes administratifs de la préfecture.	B. Actes de l'administration départementale.
C. Livres divers.	C. Bibliothèque administrative.
D. Actes de l'administration municipale.	D. Administration générale de la commune.
E. État civil.	E. État civil.
F. Population et statistique.	F. Statistique.
G. Contributions.	G. Contributions et administrations financières.
H. Affaires militaires.	H. Affaires militaires.
I. Police.	I. Police.
K. Personnel.	K. Personnel-élections.
L. Comptabilité.	L. Comptabilité et revenus communaux.
M. Biens communaux servant à l'usage public.	M. Monuments et établissements publics.

7

N. Biens communaux affermés ou livrés à la jouissance commune.

O. Voirie.

P. Pièces diverses.

N. Propriétés communales.

O. Travaux publics, voirie, navigation, régime des eaux.

P. Cultes.

Q. Assistance publique.

R. Instruction publique, sciences, lettres et arts.

S. Pièces diverses ne rentrant pas dans les séries précédentes.

Pour ramener les inventaires actuellement dressés à l'ordre établi dans le cadre de 1879, il suffit de faire rentrer :

1° Dans la nouvelle série R toutes les pièces relatives à l'instruction primaire jadis classées dans la série D ;

2° Dans la même série R, les pièces relatives au personnel de l'instruction jadis classées série K ;

3° Dans la série P, les pièces relatives au personnel des cultes ;

4° Dans la série S, les pièces diverses jadis classées série P.

La dernière de ces divisions doit être consacrée aux papiers qui n'ont pu trouver place dans les divisions précédentes.

Les objets mobiliers de la mairie forment une division particulière.

Les différents objets composant les archives sont distribués dans le local, conformément à ces divisions.

L'inventaire est dressé sur un registre ou cahier coté et parafé par le sous-préfet.

Une ou plusieurs pages, selon la quantité des titres, sont consacrées à chaque division, et des pages blanches sont laissées à la suite pour être remplies comme il est dit ci-après.

Chaque division a pour signe une lettre de l'alphabet et comprend une série particulière de numéros correspondant aux articles qui s'y trouvent portés. Chaque article, indépendamment du numéro qui lui est propre, porte la lettre de la division dont il fait partie.

Ainsi, dans la division qui concerne les contributions, et qui a pour signe la lettre G, l'atlas cadastral portera pour désignation G 1, puis matrice cadastrale G 2, les états de la section G 3, et ainsi de suite.

Dans l'inventaire, la lettre qui caractérise chaque division des archives est inscrite en tête de la page qui lui est consacrée, et le numéro de chaque article placé en regard de l'indication qui le concerne.

Un modèle d'inventaire est joint à l'instruction du 16 juin 1842, qui a été insérée au *Bulletin officiel* du ministère de l'intérieur, n° 5, même année, et reproduite dans le *Recueil des actes administratifs* de chaque préfecture. — *Dict. des formules*, n° 100.

Mise à jour de l'inventaire. — Chaque année, dans la session où le conseil municipal forme le budget, le maire lui communique l'inventaire ; préalablement il prend soin d'y ajouter tous les objets qui n'y ont pas été encore inscrits. Ces additions sont portées à la suite de chacune des divisions de l'inventaire et forment autant de suppléments qui sont certifiés et signés.

A la fin de chaque année expirée, on doit avoir soin de faire relier ou du moins brocher les numéros du *Bulletin des Lois* et du *Recueil des Actes administratifs* qui appartiennent à cette année.

Récolement. — Cette opération doit avoir lieu à toutes les époques de renouvellement des autorités municipales. Elle consiste à vérifier si les objets portés à l'inventaire existent.

Le procès-verbal est transcrit à la suite de l'inventaire et signé par les personnes qui ont assisté au récolement. Les objets manquants y sont signalés, et le maire nouveau en donne immédiatement avis au sous-préfet.

Les maires qui sont continués dans leurs fonctions ne sont pas dispensés de procéder à l'opération dont il s'agit. Un procès-verbal doit constater la prise en charge des archives et du mobilier.

L'adjoint, ou à défaut de l'adjoint un conseiller municipal, selon l'ordre du tableau, doit prêter son assistance à cette opération.

Dépôt d'une copie des inventaires à la préfecture. — Après que l'inventaire a été rédigé et soumis au conseil municipal, les maires doivent transmettre au préfet, par l'intermédiaire du sous-préfet, une copie en tous points conforme à l'original.

A chaque renouvellement des fonctionnaires, il doit être transmis au sous-préfet, avec le procès-verbal de leur installation, une copie du procès-verbal de récolement.

Les copies des inventaires et des procès-verbaux de récolement sont déposés aux archives de la préfecture.

Anciennes archives municipales. — Il existe à peu près dans toutes les villes des dépôts qui contiennent non seulement des documents nombreux, mais des archives complètes antérieures à 1790. Une instruction du ministre de l'intérieur en date du 25 août 1857 contient, pour la mise en ordre méthodique de ces archives, des indications qui modifient et complètent sous ce rapport les instructions du 16 juin 1842. Nous en reproduisons ci-après les principales dispositions.

Tout classement des archives historiques des communes, correspondant à un ancien inventaire, doit être maintenu, ou, le cas échéant, remis en concordance avec cet inventaire.

L'ordre étant rétabli, on numérote en chiffres arabes chacun des articles qui existent encore en nature. Ce numérotage, suivi sans interruption, du premier au dernier article de chaque série, est reproduit sur l'ancien inventaire, en regard de chaque article décrit, et l'on a soin de noter en marge, par les lettres DEF. (*déficit*), les articles ou les documents disparus. On a soin aussi d'inscrire sur des feuilles ou des cahiers supplémentaires les pièces ou articles qui ne sont pas décrits à l'inventaire ancien.

Quant aux dépôts dénués d'inventaires antérieurs, où, par conséquent, il s'agit d'établir l'ordre, ils sont classés par séries, suivant la méthode résumée dans le cadre suivant :

AA. Actes constitutifs et politiques de la commune. — BB. Administration communale. — CC. Impôts et comptabilité. — DD. Propriétés communales, eaux et forêts, mines, édifices, travaux publics, ponts et chaussées, voirie. — EE. Affaires militaires, marine. — FF. Justice, procédures, police. — GG. Cultes, instruction, assistance publique. — HH. Agriculture, industrie, commerce. — II. Documents divers, inventaires, objets d'art, etc.

L'objet principal du classement à opérer, conformément à ce cadre, est de répartir les documents selon leur nature, entre les séries indiquées ; de réunir ensuite en dossiers les pièces relatives à une même affaire ; puis de grouper en articles les dossiers de même nature, c'est-à-dire d'en former des liasses, si l'on ne peut immédiatement les enfermer dans des cartons ou portefeuilles.

Quant au classement des dossiers entre eux et des pièces entre elles, il doit différer suivant leur nature. Ainsi, les titres de propriété sont rangés d'après l'ordre alphabétique des noms des localités, des rues, des champs où sont situés les biens ; ou si ce sont des rentes pécuniaires, des donations, des legs, dans l'ordre alphabétique des débiteurs, donateurs ou testateurs. Pour les autres documents on adoptera soit l'ordre alphabétique, soit l'ordre chronologique, mais en respectant toujours pour une même affaire l'unité de dossier. On appliquera ensuite à chaque article une étiquette portant : 1° les lettres de série; 2° le numéro d'ordre indiquant le rang de l'article dans la série.

Les pièces, exactement numérotées, doivent être toutes estampillées du timbre de la mairie. Les registres doivent être paginés. On numérotera aussi dans chaque dépôt les travées, armoires ou rayons, et l'on fournira dans l'inventaire l'indication de la place occupée dans le dépôt par chacun des articles.

Les dispositions préliminaires de classement et de numérotage étant établies, on procédera à la formation de l'inventaire sommaire et des tables, qui devront être rédigés conformément aux modèles annexés à la circulaire du 25 août 1857. — *Dict. des formules*, n° 99.

Une circulaire du 11 novembre 1874 prescrit la revendication pour les archives départementales des dossiers provenant des administrations de canton qui ont fonctionné de l'an III à l'an VIII. Consulté sur la question de savoir dans quelle mesure il y aurait lieu d'appliquer cette prescription, le ministre de l'intérieur, par une circulaire du 6 mai 1876, a reconnu que la réintégration ne doit être exigée que pour les pièces qui se rapportent exclusivement à l'administration cantonale ; quant aux registres des sociétés populaires et des comités de surveillance, ils n'appartiennent pas de droit à l'État et les archives ne peuvent les recueillir que lorsque l'occasion se présente soit de les acheter, soit d'en provoquer la cession volontaire.

Précautions relatives aux communications de pièces. — Les communications ne peuvent être données que lorsqu'elles n'offrent pas d'inconvénient. En ce cas, elles ont lieu sans frais et sans déplacement, sous une surveillance sûre. (Circ. Int. 16 juin 1842.)

Il ne peut être refusé à aucun des citoyens contribuables de la commune communication, sans déplacement, des délibérations des conseils municipaux des budget et compte de la commune ainsi que des arrêtés du maire. (L. 5 avril 1884, art. 58.)

Les pièces cadastrales ne doivent pas être déplacées, hormis les cas où il est donné ordre par le ministre compétent d'en autoriser le déplacement, dans l'intérêt d'un service public ; dans ce cas, les maires doivent exiger un récépissé du fonctionnaire auquel ils en ont fait la remise. Dans tous autres cas, et surtout quand il s'agit de satisfaire seulement à des intérêts privés, ces magistrats doivent se refuser d'une manière absolue à tout déplacement. Il est pour les communes d'autant plus nécessaire de veiller soigneusement à la conservation de ces documents que, s'il y avait lieu de les refaire, la dépense serait à leur charge. (Circ. Int. 16 juin 1842.)

Vérification des archives communales par des commissaires spéciaux. — Depuis plusieurs années, des conseils généraux de département ont voté des allocations destinées à faire visiter, sous la direction des préfets, les archives communales, et à en faire constater l'état par des commissaires spéciaux qui sont le plus ordinairement choisis parmi les archivistes des préfectures.

Ce moyen est, sans aucun doute, le plus propre à amener l'exécution prompte d'un classement régulier : le ministre de l'intérieur a invité les préfets à ne rien négliger pour le rendre général, sauf à soumettre à son approbation le choix des commissaires.

ARCHIVES DES ÉTABLISSEMENTS DE BIENFAISANCE. — Il existe dans les établissements de bienfaisance, et surtout dans les maisons hospitalières dont la fondation remonte à une époque déjà reculée, des archives importantes par le nombre des documents et par leur ancienneté.

Quoique généralement conservés avec soin, les papiers des établissements de bienfaisance étaient le plus souvent restés pour la plupart inexplorés et n'avaient été l'objet d'aucune mise en ordre méthodique ; aussi ont-ils fait l'objet d'une circulaire (10 juin 1854), par laquelle le ministre de l'intérieur a modifié les instructions contenues dans celle du 16 juin 1842, et indiqué les bases d'un classement qui doit mettre au jour cette partie précieuse de nos anciens documents administratifs.

Le nouveau cadre s'applique aux archives qui occupent de vastes salles aussi bien qu'à celles qui ne sont composées que de deux ou trois cartons placés dans une armoire.

Voici ce nouveau cadre :

A. Actes de fondation de l'établissement. — Diplômes et privilèges émanés des papes, rois, évêques, seigneurs. — Cartulaires. — Ordonnances, décisions et autres actes relatifs à l'établissement, émanés des diverses autorités.
B. Titres de propriété : donations, échanges, acquisitions. — Terres, maisons, cens, rentes. — Registres concernant les biens, les revenus, les droits utiles de l'établissement, baux. — Pièces de procédure, mémoires, etc.
C. Matières ecclésiastiques en général. — Chapelle, aumônerie, cimetière, nécrologes, obituaires, etc.
D. Inventaires généraux et partiels. — Instructions, lettres, récépissés et autres pièces relatives au dépôt même ou au service du dépôt des archives. — Catalogue de la bibliothèque.
E. Administration de l'établissement. — Délibérations, nominations, règlements. — Budgets et comptes, états des recettes et dépenses. — Economat, fournitures, entretien des bâtiments. — Inventaires de mobiliers, livres de caisse, etc.
F. Registres d'entrée et de sortie des personnes admises dans l'établissement. — Religieux et religieuses. — Service intérieur. — Domestiques. — Service médical. — Infirmiers. — Demandes d'emploi et d'admission.
G. Papiers et registres des institutions succursales de l'établissement. — Ancien bureau des pauvres ; mendicité ; tutelle des enfants trouvés et orphelins ; écoles, salles d'asiles ; sages-femmes, vaccine, etc.

H. Papiers et correspondances diverses ne rentrant pas dans les séries précédentes (1).

L'objet principal du travail de classement recommandé par la circulaire du 10 juin 1854 consiste à répartir tous les documents en huit séries, suivant les indications du cadre; à réunir ensuite en dossiers le pièces relatives à une même affaire, et à grouper les dossiers de même nature en articles, c'est-à-dire à en former des liasses si l'on ne peut les renfermer dans des cartons ou dans des portefeuilles.

Les registres forment articles par eux-mêmes. Ils doivent, autant que possible, être placés ensemble dans chaque série.

Néanmoins, dans les archives déjà mises en ordre, l'unité et la disposition des articles et des dossiers déjà existants doivent, autant que possible, être maintenues, et lorsque les pièces sont déjà classées avec un répertoire qui rend les recherches faciles, le ministre recommande de respecter scrupuleusement ce classement, lors même qu'il serait en opposition avec celui qu'indique sa circulaire.

La même observation s'applique au cas suivant, qui doit faire l'objet d'une réserve importante :

Un grand nombre d'établissements de bienfaisance sont les successeurs d'établissements plus anciens, soit d'hôpitaux, soit même de monastères, dont ils possèdent aujourd'hui les papiers. Leurs archives renferment ainsi des fonds différents, c'est-à-dire des titres provenant de sources différentes et qui sont presque toujours restés à des places distinctes dans les établissements où ils existaient. La personne chargée du classement ne doit pas comprendre le cadre en ce sens qu'il faille démembrer ces anciens fonds pour mettre ensemble tous les titres de propriété, toutes les pièces de comptabilité, quelle qu'en soit la source. Elle doit appliquer à chaque fonds désigné à l'inventaire par un numéro d'ordre en chiffres romains, surmonté du titre même de l'établissement dont ce fonds provient, la classification indiquée par ce cadre, s'il n'en existe pas antérieurement une autre utile à conserver. (Deux spécimens transmis avec la circulaire contiennent des exemples de ces diverses opérations.)

Quant au classement des dossiers entre eux et des pièces entre elles, il diffère selon leur nature.

Ainsi, les titres de propriété doivent être rangés selon l'ordre alphabétique des noms des localités où sont situés les biens; ou, s'il s'agit de rentes purement pécuniaires, de donations, de legs en argent, les titres sont classés suivant l'ordre alphabétique des débiteurs, donateurs et testateurs. Pour tous les autres titres, il faut adopter soit l'ordre chronologique, soit l'ordre alphabétique des noms de lieux ou de personnes, mais en respectant toujours l'unité du dossier pour une même affaire.

S'il arrive qu'une ou plusieurs séries manquent dans un dépôt, on conserve néanmoins aux autres séries les lettres distinctives indiquées par le cadre. Les lettres des séries absentes figurent pour mémoire.

Une fois le classement terminé, et quand, dans chaque série, on a adopté l'ordre alphabétique, l'ordre chronologique ou tout autre, on doit numéroter sans exception chaque article (carton, liasse, portefeuille ou registre), au moyen d'un chiffre arabe mis après la lettre de série.

Cette lettre de série et ce numéro d'ordre sont uniformément placés

---

(1) Au cours de l'impression, les archives départementales, communales et hospitalières ont été rattachées au ministère de l'Instruction publique et des Beaux-Arts.

au dos de chaque article, très visiblement, conformément à ce modèle :
A 1, A 2, etc.

Les numéros d'ordre se suivent sans interruption dans chaque série, de 1 à 100, si la série comprend cent articles.

Les sous-numéros, *bis*, *ter*, etc., ne doivent être employés qu'en cas de nécessité très absolue, d'intercalation ultérieure, par exemple. Ils doivent être disposés ainsi : A 1², A 1³.

Les pièces doivent toutes être numérotées et estampillées.

Les registres doivent être paginés. Lorsque l'on sort une pièce d'un article, on doit avoir soin de l'estampiller, si elle ne l'est pas, et d'ajouter à la cote spéciale de la pièce la cote même du carton portefeuille ou liasse d'où elle aura été extraite. On remplace la pièce dans son dossier par une fiche indiquant la nature de ladite pièce, la date de sa sortie et le nom de la personne à laquelle elle a été remise.

Ces dispositions préliminaires de classement et de numérotage établies, doivent être suivies de la confection de l'inventaire divisé en deux parties :

La première, comprenant toutes les archives antérieures à 1790 ; la seconde, les papiers modernes. — *Dict. des formules*, 866.

Dans chaque série, la confection de l'inventaire des pièces antérieures à 1790 doit précéder l'examen de la seconde partie.

Combiné d'après le plan récemment adopté pour les archives départementales, cet inventaire, qui rentre par là dans l'unité du cadre général uniforme, doit contenir les indications mentionnées ci-dessus pour les archives départementales.

Un double très exact de la partie de cet inventaire antérieure à 1790 et un double des tables mises au net doivent être envoyés aux archives de chaque préfecture, à l'achèvement de chaque série.

A la réception de tout travail de ce genre, le préfet doit en faire une copie et l'adresser au ministre de l'intérieur.

La méthode de classement exposée plus haut n'est rigoureusement applicable qu'aux établissements dont les archives ne sont encore n classées ni inventoriées.

Quant à ceux où ce double travail a été effectué, les administrateurs de ces établissements doivent envoyer un double de leur inventaire à la préfecture de leur département. (Circ. Int. 10 juin 1854.)

Are. — Mesure de superficie. C'est le décamètre carré ou un carré qui a un décamètre ou dix mètres de chaque côté.

Les multiples de l'are se forment à l'aide des mots myria, kilo, hecto, déca ; et les sous-multiples à l'aide des mots déci, centi, milli. Ainsi :

Myria-are ou myriare, signifie. . . .   dix mille ares ;
Kilo-are ou kilare . . . .   mille ares ;
Hecto-are ou hectare . . . .   cent ares ;
Déca-are ou décare. . . . .   dix ares ;
Déciare . . . .   dixième d'are ;
Centiare. . . . .   centième d'are ;
Milliare . . . .   millième d'are.

L'hectare, l'are, le centiare, sont les seules mesures usitées ; l'hectare remplace l'arpent, dont il est plus que le double ; le centiare n'est autre chose que le mètre carré.

Argent. — Voy. Matières d'or et d'argent, Monnaies.

Armée. — On entend par ce mot une force militaire organisée sur une base permanente, à la solde de l'État, et placée sous la direction immédiate du ministre de la guerre. Cette force est destinée aussi bien à faire exécuter la loi à l'intérieur du pays qu'à assurer l'indépendance de la nation à l'égard des puissances étrangères.

La constitution de l'armée comprend deux parties principales distinctes : le recrutement et l'organisation.

Le recrutement, tel qu'il existe aujourd'hui, a été établi par la loi du 27 juillet 1872, loi civile et politique autant que militaire, car elle s'adresse à toute la population, lui fait connaître les charges que lui imposent la défense et la sécurité du territoire ; elle touche à ses intérêts les plus considérables, au développement de son agriculture, de son commerce, de son industrie, au progrès des arts et des sciences, au bon ordre de ses finances.

La loi du 24 juillet 1873 règle l'autre partie, l'organisation générale de l'armée. Elle a pour objet la division du territoire en différents commandements, la composition des divers corps d'armée en troupes de ligne et en armes spéciales, le commandement, l'administration, l'incorporation, la mobilisation et la division de l'armée en armée territoriale, en armée active et de réserve, etc. Cette loi a été complétée par celles du 3 juillet 1877, relatives aux réquisitions ; par la loi du 20 mars 1880, sur l'état-major ; des 23 juillet 1881, sur le rengagement des sous-officiers ; 16 mars 1882, sur l'administration de l'armée, et celle du 16 mai 1882, sur l'organisation de l'armée, et par le décret du 28 octobre même année, organisant le service du contrôle.

Il y a de fréquents rapports entre l'autorité civile et l'autorité militaire. Les maires ont souvent à s'occuper, dans leurs fonctions, d'objets relatifs au service militaire. Ils trouveront aux mots Recrutement, Réquisitions, Mobilisation, Appels militaires, tous les renseignements qui peuvent leur être utiles dans l'exercice de cette partie importante de leurs attributions.

Nous nous bornerons à reproduire ici certaines dispositions des lois des 24 juillet 1873 et 16 mai 1882 sur l'organisation générale, l'administration de l'armée, qu'il leur importe de connaître à raison de leurs fonctions.

Division du territoire. Composition des corps d'armée. — Le territoire de la France est divisé, pour l'organisation de l'armée active, de la réserve de l'armée active, de l'armée territoriale et de sa réserve, en dix-huit régions et en subdivisions de régions. (L. 24 juillet 1873, art. 1er.)

Chaque région est occupée par un corps d'armée qui y tient garnison. — Un corps d'armée spécial est, en outre, affecté à l'Algérie (id., art. 2), et Paris forme un gouvernement militaire spécial.

Chaque région possède des magasins généraux d'approvisionnements dans lesquels se trouvent les effets d'habillements, d'armement, de harnachement, d'équipement et de campement nécessaires aux diverses armes qui entrent dans la composition du corps d'armée. (Id., art. 3.)

Chaque subdivision de région possède un ou plusieurs magasins munis des armes et munitions, ainsi que tous les effets d'habillement, d'armement, de harnachement, d'équipement et de campement nécessaires aux troupes qu'elle peut être appelée à fournir. Ces magasins sont alimentés par les magasins généraux de la région. (Id., art. 4.)

Dans chaque subdivision de région, il y a un ou plusieurs bureaux de recrutement. (Id., art. 5.) — Voy. Bureau de recrutement.

Chacun des corps d'armée des dix-huit régions comprend deux divisions d'infanterie, une brigade de cavalerie, une brigade d'artillerie, un bataillon du génie, un escadron du train des équipages militaires, ainsi que les états-majors et les divers services nécessaires... (Id., art. 6.)

En temps de paix, les corps d'armée ne sont pas réunis en armées à l'état permanent. (Id., art. 7.)

Les hommes appartenant à des services régulièrement organisés en temps de paix, tels que les gardes forestiers, douaniers, etc., peuvent, en temps de guerre, être formés en corps spéciaux destinés à servir, soit avec l'armée active, soit avec l'armée territoriale... (Id., art. 8.)

Chaque corps d'armée est organisé d'une manière permanente en divisions et en brigades. Les corps d'armée, ainsi que toutes les troupes qui les composent, sont pourvus en tout temps des commandements, des états-majors et de tous les services administratifs et auxiliaires qui leur sont nécessaires pour entrer en campagne ; le matériel de toute nature dont les troupes et les divers services du corps d'armée doivent être pourvus en temps de guerre est constamment organisé et emmagasiné à leur portée.— Le matériel roulant est emmagasiné sur roues. (Id., art. 9.)

Indépendamment des troupes réparties dans les corps d'armée, il y a des troupes formant des bataillons de chasseurs, des brigades de cavalerie et d'artillerie, qui ne sont rattachées à aucun corps d'armée spécial et par suite sont dites indépendantes. Ces troupes se portent en avant en cas de guerre pour faire le service d'éclaireurs.

L'armée active se recrute sur l'ensemble du territoire de la France. En cas de mobilisation, les effectifs des divers corps de troupes et des divers services qui entrent dans la composition de chaque corps d'armée sont complétés avec les militaires de la disponibilité et de la réserve domiciliés dans la région, et, en cas d'insuffisance, avec les militaires de la disponibilité et de la réserve domiciliés dans les régions voisines. — A cet effet, les jeunes gens qui, à raison de leur numéro de tirage, ont été compris dans la partie maintenue plus d'un an sous les drapeaux, sont, au moment où ils entrent dans la réserve, immatriculés dans un des corps de la région dans laquelle ils ont déclaré vouloir être domiciliés. — Cette immatriculation est mentionnée dans une colonne spéciale du livret, conformément aux prescriptions de la circulaire du 22 janvier 1883, de sorte que le militaire faisant partie de la réserve sache toujours où il doit se rendre en cas de mobilisation. Les jeunes militaires qui, conformément aux articles 40, 41 et 42 de la loi du 27 juillet 1872, restent en disponibilité dans leurs foyers sont également immatriculés dans les divers corps de la région et reçoivent, au moment où ils sont envoyés en disponibilité, un livret individuel constatant leur immatriculation dans le corps qu'ils doivent rejoindre, en cas de rappel. La même disposition est applicable aux engagés conditionnels d'un an, après leur année de service accomplie. — Elle est également applicable aux soldats, caporaux, brigadiers et sous-officiers envoyés en disponibilité, avant l'expiration des cinq années de service dans l'armée active. (L. 24 juillet 1873, art. 11.)

Les jeunes gens qui se trouvent dans les diverses positions mentionnées en l'article 26 de la loi du 27 juillet 1872, et dont l'autorité militaire dispose conformément audit article, sont portés sur des états spéciaux ; en cas de mobilisation, ils sont versés dans les différents corps de la région, selon les besoins de l'armée. (Id., art. 12.) — Voy. Recrutement, Mobilisation.

Commandement. Administration. — Dans chaque région, le général commandant le corps d'armée a sous son commandement le territoire, les forces de l'armée active, de la réserve, de l'armée territoriale et de sa réserve, ainsi que tous les services et établissements militaires qui sont exclusivement affectés à ces forces... (L. 24 juillet 1873, art. 14.)

Le général commandant un corps d'armée a sous ses ordres un service d'état-major composé d'officiers, recrutés conformément à la loi de 1881, placés sous le direction de son chef d'état-major général et divisé, en deux sections : 1° section active, marchant avec les troupes en cas de mobilisation ; 2° section territoriale, attachée à la région d'une manière permanente, chargée d'assurer en temps de guerre le fonctionnement du recrutement, des hôpitaux, de la remonte, et en général de tous les services territoriaux. Les états-majors de l'artillerie, du génie et les divers services administratifs et sanitaires du corps d'armée sont également divisés en partie active et en partie territoriale. Un règlement du ministère de la guerre détermine la composition et la répartition des états-majors et des divers services pour chaque corps d'armée. Un officier supérieur faisant partie de la section territoriale, et désigné par le ministre de la guerre, est chargé de centraliser le recrutement.(Id., art. 16.)

Un officier supérieur est placé à la tête du service de recrutement de chaque subdivision. (Id., art. 18.) Voy. Bureaux de recrutement.

Tous les six mois il est dressé par le service central du corps d'armée un état des officiers auxiliaires, sous-officiers et hommes des cadres de la disponibilité de la réserve, immatriculés dans les divers corps et les divers services de la région, qui doivent être rappelés immédiatement, en cas de mobilisation, pour porter le cadre au pied de guerre. Le général commandant transmet cet état au ministère de la guerre et lui fait les propositions nécessaires pour que les cadres complémentaires soient toujours préparés pour la mobilisation. (L. 24 juillet 1882, art. 19.)

Administration de l'armée. — Le général commandant un corps d'armée doit prévoir les besoins des troupes sous ses ordres et veiller à leur satisfaction. Il a à cet effet la haute main sur l'administration de l'armée. L'administration de l'armée comprend : le service de l'artillerie ; le service du génie, le service de l'intendance militaire, le service des poudres et salpêtres ; le service de santé.

Seuls les établissements et services spéciaux mentionnés par l'article 7 de la loi du 16 mars 1882 restent placés sous les ordres exclusifs du ministre. Tous les autres services sont représentés dans les corps d'armée par des directeurs ou chefs de service qui sont subordonnés au commandement. Entre ces divers services il n'en est pas dont les attributions soient aussi nombreuses et aussi étendues que celles de l'intendance militaire. L'intendance en effet a, sous l'autorité du commandement, la direction des services des vivres, de la solde, de l'habillement, du campement, de la marche, des transports, etc.; elle exerce le contrôle local en surveillant l'administration intérieure des corps de troupe, la gestion de certains établissements, le service de la remonte ; elle passe les marchés de fournitures et ordonnance es crédits par sous-délégation. On peut dire que tous les services passent par l'intendance ou y aboutissent. Le corps de l'intendance se recrute par la voie du concours parmi les officiers de l'armée ; il a une hiérarchie propre, qui correspond à la hiérarchie militaire. Les intendants généraux ont la direction des services administratifs dans les armées, comprenant plusieurs corps. Chaque commandant de corps d'armée a auprès de lui un intendant militaire, chef du service du corps d'armée, et le nombre de sous-intendants de 1re, 2e et 3e classe et d'adjoints à l'intendance correspondant aux besoins de son corps d'armée. Les fonctionnaires de l'intendance ont sous leurs ordres des officiers d'administration qui ont entre eux une hiérarchie spéciale et sont répartis en quatre sections : 1° officiers d'administration des bureaux de l'intendance; 2° officiers d'administration des subsistances; 3° officiers d'administration des hôpitaux; 4° officiers d'administration de l'habillement et du campement.

Jadis le corps de santé était subordonné à l'intendance, la loi du 16 mars 1882 lui a donné une indépendance relative en lui conférant une autorité directe sur tout le personnel du service hospitalier. Les médecins ont actuellement la direction absolue de leur service; ils surveillent en outre le matériel et les magasins des hôpitaux, s'assurent si les approvisionnements sont au complet, en bon état d'entretien et disponibles pour le service. Il en rendent compte au commandement et lui font connaître leurs besoins. (Art. 16 et 17.) Mais c'est toujours le service de l'intendance qui ordonnance les dépenses du service de santé (art. 4), qui vérifie la gestion en deniers et le matériel des pharmaciens et comptables et leur donne directement des instructions pour la bonne tenue des écritures et l'observation des lois et règlements, et c'est également l'intendance qui reste chargée, sous l'autorité du commandement, de former le matériel et les approvisionnements nécessaires aux hôpitaux et ambulances.

Enfin, indépendamment des services dont nous venons de parler, il y a un personnel spécial chargé du contrôle de l'administration de l'armée qui porte le nom de *corps de contrôle*. L'action de ce corps de contrôle s'exerce indistinctement sur tous les corps de troupes, services administratifs ou hospitaliers, sur les établissements ordinaires et même sur les établissements et services spéciaux qui ne relèvent que du ministre. Ce contrôle a pour objet de sauvegarder les intérêts du Trésor et les droits des personnes, et de constater dans tous les services l'observation des lois, ordonnances, décrets, règlements et décisions ministérielles qui en régissent le fonctionnement administratif. Les contrôleurs agissent comme délégués directs du ministre. Ils procèdent soit par des vérifications sur pièces, soit par des inspections inopinées. Ils adressent leurs rapports au ministre de la guerre, constatent les suites données à leurs observations et proposent toutes mesures qu'ils jugent utiles pour faire disparaître les abus ou pour simplifier et améliorer le fonctionnement des services. Indépendamment de leurs inspections, ils peuvent être chargés de missions spéciales. (L. 16 mars 1882, art. 25 et 26.)

Des décrets du 15 janvier 1883 et 16 août 1884 ont défini et précisé les attributions du service de l'intendance. Voy. Appels militaires, Incorporations, Mobilisation, Recrutement.

Armée territoriale. — L'armée territoriale se compose de tous les hommes qui ont accompli le temps de service prescrit pour l'armée active et sa réserve et qui n'ont pas encore terminé les vingt années pendant lesquelles ils doivent être soumis au service militaire. Il y a lieu d'y ajouter encore les disponibles ou réservistes, pères de quatre enfants vivants, qui sont inscrits, de droit et quel que soit leur âge, sur les contrôles de l'armée territoriale.

La division du territoire, au point de vue du recrutement de l'armée territoriale et de sa réserve, est la même que celle adoptée pour le recrutement du complément de guerre de l'armée active.

Les hommes de l'armée territoriale sont inscrits sur des contrôles spéciaux tenus par des officiers dits capitaines-majors.

Pour l'infanterie, un capitaine-major réside au chef-lieu de chaque subdivision de région; pour toutes les autres armes, il y a un capitaine-major au chef-lieu du corps d'armée.

Les contrôles des corps de l'armée territoriale sont établis sur les mêmes bases que les registres matricules des réservistes et disponibles de l'armée active, et les changements successifs survenus dans la situation des hommes y sont également mentionnés. Les prescriptions concernant les non disponibles et celles qui sont relatives aux changements de domicile ou de résidence et aux déplacements pour voyager sont entièrement applicables aux hommes de l'armée territoriale, et les mutations qui en résultent doivent, comme pour les disponibles ou réservistes de l'armée active, être notifiées, sans retard, au bureau de recrutement intéressé. — Voy. RECRUTEMENT.

L'armée territoriale a, en tout temps, ses cadres entièrement constitués.

L'effectif permanent et soldé de l'armée territoriale ne comprend que le personnel nécessaire à l'administration, à la tenue des contrôles, à la comptabilité et à la préparation des mesures qui ont pour objet l'appel à l'activité des hommes de ladite armée. (L. 24 juillet 1873, art. 29.)

L'armée territoriale est formée, conformément à l'article 36 de la loi du 27 juillet 1872, des hommes domiciliés dans la région. — Les militaires de tous grades qui la composent restent dans leurs foyers et ne sont réunis ou appelés à l'activité que sur l'ordre de l'autorité militaire. La réserve de l'armée territoriale n'est appelée à l'activité qu'en cas d'insuffisance des ressources fournies par l'armée territoriale. Dans ce cas, l'appel se fait par classe et en commençant par la moins ancienne. (Id., art. 30.)

Les cadres des troupes et des divers services de l'armée territoriale sont recrutés : 1° pour les officiers et fonctionnaires, parmi les officiers et fonctionnaires, démissionnaires ou en retraite, des armées de terre et de mer, parmi les engagés conditionnels d'un an qui ont obtenu des brevets d'officiers auxiliaires ou des commissions ; toutefois, les anciens sous-officiers de la réserve et les engagés conditionnels d'un an munis de brevets de sous-officiers peuvent, après examen, être promus au grade de sous-lieutenant dans l'armée territoriale, au moment où ils passent dans ladite armée, conformément à la loi du 28 juillet 1872 ; — 2° pour les sous-officiers et employés, parmi les anciens sous-officiers et employés de la réserve et les engagés conditionnels d'un an munis du brevet de sous-officier, et parmi les anciens caporaux et brigadiers présentant les conditions d'aptitude nécessaires. — Les nominations des officiers et des fonctionnaires sont faites par le président de la République, sur la proposition du ministre de la guerre. — Les nominations des sous-officiers et des employés sont faites par le général commandant le corps d'armée de la région. — L'avancement dans l'armée territoriale est réglé par le décret du 31 juillet 1884. En cas d'égalité de grade, les anciens officiers de l'armée active ont toujours le commandement sur ceux, même plus anciens, qui n'ont pas servi dans cette armée.

La formation des divers corps de l'armée territoriale a lieu : — par subdivision de région, pour l'infanterie ; — sur l'ensemble de la région pour les autres armes. — A cet effet, chaque commandant de bureau de recrutement fait connaître au général commandant la région l'état, par arme, des hommes qui, finissant d'accomplir leur service dans la réserve, sont domiciliés dans sa subdivision. — Après que la répartition est faite entre les diverses armes par le général commandant, chaque homme passant dans l'armée territoriale est averti, par le commandant du service de recrutement de la subdivision, du corps dont il doit faire partie. Mention en est faite dans une colonne spéciale du livret qui doit lui être délivré, conformément à l'article 38 de la loi du 27 juillet 1872, circulaire du 22 janvier 1883. — Les dispositions des articles 34 et 35 de la loi du 27 juin 1872 sont applicables aux militaires inscrits sur les contrôles de l'armée territoriale. (L. 24 juillet 1873, art. 32.)

Chaque commandant de bureau de recrutement tient le général commandant la région au courant de la situation de l'armée territoriale. — Le général commandant propose au ministre de la guerre les nominations, mutations qui lui paraissent devoir être faites pour tenir au complet les cadres de ladite armée. (Id., art. 33.)

En principe, les hommes de l'armée territoriale étaient soumis à deux appels d'instruction pendant la durée du service qu'ils devaient accomplir dans la portion active de cette armée. Mais les ressources budgétaires ne permettant de convoquer chaque année qu'un effectif égal au contingent d'une classe, le ministre de la guerre, par une circulaire de décembre 1879, a décidé que chaque classe ne sera appelée qu'une fois dans les cinq ans d'inscription sur les contrôles de l'armée territoriale ; mais comme deux classes sont nécessaires pour donner aux unités convoquées les effectifs suffisants et le nombre de gradés qui puissent satisfaire autant que possible aux besoins du service et de l'instruction, le ministre a établi qu'au lieu de convoquer chaque année les unités de l'armée territoriale d'une seule classe, il ne serait appelé par an que la moitié des unités de deux classes. L'autre moitié est convoquée l'année suivante ; chaque classe n'est donc appelée qu'une fois, mais son appel est réparti sur deux années consécutives. Les cadres inférieurs ne sont appelés qu'une seule fois avec leur classe. Mais les officiers sont convoqués tous les deux ans avec les unités auxquelles ils sont attachés. Les officiers supérieurs doivent participer au moins à un appel sur deux, mais ils peuvent, s'ils le désirent, prendre part à toutes les convocations. Un tableau présentant l'ordre dans lesquels les classes sont appelées a été publié au *Journal officiel* du 8 mars 1880.

En cas de mobilisation, les corps de troupes de l'armée territoriale peuvent être affectés à la garnison des places fortes, aux postes et lignes d'étapes, à la défense des côtes, des points stratégiques ; ils peuvent être aussi formés en brigades, divisions et corps d'armée destinés à tenir campagne. — Enfin ils peuvent être détachés pour faire partie de l'armée active. (Id., art. 34.)

L'armée territoriale, lorsqu'elle est mobilisée, est soumise aux lois et règlements qui régissent l'armée active et lui est assimilée pour la solde et les prestations de toute nature. — Tant que les troupes de l'armée territoriale sont dans la région de leur formation sans être détachées pour faire partie de l'armée active, elles restent placées sous le commandement du général commandant la région. — Lorsqu'elles sont constituées en divisions et en corps d'armée, elles sont pourvues d'états-majors, de services administratifs, sanitaires et auxiliaires spéciaux. (Id., art. 35.) La loi du 18 novembre 1875 a déterminé les devoirs de subordination, d'ordre et de police qui sont imposés aux hommes de la disponibilité de la réserve et de l'armée territoriale, même lorsqu'ils sont dans leurs foyers, ainsi que les moyens de répression que l'on peut employer pour assurer leur exécution. — Voy. Appels militaires, Recrutement, Réquisitions, Mobilisation.

Armes. — Une arme est un instrument qui sert à attaquer ou à se défendre.

Sont compris dans le mot *armes* toutes machines, tous instruments ou ustensiles tranchants, perçants ou contondants. Les couteaux et ciseaux de poche, les cannes simples ne sont réputés armes qu'autant qu'il en aura été fait usage pour tuer, blesser ou frapper. (C. P., art. 101.)

Les armes doivent être l'objet de la surveillance de l'administration municipale, soit qu'on les considère comme instruments de chasse ou moyen de défense personnelle, soit enfin comme instruments de crimes et de délits.

Armes de guerre. — La législation sur la fabrication et le commerce des armes de guerre a été notablement modifiée dans ses points principaux par la loi du 14 juillet 1860, qui forme aujourd'hui, avec les règlements d'administration publique des 6 mars 1861 et 19 juin 1865, la législation de la matière.

Le régime antérieur confiait exclusivement à des établissements publics la confection des armes de guerre. Cette fabrication continue d'être interdite à l'industrie privée, en ce qui concerne les armes de guerre destinées à la France, et dont l'État seul pourrait être acquéreur. Mais l'interdiction ne s'applique pas aux armes destinées à l'exportation (1).

Toute personne peut se livrer à la fabrication ou au commerce des armes ou des pièces d'armes de guerre, en vertu d'une autorisation donnée par le ministre de la guerre, et sous les conditions déterminées par la loi ou par les règlements d'administration publique des 6 mars 1861 et 19 juin 1865. Les armes ou les pièces de guerre fabriquées dans les établissements autorisés ne peuvent être destinées qu'à l'exportation, sauf le cas de commandes faites par le ministre de la guerre pour le service de l'État. (L. 14 juillet 1860, art. 1er.)

Les armes de guerre sont celles qui servent ou qui ont servi à armer les troupes françaises et étrangères. Peut être réputée arme de guerre, toute arme qui serait reconnue propre au service de la guerre et qui serait une imitation réduite ou amplifiée d'une arme de guerre. Les armes dites de bord ou de troque sont considérées comme armes de guerre et soumises aux mêmes règles.

Pour obtenir l'autorisation exigée par l'article 1er de la loi du 14 juillet 1860, le demandeur doit indiquer dans sa demande : 1° ses noms, prénoms et domicile; 2° la commune et l'emplacement où il se propose de former son établissement ; 3° l'espèce d'armes (armes à feu ou armes blanches) qu'il a l'intention de fabriquer ou dont il se propose de faire le commerce. (D. 6 mars 1861, art. 1er.)

La demande d'autorisation est adressée au préfet du département dans lequel le fabricant ou le commerçant se propose de créer son établissement, ou au préfet de police, pour le ressort de sa préfecture. Il

(1) Un projet de loi rendant libres la fabrication et le commerce des armes de guerre vient d'être déposé sur le bureau de la Chambre.

en est accusé réception. Le préfet la transmet au ministre de la guerre, avec ses observations et son avis. (Id., art. 2.)

Les propriétaires d'établissements autorisés, leurs héritiers ou ayants cause présentent leurs cessionnaires à l'agrément du ministre de la guerre. Si les héritiers veulent continuer eux-mêmes l'exploitation, ils doivent en demander l'autorisation dans les six mois du décès de leur auteur. Tout fabricant ou commerçant qui ferme son établissement doit en faire la déclaration au préfet, qui en informe le ministre de la guerre. (Id., art. 5.)

Les fabricants autorisés sont tenus d'apposer sur leurs produits une marque de fabrique déposée conformément à la loi du 23 juin 1857 et au décret du 26 juillet, qui permette de les distinguer des produits similaires provenant d'autres établissements. (Id., art 7.)

Tout fabricant ou commerçant autorisé est tenu d'avoir un registre, coté et paraphé à chaque feuille par le maire, sur lequel sont inscrites jour par jour l'espèce et la quantité des armes ou des pièces d'armes de guerre qu'il fabrique, achète ou vend, avec indication de leur destination et des noms et domiciles des vendeurs ou des acheteurs. Le maire vise et arrête ce registre au moins une fois tous les mois ; en cas d'absence ou d'empêchement, il peut se faire suppléer par le commissaire de police. (L. 14 juillet 1860, art. 4.)

Toute importation d'armes de guerre et de canons ou d'autres pièces d'armes de guerre est interdite, à moins qu'elle ne soit autorisée ou ordonnée par le ministre de la guerre. Leur exportation est libre, sous les conditions déterminées par la loi ou par les règlements d'administration publique. Néanmoins, un décret peut interdire cette exportation par une frontière, pour une destination et pour une durée déterminée. (Id., art. 7 et 9.)

Toutes les fois que des armes abandonnées par des militaires tombent entre les mains d'un particulier, celui-ci est tenu de les porter tout de suite dans les magasins de l'Etat, s'il s'en trouve à sa portée, ou de les remettre sur récipissé au maire, qui en fait la restitution au gouvernement. (O. 24 juillet 1816, art. 8.)

Après la guerre de 1870, une circulaire ministérielle du 18 avril 1871 a prescrit aux préfets et aux maires de se faire remettre les armes de guerre qui se trouvaient dans les mains des particuliers, soit que ceux-ci les aient ramassées sur les champs de bataille, soit qu'elles leur aient été cédées par des tiers, et d'en opérer la réintégration dans les magasins de l'Etat. La loi du 20 août 1871, qui dissolvait les gardes nationales, ordonnait en même temps la réintégration de toutes les armes de guerre et accordait une indemnité aux communes, aux départements et aux particuliers qui avaient acheté les armes. Cette indemnité ne représentait pas la valeur même des armes, mais un dédommagement dont le chiffre était fixé pour chaque cas particulier. (Circ. 28 mars 1878.)

Tout individu qui, sans y être légalement autorisé, aura fabriqué, débité ou distribué des armes de guerre, ou en sera détenteur, sera puni d'un emprisonnement d'un mois à deux ans, et d'une amende de 16 francs à 1,000 francs. (L. 14 juillet 1860, art. 12.) — *Dict. des form.*, nos 102 et 103.

En principe, nul ne peut posséder des armes de guerre. Il appartient à la loi seule ou au gouvernement en faisant l'application, de confier ou de permettre à certaines classes de citoyens, et dans de certaines limites, la possession des armes de guerre. C'est ainsi qu'il est permis aux gardes forestiers et gardes champêtres d'avoir un fusil de guerre, s'ils y sont autorisés par les sous-préfets. De même l'Etat concède sous certaines conditions un certain nombre d'armes aux sociétés de tir et des fusils à tir réduit aux bataillons scolaires. Voy. GARDES FORESTIERS, GARDES CHAMPÊTRES, SOCIÉTÉS DE TIR, BATAILLONS SCOLAIRES.

Lorsque l'Etat vend des armes ou cartouches hors modèle, lesdites armes et cartouches doivent, aux termes du décret du 14 novembre 1871, être exportées dans le mois qui suit leur enlèvement des arsenaux, conformément aux prescriptions de l'arrêté réglementaire du 6 mars 1861. Il appartient à l'administration de surveiller ce transport et de prendre toutes les mesures d'ordre et de précautions qui peuvent être nécessaires. (Circ. 13 janvier 1874.)

Armes de commerce. — On considère comme arme de commerce toute arme non prohibée, n'ayant pas le calibre de guerre. La fabrication de ces armes est permise à tous les citoyens ; seulement les lois et règlements soumettent la profession d'armurier ou de fabricant d'armes à certaines obligations, dont nous allons indiquer les principales.

Les armes de commerce ne doivent jamais avoir le calibre de guerre. Elles peuvent être regardées comme appartenant au gouvernement et sont saisissables par lui si leur calibre n'est pas au moins à deux millimètres au-dessus ou au-dessous de ce calibre. (D. 14 décembre 1810, art. 2.)

Tout armurier ou fabricant d'armes doit être muni d'un registre parafé par le maire, sur lequel sont inscrites l'espèce et la quantité d'armes qu'il fabrique ou achète, ainsi que l'espèce et la quantité de celles qu'il vend, avec les noms et domiciles des vendeurs et acquéreurs. Les maires, par eux ou par les commissaires de police, doivent arrêter tous les mois ces registres. (O. 24 juillet 1814, art. 12.) — *Dict. des formules,* n° 106.

Toutes les armes à feu des manufactures nationales et destinées pour le commerce, de quelque calibre et de quelque dimension qu'elles soient, sont assujetties à des épreuves proportionnées à leur calibre. (D. 14 décembre 1810, art. 1er.)

Les fabriques d'armes dans les villes où il y a une manufacture nationale doivent aussi être surveillées par l'inspecteur de ladite manufacture.

Les armes à feu sont assujetties à des épreuves proportionnées à leur calibre. La charge d'épreuve varie pour les fusils de chasse de 13 à 29 grammes, et pour les pistolets de 4 à 13 grammes.

Les canons jugés bons sont marqués d'un poinçon d'acceptation portant une empreinte particulière pour chaque ville de fabrication dont le type est déposé à la préfecture et à la mairie. Cette empreinte peut être celle des armes de la ville lorsque le conseil municipal y consent. Les fabricants, marchands et ouvriers canonniers ne peuvent vendre aucun canon sans qu'il n'ait été éprouvé et marqué au poinçon.

Le préfet nomme dans chaque ville de fabrication, sur la proposition du maire, un éprouveur, dont la commission est enregistrée à la mairie.

Cet éprouveur se pourvoit à ses frais d'un local commode, uniquement destiné aux épreuves ; il se pourvoit également, à ses frais, des mesures vérifiées et poinçonnées, analogues à chacun des calibres et fournit la poudre et les balles. Il reçoit pour chaque charge une indemnité fixée à raison du calibre. Des contrôleurs nommés par le préfet sont chargés de suivre les opérations et d'apposer sous le tonnerre les chiffres indiquant le calibre exact. (D. 19 juin 1865.)

Les armes de commerce peuvent être exportées sans autorisation spéciale ; mais il faut qu'elles soient accompagnées de certificats constatant qu'il ne s'agit pas d'armes de guerre. Ces certificats sont délivrés par les commandants d'artillerie des villes de Paris, Toulon, Marseille, Bayonne, Bordeaux, La Rochelle, Nantes, Brest, le Havre, Lille, Besançon et Perpignan.

Sont exceptées des dispositions qui précèdent les armes dites de traite, qui ne doivent jamais circuler en France, mais dont les dépôts doivent être faits dans les ports de mer. (D. 16 décembre 1810, art. 2.)

Ces armes, destinées au commerce de la troque avec certaines contrées d'Afrique, sont considérées comme armes de commerce ; elles peuvent néanmoins avoir le calibre de guerre et sortir des ateliers et arsenaux de l'Etat.

Il doit être donné connaissance des dépôts d'armes dites de traite, et qui sont du calibre de guerre français, par les propriétaires, aux commissaires de police des villes où sont situés ces dépôts. Un registre tenu par ces commissaires indique l'entrée, la sortie et la destination de ces armes. Les maires et sous-préfets sont informés de ces mouvements.

Armes secrètes ou prohibées. — Une déclaration du roi du 23 mars 1728, dont l'exécution a été de nouveau prescrite par décret du 12 mars 1816, contient les dispositions suivantes, qui sont encore en vigueur :

A l'avenir, toute fabrique, commerce, vente, débit, achat, port et usage de poignards, couteaux en forme de poignards, soit de poche, soit de fusil, de baïonnette, pistolets de poche, épées en bâtons, bâtons à ferrements, autres que ceux qui sont ferrés par le bout, et autres armes offensives cachées et secrètes, sont et demeurent pour toujours généralement abolis et défendus.

Le décret du 2 nivôse an XIV (2 novembre 1805) a ajouté à cette nomenclature les fusils et pistolets à vents, et l'article 314 du Code pénal a prohibé les pistolets et les tromblons.

La prohibition des pistolets de poche a été renouvelée et confirmée par une ordonnance royale du 23 février 1837. Mais, en vertu du décret du 11 septembre 1865 cette prohibition a cessé d'être applicable aux pistolets de poche, révolvers, ou autres, fabriqués pour l'exportation. Ceux qui veulent se livrer à cette fabrication doivent obtenir préalablement l'autorisation du ministre de l'intérieur.

Tout individu qui aura fabriqué, débité ou distribué des armes prohibées par la loi ou par des règlements d'administration publique sera puni d'un emprisonnement de 1 mois à 1 an et d'une amende de 16 à 500 francs.

Celui qui sera porteur desdites armes sera puni d'un emprisonnement de six jours à six mois, et d'une amende de 16 à 200 francs. (L. 24 mai 1834, art. 1er.)

Les armes saisies seront confisquées. (C. P., art. 314.)

Tout individu trouvé nanti d'armes prohibées doit être arrêté et conduit devant l'officier de police judiciaire le plus voisin, lequel saisira les armes dont le délinquant était porteur et dressera du tout un procès-verbal pour être transmis au procureur de la République de l'arrondissement. — *Dict. des formules,* n° 111.

Des visites doivent en outre être faites chez les fabricants d'armes, cannes et autres objets ci-dessus mentionnés, à l'effet de vérifier s'ils se conforment à la loi; les armes prohibées, s'il en est trouvé, doivent être également saisies par l'officier de police qui en dressera procès-verbal. — *Dict. des form.*, n° 110.

Du port d'armes. — Le droit de port d'armes est soumis à certaines restrictions commandées par la sûreté publique. C'est ainsi que le port des armes secrètes est défendu en tout temps et à toutes personnes ; que le port des armes de guerre n'est permis qu'aux militaires, et, dans certaines conditions, aux gardes forestiers et aux gardes champêtres. Ajoutons que le port d'armes est également accordé aux préposés des douanes dans l'exercice de leurs fonctions. (L. 6-22 août 1791.) Des restrictions sont aussi apportées au droit du port d'armes soit à raison des individus, soit à raison des circonstances ; ainsi le port d'armes est interdit aux gens sans aveu. (L. 10 et 14 août 1791.) La dégradation civique entraîne interdiction du port d'armes. (C. P., art. 34.) Les citoyens ne peuvent être admis en armes devant aucune autorité. (Loi 21 juin 1792.) Il est interdit de porter aucune espèce d'armes ou bâtons dans les assemblées électorales, et de se présenter en armes dans les églises, foires, marchés ou autres lieux de rassemblement. (L. 2-3 juin 1790 ; 3-14 septembre 1791 ; 6 germinal an VI.) Enfin, le seul fait d'avoir été trouvé porteur d'armes apparentes ou cachées dans un mouvement insurrectionnel aggrave d'une manière considérable la pénalité encourue. (L. 24 mai 1834.)

Quant au permis de port d'armes nécessaire pour se livrer à la chasse, Voy. CHASSE.

Armes laissées à la disposition des malfaiteurs. — Les maires doivent veiller à ce qu'on ne laisse pas sur la voie publique ou dans les champs tout ce qui pourrait être enlevé par des malfaiteurs, et servir à l'accomplissement de leurs crimes.

Ainsi, la loi défend, sous peine d'une amende de 1 à 5 francs et de confiscation des objets abandonnés, de laisser dans les rues, chemins, places, lieux publics ou dans les champs, des coutres de charrue, pinces, barres, barreaux ou autres machines, instruments ou armes dont pourraient abuser les voleurs et autres malfaiteurs. (C. P., art. 471 et 472.)

Une ordonnance du 29 octobre 1820 parle spécialement des échelles.

Une autre ordonnance du 18 novembre 1814 veut que les cultivateurs fassent empreindre leurs noms sur les coutres de leurs charrues.

Les maires doivent donc dresser, ou faire dresser par le garde-champêtre, procès-verbal contre les négligents, afin qu'ils soient traduits devant le tribunal de simple police.

La même surveillance est confiée aux brigades de gendarmerie par l'ordonnance du 29 octobre 1820. — Voy. POLICE.

Armoiries des villes et des communes. — Les villes et les communes qui avaient des armoiries avant la révolution de 1789 ont été autorisées à les reprendre par ordonnance du 26 décembre 1814. Ces armoiries, destinées à conserver des traditions historiques, n'entraînent aucun privilège, et ne peuvent donner lieu, par conséquent, à aucune question de prééminence ; il est d'usage, dans plusieurs communes, de les représenter sur les principaux édifices, etc.

Arpentage. — Mesurage des terres. L'opération de l'arpentage est d'un usage fréquent en matière administrative. — Voy. CADASTRE, CIRCONSCRIPTIONS TERRITORIALES, LIMITES.

Arpenteur. — L'arpenteur est l'individu qui se charge, par profession, du mesurage des terres. Ce mot est, en général, remplacé aujourd'hui par celui de géomètre.

Arrérages. — On entend par ce mot ce qui est dû, ce qui est échu d'un revenu, d'une rente, d'un loyer, d'une ferme. On l'emploie aussi quelquefois pour ce qui est à recevoir. Les arrérages s'acquièrent jour par jour. (C. civ., art. 586.) Ils se prescrivent par cinq ans. (Id., art. 2277.)

Arrestation. — Action de saisir un individu pour le conduire devant un magistrat ou le constituer prisonnier.

Tout dépositaire de la force publique et même toute personne est tenue de saisir le prévenu surpris en flagrant délit ou poursuivi, soit par la clameur publique, soit dans les cas assimilés au flagrant délit, et de le conduire devant le procureur de la République, sans qu'il soit besoin de mandat d'amener, si le crime ou délit emporte peine afflictive ou infamante. (C. I. C., art. 107.) — *Dict. des formules,* n° 107.

Les formalités de l'arrestation, et les diverses voies d'action, telles que mandats de comparution, mandats d'amener, mandats de dépôt, mandats d'arrêt, sont déterminées par le Code d'instruction criminelle, articles 91 et suivants; une exactitude rigoureuse doit présider à l'observation de ces formes légales; la plus légère omission peut invalider les actes et compromettre la responsabilité des officiers publics qui les ont rédigés. — Voy. MANDATS D'AMENER ET DE DÉPÔT, POLICE JUDICIAIRE. — *Dict. des formules,* n°s 108, 109, 110.

Les préfets, sous-préfets, maires et adjoints, officiers de police administrative ou judiciaire, lorsqu'ils remplissent publiquement quelques actes de leur ministère, peuvent faire saisir les individus qui troublent leurs séances ou leurs opérations; ils dressent procès-verbal du délit et envoient ce procès-verbal, s'il y a lieu, ainsi que les prévenus, devant les juges compétents. (C. I. C., art. 509.)

Les maires, adjoints, commissaires de police sont tenus de faire arrêter les individus sans aveu qui voyagent sans papier. — Voy. PASSEPORTS.

Les ordres d'arrestation sont exécutés par les huissiers ou agents de la force publique. (C. I. C., art. 97.)

Arrestation illégale et arbitraire. — Tout attentat à la liberté individuelle, commis par un fonctionnaire public, par un agent ou un préposé du gouvernement, expose le coupable à la dégradation civique, à moins qu'il ne justifie avoir agi par ordre de son supérieur, pour des objets de son ressort, sur lesquels il lui était dû obéissance hiérarchique, auquel cas la peine n'est applicable qu'au supérieur qui a donné l'ordre. (C. P., art. 114.)

Indépendamment de la peine de la dégradation civique, les attentats à la liberté individuelle entraînent des dommages-intérêts; ces dommages ne peuvent, dans aucun cas, être au-dessous de 25 francs pour chaque jour de détention illégale et arbitraire, et pour chaque individu. (Id., art. 117.)

Les fonctionnaires publics chargés de la police administrative ou judiciaire, qui refuseraient ou négligeraient de déférer à une réclamation légale, tendant à constater des détentions arbitraires, soit dans les maisons destinées à la garde des détenus, soit partout ailleurs, et qui ne justifieraient pas les avoir dénoncées à l'autorité supérieure, seront punis de la dégradation civique et tenus des dommages-intérêts. (Id., art. 119.) — *Dict. des formules*, n° 111.

Les gardiens et concierges des maisons de dépôt, d'arrêt, de justice ou de peine, qui recevraient un prisonnier sans mandat ou jugement, sans ordre provisoire du gouvernement; ceux qui le retiendraient ou refuseraient de le représenter à l'officier de police, ou au porteur de ses ordres, sans justifier de la défense du procureur de la République ou du juge; ceux enfin qui refuseraient d'exhiber leurs registres à l'officier de police, seront, comme coupables de détention arbitraire, punis de six mois à deux ans d'emprisonnement et d'une amende de 16 à 200 francs. (C. P., art. 120.)

Pour rendre les garanties de la liberté individuelle plus complètes, le Code d'instruction criminelle dispose, articles 615 et suivants, que toute personne qui a connaissance d'une arrestation illégale doit en avertir les autorités;

Que, sous peine d'être poursuivies comme complices, les autorités sont tenues d'obtempérer à cet avis, de se transporter au lieu de la détention, de la faire cesser ou de faire conduire le détenu devant le magistrat compétent;

Que, dans le cas de nécessité urgente, les officiers publics peuvent rendre un mandat et se faire assister de la force armée.

Le Code pénal, articles 341 et suivants, prononce des peines sévères contre ceux qui, sans ordre des autorités constituées et hors le cas où la loi ordonne de saisir des prévenus, auront arrêté, détenu ou séquestré des personnes quelconques, ou qui auront prêté un lieu pour exécuter la détention ou séquestration. — Voy. DÉTENTION, SÉQUESTRATION. — *Dict. des formules*, n° 1326.

Arrêt. — Décision d'une cour d'appel ou de la Cour de cassation ou du Conseil d'Etat.

On emploie communément la dénomination d'arrêts du conseil, pour désigner les décisions rendues en Conseil d'Etat sur les matières du contentieux de l'administration.

Arrêté. — Décision prise par l'autorité administrative pour assurer l'exécution des lois et règlements.

Les ministres, les préfets, les sous-préfets et les maires prennent des arrêtés. Le maire prend des arrêtés sur les matières confiées à sa vigilance et à son autorité et pour publier à nouveau les lois et les règlements (art. 94, L. du 5 avril 1884). Ces arrêtés sont immédiatement adressés au sous-préfet ou au préfet dans l'arrondissement chef-lieu. Le préfet peut les annuler ou en suspendre l'exécution. Ceux de ces arrêtés qui portent règlement permanent ne sont exécutoires qu'un mois après la remise de l'ampliation, constatée par les récépissés délivrés par le sous-préfet et le préfet. Néanmoins, en cas d'urgence, le préfet peut en autoriser l'exécution immédiate. Les arrêtés du maire ne sont obligatoires qu'après avoir été portés à la connaissance des intéressés par voie de publications et affiches, toutes les fois qu'ils contiennent des dispositions générales, et dans les autres cas, par voie de notification individuelle. La publication est constatée par une déclaration certifiée par le maire.

La notification est établie par le récépissé de la partie intéressée ou, à son défaut, par l'original de la notification conservé dans les archives de la mairie. Les arrêtés et actes de publication sont, en outre, inscrits à leur date sur le registre de la mairie.

Aucune forme spéciale n'est imposée aux arrêtés administratifs.

Le fonctionnaire qui rend un arrêté cite d'ordinaire, en tête de cet acte, la date des lois auxquelles il se réfère ; puis, il expose, dans des considérants, les motifs de la mesure. Mais cette forme n'est pas obligatoire, et rien n'infirme la validité d'un acte qui n'est précédé d'aucun préambule. — Voy. ACTES ADMINISTRATIFS, CONSEIL DE PRÉFECTURE, MAIRE, POLICE, PRÉFETS, RÈGLEMENTS MUNICIPAUX. — *Dict. des formules*, n°s 112, 113, 114 et 115.

Les décisions contentieuses des conseils de préfecture sont aussi désignées sous le nom d'arrêtés.

Arrêtés (Registre des). — L'article 96 de la loi du 5 avril 1884 exige que les arrêtés, actes de publication et de notification soient inscrits à leur date sur le registre de la mairie.

Il a été reconnu qu'une semblable mesure, en facilitant la conservation des arrêtés des maires, tendrait à assurer le bon ordre et la régularité du service de l'administration municipale.

Arrondissement. — Chaque département est divisé en arrondissements communaux. (L. 28 pluviôse an VIII, art. 1er.) L'administration de chaque arrondissement est confiée sous l'autorité du préfet à un sous-préfet, assisté d'un conseil d'arrondissement. — Voy. CIRCONSCRIPTIONS ADMINISTRATIVES, CONSEIL D'ARRONDISSEMENT, DÉPARTEMENT, SOUS-PRÉFET.

Arrosants (Société d'). — On appelle ainsi les associations formées pour distribuer sur la terre, par des canaux ou fossés d'irrigation, les eaux qui ont été dérivées à cet effet. Les sociétés d'arrosants sont régies par des règlements d'administration publique. — Voy. CANAUX, IRRIGATION, SYNDICATS.

Arrosement de la voie publique. — Les maires, chargés de veiller à tout ce qui peut assurer la salubrité publique, ne doivent pas négliger, pendant les grosses chaleurs de l'été, de prescrire l'arrosement de la voie publique. Ils peuvent, par exemple, ordonner que, à partir du mois de juin jusqu'à la fin du mois d'août, chaque habitant fera arroser le devant de sa maison, de sa boutique ou de son magasin deux fois par jour, savoir: le matin à huit heures et l'après-midi à quatre heures, sous peine d'amende depuis 1 franc jusqu'à 5 francs inclusivement. (C. P., art. 471.)

L'arrosement au devant des bâtiments communaux et celui des places, quais, ponts et promenades publiques doit être fait aux frais de la commune.

On doit défendre que l'arrosement soit fait autrement qu'avec de l'eau propre de source, de puits ou de fontaine. — Voy. BALAYAGE, SALUBRITÉ, VOIE PUBLIQUE. — *Dict. des formules*, nos 117 et 118.

Artifices (Pièces d'). — Les maires peuvent défendre, par leurs arrêtés, de tirer des pétards, fusées, boîtes, pistolets ou autres armes à feu, dans les rues, dans les cours ou jardins, et par les fenêtres des maisons, pour quelque cause ou occasion que ce soit, même les jours de fêtes et de réjouissances publiques.

Le Code pénal, article 471, n° 2, punit d'amende depuis 1 franc jusqu'à 5 francs, ceux qui auront violé la défense de tirer, en certains lieux des pièces d'artifice. — *Dict. des formules*, nos 119, 120 et 121. Lorsqu'il s'agit de tirer des pièces d'artifice dans les fêtes publiques, le maire doit avoir grand soin de faire établir des barrières qui laissent une distance suffisante entre les pièces et le public pour éviter tout accident. En négligeant cette précaution, les maires encourraient la responsabilité des accidents occasionnés par leur négligence. (Jugement du tribunal civil de la Seine, *Gazette des Tribunaux*, 17 juillet 1881.)

Artificier. — Celui qui fabrique des pièces d'artifice.

Les ateliers des artificiers sont, à cause des dangers d'incendie ou d'explosion qu'ils présentent, placés dans la première classe des établissements dangereux. En conséquence, ils ne peuvent être créés sans autorisation. — ÉTABLISSEMENTS DANGEREUX.

Arts et Métiers (Écoles des). — Voy. ÉCOLES.

Ascendants. — Parents dont on descend en ligne directe. Le père, la mère sont des ascendants; mais le nom d'ascendants est réservé plus spécialement pour désigner les aïeuls des différents degrés.

Asile. — On nomme asile, salles ou maisons d'asile, des établissements charitables où sont reçus, pendant le jour, les enfants en bas âge, et où on leur donne les premiers soins d'éducation et d'instruction jusqu'au moment où ils peuvent fréquenter les écoles primaires. — Voy. SALLES D'ASILE. On donne aussi le nom d'asiles aux établissements destinés à recevoir les aliénés. — Voy. ALIÉNÉS.

Asphyxie. — Les personnes asphyxiées ne sont souvent que dans un état de mort apparente, contre laquelle on peut employer des moyens efficaces, quand ils sont pris à temps et administrés avec intelligence.

Des instructions détaillées ont été publiées, à diverses époques, par les ordres et par les soins du gouvernement, sur les secours à donner aux asphyxiés et noyés. Ces instructions doivent se trouver dans toutes les mairies; il est donc facile aux maires d'en prendre connaissance et l'humanité leur en fait une loi.

Les commissaires de police, et, à leur défaut, les maires ou adjoints, doivent toujours être avertis lorsqu'un individu est trouvé asphyxié, quelle que soit la cause de l'asphyxie. L'officier de police se transporte aussitôt sur les lieux, accompagné d'un médecin, chirurgien ou officier de santé, qu'il a requis à cet effet ; il veille à ce que les secours soient administrés sur-le-champ et avec ordre, et ordonne toutes les mesures que les circonstances exigent.

Soit que les secours soient infructueux, soit que l'asphyxié revienne à la vie, l'officier de police rédige, de toute l'opération, un procès-verbal qui est transmis dans les vingt-quatre heures au procureur de la République. — Dict, des formules, n° 122. — Voy. Boites fumigations, Noyés.

Assassinat. — Meurtre commis avec préméditation ou guet-apens. Les maires, les adjoints au maire, les commissaires de police, lorsqu'ils sont instruits, soit par une dénonciation, soit par toute autre voie, qu'il a été commis un assassinat doivent, en leur qualité d'officiers de police auxiliaires du procureur de la République, se transporter, sans retard, dans la maison ou le lieu où se trouve le cadavre, assistés de la force publique et d'un docteur en médecine ou en chirurgie, pour y dresser les procès-verbaux nécessaires à l'effet de constater le corps du délit, son état, l'état des lieux, et pour recevoir les déclarations des personnes qui auraient été présentes ou qui auraient des renseignements à donner. (C. I. C., art. 32 et 50.)

Les officiers de police auxiliaires renvoient, sans délai, les dénonciations, procès-verbaux et autres actes par eux faits dans les cas de leur compétence, au procureur de la République, qui est tenu d'examiner, sans retard, les procédures et de les transmettre, avec les réquisitions qu'il juge convenables, au juge d'instruction. (Id., art. 53. — Voy. Homicide.) —Dict. des formules, n° 124.

Assemblées électorales. — Voy. Élections.

Assiette. — En matière de contributions, ce mot se dit de la base sur laquelle repose tant l'établissement que la répartition de l'impôt. L'administration des eaux et forêts désigne sous le titre d'assiette des ventes le canton de bois que l'on destine à être coupé. — Voy. Contributions directes, Forêts.

Assignation. — Exploit par lequel une personne est appelée en justice à certain jour, heure et lieu, pour y répondre aux fins de cet exploit.

On assigne les communes en la personne et au domicile du maire ; la ville de Paris, en la personne et au domicile du préfet de la Seine.

L'original de l'exploit est visé par celui auquel copie est laissée par l'huissier ; et, en cas d'absence ou de refus, par le juge de paix ou par le procureur de la République près le tribunal de première instance, à qui dans ce cas, la copie est laissée. (C. Proc., art. 69.)

Le maire ne peut être traduit hors de son arrondissement, à raison des actes signés en sa qualité d'administrateur, soit pour reconnaître sa signature, soit pour servir de témoin.

Il résulte de la loi du 7 thermidor an IX que, lorsque la reconnaissance ou la déposition du maire est jugée nécessaire à raison de ses actes, il doit faire sa déclaration devant un juge commis à cet effet par le tribunal de l'arrondissement.

Néanmoins, dans le cas où sa présence serait jugée indispensable, le ministre de la justice peut, sur la demande du juge, et après l'examen de l'affaire, autoriser son déplacement.

Assistance judiciaire. — Cette institution, créée par la loi du 22 janvier 1851, a pour but de mettre les indigents en mesure de faire valoir leurs droits devant les tribunaux et de leur procurer, dans le sens le plus complet du mot, le bénéfice de la gratuité de la justice.

L'admission à l'assistance judiciaire devant les tribunaux civils est prononcée par un bureau spécial, établi au chef-lieu judiciaire de chaque arrondissement.

Celui qui réclame l'assistance judiciaire adresse sa demande sur papier libre au procureur de la République du tribunal de son domicile. Il doit fournir à l'appui de cette demande : 1° un extrait du rôle de ses contributions ou un certificat du percepteur de son domicile constatant qu'il n'est pas imposé ; 2° une déclaration attestant qu'il est, à raison de son indigence, dans l'impossibilité d'exercer ses droits en justice, et contenant l'énumération détaillée de ses moyens d'existence, quels qu'ils soient. — Le réclamant affirme la sincérité de sa déclaration devant le maire de la commune de son domicile ; le maire lui en donne acte au bas de sa déclaration. (L. 22 janvier 1851, art. 8 et 10.) — *Dict. des formules*, n° 125.

Le magistrat auquel la demande est adressée en fait la remise au bureau compétent. (Id., art. 9.)

Dans les trois jours de l'admission à l'assistance judiciaire, le président du bureau envoie par l'intermédiaire du procureur de la République, au président de la cour ou au tribunal, ou au juge de paix, un extrait de la décision portant seulement que l'assistance est accordée ; il y joint les pièces de l'affaire. (Id., art. 13.)

L'assisté est dispensé provisoirement du payement des sommes dues au Trésor pour droits d'enregistrement et de greffe, ainsi que toute consignation d'amende.

Il est aussi dispensé provisoirement du payement des sommes dues aux greffiers, officiers ministériels et avocats, pour droits, émoluments et honoraires.

Les actes de la procédure faite à la requête de l'assisté sont visés pour timbre et enregistrés en débet, de même que les actes et titres produits par l'assisté pour justifier de ses droits et qualités.

Les frais de transport des juges, des officiers ministériels et des experts, les honoraires de ces derniers et les taxes des témoins dont l'audition a été autorisée par le tribunal ou le juge commissaire sont avancés par le Trésor, conformément à l'article 118 du décret du 18 juin 1811. (Id., art. 14.)

En cas de condamnation aux dépens prononcée contre l'adversaire de l'assisté, la taxe comprend tous les droits, frais de toute nature, honoraires et émoluments auxquels l'assisté aurait été tenu, s'il n'y avait pas eu assistance judiciaire. (L. 22 janvier 1851, art. 17.)

Le bénéfice de l'assistance peut être retiré, en tout état de cause, soit avant, soit même après le jugement : 1° s'il survient à l'assisté des ressources reconnues suffisantes ; 2° s'il a surpris la décision du bureau par une déclaration frauduleuse. (Id., art. 21.)

Si le retrait de l'assistance a pour cause une déclaration frauduleuse de l'assisté, relativement à son indigence, celui-ci peut, sur l'avis du bureau, être traduit devant le tribunal de police correctionnelle et condamné, indépendamment du payement des droits et frais de toute nature dont il avait été dispensé, à une amende égale au montant total de ses droits et frais, sans que cette amende puisse être au-dessous de 100 francs, et, à un emprisonnement de huit jours au moins et de six mois au plus. L'article 463 du Code pénal est applicable. (Id., art. 26.)

La loi a maintenu l'article 294 du Code d'instruction criminelle en ce qui concerne la défense des accusés devant les cours d'assises. (Id., art. 28.)

Les présidents des tribunaux correctionnels doivent désigner un défenseur d'office aux prévenus poursuivis à la requête du ministère public ou détenus préventivement lorsqu'ils en font la demande et que leur indigence est constatée d'une manière quelconque. (Id., art. 29.)

Assistance publique. — Mot par lequel on désigne actuellement l'ensemble des services organisés pour secourir l'indigence. L'assistance publique ne comprend pas seulement les établissements hospitaliers, mais aussi les secours donnés à domicile aux malades indigents ou nécessiteux. — Voy. ALIÉNÉS, ATELIERS DE CHARITÉ, BUREAUX DE BIENFAISANCE, HOSPICES, SECOURS PUBLICS.

Association. — L'association est un des plus puissants instruments d'organisation qui soit à la disposition des hommes. C'est à l'association que sont en grande partie dus tous les progrès civils, religieux, scientifiques et industriels. Mais en même temps qu'elle est une force l'association peut, dans certains cas, devenir un danger en créant un état dans l'État. Aussi chez tous les peuples le droit d'association a-t-il été toujours assujetti pour son exercice, à des règles sans lesquelles il dégénérerait trop facilement en abus. Le Code pénal, article 291, dispose, que nulle association de plus de vingt personnes, dont le but serait de se réunir tous les jours, ou à certains jours marqués, pour s'occuper d'objets religieux, littéraires, politiques ou autres, ne peut se former qu'avec l'agrément du Gouvernement, et sous les conditions qu'il plaira à l'autorité publique d'imposer à la société.

L'autorisation est délivrée à Paris par le préfet de police, et dans les départements par les préfets. Elle est toujours révocable.

Il ne faut pas confondre les associations avec les réunions. Les réunions sont des accidents, les associations, au contraire, ont un caractère permanent. Aussi la loi du 30 juin 1881 tout en proclamant la liberté de réunion, sous la seule condition d'une déclaration faite, vingt-quatre heures à l'avance, ou même deux heures seulement à l'avance en matière électorale, à l'autorité compétente, a-t-elle laissé le droit d'association régi par les dispositions restrictives du Code pénal. Une loi sur la liberté d'association est actuellement pendante devant le parlement mais jusqu'au vote de cette loi les associations resteront soumises au régime de l'autorisation préalable.

Toute association autorisée qui contrevient aux conditions que le Gouvernement lui a imposées doit être dissoute. Les chefs, directeurs ou administrateurs de l'association sont, en outre, punis d'une amende de 16 francs à 200 francs. (Id., art. 292.)

Si par des discours, exhortations, invocations ou prières, en quelque langue que ce soit, ou par lecture, affiche, publication ou distribution d'écrit quelconque, il est fait, dans une association, quelque provocation à des crimes ou à des délits, les chefs, directeurs et administrateurs de l'association, ainsi que les individus personnellement coupables de la provocation, sont punis d'une amende de 100 francs à 300 francs et d'un emprisonnement de trois mois à deux ans. (Id., art. 293.)

Quiconque fait partie d'une association non autorisée, est puni d'une amende de 50 francs à 100 francs et d'un emprisonnement de deux mois à un an.

Les peines peuvent être doublées en cas de récidive, et les tribunaux sont, en outre, autorisés à placer le condamné sous la surveillance de la haute police pendant un temps dont le maximum est fixé au double du maximum de l'emprisonnement prononcé. (L. 10 avril 1834, art. 2.)

La loi considère comme complices et punit comme tels ceux qui auraient prêté ou loué sciemment leur maison ou appartement, pour une ou plusieurs réunions d'une association non autorisée. (Id., art. 3.)

Dans le cas d'association non autorisée et formée de plus de vingt membres, quel que soit d'ailleurs le nombre de personnes composant les réunions, le maire ou l'adjoint, ou le commissaire de police, doit constater l'infraction par un procès-verbal, qui est transmis au préfet, pour être statué ce qu'il appartiendra. — *Dict. des formules*, nos 126 et 127.

La loi punit plus sévèrement encore la participation à une société secrète, ceux qui sont convaincus d'en avoir fait partie sont punis d'une amende de 100 à 400 francs, d'un emprisonnement de six mois à deux ans et de la privation des droits politiques de 1 à 5 ans. Les chefs et fondateurs peuvent être condamnés à une peine double. Le tout sans préjudice des peines encourues pour crimes ou délits prévus par les lois.

Le loi du 14 mars 1872 a organisé tout un système de répression contre une association spéciale: «*L'association internationale des travailleurs.* » Voy. CONGRÉGATIONS RELIGIEUSES ET HOSPITALIÈRES, SOCIÉTÉS DE BIENFAISANCE, SOCIÉTÉS SECRÈTES.

Les associations civiles et commerciales n'ont pas besoin d'autorisations particulières pour être régulièrement constituées; elles n'ont qu'à se conformer aux lois spéciales qui leur sont applicables. — Voy. SOCIÉTÉS CIVILES, COMMERCIALES.

Quant aux associations connues sous le nom d'unions d'ouvriers, de patrons, de chambres syndicales. elle n'avaient pas jusqu'à présent d'existence légale; elles étaient simplement tolérées; une simple mesure administrative pouvait les dissoudre. La loi du 22 mars 1884 leur a reconnu une existence légale. — Voy. CHAMBRES SYNDICALES, SYNDICATS PROFESSIONNELS.

Assurance. — Contrat aléatoire par lequel une partie, moyennant un prix convenu, s'engage à indemniser une autre partie du dommage qu'elle peut éprouver dans sa personne ou dans ses biens, par suite d'un événement fortuit, comme la mort, un naufrage, un incendie ou tout autre événement de force majeure.

Quel que soit leur objet, les assurances se divisent en *assurances à primes fixes* et en *assurances mutuelles*.

Dans les assurances à primes fixes, l'assureur s'engage à forfait et moyennant le payement de la prime, à indemniser intégralement l'assuré des sinistres qui atteindraient la chose assurée.

Les assurances mutuelles sont des sociétés composées d'un nombre plus ou moins considérable de personnes qui conviennent de se garantir réciproquement pendant un laps de temps déterminé, contre certains risques auxquels sont exposées des choses de même nature possédées par elles ou à la conservation desquelles elles ont un intérêt réel.

Une circulaire ministérielle, du 5 mai 1852, recommande aux préfets d'inviter les corps municipaux et les administrations charitables à assurer les bâtiments et les mobiliers confiés à leur soin, et à veiller à ce qu'ils ne traitent qu'avec des compagnies qui offrent, par la date de leur autorisation et l'étendue de leurs opérations, toutes les garanties désirables.

Les conseils municipaux règlent par leurs délibérations, tout ce qui concerne les assurances des bâtiments communaux.(L. 5 avril 1884, art. 60.) — La police passée entre le maire et les représentants d'une compagnie d'assurances est soumise à l'homologation du sous-préfet. (Décret 13 avril 1861, art. 6, § 8.) — Voy. CONSEIL MUNICIPAL.

Les commissions administratives des hospices et bureaux de bienfaisance ne peuvent contracter aucune espèce d'assurance sans y être autorisées par le préfet. (D., 25 mars 1852.)

La dépense de la prime d'assurance ou des cotisations annuelles est une dépense ordinaire et facultative des communes ou des établissements, et elle figure à ce titre dans les budgets et les comptes. Elle est payée par le receveur sur le mandat de l'ordonnateur et sur la quittance de la partie prenante, laquelle doit être timbrée, si la prime ou cotisation annuelle excède 10 francs.

En cas d'incendie, le maire doit donner immédiatement avis du sinistre à l'agent de la compagnie, et faire, dans les vingt-quatre heures, sa déclaration au juge de paix du canton. Il nomme un expert, et la compagnie nomme le sien pour l'évaluation de la perte; s'il y a désaccord, les deux experts en nomment un troisième.

Le procès-verbal d'expertise est soumis à la délibération du conseil municipal ou de la commission administrative, et à l'approbation du préfet.

La somme à laquelle le dommage a été évalué est versée ensuite dans la caisse municipale.

Ateliers. — Lieux où se réunissent les ouvriers d'une fabrique, manufacture, usine ou autre établissement industriel, pour y travailler en commun.

Les ateliers, sous le rapport de l'administration municipale, doivent être considérés, soit dans les garanties de sûreté et de salubrité publique qu'ils exigent, soit dans leur police intérieure. — Voy, APPRENTIS, COALITION, ÉTABLISSEMENTS DANGEREUX, INSALUBRES OU INCOMMODES, LIVRETS D'OUVRIERS, MANUFACTURES, OUVRIERS.

Ateliers de charité. — On désigne plus spécialement sous le nom d'ateliers de charité des ateliers publics formés temporairement dans les hivers rigoureux, dans les temps de disette ou de stagnation du commerce, pour donner du travail à ceux qui en manquent, et pour éviter, autant dans l'intérêt de la société que dans leur intérêt propre, qu'ils ne tombent dans une plus grande indigence, dans un complet dénûment.

Les ateliers de charité sont formés, suivant les besoins, par les administrations locales qui en conservent la surveillance. Les travaux de terrassement permettant d'occuper un grand nombre d'ouvriers de tout âge et de tout sexe, c'est à ces travaux qu'on donne ordinairement la préférence. Chaque genre d'ouvrage est payé d'après le tarif arrêté par le conseil municipal et approuvé par le préfet qui a égard à l'ouvrage, à l'âge et au sexe des personnes admises dans les ateliers de charité.

Indépendamment des fonds qui sont affectés par les communes à ces ateliers, les départements et l'État y concourent quelquefois par leurs subventions. C'est ainsi que dans l'hiver de 1853-1854, en raison de la crise des subsistances, l'État a distribué en secours exceptionnels une somme de 10 millions, tandis que les départements et les communes allouaient, dans le même but, diverses sommes évaluées à plus de 20 millions. Les secours ont été accordés sous la forme de travaux accessibles à tous les ouvriers et n'exigeant aucune connaissance spéciale, tels que les travaux de chemins vicinaux, terrassements, nivellement, etc.

Les préfets sont invités, quant au payement et à la justification de ces subventions, à ne mandater aucune somme qu'au fur et à mesure des besoins, c'est-à-dire au moment de la formation des ateliers. Les mandats doivent toujours être délivrés au nom des receveurs municipaux, à moins que la direction de ces travaux ne soit confiée à un agent spécial. (Cir. min., 19 novembre 1835.)

Les dépenses des ateliers de charité sont ordonnancées comme celles des travaux exécutés en régie. Le surveillant des travaux dresse un état nominatif, à la fin de chaque semaine, et cet état, émargé par les parties prenantes, est joint au mandat du maire, lequel mandat est en outre quittancé par le surveillant, lorsqu'il a été chargé du payement individuel. — Voy. Chemins vicinaux, Travaux.

Attache (Droit d'). — Droit d'attacher ou de fixer à la rive opposée l'extrémité d'une digue, d'un déversoir ou de tout autre barrage, sur un cours d'eau. Si celui qui veut exécuter un ouvrage de ce genre n'est pas propriétaire des deux rives, l'administration exige la justification préalable du consentement donné par le propriétaire de la rive sur laquelle doit reposer l'extrémité de cet ouvrage; autrement l'autorisation est refusée. — Voy. Cours d'eau, Moulins.

Attachement (Travaux par). — Travaux dirigés par les ingénieurs des ponts et chaussées, et dont la dépense est payée d'après les rôles de journées, les états de fournitures et les autres pièces justificatives dressées par les piqueurs, certifiées par les conducteurs et visées par les ingénieurs et ordinairement réunies et attachées ensemble : c'est aussi ce qu'on appelle travaux par économie ou en régie. — Voy. Travaux publics.

Atterrissement. — Amas de terre qui se forme par la vase ou le sable que les cours d'eau déposent dans leur lit. Il ne faut pas le confondre avec l'alluvion. L'accroissement formé par celle-ci se fait insensiblement et peu à peu ; l'atterrissement, au contraire, est le produit d'un débordement ou de quelque autre cas fortuit. — Voy. ALLUVION.

Attributions. — Les attributions d'un fonctionnaire public sont les droits attachés au caractère dont il est revêtu ; ses fonctions sont les actes par lesquels il exerce ses attributions, ou, en d'autres termes, ce sont les devoirs que ses attributions lui imposent. On dit, par exemple, que tel acte, telle mesure est dans les attributions du maire, du préfet, parce que le préfet, le maire est compétent pour prendre cette mesure, pour faire cet acte. — Voy. ADJOINT, BUREAUX DE BIENFAISANCE, CONSEIL MUNICIPAL, GARDE CHAMPÊTRE, MAIRE, PRÉFET, RECEVEUR MUNICIPAL, SOUS-PRÉFET, etc.

Attributions aux communes. — Voy. AMENDES, PATENTES.

Attroupements. — On appelle attroupement une réunion qui se forme sur la voie publique, dans le but de procéder par la violence ou la menace contre l'autorité des lois.

La loi du 5 avril 1884, article 97, a confié à la vigilance des magistrats municipaux le soin de réprimer les délits contre la tranquillité publique, tels que rixes, tumultes, attroupements, etc. La loi du 10 avril 1831 spécialement faite contre les attroupements n'autorisait l'emploi de la force qu'après trois sommations demeurées inutiles, n'assimilait le refus d'obtempérer à la première sommation qu'à une contravention de police et ne permettait d'élever l'emprisonnement qu'à trois mois après la seconde sommation et à un an après la troisième. En 1848, on reconnut l'insuffisance des garanties données par cette loi à l'ordre public et la loi du 7 juin 1848 établit des pénalités plus graves en distinguant les attroupements armés de ceux qui ne le sont pas.

Aux termes de l'article 1er de cette loi, tout attroupement armé formé sur la voie publique est interdit et les attroupements non armés qui pourraient troubler la tranquillité publique sont également défendus sur la voie publique.

L'attroupement est armé : 1° quand plusieurs des individus qui le composent sont porteurs d'armes apparentes ou cachées ; 2° lorsqu'un seul individu, porteur d'armes apparentes, n'est pas immédiatement expulsé de l'attroupement par ceux-là mêmes qui en font partie.

Lorsqu'un attroupement armé ou non armé se sera formé sur la voie publique, le maire, ou l'un de ses adjoints, à leur défaut le commissaire de police ou tout autre agent dépositaire de la force publique ou du Pouvoir exécutif, portant l'écharpe tricolore, se rendra sur le lieu de l'attroupement.

Un roulement de tambour annoncera l'arrivée du magistrat.

Si l'attroupement est armé, le magistrat lui fera sommation de se dissoudre et de se retirer.

Cette première sommation restant sans effet une seconde sommation, précédée d'un roulement de tambour, sera faite par le magistrat.

En cas de résistance, l'attroupement sera dissipé par la force.

Si l'attroupement est sans armes, le magistrat, après le premier roulement de tambour, exhortera les citoyens à se disperser. S'ils ne se re-

tirent pas, trois sommations seront successivement faites. En cas de résistance, l'attroupement sera dissipé par la force (art. 3).

Quiconque aura fait partie d'un rassemblement armé sera puni
comme il suit.

Si l'attroupement s'est dissipé après la première sommation et sans
avoir fait usage de ses armes, la peine sera d'un mois à un an de prison.

Si l'attroupement s'est formé pendant la nuit, la peine sera d'un an à
trois ans d'emprisonnement.

Néanmoins il ne sera prononcé aucune peine pour le fait d'attroupement contre ceux qui, en ayant fait partie, sans être personnellement
armés, se seront retirés sur la première sommation de l'autorité.

Si l'attroupement ne s'est dissipé qu'après la deuxième sommation,
mais avant l'emploi de la force, et sans qu'il ait fait usage de ses armes,
la peine sera d'un an à trois ans, et de deux à cinq ans si l'attroupement s'est formé pendant la nuit.

Si l'attroupement ne s'est dissipé que devant la force ou après avoir
fait usage de ses armes, la peine sera de cinq à dix ans de détention
pour le premier cas, et de cinq à dix ans de réclusion pour le second
cas. Si l'attroupement s'est formé pendant la nuit, la peine sera de la
réclusion.

L'aggravation de peine résultant des circonstances prévues par la
disposition du paragraphe 5, qui précède, ne sera applicable aux individus non armés faisant partie d'un attroupement réputé armé, dans le
cas d'armes cachées, que lorsqu'ils auront eu connaissance de la présence dans l'attroupement de plusieurs personnes portant des armes
cachées, sauf l'application des peines portées par les autres paragraphes du présent article.

Dans tous les cas prévus par les troisième, quatrième et cinquième
paragraphes. les coupables condamnés à des peines de police correctionnelle pourront être interdits, pendant un an au moins et cinq ans au
plus, de tout ou partie des droits mentionnés en l'article 42 du code pénal (art. 4).

Quiconque faisant partie d'un attroupement non armé ne l'aura pas
abandonné après le roulement de tambour précédant la deuxième sommation sera puni d'un emprisonnement de quinze jours à six mois. —
Si l'attroupement n'a pu être dissipé que par la force, la peine sera de
six mois à deux ans (art. 5).

Toute provocation directe à un attroupement armé ou non armé, par
des discours proférés publiquement et par des écrits ou des imprimés,
affichés ou distribués, sera punie comme le crime et le délit, selon les
distinctions ci-dessus établies.

Les imprimeurs, graveurs, lithographes, afficheurs et distributeurs
seront punis comme complices lorsqu'ils auront agi sciemment. — Si la
provocation faite par les moyens ci-dessus n'a pas été suivie d'effet, elle
sera punie s'il s'agit d'une provocation à un attroupement nocturne et
armé d'un emprisonnement de six mois à un an; s'il s'agit d'un attroupement non armé, l'emprisonnement est de un mois à trois mois
(art. 6).

Les poursuites dirigées pour crime ou délit d'attroupement ne font aucun obstacle à la poursuite pour crimes et délits particuliers qui auraient
été commis au milieu des attroupements (art. 7).

L'article 463 du Code pénal est toujours applicable au délit d'attroupement, et la mise en liberté provisoire peut toujours être accordée avec
ou sans caution (art. 8 et 9).

Enfin, les personnes qui ont fait partie d'un attroupement peuvent, par ce seul fait, être déclarées civilement responsables des condamnations pécuniaires prononcées pour réparations des dommages causés par l'attroupement.

La connaissance des délits d'attroupement appartient aux tribunaux correctionnels (Décret, 25 février 1852).

Les maires dont la mission est de prévenir plutôt que de réprimer, doivent, en cas de troubles, rappeler ces dispositions par la voie de l'affichage à leurs administrés, afin de les avertir des pénalités auxquelles ils s'exposent en formant des attroupements ou en s'y mêlant. — Voy. COMMUNE, ÉMEUTE, RÉBELLION, SOMMATIONS. — *Dict. des formules*, n° 128.

Aubergistes. — L'aubergiste ou l'hôtelier est celui qui reçoit les voyageurs, passants et étrangers, les loge et leur donne à boire et à manger. L'aubergiste diffère du maître d'hôtel garni, du loueur de chambres garnies et du logeur au jour et à la semaine, en ce qu'il donne à boire et à manger, et que ces derniers ne font que fournir le logement. Mais les uns et les autres, sous ce dernier rapport, sont assujettis aux mêmes règles. Ils doivent tenir exactement un registre des personnes qui descendent chez eux. — Voy. LOGEURS. — *Dict. des formules*, n°s 129 à 136.

Lorsque les aubergistes reçoivent, non seulement des voyageurs, mais aussi des personnes du lieu ou des environs et leur donnent à boire ou à jouer, ils sont assimilé aux cabaretiers, cafetiers et autres débitants de boissons à consommer sur place, et soumis aux mesures spéciales de surveillance et de police prescrites pour ces dernières professions. — Voy. CABARETS, CAFÉS, LIEUX PUBLICS.

Les aubergistes ou hôteliers sont responsables, comme dépositaires des effets apportés par le voyageur qui loge chez eux ; le dépôt de ces sortes d'effets doit être regardé comme un dépôt nécessaire. (C. civ., art. 1952.)

Ils sont responsables du vol ou du dommage des effets du voyageur, soit que le vol ait été fait ou que le dommage ait été causé par les domestiques et les préposés de l'hôtellerie, ou par des étrangers allant et venant dans l'hôtellerie. (Id., art. 1953.)

Ils ne sont pas responsables des vols faits avec force armée ou autre force majeure. (Id., art. 1954.)

L'aubergiste a privilège, pour sûreté de ses fournitures, sur les effets du voyageur qui ont été transportés dans son auberge. (Id., art. 2102.)

Une circulaire ministérielle du 28 juin 1832 appelle l'attention des préfets sur les logements donnés aux soldats par plusieurs habitants, qui, moyennant une certaine rétribution, les renvoient chez les aubergistes.

Les maires sont chargés spécialement de la surveillance des auberges où on loge les soldats de passage ; ils doivent prescrire les mesures commandées par la salubrité, afin que les soldats ne soient pas exposés à contracter des maladies par le défaut d'assainissement de l'auberge, du lavage des draps, des couvertures, paillasses, et de l'exposition à l'air des matelas. Ils doivent veiller aussi à ce que ces établissements ne se transforment pas en lieux de débauche clandestins où les militaires soient exposés à compromettre à la fois leur bourse et leur santé. (Circ., 12 février 1874.)

Audience. — Lorsqu'à l'audience, ou en tout autre lieu où se fait une instruction judiciaire, ou bien où l'on procède à un acte public, l'un ou plusieurs des assistants donnent des signes publics soit d'approbation, soit d'improbation ou excitent du tumulte, de quelque manière que ce soit, l'article 504 du Code d'instruction criminelle autorise le président ou le juge à les expulser; s'ils résistent à ses ordres ou s'ils rentrent, le président ou le juge ordonne de les arrêter et conduire dans la maison d'arrêt; il est fait mention de cet ordre dans le procès-verbal, et sur l'exhibition qui en est faite au gardien de la maison d'arrêt, les perturbateurs y sont reçus et retenus pendant vingt-quatre heures.

Cet article est applicable aux préfets, sous-préfets, maires et adjoints, officiers de police administrative ou judiciaire, remplissant publiquement un acte de leur ministère.

Après avoir fait saisir les perturbateurs, procès-verbal du délit, s'il y a lieu, est dressé, et ce procès-verbal est envoyé, ainsi que les prévenus, devant les juges compétents. (C. I. C., art. 502.) — Voy. ÉLECTIONS, FONCTIONNAIRES PUBLICS, TRIBUNAL DE POLICE.

Aumônes. — Les produits des dons, aumônes et collectes que les hospices et bureaux de bienfaisance sont autorisés à recevoir, doivent être remis intégralement, par les personnes chargées de les recueillir, dans la caisse de l'établissement auxquels ces produits appartiennent. Les receveurs municipaux sont, par exception, autorisés à les encaisser, sous la condition d'en informer immédiatement le receveur des finances et d'en faire délivrer, comme titre de recettes, des états certifiés par les maires. (Cir. int. 24 août 1861.) — Voy. BUREAUX DE BIENFAISANCE, HOSPICES.

Aumôniers des Hospices. — Ces aumôniers sont nommés par l'évêque diocésain, sur la présentation de trois candidats, faite par les commissions administratives. (O. 31 octobre 1821.)

Le traitement des aumôniers des hospices est réglé, comme les autres frais du culte dans ces établissements, par les préfets, sur la proposition des commissions administratives et l'avis des sous-préfets. (Arrêté du 11 fructidor an XI.) — Voy. HOSPICES.

Autorisation. — Acte par lequel l'autorité supérieure permet la mise à exécution d'une entreprise particulière, ou donne à une commune ou à un établissement public la qualité qui lui est nécessaire pour plaider, transiger, pour accepter un legs, une donation, etc. — Voy. ACQUISITIONS, ALIÉNATIONS, ÉCHANGES, EMPRUNTS, ÉTABLISSEMENTS DANGEREUX, PROCÈS DES COMMUNES, etc.

Les maires sont compétents pour délivrer des autorisations sur différents objets d'administration, selon les demandes qui leur sont faites, telles que les autorisations de petite voirie, les autorisations pour placer une inscription sur une pierre tumulaire, etc. — Voy. CIMETIÈRE, VOIRIE.

Autorité administrative. — Voy. ADMINISTRATION.

Autorité judiciaire. — L'autorité judiciaire est chargée au nom du peuple français, de qui toute autorité émane, de punir les crimes et délits et de régler les intérêts privés par l'application des lois criminelles et civiles. L'autorité judiciaire ne fait qu'appliquer la loi et les règlements, elle ne procède jamais elle-même par voie de règlements d'ordre public. Elle ne peut ni modifier, ni réformer, ni même interpréter les règlements pris par l'administration publique. En cas de conflits d'attributions elle doit surseoir à toute décision jusqu'à ce que le tribunal des conflits se soit prononcé. En résumé les autorités judiciaires et administratives doivent se prêter un mutuel concours dans l'accomplissement de leurs devoirs respectifs, mais la loi veut qu'elles restent chacune indépendante dans leur domaine particulier. En ce qui concerne l'organisation, voy. ORGANISATION JUDICIAIRE, MAGISTRATURE, TRIBUNAUX.

Autorité municipale. — Voy. COMMUNE, MAIRE.

Auvent. — Petit toit en saillie, destiné à garantir de la pluie et du soleil l'entrée des maisons ou les étalages de marchandises. On ne peut en établir sans une permission de l'autorité municipale et sans avoir acquitté préalablement les droits de petite voirie. — Voy. VOIRIE.

Avarie. — Dommage arrivé à un navire ou aux marchandises dont il est chargé. Se dit aussi, par extension, du dommage occasionné à des marchandises expédiées par terre.

Lorsqu'il y a intérêt à faire constater des avaries, pour conserver à celui qui reçoit les marchandises son recours contre l'expéditeur, le commissaire de police, ou, à défaut, le maire ou l'adjoint, sur la réquisition de la partie intéressée, et en cas d'urgence seulement, peut se transporter au lieu où sont les marchandises, constater leur état ainsi que celui des tonnes, boucauts, caisses, barriques ou ballots, et faire estimer, s'il y a lieu, par experts, l'indemnité qui peut être due. Il rédige du tout un procès-verbal qui est soumis au timbre et à l'enregistrement, et dont il délivre expédition à la partie intéressée, si elle le requiert. — *Dict. des formules,* n° 137.

Avertissement. — On nomme ainsi, en matière de simple police, une citation donnée sans frais, et sans ministère d'huissier, à une personne qui a commis une contravention. — Voy. TRIBUNAL DE SIMPLE POLICE.

On donne aussi le nom d'avertissement à l'extrait du rôle des contributions directes, que le percepteur envoie au commencement de chaque exercice aux contribuables pour leur faire connaître le montant de leur cote. — Voy. CONTRIBUTIONS DIRECTES.

Aveu (Gens sans). — Voy. VAGABONDS.

Aveugles. — Il existe à Paris deux établissements distincts destinés à venir en aide à ceux qui sont privés de la vue ; le premier, sous le nom d'*Institution des jeunes aveugles*, est consacré aux enfants aveugles-nés ; le second, sous le nom d'*Hospice national des Quinze-Vingts*, est une maison de secours et de refuge pour les aveugles indigents, dans leur âge mûr et leur vieillesse.

Institution des jeunes aveugles. — L'organisation actuelle de l'établissement résulte d'un règlement d'administration publique du 27 août 1853. La durée de l'enseignement est de huit années ; le prix de la pension est de 1,000 francs par an ; il peut être réduit à 800 francs par décision ministérielle.

Un certain nombre de bourses ont été fondées par les départements, les communes, les établissements charitables, moyennant 600 francs par élève et par année. Les fondations des particuliers sont au prix de 800 francs. Le nombre des bourses au compte de l'Etat a été fixé à cent vingt, divisées en demi-bourses et trois quarts de bourses, dans la proportion de deux tiers pour les garçons et d'un tiers pour les filles.

Les demandes en admission gratuite doivent être adressées au ministre de l'intérieur et être accompagnées : 1° de l'extrait de naissance de l'élève proposé (l'élève ne doit avoir ni moins de neuf ans ni plus de treize) ; 2° de l'extrait de baptême ; 3° d'un certificat d'un médecin, ou d'un chirurgien, dûment légalisé, constatant que l'enfant est frappé de cécité totale, qu'il n'a point de maladie contagieuse, qu'il n'est point en idiotisme ; 4° d'un certificat de vaccine ou de petite vérole ; 5° enfin, d'un certificat de bonne conduite et d'indigence, délivré par le maire ou le curé de la paroisse qu'habitent les parents.

Hospice des Quinze-Vingts. — Cet établissement a été fondé en 1260 par saint Louis. Aujourd'hui, outre les trois cents aveugles internes qu'il doit entretenir à perpétuité, selon le vœu du fondateur, l'hospice trouve encore le moyen de secourir mille aveugles externes, dont cent cinquante reçoivent une pension de 200 francs ; trois cent cinquante, une de 150 francs ; et cinq cents, une de 100 francs.

Les trois cents internes sont pris parmi les aveugles précédemment admis à l'externat.

Les aveugles admissibles à l'internat, qui préfèrent rester au dehors, touchent une pension de 250 francs.

Pour être admis comme membre externe ou interne, il faut être dans un état de cécité complète et d'indigence constatée. Les choix sont faits parmi les aveugles dispersés sur toute l'étendue de la France.

Indépendamment de ces établissements une société nationale d'assistance pour les aveugles travailleurs s'est formée par souscription le 12 mai 1880, sous le patronage du ministre de l'intérieur. Cette société dont les statuts ont été approuvés le 4 août 1881 vient d'ouvrir sa première école enfantine d'aveugles. (Circul. intér. 19 août 1882.)

Avis. — Opinion émise par un fonctionnaire ou par un corps constitué que l'autorité supérieure consulte sur une question spéciale.

Les conseils municipaux donnent leur avis sur certaines matières qui touchent à l'intérêt communal. — Voy. CONSEILS MUNICIPAUX.

Les préfets et les conseils de préfecture statuent quelquefois par avis sous forme d'arrêtés. Ces avis ne peuvent être attaqués par la voie contentieuse.

Les sous-préfets donnent un avis motivé en forme d'arrêté pour l'instruction de certaines affaires. — Voy. Sous-préfets.

Avis du conseil d'État. — Voy. Conseil d'État.

Avis imprimés. — L'article 1er de la loi du 6 prairial an VII avait assujetti au timbre spécial les avis imprimés qui se crient et se distribuent dans les rues et lieux publics, ou que l'on fait circuler de toute autre manière ; cette disposition a été abrogée par la loi des finances du 23 juin 1857.

Le distributeur d'écrits imprimés, comme le crieur public, doit être pourvu préalablement d'un récépissé de déclaration délivré par le maire — Voy. Crieurs publics.

Avocat. — Titre donné à celui qui, ayant pris des grades de licence dans une faculté de droit, se consacre à défendre devant les tribunaux les intérêts de ses concitoyens. Les licenciés en droit sont soumis à un stage de trois ans avant de pouvoir exercer librement la profession d'avocat devant les cours et tribunaux. La profession d'avocat est incompatible avec d'autres fonctions rétribuées.

Les avocats à la Cour de Cassation et au conseil d'Etat forment un corps à part organisé par la loi du 27 ventôse an VIII, le décret du 25 juin 1806, et réglementé par l'ordonnance du 10 septembre 1817. Pour entrer dans ce corps, il faut être docteur en droit, justifier d'un stage de trois ans, ne pas exercer de profession incompatible, et enfin être agréé par la Cour de Cassation. Les avocats de cet ordre sont nommés par décret et prêtent serment à la fois devant le Conseil d'Etat et devant la Cour de cassation.

La loi de finances du 18 mai 1850 soumet les avocats inscrits au tableau à la patente, mais ne les assujettit toutefois qu'au droit proportionnel. Ce droit est fixé au 15e de la valeur locative de l'habitation. Il a été maintenu à ce taux par la loi du 15 juillet 1880. — La jurisprudence a décidé que les avocats stagiaires inscrits à la suite du tableau de l'ordre ne sont pas imposables. — Voy. Contributions directes.

Avortement. — Accouchement avant terme. L'avortement est un crime lorsqu'il est l'effet de quelque médicament pris ou de quelque opération faite à dessein de le procurer.

Le Code pénal, article 317, prononce la peine de la réclusion contre ceux qui ont procuré l'avortement d'une femme enceinte, soit qu'elle y ait consenti ou non, et contre la femme qui s'est procuré l'avortement à elle-même, ou qui a consenti à faire usage des moyens à elle indiqués ou administrés à cet effet, si l'avortement s'en est suivi. Les officiers de police judiciaire qui ont connaissance d'un avortement provoqué doivent, après information, en dresser procès-verbal, qu'ils transmettent de suite au procureur de la République. — Voy. Délits, Police.

Avoué. — Officier ministériel dont les fonctions sont de représenter les parties devant le tribunal auquel il est attaché. Les communes et les établissements publics ne peuvent, pas plus que les particuliers, se dispenser du ministère d'un avoué dans les litiges qui les intéressent.

Les avoués, comme les autres officiers ministériels, sont assujettis à la patente. — Voy. CONTRIBUTIONS DIRECTES, PROCÈS.

B

Bacs et Bateaux de passage. — Les bacs et bateaux se rattachent étroitement au grand intérêt de la circulation générale; aussi à ce titre ont ils toujours été en France, comme chez presque tous les peuples, placés en dehors du droit commun. La féodalité avait mis la main sur les droits de bac, chaque seigneur exploitait ces droits dans l'étendue de ses domaines. L'ordonnance de 1669 trouva cet usage tellement enraciné qu'elle le confirma, du moment qu'il y avait titre faisant remonter la jouissance au delà de l'année 1566. Les lois des 28 mars 1790 et 25 août 1792 abolirent les droits de bacs à cause de leur caractère féodal, mais on ne tarda pas à reconnaître que la sûreté personnelle des citoyens, le maintien du bon ordre et de la police, l'intérêt même du Trésor public, exigeaient que l'administration et la fixation des droits à percevoir sur les bacs, bateaux, passe-cheval, établis ou à établir sur les canaux et rivières navigables, soient promptement réglés afin de détruire l'arbitraire et les vexations auxquels le défaut de surveillance active et permanente donnait lieu; aussi la loi du 6 frimaire an VII reconnut aux droits de bacs le caractère de droit souverain, et attribua à l'État la propriété des passages d'eau établis sur les fleuves, rivières ou canaux navigables (art. 1er). En vertu de ce texte l'État prit possession successivement de tous les bacs et bateaux établis sur tous les cours d'eau sans distinction. Des difficultés s'élevèrent, mais la loi du 14 floréal an X y mit fin en fixant de nouveau les droits de bacs et bateaux de passage établis ou à établir sur les rivières, sans reproduire le mot *navigables* qui figurait dans la loi de l'an VII. Cette nouvelle rédaction étendait implicitement le droit de l'État sur tous les cours d'eau sans distinction. La doctrine qui en découlait fut ensuite confirmée par plusieurs avis du Conseil de l'Etat. Des instructions du ministre de la marine, en date du 25 juin 1856, décidèrent que les prescriptions des lois des 6 frimaire an VII et 14 floréal an X étaient applicables aux passages des bacs de mer qui devinrent par suite exploitables au profit de l'Etat et des départements, suivant l'importance de la route qu'ils relient sous les deux réserves suivantes: 1° que le privilège concédé au fermier n'emporte interdiction absolue d'un autre service régulier et périodique pour le transport des voyageurs et des marchandises que dans la zone réservée connue sous le nom de port de bac, zone ordinairement déterminée par le cahier des charges et qui à défaut, est considérée comme étant d'un kilomètre au plus, moitié au-dessus et moitié au-dessous du lieu de passage ; 2° que l'établissement d'un nouveau bac public dans l'étendue du port du bac ne peut donner ouverture qu'à la résiliation du bail.

Bacs et passages d'eau aboutissant aux routes départementales ou aux chemins de grande communication. — M. Lestiboudois, conseiller d'Etat, avait proposé en 1865, dans un rapport au corps législatif (1), d'attribuer les produits des passages d'eau autres que ceux réunissant deux sections de routes nationales aux départements et aux communes, en les chargeant de leur établissement et de leur entretien. Cette proposition fut alors repoussée par le Corps législatif, mais depuis elle a été en partie réalisée. Le paragraphe 13 de l'article 46 de la loi du 10 août 1871 attribue, en effet, désormais aux conseils généraux des départements la décision relative aux questions d'établissement et d'entretien des bacs et passages d'eau sur les routes et chemins à la charge des départements, et le paragraphe 6 de l'article 58 comprend dans les recettes ordinaires des départements le produit des droits de péage dans les mêmes bacs et passages d'eau. Actuellement, donc, les bacs existant sur les routes départementales et les chemins de grande communication appartiennent aux départements et ce sont les conseils généraux qui règlent leurs conditions d'établissement et d'exploitation.

Bacs et passages d'eau aboutissant aux routes nationales aux chemins d'intérêt commun et vicinaux ordinaires. — Les droits et attributions de l'Etat exercées soit par le ministre des travaux publics, soit par le ministre des finances, restent entiers sur les bacs dépendant des routes nationales, des chemins d'intérêt commun ou des chemins vicinaux ordinaires. Le changement adopté en 1871 est donc moins absolu que celui qui était proposé en 1865. Du reste, sauf la compétence des autorités appelées à statuer, les dispositions de la loi du 6 frimaire an VII et des instructions qui l'ont suivie sont applicables aux bacs et bateaux dont l'établissement dépend des conseils généraux comme à ceux qui restent dans les mains de l'État.

La conséquence de ce droit exclusif réservé aux départements et à l'État est d'interdire aux particuliers la faculté de placer sur le même cours d'eau, et à une certaine distance du bac public, d'autres bacs ou bateaux de passages, toutes les fois que ceux-ci pourraient nuire au péage, ces produits étant la compensation nécessaire des frais d'entretien dont l'État et les départements sont chargés.

La loi du 6 frimaire an VII pose en principe : qu'aucun bac ne peut être établi sans approbation du tarif et que tout passage d'eau doit faire l'objet d'une adjudication publique.

Formalités requises pour l'autorisation. — Les formalités à remplir pour obtenir l'autorisation sont les suivantes, qu'il s'agisse d'un bac rentrant dans le domaine départemental ou d'un bac dépendant du domaine de l'État. La demande d'autorisation suivant la nature des voies est communiqué soit aux ingénieurs des ponts et chaussées, soit aux agents voyers. Ces agents rédigent des propositions qui font connaître l'emplacement du nouveau bac et les voies de communication qu'il y a pour but de desservir. Ces propositions sont accompagnées d'un projet de tarif et d'un projet de cahier des charges. Le dossier est ensuite soumis pour avis aux conseils municipaux des communes intéressées, au sous-préfet de l'arrondissement et au directeur des contributions indirectes du département. L'instruction terminée, le préfet envoie toutes les pièces, avec son avis motivé en forme d'arrêté, au ministre des travaux publics s'il s'agit d'une route nationale ou d'un chemin vicinal, au conseil général si le passage d'eau dépend d'une route départementale ou d'un chemin de grande communication. La perception du droit pour chaque passage d'eau est fixée par le gouvernement dans la forme arrêtée pour les règlements d'administration publique. (Loi 15 floréal an X, art. 10.) Si l'autorisation est accordée, le passage d'eau doit être mis en adjudication après approbation du tarif et du cahier des charges.

Le tarif, en même temps qu'il fait connaître le péage à percevoir au profit du fermier, énonce les exemptions que doit d'ailleurs reproduire le cahier des charges.

Exemption du péage. — Aux termes de l'article 50 de la loi de l'an VII, sont exemptés du payement du droit de passage :

Le préfet du département, le sous-préfet de l'arrondissement, les maires, les juges d'instruction et procureur de la République, les juges de paix et leurs greffiers, les commissaires de police et autres agents de police, ingénieurs et conducteurs des ponts et chaussées, les employés des domaines et des contributions directes (les percepteurs compris), les receveurs des communes, les agents voyers, les employés des contributions, agents des douanes, les employés de lignes télégraphiques, la gendarmerie (dans l'exercice de leurs fonctions), les militaires de tous grades voyageant en corps ou séparément, à charge par eux, dans ce dernier cas, de présenter une feuille de route ou un ordre de service, les courriers du gouvernement, les malles-postes, les facteurs ruraux faisant le service ou en revenant, les prévenus, accusés ou condamnés conduits par la force publique, les voitures et chevaux et autres bêtes de somme servant au transport des munitions de guerre, des vivres de l'armée et des militaires malades, les sapeurs-pompiers marchant en détachement ou isolément pour le service public.

Cette exemption est étendue aux hommes de la réserve et de l'armée territoriale se rendant aux convocations de l'autorité militaire. Dans certains départements on fait même profiter les enfants se rendant à l'école communale et à l'instruction religieuse, mais cette dernière disposition n'a pas un caractère général et fait ordinairement l'objet d'une stipulation particulière dans le traité.

Au reste, les instructions de l'administration des ponts et chaussées établissent que l'immunité est due à tous les fonctionnaires publics, lorsque le passage a lieu pour raison de leurs fonctions, et lorsque, d'ailleurs, ils en ont les marques distinctives.

Il faut remarquer que les entrepreneurs d'ouvrages, fournitures et charrois, même au compte du gouvernement, ne sont dispensés du payement des droits de passage que lorsqu'ils agissent pour le service militaire, autrement ils sont en principe soumis au droit. Mais l'administration peut accorder à un entrepreneur de travaux publics l'autorisation d'avoir un batelet pour le transport des matériaux nécessaires à l'entreprise. (Arrêt de cassation, 25 septembre 1834.)

Cahier des charges. — Le cahier des charges doit être autant que possible conforme au modèle joint à la circulaire du ministre de l'agriculture, du commerce et des travaux publics, du 17 décembre 1868. Ce cahier des charges consacre le principe que l'adjudicataire est tenu de fournir dans les vingt-quatre heures de l'adjudication un cautionnement ayant pour objet de garantir le payement du prix de fermage, le recouvrement de la moins-value de matériel qui peut être due à la fin du bail, et l'accomplissement de toutes les obligations imposées au fermier. Ce cautionnement, dont le montant est préalablement débattu par le préfet, l'ingénieur en chef des ponts et chaussées et le directeur des contributions indirectes, est reçu par le préfet. Il peut être constitué, au choix de l'adjudicataire, soit en numéraire, soit en rentes sur l'État, soit en immeubles libres d'hypothèques, situés dans le département où dans les départements limitrophes. Le fermier est soumis à la contrainte par corps en vertu des articles 8 et 10 de la loi du 17 avril 1832. Il ne peut demander ni la résiliation de son bail, ni indemnités, ni diminution de prix sous prétexte d'événements imprévus. Il ne peut non plus réclamer aucune indemnité dans le cas où le gouvernement autoriserait, dans l'étendue du port du bac, l'établissement de bateaux particuliers conformément à l'article 8 de la loi du 6 frimaire an VII. L'établissement d'un nouveau bac public ou d'un pont dans l'étendue du port du bac ne peut donner ouverture qu'à résiliation du bail (art. 10, loi de frimaire an VII), et le concessionnaire ne saurait être admis à demander l'annulation pour excès de pouvoir de la décision ministérielle qui, sans s'arrêter à sa réclamation, a approuvé l'adjudication du pont. (Arrêt Cons. d'État 28 juillet 1869.) La suppression du passage avant l'expiration du bail n'a d'autre effet que de faire résilier le bail.

Le matériel du bac peut appartenir à l'État, au département ou au fermier. Dans ce dernier cas, l'administration n'a à intervenir dans la gestion du matériel qu'au point de vue de la police et de la sécurité des passagers. Mais si le matériel est la propriété de l'État ou du département, le fermier le prend en charge, suivant un procès-verbal d'estimation, et il en demeure responsable. A l'expiration du bail, une nouvelle évaluation est faite par les ingénieurs ou agents voyers, et le fermier doit rembourser à l'État ou au département la différence résultant de la moins-value constatée, de même que l'État ou le département lui tient compte des plus-values constatées. Le décret sur la décentralisation du 16 mars 1852 a donné au préfet le droit d'approuver la liquidation de ces plus-values qui appartenait jadis au ministre des travaux publics, mais ce magistrat ne doit jamais accorder une remise ou modération sur le montant des moins-values. (Circulaire des travaux publics, 31 août 1852.)

Le fermier ne peut employer au service de son exploitation que des gens âgés au moins de vingt et un ans et tout individu, soit fermier, soit marinier, faisant le service d'un passage d'eau, doit être muni d'un certificat d'aptitude et d'un certificat de moralité délivré par le maire de la commune où il habite.

Le fermier ne peut passer ni être contraint de passer lorsque les rivières charrient de glaces, ni lorsque le vent et les grandes eaux sont assez considérables pour faire craindre des accidents (art. 33 du cahier des charges).

Il est tenu de transporter, pour le simple droit, toute personne seule qui a attendu une heure pour un bac et une demi-heure pour les passe-cheval et les batelets. Il doit passer sans délai et même de nuit, les fonctionnaires, agents et autres personnes ayant droit à la franchise et circulant pour l'exercice de leurs fonctions. (Art. 34.)

Contestations relatives au péage. — *Contraventions aux règlements.* — *Compétence.* — Les difficultés qui s'élèvent entre le fermier et les passagers au sujet de la perception du péage sont portées devant le juge de paix, qui peut condamner le particulier qui essaye de se soustraire au payement du droit, à une amende dont la valeur ne peut être moins d'une journée de travail, ni excéder trois jours, et, en cas de récidive, à un emprisonnement d'un jour au moins et de trois jours au plus, avec impression et affiche du jugement aux frais du contrevenant. Si le refus de payer est accompagné d'injures, menaces ou violence, le délit prend un caractère correctionnel qui est du ressort des tribunaux ordinaires. (Loi 6 frimaire an VII, art. 56 et 57.)

Les contraventions aux règlements de police administrative et de sûreté commises par les adjudicataires ou leurs agents entraînent une amende de trois journées de travail indépendamment de la responsabilité qui résulte de leur négligence. (Loi de frimaire, art. 51). S'ils perçoivent indûment des sommes qui ne leur sont pas dues, ils encourent, outre la restitution, une peine d'un à trois jours de prison et une amende dont la valeur peut varier d'une à trois journées de travail, avec impression et affichage du jugement à leurs frais. Si les exactions ont été accompagnées d'injures, menaces ou violences, la poursuite a lieu en police correctionnelle et la peine prononcée peut aller, s'il y a lieu, jusqu'à cent francs d'amende et trois mois de prison au maximum. Dans tous les cas, les adjudicataires sont civilement responsables des restitutions, dommages et intérêts, amendes et condamnations pécuniaires prononcées contre leurs préposés et mariniers (id., art. 54) ; en cas de récidive, prononcée par un jugement, le bail peut être résilié sans indemnité.

Les contestations qui ont trait à l'application des clauses du cahier des charges et qui ont un caractère contentieux sont du ressort des conseils de préfecture.

Modes et durée des baux. — La durée des baux est en général de trois, six ou neuf années, mais l'article 3 de l'arrêté du 8 floréal an XII stipule que lorsque, dans l'intérêt de la perception, il sera jugé convenable de passer des baux d'une plus longue durée, les préfets pourront les consentir pour douze, quinze ou dix-huit ans.

Les adjudications de passages d'eau ont lieu aux enchères publiques, elles sont approuvées par le préfet. Elles doivent en général être passées au chef-lieu de département, mais le préfet peut, suivant les circonstances, déléguer aux sous-préfets ou aux maires la faculté de procéder à ces sortes d'adjudication dans le lieu de leur résidence.

Le jour fixé pour l'adjudication est porté un mois à l'avance à la connaissance du public par voie d'affiches. Nul n'est admis à concourir s'il n'a déposé au moins trois jours à l'avance, au lieu fixé pour l'adjudication, des certificats délivrés par le maire de sa commune, constatant sa capacité, sa solvabilité et sa moralité. Les enchères ont lieu sur une mise à prix. Les communes peuvent se porter adjudicataires concurremment avec les particuliers.

L'administration peut autoriser des enchères portant sur la totalité des bacs d'un département, mais seulement après les adjudications partielles ; la mise à prix d'une adjudication collective doit toujours être supérieure d'un sixième au moins au montant des adjudications partielles.

Au cas où une tentative d'adjudication est demeurée infructueuse, l'administration peut recourir au mode d'abonnement par voie de soumission directe. Le ministre des finances s'est réservé l'approbation des adjudications et abonnements concernant les passages d'eau appartenant à l'Etat.

Attributions distinctes du ministre des finances et du ministre des travaux publics. — Le service des bacs et bateaux appartenant à l'Etat, intéressant à la fois la viabilité publique et les ressources du Trésor, à raison de ce double caractère, ressortit à la fois, pour certaines parties de l'administration, aux deux départements des finances et des travaux publics.

Le ministère des travaux publics statue directement sur les questions qui ont trait à l'établissement des passages d'eau, à leur déplacement, à leur suppression, à la fourniture, la réparation et le renouvellement du matériel d'exploitation. C'est le ministre des travaux publics qui instruit toutes les demandes se rattachant à ce service. Il approuve les travaux à exécuter aux abords des bacs pour en faciliter l'accès, et prononce sur les réclamations auxquelles leur établissement peut donner lieu.

Le ministre des finances, lui, statue sur les adjudications et abonnements consentis pour l'amodiation des passages d'eau, les cahiers des charges qui servent de base à cette amodiation, la fixation et la revision des droits des tarifs à percevoir par les fermiers, enfin sur toutes les questions qui concernent l'exploitation et la perception. L'encaissement des produits indemnes de ces bacs est confié à la direction générale des contributions indirectes.

Ces diverses attributions sont réunies dans les mains du conseil général pour les passages d'eau intéressant les routes départementales et les chemins de grande communication qui font partie du domaine départemental.

Attributions du préfet et du maire. — Mais l'administration immédiate des uns et des autres ainsi que la police de tous appartiennent au préfet du département, sans préjudice de la surveillance du maire. (Loi de frimaire an VII.) Si le passage est commun à deux départements limitrophes, la police est au préfet du département dans lequel est située la commune la plus proche du passage, ou, à égalité de distance, la commune la plus peuplée. C'est de ce côté que doivent être la gare, le logement et le domicile de droit du passeur. (Art. 32.)

Aux termes des articles 34 et 35, le préfet doit faire procéder, par les ingénieurs ou les agents voyers, aux mois d'avril et de septembre, à la visite des bacs et bateaux, en présence des maires, indépendamment des autres inspections qui pourraient être reconnues nécessaires. Lorsqu'il y a lieu à des réparations ou reconstructions aux frais des adjudicataires, le préfet les ordonne et les fait exécuter sous peine de contrainte. En cas d'urgence, le maire pourrait y faire procéder provisoirement en informant de suite le préfet. (Art. 37 et 38.) C'est également au préfet qu'il appartient de fixer les heures d'interdiction de passage et toutes les mesures de sûreté; la plupart de ces mesures doivent d'ailleurs être insérées dans le cahier des charges.

Toutes les résolutions prises ou proposées par les préfets en ce qui concerne les passages d'eau sont rédigées en forme d'arrêtés.

Bateaux d'un usage particulier. — La loi de l'an VII a confirmé l'exception qui existait déjà dans le droit féodal en faveur des bateaux non employés au transport en commun, mais établi pour le seul usage d'un particulier ou l'exploitation d'une propriété circonscrite par les eaux. Ces bateaux ne sont pas soumis à la réglementation des passages d'eau ordinaire. Les particuliers qui veulent en établir un pour leur service ou celui de leur propriété doivent seulement s'adresser au préfet, qui, après en avoir fait vérifier la destination et constater qu'il ne peut pas nuire à la navigation, autorise l'établissement en vertu du décret du 25 mars 1852, sur l'avis du sous-préfet, du maire, de l'ingénieur en chef et du directeur des contributions indirectes. L'état numérique des personnes à transporter doit être joint aux demandes de permissions. En cas d'abus, les permissions peuvent être retirées. (Art. 8, loi de frimaire an VII ; Lettre du ministre des finances du 28 décembre 1839.)

Les bateaux de pêche et d'agrément ne sont pas soumis en principe à l'autorisation, mais si on les emploie à divers usages et notamment au passage, on doit, en ce qui concerne le passage, se munir d'une autorisation. (Circ. cont. ind., 22 janvier 1840.) — Voy. Bateaux et Batelets, Cours d'eau, Navigation, Ponts, Péage.

Bachelier ès lettres. — Le grade de bachelier est le premier de ceux qui sont conférés par les diverses Facultés. Celui de bachelier ès lettres est exigé dans plusieurs des carrières administratives. Dans celles où il n'est pas indispensable, il est, du moins, un titre en faveur du candidat. — Voy. Instruction publique.

Bail. — Voy. Baux.

Bains publics. — La police des bains publics appartient aux maires : ils doivent l'exercer dans le double intérêt de la sûreté des personnes et du respect des mœurs ; la loi du 5 avril 1884, article 97, les investit du pouvoir de prendre toutes les mesures nécessaires à cet égard : ils ont donc à écarter les baigneurs des lieux trop fréquentés, à indiquer les endroits où il est permis de se baigner, à spécifier ceux où les personnes ne sachant pas nager doivent aller, à limiter par des poteaux les localités ainsi indiquées, à prescrire la séparation des bains des hommes d'avec ceux des femmes, à nommer enfin, si les revenus de la commune le permettent, un surveillant des lieux de bains, afin qu'il puisse tout à la fois veiller à l'exécution des arrêtés municipaux et porter du secours aux personnes qui seraient en danger de périr.

Pour les bains froids sur bateaux et les écoles de natation, les maires peuvent, par leurs règlements, prescrire à toute personne qui voudra former un établissement de cette nature, d'en faire préalablement la déclaration à la mairie, et d'y déposer le plan de distribution de l'établissement projeté, en réservant à l'autorité municipale le droit de faire, sous le rapport du maintien des bonnes mœurs et de la sûreté, toutes observations nécessaires.

En ce qui concerne les bains chauds, ils doivent exiger : 1° que les sexes soient constamment séparés ; 2° que les garçons et femmes de service s'assurent, pendant la durée des bains, que les baigneurs n'éprouvent aucune défaillance et ne se laissent point aller au sommeil, causes les plus fréquentes des accidents qui surviennent dans les bains publics; 3° que les bains de Barèges ou autres qui répandent une forte odeur ne soient rejetés dans les ruisseaux qu'étendus d'une quantité d'eau suffisante pour en rendre l'odeur insensible ; 4° que, dans l'hiver, les glaces provenant des eaux qui s'écoulent des bains soient fréquemment brisées au compte du chef de l'établissement.

Les contraventions à toutes ces dispositions sont constatées par des procès-verbaux et punies des peines de simple police, ou des peines de police correctionnelle, s'il y a attentat aux mœurs.—*Dict. des formules*, n°s 149 à 151.

La concession de l'établissement de bains sur une plage maritime peut être accordée à une commune moyennant le payement d'une redevance annuelle au Trésor (*Bulletin*, 1863, p. 377.) Dans ce cas si un médecin inspecteur des bains est nécessaire, il est nommé par le ministre. Le maire ne doit permettre l'établissement de cabanes à l'usage des baigneurs qu'autant que le propriétaire de ces abris s'engage à y entretenir les moyens et appareils de sauvetage déterminés par l'autorité, et qu'un marinier, exercé à l'art de la natation, sera toujours présent lorsque les baigneurs sont réunis. (Circulaire ministre agriculture, commerce et travaux publics 24 juin 1855.)

Les communes peuvent être autorisées à percevoir un droit pour l'usage des bains et lavoirs, lorsqu'ils ont été construits à leur frais. Les receveurs municipaux recouvrent ce produit en vertu des délibérations ou tarifs dûment approuvés. — Voy. LAVOIRS PUBLICS.

Bains et lavoirs publics, à prix réduits. — La loi du 3 février 1851 avait consacré une somme de 600,000 francs à encourager, dans les communes qui en feraient la demande, la création d'établissements modèles pour bains et lavoirs publics, à prix réduits. Aux termes de cette loi, les communes qui voulaient obtenir une subvention de l'Etat devaient prendre l'engagement de pourvoir, jusqu'à concurrence des deux tiers au moins, au montant de la dépense totale. Chaque commune ne peut recevoir de subvention que pour un établissement, et chaque subvention ne peut excéder 20,000 francs. Le crédit est épuisé depuis longtemps.

Mais la loi n'a pas été rapportée, ses dispositions sont donc applicables, sur l'avis conforme du conseil municipal, aux bureaux de bienfaisance et autres établissements reconnus comme établissements d'utilité publique qui satisferaient aux conditions ci-dessus énoncées.

Dans le but de venir en aide à l'inexpérience des administrations municipales et hospitalières, le ministre de l'intérieur a fait dresser à diverses échelles une collection de plans et d'instructions. Chacun de ces programmes, dont on peut prendre connaissance dans les bureaux des préfectures et des sous-préfectures, mentionne approximativement le chiffre de la dépense à laquelle son exécution donnerait lieu ; il peut être étendu ou réduit suivant les besoins et les ressources des localités ; il peut même être modifié suivant les usages et le climat des divers contrées de la France; mais, soit qu'il s'agisse de bains et lavoirs réunis, soit qu'il s'agisse de bains ou de lavoirs séparés, aucun projet n'est accueilli s'il ne présente les avantages qui doivent résulter des procédés perfectionnés qu'indiquent les programmes. (Circ. Int. 30 avril 1852.)

Les pièces à produire pour obtenir une subvention de l'Etat sont les suivantes :

1° La délibération du conseil municipal contenant, d'une part, l'évaluation des frais du premier établissement, et, d'autre part, l'indication des voies et moyens;

2° Les plans devis estimatifs;

3° Le budget de la commune pour l'exercice courant;

4° Les tarifs des bains ou du lavoir, à prix réduit ;

5° Un état approximatif des recettes et des dépenses annuelles de l'exploitation projetée ;

6° L'engagement de la part de la commune de faire profiter des prix réduits tous les ouvriers dont la position justifierait cette allègement, et de délivrer, chaque mois, un nombre déterminé de cartes gratuites aux indigents. — *Dic. des formules,* n° 152.

Il faut du reste remarquer que la création des lavoirs publics n'a pas été affranchie des règles relatives à l'établissement des ateliers insalubres. Les lavoirs sont rangés dans la seconde classe des ateliers insalubres quand ils n'ont pas un écoulement constant de leurs eaux, et dans la troisième quand l'écoulement de leurs eaux est constant. Leur création doit donc toujours être précédée de l'accomplissement des formalités prescrites par le décret du 15 octobre 1810, et de l'ordonnance du 14 janvier 1815.

Baladins. — Voy. SALTIMBANQUES.

Balances. — Voy. POIDS ET MESURES.

Balayage. — Le balayage et l'enlèvement des boues et ordures dans les rues et places des villes, bourgs et villages est le plus sûr moyen d'assurer la salubrité publique. Les maires doivent faire des règlements à cet effet, et tenir la main à ce qu'ils soient exécutés. (L. 5 avril 1884, art. 97.) — *Dict. des formules,* n° 153.

Le balayage doit être effectué par les propriétaires et locataires devant leurs maisons, et aux frais de la commune sur les places et vis-à-vis des propriétés publiques.

Dans les communes où le balayage est prescrit aux habitants par un arrêté municipal, l'infraction à cet arrêté est punie de peines de simple police, conformément à l'article 471, n° 3, du Code pénal. Cette infraction existe non seulement lorsque le balayage n'a pas eu lieu, mais encore lorsqu'il y a été procédé après l'heure prescrite par l'arrêté. — *Dict. des formules,* n° 155.

Le balayage est une charge de la propriété des maisons devant lesquelles il doit s'opérer. Le propriétaire est tenu de le faire exécuter alors même qu'il n'habite pas la maison (Cassation 17 juillet 1845, 7 novembre 1867); qu'il est absent (Cassation 28 juin 1851) et que la maison est inhabitée. (Cassation 6 novembre 1857.) Le propriétaire n'échappe pas à la responsabilité en convenant avec un locataire que le balayage sera à la charge de ce dernier.

Lorsqu'un propriétaire traite avec un entrepreneur pour le balayage devant sa maison, il n'en reste pas moins passible directement des peines auxquelles peuvent donner lieu les contraventions. L'entrepreneur n'est que civilement responsable vis-à-vis de lui. (Cassation 31 août 1854.)

Le balayage n'est mis à la charge des locataires des boutiques que lorsque le règlement prescrit *aux propriétaires ou locataires* de balayer la voie publique devant les maisons, boutiques, etc.

Abonnements. — Les communes ont à leur charge le nettoiement des places, boulevards et avenues dont la largeur dépasse l'étendue à laquelle est limitée par l'usage ou les règlements l'obligation des riverains. Beaucoup de villes font procéder elles-mêmes au balayage, au lieu et place des propriétaires ou locataires, moyennant un abonnement dont le chiffre est fixé par délibération du conseil municipal approuvé par le préfet ; cet abonnement est facultatif. Il se recouvre conformément à l'article 154 de la loi du 15 avril 1884, sur états dressés par le maire et rendus exécutoires par le sous-préfet. Les contestations relatives à cet abonnement sont de la compétence des tribunaux civils.

Taxe de balayage. — Indépendamment de ce système qui présente des inconvénients parce qu'il ne peut être rendu obligatoire, une loi du 26 mars 1873 a converti l'obligation des riverains des voies de Paris en une taxe municipale établie suivant un tarif délibéré par le conseil et approuvé par décret rendu en Conseil d'Etat. L'article 133, § 13, de la loi du 5 avril 1884 permet non seulement aux grandes et aux petites communes, comme le faisait la loi de 1873, de demander cette conversion, mais décide qu'elle sera à l'avenir autorisée par simple décret. Ce tarif est renouvelé tous les cinq ans. Dans l'établissement de la taxe, il ne doit pas être tenu compte de la valeur des propriétés, mais seulement des nécessités de la circulation, de la salubrité et de la propreté de la voie publique. La taxe totale ne doit pas excéder les dépenses de balayage de la superficie à la charge des riverains. Une atténuation d'un quart est accordé aux propriétés closes par des grilles ou murs renfermant des habitations à l'intérieur des terrains. L'atténuation est de moitié lorsque les propriétés sont à l'état de terrains vagues ou seulement closes par des planches, treillages ou haies.

La taxe n'exempte pas d'ailleurs les riverains des obligations qui leur sont imposées par les règlements de police en temps de neige et de glace.

Le recouvrement de la taxe a lieu comme en matière de contributions directes. Les réclamations doivent être formées dans les trois premiers mois de la publication du rôle ; elles sont de la compétence du conseil de préfecture, sauf recours au Conseil d'Etat.

Lorsque l'autorité municipale met en adjudication le balayage des rues de la commune et l'enlèvement des boues, l'arrêté pris à cet effet a le caractère d'un règlement de police. L'adjudicataire est subrogé à l'obligation des habitants, et, en cas de contravention, il est passible comme eux des peines portées en l'article 471, n° 3, du Code pénal. (Cassation 12 novembre 1813, 27 juillet 1856 et 25 juin 1869. — Voy. BOUES ET IMMONDICES, POLICE MUNICIPALE.

Balcon. — Saillie attachée à un bâtiment, environnée d'une balustrade et portée par des colonnes ou consoles.

On ne peut poser de balcon dans une construction ancienne, ni en établir un dans une construction nouvelle sans une permission du maire. — Voy. VOIRIE.

Balises. — On nomme ainsi des signes placés sur les côtes ou dans la mer pour avertir les vaisseaux d'éviter les passages dangereux ; les pilotes lamaneurs sont tenus, sous peine de trois jours de prison, de prévenir l'autorité municipale de l'endroit où ils abordent, de la destruction des balises, dès qu'ils en ont connaissance, et, de leur côté, les maires doivent pourvoir sans retard au remplacement des signes détruits. (L. 15 septembre 1792, art. 7.)

Des balises peuvent être placées sur les rivières, soit pour indiquer les endroits dont la profondeur suffit au tirage des bateaux, soit ceux où quelque obstacle invisible offrirait un danger.

Balivaux. — Ce sont les arbres que l'on a réservés sur les coupes de taillis pour les laisser croître en futaie. — Voy. Bois des communes.

Ballottage. — Action d'ouvrir un nouveau scrutin aux deux candidats qui ont obtenu égalité de voix dans une élection pour savoir lequel l'emportera sur l'autre. On appelle ce nouveau scrutin, scrutin de ballottage.

Bals publics. — C'est à l'autorité municipale que la loi du 5 avril 1884, article 97, paragraphe 3, a confié le soin de maintenir l'ordre dans les endroits publics. Les bals publics sont particulièrement soumis à sa surveillance.

Néanmoins les préfets peuvent, en vertu de l'article 99 de la loi précitée, faire des règlements généraux sur les bals publics. Lorsqu'il existe des arrêtés de ce genre les maires doivent avoir soin de n'insérer dans leurs arrêtés spéciaux aucune clause contraire au règlement préfectoral.

Le maire peut défendre, par un arrêté, l'ouverture de bals publics sans son autorisation. En accordant l'autorisation il peut fixer les heures de l'ouverture et de la clôture du bal, défendre qu'on y reçoive aucune personne masquée, déguisée ou travestie, sauf tolérance, s'il y a lieu, pendant le carnaval ; ordonner que tous bâtons, cannes ou armes soient déposées en entrant ; interdire les danses indécentes, enfin ordonner telles mesures qui peuvent paraître convenables dans l'intérêt du bon ordre et de la sûreté publique.

Toute infraction aux dispositions de l'arrêté municipal concernant la police des lieux publics entraîne immédiatement l'annulation de la permission, et les contrevenants peuvent être traduits devant les tribunaux de police. — *Dict. des formules*, nos 156, 157 et 158.

La Cour de cassation a décidé par arrêt du 3 août 1867 (Gigon) que les arrêtés préfectoraux et municipaux sur l'autorisation et la durée des bals publics ne peuvent être étendus à un bal privé, donné à l'occasion d'un mariage même dans un établissement public, quoique le procès-verbal constate l'admission de personnes étrangères à la noce, si le juge du fait déclare que ces personnes étrangères étaient des amis ou des invités.

Les entrepreneurs de bals publics sont tenus d'acquitter, au profit des indigents, un droit fixé, par la loi du 8 thermidor an V, au quart de la recette brute. Cet impôt a lieu exclusivement pour les bals où il y aura un bureau de recette ; il est perçu lors même qu'ils ont le titre de bal de société. — Voy. Taxe au profit des indigents.

Ban (Rupture de). — Lorsqu'un individu, soumis à la surveillance de la haute police, reparaît dans des lieux dont le séjour lui est interdit, ce fait s'appelle *rupture de ban*; il est passible d'un emprisonnement qui peut atteindre cinq ans. (C. P., art. 45.)

Les maires doivent faire arrêter par la gendarmerie, et conduire devant le procureur de la République, les individus qui sont trouvés dans leur commune en état de rupture de ban. — *Dict. des formules*, n° 161.

Ban de mariage. — Cette expression ne s'applique qu'aux publications faites à l'église et qui n'ont, comme l'on sait, aucun caractère légal. Quant aux publications requises par la loi avant la célébration du mariage, voy. ETAT CIVIL.

Ban de vendanges, de moissons, etc. — Publication de l'arrêté municipal qui fixe l'époque de l'ouverture des vendanges ou de la moisson dans la commune. L'article 91 de la loi du 5 avril 1884 charge le maire, sous la surveillance de l'administration supérieure, de la police rurale et de l'exécution des actes de l'autorité qui y sont relatifs.

Aux termes de la loi du 28 septembre-6 octobre 1791 toujours en vigueur, sur la police rurale, chaque propriétaire a le droit de faire ses récoltes au moment qui lui convient, pourvu qu'il ne cause pas de dommage à ses voisins. Cependant, d'après cette même loi (titre Ier, sect. 5, art. 1er), dans les pays où le ban de vendanges est en usage, il peut être fait à cet égard, chaque année, un règlement par le maire, mais seulement pour les vignes non closes.

Cette disposition légale a été sanctionnée par l'article 475 du Code pénal, qui frappe d'une amende de 6 à 10 francs ceux qui ont contrevenu aux bans de vendanges et autres bans autorisés par les règlements.

Cette proclamation se fait ordinairement dans la forme suivante : le maire, après avoir convoqué les principaux propriétaires ou vignerons des diverses localités de la commune et pris leur avis, publie par voie d'affiches et à son de trompe un arrêté qui fixe le jour de l'ouverture des vendanges. A partir de ce jour, et tant que les vendanges ne sont pas terminées, elles ont lieu depuis le soleil levé jusqu'au soleil couché, et nul ne peut vendanger à d'autres heures.

Les gardes champêtres sont spécialement chargés de constater les contraventions aux bans de vendanges. — *Dict. des formules*, n°s 159 et 160.

Le Code rural de 1791 semble avoir aboli tout autre ban de récolte que le ban de vendanges. Mais la cour de cassation a décidé, par son arrêt du 6 mars 1834, qu'en supposant même que la disposition du Code rural qu'on allègue eût aboli les bans de fauchaisons et de moissons, ils seraient rétablis implicitement par cette disposition de l'article 475 du Code pénal: « Seront punis d'amende ceux qui auront contrevenu aux bans de vendanges ou *autres bans* autorisés par les règlements. » Ainsi, conformément à cette jurisprudence, un arrêté municipal relatif à un ban de fauchaison ou de moisson serait obligatoire, et l'infraction punissable, si elle continuait contrairement à l'arrêté municipal. En réalité les bans de moissons et de fauchaisons sont presque partout tombés en désuétude; cette coutume n'a pas d'ailleurs d'intérêt pratique et les maires ne doivent publier les bans de moissons et de fauchaisons que dans les communes où ces sortes de bans sont usités de temps immémorial, où ils peuvent être considérés comme une disposition protectrice par suite de l'absence de séparation des propriétés cultivées d'une manière uniforme.

Au reste, comme on l'a vu, la prohibition concernant l'ouverture des vendanges et moissons ne s'applique point aux propriétés encloses par mur, fossé, haie ou palissade. Le propriétaire peut les exploiter à son gré et sans être obligé d'attendre la publication du ban.

Banalité. — Toutes les servitudes féodales connues sous le titre de banalités, et qui consistaient dans le droit exclusif dont jouissait le seigneur d'un fief, d'assujettir ses vassaux à moudre à son moulin, à cuire à son four, et à pressurer à son pressoir, etc., moyennant certains droits qu'ils lui payaient, ont été abolies par la loi du 28 mars 1790 ; mais cette suppression ne s'est point étendue aux banalités conventionnelles qui reposaient sur un contrat intervenu entre un particulier et une commune.

La loi s'est contentée de les déclarer rachetables ; les banalités ainsi modifiées ne sont donc ni des servitudes personnelles, ni des servitudes réelles, on ne doit y voir que des conventions librement consenties et dont il est facultatif de se libérer, suivant les règles du droit commun. Quoi qu'il en soit, les communes ne peuvent, par aucune stipulation, établir des banalités nouvelles, ni convertir en banalités conventionnelles les banalités supprimées comme féodales.

Dans la transaction à intervenir pour le rachat d'une banalité, le maire a seul qualité pour agir au nom de la commune intéressée à l'abolition de cette servitude.

Bancs. — Les bancs de pierre ou de bois que des particuliers font placer le long de leurs maisons étant un empiètement sur la voie publique, il n'en peut être établi sans une permission du maire. — Voy. Voirie.

Banc de l'œuvre. — Banc qui se trouve dans chaque église.

Les marguilliers et tous les membres du conseil de la fabrique ont une place distinguée dans l'église : c'est le banc de l'œuvre ; il est placé devant la chaire autant que faire se peut. Le curé ou desservant a dans ce banc la première place, toutes les fois qu'il y vient pour assister à la prédication. (D. 30 décembre 1809, art. 21.)

Une place distinguée doit, en outre, être réservée dans les églises aux autorités civiles et militaires, mais seulement pour les cérémonies publiques. (L. 18 germinal an X, art. 47.) Cette place peut être réservée au banc de l'œuvre ou dans un autre banc si le premier ne suffit pas. C'est au curé et à la fabrique à prendre à cet effet les dispositions convenables. Le maire a également sa place toujours marquée au banc de l'œuvre comme membre du conseil de fabrique. — Voy. Église, Fabrique.

Bancs et chaises dans les églises. — Il est défendu de rien percevoir pour l'entrée de l'église, ni de percevoir dans l'église plus que le prix des bancs et des chaises, sous quelque prétexte que ce soit. Il est même réservé dans toutes les églises une place où les fidèles qui ne louent pas de chaises ni de bancs peuvent commodément assister au service divin et entendre les instructions. (D. du 30 décembre 1809, art. 85.)

Le bureau des marguilliers peut être autorisé, par le conseil de fabrique soit à régir la location des bancs et chaises, soit à la mettre en ferme. En tous cas le prix des chaises est réglé, pour les différents offices, par délibération du bureau des marguilliers approuvée par le conseil de fabrique et affichée dans l'église. (Art. 64 décret de 1809.) — Voy. FABRIQUE.

Banlieue. — Territoire circonvoisin d'une ville et en dépendant à certains égards. Ce mot n'a plus aujourd'hui de signification légale, sauf en ce qui concerne les octrois. — Voy. OCTROIS.

Bannes. — On appelle ainsi des couvertures de toile ou de coutil placées en saillie sur la rue, devant les magasins et les boutiques, pour les préserver des rayons du soleil.

Avant de poser une banne, il faut en avoir obtenu la permission et acquitter le droit de petite voirie. — Voy. VOIRIE.

Bannissement. — Le bannissement est un exil temporaire ; il est rangé parmi les peines infamantes. (C. P., art. 8.)

Quiconque a été condamné au bannissement est transporté, par ordre du gouvernement, hors du territoire de la République.

La durée du bannissement est au moins de cinq années et de dix ans au plus. (Id., art. 32.)

Si le banni, avant l'expiration de sa peine, rentre sur le territoire de l'empire, il est, sur la seule preuve de son identité, condamné à la détention pour un temps au moins égal à celui qui restait à courir jusqu'à l'expiration du bannissement, et qui ne pourra excéder le double de ce temps. (Id., art. 3.)

La condamnation à la peine du bannissement emporte la perte des droits civiques. (Id., art. 28.) — Voy. DROITS CIVIQUES.

Banque (Billets de). — La Banque de France exerce exclusivement le privilège d'émettre des billets en échange des valeurs que ses opérations font entrer dans ses portefeuilles.

Les billets sont de 5,000 francs, de 1,000 francs, de 500 francs, de 200 francs, de 100 francs et de 50 francs. Les billets de 5,000 francs sont peu répandus.

Les billets de banque, établis pour la commodité du commerce, ne sont que de simple confiance. Personne ne peut être contraint de recevoir en payement des billets de banque au lieu de numéraire.

Cependant, il est recommandé aux comptables publics de favoriser autant que possible, la circulation des billets de banque, soit en les recevant à leur caisse, soit en les comprenant dans leurs payements.

Il est interdit d'insérer, dans les dépêches circulant en franchise des billets de banque et autres valeurs au porteur. Les infractions à cette

10

disposition sont punies d'une amende de 50 francs à 500 francs. (L. 4 juin 1859, art. 9.) Mais il est permis d'insérer des billets de banque dans les lettres en présentant celles-ci à la formalité du chargement. — Voy. POSTE.

Banquette. — Terre relevée sur le côté d'une route et formant une espèce de trottoir. — Voy. CHEMINS VICINAUX, ROUTES.

Barrage. — Établissement fixe ou temporaire de charpentes, planches, fascines, etc., pour arrêter l'eau. — Voy. COURS D'EAU.

Il est interdit de placer dans les rivières navigables ou flottables, canaux et ruisseaux, et surtout cours d'eau quelconque communiquant avec les rivières, aucun barrage ou établissement de pêcherie ayant pour objet d'empêcher entièrement le passage du poisson. Le seul placement d'un gord ou barrage constitue un délit lors même qu'il n'en est pas fait usage. — Voy. PÊCHE.

Barrière. — En général, on appelle barrières des pieux fichés en terre et liés par des traverses de manière à former un obstacle. Personne ne peut élever des barrières sur la voie publique sans en avoir obtenu l'autorisation du maire. — Voy. VOIRIE.

On donne plus particulièrement le nom de barrières aux points de la ligne d'enceinte des villes où sont établis les bureaux d'octroi. — Voy. OCTROI.

Barrières de dégel. — Dans les temps de dégel, les chaussées des grandes routes pavées cèdent facilement à la pression des voitures pesamment chargées. Les dégradations causées alors par la circulation de ces voitures occasionnent des frais énormes de réparation. Il a donc fallu prendre des mesures efficaces pour prévenir ces dommages.

Le décret du 10 août 1852 portant règlement sur la police du roulage contient à cet égard les prescriptions suivantes:

Le ministre des travaux publics détermine les départements dans lesquels il peut être établi, sur les routes nationales et départementales, des barrières pour restreindre la circulation pendant les temps de dégel. Les préfets, dans chaque département, déterminent les chemins de grande communication sur lesquels ces barrières peuvent être établies.

Les barrières sont fermées et ouvertes en vertu d'arrêtés du sous-préfet, pris sur l'avis de l'ingénieur d'arrondissement ou de l'agent voyer. Ces arrêtés sont affichés et publiés à la diligence des maires.

Dès que la fermeture des barrières a été ordonnée, aucune voiture ne peut sortir de la ville, du bourg ou du village dans lequel elle se trouve. Toutefois, les voitures qui sont déjà en marche peuvent continuer leur route jusqu'au gîte le plus voisin où elles sont tenues de rester jusqu'à l'ouverture des barrières. Pour n'être point inquiétés dans leur trajet, les propriétaires ou conducteurs de ces voitures prennent un laissez-passer du maire. Le jour de l'ouverture des barrières et le lendemain, les voitures ne peuvent partir du lieu où elles ont été retenues que deux à la fois et à un quart d'heure d'intervalle. Le maire ou son délégué préside au départ, qui a lieu dans l'ordre suivant lequel les voitures se sont fait inscrire à leur arrivée dans la commune.

Le service des barrières est fait par des agents désignés à cet effet par les ingénieurs ou par les agents voyers. Toute voiture prise en contravention est arrêtée, et les chevaux sont mis en fourrière dans l'auberge la plus rapprochée ; le tout sans préjudice de l'amende stipulée à l'article 4, titre II de la loi du 30 mai 1851, et des frais de réparation mentionnés dans l'article 9 de ladite loi.

Peuvent circuler pendant la fermeture des barrières de dégel : 1° les courriers de la malle ; 2° les voitures de voyage suspendues, étrangères à toute entreprise publique de messageries ; 3° les voitures non chargées ; 4° les voitures chargées dont l'attelage n'excède pas le nombre de chevaux qui est fixé par le préfet, à raison du climat, du mode de construction et de l'état des chaussées, de la nature du sol et des autres circonstances locales. (D. 10 août 1852, art. 7, motifié par le décret du 24 février 1858.) — Voy. ROULAGE.

Bataillons scolaires. — La loi du 28 mars 1882 ayant rangé la gymnastique et les exercices militaires au nombre des matières d'enseignement des écoles publiques de garçons, le décret du 6 juillet 1882, pour assurer l'exécution de cette prescription, a réglé de la manière suivante l'organisation des bataillons scolaires.

Tout établissement public d'instruction primaire ou secondaire, ou toute réunion d'écoles publiques, comptant de deux cents à six cents élèves âgés de douze ans et au-dessus, peut, sous le nom de *bataillon* scolaire, rassembler ses élèves pour les exercices gymnastiques et militaires pendant toute la durée de leur séjour dans tous les établissements d'instruction (art. 1er). Cette faculté est étendue, par l'article 12 du décret, aux établissements libres d'instruction primaire et secondaire qui déclarent se soumettre à toutes les prescriptions du décret et sont, par suite de cette déclaration, autorisés soit à incorporer leurs élèves dans le bataillon scolaire du canton, soit, si leur effectif est suffisant, à former des bataillons scolaires distincts qui sont, à tous égards, assimilés à ceux des écoles publiques.

Aucun bataillon scolaire ne peut être constitué sans un arrêté d'autorisation rendu par le préfet. Le préfet ne doit pas autoriser la constitution d'un bataillon avec des groupes dont le plus important ne compterait que 31 élèves et qui appartiendraient à des écoles distantes de 10 à 16 et même 17 kilomètres du point de concentration du bataillon. Pour prévenir les abus de ce genre il est recommandé aux préfets de ne ne pas signer d'arrêtés de constitution sans avoir préalablement consulté le ministre de la guerre.

D'autre part lorsque l'effectif d'un bataillon constitué descend d'une manière permanente au-dessous du minimum fixé par le décret du 2 juillet 1882, le ministre de la guerre s'enquiert auprès de l'Administration des causes qui ont réduit le bataillon et de la possibilité de le ramener à l'effectif minimum ; sur les renseignements qui lui sont fournis il apprécie si le bataillon doit être maintenu et prescrit s'il y a lieu le retrait de l'arrêté de constitution. (Circul. 1er juillet 1884.)

L'autorisation ne peut être accordée qu'après que le groupe d'enfants destiné à former le bataillon aura été reconnu capable d'exécuter l'école de compagnie.

Une commission de trois membres, composée du commandant d'armes, ou, à son défaut, d'un officier supérieur au choix du commandant de corps d'armée, d'un capitaine ou d'un lieutenant désigné par l'autorité militaire, et de l'inspecteur d'académie ou de son délégué, est chargée de constater l'aptitude des enfants à faire partie des bataillons scolaires. (Art. 2 du décret et circul. du 8 juillet 1882.)

Une fois constitué, tout bataillon scolaire doit être inspecté au moins une fois par an par cette commission. (Art. 3.)

Chaque bataillon scolaire se compose de quatre compagnies comprenant chacune au moins cinquante enfants. Les élèves que le médecin de l'établissement déclare hors d'état de participer aux exercices gymnastiques et militaires ne peuvent faire partie du bataillon.

Le bataillon scolaire est placé sous les ordres d'un instructeur en chef et d'instructeurs adjoints désignés par l'autorité militaire. La répartition des élèves dans les diverses compagnies est faite sur la proposition des chefs d'établissement par l'instructeur en chef. Les réunions du bataillon ont toujours lieu, sauf autorisation spéciale de l'inspecteur d'académie, en dehors des heures de classe réglementaires, un maître au moins de chaque établissement scolaire, dont les élèves font partie du bataillon, doit y assister. (Art. 5, 6, 7, 8 du décret.)

Tout bataillon scolaire reçoit du ministre de l'instruction publique un drapeau spécial qui est déposé, chaque année, dans celle des écoles dont les enfants ont obtenu, au cours de l'année, les meilleures notes d'inspecteur militaire (art. 4 du décret). La dissolution du bataillon entraîne la perte du drapeau. (Circ. 1er juillet 1884.)

Aucun uniforme n'est obligatoire. Les uniformes qui pourraient être adoptés par les bataillons scolaires doivent être autorisés par le ministre de l'instruction publique. — Les caisses des écoles peuvent seules être autorisées par le préfet à fournir aux élèves, dans des conditions à déterminer par des règlements locaux, tout ou partie des objets d'habillement et d'équipement jugés nécessaires. (Art. 11 du décret.)

Le bataillon scolaire ne peut être armé que de fusils conformes à un modèle adopté par le ministre de la guerre et poinçonné par l'autorité militaire. Ces fusils, dont la fabrication sera abandonnée à l'industrie privée, devront présenter les trois conditions suivantes : n'être pas trop lourds pour l'âge des enfants ; comporter tout le mécanisme du fusil de guerre actuel ; n'être pas susceptible de faire feu, même à courte portée. Ils sont déposés à l'école.

Les élèves des bataillons scolaires, âgés de quatorze ans au moins, et désignés par l'instructeur en chef comme suffisamment aptes, sont admis à prendre part à des exercices de tir dans les conditions suivantes, qui ont été déterminées par l'arrêté du 6 juillet 1882 des ministres de la guerre, de l'intérieur et de l'instruction publique.

Des fusils scolaires, d'un modèle spécial adopté par le ministre de la guerre, destinés aux exercices de tir, sont, à raison de trois par école, déposés, ainsi que les munitions, soit dans les casernes de gendarmerie, soit dans les magasins des corps de troupes, suivant les ordres de l'autorité militaire. Ces armes ne sont délivrées que les jours d'exercices de tir réduit, et, exceptionnellement, les jours des exercices préparatoires ayant pour but de démontrer le maniement du fusil devant la cible, le pointage et les positions du tireur. (Art. 1 et 2 de l'arrêté.)

Les fusils et les munitions nécessaires pour le tir de la journée sont remis à l'instructeur militaire, sur sa demande écrite et motivée. (Art. 3.)

L'instructeur militaire prend, de concert avec les chefs d'établissements scolaires, les dispositions nécessaires pour faire transporter, dans de bonnes conditions, les armes et cartouches sur le terrain de tir, et pour les faire rapporter à la caserne, et, s'il y a lieu, pour faire transporter les cartouches du centre de fabrication à la caserne de gendarmerie. (Art. 4.)

Les armes sont nettoyées et réintégrées au lieu de dépôt, le jour même de chaque exercice, par les soins de l'instructeur militaire ; remise est faite, en même temps, des cartouches non consommées. (Art. 5.)

Dans chaque subdivision |de région, l'autorité militaire désigne les corps de troupes chargés de fournir des cartouches aux groupes scolaires qui désirent pratiquer le tir réduit. Après les tirs, les étuis vides sont rapportés aux corps désignés pour être rechargés par leurs soins, s'il y a lieu.

Le prix de cession de l'étui est fixé à 0 fr. 04 c. Celui du chargement, y compris le nettoyage des étuis et la fourniture des divers éléments qui le composent, est de 0 fr. 09 c. par cartouche.

Ces dépenses, ainsi que les frais de transport, sont à la charge des établissements scolaires.

Les demandes de délivrance de cartouches scolaires ou de chargement d'étuis vides sont établies en triple expédition (voir *Dictionnaire des formules,* n° 161 *bis*), et adressées par les inspecteurs d'académie aux généraux commandant les subdivisions de région, qui les transmettent pour exécution aux corps désignés à cet effet.

Chaque enfant susceptible de prendre part aux exercices de tir réduit, dans les écoles où ces exercices sont organisés, peut tirer, au maximum, cinq séries de six balles, soit trente cartouches par an. Il ne doit jamais être tiré dans la même séance plus de six cartouches par enfant.

Avant de commencer une série de six coups, on aura soin d'huiler fortement l'intérieur du canon, afin de faciliter le glissement de la balle. Cette précaution est indispensable. L'expérience a démontré que le graissage de la balle nuisait à la justesse.

Si, dans le tir, une balle restait dans le canon, on l'enlèverait avec la baguette, et on huilerait de nouveau le canon.

L'intérieur du canon, la chambre et la culasse mobile doivent être soigneusement nettoyés après chaque séance de tir.

Les plus grandes précautions sont recommandées pendant l'exécution des tirs. L'établissement d'un stand est obligatoire pour les tirs au delà de 20 mètres exécutés, soit dans les cours, soit près des habitations, et il est toujours préférable d'en construire un dans les conditions prévues par l'instruction ministérielle du 27 janvier 1882. Les directeurs d'écoles peuvent prendre auprès des corps de troupes tous les renseignements nécessaires pour la construction de ces stands.

Le tir réduit peut exceptionnellement être exécuté en rase campagne ; dans ce cas, la direction du tir ne doit pas rencontrer, à moins de 450 mètres de la cible, ni route, ni canal, ni voie ferrée, ni habitation. On tirera, s'il est possible, contre une butte en terre naturelle ou artificielle. Les habitants devront être prévenus avant chaque séance, par les soins de l'autorité municipale, du jour, de l'heure et de l'endroit choisis pour l'exercice.

De plus, les généraux commandant les subdivisions mettent, autant que possible, les champs de tir à la disposition du bataillon scolaire.

Batardeau. — Digue ou barrage temporaire élevé au travers d'un cours d'eau pour lui faire prendre une autre voie d'écoulement.

Quand il y a nécessité de détourner momentanément les eaux, les riverains ne peuvent pas se refuser à les recevoir moyennant indemnité.— Voy. Cours d'eau, Travaux publics.

Bateau.—Embarcation employée sur les fleuves et les rivières pour le transport des personnes et des marchandises.—Voy. Bacs et Bateaux de passage, Bateaux a vapeur, Navigation.

Nous ne nous occuperons ici que des bateaux destinés à l'usage exclusif d'un particulier, et des bateaux de pêche ou d'agrément.

La loi du 6 frimaire an VII, en attribuant au gouvernement l'exploitation des bacs, a fait une exception à l'égard des bacs et bateaux non employés à un transport en commun, mais établis pour le seul usage d'un particulier, de sa famille et de ses ouvriers, ou pour l'exploitation d'une propriété circonscrite par les eaux, sous la seule condition que ces bateaux ne nuiraient pas au service de la navigation.

Par ces mots propriétés circonscrites par les eaux, on ne doit pas entendre seulement les héritages bornés de tous côtés par les eaux, mais toute propriété dont le libre accès est interdit par un cours d'eau qu'on ne peut franchir qu'en allant plus ou moins loin chercher un passage public.

Les personnes qui veulent avoir un bateau pour leur usage exclusif doivent s'adresser au préfet, qui, sur l'avis du sous-préfet et du maire, peut en autoriser l'établissement provisoire. (Loi du 6 frimaire an VII, art. 8.)

Pour simplifier les formalités, les ministres des finances et des travaux publics ont décidé, de concert, que les préfets, après avoir pris l'avis du directeur des contributions indirectes et de l'ingénieur en chef du département, statueront définitivement toutes les fois qu'il ne sera formé aucune réclamation, soit de la part des tiers, soit de celle des pétitionnaires eux-mêmes, en cas de rejet de leurs demandes, soit enfin de l'administration. Dans le cas contraire, l'arrêté contenant la décision devra être soumis à la sanction du ministre des finances, sur la proposition du directeur général des ponts et chaussées et l'avis de la direction générale des contributions indirectes.

L'état nominatif des personnes à transporter doit être joint aux demandes de permission. Les permissionnaires sont tenus, en outre, de faire viser les mutations, par le maire de la commune, lorsque des changements de noms surviennent.

Les permissions peuvent être retirées pour abus ou toute autre cause qui rendrait ce retrait nécessaire.

Il n'est pas besoin d'autorisation pour les bateaux de pêche ou d'agrément, et ceux qui sont destinés à l'extraction du sable dans les rivières. Aux termes de l'article 9 de la loi du 9 juillet 1836 et de l'article 10 de l'ordonnance du 15 octobre suivant, ces bateaux ne sont assujettis qu'à la formalité du laissez-passer annuel de la régie des contributions indirectes. —Voy. Navigation.

Si un bateau servait tout à la fois à plusieurs usages, le propriétaire serait tenu, pour le service qui est subordonné à une permission, de justifier de l'autorisation du préfet. (Circ. Contr. ind. 22 janvier 1840.)

Dans les communes où il y a de nombreux bateaux de pêche ou d'agrément, les maires doivent, par un règlement de police, assujettir les possesseurs ou détenteurs à certaines mesures de précaution, dans l'intérêt de la sûreté publique, notamment pour régler l'ordre qu'ils doivent observer dans la marche, les précautions qu'ils ont à prendre lorsqu'ils suivent la même direction, ou quand ils se croisent, les circonstances dans lesquelles il est permis à un bateau d'en dépasser un autre, etc. On peut aussi exiger que chaque bateau porte distinctement à l'arrière e nom et le domicile du propriétaire. Une ordonnance du 25 octobre 1840 soumet à cette obligation les bateaux de toute espèce employés à la na-

vigation dans le ressort de la préfecture de police.—*Dict. des formules*,
n° 163.

Bateaux à vapeur.— Bateaux qui empruntent spécialement leur
force motrice à des appareils ou machines à vapeur. Les lois et règlements concernant la police de la navigation s'appliquent aussi bien aux
bateaux à vapeur qu'aux autres bateaux ; mais, de plus, la navigation
des bateaux à vapeur a été réglementée pour la navigation sur les
fleuves et rivières par l'ordonnance royale du 23 mai 1843, et pour
la navigation sur mer par celle du 17 janvier 1846. Modifiée une première fois par le décret du 25 janvier 1865, cette réglementation l'a
été de nouveau par le décret du 30 avril 1880. Enfin, le décret du
9 avril 1883, dont nous reproduisons ici les dispositions, a mis la réglementation en harmonie avec les progrès accomplis, de manière à
faciliter l'industrie du transport par eau, tout en assurant les garanties
qu'exige la sécurité publique.

Permis de navigation. — Formalités préliminaires. — Aux termes
du décret du 9 avril 1883, aucun bateau à vapeur ne peut être
mis en service sur les fleuves, rivières, canaux, lacs ou étangs d'eau
douce, sans un permis de circulation.

Toute demande en permis de navigation est adressée par le propriétaire du bateau au préfet du département où se trouve le point de départ.
(Art. 2.)

Dans sa demande, le propriétaire fait connaître :

1° Le nom du bateau ;

2° Ses principales dimensions, son tirant d'eau à vide et à charge
complète, et sa charge maximum exprimée en tonneaux de 1,000 kilogrammes ;

3° Le nom et le domicile du vendeur des chaudières, ou l'origine de
ces appareils ;

4° La capacité et la surface de chauffe des chaudières ;

5° Le numéro du timbre exprimant en kilogrammes, par centimètre
carré, la pression effective maximum sous laquelle ces appareils doivent
fonctionner ;

6° Un numéro d'ordre distinctif par chaque chaudière, si le bateau
en porte plusieurs ;

7° Le service auquel le bateau est destiné (transport des passagers
ou des marchandises, touage, etc.) et les lignes de navigation qu'il est
appelé à desservir ;

8° Le nombre maximum des passagers qui pourront être reçus dans
le bateau ;

9° S'il y a lieu, le nombre et la capacité des récipients placés à bord.

Cette demande est accompagnée d'un dessin des chaudières.

Elle est envoyée par le préfet à la commission de surveillance compétente, conformément à l'article 54 du décret. (Art. 3.)

Visites et essais des bateaux à vapeur. — La commission de surveillance visite le bateau à vapeur à l'effet de s'assurer :

1° S'il est construit avec solidité, s'il présente une stabilité suffisante,
et si l'on a pris toutes les précautions requises spécialement pour le cas
où il serait destiné à un service de passagers ;

2° Si les chaudières et les récipients ont été soumis aux épreuves voulues, et si ces appareils sont pourvus des moyens de sûreté prescrits par le présent décret ;

3° Si les chaudières, en raison de leur forme, du mode de jonction de leurs diverses parties, de la nature des matériaux employés à leur construction, ne présentent aucune cause particulière de danger ;

4° Si l'on a pris toutes les précautions nécessaires pour prévenir les chances d'incendie. (Art. 4.)

Indépendamment de la visite, la commission assiste à un essai du bateau, dont elle trace le programme, en se conformant aux conditions qui seront définies par une instruction ministérielle; elle en constate les résultats, et vérifie notamment si l'appareil moteur a une puissance suffisante pour le service auquel le bateau est destiné. (Art. 5.)

La commission dresse un procès-verbal de ses opérations et l'envoie immédiatement au préfet du département, avec ses propositions motivées concluant à la délivrance, à l'ajournement ou au refus du permis. (Art. 6.)

Délivrance des permis de navigation. — Sur le vu de ce procès-verbal et dans un délai maximum de huit jours après sa remise, le préfet délivre, s'il y a lieu, le permis de navigation.

Lorsqu'il reconnaît, après la commission de surveillance, qu'il convient de surseoir à la délivrance du permis ou de le refuser, il notifie, dans le même délai que ci-dessus, sa décision motivée au demandeur, sauf recours de celui-ci devant le ministre des travaux publics.

En cas de recours contre une décision motivée sur l'état d'une chaudière, le ministre des travaux publics statue après avoir pris l'avis de la commission centrale des machines à vapeur. (Art. 7.)

Dans le permis de navigation sont énoncés :

1° Le nom du bateau et le nom du propriétaire ;

2° Les principales dimensions du bateau, son tirant d'eau à vide et à charge complète, et sa charge maximum exprimée en tonneaux de 1,000 kilogrammes :

3° La hauteur de la ligne de flottaison, rapportée à des points de repère invariablement établis à l'avant, à l'arrière et au milieu du bateau ;

4° La capacité et la surface de chauffe des chaudières ;

5° Le numéro du timbre exprimant en kilogrammes, par centimètre carré, la pression effective maximum sous laquelle ces appareils doivent fonctionner ;

6° La puissance des machines, en chevaux de 75 kilogrammètres par seconde, indiquée sur le piston ;

7° Le nombre et la définition des soupapes de sûreté, ainsi que les conditions auxquelles elles doivent satisfaire, conformément à l'article 17 ;

8° Le service auquel le bateau est destiné (transport des passagers, des marchandises, touage, etc.), les lignes de navigation qu'il est appelé à desservir et, s'il y a lieu, ses points d'escale en cas de service régulier de passagers ;

9° Le nombre maximum des passagers qui pourront être reçus à bord. (Art. 8.)

Le permis de navigation cesse d'être valable et doit être renouvelé, soit en cas de changement entraînant des modifications dans ses énonciations, soit en cas d'inobservation des prescriptions de l'article 55 ci-après. Le renouvellement du permis a lieu dans les mêmes formes que sa délivrance. (Art. 9.)

Le permis de navigation peut être suspendu ou révoqué par le préfet, dans les cas prévus par les articles 57 et 58. (Art. 10.)

Épreuve des chaudières à vapeur. — Aucune chaudière à vapeur destinée à la navigation fluviale ne peut être mise en service si elle n'a subi la double épreuve ci-après :

L'une, chez le constructeur, par le service de la surveillance des appareils à vapeur du département ;

L'autre, à bord, par les soins de la commission de surveillance.

Toute chaudière venant de l'étranger est éprouvée en France par la commission de surveillance avant et après sa mise à bord.

Le préfet pourra néanmoins, sur l'avis conforme de la commission de surveillance, dispenser de la seconde épreuve, lorsque, pendant le transport ou la mise en place, il ne se sera produit aucune avarie, et que, depuis la première épreuve, il n'aura été fait à la chaudière ni modifications ni réparations quelconques. (Art. 11.)

L'épreuve est renouvelée :

1º Lorsque la chaudière ou une partie de la chaudière a subi des changements ou réparations notables ;

2º Lorsque, par suite d'une nouvelle installation, d'un chômage prolongé ou des conditions dans lesquelles la chaudière fonctionne, il y a lieu d'en suspecter la solidité.

Le renouvellement a lieu au siège de la commission de surveillance dans la circonscription de laquelle la nécessité en a été constatée.

Il appartient à la commission de surveillance d'adresser, après examen, ses propositions au préfet, qui statue, le propriétaire entendu, sauf recours au ministre.

En aucun cas, l'intervalle entre deux épreuves consécutives n'est supérieur à deux années pour les bateaux à voyageurs, et à quatre années pour les bateaux à marchandises, remorqueurs, etc.

Avant l'expiration de ces délais, le propriétaire doit lui-même demander l'épreuve. (Art. 12.)

L'épreuve consiste à soumettre les chaudières à une pression hydraulique supérieure à celle qui ne doit pas être dépassée dans le service.

Pour les chaudières neuves, remises à neuf ou refondues, la surcharge d'épreuve est égale à la pression effective indiquée par le timbre, sans jamais être inférieure à un demi-kilogramme, ni supérieure à 6 kilogrammes.

Pour la seconde épreuve de l'article 11, et dans tous les cas prévus par l'article 12, la surcharge d'épreuve est égale à la moitié de la pression effective indiquée par le timbre, sans jamais être inférieure à un quart de kilogramme, ni supérieure à 3 kilogrammes.

En cas de contestation touchant la quotité de la surcharge d'épreuve, le préfet statue, sur l'avis de la commission de surveillance. (Art. 13.)

La pression est maintenue pendant le temps nécessaire à l'examen de la chaudière, dont toutes les parties doivent être visitées.

Le propriétaire fournit la main-d'œuvre et les appareils nécessaires pour l'épreuve. (Art. 14.)

Après qu'une chaudière ou partie de chaudière a été éprouvée avec succès, il y est apposé un timbre indiquant en kilogrammes, par centimètre carré, la pression effective que la vapeur ne doit pas dépasser.

Les timbres sont poinçonnés par l'agent chargé de procéder à l'épreuve, et reçoivent, par ses soins, trois chiffres indiquant : le jour, le mois et l'année de l'épreuve. (Art. 15.)

L'épreuve n'est pas exigée pour l'ensemble d'une chaudière dont les diverses parties, éprouvées séparément, ne doivent être réunies que par des tuyaux placés, sur tout leur parcours, en dehors du foyer et des conduits de flamme, et dont les joints peuvent être facilement démontés. (Art. 16.)

Appareils de sûreté dont les chaudières à vapeur doivent être munies. — § 1er. *Soupapes de sûreté.* — Chaque chaudière est munie de deux soupapes de sûreté chargées de manière à laisser la vapeur s'écouler dès que sa pression atteint la limite maximum indiquée par le timbre dont il est fait mention à l'article 15.

Chacune des soupapes doit suffire à maintenir à elle seule, étant au besoin convenablement déchargée ou soulevée et quelle que soit l'activité du feu, la vapeur dans la chaudière à un degré de pression qui n'excède, dans aucun cas, la limite ci-dessus.

Le constructeur est libre de répartir, s'il le préfère, la section totale d'écoulement nécessaire des deux soupapes réglementaires entre un plus grand nombre de soupapes. (Art. 17.)

§ 2. *Manomètres.* — Toute chaudière est munie d'un manomètre en vue du chauffeur et gradué de manière à indiquer, en kilogrammes, la pression effective de la vapeur dans la chaudière.

Une marque très apparente sur l'échelle du manomètre indique la limite que la pression ne doit pas dépasser.

La chaudière est munie, en outre, d'un ajustage terminé par une bride de 0m,04 de diamètre et 0m,005 d'épaisseur, disposé pour recevoir le manomètre vérificateur. (Art. 18.)

§ 3. *Alimentation et indicateurs du niveau de l'eau.* — Toute chaudière est en communication avec deux appareils d'alimentation ; chacun de ces appareils devant pouvoir suffire aux besoins de la chaudière dans toutes les circonstances ; l'un d'eux doit fonctionner par des moyens indépendants de la machine motrice du bateau.

Chaque chaudière est munie d'un appareil de retenue, soupape ou clapet, fonctionnant automatiquement et placé à l'insertion du tuyau d'alimentation.

Lorsque plusieurs corps de chaudière sont en communication, l'appareil de retenue est obligatoire pour chacun d'eux. (Art. 19.)

Chaque corps de chaudière est muni d'une soupape ou d'un robinet d'arrêt de vapeur, placé, autant que possible, à l'origine du tuyau de conduite de vapeur, sur la chaudière même. (Art. 20.)

Toute paroi en contact, par une de ses faces, avec la flamme, doit être baignée par l'eau sur la face opposée.

Le plan d'eau doit être maintenu à un niveau de marche tel, qu'il soit, en toute circonstance, à une hauteur moyenne de 10 centimètres, au moins, au-dessus du point pour lequel la condition précédente cesserait d'être satisfaite. Cette position limite est indiquée d'une manière très apparente, au voisinage du tube de niveau mentionné à l'article 22 ci-après.

En cas d'oscillation du bateau, on prendra, pour cette hauteur, la moyenne des hauteurs observées.

Les prescriptions énoncées aux paragraphes précédents du présent article ne s'appliquent point :

1° Aux surchauffeurs de vapeur distincts de la chaudière ;

2° A des surfaces relativement peu étendues et placées de manière à ne jamais rougir, même lorsque le feu est poussé à son maximum d'activité, telles que les tubes ou parties de cheminées qui traversent le réservoir de vapeur, en envoyant directement à la cheminée principale les produits de la combustion ;

3° Aux générateurs dits à production de vapeur instantanée. (Article 21.)

Chaque chaudière est munie de deux appareils indicateurs du niveau de l'eau, indépendants l'un de l'autre, placés en vue de l'agent chargé de l'alimentation, et convenablement espacés.

L'un de ces deux indicateurs est un tube de verre disposé de manière à pouvoir être facilement nettoyé et remplacé au besoin. L'autre est un système de trois robinets étagés. (Art. 22.)

Récipients placés à bord des bateaux. — Sont soumis aux épreuves, conformément aux articles 11, 12, 13, 14 et 15, les récipients de formes diverses, d'une capacité de plus de 100 litres, au moyen desquels les matières à élaborer sont chauffées, non directement à feu nu, mais par de la vapeur empruntée à un générateur distinct, lorsque leur communication avec l'atmosphère n'est point établie par des moyens excluant toute pression effective notable.

Toutefois, la surcharge d'épreuve sera, dans tous les cas, égale à la moitié de la pression maximum à laquelle l'appareil doit fonctionner, sans que cette surcharge puisse excéder 4 kilogrammes par centimètre carré. (Art. 23.)

Les récipients sont munis d'une soupape de sûreté réglée pour la pression indiquée par le timbre, à moins que cette pression ne soit égale ou supérieure à celle fixée pour la chaudière alimentaire.

L'orifice de cette soupape, convenablement déchargée ou soulevée au besoin, doit suffire à maintenir, pour tous les cas, la vapeur dans le récipient à un degré de pression qui n'excède pas la limite du timbre.

Elle peut être placée, soit sur le récipient lui-même, soit sur le tuyau d'arrivée de la vapeur, entre le robinet et le récipient. (Art. 24.)

Les dispositions des articles 23 et 24 s'appliquent également aux réservoirs dans lesquels de l'eau à haute température est emmagasinée, pour fournir ensuite un dégagement de vapeur ou de chaleur, quel qu'en soit l'usage. (Art. 25.)

Installation des bateaux à vapeur, des agrès, apparaux et équipages. — L'emplacement des chaudières et machines doit être assez grand pour qu'on puisse facilement en faire le service, en visiter toutes les parties.

Les soutes à charbon doivent être séparées des chaudières, de manière à empêcher la propagation du feu.

Des précautions doivent être prises pour mettre le personnel à l'abri des accidents auxquels pourrait l'exposer l'approche des parties mobiles.

Le local de l'appareil moteur doit être séparé des salles réservées aux passagers par des cloisons solidement construites en tôle ou revêtues intérieurement de feuilles de tôle d'un millimètre d'épaisseur au moins, et soigneusement assemblées.

Le plancher et les parois intérieures du local où l'on fait la cuisine doivent également être revêtus en tôle. Il en est de même pour le plancher de la forge. (Art. 26.)

Le pont de chaque bateau doit être garni de garde-corps d'une hauteur suffisante pour la sûreté des passagers.

Toutes les ouvertures pratiquées au-dessus des machines et des chaudières sont munies d'un grillage métallique, si elles ne sont pas habituellement fermées par un panneau plein. (Art. 27.)

Les bateaux à passagers qui ne doivent pas accoster partout à des quais ou à des pontons débarcadères, sont munis d'escaliers d'embarquement, mobiles ou non, avec une rampe extérieure solidement fixée. (Art. 28.)

Les tambours des bateaux à vapeur à aubes qui, de chaque côté du bateau, enveloppent les roues motrices, sont munis d'une défense en fer descendant assez près de la surface de l'eau pour empêcher les embarcations de s'engager dans les roues. (Art. 29.)

Si la cheminée est mobile et si elle n'est pas équilibrée sur son axe de rotation, dans toutes ses positions, il est établi, sur le pont du bateau, un support suffisamment élevé pour arrêter la cheminée lorsqu'elle doit être abaissée et prévenir tout accident. (Art. 30.)

La ligne de flottaison indiquant le maximum du chargement est tracée d'une manière apparente sur le pourtour entier de la carène, d'après les points de repère déterminés par le permis de navigation. (Art. 31.)

Le nom du bateau est inscrit en caractères très apparents sur chacun de ses côtés. (Art. 32.)

Il y a sur chaque bateau à vapeur :

1° Deux ancres au moins munies de chaînes pouvant être jetées immédiatement et des cordes d'amarres suffisantes ;

2° Un canot à la traîne ou suspendu à des palans, de manière à pouvoir être, au besoin, mis immédiatement à l'eau ; les dimensions de ce canot sont déterminées par le préfet, d'après l'avis de la commission de surveillance ;

3° Deux bouées de sauvetage suspendues à l'arrière et une hache à proximité ;

4° Une échelle de corde ;

5° Une cloche pour donner les avertissements ;

6° Une boîte de secours pour les noyés et asphyxiés ;

7° Un manomètre et des tubes indicateurs de rechange.

Le préfet peut, sur la proposition de la commission de surveillance, dispenser le propriétaire de la portion de ces agrès dont la suppression serait jugée sans inconvénient, eu égard aux dimensions du bateau ou à la nature de son service. (Art. 33.)

Indépendamment du capitaine, maître ou timonier, des matelots ou mariniers formant l'équipage, il y a à bord de chaque bateau un mécanicien, au moins, et autant de chauffeurs que le service de l'appareil moteur l'exige. (Art. 34.)

Sur l'avis de la commission de surveillance, le nombre des chauffeurs est fixé par le préfet, qui peut même dispenser le propriétaire d'entretenir aucun chauffeur à bord.

Nul ne peut être employé en qualité de capitaine ou de mécanicien s'il ne produit des certificats de capacité, délivrés dans les formes déterminées par le ministre des travaux publics. (Art. 35.)

Dispositions relatives à la police de la navigation. — Les préfets prescrivent les dispositions nécessaires pour éviter, dans chaque localité, les accidents qui pourraient arriver au départ et à l'arrivée des bateaux.

En cas de concurrence entre deux ou plusieurs entreprises, les heures de départ sont réglées par le préfet de manière à éviter les accidents qui peuvent résulter de la rivalité. (Art. 36.)

Lorsque l'embarquement ou le débarquement des voyageurs doit se faire au moyen de ponts mobiles, ces ponts ont au moins 0ᵐ,80 de largeur et sont garnis de garde-corps des deux côtés. (Art. 37.)

Dans toutes les localités où cela est possible, il est assigné aux bateaux à vapeur un lieu de stationnement distinct de celui des autres bateaux. (Art. 38.)

Lorsque la disposition des lieux le permet, il peut être accordé à chaque entreprise de bateaux à vapeur un emplacement particulier.

Cette autorisation, toujours révocable, est accordée par le préfet, qui en détermine les conditions. (Art. 39.)

Pour chaque localité, un arrêté du préfet détermine les conditions de solidité et de stabilité des batelets destinés au service d'embarquement et de débarquement des passagers, le nombre des mariniers nécessaire pour les conduire et le nombre des personnes que ces batelets peuvent recevoir ; ce dernier nombre doit être inscrit, en grosses lettres, à un endroit très apparent du batelet.

Le maire de la commune délivre le permis de service, après s'être préalablement assuré que les batelets sont conformes aux dispositions de sûreté prescrites, et que les mariniers sont aptes à faire un bon service. (Art. 40.)

Sur les points où le service des batelets serait dangereux, les préfets peuvent en interdire l'usage. (Art. 41.)

Aucun bateau à vapeur ne quitte le point de départ et les lieux de stationnement, en temps de brouillard et de glace, à moins d'une permission spéciale délivrée par l'autorité chargée de la police locale.

Le préfet peut interdire sur tels ou tels points la navigation de nuit. Il peut de même fixer la hauteur à laquelle la navigation doit cesser en temps de crue. (Art. 42.)

Si deux bateaux à vapeur marchant en sens inverse viennent à se rencontrer, le bateau descendant ralentit son mouvement, et chaque bateau serre le chenal de navigation à sa droite, sous réserve des exceptions qui pourraient être apportées à cette règle par des arrêtés préfectoraux, dans le cas où la marche du bateau serait commandée par le service de ses pontons ou par la nature des courants. Si les dimensions de ce chenal sont telles qu'il ne reste pas, entre les parties les plus saillantes des bateaux, un intervalle libre de quatre mètres, au moins, le bateau qui remonte s'arrête, et attend, pour reprendre sa route, que celui qui descend ait doublé le passage. Dans les rivières à marée, le bateau qui vient avec le flot est censé descendre.

Si la rencontre a lieu entre deux bateaux à vapeur marchant dans la même direction, celui qui est en avant serre le chenal de navigation à sa droite, celui qui est en arrière serre ce chenal à sa gauche.

Si les dimensions du chenal ne permettent pas le passage de deux bateaux, celui qui se trouve en arrière ralentit son mouvement et attend que la passe soit franchie, pour reprendre toute sa vitesse.

Des arrêtés des préfets désignent les passes dans lesquelles il est interdit aux bateaux à vapeur de se croiser ou de se dépasser, et déterminent, pour chacune de ces passes, les limites qui sont indiquées, sur place, par des signes facilement reconnaissables. (Art. 43.)

Les préfets déterminent également les précautions à prendre à l'approche des ponts, pertuis et autres ouvrages d'art, tant pour la sûreté des passagers que pour la conservation des ouvrages. (Art. 44.)

Les capitaines des bateaux à vapeur ne feront aucune manœuvre dans le but d'entraver ou de retarder la marche des autres bateaux à vapeur ou de toute autre embarcation.

Ils diminueront la vitesse de leurs bateaux, ou même ils les feront arrêter, toutes les fois que la continuation de la marche de ces bateaux pourrait donner lieu à des accidents. (Art. 45.)

Tout bateau à vapeur naviguant la nuit est éclairé conformément aux conditions déterminées par des arrêtés ministériels.

En cas de brouillard, le capitaine fait tinter continuellement la cloche du bateau et ralentit la marche pour éviter les abordages. (Art. 46.)

Lorsque l'embarquement et le débarquement des voyageurs ont lieu par batelets, le capitaine doit faire arrêter l'appareil moteur du bateau, afin que les batelets puissent accoster sans danger. Ces batelets, avant d'aborder, sont amarrés au bateau à vapeur, et celui-ci ne doit continuer sa navigation que lorsqu'ils ont été poussés au large. (Art. 47.)

Les capitaines porteront, sans retard, à la connaissance des agents de la navigation les faits qui pourraient compromettre la liberté ou la sûreté de la navigation. (Art. 48.)

Les mesures que la présente section réserve à la décision du préfet sont prises par lui, sur l'avis ou la proposition de l'ingénieur en chef de la voie navigable, lequel reste chargé d'en surveiller l'exécution, ainsi que celle des autres mesures de police prescrites par ladite section. (Art. 49.)

Dispositions relatives aux passagers. — Il est interdit à toute personne étrangère au service de s'introduire, sans permission spéciale, dans l'emplacement de l'appareil moteur. (Art. 50.)

Il est tenu, dans chaque bateau à vapeur, un registre dont toutes les pages sont cotées et parafées par un délégué de la commission de surveillance. Ce registre est destiné à recevoir les réclamations des voyageurs qui auraient des plaintes ou des observations à formuler. Il est présenté à toute réquisition des voyageurs.

Le capitaine peut également y consigner les observations qu'il jugerait convenables, ainsi que les faits qu'il lui paraîtrait important de faire attester par les passagers.

Les différentes autorités que l'article 59 ci-après charge de la surveillance des bateaux à vapeur ont le droit de se faire communiquer ce registre à toute réquisition. (Art. 51.)

Dans chaque salle où se tiennent les passagers, le texte du décret est affiché en un lieu très apparent, ainsi qu'un tableau indiquant :

1° L'emplacement des escales ;

2° Le nombre maximum des passagers ;

3° Le tarif des places ;

4° La faculté, pour les passagers, de consigner leurs plaintes et leurs observations sur le registre ouvert à cet effet.

Le capitaine doit, en outre, être muni du permis de navigation, pour le présenter à toute réquisition des personnes préposées à la surveillance par l'article 59. (Art. 52.)

De la surveillance administrative des bateaux à vapeur. — Dans les départements où existent des services de bateaux à vapeur, le ministre institue une ou plusieurs commissions de surveillance, dont il nomme les membres et présidents sur les propositions que le préfet lui adresse, après avoir pris l'avis de l'ingénieur en chef de la navigation.

Ces commissions sont composées de trois membres au moins et de sept au plus, choisis parmi les ingénieurs des mines, les ingénieurs des ponts et chaussées et autres personnes recommandées par leur compétence.

Le nombre des ingénieurs des ponts et chaussées et des ingénieurs des mines ne peut pas dépasser les deux tiers du nombre total des membres de la commission.

Dans chaque commission, le président a voix prépondérante en cas de partage.

Les commissions nomment leur secrétaire ; elles peuvent, en outre, se faire adjoindre, sur leur demande, un garde-mines ou un conducteur des ponts et chaussées pour les assister dans leurs travaux. (Art. 53.)

Les commissions de surveillance ont mission de faire, à bord des bateaux à vapeur, avant et après leur mise en service, toutes visites, épreuves et essais, à l'effet de s'assurer qu'à toute époque les appareils à vapeur placés à bord, les bateaux, leurs agrès et leur personnel satisfont aux prescriptions réglementaires.

Elles sont consultées par les préfets, qui demeurent chargés, sous l'autorité du ministre des travaux publics, de prendre toutes les mesures que comporte l'exécution du présent décret.

Leur action s'étend sur tous les bateaux à vapeur qui circulent dans l'étendue de leur ressort.

Leurs membres pourront faire des visites individuelles. (Art. 54.)

Tout propriétaire de bateau à vapeur doit provoquer la visite de son bateau par une commission de surveillance, au moins une fois par an.

A cet effet, et au plus tard quinze jours avant l'expiration de l'année qui suit la dernière visite, il est tenu d'adresser au préfet du département dans lequel il désire que la visite ait lieu, une demande indiquant, dans la limite du délai de quinzaine ci-dessus, le jour à partir duquel le bateau sera mis à la disposition de la commission de surveillance.

Le préfet délivre immédiatement récépissé de cette demande.

Chaque visite est mentionnée à sa date par la commission elle-même, sur un registre tenu à bord et dont toutes les feuilles sont cotées et parafées comme il est dit à l'article 51. Sur ce registre il est également fait mention, à leur date, des renouvellements des épreuves des appareils à vapeur, conformément au titre II.

Ce registre est communiqué à toute réquisition des fonctionnaires et agents préposés à la surveillance. (Art. 55.)

La commission adresse le procès-verbal de chacune de ses visites au préfet du département dans lequel cette visite a eu lieu. Dans ce procès-verbal, elle consigne ses propositions sur les mesures à prendre, si l'appareil moteur ou le bateau ne présente plus des garanties suffisantes de sûreté. (Art. 56.)

Sur les propositions de la commission de surveillance, le préfet ordonne les réparations nécessaires et peut suspendre le permis de navigation jusqu'à l'entière exécution de ces mesures. (Art. 57.)

Dans tous les cas où, par suite d'inexécution du présent décret, la sûreté publique serait compromise, le préfet suspend et, au besoin, révoque le permis de navigation. Dans ce dernier cas, il rend immédiatement compte au ministre de sa décision. (Art. 58.)

La surveillance permanente des bateaux à vapeur, en ce qui concerne les mesures prescrites par le présent décret, est exercée par les autorités désignées à l'article 21 de la loi du 21 juillet 1856, c'est-à-dire par les ingénieurs des mines, les ingénieurs des ponts et chaussées, les gardes-mines, les conducteurs et autres employés des ponts et chaussées et des mines, les maires et adjoints, les commissaires de police, les officiers de ports, les inspecteurs et agents assermentés de la navigation, et les membres des commissions de surveillance. (Art. 59.)

Les propriétaires de bateaux à vapeur sont tenus de recevoir à bord et de transporter gratuitement, dans toute l'étendue de leurs circonscriptions respectives, les membres des commissions de surveillance et les agents de la navigation qui sont désignés par le préfet, sur la proposition de l'ingénieur en chef. (Art. 60.)

S'il survient des avaries de nature à compromettre la sûreté de la navigation, l'autorité chargée de la police locale peut suspendre la marche du bateau; elle doit sur-le-champ en informer le préfet.

En cas d'accident de personne et en cas d'accident grave survenu au matériel, le propriétaire, ou, à son défaut, le capitaine, prévient immédiatement l'autorité chargée de la police locale et le préfet, qui en donne sans retard avis à la commission de surveillance. Aussitôt informée, la commission ou son délégué se rend sur les lieux dans le plus bref délai possible, pour visiter les appareils, en constater l'état et rechercher les causes de l'accident. Elle dresse de sa visite un rapport qui est transmis au préfet et, en cas d'accident ayant occasionné la mort ou des blessures, au procureur de la République.

En cas d'explosion, le bateau ne doit point être réparé, à moins que la sûreté publique ne soit en jeu, et les fragments de l'appareil rompu ne doivent point être déplacés ou dénaturés avant la constatation de l'état des lieux par la commission de surveillance. (Art. 61.)

DISPOSITIONS GÉNÉRALES.

Les conditions prescrites par le présent décret sont applicables aux chaudières servant à tout autre usage que la propulsion du bateau, ainsi qu'aux chaudières employées sur les bateaux stationnaires.

Les bateaux stationnaires pourvus d'appareils à vapeur ne peuvent être mis en service sans une autorisation délivrée et renouvelée dans les formes et conditions prévues à la section première du titre Ier dudit décret. (Art. 62.)

Le ministre des travaux publics peut, par des décisions spéciales rendues après avis de la commission centrale des machines à vapeur, accorder dispense de tout ou partie des prescriptions du présent décret relatives aux appareils à vapeur placés à bord des bateaux, dans tous les cas où, en raison soit de la forme, soit de la faible dimension des appareils, soit de la disposition spéciale des pièces contenant de la vapeur, il serait reconnu que la dispense ne peut pas avoir d'inconvénient.

Le ministre peut aussi, par des décisions spéciales rendues sur la proposition du préfet, après avis de la commission de surveillance, dispenser de tout ou partie des prescriptions du titre II du présent décret les propriétaires des bateaux à vapeur qui ne servent à aucun usage industriel ou commercial. (Art. 63.)

Les bateaux étrangers ou construits hors de France sont soumis à toutes les dispositions du présent décret. Toutefois, le ministre des travaux publics peut, sur l'avis de la commission centrale des machines à vapeur, prononcer, par arrêté, l'équivalence entre les formalités accomplies à l'étranger ou les diplômes délivrés dans les pays d'origine, par les autorités compétentes, et les formalités ou les diplômes exigés par le présent décret, notamment en ce qui concerne la délivrance et le renouvellement du permis de navigation, les épreuves des chaudières, les visites, les certificats de capacité des capitaines et des mécaniciens, etc. (Art. 64.)

Les propriétaires veillent à ce que les appareils moteurs, y compris le propulseur et les appareils à vapeur accessoires, soient entretenus constamment en bon état de service.

A cet effet, ils tiennent la main à ce que des visites complètes, tant à l'intérieur qu'à l'extérieur, faites par des hommes compétents, à des intervalles assez rapprochés, assurent la constatation de l'état des appareils et l'exécution, en temps utile, des réparations nécessaires. Ils informent le service de surveillance des réparations notables faites aux chaudières en vue de l'exécution de l'article 12. (Art. 65.)

Dans les régions industrielles où il existe des associations de propriétaires d'appareils à vapeur, le ministre des travaux publics peut, sur la demande du conseil de ces associations, le rapport des commissions de surveillance, l'avis du préfet et celui de la commission centrale, dispenser les commissions locales de la surveillance ordinaire à l'égard des appareils surveillés par l'association, mais sans qu'il soit rien changé à leurs attributions en matière d'épreuves ou d'accidents, ni à celles des ingénieurs chargés de la police de la navigation. Cette mesure est appliquée à titre temporaire et toujours révocable.

Chaque associé doit, à toute réquisition des autorités préposées à la surveillance, aux termes de l'article 59 ci-dessus, leur présenter un certificat délivré par l'association et constatant que le titulaire se conforme exactement aux indications des ingénieurs de cette association. (Art. 66.)

Les bateaux dépendant des services spéciaux de l'État sont surveillés par les fonctionnaires et agents de ces services, mais ils restent soumis à l'application des règles concernant la police de la navigation. (Art. 67.)

Les bateaux naviguant à la fois en aval et en amont de la limite où cesse, pour chaque fleuve, l'application du présent décret, sont assujettis, en sus des prescriptions dudit décret, au régime des bateaux de mer. (Art. 68.)

Les attributions conférées aux préfets des départements par le présent décret sont exercées par le préfet de police dans toute l'étendue de son ressort. (Art. 69.)

L'ordonnance royale du 23 mai 1843, relative aux bateaux à vapeur qui naviguent sur les fleuves et rivières, est rapportée. (Art. 70.)

Quant aux bateaux à vapeur naviguant sur mer, ils ont été l'objet d'une ordonnance, en date du 17 janvier 1846, qui se réfère, sur beaucoup de points, à l'ordonnance du 23 mai 1843. Cette ordonnance a été adressée aux préfets avec une instruction du 5 juin suivant relative à son exécution. — Voy. NAVIGATION, PORTS. — *Dict. des formules*, n° 162.

Bateleurs.—Voy. SALTIMBANQUES.

Bateliers.—On distingue trois sortes de bateliers :

1° Celui qui conduit un bac ou bateau de passage, et qu'on nomme passeur d'eau.—Voy. BACS.

2° Celui qui conduit de grands bateaux destinés au transport des personnes ou des marchandises, et qu'on nomme batelier marinier.— Voy. BATEAUX A VAPEUR, MARINIERS, NAVIGATION.

3° Enfin, celui qui conduit le public dans de petits bateaux ou batelets et que, dans quelques localités, on nomme bachoteur.

Dans les communes où il se trouve de ces petits bateaux, on doit chercher à prévenir, par des mesures d'ordre et de précaution, les accidents qui pourraient résulter, soit de la négligence des bateliers, soit du mauvais état de leurs bateaux. Les maires peuvent notamment, à cet effet, obliger les bateliers à se munir d'une permission, fixer la longueur et la largeur des bateaux, le nombre de personnes qu'ils pourront contenir à la fois, le prix de transport, l'emplacement que les bateaux devront occuper sur le port ou sur la rivière, etc. Les maires peuvent prendre pour modèles de leurs règlements à ce sujet les ordonnances de police de la ville de Paris, notamment celles du 18 prairial an XI et du 28 septembre 1809. — *Dict. des formules*, n° 163.

Bâtiments. — Dans l'intérêt de la sûreté publique, l'administration a le pouvoir d'ordonner la démolition des édifices menaçant ruine qui bordent la voie publique, soit que le danger provienne de la vétusté du bâtiment, soit qu'il résulte des vices d'une construction récente.

Ce droit appartient au préfet, lorsque les édifices menaçant ruine existent le long des routes nationales et départementales, ou des fractions de routes comprises dans la traverse des villes, bourgs ou villages.

Il appartient au maire, lorsque les bâtiments menaçant ruine existent le long des rues qui ne font pas partie d'une grande route. (L. 5 avril 1884, art. 97.)

Il y a lieu d'ordonner la démolition d'un bâtiment pour cause de péril : 1° lorsque, par vétusté ou autrement, une ou plusieurs jambes étrières, trumeaux ou pieds-droits, sont en mauvais état ; 2° lorsque le mur de face sur la rue est en surplomb de la moitié de son épaisseur, en quelque état que soient les jambes étrières, trumeaux ou pieds-droits ; 3° si le mur sur la rue est à fruit, c'est-à-dire légèrement incliné en arrière, et qu'il ait occasionné sur la face opposée un surplomb égal au fruit de la façade sur la rue ; 4° si les fondations sont mauvaises, alors même qu'il ne se serait manifesté dans la hauteur du bâtiment aucun fruit ni surplomb ; 5° s'il y a eu bombement égal au surplomb dans les parties inférieures du mur de face.

Les formes à suivre pour faire effectuer cette démolition sont déterminées par deux déclarations du roi des 18 juillet 1729 et 18 août 1730 qui, bien que rendues spécialement pour la ville de Paris, sont considérées comme règlements généraux (Cass. 30 août 1833). Ces règles peuvent se résumer ainsi qu'il suit :

Aussitôt que le maire est informé qu'une maison ou édifice donnant sur la voie publique menace ruine et présente quelque péril, il se transporte sur les lieux, ou charge le commissaire de police de s'y transporter, à l'effet de dresser procès-verbal de l'état du bâtiment. (Décl. 18 août 1730, art. 2.)

Ce procès-verbal est signifié au propriétaire avec sommation d'avoir à faire cesser le péril dans un délai déterminé.

La signification est faite au domicile du propriétaire, s'il réside dans l'étendue de la commune, et que sa demeure soit connue, sinon elle peut être donnée à la maison même où est le péril, en parlant au principal locataire ou à quelqu'un des locataires, en cas qu'il n'y en ait pas de principal. (Id., art. 5.)

Au jour fixé, si le propriétaire n'a pas fait cesser le péril et n'a pas répondu à la sommation du maire, celui-ci, après avoir fait visiter de nouveau le bâtiment par un expert, ordonne la démolition ou accorde un nouveau délai.

Si le propriétaire soutient que le danger n'existe pas, il a la faculté de nommer un expert pour faire la visite des lieux conjointement avec l'expert nommé par le maire. Faute par la partie de faire sur-le-champ cette nomination, il est passé outre à la visite par l'expert municipal seul. (Id., art. 7.)

Si, lorsqu'il y a eu visite contradictoire, les deux experts ne s'accordent pas, un tiers expert peut être nommé par le préfet.

Sur le vu du rapport de l'expert ou des experts, le maire prend un arrêté pour ordonner la démolition dans un délai fixé. Si le propriétaire n'obtempère pas à cette injonction dans le délai qui lui est imparti, le maire ne doit pas faire exécuter d'office son arrêté, mais il doit poursuivre le propriétaire devant le tribunal de simple police pour le faire condamner, non seulement à l'amende en vertu de l'article 471 n° 5 du Code pénal, mais encore à démolir la construction menaçant ruine, sous peine d'y voir procéder d'office à ses frais, conformément à l'article 161 du Code d'instruction criminelle. (Conseil d'Etat, arrêts 24 mai 1860 et 16 mai 1872 ; Cassation, arrêt 25 août 1867.)

Le maire procède alors seulement à la démolition et se pourvoit ensuite devant le tribunal, à l'effet d'obtenir le remboursement des frais par privilège et préférence à toutes autres créances. Les frais de démolition doivent être avancés et supportés par la commune, quand ils ne peuvent être prélevés ni sur les matériaux, ni sur le fonds. (Av. com. int. 27 avril 1818.)

En cas d'urgence absolue, c'est-à-dire de péril imminent, l'expertise n'est pas nécessaire, le maire, après avoir fait dresser un procès-verbal par des gens de l'art, et l'avoir dénoncé au propriétaire, a le droit d'ordonner sans délai, sous sa responsabilité légale, ce qu'il juge absolument nécessaire à la sûreté publique.—Voy. VOIRIE.—*Dict. des formules*, n°s 164 à 170.

Bâtiments et édifices publics.—Les bâtiments civils que possèdent les communes sont ordinairement la mairie ou maison commune, les maisons d'écoles, les hospices, les églises et presbytères, les halles, les corps de garde, les salles de spectacle, les fontaines, lavoirs et abreuvoirs publics. Quelquefois aussi les communes ont la propriété de maisons particulières dont elles tirent un revenu et dont la possession leur est survenue par suite de legs, de donation ou d'acquisition.

Tous les bâtiments appartenant à la commune sont placés sous la garde et confiés aux soins de l'autorité municipale. Cette délégation, qui ressort des lois des 24 août 1790 et 22 juillet 1791, a été confirmée d'une manière explicite par la loi du 5 avril 1884, art. 90, § 1er, qui charge le maire de la conservation et de l'administration des propriétés de la commune.

C'est également au maire, autorisé à cet effet par le conseil municipal, qu'appartient le soin de diriger ou de faire exécuter les travaux de reconstruction, de réparation et d'entretien des bâtiments communaux, en se conformant aux règles prescrites à ce sujet. Ces travaux doivent toujours être l'objet de plans, devis et cahiers de charges qui, lorsque ces travaux ont une certaine importance, sont soumis au Conseil général des bâtiments civils. — Voy. Réparations, Travaux communaux.

La conservation des bâtiments et édifices publics, quels qu'ils soient, est sous la surveillance des maires, adjoints et commissaires de police. Comme officiers de police judiciaire, ils doivent constater les dégradations que des malveillants y occasionneraient et traduire les coupables devant les tribunaux.—Dict. des formules, nos 527 et 529.

Pour faciliter la tâche de l'administration supérieure ou locale dans la conduite des travaux relatifs à ces bâtiments ou édifices, ou dans le choix des mesures de conservation à employer, il a été institué auprès du ministre des travaux publics un conseil général des bâtiments civils, qui s'occupe essentiellement des conditions relatives à la bonne exécution des édifices publics. Et comme une foule de questions plus générales échappaient à ce conseil, le décret du 27 mai 1878 a constitué à côté de lui une commission supérieure des bâtiments civils et palais nationaux, spécialement chargée de donner son avis sur le choix des emplacements, l'affectation à donner aux monuments, l'opportunité de leur création, ainsi que sur toutes les questions qui lui sont soumises par le ministre, tant au point de vue de l'art que des mesures propres à assurer la bonne exécution des travaux, la régularité des services et la conservation des monuments.

Bâtiments militaires. — Comprennent les casernes, hôpitaux, magasins, usines, chantiers et tous autres immeubles bâtis dépendant du ministère de la guerre, qui seul est chargé de pourvoir à leur conservation par la loi du 10 juillet 1791.

Battues. — L'arrêté du 9 pluviôse an V veut qu'il soit fait, tous les trois mois, dans les forêts de l'Etat et dans les campagnes, des chasses et battues générales pour la destruction des animaux nuisibles. D'après la jurisprudence du Conseil d'Etat, qui ressort de trois arrêts en date du 1er août 1881, les cerfs, biches et lapins ne rentrent pas dans la catégorie des animaux nuisibles qui peuvent être l'objet de battues dans le sens de l'arrêté de pluviôse an V. Le préfet excéderait donc ses pouvoirs en autorisant des battues pour la destruction d'animaux de cette sorte. L'article 91 de la loi du 5 avril 1884 charge le maire de prendre, de concert avec les propriétaires ou détenteurs du droit de chasse dans les buissons, bois et forêts, toutes les mesures nécessaires à la destruction des animaux nuisibles désignés dans l'arrêté du préfet, pris en vertu de l'article 9 de la loi du 3 mai 1844. Il le charge aussi de faire pendant le temps de neige, à défaut des détenteurs du droit de chasse, à ce dûment invités, détourner les loups et sangliers réunis sur leur territoire; et de requérir, à l'effet de les détruire, les habitants, avec armes et chiens propres à la chasse de ces animaux. Le maire doit assurer et surveiller l'exécution de ces mesures et en dresser procès-verbal. — Dict. des formules, n° 377 bis.

Baux administratifs.—Les baux des biens de l'Etat, des communes et des établissements publics sont soumis à des règlements particuliers (C. civ., art. 1712). On les appelle baux administratifs, parce que l'administration est ordinairement chargée de les passer et qu'elle en surveille toujours l'exécution.

Les baux des communes et des établissements publics diffèrent par la nature des objets auxquels ils s'appliquent, mais qui tous appartiennent au contrat de louage. Ainsi, les communes peuvent : 1° donner à loyer des bâtiments ou usines, ou donner à ferme, soit des biens ruraux, soit les droits de chasse ou de pêche, soit l'exploitation des sources d'eaux minérales; 2° affermer des entreprises de fournitures ou services communaux, tels que la perception des droits d'octroi, des droits de location de places dans les halles et marchés, ou de pesage, de mesurage et jaugeage publics, l'éclairage de la commune, l'entretien du pavé, le balayage, l'arrosage, l'enlèvement des boues et immondices, etc. ; 3° enfin, prendre à loyer les immeubles qui leur sont nécessaires pour les services communaux.

Les baux des établissements publics comprennent les immeubles dont ces établissements sont propriétaires, les droits de chasse sur leurs biens, l'entreprise des fournitures et services qui les concernent, et généralement tout ce qui peut être l'objet d'une location quelconque.

Nous ne nous occuperons ici que des baux à ferme ou à loyer concernant les biens communaux proprement dits et des baux à prendre par les communes. Quant à ceux qui ont pour objet le droit de chasse ou de pêche, la perception de certaines taxes, ou des fournitures et services publics, les règles relatives à ces baux étant différentes pour chacun d'eux, il en sera traité aux divers articles qui les concernent.
— Voy. BOUES ET IMMONDICES, EAUX PUBLIQUES, ÉCLAIRAGE, FONTAINES PUBLIQUES, HALLES ET MARCHÉS, OCTROI, PAVÉ, POIDS PUBLICS, etc.

Baux des maisons, usines, prés et biens ruraux appartenant aux communes. — Les baux communaux à loyer se distinguent des baux communaux à ferme, en ce que les premiers concernent les maisons ou bâtiments, et les seconds les biens ruraux proprement dits.

La mise en ferme des biens communaux, et surtout des biens ruraux, a été recommandée de tous temps par l'administration supérieure, comme le plus sûr moyen d'accroître les ressources communales en améliorant le fonds de la propriété. Il convient que la durée des baux ne dépasse que rarement dix-huit ans et n'excède jamais trente années, afin que les communes ne soient pas privées trop longtemps de la libre disposition de leurs ressources, et puissent ainsi réaliser les améliorations qui seraient commandées par l'intérêt public. (Circ. int., 5 mai 1852.)

Il résulte des dispositions combinées des articles 61 et 68 de la loi du 5 avril 1884 qu'il n'y a plus de distinction à établir entre la mise en ferme des biens ruraux et des biens urbains appartenant aux communes, et que le conseil municipal a le pouvoir de régler par ses délibérations tous les baux dont la durée n'excède pas dix-huit ans.

Une expédition de la délibération doit être adressée dans la huitaine par le maire au sous-préfet, qui en constate la réception sur un registre et en délivre récépissé. (Art. 62. L. 5 avril 1884.) De plus, le compte rendu sommaire de la délibération doit être affiché également dans la huitaine, à la porte de la mairie. (Art. 56.)

La délibération est nulle de plein droit, si elle a été prise hors de la réunion légale du conseil, ou si elle a été prise en violation d'une loi ou d'un règlement. (Art. 63.) Le préfet peut aussi l'annuler en vertu de l'article 64, si des membres du conseil, intéressés au bail, y ont pris part.

La nullité est toujours déclarée par le préfet en conseil de préfecture. Elle peut être opposée à toute époque, par les parties intéressées. L'annulation peut être provoquée d'office par le préfet, ou demandée par toute personne intéressée et tout contribuable de la commune. Dans ce dernier cas, la demande doit être déposée dans les quinze jours de l'affichage. Il en est donné récépissé ; le préfet statue dans le délai d'un mois. (Art. 66.)

Le pouvoir réglementaire du conseil cesse s'il s'agit d'un bail à ferme ou à loyer excédant dix-huit ans ; la délibération du conseil doit alors être soumise à l'approbation du préfet, qui statue en conseil de préfecture. (Art. 69. L. 5 avril 1884.)

La circulaire du ministre de l'intérieur du 5 mai 1852 recommandait aux préfets d'exiger que les baux des biens communaux soumis à leur approbation fussent précédés des formalités suivantes : enquêtes *de commodo et incommodo*, expertise, rédaction d'un cahier des charges, mise aux enchères publiques. Rien dans la loi du 5 avril 1884 ne modifie cette jurisprudence ; elle n'abroge pas l'ordonnance du 14 novembre 1833, au contraire, l'article 115, en confirme le principe, il faut en conclure que la délibération du conseil municipal doit être transmise au sous-préfet, qui désigne un commissaire pour procéder à une enquête *de commodo vel incommodo*. Le conseil municipal délibère sur les résultats de l'enquête. — Voy. ENQUÊTE.

En vertu de ce même article 115, la mise en ferme des biens communaux de toute nature doit, à moins d'autorisation contraire, avoir lieu par adjudication publique, à la chaleur des enchères, sous les clauses et conditions insérées dans un cahier des charges dressé par le maire et homologué par le préfet, sur l'avis du sous-préfet. Le cahier des charges détermine le mode et les conditions du payement à faire par l'adjudicataire, ainsi que les garanties que celui-ci doit fournir. Il doit y être stipulé, conformément à la loi du 26 germinal an XI, que les fermiers ou locataires seront tenus de payer, à la décharge de la commune, le montant des impositions assises sur les biens.

Le maire doit donner communication de ce document au receveur municipal, avant l'adjudication. Il est même utile que le maire se concerte préalablement avec ce comptable, pour dresser les projets de cahiers des charges à soumettre à la délibération du conseil municipal.

Aux termes de la loi du 5 novembre 1790, les baux sont annoncés un mois d'avance par des publications, de dimanche en dimanche, à la porte des églises paroissiales de la situation et à celles des principales églises les plus voisines, et par des affiches, de quinzaine en quinzaine, aux lieux accoutumés.—Voy. AFFICHE.

Après que les publications nécessaires ont été faites, il est procédé à l'adjudication par le maire, assisté de deux membres du conseil municipal, et en présence du receveur de la commune. L'article 10 de l'ordonnance de 1837 porte que les adjudications sont toujours subordonnées à l'approbation du préfet ne sont valables et définitives qu'après cette approbation. Rien dans la loi nouvelle n'infirme cette disposition. L'article 68 donne bien implicitement au conseil municipal le droit de statuer sur les baux de moins de 18 ans, mais la loi n'abroge pas l'ordonnance de 1837, au contraire, comme il a été dit ci-dessus, elle la confirme par l'article 115. Dès lors, il semble que la décision prise par le conseil doit continuer à s'exécuter sous les garanties dont il a paru utile d'entourer son exécution.

L'approbation doit être donnée par acte séparé. La sanction préfectorale n'a pour effet que de rendre le contrat définitif. Le préfet ne doit refuser son approbation que dans le cas où les termes du bail ne reproduiraient pas exactement le sens des dispositions adoptées par le conseil municipal. (Circul. int. 2 août 1867.)

La mise en ferme des biens des établissements de bienfaisance est soumise, quant aux autorisations, à des dispositions particulières ; mais les formalités de l'adjudication sont les mêmes que pour les communes.— Voy. BUREAUX DE BIENFAISANCE, HOSPICES.

Le maire ne peut se rendre adjudicataire, sous peine de nullité, ni par lui-même, ni par une personne interposée, d'aucune location ou entreprise du domaine de la commune (C. civ., art. 1596). Le receveur municipal ne peut non plus concourir à une adjudication pour ferme ou loyer, à cause des obligations qui lui sont imposées par l'arrêté consulaire du 19 vendémiaire an XII.

L'article 4 de l'ordonnance du 7 octobre 1818 qui avait prescrit, pour les baux des biens des communes et des établissements publics, de passer acte de l'adjudication devant notaire, est considéré par la jurisprudence comme ayant été implicitement abrogé par la loi du 18 juillet 1837 et par celle du 5 avril 1884, qui, en traçant les règles à suivre pour les adjudications d'intérêt communal, n'en ont pas reproduit les dispositions. Le recours aux notaires est donc, en principe, facultatif pour les communes quand il s'agit de baux, sauf à l'autorité supérieure à prescrire l'intervention de ces officiers ministériels dans les cas particuliers où elle leur semblerait nécessaire pour garantir les intérêts des communes. (Décis. min. de l'int. 1863.)

L'article 47 de la loi du 18 juillet 1837 portait que l'acte de bail passé par le maire devait être, dans tous les cas, soumis à l'approbation du préfet. La loi du 5 avril 1884, article 168, abrogeant formellement la loi de 1837, la formalité de l'approbation préalable n'est plus exigée, mais c'est une raison de plus pour le préfet d'examiner avec grand soin les délibérations qui lui sont soumises. (Circ. 15 mars 1884.)

Le délai pour l'enregistrement des baux est de vingt jours, à partir du retour, dûment constaté, du procès-verbal d'adjudication à la mairie après l'approbation. (Décis. min. des fin., 22 janvier 1855.)

Dans les cas particuliers où il pourrait être utile de dispenser les communes ou les hospices de la formalité des enchères, les préfets peuvent autoriser ces exceptions sur la demande des maires ou des commissions administratives.

Mais ces exceptions doivent être fort rares, et il est nécessaire qu'elles soient motivées sur des considérations graves. — *Dict. des formules,* n⁰ˢ 143 et 146.

Baux des biens pris à loyer. — La loi du 5 avril 1884, articles 64 et 68, a supprimé toute distinction au point de vue de l'autorisation entre les baux donnés à loyer ou ceux pris à ferme par la commune. Les uns comme les autres sont réglés par le conseil municipal, si leur durée ne dépasse pas dix-huit ans. L'approbation préfectorale n'intervient que si la durée du bail est plus longue ; elle doit alors être donnée en conseil de préfecture. (Art. 69.)

Dans ce cas, le bail est proposé par le maire au conseil municipal. Si le conseil approuve la proposition, il délibère sur les conditions et vote le crédit nécessaire pour payer le prix du loyer.

Le maire fait souscrire une promesse de bail par le propriétaire de l'immeuble. La délibération du conseil municipal et la promesse de bail sont envoyées au sous-préfet, qui nomme un expert chargé de donner des renseignements sur l'état et la disposition de l'immeuble, ainsi que sur sa valeur locative, et fait ouvrir une enquête *de commodo et incommodo*, en désignant, pour remplir les fonctions de commissaire enquêteur, une autre personne que le maire de la commune.

S'il s'élève des réclamations ou oppositions, le procès-verbal d'enquête est communiqué au conseil municipal, qui modifie ou maintient sa première résolution.

Le maire transmet ensuite au sous-préfet les délibérations du conseil municipal, le procès-verbal d'enquête, l'avis du commissaire enquêteur et le budget de la commune. Le sous-préfet y joint son avis, et, s'il y a lieu, le préfet autorise, par un arrêté, la commune à prendre l'immeuble à loyer. L'acte de bail est passé entre le maire et le vendeur dans la forme des actes sous seing privé, à moins que le préfet n'ait désigné un notaire devant lequel l'acte devra être passé. (Ord. 7 octobre 1818.)

Cet acte doit être enregistré dans le délai de vingt jours, après celui où l'arrêté approbatif du préfet est parvenu à la mairie. (Ord. 7 octobre 1818, art. 5; Décis. min. 31 décembre 1838.) — *Dict. des formules*, nᵒˢ 147 et 148.

Berge. — Bord escarpé d'un cours d'eau, d'un chemin, d'un fossé. L'entretien des berges des rivières non navigables, ni flottables, est à la charge des propriétaires riverains. En conséquence, les communes doivent pourvoir à l'entretien de ces berges lorsqu'elles bordent leurs propriétés. — Voy. COURS D'EAU.

L'entretien des berges des chemins vicinaux est à la charge des communes. — Voy. CHEMINS VICINAUX.

Bergeries nationales. — Les bergeries nationales sont au nombre de trois : 1° l'établissement de Rambouillet (Seine-et-Oise); 2° l'établissement de Montcavrel, près Montreuil-sur-Mer (Pas-de-Calais); 3° l'établissement de Grevolles, arrondissement de Châtillon (Côte-d'Or). Un troupeau d'expérience est entretenu, en outre, à l'école vétérinaire d'Alfort.

Un certain nombre de reproducteurs, provenant de ces bergeries, est vendu chaque année aux enchères publiques, d'après des programmes spéciaux qui énoncent la date de chacune de ces ventes, ainsi que le nombre et la race des animaux qui le composent.

Bergers. — On appelle ainsi les gardiens ou fermiers de troupeaux de moutons.

Nul agent de l'agriculture, employé avec des bestiaux au labourage ou à d'autres travaux, ou occupé à la garde des troupeaux, ne peut être arrêté, sinon pour crime, avant qu'il n'ait été pourvu à la sûreté des animaux; en cas de poursuite criminelle, il doit également y être pourvu aussitôt après l'arrestation et sous la responsabilité de ceux qui l'auront exercée. (L. 28 septembre-6 octobre 1791, titre I, section 3, art. 1ᵉʳ.)

Les pâtres et les bergers ne peuvent mener les troupeaux d'aucune espèce dans les champs moissonnés et ouverts, que deux jours après la récolte entière, sous peine d'une amende de la valeur d'une journée de travail; l'amende est double, si les bestiaux ont pénétré dans un enclos rural. (Id., titre II, art. 22.)—Voy. PATRE COMMUN.

Bestiaux.—On comprend sous le nom de bestiaux ou de bétail les taureaux, bœufs, vaches, veaux, moutons et chèvres.

Les chevaux et les mulets ne sont pas rangés dans la classe des bestiaux.

Les bestiaux, lors de la vente qui en est faite, donnent ouverture à l'action rédhibitoire pour les défauts cachés.—Voy. ANIMAUX, EPIZOOTIES, PARCOURS ET VAINE PATURE, VICES RÉDHIBITOIRES.

Bibliothèques. — On désigne sous le nom de bibliothèque le lieu où l'on conserve une certaine quantité de livres, et cette collection de livres elle-même.

Bibliothèques publiques. — A l'exception des cinq bibliothèques publiques qui appartiennent à l'Etat et sont situées à Paris, savoir : la Bibliothèque Nationale, la Bibliothèque Mazarine, la Bibliothèque de l'Arsenal, la Bibliothèque Sainte-Geneviève et la Bibliothèque de la Sorbonne; les bibliothèques publiques sont en général la propriété des communes.

Pour ces dernières, les bibliothécaires sont à la nomination des maires. (L. 5 avril 1884, art. 88.)

Près de deux cents villes de France ont leurs bibliothèques ouvertes au public. Les règlements pris par l'autorité municipale sur le service de ces bibliothèques doivent être adressés au ministère de l'instruction publique. (Ord. 22 février 1839, art. 42.)

Il est établi, par le ministre de l'instruction publique, dans toutes les villes qui possèdent une bibliothèque, sous la présidence du maire, un comité d'inspection de la bibliothèque et d'achat des livres, chargé de déterminer l'emploi des fonds consacrés aux acquisitions, la confection des catalogues, les conditions des échanges proposés. Tous les ans, à l'époque des vacances, l'état des acquisitions doit être adressé au ministre de l'instruction publique. (Id., art. 37.)

Toute aliénation par les villes des livres, manuscrits, chartes, diplômes, médailles contenus en leurs bibliothèques, est interdite. (Id., art. 40.)

A côté des bibliothèques des communes, il faut citer celles des établissements publics, lesquelles appartiennent, soit à ces établissements eux-mêmes, quand ils ont une existence qui leur est propre, soit à l'État, aux départements et aux communes, lorsqu'ils sont des établissements généraux, départementaux ou communaux; ces bibliothèques sont celles des hospices, des maisons centrales, des établissements généraux de bienfaisance, collèges et établissements universitaires. L'arrêté du ministre de l'instruction publique portant règlement du service des bibliothèques universitaires détermine les conditions de stage et d'examen à remplir par les candidats aux fonctions de bibliothécaire et de sous-bibliothécaire de ces établissements.

Bibliothèques administratives. — Par une circulaire du 20 août 1837, le ministre de l'intérieur a reconnu l'utilité de la formation de bibliothèques administratives dans les préfectures et les sous-préfectures.

Les acquisitions de livres peuvent être faites sur des allocations spéciales portées dans la seconde section du budget départemental (section des dépenses facultatives).

Une seconde circulaire du 30 juillet 1838 recommande les moyens de conservation qui suivent : 1° l'application, aux collections de livres, des mesures de contrôle établies pour les autres parties du mobilier départemental ; 2° la formation et la tenue d'un catalogue ; 3° l'estampillage des livres.

Les catalogues une fois dressés, les collections de livres peuvent être récolées annuellement, et lors des mutations des fonctionnaires, conformément à l'article 4 de l'ordonnance du 17 décembre 1818, et aux articles 3, 4, 5 et 6 de l'ordonnance du 3 février 1830. Tous les livres compris dans le catalogue doivent être frappés d'une estampille placée sur la page contenant le titre de l'ouvrage et sur la couverture du livre.

Des moyens analogues d'acquisition et de conservation peuvent être appliqués aux collections formées dans les mairies sous le titre de bibliothèques communales.

Le conseil municipal a le droit de comprendre au budget de la commune, à titre de dépense facultative, tout abonnement à des recueils spéciaux, comme toute acquisition d'ouvrages d'administration et de jurisprudence qu'il juge utiles aux travaux de la mairie. — Voy. PUBLICATIONS.

Bibliothèques scolaires. — Un arrêté du ministre de l'instruction publique, en date du 1er juin 1862, a prescrit l'établissement d'une bibliothèque scolaire dans chaque école primaire publique. Cette bibliothèque est placée sous la surveillance de l'instituteur, dans une des salles de l'école, dont elle est la propriété. Les livres sont rangés dans une armoire bibliothèque, conforme au modèle recommandé par la circulaire du 31 mai 1860.

Aucun ouvrage ne peut être placé dans les bibliothèques scolaires sans l'autorisation des inspecteurs d'académie.

L'instituteur doit tenir trois registres :

1° Le catalogue des livres ; 2° le registre des recettes et dépenses ; 3° le registre d'entrée et sortie des livres prêtés.

Ces registres cotés et paraphés par le maire doivent être visés par l'inspecteur et communiqués à l'autorité scolaire à toute réquisition. Lors de leurs tournées, les inspecteurs doivent vérifier l'exécution de ces prescriptions et examiner la valeur des livres qui se trouvent dans la bibliothèque sans figurer sur le catalogue officiel et en rendre compte à leurs chefs (Circulaire 1874, *Bulletin off. int.* 1874, p. 44). Une commission est instituée au ministère de l'instruction publique pour choisir les ouvrages à distribuer aux bibliothèques scolaires. (Circulaire Inst. publ. 13 janvier 1880.)

Les ressources de la bibliothèque scolaire se composent : 1° des fonds spéciaux votés par les conseils municipaux ; 2° des sommes portées au budget communal pour fournitures de livres aux enfants indigents, et que les conseils municipaux consentiraient à appliquer à la nouvelle fondation ; 3° du produit des souscriptions, dons ou legs destinés à ladite bibliothèque ; 4° du produit des remboursements faits par les familles pour pertes ou dégradations des livres prêtés ; 5° d'une cotisation volontaire fournie par les parents des élèves, et dont le taux est fixé chaque année par le conseil départemental, après avis du conseil municipal. (Arrêté du min. de l'inst. publ., 1er juin 1862, art. 7.)

Les receveurs municipaux sont autorisés à percevoir la cotisation

volontaire souscrite par les familles des élèves. (Circ. min. de l'inst.
pub. aux recteurs, 24 juin 1862.)

Bibliothèques populaires. — Dans un grand nombre de villes, de
localités manufacturières, et même dans des communes rurales, des
bibliothèques populaires ont été fondées, sous les auspices de l'autorité
municipale, à l'aide de souscriptions particulières et de dons en nature.
Ces bibliothèques admettent les ouvrages de divers genres : religion,
instruction, histoire, voyages, sciences et arts, littérature. Elles sont
administrées par un comité qui choisit dans son sein un président, un
secrétaire et un bibliothécaire trésorier.

Le ministre de l'instruction publique n'a d'action que sur les bibliothèques populaires, qui réclament son concours. Un arrêté du 6 janvier 1874, commenté par une circulaire du 18 février suivant, définit
cette action qui est d'ailleurs toute morale. Aux termes de cet arrêté, il
est souscrit tous les ans, sur le vu de la loi de finances, à un certain
nombre d'ouvrages destinés aux bibliothèques populaires et désignés
au choix du ministre par une commission compétente. Sur l'avis de
cette commission, il peut être également accordé aux bibliothèques populaires des ouvrages provenant du dépôt légal.

Les concessions d'ouvrages ne sont accordées que sur la proposition
des préfets. Pour obtenir une concession, il faut que l'administration de
la bibliothèque s'engage à se soumettre à l'inspection de l'État et, en
cas de dissolution de la société ou de fermeture de la bibliothèque, à
reverser à une bibliothèque publique du département les ouvrages
accordés par l'État. Les administrateurs bibliothécaires ou commissions
de surveillance des bibliothèques, qui ont obtenu une concession du
ministère adressent tous les ans au ministre un rapport sur l'état de la
bibliothèque, son accroissement, les services qu'elle rend, ses ressources
ainsi que sur les progrès réalisés. Ces rapports sont visés par les préfets
et accompagnés de leurs observations.

Moyennant un abonnement d'un prix très modique pour chaque année,
toute personne de la commune est admise à emprunter les livres de la
bibliothèque. — *Dict. des formules, suppl.* n°ˢ 176 et 177.

Bief. — Canal qui reçoit et conduit l'eau nécessaire pour faire
mouvoir une usine hydraulique. L'arrière-bief est la partie du canal en
amont. Le bief inférieur, ou sous-bief, est la partie du cours d'eau en
avant de l'usine.

Bienfaisance publique. — La bienfaisance publique est communale, départementale ou générale, selon les autorités diverses desquelles elle émane.—Voy. ALIÉNÉS, BUREAUX DE BIENFAISANCE, ENFANTS
TROUVÉS, ÉTABLISSEMENTS DE BIENFAISANCE, MONTS-DE-PIÉTÉ, HOSPICES,
SECOURS PUBLICS, etc.

Biens communaux. — Les biens communaux sont ceux à la propriété ou au produit desquels les habitants d'une ou plusieurs communes
ou sections de commune ont un droit acquis. (C. civ., art. 542 et
10 juin 1793, art. 1ᵉʳ.)

Les biens dont le régime féodal avait rendu propriétaires les seigneurs hauts-justiciers furent déclarés communaux de plein droit par les décrets des 4 août 1789 et 13 avril 1791.

Vinrent ensuite les lois des 28 août 1792 et 10 juin 1793, qui autorisèrent les communes à revendiquer les biens ainsi affranchis ; ces deux lois forment le principal titre en vertu duquel les communes possèdent aujourd'hui.

La loi du 20 mars 1813 avait contraint les communes à céder à la caisse d'amortissement la propriété de leurs biens, sauf les édifices affectés à un service public, les bois, les pâtis, pâturages, tourbières et autres dont les habitants jouissaient en commun. Les communes devaient recevoir des rentes en proportion du revenu net, mais elles furent rétablies dans la propriété de leurs biens non vendus, par l'article 15 de la loi du 28 avril 1816.

Les communes peuvent, en outre, devenir propriétaires par voie d'acquisition soit à titre gratuit, soit à titre onéreux. — Voy. Acquisitions, Dons et legs, Echanges, Expropriation pour cause d'utilité publique.

Les biens communaux sont de différentes natures et soumis conséquemment à des règles également diverses, quant au mode d'administration et d'usage ; ainsi l'on distingue les biens ruraux, et, parmi ces biens, ceux qui sont livrés à la jouissance commune et les terres affermées ; puis les propriétés bâties produisant un prix de location, les bois et forêts, et enfin les immeubles affectés à un usage public. Les communes possèdent aussi des rentes, soit sur l'Etat, soit sur particuliers. — Voy. Rentes.

De l'administration des biens communaux. — Le maire, comme chef de l'association communale, est chargé, sous le contrôle du conseil municipal et sous la surveillance de l'autorité supérieure, de la conservation et de l'administration des propriétés de la commune. (Art. 90, § 1, loi 5 avril 1884.)

Le conseil municipal règle par ses délibérations : 1° le mode d'administration des biens communaux ; 2° les conditions des baux à ferme ou à loyer dont la durée n'excède pas dix-huit ans ; 3° le mode de jouissance et la répartition des pâturages et fruits communaux, autres que les bois, ainsi que les conditions à imposer aux parties prenantes ; 4° les affouages, en se conformant aux lois forestières ; 5° les acquisitions d'immeubles, lorsque la dépense, totalisée avec les dépenses de même nature, pendant l'exercice courant, ne dépasse pas les limites des ressources ordinaires et extraordinaires que les communes peuvent se créer sans autorisation spéciale ; 6° les assurances des bâtiments communaux ; 7° l'affectation d'une propriété communale à un service communal, lorsque cette propriété n'est encore affectée à aucun service public, sauf les règles prescrites par les lois particulières. (Loi 5 avril 1884, art. 61 et 68.)

Expédition de toute délibération est adressée dans la huitaine par le maire au sous-préfet qui en constate la réception sur un registre et en délivre immédiatement récépissé, chaque délibération doit en outre être affichée dans la huitaine, sous forme de compte rendu sommaire de la séance, à la porte de la mairie (art. 56 et 62, loi 5 avril 1884). Lorsque cette délibération est entachée d'une nullité de droit, le préfet la déclare nulle en conseil de préfecture. Cette nullité peut être prononcée par le préfet et proposée ou opposée par les parties intéressées à toute époque. Si la délibération est simplement annulable parce qu'un membre du conseil intéressé y aurait participé, l'annulation peut être provoquée d'office par le préfet dans un délai de trente jours à partir du récépissé de dépôt... Elle peut être aussi demandée par toute personne intéressée et pour tout contribuable de la commune. La demande dans ce dernier cas doit être déposée à peine de déchéance, à la sous-préfecture ou à la préfecture, dans un délai de quinze jours à partir de l'affichage à la porte de la mairie. Le préfet statue en conseil de préfecture. Passé le délai de quinze jours sans réclamation, il pourra déclarer qu'il ne s'oppose pas à la délibération. (Art. 62 à 67, L. 5 avril 1884.)

Le conseil municipal délibère, en ce qui concerne l'administration des biens, sur les objets suivants : 1° les acquisitions d'immeubles, constructions nouvelles, reconstructions entières ou partielles, les projets, plans et devis des grosses réparations et d'entretien lorsque la dépense, totalisée avec les dépenses de même nature, dans le même exercice, dépasse les limites des ressources ordinaires et extraordinaires que les communes peuvent se créer sans autorisations spéciales ; 2° les aliénations et échanges de propriétés communales ; 3° les conditions des baux à ferme ou à loyer dont la durée excède dix-huit ans ; 4° les transactions ; 5° le changement d'affectation d'une propriété communale déjà affectée à un service public ; 6° et la vaine pâture. (L. 5 avril 1884, art. 68.)

Le conseil municipal est encore appelé à délibérer sur la mise en valeur des marais et des terres incultes appartenant à la commune (L. 28 juillet 1860, art. 2), et sur la restauration des terrains en montagnes. (L. 4 avril 1882). La loi du 28 juillet 1860 sur la mise en valeur des terres incultes ne s'applique qu'à celles qui ont besoin d'être desséchées ou assainies ; elle ne doit pas être étendue aux terrains n'exigeant aucun travail pour être mis en valeur. (I. M. 1863, p. 67.) Les préfets ne peuvent donc se prévaloir des dispositions de cette loi pour mettre les conseils municipaux en demeure d'effectuer l'assainissement ou l'amélioration des terres incultes qu'autant que l'État serait fondé, au refus de ces conseils, à exécuter l'opération d'office et les travaux nécessaires, routes, fossés d'écoulement, etc., pour rendre les terrains propres à la culture. Mais les travaux ordinaires de cette culture n'entrent pas dans les prévisions de la loi. (I. M. 1863, p. 581.)

L'aliénation ou le partage de communaux entre les habitants chefs de ménage, à la charge de payer une redevance, dispense d'ailleurs de recourir à l'application de la loi du 28 juillet 1860. (I. M. 1883, p. 376.)

Les délibérations des conseils municipaux sur ces objets sont adressées au sous-préfet ; elles sont exécutoires sur l'approbation du préfet. (L. 5 avril 1884, art. 68.) — Voy. Acquisition, Aliénation, Baux, Échanges, Marais, Parcours, Reboisements, Travaux. Voy. *Dict. des Formules*, n° 180.

Des biens en jouissance commune. — Les biens dont les fruits sont perçus en nature par les habitants consistent : 1° en pâturages, marais et tourbières ; 2° en terres cultivées en allotissements ; 3° en varech, sart ou goémon ; 4° en bois destinés au pâturage, au panage, et à l'affouage.

La loi du 5 avril 1884, n'ayant pas compris le mode de jouissance des biens communaux dans l'énumération faite par l'article 68 des objets à l'égard desquels les délibérations des conseils municipaux ne deviennent exécutoires qu'en vertu de l'approbation préfectorale, il s'ensuit que le conseil municipal a, en vertu de l'article 61, le pouvoir de régler le mode de jouissance et la répartition des pâturages et fruits communaux autres que les bois, ainsi que les conditions à imposer aux parties prenantes. Le conseil peut réformer tous usages (1) ou règlements antérieurs et faire participer plus également les habitants à la jouissance dont il s'agit. Toutefois, lorsque le mode de jouissance que le conseil municipal réforme ou modifie a été établi primitivement par d'anciens édits ou des ordonnances royales, la délibération n'est exécutoire qu'après avoir été approuvée par le préfet. (D. 25 mars 1852, tableau A, § 40.)

Tout changement doit tendre à améliorer l'usage préexistant; les conseils municipaux doivent avoir soin, notamment, de stipuler des redevances au profit de la caisse municipale. C'est là un moyen légitime et naturel d'accroître les revenus des communes, qui, dans un trop grand nombre de localités, sont insuffisants pour subvenir aux dépenses les plus nécessaires. On doit veiller surtout à ce que les nouveaux modes de jouissance ne consacrent point d'injustes inégalités entre les chefs de ménage d'une même commune. En principe, chaque habitant ayant feu séparé a un droit égal à la jouissance des biens communaux. Si des usages dérogatoires ont été tolérés, il appartient aux conseils municipaux d'y mettre un terme lorsqu'ils votent des changements dans les usages anciens. (Circ. int. 5 mai 1852.)

La plupart des règles de partage propres à l'affouage s'appliquent également à la jouissance des autres biens communaux. Ainsi, le bénéfice de cette jouissance est attaché à la qualité de Français, domicilié dans la commune, et ayant feu ou ménage séparé. Toutefois, à la différence de ce que nous avons dit pour l'affouage, le domicilié doit avoir au moins un an de durée pour conférer le droit à la jouissance des autres biens.

Il existe dans quelques localités un mode de jouissance qui diffère essentiellement des règles de l'affouage : c'est le partage de jouissance ou l'allotissement des biens entre les habitants, soit pour un temps déterminé, soit à vie, soit même avec le droit de transmettre le lot communal à ses héritiers.

Ces partages usufruitiers, qui tirent leur origine d'anciens édits, ne seraient plus autorisés de nos jours. On permet seulement des allotissements de cette nature, pourvu que leur durée n'excède pas quinze ou dix-huit ans, et moyennant le payement de redevances qui, bien que modérées eu égard à la valeur des terrains concédés, augmentent d'une manière sensible les revenus communaux. (Décis. min. de l'int., 1857.)

Quelle que soit la durée des partages de jouissance, plusieurs règles leur sont communes. Ainsi, chaque chef de ménage ne peut posséder qu'un seul lot, et il le perd lorsqu'il quitte la commune. Si le lot devient vacant par cette cause ou toute autre, il fait retour à la commune, qui l'attribue au plus ancien chef de ménage non encore pourvu. Celui-ci doit exercer son droit dès qu'il y est appelé ; car s'il refuse, il perd son tour d'ancienneté et ne peut plus arriver au partage qu'après tous les chefs de ménage inscrits au moment de son refus. (Arrêt du cons. d'État, 22 novembre 1836.)

Aux termes d'un arrêt du conseil du roi du 26 février 1799, l'aîné

_____

(1) La loi du 23 novembre 1883, qui a modifié l'article 105 du Code forestier en abolissant les anciens usages, est spéciale aux affouages. Elle ne fait aucune mention des autres modes de jouissance des biens communaux. On doit en conclure que les anciens usages restent en vigueur à l'égard des biens tant qu'ils ne sont pas modifiés comme est dit ci-dessus.

mâle de chaque famille est seul admis à succéder aux parts de marais possédées par ses parents au moment de leur décès et aucun droit d'usufruit n'est réservé en faveur du conjoint survivant. En conséquence, le fils puîné investi par un arrêté municipal d'une part de marais qui était possédée en propre par sa mère, n'a aucun droit à cette part laissée vacante par la mort de celle-ci; cette part doit appartenir au fils aîné et ne peut être légalement détenue par le père du chef de son fils aîné en qualité de tuteur dudit ayant droit, lorsque celui-ci, d'ailleurs, n'a pas renoncé à la succession de sa mère et n'était pas à cette époque pourvu d'une autre part. Si l'aîné a opté pour une autre part, dont il a été mis en possession comme plus ancien chef de ménage et si la part qui, devenue vacante par suite de cette option, aurait dû faire retour à la commune, a été indûment retenue par le père qui en a joui sans droit jusqu'à sa mort, le fils puîné ne peut se prévaloir de cette circonstance pour revendiquer cette part du chef de son père. (Arrêt, 20 mai 1881.)

Le Conseil d'État a également décidé par arrêt du 24 mars 1882 (commune d'Annœulin, Nord) que le pourvoi d'une commune n'est pas recevable lorsqu'il tend à faire déclarer qu'une part ménagère de marais, ayant appartenu à un de ses habitants, ne doit pas faire retour à la communauté, pour être dévolue aux aspirants inscrits par rang d'ancienneté, mais que ladite portion doit être dévolue aux héritiers de cet habitant conformément à l'arrêté du conseil du roi du 25 février 1779, lorsque ladite commune ne justifie d'aucun intérêt direct qui soit de nature à lui donner qualité pour porter ce litige devant le Conseil d'État... Aucun texte de loi ou de règlement n'ayant d'ailleurs donné qualité aux communes pour faire valoir, le cas échéant, les droits qui peuvent appartenir en cette matière à certains de leurs habitants.

Les communes qui amodient à leurs habitants, par voie d'allotissement, les biens dont elles sont propriétaires, ne sont pas toujours tenues de prendre pour base de cette opération le nombre des feux ou chefs de ménage, suivant la règle établie par les décrets du 20 juin 1807 et 26 avril 1808 pour la répartition des fruits communaux. Si le prix de location est exactement basé sur l'estimation des biens et qu'il s'agisse par conséquent de baux véritables, les habitants deviennent des preneurs ordinaires, et c'est en vertu des articles 61 et 68 de la loi du 5 avril 1884 que le conseil municipal arrête les conditions de la mise en ferme sous le contrôle ou l'approbation de l'autorité préfectorale, suivant la durée de la location; rien ne s'oppose dès lors à ce que les biens amodiés soient divisés en autant de lots que la commune le juge conforme à ses intérêts. Mais si la commune n'exige des concessionnaires qu'une redevance inférieure à la valeur estimative des biens amodiés, l'opération prend le caractère d'un partage de jouissance, et, dans ce cas, la règle de la répartition par feux est la seule applicable. (Décis. min. de l'int. 1857.)

C'est à l'autorité judiciaire qu'il appartient de connaître des questions relatives à l'aptitude personnelle d'un particulier qui réclame sa participation à la jouissance des biens communaux. — Voy: AFFOUAGE, PANAGE, PATURAGE, TOURBIÈRES, VARECH, etc.

De la jouissance des biens en cas de réunion de communes. — Lorsqu'il y a lieu à un changement de circonscription communale, la commune réunie à une autre commune conserve la propriété des biens qui lui appartenaient. — Les habitants de cette commune conservent la jouissance de ceux de ces mêmes biens dont les fruits sont perçus en nature.—Il en est de même de la section réunie à une autre commune pour les biens qui lui appartenaient exclusivement.—Les édifices et autres immeubles servant à un usage public et situés sur le territoire de la commune ou de la section de commune réunie à une autre commune, ou de la section érigée en commune séparée, deviennent la propriété de la commune à laquelle est faite la réunion ou de la nouvelle commune.

Les actes qui prononcent des réunions ou des distractions de communes en déterminent expressément toutes les autres conditions.

En cas de division, la commune ou la section de commune réunie à une autre commune ou érigée en commune séparée, reprend la pleine propriété de tous les biens qu'elle avait apportés. (Art. 7, loi 5 avril 1884.)

Biens de sections. — Les sections de commune qui tirent leur origine, les unes des anciennes communautés d'habitants, les autres des réunions, distractions ou autres modifications de circonscriptions territoriales autorisées par les lois modernes, ont souvent des intérêts absolument distincts de ceux de la commune, car elles possèdent des droits et biens propres de même qu'elles supportent des charges qui leur sont spéciales.

Néanmoins, en règle générale, le conseil municipal est le représentant légal des intérêts des sections qui composent la commune. La loi n'accorde aux sections une représentation spéciale par une commission syndicale que lorqu'il s'agit : 1° de soutenir une action judiciaire contre la commune ou une autre section (art. 128, L. 5 avril 1884) ; 2° d'une modification de territoire (art. 4, L. 5 avril 1884, art. 4); 3° de mettre en valeur des terres incultes. (L. 18 juillet 1860.)

Il appartient au conseil municipal de décider la vente des biens de section, mais le produit de la vente doit profiter spécialement à la section. Il ne peut être affecté au payement des dépenses générales de la commune que pour une part proportionnelle au chiffre des quatre contributions directes payées les habitants de la section et en déchargeant ceux-ci jusqu'à concurrence des impositions établies pour y faire face. (Avis C. d'Etat, 25 avril 1862.)

Le conseil peut aussi amodier les biens dont la section jouit en nature, mais les revenus provenant du nouveau mode de jouissance doivent profiter exclusivement à la section propriétaire. (C. d'Et., 21 nov. 1873.)

Enfin le conseil peut régler le mode de jouissance commune des biens de section, mais sans pouvoir admettre à cette jouissance des personnes étrangères à la section.

Les sections ont par contre des charges propres. Elles doivent pourvoir au payement des impôts dus pour leurs biens, ainsi qu'à celui des dépenses faites dans leur intérêt et elles doivent contribuer pour leur part dans les dépenses générales de la commune. Le ministre de l'intérieur a prescrit de prendre pour base de la répartition des charges le montant des contributions directes payées dans chaque section. (Déc. 1860, Av. C. d'Etat, 18 février 1859.)

Des intérêts qui concernent plusieurs communes.—Lorsque plusieurs communes possèdent des biens ou des droits par indivis, un décret institue, si l'une d'elles le réclame, une commission syndicale composée de délégués des conseils municipaux des communes intéressées.

Chacun des conseils élit dans son sein, au scrutin secret et à la majorité des voix, le nombre de délégués qui a été déterminé par le décret.

Dans la fixation du nombre de délégués à attribuer aux communes on tient compte, non du chiffre de la population, mais de l'intérêt que peut avoir chaque commune dans l'administration des biens indivis, en raison de la part plus ou moins grande qu'elle serait en droit, en cas de partage, de revendiquer dans la propriété de ces biens.

La commission syndicale est renouvelée après chaque élection générale du conseil municipal. Elle est présidée par un syndic élu par les délégués et pris parmi eux.

Les délibérations sont soumises à toutes les règles établies pour les délibérations des conseils municipaux. (Art. 161, loi 5 avril 1884.)

Les attributions de la commission syndicale et de son président comprennent l'administration des biens et droits indivis et l'exécution des travaux qui s'y rattachent. Ces attributions sont les mêmes que celles des conseils municipaux et des maires en pareille matière. — Mais les ventes, échanges, partages, acquisitions, transactions, demeurent réservés aux conseils municipaux, qui peuvent autoriser le président de la commission à passer les actes qui y sont relatifs. (Art. 162, loi 5 avril 1884.)

La répartition des dépenses votées par la commission syndicale est faite entre les communes intéressées par les conseils municipaux. Leurs délibérations sont soumises à l'approbation du préfet.

En cas de désaccord entre les conseils municipaux, le préfet prononce sur l'avis du conseil général, ou dans l'intervalle des sessions de la commission départementale. Si les conseils municipaux appartiennent à des départements différents, il est statué par décret. La part de dépenses définitivement affectée à chaque commune est portée d'office aux budgets respectifs, conformément à l'article 149 de la loi du 5 avril 1884. (Art. 163.)—Voy. COMMISSION SYNDICALE.

Partages de biens communaux. — Ces partages sont de trois sortes, savoir : partages de biens indivis entre plusieurs communes; partages de biens indivis entre plusieurs sections de commune; partages de biens communaux entre les habitants.

Nul ne peut être contraint à rester dans l'indivision (C. civ., art. 815). Les communes peuvent, comme les particuliers, invoquer ce principe, sauf les restrictions qui dérivent de leur état de minorité. (Arrêt de cass., 4 thermidor an VII.)

La loi du 5 avril 1884 est muette en ce qui concerne les partages, on doit en conclure que les règles posées par la jurisprudence subsistent. Nous les exposons ci-dessous.

Lorsque les conseils municipaux des communes copropriétaires sont d'accord pour opérer le partage, le sous-préfet prescrit une enquête *de commodo et incommodo*, et désigne le commissaire enquêteur. Les maires des communes intéressées nomment ensuite, de part et d'autre, des experts qui sont chargés de former les lots et de les tirer au sort : en cas de désaccord entre eux, le sous-préfet nomme un tiers expert.

Le partage doit se faire en raison du nombre de feux ou chefs de ménage existant dans chaque commune au moment où le partage est demandé (Av. Cons. d'État 20 juillet 1807 et 26 avril 1808; Cass. 20 juillet 1840), à moins qu'il n'existe des titres de propriété, des règlements conventionnels, ou une possession immémoriale qui attribuent des droits différents aux communes propriétaires. (Cass. 13 mai 1840.)

L'expertise terminée, le procès-verbal de cette opération, le procès-verbal de l'enquête et l'avis du commissaire enquêteur sont communiqués aux conseils municipaux, et transmis ensuite, avec les délibérations de ces conseils, au sous-préfet, qui y joint son avis motivé. Le préfet apprécie l'opportunité du partage, et rend exécutoires, s'il y a lieu, les délibérations des conseils municipaux, en les approuvant par un arrêté rendu en conseil de préfecture.

Les maires font ensuite constater le partage par un acte authentique, qui devient définitif par l'homologation du préfet.

Dans le cas où les communes copropriétaires appartiennent à des départements différents, les préfets se concertent pour donner de part et d'autre aux communes de leur ressort l'autorisation nécessaire. (Circ. Int. 25 juillet 1839.)

L'administration, dit la circulaire du 10 avril 1852 sur la décentralisation administrative, doit favoriser les partages de biens entre communes plutôt que les empêcher. L'indivision, en effet, est une source d'embarras et de difficultés, elle encourage les usurpations, et peut, dès lors, compromettre gravement les intérêts des copropriétaires. Il importe, d'ailleurs, d'éviter, autant que possible, dans la composition des lots, de trop fortes compensations en argent.

Suivant la jurisprudence constante de l'administration, le préfet est exclusivement compétent pour trancher entre les parties les difficultés relatives aux opérations purement matérielles du partage, telles que celles qui consistent, par exemple, dans la nomination des experts, la formation des parts à distribuer, et le tirage des lots au sort. Lorsqu'il s'agit, au contraire, d'une contestation sur le mode même du partage, elle ne peut être vidée que par le conseil de préfecture, sauf recours au Conseil d'État, conformément aux dispositions des articles 1 et 2, section V de la loi du 10 juin 1793. Quant aux questions de propriété, elles restent du domaine de l'autorité judiciaire. (Circ. 10 avril 1852.)

Les partages de biens entre les sections de communes sont soumis aux mêmes règles que les partages entre les communes. Seulement, le conseil municipal de la commune délibère seul, la loi n'accordant aux sections de représentants spéciaux que dans les deux cas suivants : lorsqu'il s'agit de distraire une section d'une commune, ou en cas de litige entre la section et la commune.

Quant aux partages entre les habitants, comme on l'a vu plus haut, les seuls partages temporaires de jouissance pourraient être autorisés. Tout partage de biens communaux, qui comprendrait la propriété du fonds, et qui serait définitif, est interdit (Av. du Cons. d'État, 21 février 1838). Toutefois, l'administration supérieure permet aux communes, lorsque les conseils municipaux en font la proposition, de concéder ces mêmes terrains par lots aux habitants chefs de ménage, mais à la charge par ceux-ci d'en payer la valeur estimative dans un délai qui ne doit pas en général excéder dix années. (Décis. min. de l'int. 1863).

Ces partages doivent toujours être précédés d'une expertise, d'une enquête et de la rédaction d'un cahier des charges. (Circul. 5 mai 1852 et D. 4 mars 1865.)

Le conseil municipal délibère de nouveau sur les dires de l'enquête, si elle renferme des oppositions au projet de partage. Le préfet décide ensuite s'il y a lieu ou non à autoriser le partage. Les règles de compétence pour le jugement des contraventions sont les mêmes qu'en matière de partage entre communes.

Usurpations. — La loi du 18 juin 1793 réglant le partage des biens communaux, décrété le 14 août 1792, favorisa tellement les usurpations, que les communes se virent bientôt dépouillées de la plupart de leurs biens.

On fut obligé de prendre des dispositions particulières pour réintégrer
les communes dans leurs droits. Tel fut le motif de l'ordonnance du
23 juin 1819, qui enjoignit aux détenteurs de biens usurpés d'en faire
la déclaration dans un délai de trois mois, et décida que ceux qui rempliraient cette condition seraient maintenus en possession, moyennant le
payement des quatre cinquièmes de la valeur actuelle. Les détenteurs
qui n'ont pas profité de ces dispositions peuvent être poursuivis en restitution des biens ainsi que des fruits recueillis au moins pendant les
cinq dernières années. (Cir. Int., 10 juin 1843.)

Le conseil de préfecture est juge des contestations sur le fait et
l'étendue de l'usurpation. Si les soummissions sont rejetées ou s'il n'en
est pas fait, il y a lieu, sur la demande de l'administration municipa e,
d'ordonner le déguerpissement des détenteurs, et, au besoin, la démolition des bâtiments qu'ils auraient élevés sur des terrains usurpés. (Arrêt Cons. d'État, 21 juin 1839.)

Si le détenteur, en niant l'usurpation, fonde son droit sur un partage écrit ou verbal, ou sur une adjudication de biens nationaux, le
conseil de préfecture demeure compétent pour statuer sur ces divers
moyens, en vertu de l'article 4 de la loi du 28 pluviôse an VIII et de
l'article 6 de celle du 9 ventôse an XII. (Arrêt Cons. d'État, 16 juin 1831,
17 mars 1835, 18 mars 1841.)

Mais si le détenteur prétend être propriétaire à titre privé, le conseil
de préfecture doit se récuser et renvoyer les parties devant les tribunaux
civils, s'il juge, toutefois, opportun d'autoriser la commune à intenter
l'action. Cette règle de compétence est formellement établie par l'article 6 de l'ordonnance du 23 juin 1819.

Dans aucun cas, il n'appartient aux préfets de prononcer au fond en
cette matière; ils n'ont qu'un simple avis à donner, et ne peuvent ordonner le déguerpissement. (Arrêt Cons. d'État 8 septembre 1839.) Il
leur appartiendrait, toutefois, d'autoriser, sur la demande du conseil
municipal, la concession d'un bien usurpé, si le détenteur devait en payer
la valeur intégrale. La raison en est que dans ce cas, il s'agirait, non
pas de l'application de l'ordonnance du 23 juin 1819, mais d'une aliénation ordinaire. (Av. Com. Int. 14 mars 1843.)

Les décisions des conseils de préfecture, relatives aux usurpations
de biens communaux, sont sujettes à l'appel devant le Conseil d'État.
Voy. *Dict. des formules*, nos 181, 182, 182 *bis*, 184, 185, 186.

Contributions. — La loi du 26 germinal an XI a réglé le mode de
payement des contributions foncières assises sur les biens communaux.
Ces contributions, ainsi que les prélèvements établis par les lois sur les
biens et revenus communaux, ont été mises au rang des dépenses obligatoires des communes, par l'article 136, § 16 de la loi du 5 avril 1884.
— Voy. Bois COMMUNAUX, CONTRIBUTIONS DIRECTES.

Contestations. — *Compétence.* — Les contestations relatives aux
biens communaux ressortissent à trois autorités différentes suivant leur
objet. C'est en règle générale aux tribunaux ordinaires qu'il appartient
de connaître des questions de propriétés, de titre ou acte de droit
commun, de nationalité, d'état civil, ainsi que d'aptitude personnelle
desquelles dérive leur allotissement. Le conseil de préfecture est juge,
sauf recours au Conseil d'État, des contestations sur les conditions de
transmissions de lots et en général de l'exécution des actes et de l'interprétation des usages relatifs à l'allotissement (L. 10 juin 1773, 9 ventôse
an XII, D. 4° jour complémentaire de l'an XIII et Arr. C. d'État 14 avril,

8 oct. 1853). Toutes les autres réclamations, soit sur le règlement, soit sur la répartition, rentrent dans la compétence du préfet ou du ministre.

Biens de mainmorte. — Voy. MAINMORTE.

Biens de mineurs. — Chacune des affiches annonçant une vente de biens de mineurs doit être visée et certifiée par le maire des communes où elles auront été apposées. (C. civ., art. 459.) — Voy. AFFICHES.

Biens des églises. — Voy. FABRIQUES.

Biens des hospices et des pauvres. — Voy. BUREAUX DE BIENFAISANCE, HOSPICES.

Billards publics. — Il en est des billards comme de tous les autres lieux publics; ils sont soumis à la surveillance de l'autorité municipale. — Voy. CABARET ET CAFÉS, LIEUX PUBLICS. — *Dict. des formules,* n° 187.

Billards (Taxe sur les). — Ce nouvel impôt est régi par les articles 8 et 10 de la loi de finances du 16 septembre 1871, et par l'article 5 de la loi du 18 décembre 1871. Un décret en date du 27 décembre 1871, portant règlement d'administration publique, détermine les moyens d'exécution des lois précitées. Les dispositions de ces divers documents sont reproduites ci-après, ainsi que les principales prescriptions de l'instruction de la direction générale des contributions directes du 6 janvier 1872, concernant l'assiette et la mise en recouvrement des taxes.

Bases de cotisation. — Les billards publics et privés sont soumis aux taxes suivantes :

Paris	60 fr.
Villes au-dessus de 50,000 âmes . .	30
Villes de 10,000 âmes à 50,000 âmes	15
Ailleurs	6

(L. 16 septembre 1871, art. 7.)

La taxe est due pour l'année entière, à raison de chaque billard possédé ou dont on a la jouissance, à la date du 1er janvier. (D. 27 décembre 1871, art. 1er.)

Elle est due par tous ceux qui possèdent des billards, à quelque titre qu'ils en aient la jouissance, qu'ils les tiennent à la disposition du public ou qu'ils les réservent pour leur usage privé. La taxe s'applique même aux billards dont les propriétaires ne feraient pas usage et la circonstance que le propriétaire a démonté quelques pièces d'un billard ne fait pas obstacle à ce que la taxe soit due, alors que ce billard pouvait être mis en état de servir après un rapide remontage. (Arrêt du 27 décembre 1878.)

Toutefois les fabricants et les marchands de billards ne sont pas imposables à raison des billards qu'ils possèdent pour la vente et la location et qu'ils n'emploient pas personnellement comme objet de distraction.

L'article 1er du décret précité, portant que la taxe est due pour les billards possédés au 1er janvier, il n'y pas lieu d'asseoir une imposition sur ceux que les particuliers viendraient à acquérir en cours d'exercice. Il en est de même par les billards publics, sauf, comme il est dit plus loin, le cas de cession d'établissement. (Ins. 6 janvier 1872.)

Les billards situés dans la banlieue d'une ville sont taxés d'après la population totale de la circonscription communale et non d'après la population comprise dans la banlieue. (Arrêt Cons. d'Etat, 26 avril 1873. — *Mém*. 1874, p. 324.)

Déclaration à faire par les contribuables. — Les possesseurs de billards, soit publics, soit privés, doivent en faire la déclaration à la mairie de la commune où se trouvent ces billards. (L. 16 septembre 1871, art. 10.)

Les déclarations sont reçues du 1er octobre de chaque année au 31 janvier de l'année suivante. (D. 27 décembre 1871, art. 3.)

Comme on l'a vu plus haut, pour être passible à la taxe, il n'est pas nécessaire d'être propriétaire des billards possédés; il suffit d'en avoir la jouissance : le fait seul de la possession, même par suite de location, donne lieu à l'ouverture de la taxe au nom du détenteur. Par conséquent, c'est le possesseur ou son fondé de pouvoirs qui doit faire la déclaration exigée en exécution de la loi du 16 septembre 1871.

Les déclarations sont inscrites sur un registre à souche spécialement tenu à cet effet dans chaque mairie. Elles doivent présenter une série non interrompue de numéros et relater les noms, prénoms, qualité et domicile des déclarants, ainsi que le nombre des billards possédés au 1er janvier de l'année pour laquelle la taxe est due. Chaque déclaration est signée de celui qui la présente et porte en tête la date exacte du jour de sa réception à la mairie.

Lorsque la déclaration est effectuée par un fondé de pouvoirs, le fait est relaté dans la déclaration.

Un récépissé reproduisant les indications consignées au registre est remis au déclarant par le maire. (D. 29 décembre 1871, art. 4; Inst. 8 janvier 1872.)

Passé le 31 janvier, aucune déclaration ne pouvant plus produire son effet sur les rôles de l'année courante, les maires doivent, dès le 1er février, détacher du registre toutes les déclarations qu'ils ont reçues et les transmettre au directeur des contributions directes, en y joignant un bordereau indiquant le nombre des déclarations. Dans le cas où aucune déclaration n'aurait été faite, le maire en informerait le directeur, à la même époque, par l'envoi d'un bordereau négatif. Le directeur accuse réception au maire de l'envoi que celui-ci lui a fait.

Les directeurs ont soin d'approvisionner les maires de formules nécessaires à la réception des déclarations. Ils doivent en envoyer dans toutes les communes, à l'exception de celles où ils sont certains qu'il ne se trouve aucun billard public ou privé. (Inst. 5 janvier 1872.)

Les déclarations produisent leur effet jusqu'à la déclaration contraire, et les taxes continuent à être perçues sur le pied de l'année précédente, tant qu'il n'y a pas lieu à changement dans l'établissement desdites taxes.

Les déclarations tendant à la diminution ou à la radiation des taxes doivent, à peine de nullité, être faites avant le 31 du mois de janvier qui suit l'année pendant laquelle la taxe a cessé d'être due, en totalité ou en partie. Il en est de même à l'égard des billards transférés dans une localité dont le tarif est moins élevé. (D. 27 décembre 1871, art. 5.)

Les taxes sont doublées pour les contribuables qui ont fait des déclarations inexactes ou qui n'ont pas fait les déclarations prescrites avant le 31 janvier de chaque année. (L. 16 septembre 1871, art. 10.)

Confection des rôles. — Les rôles des taxes sur les billards sont dressés, par perception, d'après un état-matrice rédigé par le contrôleur des contributions directes et annuellement renouvelé par lui. L'état-matrice présente, d'une part, les nom, prénoms, profession et résidence des redevables, et, d'autre part, le détail des bases d'imposition. (D. 27 décembre 1871, art. 7.)

Lorsque les faits pouvant donner lieu à de doubles taxes motivées par l'omission ou l'inexactitude des déclarations n'ont pas été constatés en temps utile pour entrer dans la formation du rôle primitif, il est dressé dans le cours de l'année un rôle supplémentaire. (Id., art. 6.)

Recouvrement des taxes. Réclamations. — Les rôles, après avoir été arrêtés et rendus exécutoires par le préfet, sont transmis, avec les avertissements, aux percepteurs, par l'entremise des receveurs des finances.

Les taxes sont recouvrées comme en matière de contributions directes. (L. 18 décembre 1871, art. 5.)

Elles sont payables par portions égales, en autant de termes qu'il reste de mois à courir à la date de la publication du rôle. (D. 27 décembre 1871, art. 1er, § 2.)

En cas de déménagement du contribuable hors du ressort de la perception, la taxe ou la portion de taxe restant à acquitter est immédiatement exigible.

En cas de décès du contribuable, les héritiers sont tenus au payement de la taxe ou portion de taxe non acquittée. (Id., art. 2.)

Le payement intégral et immédiat serait également exigible en cas de vente volontaire ou forcée. (Inst. 6 janv. 1872.)

En cas de cession d'un établissement renfermant un ou plusieurs billards publics, la taxe afférente à ces billards est, si le cédant en fait la demande, transférée à son successeur. (D. 27 décembre 1871, art. 2.)

L'instruction et le jugement des réclamations en décharge ou réduction et des demandes en remise ou modération ont lieu comme en matière de contributions directes. (L. 18 décembre 1871, art. 5.)

La présentation des réclamations doit conséquemment être faite dans les formes et les délais légaux relatifs à ces contributions.

Les répartiteurs, n'intervenant point dans l'assiette de la taxe sur les billards, n'ont point à donner leur avis sur les réclamations y relatives; ces réclamations doivent être communiquées au maire seul, comme pour la contribution des patentes. — Voy. CONTRIBUTIONS DIRECTES, RÉCLAMATIONS.

Billets de logement. — Voy. LOGEMENT DES TROUPES.

Billon. — On appelle billon toute monnaie de cuivre. La monnaie de cuivre ou de billon ne peut être employée dans les payements, si ce n'est de gré à gré, que pour l'appoint de la pièce de 5 francs. (D. 18 août 1810.)

Binage. — On désigne sous le nom de binage le double service qu'un curé, desservant ou vicaire, à ce autorisé par l'évêque, fait, et dans la paroisse à laquelle il est attaché, et dans une autre cure ou succursale actuellement vacante. L'exercice régulier du binage donne droit à la jouissance du presbytère de la succursale vacante et ses dépendances, et à une indemnité de 200 francs sur les fonds de l'Etat.

Blaireaux. — Les blaireaux sont au nombre des animaux nuisibles dont l'autorité municipale doit encourager la destruction. — Voy. Lou-VETERIE.

Blanchisserie. — Les blanchisseries de toiles et fils de chanvre, de lin et de coton, par le chlore ou l'acide sulfureux, sont rangées dans la deuxième classe des établissements insalubres. Celles où l'on opère au moyen des chlorures alcalins ne sont placées que dans la troisième classe. (D. 5 décembre 1866.) Voy. ETABLISSEMENTS DANGEREUX OU INSA-LUBRES.

Blanchisseurs. — La profession de blanchisseur et blanchisseuse appelle la surveillance de l'autorité municipale. Il doit être strictement interdit, sous les peines de simple police, de savonner dans les fontaines ou cours d'eau destinés à l'usage des hommes et des animaux. — Voy. FONTAINES PUBLIQUES.

Blatiers. — On nomme blatiers les débitants de grains et de farines en détail. — Voy. GRAINS.

Blé. — Voy. BOULANGERS, GRAINS.

Blessures. — Voy. COUPS ET BLESSURES.

Bois de chauffage. — L'autorité municipale a, en vertu des pouvoirs que lui confère l'article 97 de la loi du 5 avril 1884, le droit de régler, dans l'intérêt de la sûreté publique, les mesures de police à observer en ce qui concerne l'emmagasinement, la vente des bois de chauffage. C'est dans les règlements antérieurs à 1789, et spéciaux à la ville de Paris, notamment dans les ordonnances des 13 avril 1744, 8 juillet 1784 et 23 août 1785, que se trouvent les dispositions qui peuvent s'appliquer le plus généralement au commerce du bois à brûler.

On peut consulter, en outre, l'ordonnance du préfet de police du 5 floréal an XI, concernant le repêchage des bois de chauffage qui s'échappent des trains; celle du 24 floréal an XII, relative aux voituriers et charretiers travaillant sur les ports et dans les chantiers, et celle du 20 prairial suivant, concernant le commerce de bois à brûler dans les communes du ressort de la préfecture de police. La plupart des dispositions de ces ordonnances sont susceptibles d'une application générale. — *Dict. des formules*, n°ˢ 207 à 210.

Bois des communes et des établissements publics.

— La loi du 5 avril 1884 n'a rien changé à la législation, en ce qui concerne l'administration des bois des communes et des établissements publics, qui reste telle qu'elle a été réglée par la loi du 21 mai 1827, à laquelle on a donné le titre de Code forestier, et par l'ordonnance d'exécution du 1ᵉʳ août suivant.

Régime forestier. — Les bois appartenant aux communes et aux établissements publics, qui ont été reconnus susceptibles d'aménagement ou d'une exploitation régulière, sont soumis au régime forestier. (C. F., art 1ᵉʳ.)

Cette reconnaissance a lieu par un arrêté du préfet, pris sur la proposition de l'administration forestière, et d'après l'avis des conseils municipaux ou des administrateurs des établissements publics. (Id., art. 90.)

Les bois des communes ou des établissements publics, soumis au régime forestier, sont assujettis aux mêmes règlements que les bois de l'État, sauf quelques modifications qui seront indiquées ci-après.

Aux termes de l'article 50 paragraphes 2 et 3 de la loi du 10 août 1871, les conseils généraux doivent être consultés sur la soumission des bois et forêts des communes au régime forestier, sur la conversion des bois en terrains et pâturages ainsi que sur l'aménagement, l'exploitation ou le défrichement de ces bois et forêts. Cette disposition a été étendue aux bois des établissements publics par la décision ministérielle du 6 novembre 1872. (*Bull. off. Int.* 1873, p. 59.)

Délimitation et bornage. — Lorsqu'il s'agit d'effectuer la délimitation des bois et des communes et des établissements publics, les maires et administrateurs sont consultés pour la nomination des experts; ils ont le droit d'assister aux opérations, de faire consigner leurs dires au procès-verbal. Les conseils municipaux et les administrateurs délibèrent sur cet acte avant qu'il soit soumis à l'homologation. (O. 1ᵉʳ août 1827, art. 130 et 131.)

En cas de contestation ou d'opposition, les actions sont suivies, s'il y a lieu, par les maires ou administrateurs, dans les formes ordinaires. (Id., art. 132.) — Voy. ACTIONS JUDICIAIRES, PROCÈS.

Le receveur de la commune ou de l'établissement est chargé de poursuivre le payement des frais mis à la charge des riverains. (Id., art. 133.)

Aliénations, échanges, défrichements, partages. — Les communes et établissements publics ne peuvent aliéner ou échanger leurs bois, ni faire aucun défrichement de leurs bois sans une autorisation expresse et spéciale du gouvernement. — Voy. ALIÉNATIONS, ÉCHANGES.

Ceux qui auraient ordonné ou effectué des défrichements sans cette autorisation sont passibles d'une amende de 500 francs au moins et de 1,500 francs au plus par hectare défriché, et tenus, en outre, de rétablir les lieux en nature de bois. (C. F., art. 91.) — Voy. DÉFRICHEMENT.

La propriété des bois communaux ne peut jamais donner lieu à partage entre les habitants.

Mais lorsque deux ou plusieurs communes possèdent un bois par indivis, chacune conserve le droit d'en provoquer le partage. (Id., art. 92.) Voy. BIENS COMMUNAUX, PARTAGE.

Administration et surveillance. — La gestion des bois des communes et des établissements publics, soumis au régime forestier, est confiée à l'administration des forêts de l'Etat. Toutefois, les communes et les établissements publics ont des gardes particuliers dont le salaire est à leur charge. (C. F., art. 108.)

Ces gardes sont nommés par les préfets, sur la proposition des conservateurs. — Voy. GARDES FORESTIERS.

Aménagement. — Les conseils municipaux et les administrateurs doivent être consultés sur les propositions d'aménagements ou de modifications d'aménagements qui concernent leurs bois, ainsi que sur les travaux d'amélioration, tels que les recepages, repeuplements, clôtures, routes, constructions de loges pour les gardes, etc.

Si les communes n'élèvent point d'objections, les travaux sont autorisés par le préfet sur la proposition du conservateur. Dans le cas contraire, il est statué par le Président de la République, sur le rapport du ministre compétent. (O. 1er août 1827, art. 15 et 136.)

Lorsqu'il s'agit de la conversion en bois et de l'aménagement de terrains en pâturage, la proposition de l'administration forestière est communiquée aux maires et aux administrateurs des établissements publics ; en cas de contestation entre le conseil municipal ou les administrateurs appelés à délibérer, il est statué par le conseil de préfecture, sauf le le pourvoi au conseil d'Etat. (C. F., art. 90.)

Quart en réserve. — Un quart des bois appartenant aux communes et aux établissements publics doit toujours être mis en réserve, lorsque ces communes ou établissements possèdent au moins dix hectares de bois réunis ou divisés. Cette disposition n'est pas applicable aux bois totalement peuplés en arbres résineux. (C. F., art. 93.)

Hors le cas de dépérissement des quarts en réserve, l'autorisation de les couper n'est accordée que pour cause de nécessité bien constatée, et à défaut d'autre moyen d'y pourvoir. (O. 1er août 1827, art. 140.)

Les demandes de coupes extraordinaires nécessitent les formalités qui suivent :

Les maires des communes et les administrateurs des établissements publics, propriétaires de bois, doivent, avant le 15 juin de chaque année, adresser au préfet les propositions de coupes extraordinaires, soit par contenance, soit par pieds d'arbres, à exploiter pour l'année suivante.

Ces propositions sont ensuite transmises par les préfets aux conservateurs, avant le 30 du même mois. (Arrêté min. 4 février 1837, art. 1er.)

Les conservateurs, après avoir fait vérifier les demandes et constater l'état des bois, forment un tableau de ces demandes, par département. Ils y expriment leur avis et adressent ce tableau au préfet, avec toutes les pièces à l'appui, au plus tard le 1er octobre suivant. (Id., art. 2.)

Les préfets après avoir consigné leur avis sur ce même tableau, le transmettent à l'administration des forêts avec toutes les pièces, avant le 15 novembre. (Id., art. 3.)

Les demandes qui ne seraient pas adressées aux conservateurs, avant le 30 juin, sont renvoyées à l'année suivante.

Néanmoins, les demandes de coupes extraordinaires, ayant pour but de satisfaire à des besoins urgents, tels que ceux résultant d'incendies, inondations et autres cas de force majeure, sont instruites au fur et à mesure de leur présentation. (Id., art. 4.) — *Dict. des formules*, n° 193.

Bois taillis. — Dans toutes les forêts qui sont aménagées, l'âge de la coupe des taillis est fixé à vingt-cinq ans au moins, et il n'y a d'exception à cette règle que pour les forêts dont les essences dominantes sont le châtaignier et les bois blancs, ou qui sont situées sur des terrains de la dernière qualité. (O. 1er août 1827, art. 69.)

Lors de l'exploitation des taillis, il est réservé cinquante baliveaux de l'âge de la coupe par hectare. (Id., art. 70.)

Quant aux forêts d'arbres résineux où les coupes se font en jardinant, l'aménagement détermine l'âge ou la grosseur que les arbres devront atteindre avant que la coupe puisse être ordonnée. (Id., art. 72.)

Les coupes ordinaires, lorsqu'elles ne sont pas distribuées aux habitants à titre d'affouage, sont vendues par adjudications publiques, suivant les formes indiquées ci-après. — Voy. Affouage. — *Dict. des formules*, n° 192.

Ventes de coupes ordinaires et extraordinaires. — Les ventes de coupes, tant ordinaires qu'extraordinaires, des bois des communes et des établissements publics sont faites à la diligence des agents forestiers, dans les mêmes formes que pour les bois de l'État, et en présence du maire ou d'un adjoint pour les bois des communes, et d'un des administrateurs pour ceux des établissements publics, sans toutefois que l'absence des maires ou des administrateurs dûment appelés entraîne la nullité des opérations. (C. F., art. 100.)

Aucune vente ordinaire ou extraordinaire ne peut avoir lieu que par voie d'adjudication publique, laquelle doit être annoncée au moins quinze jours d'avance, par des affiches apposées dans le chef-lieu du département, dans le lieu de la vente, dans la commune de la situation des bois et dans les communes environnantes. (Id., art. 17.)

Toute vente faite autrement que par adjudication publique est considérée comme vente clandestine et déclarée nulle. Les fonctionnaires et agents qui auraient ordonné ou effectué la vente sont condamnés solidairement à une amende de 3,000 francs au moins, et de 6,000 francs au plus, et l'acquéreur est puni d'une amende égale à la valeur du bois vendu. (Id., art. 18.)

Est de même annulée, quoique faite par adjudication publique, toute vente qui n'a pas été précédée des publications et affiches prescrites par l'article 17 ci-dessus, ou qui a été effectuée dans d'autres lieux ou à un autre jour que ceux indiqués par les affiches ou les procès-verbaux de mise de vente.

Les fonctionnaires ou agents qui auraient contrevenu à ces dispositions seraient condamnés solidairement à une amende de 1,000 à 3,000 francs, et une amende pareille serait prononcée contre les adjudicataires, en cas de complicité. (Id., art. 19.)

Quinze jours avant l'époque fixée pour l'adjudication, l'agent forestier, chef de service, fait déposer au secrétariat de l'autorité administrative qui doit procéder à la vente : 1° les procès-verbaux d'arpentage, de bavilage et de martelage des coupes ; 2° une expédition du cahier des charges générales et des clauses particulières locales.

Le fonctionnaire qui doit présider à la vente appose son visa au bas de ces pièces pour constater le dépôt. (O. 1er août 1827, art. 83.)

Les affiches indiquent le lieu, le jour et l'heure où il sera procédé aux ventes, les fonctionnaires qui doivent les présider, la situation, la nature et la contenance des coupes, le nombre, la classe et l'essence des arbres marqués en réserve.

Il est fait, dans les affiches et dans les actes de vente des coupes extraordinaires, mention des décrets spéciaux qui les ont autorisées. (Id., art. 85.)

Le cahier des charges est basé, quant aux conditions générales, sur le modèle approuvé par le ministre des finances pour les coupes de bois de l'État ; la formule en est donnée par les instructions de la direction générale des forêts.

Il détermine le mode et les époques du payement à faire aux communes par les adjudicataires.

Il peut, en outre, imposer aux adjudicataires l'obligation de payer les frais accessoires des ventes ; le montant de ces frais est alors versé, par les adjudicataires, au receveur de la commune, qui demeure chargé de payer les frais aux ayants droit sur les mandats des maires. — *Dict. des formules*, n° 194.

Les adjudications de coupes ordinaires et extraordinaires peuvent être faites, soit aux enchères et à l'extinction des feux, soit au rabais, soit enfin sur soumissions cachetées, suivant que les circonstances l'exigent. (O. 26 novembre 1836.)

Elles ont lieu par-devant les préfets et sous-préfets dans les chefs-lieux d'arrondissement. Toutefois, les préfets, sur la proposition des conservateurs, peuvent permettre que les coupes dont l'évaluation n'excède pas 500 francs soient adjugées au chef-lieu d'une des communes voisines des bois, et sous la présidence du maire.

Les adjudications se font, dans tous les cas, en présence des agents forestiers et des receveurs chargés du recouvrement des produits. (O. 1er août 1827, art. 86.)

Les agents et gardes forestiers, les fonctionnaires chargés de présider ou concourir aux ventes, et les receveurs du produit des coupes ne peuvent prendre part aux ventes, par eux-mêmes ni par personnes interposées directement ou indirectement, soit comme parties principales, soit comme associées ou cautions. (C. F., art. 21.)

Ces défenses sont applicables aux maires, adjoints et receveurs des communes, ainsi qu'aux administrateurs et receveurs des établissements publics, pour les ventes des bois des communes et établissements dont l'administration leur est confiée.

En cas de contravention, ils sont punis d'une amende qui ne peut excéder le quart ni être moindre du douzième du montant de l'adjudication, et ils sont, en outre, passibles de l'emprisonnement et de l'interdiction prononcés par l'article 173 du Code pénal, sans préjudice des dommages-intérêts, s'il y a lieu. Les ventes sont, en outre, déclarées nulles. (C. F., art. 104.)

Toutes les contestations qui peuvent s'élever pendant les opérations d'adjudication, sur la validité des enchères ou sur la solvabilité des enchérisseurs et des cautions, sont décidées immédiatement par le fonctionnaire qui préside à la séance d'adjudication. (Id., art. 20.)

Toute association secrète, ou manœuvres entre les marchands de bois ou autres, tendant à nuire aux enchères, à les troubler ou à obtenir les bois à plus bas prix, donne lieu à l'application des peines portées par l'article 412 du Code pénal, indépendamment de tous dommages-intérêts; et si l'adjudication a été faite au profit de l'association secrète ou des auteurs desdites manœuvres, elle est déclarée nulle. (Id., art. 22.)

Dans tous les cas où les ventes et adjudications sont déclarées nulles pour cause de fraude ou de collusion, l'acquéreur ou adjudicataire, indépendamment des amendes et dommages-intérêts prononcés contre lui, est condamné à restituer les bois déjà exploités, ou à en payer la valeur sur le pied du prix d'adjudication ou de vente. (Id., art. 205.)

Aucune déclaration de command n'est admise, si elle n'est faite immédiatement après l'adjudication et séance tenante. (Id., art. 23)

Tout procès-verbal d'adjudication emporte exécution parée contre les adjudicataires, leurs associés et cautions, tant pour le payement du prix principal de l'adjudication que pour les accessoires et frais. Les cautions sont en outre poursuivies solidairement et par les mêmes voies, pour le payement des dommages, restitutions et amendes qu'aurait encourus l'adjudicataire. (Id., art. 28.)

Lorsque, faute d'offres suffisantes, les adjudications n'ont pu avoir lieu, elles sont remises, séance tenante, au jour indiqué par le président, sur la proposition de l'agent forestier. Le directeur général des forêts peut autoriser le renvoi de l'adjudication à l'année suivante, et même faire exploiter les coupes par économie, après avoir pris les ordres du ministre des finances. (O. 1er août 1827, art. 89.)

Les procès-verbaux des adjudications sont signés sur-le-champ par tous les fonctionnaires présents et par l'adjudicataire ou son fondé de pouvoirs ; et dans le cas d'absence de ces derniers, ou s'ils ne veulent ou ne peuvent signer, il en est fait mention au procès-verbal. (Id., art. 91.)

Chaque adjudicataire fournit ses obligations au trésorier général des finances du département, pour les adjudications de coupes extraordinaires, et au receveur de la commune ou de l'établissement propriétaire, pour les coupes ordinaires. Les circulaires des 16 août 1832 et 12 avril 1837 prescrivent aux receveurs des finances, ainsi qu'il est réglé en l'article 869 de l'inst. gén., dans l'intérêt de leur service et de leur responsabilité, de se faire remettre par les receveurs municipaux, pour les conserver jusqu'aux époques d'échéance, les obligations des adjudicataires de coupes ordinaires. Mais le payement de ces obligations ou traites ne saurait être effectué valablement entre les mains du receveur particulier, il doit toujours avoir lieu à la caisse du receveur municipal ou de l'établissement. (Arr. de cass., ch. civ., 30 novembre 1875.)

Lorsqu'une coupe de bois communal est indivise entre plusieurs communes, l'adjudicataire souscrit des obligations séparées pour la somme afférente à chaque commune, afin que les receveurs puissent en faire immédiatement recette dans leurs écritures.

Les traites souscrites par les adjudicataires ne peuvent être négociées.

Les trésoriers généraux poursuivent le payement desdites obligations par les moyens de poursuites autorisés par la loi du 12 septembre 1791 et par le décret du 11 thermidor an XII.

À l'égard du recouvrement du produit des coupes ordinaires, il est poursuivi, dans les formes accoutumées, par les receveurs des communes et établissements propriétaires.

Outre le prix principal de l'adjudication, il est payé par chaque adjudicataire un décime pour franc de ce prix, et de plus les droits de timbre et d'enregistrement des actes et procès-verbaux et tous frais relatifs aux ventes. Le décime est versé dans la caisse de la commune ; les droits d'enregistrement et de timbre, dans la caisse du receveur des domaines.

Exploitation. — Après l'adjudication, il ne peut être fait aucun changement à l'assiette des coupes, et il n'y est ajouté aucun arbre ou portion de bois, sous quelque prétexte que ce soit, à peine, contre l'adjudicataire, d'une amende égale au triple de la valeur des bois non compris dans l'adjudication, et sans préjudice de la restitution de ces mêmes bois ou de leur valeur. (C. F., art. 29.)

Les adjudicataires ne peuvent commencer l'exploitation de leurs coupes avant d'avoir obtenu par écrit, de l'agent forestier local, le permis d'exploiter, à peine d'être poursuivis comme délinquants pour les bois qu'ils auraient coupés. (Id., art. 30.)

Les adjudicataires ne peuvent effectuer aucune coupe ni enlèvement de bois avant le lever ni après le coucher du soleil, à peine de 100 francs d'amende. (Id., art. 35.)

Les prorogations de délai de coupe ou vidange ne peuvent être accordées que par le directeur général des forêts. Il n'en est accordé qu'autant que les adjudicataires se soumettent d'avance à payer une indemnité calculée d'après le prix de la feuille et le dommage qui résulte du retard de la coupe ou de la vidange. (O. 1er août 1827, art. 96.) — Voy. MARTELAGE.

Réserves usagères sur les coupes. — Lors des adjudications des coupes ordinaires et extraordinaires des bois des établissements publics, il est fait réserve en faveur de ces établissements, et suivant les formes qui sont prescrites par l'autorité administrative, de la quantité de bois, tant de chauffage que de construction, nécessaire pour leur propre usage.

Les bois ainsi délivrés ne peuvent être employés qu'à la destination pour laquelle ils ont été réservés, et ne peuvent être vendus ni échangés sans l'autorisation du préfet. Les administrateurs qui consentiraient de pareils ventes ou échanges seraient passibles d'une amende égale à la valeur de ces bois, et de la restitution au profit de l'établissement public de ces mêmes bois ou de leur valeur. Les ventes ou échanges seraient en outre déclarés nuls. (C. F., art. 102.)

Produits accessoires des bois. — Indépendamment du produit que les communes et établissements publics retirent de leurs coupes, il y a un assez grand nombre de produits accessoires.

On considère ordinairement comme produits accessoires : 1° les bois provenant des recepages, essartements et élagages, et les chablis, c'est-à-dire les arbres déracinés ou rompus par les vents ou brisés sous le poids de la neige et du givre, lorsque l'estimation de ces bois n'excède pas 500 francs ; 2° les bois provenant de délits ; 3° les délivrances de plants, harts et fascines ; 4° les indemnités dues pour prolongation de délais d'exploitation ou vidange ; 5° les indemnités pour réserves abattues ou endommagées par accident lors de l'exploitation des coupes ; 6° les redevances pour affectations et droits d'usage ; 7° les excédants de mesure sur les coupes ; 8° la glandée, c'est-à-dire la faculté d'introduire des porcs dans une forêt pour en manger le gland ; 9° le panage, c'est-à-dire le droit de faire manger par les mêmes animaux le gland, la faîne et les autres fruits ; 10° la paisson ou le pâturage ; 11° les mousses, bruyères et autres plantes ; 12° l'extraction de minerais, terres, pierres, sables, etc.; 13° la location des scieries ; 14° les indemnités pour droit de passage, prise d'eau et autres servitudes foncières ; 15° la chasse ; 16° toutes les recettes imprévues provenant d'objets appartenant au sol forestier ou attribuées aux communes, à l'occasion de la gestion des forêts.

En général, les produits accessoires sont l'objet d'une vente. Les uns, comme la glandée, le panage, la paisson, les chablis, les bois provenant de délits, de recepages, d'élagages ou d'essartements, sont adjugés à peu près dans les mêmes formes que les coupes ordinaires de bois (C. F., art. 53 ; O. 1er août 1827, art. 100, 101, 102, 104 ; O. 23 juin 1830); les autres sont cédés par menus marchés, dont l'administration règle le mode. — *Dict. des formules*, nos 195 et 196.

Dans la huitaine au plus tard de la réception des décisions et des titres de perception, l'inspecteur des forêts en fait la remise au receveur des finances de l'arrondissement, pour que celui-ci les transmette au receveur municipal chargé de l'encaissement. Il n'est procédé à l'enlèvement des objets vendus ou livrés au comptant que sur la production, à l'agent forestier local, de la quittance du receveur municipal.

A l'expiration de chaque trimestre, l'inspecteur des forêts adresse au conservateur une copie, en double expédition, du sommier des produits accessoires des forêts. Cette copie comprend les titres qui ont été enregistrés et adressés au receveur des finances dans le cours du trimestre. Le préfet en remet des extraits aux maires, par l'intermédiaire des sous-préfets, à l'effet de surveiller l'encaissement des produits.

Il n'est imposé aucun supplément de prix, à titre de décime, sur les produits accessoires des bois des communes, autres que ceux qui sont vendus par adjudication. — Voy. CHABLIS, GLANDÉE, PANAGE, PATURAGE, USAGES, etc.

Extraction de matériaux. — L'extraction des minerais, terres, pierres, sables, et des productions quelconques du sol dans les bois des communes et des établissements publics, a lieu en vertu d'une autorisation formelle délivrée par les administrateurs des communes ou établissements propriétaires, sauf l'approbation du directeur général des forêts qui règle les conditions et le mode d'extraction. (O. 1er août 1827, art. 169.)

Les extractions de matériaux ont quelquefois pour objet des travaux publics. Dans ce cas, les ingénieurs des ponts et chaussées désignent les lieux où elles doivent être faites, et déterminent, de concert avec les agents forestiers, les limites des terrains où l'extraction pourra être effectuée, le nombre, l'espace et les dimensions des arbres dont elle nécessitera l'abatage, ainsi que les conditions à imposer aux entrepreneurs. (O. 1er août 1827, art. 170 et 171.)

Le recouvrement des indemnités stipulées au profit des communes et établissements propriétaires s'opère conformément aux règles rappelées ci-dessus en ce qui concerne les autres produits accessoires des bois.

Droit de chasse. — Les maires sont autorisés à affermer le droit de chasse dans les bois communaux. Le conseil municipal discute le cahier des charges rédigé à cet effet, et après qu'il a reçu l'approbation du préfet, le maire fait, au moins quinze jours à l'avance, apposer des affiches dans sa commune et dans celles qui environnent les bois. Le procès-verbal d'adjudication doit être approuvé par le préfet. (D. 25 prairial an XIII.) — Voy. CHASSE. — *Dict. des formules*, nos 377-378.

Ventes d'écorces. — Lorsque les communes possèdent des bois peuplés en essence de chêne, il est d'usage de vendre les écorces des coupes affouagères, en déduction du montant des taxes à payer par les habitants.

Ces ventes sont soumises aux mêmes règles que celles qui concernent les coupes ordinaires; elles ont lieu ordinairement dans la commune de la situation des bois, devant le maire, et en présence des agents forestiers et des agents de la commune appelés aux adjudications des coupes ordinaires. Cependant, à la différence de ce qui a lieu pour ces coupes, il n'est pas ordinairement souscrit de traités par les adjudicataires; le prix d'adjudication est payable en un ou deux termes, aux époques fixées par le cahier des charges de l'adjudication. — Voy. AFFOUAGES.

Des droits d'usage dans les forêts des communes et des établissements publics. — Les communes ou établissements publics qui veulent affranchir leurs bois de droits d'usage quelconques, par voie de cantonnement ou de rachat, en adressent la demande au préfet qui statue sur l'opportunité, après avoir pris l'avis des agents forestiers. (D. 12 avril 1854, art. 6.)

Les études préalables pour déterminer les offres de cantonnement ou de rachat sont faites par deux agents forestiers. Toutefois, sur la demande de la commune ou de l'établissement propriétaire, il est adjoint aux deux agents forestiers un troisième expert, dont la désignation appartient à la commune ou à l'établissement. Ce troisième expert fait, concurremment avec les agents forestiers, les études nécessaires pour la détermination des offres.

La commune ou l'établissement propriétaire est appelé par le préfet à déclarer s'il entend donner suite aux offres de cantonnement ou de rachat. Sur sa déclaration affirmative, les offres sont soumises au ministre de l'intérieur. En cas d'avis favorable, le ministre des finances statue sur la convenance et l'opportunité des offres. (Id., art. 7.)

Si l'usager déclare accepter les offres, il est passé entre le préfet et lui, en la forme administrative, un acte constatant son engagement sous réserve de l'homologation du chef de l'Etat. (Id., art. 3.)

Si l'usager propose des modifications au projet qui lui a été signifié, il en est référé au ministre des finances qui statue. Toutefois, les modifications qui seraient proposées par l'usager doivent être acceptées par la commune ou l'établissement propriétaire, et approuvées par le ministre de l'intérieur, avant d'être soumises à l'homologation du chef de l'Etat par le ministre des finances.

Si l'usager refuse d'adhérer aux offres, il en est également référé au ministre des finances; mais l'action devant les tribunaux ne peut être intentée que par le maire ou les administrateurs, suivant les formes prescrites par les lois.

La cour de cassation a décidé que l'exercice d'une action en cantonnement ne peut être subordonnée au rachat préalable des servitudes qui grèvent la forêt et que le propriétaire est seulement tenu d'abandonner aux usagers une part en propriété dans l'état où elle se trouve, sauf à tenir compte des servitudes dans les éléments de l'estimation du cantonnement. Elle a spécialement décidé que la commune usagère qui possède en outre des droits de pâturage n'est pas fondée à demander que ces droits soient évalués par expert avant fixation de l'assiette du cantonnement. (Arr. 27 janvier 1874, Chambre des requêtes.)

Les indemnités et frais auxquels les agents forestiers seraient reconnus avoir droit, et les vacations du troisième expert, sont supportés en entier par les communes ou établissements publics. (D. 12 avril 1854, art. 7.)

Frais d'administration. — Pour indemniser le Gouvernement des frais d'administration des bois communaux, le Code forestier avait décidé, article 106, qu'il serait ajouté annuellement à la contribution foncière établie sur les bois une somme équivalente à ces frais; que le montant en serait réglé chaque année par la loi de finances, et qu'elle serait répartie au marc le franc de la contribution et perçue de la même manière. Mais les inégalités de charges qu'entraînait ce mode de répartition ayant donné lieu à des réclamations nombreuses, on y a substitué une taxe fixée à 5 0/0 du prix de vente des produits principaux de ces bois et au vingtième de la valeur des mêmes produits délivrés en nature, sans que la somme remboursée ainsi puisse dépasser 1 franc par hectare. (L. 14 juillet 1856.) Une décision ministérielle du 13 novembre 1874 a établi, par une interprétation favorable des termes de cet article, que les fractions d'hectares devaient être négligées dans le calcul de ce maximum.

Au moyen de cette perception, toutes les opérations de conservation et de régie sont faites par les agents de l'administration forestière sans aucun frais. Il en est de même des poursuites pour délits ou contraventions, de la perception des restitutions, dommages-intérêts, etc., prononcés au profit des communes. En conséquence, on ne peut exiger de celles-ci aucun droit de vacation, ni d'arpentage, aucun décime ni prélèvement quelconque, aucun remboursement de frais d'instance, etc. (C. F., art. 107.)

Toutefois, il a été décidé par le conseil d'Etat que les frais de délimitation et d'aménagement constituent des dépenses extraordinaires à la charge des communes et auxquelles ne s'applique pas le produit de l'impôt remplacé aujourd'hui par le prélèvement du vingtième dont il vient d'être parlé. (Av. cons. d'Etat, 20 août 1839.)

Les coupes ordinaires et extraordinaires sont principalement affectées au payement des frais de garde, de la contribution foncière et de la somme revenant au Trésor pour frais d'administration, comme il a été dit ci-dessus.

Des délits forestiers. — Les extractions ou enlèvements, non autorisés, de pierres, sable, minerai, terre ou gazon, tourbe, bruyères, genêts, herbages, feuilles vertes ou mortes, engrais existant sur le sol des forêts, glands, faines et autres fruits ou semences des bois et forêts sont prohibés. Ils donnent lieu à des amendes plus ou moins élevées, selon leur importance. (C. F., art. 144.)

Ceux qui sont trouvés dans les bois et forêts, hors des routes et chemins ordinaires, avec serpes, cognées, haches, scies et autres instruments de même nature, sont condamnés à une amende de 10 francs et à la confiscation desdits instruments. (Id., art. 146.)

Ceux dont les voitures, bestiaux, animaux de charge ou de monture, sont trouvés dans les forêts, hors des routes et chemins ordinaires, sont également condamnés, selon les cas, à des dommages-intérêts et à des amendes plus ou moins élevées. (Id., art. 147.)

Il est défendu de porter ou allumer du feu dans l'intérieur et à la distance de deux cents mètres des bois et forêts sous peine d'amende, sans préjudice, en cas d'incendie, des peines portées par le Code pénal et de tous dommages-intérêts, s'il y a lieu. (C. F., art. 148.) — Voy. Ecobuage.

Les usagers qui, en cas d'incendie, refusent de porter des secours dans les bois grevés de leurs droits d'usage, sont traduits en police correctionnelle, privés de ce droit pendant un an au moins et cinq ans au plus, et condamnés, en outre, aux peines portées en l'article 475 du Code pénal. (Id., art. 149.)

Les dispositions qui précèdent s'appliquent à toutes les forêts, sans distinction entre celles qui appartiennent à des particuliers et celles qui sont soumises au régime forestier. Les dispositions dont nous allons maintenant nous occuper sont spéciales aux bois soumis au régime forestier; elles constituent, au profit de ces propriétés, et à la charge des terrains riverains, de véritables servitudes légales dans le sens de l'article 649 du Code civil.

Aucun four à chaux ou à plâtre, soit temporaire, soit permanent, aucune briqueterie et tuilerie ne peuvent être établis dans l'intérieur et à moins d'un kilomètre des bois et forêts, soumis au régime forestier, sans l'autorisation du Gouvernement, à peine d'amende et de démolition des établissements. (C. F., art. 151.)

Il ne peut être établi, sans l'autorisation du Gouvernement, sous quelque prétexte que ce soit, aucune maison sur perches, loge, baraque ou hangar, dans l'enceinte et à moins d'un kilomètre des bois et forêts, sous peine d'amende et de démolition. (Id., art. 152.)

Aucune construction de maisons ou fermes ne peut être effectuée, sans l'autorisation du préfet, à la distance de cinq cents mètres des bois et forêts soumis au régime forestier, sous peine de démolition. Il est statué, dans le délai de six mois, sur les demandes en autorisation; passé ce délai, la construction peut être effectuée. La prohibition dont il s'agit ne s'applique pas aux bois et forêts qui appartiennent aux communes et qui sont d'une contenance au-dessous de 250 hectares. (Id., art. 153; D. 25 mars 1852, art. 3.)

Quant aux maisons ou fermes qui existaient au moment de la promulgation du Code forestier (34 juillet 1827), il n'y a point eu lieu à en ordonner la démolition. Ces maisons ou fermes peuvent même être réparées, reconstruites et augmentées sans autorisation. (C. F., art. 153.)

Il ne peut être établi, dans lesdites maisons ou fermes, aucun atelier à façonner le bois, aucun chantier ou magasin pour faire le commerce de bois, sans la permission spéciale du préfet, sous peine d'amende et de confiscation des bois. Il y a plus: lorsque les individus, qui auront obtenu cette permission, auront subi une condamnation pour délits forestiers, le préfet pourra leur retirer ladite permission. (C. F., art. 154; D. 25 mars 1852, art. 3.)

Enfin, aucune usine à scier le bois ne peut être établie dans l'enceinte, et à moins de deux kilomètres de distance des bois et forêts, qu'avec l'autorisation du préfet, sous peine d'amende et de démolition. (C. F., art. 155; D. 25 mars 1852, art. 3.)

Les maisons et usines qui font partie de villes, villages ou hameaux formant une population agglomérée ne sont pas comprises dans les défenses indiquées ci-dessus. (C. F., art. 156.)

Les demandes à fin d'autorisation, pour construction de maisons ou de fermes, sont remises à l'agent forestier supérieur de l'arrondissement, en donne minute, dont l'une, revêtue du visa de cet agent, est rendue au déclarant. (O. 1er août 1826, art. 178.)

Les agents et gardes forestiers ont le devoir de rechercher et de constater par procès-verbaux les délits et contraventions, savoir : les agents, dans toute l'étendue du territoire pour lequel ils sont commissionnés; et les gardes, dans l'arrondissement du tribunal près duquel ils sont assermentés. (C. F., art. 160.)

Ces fonctionnaires sont tenus de dresser, jour par jour, les procès-verbaux des délits et des contraventions qu'ils ont reconnus. Ils se conforment pour la rédaction et la remise de ces procès-verbaux, aux articles 16 et 18 du Code d'instruction criminelle. (O. 1er août 1827, art. 181.)

Les procès-verbaux des gardes forestiers doivent être affirmés au plus tard le lendemain de leur clôture, et enregistrés, sous peine de nullité, dans les quatre jours qui suivent celui de l'affirmation. — Voy. GARDES FORESTIERS, PROCÈS-VERBAUX. — *Dict. des formules*, nos 198 à 206.

Poursuites des délits et contraventions. — L'administration forestière est chargée, tant dans l'intérêt de l'Etat que dans celui des autres propriétaires de bois et forêts soumis au régime forestier, des poursuites en réparation de tous délits et contraventions commis dans ces bois. Elle est également chargée de la poursuite et réparation des délits et contraventions spécifiés aux articles 134, 143 et 219 du Code forestier. Les actions et poursuites sont exercées par les agents forestiers au nom de l'administration forestière, sans préjudice du droit qui appartient au ministère public. L'administration des forêts est autorisée à transiger, avant jugement définitif, sur la poursuite des délits et des contraventions en matière forestière commis dans les bois soumis au régime forestier. Après jugement définitif, la transaction ne peut porter que sur les peines et réparations pécuniaires. (C. F., art. 159, modifié par la loi du 18 juin 1859.)

Les actions et poursuites sont portées devant les tribunaux correctionnels, lesquels sont seuls compétents pour en connaître. (C. F., art. 171.)

Le recouvrement de toutes les amendes forestières est confié aux percepteurs des contributions directes. Ces comptables sont également chargés du recouvrement des restitutions, frais, dommages et intérêts résultant des jugements rendus pour délits et contraventions dans les bois soumis au régime forestier. L'administration forestière peut admettre les délinquants insolvables à se libérer des amendes, réparations civiles et frais, au moyen de prestations en nature consistant en travaux d'entretien et d'amélioration dans les forêts ou sur les chemins vicinaux. La prestation peut être fournie en tâches. Si les prestations ne sont pas fournies dans le délai fixé par les agents forestiers, il est passé outre à l'exécution des poursuites. (C. F., art. 210, modifié par la loi du 18 juin 1859.)

Une allocation pour frais de nourriture est attribuée aux délinquants insolvables qui en font la demande. Cette allocation ne peut être inférieure au tiers, ni supérieure à la moitié du prix de journée fixé par le conseil général; elle est déterminée par le préfet. Il n'est tenu compte de la valeur de la journée de travail que déduction faite des frais de nourriture. (D. 21 décembre 1859, art. 6.)

Lorsque les délits ou contraventions ont été commis dans les bois des communes et établissements publics, les prestations peuvent être appliquées aux forêts domaniales et aux chemins vicinaux qui les desservent, en ce qui concerne l'amende et les frais avancés par l'Etat; mais les prestations dues pour l'acquittement des réparations civiles doivent être appliquées aux bois des communes et établissements publics qui ont souffert desdits délits et contraventions, ou aux chemins vicinaux qui servent à la vidange de ces bois.

Les maires des communes et les administrateurs des établissements publics, propriétaires de bois, qui veulent profiter des prestations en nature dues par les délinquants insolvables, font connaître à l'inspecteur des forêts le montant des sommes qui peuvent être affectées par la commune ou par l'établissement public au payement des frais de nourriture des délinquants. (D. 21 déc. 1859, art. 10.) — Voy. AMENDES, PRESTATIONS.

Bois indivis entre les communes ou les établissements publics et les particuliers. — Toutes les dispositions relatives à la conservation et à la régie des bois qui font partie du domaine de l'État, ainsi qu'à la poursuite des délits et contraventions commis dans ces bois, sont applicables aux bois indivis entre les communes ou les établissements publics et les particuliers. (C. F., art. 113.)

Aucune coupe ordinaire ou extraordinaire, exploitation ou vente, ne peut être faite par les possesseurs ou copropriétaires, sous peine d'une amende égale à la totalité des bois abattus ou vendus; toutes ventes ainsi faites sont déclarées nulles. (Id., art. 114.)

Les frais de délimitation, d'arpentage et de garde sont supportés par le domaine et les copropriétaires, chacun dans la proportion de ses droits.

Pour éviter tout conflit entre les copropriétaires, l'administration forestière nomme les gardes, règle leur salaire, et a seule le droit de les révoquer. (Id., art. 115.)

Les copropriétaires ont, dans les restitutions et dommages-intérêts, la même part que dans le produit des ventes, chacun dans la proportion de ses droits. (Id., art. 116.)

Bois des particuliers. — Les bois des particuliers ne sont pas soumis au régime forestier ; ils sont, quant à leur aménagement, sous le régime d'une liberté absolue, restreinte seulement en ce qui concerne le défrichement. — Voy. DÉFRICHEMENT.

Les particuliers ont, comme l'État, les communes et les établissements publics, la faculté d'affranchir leurs forêts de tous droits d'usage, soit en bois, soit dans les bois. (C. F., art. 118 et 120.)

Les droits de pâturage, parcours, panage et glandée dans les bois des particuliers, ne peuvent être exercés que dans les parties de bois déclarées défensables par l'administration forestière, et suivant l'état et la possibilité des forêts, reconnus et constatés par la même administration. (Id., art. 119.)

L'agent forestier appelé à faire ces constatations est désigné par le conservateur, sur la demande du propriétaire ou de l'usager. Il dresse procès-verbal de ses opérations, et le dépose à la sous-préfecture où les parties peuvent en réclamer des expéditions. (O. 1er août 1827, art. 151.)

Les chemins par lesquels les bestiaux doivent passer pour aller et pour en revenir sont désignés par le propriétaire. (C. F., art. 119.)

De même, à l'égard des usages en bois, ces droits ne peuvent être exercés dans les bois des particuliers que d'après l'état et la possibilité de ces bois.

Au reste, toutes les dispositions contenues dans les articles 66 (§ 1er), 70, 72, 73, 75, 76, 78 (§§ 1er et 2), 79, 80, 83 et 85 du Code forestier, sont applicables à l'exercice des droits d'usage dans les bois des particuliers, lesquels y exercent, à cet effet, les mêmes droits et la même surveillance que les agents du Gouvernement dans les forêts soumises au régime forestier. En cas de contestation entre le propriétaire et l'usager, il est statué par les tribunaux. (Id., art. 120 et 181.)

Les délits et contraventions commis dans les bois non soumis au régime forestier, sont recherchés et constatés par les gardes des particuliers, par les gardes champêtres, gendarmes et officiers de police judiciaire chargés de rechercher et de constater les délits ruraux. — Voy. GARDES CHAMPÊTRES, GARDES FORESTIERS.

Les dispositions contenues aux articles 161, 162, 163, 165, 167, 168, 169, 170 (§ 1er), 172, 175, 182, 185 et 187 du Code forestier, sont applicables aux poursuites exercées au nom et dans l'intérêt des particuliers, pour délits et contraventions commis dans les bois et forêts qui leur appartiennent. Toutefois, dans les cas prévus par l'article 169, lorsqu'il y a lieu à effectuer la vente des bestiaux saisis, le produit net de la vente est versé à la Caisse des dépôts et consignations. (C. F., art. 189.)

Il n'est rien changé aux dispositions du Code d'instruction criminelle relativement à la compétence des tribunaux, pour statuer sur les délits et contraventions commis dans les bois et forêts qui appartiennent aux particuliers. (Id., art. 190.) — Voy. BOIS DES COMMUNES, GARDES FORESTIERS, PROCÈS-VERBAUX.

Boissons. — L'autorité municipale est appelée à s'occuper des boissons : 1° pour seconder la perception de l'impôt établi sur ces objets de consommation, soit au profit de l'Etat, soit au profit de l'octroi communal; 2° dans l'intérêt de la salubrité publique.

Impôt sur les boissons. — Les boissons imposées ou susceptibles de l'être sont : le vin, le cidre, le poiré, l'hydromel, la bière, les eaux-de-vie, esprits, fruits à l'eau-de-vie et liqueurs.

L'impôt sur les boissons existe dans presque tous les Etats de l'Europe. Il a en France une origine très ancienne, car les premiers actes relatifs aux boissons datent de Chilpéric, depuis il est devenu une des principales branches des revenus publics.

Le système d'impôt en vigueur résulte de la combinaison des lois des 1er janvier et 28 avril 1816, 12 décembre 1830, 26 août 1832 et 17 mars 1852, 28 février 1872, 31 décembre 1873, 14 décembre 1875, 19 juillet 1880 et 6 juillet 1881.

Les droits admis par ce système sont ceux de fabrication, de circulation d'entrée, de détail, de consommation, et enfin d'octroi.

Le droit de *fabrication* s'applique exclusivement aux bières et aux liqueurs fermentées. — Voy. BRASSERIE, DISTILLERIES.

Le droit de *circulation* est perçu sur les vins, cidres, poirés et hydromels, mis en mouvement en destination de simples particuliers.

La loi du 19 juillet 1880 (art. 2) range les départements en quatre classes, d'après la valeur moyenne des vins pour la perception des droits de circulation sur ces vins; elle abaisse ces droits d'un tiers. (Voir le tableau de classement au *Bulletin annoté des lois* 1880.)

Le droit d'*entrée* frappe toutes les boissons à l'exception de la bière, mais les villes ayant une population agglomérée de quatre mille âmes et au-dessus y sont seules assujetties. Réduit de moitié en 1852, il a été augmenté de 50 0/0 en 1872, et réduit de nouveau d'un tiers par la loi du 19 juillet 1880 sur les alcools, et en 1873 sur les vins, cidres, poirés. Ce droit est dû aussi bien sur les quantités fabriquées à l'intérieur que sur les quantités introduites. Cette taxe varie suivant les départements qui sont divisés en quatre classes comme pour le droit de circulation. Il ne faut pas confondre ce droit avec le droit d'octroi qui se perçoit au profit de la commune. Voy. Octroi.

Le droit de *détail* est prélevé sur les vins, cidres, poirés et hydromels, que vendent les débitants. Les envois à de simples particuliers de vins, cidres, poirés ou hydromels, en quantité inférieure à 25 litres, entraînent exceptionnellement la perception du droit de détail (D. 17 mars 1852, art. 16). Ce droit est assuré par des exercices.

Le droit de *consommation* est un droit général applicable aux eaux-de-vie et autres spiritueux. Il est perçu d'après le même taux, quelle que soit la qualité du redevable. Ce taux est établi proportionnellement à la richesse alcoolique des spiritueux, dont le degré doit toujours être exactement déterminé par l'alcoomètre centésimal de Gay-Lussac. Ce droit reste le même que celui des eaux-de-vie et liqueurs, soit en cercles ou en bouteilles. (L. 7 juillet 1881.)

Dans les villes dont la population agglomérée est de 4,000 à 10,000 âmes, ces droits d'entrée et de détail peuvent être convertis en une taxe unique représentative desdits droits, dans les conditions indiquées plus haut.

A Paris, le droit de remplacement aux entrées tient lieu de toutes les autres taxes.

Outre ces droits, les brasseurs, distillateurs et débitants ne peuvent commencer la fabrication ou le débit qu'après avoir obtenu une licence qui n'est valable que pour un seul établissement et pour l'année où elle a été délivrée. Ce droit de licence est payé comptant, à quelque époque de l'année que soit faite la déclaration (L. 28 avril 1816, art. 229). Un décret du 20 janvier 1878 portant règlement d'administration publique sur les distilleries de vins, cidres, poirés, lies, marcs ou fruits, a réglé l'exercice et l'agencement du matériel de ces usines, le régime des déclarations et de la prise en charge, le décompte des pertes matérielles, des déficits de rendement et des déchets de fabrication. Enfin il a édicté des dispositions spéciales pour les distilleries où sont établis des compteurs aux frais des industriels et pour les distilleries ambulantes. Un autre décret du 18 juillet, même année, a réglé les mêmes points, en ce qui concerne les distilleries autres que celles qui mettent en œuvre les vins, cidres, marcs, fruits, etc. (Voir ces décrets au *Bulletin annoté des lois*, 1878.) Voir Bouilleurs de crus, Brasseurs, Distillateurs.

Sauf à l'intérieur de Paris, nul ne peut faire le commerce des boissons en gros ou en détail sans en faire la déclaration au bureau de la régie en désignant les lieux, et le prix de vente, les espèces et quantités de boissons qu'il tient en sa possession et se munir d'une licence. Une enseigne ou bouchon doit indiquer leur qualité de débitant. Toute communication entre les maisons des débitants et les maisons voisines est interdite (Loi du 28 avril 1816, art. 50.) L'obligation de présenter une caution solvable peut être imposée aux débitants d'eaux-de-vie et liqueurs qui auraient en leur possession plus de 10 hectolitres d'alcool (Loi du 2 août 1872). Cette caution est toujours exigée des marchands en gros simples et marchands en gros liquoristes (Loi du 2 avril 1872). Toute personne qui vend en détail des boissons, de quelque espèce que ce soit, est sujette aux visites et exercices des employés de la régie. Ces employés peuvent, depuis le lever jusqu'au coucher du soleil, exercer leurs recherches dans toutes les parties du domicile du débitant, même les jours de fête et dimanches. (Id., art. 52 et 56.)

Tous les détaillants sont obligés de déclarer aux employés de la régie le prix de vente de leurs boissons, chaque fois qu'ils en sont requis (L. 28 avril 1816, art. 48).

En cas de contestation entre les employés et les détaillants relativement à l'exactitude de la déclaration des prix de vente, il en est référé au maire, qui prononce sur le différend, sauf le recours de part et d'autre au préfet en conseil de préfecture, qui statue définitivement dans la huitaine, après avoir pris l'avis du sous-préfet et du directeur des contributions indirectes. Le droit est provisoirement perçu d'après la décision du maire, sauf appel ou restitution. La décision, au surplus, ne doit point s'appliquer aux boissons débitées antérieurement à la contestation. (Id., art. 49.)

Les propriétaires qui vendent les boissons de leur cru au détail sont assujettis à toutes les obligations imposées aux débitants de profession; néanmoins les visites et exercices des commis n'ont pas lieu dans l'intérieur de leur domicile, pourvu que le local où leurs boissons sont vendues en détail en soit séparé. (Id., art. 86.)

Les visites et exercices que les employés de la régie sont autorisés à faire chez les redevables ne peuvent être empêchés pendant le jour; ils peuvent aussi être faits la nuit dans les brasseries et distilleries, lorsqu'il résulte des déclarations que ces établissements sont en activité, et chez les débitants de boissons pendant tout le temps que les lieux de débit sont ouverts au public. (Id., art. 235.)

Sauf le cas où ils sont à la poursuite immédiate de la fraude, les employés ne peuvent pénétrer au domicile des personnes non assujetties à l'exercice qu'avec l'assistance d'un officier de police et en vertu de l'ordre d'un employé supérieur ayant au moins le grade de contrôleur (Id., art. 237.) — Les maires sont tenus de déférer à la réquisition qui leur est faite à cet égard, sous peine de destitution et de dommages-intérêts. (L. 5 ventôse an XII.)

Les débitants peuvent s'affranchir des visites et exercices relativement aux spiritueux en payant à l'arrivée, sans aucune réduction, le droit de consommation (L. 21 avril 1832), et pour les autres espèces de boissons passibles du droit de détail, en s'engageant à payer, par abonnement, l'équivalent des droits qui seraient constatés par suite d'exercices.

La législation consacre divers autres modes d'affranchissement des exercices.

Régime de l'abonnement. — La régie doit consentir dans les villes avec les conseils municipaux, lorsqu'ils en font la demande, un abonnement général pour le montant des droits de détail et de circulation dans l'intérieur, moyennant que la commune s'engage à verser dans les caisses de la régie, par vingt-quatrième, de quinzaine en quinzaine, la somme convenue pour l'abonnement, sauf à elle de s'imposer sur elle-même pour le recouvrement de cette somme, comme elle est autorisée à le faire pour les dépenses communales. (L. 28 avril 1816, art. 73.) *Dict. des formules*, n° 217.

Ces abonnements, discutés entre les directeurs de la régie ou leurs délégués et les conseils municipaux, n'ont leur exécution qu'après qu'ils ont été approuvés par le ministre des finances, sur l'avis du préfet et le rapport du directeur général des contributions indirectes; ils ne sont conclus que pour une année, et sont révocables de plein droit, en cas de non-payement à l'un des termes fixés. (Id., art. 74.)

La régie poursuit le recouvrement des sommes dues au trésor par la voie de contrainte sur le receveur municipal, et par la saisie des deniers et revenus de la commune. (L. 28 avril 1816, art. 75.)

Dans les villes où les abonnements sont accordés, tout exercice chez les débitants est supprimé, et la circulation des boissons dans l'intérieur affranchie de toute formalité. (Id., art. 76.)

La base de ces abonnements est le produit moyen des dernières années. —*Dict. des formules*, n° 219.

Sur la demande des deux tiers au moins des débitants d'une commune, approuvée en conseil municipal et notifiée par le maire, la régie doit consentir pour une année, et sauf renouvellement, à remplacer la perception du droit par exercice au moyen d'une répartition sur la totalité des redevables de l'équivalent dudit droit. (Id., art. 77.)

Ce mode de remplacement ne peut être admis qu'autant qu'il offre un produit égal à celui d'une année moyenne calculée d'après trois années consécutives d'exercice; il est discuté entre les débitants ou leurs délégués et l'employé supérieur de la régie. Il doit néanmoins être approuvé par le ministre des finances, sur le rapport du directeur général des contributions indirectes.

Lorsque la régie n'est pas d'accord avec lesdits débitants pour fixer l'équivalent du droit, le préfet, en conseil de préfecture, prononce, sauf le recours au Conseil d'État, en prenant en considération les consommations des années précédentes, et les circonstances particulières qui peuvent influer sur le débit de l'année pour laquelle l'abonnement est requis. (Id., art. 78.)

Lorsque le remplacement est adopté, les syndics nommés par les débitants, sous la présidence du maire ou de son délégué, procèdent, en présence de ce magistrat, à la répartition de la somme à imposer entre tous les débitants alors existants dans la commune; les rôles arrêtés par les syndics, et rendus exécutoires par le maire, sont remis au receveur de la régie, pour en poursuivre le recouvrement. (Id., art. 79.)

Les débitants sont encore solidaires pour le payement des droits. Aucun nouveau débitant ne peut s'établir dans la commune, sans l'autorisation de la corporation.

L'abonnement par corporation n'est applicable qu'aux vins, cidres, poirés et hydromels. — *Dict. des formules*, n° 219.

Régime de la taxe unique. — Dans les villes sujettes aux droits d'entrée, les conseils municipaux peuvent prononcer la suppression des exercices chez les détaillants moyennant que le droit d'entrée et le droit de détail, en ce qui concerne les vins, cidres, poirés et hydromels, seront perçus cumulativement aux entrées. La taxe représentative des droits d'entrée et de détail ainsi perçus est dénommé *taxe unique.*

Pour délibérer sur l'établissement ou la suppression de la taxe unique, le conseil municipal doit s'ajoindre un nombre de marchands en gros et de débitants égal à la moitié des conseillers présents. Ces marchands et ces débitants doivent être choisis parmi les plus imposés à la patente. Les membres du conseil municipal, qui sont marchands ou débitants de boissons, votent en cette dernière qualité. Les adjonctions sont limitées en conséquence. (L. 21 avril 1832; 25 juin 1841.)

La loi du 9 juin 1875 a maintenu cette faculté en ce qui concerne les villes dont la population agglomérée varie entre 4,000 et 10,000 habitants, et elle a décidé qu'à partir du 1er juillet 1875 le régime de l'exercice des débits de boissons cesserait d'être appliqué dans toute agglomération de 10,000 âmes et au-dessus, et que les droits d'entrée et de détail sur les vins, cidres, poirés et hydromels y seraient par nature de boissons convertis en une taxe unique payable à l'introduction dans le lieu sujet ou à la sortie des entrepôts intérieurs. Cette taxe est fixée d'après les bases et dans les conditions déterminées par les lois des 21 août 1832 et 25 juin 1841. La revision des tarifs dans les villes rédimées doit avoir lieu tous les cinq ans ; la prochaine revision n'aura lieu qu'en 1886. — Voy. *Dict. des formules*, n° 219.

Répression des contraventions. — Le droit de poursuivre la répression des contraventions aux lois sur les contributions indirectes n'est plus attribué exclusivement à la régie et à ses agents.

L'article 5 de la loi du 28 février 1872 a donné à tous les employés de l'administration des finances, à la gendarmerie et à tous les agents du service des ponts et chaussées, de la navigation et des chemins vicinaux, le pouvoir de verbaliser en cas de contravention aux lois sur la circulation des boissons.

Les contestations auxquelles la perception des impôts indirects donne lieu sont portées devant l'autorité judiciaire.

Toutes les contestations portant sur le fond du droit sont de la compétence exclusive des tribunaux civils, et ne peuvent être soumises à la juridiction correctionnelle. (L. 5 ventôse an XII.) — Voy. CONTRIBUTIONS INDIRECTES, OCTROIS.

Surveillance sur le débit des boissons. — Les boissons exigent, de la part des officiers de police judiciaire, une surveillance active et minutieuse, à raison des falsifications dont elles sont l'objet, et qui ont de si pernicieuses conséquences pour la santé publique.

Les officiers de police peuvent faire des visites chez les débitants pour vérifier et constater la qualité des boissons ; ils peuvent se faire accompagner d'experts et soumettre à leur analyse les liquides dont la substance parait falsifiée. (L. 22 juillet 1791, titre I, art. 9.)

Il y a falsification toutes les fois qu'il a été introduit dans une boisson des éléments étrangers à ceux qui doivent la composer naturellement, de telle sorte que la substance en soit altérée. Tel est le cas où du vin ou de l'eau-de-vie a été étendu d'une plus ou moins grande quantité d'eau.

Une loi du 5 mai 1855 déclare applicables aux boissons les dispositions de la loi du 27 mars 1851, tendant à la répression de certaines fraudes dans la vente des marchandises.

En conséquence, ceux qui falsifient des boissons destinées à être vendues ; ceux qui vendent ou mettent en vente des boissons qu'ils savent falsifiées ou corrompues, sont punis de l'emprisonnement pendant trois mois au moins, un an au plus, et d'une amende qui ne peut être au-dessous de 50 francs. (L. 27 mars 1851, art. 1er ; C. P., art. 423.)

S'il s'agit de boissons contenant des mixtions nuisibles à la santé, l'amende est de 50 francs à 500 francs, à moins que le quart des restitutions et dommages-intérêts n'excède cette dernière somme ; l'emprisonnement est de trois mois à deux ans.

Ces dispositions sont applicables, même au cas où la falsification nuisible serait connue de l'acheteur ou consommateur. (L. 27 mars 1851, art. 2.)

Sont punis d'une amende de 16 francs à 25 francs, et d'un emprisonnement de six à dix jours, ou de l'une de ces deux peines seulement, suivant les circonstances, ceux qui, sans motifs légitimes, ont dans leurs magasins, boutiques ou maisons de commerce, des boissons qu'ils savent être falsifiées ou corrompues.

Si la substance falsifiée est nuisible à la santé, l'amende peut être portée à 50 francs, et l'emprisonnement à quinze jours. (Id., art. 3.)

Les boissons dont la vente, usage ou possession, constitue le délit, sont confisquées. Si elles sont propres à un usage alimentaire, le tribunal peut les mettre à la disposition de l'administration pour être attribuées aux établissements de bienfaisance. Si elles sont impropres à cet usage ou nuisibles, elles sont répandues aux frais du condamné. Le tribunal peut ordonner que l'effusion aura lieu devant l'établissement ou le domicile du condamné. (Id., art. 4.)

Les procès-verbaux constatant des délits de cette nature doivent être adressés au procureur de la République. — *Dict. des formules*, n°s 213 et 214.

Tout ce qui peut gêner la libre circulation sur la voie publique devant être interdit, la vente des boissons ne peut y avoir lieu qu'en vertu d'une permission de la police. (Id., n° 215.)

Il doit être défendu aux débitants de boissons de faire usage de vases de cuivre ou de plomb, à cause du danger qui en résulte sous le rapport de la salubrité. (Id., n° 216.) — Voy. CABARETS, CAFÉS, LIEUX PUBLICS.

Boîtes aux lettres. — Ces boîtes sont destinées à recevoir les lettres que le public confie à la poste.

Il y a au moins une boîte aux lettres dans chaque commune (Inst. gén. des postes, 30 mars 1832, art. 8), et la levée des lettres qu'elle a reçues est faite au moins une fois par jour.

Il est pratiqué à l'extérieur des maisons où sont placés les bureaux de poste et les distributions, et dans le lieu le plus exposé à la vue du public, une ouverture qui correspond à une boîte intérieure par un couloir incliné. Ce couloir est construit de manière que l'on ne puisse en extraire les lettres par le dehors, et qu'elles soient à l'abri de toute avarie.

La boîte est fermée à clef.

Elle est solidement confectionnée et à demeure.

Elle ouvre, autant que possible, dans le local où se fait la manipulation des lettres.

Elle porte, au-dessus de l'ouverture extérieure, ces mots : Boîte aux lettres. (Inst. gén. des postes, art. 73.)

Les boîtes des boîtiers sont construites et disposées comme celles des bureaux de distribution ; elles portent la même inscription. (Id., art. 74.)

Les boîtes placées dans les communes où il ne se trouve ni receveur, ni distributeur, ni boîtier, portent aussi au-dessus de l'ouverture les mots : Boîte aux lettres. Elles sont fermées au moyen d'une serrure dont le facteur rural a seul la clef.

Chacune de ces boîtes doit renfermer un timbre représentant une lettre de l'alphabet ; et le facteur doit, à chaque tournée, prendre sur son *part* une empreinte de ce timbre, à l'effet de constater son passage dans la commune (Id., art. 75). Le *part* est la feuille sur laquelle sont constatés le nombre et l'espèce des dépêches dont un facteur est chargé.

Les boîtes des receveurs, des distributeurs et des boîtiers sont placées sous la surveillance immédiate de chacun de ces agents.

Dans toutes les communes où il ne se trouve ni receveur, ni distributeur, ni boîtier, la boîte aux lettres est placée dans un lieu désigné par l'autorité municipale, de concert avec le receveur des postes, et confiée à la surveillance du maire. (Id., art. 76.)

Les frais de construction et d'entretien des boîtes placées sous la surveillance immédiate des agents des postes sont à la charge des receveurs, distributeurs et boîtiers.

Les frais de construction et d'entretien des boîtes placées dans les communes où il ne se trouve ni receveur, ni distributeur, ni boîtier, sont à la charge de l'administration des postes. (Id., art. 77.) — Voy. Facteurs ruraux, Franchises, Poste aux lettres.

Boîte fumigatoire. — On appelle ainsi un appareil qui sert aux soins à donner aux noyés pour les rappeler à la vie. Il doit y avoir une boîte fumigatoire dans toutes les communes où l'on peut avoir à craindre des accidents par submersion. Cette boîte contient les objets suivants : deux frottoirs de flanelle, un bonnet de laine, une couverture de laine, deux bouteilles d'eau-de-vie camphrée animée avec de l'alcali fluor ou esprit volatil de sel ammoniac ; un gobelet d'étain, une canule à bouche avec son tuyau de peau ; une cuiller de fer étamée ; un flacon d'alcali fluor ; une petite boîte contenant plusieurs paquets d'émétique de trois grains chacun ; le corps de la machine fumigatoire ; un soufflet à une âme, pour être adapté à la machine ; quatre rouleaux de tabac à fumer de 15 grammes (demi once) chacun ; de l'amadou ; un briquet et une boîte d'allumettes ; des plumes pour chatouiller le dedans du nez et de la gorge ; deux bandes à saigner. — Voy. Noyés.

Boni. — On appelle ainsi ce qui reste disponible sur les fonds, votés lorsqu'une dépense exécutée, d'après une estimation ou un projet préalable, n'a pas atteint le chiffre de l'évaluation.

Bons de liquidation pour indemnité de guerre. — Ces bons sont de 500 francs et rapportent 25 francs d'intérêt annuel, payables par termes semestriels égaux; ils sont remboursables au pair par voie de tirage au sort. (D. 20 mars 1874, art. 2.)

Les bons de liquidation revenant aux communes, et qui n'ont pas été affectés à l'extinction des dettes contractées pendant la guerre ont été déposés à la caisse centrale du Trésor, et il a été délivré en échange, au nom de chaque commune intéressée, un certificat nominatif de dépôt qui reste dans les mains du receveur municipal. Il est bien entendu que les communes ont le droit de disposer, dans les formes réglementaires, des titres déposés à la caisse centrale. (Circ. min. de l'int., 21 septembre 1874.)

Bons de poste. — La loi du 28 juin 1882 a créé cinq catégories de bons de poste à 1 francs, 2 francs, 5 francs, 10 francs et 20 francs.

Les bons de poste sont frappés, au moment de la vente, du timbre à date du bureau d'émission. Ils sont délivrés, sans autre formalité, que le payement de la valeur du bon et du droit à percevoir. Ce droit est de :

5 centimes pour les bons de 1, 2 et 5 francs ;
10 centimes pour les bons de 10 francs ;
20 centimes pour les bons de 20 francs.

Les bons de poste peuvent être insérés dans les lettres ordinaires quand ils portent le nom et l'adresse de la personne entre les mains de laquelle le payement devra être effectué

Ils doivent être expédiés dans une lettre chargée ou recommandée, quand ils n'indiquent pas le nom et l'adresse du bénéficiaire.

Les bons de poste sont payables pendant un an à partir du jour de l'émission. Mais s'ils n'ont pas été touchés dans un délai de trois mois après la date de l'émission, le droit primitif de 5, 10 ou 20 centimes, suivant la valeur du bon, sera dû pour chaque trimestre ou fraction de trimestre écoulé depuis la date de l'expiration du premier délai de trois mois.

Les cinq catégories de bons de poste : 1, 2, 5, 10 et 20 francs, autorisés par la loi du 29 juin 1882, sont aujourd'hui livrés au public.

On rappelle que ces bons sont uniformément imprimés en bleu, mais sur un fond de couleur différente assez accentuée pour empêcher toute confusion entre les bons qui ne sont pas de même valeur.

Le fond des bons de 1 franc est lilas.
Celui des bons de 2 — saumon.
— 5 — bleu.
— 10 — jaune.
— 20 — vert.

La valeur de chaque bon est exprimée deux fois en toutes lettres et d'une manière très apparente sur le titre, une première fois sur la bande bleue placée au-dessous de l'entête : *Bon de poste,* et une deuxième fois dans le libellé du bon : *la somme de..... sera payable à M.....*

De plus, pour éviter toute erreur et empêcher la contrefaçon, la valeur de chaque bon a été reproduite une troisième fois en filigrane très apparent dans la pâte du papier. Il suffit donc de placer le bon en face de la lumière pour saisir immédiatement cette troisième indication qui rend toute fraude impossible.

Bons du trésor. — Bons portant intérêt et payables à échéance fixe émis par le ministre des finances pour le service de la Trésorerie.

Les communes et les établissements publics ne sont pas admis à placer en bons du trésor les fonds dont ils n'ont pas l'emploi immédiat. — Voy. PLACEMENT.

Bordereau. — État ou mémoire de divers objets dont on fait un compte. Un bordereau de caisse est une note indiquant les diverses espèces contenues dans la caisse. Un bordereau de situation est l'état récapitulatif fourni par un comptable, pour faire connaître, d'après ses écritures, la situation de sa caisse et l'état de ses opérations pendant une certaine période de temps. Un bordereau de pièces est une note énumérant les diverses pièces composant un dossier.

Les percepteurs-receveurs municipaux remettent périodiquement aux receveurs des finances des bordereaux présentant leur situation sommaire, et des bordereaux détaillés des recettes et des dépenses faites pour le service des communes et des établissements de bienfaisance.

Les bordereaux sommaires sont destinés à faire connaître la situation des percepteurs sur leurs différents services Ils donnent le détail des valeurs de caisse et de portefeuille qui représentent l'excédent des recettes sur les dépenses, et l'existence de ces valeurs doit être attestée par le visa du maire de la résidence du percepteur. Les receveurs des finances se font remettre ce bordereau à l'expiration de chaque mois. (Inst. gén. fin. 20 juin 1859, art. 1294 et 1295.)

Les bordereaux détaillés des recettes et des dépenses municipales et hospitalières sont fournis tous les trois mois. Le cadre de ces bordereaux est disposé pour toute la durée de l'exercice. Ces documents font connaître aux receveurs des finances : 1° si les sommes portées en recette sont en proportion avec les sommes à recouvrer, d'après les budgets et les autres titres de perception ; 2° si les payements effectués ont eu lieu en vertu de crédits régulièrement ouverts ; 3° si les fonds restant en caisse excèdent la somme nécessaire pour le payement des dépenses courantes. La minute de ce bordereau est conservée par le receveur, une expédition en est communiquée vers le 10 de chaque trimestre au maire pour être visée certifiée par lui. Cette expédition est transmise, au plus tard cinq jours après, au receveur des finances. (Inst. gén., art. 1296. Cir. compt., 21 août 1878.)

Les receveurs des finances se font remettre par chacun des receveurs spéciaux des communes et des établissements de bienfaisance : 1° tous les dix jours, une situation sommaire des recettes et des dépenses effectuées pendant la dizaine, ainsi que le détail des valeurs de caisse, document qui leur permet de prescrire le placement au trésor des sommes qui ne seraient pas nécessaires au payement des dépenses courantes ; 2° tous les mois, la balance des comptes ouvert au grand-livre, et, au moins tous les trois mois, le bordereau détaillé dont il vient d'être parlé. (Inst. gén. fin., 20 juin 1559, art. 1348.)

Enfin, les receveurs municipaux sont tenus de remettre aux maires, comme document servant à contrôler et à suivre les diverses opérations d'ordonnancement un bordereau de situation qui présente, par exercice, les sommes à recouvrer et à dépenser, ainsi que le montant des recouvrements effectués sur chaque article du budget, et qui fait ressortir l'encaisse à la fin du trimestre, avec la distinction du numéraire immédiatement disponible et des fonds placés en compte courant au Trésor.

Les receveurs municipaux remettent, en outre, aux maires, à l'expiration de chacun des deux premiers mois de chaque trimestre, un état présentant, dans la forme de la récapitulation qui termine le bordereau précité, le résumé de leurs recettes et de leurs dépenses, le montant et la composition de leur encaisse. (Id., art. 989 et 990.) — Voy. COMPTABILITÉ COMMUNALE.

Bornage. — Placement des bornes destinées à fixer et marquer d'une manière apparente les limites respectives de deux propriétés contiguës. Il a pour objet d'empêcher les empiétements, et, par suite, de prévenir les querelles et les procès entre voisins.

Tout propriétaire peut obliger son voisin au bornage de leurs propriétés contiguës. Ce bornage se fait à frais communs. (C. civ., art. 646.)

Les administrateurs des biens des communes et des établissements publics ne peuvent procéder à aucun bornage sans en avoir reçu l'autorisation de l'administration supérieure.

Lorsque l'opération du bornage amène des contestations sur les titres et doit se résoudre en transaction, l'autorisation est accordée par le conseil de préfecture.

S'il n'existe aucune contestation, quant à la propriété ou aux titres qui l'établissent, la demande en plantation de bornes nouvelles ou de bornes déplacées depuis plus d'un an doit être portée devant le juge de paix de la situation des biens. (L. 25 mai 1838, art. 6.)

Si, au contraire, il y a contestation entre les parties sur les titres ou les limites de la propriété, cette question doit être décidée préalablement, non plus par le juge de paix, mais par le tribunal de première instance, qui, par suite, prononce aussi sur le bornage. Toutefois, si la propriété des biens repose sur un acte administratif, la contestation en bornage ne peut être jugée que par les tribunaux administratifs.

Les procès-verbaux de bornage, lors de la fixation des limites des routes et chemins vicinaux, sont dressés par les ingénieurs des ponts et chaussées ou par les agents voyers, en présence des maires et adjoints des communes intéressées.

Le bornage entre les bois des communes et établissements publics, et les propriétés riveraines, est soumis à des formes particulières. (C. F., art. 3 et 11 ; O. 4 août 1826, art. 56 et suivants.) — Voy. BOIS DES COMMUNES ET ÉTABLISSEMENTS PUBLICS.

Bornes. — On entend par borne la pierre ou tout autre signe destiné à marquer la séparation de deux propriétés.

La suppression ou le déplacement des bornes posées contradictoirement par les propriétaires intéressés est un délit passible d'un emprisonnement d'un mois à un an et d'une amende qui ne peut être au-dessous de 50 francs. — Voy. BORNAGE.

Les limites des circonscriptions territoriales (départements ou communes) sont indiquées au moyen de bornes, ou plus ordinairement de poteaux. — Voy. CADASTRE.

On nomme bornes milliaires les pierres plantées le long des routes et numérotées de manière à indiquer les distances d'un lieu à un autre.

Enfin, on désigne encore sous le nom de bornes ces grosses pierres dures, ordinairement taillées en cône tronqué, que l'on place à l'encoignure des maisons, devant les parapets, ou le long des murailles, pour les garantir des voitures. — Voy. VOIRIE.

Boucher, Boucherie. — Le boucher est celui qui achète et tue du gros ou menu bétail pour en revendre ensuite la chair en détail aux consommateurs. On désigne, d'une manière générale, sous le nom de boucherie, la branche de commerce qui a pour objet la vente de ces viandes.

L'exercice de la profession de boucher et le commerce de la boucherie sont libres comme toutes les autres industries ; cependant ils intéressent à un trop haut point la sécurité et la salubrité publiques pour qu'on ait pu les abandonner à une liberté absolue. Les restrictions imposées par les règlements locaux sont des garanties d'ordre et de sûreté prises dans l'intérêt général et pour la protection de ce commerce lui-même.

C'est aux maires qu'appartiennent la surveillance et la police de la boucherie. Outre la mission générale qu'ils ont reçue de la loi de veiller, dans leurs communes respectives, à tout ce qui peut intéresser la sûreté et la santé des citoyens, avec pouvoir de prescrire toutes les précautions locales qui leur paraîtraient nécessaires à cet égard, ils sont chargés, par une disposition expresse, de veiller à la fidélité du débit des denrées qui se vendent au poids et à la salubrité des comestibles exposés en vente publique. (Loi 5 avril 1884, art. 97, § 5.)

Les arrêtés que les maires sont appelés à prendre pour réglementer le commerce de la boucherie dans leur commune varient, nécessairement, suivant les circonstances, les localités, le chiffre et les besoins des populations. C'est à la sagesse du magistrat municipal à apprécier ce qu'il est utile d'ordonner, ce qu'il faut défendre ; la part des progrès qu'il peut introduire en se tenant toujours dans l'esprit de la loi, et en évitant de rendre son administration tracassière et irritante.

La circulaire du 22 décembre 1865 considérait que les questions relatives à l'organisation des bouchers en syndicat, à l'imposition de cautionnement pécuniaire et à l'obligation de se munir d'une permission préalable pour exercer l'état de boucher, excédaient la compétence municipale et ne pouvaient être tranchées que par une ordonnance royale ou une loi. Le décret du 25 mars 1852 a conféré au préfet le droit de statuer sur tout ce qui est relatif à la réglementation de la boucherie. C'est donc actuellement à ce magistrat qu'il appartient d'examiner les règlements municipaux qui doivent toujours lui être soumis, et de voir si ces règlements sont conformes au principe de la liberté du commerce. Du reste, depuis que le commerce de la boucherie a été déclaré libre à Paris, la tendance à recourir aux mesures restrictives n'a plus de raison d'être en province. L'usage de taxer la viande s'est lui-même beaucoup atténué. Autant que possible, il ne faut pas recourir à cette mesure extrême ; mais si on est obligé de l'employer, on ne doit le faire que suivant les prescriptions de la circulaire du 27 décembre 1864, qui énumère les difficultés de l'entreprise et les conditions nécessaires pour l'établissement d'un bon tarif. Quand on établit une taxe, la viande de porc frais non manipulée peut y être soumise, car la Cour de cassation a reconnu qu'elle était comprise dans la dénomination de viande de boucherie. (Arrêt 23 février.)

Les règlements peuvent aussi imposer aux bouchers l'obligation d'abattre dans les abattoirs, et interdire par le fait les tueries particulières dans l'intérieur des villes.

Une règle commune à tous les bouchers, c'est qu'il leur est défendu de vendre ou d'exposer en vente des viandes gâtées, corrompues ou nuisibles. (L. 19-22 juillet 1791, titre I, art. 20; C. P., art. 475, n° 14.)

Les bouchers forains doivent être admis, concurremment avec les bouchers établis dans la commune, à vendre ou faire vendre en détail sur les marchés publics, en se conformant aux règlements de police.

Le commerce de la boucherie tombe, au surplus, sous l'application de la loi du 27 mars 1851, tendant à la répression de certaines fraudes dans la vente des marchandises. — Voy. ABATTOIRS, DENRÉES ET SUBSTANCES ALIMENTAIRES. —*Dict. des formules*, n°s 221 à 229.

Bouchons de cabarets.—Espèce d'enseigne pour indiquer le local où l'on vend du vin. On ne peut en établir sans une permission de petite voirie.—Voy. VOIRIE,

Boues et immondices. — Dans les villes et les communes d'une certaine importance, l'intérêt de la salubrité et de la viabilité exige l'enlèvement des boues et immondices déposées sur la voie publique.

L'enlèvement des boues peut être une charge communale, au lieu de procurer un revenu, comme cela arrive quelquefois. Dans l'un et l'autre cas, ce service doit faire l'objet d'une adjudication publique. Il ne pourrait donner lieu à un marché de gré à gré qu'après une adjudication publique, restée sans effet.

Les cahiers des charges sont dressés par le maire, et soumis au conseil municipal, puis à l'approbation du préfet. Ils doivent déterminer la nature et l'importance des garanties que les entrepreneurs ont à fournir, pour répondre de l'exécution de leurs engagements, et l'action que l'administration municipale exercera sur ces garanties, en cas d'inexécution du marché.

Dans les petites communes, où l'enlèvement des boues n'a lieu qu'une fois par semaine, et lorsque la dépense est minime (100 ou 200 francs par an), le maire peut passer un marché d'une année avec un entrepreneur. Ce marché est soumis au conseil municipal, et doit être approuvé par le préfet. Le maire peut aussi faire exécuter l'enlèvement des boues par voie de régie. — Voy. BALAYAGE, VOIE PUBLIQUE. — *Dict. des formules*, nos 230 et 230.

Bougie. — Une circulaire du ministre de l'intérieur, en date du 14 mai 1855, invite les maires à défendre la vente de la chandelle et de la bougie, autrement qu'au poids net.—Voy. CHANDELLES,

Bouilleurs.—On désigne sous le nom de bouilleurs ou distillateurs tous ceux qui distillent soit des substances farineuses ou des matières sacchariferes, telles que mélasses, jus de betterave, etc., soit des vins, cidres, poirés, lies, marcs ou fruits, qui ne proviennent pas exclusivement de leurs récoltes. Les bouilleurs de profession sont soumis à la licence. Ils doivent faire pour chaque fabrication séparée une déclaration distincte. Leurs déclarations doivent faire connaître le nombre des jours de travail, la quantité de matière mise en distillation, la force alcoolique de ces matières, ainsi que les vaisseaux employés dans leurs usines.

Enfin, ils sont assujettis à l'exercice des employés de la régie et tenus de fournir une caution solvable. Ils sont soumis à toutes les obligations imposées par la loi du 28 avril 1816, modifiée par celle de 1837, des 25 juin 1841, 28 février et 2 août 1872. Et la tenue de leur établissement est régie par les décrets des 20 janvier et 18 juillet 1878.

On désigne sous le nom de bouilleurs de cru ceux qui distillent uniquement les produits de leurs récoltes autres que les farineux. Relativement à leurs fabrications, les bouilleurs de cru avaient toujours été assimilés aux récoltants de vins. Ils sont maintenant soumis aux mêmes obligations que les distillateurs de profession, sauf le payement de la licence. Toutefois, ils conservent la franchise de l'impôt général, droit de consommation, jusqu'à concurrence de vingt litres d'alcool par an. (Loi 2 août 1872 et 21 mars 1874.) Tout détenteur d'appareils propres à faire la distillation des spiritueux doit en faire la déclaration indiquant le nombre et la capacité des appareils. (Loi 2 août 1872.)

Boulanger, Boulangerie. — Le boulanger est celui qui fait et vend du pain pour le public. On nomme boulangerie la branche de commerce qui a pour objet la fabrication et la vente du pain.

On trouve dans la loi du 5 avril 1884, § 5, art. 97, le principe des attributions de l'administration municipale en cette matière. Cette loi comprend, parmi les objets confiés à la vigilance et à l'autorité des corps municipaux, l'inspection sur la fidélité du débit des denrées qui se vendent au poids, et sur la salubrité des comestibles exposés en vente publique ; elle attribue à l'autorité municipale le droit de prendre des arrêtés et d'ordonner les précautions locales nécessaires relativement aux objets confiés à sa vigilance.

Le pain étant une denrée de première nécessité, l'administration avait cru devoir en soumettre la fabrication et la vente à une surveillance toute spéciale, dans l'intérêt de la sûreté publique et de la salubrité. Aussi, dans le plus grand nombre des communes, le régime de la boulangerie était réglé par des mesures de police locale, qui variaient suivant les circonstances et l'importance numérique des populations. Mais un décret, en date du 22 juin 1863, ayant proclamé la liberté de la boulangerie, on a dû faire disparaître des anciens règlements toute prescription qui aurait pour résultat d'entraver directement ou indirectement la liberté des acheteurs et celle des vendeurs. L'administration ne peut, par exemple, en rendant la vente au poids obligatoire, défendre par cela même d'acheter un pain d'après son volume ou sa forme, comme cela se fait pour d'autres marchandises. La seule disposition qu'il soit possible d'admettre, en ce qui concerne le pesage du pain, doit se borner à établir que, toutes les fois que le pain est vendu au poids, il soit procédé à un pesage effectif si l'acheteur le demande.

Toute disposition ayant pour objet d'exiger des boulangers une déclaration du local où ils veulent exercer leur commerce, de les obliger à apposer une marque sur leurs pains, de prescrire que ces pains soient de bonne qualité et qu'ils aient le degré de cuisson convenable, toute mesure par laquelle l'autorité voudrait s'immiscer dans les détails de la fabrication du pain, sous le rapport du mélange des farines et des substances diverses qui pourraient être employées à la panification, doivent être écartées. Les fraudes que certains boulangers, mal éclairés sur leurs véritables intérêts, peuvent commettre en pareille matière, sont soumises, pour leur répression, aux règles du droit commun applicables aux tromperies sur la nature des marchandises vendues. La loi du 27 mars 1851 punit ces tromperies ; elle punit aussi ceux qui mettent en vente des denrées falsifiées ou corrompues. Le devoir de l'autorité municipale est de faire saisir les pains qui contiendraient des substances nuisibles à la santé et de faire poursuivre les délinquants.

Toutefois, le droit de taxer le pain, attribué aux maires par la loi des 19-22 juillet 1791, ne leur a pas été enlevé formellement ; il leur a été recommandé seulement de suspendre l'exercice de ce droit, afin de pouvoir apprécier les résultats de la liberté complète accordée à la boulangerie, même en ce qui concerne la fixation du prix du pain. — (Circ. Int. 10 novembre 1863.) Mais l'expérience qui se continue et qui, sur certains points, a donné de bons résultats, n'est pas encore aujourd'hui assez concluante pour qu'il y ait lieu de proposer l'abrogation de l'article 30 de la loi des 19-22 juillet 1791. Il pourrait y avoir à certains moments des inconvénients très sérieux à enlever aux municipalités la seule arme qu'elles possèdent pour empêcher la trop grande élévation du prix du pain. Actuellement la taxe du pain a encore lieu d'une manière officieuse.

Les règlements concernant la boulangerie foraine doivent être combinés de manière à lui accorder toutes les facilités nécessaires pour l'approvisionnement des villes. Dans ce but, il importe non seulement que la vente sur les marchés publics puisse se faire en toute liberté, mais encore que l'apport et la vente du pain à domicile, la formation des dépôts et l'établissement de boutiques en ville par les boulangers du dehors n'éprouvent aucune entrave. (Circ. Int. 3 août 1863.)

Dans certaines villes importantes, le régime de la boulangerie avait été déterminé par des règlements d'administration publique. Le décret du 22 juin 1863 a abrogé toutes dispositions de décrets, ordonnances et règlements généraux ayant pour objet de limiter le nombre des boulangers, de les placer sous l'autorité des syndicats, de les soumettre aux formalités des autorisations préalables pour la fondation et la fermeture de leurs établissements, de leur imposer des réserves de farine ou de grains, des dépôts de garantie ou des cautionnements en argent, de réglementer la fabrication, le transport ou la vente du pain.

Dans ces villes, comme dans les autres communes, le commerce de la boulangerie n'est assujetti aujourd'hui qu'aux seules dispositions légales relatives à la salubrité et à la fidélité du débit du pain mis en vente. — Voy. DENRÉES, MARCHANDS FORAINS, PAIN.

Bourse de commerce. — Réunion des commerçants, capitaines de navires, agents de change et courtiers. Cette réunion a lieu sous l'autorité du chef de l'Etat. (C. Comm., art. 71.)

La contribution spéciale destinée à subvenir aux dépenses des bourses et chambres de commerce est répartie sur les patentables des trois premières classes et sur ceux qui, n'étant pas compris dans ces catégories, sont passibles d'un droit fixe égal ou supérieur à celui desdites classes. (L. 25 avril 1844, art. 33.)

Le rôle relatif aux frais d'une bourse de commerce ne comprend que les patentables de la ville où elle est établie. (L. 23 juillet 1820, art. 14.)

Des arrêtés préfectoraux fixent, chaque année, les sommes à imposer pour subvenir aux dépenses des bourses et chambres de commerce.

La police de la bourse appartient, à Paris, au préfet de police, et, dans les autres villes, aux maires (Arr. 29 germinal an IX). Ces fonctionnaires doivent désigner un des commissaires de police ou un des adjoints pour être présent à la bourse et en exercer la police pendant sa tenue.

Les maires peuvent faire, sauf l'approbation du préfet du département, les règlements locaux qu'ils jugent nécessaires pour la police intérieure de la bourse.

C'est également à l'autorité municipale qu'il appartient d'assurer l'exécution de l'article 5 de l'arrêté du 27 prairial an X, qui défend de s'assembler ailleurs qu'à la bourse et à d'autres heures qu'à celles fixées par les règlements de police pour proposer et faire des négociations. — Voy. AGENTS DE CHANGE, CHAMBRES DE COMMERCE, COURTIERS.

Bourses. — On entend par bourses des dotations individuelles qui ont pour but de faire participer aux bienfaits de l'enseignement, soit dans les lycées ou collèges, soit dans les écoles et établissements d'instruction publique, civile ou militaire, les jeunes gens qui ne pourraient subvenir aux frais de la pension. On distingue aussi les bourses de licence et d'agrégation et les bourses d'instruction primaire supérieure. (Déc. du 3 juin 1880.)

Voici le résumé des conditions et formalités à remplir pour l'obtention d'une bourse nationale, départementale ou communale dans les lycées ou collèges, en exécution du décret du 19 janvier 1881.

Les bourses soit d'enseignement classique, soit d'enseignement spécial sont partagées en trois catégories:

1° Les bourses d'internat; 2° les bourses de demi-pensionnat; 3° les bourses d'externat simple ou surveillé. (Art. 1er.)

Les bourses ne sont accordées qu'après enquête constatant l'insuffisance de fortune des familles. Elles sont conférées aux enfants qui se sont fait remarquer par leurs aptitudes et particulièrement à ceux dont la famille a rendu des services au pays (art. 2 et 3). Suivant les titres et la situation de fortune des postulants, ces bourses sont données entières ou fractionnées: les bourses d'internat ou de demi-pensionnat en demi-bourses ou trois quarts de bourses ; les bourses d'externat simple ou surveillé en demi-bourses.

Les candidats aux bourses nationales, départementales ou communales doivent justifier, par un examen préalable, qu'ils sont en état de suivre la classe correspondante à leur âge.

La commission chargée d'examiner les candidats se réunit à la préfecture de chaque département, du 1er au 15 avril et du 1er au 15 juillet.

Les familles des candidats doivent les faire inscrire du 15 au 30 mars ou du 15 au 30 juin au secrétariat de la préfecture du département de leur résidence ou de la résidence de leurs enfants.

Pour être admis à l'examen de l'enseignement classique, les candidats doivent avoir moins de 10 ans accomplis et moins de 18 ans suivant la classe et pour l'enseignement spécial moins de 13 ans et moins de 18 ans.

Lors de l'inscription pour l'examen, les familles des candidats doivent produire : 1° l'acte de naissance de l'enfant ; 2° un certificat de bonne conduite délivré par le chef de l'établissement où le candidat a commencé ses études, s'il a déjà suivi des cours primaires ou secondaires. L'arrêté du 20 janvier 1881 détermine les conditions des examens.

Les familles des candidats aux bourses nationales doivent envoyer au ministre de l'instruction publique, à l'appui de leur demande en concession de bourse : 1° l'acte de naissance de l'enfant ; 2° le certificat de bonne conduite délivré par le chef de l'établissement où le candidat a commencé ses études, s'il a déjà suivi des cours primaires ou secondaires ; 3° un extrait de la liste des admissibles, délivré au secrétariat de la préfecture, constatant le nombre de points obtenus par le candidat; 4° une note détaillée ou un état dûment certifié des services sur lesquels la demande est fondée ; 5° un bulletin indicatif du montant annuel de leurs ressources de toute nature, ainsi que du nombre et de l'âge de leurs enfants, et des charges quelconques qu'elles ont à supporter. Cet état doit être certifié par le préfet du département.

A la fin de chaque année scolaire, il peut être accordé des promotions de bourses aux élèves inscrits au tableau d'honneur spécial dressé à la fin de chaque année scolaire, par les proviseurs et principaux, après avis de l'assemblée des professeurs. (Art. 11 du décret.)

Les boursiers restent en possession de leur bourse jusqu'à 19 ans accomplis. S'ils atteignent cet âge avant l'expiration de l'année classique, leur bourse est prorogée de plein droit jusqu'à la fin de la dite année. Une prolongation d'études peut être accordée aux boursiers inscrits au tableau d'honneur. Une seconde prolongation peut aussi être accordée à ceux qui sont admissibles à une école du gouvernement. Des bourses peuvent être accordées de 19 à 21 ans aux bacheliers qui se préparent aux Écoles. (Art. 12.).

En cas de faute grave, les chefs d'établissements peuvent rendre provisoirement le boursier à sa famille, sauf à en référer au recteur.

En cas d'insubordination habituelle, de paresse invétérée ou d'incapacité notoire, le boursier, après deux avertissements, peut être privé de sa bourse. La déchéance est prononcée par le ministre sauf le cas prévu à l'article 45 de la loi du 10 août 1871.

Les boursiers nationaux sont nommés, sur la proposition du ministre de l'instruction publique, par le Président de la République, à raison des services de leurs parents.

Le décret du 1er février 1881 a fixé ainsi qu'il suit le taux des bourses nationales, départementales et communales dans les lycées.

		Paris et Nantes	Versailles et Lyon	Lycées 1re catég.	Lycées 2e catég.	Lycées 3e catég.
Bourses d'externe.	Libres	250	200	150	120	90
	Surveillés.	330	270	210	170	130
	Surveillés admis aux conférences et internation. .	410	340	270	205	170

Bourses de pensionnaires. — Prix de la pension dans la division de grammaire. Bourses de demi-pensionnaires. — Moitié du prix de pension de la division de grammaire, plus 75 francs.

Les services militaires sont constatés par des états dûment certifiés; les services civils, par les préfets ou par les ministres compétents.

Le ministre de l'instruction publique, par une déclaration insérée au *Journal officiel* du 1er décembre 1880, a rappelé que les dispositions du décret du 29 nivôse an XIII, aux termes duquel tout père de famille de sept enfants pouvait en désigner un parmi les mâles pour être élevé aux frais de l'Etat, avaient été abrogées par le décret du 7 février 1852. Désormais, on ne peut invoquer d'autres titres pour l'obtention des bourses que les services civils et militaires. Néanmoins, en ce qui concerne les écoles d'arts et métiers, le nombre des enfants peut être tenu en sérieuse considération dans l'examen des demandes, si d'ailleurs les candidats réalisent les conditions nécessaires pour être admis.

Les bourses départementales sont, aux termes de l'article 45 de la loi du 10 août 1871, accordées par le conseil général sur l'avis des directeurs, proviseurs ou chefs d'établissement dans lequel les bourses sont demandées. Le conseil prononce aussi la révocation des boursiers sur l'avis des mêmes personnes. Il a été jugé que cet avis était obligatoire et que le conseil général excédait ses pouvoirs en révoquant les titulaires sans avis préalable. (Arrêt, C. d'Etat, 8 avril 1873.)

Les boursiers des communes sont nommés par les conseils municipaux avec approbation par le préfet. (Décret, 29 janvier 1881, art. 10.)

Un décret du 28 juillet 1882 a réglé les conditions d'admission aux bourses dans les lycées de jeunes filles. — Voy. ÉCOLES SPÉCIALES, SÉMINAIRES. — *Dict. des formules,* n° 236.

Bouteilles et verres cassés. — Les bouteilles et verres cassés pouvant occasionner des blessures aux passants et aux animaux, il doit être défendu de jeter ces objets dans les rues, et de les déposer sur la voie publique ailleurs que le long des maisons, dans un tas séparé de celui des boues. Toute contravention à cet égard est punissable de l'amende de 1 à 5 francs, conformément à l'article 471, n° 4, du Code pénal. — Voy. Voie publique.

Boutique. — Lieu où les marchands étalent et vendent leurs marchandises.

Les boutiques étant des lieux ouverts au public, les officiers de police ont droit d'y entrer à toute heure du jour pour procéder à la vérification des poids et mesures, du titre des matières d'or et d'argent, constater la salubrité des comestibles, médicaments, etc. (L. 22 juillet 1791, titre I, art. 9.) — Voy. Police municipale, Voirie.

Braconniers. — Voy. Chasse.

Brasserie, Brasseur. — On appelle brasserie l'endroit où l'on fabrique de la bière, brasseur celui qui la fait ou la vend.

Les brasseurs sont soumis à la déclaration, à la licence et à la visite des employés des contributions indirectes. Toutefois, la licence n'est pas exigée de ceux qui brassent pour leur propre consommation. — Voy. Boissons, Contributions indirectes.

Brevet de capacité. — Voy. Instruction primaire.

Brevet d'imprimeur, de libraire. — Voy. Imprimerie, Librairie.

Brevet de pension. — Il arrive fréquemment que des titulaires de pensions accordées par l'Etat perdent leur brevet; ils ne peuvent en obtenir le duplicata sans faire la déclaration de cette perte devant le maire et en présence de deux témoins ayant les qualités requises. (Décis. min., 29 avril 1823.) — *Dict. des formules*, n° 237.

Brevet d'invention. — Acte de l'autorité administrative qui confère à l'inventeur le droit exclusif d'exploiter, pour un temps déterminé, et à ses risques et périls, sa découverte ou son invention. (L. 5 juillet 1884, art. 1er.)

L'effet du brevet d'invention est d'interdire à tous les industriels le droit d'employer ou vendre les produits, moyens ou procédés que le brevet protège; il apporte ainsi une restriction à la liberté du travail, dans l'intérêt de l'inventeur.

Trois conditions sont nécessaires pour que les inventions et les perfectionnements puissent devenir l'objet ou la matière de brevets. La première est qu'il en résulte quelque application à une industrie;

la seconde, que cette industrie soit licite ; la troisième, qu'elle soit nouvelle.

La durée du droit exclusif conféré par le brevet d'invention est de cinq, dix ou quinze années, suivant la déclaration faite par l'inventeur dans sa demande, à moins qu'il n'en obtienne la prolongation par une loi. (L. 5 juillet 1844, art. 4 et 15.)

La taxe est de 100 francs pour chacune des années de la durée des brevets, savoir : 500 francs pour ceux de cinq ans, 1,000 francs pour ceux de dix ans, et 1,500 francs pour ceux de quinze ans. Elle doit être, à peine de déchéance, payée par annuité et d'avance, sans que l'administration soit tenue d'en donner avertissement. (Id., art. 4 et 32.)

Toute personne qui veut prendre un brevet doit d'abord opérer le versement de la première annuité de 100 francs, puis déposer au secrétariat de la préfecture dans le département où elle est domiciliée, ou dans tout autre département en y élisant domicile, un paquet cacheté contenant : 1° sa demande au ministre du commerce; 2° la description de la découverte, invention ou application faisant l'objet du brevet demandé; 3° les dessins ou échantillons qui seraient nécessaires pour l'intelligence de la description; 4° un bordereau des pièces déposées. Elle joint à ce paquet le récépissé de son versement. (Id., art. 5 et 7.)

Le dépôt de la demande à la préfecture est constaté par un procès-verbal dressé sans frais par le secrétaire général de la préfecture sur un registre à ce destiné, et signé par le demandeur : on y énonce le jour et l'heure de la remise des pièces, afin de fixer le point de départ du droit et la priorité en cas de dépôt fait par un autre inventeur. Une expédition du procès-verbal est remise au déposant moyennant le remboursement des frais de timbre de cette pièce. (Id., art. 7.)

Dans les cinq jours de la date du dépôt, le paquet cacheté, accompagné du récépissé, constatant le versement de la première annuité et d'une copie certifiée du procès-verbal, est transmis par le préfet au ministère de l'agriculture, du commerce et des travaux publics. (Id., art. 9.)

Le brevet consiste donc en un arrêté du ministre qui constate la régularité de la demande, et auquel est joint le duplicata certifié de la description et des dessins, après que la conformité avec l'autre original a été reconnue ou établie au besoin.

La première expédition est délivrée sans frais ; les expéditions ultérieures, qui peuvent être demandées par le breveté ou ses ayants cause, donnent lieu à une taxe de 25 francs, outre les frais de dessin s'il y a lieu. (Id., art. 11.)

Tout brevet peut céder la totalité ou partie de la propriété de son brevet.

Quiconque dans des enseignes, annonces, prospectus, affiches, marques ou estampilles, prend la qualité de breveté sans posséder un brevet délivré conformément aux lois, ou après l'expiration d'un brevet antérieur; ou qui, étant breveté, mentionne sa qualité de breveté ou son brevet sans y ajouter ces mots, *sans garantie du Gouvernement*, est puni d'une amende de 50 francs à 1,000 francs. En cas de récidive, l'amende peut être portée au double. (Id., art. 33.)

L'action en nullité ou en déchéance est exercée par toute personne y ayant intérêt, c'est-à-dire qui exploite ou veut exploiter cette industrie. Elle est portée, ainsi que toutes contestations relatives à la propriété des brevets, devant le tribunal civil du domicile du breveté ou de son ayant droit. (L. 5 juillet 1844, art. 34 et 35.) — Voy. Contrefaçon. — *Dict. des formules*, nᵒˢ 238 à 241.

Brocanteur. — On désigne sous ce nom celui dont l'industrie consiste à acheter, revendre ou échanger des objets de hasard. Les facilités que ce genre de commerce peut offrir pour soustraire aux recherches de la justice les produits de coupables détournements ont dû éveiller l'attention de l'autorité publique et solliciter de sa part des dispositions spéciales parmi lesquelles nous citerons les suivantes, qui sont toujours en vigueur :

Les brocanteurs doivent avoir un registre dûment coté et parafé sur lequel ils sont tenus d'écrire exactement, jour par jour, sans aucun blanc, rature, surcharge, ni interligne, les hardes, linges et autres objets qu'ils achètent, ainsi que les noms et demeures des vendeurs.

Ils doivent représenter ce registre au commissaire de police au moins une fois par mois et à toute réquisition.

L'industrie des brocanteurs ambulants offrant de plus grands dangers encore, de plus grandes précautions ont dû être prises à leur égard. Ils doivent avoir constamment sur eux le registre constatant leurs opérations. En tête de ce registre, coté, parafé et tenu comme il a été dit ci-dessus, doivent, en outre, figurer les noms, demeures et signalement de ces brocanteurs, lesquels, en cas de changement de demeure, doivent en faire la déclaration. Ce registre doit être visé au moins une fois la semaine. (O. 8 novembre 1780.)

D'autres mesures de police peuvent être prises à l'égard des brocanteurs ; ils peuvent être soumis, par exemple, à une déclaration préalable, à l'obtention et au port apparent d'une médaille, etc. — *Dict. des formules*, nᵒˢ 242-243.

Bruits et tapages. — La loi ayant confié aux magistrats municipaux le soin de veiller à l'ordre et à la tranquillité publique, leur devoir est d'empêcher ou de réprimer toute démonstration de nature à nuire au repos des habitants. (L. 5 avril 1884, art. 973.)

Les auteurs ou complices de bruits ou tapages injurieux ou nocturnes, troublant la tranquillité des habitants, sont punis d'une amende de 11 à 15 francs inclusivement. La peine d'emprisonnement pendant cinq jours peut, en outre, selon les circonstances, être prononcée contre eux. (C. P., art. 479, nᵒ 8, et 480, nᵒ 5.)

L'autorité municipale peut, par un règlement de police, défendre aux ouvriers exerçant des professions bruyantes, tels que serruriers, forgerons, cloutiers, charrons, ferblantiers, chaudronniers, de se livrer la nuit à leurs travaux ; elle peut défendre, en outre, de sonner du cor ou trompe de chasse ou de tout autre instrument éclatant qui pourrait troubler le repos des citoyens — *Dict. des formules*, nᵒˢ 256 à 259.)

Budget. — On entend par ce mot, importé d'Angleterre, le tableau, dressé par prévision, des dépenses qu'on veut faire et des fonds ou revenus qu'on entend affecter à ces dépenses, pendant une année déterminée, à laquelle on a donné le nom d'exercice.

L'État, les départements, les communes et les divers établissements publics ont des budgets spéciaux soumis à des règles particulières. — Voy. Comptabilité communale, Hospices, Bureaux de bienfaisance, Département, Fabrique.

Bulles. — Lettre du pape, rescrit apostolique usité soit pour les affaires de justice, soit pour les affaires de grâce. Aucune bulle, même ne concernant que les particuliers, ne peut être reçue en France, publiée, imprimée, ni autrement mise à exécution, sans l'autorisation du gouvernement. (Loi 18 germinal, an XI, art. 1er.)

Bulletin annoté des lois. — Voy. Bulletin des lois.

Bulletins d'épargne. — Depuis le 1er janvier 1883, le public peut se procurer gratuitement, dans tous les bureaux de poste de la France continentale et de la Corse, des formules dites « Bulletin d'épargne ».

Le bulletin d'épargne n'a aucune valeur par lui-même ; mais, lorsqu'il est revêtu d'un nombre de timbres ordinaires à 5 et à 10 centimes suffisant pour représenter la somme d'un franc, le bulletin d'épargne est accepté, par tout bureau de poste, comme versement en numéraire d'égale somme, pourvu que lesdits timbres-poste ne soient ni altérés, ni maculés, ni déchirés.

Le bulletin d'épargne, qui réunit les conditions voulues et qui est remis à un bureau de poste, donne lieu, suivant le cas, à la délivrance d'un livret de la caisse nationale d'épargne, s'il représente un premier versement, ou à l'inscription d'une somme égale sur le livret du déposant, si ce dernier est déjà titulaire d'un livret de la caisse d'épargne de l'État.

Toutefois, le même déposant ne peut verser, au moyen de timbres-poste appliqués sur les bulletins d'épargne, plus de dix francs par mois.

Bulletin des communes. — Les communes autres que les chefs-lieux de canton ont cessé, depuis 1852, de recevoir d'office le *Bulletin des lois*. Jusqu'à ces derniers temps elles recevaient, en échange, une feuille rédigée par les soins et sous la surveillance du ministre de l'intérieur, et intitulée *Bulletin des communes*.

Cette publication est aujourd'hui remplacée par une *édition des communes du Journal officiel* qui paraît chaque semaine, le dimanche, et renferme les lois, décrets, arrêtés, décisions, circulaires et instructions du gouvernement, ainsi que les travaux des chambres, textuellement ou par analyse. On y trouve de plus des renseignements concernant l'instruction publique, l'hygiène, les questions agricoles et l'administration. (D. 31 décembre 1884, 1er janvier 1884.) — Voy. Cotisations municipales.

Bulletin des lois. — Collection officielle des lois et actes du gouvernement, établie par une loi de la Convention du 14 frimaire an II.

Depuis 1836, le *Bulletin des lois* est divisé en deux parties ayant chacune une série de numéros : la première comprend les lois, les ordonnances et décrets d'intérêt public et général ; la seconde comprend les ordonnances et décrets d'intérêt particulier.

Jadis la promulgation des lois avait lieu par l'insertion au *Bulletin des lois*, aujourd'hui elle a lieu par insertion au *Journal officiel*. La date de la promulgation est celle de l'année dudit journal au chef-lieu de préfecture ou de sous-préfecture.

Le *Bulletin des lois* est imprimé et géré par l'imprimerie nationale.

Le prix d'abonnement au Bulletin est, pour les particuliers, de 9 francs ; pour les communes, de 6 francs.

Autrefois, les maires de toutes les communes de France étaient obligés de prendre un abonnement au *Bulletin des lois* ; cet abonnement figurait parmi les dépenses obligatoires et devait être payé par le receveur municipal entre les mains du receveur des finances de l'arrondissement. Un décret, en date du 12 février 1852, a ordonné : 1° qu'à l'avenir les communes autres que les chefs-lieux de canton cesseraient de recevoir le *Bulletin des lois* ; 2° qu'elles recevraient en échange, sous le titre de *Moniteur des communes* (aujourd'hui *Edition des communes du Journal officiel*), une feuille rédigée par les soins et sous la surveillance du ministre de l'intérieur, et contenant les lois, décrets et les instructions du gouvernement ou une analyse sommaire de ces divers actes ; 3° que cette publication officielle serait placardée dans la commune au lieu le plus apparent ; 4° que le prix en serait acquitté par les communes et remplacerait comme dépense obligatoire l'abonnement au *Bulletin des lois* ; 5° enfin, que le *Bulletin des lois* continuerait à être envoyé aux communes chefs-lieux de canton et aux diverses autorités qui le reçoivent aux termes des lois et règlements en vigueur. — Voy. BULLETIN DES COMMUNES.

Toutefois, le ministre de l'intérieur, reconnaissant l'utilité qu'il peut y avoir pour les communes non chefs-lieux de canton à ne pas laisser interrompues leurs anciennes collections des lois, a invité les préfets à signaler aux maires, comme pouvant servir à les compléter à peu de frais, un recueil intitulé *Bulletin annoté des lois* (1), publié par les ordres de son ministère et dont le prix d'abonnement est de 3 francs par année. (Cir. Int., 31 mars 1863.)

La collection du *Bulletin des lois* et celle du *Bulletin annoté des lois* ne sont pas la propriété personnelle des maires, c'est un simple dépôt qu'ils sont tenus de remettre intact à leurs successeurs.

Bulletin officiel du ministère de l'intérieur (2).—Ce Bulletin a été fondé en 1838. Par sa circulaire du 13 août 1838, le ministre, après avoir énuméré les motifs qui l'avaient porté à créer ce recueil, engage les préfets à le signaler aux maires comme le guide le plus sûr des principes et des travaux de l'administration municipale. Aux termes de cette circulaire, le Bulletin ne devait contenir que les instructions générales du ministère de l'intérieur, ainsi que les arrêts du Conseil d'État et de la Cour de cassation qui se rattachent à l'administration départementale et communale ; mais on y a compris, à partir de 1841, les décisions intervenues sur des objets d'intérêt général et les instruc-

---

(1) Le *Bulletin annoté des lois* est édité par la société d'imprimerie et librairie administrative Paul Dupont, 41, rue Jean-Jacques-Rousseau (Hôtel des Fermes).

(2) Le *Bulletin de l'Intérieur* est aussi édité par la maison Paul Dupont.

tions provoquées, dans ce même intérêt, par les arrêtés des préfets, des sous-préfets et des maires.

Enfin, on y a ajouté, en 1846, les instructions, circulaires et décisions émanées des autres ministères qui ont un intérêt départemental ou communal.

Par la réunion de tous ces documents, le *Bulletin officiel du ministère de l'intérieur* ne substitue pas seulement la pensée réelle de l'administration centrale et sa constante et uniforme application à des idées et des interprétations individuelles, quelquefois erronées; il présente, en outre, et met à la portée de tous les fonctionnaires l'ensemble de la jurisprudence administrative, jusqu'alors éparse et trop imparfaitement connue.

Le prix annuel de 4 francs rend cette publication accessible même aux plus petites mairies; aussi, dans la plupart des départements, la modicité de ce prix a-t-elle permis d'en généraliser l'abonnement. — Voy. BIBLIOTHÈQUES ADMINISTRATIVES.

Bureau de bienfaisance. — Les bureaux de bienfaisance ont été institués par la loi du 7 frimaire an V. Le but de leur institution est de faire distribuer à domicile et en nature, autant que possible, des secours aux personnes nécessiteuses, et de faire soigner au sein de leurs familles les indigents malades ou infirmes qui, sans ce secours, seraient obligés d'entrer dans les hôpitaux.

La création des bureaux de bienfaisance est autorisée par les préfets, sur l'avis des conseils municipaux. (Art. 70, L. 5 avril 1884.) L'autorisation n'est accordée qu'autant qu'une dotation de 50 francs au moins est assurée au bureau de bienfaisance.

Une instruction du ministre de l'intérieur en date du 10 février 1876 indique les moyens de pourvoir à la création de ces utiles établissements dans les communes qui en sont encore dépourvues. — Voir *Bullet. du min. de l'int.* 1876, p. 146.

Organisation. — Les bureaux de bienfaisance sont administrés par des commissions administratives composées du maire et de six membres renouvelables, savoir : deux élus par le Conseil municipal et quatre nommés par le préfet ou par le ministre de l'intérieur, en cas de création nouvelle ou de renouvellement intégral. (Art. 1 et 5, loi 5, août 1879.) — Voir COMMISSIONS ADMINISTRATIVES et *Dict. des formules*, n° 249.

Les bureaux de bienfaisance peuvent nommer, dans les divers quartiers des villes, pour les soins qu'il est jugé utile de leur confier, des adjoints et des dames de charité. (O. 31 octobre 1821, art. 4.)

Receveur. — Les bureaux de bienfaisance n'ont droit à un receveur spécial que lorsque leurs recettes ordinaires s'élèvent au-dessus de 30,000 francs; lorsqu'elles n'atteignent pas ce chiffre et qu'il y a dans la même commune un hospice, la recette du bureau est réunie de droit à celle de l'établissement hospitalier et c'est par les revenus cumulés des deux établissements que s'opère le calcul de 30,000 francs qui constituent aux termes de l'article 12 de l'ordonnance du 17 septembre 1837 la limite dans laquelle la recette des établissements de bienfaisance doit être ou non confiée aux receveurs municipaux.

Les receveurs spéciaux sont nommés par les préfets, sur la proposition des commissions (Loi, 21 mai 1873, art. 6). Ils peuvent cumuler ces fonctions avec celles de secrétaire de la commission. En vertu du décret du 27 juin 1876, les receveurs des bureaux de bienfaisance ne sont plus rénumérés par des remises, mais au moyen d'un traitement fixe proportionnel et révisable à l'expiration de chaque période quinquennale. — Voy. RECEVEURS MUNICIPAUX.

Service intérieur et règlements. — Le service intérieur des bureaux de bienfaisance est fixé par des règlements particuliers dont les préfets doivent prescrire la rédaction partout où ils le jugent utile. (O. 31 octobre 1821, art. 17.)

Ces règlements ont pour principal objet de déterminer : 1° le nombre et l'ordre des séances de la commission administrative ; 2° le nombre et les attributions des agents ou employés ; 3° le mode et les conditions d'admission aux secours ; 4° les règles à suivre pour leur répartition. Ils sont soumis par les bureaux de bienfaisance à l'approbation des sous-préfets. (Cir. Int. 8 février 1823 ; D. 13 avril 1861.)

Un modèle de règlement a été annexé à l'instruction ministérielle du 10 février 1876. (V. au *Bull. de l'Int.*, p. 148.) — *Dict. des form.*, n° 250.

Dotation. — La dotation des bureaux de bienfaisance se compose : 1° des biens qui leur ont été rendus en exécution des lois des 16 vendémiaire et 20 ventôse an V, 4 ventôse an IX, et du décret du 12 juillet 1807, qui leur allouèrent les propriétés et rentes des anciennes institutions de bienfaisance, et même d'autres biens dans certains cas déterminés ; 2° des biens qu'ils ont été autorisés à acquérir à titre onéreux ; 3° des produits des dons et legs qu'ils ont été autorisés à accepter.

Administration des biens. — Les bureaux de bienfaisance sont soumis, quant à la gestion de leurs biens, à toutes les règles qui concernent les communes, sauf en ce qui concerne les règles de compétence. Ces règles ont été un peu décentralisées pour les bureaux de bienfaisance par le décret du 13 avril 1861, qui donne aux sous-préfets le droit d'autoriser : 1° les conditions des baux et fermes, lorsque la durée n'excède pas 18 ans ; 2° le placement des fonds ; 3° les acquisitions, ventes et échanges d'objets mobiliers ; 4° les acceptations de dons et legs d'objets mobiliers ou de sommes d'argent, lorsque leur valeur n'excède pas 3,000 francs et qu'il n'y a pas de réclamations d'héritiers. Les sous-préfets doivent, toutefois, rendre compte de ces autorisations aux préfets, qui peuvent les annuler ou réformer pour violation des lois et règlements.

Il est statué directement par les préfets sur la plupart des autres affaires, savoir : 1° condition des baux à ferme des biens de toute nature, lorsque la durée du bail excède dix-huit ans ; 2° acquisitions, aliénations, échanges d'immeubles ; 3° dons et legs d'objets mobiliers ou de sommes d'argent d'une valeur excédant 3,000 francs, ou d'immeubles quelle que soit leur valeur, lorsque dans l'un ou l'autre cas, il n'y a pas de réclamation des familles ; 4° transactions sur toutes sortes de biens, quelle qu'en soit la valeur ; 5° approbation des plans et devis de travaux, quelle qu'en soit l'importance ; 6° assurances contre l'incendie. (D. 25 mars 1852, tableau A, §§ 41, 42, 43, 44, 49 et 52.)

Enfin, il est statué par décret du chef de l'Etat sur l'acceptation des dons et legs de toutes sortes de biens, lorsqu'il y a réclamation des familles. (Circ. min. de l'int. 5 mai 1852.)

Le Conseil municipal est toujours appelé à donner son avis sur les autorisations d'acquérir, d'échanger, d'aliéner, de plaider ou de transiger demandées par les bureaux de bienfaisance, et sur l'acceptation des dons et legs faits à ces établissements. (Loi, 5 avril 1884, art. 70).

En vertu de la circulaire du 5 mai 1852 sur l'application du décret précité du 25 mars, en cas d'aliénation d'immeubles par les bureaux de bienfaisance et autres établissements hospitaliers, le dixième des arrérages des rentes à acquérir doit être capitalisé pour obvier à la dépréciation de la valeur monétaire.

Les délibérations des commissions administratives des bureaux de bienfaisance, concernant un emprunt, sont exécutoires en vertu d'un arrêté du préfet, sur avis conforme du conseil municipal, lorsque la somme à emprunter ne dépasse pas le chiffre des revenus ordinaires de l'établissement, et que le remboursement doit être effectué dans un délai de douze années. Si la somme à emprunter dépasse ledit chiffre ou si ledit remboursement est supérieur à douze années l'emprunt ne peut être autorisé que par un décret du chef de l'Etat.

Le décret d'autorisation est rendu dans la forme des règlements d'administration publique, si l'avis du conseil municipal est contraire ou s'il s'agit d'un établissement ayant plus de 100,000 francs de revenus.

L'emprunt ne peut être autorisé que par une loi, lorsque la somme à emprunter dépasse 500,000 francs, ou lorsque ladite somme, réunie au montant des autres emprunts non encore remboursés, dépasse 500,000 francs, c'est-à-dire lorsque les recettes auront atteint ce chiffre, d'après les comptes administratifs des trois derniers exercices. (L. 5 avril 1884, art. 119.)

Les bureaux de bienfaisance ne doivent être autorisés à contracter des emprunts que dans des cas tout exceptionnels. Les emprunts remboursables au moyen de l'aliénation d'une partie de la dotation entravent presque toujours l'action des établissements par les sacrifices qu'impose leur amortissement; il importe donc, en général, qu'ils ne soient autorisés que pour une durée de dix à douze ans au plus, et seulement lorsque leur remboursement peut s'effectuer facilement sur les revenus ordinaires, sans faire tort au service charitable. (C. min. de l'int. 3 août 1868.)

Quant à la réalisation des diverses opérations réalisées, comme il est dit ci-dessus, les règles à suivre sont les mêmes que celles qui ont été déterminées dans les mêmes cas pour les communes. — Voy. ACHATS D'OBJETS MOBILIERS, ACQUISITIONS D'IMMEUBLES, ALIÉNATIONS, ASSURANCES, BAUX, ECHANGES, EMPRUNTS, LEGS ET DONATIONS, RENTES, TRANSACTIONS, TRAVAUX.

L'article 120 de la loi du 5 avril 1884 a établi une règle nouvelle pour le cas où les commissions administratives, chargées de la gestion des établissements publics communaux, proposeraient soit de changer en totalité ou en partie l'affectation des locaux ou objets immobiliers ou mobiliers appartenant à ces établissements dans l'intérêt d'un service public ou privé quelconque, soit de les mettre à la disposition d'un autre établissement ou d'un particulier. Les délibérations des commissions administratives relatives à ces questions ne seront désormais exécutoires qu'après avis du conseil municipal, en vertu d'un décret rendu sur la proposition du ministre de l'intérieur.

Revenus. — Les revenus des bureaux de bienfaisance sont divisés, comme ceux des communes, en revenus ordinaires et en revenus extraordinaires.

Les revenus ordinaires se composent généralement des produits dont l'indication suit, savoir : 1° prix de ferme des maisons et biens ruraux;

2° produits des coupes ordinaires de bois; 3° rentes sur l'État; 4° rentes sur particuliers; 5° intérêts des fonds placés au Trésor; 6° fonds alloués sur les octrois municipaux; 7° part attribuée aux pauvres dans le prix des concessions dans les cimetières; 8° produits des droits sur les spectacles, bals, concerts, etc; 9° dons, aumônes et collectes; 10° amendes et confiscations; 11° recettes en nature; 12° prix de vente des denrées ou grains récoltés par l'établissement; enfin, des produits des troncs placés dans les églises, et des quêtes, souscriptions, collectes autorisées.

En ce qui concerne les quêtes, il faut remarquer que le décret du 30 décembre 1809 attribue au bureau de bienfaisance la faculté de faire, par un de ses membres, des quêtes dans les églises, mais qu'aucune disposition législative n'a étendu les droits du bureau de bienfaisance jusqu'à lui permettre de revendiquer les sommes recueillies par des tiers dans l'intérêt des pauvres. Le maire peut tout au plus s'assurer qu'on n'a pas détourné ces deniers de leur destination charitable, sans s'immiscer dans leur distribution, et il ne saurait, à aucun titre, revendiquer pour le bureau le produit de quêtes ainsi faites par des tiers. (Avis Conseil d'Etat, 11-24 mars 1880.)

Les revenus extraordinaires se composent : du prix des coupes extraordinaires de bois; des legs et donations en argent; des remboursements de capitaux; du prix de vente des inscriptions de rentes sur l'Etat et des recettes accidentelles.

Les bureaux de bienfaisance possèdent, en outre, des revenus propres à chaque localité; mais la perception ne doit en être opérée qu'en vertu de titres homologués par l'autorité compétente; les recettes se rattachent, suivant ces titres, aux deux classes de produits qui viennent d'être établies.

Les receveurs délivrent quittance de toutes les sommes qu'ils recouvrent, en se conformant aux règles tracées pour les revenus communaux, et ils doivent exercer, selon le mode également prescrit par les communes, les poursuites nécessaires contre les débiteurs en retard. (Inst. gén. fin. 20 juin 1859, art. 1055.) — Voy. POURSUITES, REVENUS COMMUNAUX.

On trouvera au surplus dans d'autres parties de cet ouvrage des explications particulières sur l'assiette des revenus des bureaux de bienfaisance et sur les moyens de recouvrement propres à chacun d'eux. — Voy. AUMÔNES, BAUX, COUPES DE BOIS, DROITS DES PAUVRES, INTÉRÊTS DE FONDS PLACÉS AU TRÉSOR, LEGS ET DONATIONS, QUÊTES ET COLLECTES, RENTES ET CRÉANCES, REVENUS EN NATURE, SUBVENTIONS.

Dépenses. — Les dépenses des bureaux de bienfaisance sont divisées en dépenses ordinaires et en dépenses extraordinaires. Les premières consistent ordinairement dans les articles suivants : 1° traitements divers et appointements du receveur; 2° réparations et entretien des bâtiments; 3° entretien et menues réparations des propriétés rurales; 4° contributions assises sur les biens; 5° distributions de secours aux indigents; 6° frais de bureau. On range également dans dans la classe des dépenses ordinaires les consommations de grains et denrées.

Les dépenses extraordinaires ont en général pour objet les constructions et grosses réparations; les achats de terrains et bâtiments; les achats de rentes sur l'Etat; les frais de procédure.

Les règles tracées pour le payement des dépenses des communes sont applicables au payement des dépenses des bureaux de bienfaisance. Un des membres de la commission administrative est chargé des fonctions d'ordonnateur. Cette désignation doit comme celle du vice-président, être faite dans la première réunion de l'année. (Modèle de règlement annexé à la Circulaire du 10 février 1876.) — Voy. *Dict. des form.*, n° 250.

Nous nous bornerons à rappeler ci-après les règles à suivre pour les distributions de secours aux indigents, but principal de l'institution des bureaux de bienfaisance, en renvoyant, pour les renseignements relatifs aux autres natures de dépenses, aux différents articles qui les concernent. — Voy. Acquisitions, Contributions a la charge des communes et établissements publics, Dépenses, Frais de bureau, Frais de procédure, Ordonnancement, Pièces justificatives, Réparations, Traitements, Travaux.

Distribution des secours. — Nous avons dit plus haut qu'aux termes de l'ordonnance du 21 octobre 1821, les bureaux de bienfaisance pouvaient se faire aider, pour la distribution des secours à domicile, par des adjoints et des dames de charité. Ils peuvent également se faire assister par des sœurs de charité vouées, par le but même de l'institut auquel elles appartiennent, à l'accomplissement de cette mission charitable. Des traités sont passés, à cet effet, entre les bureaux de bienfaisance et les communautés hospitalières sur les bases d'un modèle joint à la circulaire ministérielle du 26 septembre 1839, et qui détermine leurs droits et leurs obligations réciproques. *Dict. des formules*, n° 279.

L'indigence ne suffit pas pour donner le droit d'être secouru par le bureau de bienfaisance d'une commune; il faut avoir le domicile de secours dans cette commune,

Ce domicile s'acquiert conformément aux dispositions du titre V de la loi du 24 vendémaire an II (15 octobre 1793). Jusqu'à l'âge de vingt et un ans, il est au lieu de naissance ; après cet âge, il s'obtient par un séjour d'un an dans une commune.

Quant aux principes qui doivent guider les bureaux de bienfaisance dans la répartition des secours, nous ne pouvons mieux faire que de reproduire textuellement les sages dispositions de l'instruction du 8 février 1823, qui sont encore en vigueur.

« Les bureaux de bienfaisance, dit cette instruction, étant les auxiliaires nés des hospices, peuvent éviter à ces établissements une grande dépense, au moyen d'une sage distribution de secours à domicile. En effet, il n'est point de père de famille qui ne s'estime heureux, lorsqu'il est atteint de maladie, de pouvoir rester près de sa femme et de ses enfants et, pour cela, il suffit d'alléger une partie de sa dépense par des distributions de médicaments et d'aliments à domicile. En conséquence, on ne peut mieux entendre la charité qu'en multipliant les secours à domicile et en leur donnant la meilleure direction possible. »

« Tous les malheureux ont droit aux secours toutes les fois que la force des circonstances les met dans l'imposibilité de fournir à leurs premiers besoins : ce sont donc ces besoins que les bureaux de bienfaisance doivent constater : car, autant on doit s'empresser de secourir le véritable indigent, autant on doit éviter, par une distribution aveugle, d'alimenter l'oisiveté, la débauche et les autres vices dont le résultat inévitable est la misère. »

Il est bon de tenir un livre des pauvres où l'on inscrit tous les indigents qui seront assistés. Ce livre doit être divisé en deux parties : la première pour les indigents temporairement secourus, et la seconde pour les indigents secourus annuellement. Dans la première partie on comprend les blessés, les malades, les femmes en couches ou nourrices, les enfants abandonnés, les orphelins, et ceux qui se trouvent dans des cas extraordinaires et imprévus. Dans la seconde partie sont portés les aveugles, les paralytiques, les cancérés, les infirmes, les vieillards, les chefs de famille surchargés d'enfants en bas âge. Les infirmités qui donnent droit aux secours annuels doivent être constatées par les médecins attachés aux bureaux de bienfaisance. — *Dict. des formules*, n° 253.

Les listes dont il s'agit sont arrêtées par les bureaux en assemblée; on ne doit pas y comprendre un plus grand nombre d'indigents que n'en peut secourir l'établissement. Il convient d'apporter, dans la formation de ces listes, de la fermeté: car, comme il est souvent impossible de secourir tous les pauvres, et ceux qui sont secourus ne peuvent l'être que dans une proportion inférieure à leurs besoins, il y a donc un choix à faire, et la justice ainsi que l'humanité exigent que ce choix soit en faveur des plus malheureux.

L'examen doit porter sur l'âge, les infirmités, le nombre d'enfants, les causes de la misère, les ressouces qui sont à leur disposition et leur conduite. Du moment où les motifs qui ont fait admettre un pauvre aux secours n'existent plus, les secours doivent cesser; ils doivent cesser également s'ils sont plus nécessaires à d'autres.

Si le pauvre abuse des secours qu'il reçoit, il peut être puni, par la privation de secours pour quelque temps ou pour toujours.

C'est autant, que possible, en nature, que les secours doivent être distribués. Le pain, la soupe, les vêtements et les combustibles sont les objets qui peuvent le mieux remplir leurs besoins. Les soupes aux légumes forment aussi une ressource facile et économique.

On doit s'appliquer surtout, autant que les localités le permettent, à procurer du travail aux indigents valides. A défauts de manufacturiers ou de maîtres artisans, on peut proposer l'établissement d'ateliers de charité.

Les distributions de secours en nature ont lieu ordinairement au moyen de bons délivrés sur les fournisseurs. Les secours en argent sont distribués d'après les états nominatifs arrêtés par la commission administrative, contenant une colonne pour les quittances des parties prenantes ou les certificats de payement. — *Dict. des form.; Suppl.*, n°s 252 et 252 *bis*, 254 à 264.

Les quittances des indigents, pour les secours qui leur sont délivrés à ce titre, sont exemptes de timbre, à quelques sommes que s'élèvent ces secours. Il en est de même des comptes d'avances et des états récapitulatifs des secours distribués aux indigents par les sœurs de charité et que celles-ci doivent remettre au receveur de l'établissement. — Voy. Établissements de bienfaisance, Hospices.

Comptabilité. — Les règles de la comptabilité des communes s'appliquent aux hospices et aux bureaux de bienfaisance, en ce qui concerne la durée et la division des exercices, la spécialité et la clôture des crédits, la perception des revenus, l'ordonnancement et le payement des dépenses, et, par suite, la formation des budgets, ainsi que le mode d'écritures et de comptes. (I. G., art. 1046.) — Voy. Comptabilité communale, Hospices et Hôpitaux.

Le budget des recettes et des dépenses à effectuer pour chaque exercice est délibéré par les commissions administratives dans leur session annuelle du mois d'avril, afin que les budgets des établissements auxquels les communes fournissent des subventions puissent être soumis aux conseils municipaux, dans la session de mai, et que ces conseils puissent délibérer sur les subventions à accorder par les communes. Le conseil municipal est toujours appelé à donner son avis sur les budgets des bureaux de bienfaisance, même lorsque la commune ne leur fournit aucune subvention. Si le conseil refuse ou néglige de donner son avis, il peut être passé outre (art. 70 loi 5 avril 1884).

Les budgets des bureaux de bienfaisance sont réglés par les sous-préfets. (Décret 13 avril 1861, art. 6.)

Ils sont remis à l'autorité, qui doit les approuver assez tôt pour qu'ils puissent être renvoyés, avant l'ouverture de l'exercice, aux receveurs, chargés de les mettre à exécution. En cas de retard, les recettes et les dépenses ordinaires continuent, jusqu'à l'approbation du budget, à être faites conformément à celui de l'année précédente. Lorsque les crédits primitivement ouverts pour un exercice sont reconnus insuffisants, ou lorsqu'il doit être pourvu à des dépenses imprévues, les crédits supplémentaires sont également ouverts par le sous-préfet. Les conseils municipaux sont appelés aussi à donner leur avis sur ces crédits supplémentaires.

Il est procédé au règlement définitif du budget de chaque exercice, à la clôture de chaque exercice et au report des restes à recouvrer et des restes à payer au budget de l'exercice suivant, d'après les règles tracées pour les communes. — Voy. COMPTABILITÉ COMMUNALE, EXERCICE.

Les écritures à tenir par les receveurs des bureaux de bienfaisance sont conformes à celles des receveurs municipaux, soit que le service soit réuni à la perception des contributions directes ou confié à un receveur spécial. Dans ce dernier cas, les livres de receveur doivent être cotés et paraphés par le maire, président de la commission administrative, et, le 31 décembre de chaque année, ils sont arrêtés par l'ordonnateur des dépenses. Cette opération se fait par un procès-verbal dont ampliation est remise au comptable; une autre ampliation, accompagnée des pièces justificatives, doit être adressée au receveur des finances.

Les receveurs des bureaux de bienfaisance doivent remettre aux receveurs des finances les bordereaux ou états de situation de leurs recettes et de leurs dépenses aux époques et d'après les règles prescrites pour les receveurs municipaux.

Ils doivent, en outre, aux termes de la circulaire du 16 mars 1836, adresser à l'ordonnateur des dépenses, à l'expiration de chaque trimestre, un bordereau détaillé, et, dans la première dizaine de chaque mois, une situation sommaire des recettes et dépenses de l'établissement. — Voy. BORDEREAU, COMPTABILITÉ COMMUNALE.

Il est rendu chaque année deux comptes des recettes et dépenses de l'établissement : un compte d'administration dressé par l'ordonnateur et le compte de gestion du receveur.

Le compte d'administration est présenté à la commission administrative dans sa session ordinaire d'avril. Il est adressé, immédiatement après l'examen fait par ce conseil, au sous-préfet de l'arrondissement qui est compétent pour l'arrêter. — Voy. COMPTE ADMINISTRATIF.

Le compte du receveur est soumis à l'examen de la commission administrative et aux délibérations du conseil municipal, ainsi qu'à la vérification du receveur des finances de l'arrondissement. Après examen et vérification, le 31 août au plus tard, le compte, avec les pièces à l'appui et la délibération du conseil municipal, est adressé au conseil de préfecture ou à la Cour des comptes, suivant que le jugement du compte appartient à l'une ou à l'autre de ces autorités. (Circ. comp. pub. 30 janvier 1866.) — Voy. COMPTE DE GESTION.

Bureaux de placement. — Agence particulière dont l'entrepreneur se charge, moyennant redevance, de procurer des places aux gens sans emploi.

Un décret du 25 mars 1852 a soumis ces bureaux aux règles suivantes :

Nul ne peut tenir un bureau de placement, sous quelque titre et pour quelques professions, places ou emplois que ce soit, sans une permission spéciale délivrée par l'autorité municipale, et qui ne peut être accordée qu'à des personnes d'une moralité reconnue. (D. 25 mars 1852, art. 1er.)

La demande à fin de permission doit contenir les conditions auxquelles le requérant se propose d'exercer son industrie. (Id., art. 2.)

L'autorité municipale surveille les bureaux de placement pour y assurer le maintien de l'ordre et la loyauté de la gestion. Elle prend les arrêtés nécessaires à cet effet, et règle le tarif des droits qui peuvent être perçus par le gérant. (Id., art. 3.)

Les contraventions aux dispositions qui précèdent sont punies d'une amende de 1 franc à 15 francs, et d'un emprisonnement de quinze jours au plus, ou de l'une de ces deux peines seulement. Le maximum des deux peines est toujours appliqué au contrevenant lorsqu'il a été prononcé contre lui, dans les douze mois précédents, une première condamnation pour contravention aux mesures prises en vertu des dispositions qui précèdent. Ces peines sont indépendantes des restitutions et dommages-intérêts auxquels pourraient donner lieu les faits imputables au gérant. — L'article 403 du Code pénal est applicable aux contraventions indiquées ci-dessus. (Id., art. 4.).

L'autorité municipale peut retirer la permission : 1° aux individus qui auraient encouru ou viendraient à encourir une des condamnations prévues par l'article 15 (§§ 1, 3, 4, 5, 6, 14 et 15) et par l'article 16 du décret du février 1852 ; 2° aux individus qui auraient été ou qui seraient condamnés pour coalition ; 3° à ceux qui seraient condamnés à l'emprisonnement pour contravention au décret du 25 mars 1852 ou aux mesures qu'il autorise. (D. 25 mars 1852, art. 5.)

Les retraits de permission et les règlements émanés de l'autorité municipale, en vertu des dispositions qui précèdent, ne sont exécutoires qu'après l'approbation du préfet. (Id., art. 7.) — *Dict. des formules*, n° 280.

Bureaux de recrutement. — De tous les services militaires territoriaux celui du recrutement est, sans contredit, le plus important.

Un officier supérieur, faisant partie de la section territoriale de l'état-major général du corps d'armée, est chargé de centraliser le service du recrutement de la région. (L. 24 juillet 1873, art. 16.)

Dans chaque subdivision de région militaire, il y a un ou plusieurs bureaux de recrutement à la tête duquel se trouve un officier supérieur commandant le recrutement de la subdivision.

Les attributions des commandants du bureau de recrutement comprennent aux termes des lois des 28 juillet 1872 et 24 juillet 1873 :

Les opérations relatives à la formation des classes, à la répartition entre les corps, à la mise en route des contingents annuels ;

L'établissement et la tenue des registres matricules ;

La délivrance des certificats d'acceptation et des certificats d'aptitude pour les engagés volontaires, pour le rengagement des hommes de la réserve et l'engagement spécial des hommes de la disponibilité ;

La tenue du contrôle des engagés volontaires ;

L'administration des jeunes soldats des classes non encore appelées à l'activité, celle des jeunes gens dispensés, de ceux qui ont obtenu des sursis et de ceux qui ont été classés dans le service auxiliaire ;

L'administration des hommes de la disponibilité et de la réserve ;

L'administration des hommes de l'armée territoriale ;

L'établissement des certificats d'envoi dans la disponibilité, dans la réserve et dans l'armée territoriale, pour tous les hommes auxquels ces titres ne sont pas délivrés par les corps de troupe ;

L'établissement des congés de réforme n° 1 et n° 2 ;

La recherche et la poursuite des insoumis ;

Les hommes appelés se rendent d'abord au bureau de recrutement pour être immatriculés. L'immatriculation des hommes constitue une des plus importantes de ces attributions. Aussitôt que les opérations du recrutement sont terminées, le commandant de recrutement ouvre, pour sa subdivision de région, au moyen des listes cantonales, un registre matricule sur lequel il porte tous les jeunes gens de la classe qui n'ont pas été déclarés impropres ou ajournés, dans l'ordre du canton et en suivant les numéros de tirage ; chacun reçoit aussi un numéro d'inscription. On laisse à la suite un certain nombre de cases en blanc pour les hommes ajournés. Ce registre est destiné à mentionner les diverses positions des hommes depuis la décision prise par le conseil de revision jusqu'à leur passage dans l'armée territoriale ; les changements de domicile même doivent y être portés, suivant les déclarations que la loi prescrit aux jeunes gens de faire. Ce registre doit être tenu constamment à jour. Toutes les mutations successives des hommes y sont inscrites : date de la mise en route, de l'arrivée au corps, de la radiation des contrôles pour cause de réforme, d'envoi dans la disponibilité, dans la réserve, etc., au moyen des notifications fournies par les corps de troupe.

Les commandants de recrutement assurent également l'immatriculation des hommes de la disponibilité, de la réserve, dans les corps de troupe auxquels ils sont affectés. Ils enregistrent leurs mutations d'après les renseignements qui leur sont donnés par la gendarmerie.

Le registre matricule de chaque classe est terminé par une table alphabétique.

Concurremment avec ce registre, qui lui permet de suivre dans toutes leurs positions les hommes susceptibles d'être appelés, le commandant de recrutement tient aussi un contrôle sommaire où les jeunes gens sont groupés dans l'ordre des situations qui leur sont assignées par les conseils de revision ; ce contrôle comprend cinq sections correspondantes aux cinq parties de la liste de recrutement. (Instruction ministérielle, 14 juillet 1873.)

D'après les indications du registre, le commandant de recrutement établit pour chaque homme un livret matricule, portant son état civil, son signalement, le titre sous lequel il sert et les changements qui peuvent survenir dans sa situation ; le livret qui suit l'homme dans toutes ces positions est envoyé directement au corps par le commandant de

15

recrutement, qui remet à l'homme un double de ce livret appelé livret individuel.

Le commandant de recrutement conserve et tient au courant les livrets matricules concernant le personnel des douanes, celui des forêts et celui des chemins de fer, faisant partie des compagnies des sections organisées dans ces administrations, et astreintes au service dans l'armée active ou dans l'armée territoriale.

Il fait rechercher les disponibles, réservistes et territoriaux qui n'ont pas répondu à un appel et porte plainte contre ceux qui changent de domicile sans se conformer à la loi.

Les maires et la gendarmerie doivent, en conséquence, notifier au commandant du bureau de recrutement les modifications qui se produisent dans la situation de tous ceux de ces hommes résidant ou domiciliés dans la région. — Voy. RECRUTEMENT.

Les commandants de recrutement sont aussi détenteurs des procès-verbaux de classement des chevaux, mulets et voitures susceptibles d'être requis en cas de mobilisation, dont le recensement a lieu chaque année. Ces chevaux, mulets et voitures sont répartis d'avance dans chaque corps d'armée et inscrits sur un registre spécial.—Voy. CHEVAUX, MULETS, VOITURES et RÉQUISITIONS.

En ce qui concerne l'armée territoriale, chaque commandant de bureau de recrutement doit faire connaître au général commandant la région l'état, par arme, des hommes qui, finissant d'accomplir leur service dans la réserve, sont domiciliés dans sa subdivision.

Après que la répartition est faite entre les diverses armes par le général commandant, chaque homme passant dans l'armée territoriale est averti, par le commandant du service de recrutement de la subdivision, du corps dont il doit faire partie. Mention en est faite dans une colonne spéciale sur le livret qui doit lui être délivré, conformément à l'article 48 de la loi du 28 juillet 1872. (L. 24 juillet 1873, art. 32.)

Les hommes de l'armée territoriale sont inscrits sur des contrôles spéciaux tenus par des officiers dits capitaines-majors.

Pour l'infanterie, un capitaine-major est attaché à cet effet au bureau de recrutement de chaque subdivision de région ; pour toutes les autres armes, il y a un capitaine-major auprès du commandant supérieur de recrutement au chef-lieu du corps d'armée.

Les contrôles des corps de l'armée territoriale sont établis sur les mêmes bases que les registres matricules des réservistes et disponibles de l'armée active, et les changements successifs survenus dans la situation des hommes y sont également mentionnés. Les prescriptions concernant les non disponibles, et celles qui sont relatives aux changements de domicile ou de résidence et aux déplacements pour voyages, sont entièrement applicables aux hommes de l'armée territoriale, et les mutations qui en résultent doivent, comme pour les disponibles ou réservistes de l'armée active, être notifiées, sans retard, au bureau de recrutement intéressé.

Pendant les trois premiers mois qui suivent la clôture des opérations des conseils de revision, les commandants de recrutement adressent directement au ministre un compte rendu des ressources de la subdivision au point de vue du recrutement. Passé ce temps, ce compte rendu n'est plus envoyé que semestriellement. Ils adressent, en outre, chaque mois, par la voie hiérarchique, une situation de la disponibilité et de la réserve.

Enfin, le commandant de recrutement fournit à l'officier de l'état-major général, qui centralise le service du recrutement, les renseignements nécessaires pour les tableaux, que cet officier doit dresser tous les six mois, des officiers, sous-officiers et hommes qui doivent être appelés immédiatement, en cas de mobilisation.

En cas de mobilisation, et pour la mise sur pied de guerre des forces militaires de la région, le ministre de la guerre transmet au général commandant le corps d'armée l'ordre de mobilisation de tout ou partie des hommes des diverses classes de la disponibilité et de la réserve, enfin de la mise en activité des diverses classes de l'armée territoriale. (Id., art. 21.)

Aussitôt cet ordre reçu, le général prescrit à chaque officier commandant le bureau de recrutement de subdivision de faire connaître immédiatement aux militaires de la disponibilité et de la réserve, destinés à porter au complet de guerre les compagnies, escadrons, batteries et services du corps d'armée de la région, qu'ils aient à se rendre à leur corps dans le délai fixé par l'ordre de départ. Le commandant du bureau de recrutement fait remettre à chaque homme rappelé l'ordre nominatif et toujours préparé qui lui prescrit de rejoindre. (L. 24 juillet 1873, art. 22.) — Voy. ARMÉE TERRITORIALE, RECRUTEMENT, MOBILISATION.

C

Cabarets, Cafés et autres débits de boissons. — Jusqu'en 1880, les cafés, cabarets et autres débits de boissons étaient soumis au régime de l'autorisation préalable, établi par le décret du 29 décembre 1851, qui donnait au préfet le droit d'ordonner, par arrêté, la fermeture de ces établissements, soit après contravention aux lois et règlements qui concernent ces professions, soit même par mesure de sûreté publique. Le législateur, trouvant ce système contraire à la liberté du commerce, crut devoir faire rentrer ces établissements dans le droit commun, substitua au régime de l'autorisation celui de la simple déclaration, préalable à l'ouverture, et enleva à l'administration le pouvoir de répression dont elle était armée.

Déclaration. — L'article 1er de la loi du 17 juillet 1880 abroge le décret du 29 décembre 1851. Désormais, toute personne qui veut ouvrir un café, cabaret ou autre débit de boissons à consommer sur place est simplement tenue de faire quinze jours au moins à l'avance et par écrit, à la mairie de la commune où le débit doit être établi, ou à la préfecture de police, à Paris, une déclaration indiquant :

1° Ses noms, prénoms, lieu de naissance, profession et domicile ;

2° La situation du débit ;

3° A quel titre elle doit gérer le débit, et les noms, prénoms, profession et domicile du propriétaire, s'il y a lieu.

Il doit être donné immédiatement récépissé de cette déclaration, le maire de la commune où elle a été faite en transmet copie intégrale au procureur de la République de l'arrondissement. (Art. 2.)

De même, toute mutation dans la personne du propriétaire ou du gérant doit être déclarée dans les quinze jours qui la suivent, et la translation du débit d'un lieu dans un autre doit aussi être déclarée huit jours au moins à l'avance. La transmission de ces déclarations doit également être faite dans les trois jours au procureur de la République. — Voy. *Dict. des form.*, nᵒˢ 282, 283, 284.

L'infraction aux dispositions de ces deux articles est punie d'une amende de 16 à 100 francs.

Ces diverses déclarations sont affranchies du timbre, le récépissé seul y est assujetti, car seul aussi il constitue un document susceptible d'être produit pour justification ou défense, et doit, à ce titre, être soumis, en vertu de l'article 12 de la loi du 13 brumaire an VII, au droit de timbre établi en raison de la dimension du papier. (Circulaire Int. 20 août 1880.)

Le maire n'a pas à apprécier la valeur de la déclaration qui lui est ainsi faite, il ne peut exiger aucune pièce à l'appui, pas même le casier judiciaire ; son rôle se borne à délivrer, sans examen préalable et sans refus possible, récépissé de la déclaration, et à en transmettre copie au procureur de la République, à qui il appartient de s'assurer de la capacité du déclarant.

La loi, en effet, tout en affranchissant les débitants de boissons de l'action administrative, n'a pas voulu laisser cette profession s'exercer librement sans l'entourer de certaines garanties, et elle a frappé d'une incapacité perpétuelle ou temporaire de tenir un débit de boissons, café ou cabaret, diverses catégories de personnes énumérées dans les articles 5, 6, 7 et 8.

Incapacités. — En vertu de ces dispositions, sont frappés d'une incapacité perpétuelle : tous les individus condamnés pour crimes de droit commun, art. 6, § 1.

Sont frappés d'une incapacité temporaire pendant cinq ans : tous les individus qui auront été condamnés à un emprisonnement d'un mois au moins, pour vol, recel, escroquerie, filouterie, abus de confiance, recel de malfaiteurs, outrage public à la pudeur, excitation de mineurs à la débauche, tenue d'une maison de jeu, vente de marchandises falsifiées et nuisibles à la santé, conformément aux articles 379, 401, 405, 406, 407, 408, 248, 330, 334, 410 du Code pénal, et à l'article 2 de la loi du 27 mars 1851 (art. 6, § 2). Les mêmes condamnations, lorsqu'elles sont prononcées contre un débitant de boissons à consommer sur place, entraînent de plein droit contre lui, et pendant le même délai, l'interdiction d'exploiter un débit, à partir du jour où lesdites condamnations sont devenues définitives. (Art. 7, § 1.)

L'interdiction temporaire de cinq ans atteint aussi tout débitant qui vient d'être condamné à un mois au moins d'emprisonnement, en vertu des articles 1 et 2 de la loi du 23 janvier 1873, sur la répression de l'ivresse publique. (Art. 7, § 2.)

Ces interdictions temporaires cessent cinq ans après l'expiration de la peine, à l'égard des condamnés pour délits, si, pendant ces cinq ans, ils n'ont encouru aucune condamnation correctionnelle à l'emprisonnement. (Art. 6, § 3.)

Le débitant interdit ne peut être employé, à quelque titre que ce soit, dans l'établissement qu'il exploitait, comme attaché au service de celui auquel il aurait vendu ou loué, ou par qui il ferait gérer ledit établissement, ni dans l'établissement qui serait exploité par son conjoint, même séparé. (Art. 7.)

De plus, les mineurs non émancipés et les interdits ne peuvent exercer par eux-mêmes la profession de débitant de boissons. (Art. 5.)

Les infractions aux dispositions des articles 5, 6 et 7 sont punies d'une amende de 16 à 200 francs.

En cas de récidive, l'amende peut être portée jusqu'au double, et le coupable peut, en outre, être condamné à un emprisonnement de six jours à un mois. (Art. 8.)

Ces articles ne donnent lieu à aucun commentaire, l'administration n'étant plus investie du droit de statuer elle-même, et n'ayant présentement d'autre devoir que de transmettre aux parquets les procès-verbaux dressés par les agents de surveillance placés sous ses ordres.

Les tribunaux seuls prononcent, et c'est uniquement de leurs jugements que résulte désormais la clôture des débits (Circ. 20 août 1880.)

Emplacement. — L'article 9 remet cependant aux maires un droit d'une application délicate, en leur conférant la faculté de déterminer, les conseils municipaux entendus, et sans préjudicier aux droits acquis, les distances auxquelles les débits de boissons ne pourront être installés autour des édifices consacrés au culte ou à l'instruction, des cimetières et des hospices. Deux excès contraires sont à redouter dans les questions de ce genre, auxquelles viennent toujours se mêler des intérêts personnels et des influences locales, trop de rigueur parfois, et parfois aussi trop de complaisance. Le ministre de l'intérieur, dans la circulaire précitée, recommande aux maires de s'appuyer du concours du conseil municipal pour résister plus efficacement aux sollicitations dont on pourrait tenter de les circonvenir, et de ne jamais perdre de vue d'ailleurs que les termes de l'article 9 sont absolument limitatifs et ne s'appliquent qu'aux lieux qui y sont expressément désignés.

Lors de la discussion de la loi, on avait, en effet, proposé d'étendre la même disposition à d'autres établissements ; mais ces propositions ont été écartées « par le motif qu'il fallait se borner au strict nécessaire, et ne point trop multiplier les points à protéger pour ne pas s'exposer à grever de nombreux immeubles d'une pareille servitude, qui ne peut se justifier que par des exigences morales ou sociales incontestables, et non se fonder sur de simples inconvénients ».

Du reste, les arrêtés pris à cet égard par les magistrats municipaux sont toujours soumis à l'approbation préfectorale, et ne deviennent exécutoires qu'un mois après la date de leur réception à la préfecture.

Licence. — La loi du 17 juillet 1880 laisse subsister le droit de licence au profit du Trésor, le service de la régie est donc intéressé à connaître, comme par le passé, les déclarations qui sont faites conformément aux articles 2 et 3, et il doit être mis à même d'intervenir en temps utile pour faire régulariser la situation des débitants qui auraient ouvert leurs établissements sans se munir d'une licence. Sous l'empire du décret de 1851, ces renseignements étaient recueillis et fournis par l'administration.

Depuis la promulgation de la loi, cette obligation incombe désormais à l'autorité judiciaire. Le procureur de la République, après avoir vérifié si la déclaration a été faite conformément aux règles établies par les articles 2 et 3, et si le déclarant ne se trouve pas dans un des cas d'incapacité prévus par les articles 5 et 6, communique au préfet les renseignements recueillis par lui sous ce double rapport, et le préfet les porte à la connaissance du directeur de la régie. Le procureur de la République fait également parvenir au préfet, pour être transmis par ses soins aux agents des contributions indirectes, un état des condamnations qui auraient été prononcées, par application de l'article 7, contre un débitant en exercice.

Enfin, pour faciliter leur tâche, les chefs locaux du service de la régie sont autorisés à compulser les dossiers ou registres des déclarations prescrites par la loi. (Circ. Int. 25 novembre 1880.)

Pouvoirs du maire. — Ces dispositions ne s'appliquent qu'aux débits de boissons permanents; ceux qu'on veut ouvrir temporairement à l'occasion d'une foire, d'une vente ou d'une fête publique, demeurent soumis, aux termes de l'article 10, à l'obtention préalable d'une permission de l'autorité municipale, conformément à la pratique ancienne, à laquelle il n'est apporté aucune modification.

En faisant rentrer les débits de boissons sous l'empire du droit commun, la loi a enlevé à l'administration le pouvoir d'autoriser ces établissements et d'ordonner leur fermeture par mesure administrative, mais elle n'a pas entendu dessaisir l'autorité de son droit de police; au contraire, l'article 11, en déclarant que les infractions ou contraventions aux règlements de police continuent à être punies des peines de simple police, et l'article 12, en décidant que l'article 463 est applicable à tous les délits ou contraventions prévus par les articles de cette loi, n'ont fait que confirmer implicitement le pouvoir de réglementation et de surveillance qui appartient à l'administration en matière de police générale et municipale. (Circulaire du 20 août 1880.) Les débits de boissons, même permanents, restent donc soumis à la surveillance et aux règlements de l'autorité locale.

Une ordonnance d'octobre 1760 faisait défense à tous cabaretiers, limonadiers, vendeurs de bière ou d'eaux-de-vie, d'avoir leurs boutiques ouvertes après neuf heures du soir, depuis le 1er novembre jusqu'au 1er avril; et après dix heures, depuis le 1er avril jusqu'au 1er novembre.

La réglementation n'est plus aussi étroite, mais le droit de régler les heures d'ouverture et de fermeture des débits appartient toujours à l'administration; le préfet exerce ce droit par des règlements généraux pour le département.

De son côté, le maire est spécialement chargé, par l'article 97, § 3, de la loi du 5 avril 1884, du maintien du bon ordre dans les cafés et autres lieux publics; à ce titre, il doit non seulement assurer l'exécution des arrêtés pris par le préfet, mais en outre, il peut, de son côté, sans contrevenir aux dispositions générales de l'arrêté préfectoral, édicter des prescriptions réglementaires spéciales pour adapter le règlement du préfet aux us et coutumes locales.

Ainsi, par exemple, il peut fixer à 10 heures l'heure de la fermeture de ces établissements, bien que l'arrêté préfectoral ait établi minuit comme heure de fermeture; mais il ne saurait jamais dépasser la limite maximum d'ouverture indiquée dans l'arrêté du préfet.

Par de semblables mesures, les maires s'assurent des étrangers qui passent et séjournent dans leurs communes, et, d'une autre part, ils empêchent que les hommes adonnés à la boisson ne s'excitent à passer la nuit dans les cafés, auberges ou cabarets, à y dépenser ce qui doit servir à nourrir leurs familles, et ne troublent le sommeil des habitants tranquilles.

Les règlements de police municipale, qui fixent les heures de clôture des cafés et cabarets, peuvent atteindre aussi bien les consommateurs trouvés dans le café ou cabaret après l'heure fixée, que le maître de l'établissement lui-même. Toutefois, la plupart ne frappent d'une pénalité que ce dernier, auquel ils imposent l'obligation de renvoyer les consommateurs.

Lorsqu'un arrêté municipal porte que toute personne qui, après une certaine heure, refuse de se retirer d'un café ou cabaret, sur l'ordre qui lui en est donné, devient passible des mêmes peines que le maître de l'établissement lui-même, il est nécessaire, en cas de contravention, que le procès-verbal de l'officier de police constate qu'il a fait aux prévenus sommation de se retirer d'une voix assez forte pour être entendue.

Tout l'appartement d'un maître de café ou cabaret fait partie de son établissement, et se trouve soumis aux mêmes conditions. Il ne peut dès lors invoquer l'inviolabilité due à l'habitation d'un particulier ; son infraction ne pourrait être, non plus, excusée par le motif que les personnes trouvées chez lui après la clôture sont des parents et des amis réunis à l'occasion d'une fête privée. (Cass. 2 décembre 1848.) Il en serait de même, à plus forte raison, si des joueurs ou consommateurs s'étaient retirés dans une chambre particulière. (Cass. 5 avril 1811.)

Aucune excuse, en un mot, ne peut être admise en cas de contravention : ni l'absence du maître de l'établissement, ni le refus des consommateurs de se retirer, ni le peu de temps écoulé depuis l'heure fixée, ni le petit nombre des personnes, ni la circonstance que l'infraction aurait été commise un jour de fête patronale, ou que le couvre-feu, dans les localités où il est en usage, n'aurait pas été sonné. (Cass. 1er août 1829, 1er février 1833, 13 décembre 1834, 10 juin 1841, 14 novembre 1851 et 12 août 1853.)

Le règlement de police, qui fixe l'heure de la fermeture des cafés et cabarets n'est pas applicable à un cercle où les sociétaires seuls sont admis, encore que des rafraîchissements seraient vendus à ces derniers. (Cass. 12 septembre 1852.)

Parmi les mesures que l'autorité municipale peut prendre à l'égard des cafés, cabarets et autres établissements de même nature, on doit comprendre les dispositions relatives à l'interdiction d'y donner à jouer, ou à la détermination des jeux qui y seront permis, ou à la défense d'y jouer de l'argent aux cartes, ou à l'interdiction d'y faire entendre la musique comme moyen d'attirer les consommateurs. (Cass. 19 janvier et 22 avril 1837, 12 juin 1846 et 3 juin 1848.)

Les officiers de police (maires, adjoints, commissaires de police, gardes champêtres) peuvent pénétrer dans les cabarets et cafés à toute heure du jour et même de nuit, pourvu, dans ce dernier cas, que le lieu soit encore ouvert au public. Ils peuvent même y pénétrer, assistés de main-forte, après les heures fixées pour leur fermeture, lorsqu'ils y entendent du bruit ou tapage.

Les contraventions sont constatées par des procès-verbaux, et punies conformément aux articles 471 et 474 du Code pénal.

L'administration a donc toujours un pouvoir de réglementation et un droit de surveillance pour assurer l'exécution de ses règlements ; mais une fois les contraventions constatées par des procès-verbaux, elle est dessaisie du droit de statuer par mesure administrative ; la sanction est réservée à l'autorité judiciaire.

Tant qu'à la vente, dans ces établissements, de boissons falsifiées ou altérées, ce fait constitue un délit qui tombe sous l'application de la loi du 27 mars 1851. — Voy. Boissons, Denrées alimentaires, Police municipale. — *Dict. des formules*, nᵒˢ 281, 285 et 286.

Cachet. — Voy. Sceau des mairies.

Cadastre. — Pour établir équitablement les bases de la répartition de la contribution foncière entre les diverses propriétés, on a dû songer à en déterminer exactement la contenance, et à en évaluer le plus approximativement possible les revenus; tel est l'objet du cadastre, dont la conception se rattache aux lois des 21 août et 16 septembre 1791.

C'est dans la loi des finances du 31 juillet 1821, l'ordonnance d'exécution du 3 octobre suivant, et les règlements ministériels des 10 octobre 1821 et 15 mars 1827, que se trouvent les dispositions actuellement en vigueur relativement au cadastre. Nous allons consigner ici brièvement celles de ces dispositions dont la connaissance peut être utile aux fonctionnaires municipaux.

Le cadastre consiste en opérations d'art qui ont pour but d'en établir la base, et en travaux d'expertise par lesquels on arrive à en réaliser l'application.

Les opérations d'art embrassent la délimitation de la commune, sa division en sections, la triangulation, l'arpentage et le levé du plan. L'expertise a pour objet la répartition individuelle de l'impôt.

Délimitation et division en sections. — Un géomètre de première classe doit être spécialement chargé de la délimitation. Il rédige un procès-verbal de l'opération. Ce procès-verbal est signé de lui et de tous les maires des communes intéressées. (Règl. 10 octobre 1821.)

Les mêmes formalités s'appliquent à la division en sections du territoire communal, opération qui a pour but de faciliter la confection du plan et de permettre aux propriétaires de reconnaître plus aisément la situation de leurs immeubles.

Triangulation. — Cette opération consiste à établir sur le terrain un réseau de triangles qui circonscrit l'arpenteur dans des polygones dont les côtés, déterminés à l'avance avec une grande précision par le calcul trigonométrique, lui servent de guides et de moyens de vérification.

Il est procédé à la triangulation pendant l'année qui précède l'arpentage.

Cette opération est confiée à un géomètre de première classe, qui transmet les divers éléments de son travail au géomètre en chef. Celui-ci doit refaire d'abord les calculs dans le cabinet; puis, dans le mois au plus tard, se rendre sur le terrain pour procéder à la vérification des opérations, et dresser procès-verbal de cette vérification.

Arpentage. — Après la triangulation il est procédé à l'arpentage et au levé du plan.

Les plans du cadastre se lèvent aujourd'hui parcellairement, c'est-à-dire par parcelles de propriété. On appelle parcelle toute portion de terrain qui se distingue de celles qui l'environnent par la différence, soit du propriétaire, soit de la nature de culture. Les terres contiguës appartenant au même propriétaire, et qui ne diffèrent que par leur assolement, ne forment qu'une seule parcelle, à moins que ces fonds ne dépendent de deux triages différents. (O. 3 octobre 1821 ; Circ. 30 mars 1832.)

Les travaux du parcellaire intéressent ainsi chacun des propriétaires individuellement, et l'ouverture de ces travaux doit, par conséquent, être annoncée par un avis que le préfet fait afficher, à la diligence des maires, dans la commune à arpenter et dans les communes environnantes.

Pour seconder le géomètre dans la levée du plan parcellaire, le maire doit nommer des indicateurs qui l'aident à reconnaître sur le terrain les noms des propriétaires, la dénomination des propriétés et les limites des parcelles. Le maire est aussi tenu d'assister à l'arpentage, en se conformant à la lettre d'instruction qu'il doit recevoir à cet égard du préfet.

Lorsque les travaux de l'arpentage et du levé du plan sont terminés, il faut procéder à leur vérification. La vérification a lieu par le géomètre en chef, par le directeur des contributions, et jusqu'à un certain point par les propriétaires intéressés.

Le géomètre en chef se rend sur le terrain et procède, en présence du géomètre chargé de l'arpentage, à la vérification de toutes les feuilles du plan. Il est dressé procès-verbal de l'opération. Il doit en outre exécuter, dans ses bureaux, le calcul des contenances de toutes les parcelles. Enfin, il adresse le cahier des parcelles au directeur que les règlements chargent de la confection des calculs par masse. De la comparaison qu'il fait par polygone entre son calcul et celui des parcelles résulte un nouveau contrôle du travail.

Pour mettre les propriétaires à portée de vérifier les désignations et les contenances données à leurs fonds, le géomètre-arpenteur réunit dans un bulletin, pour chaque propriétaire, toutes les parcelles qui sont éparses sous son nom dans le tableau indicatif. Les bulletins sont communiqués, à chaque propriétaire, par le géomètre qui a levé le plan. Cet agent appelle les propriétaires, les aide à reconnaître les parcelles portées sous leur nom, reçoit leurs observations, répare, immédiatement et en leur présence, les omissions, les erreurs et les faux ou doubles emplois. Il fait signer chaque bulletin par le propriétaire, ou par le maire pour ceux qui ne savent pas signer, afin de constater qu'il n'y a pas eu de réclamations ou qu'il y a été fait droit. Ces bulletins sont ensuite remis par lui au géomètre en chef, avec un certificat du maire qui constate si toutes les formalités qui viennent d'être rappelées ont été remplies, et qui indique, en outre, le temps passé dans la commune pour la communication des bulletins.

Le géomètre en chef fait ensuite, pour la commune, une copie de la minute du plan, sur des feuilles qui sont reliées en atlas. Cette copie doit être précédée d'un tableau d'assemblage, qui est aussi relié en atlas. Le géomètre en chef établit ce tableau en réduisant les feuilles du plan parcellaire à l'échelle de 1 à 10,000.

Le tableau d'assemblage doit présenter la circonscription de la commune, sa division en sections, les principaux chemins, les montagnes, les rivières, la position des chefs-lieux et des forêts rurales et communales. (Régl. 10 octobre 1821 ; 15 mars 1827.)

Les propriétaires qui désirent se procurer un extrait des plans, en ce qui concerne leur propriété, peuvent s'adresser au géomètre en chef. Ces extraits sont payés d'après un tarif arrêté par le préfet. (Régl. 10 octobre 1821, art. 35.)

Expertise. — Les travaux d'art terminés, il est procédé aux opérations de l'expertise dont l'objet immédiat est la répartition individuelle de l'impôt, et qui sont, en conséquence, confiées aux propriétaires eux-

mêmes. Ces opérations consistent à faire plusieurs classes des différentes
natures de propriétés sises dans la commune, eu égard à leur importance respective, à répartir entre ces différentes classes chacune des
parcelles et à évaluer le revenu des classes, c'est-à-dire à dresser le
tarif des évaluations.

Classification du sol. — À l'époque de la classification des bulletins,
le conseil municipal de la commune arpentée se réunit et, sur l'invitation
de l'inspecteur des contributions directes, nomme, parmi les propriétaires possesseurs des cultures dominantes, des commissaires classificateurs au nombre de cinq, dont deux forains et trois domiciliés dans la
commune ; à ces commissaires sont adjoints cinq suppléants choisis de
la même manière. Procès-verbal est dressé de cette opération.

Ces nominations faites, le contrôleur des contributions se transporte
dans la commune et réunit les classificateurs, auxquels le préfet adjoint
des experts, lorsque le conseil municipal en a fait la demande. Cet agent
procède ensuite avec eux : 1° à la reconnaissance générale du territoire ; 2° au choix et à la désignation des fonds devant servir de type
pour chacune des classes de chaque nature de propriété.

Le nombre des classes ne peut jamais excéder celui de cinq pour
les cultures, quelques variétés que présentent les propriétés de même
espèce.

Les maisons, dans les communes rurales, sont aussi susceptibles de
classification, et peuvent être divisées jusqu'en dix classes ; mais dans
les villes, bourgs et communes très peuplés, les maisons ne sont pas
susceptibles de classification. Chaque maison doit être évaluée séparément par les propriétaires classificateurs, qui, de même, évaluent séparément les usines, fabriques et manufactures. (Règl. 10 octobre 1821,
et 15 mars 1827.)

La classification opérée, les classificateurs établissent le revenu de
chaque nature de culture et de chaque classe, en prenant pour base de
leur estimation le terme moyen par hectare du produit net des parcelles
choisies pour types. C'est ce qu'on appelle le tarif provisoire.

Classement des parcelles. — L'opération du classement des parcelles
sur le terrain doit être annoncée au public par un avis que le préfet
fait afficher dans la commune à la diligence du maire. Au jour indiqué,
le contrôleur des contributions, muni du tableau indicatif des propriétaires et des propriétés de la commune, s'y transporte, et réunit les
propriétaires classificateurs, avec lesquels il se rend sur le terrain.
Les propriétaires classificateurs sont autorisés à s'adjoindre, dans
chaque section, des indicateurs en état de leur fournir des éclaircissements utiles. Tous propriétaires, ou leurs fermiers ou régisseurs,
peuvent, si bon leur semble, assister au classement et présenter leurs
observations.

Les propriétaires classificateurs opèrent successivement dans chaque
section, et distribuent chaque parcelle de propriété dans les classes
arrêtées par le conseil municipal. Le contrôleur porte, dans la colonne
du tableau indicatif à ce destinée, la classe assignée à chaque parcelle.
Si la parcelle est une maison, il indique la classe de cette parcelle
comme maison. Si c'est une usine, il n'y a point de classe à indiquer,
les usines étant déjà évaluées dans le tarif dressé par le conseil municipal. Si la commune dans laquelle on opère est un village, ou un
bourg, ou une commune très peuplée dont les maisons n'ont pas été
divisées en classes, le contrôleur porte sur le tableau indicatif l'évalua-

tion donnée sur le terrain même à chaque maison par les propriétaires classificateurs.

Tarif des évaluations. — Le classement effectué, le contrôleur et les classificateurs procèdent au choix d'un certain nombre de domaines affermés ou dont la valeur est notoirement constatée ; ils font un relevé des parcelles dont ces domaines sont composés, leur appliquent le tarif provisoire et s'assurent, pour chaque domaine, de l'exactitude de la proportion existant entre le revenu constaté par le bail ou par la déclaration des classificateurs et le revenu résultant des évaluations provisoires.

Lorsque le tarif des évaluations a été régularisé dans toutes ses parties, il est soumis au conseil municipal, qui l'arrête. Il est ensuite déposé au secrétariat de la mairie, pendant un délai de quinze jours, pour que les propriétaires puissent en prendre communication et présenter leurs observations.

S'il survient des réclamations, le conseil municipal les examine et propose, le cas échéant, des modifications au tarif.

Toutes les pièces sont remises à l'agent de l'administration qui a pris part aux discussions du conseil, cet agent donne son avis. Le directeur soumet ensuite le tarif à la commission départementale. Si cette commission, sur le vu des rapports, croit devoir faire subir quelques modifications au tarif, il doit en être donné connaissance au conseil municipal, afin qu'il puisse fournir ses observations. Après un délai de 20 jours, si le conseil n'a point envoyé d'observations, son silence est considéré comme une adhésion et il est passé outre. (Régl. 15 mai 1827; Circ. 24 mai même année et 5 juillet 1832; L. 10 août 1871, art. 87.) Une loi du 9 août 1879 a prescrit une nouvelle évaluation du revenu foncier des propriétés non bâties. Cette nouvelle évaluation, faite avec les renseignements fournis par l'enregistrement à la fin de l'année 1883, démontre qu'en principe 46 départements sont trop chargés et que le surplus ne l'est pas assez. Plusieurs amendements ont réclamé, sans résultat jusqu'à présent, le nivellement au taux de 4.49. La vérité serait peut être dans la péréquation par dégrèvement au taux de 2.5 0/0 représentant le quantum actuel du département de l'Aude, qui est celui payant le moins.

États de section et matrices cadastrales. — Le tarif définitivement arrêté, le préfet l'envoie au directeur pour qu'il en fasse l'application.

Le directeur rédige alors les états de section qui comprennent, pour chaque section du plan de la commune, les propriétés bâties et non bâties, et contiennent: 1° le nom des propriétaires ; 2° les numéros du plan; 3° les cantons ou lieux dits; 4° la nature des propriétés ; 5° la contenance de chaque parcelle ; 6° l'indication des classes ; 7° le revenu de chaque parcelle ; 8° le nombre des ouvertures imposables.

A l'aide des états de section, le directeur rédige, sous le nom de matrice cadastrale, un tableau-cahier contenant, par ordre alphabétique de cantons ou lieux dits, la désignation des propriétés bâties et non bâties. Pour les propriétés non bâties, elle contient, outre les noms et demeure du propriétaire, l'indication des sections, le numéro du plan, chaque parcelle de fonds, sa contenance, la classe à laquelle elle appartient et son revenu imposable. Quant aux propriétés bâties, indépendamment des indications relatives à leur superficie, la matrice fait connaître, pour la bâtisse, la classe et le revenu imposable. Une copie de la matrice cadastrale est envoyée dans les communes, en même temps que le premier rôle cadastral. L'original reste déposé à la direction des contributions directes du département. Le propriétaire qui désire se procurer un extrait de la matrice, en ce qui concerne ses propriétés, doit s'adresser au directeur des contributions ; ces extraits sont payés d'après un tarif arrêté par le préfet. (Règl. 10 octobre 1821 ; Circ. min. 10 mars 1825.)

Mutations. — Les opérations cadastrales accomplies comme nous venons de l'exposer et leur résultat définitif inscrit aux matrices, il reste à pourvoir à un point important, à savoir, à tenir celles-ci sans cesse au courant des changements de propriétaires et des translations de propriétés. Tel est l'objet du travail annuel des mutations. La loi du 29 juillet 1881 ayant prescrit la séparation des revenus cadastraux des propriétés bâties et non bâties, il y a lieu par suite, lorsque la mutation comprend une propriété bâtie, de rédiger un premier extrait de matrice pour le sol, le jardin et les autres terrains acquis, avec la propriété bâtie, puis un second extrait sur papier rose pour l'élévation des maisons et usines. (Circ. Direct. général 20 décembre 1881.) — Voy. CONTRIBUTIONS DIRECTES, MUTATIONS.

Lorsque, sur le rapport du directeur des contributions, le préfet a reconnu que les matrices de rôles sont, par l'effet des mutations survenues, couvertes de trop d'additions, de ratures et de surcharges, il ordonne que les matrices soient recopiées. Cette opération s'exécute simultanément pour le double qui est déposé à la direction, comme pour celui qui est dans les archives de la mairie. Les frais de cette transcription sont à la charge des communes. (O. 3 octobre 1821.)

Conservation des pièces cadastrales. — Il n'y a pas d'opération qui intéresse davantage les communes que celle du cadastre ; elles ne doivent rien négliger pour en conserver toutes les indications, si elles veulent en avoir tous les bénéfices ; il ne suffit pas, en effet, que la description et l'évaluation des terres aient été faites une fois d'après les divisions d'héritages et les différences de cultures, il faut encore que toutes les mutations et morcellements de propriété soient constatés avec exactitude, et puissent être relevés en temps utile par les contrôleurs de contributions directes.

Or, de graves négligences ont été signalées ; on a vu des maires permettre le déplacement des atlas parcellaires et des matrices cadastrales : ainsi, des plans ont été mis à la disposition d'arpenteurs qui s'en sont servis pour des intérêts privés, et les ont dégradés en en prenant des copies ou des extraits ; des matrices ont été confiées à des particuliers ou remises à des notaires qui les ont gardées longtemps, de sorte que les propriétaires et les agents de l'administration eux-mêmes n'ont pu se procurer à la mairie les renseignements dont ils avaient besoin. Ces déplacements non autorisés ayant occasionné, en outre, la perte de différentes pièces qu'il a fallu rétablir aux frais des communes, il importe qu'à l'avenir, et hors le cas prévu par la circulaire du 21 mai 1836, les documents du cadastre appartenant aux communes ne puissent sortir de la mairie.

Les recherches que les particuliers auraient le désir de faire sur les pièces cadastrales doivent toujours avoir lieu en présence du maire ou en celle du secrétaire de la mairie, et aucune copie ni extrait du plan ou de la matrice ne peut être levée par les parties elles-mêmes. (Circ. Fin. 11 mai 1837.) — Voy. ARCHIVES.

Il n'y a d'exception à cet égard qu'en faveur des agents des ponts et chaussées et des agents voyers des chemins vicinaux qui peuvent avoir communication sur place des plans et en lever des calques.

Le géomètre en chef et le directeur des contributions directes, détenteurs des originaux, sont seuls compétents, chacun en ce qui le concerne, pour la délivrance des extraits certifiés : les maires n'en peuvent donc délivrer des extraits pour être produits en justice.

Il est expressément défendu aux maires de ne rien ajouter ni retrancher aux pièces cadastrales, cette obligation étant dévolue à la direction des contributions directes seule. Ces rectifications ou changements, quelque justes qu'ils pussent être, seraient regardés comme des motifs suffisants pour renouveler les pièces aux dépens de la commune.

Une circulaire ministérielle du 16 juin 1842 porte que les pièces cadastrales ne doivent pas être déplacées, sauf le cas cependant où il est donné ordre au préfet, par le ministre compétent, d'en autoriser le déplacement dans l'intérêt d'un service public. Dans ce cas, le maire exige un récépissé du fonctionnaire auquel il en fait la remise.

Réclamations. — Indépendamment des observations que les propriétaires sont admis à présenter au cours des opérations cadastrales. Le droit de réclamation leur est encore ouvert après l'émission des rôles. La nature du recours qu'ils peuvent alors exercer varie suivant que la contestation vise des intérêts collectifs ou s'élève entre l'intérêt individuel et l'intérêt collectif. Dans le premier cas, le recours est purement administratif; ainsi les contestations relatives aux travaux d'art nécessaires à la confection du cadastre, ainsi que les réclamations contre la classification et le tarif, sont jugées par le préfet en conseil de préfecture (loi 15 septembre 1807), sauf recours au ministre; ni le conseil de préfecture, ni le conseil d'Etat ne sont compétents. (Arrêt C. d'Et. 30 juillet 1839 et 8 août 1855.) Mais lorsqu'un propriétaire réclame contre le classement, son intérêt individuel se trouve en regard de l'intérêt collectif, et la voie contentieuse est alors ouverte. Les propriétaires de terrains non bâtis sont admis à réclamer contre le classement pendant les six mois qui suivent la mise en recouvrement du rôle cadastral. (C. 3 octobre 1821.) Passé ce délai, les réclamations ne sont admises que lorsque la diminution de revenu imposable provient de causes étrangères au classement, telles qu'incendie, inondation, cession à la voie publique, etc. (Arrêts C. d'Et. 19 juillet 1837, 25 juin 1841, 11 janvier 1853, 20 novembre 1856.)

Quant aux propriétaires de maisons et d'usines, leurs réclamations sont admises annuellement dans les trois mois qui suivent la mise en recouvrement du rôle annuel. (Loi 15 septembre 1807; O. 3 octobre 1821.) Le maire d'une commune autorisé par le conseil peut aussi réclamer contre le tarif des évaluations, et combattre une demande en décharge ou réduction d'un contribuable, parce que ce dégrèvement serait réimposé sur les autres.

Jusqu'en 1821, la dépense du cadastre a été exclusivement à la charge de l'Etat; aujourd'hui, ce service est assuré : 1° au moyen de ressources spéciales qui sont le produit des centimes facultatifs votés annuellement par les conseils généraux dans les trois départements annexés en 1860, et dans la Corse et dans les autres, au moyen du produit éventuel des sommes votées par les communes, en vertu de l'article 7 de la loi du 7 août 1850, ou versées par des particuliers pour travaux d'anticipation; 2° au moyen d'une subvention sur les fonds généraux du budget de l'Etat, dont la répartition est faite chaque année par un décret, entre les quatre départements qui y ont droit.

Le service du cadastre est donc compris à la fois en recettes et en dépenses dans le budget de l'Etat, et il figure en même temps au budget du département, car les dépenses du cadastre imputables sur les ressources spéciales sont inscrites comme dépenses facultatives dans la deuxième section des budgets départementaux.

Par suite, le conseil général doit, conformément à la loi du 10 août 1871, article 66, délibérer le compte des recettes et dépenses cadastrales rédigé par le directeur des contributions directes; ce compte est ensuite réglé par décret et le préfet en ordonne l'impression.

Rénovation du cadastre. — Depuis 1836, les conseils généraux de plusieurs départements avaient successivement demandé le renouvellement de leur cadastre, en se fondant sur les défauts dont les premières opérations cadastrales sont entachées, et sur les changements notables que les progrès de l'agriculture et de l'industrie ont amenés dans le produit des différentes natures de propriété. En 1841, sur les instances réitérées des mêmes départements, le ministre des finances, après un examen approfondi des lois du 15 septembre 1807, du 31 juillet 1821 et du 10 mai 1838, avait jugé que la législation existante n'interdisait pas le renouvellement des évaluations, et il avait autorisé la reconfection de plusieurs anciens cadastres dans un certain nombre de départements, en déclarant toutefois que cette autorisation n'apporterait aucun obstacle aux mesures qui pourraient être ultérieurement arrêtées au sujet de la conservation du cadastre.

Un projet de loi sur la rénovation du cadastre fut, par une circulaire du 7 juillet 1846, communiqué aux conseils généraux, qui donnèrent en grande majorité leur approbation à ce projet; mais les événements politiques ne permirent pas d'en saisir les Chambres.

En 1850, la question fut de nouveau soulevée à l'occasion de la discussion, par l'Assemblée législative, du projet de loi sur le budget des recettes de 1851, par lequel le gouvernement proposait d'autoriser les communes cadastrées depuis trente ans à procéder, sous certaines conditions, au renouvellement de leur cadastre.

L'assemblée adopta cette proposition, qui devint l'article 7 de la loi du 7 août 1850. En conséquence, dans toute commune cadastrée depuis trente ans au moins, il peut être procédé à la revision et au renouvellement du cadastre, sur la demande du conseil municipal de la commune et sur l'avis conforme du conseil général du département, à la charge par la commune de pourvoir aux frais des nouvelles opérations.

Toutefois, dans toute commune dont les évaluations cadastrales avaient été revisées avec des fonds départementaux, les opérations ont pu être régularisées par un arrêté ministériel, sur la demande des conseils généraux.

Enfin les opérations commencées, lors de la promulgation de la loi du 7 août 1850, ont pu être également terminées aux frais des départements. (L. 7 août 1850, art. 7.) Les résultats ainsi obtenus ont été plus qu'insuffisants, et actuellement, on réclame toujours la rénovation du cadastre. — Voy. CONTRIBUTIONS INDIRECTES. — *Dict. des formules*, nᵒˢ 288, 289.

Cadavre. — Lorsqu'un individu a péri d'une mort violente, ou dont la cause est inconnue ou suspecte, s'il y a dans la commune un tribunal de première instance, le procureur de la République se transporte sur le lieu, assisté d'un ou de deux officiers de santé, qui font leur rapport sur les causes de la mort et sur l'état du cadavre. Le procès-verbal que dresse à ce sujet le procureur de la République se fait en la présence du commissaire de police, du maire ou de l'adjoint, lesquels signent avec lui. (C. I. C., art. 42 et 44.)

Dans les communes où il n'y a point de tribunal de première instance, les maires, adjoints au maire ou les commissaires de police remplacent le procureur de la République. (Id., art. 50.)

Les procès-verbaux doivent énoncer l'état dans lequel le cadavre a été trouvé, c'est-à-dire la description de ses blessures, de ses vêtements; s'il a été dépouillé; s'il paraît qu'il y a eu lutte entre la victime ou les meurtriers. Ils doivent aussi contenir tous les renseignements qu'on a pu se procurer sur les noms, âge, profession, lieu de naissance et domicile du mort, et son signalement.

Les maires, adjoints ou commissaires de police peuvent appeler à leur procès-verbal les parents, voisins, domestiques et toutes personnes en état de donner des éclaircissements sur les faits; ils reçoivent leurs déclarations, qu'ils signent; les déclarations reçues sont signées par les parties, ou, en cas de refus, il en est fait mention. (C. I. C., art. 33.)

Ils peuvent défendre que qui que ce soit sorte de la maison ou s'éloigne du lieu jusqu'à la clôture de leur procès-verbal. Tout contrevenant à cette défense est, s'il peut en être ainsi, déposé dans la maison d'arrêt pour être remis à la disposition du procureur de la République. (Id., art. 34.)

Ils se saisissent des armes et de tout ce qui paraît avoir servi ou avoir été destiné à commettre le crime, ainsi que de tout ce qui paraît en avoir été le produit, enfin de tout ce qui peut servir à la manifestation de la vérité; ils interpellent le prévenu de s'expliquer sur les objets saisis qui lui sont représentés; ils dressent du tout procès-verbal, qui est signé par le prévenu, ou mention est faite de son refus. (Id., art. 35.)

Si la nature du crime est telle que la preuve puisse vraisemblablement être acquise par les papiers ou autres pièces et effets en la possession du prévenu, les officiers de police se transportent de suite dans le domicile du prévenu, pour y faire la perquisition des objets qu'ils jugeraient utiles à la manifestation de la vérité. (Id., art. 36.)

Ils se saisissent des effets et papiers qui pourraient servir à conviction ou à décharge. (Id., art. 37.)

Les objets saisis sont clos et cachetés, si faire se peut; ou, s'ils ne sont pas susceptibles de recevoir des caractères d'écriture, ils sont mis dans un vase ou dans un sac, sur lequel les officiers de police attachent une bande de papier qu'ils scellent de leur sceau. (Id., art 38.)

Les opérations prescrites par les articles précédents sont faites en présence du prévenu, s'il a été arrêté; et, s'il ne veut ou ne peut y assister, en présence d'un fondé de pouvoirs. Les objets lui sont présentés, à l'effet de les reconnaître et de les parafer, s'il y a lieu; et, en cas de refus, il en est fait mention au procès-verbal. (C. I. C., art. 39.)

Le procès-verbal et toutes les pièces annexées sont envoyés sans retard au procureur de la République. — Voy. ASSASSINAT, HOMICIDE, NOYÉS ET ASPHYXIÉS. — *Dict. des formules*, nos 290, 291 et 292.

Quiconque aurait recélé ou caché le cadavre d'une personne homicidée ou morte des suites de coups ou de blessures, serait puni d'un emprisonnement de six mois à deux ans, et d'une amende de 60 francs à 400 francs, sans préjudice de peines graves, s'il avait participé au crime. (C. P., art. 355.)

Dans les lieux où il n'y a ni morgue ni hospice où le cadavre d'un inconnu puisse être déposé, c'est au maire à désigner le lieu où il sera placé momentanément.

La surveillance des maires doit s'exercer sur les travaux de dissection, ainsi que sur les lieux d'exposition des cadavres. — Voy. INHUMATION.

Si la personne morte a été victime d'un accident, l'officier de police, après avoir constaté le fait, envoie expédition de son procès-verbal à l'officier de l'état civil du lieu où la personne est décédée. C'est d'après cette pièce que l'acte de décès est rédigé et envoyé au maire de la commune du mort s'il est connu, pour être transcrit sur son registre, ainsi que le prescrit l'article 82 du Code civil. — Voy. ACCIDENT, ÉTAT CIVIL, MORT SUBITE OU ACCIDENTELLE. — *Dict. des formules*, nᵒˢ 1066, 1067, 1068.

Lorsqu'en faisant des fouilles dans un ancien cimetière ou autrement, il est trouvé des ossements ou des restes de corps humains, il en est donné avis au maire, à l'adjoint ou au commissaire de police. Celui-ci doit en rechercher l'origine; s'il acquiert la présomption d'un crime ou d'un délit, son procès-verbal doit être envoyé immédiatement au procureur de la République; dans le cas contraire, il prend les mesures nécessaires pour que les restes humains soient inhumés au cimetière le plus voisin. — *Dict. des formules*, nᵒ 292.

Cafés. — Voy. CABARETS ET CAFÉS.

Cafés-concerts. — L'ouverture des cafés-concerts depuis la loi du 17 juillet 1880 n'est plus soumise qu'à une simple déclaration préalable. Néanmoins ces établissements doivent, comme les établissements publics, se conformer à tous les règlements de police et notamment aux mesures particulières dont ils sont susceptibles à raison de leur double caractère de spectacle et de débit de boissons. Ainsi, le tarif des objets de consommation et le programme des concerts du jour doivent être ostensiblement affichés dans l'intérieur de l'établissement. Tout chant contraire à l'ordre ou à la morale publique doit y être sévèrement interdit. L'usage d'aucun instrument bruyant, de nature à troubler le repos public, ne doit être toléré à l'orchestre. Enfin un double du programme de chaque concert doit être remis, vingt-quatre heures au moins à l'avance, au commissaire de police, auquel on doit, d'ailleurs, rendre compte, avant l'ouverture du concert, de toutes les modifications que ce programme peut subir.

Les cafés-concerts sont assujettis au droit établi en faveur des pauvres, qui consiste en un prélèvement du quart de la recette. (Arrêt C. d'État 9 déc. 1852.) Lorsqu'il est perçu un droit d'entrée c'est seulement sur le montant de ce prix que doit être perçu le droit des pauvres. Mais quand il n'y a pas de prix d'entrée et que le plaisir fourni est uniquement représenté par un prix plus élevé des consommations, ce droit ne doit pas porter sur le prix total des consommations mais seulement sur la différence qui existe entre le prix habituel des consommations et le prix perçu dans le café-concert. Dans ce dernier cas, pour éviter les contestations, il est sage de régler le droit des pauvres par voie d'abonnement, conformément à l'article 6 de la loi du 7 frimaire, an V. — Voy. CABARETS ET CAFÉS. — *Dict. des formules*, nᵒ 293.

Cahier des charges. — Acte qui contient les conditions suivant lesquelles un traité de gré à gré ou une adjudication doit avoir lieu, soit qu'il s'agisse d'une vente ou d'une location, soit qu'il s'agisse d'une fourniture ou d'une entreprise de travaux publics.

Les cahiers des charges, pour les adjudications qui concernent les communes, sont dressés par les maires. Chaque cahier des charges, rédigé sur papier timbré, doit être soumis à l'approbation du préfet; il reste ensuite déposé au secrétariat de la mairie, où il est communiqué à tout requérant jusqu'au jour fixé pour l'adjudication, avec mention de son homologation. Voy. ADJUDICATION, BAUX, BOIS, TRAVAUX.

Cahier d'observations du Maire pour la confection du budget. — Les chiffres des propositions du Maire et des conseillers municipaux ne doivent être portés au budget que lorsqu'ils ont été définitivement arrêtés. Pour faciliter leur travail et éviter des ratures dans le cadre du budget, les Maires font bien de dresser un travail préparatoire sur un cahier d'observations conforme au modèle. — Voy. *Dict. des formules,* n° 457.

Les colonnes du cahier d'observations ne correspondent pas absolument à celles du budget. On peut y trouver un moyen de vérifier si l'on n'a pas commis d'erreur dans les totaux. Cette minute du budget a en outre l'avantage de présenter les explications du Maire et du conseil sur les augmentations ou diminutions proposées.

Caisse des dépôts et consignations. — Cet établissement de crédit, créé par la loi du 28 avril 1816, a succédé à l'ancienne caisse d'amortissement qui avait été autorisée par la loi du 28 nivôse an XIII à recevoir seule toutes les consignations. Cette caisse est instituée pour recevoir comme *unique dépositaire légal* des consignations de toutes natures sous sa responsabilité et la garantie de l'Etat.

Les attributions de cette caisse ont été élargies par des lois et décisions successives. Elle reçoit les consignations judiciaires et administratives qui ont habituellement pour objet : 1° les deniers offerts réellement, conformément aux articles 1257 et suivants du code civil (Ord., 3 juillet 1816, art. 2, § 1); 2° les sommes dont les cours et tribunaux ou les autorités administratives ont ordonné la consignation ou le séquestre (Id., art. 2, § 5); 3° les sommes saisies et arrêtées entre les mains de dépositaires ou de débiteurs à quelque titre que ce soit, celles qui proviendraient de ventes de biens meubles de toute espèce, par suite de toutes sortes de saisies ou même de ventes volontaires, lorsqu'il y a des oppositions, dans les cas prévus par les articles 656 et 657 du code de procédure civile (Id., art. 2, § 8); 4° les cautionnements en numéraire d'adjudications de travaux et fournitures pour le compte des communes et des établissements de bienfaisance (Cir. int. et fin. 20 et 29 juin 1856); 5° les cautionnements des fermiers d'octroi des villes et communes pour la garantie exigée par ces villes et communes (Décision minist. fin. 21 juin 1830); 6° les cautionnements relatifs aux autres services communaux; 7° les retenues exercées par suite de saisie-arrêts ou oppositions sur les appointements ou traitements civils ou militaires (Arr. minis. fin. 24 octobre 1837); 8° les indemnités provisionnelles de dépossession de terrains en matière d'expropriation, lorsque l'urgence a été déclarée, et les prix des immeubles cédés ou expropriés lorsqu'il existe des inscriptions ou d'autres obstacles au versement des deniers entre les mains des ayants droit. (Loi 3 mai 1842); 9° les sommes à verser par les adjudicataires d'immeubles dans le cas déterminé par l'article 687 du code de procédure civile. Enfin toutes les autres consignations ordonnées par les lois, ordonnances, décrets ou décisions administratives (Ord. 5 juillet 1816, art. 2, § 14).

Aux termes de la loi du 28 juillet 1875 et du décret du 15 décembre suivant, la caisse des dépôts doit recevoir en consignation les titres et valeurs mobilières sous forme nominative ou au porteur.

Indépendamment de ces attributions, l'administration de la caisse des dépôts et consignations embrasse : les dépôts volontaires ; le service de la caisse de la dotation de l'armée ; le service des pensions civiles sur fonds spéciaux (préfectures, sous-préfectures, mairies, octrois, hospices [Loi 9 juin 1853], ecclésiastiques [Loi 28 juin 1853, etc.] ; le service de la dotation des sociétés de secours mutuels (Loi du 26 avril 1856) et les placements et remboursements de fonds de ces sociétés ; les placements et remboursements de fonds des caisses d'épargne et de prévoyance ; le service de la caisse des retraites pour la vieillesse (Lois 18 juin 1850, 28 mai 1853 et décret 18 août 1853) ; le service des caisses d'assurances en cas de décès et d'accidents (Loi 11 juillet 1868), etc. — Voy. CAISSE D'ÉPARGNE, CAISSE D'ASSURANCES, CAISSE DES RETRAITES POUR LA VIEILLESSE, COMPTABILITÉ COMMUNALE, LÉGION D'HONNEUR, RECRUTEMENT, RETRAITES, SOCIÉTÉ DE SECOURS MUTUELS, etc.

Le directeur général de la caisse des dépôts et consignations emploie l'entremise des receveurs des finances pour effectuer dans les départements les recettes et dépenses qui concernent le service de la caisse (Inst. génér., art. 500). Les règles à suivre par les receveurs pour ces opérations sont tracées par des instructions du directeur général, notamment par celle du 1ᵉʳ décembre 1877.

Les départements et les communes sont autorisés à déposer à la caisse des dépôts et consignations, ou à celles de ses préposés, les excédents disponibles de leurs recettes. La même faculté est accordée à tous les établissements publics autorisés par une décision ministérielle ou préfectorale. Ces dépôts se divisent en dépôts faits et remboursables à la volonté des parties versantes et en dépôts dont le remboursement est soumis à des conditions particulières. Avant d'admettre ces derniers dépôts, les receveurs des finances doivent consulter la direction générale de la caisse (O. 3 juillet 1816. Inst. gén., art. 794.). Les sommes déposées portent intérêt à 3 0/0 pourvu qu'elles soient restées à la caisse pendant au moins trente jours. Les comptes sont réglés en capital et intérêts au 31 décembre, sauf lorsque le remboursement intégral a lieu dans le courant de l'année ; mais les intérêts ne sont pas capitalisés ; ils sont tenus à la disposition des établissements. Dans les arrondissements de sous-préfecture, les opérations sont arrêtées le 20 décembre ; néanmoins les intérêts sont calculés jusqu'au 31 décembre. Il peut en outre être fait, par les départements, les communes et établissements de bienfaisance des dépôts à convertir en rente sur l'Etat. Avis de ces dépôts est donné sans retard au directeur général de la caisse afin qu'il puisse être procédé aux achats de rente (Inst. gén., art. 794, annexe 537, 538, 539). Il faut remarquer que ces dernières dispositions n'ont plus guère d'application, au moins en ce qui concerne les communes et les établissements publics depuis que l'arrêté ministériel du 25 novembre 1824 a prescrit, par son article premier, que les communes, hospices, bureaux de bienfaisance et autres établissements publics, pourront, conformément au décret du 27 février 1811 et à l'arrêté ministériel du 7 mars 1818, être admis à verser aux caisses des receveurs des finances, pour être placées en compte courant au Trésor, toutes les sommes, s'élevant à cent francs au moins, qui excéderont les besoins de leurs services.

Les fonds confiés à la caisse des dépôts et consignations sont employés partie en rente sur l'Etat, partie en compte courant avec le Trésor, partie en avances faites pour travaux publics et partie en prêts aux communes et aux établissements publics.

Les prêts demandés à la caisse des dépôts et consignations par les communes et établissements publics sont soumis aux formalités conditions déterminées par une instruction du directeur en date du et 10 août 1870 et reproduites par la circulaire ministérielle du 5 août 1871. La caisse a abaissé de 4 1/2 à 4 0/0 le taux de ses avances. (Circ. int. 1er mai 1880). Voy. EMPRUNTS.

Caisse d'amortissement. — Cette caisse est spécialement chargée des opérations relatives à l'amortissement de la dette publique. Elle forme une des subdivisions de la caisse des dépôts et consignations. Voy. DETTE PUBLIQUE, TRÉSOR PUBLIC.

Caisse des retraites pour la vieillesse. — Institution publique, créée sous la garantie de l'Etat, et qui a pour objet de constituer, à un âge déterminé, aux personnes ayant fait un ou plusieurs versements, une rente viagère calculée d'après le montant de ces versements.

La caisse des retraites pour la vieillesse a été fondée par la loi du 18 juin 1850 ; cette loi a été modifiée par celles des 28 mai 1853, 7 juillet 1856, 12 juin 1861, 4 mai 1864, 27 juillet 1870 (art. 37), 20 décembre 1872 (art. 17), 12 août 1876, et par des décrets portant règlement d'administration publique, en date des 18 août 1853, 8 août 1855, 27 juillet 1861 par de nombreuses circulaires et instructions et notamment par celles du directeur de la caisse du 1er août 1877 et celle de l'administration de l'enregistrement du 17 janvier 1882, qui ont complété la législation en cette matière.

La caisse des retraites est gérée par l'administration de la caisse des dépôts et consignations. (L. 18 juin 1850, art. 12.)

Jusqu'ici les sommes versées à la caisse par les déposants étaient employées en achat de rentes perpétuelles, lesquelles étaient annulées et par contre, en compensation des rentes perpétuelles ainsi annulées, le Trésor prenait à sa charge le service de la rente viagère correspondante. À l'avenir il n'en sera plus ainsi, l'article 9 de la loi de finances du 30 janvier 1884 a décidé que la caisse pourvoirait désormais au moyen de ses propres ressources au service des rentes viagères avec l'aide d'une dotation annuelle de 11 millions en 3 0/0 amortissable fournie par le Trésor.

Versements. — Les versements sont facultatifs, c'est-à-dire qu'ils peuvent être interrompus ou continués au gré des déposants, car chaque versement donne lieu à une liquidation distincte. Ceux-ci peuvent faire l'entier abandon des fonds versés ou bien en stipuler le remboursement au décès du titulaire. Les tarifs servant au calcul des rentes viagères sont établis dans cette double hypothèse. Ils tiennent compte, en outre, de l'intérêt composé et des chances de mortalité, d'après les tables de Deparcieux. (L. 18 juin 1850, art. 3 ; — 28 mai 1853, art. 7.)

Les versements peuvent être faits par les intéressés eux-mêmes, par les caisses d'épargne, par les sociétés de secours mutuels pour le compte des intéressés, ou par tous autres intermédiaires. (L. 18 juin 1850, art. 10.)

Ils sont reçus au profit de toute personne âgée de plus de trois ans. Les versements opérés par les mineurs âgés de moins de dix-huit ans doivent être autorisés par leur père, mère ou tuteur. (Id., art. 4.)

Le mineur, âgé de moins de dix-huit ans, doit justifier que le versement par lui effectué, la désignation de l'âge auquel il veut entrer en jouissance de la rente viagère et la condition d'abandon ou de réserve du capital, ont été autorisés par ses père, mère ou tuteur. L'autorisation peut être donnée d'une manière générale pour tous les versements que le mineur effectuera : elle est toujours révocable. Si le mineur n'a ni père, ni mère, ni tuteur, ou en cas d'empêchement de celui qui aurait qualité pour l'autoriser, il peut y être suppléé par le juge de paix. (D. 18 août 1853, art. 6.)

Le versement opéré avant le mariage reste propre à celui qui l'a fait. Le versement fait pendant le mariage par l'un des deux conjoints profite séparément à chacun d'eux par moitié. En cas de séparation de corps ou de biens, le versement postérieur profite séparément à l'époux qui l'a opéré. En cas d'absence ou d'éloignement d'un des deux conjoints depuis plus d'une année, le juge de paix peut, suivant les circonstances, accorder l'autorisation de faire des versements au profit exclusif du déposant. Sa décision peut être frappée d'appel devant la chambre du conseil. (L. 18 juin 1850, art. 4.)

Les étrangers peuvent faire des versements à la caisse des retraites pour la vieillesse, s'ils sont admis en France à jouir des droits civils, conformément à l'article 13 du code civil. Des versements peuvent également être faits au profit soit des mineurs nés en France de parents étrangers, ne jouissant pas des droits civils, soit des mineurs nés à l'étranger de parents français ayant perdu cette qualité, à la charge de remplir les conditions prescrites par les articles 7 et 10 du code civil ou par les lois des 14 février 1882 et 16 juin 1883.

Les communes peuvent assurer des pensions à leurs employés au moyen de retenues faites sur leurs traitements et versées à la caisse des retraites de la vieillesse. Voir PENSIONS.

Les versements, s'appliquant à une seule personne, doivent être de 5 francs au moins et sans fraction de franc. (Id., art. 1er.)

Ils sont reçus à Paris par la caisse des dépôts et consignations, et dans les départements par les receveurs généraux et particuliers des finances, préposés de cette caisse. Lorsque, le déposant étant marié, le versement doit profiter par moitié à son conjoint, aucun versement n'est reçu s'il n'est de 10 francs au moins et multiples de 2 francs. Lorsque l'un des époux a atteint le maximum de rente viagère, les versements ultérieurs peuvent avoir lieu jusqu'à la même limite au profit exclusif de l'autre conjoint. (D. 18 août 1853, art. 1er.)

En cas de séparation de corps ou de biens le versement postérieur profite séparément à l'époux qui l'a opéré.

Les sommes versées dans l'intervalle d'une année, au compte de la même personne, ne peuvent excéder 4,000 francs. Toutefois, les versements effectués par les sociétés anonymes au profit de leurs employés, agents et ouvriers, ne sont pas soumis à cette limite. (L. 28 mai 1853, art. 4; 7 juillet 1856, art. 4; 4 mai 1864.)

Tout déposant qui, soit par lui-même, soit par un intermédiaire, opère un premier versement, fait connaître ses nom, prénoms, qualités civiles, âge, profession et domicile. Il produit son acte de naissance, ou, à défaut, un acte de notoriété qui en tienne lieu, délivré dans les formes prescrites par l'article 71 du code civil. Il déclare s'il entend faire l'abandon du capital versé ou s'il veut que ce capital soit remboursé, lors de son décès, à ses ayants droit; à quelle année d'âge accomplie, à partir de la cinquantième année, il a l'intention d'entrer en jouissance de la rente viagère. (D. 18 août 1853, art. 3.)

S'il survient un changement dans les qualités civiles du déposant, il est tenu de le déclarer au premier versement qui suit. Il produit en même temps les justifications qui pourraient être nécessaires pour constater le changement survenu (Id., art. 7.)

Si un déposant veut soumettre de nouveaux versements à des conditions autres que celles qu'il a fixées pour ses versements antérieurs, il est tenu d'en faire la déclaration. Tous les versements faits avant cette nouvelle déclaration restent soumis aux conditions des déclarations précédentes. (Id., art. 8.)

Les déclarations prescrites sont consignées sur une feuille spéciale pour chaque déposant. Cette feuille est signée par le déposant ou par son intermédiaire ainsi que par le caissier ou le préposé de la caisse des dépôts et consignations. (Id., art. 10.)

L'intermédiaire qui verse dans l'intérêt de plus de dix déposants dresse un bordereau en double expédition des sommes versées pour chacun d'eux. (Id., art. 16.)

Pour l'application des tarifs, les trimestres commencent les 1er janvier, 1er avril, 1er juillet, 1er octobre. L'intérêt de tout versement n'est compté qu'à partir du premier jour du trimestre qui suit la date du versement. (Id., art. 23.)

La caisse rembourse sans intérêt : 1° toute somme versée irrégulièrement, par suite de fausse déclaration sur les noms, nationalités, qualités civiles et âges des déposants, ou par défaut d'autorisation ; 2° les sommes qui, lors de la liquidation définitive, seraient insuffisantes pour produire une rente viagère de 5 francs ou qui dépasseraient soit la somme de 2,000 francs par année, soit le capital nécessaire pour constituer une rente de 750 francs ; 3° toute somme versée au profit d'une personne morte au jour du versement, ou atteinte de la maladie dont elle est morte dans les vingt jours du versement. (L. 28 mai 1853, art. 10 ; 7 juillet 1856, art. 1 et 5 ; D. 18 août 1853, art. 22.)

Les certificats de vie à produire soit pour l'inscription des rentes viagères pour la vieillesse, soit pour le payement des arrérages desdites rentes sont exempts des droits de timbre et peuvent être délivrés soit par les notaires, soit par le maire de la résidence du rentier.

Sont aussi exempts du timbre les versements inscrits sur les livrets, les reçus de titres de rente de la vieillesse et les quittances de remboursement de capitaux. (Solution administration du timbre, 27 mai 1881 et Instruction du 17 janvier 1882.)

Livrets. — Il est remis à chaque déposant un livret sur lequel sont inscrits les versements par lui effectués et les rentes viagères correspondantes. (L. 18 juin 1850, art. 9.)

Ce livret est émis par la caisse des dépôts et consignations et revêtu de son timbre. Il porte un numéro d'ordre ; il énonce pour chaque titulaire ses nom, prénoms, la date de sa naissance, ses profession, domicile, qualités civiles et généralement tous les faits et conditions résultant des déclarations et productions prescrites par le décret du 18 août 1853. Le livret, ainsi que le compte correspondant inscrit au registre matricule, est disposé de manière qu'en cas de mariage il puisse y être ouvert un compte pour chacun des conjoints. Il contient, en outre, les dispositions législatives et réglementaires en vigueur. (D. 18 août 1853, art. 12.)

La délivrance du livret est faite pour Paris et le département de la Seine à la caisse des dépôts et consignations, et, pour les autres départements, par les receveurs des finances préposés de cette caisse. Elle a lieu au moment du premier versement effectué. Le livret peut être retiré et représenté soit par le titulaire lui-même, soit par un intermédiaire. En cas de perte du livret, il est pourvu à son remplacement dans les formes prescrites pour le remplacement d'un titre de rente sur l'État. (Id., art. 13.)

Le montant de chaque versement est constaté par un enregistrement porté au livret et signé par le caissier ou le préposé qui reçoit le versement. Cet enregistrement ne forme titre envers l'État qu'à la charge par le déposant de soumettre, dans les vingt-quatre heures de la date du versement, le livret, à Paris et dans le département de la Seine, au visa du contrôleur près de la caisse des dépôts et consignations, et dans les autres départements, au visa du préfet ou du sous-préfet. (Id., art. 15.)

Deux mois après le versement effectué, le déposant ou le porteur de son livret a le droit de demander l'inscription, sur le livret, de la rente viagère correspondante. A l'époque de l'entrée en jouissance de la rente viagère, le montant en est définitivement fixé et inscrit au grand livre de la dette publique, conformément aux règles de la comptabilité publique. A cet effet, le titulaire du livret doit en faire l'envoi au directeur général de la caisse des dépôts et consignations, en l'accompagnant de son certificat de vie. (Id., art. 18.)

Lors du retrait du livret, par suite de la liquidation définitive de tous les versements, il est délivré, s'il y a lieu, aux ayants droit, un certificat constatant le chiffre du capital réservé. (Id., art. 21.)

Rentes viagères. — Les rentes viagères obtenues au moyen des versements sont de deux natures : à capital aliéné ou à capital réservé.

Elles sont incessibles et insaisissables jusqu'à concurrence seulement de 360 francs. Les arrérages sont payés par trimestre. (L. 18 juin 1850, art. 5.)

Le montant de la rente viagère à servir est fixé conformément à des tarifs tenant compte pour chaque versement : 1° de l'intérêt composé du capital à raison de 4 1/2 0/0 (1) par an ; 2° des chances de mortalité, en raison de l'âge des déposants et de l'âge auquel commence la retraite, calculées d'après les tables dites de Deparcieux ; 3° du remboursement au décès du capital versé, si le déposant en a fait la demande au moment du versement. (L. 20 décembre 1872 et 12 août 1876, art. 13.)

Les tarifs sont établis sur l'unité de franc et calculés par trimestre pour le versement, et par année, pour la jouissance. (D. 18 août 1853, art. 23.)

Le maximum de la rente viagère que la caisse des retraites est autorisée à faire inscrire sur la même tête est de 1,500 francs. (L. 7 juillet 1856, art. 1er, et L. 20 décembre 1872.)

_____

(1) Le taux de l'intérêt a été réduit à 4 1/2 0/0 pour l'avenir par la loi de finances du 29 décembre 1882.

L'entrée en jouissance de la pension est fixée, au choix du déposant, de cinquante à soixante-cinq ans. Les tarifs sont calculés jusqu'à ce dernier âge. Les rentes viagères liquidées au profit des personnes âgées de plus de soixante-cinq ans ne peuvent excéder les tarifs établis pour cet âge. (Id., art. 2.)

L'ayant droit à une rente viagère, qui a fixé son entrée en jouissance à un âge inférieur à soixante-cinq ans, peut, dans le trimestre qui précède l'ouverture de la rente, reporter sa jouissance à une autre année d'âge accomplie, sans que, en aucun cas, la rente augmentée d'après les tarifs en vigueur puisse excéder 1,500 francs, ni qu'il y ait lieu au remboursement d'une partie du capital déposé. (Id., art. 3. et L. 20 décembre 1872.)

L'âge du déposant est calculé comme si ce déposant était né le premier jour du trimestre qui a suivi la date de la naissance. La rente viagère commence à courir du premier jour du trimestre qui suit celui dans lequel le déposant a accompli l'année d'âge à laquelle il a déclaré vouloir entrer en jouissance de la rente. (D. 18 août 1853, art. 23.)

Dans le cas de blessures graves ou d'infirmités prématurées régulièrement constatées, entraînant incapacité absolue de travail, la pension peut être liquidée, même avant cinquante ans et en proportion des versements faits avant cette époque. (L. 18 juin 1850, art. 6.)

À l'époque de l'entrée en jouissance de la rente viagère, le montant en est définitivement fixé et inscrit au grand-livre de la dette publique, conformément aux règles de la comptabilité publique. (D. 18 août 1853, art. 18.)

Abandon ou remboursement du capital réservé. — Le déposant qui a demandé le remboursement à son décès du capital versé à son compte, peut, à l'époque fixée pour l'entrée en jouissance de la rente, faire l'abandon de tout ou partie de ce capital, à l'effet d'obtenir une augmentation de rente, sans qu'en aucun cas le montant total puisse excéder 1,500 francs. (L. 28 mai 1853, art. 7 ; 7 juillet 1856, art. 1er.)

Le déposant qui veut user de cette faculté doit, lors de la transmission du livret et du certificat de vie pour procéder à la liquidation définitive de la rente viagère, constater son intention par une déclaration signée de lui ou de son mandataire spécial. Cet abandon ne peut jamais donner lieu au remboursement anticipé d'une partie du capital déposé. (D. 18 août 1853, art. 19.)

Au décès du titulaire de la rente, avant ou après l'époque d'entrée en jouissance, le capital déposé est remboursé sans intérêts aux ayants droit, si la réserve en a été faite au moment du dépôt, et s'il n'a pas été fait usage de la faculté d'abandon au moment de l'entrée en jouissance. (L. 28 mai 1853, art. 8.)

Les certificats, actes de notoriété et autres pièces exclusivement relatives au service de la caisse des retraites sont délivrés gratuitement et dispensés des droits de timbre et d'enregistrement. (L. 18 juin 1850, art. 11 ; D. 18 août 1853, art. 24.)

Les certificats de propriété destinés au retrait des fonds versés dans la caisse des retraites doivent être délivrés dans les formes et suivant les règles prescrites par la loi du 28 floréal an VII. (L. 28 mai 1853, art. 8.)

Le capital réservé reste acquis à la caisse des retraites, en cas de déshérence, ou par l'effet de la prescription, s'il n'a pas été réclamé dans les trente années qui auront suivi le décès du titulaire de la rente.

(L. 28 mai 1853, art. 9.) Voy. Caisse des dépôts, Société de secours mutuels. — *Dict. des formules*, nº 314 à 318.

Caisses d'assurances en cas de décès et en cas d'accidents.

— Une loi, en date du 11 juillet 1868, a créé, sous la garantie de l'État : 1º une caisse d'assurance ayant pour objet de payer au décès de chaque assuré, à ses héritiers ou ayants droit une somme déterminée suivant les bases fixées ci-après ; 2º une caisse d'assurances en cas d'accidents, ayant pour objet de servir des pensions viagères aux personnes assurées qui, dans l'exécution de travaux agricoles ou industriels, sont atteintes de blessures entraînant une incapacité permanente de travail, et de donner des secours aux veuves et aux enfants mineurs des personnes assurées qui ont péri par suite d'accidents survenus dans l'exécution desdits travaux. Cette caisse est gérée par la caisse des dépôts et consignations.

Un règlement d'administration publique, en date du 10 août 1868, a déterminé, d'après les bases posées dans ladite loi, les conditions spéciales des polices et la forme des assurances, et il a désigné les agents de l'État par l'intermédiaire desquels les assurances pourront être constatées. Nous donnons ci-après un extrait de ce règlement.

Les certificats, actes de notoriété et autres pièces exclusivement relatives à l'exécution de la loi du 11 juillet 1868 sont délivrés gratuitement et dispensés des droits de timbre et d'enregistrement.

Caisse d'assurance en cas de décès. — La participation à l'assurance est acquise par le versement de primes uniques ou de primes annuelles. La prime unique une fois versée, donne droit au moment du décès, à un capital déterminé par les tarifs. Le capital assuré par la prime annuelle n'est au contraire dû intégralement à l'assuré qu'autant que la prime a été acquittée chaque année durant la vie entière ou pendant le nombre d'années fixé par le contrat.

La somme à payer au décès de l'assuré est fixée conformément à des tarifs tenant compte : 1º de l'intérêt composé à 4 0/0 par an des versements effectués ; 2º des chances de mortalité, à raison de l'âge des déposants, calculées d'après la table dite de *Deparcieux*. Les primes établies d'après les tarifs sus-énoncés sont augmentées de 6 0/0. (L. 11 juillet 1868, art. 2.)

L'assuré n'est soumis à aucune visite préalable du médecin, mais toute assurance faite moins de deux ans avant le décès de l'assuré demeure sans effet. Dans ce cas, les versements effectués sont restitués aux ayants droit, avec les intérêts simples à 4 0/0. Il en est de même lorsque le décès de l'assuré, quelle qu'en soit l'époque, résulte de causes exceptionnelles qui sont définies dans les polices d'assurance. (Id., art. 3.)

Les sommes assurées sur une tête ne peuvent excéder 3,000 francs. Elles sont insaisissables et incessibles jusqu'à concurrence de la moitié, sans toutefois que la partie incessible et insaisissable puisse descendre au-dessous de 600 francs. (Id., art. 4.)

Nul ne peut s'assurer s'il n'est âgé de seize ans au moins et de soixante ans au plus. (Id., art. 5.)

Les assurances en cas de décès peuvent être contractées non seulement au profit des héritiers ou ayants droit de l'assuré, mais aussi au profit de telle personne déterminée, sans qu'il soit nécessaire de recourir à un acte de cession régulièrement signifié à la caisse des dépôts et consignations. Cette désignation demeure révocable tant que le bénéficiaire n'a pas, dans les règles de droit, déclaré qu'il entend en profiter. Elle devient irrévocable par l'intervention des actes d'acceptation. Si la désignation d'un bénéficiaire étranger n'est faite que pour partie, mention de cette désignation et de la proportion dans laquelle le bénéficiaire est appelé à concourir avec les héritiers, devra être faite sur la proposition d'assurance. Lorsque le bénéficiaire assiste au contrat, il peut donner son acceptation sur la proposition même en apposant sa signature au-dessous de la formule : Vu et accepté, le bénéficiaire.

Les femmes mariées sont admises à contracter des assurances en cas décès avec l'autorisation du mari ; elles peuvent même être dispensées de produire l'autorisation maritale lorsque les primes annuelles ne dépassent pas cinquante francs.

A défaut de payement de la prime annuelle dans l'année qui suit l'échéance, le contrat est résolu de plein droit. (Id., art. 6.)

Les sociétés de secours mutuels approuvées conformément au décret du 26 mars 1852, sont admises à contracter des assurances collectives sur une liste indiquant le nom et l'âge de tous les membres qui les composent, pour assurer au décès de chacun d'eux une somme fixe qui, dans aucun cas, ne pourra excéder 1,000 francs. Ces assurances sont faites pour une année seulement. Elles peuvent se cumuler avec les assurances individuelles. (Id., art. 7.)

Les primes annuelles sont acquittées, chaque année, à l'échéance indiquée par la date du premier versement. A défaut de payement dans les trente jours, il est dû des intérêts à 4 0/0, à partir de l'échéance jusqu'à l'expiration du délai d'un an fixé à l'article 6 de la loi du 11 juillet 1868. (D. 10 août 1868, art. 11.)

A toute époque, l'assuré peut anticiper la libération de sa police. Sa proposition, à cet effet, est remise à un des comptables désignés pour recevoir la prime (voir ci-après); elle est adressée par ce comptable à la caisse des dépôts et consignations, avec le livret sur lequel cette caisse mentionne la modification du contrat. (Id. art. 12.)

Dans l'application des tarifs, la prime est fixée, d'après l'âge de l'assuré, au prochain anniversaire de sa naissance. (Id., art. 13.)

Les sommes dues par la caisse des assurances au décès de l'assuré sont payables aux héritiers ou ayants droit, à Paris, à la caisse générale, et, dans les départements, à la caisse des préposés. Le payement a lieu sur une autorisation donnée par le directeur général de la caisse des dépôts et consignations, auquel les demandes doivent être adressées, soit directement, soit par l'intermédiaire des préposés ou agents désignés pour recevoir les propositions d'assurances. Ces demandes doivent être accompagnées du livret-police et de l'acte de décès de l'assuré, ainsi que d'un certificat de propriété délivré dans les formes et suivant les règles prescrites par la loi du 28 floréal an VII, constatant les droits des réclamants. (Id., art. 14.)

En cas de perte du livret-police, il est pourvu à son remplacement dans les formes prescrites pour les titres de rentes sur l'État, sur la production d'une déclaration faite devant le maire de la commune où l'assuré a sa résidence. (Id., art. 19.)

Caisse d'assurance en cas d'accidents. — Le bénéfice de l'institution est limité aux personnes qui exercent des professions agricoles et industrielles. Les assurances en cas d'accidents ont lieu par année. L'assuré verse, à son choix et pour chaque année, huit francs, cinq francs ou trois francs. (L. 11 juillet 1868, art. 8.)

Les ressources de la caisse en cas d'accidents se composent : 1° du montant des cotisations versées par les assurés ; 2° d'une subvention de l'État à inscrire annuellement au budget et qui, pour la première année, est fixée à un million ; 3° des dons et legs faits à la caisse. (Id., art. 9.)

Pour le règlement des pensions viagères à concéder, les accidents sont distingués en deux classes : 1° accidents ayant occasionné une incapacité absolue de travail ; 2° accidents ayant entraîné une incapacité permanente du travail de la profession. La pension accordée pour les accidents de la seconde classe n'est que la moitié de la pension afférente aux accidents de la première. (Id., art. 10.)

La pension viagère due aux assurés, suivant la distinction de l'article précédent, est servie par la caisse des retraites, moyennant la remise qui lui est faite par la caisse des assurances, en cas d'accidents, du capital nécessaire à la constitution de ladite pension d'après les tarifs de la caisse des retraites. Ce capital se compose, pour la pension en cas d'accidents de la 1re classe : 1° d'une somme égale à 320 fois le montant de la cotisation versée par l'assuré ; 2° d'une seconde somme égale à la précédente et qui est prélevée sur les ressources provenant de la subvention annuelle de l'État ou des dons et legs faits à la caisse. Le montant de la pension correspondant aux cotisations de cinq francs et de trois francs ne peut être inférieur à 200 francs pour la première et à 150 francs pour la seconde. La seconde partie du capital ci-dessus est élevée de manière à atteindre ces minima, lorsqu'il y a lieu. (Id., art. 11.)

Les secours à allouer, en cas de mort par suite d'accidents, à la veuve de l'assuré, et, s'il est célibataire ou veuf sans enfants, à son père ou à sa mère sexagénaire, sont égaux à deux années de la pension à laquelle il aurait eu droit. L'enfant ou les enfants mineurs reçoivent un secours égal à celui qui est attribué à la veuve. — Les secours se payent en deux annuités. (Id., art. 12.)

Les rentes viagères, constituées comme il est dit ci-dessus, sont incessibles et insaisissables. (Id., art. 13.)

Nul ne peut s'assurer s'il n'est âgé de 12 ans au moins. (Id., art. 14.)

Toute personne peut être admise à contracter une assurance au profit d'un tiers, sans être tenue de produire le consentement de celui-ci.

Les administrations publiques, les établissements industriels, les compagnies de chemins de fer, les sociétés de secours mutuels autorisées peuvent assurer collectivement leurs ouvriers ou leurs membres par listes nominatives.

Les administrations municipales peuvent assurer de la même manière les compagnies ou subdivisions des sapeurs-pompiers contre les risques inhérents soit à leur service spécial, soit aux professions individuelles des ouvriers qui les composent.

Chaque assuré ne peut obtenir qu'une seule pension viagère. Si, dans le cas d'assurances collectives, plusieurs cotisations ont été versées sur la même tête, elles seront réunies, sans que la cotisation ainsi formée pour la liquidation de la pension puisse dépasser le chiffre de huit francs ou de cinq francs fixé par la loi. (Id., art. 15.)

La proposition d'assurance, en cas d'accidents, contient les noms et prénoms de l'assuré; sa profession, son domicile; le lieu et la date de sa naissance, et le taux de cotisation qu'il choisit. (D. 10 août 1868, art. 21.)

Les propositions collectives peuvent être faites avec clause de substitution; dans ce cas il n'est pas délivré de livret, et dès qu'il se produit un changement dans le personnel ouvrier de l'atelier, les chefs d'industrie qui ont contracté l'assurance, donnent avis des changements à la direction générale de la caisse des dépôts et consignations, au moyen de bordereaux de mutation remplis par eux et adressés par la poste.

Les assurances collectives, en cas d'accidents, ont leur effet à partir du jour où elles sont contractées. (D. 10 août 1868, art. 22.)

Un comité institué au chef-lieu de chaque arrondissement donne son avis sur les demandes de pensions viagères ou de secours présentées par les assurés domiciliés dans l'arrondissement ou par leurs ayants droit. (Id., art. 23.)

Lorsqu'un assuré est atteint par un accident grave, le maire, sur l'avis qui lui en est donné, constate les circonstances, les causes et la nature de cet accident. Il consigne sur son procès-verbal la déclaration des personnes présentes et ses observations personnelles. (Id., art. 25.)

Le maire charge un médecin de constater l'état du blessé, d'indiquer les suites probables de l'accident, et, s'il y a lieu, l'époque à laquelle il sera possible d'en déterminer le résultat définitif. (Id., art. 26.)

Le certificat dressé par le médecin est remis au maire qui, après l'avoir dûment légalisé, le transmet au préfet ou au sous-préfet avec son procès-verbal. (Id., art. 27.)

Dispositions communes aux deux caisses. — Toute personne qui veut contracter une assurance fait une proposition à la caisse des dépôts et consignations. Cette proposition contient les noms et prénoms de l'assuré; sa profession, son domicile, le lieu et la date de la naissance, la somme qu'il veut assurer, ou le taux de cotisation qu'il choisit, ainsi que les conditions spéciales de son assurance. Elle est signée par l'assuré ou par son mandataire spécial. Cette signature est légalisée par le maire de la résidence du signataire. (D. 10 août 1868, art. 1er.)

Les propositions d'assurances sont reçues à Paris, à la caisse des dépôts et consignations, et, dans les départements, par les trésoriers-payeurs généraux et les receveurs des finances. Elles sont également reçues par les percepteurs des contributions directes et les receveurs des postes.

Les versements reçus par le percepteur pour les primes autres que la première sont soumis au visa du maire du lieu où ils ont été opérés.

Elles sont toujours accompagnées d'un versement qui comprend la prime entière si l'assurance a eu lieu par prime unique, et la première annuité, si elle a lieu par primes annuelles. (Id., art. 2.)

Les propositions d'assurances faites à Paris, à la caisse des dépôts et consignations, lorsqu'elles sont reconnues régulières, sont immédiatement suivies de la délivrance d'un brevet formant police d'assurance. Celles qui ont lieu dans les départements sont transmises sans délai, avec le montant du versement, par le comptable qui les a reçues, à la direction générale qui, après les vérifications nécessaires, fait remettre le livret-police à l'assuré, en échange du récépissé qui lui a été donné au moment du versement. (Id., art. 3.)

Les primes annuelles autres que la première peuvent être versées par toute personne munie d'un livret, dans toute localité, entre les mains des comptables indiqués ci-dessus. (Id., art. 5.)

Chaque versement est constaté sur le livret-police par un enregistrement signé par le comptable entre les mains duquel il a été opéré. — Cet enregistrement ne fait titre envers l'Etat qu'à la charge par l'assuré de le faire viser, dans les vingt-quatre heures, à Paris, pour les versements faits à la caisse des dépôts et consignations, par le contrôleur près cette caisse, et, dans les départements, pour les versements faits chez les trésoriers-payeurs généraux ou chez les receveurs particuliers des finances, par le préfet ou le sous-préfet. — Quant aux versements faits à Paris ou dans les départements, entre les mains des percepteurs et des receveurs des postes, leur enregistrement sur le livret-police est visé, dans le même délai que ci-dessus, par le maire du lieu où le versement a été opéré. (Id., art. 7.)

Les registres matricules et les comptes individuels des assurés sont tenus à la direction générale de la caisse des dépôts et consignation, qui conserve les propositions d'assurance et les pièces produites à l'appui. (Id., art. 7.)

Les assurés peuvent, à toute époque, adresser leur livret-police à la direction générale pour faire vérifier l'exactitude des mentions qui sont inscrites et leur conformité avec celles qui sont portées aux comptes individuels. (Id., art. 8.)

Les propositions d'assurance et les premiers versements, lorsqu'ils sont fait par un même mandataire pour plusieurs assurés, sont accompagnés d'un bordereau en double expédition indiquant la prime afférente à chaque assuré. — Les versements subséquents doivent toujours figurer dans un bordereau distinct. Le comptable donne, sur l'un des doubles du bordereau, une quittance qui ne forme titre envers l'Etat qu'à la charge, par le mandataire, de la faire viser dans les vingt-quatre heures suivant les distinctions portées ci-dessus. Le même comptable enregistre sur chaque livret la somme versée applicable à chaque titulaire. Cet enregistrement est soumis au même visa que ci-dessus. (Id., art. 9.)

Les préfets et sous-préfets relèvent sur un registre spécial les sommes enregistrées au bordereau et sur chacun des livrets-polices, et adressent dans le mois un extrait dudit registre à la caisse des dépôts et consignations, pour servir d'élément de contrôle. — Les maires transmettent également à la caisse des dépôts et consignations avis des visa par eux donnés dans ces délais et suivant les formes déterminées par le ministre des finances. (D. 10 août 1868, art. 10.)

Les certificats et actes de notoriété, les versements inscrits sur les livrets, les reçus de titres de rentes, les quittances de remboursement de capitaux et autres pièces exclusivement relatives à l'exécution de la loi du 11 juillet 1868 sont délivrés gratuitement et dispensée des droits de timbre et d'enregistrement. (Solution de l'enregistrement, 27 mai 1881, Instruction 17 janvier 1882.) Voy. *Dict. des formules*, nos 295-298.

Caisses d'épargne et de prévoyance. — Etablissements d'utilité publique destinés à recevoir en dépôts les petites économies et à les rembourser, à la demande des déposants, en tenant compte des intérêts cumulés.

La législation qui régit actuellement cette importante matière se compose des lois, ordonnances et décrets suivants : lois du 5 juin 1835, 31 mars 1837, 22 juin 1845 (art. 5), 15 juillet 1850 (art. 6.) 30 juin 1851, 7 mai 1853 (Loi 9 avril 1881); — ordonnance du 28 juillet 1846; — décrets du 26 mars 1852 (art. 14), 15 avril 1852, 15 mai 1858, 1er août

1864, 31 janvier 1872, 23 août 1875. A ces actes, il faut ajouter plusieurs instructions ministérielles dont les principales sont celles du 17 décembre 1852, 29 août 1853, 24 et 26 décembre 1853, 4 juin 1857, 15 février 1858, 12 janvier 1861, 19 août 1864, et l'avis du Conseil d'Etat du 25 août 1835. Pour tous les cas non réglés par ces diverses lois, ordonnances et décrets, les caisses d'épargne demeurent placées sous l'empire du droit commun.

Création. — Les caisses d'épargne sont instituées par décrets rendus dans la forme des règlements d'administration publique. (L. 5 juin 1835, art. 1er.)

L'initiative de leur création appartient exclusivement aujourd'hui aux conseils municipaux, avec ou sans le concours de souscripteurs particuliers.

Toute demande en autorisation doit être adressée au préfet, avec le projet des statuts, délibéré par le conseil municipal et dans lequel il prend l'engagement de voter chaque année une subvention au budget de la commune, tant que les intérêts du fonds de dotation et les ressources particulières de la caisse ne lui permettront pas de pourvoir intégralement à ses frais d'administration.

Les statuts déterminent : 1° le lieu où la caisse est établie ; 2° la formation et l'emploi du fonds de dotation ; 3° la composition et les fonctions du conseil des directeurs ; 4° le maximum des versements ; 5° les bases de la fixation des intérêts et de leur capitalisation ; 6° la forme des livrets ; 7° l'emploi de la dotation de la caisse pendant son existence et en cas de dissolution ; 8° enfin la forme dans laquelle les statuts pourront être modifiés.

La délibération du conseil municipal contenant le texte des statuts est adressée en triple expédition par le préfet au ministre du commerce qui la renvoie au Conseil d'Etat. Lorsque le Conseil d'Etat a fait connaître son avis, l'autorisation de la caisse et l'approbation de ses statuts sont accordées par décret du Président de la République.

Organisation. — Les opérations de chaque caisse d'épargne sont dirigées et surveillées par un conseil des directeurs ou administrateurs. En cas d'insuffisance du nombre de ses membres, ce conseil peut choisir des directeurs ou des administrateurs adjoints. (L. 15 avril 1852, art. 1 et 2.)

L'autorité supérieure a reconnu nécessaire d'assujettir les caisses d'épargne à une constitution identique. Elle exige donc que les statuts, en ce qui concerne la composition et les attributions du conseil, se réduisent à un petit nombre d'articles dont nous allons indiquer les principales dispositions.

Le conseil se compose du maire de la commune et de quinze directeurs, élus pour trois ans et renouvelés par tiers chaque année. Les directeurs sortants sont indiqués par le sort pour les deux premières années et ensuite à l'ancienneté ; ils sont indéfiniment rééligibles.

Les quinze directeurs sont choisis, savoir : cinq au moins dans le conseil municipal, et les autres parmi les citoyens les plus recommandables de la ville, et particulièrement parmi les souscripteurs. Ils sont à la nomination du conseil municipal.

Le conseil des directeurs se réunit au moins une fois par mois. Le maire le préside toutes les fois qu'il assiste à la séance ; il peut se faire remplacer par un adjoint.

Le conseil élit dans son sein un vice-président et un secrétaire. La durée des fonctions de ces deux officiers est d'une année ; mais ils peuvent être réélus. Toutes les délibérations du conseil sont prises à la majorité des membres présents.

Le conseil peut établir un comité d'administration composé de cinq membres, dont un conseiller municipal, lesquels sont choisis parmi les membres du conseil pour régir la caisse et surveiller le service.

Il peut nommer tel nombre qu'il juge convenable de directeurs adjoints, et les appeler à concourir, avec voix consultative, à ses délibérations, ou leur confier une partie de ses travaux. Les directeurs adjoints sont nommés pour un an et peuvent être réélus. (L. 15 avril 1852, art. 2.)

Le conseil arrête, pour l'administration intérieure de la caisse, un règlement qui est soumis à l'approbation du ministre du commerce. Ce règlement indique notamment : 1° l'époque du renouvellement annuel du conseil des directeurs ; 2° le mode de nomination et les attributions des directeurs adjoints, s'il y en a ; 3° les attributions du comité d'administration, s'il y en a un, et celles du secrétaire ; 4° les attributions des principaux employés ; 5° les diverses prescriptions et mesures d'ordre qu'il peut être nécessaire d'arrêter pour le service des séances publiques ; 6° le système suivant lequel sont établies et gérées les succursales, s'il y en a.

Le conseil statue sur toutes les mesures à prendre dans l'intérêt de la caisse et pour l'exécution des lois, statuts, règlements, instructions, etc. ; il agit au nom de l'établissement et le représente, il assure sa gestion, en vérifie les écritures, et en arrête les comptes. Au mois de décembre de chaque année, il détermine, pour l'année suivante, le taux de la retenue à prélever conformément à la loi, au profit de la caisse, sur l'intérêt alloué aux déposants, retenue qui ne peut être moindre de 1/4 p. 100, ni supérieure à 1/2 p. 100.

Le conseil délibère les modifications qu'il peut y avoir lieu d'apporter aux statuts ; ces modifications sont soumises à l'approbation du conseil municipal ; en tout cas, elles ne sont exécutoires qu'après l'approbation du Gouvernement, accordée dans la même forme que l'autorisation donnée à la caisse.

Les membres du conseil, titulaires ou adjoints, assistent à tour de rôle aux séances de la caisse lorsqu'elle est ouverte au public. Le directeur de service, empêché d'assister à la séance, est tenu ou d'avertir d'avance le président pour se faire remplacer, ou de changer de tour, d'accord avec un de ses collègues.

La gestion des caisses d'épargne est confiée en sous-ordre à des employés, salariés, nommés et révocables par les directeurs qui fixent leur traitement et peuvent les assujettir à fournir un cautionnement.

Les caissiers et sous-caissiers préposés aux succursales, sont soumis à l'obligation de fournir un cautionnement. (L. 15 avril 1852, art. 22.)

Le conseil des directeurs fixe le montant du cautionnement du caissier et des sous-caissiers, mais sans que ce cautionnement puisse être inférieur à deux pour cent de la recette d'une année moyenne. La recette d'une année moyenne est évaluée d'après les recettes effectuées pendant les cinq dernières années, en tenant compte, tant des sommes versées par les déposants que des retraits de fonds opérés à la caisse des dépôts et consignations. Toutefois, si le cautionnement déterminé, d'après cette base, dépasse 20,000 francs, il peut être ramené à ce taux. (L. 15 avril 1852, art. 23.)

Pour les caisses d'épargne nouvellement établies, le cautionnement est fixé par le ministre du commerce sur la proposition du conseil des directeurs. Lorsque la caisse compte cinq ans d'existence, le cautionnement est régularisé par les directeurs seuls, comme il est dit ci-dessus. (Id., art. 24.)

Le cautionnement de chaque comptable est réglé pour toute la durée de ses fonctions. (Id., art. 25.)

Le cautionnement est réalisé à la caisse des dépôts et consignations, sous les conditions déterminées pour les dépôts des établissements publics. (Id., art. 26). Il doit être versé en numéraire. Néanmoins, sur la demande du conseil des directeurs, les caissiers peuvent être autorisés à réaliser leur cautionnement en rentes sur l'Etat. Cette autorisation ne peut être accordée que par une décision spéciale du ministre du commerce rendue sur l'avis conforme du ministre des finances, laquelle décision détermine quel sera le montant du cautionnement. (Id., art. 27.)

Ressources des caisses. Fonds de dotation et de réserve. — Les ressources ordinaires des caisses d'épargne, et qui leur sont propres, proviennent : 1° de la retenue annuelle d'un quart à un demi pour cent prescrite par la loi du 30 juin 1851, sur l'intérêt alloué aux déposants ; 2° des subventions des conseils municipaux ; 3° des sommes attribuées aux caisses par la loi du 7 mai 1853, en vertu de la déchéance trentenaire ; 4° des subventions des conseils généraux ; 5° des intérêts des capitaux de dotation et de réserve.

Indépendamment de ces ressources ordinaires, les caisses d'épargne peuvent avoir des ressources extraordinaires provenant des souscriptions, dons et legs recueillis par elles.

Le produit des souscriptions particulières, des dons et legs, et des sommes restées libres après le payement de toutes les dépenses annuelles du service constitue le fonds de dotation qui doit être placé en rentes sur l'Etat et ne peut être aliéné sans une autorisation spéciale du ministre. Les intérêts seuls de ce fonds peuvent donc être employés aux dépenses de l'établissement, et cette restriction rend utile la constitution d'un fonds de réserve toujours disponible et dont l'excédent seul est ajouté, en fin d'année, au capital du fonds de dotation.

Le maximum des fonds de réserve est communément fixé à la somme moyenne des dépenses annuelles d'administration ; il est déterminé au mois de janvier de chaque année par une délibération du conseil, qui établit les dépenses annuelles d'après les dépenses acquittées pendant les trois dernières années. Lorsque le fonds de réserve a atteint son maximum, l'excédent des recettes est versé au fonds de dotation.

De plus, la loi du 6 juillet 1883 a autorisé la caisse des dépôts et consignations, à faire provisoirement, sous la garantie du Trésor public, l'avance des sommes nécessaires pour permettre la réouverture des caisses dont les opérations seraient suspendues, sauf à exercer toute action en répétition et responsabilité contre qui de droit. L'administration des caisses dont les opérations seraient ainsi suspendues peut être confiée provisoirement soit aux agents de la caisse d'épargne postale, soit à des agents spéciaux, désignés par le ministre des finances et le ministre du commerce.

Opérations. — Les caisses d'épargne reçoivent, de toutes personnes, des fonds auxquels elles accordent un intérêt qui est capitalisé à la fin de chaque année, et produit des intérêts pour l'année suivante. Elles tiennent ces fonds à la disposition des déposants qui en obtiennent toujours, dans la quinzaine de leur demande, le remboursement.

Quiconque fait un premier versement pour son compte doit déclarer ses nom et prénoms, le lieu et la date de sa naissance, sa demeure et sa profession, il donne en outre sa signature s'il sait écrire. Quand le premier versement est fait par un tiers, ce tiers doit autant que possible produire l'autorisation de la personne pour laquelle il verse. Quand le versement est fait par une société de secours mutuels, les mandataires doivent déposer à la caisse d'épargne un exemplaire des statuts et une ampliation de l'acte qui l'autorise, l'approuve ou la reconnaît comme établissement d'utilité publique, sans préjudice des autres pièces exigées par ces statuts. Le transfert d'un compte d'une caisse à une autre entraîne les mêmes formalités. Mais les versements ultérieurs sont reçus sans modification.

Le titre de chaque déposant est un livret nominatif qui porte la signature du ou des directeurs, le timbre de l'établissement, et est numéroté en toutes lettres et en chiffres. Il n'est permis d'avoir qu'un seul livret à la fois aux caisses d'épargne. Quiconque parviendrait frauduleusement à s'en faire délivrer plusieurs soit par la même caisse, soit par diverses caisses, sous son nom ou sous des noms supposés, perdrait l'intérêt de la totalité des sommes déposées.

Si plusieurs livrets ont la même date, la perte de l'intérêt portera sur la totalité des dépôts constatés par ces livrets.

Les mineurs sont admis à se faire ouvrir des livrets sans l'intervention de leur représentant légal. Ils peuvent retirer sans cette intervention, mais seulement après l'âge de seize ans révolus, les sommes figurant sur les livrets ainsi ouverts, sauf opposition de la part de leur représentant légal.

Les femmes mariées, quel que soit le régime de leur contrat de mariage, sont admises à se faire ouvrir des livrets sans l'assistance de leur mari. Elles peuvent retirer sans cette assistance les sommes inscrites aux livrets ainsi ouverts, sauf opposition de la part de leur mari. (L. 9 avril 1881, art. 6, § 3, 4, 5.)

Le minimum des versements est fixé à 1 franc.

Nul versement n'est reçu sur les comptes dont le crédit atteint 2,000 francs, soit par le capital, soit par l'accumulation des intérêts. (L. 9 avril 1881, art. 9.)

Lorsque, par suite du règlement annuel des intérêts, un compte excède le maximum de 2,000 francs, si dans les trois mois qui suivent cet avis le titulaire ne ramène pas son compte au-dessous de ce maximum avant le 1er avril, la caisse d'épargne lui achète sans frais 20 francs de rentes sur l'Etat en quatre et demi pour cent, lorsque le prix en est au-dessus du pair, et dans le cas contraire en trois pour cent. Le service des intérêts sur l'exercice en sera suspendu jusqu'à nouvel an. (L. 9 avril 1881, art. 9.)

Ces règles souffrent cependant deux exceptions. Les marins portés sur les contrôles de l'inscription maritime sont admis à déposer, en un seul versement, le montant de leur solde, décomptes et salaires, au moment, soit de leur embarquement, soit de leur débarquement, à quelque somme qu'il s'élève. (Id., art. 3.)

Toutefois, en ce qui concerne les marins, si le montant de leur versement dépasse le maximum de 1,000 francs, l'excédent est immédiatement employé en achat de rentes sur l'Etat. (Id., art. 3 ; Circ. min. 30 août 1851.)

Une seconde exception a été faite, à l'égard des sociétés de secours mutuels. Les sociétés de secours mutuels, les institutions de coopérations de bienfaisance et autres sociétés de même nature peuvent faire des versements s'élevant jusqu'à 8,000 francs en capital et intérêts, mais les sociétés autres que celles de secours mutuels doivent obtenir l'autorisation du ministre. Lorsque ce maximum est dépassé, le crédit doit y être ramené par voie d'achat de rentes d'office, mais cet achat doit s'élever à 100 francs de rente (L. 9 avril 1881, art. 13). Les sociétés de secours mutuels reconnues comme établissements d'utilité publique peuvent avoir un crédit égal au maximum de 1,000 francs, multiplié par le nombre total de leurs membres. (D. 26 mars 1852, art. 14.)

L'intérêt des fonds versés aux caisses d'épargne part du 1er ou du 16 de chaque mois après le jour du versement. Il cesse de courir à partir du 1er ou du 16 qui précède le jour du remboursement. (L. 9 avril 1881, §§ 2 et 3, et art. 21.)

La même règle s'applique aux caisses d'épargne dont les jours de recettes sont autres que le dimanche, en prenant pour point de départ ou pour terme des intérêts le jour de la semaine correspondant à celui du versement. (D. 15 avril 1852, art. 5.)

Le taux de l'intérêt, pour les déposants, est le même que celui qui est alloué aux caisses d'épargne par la caisse des dépôts et consignations d'après la loi, sous la déduction de la retenue au profit des caisses.

Les remboursements sont, au gré des déposants, de la totalité de leur avoir, y compris les intérêts acquis, ou de telle quotité qui leur convient.

Les remboursements sont dus en espèces; néanmoins, tout déposant dont le crédit est de somme suffisante pour acheter 10 francs de rentes au moins peut faire opérer cet achat sans frais par l'entremise de la caisse d'épargne. (L. 22 juin 1845, art. 5.)

Dans les cas de force majeure des décrets rendus, le Conseil d'Etat entendu, pourraient autoriser la caisse d'épargne postale à n'opérer le remboursement que par à-comptes de 50 francs au receveur et par quinzaine. (L. 9 avril 1881, art. 12.)

Les caisses d'épargne sont tenues de conserver, tant que les titulaires n'en réclament pas la remise, les inscriptions de rentes achetées par leurs propres soins, soit sur demande, soit d'office. Elles en touchent les arrérages et les portent comme versements reçus au crédit des titulaires.

Les déposants ont toujours le droit d'exiger le transfert de leur crédit d'une caisse à une autre désignée par eux. Le transfert n'est admis que pour la totalité du crédit.

Enfin, lorsqu'il s'est écoulé un délai de trente ans à partir de la dernière opération effectuée avec le concours d'un déposant, les sommes que détient à son compte la caisse d'épargne sont converties en rentes sur l'État.

Les sommes que leur insuffisance ne permet pas de convertir en rentes demeurent définitivement acquises à la caisse, dans la fortune propre de laquelle elles entrent. (L. 7 mai 1853.)

La caisse d'épargne est autorisée à se charger de toutes quittances et pièces et de tous livrets ayant plus de trente ans de date. (L. 9 avril 1881, art. 14.)

Le conseil de direction fixe les jours et heures auxquels la caisse d'épargne est ouverte au public pour les opérations de versement et de remboursement.

Lorsque la caisse d'épargne est ouverte au public, les directeurs ou administrateurs de service doivent être présents à toutes les opérations

17

et apposer, séance tenante, leur visa sur les livrets. (D. 15 avril 1852, art. 3.)

A l'expiration de chaque jour de recette ou de payement, des procès-verbaux constatent et résument les opérations de la journée, ainsi que l'état de la caisse et du portefeuille.

Ces procès-verbaux doivent être certifiés et arrêtés, séance tenante, par les directeurs ou administrateurs de service. (Id., art. 4.)

Conservation des valeurs, Placement des fonds, à la caisse des dépôts et consignations. — Les fonds sont renfermés dans une caisse à deux clefs. L'une des clefs reste au caissier, l'autre est déposée entre les mains d'un administrateur, qui est tenu d'assister à l'ouverture et la fermeture de la caisse. Le portefeuille contenant les inscriptions de rentes doit être renfermé dans la même caisse. (Id., art. 9.)

Les fonds reçus par les caisses d'épargne, à l'exception de celles qui sont annexées à des monts-de-piété et autorisées à y verser leurs fonds, doivent être immédiatement versés à la caisse des dépôts et consignations ou à ses préposés dans les départements. Chaque établissement ne peut conserver en caisse que la somme jugée indispensable pour assurer le service jusqu'au plus prochain jour de recette. (Id., art. 10.)

Après chaque jour de recette, les caissiers des caisses d'épargne établissent, certifient et transmettent immédiatement au préposé de la caisse des dépôts et consignations une situation sommaire indiquant : 1° la somme qui existait en caisse au jour correspondant de la semaine précédente ; 2° la totalité des recettes effectuées depuis cette époque et l'addition de ces recettes avec l'encaisse ; 3° la totalité des payements faits pendant la même période ; 4° la différence exprimant le nouveau solde en caisse sur lequel sera imputé le versement à faire à la caisse des dépôts. Les situations hebdomadaires ainsi produites sont réunies, par les préposés de la caisse des dépôts, aux pièces justificatives de recettes qu'ils doivent fournir à cette caisse. (Id., art. 11.)

Les retraits à faire sur les fonds placés à la caisse de dépôts ne peuvent s'effectuer qu'en vertu d'un avis préalable signé de deux administrateurs au moins, dont un seul pourra être administrateur adjoint. Cet avis détermine la somme dont le remboursement doit être fait au caissier de la caisse d'épargne. Le remboursement est ensuite opéré par le préposé de la caisse des dépôts, sur la quittance du caissier de la caisse d'épargne. (Id., art. 12.)

Pour les rentes à acheter d'office en vue de ramener les comptes aux limites du maximum, il est adressé au receveur des finances un bordereau indiquant les nom et prénoms des déposants et le montant des rentes à acheter. Il en est de même pour les rentes à acheter en vue de la consolidation trentenaire ; seulement au lieu d'énoncer le montant des rentes à acheter, le bordereau énonce le montant des rentes à consolider. Ces bordereaux sont signés de deux directeurs.

Comptabilité. — Les caisses d'épargne sont assujetties à un mode de comptabilité uniforme.

Les livres sur lesquels repose cette comptabilité sont :

Un registre matricule destiné à recevoir la signature des personnes qui versent pour la première fois, et tous les renseignements que la caisse doit conserver sur chaque déposant ;

Un livre de comptes courants individuels

Le livre journal, où toutes les opérations sont résumées jour par jour ;

Le grand-livre, où les opérations sont classées par nature à des comptes généraux ;

Un registre d'entrée et de sortie des inscriptions de rentes ;

Un carnet des placements faits à la caisse des dépôts. (D. 15 avri 1852, art. 6.);

La balance du grand-livre se fait chaque semaine ;

La balance des comptes individuels doit être établie à la fin de chaque année et dans un délai qui ne peut excéder trois mois. (Id., art. 8.);

Une comptabilité spéciale est tenue pour les inscriptions de rentes achetées au nom des déposants ou provenant de la consolidation. (Id., art. 11.)

Succursales. — Les caisses d'épargne ont le privilège, par le seu effet de leur autorisation, d'ouvrir des succursales partout où elles le jugent convenables. Le ministre des finances doit seulement être informé de leur existence dans les six mois du début des opérations, en vue de la fixation provisoire du cautionnement de leur caissier. Lorsqu'une caisse d'épargne a établi des succursales, les agents préposés aux recettes et aux payements qui peuvent avoir lieu dans les succursales remplissent leurs fonctions sous la surveillance du caissier de la caisse d'épargne. Leurs opérations doivent faire partie intégrante de la gestion du caissier. Ils forment des bordereaux détaillés des versements qui leur sont faits et des remboursements qu'ils opèrent. Ils dressent et certifient chaque jour, conjointement avec les administrateurs délégués auprès de la succursale, des procès-verbaux résumant et constatant les opérations de recettes ou de remboursement.

Les fonds existant entre les mains des préposés sont transmis sans délai à la caisse d'épargne, ainsi que les bordereaux, procès-verbaux et pièces à l'appui, et le caissier rattache à sa comptabilité les opérations de la succursale, comme s'il les eût effectuées personnellement.

Les dispositions relatives à l'intervention des administrateurs dans les opérations de chaque jour de recette des caisses d'épargne, sont applicables aux administrateurs placés près des succursales. (Id., art. 13.)

Surveillance. — Dans les départements autres que celui de la Seine, les agents des caisses d'épargne préposés à la direction du service, à la tenue des écritures, à la manutention des fonds et valeurs, sont placés sous la surveillance des receveurs des finances, qui peuvent vérifier par eux-mêmes ou par leurs fondés de pouvoirs les écritures et la situation de la caisse toutes les fois qu'ils le jugent convenable. Ces vérifications doivent avoir lieu une fois au moins par trimestre. (Id., art. 18.)

En commençant leurs vérifications, les receveurs des finances doivent en donner avis au président du conseil des directeurs ou des administrateurs ou à celui qui le remplace, afin qu'il puisse, s'il le juge convenable, assister à la vérification conjointement avec l'administrateur rendu dépositaire d'une des clefs de la caisse.

Ils reconnaissent l'existence matérielle des fonds et des inscriptions de rentes déclarés par les écritures.

Ils s'assurent de la régularité et de la comptabilité dans ses diverses parties.

Ils examinent si les règlements et instructions sont observés.

Ils communiquent leur rapport au comptable vérifié; les observations sont inscrites en marge.

Enfin, ils peuvent prendre provisoirement toute mesure d'urgence jugée nécessaire.

Ils adressent au président du conseil des directeurs ou des administrateurs copie certifiée de leur procès-verbal et de leur rapport, et ils lui donnent avis des mesures d'urgence qu'ils auraient prises, afin de le mettre en mesure de pourvoir aux nécessités du service.

Les rapports et procès-verbaux sont, en outre, adressés au ministre des finances, qui les communique au ministre du commerce et se concerte avec lui sur la suite à leur donner. (Id., art. 19.)

Les receveurs des finances veillent à ce que les encaisses leur soient exactement versés, sous la seule réserve des fonds nécessaires au service courant. (D. 15 avril 1852, art. 20.)

Les caisses d'épargne sont soumises aux vérifications des inspecteurs des finances.

Les inspecteurs peuvent porter leur examen et leurs investigations sur toute la gestion des établissements.

Ils doivent vérifier la régularité des écritures et l'exactitude de la caisse et du portefeuille.

Ils examinent si l'organisation du personnel des agents présente des garanties convenables; si les procédés de comptabilité employés par la caisse d'épargne sont suffisants; enfin, si les versements à la caisse des dépôts ont lieu régulièrement.

Ils rendent compte de leurs vérifications et soumettent leurs propositions au ministre des finances qui communique leurs rapports au ministre du commerce, avec lequel il se concerte sur la suite à donner à ces propositions.

Les inspecteurs des finances se conforment, d'ailleurs, lors de leurs vérifications, aux dispositions prescrites aux receveurs des finances. (Id., art. 21.)

Pour tous les détails du service des caisses d'épargne, on doit se reporter à l'instruction du 17 décembre 1852, arrêtée de concert entre le ministre de l'intérieur et le ministre des finances, pour l'exécution du décret du 15 avril 1852. Cette instruction détermine la forme des registres et pièces de comptabilité à l'usage des caisses d'épargne, et indique les procédés à suivre pour la tenue des écritures, pour le calcul et la capitalisation des intérêts, pour le mode spécial de comptabilité concernant les inscriptions de rentes et pour les relations avec les déposants. — Voy. CAISSE DES DÉPÔTS ET CONSIGNATIONS. — *Dict. des formules*, nᵒˢ 299 à 310.

Intervention des percepteurs et des receveurs des postes dans le service des caisses d'épargne. — Les percepteurs des contributions directes et les receveurs des postes dont le concours a été demandé par les administrations des caisses d'épargne peuvent, sur l'avis conforme du ministre de l'agriculture et du commerce, être autorisés par le ministre des finances à recevoir les versements et à effectuer les remboursements pour le compte des caisses de leur département. (D. 23 août 1875, art. 1ᵉʳ.)

Les caisses d'épargne peuvent obtenir le concours, soit de tous les percepteurs et receveurs des postes du département, soit seulement d'un certain nombre de ces comptables déterminé par la situation ou l'importance des localités. (Id., art. 2.) (1).

Les opérations s'effectuent, savoir :

1° Par les percepteurs, au siège de la résidence du comptable, tous les jours non fériés, autres que ceux fixés par les règlements pour les tournées de recouvrements et de mutations, ou pour les versements à la recette des finances ; dans les autres communes de la perception les jours fixés par les tournées réglementaires de recouvrements ;

2° Par les receveurs des postes, dans les communes où il n'existe pas de percepteur, tous les jours, au siège du bureau de poste ; dans les communes où réside un percepteur, les jours où l'absence de ce comptable est autorisée par les règlements.

Les informations nécessaires à cet égard sont portées à la connaissance du public au moyen d'une affiche placardée dans les bureaux des percepteurs et des receveurs des postes.

Les comptables du Trésor n'ont pas à intervenir dans les villes et communes où les caisses d'épargne ont leur siège principal ou possèdent une succursale permanente. (D. 23 août 1875, art. 3)

Les conditions et les formes du concours des percepteurs au service des caisses d'épargne ont été réglées par le décret du 23 août 1875, l'arrêté ministériel du même jour relatif à son exécutiou, la circulaire du directeur général de la comptabilité publique du 25 du même mois. (2)

Caisses d'épargne particulières pour pensions. — Des communes ont établi des caisses d'épargne particulières pour le service des pensions destinées à leurs employés. Les fonds provenant des retenues sur les traitements, des subventions communales, etc., sont déposés à la caisse des dépôts et consignations pour être employés, au fur et à mesure des versements, en achat de rentes sur l'Etat. — Voy. CAISSE DES DÉPÔTS ET CONSIGNATIONS, PENSIONS DE RETRAITE, SERVICES ACCESSOIRES CONFIÉS AUX PERCEPTEURS.

Caisse d'épargne nationale. — La loi du 9 avril 1881 a institué, sous la garantie de l'Etat, une caisse d'épargne publique, placée sous l'autorité du ministre des postes et télégraphes qui porte le nom de *Caisse d'épargne postale.*

Les dispositions de cette loi ont été complétées par un décret portant règlement d'administration publique en date du 3 décembre 1881.

Organisation. — La caisse d'épargne postale a son siège à Paris au ministère des postes et télégraphes. Tous les bureaux de poste français désignés par un arrêté ministériel sont appelés à participer, en qualité de correspondants de la caisse d'épargne postale, à l'encaissement des sommes versées par les déposants et au remboursement en capital et intérêts des sommes déposées. Toutes les opérations sont centralisées par un agent justiciable de la Cour des comptes qui prend le titre d'agent comptable de la Caisse d'épargne postale. Cet agent comptable est responsable des valeurs déposées dans son portefeuille. En cas de

(1) A partir de l'application de la loi de 1881, qui a institué la caisse nationale d'épargne, les agents des postes, chargés de la gestion de cette caisse, ont cessé de prêter aux caisses d'épargne privées le concours qui leur avait été accordé par le décret de 1875.

(2) Consulter sur cette matière le dictionnaire de la perception, édité par la maison Paul Dupont, 41, rue Jean-Jacques-Rousseau.

vol ou de perte résultant de force majeure, il est statué sur sa demande en décharge par une décision du ministre des postes et télégraphes, après avis du ministre des finances, et sauf recours au Conseil d'État par la voie contentieuse.

Cet agent comptable doit fournir un cautionnement en numéraire dont le montant est déterminé par un décret rendu sous le contre-seing du ministre des postes et des télégraphes.

La direction et la surveillance des opérations sont confiées à un service administratif institué au ministère des postes et télégraphes sous le titre de Direction de la Caisse d'épargne nationale.

Le directeur doit, à des époques déterminées, au moins une fois par mois, procéder à la vérification du portefeuille de l'agent comptable et dresser procès-verbal. (Déc., art. 23 et 4.)

Dotation. — La dotation de la caisse d'épargne postale est formée :

1° Du boni réalisé sur les frais d'administration lorsque ceux-ci n'atteignent pas le produit du prélèvement de vingt-cinq centimes, destinés à couvrir ces frais ;

2° Des dons et legs qui pourraient être consentis par des tiers ;

3° Des produits des reliquats de dépôts attribués à la caisse d'épargne, dans les conditions prévues à l'avant-dernier alinéa de l'article 14 ;

4° De la capitalisation des intérêts de ces divers fonds, demeurés libres après le prélèvement autorisé par l'article 5 ;

5° Enfin de la différence d'intérêt produit par les arrérages des valeurs achetées en exécution de l'article 19, au taux de 3 fr. 25 0/0, servi à la caisse postale après le prélèvement autorisé par l'article 5.

Les fonds constituant cette dotation ne peuvent être aliénés qu'en vertu d'une loi. (L., art. 15.)

Les fonds de la caisse d'épargne postale sont versés à Paris à la Caisse des dépôts et consignations, dans les départements, aux caisses des trésoriers-payeurs généraux et receveurs particuliers, au titre de cette caisse. Ils produisent à la caisse, à partir du jour de leur versement jusques et non compris le jour du retrait, un intérêt de 3 fr. 25 0/0 par an. (L., art. 2 et art. 34. L. de finances du 29 juillet 1881.)

Intérêt donné aux déposants et frais d'administration. — La caisse d'épargne postale sert aux déposants un intérêt de 3 francs pour 100 fr., à partir du 1er ou du 16 de chaque mois, après le jour du versement. Cet intérêt cesse de courir à partir du 1er ou du 16 de chaque mois qui précède le jour du remboursement. Au 31 décembre de chaque année, l'intérêt acquis s'ajoute au capital et devient lui-même productif d'intérêts. Les fractions de francs ne produisent pas d'intérêt. (Art. 3 de la loi.)

Le taux de l'intérêt ainsi fixé par les articles 2 et 3 de la loi ne peut être modifié que par une loi.

Les frais d'administration de la caisse sont prélevés sur les sommes dont elle bénéficie : 1° par suite de la différence entre l'intérêt servi par le Trésor et l'intérêt dont elle tient compte aux déposants ; 2° par suite de la différence d'intérêt produit par les arrérages des valeurs achetées en exécution de l'article 19 et le taux de 3 fr. 25 0/0 servi à la caisse postale. En cas d'insuffisance, il y est pourvu au moyen des intérêts de la dotation. (L., art. 5.)

Opérations de la caisse. — La caisse postale ouvre un compte à toute personne pour laquelle ou au nom de laquelle des fonds auront été versés, à titre d'épargne, dans un bureau de poste.

Elle délivre gratuitement, au nom des bénéficiaires, un livret sur lequel sont inscrits les versements, les retraits de fonds et les intérêts acquis. (L., art. 6.) Le livret est le titre du déposant ; il est toujours nominatif. Les livrets numérotés à la direction centrale portent la signature du directeur départemental. (Déc., art. 14, § 2.)

Tout déposant qui fait pour la première fois un versement à la caisse d'épargne postale, doit former en même temps une demande de livret, où il énonce ses noms de famille, prénoms, âge, date et lieu de naissance, demeure et profession et déclare qu'il n'est titulaire d'aucun autre livret, soit de la caisse d'épargne postale, soit d'une caisse d'épargne privée. (Déc., art. 11.)

Nul, en effet, ne peut être titulaire de plus d'un livret à la caisse d'épargne postale, sous peine de perdre l'intérêt des sommes inscrites sur le second livret et les livrets des dates ultérieures.

Les premiers versements effectués à la caisse d'épargne postale sont soumis aux règles ci-après :

1° Quiconque veut faire un premier versement doit déclarer s'il verse pour son compte ou le compte d'un tiers.

Lorsque le déposant déclare verser pour son propre compte, la demande de livret est signée par lui, ou s'il ne sait pas signer le receveur des postes en fait mention sur la demande et signe ladite mention.

A l'égard de la femme qui déclare être veuve, on ajoute à ses noms et prénoms ceux de son mari décédé. (Déc., art. 12, §§ 1, 2, 3.)

Les femmes mariées, quelle que soit le régime de leur contrat, sont admises à se faire ouvrir des livrets, même sans l'assistance de leurs maris ; elles peuvent retirer sans cette assistance les sommes inscrites aux livrets ainsi ouverts, sauf opposition de la part de leurs maris, dont elles doivent indiquer les noms et prénoms.

Dans le cas où la femme ne veut pas profiter de la faculté qui lui est ainsi ouverte, elle doit être assistée par son mari et la demande de livret est signée simultanément par le mari et la femme. Si l'un d'eux ne sait pas signer, le receveur en fait mention. (L., art. 6, § 5 et Déc., art. 1, 2, 3.)

Les mineurs sont également admis à se faire ouvrir des livrets sans l'intervention de leur représentant légal et ils peuvent retirer sans cette intervention, mais seulement après l'âge de 16 ans révolus, les sommes figurant sur les livrets ainsi ouverts, sauf opposition de leur représentant légal. La demande de livret doit alors énoncer les noms et prénoms du père, si le père n'existe plus, de la mère ou, à défaut de celle-ci, du tuteur.

Si le versement est fait pour le compte du mineur par son représentant légal, c'est ce dernier qui signe la demande.

Toute personne qui verse pour un tiers doit signer la demande. Toutefois, la signature d'un bienfaiteur qui désire rester inconnu n'est pas requise ; elle est remplacée par une attestation signée du receveur des postes.

Si le versement est effectué en vertu d'une disposition testamentaire, mention est faite du testament sur la demande. (Déc., art. 5.)

Les livrets délivrés par suite de versements faits par des tiers à titre de libéralité ou en vertu d'un testament, peuvent être soumises à certaines conditions. Les seules conditions admises sont les suivantes :

1° Le livret peut être déclaré incessible.

2° Le remboursement peut être différé jusqu'à un délai fixe comme jusqu'à la majorité d'un mineur ou jusqu'à la célébration de son mariage. (Art. 13 du décret.)

Les sociétés de secours mutuels sont inscrites sous le nom distinctif adopté par la société. Lorsqu'il est fait un premier versement, le mandataire de la société est tenu de déposer à la caisse d'épargne un exemplaire de ses statuts, et on exige pour tous les versements, sans exception, la production des pièces indiquées aux statuts pour la validité des placements de fonds. La demande signée par le mandataire doit en outre indiquer si la société a été reconnue comme établissement d'utilité publique (L. 15 juillet 1850) ou si elle a été approuvée par le préfet. (Déc. 26 mars 1852.)

Ces dispositions sont également applicables aux institutions de coopération, de bienfaisance et autres sociétés de même nature, dont les versements sont autorisés par le ministre des postes et télégraphes. (D., art. 12, 7°, § 2.)

Les sommes encaissées à titre de premier versement par les receveurs des postes donnent lieu à la délivrance d'une quittance à souche échangeable dans un délai de trois jours (non compris le jour du versement et les dimanches, et jours fériés) contre un livret de caisse d'épargne postale. (D. art. 14.)

Les versements postérieurs sont reçus par les receveurs des postes sur la présentation du livret, sans qu'il y ait à fournir d'autres justifications. Il est interdit aux receveurs et à leurs commis de se rendre porteurs de livrets appartenant à des tiers ou de faire pour eux quelque opération privée que ce soit près de la caisse d'épargne.

Les versements donnent lieu à la délivrance d'une quittance extraite du journal à souche, qui énonce le numéro du livret ainsi que les nom et prénoms du titulaire ; elle contient en outre l'avis que le livret sera rendu au déposant dans le délai de trois jours ;

Il est interdit aux receveurs des postes, autres que le receveur principal, d'inscrire aucun versement sur les livrets. Les versements reçus par le receveur principal sont contresignés par le directeur départemental ou son délégué ;

Lorsque les livrets n'ont pas été retirés dans le mois qui suit l'expiration du délai de trois jours, ils sont renvoyés au directeur départemental, qui les conserve jusqu'au jour où ils sont réclamés par les ayants droits. (D. art. 16.)

Dans le cas où le déposant viendrait à perdre sa quittance à souche, il y sera suppléé par une déclaration de perte fournie par le déposant et légalisée par le maire ou le commissaire de police de sa résidence.

Les livrets ne devront toutefois être rendus que sur l'autorisation du directeur départemental apposée sur la déclaration de perte. (D. art. 25.)

En cas de perte d'un livret, l'ayant droit doit adresser au ministre des postes et télégraphes une déclaration de perte légalisée par le maire ou le commissaire de police, et le livret est remplacé par un duplicata dans le délai d'un mois à partir de l'année de la demande à l'administration centrale. Il est pris note, au registre matricule, de la délivrance du duplicata. Le solde du compte de l'ancien livret est inscrit sur le nouveau comme premier article. — Si le livret primitif vient à être retrouvé il est rendu à l'agent comptable de la caisse d'épargne et annulé, après que toutes les pages auront été biffées. (D. art. 26.)

Chaque versement effectué à la caisse d'épargne postale ne peut être inférieur à un franc et le compte ouvert à chaque déposant ne peut excéder le chiffre de deux mille francs versés en une ou plusieurs fois. (L. art. 7.)

Bulletins d'épargne. — Toute personne qui désire obtenir un livret de la caisse nationale d'épargne, et tout déposant déjà titulaire d'un livret de la dite caisse peuvent réaliser, au moyen de timbres postes ordinaires de cinq centimes et de dix centimes, le versement minimum d'un franc, prescrit par l'article 8 de la loi du 9 avril 1881. Il est délivré gratuitement dans tous les bureaux de poste, à tous ceux qui en font la demande, des formules dites : *Bulletins d'épargne*, sur lesquelles ils indiquent aux mêmes les noms de famille et prénoms de la personne qui en doit faire usage. Les numéros du livret sur lequel le montant des bulletins d'épargne aura été porté comme versement seront indiqués sur ces bulletins par les soins du receveur des postes qui les aura reçus. Tout possesseur d'un bulletin d'épargne a son nom, quelle que soit sa qualité civile, tout représentant d'un mineur notamment quand il s'agit des enfants des écoles primaires publiques ou privées, se borne à coller sur le bulletin, des timbres postes destinés à l'épargne. Lorsque ces timbres atteignent la somme de un franc, il peut faire le versement de ce bulletin à un bureau de poste qui le reçoit pour comptant pourvu que les dits timbres ne soient ni altérés, ni maculés. Les versements faits en timbres-poste sont ensuite inscrits en francs sur le livret du déposant, s'il est déjà titulaire d'un livret de la caisse nationale d'épargne ou, dans le cas contraire, donne lieu à la délivrance d'un livret. Il ne peut être versé, au moyen de timbres postes plus de dix francs par mois. Les timbres postes employés à représenter l'épargne sont, après examen de leur état, oblitérés par les soins de la direction départementale des postes et télégraphes. (D. 28 novembre 1882, art. 1, 2, 3.)

Achat de rente. — Tout déposant dont le crédit est suffisant pour acheter 10 francs de rente au minimum peut faire opérer cet achat sans frais par la caisse d'épargne postale. L'achat de rente peut être supérieur à 10 francs si la situation du crédit le comporte. (L. art. 7.)

Dès qu'un compte dépasse par les versements et la capitalisation des intérêts, le chiffre de 2,000 francs, il en est donné avis au déposant par lettre chargée. Si, dans les trois mois qui suivent cet avis, le déposant n'a pas réduit son crédit, il lui sera acheté d'office et sans frais vingt francs de rente sur l'État. — Le service des intérêts sur l'excédent sera suspendu à partir de la date de l'avis jusqu'au jour de la réduction du compte.

Lorsque le déposant n'aura pas retiré les titres de rente ainsi achetés pour son compte, la caisse d'épargne en touchera les arrérages et les inscrira comme nouveau versement au crédit du titulaire. (L. art 9.)

Le compte ouvert au crédit des sociétés de secours mutuels et autres institutions de coopération et de bienfaisance peut atteindre le chiffre de huit mille francs. Au delà de ce chiffre il est fait application des articles 9 et 10 de la loi ; toutefois le montant de la rente achetée pour leur compte est de cent francs.

Remboursements. — Tout déposant qui veut se faire rembourser tout ou partie de son compte adresse directement au ministre des postes et télégraphes une demande de remboursement indiquant le numéro de son livret, la somme à rembourser et le bureau de poste où il désire toucher.

Cette demande est rédigée sur un bulletin préparé par l'administration. La demande de remboursement ne peut être faite que par le titulaire du livret et doit être signée par lui où, s'il ne sait signer, par le receveur du lieu où il réside.

Si le titulaire n'a pas signé la demande du livret, sa signature sur la demande de remboursement est certifiée par le maire et le commissaire de police de la commune où il réside.

Le remboursement a lieu dans un délai de huit jours au maximum pour les demandes concernant la France continentale; ce délai court à partir de la date constatée par le timbre de la poste sur la demande de remboursement. Des délais supplémentaires sont fixés par décret, pour les opérations nécessitant l'intervention d'un bureau situé en dehors de la France continentale.

Dans le cas de force majeure, des décrets rendus, le conseil d'Etat entendu, peuvent autoriser la caisse d'épargne postale à n'opérer le remboursement que par acomptes de cinquante francs au minimum et par quinzaine.

Les remboursements sont effectués sur la production de l'autorisation émanée de la direction centrale et acquittée par le titulaire du livret.

Si le déposant ne se présente pas lui-même, le tiers qui le remplace doit produire une procuration. Quand le déposant ne sait ou ne peut signer et que son identité est constante la quittance peut être remplacée par un certificat signé de deux témoins. Le receveur des postes appose sa signature pour attester que cette formalité s'est accomplie en sa présence.

Les quittances pour remboursements à une société de secours mutuels ou autre institution analogue sont signées par un délégué porteur des pièces exigées par les statuts.

Le titulaire d'un livret dont le montant n'est disponible qu'après un certain délai ou l'accomplissement d'une condition doit, pour obtenir le remboursement, fournir la preuve de l'expiration du délai ou de l'accomplissement de la condition. Si le remboursement a été subordonné, pour une fille mineure à la condition de son mariage, l'acte de célébration doit être accompagné du consentement du mari au payement demandé.

En cas de cession faite au profit d'un tiers le cessionnaire doit justifier de son identité et signifier régulièrement la cession à la caisse d'épargne en l'accompagnant de la production du livret.

Toutes les fois qu'il y a lieu de rembourser des fonds après le décès du titulaire il est fait, au dos de la quittance, mention des pièces produites pour justifier les qualités des héritiers. Quand l'administration des domaines est appelée à recueillir une succession en deshérence elle doit justifier de l'accomplissement des formalités prescrites par les articles 769, 770 du code civil.

Lorsque dans le mois qui suit la date de l'autorisation de remboursement le déposant ne s'est pas présenté pour toucher la somme qui lui revient, sa demande est considérée comme nulle. (Art. 11 et 12 de la loi; art. 17, 18, 19, 20, 21, 22, 23 et 24 du décret.)

Le montant d'un livret n'ayant donné lieu depuis 30 ans à aucun versement, à aucun remboursement, ni à aucune opération faite sur la demande du déposant cessera d'être productif d'intérêts et devra être remboursé à l'ayant droit, si l'ayant droit ne peut être connu ou par une cause quelconque, le remboursement ne peut être opéré, la somme inscrite à son crédit sera convertie en un titre de rente sur l'Etat qui sera consigné à la caisse des dépôts et consignations.

Les inscriptions de rente achetées, soit d'office, soit sur la demande du titulaire et non retirées dans le délai de trente ans seront également consignées.

Par exception, pour les placements faits sous la condition stipulée par le donateur ou le testateur, que le titulaire n'en pourra disposer qui, après une époque déterminée, le délai de trente ans ne courra qu'à partir de cette époque.

Du jour de la consignation et jusqu'à la réclamation des déposants le service des arrérages de rente est suspendu.

Les reliquats des placements en rente et les dépôts qui, en raison de leur insuffisance n'auraient pu être convertis en rente, seront acquis à la caisse d'épargne.

La caisse d'épargne est autorisée à se décharger de toutes quittances et pièces et de tous livres qui ont plus de trente ans de date. (Art. 14 de la loi.)

Comptabilité. — La comptabilité de l'agent comptable de la caisse d'épargne postale est tenue en partie double. Elle contient notamment outre le journal et le grand livre réglementaire:

1° Un registre matricule destiné à recevoir tous les renseignements que la caisse doit conserver sur chaque déposant;

2° Un livre des comptes courants ouverts à chacun des déposants, reproduisant intégralement les opérations de recette et de dépense inscrites sur les livrets individuels;

3° Un livre des comptes divisionnaires groupant par catégories, les comptes courants individuels;

4° Un livre récapitulatif des opérations journalières du bureau de poste ouvert au service de la caisse d'épargne postale;

5° Un registre d'entrée et de sortie des inscriptions de rente achetées par la caisse d'épargne, soit d'office, soit sur la demande des déposants;

6° Un livre du compte courant de la caisse d'épargne postale avec la caisse des Dépôts et consignations.

Les autres livres et carnets nécessaires au service de l'agent comptable de la caisse d'épargne sont déterminés par une instruction du ministre des postes et télégraphes, concertée avec le département des finances.

La direction centrale tient un double du livre des comptes courants individuels mentionné à l'article précédent. Elle vérifie tous les livrets et carnets tenus par l'agent comptable de la caisse d'épargne et constate cette vérification par l'apposition du visa du directeur sur les dits livrets et carnets. (D. art. 6, 7, 8.)

Rapports de la caisse d'épargne postale avec la caisse des dépôts et consignations et avec l'administration des finances. — Lorsque d'après la balance journalière le montant des dépôts excède celui des remboursements, la différence est versée à la caisse des dépôts et consignations. La caisse des dépôts et consignations doit faire emploi de toutes les sommes déposées par la caisse d'épargne postale. Cet emploi a lieu en valeurs de l'Etat français. La différence d'intérêt produite par les arrérages de ces valeurs et le taux de 3 fr. 25 0/0 servi à la caisse postale accroît la dotation instituée par l'article 16, après prélèvement, s'il y a lieu, des sommes nécessaires pour couvrir les frais de l'administration.

Néanmoins, pour satisfaire aux remboursements qui pouvaient être réclamés, la caisse des dépôts et consignations conservera, par son compte courant au Trésor, une réserve du cinquième des versements qui lui seront effectués, sans que cette réserve puisse excéder cent millions de francs.

Quand la balance journalière fait ressortir un excédent de dépense, la caisse des dépôts, sur l'avis qui lui en est adressé par la direction centrale, délivre un récipissé sur le Trésor au profit de l'agent comptable de la caisse d'épargne postale et celui-ci l'échange à la caisse centrale du Trésor contre un récépissé de mouvement de fonds.

La caisse des dépôts et consignations remet à la caisse d'épargne postale un extrait de son compte courant, arrêté, en capitaux et intérêts à la fin de chaque année. Lorsque ce compte a été vérifié et reconnu exact, l'agent comptable de la caisse d'épargne passe écriture des intérêts qui en résultait tant au compte particulier des déposants qu'au compte affecté aux frais d'administration.

Les achats de rente ont lieu par l'entremise de la caisse des dépôts au cours moyen du jour de l'opération.

Les rentes achetées sur la demande des déposants sont nominatives ou mixtes au choix des parties. Il n'est toutefois acheté de rentes mixtes que lorsque les parties sont aptes à posséder cette nature de rente. Les inscriptions sont remises contre reçu à l'agent comptable chargé de les faire parvenir aux ayant droit.

Les rentes achetées d'office sont exclusivement nominatives.

Les achats sont faits conformément à l'article de la loi du 30 juin 1851. Lorsque pour une cause quelconque il n'est pas possible de remettre aux titulaires les titres de rentes achetés en leur nom ces titres sont conservés à la caisse des dépôts et, à mesure des échéances, les arrérages en sont portés au débit de la caisse et au crédit des titulaires.

Dans le courant de chaque mois l'agent comptable de la caisse d'épargne postale adresse à la direction générale de la comptabilité publique.

1° La copie de la balance de son grand-livre à la fin du mois précédent ;

2° Un bordereau des opérations de recettes et dépenses de toute nature effectuées par lui ou centralisées dans des écritures pendant le mois;

3° Les pièces justificatives.

En dehors du contrôle permanent exercé par le ministère des postes et de la vérification du directeur général de la comptabilité publique, la gestion de l'agent comptable est soumise à l'inspection des finances. (L. art. 19; D. art. 31 à 38.)

A partir du jour où la loi du 9 avril 1881 est appliquée à un bureau de poste, le receveur cesse de prêter aux caisses d'épargnes privées le concours accordé par le décret du 23 août 1875. — *Dict. des formules*, nos 311 et 312.

Caisse des écoles. — La loi du 10 avril 1867, article 15, donnait au conseil municipal la faculté de créer, dans chaque commune, avec l'autorisation du préfet, une caisse spéciale dite *Caisse des écoles*, destinée à encourager et faciliter la fréquentation des écoles par des récompenses et secours aux élèves indigents. Par une circulaire, en date du 12 mai 1867, le ministre de l'intérieur recommandait aux préfets de favoriser, autant que possible, la création de ces caisses dans les communes, afin de suppléer à l'insuffisance des ressources communales pour un grand nombre de dépenses qui, sans être obligatoires, sont d'une utilité incontestable.

La loi du 28 mars 1882, comme corollaire du principe de l'obligation pour tous de l'instruction primaire, décida par l'article 15 que la caisse des écoles, instituée par l'article 15 de la loi du 10 avril 1867, serait établie dans toutes les communes. Elle convertit ainsi en une obligation la faculté ouverte par la loi de 1867. C'est, en effet, surtout avec l'obligation de l'instruction que cette institution peut porter tous ses fruits, car il ne suffit pas seulement de rendre la fréquentation de l'école obligatoire, il faut encore la rendre possible aux enfants par l'octroi de secours, par la fourniture d'aliments chauds en hiver, de vêtements, de chaussures; par le don de livres de classe, de papier, etc.; enfin, par tout ce qui peut les mettre à même de profiter de l'instruction qu'on leur donne.

Les conseils municipaux étant les meilleurs juges des services à rendre par la caisse des écoles, eu égard aux besoins de la localité, et par suite de l'organisation qu'il convient de lui donner, ont toute latitude pour la rédaction des statuts de cette caisse. Mais le ministre a joint à sa circulaire du 29 mars 1882 un modèle de statuts, qui peut servir de guide dans les communes non encore dotées d'une caisse des écoles. Les maires ont dû prendre, dans la session de mai, une délibération portant création de cette caisse et portant inscription d'une subvention au budget additionnel de 1882 et, au budget de 1883, d'une subvention en faveur de cette caisse.— Voy. DICTIONNAIRE DES FORMULES, n° 952 *bis*.

La dotation de la caisse des écoles se compose de cotisations volontaires et de subventions de la commune et de l'Etat. Elle peut, en outre, recevoir, avec l'autorisation du préfet, des dons et legs. La loi du 28 mars 1882 a décidé qu'à l'avenir, dans les communes subventionnées dont le centime n'excède pas 30 francs, la caisse aura droit, sur le crédit ouvert pour cet objet au ministère de l'instruction publique, à une subvention au moins égale au montant des subventions communales. Le préfet transmet à cet effet des propositions collectives au ministre. Afin d'éviter tous frais inutiles, le service de la caisse des écoles est fait gratuitement par le percepteur.

Aux termes de l'article 17, la répartition des secours à distribuer par la caisse se fait par les soins de la commission scolaire.

Caisse des lycées, collèges et écoles primaires.— La loi du 1er juin 1878 créa une caisse spéciale, dont l'administration était confiée à la Caisse des dépôts et consignations, pour faciliter aux communes l'acquisition, la construction et l'amélioration des maisons d'école et des mobiliers scolaires, par des subventions et des avances.

Cette caisse reçut une première dotation de 120 millions, dont 60 millions pour constituer son fonds de subventions, et 60 millions pour son fonds d'avances.

La loi du 3 juillet 1880, modifiée par celle du 2 août 1881, élargit la sphère d'action de cette caisse, en la chargeant des prêts et avances à faire pour la construction et l'amélioration des lycées nationaux et collèges communaux, et lui donna le nom de *Caisse des lycées, collèges et écoles primaires*.

Cette caisse est divisée en deux sections chargées, sous la garantie de l'Etat :

La première section :

1° De payer aux lycées les subventions qui leur sont accordées;

2° De faire aux départements et aux communes les avances prévues par la présente loi ;

3° De payer aux collèges communaux de garçons et de filles les subventions qui leur auront été allouées.

La deuxième section :

De faire le service des subventions et des avances pour la construc-

(Voir l'appendice, page 644.)

tion des écoles primaires et le service des avances pour les écoles normales primaires, dans les conditions de la loi du 1er juin 1878, modifiées par les nouvelles lois. (Art. 10, loi 3 juillet 1880, et 11 de la loi du 2 août 1881.)

La caisse des lycées, collèges et écoles primaires pourvoit au payement des subventions et avances ci-dessus stipulées, soit avec des fonds mis à sa disposition par le Trésor, moyennant un intérêt de 3 %, en ce qui concerne les subventions, et de un et un quart pour cent, en ce qui concerne les avances; soit avec le produit de la négociation des titres créés et émis dans les conditions du dernier paragraphe de l'article 8 de la loi du 11 juillet 1868 sur les chemins vicinaux.

Les subventions payées par la caisse des lycées, collèges et écoles lui sont remboursées en capital et intérêt au moyen de :

1º Vingt-huit annuités de 6,500,000 francs chacune à inscrire à un chapitre distinct du budget de l'instruction publique, à partir de l'exercice 1880 ;

2º Au moyen de vingt-six annuités de 3,356,000 francs chacune, à ajouter au budget, à partir de 1882, sous le titre : Remboursements par annuités à la Caisse des lycées, collèges et écoles primaires.

Les crédits nécessaires sont ouverts chaque année par la loi de finances.

En cas d'insuffisance du fonds de dotation, il lui est tenu compte par le Trésor tant de ses dépenses complémentaires d'amélioration que de ses frais de gestion.

La première dotation de 120 millions, spécialement réservée aux opérations de la seconde section de la caisse pour les avances et subventions relatives aux écoles primaires (avances), a été augmentée de 50 millions par l'article 4 de la loi du 2 août 1881. Sur ce fonds de 170 millions, le ministre pourra prélever jusqu'à concurrence du dixième les ressources nécessitées par la création d'établissements d'instruction primaire, institués par l'Etat. Le reste sera réparti au prorata des besoins et des sacrifices faits par les communes, sur la proposition des conseils généraux.

D'autre part, les ressources nécessaires au fonctionnement de la première section ont été créées de la manière suivante :

L'article 1er de la loi du 3 juillet 1880 met une somme de 58,200,000 francs, payable en six annuités, à partir de 1880, à la disposition du ministre de l'instruction publique et des beaux-arts, pour subventionner les dépenses extraordinaires des lycées. Cette somme doit être employée jusqu'à concurrence de 50,200,000 francs à la construction et à l'amélioration des bâtiments, et pour le surplus, soit 8,000,000, à l'acquisition du mobilier scolaire.

De plus, une somme de 12 millions est spécialement affectée à l'amélioration et à la construction des collèges communaux, et à l'acquisition du mobilier scolaire de ces établissements. (Art. 2 loi 1880.) Indépendamment de ces 70,200,000 francs, une somme de 17,000,000 est accordée à la caisse des lycées, collèges et écoles, à titre de subvention extraordinaire pour les dépenses d'acquisition, construction et appropriation des lycées et collèges, dans des proportions et époques déterminées précédemment.

La loi du 2 août 1881 a augmenté ce fonds d'une somme de 10,000,000, spécialement consacrée aux dépenses des établissements d'enseignement secondaire des jeunes filles.

L'ensemble du fonds de subvention de la première section de la caisse s'élève ainsi à 80,200,000 francs.

Le fonds d'avances de la première section est ainsi constitué :

Une somme de 50,400,000 francs, payable en six annuités, à partir de 1880, pour pourvoir aux frais de construction et d'appropriation des lycées nationaux. (L. 3 juillet 1880, art. 7.)

Une autre somme de 15,000,000, également payable en six annuités, à partir de 1880, pour dépenses d'acquisition et de construction des collèges communaux. (Id., art. 8.)

Une somme de 10,000,000, payable en six annuités, à partir de 1882, pour les dépenses des établissements d'enseignement secondaire des jeunes filles. (Art. 6 loi 2 août 1881.)

L'ensemble du fonds de la section d'avances s'élève à 75,400,000 francs.

Avances. — Les avances sont faites pour trente ans au plus ; elles sont remboursées au moyen du versement semestriel d'une somme de 2 francs par chaque 100 francs empruntés.

Ce versement, continué pendant soixante semestres, libère la commune ou le département en intérêts et amortissement. Des termes de remboursement plus courts peuvent être stipulés. Dans ce cas, les versements semestriels doivent être calculés de manière à tenir compte à la caisse, outre l'amortissement, d'un intérêt fixé à 1 et 1/4 % l'an.

Lorsqu'un département accorde à une commune des subventions annuelles destinées au remboursement des avances consenties par la caisse, ces subventions peuvent, s'il y a lieu, être recouvrées, conformément à l'article 61, § 1, de la loi du 10 août 1871.

Il est passé entre la caisse, les départements et les communes des traités particuliers relatant la quotité, les termes d'exigibilité des avances, ainsi que les conditions de remboursement. — Voy. pour les formules, INSTRUCTION PUBLIQUE, EMPRUNTS.

Subventions — Dans l'instruction des demandes de subventions, on recherche surtout si les communes remplissent les conditions voulues et si les projets répondent sans exagération aux besoins locaux.

Les subventions ne sont accordées qu'aux communes qui justifient avoir fait les sacrifices que comporte leur situation financière et n'être pas en mesure de couvrir la totalité de la dépense. Elles doivent adresser leur demande au préfet, avec l'indication de l'affectation. (Art. 3 loi 1er juin 1878.)

Les subventions allouées ne sont définitivement acquises aux communes que sous les conditions ci-après :

1° Production d'un certificat établissant que la commune a déjà fait emploi de ses propres ressources pour les bâtiments scolaires, et que les travaux exécutés sont confiés aux plus aptes ;

2° Mise à exécution des travaux dans un laps de temps qui ne peut excéder deux ans.

Si ces conditions ne sont pas remplies, la subvention est considérée non avenue. (Loi 1er juin 1878, art. 3, 5.)

Lorsqu'une commune aura encouru la déchéance et aura déjà reçu tout ou partie de la somme, le ministre en avisera la caisse, qui poursuivra le remboursement des sommes à reverser.

Si une commune demande et même reçoit une avance et une subvention, aucun décret ne peut intervenir sur la subvention avant la signature du contrat d'avances. (Décret 10 août 1878, art. 3 et 4, § 2.)

Augmentations de la dotation. — La loi du 20 mars 1883 a augmenté de 40 millions, payables en trois annuités de 13,333,333 fr. 33 c., le fonds de subventions qui se trouve ainsi porté à 150,000,000.

Cette même loi a augmenté de 80,000,000 de francs, payables en trois annuités, le fonds d'avances, qui se trouve porté à 190,000,000 de francs.

Aux termes de l'article 6 de ladite loi, les dispositions des lois des 1er juin 1878 et 2 août 1881, relatives aux conditions de réalisation et d'emploi des subventions et des avances mises à la disposition des départements et des communes, et notamment les articles 3, 4, 5 et 6 de la loi du 1er juin 1878, et les articles 4, 8, 9, 12, 14, 15 et 17 de la loi du 2 août 1881, sont applicables à la dotation complémentaire de 40,000,000 de francs et au supplément d'avances de 80 millions accordés par cette loi.

Toutefois, la dotation complémentaire de 40,000,000 de francs sera versée à la caisse des lycées, collèges et écoles au moyen du crédit prévu aux articles 2 et 3 de la présente loi, et ne donnera lieu à aucun décompte d'intérêts au profit du Trésor.

L'annuité de 20,000,000 de francs pour solde des subventions et avances consenties à cette caisse, dont il ne devait être fait emploi qu'en 1887, conformément à la loi du 2 août 1881, peut être appliquée à l'année 1883, en augmentation des annuités fixées pour ladite année par la loi du 3 juillet 1880 et par celle du 2 août 1881 précitée. (Art. 7 loi 20 mars 1883.)

La loi de finances du 30 janvier 1884 a ouvert un nouveau crédit de 28,333,333 francs à la deuxième section de la Caisse des lycées, collèges et écoles primaires. — Voy. INSTRUCTION PUBLIQUE, CONSTRUCTION D'ÉCOLES.

Caisse des chemins vicinaux. — La loi du 11 juillet 1868, article 6, créa, sous la garantie de l'État, une caisse spéciale pour favoriser l'achèvement des chemins vicinaux. La gestion de cette caisse dite caisse *des chemins vicinaux* fut confiée à la direction générale de la caisse des dépôts et consignations.

Organisation de la caisse, son fonctionnement sous l'empire de la loi de 1868. — Cette caisse, pourvue d'une dotation de deux cents millions, fut chargée de faire pendant dix ans, aux départements et aux communes dûment autorisés, les avances nécessaires pour l'achèvement du réseau vicinal, avances dont la répartition devait être faite et pouvait être modifiée par décret délibéré en conseil d'État, article 6.

Sous l'empire de cette loi, les départements n'étaient admis à emprunter à cette caisse que dans deux cas :

1° Lorsqu'ils en faisaient la demande au lieu et place des communes qui ne pouvaient user de la faculté ouverte par l'article 6 ; les emprunts ainsi contractés ne pouvaient en aucun cas être affectés à la subvention accordée par les départements aux chemins vicinaux ordinaires ;

2° Lorsque leur centime était d'un produit inférieur à 20,000 francs, ils pouvaient également emprunter à ladite caisse les sommes nécessaires pour l'achèvement des chemins de grande communication et d'intérêt commun désigné dans l'article 5.

En dehors de ces deux cas, les départements ne pouvaient emprunter à la caisse des chemins vicinaux.

La caisse des chemins vicinaux pourvoyait aux dépenses ainsi prévues

(Voir l'appendice, page 644.)

au moyen de la partie disponible des fonds déposés par les communes et établissements publics au trésor et à la caisse des dépôts et consignations. En cas de besoin, elle pouvait être autorisée par décret à émettre des titres négociables, portant intérêt, amortissables en trente années, dans les formes et conditions approuvées par le ministre des finances, article 8.

Les communes et les départements se libéraient de ces avances par le payement de trente annuités de 4 % des sommes empruntées, article 9. Il était tenu compte chaque année, par le Trésor, tant de la dépense complémentaire d'amortissement que des divers frais de gestions de la caisse (art. 9).

Jusqu'en 1868, l'Etat n'avait accordé aux communes pour les chemins vicinaux que des subventions peu élevées.

En même temps qu'elle donnait ainsi aux communes la facilité d'emprunter dans des conditions avantageuses, la loi du 11 juillet 1868 organisait tout un système de subventions basé sur la longueur kilométrique et affectait à ces subventions une somme de cent millions pour les chemins vicinaux ordinaires et de 15 millions pour les chemins d'intérêt commun, lesdites sommes payables en 10 annuités, à partir de 1866 (art. 1er et 4.).

Chaque annuité devait être répartie entre les départements par décret délibéré en conseil d'Etat, en ayant égard aux besoins, aux ressources et aux sacrifices des départements et des communes.

Un dixième de cette subvention pouvait être réservé pour être appliqué, après avis de la section de l'intérieur du conseil d'Etat, aux besoins exceptionnels dans les départements dont le centime est inférieur à 20,000 francs.

En raison des sacrifices faits par les conseils généraux, l'article 2 chargeait ces conseils de faire la sous-répartition entre les communes de la part de subvention accordée aux départements. Cette disposition a été confirmée par les articles 40 et 41 de la loi du 10 août 1871. Mais le conseil général devait toujours procéder lui-même à cette sous-répartition et il ne pouvait la déléguer à la commission départementale. (Cir. int., 27 août 1876.)

L'annuité prélevée sur les 15 millions affectés à l'achèvement des chemins d'intérêt commun fut repartie entre les départements et les communes de la même manière que l'annuité prélevée sur les 100 millions.

Dans les départements où le centime était d'un produit inférieur à 20,000 francs, le conseil général pouvait appliquer aux chemins de grande communication la moitié des subventions accordées annuellement sur 100 millions et les 15 millions. Mais la détermination prise à cet effet n'était exécutoire qu'après avoir été approuvée par décret. (Art. 5 de la loi 4 juillet 1868.)

La caisse des chemins vicinaux était chargée du service des subventions comme de celui des emprunts et, aux termes de l'article 10, les ministres de l'intérieur et des finances devaient rendre compte au chef de l'Etat de la distribution des subventions accordées en vertu de cette loi, de la marche des travaux de la voirie vicinale et des opérations de la caisse dans un rapport qui était communiqué au Sénat et à la Chambre des députés.

Le développement incessant du réseau de la vicinalité amena de si nombreuses demandes d'emprunts et de subventions que les prévisions du législateur de 1868 furent dépassées. La loi du 25 juillet 1873 dans le but d'alléger les charges annuelles du Trésor, sans compromettre les intérêts de la vicinalité prolongea jusqu'en 1884 le délai d'achèvement des chemins vicinaux ordinaires, et réduisit de 10 à 5 millions la subvention annuelle accordée à ces chemins, ainsi que de 1 million à 750,000 francs celle attribuée aux chemins d'intérêt commun. Cette loi n'ayant pas produit l'effet qu'on en espérait, la loi du 15 août 1876 ramena au 31 décembre 1882 le terme du délai accordé pour l'achèvement du réseau vicinal, éleva de 5,750,000 francs à 11,500,000 francs la huitième annuité des subventions accordées par les lois des 11 juillet 1868 et 25 juillet 1873, et augmenta de 14 millions pour 1876 la somme des avances à consentir par la caisse des chemins vicinaux.

En 1879, il restait encore à distribuer, en y comprenant l'annuité afférente à cette année, 23 millions de subventions, jusqu'au 31 décembre 1882, mais la caisse des avances se trouvait épuisée. Ce défaut de possibilité de faire des avances menaçait d'arrêter les travaux sur un certain nombre de points.

Fonctionnement depuis 1879. Avances. — Pour prévenir cette suspension préjudiciable des travaux, la loi du 10 avril 1879 augmenta la dotation de la caisse des chemins vicinaux de 300 millions payables à partir de 1879 en douze annuités; les quatre premières de seize millions, les sept suivantes de trente millions, et la dernière de vingt-six millions, avec faculté, si pendant une année de la période, les prêts consentis n'atteignent pas le maximum de l'annuité correspondante, de pouvoir reporter la somme disponible à l'année suivante. (Art. 1er.)

Cette loi contient un autre innovation importante; elle donne à tous les départements, quel que soit le chiffre de leurs centimes, la faculté d'emprunter à la caisse des chemins vicinaux, pour achever leurs chemins de grande communication.

La loi de 1879 consacre : 1° deux cents millions à l'achèvement des chemins de grande communication et d'intérêt commun actuellement classés, et des chemins vicinaux ordinaires, compris dans le réseau subventionné de 1868.

En faisant cette attribution, l'article 3, § 1er, pour favoriser les classements dans une catégorie supérieure, décide que les chemins vicinaux ordinaires faisant partie du réseau subventionné pourront être classés dans les catégories supérieures sans perdre leur droit aux subventions et aux avances, pourvu qu'ils ne soient pas remplacés par d'autres dans le réseau subventionné.

2° Soixante millions aux chemins de grande communication et d'intérêt commun et aux chemins vicinaux ordinaires autres que ceux faisant partie du réseau de 1868.

Après avoir pourvu à la continuation des travaux de construction du réseau du 1868, la loi du 10 avril a ainsi voulu faciliter la construction de chemins qui n'ayant pas été compris dans ce réseau pouvaient être reconnus indispensables. Ces chemins forment un nouveau réseau distinct du premier en ce sens qu'il ne reçoit pas de subvention, qu'il n'est pas limité à une longueur kilométrique déterminée. (Inst. minis. int., 12 avril 1879.) — Voy. CHEMINS VICINAUX, EMPRUNTS.

La loi stipule en outre que le décret portant répartition des avances sur ce fond de soixante millions peut en réserver une part applicable au rachat des ponts à péage dépendant des chemins vicinaux de toute catégorie.

La réalisation des emprunts imputables sur ces deux fonds de 200 millions et de 60 millions ne peut être autorisée par le ministre de l'intérieur que sur la justification par les départements et les communes qu'ils consacrent à la vicinalité la totalité des ressources spéciales mises à leur disposition.

De plus, en ce qui concerne spécialement les avances à faire sur le fond de 60 millions, les communes ou les départements empruntant pour elles doivent justifier qu'elles sont en mesure de construire et d'entretenir les chemins désignés au paragraphe 1ᵉʳ ainsi que ceux auxquels les emprunts seraient destinés.

Enfin, la loi de 1879 affecte par le paragraphe 3 de l'article 3 un fonds de 40 millions aux départements de l'Algérie pour l'achèvement des chemins de grande communication, d'intérêt commun et vicinaux ordinaires, dont la longueur kilométrique aura été approuvée pour chaque département, par un arrêté du ministre de l'intérieur, avant la répartition de la première annuité.

Chaque année on doit rendre compte au Président de la République de la marche des travaux et de la situation de la caisse dans un rapport qui est communiqué aux Chambres.

Un décret en date du 20 janvier 1880, fit une première répartition de ces dotations entre les départements.

Cette répartition porta : 1° sur le fonds de 200 millions, des crédits se montant ensemble à 144,705,500 francs, dont 104,445,500 francs destinés à des emprunts départementaux et répartis entre 62 départements seulement, et 40,260,000 francs affectés aux emprunts communaux et répartis entre tous les départements. La réserve disponible était alors de 55,294,500 francs.

2° Sur le fond de 60 millions créé par le paragraphe 2 de l'article 3 de la loi du 10 avril 1879, des crédits s'élevant à la somme totale de 10,399,800 francs; ce qui laissait disponible du chef de cette dotation une somme de 49,600,200 francs.

Il restait donc à répartir ultérieurement une réserve de 104,894,700 francs qui promettait de faire face à toutes les éventualités pendant un certain nombre d'années. Cette répartition ne touchait pas d'ailleurs à la dotation spéciale du service vicinal de l'Algérie.

Subventions. — La loi du 10 avril 1879, muette sur les subventions, se bornait à constater que les communes continueraient à recevoir la part de subvention qui leur revenait jusqu'en 1882 sur le fonds de 23 millions restant à distribuer. La loi du 12 mars 1880 est venue combler cette lacune en ouvrant au ministre de l'intérieur, sur l'exercice 1879, un crédit extraordinaire de 80 millions de francs pour subventions aux chemins vicinaux.

L'article 3 pourvoit à cette dépense par l'application au budget de l'exercice 1879 de la portion disponible de l'excédent final de recettes de l'exercice 1876, et, pour le surplus, par un prélèvement sur l'excédent de recettes de l'année 1877.

Aux termes de l'article 4, cette somme de 80 millions de francs doit être employée jusqu'à concurrence de 17,250,000, à raison de 5,750,000 francs par chacune des années 1880, 1881 et 1882 pour assurer l'achèvement des opérations engagées par la loi du 11 juillet 1868.

Le surplus, soit 62,750,000, doit être employé en subventions aux communes et aux départements, en vue de la construction de chemins déterminés.

Ces subventions sont attribuées dans les conditions déterminées par le règlement d'administration publique du 3 juin 1880, en égard aux besoins, aux ressources et aux sacrifices des départements et des communes. Il n'est tenu compte dans le calcul que de la partie des dépenses à couvrir au moyen de ressources extraordinaires. (Art. 3.) Peuvent seuls recevoir des subventions les départements et les communes qui consacrent aux dépenses de la vicinalité la totalité des ressources spéciales ordinaires que la loi met à leur disposition pour cet effet. (Art. 8.) — Voy. CHEMINS VICINAUX, SUBVENTIONS.

Les conseils généraux arrêtent chaque année :

1° Sur la proposition des conseils municipaux, les travaux de construction à subventionner sur les chemins vicinaux ordinaires avec indication des ressources communales affectées à ces travaux, et de la part à la charge du budget départemental qu'ils prennent l'engagement d'acquitter;

2° Ces travaux de construction à faire sur les chemins de grande communication et d'intérêt commun en faveur desquels ils sollicitent des subventions, ainsi que les ressources extraordinaires départementales qu'ils affectent à ces travaux. (Art. 5.)

Les conseils généraux ont la faculté de prendre à la charge des départements toute ou partie de la dépense qui devait incomber aux communes, d'après le règlement d'administration publique. Les communes peuvent également prendre à leur charge la part de subvention incombant aux départements, dans le cas où les conseils généraux, tout en portant les chemins qu'elles veulent construire sur l'état des chemins à subventionner, ne voteraient pas de subvention en leur faveur. (Art. 6.)

Les subventions dont il n'est pas fait emploi dans l'année qui suit celle pour laquelle elles ont été accordées sont annulées. (Art. 7.)

Les sommes non employées et qui ont été reversées en compte courant au Trésor ne portent pas d'intérêt au profit de la Caisse. (Art. 1er, § 2.)

Des décrets rendus sur l'avis du Conseil d'Etat déterminent :

1° Le chiffre des prélèvements qui peuvent être faits chaque année en faveur des travaux d'art, de l'établissement de la carte de France et des autres dépenses intéressant la vicinalité.

2° Le chiffre de la réserve dont le ministre de l'intérieur peut disposer pour des subventions justifiées par des circonstances ou des besoins exceptionnels.

Les frais d'administration relatifs à l'exécution de cette loi sont prélevés sur le fonds de dotation qu'elle constitue. Il est rendu compte annuellement au Président de la République de la distribution des subventions ainsi que des dépenses et de l'état d'avancement de la vicinalité.

Cette loi annulait en même temps le crédit de 5,750,000 francs ouvert par la loi du budget des dépenses de l'année 1880.

La loi du 12 mars 1880 modifia sensiblement les conditions économiques de la répartition de 260,000,000 du fonds d'avances, établis par le décret du 20 janvier 1880. Les départements et les communes redoublèrent d'empressement pour se procurer auprès de la caisse vicinale les ressources devant leur permettre de couvrir la part de dépenses qui leur était imposée pour avoir droit à participer aux subsides de l'Etat. Les crédits d'autorisation ouverts par le décret du 20 janvier 1880 n'ont pas tardé à être dépassés. Le ministre de l'intérieur se vit obligé de proposer aux Chambres une loi ayant pour objet d'augmenter le chiffre des avances que la caisse des chemins vicinaux pourra faire annuellement aux départements et aux communes sur la dotation de la loi du 10 avril 1879. Cette loi fut promulguée le 31 juillet 1881; elle fixa le montant des avances que la caisse pourra consentir annuellement sur la dotation de 300,000,000 de francs, à 26,000,000 en 1881 et 1882, à 40,000,000 de 1883 à 1886 et à 14,000,000 de 1887 à 1890.

Toutefois, elle stipule que si pendant une année de cette période les prêts consentis par la caisse n'atteignaient pas le maximum de l'annuité fixée pour cette année, la somme disponible pourrait être reportée à l'année suivante.

La loi du 2 avril 1883 augmenta encore de 20 millions le fonds d'avance de la caisse et de 13 millions le fonds de subventions. Malgré ces augmentations successives, la caisse ne pouvait plus suffire à toutes les demandes et la loi de finances du 30 janvier 1884 dut encore lui attribuer un supplément de dotation de 20 millions à prélever sur les excédents libres, des exercices antérieurs, pour assurer son fonctionnement régulier.

Caisses publiques. — Les caisses publiques sont placées, comme toutes les propriétés de l'Etat, sous la protection de l'autorité publique ; les sous-préfets, les maires, les commissaires de police, et, en un mot, tous les fonctionnaires qui ont le droit de requérir la force armée sont tenus d'assurer, par tous les moyens qui sont en leur pouvoir, le transport des fonds et la conservation des caisses. — Voy. GENDAR-MERIE, RÉQUISITION.

Un arrêté du 9 avril 1814 a prévu le cas où une caisse serait spoliée, et a déterminé les devoirs que l'autorité municipale aurait à remplir, si la spoliation avait lieu dans le territoire de la commune ; les maires ont non seulement à recevoir les déclarations des témoins, à dresser procès-verbal des faits et à faire saisir les auteurs ou complices, s'ils sont connus, mais ils sont chargés, sous leur responsabilité et même sous peine d'être considérés eux-mêmes comme spoliateurs, de prendre toutes les mesures pour arrêter le transport des fonds provenant de la spoliation, et en effectuer le dépôt dans les caisses des trésoriers généraux ou des receveurs particuliers des finances.

L'instruction générale du ministère des finances, du 20 juin 1859, prescrit les mesures d'ordre et de précaution à observer pour la tenue des caisses des percepteurs receveurs municipaux et des autres comptables extérieurs du Trésor public Elle contient notamment les dispositions suivantes :

Chaque comptable ne doit avoir qu'une seule caisse, dans laquelle sont réunis tous les fonds appartenant aux divers services dont il est chargé.

Le comptable serait déclaré en déficit des fonds qui n'existeraient pas dans cette caisse unique. (I. G. 20 juin 1859, art. 1270.)

Les comptables sont tenus de prendre toutes les précautions nécessaires pour la sûreté des deniers de leur caisse, et pour mettre leur responsabilité à couvert.

En cas de vol commis à sa caisse, aucun comptable ne peut obtenir la décharge, s'il ne justifie pas que ce vol est l'effet d'une force majeure ; qu'outre les précautions ordinaires, il avait eu celle de coucher ou de faire coucher un homme sûr dans le lieu où il tenait ses fonds, et que, si c'était au rez-de-chaussée, il avait eu soin de le faire solidement griller.

Il est, en outre, tenu d'informer immédiatement l'autorité supérieure des tentatives qui auraient été faites pour enlever les fonds, quand bien même ces tentatives n'auraient pas été suivies d'effet.

Lorsqu'il y a eu vol de fonds, le comptable qui, à moins d'empêchement dûment constaté, n'a pas fait sa déposition à l'autorité locale dans les vingt-quatre heures, est, par ce seul fait, déclaré responsable.

Le ministre des finances statue sur les réclamations des percepteurs et des receveurs des communes et des établissements de bienfaisance, tendant à la décharge de leur responsabilité, au vu des procès-verbaux d'enquête et autres pièces constatant les circonstances du vol, et sauf à prendre préalablement l'avis du comité des finances du Conseil d'Etat. Les réclamations sont adressées au ministre des finances par le préfet du département, qui soumet ses propositions à leur égard ; elles doivent être appuyées de l'avis du receveur des finances de l'arrondissement et du trésorier général. En cas de rejet, les comptables sont admis à se pourvoir au Conseil d'Etat, contre la décision ministérielle, dans le délai de trois mois.

Lorsque le vol porte sur les fonds communaux ou sur les fonds des établissements de bienfaisance, les conseils municipaux et les commissions administratives doivent être entendus, et le ministre de l'intérieur est, en outre, consulté. (I. G. 20 juin 1859, art. 1271.)

Il est statué, dans les formes qui viennent d'être indiquées, sur les demandes en décharge pour pertes de fonds résultant de force majeure. (Id., art. 1272.)—Voy. COMPTABILITÉ COMMUNALE, RECEVEURS MUNICIPAUX. — Dict. des formules, n° 319.

Calendrier, du mot romain *Calendes*, indiquant le premier jour de chaque mois.—Tableau indiquant l'ordre et la suite des mois et des jours de l'année.

La supputation du temps a éprouvé de nombreuses variations chez tous les peuples. Jules César, pour mettre fin à la confusion qui régnait lors de son avènement au pouvoir, fixa l'année à 365 jours, et décida que tous les quatre ans on intercalerait un jour après le sixième des calendes de Mars. Ce jour fut appelé le second sixième ou bissextus, d'où le nom de bissextile donné à l'année qui reçoit ce jour intercalaire. Dans ce système, toute année dont le millésime était divisible par 4 était bissextile.

En France, sous les Mérovingiens, l'année commençait, comme à Rome, le 1er mai, jour du Champ-de-Mars, où l'on passait la revue des troupes. Les Carlovingiens la firent commencer à Noël. Ce fut Charles IX qui ordonna qu'elle commencerait le premier janvier. (Ord. janvier 1563, art. 39.)

Dans cet intervalle, la réforme julienne ayant attribué à l'année solaire 365 jours 6 heures, c'est-à-dire une durée de 11 minutes 11 secondes plus longue qu'elle n'a en réalité, il se produisit un nouveau dérangement de dix jours. Le pape Grégoire XIII voulant y remédier retrancha dix jours sur le mois d'octobre 1582, et ordonna que sur quatre années séculaires, c'est-à-dire commençant le siècle, une seule serait bissextile.

La France adopta, en 1582, les changements apportés au calendrier par le pape Grégoire XIII, la plupart des peuples de l'Europe suivirent son exemple. Seuls, les peuples soumis à la religion grecque ont conservé le calendrier julien. C'est la cause de l'écart qui existe entre les dates de la Russie et les nôtres. Cet écart, primitivement de dix jours, est actuellement de onze, et il augmentera encore par la suite de trois jours par chaque période de trois siècles, si la réforme n'est pas adoptée entièrement.

L'usage du calendrier grégorien, le seul admis en France aujourd'hui, a été suspendu pendant la Révolution par un décret qui en prononçait l'abolition pour les usages civils. (Décret 5 octobre 1793, art. 2.)

Ce décret établissait une nouvelle division du temps, basée sur le système décimal, et prenait pour point de départ, au lieu de l'ère vulgaire, l'époque de la fondation de la République française, fixée au 22 septembre 1792. L'année commençait à l'équinoxe d'automne.

Un autre décret du 3 brumaire suivant (24 octobre 1793) fixa ainsi qu'il suit la nomenclature des mois : Pour l'automne, vendémiaire, brumaire, frimaire ; — pour l'hiver, nivôse, pluviôse, ventôse ; — pour le printemps, germinal, floréal, prairial ;—pour l'été, messidor, thermidor, fructidor.

On donna le nom de jours complémentaires aux cinq jours qui restaient pour compléter l'année ordinaire, après les douze mois de trente jours chacun. (Décret 5 octobre 1793.)

Un grand nombre de lois empruntant leur dénomination à la date sous laquelle elles ont été rendues depuis cette époque jusqu'à celle du rétablissement du calendrier grégorien, on a jugé utile d'établir, pour la facilité des recherches, un tableau de la concordance des deux calendriers grégorien et républicain.

L'ancien calendrier a été rétabli par un sénatus-consulte du 22 fructidor an XIII (9 septembre 1805), et l'annuaire de la Convention cessa d'être en usage le 10 nivôse an XIV (31 décembre 1805.)

Calomnie.— Voy. DIFFAMATION.

Camps.— Les camps d'instruction, établis pour les grandes manœuvres, n'ont ordinairement que la durée d'une saison ; l'autorité militaire qui en a le commandement en a aussi la surveillance ; c'est à elle que doivent être adressées toutes les plaintes de l'autorité locale, et s'il s'élève quelque difficulté, le maire doit en informer le préfet, qui en réfère au ministre.

Les indemnités pour occupation provisoire de terrains sont réglées conformément à l'ordonnance du 1er août 1821.

Canaux.— Tout cours d'eau artificiel prend le nom de canal. Il y a trois espèces de canaux : les canaux de navigation, les canaux d'irrigation et les canaux de dessèchement.

Les questions d'intérêt public qui se rattachent aux canaux ont nécessité, comme pour les chemins de terre, des dispositions spéciales. C'est l'ensemble de ces dispositions qui forme tout le code de la matière, code dont l'observation est confiée à la surveillance de l'administration des ponts et chaussées.

Quelle que soit donc l'origine d'un canal, qu'il ait été entrepris par une compagnie ou par des particuliers, c'est toujours une concession de l'État qui ne peut rester en dehors du domaine public, et qui exige, en conséquence, l'intervention d'une autorité préposée par le gouvernement.

Les canaux de navigation se divisent en deux catégories : les canaux latéraux et les canaux à point de partage des eaux. Les canaux latéraux n'ont qu'un seul versant compris dans le même bassin, et par suite une seule pente; ils sont alimentés par les eaux des fleuves ou des rivières. Tels sont le canal latéral à la Loire et le canal latéral à la Garonne.

Les canaux à point de partage réunissent deux ou plusieurs bassins en franchissant les reliefs de terrains qui les séparent, ils ont deux versants et deux pentes en sens opposés. Ils sont alimentés par des sources et des courants supérieurs dont les eaux sont dirigées vers le point de partage par des rigoles d'alimentation et par des réservoirs, ainsi que par des prises d'eau dans les cours d'eau de chaque versant.

Suivant la loi du 3 mai 1841, les grands canaux, les canalisations de rivière entrepris par l'État ou par des compagnies, avec ou sans péage, avec ou sans subside du Trésor, avec ou sans aliénation du domaine public, ne peuvent être exécutés qu'en vertu d'une loi qui est rendue après une enquête administrative, dans les formes réglées par l'ordonnance du 18 février 1834.

Les canaux secondaires, de moins de 20,000 mètres, sont concédés par un décret, également précédé d'une enquête.

Le sénatus-consulte du 25 décembre 1852, article 4, avait modifié ces dispositions, qui ont été remises en vigueur par la loi du 27 juillet 1870. L'approbation d'un projet d'ouverture d'un canal en terre ferme rentre donc sous l'application de la loi du 3 mai 1841. Mais ce n'est qu'après l'accomplissement de toutes formalités d'enquête, déterminées par l'ordonnance du 18 février 1834, que l'acquisition des terrains sur lesquels doit être ouvert un canal peut être poursuivie par voie d'expropriation. Cette expropriation s'étend non seulement au terrain nécessaire au lit du canal, mais aussi aux terrains sur lesquels le chemin de halage et les contre-fossés doivent être établis.

Lorsque les canaux empruntent des parties d'un cours d'eau navigable ou flottable, il n'est pas besoin de recourir à l'expropriation du chemin de halage, car l'amélioration du cours d'eau résultant de la canalisation ne saurait étendre la servitude qui est imposée par la loi aux riverains de ces cours d'eau; cependant, il est, dans ce cas, préférable d'acquérir le chemin de halage, afin qu'il devienne une dépendance proprement dite du cours d'eau. La question est plus délicate, lorsque le canal emprunte le lit d'une rivière non navigable, ni flottable. Pendant longtemps on s'est demandé si la propriété du lit d'un cours d'eau n'appartenait pas aux riverains, mais un arrêt de cassation, du 10 juin 1846, ayant tranché la question en décidant que ces derniers cours d'eau rentraient dans la catégorie des choses qui, aux termes de l'article 714 du Code civil, n'appartiennent à personne, dont l'usage est commun à tous, et dont la jouissance est régie par les lois de police, on ne doit pas hésiter à décider que la construction d'un canal sur ces cours d'eau n'ouvre aucun droit à indemnité en faveur des riverains. Quant au chemin de halage, il n'est pas douteux que l'administration puisse l'établir par voie de servitude, moyennant une indemnité, conformément aux dispositions du décret du 22 janvier 1808. Mais il est toujours préférable de procéder par voie d'acquisition amiable.

La servitude de halage n'est pas la seule cause de réclamations que puisse soulever l'établissement d'un canal. La privation du droit de pêche, qui est la conséquence nécessaire de cette création, soulève d'abord de nombreuses réclamations. Ces réclamations aboutissent à un règlement d'indemnité, fait en application de la loi du 15 avril 1829. Des dommages sont aussi causés par les mesures prises pour assurer l'alimentation, qui peuvent priver les riverains de leurs moyens d'arrosement, ou réduire la force motrice qui met en jeu les usines. Les réclamations relatives à ces dommages se résolvent toujours par un règlement d'indemnité; mais s'il s'agit d'une usine, le propriétaire doit justifier, outre le préjudice, qu'elle a une existence légale antérieure à 1566, date à laquelle l'ordonnance de Moulins a déclaré inaliénables les dépendances du domaine de la couronne, ou qu'elle a été vendue nationalement, si elle est située sur un cours d'eau navigable ou flottable. Lorsqu'elle est située sur un cours d'eau non navigable, ni flottable, il doit encore justifier qu'elle a une origine antérieure à 1790.

Le conseil de préfecture est compétent pour apprécier la valeur des titres produits et déterminer le montant de l'indemnité, en cas de désaccord.

L'établissement des grands canaux d'irrigations, destinés à distribuer les eaux, moyennant une redevance, à un grand nombre de propriétaires, doit être autorisé par une loi ou par un décret, suivant les distinctions établies par la loi du 3 mai 1841.

C'est après l'accomplissement des formalités de l'enquête, que, à défaut de conventions amiables avec les propriétaires des terrains ou bâtiments dont la cession est reconnue nécessaire, l'expropriation s'opère par autorité de justice, sauf au jury institué par la loi à apprécier les indemnités.—Voy. Dessèchement, Expropriation pour cause d'utilité publique, Irrigation.

La confection d'un canal de navigation, même exécuté par une compagnie, n'est pas une entreprise particulière, c'est une entreprise publique dirigée au nom de l'Etat; les concessionnaires lui sont seulement substitués en ce qui concerne l'expropriation des terrains nécessaires et l'extraction des matériaux. (L. 3 mai 1841.)

Les canaux sont considérés comme une dépendance de la grande voirie. La loi du 29 floréal an X les a assimilés, sous ce rapport, aux rivières flottables et navigables.

Les règlements généraux sur la voirie fluviale leur sont donc applicables; ils interdisent notamment le jet ou le dépôt dans les canaux de tout objet pouvant embarrasser ou atterrir le lit, la circulation sur les chemins de halage dans un intérêt autre que celui de la navigation, et toute manœuvre pouvant nuire à la sûreté et à la liberté de la navigation. (Arrêt du Cons. 24 août 1777.)

Indépendamment des règlements généraux, il existe pour chaque canal un règlement particulier qui détermine les conditions de police spéciales à ce canal. Ces règlements sont arrêtés par les préfets avec la sanction ministérielle. Ils indiquent les conditions à remplir pour naviguer; règlent la marche des bateaux; précisent les conditions de trématage et de priorité de passage aux écluses; prescrivent les mesures d'ordre pour le débarquement, l'embarquement et l'entrepôt des marchandises sur les ports, etc.

L'autorité municipale peut, en outre, faire des règlements pour le maintien du bon ordre sur les ports et dans les gares dépendant du canal.

Toute infraction à celles des prescriptions de ces règlements qui rentrent dans les cas prévus par les règlements généraux, doit être poursuivie et réprimée comme contravention de grande voirie et tombe, par conséquent, sous la juridiction des conseils de préfecture. Les contraventions aux autres dispositions n'ont que le caractère de contravention de simple police.

Des droits de navigation, établis par 10 kilomètres parcourus et par tonne transportée, avaient été créés sous le nom de *péages*, pour compenser les frais d'exécution et d'entretien des canaux. Ces droits, abolis par la loi de finances du 21 décembre 1879, ont cessé d'être perçus à partir de la promulgation de la loi du 19 février 1880. Mais les patrons et mariniers restent néanmoins tenus de déclarer aux agents commissionnés à cet effet la nature et le poids de leurs chargements, afin que le ministère des travaux publics puisse continuer sa statistique des transports par voies navigables.

En dehors des droits de navigation, les canaux donnent aussi des produits accessoires, tels que la pêche dans les biefs, la coupe des herbes qui croissent sur les francs-bords et des plantations élevées sur les berges. Ces divers droits sont mis en ferme par voie d'adjudication comme les autres dépendances du domaine public.

Enfin des concessions de prises d'eau peuvent être accordées sur les canaux, soit pour l'irrigation, soit pour la mise en jeu des usines. Ces autorisations sont accordées après l'accomplissement des formalités légales, moyennant une redevance déterminée.

Indépendamment des ingénieurs et des conducteurs des ponts et chaussées attachés au service des différents canaux exploités par l'Etat, il existe des agents inférieurs sous le nom d'éclusiers, de cantonniers et de gardes de navigation. Ceux de ces agents qui sont assermentés ont pouvoir de dresser les procès-verbaux de contravention. Mais ces procès-verbaux doivent être affirmés devant le juge de paix, le maire ou l'adjoint de la commune où le délit a été commis. — Voy. Cours d'eau, Eaux, Navigation.

Canton. — Circonscription territoriale comprise dans la circonscription plus étendue de l'arrondissement et ayant comme caractère propre de constituer le ressort de la justice de paix.

Le canton n'est plus, à vrai dire, aujourd'hui, une circonscription administrative. Mais la commune chef-lieu de canton et le maire de cette commune ont continué d'avoir une importance spéciale dans certaines matières administratives, notamment, en matière de recrutement, d'élections départementales et d'arrondissement. — Voy. Élections, Recrutement.

Cantonnement. — Le mot cantonnement désigne l'abandon que fait le propriétaire d'un bois d'une portion déterminée de sa propriété pour affranchir le reste des droits d'usage ou des affectations qui la grèvent. Il s'applique également à la partie du bois abandonnée, à ce titre, aux usagers. — Voy. Bois.

Le cantonnement, en matière de pâturage, n'a pas seulement ce caractère, il est aussi une mesure de police et de surveillance prescrite par la loi du 28 septembre-6 octobre 1791, et ayant pour objet d'isoler un troupeau malade en lui assignant un espace sur lequel il puisse pâturer exclusivement. — Voy. Parcours et vaine pâture.

Cantonnement militaire. — Voy. Réquisitions militaires, Logement des troupes.

Cantonnier. — Ouvrier stationnaire employé par l'administration aux travaux de main-d'œuvre pour l'entretien journalier et la réparation des routes, sur une étendue déterminée que l'on nomme canton. Les cantonniers sont tenus d'exécuter jour par jour les travaux nécessaires à l'entretien des routes. (D. 16 décembre 1811, art. 48.)

Outre leurs attributions particulières comme agents auxiliaires des ingénieurs et conducteurs des ponts et chaussées, ils doivent prêter aide et assistance aux voituriers et voyageurs et donner avis au maire et à la gendarmerie de tout ce qui peut intéresser la sûreté et la tranquillité publique. (Id., art. 55, et Règl. 10 février 1835.)

On distingue trois espèces de cantonniers : les cantonniers des ponts et chaussées, les cantonniers des chemins de grande communication et d'intérêt commun, et ceux des chemins vicinaux ordinaires.

Les cantonniers des ponts et chaussées sont nommés et congédiés par le préfet, sur la proposition ou l'avis de l'ingénieur en chef. (Arrêté min. 10 janvier 1852.)

Le règlement du 20 février 1882 a abaissé à 40 ans la limite d'âge pour leur admission et exige qu'ils sachent lire et écrire. On ne doit déroger à cette dernière règle que dans les cas exceptionnels. Ce règlement supprime l'énumération des occupations auxquelles ils doivent se livrer, il se borne à dire qu'ils auront à se conformer aux instructions qui leur seront données par les ingénieurs. Mais ce règlement rend les feuilles de travail obligatoires pour tous les services, et en même temps réduit le nombre des outils dont les cantonniers doivent être pourvus. (Bull. trav. publics, 1882, mars.)

Tout cantonnier qui n'est pas trouvé à son poste par l'un des agents ayant droit de surveillance sur la route, peut subir une retenue de trois jours de solde la première fois, de six jours en cas de récidive, et être congédié la troisième fois.

Les absences et les négligences des cantonniers peuvent être constatées par les ingénieurs et les agents de l'administration employés sous leurs ordres, par les maires et par les gendarmes en tournée. — Voy. CHEMINS VICINAUX, PONTS ET CHAUSSÉES.

Si les cantonniers sont chargés de la police des chemins, il convient de leur faire délivrer une commission de garde champêtre, qui leur permette de dresser des procès-verbaux contre les contrevenants. Ils reçoivent alors le nom de gardes champêtres cantonniers, et on doit suivre pour leur nomination les règles prescrites pour les gardes champêtres. — Voy. GARDES CHAMPÊTRES. — Dict. des formules, nos 321 et 322.

Les cantonniers des chemins de grande communication et d'intérêt commun sont nommés et révoqués par le préfet, qui fixe leur traitement avec ou sans l'assentiment des communes intéressées. D'après l'article 176 de l'instruction générale du 6 décembre 1870, le préfet doit arrêter dans chaque département, sur la proposition de l'agent-voyer en chef, un règlement pour le service des cantonniers et des cantonniers-chefs. Ces derniers, lorsqu'ils sont commissionnés, peuvent, comme les cantonniers des ponts et chaussées, dresser des procès-verbaux pour constater les contraventions à la police du roulage commises sur ces chemins. (Loi 31 mai 1851, art. 15.) Ils sont en outre appelés avec les agents-voyers à concourir à la répression de la fraude concernant la circulation des boissons (Loi 28 février 1872).

Il est établi des cantonniers communaux sur les chemins vicinaux ordinaires, toutes les fois que les ressources inscrites au budget le permettent. Deux ou plusieurs communes peuvent être autorisées à se réunir pour l'entretien d'un cantonnier.

Lorsque les cantonniers appartiennent à une seule commune, ils sont nommés par le maire, sur la proposition de l'agent voyer cantonal, Lorsqu'ils appartiennent à une réunion de deux ou plusieurs communes, ils sont nommés par le sous-préfet, sur la présentation des maires et de l'agent voyer cantonal.

Le traitement des cantonniers communaux est fixé par les conseils municipaux ; les délibérations prises à cet effet sont soumises à l'approbation des préfets.

En ce qui concerne le payement du salaire des cantonniers communaux, il convient de distinguer suivant qu'ils jouissent d'un traitement fixe au mois ou à l'année, ou qu'ils sont payés à la journée ou à la tâche.

Dans le premier cas, ils doivent produire, une fois pour toutes, l'arrêté du maire qui leur attribue un traitement fixe, et qui détermine le montant de ce traitement par mois ou par an. Ils sont alors considérés comme employés communaux ; leur décompte dressé par l'agent voyer cantonal et visé par l'agent voyer d'arrondissement est exempte de timbre. Le droit de 10 centimes pour quittance est seul exigible.

Le payement du traitement mensuel, n'exige pas, par conséquent, la production d'un mémoire des journées employées. — *Mém.* 1861, p. 182.

Dans ce second cas, on procède comme pour les ouvriers employés à la journée ou à la tâche. L'état individuel dressé par l'agent voyer cantonal et visé par l'agent voyer d'arrondissement, qu'il comprenne un ou plusieurs cantonniers, qu'il soit dressé dans le corps du mandat ou séparement, est assujetti au timbre de dimension, si son montant est supérieur à 10 francs. Il doit, en outre, être revêtu d'autant de timbres de 10 centimes qu'il y a de cantonniers créanciers d'une somme supérieure à 10 francs.

En cas de décès d'un cantonnier, ses héritiers pour toucher le salaire, qui lui restait dû, doivent produire, à défaut d'un acte notarié établissant leurs droits, l'acte de décès du titulaire et un certificat de propriété délivré par le juge de paix. Pour le payement des décomptes de 50 francs et au-dessous, les héritiers sont dispensés de fournir l'acte de décès sur papier timbré, de sorte que les frais de justification d'hérédité se réduisent au coût du timbre de la feuille sur laquelle est établi le certificat de propriété. (Circ. compt. gén., 30 juin 1857.) — Voy. Chemins vicinaux, Employés communaux, Traitements.

Le cantonnier communal qui ne doit à la commune qu'une partie de son temps, mais qui est occupé pendant une grande partie de l'année, c'est-à-dire quand les travaux sont nécessaires et utiles, et qui est rémunéré au moyen d'un traitement fixe, a le caractère d'un employé communal ; comme tel, il est inéligible au conseil municipal. (Art. 33, loi 5 août 1884.)

Carence (Procès-verbal de). — Le mot carence (du mot latin *carere*, manquer) signifie manque, défaut, absence. Si l'on se présente quelque part pour y procéder à un inventaire ou pour y donner suite à une saisie et que l'on ne trouve aucun objet à inventorier ou à saisir, on dit alors qu'il y a carence, et le magistrat, l'officier ministériel ou l'agent chargé de procéder à la saisie ou à l'inventaire, dresse un procès-verbal de carence. Les comptables justifient, par la présentation d'un procès-verbal de carence, de l'insolvabilité d'un débiteur de l'Etat contre lequel ils avaient à poursuivre un recouvrement. — Voy. Contributions directes. — *Dict. des formules*, n° 323.

Carnaval. — Voy. Masques.

Carrières. — Les carrières renferment les ardoises, les grès, pierres à bâtir et autres, les marbres, granits, pierres à chaux, pierres à plâtres, les pouzzolanes, le trass, les basaltes, les laves, marnes, craies, sables, pierres à fusil, argiles, kaolin, terres à foulon, terres à poterie, les substances terreuses et les cailloux de toute nature, les terres pyriteuses regardées comme engrais, le tout exploité à ciel ouvert ou avec des galeries souterraines. (L. 21 avril 1810, art. 4.)

L'exploitation des carrières à ciel ouvert a lieu sans permission, sous simple surveillance de la police et sous l'observation des lois ou des règlements généraux ou locaux. (Id., art. 81.)

Quand l'exploitation des carrières a lieu par des galeries souterraines, les ingénieurs des mines exercent, sous les ordres du ministre de l'intérieur et des préfets, une surveillance de police pour la conservation des édifices et la sûreté du sol. (Id., art. 47 et 82.)

Si l'exploitation compromet la sûreté publique, la conservation des puits, la solidité des travaux, la sûreté des ouvriers mineurs ou des habitations de la surface, il y est pourvu par le préfet, ainsi qu'il est pratiqué en matière de grande voirie, et selon les lois. (Id., art. 50.)

Au nombre des dispositions des anciens règlements, relatives aux carrières, se trouvent : 1° l'interdiction d'ouvrir aucune carrière à moins de 60 mètres de distance des bords extérieurs d'une grande route, ou des murs d'un édifice quelconque (Arrêt du Cons. 5 avril 1772; Décl. du roi, 17 mars 1780); 2° l'obligation pour les propriétaires, locataires des terrains et ouvriers qui exploitent des carrières à tranchée ouverte, de couper les terres en retraite par banquettes, ou avec talus suffisants pour empêcher l'éboulement des terres. (Décl. du roi, 23 janvier 1779, art. 2.)

Les maires peuvent, en outre, prendre des arrêtés à l'effet de prescrire toute mesure de police qu'ils jugent nécessaires dans l'intérêt de la sécurité publique. Ils doivent veiller notamment à ce que l'orifice des carrières soit toujours entouré de barricades, planches ou autres obstacles qui puissent prévenir les accidents.

Il existe, dans certains départements ou pour certaines localités, des règlements spéciaux sur les carrières souterraines. Ces règlements imposent, en général, à celui qui veut ouvrir une carrière souterraine, l'obligation d'obtenir une permission spéciale du préfet. — Voy. MINES ET MINIÈRES. — *Dict. des formules*, n° 324.

L'exploitation des carrières communales peut être mise en ferme par adjudication publique. Les carrières dans les bois des communes et des établissements publics ne peuvent être exploitées qu'en vertu d'une autorisation du directeur général des forêts, qui règle les conditions et le mode d'exploitation. Voy. BOIS DES COMMUNES.

Carte de France. — Quand le ministre désigne des officiers pour faire les opérations de la carte de France ou pour la rectifier, les maires doivent permettre à ces officiers, porteurs de lettre de service, la libre entrée dans les propriétés publiques. A l'égard des propriétés particulières les maires invitent et au besoin requièrent les possesseurs d'en laisser également la libre entrée aux mêmes officiers, qui ont le droit de faire, pour l'exécution de leurs signaux, tels travaux en maçonnerie, charpente, etc., qu'ils jugent convenables, sans qu'ils puissent toutefois nuire à la solidité des édifices, et à la charge par eux de faire rétablir, à leurs frais, les parties endommagées, après que leurs opérations seront terminées. Ceux de ces ouvrages qu'on enlèverait, avant qu'on eût donné l'ordre de les détruire, seraient reconstruits aux frais des communes.

Les maires doivent procurer aux officiers, sur leur réquisition, des guides et indicateurs capables de donner des renseignements exacts sur les localités. Ils doivent aussi leur procurer les chevaux et les moyens de transport nécessaires. Les hommes et les moyens de transport ainsi fournis sont payés par les officiers de gré à gré, ou au prix déterminé par les maires, qui doivent aussi faciliter aux officiers les moyens de se procurer un logement convenable, et leur donner tous les renseignements statistiques qu'ils pourraient demander sur leurs communes. (Circ. int. 9 juin 1877.)

Indépendamment de cette carte, dite Carte d'état-major, le ministre de la guerre a fait dresser une carte hypsométrique de la France et des pays limitrophes, divisée en quinze feuilles, qui a pour objet de représenter le relief du sol par une série de teintes et de couleurs différentes, graduées et juxtaposées de manière à permettre d'apprécier, sans l'aide des courbes de niveau et de hachures, le degré d'altitude des lieux. Le ministre de l'intérieur, par sa circulaire du 25 juin 1876, recommande d'avoir deux de ces cartes par préfecture.

Le ministre de l'intérieur, de son côté, a fait dresser par les agents du service vicinal une carte vicinale de la France, à l'échelle du 100 millième, avec la planimétrie et le nivellement. Cette carte est divisée en feuilles comme celle de l'état-major. Elles sont en vente dans la maison Hachette. (Circ. int. du 17 août 1878.)

Afin de tirer parti de ce grand travail pour l'enseignement, le ministre de l'intérieur a fait dresser des cartes cantonales, extraites par report des feuilles de la carte au 100 millième. Ces cartes, les unes écrites, les autres muettes, sont délivrées aux départements et communes aux conditions les plus avantageuses. (Circ. int. 12 août 1882.—V. Bull. offic. 1882, p. 278.)

Cartes de sûreté. — On nomme carte de sûreté ou permis de séjour une espèce de bulletin qu'on délivre dans les villes à chaque individu qui ne veut y résider que momentanément. La carte de sûreté sert à justifier de la qualité du porteur et de son droit de séjourner; elle est délivrée par le maire ou le commissaire de police sur le dépôt du passeport. Elles ne sont plus aujourd'hui en usage que pour les individus placés sous la surveillance de la haute police.—Voy. PASSEPORT.—Dict. des formules, nos 325 et 326.

Cartes à jouer. — Les cartes à jouer sont frappées d'un droit de fabrication au profit de l'Etat. La tarification de ce droit a été souvent modifiée. La loi du 1er septembre 1871 établit une taxe commune, qui était en principal de 50 centimes par jeu. La loi du 21 juin 1873 a fixé le tarif actuellement en vigueur de la manière suivante : 0,50 centimes par jeu en principal pour les cartes à portraits français, quel que soit leur nombre ; 0,70 centimes pour les cartes à portraits étrangers, et pour celles dont les formes et dimensions varient des cartes ordinaires. En vertu de la loi de décembre 1873, ces taxes sont, en outre, passibles de 2 décimes et demi.

La fabrication des cartes n'est permise que dans les chefs-lieux de direction de la régie des contributions indirectes. (Décr. 1er germinal an XIII, art. 10.)

Les fabricants doivent se munir, au bureau de la régie, d'une licence dont le taux est de 25 francs en principal par trimestre. (L. 28 avril 1816, art. 164 et 171; loi 1er septembre 1871, art. 6.)

Ils sont soumis à l'exercice des employés des contributions indirectes.

Nul ne peut vendre des cartes s'il n'est pas fabricant patenté, à moins d'être commissionné pour cette vente par la régie. (D. 9 février 1840, art. 9.)

La régie peut révoquer sa permission, en cas de fraude.

Les cartes en vente doivent être dans des enveloppes fermées par la bande de contrôle.

Chaque débitant tient un registre d'achat et de vente. (Arr. 3 pluviôse an VI, art. 11.)

Les maîtres d'établissements où le public est admis, tels que bals, billards, cafés, ont un registre d'achat seulement. (Id., art. 12.)

Tout individu qui fabrique, vend ou colporte des cartes de fraude, ou qui, s'il s'agit de cartes timbrées, les vend sans autorisation, est passible de la confiscation des cartes, d'une amende de 1,000 francs à 3,000 francs, et d'un mois de prison. En cas de récidive, l'amende est de 3,000 francs. (L. 28 avril 1816, art. 166.)

Les mêmes peines sont applicables à tout aubergiste, cabaretier, débitant de boissons, ou autre individu tenant maison ouverte au public, qui permettrait qu'on se servît chez lui de cartes prohibées, lors même qu'elles auraient été apportées par les joueurs. (Id., art. 167.)

La possession, le dépôt ou la vente de cartes recoupées et réassorties, ainsi que toutes les autres contraventions non indiquées ci-dessus, donnent lieu à la saisie et à la confiscation, ainsi qu'à une amende de 1,000 francs. (Décr. 4 prairial an XIII, et 16 juin 1808, art. 10.)

Indépendamment des employés de la régie, ceux des douanes et des octrois, les gendarmes, et généralement tous les préposés assermentés, peuvent constater les fraudes et contraventions en matière de cartes, arrêter les colporteurs et contrebandiers, et les conduire devant qui de droit pour les faire écrouer. (Id., art. 169 et suiv.). Les commissaires de police ont aussi cette faculté. (Cass. 10 février 1826.)

Les maires assistent les préposés des contributions indirectes, lorsqu'ils en sont requis, dans les visites autorisées par l'article 167 de la loi du 28 avril 1816. S'il s'agit de visites autres que celles désignées par l'article 167, les maires ne peuvent être requis qu'en vertu d'un ordre spécial et nominatif émané d'un employé supérieur, du grade au moins de contrôleur.—Voy. CONTRIBUTIONS INDIRECTES.—Dict. des formules, numéros 327 et 328.

Cartes électorales. — Aux termes de la loi municipale du 5 avril 1884, article 13, il doit être délivré à chaque électeur une carte électorale indiquant le lieu où doit siéger le bureau dans lequel il doit voter. Ces cartes doivent contenir les noms, prénoms, profession, âge, lieu et date de naissance, et indication du domicile de l'électeur. Les frais des cartes électorales ont été rangés par l'article 136, § 4, au nombre des dépenses communales obligatoires.

Casernement. — Les obligations imposées aux villes et communes, relativement aux bâtiments militaires, résultent d'abord du décret du 23 avril 1810. En vertu de ce décret, les bâtiments militaires appartenant à l'État ont été concédés aux villes en toute propriété, à charge par elles de les entretenir. Les villes ne peuvent se dispenser de cet entretien qu'autant qu'elles y ont été autorisées. Elles peuvent aussi, sous des conditions déterminées, les affecter à une autre destination.

L'entretien d'une garnison dans une ville qui perçoit des droits d'octroi, procurant à cette ville une augmentation de recettes, et les droits perçus pour la consommation des troupes occasionnant à l'Etat un surcroît proportionnel de dépenses, un décret impérial du 7 août 1810 a imposé aux villes qui perçoivent des droits de ce genre, à titre de compensation, l'obligation de contribuer au payement des frais de casernement.

La loi du 15 mai 1818 a imputé cette contribution sur le produit net de l'octroi, en fixant le maximum de 7 francs par homme et de 3 francs par cheval pendant la durée de l'occupation. Une ordonnance du 5 août suivant a décidé que ce droit pourrait être converti, sur la demande des conseils municipaux, en un abonnement fixe et d'une fraction constante de l'octroi. Il est statué, dans ce cas, par décret rendu sur le rapport du ministre de l'intérieur.

La régie procède au prélèvement des fonds d'abonnement.

S'il y a contestation, la réclamation du maire est adressée au préfet, qui la transmet au ministre de la guerre. Sur la décision de ce dernier, la régie poursuit le payement des décomptes, si la ville est en débet.

L'abonnement s'étend à toutes les troupes, quels que soient leur service et leur destination. (Arrêt Cons. d'État 15 septembre 1831.)

L'application de la loi militaire du 27 juillet 1872 ayant rendu nécessaire l'extension du casernement, l'Etat a sollicité le concours des communes et des départements pour reconstituer le casernement sur de nouvelles bases.

Une loi, en date du 4 août 1874, porte ce qui suit :

« Art. 1er. Il sera pourvu aux dépenses du casernement de l'armée jusqu'à concurrence de 88 millions de francs, au moyen de fonds de concours demandés aux départements et aux villes à titre gratuit ou onéreux.

« Art. 2. Les fonds de concours à titre onéreux, stipulés dans les conventions à passer avec les départements et les villes, ne peuvent pas dépasser la somme de 57 millions de francs; ils seront remboursables au taux maximum de 5 °/₀ d'intérêt, en douze ans au moins et quinze ans au plus.

« Art. 3. Les emprunts à contracter par les départements et les villes pour faire face aux fonds de concours fournis à l'Etat seront exempts des droits de timbre, mis par la loi à la charge des départements et des communes. Cette exemption devra être mentionnée dans le corps même des titres à émettre, ainsi que la date de la loi d'autorisation. »

Le versement du contingent à fournir aura lieu en trois annuités. Les avances seront remboursées par l'Etat, soit qu'elles aient été imputées sur les ressources disponibles, soit que les départements et les communes les aient demandées à l'emprunt. (Circ. int. 30 août 1874.) — Voy. LITS MILITAIRES, LOGEMENT DES TROUPES.

Le casernement ordinaire des brigades de gendarmerie est à la charge du département. (Loi 10 août 1871, art. 60.)

Cas fortuit. — Voy. ACCIDENT, POLICE MUNICIPALE.

Casier judiciaire.—On appelle ainsi le casier renfermant les bulletins qui constatent les condamnations criminelles, correctionnelles et disciplinaires encourues par les individus, ainsi que leur état de faillite, et, s'il y a lieu, leur réhabilitation.

Chaque fois qu'une condamnation judiciaire ou disciplinaire, qu'un jugement déclaratif de faillite sont définitifs, le greffier du siège en dresse immédiatement le bulletin. Les bulletins n° 1, réunis par quinzaine, sont adressés au parquet de la cour, ils y sont examinés, visés et renvoyés, soit au parquet de l'arrondissement où est situé le lieu de naissance de l'individu que le bulletin concerne, soit à la chancellerie, lorsqu'il s'agit d'un individu d'origine étrangère ou inconnue. Ce bulletin, parvenu au lieu de naissance, est remis par le procureur de la République au greffier du siège, qui vérifie immédiatement sur les registres de l'état civil si, en effet, l'individu désigné au bulletin est né au lieu et à l'époque indiquée. Si l'allégation est reconnue vraie, le bulletin est classé dans le casier à son ordre alphabétique. Dans le cas contraire, il est renvoyé au ministère de la justice pour être classé dans le casier central.

La délivrance des renseignements contenus dans les casiers judiciaires à d'autres personnes que les autorités judiciaires ou administratives ne peut jamais avoir lieu qu'avec l'autorisation du ministère public.

Toute demande d'extrait de casier judiciaire doit donc être adressée au procureur de la République. Il n'est pas nécessaire qu'elle soit formulée sur papier timbré. Les demandes ne doivent jamais rester plus de quarante-huit heures sans réponse. Lorsqu'il juge qu'une demande s'appuie sur des motifs sérieux, le ministère public fait délivrer l'extrait du casier sur un bulletin n° 2. Ce bulletin est soumis aux droits de timbre et d'enregistrement. Son coût total s'élève à : 3 fr. 50 c.

En dehors de cette somme, il ne peut être perçu que les droits de poste. Les extraits délivrés en vue d'engagement militaire à contracter pour cinq ans sont affranchis des formalités de timbre et d'enregistrement. (Loi 27 juillet 1872, art. 46, et circulaire 30 décembre 1873.)

Sur les extraits délivrés aux particuliers et aux administrations publiques autres que les parquets, on ne doit pas faire mention des envois en correction prononcés en vertu de l'article 66 du Code pénal, après acquittement faute de discernement.

Casier administratif électoral. — Afin de faciliter les recherches des autorités chargées de la confection ou de la surveillance des listes électorales, le ministre de l'intérieur, par sa circulaire du 12 juillet 1875, a prescrit la formation d'un casier administratif électoral à la sous-préfecture de chaque arrondissement.

Les parquets remettent à cet effet, depuis le 1er janvier 1875, ou aux sous-préfectures du lieu de naissance des condamnés, ou à la préfecture pour l'arrondissement chef-lieu, des duplicata du bulletin n° 1 de toutes les décisions emportant privation ou suspension des droits électoraux.

Ces casiers sont exclusivement destinés aux besoins des services administratifs et ne sauraient, sous aucun prétexte, être communiqués aux particuliers, qui doivent toujours s'adresser aux greffes des tribunaux.

Le fonctionnaire qui reçoit ce bulletin en délivre des extraits conformes au bulletin n° 2, sur la demande des autorités qui ont qualité pour réclamer ces renseignements. Cet extrait doit porter le visa du préfet, lorsqu'il est destiné à une autorité d'un autre département. De plus, aussitôt qu'il reçoit le bulletin n° 1, il doit adresser, avant tout classement, au maire de la commune mentionnée sur le bulletin comme lieu de domicile du condamné, un avis rédigé dans la forme du modèle n° 3. — Voy. *Dict. des formules*, n° 329.

Ces dispositions sont applicables aux faillis. (Circ. garde des sceaux, 27 août 1875, et min. int. 23 septembre 1875.)

Cassation (Recours en). — La partie civile qui se pourvoit en cassation est tenue, sous peine de déchéance, de consigner une amende de 150 francs, ou de la moitié de cette somme, si l'arrêt est rendu par contumace ou par défaut. (C. I. C., 419.)

Sont néanmoins dispensées de consigner l'amende les personnes qui joignent à leur demande en cassation : 1° un extrait du rôle des contributions constatant qu'elles payent moins de 16 francs, ou un certificat du percepteur de la commune portant qu'elles ne sont point imposées ; 2° un certificat d'indigence à elles délivré par le maire de la commune de leur domicile ou par son adjoint, visé par le sous-préfet, et approuvé par le préfet de leur département. (Id., art. 420.)—*Dict. des formules*, n° 330.)

Casuel. — Les fabriques et le clergé sont autorisés à percevoir des droits casuels à l'occasion de certaines cérémonies religieuses, telles que le baptême, le mariage, les sépultures, etc.

Aucun droit casuel ne peut être perçu qu'en vertu d'un règlement de l'évêque, approuvé par le chef de l'Etat. (L. 18 germinal an X, art. 69 et 70.) — Ce règlement doit, aux termes d'une décision ministérielle du 16 novembre 1807, déterminer les proportions dans lesquelles les oblations sont partagées entre le curé, le vicaire et autres officiers ecclésiastiques. Un arrêt de cassation du 25 février 1852 reconnaît à ces oblations un caractère obligatoire. En cas de contestation pour l'acquit des oblations autorisées, c'est aux juges de paix qu'il appartient de statuer et de prononcer, s'il y a lieu, les condamnations réclamées. (Décisions ministérielles, 18 août, 14 octobre 1807.)

Mais il faut remarquer que les évêques ont toujours prescrit aux ecclésiastiques de leur diocèse de ne recevoir aucune oblation quand leur ministère est réclamé par les indigents.

La fabrique peut faire au curé, et réciproquement le curé peut faire à la fabrique la cession de tous ses droits casuels. Une pareille cession n'a rien d'illégal et doit être exécutée. (Arrêt Cons. d'Etat, 4 mars 1830.)

D'après la jurisprudence suivie au ministère de l'intérieur, les administrations municipales peuvent valablement passer avec les curés ou desservants des traités, au moyen desquels le produit des droits casuels est remplacé par une subvention annuelle portée au budget communal. On ne voit rien qui s'oppose à l'homologation de semblables traités, surtout lorsque les communes ne consacrent à leur exécution que l'excédent de leurs revenus. En effet, ils ont pour objet d'affranchir les curés ou desservants de rapports d'intérêts avec leurs paroissiens qui sont toujours pénibles à l'ecclésiastique, et, d'un autre côté, les allocations qui y sont stipulées peuvent être considérées comme le prix d'un service rendu. (Décis. minis. de l'int., 1859.)

Le modèle de règlement pour le service intérieur des hospices et hôpitaux joint à l'instruction du 31 janvier 1840 porte que le casuel provenant de l'exercice du culte doit tourner au profit des établissements charitables et entrer dans la caisse du receveur. Il serait irrégulier de comprendre tout ou partie de ce produit dans les avantages accordés aux aumôniers.

Toutefois, en principe, les hospices n'ont pas le droit de profiter du produit des frais d'inhumation et des services funéraires célébrés dans les chapelles de ces établissements. Le droit de percevoir le produit des droits et oblations et celui des frais d'inhumation est exclusivement attribué aux fabriques paroissiales par l'article 36, paragraphe 10, du décret du 30 décembre 1809.

Les fabriques peuvent donc, si elles le jugent à propos, exercer leur droit sur le casuel dont il s'agit, en vertu du décret précité; mais, dans ce cas, les commissions administratives des hospices sont fondées, de leur côté, à demander que les fabriques soient chargées de pourvoir gratuitement à la sépulture des indigents décédés dans les hospices, attendu que le droit des fabriques est une conséquence de l'obligation qui pèse sur elles de donner gratuitement l'inhumation aux indigents.

Une dissidence s'étant élevée sur la question à ce double point de vue, il a été décidé entre le ministre de l'intérieur et le ministre de l'instruction publique et des cultes que rien ne serait changé en ce qui concerne la perception actuellement faite par les commissions administratives du casuel des services non gratuits qui sont célébrés dans les chapelles des hospices. La loi du 5 avril 1884 n'a pas modifié cet état de choses. (Décis. min. 1858.) — Voy. FABRIQUES, HOSPICES, POMPES FUNÈBRES.

Caution. — On appelle caution celui qui répond pour un autre, qui s'engage à satisfaire à l'obligation contractée par un autre dans le cas où celui-ci n'y satisferait pas. Fournir caution, c'est présenter une personne qui consent ainsi à répondre de l'engagement que l'on prend.

L'administration exige quelquefois des adjudicataires la présentation d'une caution, notamment en matière de baux, de fournitures ou de travaux. Mais on a généralement substitué à la garantie de la caution celle, plus facile à réaliser et non moins sûre, du cautionnement. — Voy. CAUTIONNEMENT.

Cautionnement. — Gage en deniers, rentes ou immeubles, fourni en vertu des lois et règlements, comme garantie de certaines fonctions publiques ou de certains engagements pris envers l'Etat, les communes ou établissements publics.

Les comptables et les officiers publics qui, à raison de leurs fonctions sont assujettis à fournir un cautionnement en numéraire, doivent verser le cautionnement au Trésor public ou, pour son compte, dans les caisses des receveurs des finances; il leur est délivré des récépissés à talon; la production de ces récépissés ou des déclarations de versement en tenant lieu est indispensable pour l'inscription des cautionnements sur les livres du Trésor. Indépendamment du récépissé, il est délivré aux parties une déclaration de versement. (Inst. gén. des fin., 20 juin 1859, art. 795.)

Les cautionnements sont solidairement affectés aux diverses gestions dont un même comptable se trouve chargé cumulativement. (Inst. gén. fin., 20 juin 1859, art. 1223.)

Cautionnements des percepteurs-receveurs municipaux. — Les cautionnements à fournir par les percepteurs-receveurs de communes et d'établissements de bienfaisance étaient déterminés, pour leur nature et leur quotité, dans chaque arrêté de nomination, et devaient être réalisés avant l'installation des comptables. Ils étaient fixés pour le service des communes et des établissements de bienfaisance, à raison de 10 francs 0/0 sur les premiers 100,000 francs du montant des rôles généraux et supplémentaires du dernier exercice expiré : de 6 fr. 50 cent. 0/0 sur les 400,000 francs suivants, et 5 francs 0/0 sur toute somme excédant les premiers 500,000 francs. (L. 8 juin 1864. art. 25.)

En vertu de la loi du 28 février 1884, à l'avenir et à chaque vacance qui se produira, les cautionnements des percepteurs, des percepteurs receveurs municipaux et des receveurs spéciaux des communes et établissements de bienfaisance seront calculés et établis d'après les dispositions suivantes :

Les percepteurs et les percepteurs receveurs municipaux fourniront un cautionnement égal à trois fois le montant des émoluments payés par le Trésor, les communes et les établissements de bienfaisance.

Toutefois, le cautionnement des receveurs percepteurs de Paris est élevé à quatre fois le montant des émoluments, et celui des percepteurs et receveurs municipaux de la Corse est réduit à deux fois le montant des émoluments. (Art. 1 et 2.)

Les receveurs municipaux spéciaux sont divisés en trois classes, savoir: une première classe comprenant les receveurs ayant un traitement supérieur à 10,000 francs ; une deuxième classe comprenant les receveurs ayant un traitement supérieur à 5,000 francs, et la troisième classe comprenant tous les autres.

Le cautionnement des receveurs de la première classe est fixé à sept fois et demie le montant de leur traitement, avec faculté de fournir, en rentes sur l'Etat, la portion excédant 40,000 francs.

Le cautionnement des receveurs de la deuxième classe est fixé à six fois et demie le montant de leur traitement, avec faculté de fournir, en rentes sur l'Etat, la portion excédant 20,000 francs.

Le cautionnement des receveurs de la troisième classe est fixé à quatre fois et demie le montant de leur traitement, avec faculté de fournir, en rentes sur l'Etat, la portion excédant 10,000 francs. (Art. 3.)

Les receveurs municipaux spéciaux dont les cautionnements sont actuellement déposés au Trésor en numéraire, ont la faculté de convertir, en titres de rentes sur l'Etat, la portion de ces cautionnements excédant 50,000 francs.

Les receveurs spéciaux des hospices, des bureaux de bienfaisance, des asiles d'aliénés et des dépôts de mendicité sont assimilés aux receveurs municipaux spéciaux pour le calcul du montant de leur cautionnement, mais en ce qui concerne la nature et l'emploi de ce cautionnement l'ordonnance du 6 juin 1830 continue d'être appliquée, c'est-à-dire que ces receveurs conservent la faculté de fournir la totalité de leur cautionnement, soit en rentes, soit en immeubles, soit enfin en numéraire, à leur choix.

Le montant des cautionnements, des percepteurs receveurs municipaux doit être calculé proportionnellement aux émoluments payés par le Trésor, les communes et les établissements de bienfaisance, à l'exception des syndicats pour lesquels des cautionnements spéciaux sont versés à la caisse des dépôts et consignations.

Tous les cautionnements sont calculés en sommes rondes de 100 francs. A cet effet, on élève à 100 francs les fractions supérieures à 50 francs, en négligeant les autres.

Lorsque le cautionnement appartient à un bailleur de fonds, la conversion du numéraire en rentes ne saurait être opérée sans le consentement exprès et formel du créancier du comptable. Ce consentement peut être donné soit sur la demande adressée par le comptable à la direction de la dette inscrite, soit sur un papier timbré signé par le bailleur de fonds. (Circ. des finances et arrêté ministériel du 12 avril 1884.)

Les receveurs d'établissements de bienfaisance qui veulent fournir leur cautionnement en immeubles, doivent présenter à la commission administrative, avec la désignation des immeubles qu'ils offrent en garantie, les pièces constatant que ces immeubles sont présentement libres de tous privilèges et hypothèques et d'une valeur qui excède d'un tiers au moins la fixation en deniers du cautionnement. Au vu des pièces, la commission administrative délibère, sur l'acceptation des immeubles offerts ; s'il s'élève quelques difficultés portant sur leur valeur estimative, le comptable peut demander une expertise contradictoire à ses frais. Les délibérations des commissions administratives, relatives à l'acceptation des cautionnements, en immeubles, ne peuvent être exécutées sans avoir été préalablement soumises à l'approbation du préfet. Lorsque les immeubles ont été acceptés pour garantie de sa gestion, le receveur ou le tiers auquel ils appartiennent, consent, par-devant notaire, dans la forme ordinaire des actes de cautionnement à ce qu'ils y soient affectés avec une hypothèque spéciale, et il produit à l'appui de cet acte le certificat de non-inscription du conservateur des hypothèques, ainsi que les autres pièces énoncées ci-dessus. L'inscription hypothécaire est prise au nom de l'établissement, à la diligence du receveur lui-même qui doit en justifier avant son entrée en fonction. (Art. 1227, Inst. gén.)

Les receveurs des finances doivent prévenir, autant qu'il est en eux, la péremption des inscriptions hypothécaires relatives aux cautionnements en immeubles. Ils doivent conserver note, sur le carnet d'échéances des produits communaux, de la date de chaque inscription, afin de pouvoir, au besoin, en requérir d'office le renouvellement en temps utile. (Art. 1278, Inst. gén.) L'inscription hypothécaire doit, si elle a plus de 9 ans de date au moment de l'établissement du compte de gestion, être renouvelée immédiatement. (Cicr. comp. publ., 30 juin 1866.)

Les cautionnements en rentes sur l'Etat sont soumis aux formalités suivantes :

Les receveurs qui désirent réaliser leurs cautionnements à Paris, remettent, soit par eux-mêmes, soit par un mandataire spécial, leurs inscriptions de rentes au directeur du contentieux des finances pour être déposées à la caisse du Trésor public. L'acte de cautionnement, fait double entre ce fonctionnaire et les titulaires des inscriptions, est immédiatement dressé sur papier timbré. En province les inscriptions de rente sont déposées entre les mains du directeur de l'enregistrement qui remplit à cet égard les mêmes fonctions que le directeur du contentieux et qui remet ces inscriptions au receveur de l'enregistrement chargé de les conserver.

Les bordereaux d'annuité pour le payement des arrérages sont envoyés aux préfets et remis par ces administrateurs aux commissions administratives, auprès desquelles (art. 1229, Inst. gén.) tous les cautionnements en rentes des comptables doivent être réalisés en rentes nominatives. Il est interdit de recevoir d'eux des cautionnements en rentes au porteur.

Les cautionnements en rentes sont calculés au cours moyen du jour de la nomination.

L'intérêt des cautionnements en numéraire a été fixé à 3 0/0 (art. 7, Loi 4 août 1344, Inst. 14 juin 1845).

Lorsqu'un percepteur-receveur de communes et d'établissements de bienfaisance à cessé ses fonctions, et que ce comptable ou ses ayants cause demandent le remboursement de ses cautionnements; ou lorsque, nommé à une autre perception, le comptable désire faire appliquer les cautionnements qu'il a fournis pour son ancienne obligation à la garantie des nouveaux services qui lui sont confiés, il doit justifier de sa libération, savoir :

1° Par un certificat du préfet délivré au vu des certificats de quitus des maires et constatant que les derniers comptes du titulaire, définitivement jugés par le conseil de préfecture ou la Cour des comptes, sont apurés et soldés; les receveurs des communes, dont les comptes sont jugés par la cour des comptes, doivent produire, en outre, l'arrêt de quitus de cette cour;

2° Par un certificat de quitus du receveur des finances de son arrondissement, constatant que la libération du comptable, pour tous les services qui lui étaient confiés, résulte tant des justifications produites par lui que des vérifications faites à la recette particulière.

Les certificats délivrés par les receveurs particuliers doivent être revêtus du *visa* du trésorier général. (Inst. gén. fin. 20 juin 1859, art. 1274.)

Indépendamment des certificats dont il s'agit, les demandes en remboursement doivent être appuyées :

Des certificats d'inscription des cautionnements au Trésor public, ou, à défaut de ces pièces, d'une déclaration de perte sur papier timbré et, dûment légalisée; s'il n'y a pas eu d'inscription, des récépissés qui constatent le versement des cautionnements dans les caisses du Trésor public;

Des certificats de privilège, s'il en existe;

D'un certificat de non-opposition délivré par le greffier et visé par le président du tribunal de première instance de la résidence du titulaire, conformément à la loi du 6 ventôse an XIII;

D'un certificat de propriété, conforme au modèle annexé au décret du 18 septembre 1806, si la demande est faite par des héritiers ou ayants droit, à quelque titre que ce soit;

Et, s'il s'agit de l'application des cautionnements d'une gestion à un autre service confié au même titulaire, du consentement donné à ce transfert par le bailleur de fonds qui aurait fourni les cautionnements.

Enfin les demandes doivent être sur papier timbré, énoncer les pièces qui y sont jointes, et indiquer l'adresse de la personne à laquelle la lettre d'avis de payement devra être adressée. (Id., art. 1276.)

Les demandes et les pièces à l'appui sont transmises par le trésorier général au ministre des finances, pour les cautionnements versés au Trésor public par les percepteurs et receveurs des communes; et au préfet du département pour les cautionnements que les receveurs spéciaux d'établissements de bienfaisance ont versés aux caisses des monts-de-piété ou fournis en immeubles ou en rentes sur l'Etat. — Voy. COMPTABILITÉ DES COMMUNES, RECEVEURS MUNICIPAUX.

Cautionnements des adjudicataires. — Les cahiers des charges des adjudications déterminent la nature et l'importance des garanties que les concurrents auront à produire, soit pour être admis aux adjudications, soit pour répondre de leurs engagements.

Pour être admis à concourir à une adjudication, il est d'usage de fournir une caution solvable ou de verser, au préalable, à la caisse du receveur municipal, un dépôt de garantie dont le montant est fixé dans l'affiche annonçant l'adjudication. La caution ou le dépôt de garantie a pour objet de donner à l'administration l'assurance que le soumissionnaire fait des offres sérieuses, et de répondre des frais de la folle enchère à laquelle il pourrait être nécessaire de recourir. La somme déposée est rendue, séance tenante, aux soumissionnaires qui ne sont pas déclarés adjudicataires. Le dépôt de garantie, versé par le soumissionnaire déclaré adjudicataire, est converti en cautionnement définitif, comme il est dit ci-après.

Les cautionnements à fournir par les adjudicataires peuvent être faits en numéraire, en immeubles ou inscriptions de rentes sur l'Etat. Ils sont réalisés à la diligence des receveurs des communes.

Les adjudicataires qui ne peuvent se cautionner eux-mêmes, doivent fournir sur-le-champ une caution solvable qui s'engage à fournir les garanties exigées.

Les cautionnements en numéraire sont versés à la caisse du receveur municipal, qui en délivre quittance à souche et en fait le versement dans le plus court délai possible au receveur des finances de l'arrondissement, préposé de la Caisse des dépôts et consignations, si le soumissionnaire est déclaré adjudicataire. Dans le cas contraire, le soumissionnaire, pour obtenir le remboursement de son dépôt, est tenu de représenter au receveur la quittance portant la mention qu'il n'a pas été déclaré adjudicataire.

Les cautionnements en immeubles peuvent être fournis par l'adjudicataire ou par des tiers répondants, mais ils doivent être consentis par un acte spécial passé devant notaire, conformément à l'article 2127 du Code civil; il doit être stipulé dans cet acte que les immeubles sont libres de tous privilèges et hypothèques, et le receveur municipal veille à ce qu'il en soit régulièrement justifié. Il est pris, en vertu dudit acte, une inscription au bureau des hypothèques, de la situation des biens grevés, par application des dispositions de l'article 2146 du même Code.

Tout autre mode d'engagement serait imparfait, notamment celui qui se réduirait à une simple clause insérée dans un marché de gré à gré, ou dans une adjudication passée administrativement.

Les cautionnements provisoires et définitifs peuvent être fournis en inscriptions de rentes sur l'Etat. Les cautionnements en rentes nominatives sont effectués au Trésor. Les cautionnements en *rentes au porteur* ou en d'autres valeurs des adjudicataires de fournitures et travaux pour le compte de l'Etat, lorsque les cahiers des charges ou les marchés en ont autorisé l'admission, sont effectués à la Caisse des dépôts et consignations. Les cautionnements sont calculés au cours moyen du jour de l'approbation du marché ou de l'adjudication. (Inst. gén., art. 794.)

Tout entrepreneur qui remet en garantie des inscriptions de rentes doit signer, lors du dépôt, un acte sur papier timbré, fait double entre lui et l'autorité municipale, par lequel il affecte le dépôt à la garantie de sa soumission, en donnant, à cet effet, au directeur de l'enregistrement pour les rentes départementales, et à l'agent judiciaire du Trésor, pour les rentes directes, tout pouvoir de vendre, réaliser et signer le transfert des inscriptions déposées et d'en appliquer le produit conformément au cahier des charges.

Les inscriptions de rentes sont remises provisoirement au receveur municipal. Si la soumission n'est pas acceptée, les deux doubles de l'acte sont annulés, et les inscriptions de rente déposées sont rendues.

Mais, si le déposant est déclaré adjudicataire, un double de l'acte est

remis au receveur municipal pour qu'il ait à l'adresser avec les inscriptions de rentes, au receveur des finances de l'arrondissement.
(Circ. int. 9 juin 1838 ; Inst. gén. fin. 20 juin 1859.)

Les intérêts des cautionnements sont servis par la Caisse des dépôts
à partir du 61e jour de la date du versement à titre de consignation,
conformément à l'article 2 de la loi du 8 janvier 1805 et de l'ordonnance
royale du 3 juillet 1805 et réglées au 31 décembre de chaque année.

Les cautionnements définitifs ne sont restitués aux adjudicataires
qu'après l'entière exécution de leurs engagements et l'autorisation
spéciale du préfet. (Circ. Int. 9 juin 1838.) — Voy. ADJUDICATIONS,
FOURNITURES, TRAVAUX, etc. — Dict. des formules, nos 333, 340.

*Cautionnements des fermiers des biens ruraux des communes et éta-
blissements de bienfaisance.* — Le cahier des charges contenant les
clauses et conditions sous lesquelles doit être faite la mise à ferme des
biens ruraux des communes et des établissements de bienfaisance doit
déterminer les garanties que l'adjudicataire aura à fournir pour assurer
le payement du fermage.

Les cautionnements à fournir doivent être faits en numéraire, en
immeubles, ou en inscriptions de rentes nominatives sur l'Etat. On suit
pour la réalisation de ces différentes sortes de cautionnements les
règles rappelées ci-dessus pour les cautionnements des adjudicataires
des fournitures et travaux. — Voy. CAUTIONNEMENT DES ADJUDICATAIRES.

L'arrêté du 19 vendémiaire an XII imposant aux receveurs l'obligation de veiller à la conservation des biens et des revenus des communes
ou établissements de bienfaisance, de requérir l'inscription des privilèges et hypothèques, et d'en justifier dans leur compte annuel, ces
comptables ne peuvent, sans engager leur responsabilité personnelle,
négliger aucune des précautions nécessaires pour assurer le payement
de l'intégralité des termes à échoir et l'exécution de toutes les conditions du bail.

Lorsque les cautionnements sont fournis en immeubles, les receveurs
ne peuvent se dispenser de prendre inscription, même à raison de la
solvabilité notoire des fermiers et de leurs cautions. La circonstance
qu'ils auraient perçu tous les termes des baux échus pendant leur gestion ne saurait dégager leur responsabilité. En cas de cessation de fonctions, il est sursis au quitus et à la décharge définitive des comptables
jusqu'à ce que toutes les redevances stipulées dans les baux aient été
intégralement recouvrées, à moins qu'il ne soit justifié que, depuis le
jour où il aurait pu être requis inscription, il n'a été pris, de la part
d'autres créanciers, aucune inscription préjudiciable aux communes et
établissements intéressés sur les biens affectés à la garantie du payement des redevances. (Arrêt de la Cour des comptes, 16 février 1837.) —
Voy. ACTES ET MESURES CONSERVATOIRES, BAUX.

*Cautionnement des préposés comptables et des fermiers d'octroi ou
autres perceptions communales.* — Les receveurs ou préposés comptables et fermiers des octrois sont astreints à verser au Trésor un cautionnement fixé par le ministre des finances à raison du 25e du montant
brut de la recette présumée ; les fermiers d'octroi et les préposés d'octroi dont les recettes sont perçues en régie simple ne sont tenus à ce
cautionnement que si le prix s'élève à 5,000 francs et au-dessus. Lorsque
les receveurs ou fermiers ont été chargés de percevoir à la fois les
droits d'entrée au profit du Trésor et les droits imposés au profit des
communes, et qu'ils veulent obtenir le remboursement de leur caution-

nement ou son application á une autre gestion, ils doivent produire un certificat de quitus délivré par les receveurs principaux des contributions indirectes et par les receveurs des communes, qui y apposent conjointement leurs signatures. Les directeurs des contributions indirectes visent ce certificat. Les maires des communes doivent y apposer aussi leur visa dans ces termes: « Vu par le maire de la commune de... qui, « après avoir comparé les recettes déclarées sur les registres du con-« trôle administratif aux versements constatés dans les écritures du re-« ceveur municipal, reconnaît le sieur..., receveur du bureau de..., « quitte et libéré de sa gestion envers la commune. » Le certificat, revêtu de ces formalités, est transmis au directeur général de la comptabilité publique par le directeur des contributions indirectes.

Pour les communes où les receveurs des droits d'octroi ne sont pas chargés de la perception des droits d'entrée, le certificat de quitus délivré dans la même forme que celui dont il vient d'être question est signé par le receveur municipal, seulement visé par le maire et envoyé au directeur de la dette inscrite.

Indépendamment du cautionnement dont il est parlé ci-dessus, les fermiers d'octroi sont astreints, envers les communes, à un cautionnement égal au quart du prix annuel de l'adjudication ; ce cautionnement peut être constitué en immeubles, en rentes sur l'Etat, ou en numéraire. Les inscriptions de rentes sont déposées au Trésor, s'il s'agit d'inscriptions directes, et entre les mains du directeur des domaines, si le cautionnement est réalisé en inscriptions départementales, conformément à la marche indiquée pour les cautionnements de même nature fournis par les receveurs spéciaux des établissements de bienfaisance ; le numéraire est versé à la Caisse des dépôts. L'autorité locale a le droit de réduire le cautionnement des fermiers au-dessous du quart de la mise à prix. (Inst. gén. fin., art. 924.)

Les dispositions de ce dernier alinéa sont applicables aux cautionnements à fournir par les fermiers des droits de location des places dans les halles, foires, marchés, abattoirs, etc., par les fermiers des droits de péages communaux et des droits de pesage, mesurage et jaugeage. (Id., art. 925 et 926.)

Ces derniers cautionnements sont remboursés sur la justification d'une autorisation du préfet et d'un certificat de non-opposition délivré par le greffier du tribunal de première instance dans le ressort duquel s'est effectué le service qui a donné lieu au cautionnement. — Voy. DROITS DE PESAGE, DROITS DE PLACES, OCTROI, PÉAGES COMMUNAUX.

Cave. — Les maires ne doivent point laisser pratiquer de caves sous la voie publique. Ils doivent veiller à la solidité et à l'exacte fermeture des portes et des trappes des escaliers de cave dont l'ouverture donne sur la rue, et même de celles qui sont pratiquées dans les boutiques et allées.

Les soupiraux des caves doivent être fermés par des barres de fer, de manière à éviter que les enfants puissent y tomber ou qu'on puisse y descendre.

Ces dispositions peuvent être l'objet d'un règlement de police municipale. — Voy. POLICE MUNICIPALE, VOIE PUBLIQUE.

Centime. — Centième partie d'un franc. C'est la plus petite pièce en cuivre des monnaies décimales.

Centimes additionnels. — Centimes qui s'ajoutent au principal des contributions directes, et sont répartis au marc le franc du montant des taxes.

Les centimes additionnels s'appliquent aux besoins généraux de l'Etat, aux dépenses départementales et aux dépenses communales.

Parmi les centimes additionnels généraux, les uns n'ont point d'affectation spéciale, et, comme le principal des contributions directes, ils font partie des fonds généraux du budget de l'Etat. La loi annuelle de finances en détermine la quotité; ils portent sur les quatre contributions directes. Les autres centimes additionnels généraux sont affectés aux dépenses ci-après désignées, savoir : dépenses ordinaires de chaque département; secours en cas de grêle, incendie, inondations, etc.; dégrèvements et non-valeurs; réimpositions. — Voy. CONTRIBUTIONS DIRECTES.

Outre les centimes additionnels généraux imposés par la loi annuelle de finances, affectés aux dépenses ordinaires des départements, et qui ne portent que sur les contributions foncière et personnelle-mobilière, les conseils généraux sont autorisés à voter des centimes additionnels : 1° pour les dépenses facultatives d'utilité départementale; 2° pour les dépenses des chemins vicinaux; 3° pour les dépenses de l'instruction primaire; 4° pour dépenses extraordinaires autorisées par des lois spéciales; 5° enfin, des centimes additionnels pour les dépenses du cadastre. —Voy. CONSEIL GÉNÉRAL, DÉPARTEMENT.

Cinq centimes additionnels pour les dépenses ordinaires des communes sont d'abord imposés dans les rôles des contributions directes, en vertu de la loi annuelle de finances.

Les autres centimes additionnels destinés à pourvoir à l'insuffisance des revenus communaux ont pour objet : 1° les dépenses des chemins vicinaux et des chemins ruraux; 2° les dépenses de l'instruction primaire; 3° le traitement des gardes-champêtres; 4° les dépenses annuelles d'utilité communale, obligatoires ou facultatives. Enfin, les communes peuvent s'imposer, dans les limites fixées par les lois de finances, des centimes additionnels extraordinaires destinés à pourvoir à des dépenses éventuelles d'une utilité reconnue.—Voy. IMPOSITIONS COMMUNALES.

Cercles, sociétés et lieux de réunion (Taxe sur les). — Depuis le 1er octobre 1871, les abonnés des cercles, sociétés et lieux de réunion où se payent des cotisations, supportent une taxe de 20 % desdites cotisations payées par les membres associés. (Loi 16 septembre 1871, art. 9.)

Bases de l'imposition. — La taxe porte sur le montant des cotisations, quels que soient le taux et la durée de la période à laquelle elles s'appliquent (année, semestre, trimestre, etc.), quel que soit aussi le titre en vertu duquel on appartient à l'association (sociétaire, abonné, membre résidant ou non résidant, temporaire ou permanent, etc.).

Il y a lieu de remarquer que les cotisations se composent parfois d'éléments différents, et que, en dehors du prix d'abonnement, il est perçu par les associations des frais accessoires, tels que : prix de jeux, coût d'objets de consommation autres que ceux fournis gratuitement par les cercles, etc. Ces diverses sommes ne sauraient être rangées dans la catégorie des cotisations d'après lesquelles la taxe est calculée. Néanmoins, si le prix d'abonnement se composait, indépendamment d'une cotisation ou somme fixe, avec ou sans attribution déterminée, de certaines autres sommes, variant ou non chaque année, et applicables à des dépenses habituelles ou prévues (frais de représentation, frais d'éclairage, etc.), ces dernières redevances seraient passibles de l'impôt aussi bien que la cotisation proprement dite.

Il arrive aussi que, la première année de leur admission, les membres d'un cercle, d'une société, etc., payent un droit d'entrée, soit distinct de la cotisation, soit se confondant avec elle; cette somme rentre dans la catégorie des cotisations, car elle est affectée aux dépenses générales (frais de premier établissement ou dépenses annuelles). Comme telle elle est passible de la taxe. (Arrêt Conseil d'Etat 20 février 1874.)

Sous la désignation de lieux de réunion, on comprend les centres d'association qui participent plus ou moins des cercles proprement dits, et où l'on n'est admis que moyennant l'accomplissement de certaines formalités et le payement de cotisations plus ou moins élevées, quelque soit d'ailleurs l'objet des réunions, sauf les exceptions déterminées par la loi. Ainsi, la taxe atteint les réunions ou sociétés ayant en vue des jeux d'adresse ou des exercices spéciaux, tels qu'exercices hippiques, gymnastiques, jeux de paume, de boule, tir à l'arc, aux pigeons, etc. Il est bien entendu qu'il n'y a lieu à imposition que lorsque les membres desdites sociétés payent des cotisations et que la taxe ne saurait atteindre des sociétés civiles, commerciales ou par actions, qui ne se trouvent pas dans les conditions spécifiées par la loi.

Il peut arriver que des personnes autres que des sociétaires ou abonnés soient admises dans ces réunions en acquittant un droit d'entrée par séance; cette circonstance ne serait pas de nature à enlever aux réunions dont il s'agit le caractère de sociétés imposables; mais ces droits d'entrée ne sauraient être compris dans le montant des cotisations sur lesquelles la taxe est calculée.

Enfin, il est des réunions qui peuvent donner lieu à des abonnements, et qui, cependant, ne doivent pas être imposées : tels sont les casinos, cafés-concerts, théâtres et autres lieux publics où tout le monde, sans distinction, a le droit de pénétrer, à la charge d'acquitter un prix fixe par soirée, représentation, etc. En pareil cas, l'abonnement n'est pas une cotisation, mais le versement cumulatif et anticipé du droit d'entrée pour plusieurs séances, avec certains avantages pour ceux qui le souscrivent.

Ne sont pas assujetties à la taxe les sociétés de bienfaisance et de secours mutuels, ainsi que celles exclusivement scientifiques, littéraires, agricoles, musicales, dont les réunions ne sont pas quotidiennes. (L. 16 septembre 1871, art. 9, § 2.)

Ne sont pas assujetties à la taxe les sociétés ayant pour objet exclusif des jeux d'adresse ou des exercices spéciaux, tels que chasse, sport nautique, exercices gymnastiques, jeux de paume, jeux de boules, de tir au fusil, au pistolet, à l'arc, à l'arbalète, etc., et dont les réunions ne sont pas quotidiennes. (L. 5 avril 1874, art. 7.)

Déclarations.—Doubles taxes.—Les gérants, secrétaires ou trésoriers des cercles, sociétés et lieux de réunion passibles de la taxe doivent faire, chaque année, avant le 31 janvier, à la mairie des communes dans lesquelles se trouvent lesdits établissements, une déclaration indiquant le nombre des abonnés, membres ou associés ayant fait partie du cercle de la société ou de la réunion pendant l'année précédente, ainsi que le montant correspondant de leurs cotisations. (D. 27 décemb. 1871, art. 1er.

La déclaration doit comprendre non seulement les cotisations s'appliquant à la totalité de l'année échue le 31 décembre qui a précédé la déclaration, mais encore, lorsqu'il y a lieu, celles relatives à une période quelconque de ladite année. En un mot, c'est sur le montant de l'ensemble des cotisations, quel que soit le laps de temps auquel chacun s'applique, que la taxe doit être calculée. (Inst. 6 janvier 1872.)

La déclaration du gérant, secrétaire ou trésorier, est inscrite sur un registre spécial et signée par lui ; il en est délivré un récépissé reproduisant les détails énoncés ci-dessus.

Lorsque la déclaration est signée par un fondé de pouvoirs, le fait est relaté sur le registre et sur le récépissé. (D. 27 décembre 1871, art. 2.)

Les déclarations sont reçues par les maires dans les mêmes formes et les mêmes délais que pour la taxe sur les billards.

Comme pour cette dernière taxe, toute déclaration faite postérieurement au 31 janvier est frappée de nullité ; les déclarations doivent être faites toutes les fois qu'il survient des circonstances de nature à motiver un accroissement ou une diminution de taxe. (Inst. 6 janvier 1872.) — Voy. BILLARDS.

Les taxes sont doublées pour les contribuables qui ont fait des déclarations inexactes ou qui n'ont pas fait leur déclaration avant le 31 janvier de chaque année.

Lorsqu'il n'y a pas lieu à perception nouvelle ou à un changement dans la perception antérieure, la déclaration n'est pas exigée, et la taxe continue à être perçue sur le pied de l'année précédente. (L. 16 septembre 1871, art. 10.)

Par conséquent, toute augmentation dans le montant des cotisations d'une année par rapport à celle de l'année précédente donnerait lieu, en l'absence d'une déclaration modificative, au doublement de la taxe afférente à cette augmentation. De même, il ne serait pas tenu compte pour l'établissement de la taxe, à moins d'une déclaration spéciale faite avant le 31 janvier de l'année de l'imposition, des diminutions qui affecteraient le montant des cotisations précédemment déclarées. (Inst. 6 janvier 1872.)

Établissement des rôles. — Les rôles des taxes sur les cercles, sociétés et lieux de réunions où se payent des cotisations, sont établis par ressort de perception et dressés d'après des états-matrices rédigés par le contrôleur des contributions directes et annuellement renouvelés par lui.

L'état-matrice présente, d'une part, les noms, prénoms, profession et résidence des redevables, et d'autre part, le détail des bases d'imposition. (D. 27 décembre 1871, art. 6.)

Les cotisations imposables ne sont pas uniquement celles qui ont été perçues par les gérants, trésoriers et régisseurs de cercles, mais encore celles qui n'auraient pas été réservées au moment de la déclaration, bien qu'étant afférentes à l'année sur laquelle doit porter la taxe. Les agents des contributions directes ont l'obligation de vérifier les déclarations, de suppléer à celle qui n'auraient pas été faites et de rectifier celles qui seraient incomplètes ou inexactes. (Inst. 6 janvier 1872.)

Lorsque les faits pouvant donner lieu à des doubles taxes n'ont pas été constatés en temps utile pour entrer dans la formation du rôle primitif, il est dressé dans le cours de l'année un rôle supplémentaire. (D. 27 décembre 1871, art. 5.)

En ce qui concerne la transmission des déclarations et la formation des états-matrices et des rôles, il y a lieu de se référer à ce qui a été dit au sujet de la taxe sur les billards. La marche à suivre doit être la même pour les deux taxes. (Inst. 6 janvier 1872.) — Voy. BILLARDS.

Les rôles, après avoir été arrêtés et rendus exécutoires par le préfet, sont transmis avec les avertissements aux percepteurs chargés du recouvrement, par l'entremise des receveurs des finances.

Recouvrement de la taxe. — La taxe sur les cercles, sociétés et lieux de réunion est payable en une seule fois, dans le mois qui suit la publication du rôle.

Elle est perçue sur les abonnés, membres ou sociétaires, par les gérants, secrétaires ou trésoriers des cercles, sociétés et lieux de réunion, qui sont chargés d'en verser le montant entre les mains des percepteurs, des contributions directes. (D. 27 décembre 1871, art. 3.)

Dans le cas de dissolution ou de fermeture, en cours d'exercice, d'un cercle, d'une société ou d'un lieu de réunion, la taxe doit être payée immédiatement.

A cet effet, une déclaration spéciale est faite selon les formes indiquées plus haut, dans les dix jours de la dissolution; cette déclaration est transmise par le maire au directeur des contributions directes, qui dresse le rôle spécial et donne avis au redevable du montant de la somme à acquitter. Le payement doit avoir lieu dans les huit jours de la réception de cet avis. (Id., art. 4.)

Les taxes sur les cercles, sociétés et lieux de réunion sont recouvrées comme en matière de contributions directes, sauf l'exception ci-dessus relative au payement en une seule fois dans le mois qui suit la publication du rôle. (L. 18 décembre 1871, art. 5.) — Voy. PRIVILÈGE DU TRÉSOR, POURSUITES, RECOUVREMENT.

Réclamations. — L'instruction et le jugement des réclamations en décharge ou réduction, et des demandes en remise ou modération ont lieu comme en matière de contributions directes. (L. 18 décembre 1871, art. 5.)

Elles doivent être, par conséquent, présentées par les contribuables dans les formes ou délais usités. Cependant, eu égard au mode spécial de payement prescrit pour cette taxe, les quittances à produire à l'appui des réclamations sont formées plus d'un mois après la publication du rôle.

En ce qui concerne les dégrèvements, il est procédé comme pour les billards: le montant en est imputé sur le fonds spécial inscrit au budget. (Inst. 6 janvier 1872. — Voy. BILLARDS, COTES INDUMENT IMPOSÉES, COTES IRRÉCOUVRABLES, ORDONNANCES DE DÉCHARGE, RÉCLAMATIONS. — *Dict. des formules*, O. 341.

Céréales. — Dans le sens légal, on comprend sous la dénomination de céréales le froment, l'épeautre, le méteil, le seigle, le maïs, l'orge, le sarrazin, l'avoine et les farines de ces diverses sortes de grains.

La loi du 15 avril 1832 forme le dernier état de la législation en ce qui concerne le commerce extérieur des céréales.

L'autorité municipale doit veiller à la salubrité et à la fidélité du débit des céréales, et empêcher qu'il ne soit porté aucun obstacle à la libre circulation des grains à l'intérieur. — Voy. BOULANGERS, DENRÉES ALIMENTAIRES, FOIRES ET MARCHÉS, GRAINS.

Cérémonies publiques. — Voy. Fêtes publiques.

Cérémonies religieuses. — Voy. Cultes

Certificats. — Les maires délivrent, soit aux personnes, soit aux administrations qui les réclament, des certificats par lesquels ils rendent témoignage d'un fait qui est à leur connaissance, et dans la constatation duquel ils n'ont pas un intérêt personnel. Nous allons indiquer les diverses sortes de certificats qui leur sont le plus fréquemment demandés.

Certificat de de bonne vie et mœurs, appelé aussi *certificat de moralité*. —Il a pour objet d'attester la moralité de la personne à laquelle il est délivré. C'est une garantie exigée par la loi pour l'admission à un grand nombre d'emploi ou de fonctions publiques.
 Il est délivré par le maire, avec plus ou moins de formalités, suivant l'importance des cas; il est exigé quelquefois concurremment avec d'autres attestations ou certificats. Ainsi, le certificat de bonne vie et mœurs doit accompagner ceux de capacité et de fortune pour les personnes qui désirent obtenir d'un hospice un ou plusieurs des enfants qui y sont élevés; il est nécessaire aux parents qui veulent retirer leur enfant de l'hospice, etc. (Circ. Int. 23 février 1823.) — *Dict. des formules*, nos 344, 1085, 911, 665.
 Pour toute personne qui se présente comme aspirant à remplir les fonctions d'instituteur, ou comme se destinant à diriger un établissement quelconque d'instruction primaire, la loi a voulu qu'il fût attesté d'une manière toute spéciale que cette personne est digne, par sa moralité, de se livrer à l'enseignement. — Voy. Enfants trouvées, Instruction publique. — *Dict. des formules*, n° 344.

Certificat de bonne conduite. — Un certificat de bonne conduite est délivré, s'il y a lieu, purement et simplement par le maire d'une commune aux individus qui la quittent pour aller établir leur domicile ailleurs; et aux apprentis, compagnons, artisans et domestiques, sur leur livret, ou, à défaut de livret, sur feuilles volantes. Un certificat de bonne conduite est encore délivré par le maire, à un militaire en congé, qui retourne à son corps, et à un corps de troupes de passage dans la commune. — *Dict. des formules*, nos 343, 345, 346.

Certificat d'indigence. — Il atteste l'état d'indigence de la personne à laquelle il est délivré. On pourrait ranger sous ce titre les certificats donnés aux personnes qui se trouvent dans l'impossibilité de fournir à leurs premiers besoins, soit pour les faire entrer à l'hospice, soit pour leur faire obtenir des secours près des bureaux de bienfaisance, selon les circonstances; aux ouvriers accidentellement ou momentanément privés de travail; aux familles à qui des malheurs imprévus viennent enlever leurs moyens d'existence; aux personnes atteintes d'infirmités passagères, et auxquelles leur état de fortune ne permet pas de se procurer les soins et les remèdes convenables; à ceux qui se trouvent abandonnés et privés de tout appui dans la société : enfants abandonnés, vieillards infirmes et sans ressources. (D. 31 mars 1792; 19 mars, 22 juin 1793; L. 7 frimaire an V; Circ. min., nivôse an X.)
 On applique surtout le titre de certificat d'indigence à celui qui a pour

objet de constater qu'une personne est dans un état d'indigence tel qu'il lui est impossible de satisfaire à telle consignation, de payer telle amende, tel impôt, etc.

Les maires doivent sous leur responsabilité personnelle veiller à l'exactitude des attestations portées sur les certificats de cette nature concernant les débiteurs du Trésor, et les renseignements fournis doivent être aussi complets que possible. (Circ. Int., 12 octobre 1877.)

Le maire délivre un certificat d'indigence, s'il y a lieu, à des parents qui demandent à retirer un enfant de l'hospice, mais dont les ressources ne sont pas suffisantes pour rembourser la somme demandée par l'hospice pour frais de layette, mois de nourrice, etc. (Circ. Int. 19 février 1823.) — Voy. AMENDES, ASSISTANCE JUDICIAIRE, ENFANTS TROUVÉS, INDIGENTS. — Dict. des formules, n°s 909, 910, 911 651 et 125.

Certificat de carence. — Acte dressé par les maires ou adjoints, sous leur responsabilité, pour constater l'insolvabilité ou l'absence, quelquefois l'une et l'autre, des redevables du Trésor public. (Arrêté 6 messidor, an VI, art. 1er.)

Ces certificats doivent être visés par les préfets pour l'arrondissement du chef-lieu, et par les sous-préfets pour les autres arrondissements. (Arrêté 6 messidor, an VI, art. 2.)

Le certificat de carence est dressé, sur la requête du percepteur, dans le cas où l'insolvabilité du contribuable est notoire, et où les poursuites, que l'on pourrait entreprendre, n'aboutiraient qu'à des frais inutiles et à nécessiter un procès-verbal de carence avec lequel il ne faut pas le confondre. — Voy. CARENCE, CONTRIBUTIONS DIRECTES.

Il peut y avoir lieu encore à la délivrance du certificat de carence seulement, ou de carence et de disparition, pour constater l'insolvabilité, la disparition d'un individu poursuivi en payement d'une amende qu'il aurait encourue en matière de police correctionnelle ou de simple police. (Code p.; art. 466 et suiv.) — Dict. des formules, n°s 74, 75 et 323.

Certificat de résidence. — Ce certificat n'est plus guère exigé aujourd'hui que dans le cas où il s'agit d'obtenir la preuve des six mois de résidence qui établissent le domicile, avant de procéder à la célébration du mariage. Les certificats de résidence doivent être rédigés par le maire et sont soumis au droit fixe d'enregistrement d'un franc. (L. 22 frimaire an VII, art. 68.) — Dict. des formules, n° 347.

Certificat de vie. — Acte constatant l'existence actuelle d'un individu.

L'article 2983 du Code civil dispose que le propriétaire d'une rente viagère n'en peut demander les arrérages qu'en justifiant de son existence, ou de celle de la personne sur la tête de laquelle elle a été constituée. Cette justification est l'objet d'un certificat de vie.

La même dispositiom est nécessairement applicable à toutes pensions ou prestations en nature également viagères.

En ce qui concerne les rentes ou pensions viagères sur des particuliers, la justification de l'existence du rentier ou pensionnaire ne nécessite pas toujours un certificat de vie. Elle n'est assujettie à aucun mode spécial et la preuve peut être offerte par tout moyen suffisant, sauf l'appréciation des juges.

Il n'en est pas de même quand il s'agit du payement de rentes ou pensions viagères de l'État, et des caisses des établissements dépendant de l'administration publique. La production d'un certificat constatant l'existence du titulaire est absolument indispensable.

Les certificats de vie sont délivrés, suivant les cas, par les notaires, les maires ou autres fonctionnaires déterminés par la loi. Pour ceux qui doivent être produits à des particuliers, sociétés, compagnies et établissements d'administration privée, ils peuvent toujours être délivrés par les notaires qui, avant la loi du 6 mars 1791, les délivraient exclusivement; ils peuvent aussi être donnés gratuitement, soit par les présidents des tribunaux de première instance, soit par les maires, pour les citoyens domiciliés dans leur commune, conformément aux dispositions de l'article 6 de ladite loi. Cette disposition est toujours en vigueur.

Quant aux certificats de vie exigés pour le payement des rentes et pensions viagères, secours et indemnités temporaires sur le Trésor, ou sur des caisses dépendant de l'administration publique, ils ne peuvent être délivrés, sauf quelques exceptions, que par des notaires.

Les rentiers viagers et pensionnaires qui, pour cause de maladie ou d'infirmités, ne pourraient se transporter au domicile du notaire certificateur, doivent lui adresser une attestation du maire de leur commune constatant leur existence, leur maladie ou infirmité. Le notaire est autorisé à délivrer sur le vu de cette attestation le certificat exigé. (D. 13 septembre 1806, art. 1 et 2.)

Les certificats de vie à l'appui des mandats de payement des mois de nourrice et pension des enfants trouvés sont délivrés par les maires. (Déc. fin. 26 janvier 1832.) — *Dict. des formules*, n° 656.

Les titulaires de pensions de retraite sur les fonds de retenues ont la faculté de faire certifier leur existence, soit par les notaires, soit par les maires des communes où ils résident. (Circ. fin. 27 juin 1839.) La même faculté existe pour les invalides de la marine et les membres de la Légion d'honneur.

Il est expressément recommandé aux maires de faire dater en toutes lettres les certificats de vie destinés à être produits à des caisses publiques. (Circ. Int. 1er avril 1879.)

Le ministre des finances a fait établir un nouveau modèle uniforme de certificats de vie pour les titulaires de rentes viagères de la vieillesse. (Circ. Int. 5 avril 1882.) — Voy. *Dict. des formules*, n° 318.

Les maires ou adjoints peuvent être appelés à délivrer plus ou moins fréquemment plusieurs autres certificats, dont nous donnons ci-après la nomenclature, en renvoyant le lecteur aux divers articles du *Dictionnaire* auxquels ils se rapportent.

Certificat à un apprenti qui veut se présenter comme candidat aux écoles d'arts et métiers. (O. 23 septembre 1832, art. 6.) — Voy. ECOLES SPÉCIALES. — *Dict. des formules*, n° 93.

Certificat de quitus à un receveur municipal cessant ses fonctions. — Voy. QUITUS. — *Dict. des formules*, n° 1247.

Certificat aux militaires en congé qui sollicitent pour des causes graves une prolongation de séjour.

Certificat aux militaires qui, surpris par des maladies graves au moment de rejoindre leurs corps, ne peuvent ni se mettre en route, ni être transportés dans un hôpital militaire. Ce certificat leur est délivré par le maire d'après la visite qu'en ont faite, en présence de deux témoins, deux médecins commis par lui. — Voy. MILITAIRES.

Certificat d'origine pour chevaux de race pure, afin d'établir les droits d'un étalon à l'inscription. (O. 3 mars 1833.) — Voy. HARAS. — *Dict. des formules*, n°s 626 à 629.

Certificat constatant qu'un déménagement a été opéré furtivement. Il est nécessaire pour décharger le propriétaire ou le principal locataire de la responsabilité des contributions dues par le locataire déménagé. (L. 21 avril 1832, art. 23 ; L. 25 avril 1844, art. 25 ; Circ. Fin. 14 août 1844.) — Voy. DÉMÉNAGEMENT FURTIF. — *Dict. des formules*, nos 646 et 647.

Certificat à fournir en fin d'exercice à l'appui du mandat de solde de la subvention nécessaire pour compléter le traitement de l'instituteur. — *Dict. des formules*, n° 955.

Certificat de présence délivré à un instituteur ensuite de la dispense du service militaire. (Circ. 1er février 1819 et 5 mars 1822.) — *Dict. des formules*, n° 925.

Certificat pour établir les droits d'un aliéné à un secours public. — Voy. ALIÉNÉS. — *Dict. des formules*, n° 70.

Certificat attestant que les publications de mariage exigées par la loi ont été faites et qu'il n'y a point d'opposition. (C. civ., art. 69.) — Voy. ETAT CIVIL. — *Dict. des formules*, nos 108 et 712.

Certificat de mariage justifiant l'accomplissement du mariage civil, nécessaire pour que le ministre du culte puisse procéder à la célébration du mariage religieux. (L. 18 germinal an X, art. 54 ; C. P., art. 199 et 200. — Voy. ETAT CIVIL. — *Dict. des formules*, n° 722.

Certificat à remettre à l'officier de l'état civil, avant la célébration du mariage, lorsqu'il existe un contrat. — Voy. ETAT CIVIL. — *Dict. des formules*, n° 721.

Certificat à produire pour être admis au bénéfice de la loi du 10 décembre 1850, relative au mariage entre indigents et à la légitimation de leurs enfants. — *Dict. des formules*, n° 1022.

Certificat aux patentés qui cèdent leur établissement ou cessent leur commerce dans le cours de l'année, à l'appui de leur réclamation en translation ou décharge de leurs droits de patente pendant le reste de l'exercice. (L. 25 avril 1844, art. 22, 23.) — Voy. CONTRIBUTIONS DIRECTES, PATENTES.

Certificat à ceux qui indûment ou mal imposés, réclament contre leur inscription au rôle, ou contre le classement qui leur est assigné. (L. 25 avril 1844, art. 21, 22.) — Voy. CONTRIBUTIONS DIRECTES.

Certificats divers en matière de recrutement. — Voy. RECRUTEMENT.

Certificats de légalisation de tous les actes des officiers publics domiciliés dans la commune, comme de toutes les pièces signées en la présence des maires par leurs administrés.

Les certificats de bonne vie et mœurs, d'indigence, d'infirmité, de vie, de résidence, d'identité, d'impossibilité de payer l'amende, et les certificats pour service militaire sont seuls exempts du timbre et de l'enregistrement. — Voy. LÉGISLATION, MAIRE.

Chaises et bancs dans les lieux publics. — On ne peut établir dans les lieux publics des chaises ou des bancs sans une permission de l'autorité municipale.

Dans les villes, le droit de placer des chaises dans certains lieux publics peut être donné en adjudication au profit de la caisse communale.

Le conseil municipal doit, dans ce cas, arrêter le tarif de la location des chaises et déterminer le mode et les conditions de la location. Le maire dresse le cahier des charges de l'adjudication, et la soumet à l'approbation du préfet. L'adjudication a lieu aux enchères. — Voy. ADJUDICATION.

Le maire prescrit ensuite, par un arrêté, les mesures à prendre pour assurer la liberté de la circulation et le bon ordre dans les lieux qui ont été désignés pour le placement et la location des chaises. — Voy. PROMENADES PUBLIQUES. — *Dict. des formules*, nos 1241 et 1242.

Chambre consultative d'agriculture. — Il y a, dans chaque arrondissement, une chambre consultative d'agriculture, composée d'autant de membres que l'arrondissement renferme de cantons sans que toutefois le nombre de ses membres puisse être inférieur à six. Les membres sont désignés par le préfet qui les choisit parmi les agriculteurs notables et les propriétaires de chaque canton. (D. 25 mars 1852.) — AGRICULTURE, COMICES.

Chambre consultative des arts et manufactures (1). — Réunion des manufacturiers, fabricants ou directeurs de fabrique, établie dans les lieux où le gouvernement le juge convenable et ayant pour mission de faire connaître les besoins et les moyens d'amélioration des manufactures, fabriques, arts et métiers. (L. 22 germinal an XI, art. 1er et 3 ; Arrêté 10 thermidor an XI, art. 2 et 3 ; O. 16 juin 1832, art. 16.)

Les chambres consultatives sont établies par décret sur la demande du conseil municipal, l'avis du conseil général et celui du préfet.

Chaque chambre est composée de 12 membres.

L'élection des membres des chambres consultatives des arts et manufactures est faite par les industriels et les commerçants compris dans la circonscription de ces chambres et inscrits sur des listes de notables dressées d'après les bases déterminées pour les élections des chambres de commerce. (D. 30 août 1852, art. 1er.)

Les élections ont lieu sur une seule liste de candidats pour toute la circonscription, au scrutin secret et à la majorité absolue des électeurs présents. Au second tour, la majorité relative suffit. (D. 30 août 1852, art. 5.)

Les fonctions des membres durent trois ans ; le renouvellement se fait par tiers. Pendant les deux premières années après la nomination générale, le sort décide de l'ordre des sorties. Nul ne peut être réélu plus d'une fois sans interruption d'exercice. Les vacances accidentelles sont remplies à la plus prochaine élection. Les élus ne le sont que pour le temps qui restait à courir sur l'exercice du remplacé. (O. 16 juin 1832, art. 9.)

Les chambres consultatives des arts et manufactures choisissent dans leur sein un président et un secrétaire. Le préfet ou le sous-préfet, dans le lieu de sa résidence, ou le maire dans les autres villes, sont membres-nés et présidents d'honneur de ces assemblées, et président effectivement les séances auxquelles ils assistent en personne. (Arrêté 19 juin 1848.)

(1) La Chambre des députés avait primitivement proposé d'appliquer aux chambres consultatives des arts et manufactures les dispositions de la loi du 8 décembre 1883, qui remettent au suffrage universel des commerçants l'élection des juges consulaires. Mais, sur les observations de M. le ministre du commerce et sur son engagement formel de déposer un projet de loi réglant l'organisation générale des chambres de commerce, il a été sursis et le mode d'élection des membres de ces chambres reste dans le *statu quo*.

La correspondance des chambres consultatives avec le ministre du commerce est directe et sans intermédiaire. Elles peuvent correspondre avec les chambres de commerce dans la circonscription desquelles elles se trouvent sur les objets qui forment les attributions des chambres.

Les chambres de commerce remplissent les fonctions de chambres consultatives des arts et manufactures dans les communes où le gouvernement n'en a pas établi. (Arrêté 10 thermidor an XI, art. 4.)

Les communes doivent fournir un local convenable pour la tenue des séances des chambres consultatives et acquitter les menus frais de bureau auxquels celles-ci peuvent donner lieu. (Id., art. 8 et 9.) — Voy. CHAMBRE DE COMMERCE. — *Dict. des formules*, n° 374.

Chambre de commerce (1). —Assemblée de négociants ou anciens négociants, chargée de soumettre au gouvernement, soit sur sa demande, soit d'office, ses avis et ses observations sur toutes les mesures qui peuvent intéresser l'administration des affaires commerciales.

Les chambres de commerce sont créées par décrets du chef de l'Etat rendus dans la forme des règlements d'administration publique.

Le décret d'institution détermine le nombre de membres de chaque chambre: ce nombre ne peut être au-dessous de neuf ni au-dessus de vingt-un membres.

Les membres des chambres de commerce sont désignés par la voie de l'élection.

Lorsque la circonscription de la chambre est la même que le ressort d'un tribunal de commerce, ils sont nommés par les électeurs désignés, conformément aux articles 618 et 619 du Code de commerce, modifiés par la loi du 21 décembre 1871, pour élire les membres de ce tribunal.

C'est au ministre du commerce et non à l'autorité judiciaire qu'il appartient de statuer sur les difficultés auxquelles peuvent donner lieu les élections des membres des chambres de commerce notamment sur les questions de capacité des membres élus. Toutefois les décisions prises à cet égard par le ministre peuvent être attaquées par la voie contentieuse. (Arrêt du C. d'Et. 9 novembre 1877.)

Les chambres de commerce nomment dans leur sein un président, et s'il y a lieu, un vice-président, ainsi qu'un secrétaire-trésorier, ou un secrétaire et un trésorier. Ces officiers sont élus, à la majorité absolue des voix, pour un an. Le préfet ou le sous-préfet ont, d'ailleurs, la présidence toutes les fois qu'ils assistent aux séances.

Les fonctions des membres durent six ans. Ils sont renouvelés par tiers tous les deux ans.

Les chambres de commerce sont considérées comme personnes civiles et reconnues de plein droit comme établissement d'utilité publique.

L'avis des chambres de commerce est demandé spécialement sur les changements projetés dans la législation commerciale, sur les élections et règlements des chambres de commerce, sur les créations de bourses, sur les établissements d'agents de change ou de courtiers, sur les tarifs et règlements de courtages.

(1) La Chambre des députés avait nominativement proposé d'appliquer à l'élection des membres des chambres de commerce, les dispositions de la loi du 8 décembre 1883, qui remettent au suffrage universel des commerçants l'élection des juges consulaires. Mais sur les observations de M. le ministre du commerce et sur son engagement formel de déposer un projet de loi réglant l'organisation générale des chambres de commerce, il a été sursis et le mode d'élection des membres de ces chambres reste dans le *statu quo*.

Leur correspondance avec le ministre de l'agriculture, du commerce et des travaux publics est directe et sans intermédiaire.

Les chambres de commerce pourvoient à leurs dépenses par une contribution sur les patentés de leur circonscription, conformément à l'article 33 de la loi du 25 avril 1844 modifiant la loi du 18 mai 1850. Elles ont un budget spécial et adressent dans les six premiers mois de chaque année au préfet du département le compte rendu en double expédition des recettes et dépenses de l'année précédente et le projet de budget de l'année suivante.

Chambre de sûreté. — Dans les lieux de résidence des brigades de gendarmerie où il ne se trouve ni maison de justice ou d'arrêt, ni prison, il doit y avoir, dans la caserne de la brigade de gendarmerie, une chambre sûre, particulièrement destinée au dépôt des prisonniers qui doivent être conduits de brigade en brigade (L. 28 germinal an VI, art. 85). Cette chambre est désignée sous le nom de chambre de sûreté.

Ces chambres sont visitées par les préfets et sous-préfets dans leurs différentes tournées. Elles sont régies par l'article 85 de la loi du 28 germinal an VI et par l'article 372 du décret du 1er mars 1854, sur le service de la gendarmerie.

Champ de manœuvres. — Dans tous les lieux où il y a garnison, la ville doit se procurer un champ de manœuvres à ses frais. Cette règle générale, écrite dans le décret du 15 octobre 1810, n'admet d'exceptions qu'à l'égard des villes de guerre.

L'étendue du terrain est déterminée pour un bataillon dans les villes où il y a un régiment, et pour un régiment dans les villes où il y en a plusieurs.

Le général commandant la division se concerte à cet égard avec le préfet du département.

Les frais de location ou les indemnités à payer au propriétaire des emplacements désignés pour champs de manœuvres figurent au chapitre des dépenses imprévues, dans le budget des communes.

Lorsqu'il y a lieu à des indemnités d'occupation, elles sont réglées conformément à l'ordonnance du 1er août 1821.

Champignons. — L'autorité chargée de la police des marchés ne doit permettre la vente des champignons qu'après les avoir fait visiter par des personnes ayant les connaissances nécessaires pour en juger. Elle a même le droit de requérir tout pharmacien afin d'en examiner la qualité. — Voy. POLICE MUNICIPALE, SALUBRITÉ.—*Dict. des formules*, n° 351.

Chandelle et bougie.—Le ministre de l'agriculture, du commerce et des travaux publics, en vue de réprimer les fraudes qui se commettent journellement dans la vente des chandelles et des bougies, a adressé aux préfets, à la date du 14 mai 1855, une circulaire concernant les mesures à prendre pour prévenir ces fraudes. A cette instruction est annexé un modèle d'arrêté municipal, qui se réduit à deux dispositions, savoir :

1º que les chandelles et bougies ne pourront être vendues qu'au poids net ; 2º que les paquets devront porter sur l'enveloppe, en caractères d'un centimètre au moins de hauteur, une inscription indicative de leur poids net, enveloppe non comprise, précédée de ces mots : POIDS NET.

Aux termes de l'article 97 de la loi du 5 avril 1884, il rentre, en effet, dans les attributions des maires de prendre des arrêtés de cette nature, afin d'assurer la fidélité du débit des denrées. Au cas où le maire refuserait ou négligerait de le prendre, le préfet, en vertu de l'article 99, devrait édicter lui-même un arrêté, après mise en demeure au maire restée sans résultat.—*Dict. des formules*, nº 352.

Chanteurs ambulants. — Les maires doivent surveiller les chanteurs ambulants et leur défendre de chanter et de vendre des chansons contraires à la décence et à l'ordre public. La loi du 16 février 1834 dispose d'une manière expresse que nul ne peut exercer, même temporairement, la profession de chanteur sur la voie publique, s'il n'a obtenu préalablement l'autorisation de l'autorité municipale. — *Dict. des formules*, nº 353.

Chants nocturnes. — Les chants qui, pendant la nuit, troublent le repos des citoyens, sont considérés comme bruits et tapages nocturnes, et leurs auteurs sont passibles des peines portées par l'article 479 du Code pénal. — *Dict. des formules*, nº 354.

Chantier de bois. — Enceinte, d'une étendue plus ou moins considérable, où l'on entasse, soit en dépôt, soit pour la vente, des piles de bois à brûler, de charpente ou de charronnage.

Les chantiers de bois sont rangés parmi les établissements dangereux. Ils sont, en outre, soumis à la surveillance de l'autorité municipale, qui doit prescrire à leur égard telles mesures de police qu'elle juge convenables et relatives, par exemple, soit aux précautions à prendre contre les dangers du feu, soit à la hauteur des piles de bois, qui, étant trop élevés ou trop rapprochées de la voie publique, pourraient nuire à la sûreté de la circulation. (Art. 97, loi du 5 avril 1884.) — Voy. BOIS DE CHAUFFAGE, ÉTABLISSEMENTS DANGEREUX. — *Dict. des fomules*, nºs 207, 208.

Chanvre. — Le rouissage du chanvre corrompt les eaux et infecte l'air ; partout où cette opération ne peut être interdite complètement sans dommage pour l'industrie, il convient que les maires, de concert avec les conseils ou commissions de salubrité d'arrondissement ou de canton, s'efforcent, par des règlements rendus en raison de la nature des lieux et des usages du pays, d'atténuer les inconvénients de cette préparation. Ils doivent surtout l'interdire dans le voisinage des habitations.

Le ministre de l'intérieur a donné, à la suite de sa circulaire du 9 juillet 1804, une instruction spéciale sur les procédés à employer pour obtenir le plus prompt rouissage, sans altérer la salubrité de l'eau ou de l'air.—*Dict. des formules*, nºs 363 et 356.

Chapelle. — La chapelle est un établissement du culte paroissial, qui tient le milieu entre la succursale et l'annexe. La différence entre la succursale et la chapelle consiste principalement en ce que le traitement du succursaliste est payé par l'Etat, tandis que le traitement du chapelain reste à la charge de la commune, si toutefois elle veut bien s'en charger, car la loi du 5 avril 1884, article 136, ne reconnaît plus le caractère obligatoire à cette dépense, qui devient ainsi purement facultative.

La différence entre l'annexe et la chapelle consiste notamment en ce que les dépenses de l'annexe sont volontaires et supportées par les particuliers, tandis que les dépenses de la chapelle sont communales et à la charge de tous les habitants, sous la réserve introduite par l'article 136 de la loi du 5 avril 1884, mentionnée ci-dessus. — Voy. ANNEXE, SUCCURSALE.

L'érection des chapelles doit être autorisée par décret du chef de l'Etat. (D. 30 octobre 1807). Pour obtenir cette autorisation, les pièces suivantes doivent être produites :

Par la commune :

1º Délibération du conseil municipal indiquant les motifs de nécessité de l'établissement de la chapelle, le montant du traitement proposé pour le chapelain, celui de la dépense annuelle présumée de l'entretien de l'église et du presbytère, et contenant l'engagement de pourvoir à ces dépenses sur les revenus ordinaires de la commune. Il est de règle aujourd'hui que le traitement des chapelains ne saurait être voté que sur les revenus ordinaires. Cette règle ne peut être éludée en faisant porter les dépenses de la chapelle sur les recettes ordinaires et en rejetant d'autres dépenses obligatoires en dehors du budget pour les imputer sur ressources extraordinaires. (C. d'Et., avis 19 mars 1836, 13 avril 1840.)

2º Budget de la commune ;

3º Inventaire des vases sacrés, linge et ornements existant dans l'église.

Par l'autorité administrative :

1º Etat de population de la commune réclamante et de la commune chef-lieu de paroisse, signé par le sous-préfet de l'arrondissement ;

2º Certificat du percepteur des contributions constatant le montant de celles qui sont payées par la commune réclamante (en principal) et indiquant, s'il y a déjà une imposition extraordinaire en recouvrement, sa durée et sa quotité ;

3º Certificat de l'ingénieur en chef des ponts et chaussées sur la difficulté des communications entre la commune chef-lieu de la succursale ou de la cure et la commune réunie ;

4º Procès-verbal d'information *de commodo et incommodo*, dressé par un commissaire enquêteur désigné par le préfet, et à laquelle tous les habitants de la commune en instance seront appelés et déposeront individuellement, en signant leur déclaration ;

5º Délibération du conseil municipal de la commune chef-lieu de cure ou succursale devant tenir lieu de l'information *de commodo et incommodo* dans cette commune ;

6º Projet de circonscription de la chapelle, c'est-à-dire indication des villages ou hameaux qui doivent composer son territoire ;

7º Avis motivé de l'autorité diocésaine.

8º Pareil avis du préfet en forme d'arrêté. (Circ. Cultes 24 août 1833.)

Ces pièces sont transmises par le préfet au ministre des cultes. Celui-ci, de concert avec son collègue de l'intérieur, présente un rapport au

Président de la République, et l'affaire est soumise au Conseil d'Etat. Si l'érection paraît devoir être autorisée, il est statué à cet égard par décret ; au cas contraire, le ministre informe seulement le préfet et l'évêque que l'érection ne peut avoir lieu.—*Dict. des formules*, nos 357 et 358.

La chapelle dépend, pour le spirituel, de la cure ou succursale dans l'arrondissement de laquelle elle est placée. Elle reste sous la surveillance du curé ou desservant (D. 30 septembre 1807, art. 13). Elle est desservie, suivant les cas, soit par un chapelain particulier demeurant dans la commune, soit par un vicaire de la cure ou succursale, autorisé à résider dans la commune et à desservir spécialement la chapelle qui prend, dans ce cas, le titre de chapelle vicariale, soit par un prêtre autorisé à biner, et qui vient desservir la chapelle sans résider dans la commune. (O. 25 août 1819.)—Voy. BINAGE.

En ce qui concerne le temporel, la chapelle est indépendante de l'église paroissiale ; elle a sa fabrique et son administration particulières.

Les dépenses de la chapelle consistent dans le traitement et le logement du chapelain ou vicaire, dans l'entretien de l'église, dans les frais du culte. Ces dépenses sont acquittées par la fabrique.

La commune, en cas d'insuffisance de revenus de la fabrique, n'intervient obligatoirement que pour le payement de l'indemnité de logement, lorsqu'il n'existe pas de bâtiment affecté à ce logement. (Art. 139, § 11, loi 5 avril 1884.) Mais si elle a consenti à prendre la charge du traitement sur ses ressources ordinaires, elle doit y subvenir en cas d'insuffisance des revenus de la fabrique.

Lorsque la chapelle est vicariale, le vicaire touche 450 francs sur le Trésor public, qui décharge ainsi la fabrique ou, le cas échéant, la commune, d'une partie des frais de traitement. (O. 25 août 1819.)

La dotation des chapelles se compose :

1° Des biens qui leur sont donnés par les dispositions entre-vifs ou testamentaires à leur profit, soit avant, soit depuis leur établissement ; —lorsque la donation est faite en faveur d'une commune dont l'érection en chapelle n'a pas encore été autorisée, le maire doit poursuivre en même temps l'érection de la chapelle et l'autorisation d'accepter la libéralité (O. 19 janvier 1820) ;—lorsque la donation est faite en faveur d'une chapelle régulièrement érigée, elle est acceptée dans les formes réglées par l'ordonnance du 2 avril 1817, c'est-à-dire par le trésorier de la fabrique ;

2° De l'usufruit des biens ou rentes appartenant autrefois à son église ou à celles qui se trouvent comprises dans sa circonscription, dont le transfert à la fabrique de la cure ou succursale n'aurait pas été définitivement et régulièrement consommé, en exécution de l'article 2 de l'arrêté du 7 thermidor an XI et des décrets des 30 mai et 31 juillet 1806, et dont la chapelle est autorisée à se mettre en possession, comme usufruitière ;— en pareil cas, la fabrique de la chapelle doit donner immédiatement avis à la fabrique de la cure ou succursale des biens ou rentes dont elle serait mise ou poursuivrait l'entrée en jouissance, pour, par cette dernière, être prises les mesures nécessaires, afin de se faire envoyer régulièrement, de son côté, en possession de la nue propriété (O. 28 mars 1820, art. 2) ;

3° De l'usufruit de ceux des biens et rentes provenant de l'église postérieurement érigée en chapelle et possédée par la fabrique paroissiale dont un décret ordonnerait la distraction au profit de la chapelle ; — la demande en distraction doit, en pareil cas, être accompagnée de la délibération de la fabrique possesseur, d'une copie de son budget, de la délibération du conseil municipal et des avis du sous-préfet, du préfet et de l'évêque ;—la distraction n'est prononcée que lorsqu'il est reconnu qu'elle laissera à la fabrique, possesseur actuel, les ressources suffisantes pour l'acquittement de ses dépenses (Id., art. 3) ;

4° De la subvention de l'Etat, si la chapelle est vicariale, et si le chapelain reçoit à ce titre un traitement sur le Trésor public ;

5° Des perceptions faites par la fabrique et de ses revenus particuliers ;

6° Des subventions allouées par la commune, pour le logement du chapelain et pour les dépenses de grosses réparations à l'édifice, en cas d'insuffisance des revenus de la fabrique. (Loi 5 avril 1884, art. 136, §§ 11 et 12.)

A la différence de l'annexe, la commune ou section de commune dans laquelle est établie la chapelle et où il est pourvu aux frais du culte sur les fonds communaux, est dispensée de contribuer en rien aux dépenses du culte dans le chef-lieu de la cure ou succursale. (Av. Cons. d'Etat, 14 décembre 1810; Av. Comm. int. 26 avril 1836.)

Les chapelles domestiques et les chapelles de secours sont désignées plus communément sous le nom d'oratoires. Ces chapelles ne peuvent être établies sans une autorisation expresse du gouvernement.

Chapelles de secours. — Sont des édifices auxiliaires des églises paroissiales, établis pour l'utilité d'un quartier, d'une section de commune ou d'un hameau éloigné de l'église paroissiale. Elles peuvent cependant être autorisées dans les communes dénuées de ressources qui se trouvent dans l'impossibilité de remplir les conditions voulues pour l'érection d'une chapelle vicariale.

Elles ne sont ordinairement établies que dans des bâtiments appartenant à la commune ou à la fabrique. La demande d'autorisation doit être formée par délibération du conseil de fabrique de la paroisse, contenant l'engagement de se charger de l'administration temporelle de la future chapelle, et d'en acquitter les dépenses, en cas d'insuffisance des ressources propres à cet établissement, accompagnée de :

1° Une délibération par laquelle le conseil municipal de la commune reconnaît l'utilité de l'érection et s'oblige à suppléer, sur les revenus communaux, à l'insuffisance des ressources de la chapelle de secours et de la fabrique paroissiale. Cet engagement n'est pas obligatoire, comme il a été dit ci-dessus ;

2° D'un état approximatif des recettes et dépenses de la future chapelle ;

3° D'un état de la population du lieu où elle doit être placée ;

4° D'un certificat de l'ingénieur en chef des ponts et chaussées, constatant la distance qui sépare cette localité de l'église du chef-lieu et la difficulté des communications ;

5° De l'avis motivé de l'évêque diocésain.

Le préfet joint ces pièces à son avis motivé en forme d'arrêté et les adresse au ministre des cultes. La chapelle est ensuite autorisée, s'il y a lieu, par un décret rendu en Conseil d'Etat sur le rapport de ce ministre.

La chapelle de secours n'est qu'une dépendance de l'église paroissiale. Elle n'a ni conseil de fabrique, ni circonscription spéciale; elle est administrée par la fabrique de la paroisse sur le territoire de laquelle elle est située. C'est à cette fabrique qu'il appartient de faire tous les actes qui l'intéressent ; c'est elle aussi qui perçoit le produit des dons volontaires, quêtes, oblations, et généralement toutes les recettes de quelque nature qu'elles soient, et les applique aux dépenses de la chapelle.

Le culte y est exercé sous la direction et l'autorité du curé ou desservant de la paroisse dont elle dépend. Elle peut cependant être desservie par un chapelain spécial s'il y a des fondations, ou bien si les fonds de la fabrique ou les dons volontaires des habitants permettent d'allouer une indemnité à ce chapelain.

Chapelles privées. — On distingue deux sortes de chapelles privées : 1° celles établies par des particuliers pour leur service personnel et celles de leur maison qui prennent le nom de chapelles domestiques ; 2° celles destinées à des établissements publics, tels que collèges, écoles, hospices, prisons, congrégations religieuses, etc.

Les unes et les autres ne peuvent être créées sans une permission expresse du gouvernement, accordée sur la proposition du préfet. (Loi 18 germinal an X, art. 44.)

La demande doit toujours être accompagnée de l'avis du maire et du préfet. (Art. 2 et 3, décret 22 décembre 1812.) De plus, quand il s'agit d'un oratoire pour un établissement public, on doit joindre à l'appui une délibération des administrateurs de l'établissement. (Décr. 22 déc. 1812, art. 2.)

L'autorisation est accordée par décret rendu en Conseil d'Etat. (Décret, art. 2 ; Ord. 25 juin 1830.)

Les évêques ne peuvent consacrer les chapelles ou oratoires privés que sur la représentation du décret d'autorisation (art. 4). La chapelle ne peut subsister dans les villes que pour causes graves et pour la durée de la vie de la personne qui a obtenu l'autorisation.

Tout oratoire non autorisé doit être fermé à la diligence des procureurs de la République, préfets, maires et autres officiers de police. (Art. 8.)

C'est à l'évêque qu'il appartient d'autoriser le prêtre appelé à desservir la chapelle ; il n'accorde cette autorisation qu'autant qu'il juge pouvoir le faire sans nuire au service curial de son diocèse. (Art. 6.)

Le chapelain ne peut administrer les sacrements qu'autant qu'il en a reçu les pouvoirs spéciaux de l'évêque, sous l'autorité et sous la surveillance du curé. (Art. 7.)

Charbon de bois. — Il appartient aux maires de faire, suivant l'importance des villes, des règlements de police, soit pour assurer l'approvisionnement du charbon, soit pour que la vente s'en fasse avec ordre et fidélité, soit enfin pour que les marchands de charbon prennent toutes les précautions nécessaires contre l'incendie.

Ces règlements peuvent défendre qu'il ne soit établi dans la ville aucun magasin ou entrepôt de charbon sans la permission de l'autorité municipale. — *Dict. des formules*, n° 359.

Charcutier. — On désigne sous le nom de charcutier celui qui tient une boutique de diverses viandes, cuites ou crues, ayant reçu certaines préparations, et plus spécialement de viandes de porc.

La nature et l'état des comestibles exposés en vente par le charcutier appellent une surveillance toute spéciale de la part de l'autorité au point de vue de la salubrité publique. Cette surveillance doit être très active-ment exercée, surtout dans les grandes villes où la consommation des viandes de charcuterie est fort étendue. Les mesures à prendre et les règlements à porter à cet égard rentrent dans les attributions des maires. (Art. 97, loi du 5 avril 1884.)

Les arrêtés municipaux, en cette matière, doivent avoir pour objet les précautions d'ordre et de salubrité destinées à rendre plus facile la police de la charcuterie, et à prévenir les dangers qui résulteraient iné-vitablement de l'abandon de ce commerce à une liberté absolue et sans contrôle. Ils peuvent exiger que celui qui manifeste l'intention d'ouvrir un établissement de charcuterie justifie de certaines conditions de salu-brité pour la localité ou l'emplacement que doit occuper l'établisse-ment.

Le maire peut astreindre les charcutiers à n'abattre, s'il y a lieu, que dans les abattoirs publics, les porcs et autres animaux qu'ils se chargent eux-mêmes de préparer. Il peut prohiber, pour la préparation des viandes, l'usage de certains ustensiles, ou l'emploi de certaines substances recon-nues nuisibles ; il peut défendre aux charcutiers de laisser séjourner les eaux de lavage sur la voie publique, soit même dans les cuvettes desti-nées à les recevoir ; faire défense de verser avec les eaux de lavage des débris de viande ou de toute autre nature ; en un mot, prescrire toutes les mesures qu'il jugera convenables dans l'intérêt de la salubrité pu-blique. — Voy. COMESTIBLES, DENRÉES ET SUBSTANCES ALIMENTAIRES.— *Dict. des formules*, nᵒˢ 360 et 361.

Charivari. — Bruit tumultueux produit à l'aide d'objets sonores et discordants et accompagné de cris et de huées. Les auteurs ou com-plices de charivaris sont passibles des peines prononcées par le Code pénal contre les auteurs ou complices de bruits ou tapages injurieux ou nocturnes.

Ces peines sont une amende de 11 à 15 francs inclusivement, et même, selon les circonstances, l'emprisonnement pendant cinq jours au plus. (C. P., art. 479 et 480.)

La peine d'emprisonnement pendant cinq jours a toujours lieu en cas de récidive. (Id., art. 482.)

Les auteurs de charivaris doivent être poursuivis, alors même que l'usage de la localité semblerait autoriser ces scènes de désordre. (Cass. 26 mai 1826 et 2 avril 1830.)

Il en est de même des complices, c'est-à-dire de ceux qui ont pré-paré, facilité les charivaris ou qui ont fourni les instruments à l'aide desquels ils ont été produits. — Voy. BRUITS ET TAPAGES, POLICE. — *Dict. des formules*, nᵒ 362.

Charlatan. — On désigne ordinairement sous ce nom celui qui vend des drogues sur la voie publique, souvent au son de la musique, et avec un certain appareil.

Les maires ont le droit d'interdire toute vente de cette nature dans leur commune respective.

La loi du 21 germinal an XI (art. 36 et 37) et la loi du 20 pluviôse an XIII défendent, en effet, toute distribution de drogues, de prépara-tions médicamenteuses, de plantes ou parties de plantes médicinales indigènes, fraîches ou sèches, sur des théâtres ou étalages, dans les places publiques, foires et marchés, toute annonce ou affiche imprimées de remèdes secrets, sous quelque dénomination qu'ils soient présentés, à peine d'amende de 25 à 600 francs, et, en outre, en cas de récidive, d'une détention de trois jours au moins et de dix jours au plus.

Néanmoins on tolère, dans beaucoup de communes, les ventes de drogues sur la voie publique, notamment les jours de foire et de marché; mais les charlatans doivent se munir préalablement de la permission du maire et lui produire le diplôme de pharmacien ou d'herboriste, et, s'il y a lieu, le titre en vertu duquel ils peuvent exercer l'art de guérir.

Tout charlatan qui s'établirait sans permission sur la voie publique pour la vente de ses remèdes, doit être conduit devant le juge de paix ou le maire, qui pourra ordonner provisoirement son arrestation, à défaut de justification du titre exigé. —*Dict. des formules*, n° 363.

Charretier. — Voy. ROULAGE, VOITURIER.

Charrue. — Les coutres de charrue, lorsqu'ils sont abandonnés dans les champs, pouvant devenir une arme dangereuse entre les mains des malfaiteurs, les personnes qui les ont ainsi abandonnés encourent la peine d'une amende de police municipale et de la confiscation. (C. P., art. 471, n° 7, et 472.) — *Dict. des formules*, n° 332.

Chasse. — La chasse peut être définie la recherche ou la poursuite de tout animal sauvage ou de tout oiseau dans le but de s'en rendre maître et d'en tirer profit soit en le consommant, soit en le vendant.

Un décret de l'Assemblée constituante, rendu en 1789, a détruit le privilège de chasse; il a conféré à tout propriétaire le droit de détruire ou faire détruire sur ses terres toute espèce de gibier, en se conformant aux lois de police faites dans un intérêt de sûreté publique.

Mais ce décret formulé d'une manière générale avait ouvert une large voie aux abus; la loi du 28-30 avril 1790 vint presque aussitôt y mettre un terme, en apportant des restrictions à l'exercice du droit de chasse. Cette loi décrétée à titre provisoire, par l'Assemblée constituante qui devait y apporter des développements lorsque l'ordre de ses travaux le lui aurait permis, resta cependant en vigueur pendant plus de cinquante ans. Elle fut enfin remplacée par la loi du 3 mai 1844, qui sert de base aujourd'hui à toute la législation sur la matière, sauf les modifications apportées à ses articles 3 et 9 par la loi du 22 janvier 1874. Nous allons retracer les principales dispositions de cette loi.

Du permis de chasse. — Nul ne peut chasser, sauf les exceptions ci-après, s'il ne lui a été délivré un permis de chasse par l'autorité compétente. (L. 3 mai 1844, art. 1.)

Les permis de chasse sont délivrés, sur l'avis du maire par le préfet du département, ou bien, par le sous-préfet de l'arrondissement dans lequel celui qui en fait la demande a sa résidence ou son domicile. (D. 13 avril 1861, art. 6.)

La délivrance du permis de chasse donne lieu au payement d'un droit de 18 francs au profit de l'État, et de 10 francs au profit de la commune dont le maire a donné l'avis énoncé au paragraphe précédent.

(L. 20 décembre 1872 et 6 juin 1875. — Circul. compt. publique, 26 juillet 1875.)

Les permis de chasse sont personnels; ils sont valables pour un an seulement. (Id. art. 5 ; mai 1844.)

La demande du permis de chasse doit être faite sur papier timbré. (Décis. min. 5 septembre 1849.) Elle est remise au maire, accompagnée de la quittance de 28 francs, délivrée par le percepteur. (Circ. int. 30 juillet 1849.)

L'avis du maire ne doit pas exprimer vaguement qu'il y a ou qu'il n'y a pas lieu de délivrer le permis de chasse. Il doit, au contraire, lorsqu'il est favorable, exprimer qu'il n'est pas à la connaissance de ce fonctionnaire que l'impétrant se trouve dans aucune des catégories pour lesquelles le permis ne pourrait être délivré; et s'il est défavorable, exprimer que l'impétrant se trouve, à sa connaissance, dans telle ou telle position qui fait obstacle à la délivrance d'un permis de chasse. (Circ. int. 20 mai 1844.) — *Dict. des formules*, n° 366.

Cet avis doit toujours être donné par le maire de la commune, lieu du domicile ou de la résidence. Autrement non seulement cette commune serait privée de la part qui lui revient dans le prix du permis de chasse, mais encore la garantie attachée à l'avis du maire disparaîtrait complètement. Le maire d'une autre commune qui donnerait ainsi un avis de complaisance engagerait sa responsabilité en exposant la commune qu'il administre à des réclamations de la part de la commune du domicile ou de la résidence.

Les demandes en permis de chasse doivent toujours être faites par les intéressés lorsqu'ils sont majeurs. Les maires ne doivent donc pas accueillir, revêtir de leur avis et adresser au préfet celles qui leur seraient présentées par des tiers, au nom de leurs parents ou amis. (Circ. Int. 11 juillet 1851.)

Les maires ne peuvent refuser de donner l'avis exigé par la loi. En cas de refus de leur part le préfet aurait le droit de faire une délégation spéciale en vertu de l'article 15 de la loi du 18 juillet 1837.

Les maires doivent tenir registre des avis qu'ils délivrent sur les demandes de permis de chasse; ils inscrivent aussi sur ce registre la date de la réception de chaque permis à la mairie et de la remise qu'il en fait ensuite aux intéressés. — *Dict. des formules*, n° 367.

Personnes auxquelles le permis peut être refusé. — Le préfet ou le sous-préfet peut refuser le permis de chasse :

1° A tout individu majeur qui n'est point personnellement inscrit, ou dont le père ou la mère n'est pas inscrit au rôle des contributions;

2° A tout individu qui, par une condamnation judiciaire, a été privé de l'un ou de plusieurs des droits énumérés dans l'article 42 du Code pénal, autres que le droit de port d'armes ;

3° A tout condamné à un emprisonnement de plus de six mois, pour rébellion ou violence envers les agents de l'autorité publique;

4° A tout condamné pour délits d'association illicite, de fabrication, débit, distribution de poudre, armes ou autres munitions de guerre; de menaces écrites ou de menaces verbales, avec ordre ou sous condition, d'entraves à la circulation des grains; de dévastation d'arbres ou de récoltes sur pied, de plants venus naturellement ou faits de main d'homme;

5° A ceux qui ont été condamnés pour vagabondage, mendicité, vol, escroquerie ou abus de confiance.

La faculté de refuser le permis de chasse aux condamnés dont il est question dans les paragraphes 3, 4 et 5, cesse cinq ans après l'expiration de la peine. (L. 3 mai 1884, art. 6.)

Personnes auxquelles le permis de chasse ne doit pas être délivré. — Le permis de chasse ne doit pas être délivré :

1° Aux mineurs qui n'ont pas seize ans accomplis ;

2° Aux mineurs de seize à vingt et un ans, à moins que le permis ne soit demandé pour eux par leur père, mère, tuteur ou curateur, porté au rôle des contributions ;

3° Aux interdits ;

4° Aux gardes champêtres ou forestiers des communes et établissements publics, ainsi qu'aux gardes forestiers de l'Etat et aux gardes-pêche. (Id., art. 7.)

Personnes auxquelles le permis de chasse ne saurait être accordé. — Le permis de chasse ne doit jamais être accordé :

1° A ceux qui, par suite de condamnation, sont privés du droit de port d'armes ;

2° A ceux qui n'auraient pas exécuté les condamnations prononcées contre eux pour délit de chasse ;

3° A tout condamné placé sous la surveillance de la haute police. (Id., art. 8.)

Permis délivrés par erreur. — Quand un permis a été délivré par erreur à une personne à laquelle le préfet avait seulement la faculté de le refuser, aucune disposition de loi n'autorise, même implicitement, le retrait ultérieur du permis. Mais si le permis a été délivré à un individu qui aux termes des articles 7 et 8 ne devait point en recevoir, le préfet doit, dès la découverte de l'erreur, prendre un arrêté qui en prononce l'annulation. Le prix est ou non remboursé suivant que l'impétrant a ou non agi de bonne foi dans l'ignorance de l'incapacité qui le frappait et suivant qu'il s'est servi ou non du permis : Les préfets doivent d'ailleurs toujours prendre l'avis du ministre avant de prononcer. (Circ. 22 juillet 1851.)

Etrangers. — Quant aux étrangers, résidant en France, la loi n'ayant rien disposé à leur égard, le ministre de l'intérieur a décidé que la condition essentielle de la délivrance des permis de chasse aux étrangers est la résidence bien constatée, et qu'ils sont aptes à recevoir des permis de chasse lorsqu'ils ne sont dans aucun des cas d'exclusion mentionnés par la loi, et lorsque, d'ailleurs, ils ne sont pas soumis à la surveillance, à raison de circonstances politiques. (Décis. min. 1846.)

Délivrance des permis. — Les permis accordés sont adressés directement aux maires des communes où résident les impétrants. Ces fonctionnaires doivent les faire remettre immédiatement.

Dans le cas où un permis de chasse, pendant la durée de sa validité, viendrait à être adiré, le titulaire ne pourrait demander qu'il lui fût délivré un duplicata de ce titre, ou un certificat constatant qu'il lui avait été primitivement délivré. Il devrait s'en faire délivrer un nouveau.

Cependant, s'il était établi que le permis, sorti des bureaux de la préfecture, n'est pas arrivé à sa destination, le préfet pourrait en délivrer un second, sans imposer à l'impétrant la condition d'en consigner de nouveau le prix. Mais il ne devrait user de cette faculté qu'avec la plus grande réserve et en exigeant que le maire de la commune, où réside l'intéressé, joigne à la demande en délivrance d'un duplicata un certificat de non-remise de la première formule. En même temps qu'il accorderait un second permis, le préfet devrait signaler à tous les maires de son département, ainsi qu'au commandant de la gendarmerie, le fait d'adirement du permis remplacé, pour qu'il ne puisse servir à la personne qui l'aurait trouvé et serait tenté de se l'approprier. (Circ. Int. 22 juillet 1851.)

Exceptions à l'obligation du permis de chasse. — Quelques exceptions ont été faites par la loi à l'obligation des permis de chasse. Ainsi, le propriétaire ou possesseur peut chasser ou faire chasser en tout temps sans permis de chasse dans ses possessions attenant à une habitation et entourées d'une clôture continue faisant obstacle à toute communication avec les héritages voisins. (L. 3 mai 1844, art. 2.)

Mais il faut que la clôture soit sérieuse et complète, car il a été jugé qu'un terrain, dans les clôtures duquel il existe plusieurs brèches, dont l'une a 60 centimètres de largeur, ne peut pas être considéré comme un terrain clos, dans lequel le propriétaire ou possesseur peut chasser en tout temps sans permis. (Cour de Cass., arrêt 7 mars 1877.)

Le permis de chasse n'est pas non plus nécessaire aux propriétaires, possesseurs ou fermiers pour détruire, en tout temps, sur leurs terres, les animaux malfaisants ou nuisibles dont les espèces auront été déterminées par arrêté du préfet, et pour repousser et détruire, à titre de défense, même avec des armes à feu, les bêtes fauves qui porteraient dommage à leurs propriétés. (Id., art. 9; Circ. 20 mai 1844.) Il importe de remarquer que cette faculté de destruction ainsi reconnue au propriétaire comme un moyen de protéger sa propriété ne s'étend pas à toute espèce d'animaux, elle est expressément limitée aux animaux nuisibles et ils doivent toujours faire au besoin la preuve des dégâts occasionnés par ces animaux. La meilleure manière de faire cette preuve est de laisser les animaux sur place.

Sauf ces exceptions et le cas de battues administratives, le permis de chasse est toujours obligatoire, même pour chasser sur les rivages de la mer.

De l'ouverture et de la clôture de la chasse. — Les préfets déterminent par des arrêtés publiés au moins dix jours à l'avance l'époque de l'ouverture et celle de la clôture de la chasse dans chaque département. (L. 3 mai 1844, art. 3.)

L'ouverture et la clôture de la chasse doivent être fixées par deux arrêtés différents.

Les maires ont le droit, de leur côté, de prendre des arrêtés de police municipale pour défendre la chasse sur les terres non encore dépouillées de leurs récoltes. Ils peuvent, par exemple, défendre la chasse dans les vignes, et à une certaine distance des vignes, jusqu'à la fin du ban de vendange et de grappillage. (Cass., 4 septembre 1847.)

Les maires doivent donner toute publicité nécessaire à ces arrêts. Cette publicité consiste principalement dans une lecture publique et dans une apposition d'affiche à la porte de la mairie de chaque commune. Pour prévenir le plus possible les délits résultant du colportage du gibier d'un département où la chasse est ouverte dans un département où elle ne l'est pas, les préfets doivent faire afficher leurs arrêtés d'ouverture et de clôture non seulement dans leur département, mais encore dans les principaux centres de population des départements voisins. (Circ. Int., 22 juillet 1851.)

Nature du droit conféré par le permis. — Dans le temps où la chasse est ouverte, le permis donne à celui qui l'a obtenu le droit de chasser *de jour*, à tir et à courre, sur ses propres terres et sur les terres d'autrui, avec le consentement de celui à qui le droit de chasse appartient.

L'interdiction de chasser sur le terrain d'autrui découle naturellement de cet article. Mais elle est adoucie dans le cas exceptionnel prévu par l'article 11 qui porte : « Pourra ne pas être considéré comme délit de chasse le fait du passage des chiens courants sur l'héritage d'autrui, lorsque les chiens seront à la suite d'un gibier lancé sur la propriété de leurs maîtres, sauf l'action civile, s'il y a lieu en cas de dommage.

En dehors de la chasse à tir et à courre, tous autres moyens de chasse, à l'exception des furets et des bourses destinées à prendre le lapin, sont formellement prohibés.

La chasse de nuit, de quelque manière que ce soit, et sans distinction de l'espèce de gibier, est interdite. (Loi de 1844 amendée par la loi du 22 janvier 1874.)

Il est interdit de prendre ou de détruire sur le terrain d'autrui les œufs ou couvées de faisans, perdrix, cailles, etc. (Art. 4 et 5 loi de 1844, la nomenclature des oiseaux.)

Ouvertures et clôtures spéciales, pouvoirs des préfets. — Le droit pour les préfets de fixer une époque différente pour la clôture des chasses à tir et à courre est formellement consacré par l'article 3 de la loi de 1844, modifiée par la loi du 22 janvier 1874 précitée.

L'article unique de cette loi donne également aux préfets le droit de prendre, sur l'avis des conseils généraux, des arrêtés pour déterminer :

1° L'époque de la chasse des oiseaux de passage autre que la caille, et les modes et procédés de chaque chasse pour les diverses espèces ;

2° Le temps pendant lequel il sera permis de chasser le gibier d'eau, dans les marais, sur les étangs, fleuves et rivières ;

3° Les espèces d'animaux malfaisants ou nuisibles que le propriétaire, possesseur ou fermier, pourra en tout temps détruire sur ses terres, et les conditions de l'exercice de ce droit, sans préjudice du droit appartenant au propriétaire ou au fermier de repousser ou de détruire, même avec des armes à feu, les bêtes fauves qui porteraient dommage à ses propriétés.

Ils peuvent également prendre des arrêtés :

1° Pour prévenir la destruction des oiseaux ;

2° Pour autoriser l'emploi des chiens lévriers pour la destruction des animaux malfaisants ou nuisibles ;

3° Pour interdire la chasse pendant le temps de neige. (L. 3 mai 1884, art. 9.)

La circulaire du ministre de l'intérieur du 16 décembre 1878 recommande de généraliser la prohibition de chasse en temps de neige et de faire figurer dans des arrêtés permanents la défense de vendre et de colporter le gibier sauf les oiseaux d'eau pendant cette suspension accidentelle de la chasse, défense qui résulte des arrêts de Cassation des 22 mars et 18 avril 1845.

En ce qui concerne la chasse des animaux malfaisants et nuisibles, il faut remarquer que le lièvre n'étant pas de sa nature un animal nuisible, ne peut être chassé en temps prohibé. S'il cause des dommages à la propriété, il faut, pour le chasser dans ce temps, une autorisation *ad hoc* du préfet, et dans ce cas il ne peut être chassé qu'avec le fusil ou à courre, conformément à l'article 9 de la loi du 3 mai 1844. Par suite, l'individu porteur d'un lièvre pris au collet, est par cela seul, undélit de chasse. Il ne saurait alléguer comme excuse légale que cette prise au collet a eu lieu dans une propriété close de murs, si du procès-verbal constatant le délit, il résulte l'existence d'une brèche de dix mètres. (Arrêt de Cass., 20 juillet 1883.)

Vente et transport de gibier en temps prohibé. — Dans chaque département, il est interdit de mettre en vente, de vendre, d'acheter, de transporter et de colporter du gibier pendant le temps où la chasse n'y est pas permise.

En cas d'infraction à cette disposition, le gibier sera saisi et immédiatement livré à l'établissement de bienfaisance le plus voisin, en vertu d'une ordonnance du juge de paix, si la saisie a eu lieu au chef-lieu de canton, soit d'une autorisation du maire, s'il n'y a pas de juge de paix ou s'il est absent. Cette ordonnance ou cette autorisation est délivrée sur la requête des agents ou gardes qui ont opéré la saisie, et sur la présentation du procès-verbal régulièrement dressé. — *Dict. des formules*, nos 373, 374, 375.)

Le ministre de l'intérieur, d'accord avec le ministre de la justice, a autorisé l'introduction en France, après la clôture de la chasse, du gibier d'eau et des lapins de garenne de provenance étrangère, mais en obligeant les expéditeurs à faire les envois sous le plomb de la douane avec un acquit à caution, relatant la provenance, le nombre et la nature des pièces expédiées, qui doivent toujours être revêtues de leurs plumes, et enfin sous l'obligation de justifier que le gibier expédié peut être vendu et colporté dans le département de destination, au moyen d'un extrait certifié conforme de l'arrêté sur la police de la chasse en vigueur dans ce département. (Circ. 25 avril 1879.)

Comme il est de règle que les acquits-à-caution qui accompagnent les colis fassent retour au bureau de la douane qui les a délivrés, revêtus d'un certificat de décharge, il appartient aux maires des communes où il n'existe pas de bureau de douanes, de décharger les acquits-à-caution qui leur sont remis par les destinataires et de renvoyer ces documents au bureau d'émission. (Circ. Int. 14 juin 1879.)

L'importation des conserves de gibier exotique est également autorisée sur justification d'un certificat d'origine étrangère avec l'estampille consistant en un carré de papier de 5 centimètres, portant la signature du bureau et du receveur des douanes. (Circ. Int., 25 mai 1883.)

La recherche du gibier ne peut être faite à domicile que chez les aubergistes, chez les marchands de comestibles et dans les lieux ouverts au public.

La question s'est élevée de savoir si la vente, le transport et le colportage du gibier doivent cesser le lendemain même de la clôture de la chasse. Le ministre de l'intérieur, consulté à ce sujet, a été d'avis que les préfets, sans en faire mention dans leurs arrêtés, peuvent accorder une tolérance d'un ou de deux jours, pour faciliter l'écoulement du gibier tué en temps permis. (Circ. Int. 22 juillet 1851.)

De la poursuite des délits et du jugement. — Les délits de chasse sont prouvés, soit par procès-verbaux ou rapports, soit par témoins à défaut de rapports et de procès-verbaux, ou à leur appui. (D. 3 mai 1844, art. 21.) — *Dict. des formules,* n⁰ˢ 369 à 373.

Les procès-verbaux des maires et adjoints, commissaires de police, officiers, maréchaux des logis ou brigadiers de gendarmerie, gendarmes, gardes forestiers, gardes pêches, gardes champêtres ou gardes assermentés des particuliers, font foi jusqu'à preuve contraire. (Id., art. 22.)

Les gardes champêtres et les gardes forestiers ne peuvent rechercher le délit que dans le territoire pour lequel ils sont assermentés. Il n'en est pas de même des gendarmes, qui peuvent constater les délits de chasse dans toute l'étendue de la France.

Les procès-verbaux des employés des contributions indirectes et des octrois font également foi jusqu'à preuve contraire, lorsque, dans la limite de leurs attributions respectives, ces agents recherchent et constatent les délits résultant de la mise en vente, vente, achat, transport ou colportage de gibier pendant le temps où la chasse n'est pas permise. (L. 3 mai 1844, art. 23.)

Dans les vingt-quatre heures du délit, les procès-verbaux des gardes champêtres, gardes forestiers, gardes pêches et gardes particuliers doivent être, à peine de nullité, affirmés par les rédacteurs devant le juge de paix ou l'un de ses suppléants, ou devant le maire ou l'adjoint, soit de la commune de leur résidence, soit de celle où le délit aura été commis. (Id., art. 24.)

Les délinquants ne peuvent être saisis ni désarmés ; néanmoins, s'ils sont déguisés ou masqués, s'ils refusent de faire connaître leurs noms, ou s'ils n'ont pas de domicile connu, ils sont conduits immédiatement devant le maire ou le juge de paix, lequel s'assurera de leur individualité. (Id. art. 25.) Les délits de chasse peuvent être prouvés, à défaut de procès-verbaux, par la preuve testimoniale et notamment par la déposition du garde particulier qui, ayant vu commettre le délit, n'en a pas dressé procès-verbal. (Cassation, 24 mai 1878.)

Tous les délits constatés pour fait de chasse sont poursuivis d'office par le ministère public, sans préjudice du droit conféré aux parties lésées par l'article 182 du Code d'instruction criminelle. Néanmoins, dans le cas de chasse sur le terrain d'autrui, sans le consentement du propriétaire, la poursuite d'office ne pourra être exercée par le ministère public, sans une plainte de la partie intéressée, qu'autant que ce délit aura été commis dans un terrain clos et attenant à une habitation, ou sur des terres non encore dépouillées de leurs fruits. (Id., art. 26.)

Ceux qui auront commis conjointement les délits de chasse seront condamnés solidairement aux amendes, dommages-intérêts et frais. (L. 3 mai 1844, art. 27.)

Le père, la mère, le tuteur, les maîtres et commettants sont civilement responsables des délits de chasse commis par leurs enfants mineurs non mariés, pupilles, demeurant avec eux, domestiques ou préposés, sauf tout recours de droit.

Cette responsabilité est réglée conformément à l'article 1384 du Code civil, et ne s'applique qu'aux dommages-intérêts et frais, sans pouvoir donner lieu à la contrainte par corps. (Id., art. 28.)

Toutes actions relatives aux délits de chasse sont prescrites par le laps de trois mois, à compter du jour du délit. (Id., art. 29.)

Des peines. — Les peines applicables à l'occasion des divers délits de chasse sont : l'amende dans tous les cas ; l'emprisonnement facultatif dans des cas spécifiés ; la confiscation des instruments du délit et la privation facultative, pendant cinq ans au plus, du droit d'obtenir un permis de chasse. Une disposition formelle défend de modifier les peines par l'application de l'article 463 du Code pénal, qui admet des circonstances atténuantes en faveur de l'accusé, et qui permet, le cas échéant, d'apporter un adoucissement aux peines prononcées par la loi. (L. 3 mai 1844, art. 11 à 20.)

Les peines applicables aux délits prévus par les articles 11 et 12 de la loi doivent être toujours portées au maximum, lorsque les délits ont été commis par les gardes champêtres ou forestiers des communes, ainsi que par les gardes forestiers de l'Etat et des établissements publics. (Id., art. 12.)

La quotité des dommages-intérêts est laissée à l'appréciation des tribunaux. (Id,, art. 16.)

Emploi du produit des amendes. — Sur le montant du produit des amendes prononcées en vertu de la loi du 3 mai 1844, il est prélevé, d'abord, des gratifications accordées par l'article 10 de cette loi aux gardes et gendarmes rédacteurs des procès-verbaux ayant pour but de constater les délits. Les amendes de chasse résultant des procès-verbaux des maires, adjoints, commissaires de police, employés des contributions indirectes et des octrois ne donnent droit à aucune gratification. (Inst. 20 septembre 1875, art. 375.) Le surplus desdites amendes est attribué aux communes sur le territoire desquelles les infractions ont été commises. (Id., art. 19.)

Les gratifications à accorder aux gendarmes, gardes forestiers, gardes champêtres, gardes pêche et gardes assermentés des particuliers, sont fixées ainsi qu'il suit : — *huit francs* pour les délits consistant en chasse sans permis ; chasse sur le terrain d'autrui sans le consentement du propriétaire ; contraventions aux arrêtés des préfets concernant les oiseaux de passage, le gibier d'eau, la chasse en temps de neige, l'emploi des chiens lévriers, ou autres arrêtés concernant la destruction des oiseaux et celle des animaux nuisibles ou malfaisants ; enlèvement ou destruction, sur le terrain d'autrui, des œufs ou couvées de faisans, de perdrix ou de cailles ; contraventions par des fermiers de la chasse aux clauses et conditions de leurs cahiers des charges ;—*quinze francs*, pour les délits consistant en chasse en temps prohibé ; chasse pendant la nuit ou à l'aide d'engins, instruments ou moyens prohibés ; possession de filets, engins ou autres instruments de chasse prohibés ; mise en vente en temps prohibé, vente, achat, transport ou colportage de gibier ; emploi de drogues ou appâts de nature à enivrer ou à détruire le gibier ; chasse avec appeaux, appelants ou chanterelles ; chasse sur le terrain d'autrui sans son consentement, quand le terrain est attenant à une maison servant à l'habitation et entouré d'une clôture continue faisant obstacle à toute communication avec les héritages voisins ; — *vingt-cinq francs*, si le délit dont nous venons de parler a été commis la nuit.

La gratification est due pour chaque amende prononcée ; mais il ne peut être alloué qu'une seule gratification, lors même que plusieurs agents auraient concouru à la rédaction du procès-verbal constatant le délit. (O. 5 mai 1845.)

Il est tenu un compte spécial par commune du recouvrement des amendes. Ce compte doit être réglé chaque année après prélèvement des gratifications et de 5 0/0 pour frais de régie ; le produit restant des amendes recouvrées est compté à la commune sur le territoire de laquelle l'infraction a été commise. En cas d'excédent de dépense à l'époque du règlement, il ne peut être exercé aucun recours contre la commune ; mais cet excédent est reporté au compte ouvert pour l'année suivante, dans lequel il forme le premier article de la dépense. (D. 4 août 1852.) — Voy. Amendes. — *Dict. des formules*, n° 376.

Amodiation du droit de chasse sur les propriétés communales. — Les communes et les établissements publics sont autorisés à affermer le droit de chasse sur les biens et dans les bois qu'ils possèdent alors même que ces derniers sont soumis au régime forestier ; mais ils ne sauraient concéder gratuitement à des particuliers le droit de chasser sur leurs propriétés, alors que la location de ce droit, soit à l'amiable, soit par voie d'adjudication, peut devenir pour eux une source parfois importante de revenus. (Décis. du min. de l'int. 1858.)

La location des droits de chasse a lieu comme celle de tous les biens communaux, c'est-à-dire dans la forme et avec les conditions prescrites par les lois et règlements relatifs aux baux administratifs des communes et des établissements de bienfaisance. L'adjudication est faite conformément à un cahier des charges dressé d'après la délibération du conseil municipal ou de la commission administrative qui a réglé les clauses et conditions du bail. Les baux sont ordinairement consentis pour neuf ans, du 1er juillet de la première année au 30 juin de la neuvième. Chaque adjudicataire est tenu de donner une caution reconnue solvable, laquelle s'oblige solidairement avec lui à toutes les clauses et conditions du bail, faute de quoi il est déchu de l'adjudication. Le prix du fermage est payé chaque année et d'avance dans la caisse du receveur de la commune ou de l'établissement en deux termes égaux, l'un le 1er juillet et l'autre le 1er janvier.

Après que le cahier des charges a été soumis à l'approbation du préfet, des affiches doivent être apposées, au moins quinze jours à l'avance, dans la commune et dans celles qui environnent les bois. Il est procédé ensuite à l'adjudication, soit aux enchères et à l'extinction des feux, soit sur soumissions cachetées.

Les maires et les administrateurs des établissements de bienfaisance, ainsi que leurs receveurs, ne peuvent se rendre adjudicataires des droits de chasse dans les bois des communes et établissements dont ils gèrent les revenus.

Avant la signature du procès-verbal d'adjudication, les fermiers doivent désigner les personnes qu'ils ont l'intention de s'adjoindre dans la jouissance de leur bail, et il doit en être fait mention au procès-verbal.

Les adjudicataires des droits de chasse n'ont pas le droit d'introduire, à titre particulier, des surveillants, quels qu'ils soient, dans les forêts. Les agents forestiers ont seuls mission d'assurer l'exécution des lois et règlements sur la chasse et celle des clauses spéciales des adjudications de ce droit. Il importe que les administrateurs adressent aux agents forestiers locaux une expédition du procès-verbal d'adjudication des droits de chasse ainsi que des clauses qui les régissent, afin de les mettre à même d'en assurer l'exécution. (Circ. int., 4 novembre 1850.)

Les communes et les établissements publics peuvent aussi affermer, par le même acte ou séparément, le droit de chasse sur leurs propriétés autres que les bois et sur celles des propriétaires qui renoncent à ce droit au profit de la caisse municipale. L'acte par lequel plusieurs propriétaires, en renonçant à l'exercice personnel du droit de chasse sur leurs propriétés, donnent leur consentement à ce que ce droit soit affermé dans l'intérêt de la commune, n'est assujetti qu'à un droit fixe de 2 francs d'enregistrement, quel que soit le nombre des propriétaires qui y concourent.

Sont punis d'une amende de 16 à 100 francs les fermiers de la chasse, soit dans les bois soumis au régime forestier, soit sur les propriétés dont la chasse est louée au profit des communes ou établissements publics, qui ont contrevenu aux clauses et conditions de leurs cahiers des charges relatives à la chasse. (L. 3 mai 1844, art. 11, § 5.) —Voy. BAUX, BOIS, *Dict. des formules*, n°s 377 et 378.

Chemins de fer. — Voies de communication et de transport garnies de deux bandes de fer parallèles appelées *rails*, et sur lesquelles portent les roues des voitures qui les parcourent et qui sont ordinairement traînées par des machines à vapeur appelées *locomotives*.

Les dispositions générales destinées à assurer, à régler et à faciliter l'établissement des chemins de fer en France, sont inscrites : 1° dans la loi du 3 mai 1841 sur l'expropriation pour cause d'utilité publique ; 2° dans la loi du 11 juin 1842, qui a prescrit la construction d'un réseau de grandes lignes et dans celles des 9 juillet 1845, 27 février 1850 ; 3° dans les instructions du ministre des travaux publics des 19 et 20 mai 1843 et le règlement des 15 novembre et 8 octobre 1848.

Le régime légal des chemins de fer dans leurs rapports et leurs obligations avec l'Etat a beaucoup varié. Il a été successivement réglé par la loi de 1842, par celles du 11 juin 1859, du 12 juillet 1865, du 11 juin 1878, du 17 juillet 1879. Enfin il est actuellement régi par les lois du 20 novembre 1884, qui ont homologué les conventions intervenues entre les grandes compagnies et l'Etat.

Il n'entre pas dans le cadre du *Dictionnaire municipal* de reproduire ces dispositions qui se rattachent principalement aux attributions des ingénieurs des ponts et chaussées. Nous nous bornerons à analyser les lois et règlements qui régissent la police des chemins de fer, à l'exécution desquels l'autorité municipale est appelée à concourir.

Mesures relatives à la conservation des chemins de fer. —Les chemins construits ou concédés par l'État font partie de la grande voirie. (L. 13 juillet 1845, art. 1er.)

Leur sont applicables, par conséquent, les lois et règlements sur la grande voirie qui ont pour objet d'assurer la conservation des talus, levées ou autres ouvrages d'art dépendant des routes, et d'interdire sur toute leur étendue le pacage des bestiaux, les dépôts de terre et autres objets quelconques. (Id. art. 2.)

Sont applicables aux propriétés riveraines des chemins de fer, les servitudes imposées par les lois et les règlements sur la grande voirie et qui concernent : l'alignement, l'écoulement des eaux, l'occupation temporaire des terrains en cas de réparation, la distance à observer pour les plantations et l'élagage des arbres plantés, le mode d'exploitation des mines, minières, tourbières, carrières et sablières dans la zone déterminée à cet effet. Sont également applicables à la confection et à l'entretien des chemins de fer les lois et règlements sur l'extraction des matériaux nécessaires pour les travaux publics. (L. 15 juillet 1845, art. 3.)

Tout chemin de fer doit être clos des deux côtés et sur toute l'étendue de la ligne. L'administration détermine pour chaque ligne le mode de cette clôture, et pour ceux des chemins de fer qui n'y ont pas été assujettis, l'époque à laquelle elle doit être effectuée. Partout où les chemins de fer croisent de niveau les routes de terre, des barrières sont établies et tenues fermées conformément aux règlements. (Id., art. 4.)

Par dérogation à cet article, le ministre des travaux publics peut, sur tout ou partie des chemins de fer d'intérêt local qui ont été ou seront ultérieurement incorporés au réseau d'intérêt général en construction ou à construire et des lignes d'intérêt général, dispenser de poser des clôtures fixes le long des voies ferrées, des barrières mobiles à la traversée des routes de terre, toutes les fois que cette mesure lui paraîtra compatible avec la sûreté de l'exploitation et la sécurité publique. Les dispenses accordées dans ces conditions n'ont qu'un caractère provisoire, le ministre des travaux publics conserve le droit de prescrire à toute époque et lorsqu'il le reconnaît nécessaire, l'établissement de clôtures fixes et de barrières mobiles sur les lignes ou portions de ligne ci-dessus désignées. (L. 27 octobre 1880, art. 1 et 2.)

Du reste, il faut noter que l'obligation de clore les chemins de fer, n'ayant pas été imposée aux compagnies dans l'intérêt des propriétaires riverains, ceux-ci ne peuvent exiger l'établissement et l'entretien de clôtures susceptibles de résister à l'effort des bestiaux. (Trib. de la Seine, 20 décembre 1877 et de Rouen, 28 juin 1878.) C'est aux riverains à prendre soin de leur bétail.

Aucune construction autre qu'un mur de clôture ne peut être établie dans une distance de 2 mètres d'un chemin de fer. Cette distance est mesurée, soit de l'arête inférieure du talus de remblai, soit du bord extérieur des fossés du chemin, et, à défaut, d'une ligne tracée à 1 mètre 50 centimètres à partir des rails extérieurs de la voie de fer. Les constructions existantes au moment de la promulgation de la loi (15 juillet 1845) peuvent être entretenues dans l'état où elles se trouvaient à cette époque. (Id., art. 5.)

Dans les localités où le chemin de fer se trouve en remblai de plus de 3 mètres au-dessus du terrain naturel, il est interdit aux riverains de pratiquer, sans autorisation préalable, des excavations dans une zone de largeur égale à la hauteur verticale du remblai, mesurée à partir du pied du talus. Cette autorisation ne peut être accordée sans que les concessionnaires ou fermiers de l'exploitation du chemin de fer aient été entendus ou dûment appelés. (Id., art. 6.)

Il est défendu d'établir, à une distance de moins de 20 mètres d'un chemin de fer desservi par des machines à feu, des couvertures en chaume, des meules de paille, de foin et autre dépôt de matières inflammables. Cette prohibition ne s'étend pas aux dépôts de récolte faits seulement pour le temps de la moisson. (Id., art. 7.)

Dans une distance de moins de 5 mètres d'un chemin de fer, aucun dépôt de pierres ou objets non inflammables ne peut être établi sans l'autorisation préalable du préfet. Cette autorisation est toujours révocable. L'autorisation n'est pas nécessaire : 1° pour former, dans les localités où le chemin de fer est en remblai, les dépôts de matières non inflammables dont la hauteur n'excède pas celle du remblai du chemin ; 2° pour former des dépôts temporaires d'engrais et autres objets nécessaires à la culture des terres. (Id., art. 8.)

Lorsque la sûreté publique, la conservation du chemin et la disposition des lieux le permettent les distances ci-dessus peuvent être diminuées en vertu de décrets rendus après enquête. (Id., art. 9.)

Si, hors des cas d'urgence prévus par la loi du 5 avril 1884, la sûreté publique ou la conservation du chemin l'exige, l'administration peut faire supprimer, moyennant une juste indemnité, les constructions, plantations, excavations, couvertures en chaume, amas de matériaux combustibles et autres, existant dans les zones ci-dessus spécifiées. Lors de l'établissement d'un chemin de fer, l'indemnité est réglée, pour la suppression des constructions, conformément aux titres IV et suivants de la loi du 3 mai 1841, et pour tous les autres cas, conformément à la loi du 16 septembre 1807. (Id., art. 10.)

Les contraventions aux dispositions qui précèdent sont constatées et réprimées comme en matière de grande voirie. Elles sont punies d'une amende de 16 à 300 francs sans préjudice des peines portées au Code pénal. Les contrevenants sont, en outre, condamnés à supprimer, dans le délai déterminé par le conseil de préfecture, les excavations, couvertures, meules ou dépôts faits contrairement aux dispositions qui précèdent. A défaut par eux de satisfaire à cette condamnation dans le délai fixé, la suppression a lieu d'office et le montant de la dépense est recouvré contre eux, par voie de contrainte, comme en matière de contributions publiques. (L. 15 juillet 1845, art. 11.)

Mesures relatives à la sûreté de la circulation sur les chemins de fer. — Quiconque aura volontairement détruit ou dérangé la voie de fer, placé sur la voie un objet faisant obstacle à la circulation, ou employé un moyen quelconque pour entraver la marche des convois ou les faire sortir des rails, sera puni de la reclusion. S'il y a eu homicide ou blessures, le coupable sera, dans le premier cas, puni de mort, et dans le second, de la peine des travaux forcés à temps. (L. 15 juillet 1845, art. 16.)

Si le crime a été commis en réunion séditieuse, avec rébellion ou pillage, il sera imputable aux chefs, auteurs, instigateurs et provocateurs de ces réunions, qui seront punis comme coupables du crime et condamnés aux mêmes peines que ceux qui l'auront personnellement commis, lors même que la réunion séditieuse n'aurait pas eu pour but direct et principal la destruction de la voie de fer. Toutefois, dans ce dernier cas, lorsque la peine de mort sera applicable aux auteurs du crime, elle sera remplacée à l'égard des chefs, auteurs, instigateurs et provocateurs de ces réunions, par la peine des travaux forcés à perpétuité. (Id., art. 17.)

Les crimes, délits et contraventions, peuvent être constatés par des procès-verbaux dressés concurremment par les officiers de police judiciaire, les ingénieurs des ponts et chaussées et des mines, les conducteurs, gardes-mines, agents de surveillance et gardes nommés ou agréés par l'administration et dûment assermentés. Les procès-verbaux des délits et contraventions font foi jusqu'à preuve contraire. Au moyen du serment prêté devant le tribunal de première instance de leur domicile, les agents de surveillance de l'administration et des concessionnaires ou fermiers peuvent verbaliser sur toute la ligne du chemin de fer auquel ils sont attachés. (L. 15 juillet 1845, art. 23.)

Les procès-verbaux qui ont été dressés par les commissions de surveillance administrative des chemins de fer pour constater des contraventions de grande voirie ne sont pas soumis à la formalité de l'affirmation. (Arr. du C. d'Et., 6 avril 1870, art. 24.)

Toute attaque, toute résistance avec violence et voie de fait envers les agents des chemins de fer, dans l'exercice de leurs fonctions, sera punie des peines appliquées à la rébellion, suivant les distinctions faites par le Code pénal. (Id., art. 25.)

Pour prévenir les accidents, le ministre des travaux publics recommande, par sa circulaire du 12 janvier 1882, l'emploi des appareils à

signaux dits « bloch system » sur les lignes à double voie et des cloches
électriques, système Léopolder, sur les lignes à voie unique.

*Mesures concernant les voyageurs et les personnes étrangères au ser-
vice du chemin de fer.* — Il est défendu à toute personne étrangère au
service du chemin de fer : 1° de s'introduire dans l'enceinte du chemin
de fer, d'y circuler ou stationner; 2° d'y jeter ou déposer aucuns matériaux ni objets quelconques ; 3° d'y introduire des chevaux, bestiaux ou
animaux d'aucune espèce ; 4° d'y faire circuler ou stationner aucune voitures, wagon ou machine étrangère au service. (O. 15 novembre 1846,
art. 61.)

Sont exceptés de la défense portée au premier paragraphe de l'article précédent, les maires et adjoints, les commissaires de police, les officiers de gendarmerie, les gendarmes et autres agents de la force publique, les préposés aux douanes, aux contributions indirectes et aux octrois,
les gardes champêtres et forestiers, dans l'exercice de leurs fonctions
et revêtus de leurs uniformes ou de leurs insignes. Dans tous les cas,
ces fonctionnaires et agents sont tenus de se conformer aux mesures
spéciales de précaution qui ont été déterminées par le ministre, la compagnie entendue. (Id., art. 62.)

Les cantonniers, garde-barrières et autres agents du chemin de fer
doivent faire sortir immédiatement toute personne qui se serait introduite dans l'enceinte du chemin, ou dans quelque portion que ce soit de
ses dépendances où elle n'aurait pas le droit d'entrer. En cas de résistance de la part des contrevenants, tout employé du chemin de fer peut
requérir l'assistance des agents de l'administration et de la force publique. Les chevaux ou bestiaux abandonnés qui sont trouvés dans l'enceinte du chemin de fer sont saisis et mis en fourrière. (Id., art. 68.)

De la surveillance de l'exploitation. — Les commissaires et les
sous-commissaires spécialement préposés à la surveillance des chemins
de fer, institués par la loi du 27 février 1850, article 1er, sont actuellement nommés par le ministre de l'intérieur, après examen dont les
matières ont été déterminées par l'arrêté du 19 mai 1879.

Ils ont, pour la constatation des crimes, délits et contraventions
commis dans l'enceinte des chemins de fer et de leurs dépendances, les
pouvoirs d'officiers de police judiciaire. (Id., art. 3.)

Ils sont, en cette qualité, sous la surveillance du procureur de la République et lui adressent directement leurs procès-verbaux. Néanmoins,
ils adressent aux ingénieurs, sous les ordres desquels ils continuent à
exercer leurs fonctions, les procès-verbaux qui constatent les contraventions à la grande voirie, et, en double original, aux procureurs de
la République et aux ingénieurs, ceux qui constatent des infractions aux
règlements de l'exploitation. (Id., art. 4.)

Aucune loi n'a soustrait à l'action de l'administration municipale les
portions de territoires occupées par les chemins de fer ou leurs abords.
Les maires y exercent tous les pouvoirs de police qui leur appartiennent
dans l'étendue de la commune. Pour tout ce qui concerne la police municipale, les attributions du maire ne s'arrêtent pas aux limites de
l'enceinte du chemin de fer; mais il n'a pas à intervenir dans
ce qui concerne la police spéciale de l'exploitation. Dans les affaires
qui peuvent présenter un caractère mixte, les mesures qu'il prescrit ne
peuvent être en opposition avec celles de l'administration des chemins
de fer, et, à cet égard, les arrêtés émanés du ministre des travaux publics, ou pris avec son approbation, indiquent à l'autorité municipale

le point où cesse sa compétence. La circonstance exceptionnelle d'une cérémonie publique, se passant dans l'intérieur d'une gare, est évidemment de celles où il y a lieu de faire une juste part des pouvoirs de la police municipale et des nécessités de l'exploitation. Aussi, bien que l'ordonnance de la cérémonie doive lui être réservée, le maire fera-t-il bien de concerter avec l'administration du chemin de fer les dispositions à prendre.

Quant à la question de savoir si c'est au commissaire de surveillance administrative ou au commissaire de police ordinaire que le maire doit adresser ses réquisitions, il n'est pas douteux qu'elle ne doive être résolue dans le sens de la seconde alternative.

Les commissaires de surveillance administrative sont précisément institués pour assurer l'exécution des mesures qui sont en dehors des attributions du pouvoir municipal. Il est vrai que, dans un intérêt général, ces fonctionnaires ont reçu, avec le titre d'officier de police judiciaire, la mission de constater et de poursuivre les crimes, délits et contraventions de droit commun. Mais ils n'exercent cette mission que concurremment avec les commissaires de police ordinaires, et le ministre des travaux publics, dans une circulaire du 1er juin 1855, leur a même enjoint de s'abstenir, lorsque le commissaire de police était présent. A plus forte raison, lorsqu'il s'agit d'un service d'ordre et de sûreté, est-ce au fonctionnaire chargé de la police municipale qu'il appartient de veiller à l'exécution des mesures arrêtées par le maire dans les limites de sa compétence. (Décis. Int. 7 janvier 1855.)

Toutes les fois qu'il arrive un accident sur un chemin de fer, il doit en être fait immédiatement déclaration à l'autorité locale et au commissaire spécial de police, à la diligence du chef du convoi. Le préfet du département, l'ingénieur des ponts et chaussées et l'ingénieur des mines chargés de la surveillance et l'inspecteur général en sont immédiatement informés par les soins de la Compagnie. (O. 15 novembre 1846, art. 59.) — Voy. ACCIDENT, VOIRIE. — *Dict. des formules*, nos 347, et 348.

Chemins de fer d'intérêt local. — — La loi du 11 juin 1880 a abrogé la loi du 25 juillet 1865 et a soumis l'établissement des chemins de fer d'intérêt local par les départements ou par les communes, avec ou sans le concours des propriétaires intéressés aux dispositions suivantes :

Initiative de la création. — S'il s'agit de chemins à établir par un département sur le territoire d'une ou de plusieurs communes, le conseil général arrête, après instruction préalable par le préfet et après enquête, la direction de ces chemins, le mode et les conditions de leur construction, ainsi que les traités et les dispositions nécessaires pour en assurer l'exploitation, en se conformant aux clauses et conditions du cahier des charges type approuvé par le Conseil d'Etat, sauf les modifications qui seraient apportées par la convention et la loi d'approbation.

Si la ligne doit s'étendre sur plusieurs départements, il y a lieu à l'application des articles 89 et 90 de la loi du 10 août 1871. (Art. 1er.)

S'il s'agit de chemins de fer d'intérêt local à établir par une commune sur son territoire, les attributions confiées au conseil général, sont exercées par le conseil municipal, dans les mêmes conditions et sans qu'il soit besoin de l'approbation du préfet. (Voy. *Dictionnaire des formules*, n° 383.)

Déclaration d'utilité publique et approbation des projets. —
Les projets de chemins de fer d'intérêt local, départementaux et communaux, ainsi arrêtés, sont soumis à l'examen du conseil général des ponts et chaussées et du conseil d'Etat. Si ce projet a été arrêté par un conseil municipal, il est accompagné de l'avis du conseil général. L'utilité publique est déclarée et l'exécution est autorisée par une loi. (Art. 2.)

L'autorisation obtenue, s'il s'agit d'un chemin de fer concédé par le conseil général, le préfet, aprós avoir pris l'avis de l'ingénieur en chef du département, soumet les projets d'exécution au conseil général, qui statue définitivement. Néanmoins dans les deux mois qui suivent la délibération, le ministre des travaux publics, sur la proposition du préfet, peut, après avoir pris l'avis du conseil général des ponts et chaussées, appeler le conseil général du département à délibérer de nouveau sur lesdits projets.

Si la ligne doit s'étendre sur plusieurs départements et s'il y a désaccord entre ces conseils généraux, le ministre statue.

S'il s'agit d'un chemin concédé par un conseil municipal, les attributions exercées par le conseil général, aux termes du paragraphe premier du présent article, appartiennent au conseil municipal dont la délibération est soumise à l'approbation du préfet. (Art. 3.)

Si un chemin de fer d'intérêt local doit emprunter le sol d'une voie publique, les projets d'exécution sont précédés de l'enquête prévue par l'article 29 de la loi du 11 juin 1880 sur les tramways et les formalités prescrites par les articles 34, 35, 37 et 38 de la même loi sont également applicables. — Voy. TRAMWAYS.

Les projets de détail des ouvrages sont approuvés par le préfet, sur l'avis de l'ingénieur en chef. (Art. 3.)

Actes de concession. — L'acte de concession détermine les droits de péage et les prix de transports que le concessionnaire est autorisé à percevoir pendant toute la durée de sa concession. (Art. 4.)

Les taxes perçues dans les limites du maximum fixé par le cahier des charges, sont homologuées par le ministre des travaux publics, dans le cas où la ligne s'étend sur plusieurs départements et dans le cas de tarifs communs à plusieurs lignes. Elles sont homologuées par le préfet dans les autres cas. (Art. 5.)

L'autorité qui fait la concession a toujours le droit :

1º D'autoriser d'autres voies ferrées à s'embrancher sur des lignes concédées ou à s'y raccorder ;

2º D'accorder à ces entreprises nouvelles moyennant le payement des droits de péage fixés par le cahier des charges, la faculté de faire circuler leurs voitures sur les lignes concédées ;

3º De racheter la concession aux conditions qui seront fixées par le cahier des charges ;

4º De supprimer ou de modifier une partie du tracé lorsque la nécessité en aura été reconnue après enquête.

Dans ces deux derniers cas, si les droits du concessionnaire ne sont pas réglés par un accord préalable ou par un arbitrage établi, soit par le cahier des charges, soit par une convention postérieure, l'indemnité qui peut lui être due est liquidée par une commission spéciale formée comme il est dit au paragraphe 3 de l'article 11 de la loi du 11 juin 1880. (Art. 6.)

Cahier des charges. — Le cahier des charges détermine :

1°. Les droits et obligations du concessionnaire pendant la durée de la concession;

2° Les droits et obligations du concessionnaire à l'expiration de la concession;

3° Les cas dans lesquels l'inexécution des conditions de la concession peut entraîner la déchéance du concessionnaire, ainsi que les mesures à prendre à l'égard du concessionnaire déchu.

La déchéance est prononcée, dans tous les cas par le ministre des travaux publics, sauf recours au conseil d'État par la voie contentieuse. (Art. 7.)

Aucune concession ne peut faire obstacle à ce qu'il soit accordé des concessions concurrentes, à moins de stipulations contraires dans l'acte de concession. (Art. 8.)

A l'expiration de la concession, le concédant est substitué à tous les droits du concessionnaire sur les voies ferrées qui doivent lui être remises en bon état d'entretien.

Le cahier des charges règle les droits et obligations du concessionnaire en ce qui concerne les autres objets mobiliers ou immobiliers servant à l'exploitaion de la voie ferrée. (Art. 9.)

Toute cession totale ou partielle de la concession, la fusion des concessions ou des administrations, tout changement de concessionnaire, la substitution de l'exploitation directe à l'exploitation par concession, l'élévation des tarifs au-dessus du maximum fixé, ne peuvent avoir lieu qu'en vertu d'un décret délibéré en conseil d'État, rendu sur l'avis conforme du conseil général, s'il sagit de lignes concédées par le département, ou du conseil municipal, s'il s'agit de lignes concédées par les communes.

Les autres modifications pourront être faites par l'autorité qui a consenti la concession s'il s'agit de lignes concédées par les départements, elles seront faites par le conseil général statuant conformément aux articles 48 et 49 de la loi du 10 août 1871; s'il s'agit de lignes concédées par les communes, elles seront faites par le conseil municipal, dont la délibération devra être approuvée par le préfet.

En cas de cession, l'inobservation des conditions qui précèdent entraine la nullité et peut donner lieu à déchéance. (Art. 10.)

A toute époque, une voie ferrée peut être distraite du domaine public départemental ou communal et classée par la loi dans le domaine de l'État.

Dans ce cas l'État est substitué aux droits et obligations du département ou de la commune, à l'égard des entrepreneurs ou concessionnaires, tels que ces droits et obligations résultent des conventions légalement autorisées.

En cas d'éviction du concessionnaire si ses droits ne sont pas réglés par un accord préalable ou par un arbitrage établi, soit par le cahier des charges, soit par une convention postérieure, l'indemnité qui peut lui être due est liquidée par une commission spéciale qui fonctionne dans les conditions réglées par la loi du 29 mai 1845. Cette commission instituée par décret est composée de neuf membres dont trois désignés par le ministre des travaux publics; trois par le concessionnaire et trois par l'unanimité des six membres déjà désignés; faute par ceux-ci de s'entendre dans le mois de la notification à eux faite de leur nomination le choix des trois membres qui n'auront pas été désignés à l'unanimité sera fait par le premier président et les présidents réunis de la cour d'appel de Paris.

En cas de désaccord entre l'État et le département ou la commune, les indemnités ou dédommagements qui peuvent être dus par l'Etat sont déterminées par un décret délibéré en conseil d'Etat. (Art. 11.)

Ressources.—Les ressources créées en vertu de la loi du 21 mai 1836 peuvent être appliquées, en partie à la dépense des voies ferrées par les communes qui ont assuré l'exécution de leur réseau subventionné et l'entretien de tous les chemins classés. (Art. 12.)

Lors de l'établissement d'un chemin de fer d'intérêt local, l'Etat peut s'engager, en cas d'insuffisance du produit brut pour couvrir les dépenses de l'exploitation et cinq pour cent par an du capital de premier établissement, tel qu'il a été prévu par l'acte de concession, augmenté s'il y a lieu, des insuffisances constatées pendant la période assignée à la construction par le dit acte, à subvenir pour partie au payement de cette insuffisance, à la condition qu'une partie au moins équivalente sera payée par le département ou par la commune, avec ou sans le concours des intéressés.

Subventions. — La subvention de l'Etat sera formée : 1° d'une somme fixe de 500 francs par kilomètre exploité; 2° du quart de la somme nécessaire pour élever la recette brute annuelle (impôts déduits), au chiffre de 10,000 francs par kilomètre pour les lignes établies de manière à recevoir les véhicules des grands réseaux; 8,000 francs pour les lignes qui ne peuvent recevoir ces véhicules.

En aucun cas la subvention de l'Etat ne pourra élever la recette brute au-dessus de 10,500 francs et de 8,500, suivant les cas, ni attribuer au capital de 1er établissement plus de 5 0/0 par an. (Art. 13.)

La subvention de l'Etat ne peut être accordée que dans les limites fixées pour chaque année par la loi de finances.

La charge annuelle imposée de ce chef au Trésor ne peut en aucun cas dépasser 400,000 francs pour l'ensemble des lignes situées dans le même département. (Art. 14.)

Dans le cas où le produit brut de la ligne pour laquelle une subvention a été payée devient suffisant pour couvrir les dépenses d'exploitation et six pour cent par an du capital de 1er établissement tel qu'il est prévu par l'article 13, la moitié du surplus de la recette est partagée entre l'Etat, le département, ou, s'il y a lieu, la commune et les autres intéressés dans la proportion des avances faites par chacun d'eux, jusqu'à concurrence du complet remboursement de ses avances sans intérêt (Art. 15.)

Les subventions fournies par l'Etat ne sont donc pas données à titre purement gratuit, ce ne sont que des avances remboursables.

L'État a, en effet, en vertu de l'article 15, un droit de partage avec le département et, s'il y a lieu, la commune et les autres intéressés, sur la partie du produit net dépassant l'intérêt à 6 0/0 du capital engagé. Ce remboursement a lieu dans la proportion des avances faites et jusqu'au complet remboursement de ces avances sans intérêt.

Fixation du chiffre des subventions. — Un règlement d'administration publique du 20 mars 1882, rendu en exécution de l'article 16 de la loi du 11 juin 1880 a déterminé, ainsi qu'il suit, les justifications a fournir par les concessionnaires et les conditions de fixation du chiffre des subventions.

Le capital de premier établissement qui doit servir de base pour l'application des articles 13 et 36 de la loi susvisée est fixé dans les conditions ci-après et dans les limites du maximum prévu par les actes de concession, à moins qu'il n'ait été fixé à forfait par une stipulation expresse. (Art. 1er.)

Ce capital comprend toutes les sommes que le concessionnaire justifie avoir dépensées dans un but d'utilité pour l'exécution des travaux de construction proprement dits, l'achat du matériel fixe et d'exploitation, le parachèvement de la ligne après sa mise en exploitation, la constitution du capital actions, l'émission des obligations, les intérêts des capitaux engagés pendant la période assignée à la construction par l'acte de concession ou jusqu'à la mise en exploitation, si elle a lieu avant le délai fixé. Il peut être augmenté, s'il y a lieu, des insuffisances de recettes résultant de l'exploitation partielle des sections qui seraient ouvertes pendant ladite période de construction.

Les dépenses relatives à la constitution du capital actions et à l'émission des obligations ne sont admises en compte que jusqu'à concurrence d'un maximum spécialement stipulé dans l'acte de concession.

Justifications à fournir par le concessionnaire. — Tout concessionnaire de chemin de fer d'intérêt local ou de tramway subventionné doit remettre au préfet du département dans un délai de quatre mois, à partir du jour de la mise en exploitation de la ligne entière, le compte détaillé des dépenses de premier établissement qu'il a faites jusqu'à ce jour.

Il présente, avant le 31 mars de chaque année, un compte supplémentaire de celles qu'il peut être autorisé à ne faire qu'après la mise en exploitation pour le parachèvement de la ligne; mais, en tout cas, le compte de premier établissement doit être clos quatre ans au plus tard après la mise en exploitation de la ligne entière.

Dans le cas où l'acte de concession a prévu que le capital de premier établissement pourrait être successivement augmenté jusqu'à concurrence d'une somme déterminée et pendant un certain délai, pour travaux complémentaires, tels que: agrandissement de gares, augmentation du matériel roulant, pose de secondes voies ou de voies de garage, le concessionnaire doit, chaque année, avant le 31 mars, présenter un compte détaillé des dépenses qu'il a ainsi faites pendant l'année précédente, en vertu d'une autorisation spéciale et préalable donnée par le ministre des travaux publics, quand l'État a consenti à garantir ce capital complémentaire, et par le préfet dans les autres cas. (Art. 3.)

Avant le 31 mars de chaque année, le concessionnaire remet au préfet du département un compte détaillé, établi d'après le registre, et comprenant pour l'année précédente:

1° Les produits bruts de toute nature de l'exploitation;

2° Les frais d'entretien et d'exploitation, à moins que ces frais n'aient été déterminés à forfait par l'acte de concession ou par un acte postérieur. Le compte d'entretien et d'exploitation ne peut comprendre aucune dépense d'établissement ni aucune dépense pour augmentation du matériel roulant. (Art. 3.)

Le ministre des travaux publics détermine, après avoir pris l'avis du ministre des finances, les justifications que le concessionnaire doit produire à l'appui de ces différents comptes, dont les développements par articles sont présentés conformément aux modèles arrêtés par lui. (Art. 4.)

Examen des comptes fournis par le concessionnaire. — Les comptes ainsi produits par le concessionnaire sont soumis à l'examen d'une commission instituée par le ministre des travaux publics et composée ainsi qu'il suit :

Le préfet, ou le secrétaire général délégué, président ;

Un membre du conseil général du département ou du conseil municipal, si la concession émane d'une commune, ledit membre désigné par le conseil auquel il appartient ;

Un ingénieur des ponts et chaussées ou des mines, désigné par le ministre des travaux publics ;

Un fonctionnaire de l'administration des finances, désigné par le ministre des finances.

La commission désigne elle-même son secrétaire ; s'il est pris en dehors de son sein, il n'a que voix consultative.

Le président a voix prépondérante en cas de partage.

Dans le cas où la ligne s'étend sur plusieurs départements, il est institué une commission spéciale pour chaque département. Ces commissions peuvent se réunir et délibérer en commun si la concession a été faite conjointement par les conseils généraux de ces départements, par application des articles 89 et 90 de la loi du 10 août 1871 ; la présidence appartient au préfet du département que la ligne traverse dans la plus grande longueur. (Art. 5.)

Le concessionnaire est tenu de représenter les registres, pièces comptables, correspondances et tous autres documents que la commission juge nécessaires à la vérification des comptes.

La commission peut se transporter au besoin, par elle-même ou par ses délégués, soit au siège de l'entreprise, soit dans les gares, stations ou bureaux de la ligne. (Art. 6.)

La commission adresse son rapport, avec les comptes et les pièces justificatives, au ministre des travaux publics, qui les examine après les avoir communiqués au ministre des finances.

Si cet examen ne révèle pas de difficultés ou si les modifications jugées nécessaires sont acceptées par le ministre des finances, le département, les communes et le concessionnaire, le ministre des travaux publics arrête définitivement le capital de premier établissement qui doit servir de base pour l'application des articles 13 et 36 de la loi du 11 juin 1880.

Il est procédé de la même manière pour arrêter annuellement le chiffre de la subvention due par l'Etat, le département, ou les communes et, lorsqu'il y a lieu, la part revenant à l'État, aux départements, aux communes, aux intéressés, à titre de remboursement de leurs avances, sur le produit net de l'exploitation. (Art. 7.)

Lorsqu'il n'y a pas accord entre l'Etat, le département ou la commune et le concessionnaire, les comptes sont soumis, avec toutes les pièces à l'appui, à une commission supérieure instituée par le ministre des travaux publics et composée d'un conseiller d'Etat, président, et de six membres, dont trois au choix du ministre des finances.

Un ou plusieurs secrétaires sont attachés à la commission par arrêté du ministre des travaux publics ; ils ont voix délibérative dans les affaires dont ils sont rapporteurs.

Le président a voix prépondérante en cas de partage.

La commission adresse son rapport au ministre des travaux publics, qui statue après avoir pris l'avis du ministre des finances, sauf recours au Conseil d'Etat par la voie contentieuse. (Art. 8.)

Avances au concessionnaire. — En présentant son compte annuel, le concessionnaire peut demander une avance sur la somme qui lui sera due à titre de subvention.

Le montant de l'avance est déterminé par le ministre des travaux publics, sur le rapport de la commission locale, après communication au ministre des finances.

Dans le cas où le règlement définitif des comptes de l'exercice ferait reconnaître que cette avance a été trop considérable, le concessionnaire devra rembourser immédiatement l'excédent au Trésor, au département ou à la commune, avec les intérêts à 4 0/0 par an. (Art. 9.)

La comptabilité de tout concessionnaire subventionné est soumise à la vérification de l'inspection générale des finances, qui a, pour l'accomplissement de cette mission, tous les droits dévolus aux commissions de contrôle par l'article 6 du présent décret. (Art. 10.)

Dans le cas où l'État n'a pris aucun engagement et où l'entreprise de chemin de fer ou de tramway est subventionnée, seulement par un département ou par une commune, il est procédé à l'examen et au règlement des comptes dans les mêmes formes; mais les attributions conférées au ministre des travaux publics par les articles 4, 5, 7 et 9 sont exercées par le préfet, sans qu'il soit besoin de consulter le ministre des finances.

Lorsqu'une des parties conteste le compte arrêté par le préfet, l'article 8 est applicable. (Art. 11.)

Si la subvention est donnée par le département ou la commune en capital, en terrains, en travaux ou sous toute autre forme que celle d'annuités, elle est évaluée et transformée en annuités au taux de 4 0/0 pour l'application des articles 13 et 36 de la loi, aux termes desquels l'État ne peut subvenir pour partie aux insuffisances annuelles qu'à la condition qu'une partie au moins équivalente sera payée par le département ou la commune. (Art. 12.)

La subvention à allouer pour l'année de la mise en exploitation de la ligne sera calculée, d'après les bases indiquées dans les articles 13 et 36 de la loi susvisée, au prorata du temps écoulé depuis le jour de l'ouverture de la ligne jusqu'au 31 décembre suivant. (Art. 13.)

Chaque loi ou décret par lequel l'État s'engage à subventionner un chemin de fer d'intérêt local ou de tramway, fixe le maximum de la charge annuelle qui peut résulter pour le Trésor de l'application des articles 13 et 36 de la loi susvisée, de manière que le montant réuni de ces maxima ne dépasse, en aucun cas, la somme de 400,000 francs fixée par l'article 14 pour l'ensemble des lignes situées dans un même département. (Art. 14.)

Service gratuit envers l'État. — Les chemins de fer d'intérêt local qui reçoivent ou ont reçu une subvention du Trésor peuvent seuls être assujettis envers l'État à un service gratuit ou à une réduction du prix des places. (L. 11 juin 1880, art. 17.)

Surveillance du Préfet. — Par dérogation aux dispositions de la loi du 15 juillet 1845 sur la police des chemins de fer, le préfet peut dispenser de poser des clôtures sur tout ou partie de la voie ferrée; il peut également dispenser de poser des barrières au croisement des chemins de fer peu fréquentés. (Id. art. 20.)

Sur la proposition des conseils généraux ou municipaux intéressés, et après adhésion des concessionnaires, la substitution, aux subventions en capital promise en exécution de l'article 5 de la loi de 1865, de la subvention en annuité prescrite par la présente loi, pourra, par décret délibéré en conseil d'État, être autorisée en faveur des lignes d'intérêt local actuellement déclarées d'utilité publique et non encore exécutées. — Ces lignes seront soumises dès lors à toutes les obligations résultant de la présente loi. — Il n'y aura pas lieu de renouveler les concessions consenties ou les mesures d'instruction accomplies avant la promulgation de la présente loi, si toutes les formalités qu'elle prescrit ont été observées par avance.

Toutes les conventions relatives aux concessions et rétrocessions de chemins de fer d'intérêt local, ainsi que les cahiers des charges annexés, ne seront passibles que du droit d'enregistrement fixe de un franc.

Chemins ruraux. — L'article 1er de la loi du 20 août 1881 définit les chemins ruraux, les chemins appartenant aux communes, affectés à l'usage du public et qui n'ont pas été classés comme chemins vicinaux (1).

L'affectation d'un chemin à l'usage du public consiste dans la faculté accordée ou laissée à chacun de s'en servir. Aux termes de l'article 2, cette affectation peut s'établir notamment par la destination du chemin, jointe soit au fait d'une circulation générale et continue, soit à des actes réitérés de surveillance et de voirie de l'autorité municipale.

Tout chemin ainsi affecté à l'usage public est présumé, jusqu'à preuve contraire, appartenir à la commune sur le territoire de laquelle il est situé (art. 3). Cette présomption est toujours subordonnée aux conditions de publicité du chemin assurant des garanties suffisantes à la propriété privée.

La nouvelle loi admet deux classes de chemins ruraux : les chemins *reconnus* et les chemins *non reconnus*.

Chemins non reconnus. — Les chemins non reconnus restent dans une situation incertaine et précaire. Le tableau des chemins ruraux dressé en exécution de l'instruction ministérielle du 16 novembre 1839 peut servir à établir les droits de la commune sur ces chemins, et le maire peut, en vertu des pouvoirs de police que lui confère la loi du 5 avril 1884, article 97, prendre les mesures nécessaires pour assurer la sûreté et la commodité du passage sur ces chemins et s'opposer à toute anticipation commise sur leur sol.

Mais ces chemins, n'étant pas réputés faire partie du domaine public de la commune, restent *prescriptibles*. D'autre part les communes ne peuvent être autorisées à affecter à leur entretien que leurs revenus ordinaires et l'excédent de prestations prévu par la loi du 21 juillet 1870, lorsque d'ailleurs elles pourvoient à toutes les dépenses, non seulement des chemins vicinaux et des chemins ruraux reconnus, mais encore des autres services municipaux ayant un caractère obligatoire. La circulaire du 27 août 1881 pose même en règle générale qu'on ne doit employer les ressources quelconques d'une commune sur un chemin rural qu'après la reconnaissance de ce chemin et qu'on ne doit procéder autrement que dans des cas rares et exceptionnels, où la nécessité d'exécuter des travaux urgents ne permettrait pas d'attendre l'accomplissement des formalités

(1) Il ne faut pas les confondre avec les rues, soumises aux règles de la voirie urbaine, ni avec les chemins d'exploitation, propriétés privées soumises au droit commun et à quelques règles spéciales déterminées par une loi portant la même date que la loi sur les chemins ruraux.

de la reconnaissance. La situation actuelle des chemins ruraux non reconnus ne comporte guère ni amélioration, ni entretien. Il est évident que la pensée du législateur de 1881 est d'arriver à la reconnaissance de tous les chemins ruraux, mais dans la crainte que la reconnaissance simultanée de tous ces chemins ne soulève de nombreuses réclamations qui se fortifieraient et se multiplieraient par le fait de leur coexistence dans les diverses localités de France, il a voulu qu'on puisse ajourner l'opération à l'égard des chemins d'un caractère douteux ou d'une utilité contestable.

Il importe donc de ne pas laisser dans cette classe les chemins qui, incontestablement, appartiennent à la commune et sont utiles ou nécessaires à la circulation générale. (Circ. précitée, 27 août 1881.)

Chemins reconnus.— Reconnaissance.— Les chemins ruraux sont reconnus par des arrêtés que la commission départementale prend sur la proposition du préfet (art. 4). Ces arrêtés doivent être précédés et suivis de formalités ayant pour but de sauvegarder les intérêts de la commune et des tiers.

Le conseil municipal est d'abord appelé à désigner, sur la proposition du maire, ceux des chemins ruraux qui lui paraissent devoir être l'objet d'un arrêté de reconnaissance. Il est procédé, ensuite, dans les formes de l'ordonnance du 23 août 1835, à une enquête sur un projet comprenant un tableau qui indique, à l'aide du nombre nécessaire de colonnes, non seulement le numéro d'ordre et le nom de chaque chemin, mais encore, d'après l'état des lieux, sa direction, c'est-à-dire le point d'où il part, les principaux points qu'il traverse, tels que les hameaux, les ruisseaux, etc., et le point auquel il aboutit, sa longueur sur le territoire de la commune, et sa largeur sur les différentes parties de son parcours. un plan d'ensemble des chemins doit être joint à ce tableau.

L'enquête terminée, le conseil municipal délibère de nouveau, le maire et le sous-préfet donnent leur avis et les pièces de l'affaire sont transmises au préfet qui les soumet avec ses propositions à la commission départementale, laquelle prend, s'il y a lieu, un arrêté de reconnaissance.

En tête de cet arrêté, est placé un tableau auquel il se réfère. Ce tableau doit être semblable à celui qui a servi de base à l'enquête, sauf les retranchements que la commission aurait considérés comme nécessaires ou opportuns. Dans tous les cas, la loi exige qu'un plan des chemins reconnus y soit annexé. Ce plan doit être dressé conformément aux prescriptions de l'article 2 du règlement général sur les chemins ruraux.—Voy. *Dictionnaire des formules, chemins ruraux* n°s 384 à 388.

La loi prescrit de plus d'afficher l'arrêté de reconnaissance et de le notifier par voie administrative à chaque riverain, en ce qui concerne sa propriété.

Le tableau doit être affiché intégralement avec l'arrêté de reconnaissance. La notification individuelle faite à chaque riverain ne comprendra avec l'arrêt que la partie du tableau qui l'intéressera.

L'affichage du plan n'est pas indispensable; mais lorsqu'il n'y sera pas procédé, l'affiche de l'arrêté devra faire connaître que chacun pourra consulter le plan à la mairie.

La commission départementale, une fois saisie, n'est pas obligée de reconnaître un chemin rural par cela seul que la commune en demande la reconnaissance. D'un autre côté, il lui appartient de reconnaître un chemin si elle juge la mesure utile ou opportune, lors même que le conseil municipal considérerait le chemin comme ne devant pas être reconnu.

Mais elle ne doit jamais prononcer la reconnaissance d'un chemin, sans que le conseil municipal ait été consulté et sans l'accomplissement des formalités préalables exigées par la loi. Elle devrait en outre surseoir à statuer, à l'égard des chemins dont la propriété serait revendiquée, si utile ou si opportune que lui parût d'ailleurs la reconnaissance. Quant aux voies de recours dont les décisions des commissions départementales peuvent être l'objet, elles sont les mêmes qu'en matière de chemins vicinaux. (Circ. Int. 27 août 1881.)—Voy. CHEMINS VICINAUX ET COMMISSIONS DÉPARTEMENTALE.

Effets de la reconnaissance. — L'arrêté de reconnaissance vaut prise de possession des chemins par la commune. Cette possession ne peut être contestée que dans l'année qui suit la notification de l'arrêté. Elle est inattaquable après l'expiration de ce délai. Cela n'empêche pas d'ailleurs la commune de se prévaloir d'une possession antérieure acquise conformément à l'article 23 du Code de procédure civile (art. 5 L. du 20 août 1881). Les contestations élevées par toute partie intéressée sur la propriété ou la possession soit totale, soit partielle des chemins ruraux, sont jugées par les tribunaux ordinaires, c'est-à-dire par les juges de paix au possessoire et les tribunaux civils au pétitoire, sauf les recours de droit. (Art. 7.)

La reconnaissance confère un avantage encore plus considérable aux chemins ruraux reconnus, elle les fait entrer dans le domaine public de la commune et les rend imprescriptibles.

L'arrêté de reconnaissance entraîne d'autres effets légaux tels que création de ressources spéciales, subvention pour dégradations extraordinaires, organisation de syndicat, expropriation, etc., qui établissent une différence très notable entre les chemins reconnus et les chemins non reconnus, lesquels ne participent à aucun de ces avantages.

Ouverture et redressement des chemins ruraux reconnus. — Fixation de leur largeur et de leurs limites. — Elargissement. — Lorsqu'il est nécessaire d'ouvrir de nouveaux chemins ruraux reconnus, de redresser ou d'élargir les anciens, la commission départementale prononce l'ouverture, le redressement, la fixation de la largeur et de la limite des chemins ruraux conformément aux dispositions des cinq derniers paragraphes de l'article 4 de la loi du 20 août 1881.

Les chemins ainsi ouverts sont compris dans la catégorie des chemins reconnus. Il en est de même des chemins redressés, élargis, qui n'auraient pas été précédemment l'objet d'un arrêté de reconnaissance.

La décision de la commission départementale en matière d'ouverture, de redressement ou d'élargissement équivaut en principe à une déclaration d'utilité publique. Mais il faut remarquer : 1° qu'en matière d'élargissement des chemins ruraux, la décision de la commission départementale n'attribue pas immédiatement à la commune, comme lorsqu'il s'agit de chemins vicinaux, la propriété et la possession du sol non bâti ni clos de murs compris dans les nouvelles limites du chemin ; la commune, à défaut d'arrangement amiable, ne devient propriétaire du terrain nécessaire à l'élargissement qu'après expropriation, 2° que la décision de la commission départementale ne vaut déclaration d'utilité publique que lorsqu'il s'agit de terrains qui ne sont ni bâtis ni clos de murs ni à l'état de cours ou de jardins, car la loi du 20 août 1881, article 13, est plus stricte à cet égard que l'article 15 de la loi du 21 mai 1836 sur les chemins vicinaux et elle exige que la décision portant déclaration d'utilité publique et autorisant l'expropriation soit rendue par décret, après avis du conseil d'Etat; non seulement quand il s'agit de terrains bâtis ou clos de murs, mais même lorsque les immeubles à occuper sont, soit des cours ou jardins, même non clos de murs, pourvu qu'ils soient attenant à une maison, soit des terrains clos de haies vives dépendant ou non d'une habitation. Cette différence entre la législation aux chemins ruraux et celle qui régit les chemins vicinaux tient à ce que les chemins ruraux étant moins utiles que les chemins vicinaux, le législateur a voulu assurer plus de garantie à la propriété lorsque l'autorisation de recourir à l'expropriation est sollicitée en faveur des premiers, que lorsqu'elle est demandée dans l'intérêt des seconds. (Circ. Int. 27 août 1881.)

Acquisitions de terrain. —Du reste, l'expropriation des terrains nécessaires à l'ouverture, au redressement ou à l'élargissement des chemins ruraux est poursuivie conformément aux dispositions des paragraphes 2 et suivants de l'article 16 de la loi du 21 mai 1836. C'est le jury spécial, organisé par cette loi, qui est chargé de régler les indemnités.

La commune ne peut jamais prendre possession des terrains expropriés avant le payement de l'indemnité. — Voy. CHEMINS VICINAUX, EXPROPRIATION.

L'arrangement amiable consenti avant, pendant ou après l'accomplissement des formalités d'expropriation, est soumis aux mêmes règles que les acquisitions de terrains non précédées d'une déclaration d'utilité publique ou d'une décision équivalente.

L'accord qui intervient pour toute acquisition amiable entre le maire et les propriétaires intéressés, doit, pour obliger la commune, recevoir l'adhésion du conseil municipal. Le conseil municipal règle les conditions des acquisitions amiables, dont les frais totalisés avec les dépenses de même nature pendant l'exercice courant ne dépassent pas les limites des ressources ordinaires que les communes peuvent se créer sans autorisation spéciale. (Art. 68, L. 5 avril 1884.)

Mais lorsqu'il s'agit d'acquisitions qui, totalisées avec celles déjà votées dans le même exercice, dépassent la limite fixée par l'article 68, la délibération ne devient exécutoire que par l'approbation du préfet. Dans tous les cas, lorsque le préfet a revêtu de sa sanction la délibération du conseil municipal, il n'a pas à approuver l'acte rédigé ultérieurement pour constater ces conventions intervenues. Cet acte peut être passé soit devant notaire, soit dans la forme administrative.

Acquisitions de terrains ayant une affectation spéciale. — Les communes ne peuvent acquérir dans l'intérêt de la voirie rurale ou affecter à cette voirie définitivement des terrains dépendant soit de la grande voirie, de la voirie urbaine ou vicinale, soit du domaine public, militaire ou maritime, sans qu'un acte de l'autorité compétente en ait changé la destination. — Voy. TERRAIN MILITAIRE, MARITIME; DOMAINE PUBLIC.

De même, il faut une décision du préfet rendue d'accord avec l'évêque diocésain, ou un décret rendu après avis du conseil d'Etat, en cas d'opposition de l'évêque pour autoriser la prise de possession de parcelles comprises dans les dépendances d'un presbytère. (Ord. royale 3 mars 1825; décret 25 mars 1852, art. 1er; tableau A, nᵒ 45, et avis de la section de l'intérieur du conseil d'Etat, du 1er avril 1873). — Voy. PRESBYTÈRES.

Enfin les terrains provenant d'un cimetière ne peuvent être attribués à la voirie rurale que cinq ans après avoir cessé d'être affectés aux inhu-

mations.. Il est même interdit d'y pratiquer des fouilles avant l'expiration des dix ans qui suivent cette époque. (D. 23 prairial, an XII, art. 6
et 9. Loi 6-15 mai 1791, art. 9. *Bull. off. int.*, 1859, p. 317.) — Voy.
CIMETIÈRES.

Servitude de reculement. — On s'est demandé si les acquisitions de
terrains par application de la servitude de retranchement ou de reculement pouvaient s'appliquer aux chemins ruraux. Avant la loi du
20 août 1881, l'application de cette servitude n'était pas admise en matière de voirie rurale. (Cass. ch. crim., arrêts 4 juillet 1857,
11 janvier 1862, 20 février 1862, 19 juillet 1862.) M. Guillaume pense
que l'obligation de recourir à l'expropriation, à défaut d'arrangement
amiable pour l'élargissement des chemins ruraux, exclut sinon formellement, au moins implicitement, les acquisitions de terrains par application de la servitude de retranchement ou de reculement. Il estime que
cette servitude ne pourrait être invoquée en faveur des chemins ruraux
que relativement à la prohibition de bâtir ou d'exécuter des travaux
confortatifs, quand elle serait édictée par un arrêté préfectoral intervenu conformément à l'article 8 de la loi du 20 août 1881 (1).

Les formalités de transcription, purge des privilèges et hypothèques,
timbre et enregistrement relatives aux acquisitions de la voirie rurale,
sont les mêmes qu'en matière de chemins vicinaux. — Voy. CHEMINS
VICINAUX, PRIVILÈGES et HYPOTHÈQUES, TIMBRE et ENREGISTREMENT.

Déclassement des chemins ruraux. — En principe, les chemins ruraux
conservent ce caractère tant que l'arrêté qui le leur donne n'est pas
rapporté dans les formes prescrites par l'article 4. Ils le perdent, par
exception à cette règle lorsqu'ils sont transformés en rues ou rangés
par une décision de l'autorité compétente, dans la grande voirie ou
dans la voirie vicinale.

Lorsqu'un chemin rural reconnu ou non reconnu cesse d'être affecté à
l'usage public, la vente peut en être autorisée par un arrêté du préfet rendu
conformément à la délibération du conseil municipal et après une enquête, précédée de trois publications faites à quinze jours d'intervalle.
Le préfet n'est jamais obligé d'autoriser la vente quand elle lui paraît
inopportune et contraire aux intérêts de la commune. Il lui appartient
de ne donner son autorisation qu'autant que la vente sera votée par le
conseil municipal et que, dans les trois mois qui suivront l'enquête, les
intéressés, constitués en syndicat, n'auront pas déclaré se charger de
l'entretien.

Droit de préemption des riverains. — La loi du 20 août 1881 consacre formellement le droit de préemption en faveur des propriétaires
riverains des chemins ruraux (art. 17). — Voy. pour l'exercice de ce
droit CHEMINS VICINAUX.

Exécution des travaux. — Les travaux des chemins ruraux sont
effectués sous l'autorité du maire chargé d'assurer, de surveiller et de
constater leur bonne exécution. Tous les agents employés au service
de ces chemins sont sous ses ordres. Les agents voyers peuvent, sur la
demande des maires ou l'avis des conseils municipaux et l'autorisation

(1) GUILLAUME, *Traité pratique de la voirie rurale*, p. 46 et 131. Édition
Paul Dupont, 1882.

du préfet, être chargés des actes d'instruction et d'exécution. (Circ. int. 23 novembre 1881.)

Ces travaux sont exécutés soit au moyen de prestations à la journée, soit au moyen de prestations à la tâche, nous examinerons ces deux modes de procéder en parlant des ressources. Ils peuvent aussi être effectués à prix d'argent, soit par voie d'adjudication, soit par voie de marché de gré à gré, soit en régie.

Les adjudications se font sur soumissions cachetées au rabais sur le prix de la série servant de base aux évaluations. Les formes à suivre sont les mêmes que pour les chemins vicinaux. — Voy. Adjudications et Chemins vicinaux.

On peut passer des marchés de gré à gré, sur série de prix ou à forfait dans les conditions prévues par l'article 28 du règlement général, c'est-à-dire :

1° Pour les ouvrages et fournitures dont la dépense n'excède pas 3,000 francs ;

2° Pour ceux dont l'exécution ne comporte pas les délais d'adjudication ;

3° Pour ceux qui, par leur nature ou leur spécialité, exigeraient des conditions d'aptitude spéciale de la part de l'entrepreneur ;

4° Enfin, pour ceux dont la mise en adjudication n'aurait pas abouti.

Lorsqu'il y a lieu de procéder par marché de gré à gré, le maire invite les entrepreneurs à prendre connaissance des conditions de l'entreprise, à formuler et à lui remettre, dans un délai déterminé, leurs propositions par soumissions écrites. Ces soumissions doivent contenir l'engagement de se soumettre aux conditions du devis particulier des ouvrages et aux clauses et conditions générales imposées aux entrepreneurs des travaux des chemins vicinaux. Elles tiennent lieu de devis lorsqu'elles énoncent en outre les quantités, les prix et les conditions d'exécution des ouvrages. (Art. 43, règl. général sur chemins ruraux, du 3 janvier 1883.)

La soumission la plus avantageuse est acceptée par le maire, dûment autorisé par le conseil municipal. Cette acceptation est soumise à l'approbation du préfet. (Art. 44 du règlement précité.)

La soumission à forfait doit toujours contenir la mention, en toutes lettres, de la somme fixe à payer à l'entrepreneur, laquelle somme ne peut jamais excéder l'estimation du projet (art. 45).

Le préfet peut, sur l'avis du maire, dispenser les soumissionnaires de fournir un cautionnement.

Enfin, en cas d'urgence ou lorsque les autres modes d'exécution auraient été reconnus impossibles ou moins avantageux, les travaux de la voirie rurale peuvent être exécutés en régie, sous la direction et la responsabilité du maire, et autant que possible à la tâche. A moins de difficultés, les ouvriers et tâcherons sont payés par mandats individuels. (Art. 47 du règlement précité.)

Lorsque les ouvriers ne peuvent être payés par mandats individuels, l'arrêté autorisant la régie nomme le régisseur, au nom duquel seront faites les avances de fonds, et fixe la somme qu'elles ne devront pas dépasser (art. 48). Cet arrêté est pris par le maire, si la dépense ne s'élève pas à 300 francs ; il doit être approuvé par le préfet, lorsque la dépense dépasse cette somme (art. 49).

Les réceptions provisoires et définitives des travaux et fournitures, effectués sont faites par le maire, assisté de deux conseillers municipaux désignés par le conseil municipal, en présence de l'entrepreneur,

Elles font l'objet de procès-verbaux. L'absence de l'entrepreneur ou des deux conseillers ne fait pas obstacle à la réception, s'ils ont d'ailleurs été régulièrement convoqués.

Les plans, procès-verbaux, certificats, significations, jugements, contrats marchés, adjudications de travaux, quittances et autres actes ayant pour objet exclusif la construction, l'entretien ou la réparation des chemins ruraux sont enregistrés moyennant le droit fixe de 1 fr. 50 c. (art. 18 loi 20 août 1881.) — Cette disposition n'empêche pas d'ailleurs les communes de se prévaloir du bénéfice plus considérable de l'exonération des droits d'enregistrement de timbre et de transcription qui résulte de l'article 58 de la loi du 3 mai 1841, lorsqu'elles acquerrent des terrains pour l'ouverture, le redressement ou l'élargissement de leurs chemins ruraux, en vertu d'une déclaration d'utilité publique. (Circulaire, 23 août 1881.)

Occupations temporaires. — Les travaux publics ne pouvant être exécutés sans l'occupation temporaire de terrains, soit pour l'extraction ou le dépôt des matériaux nécessaires, soit pour le passage des ouvriers et voitures employés à les transporter ou à les mettre en œuvre, la loi du 20 août 1881 (art. 14) a décidé que cette servitude devait s'exercer, en matière de voirie rurale dans les mêmes formes et avec les mêmes restrictions ou obligations qu'en matière de voirie vicinale. — Voy. CHEMINS VICINAUX.

Dans le but de tarir une source de procès, l'article 15 de la loi du 20 août 1881 a appliqué aux chemins ruraux reconnus la disposition de l'article 18 de la loi du 21 mai 1836, qui soumet à une prescription de deux ans l'action en indemnité des propriétaires, soit pour le sol incorporé aux chemins, soit pour l'occupation temporaire des terrains, le dépôt ou l'extraction des matériaux.

Ressources. — Aux termes de l'article 10 de la loi du 20 août 1881, l'autorité municipale pourvoit à l'entretien des chemins ruraux reconnus dans la mesure des ressources dont elle peut disposer.

En cas d'insuffisance des ressources ordinaires, les communes sont autorisées à pourvoir aux dépenses des chemins ruraux reconnus à l'aide soit d'une journée de prestation, soit de centimes extraordinaires en addition au principal des quatre contributions directes. L'article 141 de la loi du 5 avril 1884 autorise en effet les conseils municipaux à voter trois centimes extraordinaires exclusivement affectés aux chemins ruraux.

Il importe de remarquer que la disposition de l'article 10 de la loi du 20 août 1881, tout en laissant intactes les ressources de la vicinalité, n'empêche pas les communes d'appliquer aux chemins ruraux, conformément à la loi du 21 juillet 1870, l'excédent de prestations disponibles imposées en vertu de la loi du 21 mai 1836, sur les chemins vicinaux et que de plus elle n'autorise pas les conseils municipaux à voter concurremment pour les dépenses des chemins ruraux reconnus, une journée spéciale de prestation et des centimes ordinaires ; elle leur confère seulement le pouvoir de choisir entre ces deux genres de ressources. (Circul. Int., 23 août 1881.)

En ce qui concerne la journée de prestation, les individus, les animaux les véhicules qui y sont soumis sont les mêmes que ceux assujettis aux prestations imposées en vertu de la loi du 21 mai 1836. La matière servant à dresser le rôle de ces derniers sert également à la rédaction du rôle des contribuables soumis à la journée à réclamer en faveur des chemins ruraux. Ce rôle est dressé par les mêmes agents, rendu exécutoire et recouvré dans les mêmes formes que le rôle des prestations, concernant la voirie vicinale. (Circul. précitée.)

Lorsque l'imposition extraordinaire ne dépasse pas trois centimes, le vote du conseil municipal n'a besoin d'aucune approbation pour être exécutoire, s'il n'est pas suspendu ou annulé. (Art. 141, L. 5 avril 1884.)

L'approbation préalable, soit par arrêté du préfet, soit par un décret, soit par une loi, est toujours nécessaire quand l'imposition dépasse trois centimes ou la limite du maximum fixé chaque année par la loi de finances.

Lorsque les communes veulent recourir, pour les dépenses des chemins reconnus, à un emprunt ou à la création d'autres ressources que celles qui viennent d'être mentionnées, les règles ordinaires qui régissent ces voies et moyens sont applicables.

Chaque année, dans la session de mai, le conseil municipal est appelé à voter pour l'année suivante les ressources qu'il entend affecter aux chemins ruraux. Il arrête en même temps le tarif de la conversion des prestations en tâches et délibère sur l'emploi du reliquat des exercices précédents. Ces reliquats sont reportés au budget additionnel en conservant leur affectation spéciale s'il y a lieu. Le conseil répartit ultérieurement par délibération spéciale l'emploi des ressources en argent et en nature selon les besoins. (Art. 52, règlement général 3 janvier 1883.)

Indépendamment de ces ressources, les propriétaires intéressés peuvent s'imposer des sacrifices consistant en terrains, travaux, ou argent pour l'établissement, l'entretien ou l'amélioration des chemins ruraux. Ces sacrifices, qu'on désigne ordinairement sous le nom de *souscriptions volontaires* (1), sont acceptés par le maire qui en dresse l'état. Le préfet rend cet état exécutoire. (Art. 154, L. 5 avril 1884.) Si les souscriptions ont été faites en journées de prestation, elles sont, après mise en demeure restée sans effet, converties en argent conformément au tarif adopté pour la prestation de la commune.

Le conseil de préfecture statue sur les réclamations des souscripteurs. (Art. 12, loi 20 août 1881.)

Enfin l'article 2 de cette loi donne aux communes le droit d'imposer des subventions spéciales pour réparer les dégradations extraordinaires que les exploitations de mines, de carrières, de forêts ou d'entreprises industrielles causent aux chemins ruraux entretenus à l'état de viabilité. — Ces subventions peuvent, au choix des subventionnaires, être acquittées en argent ou en prestations en nature, et sont exclusivement affectées à ceux des chemins qui y ont donné lieu.

Elles sont réglées annuellement sur la demande des communes, ou, à leur défaut, à la demande des syndicats, par les conseils de préfecture, après des expertises contradictoires, et recouvrées comme en matière de contributions directes.

Les experts sont nommés conformément aux prescriptions de l'article 17 de la loi du 21 mai 1836. Ces subventions peuvent aussi être déterminées par abonnement; les traités doivent alors être approuvés par la commission départementale.

Comptabilité de la voirie rurale. — Le maire est ordonnateur de toutes les dépenses relatives aux chemins ruraux pour lesquelles un crédit a été ouvert au budget communal, il lui est interdit de disposer

(1) Ces souscriptions volontaires peuvent aussi bien s'appliquer aux chemins non reconnus qu'aux chemins reconnus.

autrement que par mandat sur les receveurs municipaux des fonds affectés aux travaux des chemins ruraux. Quelle que soit l'origine de ces fonds ils ne peuvent, pour quelque motif que ce soit, changer l'affectation des crédits ni en outre-passer le montant. (Art. 54 et 57 du règlement général, du 3 janvier 1883, L. 5 avril 1884, art. 152.)

Les recettes et dépenses communales relatives aux chemins ruraux sont effectuées par le receveur municipal chargé seul et sous sa responsabilité de poursuivre la rentrée de tous les revenus de la commune et de toutes les sommes qui lui seraient dues ainsi que d'acquitter les dépenses mandatées par le maire, jusqu'à concurrence des crédits régulièrement accordés. (Art. 60 du règlement général précité, et L. 5 avril 1884, art. 153.)

Du reste la comptabilité des dépenses de la voirie rurale incombant aux communes ainsi que les ressources qu'elles y affectent sont soumises aux règles de la comptabilité communale tracées par la loi du 5 avril 1884, article 153 et suiv.; décret 25 mars 1852, 31 mai 1862 et 27 juillet 1866 et par le règlement général sur les chemins ruraux du 3 janvier 1883.

Voy. Comptabilité communale.

Syndicats pour l'ouverture, le redressement, l'élargissement, la réparation et l'entretien des chemins ruraux. — Malgré l'importance des ressources que la loi de 1881 permet aux communes d'affecter à la voirie rurale, il est évident que ces ressources seront le plus souvent insuffisantes non seulement pour entretenir et améliorer comme ils doivent l'être, les anciens chemins ruraux reconnus, mais surtout pour ouvrir les nouvelles voies rurales dont l'utilité ou la nécessité se ferait sentir. Il importait de laisser aux propriétaires appelés à se servir habituellement des chemins la faculté de s'unir, soit par un accord unanime, soit sur la demande de la majorité pour assurer l'exécution des travaux. La loi du 20 août 1881 leur permet de former à cet effet des associations syndicales analogues à celles qui sont constituées en vertu de la loi du 21 juin 1865, pour les ouvrages de défense contre la mer, les fleuves, le curage des cours d'eau, etc. Les articles 19 à 32 de la loi du 20 août 1881 déterminent les conditions et formes de l'institution de ces associations syndicales.

Lorsque l'ouverture, le redressement ou l'élargissement d'un chemin a été autorisé conformément à l'article 13 et que les travaux ne sont pas exécutés, ou lorsqu'un chemin reconnu n'est pas entretenu par la commune, le maire peut, d'office, ou doit sur la demande qui lui est faite par trois intéressés au moins, convoquer individuellement tous les intéressés. Il les invite à délibérer sur la nécessité des travaux et à se charger de leur exécution, tous les droits de la commune restant réservés. Il recueille les suffrages, constate le rôle des personnes présentes qui ne savent pas signer et mentionne les adhésions envoyées par écrit. (Art. 19.)

Si la moitié plus un des intéressés représentant au moins les deux tiers de la superficie des propriétés desservies par le chemin, ou si les deux tiers des intéressés représentant plus de la moitié de la superficie consentent à se charger des travaux pour mettre ou maintenir la voie en état de viabilité, l'association est constituée.

Elle existe même à l'égard des intéressés qui n'ont pas donné leur adhésion.

Pour les travaux d'amélioration et d'élargissement partiels, l'assentiment de la moitié plus un des intéressés représentant au moins les trois quarts de la superficie des propriétés desservies, ou des trois quarts des intéressés représentant plus de la moitié de la superficie, est exigé.

Pour les travaux d'ouverture, de redressement et d'élargissement d'ensemble, le *consentement unanime* des intéressés est nécessaire. (Art. 20.)

La circulaire du ministre de l'intérieur du 27 août 1880, fait remarquer que plus les charges des propriétaires intéressés peuvent être grandes, plus les conditions de la formation de l'association sont rigoureuses, et que, de plus, la base de l'intérêt des personnes appelées à constituer une association syndicale de voirie rurale n'est pas la valeur, mais la superficie des propriétés. C'est à cette base qu'on doit recourir exclusivement pour résoudre la question de savoir s'il y a lieu de former l'association dans le cas où l'assentiment unanime des intéressés n'est pas indispensable. Mais une fois l'association constituée, la participation de chacun des associés aux charges devra être proportionnelle non à la superficie de ses propriétés, mais à l'intérêt véritable que présentera pour lui l'entreprise.

Lorsqu'une association se crée, le maire dresse un procès-verbal qui en constate la formation, en spécifie le but et fait connaître la durée de l'association, le mode d'administration adopté, le nombre des syndics, l'étendue de leurs pouvoirs, enfin les voies et moyens votés. (Art. 21.)

Ce procès-verbal est transmis par le maire au préfet avec son avis et celui du conseil municipal. (Art. 22.)

Le préfet examine si toutes les formalités exigées par la loi ont été remplies. Dans le cas de l'affirmative il autorise l'association. Dans le cas contraire il refuse son autorisation. Mais il n'a pas à se préoccuper de la question d'utilité des travaux dont la loi laisse l'appréciation exclusivement aux intéressés. Cependant lorsque la commune consent à contribuer à la dépense, il appartient au préfet de n'approuver son concours que si le mode et le montant de la subvention promise par le conseil municipal lui semblent de nature à le permettre sans inconvénients. (Circ. 27 août 1881.)

Un extrait du procès-verbal constatant la constitution de l'association et l'arrêté préfectoral qui l'approuve doivent être affichés dans la commune où est situé le chemin. Ils doivent en outre être publiés dans le recueil des actes administratifs de la préfecture. Dans le cas de refus d'autorisation, l'arrêté du préfet est seul soumis à cette double formalité de publicité. (Art. 23.)

Les syndics de l'association sont élus en assemblée générale. Si la commune accorde une subvention, le maire nomme un nombre de syndics proportionné à la part que cette subvention représente dans l'ensemble de l'entreprise.

Les autres syndics doivent être nommés par le préfet dans le cas où l'assemblée générale, après deux convocations ne se serait pas réunie ou n'aurait pas procédé à leur élection. (Art. 24.)

Les associations ainsi constituées peuvent ester en justice par leurs syndics, elles peuvent emprunter et aussi acquérir les parcelles de terrain nécessaires pour l'amélioration, l'élargissement et le redressement ou l'ouverture du chemin régulièrement entrepris. Les terrains ainsi réunis à la voie publique deviennent la propriété de la commune. (Art. 25.)

La décision de la commission départementale ou du chef de l'État qui déclare d'utilité publique l'ouverture, le redressement ou l'élargissement du chemin autorise, en effet, formellement ou implicitement l'acquisition des terrains à occuper.

Les syndics peuvent y procéder à l'amiable ou par voie d'expropriation selon les prescriptions de l'article 13. Ils doivent au surplus à cet égard se conformer aux restrictions que les statuts auraient apportés à leurs pouvoirs. Ils doivent également se conformer aux dispositions des statuts relativement soit aux actions que l'association pourrait avoir à intenter ou à soutenir, soit aux emprunts à contracter. (Circ. 27 août 1881.)

Le syndicat détermine le mode d'exécution des travaux, soit en nature, soit en taxe; il répartit les charges entre les associés proportionnellement à leur intérêt; il règle l'accomplissement des travaux en nature ou le recouvrement des taxes en un ou plusieurs exercices. (Art. 26.)

Les rôles pour le recouvrement de la taxe due par chaque intéressé sont dressés par le syndicat, approuvés, s'il y a lieu, et rendus exécutoires par le préfet. Il appartient à ce magistrat d'ordonner préalablement la vérification des travaux.

Les rôles sont recouvrés, dans la forme des contributions directes, par le receveur municipal. Ils comprennent les frais de perception dont le préfet détermine le montant sur l'avis du trésorier-payeur général. (Art. 27.)

Dans le cas où l'exécution des travaux entrepris par l'association syndicale exige l'expropriation des terrains, il y est procédé conformément à l'article 13. (Art. 28.)

Quand une association syndicale refuse d'entreprendre les travaux en vue desquels elle est constituée, le préfet a le droit de rapporter l'arrêté d'autorisation. D'un autre côté, dans le cas où l'interruption ou le défaut d'entretien d'ouvrages entrepris par une association peut avoir des conséquences nuisibles à l'intérêt général, il appartient au préfet, après une mise en demeure restée sans résultat, d'obvier à ces inconvénients, en faisant procéder d'office, aux frais de l'association, à l'exécution des travaux nécessaires. (Art. 29.)

Les intéressés peuvent toujours déférer, dans le délai d'un mois à partir de l'affiche, les arrêtés autorisant ou refusant d'autoriser les associations syndicales. Ce recours est déposé à la préfecture, il est ensuite transmis dans le délai de quinzaine au ministre, avec les pièces produites à l'appui, les observations du préfet et tous les autres documents qu'exige l'instruction de l'affaire. Le ministre provoque alors le décret par lequel il est statué après avis du conseil d'Etat.

Les contestations relatives au défaut de convocation d'une partie intéressée, à l'absence ou au défaut d'intérêt des personnes appelées à l'association ou au degré d'intérêt des associés, ainsi qu'à la répartition, à la perception et à l'accomplissement des taxes et prestations, à la nomination des syndics, à l'exécution des travaux et aux mesures ordonnées en vertu du dernier paragraphe de l'article 29, sont jugées par le conseil de préfecture, sauf recours au conseil d'Etat.

Il est procédé à l'apurement des comptes de chaque association selon les règles établies pour les comptes des receveurs municipaux. (Art. 30 et 31.)

Nulle personne comprise dans une association ne peut contester sa qualité d'associé ou la validité de l'acte d'association après le délai de trois mois à partir de la notification du rôle des taxes ou prestations. (Art. 32.)

Police et conservation des chemins ruraux. — Les pouvoirs ainsi attribués aux associations syndicales ne préjudicient en rien au droit de police des maires à l'égard des chemins ruraux. Ce pouvoir reste entier et s'exerce aussi bien sur les chemins non reconnus, comme nous l'avons dit plus haut, que sur les chemins reconnus. L'article 9 de la loi du 20 août 1881 dit en effet formellement que l'autorité municipale est chargée de la police et de la conservation des chemins ruraux. Le titre VII du *règlement général* sur les chemins ruraux du 3 janvier 1883, prend soin d'énumérer à cet égard les pouvoirs des maires.

Non seulement le maire doit prévenir et réprimer les usurpations qui pourraient être commises sur les chemins ruraux, mais il doit assurer l'exécution des dispositions de l'article 103 du règlement général précité, qui interdit d'une manière absolue, comme le règlement sur les chemins vicinaux, tous les actes de nature à nuire, dégrader ou porter préjudice aux chemins. — Pour l'énumération, voy. Chemins vicinaux.

Il doit veiller à ce que les propriétaires des terrains supérieurs bordant les chemins ruraux entretiennent toujours en bon état les revêtements ou les murs construits par eux et destinés à soutenir ces terrains. (Art. 104. Règl. gén. précité.)

Si la circulation venait à être interceptée par une œuvre quelconque, le devoir du maire est d'y pourvoir d'urgence. Il doit, après une simple sommation administrative, faire détruire d'office les travaux et rétablir les lieux dans leur ancien état aux frais et risques de qui il appartient sans préjudice des poursuites à exercer contre qui de droit. (Art. 105.)

Il doit veiller à ce que les riverains ne fassent aucune œuvre de nature à empêcher le libre écoulement des eaux qu'ils sont tenus de recevoir et à les faire séjourner dans les fossés ou refluer sur le sol des chemins. (Art. 106.)

C'est à lui qu'il appartient de donner l'autorisation de transporter les eaux d'un côté à l'autre d'un chemin rural. Cette autorisation ne doit jamais être donnée que sous réserve du droit des tiers, et on doit toujours y stipuler pour la commune la faculté de faire supprimer les constructions faites, si elles étaient mal entretenues, ou si elles devenaient nuisibles à la viabilité du chemin, soit dans le cas où tout autre intérêt public quel qu'il fût, rendrait la mesure utile ou nécessaire. (Art. 107.)

Il lui appartient également de faire respecter l'interdiction de l'article 108, qui défend de pratiquer, dans le voisinage des chemins ruraux, des excavations de quelque nature que ce soit, si ce n'est aux distances ci-après déterminées, à partir de la limite desdits chemins, savoir :

Pour les carrières et galeries souterraines . . . . . . 8 mètres.
Pour les carrières à ciel ouvert . . . . 5 mètres.
Pour les mines publiques ou particulières . . . . . . 2 mètres.

Il peut obliger les propriétaires des excavations de cette nature à les couvrir ou à les entourer de murs ou clôtures propres à prévenir tout danger pour les voyageurs et toute dégradation au chemin.

Nul ne peut, sans y être préalablement autorisé, faire aucun ouvrage de nature à entraver la conservation de la voie publique, ou la facilité de la circulation sur le sol ou le long des chemins ruraux. Les autorisations sont données par le maire. Elles ne doivent jamais être verbales et doivent toujours faire l'objet d'un arrêté dont une expédition non timbrée est délivrée aux intéressés qui la réclament. En tout cas, même sans réclamation de leur part, il leur est remis une note indiquant sommairement la date et l'objet des autorisations. (Art. 77, 78, 79 du Règl. gén.)

Les alignements individuels pour construire sont délivrés par le maire, conformément au plan d'alignement des chemins ruraux (1).

Lorsque les chemins ruraux ont la largeur légale, l'alignement est donné de manière à ce que l'impétrant puisse construire sur la limite séparative de sa propriété et du chemin. Lorsqu'ils n'ont pas la largeur qui leur est attribuée par l'autorité compétente, les alignements sont délivrés conformément aux limites déterminées par le plan régulièrement approuvé si la commune acquiert préalablement, à l'amiable ou par expropriation, les terrains à réunir à la voie publique, et, dans le cas contraire, conformément aux limites actuelles des chemins. (Art. 81, § 2.)

Les travaux à faire aux constructions en saillie sur les alignements ne sont d'ailleurs autorisés que dans le cas où ces travaux n'auraient pas pour effet de consolider le mur de face. (Art. 83.)

Enfin, lorsque les chemins ont plus que la largeur légale et que les propriétaires riverains sont autorisés, par mesure d'alignement, à avancer leurs constructions jusqu'à l'extrême limite de cette largeur, ils doivent payer la valeur du sol du chemin concédé et de ses dépendances. Cette valeur est réglée soit à l'amiable, soit à dire d'expert conformément à l'article 17 de la loi du 20 août 1881. Dans ce dernier cas l'arrêté d'alignement doit faire connaître que la prise de possession ne pourra avoir lieu qu'en vertu d'une délibération du conseil municipal régulièrement approuvée. (Art. 81, §§ 3, 4 et 5 du Règl. gén.)

De plus, tout ce qui concerne le mode d'ouverture des portes et fenêtres et les saillies de toute espèce sur les chemins ruraux doit être déterminé par un règlement spécial arrêté par le maire, sur l'avis du conseil municipal, et approuvé par le préfet. (Art. 82.)

L'arrêté du maire, portant autorisation de construire ou de réparer, fera connaître, si la demande en est faite par les intéressés, et dans les limites nécessaires pour assurer la circulation, l'espace que pourront occuper les échafaudages et les dépôts ainsi que la durée de l'occupation. (Art. 84.)

Lorsqu'une construction sise le long d'un chemin rural, présente des dangers pour la sécurité publique, le maire fait constater le péril par un homme de l'art (art. 85) et agit comme il a été dit ci-dessus. — Voy. ALIGNEMENT. VOIRIE. — BATIMENT.

En tous cas les autorisations de construire ou de reconstruire le long des chemins ruraux doivent stipuler les réserves et conditions nécessaires pour garantir le libre écoulement des eaux, sans qu'il en puisse résulter de dommages pour les chemins. (Art. 86.)

Le maire doit également veiller à ce qu'aucune plantation d'arbre ne soit effectuée le long des chemins ruraux reconnus, qu'en observant les distances ci-après qui sont calculées à partir de la limite extérieure soit des chemins, soit des fossés et talus qui les bordent.

(1) Lorsqu'il y a lieu de dresser les plans d'alignements pour les chemins ruraux, il est procédé à une enquête, conformément à l'ordonnance du 23 août 1835. Le conseil municipal est toujours appelé à délibérer sur les plans. Les plans sont ultérieurement soumis, avec l'avis du maire, les observations du préfet et les documents à l'appui, à la Commission départementale qui les approuve. La décision approbative est affichée et notifiée selon les prescriptions des articles 4 et 13 de la loi du 20 août 1881 (art. 83, règl. général sur chemins ruraux, 3 janvier 1883).

Pour les arbres fruitiers........ 2 mètres.
Pour les arbres forestiers...... 2 —
Pour le bois taillis............. 1 mètre.

La distance des arbres entre eux ne peut être inférieure à 4 mètre pour les arbres fruitiers, 3 mètres pour les arbres forestiers, sauf le peupliers d'Italie qui peuvent être espacés de 2 mètres seulemen (Art. 87 du règl. général.)

Les plantations antérieures à ce règlement peuvent être conservé telles quelles, mais elles ne peuvent être renouvelées qu'à la charg d'observer les distances prescrites. (Art. 88.)

Quant à celles faites par les particuliers sur le sol des chemins, elle peuvent être conservées si les besoins de la circulation le permetten mais elles ne peuvent, en aucun cas, être renouvelées. (Art. 89.) Lorsqu l'intérêt de la viabilité exige leur destruction, les propriétaires so mis en demeure de les enlever, par arrêté du maire, sauf à réclame une indemnité, s'il y a lieu. S'ils n'obtempèrent pas à cette mise e demeure, il est dressé procès-verbal pour être statué par l'autorit compétente.

Les haies ne peuvent être plantées à moins de 50 centimètres de l limite extérieure des chemins. Leur hauteur ne doit jamais, à moin d'autorisation spéciale, dépasser 1m,50. Celles qui ont été antérieure ment plantées dans d'autres conditions peuvent être conservées, ma elles ne peuvent être renouvelées qu'à la charge d'observer cette dis tance. (Art. 91 à 93, règl. précité.)

Les arbres, les branches, les haies et les racines qui avancent sur l sol des chemins ruraux doivent être coupés à l'aplomb des limites d ces chemins, à la diligence des propriétaires ou des fermiers.

En cas de refus de leur part d'obtempérer à ces prescriptions, il e serait dressé contre eux procès-verbal, pour être statué par l'autorit compétente. (Art. 94 et 95, règl. précité.)

Les riverains ne peuvent ouvrir des fossés le long d'un chemin rura à moins de 60 centimètres de la limite du chemin. Ces fossés doiver avoir un talus d'un mètre de base au moins pour 1 mètre de hauteu Les propriétaires doivent entretenir ces fossés de manière à empêche que les eaux ne nuisent à la viabilité du chemin. Si ces fossés avaier une profondeur telle qu'ils puissent présenter des dangers pour la cir culation, les propriétaires seraient tenus de prendre les dispositions qi leur seraient prescrites par arrêté du maire, pour assurer la sécurit du passage. (Art. 96, 97, 98, règl. précité.)

Les maires sont chargés de donner les autorisations pour l'établisse ment par les propriétaires riverains d'aqueducs, de ponceaux sur le fossés des chemins ruraux. Ces autorisations règlent le mode de cons truction, les dimensions à donner aux ouvrages, et les matériaux employer; elles stipulent toujours la charge de l'entretien par l'impé trant et le retrait de l'autorisation donnée, soit dans le cas où les con ditions posées ne seraient pas remplies, soit s'il était constaté que ce ouvrages nuisent à l'écoulement des eaux ou à la circulation, soit si l suppression en était reconnue nécessaire dans un but quelconqu d'utilité publique. (Art. 99.) Les autorisations de conduire les eaux d'u côté à l'autre du chemin prescrivent le mode de construction et le dimensions des travaux à exécuter par les pétitionnaires. (Art. 100.)

Celles relatives à l'établissement de communications devant traverse les chemins ruraux, indiquent les mesures à prendre pour assurer l facilité et la sécurité de la circulation. (Art. 101.)

Enfin, les autorisations pour l'établissement de barrages ou écluses sur les fossés des chemins, ne seront données que lorsque la surélévation des eaux ne pourra nuire au bon état de la voie publique. Elles doivent prescrire les mesures nécessaires pour que les chemins ne puissent jamais être submergés. Elles sont toujours révocables sans indemnité ; soit si les travaux étaient reconnus nuisibles à la viabilité, soit pour tout autre motif d'utilité publique. (Art. 102, règlement précité.)

Chemins vicinaux. — On désigne sous ce nom les voies publiques établies en vertu d'un acte de l'autorité compétente pour mettre en communication soit une commune avec divers points de son territoire, soit plusieurs communes entre elles. Ces chemins appartiennent en principe à la commune dans la circonscription territoriale de laquelle ils sont situés. (L. 6 octobre 1791 et 28 juillet 1824.) (1).

La loi du 21 mai 1836, qui forme le code en vigueur des chemins vicinaux, les a divisés suivant leur importance en deux catégories : la première comprend les *chemins vicinaux ordinaires*, qui sont en principe à la charge des communes avec ou sans subvention de l'État et du département : la seconde, *les chemins vicinaux de grande communication*, dont l'entretien est à la charge des communes, avec le concours du département et de l'État.

Il est, en outre, une troisième catégorie de chemins vicinaux, dont l'entretien est à la charge de plusieurs communes, et que l'administration supérieure a désignée sous le nom de *chemins vicinaux de moyenne communication ou d'intérêt commun*.

L'entretien des chemins vicinaux légalement reconnus est obligatoire pour les communes. (L. 21 mai 1836, art. 1er.)

Les formes de la reconnaissance légale consistent actuellement dans une décision du conseil général ou de la commission départementale, comme il est dit ci-après :

Classement. — Le classement peut avoir lieu sur la demande de la commune intéressée ou de toute personne qui considère la mesure comme utile. Cette demande doit être adressée au préfet. (Instruct. génér., 6 déc. 1870, art. 1er.)

La commission départementale exerce les attributions jadis confiées au préfet en ce qui concerne le classement des chemins vicinaux ordinaires. C'est à elle seule qu'il appartient d'opérer la reconnaissance, de déterminer la largeur et de prescrire l'ouverture de ces chemins.

En principe, la décision de la commission départementale n'est pas subordonnée aux votes des conseils municipaux. Mais la jurisprudence a décidé que toutes les fois qu'il s'agirait du classement d'un chemin privé ou d'un chemin à ouvrir, ou de classement de chemins publics entraînant élargissement dans une proportion considérable, c'est-à-dire lorsque le classement entraîne soit l'acquisition de terrains, soit l'exécution de travaux, l'autorité supérieure doit se borner à donner ou à refuser son approbation aux délibérations prises par les conseils municipaux. Dans ces conditions, le classement ne peut être prononcé que si le conseil municipal y adhère. (Arrêtés cons. d'État, 7 avril 1859, 5 juin 1862, 21 juin 1866, 19 novembre, 19 décembre 1868, 27 juin 1873,

(1) Voyez Guillaume, *Traité pratique de la voirie vicinale*, 1883, 7e édition, Paul Dupont.

21 novembre 1873, 5 décembre 1873, 18 février 1876, 13 juillet 1877. Avis de la section de l'Int. 29 juillet 1870.)

Cependant la commission départementale peut encore sans excéder la limite de ses attributions, prononcer le classement d'un chemin sur le territoire d'une commune, malgré l'opposition du conseil municipal, lorsqu'une autre commune, ayant intérêt à l'établissement de ce chemin s'engage à supporter les frais nécessaires de construction et d'entretien.

La décision de la commission départementale équivaut à une déclaration d'utilité publique, sauf lorsqu'il s'agit de terrains bâtis ou clos de murs, compris dans le tracé adopté. Dans ce dernier cas, l'utilité publique doit, aux termes de la loi du 8 juin 1864, être prononcée par un décret. (Circ. int. 16 juin 1877.)

Formalités pour le classement des chemins vicinaux ordinaires. — En ce qui touche le classement des chemins vicinaux ordinaires, il importe de distinguer s'il a pour objet de faire entrer dans la vicinalité soit un chemin public appartenant à la commune, soit un chemin privé ou un chemin à ouvrir.

Lorsqu'il s'agit du classement d'un chemin appartenant déjà à la commune la reconnaissance du chemin est faite par le maire et l'agent voyer. Il est dressé de cette reconnaissance un procès-verbal contenant tous les renseignements nécessaires pour faire apprécier le degré d'utilité du chemin, et indiquant les charges actuelles de la commune concernant le service vicinal, ainsi que celles qui résulteraient du nouveau classement. Il y est joint un plan d'ensemble. Le procès-verbal est déposé à la mairie pendant quinze jours, et avis de ce dépôt est donné aux habitants par voie de publications et affiches en la forme ordinaire, pour qu'ils puissent présenter leurs réclamations et observations s'il y a lieu. A l'expiration du délai de dépôt, le conseil municipal, après y avoir été autorisé, délibère sur le projet ; il donne son avis sur l'utilité du classement, sur les observations qui pourraient avoir été faites, ainsi que sur la largeur à donner au chemin, et fait connaître les ressources qu'il entend consacrer à sa construction et à son entretien. La commission départementale statue après accomplissement de ces formalités. En cas de revendication du chemin par un particulier avec titre à l'appui, la commission départementale devrait surseoir au classement jusqu'à ce que la question de propriété soit résolue. (Arrêté cons. d'Etat, 27 février 1862, 25 février 1864, 12 janvier 1870. Inst. génér., art. 5.)

Lorsqu'il s'agit d'un chemin à ouvrir, il doit être procédé à une enquête dans les formes réglées par l'ordonnance du 23 août 1835 ; l'enquête terminée, le conseil municipal est appelé à délibérer tant sur l'utilité du projet que sur les réclamations consignées au procès-verbal d'enquête. Les pièces de l'enquête sont ensuite transmises à la préfecture, avec les observations du sous-préfet et de l'agent voyer d'arrondissement. Le préfet examine ces pièces et les soumet avec son avis à la commission départementale, qui, s'il y a lieu, prononce le classement du chemin et déclare d'utilité publique les travaux à exécuter pour son établissement ou son ouverture. (Inst. 6 décembre 1870, art. 2, 3 et 4 ; Circ. int. 23 septembre 1871.)

Toute rue qui est reconnue, dans les formes légales, être le prolongement d'un chemin vicinal en fait partie intégrante et est soumise aux mêmes lois et règlements. (Art. 1er, loi 8 juin 1864). C'est donc désormais à l'autorité compétente pour prononcer le classement qu'il appartient de déclarer qu'une rue forme le prolongement d'un chemin.

Il n'a pas été dérogé à la disposition de la loi du 24 mai 1842, en vertu de laquelle, lorsqu'une route nationale est déclassée en tout ou en partie, l'ancienne route ou la portion de route délaissée peut être classée par le chef du pouvoir exécutif, soit au nombre des chemins vicinaux ordinaires d'une commune sur la demande du conseil municipal, soit parmi les chemins de grande communication ou d'autres comme sur la demande du conseil général. La décision du chef de l'État est rendue sur le rapport du ministre de l'intérieur, après avis du ministre des travaux publics. Elle doit être précédée non seulement de l'enquête prescrite par l'instruction du 6 décembre 1870 (art. 2, 3 et 4), mais encore de l'avis de la commission départementale lorsqu'il s'agit d'un classement parmi les chemins vicinaux ordinaires et de l'avis des autres conseils qui doivent être consultés lorsqu'il s'agit d'un classement dans le réseau de grande communication ou d'intérêt commun.

Les avenues conduisant aux gares ou aux stations des chemins de fer d'intérêt général peuvent, lorsqu'elles sont établies par l'État ou par les compagnies concessionnaires, comme dépendances des voies ferrées, être assimilées aux routes nationales ou du moins aux chemins domaniaux, et rien ne s'oppose à ce qu'elles soient rangées avec cession gratuite dans la voirie vicinale, par un décret du Président de la République, en vertu de la loi du 24 mai 1842. (Circul. Int. 7 mars 1882.)

Le classement d'une ancienne route nationale comme route départementale ou comme chemin vicinal entraîne en effet cession gratuite de la propriété de l'ancienne route au profit du département ou de la commune. (Loi 24 mai 1842.)

Les routes départementales régulièrement déclassées peuvent aussi, après l'accomplissement des formalités légales être rangées, soit dans la catégorie des chemins vicinaux ordinaires par la commission départementale, soit dans le réseau de grande communication ou d'intérêt commun, par le conseil général.

Ce classement n'a pas pour effet d'enlever au département la propriété des anciennes routes ni des arbres qui les garnissent, et lorsque la commission départementale classe comme chemin vicinal une ancienne route départementale, elle se trouve dans la nécessité de l'acquérir amiablement ou sur expropriation si le conseil général n'en cède pas gratuitement l'usage ou la propriété.

Classement des chemins de grande communication et d'intérêt commun. — Aux termes de l'article 44 de la loi du 23 août 1871, le conseil général a été substitué au préfet pour le classement des chemins de grande communication et d'intérêt commun. Lorsque le conseil prend en considération une demande de classement, ou lorsque le préfet croit devoir donner suite à une demande, les agents voyers préparent un avant-projet. Il est procédé à une enquête, dans les formes prescrites par l'ordonnance du 18 février 1834, quand il s'agit de faire passer dans la grande ou moyenne vicinalité un chemin privé ou un chemin à ouvrir.

Les conseils municipaux et d'arrondissement intéressés sont appelés à donner leur avis, et le conseil général statue ensuite sur la reconnaissance du chemin dont il détermine la direction, la largeur et ses limites en désignant les communes qui doivent contribuer à sa construction et son entretien en même temps qu'il arrête le contingent annuel de chacune d'elles dans les dépenses. La décision du conseil général n'est

jamais subordonnée aux votes des conseils municipaux et d'arrondissement. Ces votes sont de simples avis qui doivent être provoqués, mais
que l'assemblée départementale n'est jamais obligée de suivre. (C.
d'Et., arrêt 27 décembre 1878.) Il s'agit en effet ici de mesures ayant
un caractère d'utilité générale dont l'exécution ne saurait être entra-
vée au nom de l'intérêt d'une fraction du département.

La décision du conseil général déclare en règle générale d'utilité
publique des travaux d'établissement et d'ouverture des chemins
classés, mais une décision du chef du pouvoir exécutif peut seul prononcer la déclaration d'utilité publique, lorsque le sol à occuper comprend des terrains bâtis ou clos de murs. (L. 8 juin 1864, art. 2.)

Voies de recours contre les décisions du conseil général. — En
principe, la décision du conseil général n'a pas besoin d'homologation
pour être mise à exécution. Toutefois, elle ne devient exécutoire que si,
dans le délai de vingt jours à partir de la clôture de la session, le
préfet n'en a pas demandé l'annulation pour excès de pouvoir ou violation de la loi ou d'un règlement d'administration publique. Le recours
formé par le préfet doit être notifié dans le même délai au président
du conseil général et au président de la commission départementale.
Si, dans le délai de deux mois, l'annulation n'a pas été prononcée par
décret rendu en forme de règlement d'administration publique, la délibération est exécutoire. (L. 10 août 1871, art. 47.)

Toute partie intéressée peut en outre déférer au conseil d'Etat pour
excès de pouvoir, en vertu de la loi des 7-14 octobre 1790 et 24 mai
1872, les décisions du conseil général, dans le délai de trois mois, à
partir de leur notification ou publication. (Arr C. d'Et. 14 février 1853,
19 mars 1875, 28 juillet 1876.)

Les décisions prises par la commission départementale en matière
d'ouverture ou de redressement des chemins vicinaux ordinaires sont
communiquées au préfet en même temps qu'aux conseils municipaux.
Elles peuvent être frappées d'appel devant le conseil général pour
cause d'inopportunité ou de fausse appréciation des faits, soit par le
préfet, soit par les conseils municipaux ou par toute autre partie intéressée. L'appel doit être notifié au président de la commission dans le
délai d'un mois à partir de la notification de la décision. Le conseil
général statue définitivement à sa plus prochaine session. Les décisions
prises par la commission départementale peuvent être aussi déférées au
Conseil d'Etat, statuant au contentieux, pour cause d'excès de pouvoirs
ou de violation de la loi ou d'un règlement d'administration publique.
Le recours au conseil d'Etat doit avoir lieu dans le délai de deux mois,
à partir de la notification de la décision attaquée. Il peut être formé
sans frais et il est suspensif dans tous les cas. (L. 28 août 1871,
art. 86 et 88). — Voy. Conseil général.

Abornements. — *Plans d'alignement.* — Le ministre n'a reproduit
dans le nouveau règlement que les prescriptions de celui de 1854, et
il a pensé que l'abornement pouvait être avantageusement remplacé
par des plans sur lesquels seraient tracés les chemins vicinaux avec
l'indication exacte de leurs limites. Ils incorporent aux chemins, sauf
règlement ultérieur d'indemnité, les parcelles non bâties ni closes de
murs, et frappent les propriétés bâties et closes d'une servitude de
voirie dites de reculement et d'avancement. — Voy. Voirie, Servitudes.

Pour être rendus exécutoires, les plans d'alignement doivent être préalablement soumis à une enquête dans les formes déterminées par l'ordonnance du 18 février 1834 pour les chemins de grande communication et d'intérêt commun, et dans celles prescrites par l'ordonnance du 23 août 1835 pour les chemins vicinaux ordinaires. Ils sont ensuite communiqués aux conseils municipaux des communes intéressées, puis soumis avec le rapport de l'agent voyer en chef, les observations du préfet et les documents à l'appui, à l'approbation du conseil général ou de la commission départementale, qui sont investis du droit d'homologuer ces plans (art. 44 et 86, loi 10 août 1871), suivant qu'il s'agit de chemins de grande communication, d'intérêt commun ou de chemins vicinaux ordinaires.

Le conseil général peut prononcer l'homologation des plans concernant les chemins de grande communication et d'intérêt commun, sans l'assentiment des conseils municipaux. (Avis section de l'int., Cons. d'Et. 29 juillet 1870.)

Il y a eu doute sur le point de savoir si la commission départementale pouvait également passer outre à l'opposition des conseils municipaux pour l'homologation des plans des chemins vicinaux ordinaires. Mais le Conseil d'Etat a décidé qu'une commission départementale n'excédait pas ses pouvoirs en homologuant le plan d'un chemin vicinal ordinaire, malgré l'opposition du conseil municipal de la commune à laquelle appartient le chemin. (Arrêt 5 janvier 1877.)

Du reste, les décisions de la commission départementale et du conseil général, en matière de plan d'alignement, sont susceptibles des mêmes recours qu'en matière de classement, élargissement, redressement, etc.

Le plan d'alignement et les modifications qui peuvent lui être apportées, ne deviennent d'ailleurs obligatoires pour les intéressés qu'autant qu'ils sont portés à leur connaissance, soit par une publication dans les formes ordinaires, soit par notification individuelle ou acte équivalent. On doit toujours avertir les intéressés, et un exemplaire du plan reste déposé à la mairie, où chacun est admis à le consulter. (Cons. d'Etat, 23 juillet 1875 ; Circ. int. 19 déc. 1846.) — Voy. ALIGNEMENTS.

Elargissement, redressement des chemins vicinaux. — Du droit conféré au conseil général et à la commission départementale, de déterminer la largeur et les limites des chemins vicinaux, résulte naturellement celui d'en prescrire l'élargissement, le redressement.

Lorsqu'il y a lieu à élargissement ou à redressement, un agent voyer dresse un plan sur lequel il indique les limites et la largeur à donner au chemin ou le tracé du redressement et les ouvrages accessoires à exécuter. Il ajoute à ce plan un nivellement et un état faisant connaître la surface de terrain à occuper sur les parcelles de chaque riverain. Le plan, le nivellement et l'état sont soumis à une enquête dans les formes prescrites par l'ordonnance royale du 23 août 1835 ; le conseil municipal donne son avis et le conseil général, ou suivant la nature du chemin, la commission départementale statue. — Voy. *Dict. des formules*, nᵒˢ 392. *bis* et 396.

Les décisions du conseil général ou de la commission départementale qui prononce *l'élargissement* d'un chemin, attribuent à ce chemin la propriété des parcelles de terrains, non bâties ni closes de murs, ajoutées à son tracé. Ces décisions doivent être notifiées aux anciens propriétaires, au moins dix jours avant la prise de possession des terrains. À l'expiration de ce délai, il peut être procédé à l'exécution des travaux préalablement au règlement de l'indemnité. (Loi 21 mai 1836, art. 15 ; loi 10 août 1871, art. 44 et 80 ; arrêt de cassation 7 juin 1838, 3 décembre 1843, 2 février 1844, 10 juillet 1854.) Mais l'effet attributif.de propriété cesse quand il s'agit de terrains bâtis ou clos de murs. Les communes ne deviennent propriétaires de ces terrains qu'en les acqué- rant soit à l'amiable, soit par voie d'expropriation pour cause d'utilité publique, en vertu d'un décret du chef du pouvoir exécutif. (Loi 8 juin 1864, art. 2.) Il faut remarquer que même en ce qui concerne les ter- rains non bâtis ni clos de murs, lorsqu'il s'agit d'augmenter dans une proportion considérable la largeur d'un chemin, l'opération doit être considérée comme l'ouverture d'une nouvelle voie, et en pareil cas il faut appliquer l'article 16 et non l'article 15 de la loi du 21 mai 1836. L'instruction générale du 26 décembre 1870, article 21, recommande également lorsqu'il existe sur le terrain des arbres fruitiers ou de haute futaie, d'en référer au préfet qui peut ordonner de surseoir à l'abatage jusqu'au règlement de l'indemnité à l'égard de ces terrains.

En matière de *redressement ou de changement de direction*, on procède toujours comme en matière d'ouverture de chemin. Il appar- tient bien à l'autorité, conseil général ou commission départemen- tale, qui autorise ou prescrit le redressement ou le changement de direction, de le déclarer d'utilité publique après l'accomplissement des formalités voulues pour l'ouverture, mais cette décision n'entraîne jamais attribution directe de propriété, et les terrains nécessaires au redressement ou au changement de direction, doivent toujours être acquis à l'amiable ou par voie d'expropriation. De plus, si le redresse- ment ou le changement de direction devait se faire au moyen de l'occupation de terrains bâtis ou clos de murs dont les propriétaires refuseraient de consentir la cession, l'utilité publique ne pourrait être déclarée que par décret du chef du pouvoir exécutif.

La décision du conseil général ordonnant l'élargissement ou le redres- sement des chemins de grande communication et d'intérêt commun, peut toujours être prise malgré l'opposition des conseils municipaux. (Av. sect. int. cons. d'Et., 29 juillet 1870.)

Le pouvoir attribué aux décisions de la commission départementale à l'égard des chemins vicinaux ordinaires, n'est pas aussi étendu. La jurisprudence a décidé qu'en règle générale, la commission départe- mentale ne pouvait ordonner légalement, sans un vote favorable du conseil municipal, le redressement ou le changement de direction d'un chemin vicinal ordinaire, car il s'agit là de mesures d'intérêt purement communal et de dépenses facultatives, dont l'initiative doit appartenir au conseil municipal (Arr. du C. d'Et., 27 juin 1873, 21 novembre 1873, 5 décembre 1873, 7 avril 1876. Circ. et avis sect. de l'Int. 29 juillet 1870. — L. 21 mai 1836, art. 2; 10 août 1871, art. 44, 46, §§ 7 et 86; 5 avril 1884, art. 136.) Elle ne donne à la commission le pouvoir de prononcer le redressement malgré l'opposition du conseil municipal de la commune sur le territoire de laquelle le chemin est situé, que lors- qu'une commune voisine intéressée au redressement, prend l'engagement de subvenir aux dépenses. (Arrêt du conseil d'Etat du 5 décembre 1873.)

Pendant longtemps, le conseil d'Etat a appliqué également cette juris- prudence aux questions d'élargissement en décidant que l'élargissement d'un chemin vicinal ne pouvait être prononcé légalement sans l'assen- timent. Mais aujourd'hui il a modifié sa jurisprudence sur ce dernier point, et il est admis que la commission départementale n'excède pas ses pouvoirs, soit en prescrivant l'élargissement d'un chemin vicinal ordinaire, soit en déterminant l'alignement et en fixant la largeur du chemin, bien que dans l'un et l'autre cas, le conseil municipal s'oppose à la mesure et qu'il doive en résulter plus ou moins prochainement une dépense pour la commune. (Arrêts 7 août 1874, 5 janvier 1877, 27 février 1880.) Mais si l'élargissement prenait une proportion assez grande pour le faire considérer comme une ouverture, la commission ne pourrait le prononcer sans l'assentiment du conseil municipal. (Arrêt 13 juillet 1877.)

En général, la largeur attribuée aux chemins vicinaux ordinaires, est de 6 mètres, non compris les fossés. Cette largeur est portée à 7 mètres pour les chemins d'intérêt commun ; elle est ordinairement de 8 mètres pour les chemins de grande communication.

Acquisition de terrains. — Les terrains nécessaires à l'ouverture, à l'établissement, à l'élargissement et au redressement des chemins vicinaux ou à l'exécution des ouvrages accessoires, sont acquis, soit à l'amiable, soit par voie d'expropriation.

Acquisition amiable. — Les acquisitions amiables ont lieu soit en vertu d'une déclaration d'utilité publique ou d'une décision équivalente, soit sans qu'une déclaration de cette nature intervienne.

Il y a acquisition amiable en vertu d'une déclaration d'utilité publique, chaque fois qu'après une enquête régulière et une décision de la commission départementale, du conseil général ou du chef de l'Etat (pour terrains bâtis et clos de murs), prononçant l'ouverture, le classement, le changement de direction ou le redressement d'un chemin, les propriétaires des terrains à occuper les cèdent amiablement, soit à prix déterminé, soit à condition que le prix sera déterminé par le jugement conformément à l'article 16 de la loi du 21 mai 1836.

Les acquisitions ainsi faites, bénéficient de la purge hypothécaire établie par les articles 15 à 18 de la loi du 3 mai 1841, et sont exemptes des droits de timbre et d'enregistrement par application de l'article 58 de la même loi.

Les acquisitions amiables se font sans déclaration d'utilité publique, lorsque la décision pour l'exécution de laquelle ces acquisitions ont lieu, n'est pas précédée des formalités d'enquête (1) prescrites par le titre premier de la loi du 3 mai 1841.

Ces acquisitions ne jouissent pas des mêmes avantages que les précédentes en ce qui concerne la purge et l'exemption des droits de timbre et d'enregistrement. Cependant, afin d'étendre ce bénéfice aux communes dont la situation financière est embarrassée, on assimile aux acquisitions amiables faites en vertu d'une déclaration d'utilité publique, celles qui ont eu lieu pour des opérations de voirie vicinale, déclarées d'utilité publique, postérieurement aux acquisitions, et les droits de timbre et d'enregistrement sont restitués lorsqu'il ne s'est pas écoulé un délai de deux ans à partir de la perception. (Art. 58 de la loi du 3 mai 1841.)

Le conseil municipal doit toujours être appelé à voter les acquisitions amiables ; il en accepte le prix et les conditions. Sa délibération est exécutoire par elle-même si l'ensemble des acquisitions et travaux votés

_____

(1) Ces acquisitions sont bien toujours précédées d'une enquête qui en est le préliminaire indispensable. Mais l'enquête ainsi exigée a lieu dans les formes prescrites par les ordonnances, soit du 20 août 1825, soit du 23 août 1835, et cette enquête n'est pas suffisante pour conférer les avantages qui ne sont attachés qu'à l'exécution des formalités imposées par le titre 1er de la loi du 3 mai 1841.

pour l'exercice courant ne dépasse pas les ressources que les communes peuvent se créer sans autorisation spéciale : si, au contraire, l'ensemble de ces dépenses dépasse ce maximum, la délibération doit être approuvée par le préfet. (L. 5 avril 1884, art. 68 et 141.)

L'acte d'acquisition peut être passé, soit devant notaire, soit dans la forme administrative. Ces actes ne sont sujets à l'approbation du préfet, que si cette approbation n'a pas été donnée aux délibérations avant leur rédaction. (Décret 25 mars 1852, art. 1er, tableau A, n° 4; 14 avril 1884, art. 61 et 68. — Voy. *Dict. des formules*, nos 394, 395, 398.)

Expropriation. — Lorsque les propriétaires ne veulent ou ne peuvent pas céder à l'amiable, les terrains nécessaires aux chemins, l'acquisition se fait par voie d'expropriation. L'expropriation est prononcée par le tribunal civil de l'arrondissement où sont situés les terrains. Elle ne peut l'être qu'en vertu d'une déclaration d'utilité publique émanant, soit de la commission départementale, soit du conseil général, soit du chef de l'Etat, suivant les distinctions faites plus haut. Cette déclaration doit toujours être précédée d'une enquête dans les formes déterminées par l'ordonnance royale du 18 février 1834 ou par celle du 23 août 1835, selon que le projet intéresse une ou plusieurs communes. (Inst. gén., 3 décembre 1870, art. 15 à 19.) A la suite de la déclaration d'utilité publique, on remplit les formalités édictées par les articles 4, 5, 6, 7 et 12 de la loi du 3 mai 1841. L'arrêté de cessibilité pris par le préfet est soumis à l'approbation du ministre de l'intérieur quand le conseil municipal demande une modification au tracé adopté. (Cons. d'Etat, avis des sect. Int. et Trav. publics, 12 décembre 1868.) Les autres formalités à remplir sont réglées par les dispositions de la loi du 21 mai 1836, article 16, combinées avec celles du 3 mai 1841, titres III, IV, V, VI et VII. — Voy. EXPROPRIATION.

Il faut remarquer qu'en matière d'élargissement, il n'y a lieu de recourir à l'acquisition amiable ou à l'expropriation, que si les terrains destinés à l'élargissement, sont bâtis ou clos de murs. (Loi du 8 juin 1864.) Dans le cas contraire, la décision du conseil général ou de la commission départementale est attributive de propriété des parcelles englobées dans le chemin.

Enfin il importe de ne pas perdre de vue que les communes ne peuvent acquérir dans l'intérêt du service vicinal, des terrains dépendants soit de la grande voirie, soit du domaine public, militaire ou maritime, que lorsqu'un acte de l'autorité compétente en a changé l'affectation. Il en serait de même pour les parcelles à distraire d'un presbytère. Les terrains provenant d'un cimetière ne peuvent être affectés aux chemins vicinaux que cinq ans après les dernières inhumations, et il est interdit, en règle générale, d'y pratiquer des fouilles avant l'expiration des dix ans qui suivent cette époque. (Décret 23 frimaire an XII, art. 8 et 9. Loi des 6-15 mai 1791, art. 9.) — Voy. SERVITUDES MILITAIRES, MARITIMES. PRESBYTÈRES, CIMETIÈRES.

Enregistrement. — *Transcription.* — *Purge des hypothèques.* — Les plans, procès-verbaux, certificats, significations, jugements, contrats, marchés, adjudications de travaux, quittances et autres actes, ayant pour objet exclusif la construction, l'entretien et la réparation des chemins vicinaux, doivent être enregistrés moyennant le droit fixe de 1 fr. 50 c. (Art. 20 de la loi du 21 mai 1836, modifié par l'art. 4 de la loi du 28 février 1872.)

Lorsque des acquisitions de parcelles de terrains appartenant à divers propriétaires, sont comprises dans un même acte, il n'est dû qu'un seul droit, quel que soit le nombre de ces parcelles. (Décision finances, 26 août 1846.)

Dans le cas où les travaux ont été déclarés d'utilité publique (comme il a été dit ci-dessus), les plans, certificats et autres actes faits en vertu de la loi du 3 mai 1841, doivent être visés pour timbre et enregistrés gratis lorsqu'il y a lieu à la formalité de l'enregistrement.

Tous les actes ou décisions qui transfèrent aux communes la propriété des terrains nécessaires aux chemins vicinaux, doivent être soumis à la transcription (loi 23 mars 1855), et il y a lieu de purger les hypothèques qui peuvent grever ces terrains.

Les formalités à remplir diffèrent suivant que l'acquisition a été ou n'a pas été précédée d'une déclaration d'utilité publique. Dans le premier cas, il est procédé à la transcription et à la purge des hypothèques selon les dispositions de la loi du 3 mai 1841 (art. 15 et 19); dans le second cas, conformément aux articles 2181 à 2192 du c. civ., quand la purge a pour objet des hypothèques inscrites, et suivant les articles 2181, 2193 à 2195 du même code quand il s'agit d'hypothèques non inscrites. — Voy. EXPROPRIATION , PURGE DES HYPOTHÈQUES.

Toutefois lorsque la valeur des terrains n'excède pas 500 francs, le maire, autorisé par une délibération du conseil municipal, approuvée par le préfet, peut se dispenser de la purge des hypothèques et de la transcription, s'il y a eu déclaration d'utilité publique, et de la purge des hypothèques, seulement quand il n'y a pas eu déclaration d'utilité publique précédée des formalités d'enquête prescrites par le titre Ier de la loi du 3 mai 1841. (Ord. 18 avril 1842. Loi 2 juin 1864. Décret 14 juillet 1866. Avis cons. d'Et. 31 mars 1867. Circ. int. 16 juin 1877.)

La décision du conseil général ou de la commission départementale, étant translative de propriété comme un jugement d'expropriation en matière d'élargissement, c'est cette décision qui doit faire l'objet de la transcription, quand il n'intervient pas d'autres actes. (Circ. int. et finances, 21 décembre 1845 et 10 janvier 1872.)

Règlement des indemnités. — Le payement des indemnités ne doit avoir lieu qu'après la transcription des actes. Quand les indemnités sont réglées amiablement, elles sont payées suivant les conventions intervenues ; à défaut d'arrangement amiable, elles sont réglées par le jury. Il en est de même lorsqu'il s'agit de fixer le prix des terrains bâtis ou clos de murs destinés à l'élargissement des chemins vicinaux. Lorsqu'elles sont aussi réglées par le jury d'expropriation, elles doivent être acquittées conformément aux dispositions des articles 53 et 55 de la loi du 3 mai 1841, qui exigent, en règle générale, qu'elles soient payées ou consignées préalablement à la prise de possession.

Par exception à cette règle, le payement ou la consignation peut n'avoir lieu qu'après la prise de possession à l'égard des terrains incorporés à la voie publique, par application des servitudes de voirie. (Cass., ch. réunies, arrêt 10 juillet 1840. — Ch. criminelle, 10 juin 1843, 19 juin 1857, 20 novembre 1862, 8 novembre 1868.)

Les indemnités dues pour terrains non bâtis, ni clos de murs, réunis aux chemins vicinaux par voie d'élargissement, sont réglées, si l'on ne parvient pas à en arrêter le chiffre à l'amiable, par le juge de paix, sur le rapport d'experts, dont l'un est nommé par le sous-préfet, l'autre par la partie. A défaut de désignation par les parties, les experts sont nommés par le juge de paix qui est aussi chargé de choisir le tiers expert en cas de désaccord entre les experts désignés par les parties. (Arr. c. d'Et., 30 décembre 1841 et 26 avril 1844.) La prise de possession peut précéder le payement ou la consignation des indemnités réglées par le juge de paix.

Les contestations relatives au règlement de ces indemnités sont de la compétence de l'autorité judiciaire.

L'action en indemnité des propriétaires est prescrite par deux ans. (Loi 20 mai 1836, art. 18.) Cette prescription court du jour de la dépossession.

Déclassement. — Le déclassement des chemins rentre dans les attributions de l'autorité qui prononce le classement. C'est donc à la commission départementale qu'il appartient de déclasser les chemins vicinaux ordinaires. En vertu des dispositions de la loi du 10 août 1871, article 46, n° 8, le conseil général est investi du même droit en ce qui concerne les chemins de grande communication et d'intérêt commun.

La demande de déclassement est déposée pendant quinze jours dans les mairies intéressées avec un plan d'ensemble du chemin, afin que les intéressés puissent présenter leurs observations, tant sur le déclassement, que sur la destination ultérieure du chemin. Avis de ce dépôt est donné aux habitants par voie de publication et affiches en la forme ordinaire. Les conseils municipaux intéressés sont ensuite appelés à délibérer et les conseils d'arrondissement sont consultés sur le déclassement des chemins de grande communication et d'intérêt commun. Les délibérations de ces conseils sont transmises au préfet avec l'avis des agents voyers et du sous-préfet. Le préfet les soumet ensuite avec ses observations à la commission départementale ou au conseil général qui statue. — Voy. *Dict. des formules*, n° 396.

Le conseil général peut toujours prononcer le déclassement du chemin d'intérêt commun et de grande communication, sans l'assentiment des conseils municipaux.

Aliénation des chemins déclassé. — Lorsque le conseil municipal d'une commune vote l'aliénation des terrains retranchés de la voirie vicinale, il doit toujours être procédé à une enquête pour éclairer l'administration supérieure sur les avantages et les inconvénients du projet. Cette enquête a lieu suivant les formes tracées par la circulaire du 20 août 1825. Mais si le conseil municipal a voté en même temps le déclassement et l'aliénation, il n'est pas besoin de procéder à une enquête spéciale pour l'aliénation. Celle qui a eu lieu sur le projet de redressement et de déclassement peut également servir pour le projet d'aliénation.

Les projets d'aliénation sont toujours soumis, quelle que soit la valeur des terrains, à l'approbation du préfet, statuant en conseil de préfecture.

Droit de préemption des riverains. — L'article 19 de la loi du 21 mai 1836 reconnaît aux propriétaires riverains un droit de préemption sur les parcelles retranchées de la vicinalité. Aussi lorsque l'aliénation du sol provenant d'un chemin vicinal, est votée et autorisée par le préfet, il doit être dressé un plan parcellaire et un état estimatif. Le maire de la commune met ensuite les propriétaires en demeure de déclarer, dans le délai de quinzaine, s'ils entendent user du bénéfice de l'article 19 de la loi du 21 mai 1836 et se rendre acquéreurs du sol, en payant la valeur déterminée soit à l'amiable, soit à dire d'experts. Il est rédigé procès-verbal de cette mise en demeure. (Inst. gén. 6 décembre 1870, art. 37.) — Voy. *Dict. des formules*, n° 397.

Si les propriétaires font dans le délai ci-dessus leur soumission de se rendre acquéreur et si l'accord s'établit sur le prix, la convention doit être soumise à l'approbation du conseil municipal et du préfet, statuant en conseil de préfecture, à moins que ce magistrat n'ait déjà approuvé une délibération portant vote de l'aliénation aux prix, clauses et conditions acceptés. (C. d'Et., arr. 6 juillet 1863, 28 juillet 1864.)

A défaut d'arrangement amiable, le prix de l'aliénation est fixé par experts, dont l'un est désigné par le sous-préfet, l'autre par le propriétaire dans le délai de quinzaine. En cas de désaccord entre ces deux experts, un tiers expert est nommé par le conseil de préfecture. (Loi 21 mai 1836, art. 17 et 19. Inst. 6 décembre 1870, art. 38.) Les difficultés soulevées par l'expertise sont portées devant l'autorité judiciaire. (Arrêts conseil d'Etat 9 et 23 janvier 1868.)

Le maire peut, comme tout autre propriétaire, exercer ce droit de préemption.

L'autorité compétente pour statuer sur les questions de cette nature est le conseil de préfecture sauf recours au conseil d'Etat. (Tribunal des conflits, déc. du 15 novembre 1879 et 26 juin 1880.)

Travaux de la voirie vicinale. — Les travaux des chemins de grande communication sont effectués sous *l'autorité et la direction du préfet.* Ceux des chemins vicinaux ordinaires sont placés sous *l'autorité du préfet et la direction du maire.* (Lois 21 juillet 1836, art. 9; loi 5 avril 1884, art. 90; 10 août 1871, art. 3. Arr. c. d'Et. 12 janvier 1877.)

Ces travaux, bien que soumis aux règles spéciales de la vicinalité, ont le caractère de travaux communaux et rentrent par suite dans la catégorie des travaux publics. Il appartient donc au conseil de préfecture, sauf recours au contentieux devant le conseil d'Etat, de connaître des contestations relatives, soit aux opérations préparatoires ou conservatoires, soit aux marchés ayant pour objet les travaux de la vicinalité (1), soit aux dommages causés par ces travaux lorsqu'il n'y a pas expropriation. (Jurisprudence constante du conseil d'Etat, arr. 30 septembre 1843, jusqu'à celui du 24 juin 1847.)

Personnel d'exécution des travaux. Agents voyers. — Les préfets et maires ont besoin, pour la rédaction des projets, pour la direction et la surveillance des travaux de la voirie vicinale, du concours d'hommes de l'art. Il appartient au conseil général de désigner le service auquel doit être confiée l'exécution des travaux à effectuer sur les chemins vicinaux. Il peut les confier soit aux ingénieurs des ponts et chaussées, soit aux agents voyers. (Loi 10 août 1871, art. 46.)

Les agents voyers sont nommés par le préfet après examen. Ils ont à leur tête un agent voyer en chef et se divisent en agents voyers d'arrondissement et en agents voyers cantonaux. Ils ont pour mission de préparer les projets, plans, devis et cahiers des charges des chemins vicinaux, de diriger et de surveiller les travaux, d'en assurer et

(1) Il importe de distinguer les marchés ayant pour objet la fourniture pure et simple de matériaux destinés aux chemins de ceux par lesquels les fournisseurs s'engagent non seulement à livrer des matériaux, mais encore à les mettre en œuvre. Ces derniers seuls constituent de véritables marchés de travaux publics de la compétence du Conseil de préfecture. Les premiers restent soumis au droit commun.

constater la bonne exécution. Ils prêtent serment et dressent procès-verbal des contraventions et délits commis sur les chemins en tout ce qui touche la police et la conservation desdits chemins. La loi du 28 février 1872 les a en outre appelés à concourir à la répression de la fraude concernant la circulation des boissons. — Voy. AGENTS VOYERS.

Cantonniers. — Ils ont sous leurs ordres, pour l'entretien des chemins, des ouvriers appelés cantonniers, qui sont nommés par le préfet pour les chemins de grande communication et d'intérêt commun et par le maire pour les chemins vicinaux ordinaires.

L'autorité qui les nomme a également le droit de les révoquer. Le préfet fixe les traitements des cantonniers des chemins de grande communication et d'intérêt commun ; ceux des cantonniers communaux sont votés par le conseil municipal dont la délibération est soumise à l'approbation du préfet. La création des cantonniers sur les chemins communaux est d'ailleurs facultative pour les communes.

Les cantonniers en général n'ont pas qualité pour verbaliser. Mais les cantonniers chefs des chemins de grande communication peuvent, lorsqu'ils sont commissionnés à cet effet, constater les contraventions à la police du roulage commis sur ces chemins. (Loi 30 mai 1851, art. 15.) — Voy. CANTONNIERS.

Approbation des projets, plans, etc. — Les projets, plans, devis et cahiers des charges dressés par les agents voyers, quelle que soit la catégorie du chemin auquel ils s'appliquent, doivent être soumis à l'approbation du préfet. (Inst. gén. 6 décembre 1870, art. 150. Circ. int. 20 novembre 1873. D. 8 novembre 1873, 23 et 25 juin 1874.) Une circulaire du 9 août 1879 recommande aux préfets de n'approuver les travaux relatifs à la construction des chemins de grande communication ou d'intérêt commun que sur l'avis favorable du conseil général ou de la commission départementale, agissant en vertu d'une délégation spéciale du conseil général.

Mode d'exécution des travaux. — Les travaux une fois approuvés, sont exécutés soit par les habitants à titre de prestations soit à prix d'argent par voie d'entreprise ou de régie. — Voy. PRESTATION.

Travaux à prix d'argent par entreprise. — En règle générale, les travaux à prix d'argent sont donnés à l'entreprise par voie d'adjudication. Les formes à suivre pour les adjudications sont déterminées par l'instruction générale du 6 décembre 1870, articles 150 et suivants et par le règlement général du service vicinal de chaque département. — Voy. ADJUDICATIONS et *Dict. des formules*, nº 26.

Il est dressé, pour chaque adjudication, un procès-verbal qui relate toutes les circonstances de l'opération. (Id., art. 160.)

Les adjudications ne sont définitives qu'après l'approbation du préfet.

Dans les vingt jours de la date de cette approbation, la minute du procès-verbal est soumise à l'enregistrement. Il ne peut en être délivré ni expédition, ni extrait qu'après l'accomplissement de cette formalité. (Id., art. 161.)

Le cautionnement à fournir par les adjudicataires est versé à la caisse du receveur municipal, pour les chemins vicinaux ordinaires. (Id., art. 162.)

Les adjudicataires payent les frais de timbre et d'enregistrement des procès-verbaux d'adjudications, ceux d'expédition sur papier timbré des devis et cahier des charges dont il leur est fait remise, ainsi que ceux d'affiches et autres publications, s'il y a lieu. Il ne peut être rien exigé d'eux au delà de ces frais. (Id., art. 163.)

Par dérogation à cette règle, on peut, avec l'autorisation du préfet, faire des traités de gré à gré :

1° Pour les ouvrages et fournitures dont la dépense n'oxcède pas 3,000 francs ;

2° Pour ceux dont l'exécution ne comporte pas les délais d'adjudication.

3° Pour ceux qui par leur nature ou leur spécialité exigent des conditions particulières d'aptitude de la part de l'entrepreneur.

4° Enfin pour ceux dont la mise en adjudication n'a pas abouti. (Inst. 6 décembre 1870, art. 149.)

Travaux de régie. — Les travaux de la vicinalité peuvent aussi être mis en régie, soit avant d'être commencés par mesure d'économie, soit en cours d'exécution lorsque l'entrepreneur ne remplit pas ses engagements. La régie consiste en ce que les travaux sont entrepris ou continués au moyen d'ouvriers employés seulement par l'administration sous la direction d'un de ses agents. — Elle est prescrite par le préfet pour les travaux concernant les chemins de grande communication ou d'intérêt commun, et par le maire pour les travaux relatifs aux chemins vicinaux ordinaires.

Lorsque les ouvriers ne peuvent être payés par mandats individuels, l'arrêté autorisant la régie nomme le régisseur, au nom duquel sont faites les avances de fonds et fixe la somme qu'elles ne doivent pas dépasser. Cet arrêté est pris par le maire, sur la proposition de l'agent voyer d'arrondissement pour les chemins vicinaux ordinaires. (Inst. gén., art. 170.) — Voy. Pièces justificatives.

Occupation temporaire des terrains dans l'intérêt du service vicinal. — L'exécution des travaux de la vicinalité oblige souvent à recourir à l'occupation temporaire de terrains, soit pour l'étude des projets, soit pour l'entretien ou le dépôt des matériaux, soit pour le passage des ouvriers et des voitures employés à les transporter. L'article 17 de la loi du 21 mai 1836, a formellement reconnu à l'administration le droit de grever la propriété de la servitude spéciale d'occupation temporaire pour les travaux de la voirie vicinale. — Les agents chargés de la rédaction des projets sont appelés à désigner les terrains dont l'occupation leur paraît nécessaire. Ils doivent de préférence choisir les terrains communaux et le lit des rivières et des ruisseaux; cependant ils peuvent également désigner des propriétés privées, mais en ayant soin de prendre les emplacements où l'occupation causera le moins de dommages, et en s'abstenant autant que possible d'occuper les bois et les vignes. Les propriétés closes de murs, renfermant des cours, jardins, vergers et autres possessions de ce genre, considérées comme les annexes des habitations, ne doivent jamais, d'après les arrêts de 1755 et 1780, être occupées temporairement dans l'intérêt des travaux publics, sans l'assentiment des propriétaires. (C. d'Ét., arr. 26 décembre 1862, 31 décembre 1869.)

Les terrains désignés dans les projets peuvent être occupés à l'amiable ou d'office.

L'occupation amiable a lieu en vertu de conventions faites avec le propriétaire. Ces conventions sont soumises à l'approbation du conseil municipal et du préfet pour les chemins vicinaux ordinaires, et du préfet seulement pour les chemins de grande communication et d'intérêt commun. L'intervention du conseil municipal ou du préfet n'est pas nécessaire lorsque les conventions ont lieu entre les propriétaires et les entrepreneurs. (Inst. gén., 6 décembre 1870, art. 51.) Les contestations sur l'exécution des conventions amiables, sont de la compétence de l'autorité judiciaire. (C. d'Ét., arr. 26 février 1870.)

Quand il n'y a pas consentement du propriétaire, l'occupation temporaire ne peut être opérée régulièrement qu'en vertu d'un arrêté préfectoral. Cet arrêté doit être notifié aux parties intéressées au moins dix jours avant son exécution. (L. 21 mai 1836, art. 17.) Le propriétaire peut toujours se faire représenter lors de la constatation de l'état du terrain, sinon elle est faite d'office par l'agent désigné à cet effet. Il est dressé procès-verbal de l'opération pour servir à l'évaluation des dommages. Ce procès-verbal est déposé à la mairie de la localité et l'occupation peut commencer aussitôt après le dépôt effectué. — Voy. *Dict. des formules*, n° 392 bis.

Lorsqu'il y a contestation sur la désignation des terrains, il faut distinguer le cas où le propriétaire se borne à soutenir qu'on aurait pu désigner un autre terrain que le sien de celui où il prétend que son terrain rentre dans l'exception prévue par les arrêts de 1755 et 1780. Dans le premier cas il doit adresser sa réclamation au préfet et subsidiairement au ministre de l'intérieur qui l'apprécie souverainement. (C. d'Et., arr., 26 novembre 1848.) Dans le second cas non seulement il peut réclamer devant le préfet et le ministre, mais il peut en outre introduire une demande contentieuse devant le conseil de préfecture sauf recours au conseil d'Etat. (Arr. C. d'Et., 8 août 1872, 28 novembre 1873.)

Les indemnités dues à raison de l'occupation temporaire sont réglées à l'amiable ou d'office.

Les conventions amiables sont soumises à l'approbation du conseil municipal et du préfet pour les chemins vicinaux ordinaires et du préfet seul pour les chemins de grande communication et d'intérêt commun. (Inst. gén., 6 décembre 1870, art. 51.) Le conseil général ni le préfet n'ont à intervenir lorsque les indemnités sont à la charge des entrepreneurs. Les contestations relatives à ces conventions sont de la compétence des tribunaux judiciaires.

Lorsque les indemnités réclamées pour l'occupation temporaire d'office ne peuvent être fixées à l'amiable, elles sont réglées par le conseil de préfecture sur le rapport d'experts, nommés l'un par le sous-préfet, l'autre par le propriétaire. En cas de dissentiment entre les deux, le tiers expert est nommé par le conseil de préfecture. (L. 21 mai 1836, art. 17.)

Dans le règlement des indemnités, le conseil de préfecture prend, par application de l'article 55 de la loi du 16 septembre 1807, une base d'appréciation différente suivant qu'il s'agit d'un terrain dont on n'exploitait que la surface, ou d'une carrière en exploitation. Dans le premier cas il n'estime que le dommage causé à la surface par les fouilles, le dépôt et le transport des matériaux de l'exploitation sans tenir compte de la valeur des matériaux extraits. Dans le second au contraire il fixe l'indemnité d'après la valeur des matériaux extraits sans tenir compte de la perte des récoltes ou des arbres qui se trouvaient sur le sol fouillé (Arr., C. d'Et., 18 février, 17 mars 1864), à moins qu'on ait pu éviter ce dernier dommage par une exploitation soigneuse, car alors il doit être réparé. (C. d'Et., arr. 3 mai 1858, 27 juin 1865.)

La compétence du conseil de préfecture cesserait d'ailleurs dans les cas suivants : si le terrain occupé n'était pas celui désigné dans l'arrêté du préfet; si l'occupation dépassait les limites fixées par l'arrêté (Arr. C. d'Et., 8 mai 1861, 16 août 1862, 26 novembre 1866, 17 février, 5 mai 1869); si les matériaux étaient employés à d'autres travaux que ceux en vue desquels l'occupation a été ordonnée (C. d'Et., arr. 11 avril 1849); et enfin si l'entrepreneur avait omis de prévenir le propriétaire et de justifier de l'autorisation d'occuper (C. d'Et., arr., 17 février 1869 et 19 juillet 1872). Les contestations seraient alors du ressort des tribunaux ordinaire et la plupart du temps il y a dans ces actes une voie de fait de nature à justifier une poursuite correctionnelle.

Les occupations et les extractions de matériaux dans les forêts appartenant soit à l'Etat, soit aux communes et établissements de bienfaisance ou aux particuliers sont régies par l'article 145 du Code forestier et par l'ordonnance royale du 8 août 1845.

Celles pratiquées sur les autres terrains domaniaux tombent sous l'application de l'article 62 de l'Instruction générale du 6 décembre 1870.

L'indemnité due pour occupation temporaire et extraction de matériaux ne peut être logiquement réclamée qu'après la fin de l'occupation et de l'extraction, car c'est alors seulement qu'on peut apprécier les dommages causés. Le conseil d'Etat a toujours repoussé le système de l'indemnité préalable; mais il a décidé que si l'occupation durait longtemps, le propriétaire ne saurait être obligé d'attendre plusieurs années la réparation du préjudice qu'il éprouve et conformément à cette jurisprudence l'instruction générale du 6 décembre 1870 (art. 56) exige, lorsque l'occupation doit se prolonger au delà d'une année, qu'il soit procédé à la fin de chaque campagne au règlement de l'indemnité.

L'action en indemnité des propriétaires pour occupation temporaire ou extraction de matériaux se prescrit par le laps de deux ans. (Art. 18, L. 21 mai 1836.) Le point de départ de cette prescription est le moment où cesse l'occupation ou l'extraction. (C. d'Et., arr. 19 juillet 1871.) Cette prescription biennale ne s'applique pas aux autres dommages causés par l'exécution des travaux de la vicinalité. (C. d'Et., 13 mars 1874.) La seule prescription qui puisse leur être opposée est la prescription trentenaire.

Une carrière ne peut être ouverte ou fouillée dans aucun terrain à une distance de la limite des chemins vicinaux, moindre que celle prescrite par le règlement du service vicinal, sans une autorisation spéciale du préfet. (Inst. gén., art. 61.)

Une fois la reconnaissance de lieux opérée, les propriétaires, locataires ou fermiers ne peuvent apporter aucun trouble ou empêchement à l'occupation des terrains ni à l'extraction des matériaux. (Arrêt 7 septembre 1755.) Toute contravention à cette disposition tombe sous l'application de l'article 471 du code pénal (amende de 1 à 15 francs). Si l'opposition est accompagnée de voies de fait elle constitue un délit correctionnel puni par l'article 438 du code pénal d'un emprisonnement de trois mois à deux ans et d'une amende ne pouvant excéder le 1/4 des dommages intérêts, ni être au-dessous de 16 francs.

Les préfets peuvent également autoriser les agents du service vicinal à déposer sur les propriétés riveraines les matières provenant de la chaussée, des accotements, fossés et talus dépendant d'un chemin vicinal. Si le dépôt rencontre de l'opposition, on procède comme en matière d'occupation temporaire. Mais le ministre recommande de ne faire ces derniers dépôts sur les propriétés riveraines qu'après l'enlèvement des récoltes.

Dépenses des chemins vicinaux, caractère de ces dépenses. — L'ouverture, le redressement, l'élargissement, la conservation, l'entretien des chemins vicinaux ainsi que les acquisitions de terrains, indemnités d'occupation temporaire et d'extraction, travaux, etc., constituent les dépenses de la vicinalité. Ces dépenses sont toutes en principe à la charge des communes. Mais la loi ne donne le caractère obligatoire qu'à certaines dépenses qui, en raison de leur utilité doivent être toujours couvertes par des revenus spécialement consacrés à cette affectation.

Les dépenses obligatoires ont pour objet :

1° L'entretien, la réparation ou la conservation des chemins des trois classes (Loi, 21 mai 1836, art. 2. Loi, 10 août 1871, art. 44, 46, § 7 et 86) ;

- 2° L'ouverture, le redressement et l'élargissement des chemins vicinaux de grande communication et d'intérêt commun (Loi, 21 mai 1836, art. 2. Loi, 10 août 1871, art. 44) ;

3° Les frais d'établissement ou d'élargissement des chemins vicinaux ordinaires, lorsque l'opération n'a pas le caractère d'une ouverture ou d'un redressement. (Loi, 24 juillet 1824, art. 1er. Loi, 11 mai 1836, art. 1 et 15.)

Le caractère obligatoire de ces dépenses est sanctionné par des mesures coercitives qui sont :

1° L'inscription d'office aux budgets des communes de crédits imputables sur les ressources de la vicinalité ;

2° L'imposition d'office dans les limites du maximum fixé chaque année par la loi de finances des centimes spéciaux et des journées de prestations ;

3° L'exécution d'office des travaux. (Loi, 21 mai 1836, art. 8 et 5.)

Quant aux frais d'ouverture ou de redressement des chemins vicinaux ordinaires, ils ne constituent, d'après la jurisprudence constante du conseil d'État constatée par de nombreux arrêts de 1859 à 1877, que des dépenses communales facultatives.

Ressources de la vicinalité. — Les ressources applicables aux dépenses de la vicinalité sont les suivantes : elles se divisent en ressources ordinaires, extraordinaires et éventuelles.

Revenus ordinaires des communes. — Lorsque les communes possèdent des revenus ordinaires disponibles, les conseils municipaux doivent les affecter dans la session de mai aux dépenses de la vicinalité en proportion des besoins. Au cas où ils refuseraient ou négligeraient de le faire, le préfet les met en demeure d'y pourvoir et, si cette mise en demeure reste sans résultat, il inscrit d'office au budget des communes un crédit dans la limite des revenus ordinaires disponibles.

Mais il est très rare que les revenus des communes soient suffisants et la plupart du temps les conseils municipaux sont obligés de recourir subsidiairement aux centimes spéciaux et aux journées de prestations.

Centimes spéciaux, ordinaires. — La loi du 21 mai 1836 fixe à cinq le maximum des centimes spéciaux ordinaires, que les conseils municipaux peuvent, en cas d'insuffisance des revenus ordinaires, être obligés d'affecter au service de la vicinalité. Ils sont votés par les conseils municipaux, soit concurremment, soit séparément, avec les prestations dans la session de mai. Ces centimes sont rangés par l'article 136, paragraphe 18 de la loi du 5 avril 1884, au nombre des dépenses obligatoires pour les communes. Ils n'ont pas le caractère d'une imposition extraordinaire et peuvent être imposés d'office par le préfet.

Ils s'appliquent additionnellement au principal des quatre contributions directes et sont recouvrés comme ces contributions. — Voy. CONTRIBUTIONS DIRECTES.

Toute personne inscrite au rôle d'une ou de plusieurs de ces contributions en est passible, même l'Etat, qui les supporte en raison de ses propriétés productives de revenus.

Prestations. — La prestation est une taxe spéciale représentative de l'usage des chemins. Elle s'applique à tous les habitants ou propriétaires, d'après l'utilité qu'ils retirent ordinairement des chemins vicinaux.

Les prestataires ont la faculté d'acquitter, soit en nature, soit en argent les prestations dont ils sont redevables. Ceux qui veulent se libérer en nature, doivent le déclarer dans le délai d'un mois à partir de la publication du rôle. A défaut de cette déclaration les prestations sont exigibles en argent. (Loi, 21 mai 1836, art. 4; Inst. génér. de 1870, art. 87.) La valeur de chaque journée d'homme, de bête de somme, de trait ou de selle, de chaque voiture attelée est appréciée annuellement par le conseil général sur les propositions du conseil d'arrondissement. (Loi, 21 mai 1836, art. 4 et loi du 10 août 1871, art. 46, n° 7.) Le recouvrement s'opère comme en matière de contributions directes par les soins du receveur municipal.

Les prestations en nature s'acquittent, soit à la journée, soit à la tâche.

Chaque journée est fixée par le règlement préfectoral à un certain nombre d'heures non compris les heures de repas et de repos.

Le maire et l'agent voyer se concertent pour la répartition des travailleurs entre les divers chemins et la fixation des jours d'ouverture et de clôture des travaux sur chaque chantier.

Chaque prestataire est convoqué cinq jours à l'avance, il se rend sur les lieux indiqués avec les outils spécifiés dans l'ordre de réquisition; un surveillant, désigné de concert par le maire et l'agent voyer, fait l'appel des prestataires, indique les travaux à exécuter, marque les absences et tient note des journées effectuées.

Les prestations en nature peuvent être converties en tâches, d'après les bases et évaluations de travaux préalablement fixées par le conseil municipal. Cette concession est également avantageuse pour les communes et les prestataires.

Pour tous les détails, voy. PRESTATIONS et *Dict. des formules,* n°s 402, 403, 404, 405, 406, 407 et 408.

Ressources extraordinaires. — Afin de permettre aux conseils municipaux d'augmenter les ressources de la vicinalité, qui sont en grande partie absorbées par les chemins de grande communication et d'intérêt commun, l'article 141 de la loi du 5 avril 1884 donne aux conseils municipaux le pouvoir de voter par addition au principal des quatre contributions directes, trois centimes extraordinaires *exclusivement affectés aux chemins vicinaux ordinaires.*

Le maire envoie une copie de la délibération au sous-préfet de l'arrondissement, qui lui en délivre récépissé. Si dans le mois qui suit la date de ce récépissé, le préfet n'a pas annulé la délibération en vertu des articles 63 et 64 de la loi du 5 avril 1884, elle est exécutoire. Le préfet peut même par arrêté abréger ce délai. (L. 5 avril 1884, art. 141, et 68 *in fine.*)

Quatrième journée de prestations. — La loi du 11 juillet 1868, pour faciliter l'achèvement des chemins vicinaux, donnait, par son article 3, aux conseils municipaux la faculté d'opter entre une quatrième journée de prestations et les trois centimes extraordinaires autorisés par la loi du 24 juillet 1867. Cette faculté ne pouvait s'exercer que pendant la période d'exécution de la loi de 1868, c'est-à-dire pendant un laps de quatorze ans, à partir du 1er janvier 1869 et seulement lorsque les charges extraordinaires de la commune excédaient dix centimes. La faculté d'option conférée par cet article ayant pris fin à partir du 31 décembre 1882, les conseils municipaux ne peuvent plus en user. (Circul. int. 2 mai 1882.)

Impositions extraordinaires. — En cas d'*insuffisance constatée* des revenus ordinaires, des cinq centimes spéciaux ordinaires et des trois premières journées de prestations, les conseils municipaux peuvent voter, outre les trois centimes spéciaux ordinaires qui sont exclusivement affectés aux chemins vicinaux ordinaires, des impositions extraordinaires par addition au principal des quatre contributions directes non seulement en faveur des chemins vicinaux ordinaires, mais encore en faveur des chemins de grande communication et d'intérêt commun. Les délibérations prises à cet égard par les conseils municipaux sont soumises aux mêmes règles que celles concernant les trois centimes extraordinaires spéciaux, quand elles ne s'élèvent pas à plus de cinq centimes sans dépasser le maximum fixé chaque année par le conseil général et que leur durée n'excède pas cinq ans. Autrement elles ne peuvent être autorisées que par un arrêté préfectoral, un décret ou une loi suivant le cas. (L. 5 avril 1884, art. 141, 142 et 143.)

Emprunts. — Les communes peuvent accepter des avances ou recourir à des emprunts pour suppléer à l'insuffisance des ressources ordinaires de la vicinalité. Les délibérations des conseils municipaux portant vote d'emprunt sont exécutoires par elles-mêmes dans le cas prévu par le paragraphe 3 de l'article 141 de la loi du 5 avril 1834, c'est-à-dire quand l'amortissement ne dépasse pas trente ans et que l'emprunt est remboursable soit sur les ressources ordinaires, soit au moyen de centimes n'excédant pas cinq, pendant cinq années, sans dépasser la limite du maximum fixé chaque année par le conseil général. Dans les autres cas, elle ne peuvent être mises à exécution qu'en vertu soit d'un arrêté du préfet, soit d'un décret ou d'une loi selon les règles établies par les articles 68, 142, 143 de la loi du 5 avril 1884. Les conseils municipaux peuvent pourvoir au remboursement des emprunts, soit au moyen des impositions extraordinaires, soit au moyen d'autres ressources dont les communes peuvent disposer, à l'exception toutefois des prestations et des centimes spéciaux. (Inst. gén. 1870, art. 74.)

Dans le but de favoriser l'achèvement des chemins vicinaux, la loi du 11 juillet 1868, article 6, a créé sous la garantie de l'Etat, avec une dotation de 200 millions, une caisse spéciale des chemins vicinaux chargée de faire pendant 15 ans les avances nécessaires à la construction des chemins vicinaux. La loi du 10 avril 1879 a prorogé de huit ans la durée des opérations de la caisse et augmenté sa dotation d'un fonds d'avance de 300 millions. La loi du 30 juillet 1881 a fixé de la manière suivante le chiffre des avances que la caisse peut faire désormais aux départements et communes sur cette dernière dotation : 26 millions pour chacune des années 1881, 1882 ; 40 millions de 1883 à 1886 ; 14 millions de 1887 à 1890.

Enfin la loi de 1883 a encore augmenté de 20 millions la dotation de la caisse au titre des avances.

Les communes et les départements se libèrent en capital et intérêt des avances que leur a fait la caisse par le payement de trente annuités de 4 0/0 des sommes empruntées. — Voy. EMPRUNT, CAISSE DES CHEMINS VICINAUX.

Allocation sur produits de coupes extraordinaires de bois, de ventes de terrains, etc. — Les conseils municipaux peuvent aussi voter en faveur des chemins vicinaux des allocations sur ressources extraordinaires, telles qu'aliénations de biens ou coupes extraordinaires de bois. Ces allocations doivent toujours être approuvées par l'autorité supérieure, c'est-à-dire par le préfet pour les communes ayant moins de 3 millions de revenu ordinaire, et par le chef de l'Etat pour les les dernières et lorsqu'elles sont votées après le règlement du budget. (Circul. int. 4 mai 1876. L. 5 avril 1884, art. 68, 145 et 146.)

RESSOURCES ÉVENTUELLES. — *Subventions industrielles.* — Aux termes de l'article 14 de la loi du 21 mai 1836, toutes les fois qu'un chemin vicinal, entretenu à l'état de viabilité par une commune est, habituellement ou temporairement dégradé par des exploitations de mines, de carrières, de forêts ou de toute autre entreprise industrielle appartenant à des particuliers, à des établissements publics, à la commune ou à l'Etat, il peut y avoir lieu à imposer aux entrepreneurs ou aux propriétaires, suivant que l'exploitation ou les transports ont lieu pour les uns ou pour les autres, des subventions spéciales dont la quotité sera proportionnée à la dégradation extraordinaire qui devra être attribuée à l'exploitation.

Cette subvention n'est pas un impôt qui frappe toute une catégorie d'industriels propriétaires ou exploitants, c'est la réparation d'un dommage, réparation qui n'est due que lorsque le dommage est sensible. Les propriétaires ou exploitants de mines, carrières, forêts ou usines peuvent comme les autres contribuer à user les chemins dans une certaine mesure.

Pour qu'il y ait lieu à réclamer des subventions industrielles, il faut trois conditions :

1° Que le chemin se trouve à l'état de viabilité, c'est-à-dire praticable, au moment où il est dégradé ;

2° Que les dégradations qui motivent la réclamation aient le caractère de dégradations extraordinaires ;

3° Que ces dégradations aient été causées par l'exploitation de mines, carrières, forêts ou d'entreprises industrielles.

L'état de viabilité des chemins est constaté chaque année par la publication, au commencement de janvier, du tableau des chemins vicinaux ordinaires, d'intérêt commun et de grande communication entretenus à l'état de viabilité.

Ce tableau, il est vrai, ne constitue pas à lui seul une preuve indiscutable de l'état de viabilité, mais il établit au moins une présomption en faveur de l'état qu'il constate, car les intéressés étant admis dans les dix jours qui suivent la publication à présenter leurs observations sur l'état des chemins, et à demander que cet état soit constaté contradictoirement avec eux, s'ils négligent de réclamer ou si, ayant réclamé, ils négligent de se faire représenter à la constatation qui a lieu dans les dix jours de leur réclamation ils ne sauraient se prévaloir de leur négligence et s'ils persistent à contester l'exactitude du tableau, c'est à eux à établir la véracité de leurs allégations.

Lorsqu'au contraire il est procédé à une constatation contradictoire, le résultat de cette constatation est consigné dans un procès-verbal déposé à la préfecture ou à la mairie suivant la nature du chemin et c'est ce procès-verbal qui fait foi entre les parties.

Du reste, les intéressés, dont les transports ne commenceraient que dans le courant d'une année, peuvent toujours demander que la constatation de l'état des chemins soit faite à une époque voisine du commencement de son exploitation. On doit alors adresser sa réclamation au maire pour les chemins vicinaux ordinaires, ou au sous-préfet pour les chemins de grande communication ou d'intérêt commun, au moins vingt jours avant le commencement des transports. La reconnaissance de l'état du chemin a ensuite lieu par l'agent voyer cantonal en présence du maire ou par l'agent voyer d'arrondissement. (Inst. gén., art. 106, 107, 108, 109. Arr.C. d'Et. 4 avril 1872, 16 janvier, 24 avril 1874.)

D'après la jurisprudence du conseil d'Etat, on ne doit considérer comme dégradations extraordinaires que celles qui ont réellement produit un dommage très notable au chemin, et l'on ne saurait ranger dans cette catégorie les dégradations qui pourraient être couvertes par des subventions de faible importance. (Arr., C. d'Et., 7 août 1872, 13 mai 1874, 2 février 1877, 5 janvier 1883 et aussi contradictoirement, arr. du 24 juin 1858.) (1)

Exploitations passibles de subventions industrielles. — Les exploitations passibles des subventions industrielles sont :

1° Les forêts, qu'elles appartiennent à l'Etat, à des établissements publics, à des communes ou à des particuliers. Les subventions doivent être mises à la charge des propriétaires ou des entrepreneurs selon que l'exploitation a lieu pour les uns ou pour les autres. (L. 21 mai 1836, art. 14.) La question se résout d'après les circonstances. (Arr. du C. d'Et., 20 juillet 1854, 15 avril 1857, 22 juin 1858, 19 avril 1859, 24 février 1860.)

2° Les mines et carrières. Les concessionnaires d'une mine de houille qui vendent sur le carreau de la mine, leurs produits à des particuliers, lesquels transportent eux-mêmes lesdits produits, restent passibles des subventions pour dégradations causées aux chemins vicinaux par ces transports. Mais si les acheteurs sont des industriels passibles de subventions spéciales pour l'exploitation de leurs usines, ils doivent seuls être imposés pour les dégradations causées par les transports qu'ils effectuent. (C. d'Et., 7 mai 1857, 7 janvier 1858, 28 juin 1859, 29 novembre 1866.)

Il en est de même pour les carrières. Une commune qui exploite une carrière pour son compte est passible des subventions, même à raison des dégradations produites par le transport des pierres destinées à l'entretien des chemins vicinaux ordinaires. (C. d'Etat, arrêt 18 août, 1857.)

Mais un propriétaire n'est pas astreint aux subventions pour les dégradations causées par le transport des pierres pour la reconstruction de sa ferme ou de sa maison. Dans les mêmes circonstances, les subventions industrielles sont également inapplicables à un entrepreneur de construction, lorsque la fourniture et le transport des matériaux employés ne rentrent pas dans son entreprise. (C. d'Et., arr. 29 novembre 1854, 27 octobre 1865, 28 juin 1879.)

(1) *École des communes*, année 1864, p. 116.

3° Tous les établissements industriels donnant lieu à des transports considérables de matériaux et de produits, tels que le filage de la laine et du coton, la fabrication des tissus, la distillerie des boissons ou des liqueurs, la fabrication de la farine sur une grande échelle, les moulins de commerce, les étangs salins, la fabrication du sucre. Les fabriques de sucre et d'alcool de betteraves sont également soumises aux subventions, alors même que les transports seraient effectués par les cultivateurs vendeurs de leurs récoltes et quelles que soient l'époque ou les conditions du marché intervenu entre le vendeur et l'usinier. (C. d'Et., arr. 1er décembre 1876, 12 et 26 janvier, 2 février, 2 et 23 mars 1877 et 13 juin 1879). M. Guillaume (*Traité de la voirie vicinale*) pense même que lorsqu'un fabricant ou distillateur alimente son usine avec des betteraves récoltées sur les terres dont il est propriétaire ou fermier, les transports de ces betteraves tombent sous l'application des subventions (1). Il y a néanmoins un arrêt du Conseil d'Etat du 11 juin 1850 qui fait une exception dans ce cas, en faveur de l'usinier transportant les produits de ses propres récoltes.

Mais le Conseil d'Etat reconnaît que les transports de pulpe de betteraves que les cultivateurs emmènent de l'usine pour l'amendement de la terre ou la nourriture de leurs bestiaux ne sont pas de nature à donner lieu à une subvention industrielle. (C. d'Et., arr. 11 décembre 1874, 12 janvier, 5 février et 23 mars 1877.)

Les recours contre les arrêtés des conseils de préfecture, en matière de subventions spéciales, sont assimilés à ceux formés en matière de contributions directes. Ils doivent être formés dans le délai de trois mois de la notification de la décision attaquée, et peuvent être introduits, sans ministère d'avocat, au Conseil d'Etat, par un simple dépôt à la préfecture. Ils ne peuvent jamais donner lieu à une condamnation aux dépens, ni entraîner l'allocation des intérêts des sommes dont le remboursement est ordonné.

Les subventions industrielles peuvent être acquittées en argent ou en prestations en nature, au choix des subventionnaires, qui sont mis en demeure d'opter dans le délai de quinze jours, en même temps qu'ils reçoivent la notification de l'arrêté du conseil de préfecture. (Inst. gén., art. 113.)

Lorsqu'on opte pour les prestations, elles peuvent être converties en tâches, suivant le tarif adopté par le conseil municipal.

Les subventions industrielles peuvent aussi être fixées par abonnement, soit en prévision de dégradations extraordinaires à venir, soit lorsque ces dégradations sont déjà causées. L'abonnement a toujours le caractère d'un arrangement amiable. Il doit toujours être accepté par le conseil municipal et homologué par la commission départementale. Dans tous les cas, il est arrêté à une somme fixe, payable en nature ou en argent à une époque déterminée.

Les subventions spéciales en argent sont recouvrées comme en matière de contributions directes (L. 21 mai 1836, art. 14, § 3) et versées dans la caisse de la commune propriétaire des chemins.

Le produit des subventions spéciales ne peut être affecté qu'à ceux des chemins qui y ont donné lieu. (L. 21 mai 1836, art. 14, § 2.)

_____

(1) Pour tout ce qui concerne cette importante matière, nous recommandons aux lecteurs de se reporter au remarquable *Traité de la voirie vicinale*, p. 197 et suivantes, publié par M. Guillaume, sous-directeur au ministère de l'intérieur, à la librairie Paul Dupont, 41, rue Jean-Jacques-Rousseau.

Prestations par suite de condamnations judiciaires. — Les délinquants insolvables, condamnés pour délits ou contraventions forestières, peuvent être admis par les conservateurs des forêts à se libérer des amendes, réparations civiles et frais prononcés contre eux, au moyen de prestations en nature. (L. 18 juin 1859, art. 1er ; D. 21 décembre 1859, art. 3.) Lorsque les délits ont été commis dans des forêts domaniales, ou dans les bois appartenant aux communes ou aux établissements de bienfaisance, les prestations sont appliquées soit aux bois et forêts qui en ont souffert, soit aux chemins vicinaux qui servent à la vidange de ces bois.

Lorsque le délit a été commis dans les bois des particuliers, le délinquant insolvable adresse sa demande au maire, qui la transmet avec son avis au sous-préfet, lequel statue et fixe le nombre de journées de prestations dû par les délinquants. (Art. 11, décret précité.)

Ces prestations sont alors appliquées aux chemins vicinaux de la commune sur le territoire de laquelle le délit a été commis.

Les délinquants insolvables, pendant la durée des prestations, reçoivent, à titre de frais de nourriture, une allocation déterminée par le préfet et prélevée sur les frais de la vicinalité. (D. 1859, art. 13.)

En cas d'inexécution du travail, ou de faute grave, l'agent-voyer en donne avis au maire, et il est passé outre à l'exécution des poursuites. (Art. 14.)

Souscriptions particulières. — Les particuliers peuvent aussi s'imposer des sacrifices en vue de l'établissement, de l'élargissement, du redressement ou de la restauration des chemins vicinaux.

Le recouvrement des souscriptions particulières a lieu au moyen d'un état dressé par le maire, et rendu exécutoire par le préfet ou le sous-préfet. (Inst. gén. 6 décembre 1870, art. 102 ; C. d'Et., arrêt 31 mars 1882. L. 5 avril 1884, art. 155.)

Toutes les contestations qui s'élèvent soit sur l'interprétation des souscriptions, soit sur leur exécution ou leur recouvrement, sont de la compétence du conseil de préfecture, sauf recours au Conseil d'Etat, quelle que soit d'ailleurs la nature de la souscription. (C. d'Et., 28 juin 1855, 5 mars 1864, 24 décembre 1875 ; Cass., arr. 20 avril 1870 ; 4 mars 1872 ; Trib. des confl., déc. 16 mai 1874 et 27 mars 1876.)

Subventions départementales. — Les chemins vicinaux de grande communication et les autres chemins vicinaux peuvent, aux termes de l'article 8 de la loi du 21 mai 1836, recevoir des subventions sur les fonds départementaux. Il est pourvu à ces subventions au moyen des centimes facultatifs du département et de centimes spéciaux votés annuellement par le conseil général. Le maximum de ces derniers centimes est déterminé annuellement par la loi de finances et a été fixé à 7 centimes depuis 1868. Le maximum des centimes facultatifs est également déterminé par la loi de finances, il a été fixé à 25 centimes additionnels au principal des contributions foncière et personnelle mobilière, plus 1 centime additionnel au principal des quatre contributions. (L. 4 septembre 1871, 23 juillet 1872 et 24 juillet 1873.) Le conseil général peut, en outre, voter des subventions en faveur des chemins vicinaux ordinaires sur le produit d'impositions extraordinaires et d'emprunts.

La loi du 10 août 1871, article 46, numéro 7, charge le conseil général de faire la répartition des subventions accordées sur fonds du département aux chemins vicinaux de toute catégorie. Cette répartition peut être faite par la commission départementale, lorsque le conseil général ne se l'est pas réservée.

Subventions de l'Etat. — Jusqu'en 1868, l'Etat n'a accordé aux communes que des subventions peu élevées. Mais la loi du 11 juillet 1868, pour venir en aide aux communes, a créé une subvention de 100 millions, destinée à l'achèvement des chemins vicinaux ordinaires, et payable en dix annuités, à partir de 1869, et une subvention de 15 millions affectée, dans le même délai, à l'achèvement des chemins d'intérêt commun.

La loi de 1868 a subi plusieurs modifications. Dans le but d'alléger les charges annuelles du Trésor sans compromettre les intérêts de la vicinalité, la loi du 23 juillet 1873 réduisit de 10 millions à 5 millions la subvention annuelle prélevée sur le fonds de 100 millions, et de 1 million 500,000 francs à 750,000 francs celle affectée par l'article 4 de la loi de 1868 aux chemins d'intérêt commun. Elle décida, en outre, que ces subventions seraient inscrites pendant dix ans, à partir de 1874, au budget du ministère de l'intérieur. La loi du 15 août 1876 ramena à neuf les dix annuités fixées par la loi de 1873, et à quatre années la prolongation de cinq ans résultant de la même loi.

Ces ressources ne suffisant plus pour faire face aux exigences sans cesse croissantes du service de la vicinalité, la loi du 12 mars 1880 affecta à l'achèvement des chemins vicinaux une nouvelle subvention sur fonds de l'Etat s'élevant à 62,750,000 francs, à laquelle la loi du 2 avril 1883 a ajouté une subvention complémentaire de 13 millions. De plus, un supplément de dotation de 20 millions à prélever sur les excédents des exercices antérieurs a été attribué par l'article 14 de la loi des finances du 30 janvier 1885 au fonds de subvention de la caisse des chemins vicinaux.

Une circulaire du ministre de l'intérieur du 31 mars 1883, insérée au *Bulletin officiel*, p. 384, donne des instructions pour la constitution du réseau appelé à profiter de ces subventions.

Le décret réglementaire du 3 juin 1880 règle de la manière suivante la répartition de ces subventions.

Le conseil général arrête chaque année l'état des travaux de construction à subventionner. Cet état est transmis par le préfet, avec les justifications prescrites, au ministre, qui statue. (Art. 9.)

Les travaux qui font l'objet des demandes de subvention doivent être déterminés par des projets régulièrement dressés et approuvés.

Les communes doivent affecter à ces travaux :

1° Leurs revenus ordinaires disponibles ;

2° Les fonds libres de la vicinalité ;

3° Le reliquat de leurs ressources spéciales, déduction faite de toutes les dépenses obligatoires correspondantes. (Art. 2 et 3.)

La dépense restant à couvrir après emploi de ces ressources est supportée par les communes, en raison des sacrifices faits par elles, dans la proportion déterminée au tableau A annexé au décret ; le surplus est couvert par une subvention que l'Etat et le département acquittent dans la proportion indiquée pour chacun d'eux au tableau B. (Art. 4.) — Voy. *Bulletin off.*, 1880.

Les subventions sont accordées qu'en ne tenant compte que de la portion à couvrir à l'aide de ressources extraordinaires. (Art. 1er, § 2.)

A moins de circonstances exceptionnelles, les communes ne peuvent obtenir le concours du département et de l'Etat pour de nouveaux chemins que si elles poursuivent l'exécution de ceux pour lesquels des subventions leur ont déjà été accordées en vertu de la présente loi.

Dans tous les cas, elles doivent préalablement justifier qu'elles consacrent aux travaux de la vicinalité la totalité de leurs ressources spéciales, et qu'elles sont en mesure d'entretenir leurs chemins déjà construits. (Art. 5.)

Les départements qui demandent des subventions en faveur des chemins de grande communication ou d'intérêt commun doivent affecter à la dépense le reliquat de leurs ressources spéciales. (Art. 6.)

Le déficit qui est déterminé conformément aux règles établies ci-dessus pour les communes est supporté par le département et l'Etat dans la proportion indiquée au tableau C. (Art. 7.)

Les subventions de l'Etat ne sont versées que sur la justification que les communes et les départements ont déjà employé au payement de leurs travaux la totalité des ressources en argent qu'ils ont pris l'engagement d'y affecter.

Application des ressources de la vicinalité. — En principe, les ressources de la vicinalité ne peuvent être légalement appliquées qu'aux chemins vicinaux. Ce n'est qu'à titre d'exception, et quand d'ailleurs les besoins du service de la vicinalité sont pleinement assurés, que des lois spéciales autorisent les communes ou les départements à affecter une partie de ces ressources à d'autres dépenses, telles que celles des chemins de fer d'intérêt local (Loi 12 juillet 1865), des chemins ruraux (L. 20 août 1881), ou à celles du budget ordinaire (Loi 10 avril 1871, art. 71).

Au point de vue de leur application aux chemins vicinaux, les ressources de la voirie vicinale se divisent en trois catégories :

Les ressources des chemins vicinaux ordinaires comprennent : L'ensemble des revenus communaux, ordinaires, disponibles, les cinq centimes spéciaux et les trois journées de prestations de l'article 2 de la loi du 21 mai 1836 ; — les trois centimes extraordinaires de l'article 3 de la loi du 5 avril 1884 ; — les emprunts, impositions extraordinaires votées par le conseil municipal, et enfin les ressources éventuelles.

Les ressources des chemins de grande communication se composent des contingents imposés aux communes, qui sont imputables sur les revenus ordinaires, les centimes spéciaux et des prestations dont elles disposent, des ressources extraordinaires votées par les conseils municipaux, et enfin des ressources éventuelles qui leur sont applicables.

Les ressources des chemins d'intérêt commun sont de la même nature que celles des chemins de grande communication.

Contingent des communes dans les travaux des chemins vicinaux de grande communication et d'intérêt commun. — Aux termes de la loi du 10 août 1871, il appartient au conseil général, sur l'avis des conseils municipaux intéressés et des conseils d'arrondissement, de désigner les communes qui sont tenues de concourir aux dépenses des chemins de grande communication d'intérêt commun, ainsi que de déterminer la part contributive de chacune d'elles dans ces dépenses.

Le législateur n'a pas fixé de maximum pour les contingents des chemins d'intérêt commun. Il en résulte que le conseil général peut assigner à ces chemins un contingent qui absorberait toutes les ressources spéciales de la vicinalité non réservées aux chemins de grande communication. Mais le conseil général ne doit recourir à cette mesure que dans le cas très exceptionnel où une commune n'aurait pas besoin de

ressources spéciales, par suite de sa situation financière ou du bon état
de ses chemins vicinaux ordinaires. (Guillaume, *Traité de la voirie vicinale*, p. 236 et suiv.)

Dans les premiers mois de chaque année, la répartition dans chaque
commune, par catégorie de chemins, des ressources créées en vertu de
l'article 2 de la loi du 21 mai 1836, est publiée dans le Recueil des actes
administratifs de la préfecture. Cette répartition est notifiée aux maires,
aux receveurs municipaux et aux agents voyers.

Comptabilité des chemins vicinaux. — Cette comptabilité est tenue
en triple partie par les ordonnateurs, par les receveurs et par les
agents du service vicinal.

Comptabilité des ordonnateurs. — La comptabilité des ordonnateurs
constate l'existence des crédits et l'affectation qui leur est donnée.

Le maire est ordonnateur de toutes les dépenses des chemins vicinaux
de sa commune, pour lesquelles un crédit a été régulièrement ouvert.

Il ne doit d'ailleurs jamais les acquitter directement lui-même et il
lui est interdit de disposer des fonds de la vicinalité autrement que par
mandat sur le receveur municipal.

Les crédits étant ouverts spécialement pour chaque nature de dépense, les maires ne doivent, pour quelque motif que ce soit, en changer l'affectation, ni outrepasser le montant du crédit par la délivrance
de leurs mandats.

Tout mandat doit énoncer l'exercice, le chapitre, les articles et paragraphes du budget auxquels il s'applique, ainsi que le titre et le montant
du crédit en vertu duquel il est délivré.

Il est remis par l'ordonnateur aux parties prenantes ou à leurs représentants sur la justification de leur individualité ou de pouvoirs en due
forme. (Inst. gén., art. 211, 212, 213, 214.)

Les mandats émis par le maire doivent être accompagnés des pièces
justificatives exigées par le règlement, article 115.

Au fur et à mesure de chaque opération il en est passé écriture au
Journal des mandats et au livre de détail. (Règl., art. 116 et 121.)

Toutes les dépenses d'un exercice doivent être mandatées depuis le
1er janvier de la première année jusqu'au 15 mars de la seconde.

Toute créance mandatée et non acquittée dans les délais de durée de
l'exercice, doit être mandatée de nouveau sur les crédits reportés des
exercices clos. (Inst. gén., art. 215.)

Les préfets mandatent les dépenses des chemins de grande communication et d'intérêt commun, dont les ressources sont rattachées au budget
départemental en se conformant aux règles portées par les articles 239,
242, 247 de l'Instruction du 6 décembre 1878, modifiée par les circulaires
des 16 juin et 16 novembre 1877.

Le maire et le préfet ne sont pas obligés de fournir un compte spécial de leurs ordonnances pour le service vicinal, mais ils doivent faire
figurer dans leur compte d'administration les recettes et dépenses de la
vicinalité.

De plus, le préfet est tenu de soumettre au conseil général dans la
session d'août le compte annuel de l'emploi des ressources municipales
affectées aux chemins de grande communication et d'intérêt commun.
(Loi 10 août 1871, art. 66.)

Comptabilité des receveurs. — Cette comptabilité constate le recouvrement des ressources et l'acquittement des dépenses.

Elle est respectivement tenue par le receveur municipal pour les chemins vicinaux ordinaires et par le trésorier payeur général pour les chemins de grande communication et d'intérêt commun. Nous ne nous occuperons ici que de la comptabilité des receveurs municipaux.

Toutes les ressources en argent des chemins vicinaux ordinaires sont recouvrées par le receveur municipal aux échéances déterminées par les titres de perception ou par l'administration, d'après le mode prescrit par les lois et règlements. (Règ. gén., art. 124.)

Il n'est pas directement chargé d'opérer le recouvrement des prestations en nature, mais comme toutes les prestations non effectuées en nature doivent être acquittées en argent, il est en réalité responsable du rôle.

Tous les rôles de taxes, de sous-répartition et de prestations lui sont remis par le receveur des finances; c'est à lui qu'il appartient, dès lors, de distribuer les avertissements, et il doit se conformer, pour le recouvrement des prestations converties en argent, aux règles suivies en matière de contributions directes.

Les subventions spéciales en argent sont recouvrées de la même manière.

Quant aux ressources en nature, telles que terrains et travaux fournis à titre de souscriptions particulières, le seul mode de recouvrement est l'exécution des engagements dont ils sont l'objet.

Le receveur adresse, le 5 de chaque mois, au maire un état faisant connaître le montant des recouvrements effectués pendant le mois écoulé.

Le recouvrement des produits de chaque exercice doit être terminé le 31 mars de la seconde année, et les receveurs municipaux peuvent être tenus de verser dans leurs caisses, sauf leur recours personnel contre les débiteurs, le montant des restes à recouvrer pour l'encaissement desquels ils ne justifient pas avoir fait les diligences nécessaires. (Règl. gén., art. 125 et 126.)

Les dépenses des chemins vicinaux ordinaires sont acquittées, sur les mandats du maire, par les receveurs municipaux, qui doivent s'assurer sous leur responsabilité :

1° Que la dépense porte sur un crédit régulièrement ouvert;

2° Que la date de la dépense constate une dette à la charge de l'exercice auquel on l'impute et que l'objet de cette dépense ressortit bien au service particulier que le crédit a en vue d'assurer.

3° Que les pièces justificatives exigées par le règlement ont été produites à l'appui de la dépense. (Règl., art. 128, Inst. gén., art. 229.) Tout payement qui serait effectué sans l'accomplissement de ces formalités resterait à la charge du comptable.

Le receveur n'a pas d'ailleurs qualité pour examiner le mérite des faits auxquels se rapportent les pièces produites; il doit se borner à faire les vérifications prescrites.

Dans le cas où un receveur refuserait de procéder au payement, le maire ne saurait l'obliger à passer outre ; il n'a pas, dans ce cas, droit de réquisition. Le créancier peut seulement s'adresser au ministre de l'intérieur dont la décision devient obligatoire pour le comptable. (Circ. int., 22 février 1870, 30 novembre 1876.)

Outre les livres généraux dont la tenue est prescrite par les instructions sur la comptabilité communale, les receveurs municipaux tiennent deux registres spéciaux : 1° le livre de détails des recettes et dépenses des chemins vicinaux et 2° le carnet des ordonnances de dégrèvements.

A l'aide de ces registres, le receveur municipal doit, chaque année, indépendamment de son compte de gestion, rendre un compte spécial pour les opérations du service vicinal, qui doit être transmis le 5 avril au plus tard au receveur des finances, lequel, après l'avoir vérifié et certifié, le fait parvenir au préfet le 15 avril pour tout délai.

Le receveur municipal n'a donc en réalité qu'à transcrire littéralement sur son compte les articles de recettes ouverts pour les budgets primitifs ou supplémentaires ou par des autorisations spéciales pour les chemins vicinaux.

Les pièces justificatives sont produites non pas à l'appui de ce compte, mais avec le compte de gestion.

POLICE DE LA VOIRIE VICINALE. — La police de la voirie vicinale a pour objet d'une part la conservation des chemins vicinaux, d'autre part la liberté et la sécurité de la circulation sur ces chemins.

Nous ne traiterons ici que de la conservation des chemins. Tout ce qui est relatif à la liberté et à la sécurité de la circulation rentre dans la catégorie des mesures de police municipale, nous en traiterons sous cette rubrique. — Voy. POLICE MUNICIPALE ; POLICE DU ROULAGE.

Conservation de l'assiette des chemins. — Les plans d'alignement des chemins vicinaux régulièrement approuvés indiquent d'une manière précise, au moyen de lignes ou autres signes conventionnels, le sol sur lequel ces chemins sont établis et leurs limites. L'assiette des chemins ainsi déterminée, la loi du 21 mai 1836 ayant déclaré les chemins vicinaux imprescriptibles, il appartient aux maires d'en assurer la conservation et l'intégrité, et de réprimer les usurpations qui peuvent se produire, ces usurpations sont constatées par des procès-verbaux dressés, soit par lui, soit par ses adjoints, le commissaire de police, les agents voyers ou les gardes champêtres. — Les procès-verbaux ainsi dressés sont transmis par le maire au préfet et notifiés administrativement au contrevenant avec injonction de restituer sous huitaine le sol usurpé. Si la restitution n'a pas lieu dans le délai fixé, cette circonstance est mentionnée au procès-verbal, qui est immédiatement transmis au préfet par l'intermédiaire du sous-préfet.

La répression des usurpations commises sur les chemins vicinaux, appartient au conseil de préfecture (Loi 9 ventôse an XIII). Le conseil de préfecture se borne à réprimer l'usurpation, c'est-à-dire à ordonner la restitution du sol usurpé et le rétablissement des lieux dans leur état primitif. L'amende, dont l'usurpateur est passible aux termes de l'article 479, n° 11 du Code pénal, ne peut être prononcée que par le tribunal de police (Code inst. crim., art. 138). — *Dict. des formules*, n° 411.

Alignement individuel. — Pour prévenir les usurpations de la voie publique, l'instruction générale, articles 273 et 279, porte que nul ne peut construire ou reconstruire soit un bâtiment, soit un mur, soit une clôture quelconque à la limite d'un chemin vicinal, sans avoir demandé à l'autorité compétente et obtenu d'elle l'indication de cette limite.

Les maires doivent rappeler par arrêté cette prohibition à leurs administrés.

Toute demande d'alignement individuel doit être présentée sur papier timbré. (Loi 13 brumaire an VII, art. 12. Inst. gén., art. 13.)

De nombreux arrêts ont décidé que les autorisations en matière de voirie et par suite les alignements individuels, doivent, à peine de nullité, être délivrées par écrit. L'expédition des arrêtés d'alignement et la permission de voirie doivent être délivrées sur timbre.

C'est au maire qu'il appartient de donner l'alignement individuel le long des chemins vicinaux, sur l'avis de l'agent voyer.

Les alignements et autorisations de construire ou de réparer sur le bord des chemins vicinaux de grande communication sont donnés par le préfet, sur la proposition du maire et le rapport de l'agent voyer ou par le sous-préfet s'il existe un plan d'alignement régulier.

L'alignement doit être délivré conformément aux limites actuelles de la voie publique, en l'absence d'un plan d'alignement régulièrement approuvé ; dans le cas contraire, suivant les limites fixées par le plan. (Arr. de Cass., 14 mai 1870 et Cons. d'Etat 23 mars et 27 avril 1870.)

Les recours contre les décisions du maire ou du sous-préfet doivent être portés devant le préfet et subsidiairement devant le ministre ; lorsqu'ils sont formés pour cause d'excès de pouvoirs ils sont portés directement devant le Conseil d'Etat.

Les propriétaires peuvent construire sur l'extrême limite de leurs terrains bordant les chemins vicinaux, après avoir toutefois réclamé l'alignement auprès de l'autorité compétente, qui reconnaît cette limite et la fait tracer.

Lorsqu'un propriétaire, sans avoir égard à l'alignement qui lui a été fixé, empiète sur le sol d'un chemin vicinal, cette usurpation est constatée par procès-verbal et poursuivie devant le conseil de préfecture. Le maire fait notifier par huissier, au contrevenant, l'arrêté pris par le conseil de préfecture, et il en fait exécuter les dispositions, à l'expiration du délai de trois mois à dater du jour de la notification, si le contrevenant n'a pas justifié de son recours au Conseil d'Etat.

Si un propriétaire a anticipé sur la largeur d'un chemin vicinal, par suite d'une construction faite sans avoir demandé l'alignement, cette double contravention est distinctement constatée dans le procès-verbal. Le contrevenant est poursuivi devant le conseil de préfecture pour usurpation sur la voie publique, et devant le tribunal de simple police, pour avoir enfreint les règlements de l'autorité administrative.

Enfin, lorsqu'un propriétaire a construit sans demander l'alignement, mais qu'il n'a pas usurpé sur la largeur du chemin, il est poursuivi seulement devant le tribunal de simple justice, pour infraction aux règlements de l'administration. — Voy. Voirie. — *Dict. des formules,* nos 411, 412, 413, 414.

L'interdiction de construire sans alignement préalable entraîne celle de réparer tout bâtiment, mur ou clôture sur la limite des chemins sans y être préalablement autorisé. Les demandes d'autorisation sont introduites et accordées dans les mêmes formes que pour la construction.

Tout ce qui concerne le mode d'ouverture des portes et les saillies sur les chemins vicinaux est déterminé par un règlement spécial arrêté par le préfet. A défaut de ce règlement, il y est pourvu dans chaque cas particulier par le maire s'il s'agit d'un chemin vicinal ordinaire, et par le préfet s'il s'agit d'un chemin de grande communication ou d'intérêt commun. — Les travaux à faire à des constructions en saillies frappées de la servitude de reculement par un plan d'alignement régulier ne doivent être approuvés qu'autant qu'ils ne sont pas de nature à consolider le mur de face. (Inst. gén., art. 280.)

Plantations, Elagage. — La loi du 21 mai 1836, article 21, a donné aux préfets le droit de statuer sur tout ce qui est relatif aux alignements, aux plantations et à l'élagage sur le bord des chemins vicinaux.

En vertu de cette disposition, les préfets ont inséré, dans leurs règlements, pour l'exécution de la loi du 21 mai 1836, plusieurs articles ayant pour objet de fixer : 1° la distance du bord du chemin, que les propriétaires riverains doivent observer lorsqu'ils plantent sur leurs propriétés, le long des chemins vicinaux ; 2° l'espacement des arbres entre eux. Ils ont fait, en outre, aux riverains, défense expresse de planter sur le sol des chemins.

En général, d'après ces règlements, les propriétaires qui font des plantations sur leurs héritages riverains des chemins vicinaux ne peuvent le faire qu'à deux mètres de distance des bords de ces chemins, pour les arbres, et à celle d'un demi-mètre pour les haies vives. La hauteur de ces haies ne peut dépasser 1^m,33 pour toutes les localités. (Inst. gén., art. 291.)

L'alignement des plantations doit être demandé au préfet ou au sous-préfet pour les chemins de grande communication et d'intérêt commun et au maire pour les chemins vicinaux ordinaires. (Inst. gén., art. 273 à 276.)

Les propriétaires sont dispensés de l'obligation générale de demander l'alignement, pour les plantations, lorsqu'ils se proposent de les faire à plus de 3 mètres en arrière du bord des fossés ou de la limite légale des chemins ; pour les haies lorsqu'ils se proposent de les planter à plus de 2 mètres de la même limite.

Les plantations faites antérieurement à la loi du 21 mai 1836 peuvent être conservées, mais non renouvelées, et l'autorité chargée de donner l'alignement peut en ordonner la suppression, sauf indemnité, si elles étaient nuisibles à la vicinalité. (Inst. gén., art. 287 à 288.)

Les difficultés relatives à la propriété des arbres plantés sur le sol des chemins est de la compétence des tribunaux judiciaires.

Les communes elles-mêmes ne peuvent faire de plantations sur les chemins sans y être autorisées par le préfet.

Les contraventions, en ce qui concerne les plantations, sont constatées et poursuivies comme en matière d'alignement.

Les règlements généraux des préfets prescrivent l'élagage des arbres et des haies, qui, par leur ombrage, entretiendraient l'humidité des chemins, le recepage des racines qui peuvent obstruer ou embarrasser la voie publique, et fixent les époques où ces travaux doivent être effectués. (Inst. gén., art. 293.)

Pour assurer l'exécution de ces dispositions, les maires doivent publier tous les ans un arrêté prescrivant l'élagage dans un délai fixé. La négligence ou le refus de se conformer à cette prescription constituerait une contravention de la part des propriétaires ou fermiers qui pourraient être poursuivis devant le tribunal de simple police et condamnés non seulement à l'amende par application de l'article 471 (C.P.), mais encore à effectuer, dans un délai déterminé, l'émondage ou l'élagage sous peine d'y voir procéder d'office à leurs frais à l'expiration de ce délai (C. I. C. art. 161). — Voy. Elagage. — *Dict. des formules*, n° 409.

Ouvrages divers joignant ou traversant les voies publiques. — Il est également interdit aux propriétaires riverains ou autres personnes de faire sans autorisation préalable, soit à la surface ou dans le sol d'un chemin vicinal, soit sur les fossés qui en dépendent des passages temporaires ou permanents, des tranchées, aqueducs, ponceaux, barrages ou écluses. (Inst. gén., art. 273.)

L'autorisation est accordée, refusée ou retirée, par les mêmes fonctionnaires, dans les mêmes formes et avec les mêmes voies de recours que l'alignement individuel, le long du chemin dont s'agit. Cette auto-risation doit toujours prescrire les mesures nécessaires pour empêcher que les ouvrages ne nuisent au bon état de viabilité du chemin, à la liberté et à la sécurité de la circulation. Elle est en outre accordée sous réserve du droit des tiers et il y est expressément stipulé qu'elle est révocable. (Inst. gén., art. 277, 298, 299, 300, 301.)

Fossés. — Le curage des fossés ouverts sur le sol des chemins vici-naux est effectué au moyen de ressources affectées à ces chemins, sous la surveillance des maires pour les chemins vicinaux de pe-tite communication, et d'après les ordres des sous-préfets pour les autres.

Le propriétaire qui voudrait profiter, comme engrais, du limon qui se dépose dans les fossés, peut obtenir de l'autorité compétente l'autorisation de l'enlever, mais sous la condition expresse de curer les fossés à fond et de les entretenir dans leur profondeur et leur largeur.

Lorsque l'administration n'a pas fait établir un fossé le long d'un chemin vicinal, et que les riverains désirent en faire ouvrir pour la dé-fense de leurs propriétés, ils doivent préalablement demander et ob-tenir l'alignement, comme pour les constructions et plantations. Cet alignement doit leur être donné sur l'extrême limite de leur propriété et à la charge par eux d'établir les fossés de manière à ne pouvoir jamais occasionner l'éboulement du sol du chemin. Le curage des fos-sés ouverts par les particuliers est à leur charge. L'administration aurait le droit de le prescrire si la stagnation des eaux nuisait à la viabilité. (Cass. 24 juillet 1835. Inst. gén. art. 195 et 296.)

Écoulement des eaux. — L'écoulement des eaux est au nombre des matières sur lesquelles l'article 21 de la loi du 21 mai 1836, charge les préfets de statuer, mais sans préjudice de l'article 640 du Code civil, aux termes duquel les propriétés riveraines situées en contre-bas sont assujetties à recevoir les eaux qui découlent naturellement de ces chemins.

Les propriétaires ne peuvent faire aucune œuvre qui tende à empê-cher le libre écoulement des eaux qu'ils sont tenus de recevoir et à les faire séjourner dans les fossés ou refluer sur le sol de la voie. (Inst. gén., art. 307.)

Dégradations. — L'instruction générale défend formellement :
1° De labourer ou cultiver les chemins vicinaux, de les parcourir avec des instruments aratoires sans avoir pris les précautions nécessaires pour éviter les détériorations, de les dépaver, d'enlever les pierres, fers et bois et autres matériaux destinés aux travaux de la voirie vici-nale ;
2° De mutiler les arbres, dégrader les haies, poteaux, tableaux indi-cateurs, parapets des ponts et autres ouvrages appartenant à ces voies.
3° De détériorer les berges des chemins, les talus, fossés ou autres marques indicatrices de leur largeur, de faire ou laisser paître aucune espèce d'animaux sur le sol des chemins.

Les contraventions à ces prohibitions sont poursuivies devant les tri-bunaux de police et punies des peines portées à l'article 479, n° 11 du Code pénal.

Barrières de dégel. — Les préfets peuvent dans chaque département déterminer les chemins de grande communication sur lesquels des barrières peuvent être établies pour restreindre la circulation pendant le dégel. Ils doivent rendre compte de leur décision au ministre. (Loi 21 mai 1836, art. 2. Décret 29 août 1863.) Il n'y a d'exception à cette interdiction que pour les courriers, les voitures particulières, les voitures non chargées et celles chargées qui remplissent les conditions arrêtées par le préfet.

Chevaux. — Depuis longtemps les chevaux ont été l'objet, en France, de diverses mesures de la part de l'administration. — Voy. Courses de chevaux, Haras, Primes d'encouragement, Remonte de la cavalerie. — *Dict. des formules*, nos 625, 626, 627, 628, 629.

L'administration a dû s'occuper aussi des chevaux au point de vue sanitaire, soit à raison des maladies dont ils peuvent être atteints isolément, soit à raison des maladies contagieuses qu'ils peuvent propager. — Voy. Épizootie, Morve, Vétérinaire. — *Dict. des formules*, nos 417, 418, 663 et 655.

Enfin des mesures de précaution sont nécessaires pour prévenir les accidents plus ou moins graves qui peuvent être occasionnés par les chevaux. Les soins à prendre à cet égard rentrent dans les attributions de la police municipale. — Voy. Police municipale.

Les maires doivent faire, en conséquence, des règlements à l'effet d'obliger les rouliers, charretiers, conducteurs de voitures quelconques ou de bêtes de charge, de se tenir constamment à portée de leurs chevaux, bêtes de trait ou de charge et de leurs voitures, et en état de les guider et conduire; de défendre de faire ou laisser courir les chevaux, bêtes de trait, de charge ou de monture dans l'intérieur d'un lieu habité (C. P., art. 475, nos 3 et 4); de parcourir à cheval ou en voiture les parties des rues, chemins et promenades publiques réservées aux piétons; de confier la garde et la conduite de chevaux à tous autres qu'à des individus valides et âgés de seize au moins. — Voy. *Dict. des formules*, no 416.

La contravention à ces dispositions ou à des dispositions semblables consignées dans les arrêtés municipaux rendrait celui qui la commettrait passible des peines portées par les articles 475 et 476 du Code pénal. Ces peines seraient applicables pour le fait en lui-même, alors qu'il n'en serait, d'ailleurs, résulté aucun mal ni dommage. Elles consistent en une amende de 6 à 10 francs à laquelle peut être ajouté, suivant les circonstances, un emprisonnement de trois jours au plus. En cas de récidive, la peine de l'emprisonnement est toujours prononcée. (C. P., art. 478.)

Aux termes de la loi des 19-22 juillet 1791, ceux qui, par imprudence ou par la rapidité de la course de leurs chevaux, auront blessé quelqu'un dans les rues ou voies publiques, seront, indépendamment des indemnités, condamnés à huit jours de détention et à une amende égale à la totalité de leur contribution mobilière, sans que l'amende puisse être au-dessous de 300 francs. S'il y a fracture de membre, ou si, d'après le certificat des gens de l'art, la blessure est telle qu'elle ne puisse se guérir en moins de quinze jours, l'amende peut être de 500 francs et l'emprisonnement de six mois, indépendamment des dommages-intérêts. Les maîtres sont civilement responsables des conducteurs de leurs chevaux. Le délinquant peut être saisi immédiatement et retenu jusqu'au jugement (L. 19-22 juillet 1791, titre Ier, art. 16 et 28; tit. II, art. 16 et 15.)

Les propriétaires des chevaux entiers qui les laissent divaguer dans les prairies, le long des routes et des chemins sans être entravés, soit des deux pieds de devant, soit d'un pied de devant à un autre de derrière du côté opposé, ou enfin sans avoir pris les précautions suffisantes, sont dans le cas de l'application : 1° de l'article 605 de la loi du 3 brumaire an IV, qui déclare punissables des peines de simple police ceux qui laissent divaguer des animaux malfaisants ou féroces; et 2° de la loi des 19-22 juillet 1791 titre Ier, articles 16, 28 et titre II, articles 16, 17.

Les chevaux entiers livrés à eux-mêmes, sans que les propriétaires ou les personnes responsables leur aient mis des entraves, pourraient être saisis jusqu'au payement de l'amende du prix de trois journées de travail, prononcée par le tribunal de simple police. Dans le cas de récidive, l'amende pourrait être portée au double, et les chevaux hongrés aux frais du propriétaire. (Circ. Int. 22 août 1806.)

Les préfets ont été invités à prendre des arrêtés renfermant ces dispositions.

La vente des chevaux donne ouverture à l'action rédhibitoire pour les défauts cachés. — Voy. ACCIDENTS, ANIMAUX, VICES RÉDHIBITOIRES, VOITURIERS. — *Dict. des formules*, n°s 419 et 1417.

Chevaux et voitures de luxe (Impôt sur les). — La loi du 16 septembre 1871 porte : « Article 7. La loi du 2 juillet 1862, sur « l'impôt des chevaux et des voitures, est remise en vigueur à partir « du 1er janvier 1872. »

Cette disposition rétablit une contribution qui avait déjà été perçue pendant plusieurs années (1863 à 1865 inclusivement). Toutefois, les lois du 23 juillet 1872 et 22 décembre 1879 ont apporté de notables modifications à la perception de cette contribution, telle qu'elle avait été réglée par la loi de 1862.

Nous faisons connaître ci-après l'état actuel de la législation et des règlements en cette matière.

Bases de cotisation. — La loi du 22 décembre 1879 a modifié de la manière suivante, le tarif de la contribution sur les voitures et chevaux, non compris le fonds de non-valeur.

VILLES, COMMUNES OU LOCALITÉS dans lesquelles LE TARIF EST APPLICABLE.	SOMME A PAYER non compris le fonds de non-valeur par chaque		
	VOITURE		CHEVAL de selle ou d'attelage.
	à 4 roues.	à 2 roues.	
Paris..........................	60 fr.	40 fr.	25 fr.
Les communes autres que Paris ayant plus de 40,000 âmes de population................	50	25	20
Les communes de 20,001 âmes à 48,000 âmes...	40	20	15
Les communes de 10,001 âmes à 20,0000 âmes..	30	10	12
Les communes de 5,001 âmes à 10,000.........	25	15	10
Les communes de 5,000 âmes et au-dessous....	10	5	5

Les taxes spécifiées ci-dessus sont appliquées : 1° aux voitures suspendues destinées au transport des personnes; 2° aux chevaux servant à atteler les voitures imposables; 3° aux chevaux de selle. (L. 23 juillet 1872, art. 5.)

Ainsi, la contribution, qui ne frappait antérieurement que les voitures attelées, s'applique désormais à toutes les voitures suspendues destinées au transport des personnes. Il suffit donc de posséder une voiture de l'espèce pour être passible de l'impôt, alors même que cette voiture ne serait pas attelée. Il en serait de même du contribuable qui, ayant un certain nombre de voitures suspendues et destinées au transport des personnes, ne posséderait pas le nombre de chevaux nécessaires pour les atteler simultanément.

La contribution est toujours due par le possesseur de voitures et de chevaux imposables, qu'il en soit ou non propriétaire. Ainsi, un particulier qui possède une voiture en vertu d'une location faite à l'année doit être imposé à la taxe à raison de cette voiture, alors même que celle-ci est la propriété du carrossier. (Arrêt C. d'Et., 21 février 1879.)

Il est bien entendu que la loi n'atteint en aucune façon les charrettes, chariots, et, en général, toutes les voitures non suspendues employées, soit par les particuliers, soit par les agriculteurs ou les commerçants, etc., alors même qu'elles serviraient pour le transport des personnes ; les voitures de cette nature ne doivent donc pas être imposées.

D'un autre côté, on ne doit pas considérer comme étant destinées au transport des personnes les voitures suspendues qui, en raison de leur forme et de l'usage qui en est fait, sont affectées au transport d'objets matériels; en conséquence, on ne doit pas imposer les voitures suspendues des agriculteurs, des négociants, des colporteurs, etc., ne servant que pour le transport des denrées, des bestiaux, des marchandises, etc., et n'ayant de sièges que pour le conducteur et le préposé à la surveillance ou la distribution des objets transportés. Il importe donc, avant tout, de considérer la destination de la voiture pour savoir si elle doit être ou non imposée.

Cependant il faut noter que les voitures suspendues possédées par les commerçants et qui servent à leurs voyageurs pour faire les tournées périodiques et transporter des échantillons sont imposables. (Arrêt C. d'Et., 23 janvier 1880.)

Les mules et mulets de selle ou de voiture sont passibles de la contribution d'après le même tarif et suivant les mêmes règles que les chevaux.

Quant aux chevaux d'attelage, les modes d'emploi peuvent être assez variés. Quel que soit le nombre de voitures imposables et de chevaux possédés par le même contribuable, l'impôt ne doit être calculé qu'à raison du nombre de chevaux effectivement attelés aux voitures imposables.

Il arrive fréquemment, surtout à la campagne, qu'un propriétaire, sans avoir d'attelage affecté spécialement à son service personnel, choisit pour ce service, parmi un certain nombre de chevaux ou mulets attachés à une exploitation agricole ou industrielle, un ou plusieurs de ces animaux. Dans ce cas, ces chevaux ou mulets, étant les seuls dont il se serve pour atteler les voitures imposables, sont seuls assujettis à la taxe. (Circ. direct. gén. des contrib. dir. 21 septembre 1872.)

Réduction à la demi-taxe. — La taxe est réduite de moitié pour les voitures et les chevaux et mulets imposables d'après les dispositions ci-dessus, lorsqu'ils sont exclusivement employés au service de l'agriculture ou d'une profession quelconque donnant lieu à l'imposition de droits de patente, sauf en ce qui concerne les professions rangées dans le tableau G annexé à la loi du 18 mai 1850 et dans les tableaux correspondants annexés aux lois de patente subséquentes. (L. 14-22 juillet 1880. L. 23 juillet 1872, art. 6.)

Les patentables qui sont exceptés de la réduction à la demi-taxe, sont ceux qui exercent des professions dites *libérales ;* ce sont : les architectes, avocats près les tribunaux, cours d'appel, de cassation, et au Conseil d'Etat, avoués, chefs d'institution, maîtres de pension, chirurgiens-dentistes, commissaires-priseurs, docteurs en chirurgie ou en médecine, greffiers, huissiers, ingénieurs civils mandataires près les tribunaux de commerce, notaires, officiers de santé, référendaires au sceau, vétérinaires. Ces patentables demeurent soumis à la règle générale et ont à supporter la taxe entière pour les voitures et les chevaux qu'ils possèdent et qui se trouvent dans les conditions de l'article 5 de la loi nouvelle, soit qu'ils les consacrent à l'exercice exclusif de leur profession, soit qu'ils les emploient exclusivement ou en partie à leur service personnel.

Quant aux agriculteurs ils ne payent qu'une taxe réduite de moitié pour les voitures suspendues servant au transport des personnes, et pour les chevaux ou mulets qu'ils emploient exclusivement à la surveillance des exploitations, aux courses dans les foires et marchés pour la vente des produits, etc.; il en est de même à l'égard des tableaux A, B et C de la loi des patentes pour les voitures et les chevaux imposables qui n'ont d'autre emploi que les courses nécessitées par l'exercice de leur profession.

Ainsi, le principe de l'imposition est conservé pour les situations dont il s'agit ; seulement la taxe est diminuée de moitié. (Circ. adm. gén. des cont. directes, 21 septembre 1872.)

Exemptions. — Ne donnent pas lieu au payement de la taxe, les jugements et étalons exclusivement consacrés à la reproduction. (L. 2 juillet 1862, art. 7.)

L'exemption de taxe est étendue : 1° aux voitures et chevaux affectés exclusivement au service des voitures publiques qui sont soumises aux droits perçus par l'administration des contributions indirectes ; 2° aux chevaux et voitures possédés par les marchands de chevaux, carrossiers, marchands de voitures, et exclusivement destinés à la vente ou à la location ; 3° aux chevaux et voitures possédés en conformité des règlements du service militaire ou administratif. (L. 23 juillet 1872, art. 7.)

Il est à remarquer d'abord que, comme le porte l'article 7 de la loi de 1862, les juments et étalons, pour être exemptés de la taxe, doivent être *exclusivement* consacrés à la reproduction. Il résulte de là que ceux de ces animaux qui seraient utilisés comme chevaux de selle ou d'attelage deviendraient passibles, selon le cas, de la taxe entière ou de la demi-taxe, et que les chevaux de course devraient également être imposés, alors même qu'ils serviraient à la reproduction.

On entend par voitures publiques celles que leurs propriétaires affectent au transport des voyageurs et dans lesquelles le public est admis à prix d'argent, soit que ces voitures effectuent un service régulier, soit qu'elles partent à la volonté des voyageurs et se tiennent sans cesse à la disposition du public, comme sont les voitures dites de place ou de remise. Les unes et les autres sont exemptes de taxe. Il arrive que des entrepreneurs possèdent pour remplacer, en cas d'accident, des voitures exécutant le service journalier, d'autres voitures qui ne sont déclarées à la régie et estampillées qu'au moment d'être mises en circulation. Ces voitures de rechange, du moment qu'elles n'ont réellement d'autre destination que le service de l'entreprise, sont exemptes au même titre que les autres.

En ce qui concerne les voitures et les chevaux exclusivement destinés à la vente ou à la location, les termes de la loi n'ont pas un sens limitatif, l'exemption n'est donc pas restreinte aux marchands de voitures et des chevaux, elle est applicable à tout industriel ou commerçant pour les chevaux et les voitures dont il ne fait pas usage personnellement et qu'il ne possède que pour les louer ou les vendre : tels sont, par exemple, les maîtres de manège, maîtres de poste, etc. (Circ. adm. des cont. dir. 21 septembre 1872.)

Enfin l'article 7 de la loi de 1872 exempte de la taxe les chevaux et voitures possédés en conformité des règlements du service militaire ou administratif. Il en résulte que les chevaux et les voitures possédés dans ces conditions ne doivent jamais figurer dans les rôles, alors même que le fonctionnaire qui les possède les emploierait pour son service personnel et celui de sa famille. Par contre, on doit imposer les voitures et les chevaux d'un fonctionnaire, alors même qu'il les emploierait exclusivement ou en partie pour l'exercice de ses fonctions, s'il ne justifie pas d'un règlement administratif qui l'oblige à les posséder.

Si un fonctionnaire, à qui les règlements administratifs prescrivent d'avoir un cheval, possède en outre une voiture, celle-ci doit être taxée, quand même elle ne serait attelée qu'avec le cheval réglementaire et seulement pour les besoins du service. (Circ. adm. des cont. dir. 25 octobre 1871.)

Voir, pour l'énumération des fonctionnaires et établissements, les tableaux annexés aux circulaires nos 526 et 559 et celui annexé à la circulaire du 22 juillet 1882.

Annualité de l'impôt. Lieu de l'imposition. Résidence nouvelle. Pluralité de résidences. — Les possesseurs de chevaux et de voitures imposables sont passibles de la taxe pour l'année entière en ce qui concerne les faits existants au 1er janvier.

Les personnes qui, dans le courant de l'année, deviennent possesseurs de voitures ou de chevaux imposables, doivent la contribution à partir du 1er du mois dans lequel le fait s'est produit, et sans qu'il y ait lieu de tenir compte des taxes imposées au nom des précédents possesseurs. (L. 23 juillet 1872, art. 8.)

Dans le cas où, à raison d'une résidence nouvelle, le contribuable devient passible d'une taxe supérieure à celle à laquelle il a été assujetti au 1er janvier, il doit un droit complémentaire égal au montant de la différence, et calculé à partir du 1er du mois dans lequel le changement de résidence s'est produit. (Id., art. 9, § 1er.)

Si le contribuable a plusieurs résidences, il est, pour les chevaux et les voitures qui le suivent habituellement, imposé dans la commune où il est soumis à la contribution personnelle conformément à l'article 13 de la loi du 21 avril 1832 ; mais la contribution est établie suivant la taxe de la commune dont la population est la plus élevée. Pour les chevaux et les voitures qui restent habituellement attachés à l'une de ces résidences, le contribuable est imposé dans la commune de cette résidence, et suivant la taxe afférente à la population de cette commune. (L. 2 juillet 1862, art. 10.)

On vient de voir que l'article 8 de la loi de 1872, en rappelant que la taxe est due pour l'année entière, en ce qui concerne les faits existants au 1er janvier, autorise l'imposition en raison des faits qui surviennent dans le cours de l'année. Il est à remarquer, toutefois, que l'acquisition d'un cheval ou d'une voiture dans le courant de l'année ne donne pas lieu, dans tous les cas, à l'ouverture d'une taxe supplémentaire. Le contribuable qui, au 1er janvier ou à toute autre époque de l'année, possédait un cheval et une voiture à raison desquels il a été imposé, n'est passible d'aucun supplément de taxe, si, ayant cessé de posséder ces éléments de cotisation, il achète dans le cours de l'année, un autre cheval, ou une autre voiture. Il n'y aurait lieu à un supplément de taxe qu'autant qu'il augmenterait le nombre de chevaux et de voitures pour lesquels il est imposé, ou s'il achetait une voiture à quatre roues. (Circ. adm. des cont. dir. 21 septembre 1871.)

Celui qui attelle habituellement la voiture qu'il possède dans une commune à l'aide des chevaux qu'il a dans une autre, doit être considéré comme ayant, dans la première commune, une voiture imposable d'après le tarif afférent à la résidence à laquelle ils sont attachés.

Le contribuable qui est domicilié à la campagne et qui possède dans une ville voisine un pied-à-terre avec écurie, uniquement pour des déplacements accidentels de la campagne à la ville, ne saurait être considéré comme ayant une seconde résidence qui le rende imposable, d'après le tarif applicable à ladite ville, pour les chevaux et les voitures qui l'y suivent. (Circ. adm. des cont. dir. 25 octobre 1871.)

Déclarations à faire par les contribuables. — Accroissements de taxe.
— Les contribuables sont tenus de faire la déclaration des voitures et des chevaux à raison desquels ils sont imposables, et d'indiquer les différentes communes où ils ont des habitations en désignant celles où ils ont des éléments de cotisation en permanence.

Les déclarations sont valables pour toute la durée des faits qui y ont donné lieu ; elles doivent être modifiées dans le cas de changement de résidence hors de la commune ou du ressort de la perception et dans le cas de modifications survenues dans les bases de cotisation.

Les déclarations sont faites ou modifiées, s'il y a lieu, le 15 janvier, au plus tard, de chaque année, à la mairie de l'une des communes où les contribuables ont leur résidence. (L. 2 juillet 1862, art. 11, §§ 1, 2 et 3.)

Lorsque, dans le cours de l'année, des personnes deviennent possesseurs de voitures ou de chevaux imposables, ou que, à raison, d'une résidence nouvelle, le contribuable devient passible d'une taxe supérieure à celle à laquelle il a été assujetti au 1er janvier, les déclarations prescrites par l'article 11 de la loi du 2 juillet 1862, doivent être effectuées dans le délai de trente jours, à partir de la date à laquelle se sont produits les faits susceptibles de motiver l'imposition de nouvelles taxes ou de suppléments de taxes. (L. 23 juillet 1872, art. 9, § 2.)

Si les déclarations ne sont pas faites dans les délais ci-dessus indiqués, ou si elles sont inexactes ou incomplètes, il est suppléé d'office par le contrôleur des contributions directes, qui est chargé de rédiger, de concert avec le maire et les répartiteurs, l'état-matrice destiné à servir de base à la confection du rôle.

En cas de contestation entre le contrôleur et le maire et les répartiteurs, il est, sur le rapport du directeur des contributions directes, statué par le préfet, sauf référé au ministre des finances, si la décision était contraire à la proposition du directeur, et dans tous les cas, sans préjudice pour le contribuable du droit de réclamer après la mise en recouvrement du rôle. (L. 2 juillet 1862, art. 11, §§ 4 et 5.)

Les taxes sont doublées pour les voitures et les chevaux qui n'ont pas été déclarés ou qui ont été déclarés d'une manière inexacte. (Id., art. 12.)

Ne sont pas admissibles les excuses fondées sur l'absence pour motiver la décharge de la double taxe encourue à raison du défaut de déclaration. (Circ. adm. des cont. directes 25 octobre 1871.)

Les propriétaires de chevaux et de voitures imposables doivent comprendre dans une même déclaration tous les éléments de cotisation qu'ils possèdent dans différentes communes, en donnant d'ailleurs toutes les indications prescrites. L'unité de déclaration, recommandée aux contribuables, réduit leurs démarches autant que possible, et elle a l'avantage de prévenir les méprises qui pourraient être commises, s'ils étaient tenus de faire une déclaration spéciale dans chaque commune où ils se croiraient imposables.

Les déclarations sont faites sur des formules imprimées fournies par l'administration des contributions directes. Il est mis à la disposition des maires et des contrôleurs des contributions directes un nombre suffisant de ces formules pour qu'ils puissent en remettre gratuitement un exemplaire à tout propriétaire imposable qui leur en fera la demande.

Les déclarations sont déposées par les déclarants à la mairie de l'une des communes, à leur choix, où ils ont une résidence. Le maire constate la date du dépôt et détache de la formule sur laquelle la déclaration a été faite un coupon qu'il remet au déclarant, à titre de récépissé, après y avoir inscrit le contenu de la déclaration. (Circ. adm. des cont. dir. 31 octobre 1862.)

Confection des rôles et des avertissements. — *Recouvrement des taxes.* — *Réclamations.* — Le directeur des contributions directes ajoute aux taxes établies par le tarif les centimes additionnels pour fonds de non-valeurs, et à chaque cote les frais d'avertissement; puis il procède à l'expédition des rôles et des avertissements.

Il procède, de même, s'il y a lieu, à la confection des rôles supplémentaires en raison des faits qui surviennent dans le cours de l'année.

Le directeur présente les rôles, certifiés par lui, à l'homologation du préfet, et lorsqu'ils ont été arrêtés par ce magistrat, il les transmet, avec les avertissements, aux agents du recouvrement, en suivant la marche tracée par les instructions relatives aux contributions directes.

Les rôles sont publiés et re-ouvrés, et les réclamations sont présentées, instruites et jugées comme en matière de contributions directes. Ces réclamations sont soumises au droit de timbre lorsqu'elles s'appliquent à des cotisations de 30 francs et au-dessus. (Arr. Cons. d'État, 13 février 1874. — Voy. RÉCLAMATIONS.

Attributions aux communes sur l'impôt des chevaux et voitures. — *Dégrèvements.* — *Mode de comptabilité y relatif.* — Il est attribué aux communes un vingtième du produit de l'impôt sur les voitures et les chevaux, déduction faite des cotes et portions de cotes dont le dégrèvement aurait été accordé. (L. 23 juillet 1872, art. 10.)

Pour remplir le but de cette disposition, il a été décidé qu'on ferait d'abord compte à celles-ci de la totalité de leurs attributions, de la même manière que pour les patentes, et qu'on leur ferait ensuite restituer sur les produits de la caisse municipale, au lieu de l'imputer sur le fonds de non-valeurs, la portion des dégrèvements, représentant le vingtième du principal revenant à la commune. A cet effet, il est fait sur les ordonnances de dégrèvements, une division des cotes ou portions de cotes accordées en décharge, réduction, remise ou modération, indiquant d'une manière distincte la somme imputable sur le fonds de non-valeurs et celle qui doit être restituée par la caisse communale au profit des contribuables dégrevés. Les remboursements sont effectués au moyen d'un bulletin attenant à l'ordonnance et par voie de réduction de recette dans la comptabilité municipale (Circ. compt. publ. 15 mai 1863.)

Par suite, le percepteur doit, au moment où il fait emploi d'une ordonnance de dégrèvement, en détacher l'ordre de reversement et le conserver, afin, s'il est receveur municipal, de justifier la réduction de recette à opérer au compte de la commune, et, dans le cas contraire, de présenter la pièce au receveur municipal spécial en lui demandant le payement de la somme qui en fait l'objet. (Circ. compt. publ. 22 janvier 1864.)

Chevaux de l'armée mis en dépôt chez les cultivateurs.—

Des chevaux, juments et mulets de trait, appartenant à l'armée, peuvent être mis en dépôt chez les cultivateurs qui en font la demande. — Ces animaux, tout en étant à la disposition des cultivateurs, restent sous la surveillance de l'autorité militaire, qui s'assure qu'ils sont bien soignés et qu'ils ne sont pas détournés de leur destination, ni prêtés à des tiers. (Inst. 3 juillet 1867.) En cas de défaut de soins ou d'emploi abusif, ces animaux sont repris ou mis en réforme, et le dépositaire est responsable de la dépréciation ou de la perte qu'il doit payer d'après l'estimation d'un vétérinaire dont les frais de visite sont à sa charge. Les contestations sont soumises à l'intendant, sauf recours au ministre. Les animaux, repris pour les besoins de l'armée, doivent être réintégrés dans les quinze jours qui suivent la notification de la reprise. En cas de mort, le prix des dépouilles de ces chevaux est versé par les acheteurs à la caisse du percepteur le plus voisin contre une quittance à souche, timbrée quand il s'agit de sommes excédant 10 francs. Le percepteur inscrit cette recette au compte ouvert à la 3e section du livre des comptes divers sous ce titre : Recettes diverses opérées pour le compte du receveur des finances.

Chèvres. —

En quelque circonstance que ce soit, lorsque les chèvres auront fait des dommages aux arbres fruitiers ou autres, haies, vignes, jardins, l'amende ne sera pas au-dessous de la valeur de six journées de travail, sans préjudice du dédommagement dû au propriétaire. L. 28 septembre, 6 octobre 1791, titre II, art. 18.)

Le Code forestier contient, en outre, des prescriptions particulières, applicables à certains cas: ainsi il punit d'une amende de 4 francs le propriétaire d'une chèvre trouvée en délit dans les bois de dix ans et au-dessus; l'amende doit être double si les bois ont moins de dix ans. (C. F. art. 199.)

Le même Code défend à tous usagers, nonobstant tous titres et possessions contraires, de conduire ou faire conduire des chèvres dans les forêts de l'État ou sur les terrains qui en dépendent, non plus que dans les bois des communes ou des établissements publics. En cas d'infraction, l'amende est de 8 francs pour les propriétaires et de

15 francs pour les pâtres ou bergers. En cas de récidive, le pâtre doit être condamné à un emprisonnement de cinq à quinze jours. (C. F., art. 78.)

Un arrêté municipal, portant que les chèvres qui traverseront les chemins de quartier d'un territoire déterminé seront muselées, attachées deux à deux et munies de clochettes, est obligatoire. Il peut être motivé par des plaintes sur les dommages considérables que les chèvres causeraient aux propriétés. (Cass., 13 novembre 1835.) — Voy. ANIMAUX, BOIS, PATURAGE, POLICE RURALE.

Chiens. — Aux termes de l'article 30, titre II de la loi des 28 septembre et 6 octobre 1791, sur la police rurale, toute personne convaincue d'avoir, de dessein prémédité, méchamment, sur le territoire d'autrui, blessé ou tué des bestiaux ou chiens de garde, est passible d'une amende double de la somme du dédommagement. Le délinquant peut en outre être détenu un mois si l'animal n'a été que blessé, et six mois si l'animal est mort de sa blessure ou en est resté estropié ; la détention peut être du double si le délit a été commis la nuit, ou dans une étable, ou dans un enclos rural.

Sont d'ailleurs applicables, lorsqu'ils s'agit des chiens, et suivant les circonstances, les articles 454 et 479 du Code pénal, qui punissent ceux qui tuent ou blessent volontairement ou par imprudence toute espèce d'animaux appartenant à autrui, et la loi du 2 juillet 1850, qui punit ceux qui exercent publiquement et abusivement de mauvais traitements envers les animaux domestiques. — Voy. ANIMAUX. — *Dict. des formules*, n° 426-427.

D'autre part, la loi punit d'amende, depuis 6 francs jusqu'à 10 francs inclusivement, ceux qui auraient laissé vaguer des animaux malfaisants ou féroces ; ceux qui auraient excité ou n'auraient pas retenu leurs chiens, lorsqu'ils attaquent ou poursuivent les passants, quand même il n'en serait résulté aucun mal ni dommage. (C. P., art. 475, n° 7.)

Il arrive fréquemment que les chiens sont cause d'accidents graves, et que leur libre circulation sur la voie publique peut elle-même n'être pas sans inconvénient. Leur agglomération dans certaines localités, la négligence de leurs maîtres, l'instinct malfaisant de certaines races, et surtout la facilité avec laquelle une maladie terrible, l'hydrophobie, se développe chez ces animaux, toutes ces considérations ont déterminé le législateur à prendre des mesures radicales pour protéger la sécurité publique. La loi du 21 juillet 1881 complétée par le décret du 22 juin 1882, édicte les prescriptions suivantes :

En tout temps, les chiens circulant sur la voie publique, soit en liberté, soit même en laisse, doivent être munis d'un collier portant le nom et la demeure de son propriétaire. Il n'y a d'exception que pour les chiens courants portant sur la cuisse la marque de leur maître.

Les chiens trouvés sans collier sont saisis et abattus immédiatement.

Les chiens errants portant un collier et les chiens sans collier dont le maître est connu sont également saisis, mis en fourrière et abattus, s'ils n'ont pas été réclamés dans un délai de trois jours francs. Ce délai est porté à cinq jours pour les chiens courants portant un collier ou une marque.

En cas de remise au propriétaire, ce dernier est tenu d'acquitter les frais de conduite, de nourriture et de garde, d'après un tarif fixé par l'autorité municipale.

Comme mesure préventive contre la rage, l'autorité administrative peut, lorsqu'elle croit cette mesure utile, ordonner par arrêté que tous les chiens circulant sur la voie publique soient muselés ou tenus en laisse.

La rage, lorsqu'elle est constatée chez des animaux, de quelque espèce qu'ils soient, entraîne l'abatage, qui ne peut être différé sous aucun prétexte.

Les chiens et les chats suspects de rage doivent être immédiatement abattus. Le propriétaire de l'animal suspect est tenu, même en l'absence d'un ordre des agents de l'administration, de pourvoir à l'accomplissement de cette prescription. (Loi, art. 16)

Dès qu'un cas de rage a été constaté dans une commune, le maire doit prendre un arrêté pour interdire, pendant six semaines au moins, la circulation des chiens, à moins qu'ils ne soient tenus en laisse. La même mesure doit être prise dans les communes qui ont été parcourues par un chien enragé.

Durant toute cette période, il est interdit aux propriétaires de se dessaisir de leurs chiens ou de les conduire en dehors de leur résidence, si ce n'est pour les faire abattre. Seuls les chiens de bergers, de bouviers et les chiens de chasse sont admis à circuler librement pour l'usage auquel ils sont destinés.

Dans l'intérieur des habitations ou dans les cours, jardins ou autres lieux non ouverts au public, les bouledogues et bouledogues métis ou croisés doivent toujours être tenus à l'attache et muselés. (Id., art. 3.) Voy. ANIMAUX, RAGE.— *Dic. des formules*, nos 421, 422, 423, 424, 425.

Chiens (TAXE MUNICIPALE SUR LES).— La loi du 2 mai 1855 a établi, dans toute les communes et à leur profit, une taxe sur les chiens. Cette taxe est rangée par la loi du 5 avril 1884, § 14, au nombre des recettes ordinaires des communes.

Elle est établie au moyen de tarifs qui ne peuvent comprendre que deux catégories renfermées dans les limites de 1 à 10 francs. Ces limites ne peuvent être dépassées. La taxe la plus élevée porte sur les chiens d'agrément ou servant à la chasse. La taxe la moins élevée porte sur les chiens de garde, comprenant ceux qui servent à guider les aveugles, à garder les troupeaux, les habitations, magasins, ateliers, etc., et, en général, tous ceux qui ne sont pas compris dans la catégorie précédente. Les chiens qui ne peuvent être classés dans la première ou dans la seconde catégorie sont rangés dans celle dont la taxe est la plus élevée. (L. 2 mai 1855, art. 2; D. 4 août 1855, art. 1er.)

Les tarifs à appliquer dans chaque commune sont, sur la proposition des conseils municipaux, et après avis des conseils généraux, réglés par décrets rendus en Conseil d'État.

A défaut de présentation de tarifs par la commune ou d'avis émis par le conseil général, il est statué d'office sur la proposition du préfet. (L. 2 mai 1855, art. 3.)

Les tarifs établis peuvent être revisés à la fin de chaque période de trois ans. (Id., art. 4.)

La taxe est due pour les chiens possédés au 1er janvier à l'exception de ceux qui, à cette époque, sont encore nourris par la mère. La taxe est due pour l'année entière. (D. 4 août 1855, art. 2.)

Lorsque le contribuable décède dans le courant de l'année, ses héritiers sont redevables de la portion de la taxe non acquittée. (Id., art. 3.)

En cas de déménagement du contribuable hors du ressort de la perception, la taxe est immédiatement exigible pour la totalité de l'année courante. (Id., art. 4.)

Du 1er octobre de chaque année au 15 janvier de l'année suivante, les possesseurs de chiens non encore imposés doivent faire à la mairie une déclaration indiquant le nombre de leurs chiens et les usages auxquels ils sont destinés, en se conformant aux distinctions indiquées ci-dessus. Ceux qui auraient fait cette déclaration avant le 1er janvier doivent la rectifier s'il est survenu quelque changement dans le nombre ou la destination de leurs chiens. (Id., art. 5.)

Les déclarations dont il s'agit sont inscrites sur un registre spécial. Il en est donné reçu aux déclarants ; les récépissés font mention des noms et prénoms du déclarant, de la date de la déclaration, du nombre et de l'usage des chiens déclarés. (Id., art. 6.)

Les possesseurs de chiens ne sont pas tenus de renouveler tous les ans leur déclaration ; la taxe à laquelle ils ont été soumis continue à être imposée et est payée par eux jusqu'à déclaration contraire. Toutefois, le changement de résidence du contribuable hors de la commune ou du ressort de la perception, ainsi que toute modification dans le nombre et la destination des chiens, entraînant une augmentation de taxe, rend une nouvelle déclaration obligatoire (D. 3 août 1861, art. 1er). Cette déclaration doit être faite dans le délai ci-dessus déterminé, c'est-à-dire du 1er octobre au 15 janvier.

Du 15 au 31 janvier, le maire et les répartiteurs, assistés du percepteur des contributions directes, rédigent un état-matrice des personnes imposables. Cet état présente les noms, prénoms et demeures des imposables, le nombre des chiens qu'ils possèdent et la catégorie à laquelle chaque animal appartient. L'état-matrice relate, en outre, les déclarations faites par les possesseurs de chiens, avec les détails nécessaires pour permettre d'apprécier les différences entre les déclarations et les faits constatés. (D. 4 août 1855, art. 7 et 8.)

Du 1er au 15 février, le percepteur adresse au directeur des contributions directes les états-matrices rédigés conformément aux prescriptions ci-dessus pour servir de base à la confection des rôles. Il est procédé pour cette confection, pour la mise à exécution et la publication des rôles, la distribution des avertissements et le recouvrement des taxes, comme en matière de contributions directes. Les imposés acquittent, d'ailleurs, leurs taxes par portions égales, en autant de termes qu'il reste de mois à courir à dater de la publication des rôles, ainsi que cela est prescrit pour les patentes par l'article 24 de la loi du 24 avril 1844. (Id., art. 9.)

Sont passibles d'un accroissement de taxe : 1° celui qui, possédant un ou plusieurs chiens, n'a pas fait de déclaration ; 2° celui qui a fait une déclaration incomplète ou inexacte. Dans le premier cas, la taxe est triplée, et dans le second elle est doublée pour les chiens non déclarés ou portés avec une fausse désignation. Lorsqu'un contribuable a été soumis à un accroissement de taxe, et que, pour l'année suivante, il ne fait pas la déclaration exigée ou fait une déclaration incomplète ou inexacte, la taxe est quadruplée dans le premier cas et triplée dans le second

Lorsque, après la rédaction de l'état-matrice dressé les quinze derniers jours du mois de janvier, il est découvert des faits pouvant donner lieu à des accroissements de taxe, c'est-à-dire des omissions de déclarations ou des déclarations inexactes concernant des chiens qui existaient dans la commune au 1er janvier, il en est pris note, soit par le maire, soit par le percepteur, et, à l'expiration du premier semestre, le maire, les répartiteurs et le percepteur rédigent un état-matrice qui est immédiatement adressé au directeur des contributions directes, et ce fonctionnaire dresse un rôle supplémentaire qui est rendu exécutoire, publié et recouvré comme le rôle primitif. Il serait établi un nouveau rôle en fin d'année pour les frais de même nature qui seraient reconnus dans le cours du deuxième semestre. (D. 4 août 1855, art. 10 et 11; Inst. gén. des fin., art. 908. — *Dict. des formules*, nos 391, 392 et 393.)

Le recouvrement de la taxe sur les chiens a lieu comme en matière de contributions directes. (L. 2 mai 1855, art. 6.)

Il est accordé aux percepteurs une rétribution de 12 centimes par article de l'état-matrice pour leur intervention dans la rédaction de cet état Cette rétribution, qui constitue pour les communes une charge obligatoire, est soumise à la retenue du 20e pour les pensions civiles.

Les frais d'impression relatifs à l'assiette de la taxe des chiens, ceux de la confection des rôles et des avertissements sont, en outre, à la charge des communes. (D. 4 août 1855, art. 12.) — Voy. CONTRIBUTIONS DIRECTES.

Cimetières. — Les cimetières communaux sont régis par le décret du 23 prairial an XII, interprété et complété, dans quelques-unes de ses dispositions, par l'ordonnance réglementaire du 6 décembre 1843 et modifié par la loi du 14 avril 1881 et celle du 5 avril 1884.)

Dispositions générales. — Ce décret, après avoir défendu toute inhumation dans les églises, temples, synagogues et autres lieux consacrés au culte, ainsi que dans l'enceinte des villes, bourgs et villages, décide qu'il y aura, hors de ces centres d'habitations et à la distance de 35 à 40 mètres au moins de leur enc inte, des terrains consacrés à l'inhumation des morts; que les terrains les plus élevés et exposés au nord seront choisis de préférence; qu'ils seront clos de murs de 2 mètres au moins d'élévation et plantés d'arbres, sauf à prendre les précautions convenables pour ne pas gêner la circulation de l'air. (D. 23 prairial an XII, art. 1, 2 et 3.)

Les prescriptions qui précèdent ont été étendues obligatoirement à toutes les communes de France par l'ordonnance royale du 6 décembre 1843.

Chaque inhumation a lieu dans une fosse séparée d'un mètre cinq décimètres à deux mètres de profondeur, sur huit décimètres de largeur, laquelle est ensuite remplie de terre bien foulée. (D. 23 prairial an XII, art. 4.)

Les fosses seront distantes les unes des autres de 3 à 4 décimètres sur les côtés, et de 3 à 5 décimètres à la tête et aux pieds. (Id., art. 5.)

Pour éviter le danger qu'entraîne le renouvellement trop rapproché des fosses, l'ouverture des fosses pour de nouvelles sépultures ne peut avoir lieu que de cinq ans en cinq ans; en conséquence, les terrains destinés à servir de cimetières doivent être cinq fois plus étendus que l'espace nécessaire pour déposer le nombre présumé des morts qui peuvent y être enterrés chaque année. (Id., art. 6.)

Établissement, Translation, Agrandissement. — La translation d'un cimetière, lorsqu'elle devient nécessaire, est ordonnée par un arrêté du préfet, le conseil municipal entendu. Le préfet détermine également le nouvel emplacement du cimetière, sur l'avis du conseil municipal et après enquête *de commodo et incommodo* et avis du conseil d'hygiène. (O. 6 décembre 1843, art. 2.)

Lorsque la nécessité de la translation est contestée par l'administration municipale, elle doit être préalablement constatée par un rapport d'hommes de l'art désignés par le préfet : c'est sur ce rapport, et après avis du conseil d'hygiène et délibération du conseil municipal, que le préfet prend un arrêté pour ordonner, s'il y a lieu, la suppression du cimetière. Puis une enquête *de commodo* est ouverte sur le choix du nouvel emplacement, et les réclamations qu'elle peut soulever sont examinées par le conseil municipal. Enfin, ces formalités accomplies, le préfet, après avoir mis de nouveau le conseil municipal en demeure de délibérer, prend un nouvel arrêté pour déterminer l'emplacement sur lequel le cimetière sera transféré. (Circ. int. 30 décembre 1843.)

Le maire procède ensuite comme en matière d'acquisitions ordinaires. Ainsi, il fait faire l'estimation du terrain à acquérir ; il en fait lever le plan, dans lequel doivent être indiqués les confronts, la situation et l'éloignement du terrain de l'enceinte des habitations, ledit plan certifié par un homme de l'art et visé par le maire ; enfin, il fait souscrire une promesse de vente par le propriétaire.

Dans le cas où le propriétaire du terrain désigné refuse de le céder à l'amiable, il y a lieu de procéder par voie d'expropriation pour cause d'utilité publique ; mais alors il faut produire, à l'appui du procès-verbal d'enquête, un certificat du maire et du commissaire enquêteur attestant qu'il n'existe sur le territoire aucun autre emplacement également convenable que le propriétaire consentirait à céder à la commune. (Circ. Int., 30 décembre 1843.)

Si une commune était dans l'impossibilité d'établir un cimetière sur son territoire, on pourrait l'autoriser à acquérir à cet effet un terrain situé dans une autre commune. Mais il est toujours nécessaire que le conseil municipal de cette dernière commune soit consulté et qu'une enquête soit ouverte à la mairie du lieu où doit se faire l'acquisition. (Décis. minist., *Bull. de l'Int.*, 1861, p. 256.)

Les formes à suivre pour l'acquisition des terrains nécessaires à l'agrandissement des cimetières sont également les mêmes que pour les acquisitions communales ordinaires, à la différence, toutefois, que le plan des lieux doit figurer le cimetière existant, ainsi que le terrain qu'il est question d'y ajouter, et indiquer exactement la contenance de l'un et de l'autre.

Les pièces à produire sont : 1° la délibération du conseil municipal ; 2° le procès-verbal d'expertise ; 3° la promesse de vente ; 4° le plan du terrain à acquérir ; 5° le plan du cimetière ; 6° un état certifié par le maire, indiquant le chiffre de la population de la commune, ou de la paroisse, et le nombre de décès survenus pendant chacune des cinq dernières années ; 7° le certificat du conservateur des hypothèques, relativement aux terrains à acquérir ; 8° la situation de la caisse municipale. — Voy. ACQUISITIONS, EXPROPRIATION. — *Dict. des formules*, nos 435-436.

Il est défendu d'élever sans autorisation aucune habitation et de creuser aucun puits, à moins de 100 mètres des cimetières transférés hors des communes. (D. 7 mars 1808, art. 1er.)

Les bâtiments existants ne peuvent être restaurés ni augmentés sans autorisation. Les puits peuvent, après visite contradictoire d'experts, être comblés en vertu d'un arrêté du préfet, sur la demande de la police locale. (Id., art. 2.)

Deux observations essentielles sont utiles à consigner ici : la première, c'est que le décret ci-dessus rapporté n'est applicable qu'aux cimetières transférés hors des communes, et qu'on ne saurait s'en prévaloir pour interdire aux propriétaires d'immeubles qui entourent un ancien cimetière le libre usage de leurs propriétés (Déc. min. 17 mars 1839). La seconde, c'est que lorsqu'une commune a transféré son cimetière à trente-cinq ou quarante mètres de son enceinte, en exécution de l'article 2 du décret du 23 prairial an XII, il ne serait ni juste ni d'ailleurs vraiment utile d'étendre les prohibitions prononcées par le décret du 7 mars 1808 sur un rayon de 100 mètres du côté des habitations, celles-ci devant, par le fait de la translation du cimetière à la distance légale être considérées comme exonérées de toute servitude. C'est donc seulement du côté des terrains non bâtis que doivent porter les prohibitions. (Circ. Int. 30 décembre 1843.)

Il a été jugé dans le même sens que les décisions par lesquelles un préfet et le ministre de l'intérieur, procédant à l'exécution d'un décret déclaratif d'utilité publique de la translation d'un cimetière, décret qui n'a été l'objet d'aucun recours de la part du requérant, ont refusé d'ordonner la suspension des travaux ainsi que l'éloignement du nouveau cimetière à la distance réglementaire de l'habitation du requérant, constituent des actes d'administration qui ne sont susceptibles d'aucun recours par voie contentieuse. (C. d'Et., arrêt 16 juin 1882.)

L'agrandissement d'un cimetière existant ne peut avoir lieu que lorsque le cimetière et le terrain qui doit y être réuni sont situés en dehors de la masse des habitations agglomérées de la commune, à plus de 35 mètres de ces habitations (Décret 23 prairial an XII). L'administration ne peut sans excéder ses pouvoirs autoriser l'agrandissement des cimetières qui se trouvent dans ces conditions. (Arr. C. d'Et., 16 avril 1880.)

Mais la prohibition d'agrandissement ne s'applique pas aux cimetières situés à plus de 35 mètres en dehors de l'enceinte des villes, villages et bourgs, alors même qu'il y aurait dans le voisinage des maisons d'habitation situées à moins de 35 mètres. (Arr. C. d'Et., 13 avril 1881.)

La contradiction qui semble exister entre la distance de 35 mètres fixée par le décret de prairial an XII, et celle de 100 mètres établie par le décret de 1808 est plus apparente que réelle. Le législateur, en effet, après avoir prescrit une distance de 35 à 40 mètres comme minimum d'éloignement d'une enceinte habitée, a pu, sans se contredire, afin de ménager la possibilité d'agrandir les nouveaux cimetières, déterminer un rayon plus étendu pour l'interdiction des constructions nouvelles qui en entourant le nouveau lieu de sépulture, auraient fait obstacle à son agrandissement.

L'arrêté ordonnant la translation, lorsqu'il a été pris après l'accomplissement des formalités prescrites par l'ordonnance du 6 décembre 1843, et que notamment le conseil municipal a été entendu tant sur la nécessité de la translation que sur le choix du nouvel emplacement, peut sans excès de pouvoir décider qu'à partir de l'ouverture du nouveau cimetière on ne pourra plus enterrer dans le cimetière actuel que les membres des familles possédant des concessions trentenaires ou à perpétuité sans que de nouvelles concessions puissent être accordées.

Mise en ferme, aliénation ou échange des cimetières supprimés — En règle générale, aussitôt que les nouveaux emplacements sont disposés à recevoir les inhumations, les cimetières existants sont fermés, et restent dans l'état où ils se trouvent sans qu'on en puisse faire usage pendant cinq ans. (D. 23 prairial an XII, art. 8.)

A partir de cette époque, ces terrains peuvent être affermés par les communes auxquelles ils appartiennent, mais à la condition qu'ils ne seront qu'ensemencés ou plantés, sans qu'il puisse y être fait aucune fouille ou fondation pour des constructions de bâtiment, jusqu'à ce qu'il en soit autrement ordonné. (Id., art. 9.)

Une disposition antérieure, celle de l'article 9 de la loi du 15 mai 1791, porte que les cimetières ne pourront être mis dans le commerce que dix ans après les dernières inhumations. C'est la règle ordinairement suivie par l'administration central en cette matière, d'après un avis du Conseil d'État du 13 nivôse an XIII, portant que les terrains qui ont servi aux inhumations peuvent être vendus ou échangés sous les conditions exprimées par les règlements, et à la charge par la police locale d'en surveiller soigneusement l'exécution.

Du reste, il doit être procédé pour la vente et l'échange des anciens cimetières comme en matière d'aliénation ou d'échange communaux. — Voy. ALIÉNATIONS, ÉCHANGES.

Clôture et entretien. — La clôture des cimetières est une charge obligatoire pour les communes. (L. 5 avril 1884, art 136, § 13.)

Lorsqu'une commune est dans le cas de faire procéder à des travaux de cette nature, le maire doit en faire dresser par un homme de l'art un devis estimatif et dresser lui-même le cahier des charges à imposer à l'entrepreneur. Il soumet le tout au conseil municipal qui, en l'adoptant, vote les fonds nécessaires au payement de la dépense. La délibération qui intervient est exécutoire par elle-même en vertu de l'article 61 de la loi du 5 avril 1884, si la dépense totalisée avec les dépenses de même nature pendant l'exercice courant ne dépasse pas les limites des ressources ordinaires et extraordinaires que la commune peut ouvrir sans autorisation spéciale. S'il en est autrement, la délibération doit, aux termes de l'article 68, paragraphe 3 de la loi précitée, être approuvée par le préfet. Les devis, cahier des charges ainsi que la délibération sont alors adressés au sous-préfet, qui les transmet au préfet avec son avis motivé, et le maire ne procède à l'adjudication des travaux qu'après l'approbation, conformément à l'article 114 de la loi précitée.

Quant aux dépenses de simple entretien, sous l'empire de la loi du 18 juillet 1837, la jurisprudence s'appuyant sur l'article 36, paragraphe 4 du décret du 30 décembre 1809, avait décidé qu'elles devaient être acquittées en première ligne par les fabriques et subsidiairement par les communes, mais la loi du 5 avril 1884, l'article 133, abrogeant les dispositions fiscales de l'article 34, paragraphe 4, du décret de 1809, les dépenses d'entretien cessent d'incomber aux fabriques et deviennent entièrement à la charge des communes. (Circ. int. 15 mai 1884.)

Produits spontanés. — L'article 36 du décret du 30 décembre 1809 attribuait à la fabrique le droit de recueillir à son profit les produits spontanés des cimetières, c'est-à-dire les arbres, arbustes et buissons qui ont crû spontanément sur le sol des cimetières, ainsi que les fruits et émondages de ces arbres. Cette disposition a été abrogée par l'article 133, § 4 de la loi du 5 mai 1884, qui attribue ces produits aux communes.

Concessions de terrains pour fondation de sépultures particulières. — Lorsque l'étendue des lieux consacrés aux inhumations le permet, il peut y être fait des concessions de terrains aux personnes qui désirent y posséder une place distincte et séparée pour y fonder leur sépulture et celle de leurs parents et successeurs, et y construire des caveaux, monuments ou tombeaux. (D. 23 prairial an XII, art. 10.)

Les cimetières communaux étant des propriétés publiques, les concessions qui y sont faites à des particuliers ne confèrent aux conces-sionnaires qu'un droit personnel et inaliénable; elles ne peuvent être non plus transmises au moyen d'une donation entre vifs. (Cour de Lyon, arrêt 4 février 1875.)

Les concessions sont divisés en trois classes : 1° concessions perpé-tuelles; 2° concessions trentenaires; 3° concessions temporaires.

Aucune concession ne peut avoir lieu qu'au moyen du versement d'un capital, dont deux tiers au profit de la commune et un tiers au profit des pauvres ou des établissements de bienfaisance. C'est au préfet qu'il appartient de répartir la part des pauvres et des établissements de bienfaisance dans le tiers réservé à leur profit sur le produit des concessions. (Décision ministérielle, 28 octobre 1874.) Il peut être consenti des concessions gratuites de terrains dans les cimetières à titre de reconnaissance publique pour les personnes qui, par des bienfaits envers la commune ou envers les pauvres, se sont montrées dignes de cet hommage rendu à leur mémoire. Les concessions de cette nature ne peuvent résulter que d'une délibération formelle du conseil municipal.

Les concessions trentenaires sont renouvelables indéfiniment à l'expi-ration de chaque période de trente ans, moyennant une nouvelle rede-vance qui ne peut dépasser le taux de la première.

A défaut du payement de cette nouvelle redevance, le terrain concédé fait retour à la commune, mais il ne peut cependant être repris par elle que deux années révolues après l'expiration de la période pour laquelle il a été concédé, et dans l'intervalle de ces deux années, les concession-naires ou leurs ayants cause peuvent user de leur droit de renouvelle-ment.

Les concessions temporaires sont faites pour quinze ans au plus et ne peuvent être renouvelées. (O. 6 décembre 1843, art. 3.)

Le terrain nécessaire aux séparations et passages établis autour des concessions doit être fourni par la commune. (Id., art. 4.)

Les concessionnaires n'ayant qu'un droit *sui generis* ne peuvent s'opposer à la translation reconnue nécessaire du cimetière. En cas de translation, ils n'ont que le droit d'obtenir, dans le nouveau cimetière, un emplacement égal en superficie au terrain qui leur avait été concédé, et les restes qui avaient été inhumés sont transportés aux frais de la commune. (Id., art. 5.)

Un tarif présentant des prix gradués pour les trois classes de con-cessions peut être réglé par délibération du conseil municipal après approbation du préfet, paragraphe 7 de la loi du 5 avril 1884. Il est plus rationnel de fixer le prix du terrain à tant le mètre que de forcer les familles à prendre une portion déterminée à l'avance. Bulletin intérieur 1858, décision ministérielle.) Il ne peut être perçu pour les concessions dans les cimetières des prix plus élevés des individus non domiciliés que des habitants. (Cir. préfet de la Seine, 26 juillet 1845.) — Voy. CONSEIL MUNICIPAL.

Une fois ce tarif arrêté, le maire peut, sans autre formalité, accorder les concessions qui lui sont demandées. Mais, dans les communes où il n'existe pas de tarif, le conseil municipal doit délibérer sur chaque de-mande de concession, et sa délibération être approuvée par le préfet.

En principe, la concession ne doit servir qu'à l'inhumation des pa-rents ou successeurs des concessionnaires. (D. du 23 prairial an XII, art. 10). Mais dans la pratique la loi est souvent interprétée d'une manière moins rigoureuse, et il est admis que le concessionnaire d'un terrain peut y faire inhumer, outre les membres de sa famille, des per-

sonnes auxquelles l'attachaient des liens d'affection et de reconnaissance. L'autorité locale ne serait donc fondée à intervenir que si les
concessionnaires abusaient de cette latitude dans un but de spéculation.
(Déc. minist. 1863, *Bulletin officiel int.* 1863, p. 289.)

Les matériaux provenant des tombes abandonnées à l'expiration des
concessions à temps limité reviennent aux communes. Toutefois, les
administrations municipales doivent mettre les familles en demeure, par
tous les moyens ordinaires de publicité, d'enlever ces matériaux ; elles
ne peuvent en prendre possession qu'après avis itératif et une année
révolue ; en outre, elles doivent en faire emploi pour l'entretien des
cimetières, sans pouvoir les vendre ni en disposer pour un autre usage.
(Cir. int. 30 décembre 1843.) — *Dict. des formules,* n°s 432, 433, 434.

Police. — Chaque particulier a le droit, sans besoin d'autorisation,
de faire placer sur la fosse de son parent ou de son ami une pierre
sépulcrale ou autre signe indicatif de sépulture. (D. 23 prairial an XII,
art. 12.) Toutefois, aucune inscription ne peut être placée sur les pierres tumulaires ou monuments funèbres sans avoir été préalablement
soumise à l'approbation du maire. (O. 6 décembre 1843, art. 6.)

La loi du 14 novembre 1881 a abrogé la disposition de l'article 15
du décret du 23 prairial an XII aux termes duquel dans les communes
où l'on professe plusieurs cultes, chaque culte devait avoir un lieu
d'inhumation particulier et dans le cas où il n'y avait qu'un seul
cimetière, on le partageait par des murs, haies ou fossés, en autant
de parties qu'il y avait de cultes différents, avec une entrée particulière
pour chacune, et en proportionnant cet espace au nombre d'habitants
de chaque culte. Désormais il ne doit y avoir dans les cimetières
aucune distinction entre les divers cultes.

Les lieux de sépulture, soit qu'ils appartiennent aux communes ou
aux particuliers, sont soumis à l'autorité, police et surveillance des
administrations municipales. (Id., art. 16.)

Les autorités locales sont spécialement chargées de maintenir l'exécution des lois et règlements qui prohibent les exhumations non autorisées, et d'empêcher qu'il ne se commette dans les lieux de sépulture
aucun désordre ou qu'on s'y permette aucun acte contraire au respect
dû à la mémoire des morts. (O. 6 décembre 1843, art. 17.) — Voy.
Fossoyeur, Inhumations. — *Dict. des formules,* n° 431.

Circonscriptions administratives. — La principale division
territoriale de la France est la division en 87 départements, subdivisés en 362 arrondissements, et ceux-ci, approximativement, en
35,815 communes. A ces divisions on a ajouté le canton, circonscription
à la fois judiciaire et administrative, ordinairement composée de plusieurs communes, quelquefois d'une seule, ou seulement d'une fraction
de commune. Les cantons sont au nombre de 2,838, et forment une circonscription intermédiaire entre l'arrondissement et la commune.

Mais, au point de vue de certains services, cette division fondamentale
était trop restreinte ; on a été conduit à créer des circonscriptions plus
considérables pour les provinces ecclésiastiques, pour les ressorts de
cours impériales, les divisions et même les subdivisions militaires, les
académies universitaires, etc.

Nous citerons encore, en ce qui concerne l'administration du culte
catholique, le diocèse, qui comprend ordinairement l'étendue d'un
département, quelquefois deux, ou seulement une fraction de départe-

ment ; la paroisse, qui correspond généralement à la commune, e qui comprend quelquefois plusieurs communes ; quelquefois aussi y a plusieurs paroisses dans la circonscription d'une commune. — Voy ADMINISTRATION, ARRONDISSEMENT, CANTON, COMMUNE, DÉPARTEMENT DIOCÈSE, ÉLECTIONS, PAROISSE, etc.

Citation. — Ce mot s'emploie dans le même sens qu'assignation Dans l'usage, il désigne plus spécialement l'acte notifié à la partie qu'on veut obliger à comparaître devant la justice de paix en matière civile ou devant un tribunal, soit de simple police, soit de police correction nelle.

Copie de la citation doit être laissée, lors de la notification, à la per sonne citée ; si elle ne se trouve pas à son domicile, ni personne pour elle, la copie doit être laissée au maire ou adjoint de la commune lequel vise l'original sans frais. (C. P., art. 4.)

Les citations pour contraventions en matière de simple police son faites à la requête du ministère public ou de la partie qui les réclame (C. I. C., art. 113.)

Pour les citations à comparaître devant les maires, prononçant comm juges de simple police, dans les matières dont la connaissance leur es attribuée, le ministère des huissiers n'est pas nécessaire. Elles peuven être faites, soit aux parties, soit aux témoins, par un avertissement d maire qui annonce au défendeur le fait dont il est inculpé, le jour e l'heure où il doit se présenter ; aux témoins, le moment où leur déposi tion sera reçue. (Id., art. 139, 140, 166, 169, 170.)

Les parties peuvent comparaître volontairement et sur un simpl avertissement, soit devant les juges de paix, en toutes matières, so devant les maires en matière de simple police, sans qu'il soit besoin d citation. C'est ce qui a lieu dans l'usage, lorsqu'elles se rendent à l lettre d'invitation que leur adresse le juge de paix avant de les citer L'avertissement préalable est facultatif. Une citation ne serait pa atteinte de nullité pour n'en avoir pas été précédée. — Voy. ASSIGNA TION, TRIBUNAL DE POLICE.

Clameur publique. — Cri public, manifestation quelconque d l'indignation publique à l'occasion d'un crime ou d'un délit, contre celu qui en est ou que l'on croit en être l'auteur.

Tout dépositaire de la force publique, et même toute personne es tenue de saisir le prévenu surpris en flagrant délit, ou poursuivi, soit pa la clameur publique, soit dans les cas assimilés au flagrant délit, et d le conduire devant le procureur de la République, sans qu'il soit besoi de mandat d'amener, si le crime ou délit emporte peine afflictive o infamante. (C. I. C., art. 106.)

Ceux qui, le pouvant, refusent de prêter le secours dont ils son requis dans le cas de flagrant délit, de clameur publique, etc., son punis d'une amende depuis 6 francs jusqu'à 10 francs inclusivement (C. P., art. 475, n° 12.)

Les gardes champêtres et les gardes forestiers, considérés comm officiers de police judiciaire, recherchent, chacun dans le territoir pour lequel ils sont assermentés, les délits et les contraventions de polic qui portent atteinte aux propriétés rurales et forestières. Ils arrêtent e conduisent devant le juge de paix, ou devant le maire, tout individ surpris en flagrant délit ou *dénoncé par la clameur publique*, lorsque c

délit emporte la peine d'emprisonnement ou une peine plus grave. Ils
se font donner, pour cet effet, main-forte par le maire ou par l'adjoint
au maire du lieu, qui ne peut s'y refuser. (C. I. C., art. 16.) — Voy.
ARRESTATIONS, FLAGRANT DÉLIT, GARDES CHAMPÊTRES, GENDARMERIE,
POLICE.

Claveau, Clavelée. — On appelle ainsi une fièvre inflammatoire
et contagieuse qui se répand sur les troupeaux de moutons. Il suffit,
pour qu'elle les attaque, qu'ils passent, par un temps sec, sur un chemin
traversé quelques jours auparavant par des brebis infectées de ce mal.
Les bergers et propriétaires de troupeaux claveleux doivent, sans délai,
dénoncer la maladie au maire de la commune, qui empêchera tout
contact du troupeau malade avec les troupeaux sains, et prendra les
mesures les plus propres à anéantir ou atténuer les ravages de la con-
tagion. — Voy. EPIZOOTIE, VICES RÉDHIBITOIRES.

Clefs (Fausses). — Sont qualifiées fausses clefs, tous crochets,
rossignols, passe-partout, clefs imitées, contrefaites, altérées, ou qui
n'ont pas été destinées par le propriétaire, locataire, aubergiste ou
logeur, aux serrures, cadenas ou aux fermetures quelconques auxquelles
le coupable les aura employées. (C. P., art. 398.)
    Quiconque aura contrefait ou altéré des clefs sera condamné à un
emprisonnement de trois mois à deux ans, et à une amende de 25 à
150 francs. Si le coupable est un serrurier de profession, il sera puni
de la réclusion. Le tout sans préjudice de plus forte peine, s'il y échet,
en cas de complicité de crime. (C. P., art. 399.)
    Les maires, pour prévenir l'abus dangereux qu'on peut faire de
fausses clefs, en les faisant servir à toutes autres serrures qu'à celles
pour lesquelles elles ont été faites, peuvent faire un règlement portant
défense à toutes personnes d'exposer en vente et débiter aucune clef
neuve ou vieille, séparément de sa serrure ; de travailler, forger ou
limer des clefs et des serrures hors des boutiques et ateliers à ce publiquement destinés. — *Dict. des formules,* nos 762, 763 et 764.

Cloaque. — Sorte de trou creusé en terre et destiné à recevoir les
eaux ménagères, celles des cours et maisons, les eaux à fumier, celles
qui s'écoulent des toits ou qui proviennent d'établissements industriels,
lorsqu'elles ne peuvent avoir d'écoulement.
    Le maire, dont la vigilance doit s'étendre à tout ce qui intéresse la sa-
lubrité publique, peut contraindre le propriétaire d'un cloaque, qui cau-
serait au voisinage des dommages ou une incommodité notable, à faire
toutes les réparations nécessaires pour remédier à ces inconvénients ; il
pourrait même, si les réparations étaient jugées insuffisantes, ordonner
la suppression du cloaque.
    Les maires peuvent, d'ailleurs, ne pas se borner en cette matière aux
mesures de répression. Ils peuvent, comme pour les fosses d'aisances,
prescrire à l'avance dans leurs arrêtés les précautions et les mesures de
salubrité nécessaires, quant à l'établissement, à l'entretien et au curage
des cloaques, fosses à eaux, puisards, etc. (L. 5 avril 1884, art. 97,
1er.) — Voy. FOSSES D'AISANCES.

Cloches. — L'article 100 de la loi du 5 avril 1884 consacre le principe déjà posé par l'ancienne législation et la jurisprudence que les cloches des églises sont spécialement affectées aux cérémonies du culte, mais que néanmoins elles peuvent être employées dans les cas de péril commun qui exigent un prompt secours et dans les circonstances où cet emploi est prescrit par des dispositions de lois ou règlements, ou autorisé par les usages locaux. La loi nouvelle précise ainsi le droit déjà reconnu du maire par l'ancienne législation. Puis, dans le troisième paragraphe de l'article 100, le législateur, pour prévenir toutes difficultés ultérieures décide que les sonneries religieuses et les sonneries civiles feront l'objet d'un règlement, concerté entre l'évêque et le préfet, ou entre le préfet et les consistoires, ou arrêté en cas de désaccord, par le ministre des cultes.

Les règlements relatifs aux sonneries religieuses étant déjà prévus par l'article 48 de la loi du 18 germinal an X sont faciles à retrouver et peuvent au besoin être refondus d'accord avec l'autorité diocésaine, sauf recours à la décision du ministre des cultes en cas de conflits. Un exemplaire type de ce règlement doit être adressé aux archives de l'administration des cultes et un autre envoyé au ministre de l'intérieur.

Il n'en est pas de même des règlements relatifs aux sonneries civiles; ces derniers sont entièrement à créer. Il faut déterminer d'une manière aussi exacte que possible les cas où les cloches peuvent être employées civilement en tenant compte des usages locaux, des lois et règlements. Le projet de règlement émanant du préfet doit être communiqué à l'autorité diocésaine. Si des difficultés s'élevaient, elles doivent être soumises au ministre des cultes qui les trancherait, en arrêtant définitivement le règlement projeté. (*Dict. des formules*, n° 437.)

Mais pour permettre au maire de faire procéder aux sonneries civiles sans avoir à exercer de réquisitions plus ou moins irritantes à l'égard du curé, l'article 101 de la loi du 5 avril 1884 décide qu'une clef du clocher sera déposée entre les mains du titulaire ecclésiastique, et une autre entre les mains du maire, qui ne pourra en faire usage que dans les circonstances prévues par les lois ou règlements.

Si l'entrée du clocher n'est pas indépendante de celle de l'église, une clef de la porte de l'église sera déposée entre les mains du maire. Les conflits entre l'autorité civile et l'autorité religieuse sont ainsi écartés dans la mesure du possible. Circ. int. 15 mai 1884.)

Le curé, comme gardien responsable de l'église et du clocher, en a seul les clefs. Toutefois, en cas de vacance de la cure ou succursale, les clefs doivent être déposées entre les mains du maire pour qu'il puisse subvenir aux accidents.

Les maires peuvent interdire, par un arrêté, la sonnerie des cloches pendant les orages et dresser, en cas de contravention, un procès-verbal, qui rendraient ceux qui l'auraient commise passibles des peines de police portées par l'article 471 du Code pénal. — *Dict. des formules*, n° 438.

C'est au conseil de fabrique qu'il appartient de prendre les mesures relatives à l'achat et au placement des cloches. Toutefois, ce conseil ne saurait en augmenter ou diminuer le nombre, ou en modifier le volume sans recourir à l'autorisation de l'évêque et du préfet. (Déc. min. 27 mai 1807.)

L'usage des cloches pour les cérémonies religieuses qui intéressent directement les particuliers, telle que les baptêmes, mariages, enterrements et services religieux, peut être soumis à des droits et oblations; mais ces droits, qui appartiennent à la fabrique, ne peuvent être perçus que lorsqu'ils ont été fixés par un règlement particulier à la paroisse, ou par le tarif du diocèse. (Décis. min. 29 mai 1806; D. 30 décembre 1809, art. 36.) — Voyez Fabrique.

Les maisons religieuses qui ont obtenu l'autorisation d'établir des oratoires ou chapelles particulières peuvent y placer des cloches; le règlement qu'elles désirent adopter pour la sonnerie de ces cloches doit être soumis à l'approbation du préfet, comme ceux relatifs à la sonnerie des cloches placées dans les églises publiques. (Av. Cons. d'État 28 août 1822.)

Clôture. — Tout propriétaire peut enclore son héritage de haies vives ou sèches, de fossés ou de murs.

L'existence d'une clôture autour d'une propriété modifie, dans certaines circonstances, la condition de cette propriété, quant à l'application des règles administratives. Ainsi, tout propriétaire qui veut se clore perd son droit au parcours et vaine pâture dans la proportion des terrains qu'il y soustrait. (C. civ., art. 648.) — Voy. Parcours et vaine pature.

C'est ainsi encore que, dans les possessions closes attenant à une habitation, le propriétaire peut chasser ou faire chasser en tout temps et sans permis de chasse. (L. 3 mai 1844, art. 2.) — Voy. Chasse.

Bris de clôture. — Quiconque, en tout ou en partie, comble des fossés, détruit des clôtures, de quelques matériaux qu'elles soient faites, coupe ou arrache des haies vives ou sèches, est puni d'un emprisonnement qui ne peut être au-dessous d'un mois ni excéder une année, et d'une amende égale au quart des restitutions et des dommages-intérêts, qui, dans aucun cas, ne peut être au-dessous de 50 francs. (C. P., art. 456.)

Tout voyageur qui déclôt un champ pour se frayer un passage dans sa route doit payer le dommage fait au propriétaire et de plus, une amende de la valeur de trois journées de travail, à moins que le juge de paix du canton ne décide que le chemin public était impraticable, et alors les dommages et les frais de clôture sont à la charge de la communauté. (L. 28 septembre-6 octobre 1791, titre II, art. 41.) — *Dict. des formules,* n° 440.

Clôture de terrain pouvant servir de refuge aux malveillants. — Toutes les fois qu'il existe un terrain ou bâtiment sans clôture, et qui peut servir de retraite aux malveillants, le magistrat de police a le droit de contraindre le propriétaire à le clore, et, en cas de refus, de le faire clore à ses frais. L'exécutoire des frais est délivré par le tribunal de police, sur le vu des procès-verbaux de sommation et autres subséquents. (L. 18 nivôse an XIII.) — *Dict. des formules,* n° 439.

Coalition. — Ce mot s'applique spécialement à un concert de mesures pratiqué par des maîtres ou des ouvriers entre eux pour faire baisser ou hausser le prix du travail, soit par des négociants pour exercer le même résultat sur le prix d'une marchandise.

Les coalitions de patrons ou d'ouvriers ayant pour but de porter atteintes à la liberté du travail constituent un délit prévu et puni par les article 414, 415, 416 du Code pénal, modifiés par la loi du 25 mai 1864.

Au terme de l'article 414, sera puni d'un emprisonnement de 6 jours à trois ans et d'une amende de 16 francs à 3,000 francs, ou de l'une de ces deux peines seulement, quiconque, à l'aide de violences, voies de fait, menaces ou manœuvres frauduleuses, aura amené ou maintenu, tenté d'amener ou de maintenir une cessation concertée de travail dans le but de forcer la hausse ou la baisse des salaires ou de porter atteinte au libre exercice de l'industrie ou du travail. (C. P., art. 414, modifié par la loi du 25 mai 1864.)

L'article 415 aggravait la peine et plaçait le condamné sous la surveillance de la haute police pendant un temps variant de 2 à 5 ans, lorsque les faits était commis à la suite d'un plan concerté.

Enfin l'article 416 punissait d'un emprisonnement de six jours à trois mois et d'une amende de 16 francs à 300 francs, ou de l'une de ces deux peines seulement, tous ouvriers, patrons et entrepreneurs d'ouvrage qui, à l'aide d'amendes, défenses, proscriptions, interdictions prononcées par suite d'un plan concerté, auront porté atteinte au libre exercice de l'industrie ou du travail. (C. P., art. 416 modifié.)

La loi du 10 mars 1884 sur les syndicats professionnels, en reconnaissant aux patrons et ouvriers le droit de former des syndicats pour se concerter sur toutes les questions intéressant leurs professions, et même de former des unions entre les professions, a formellement abrogé les articles 415 et 416, et en réalité a supprimé le délit de coalition. Cette loi ne laisse subsister que l'article 414 qui punit les violences, voies de fait ou manœuvres frauduleuses pour amener ou maintenir une cessation de travail. Le délit de coalition se trouve ainsi remplacé par le délit d'atteinte par voie de fait à la liberté du travail. — Voy. SYNDICATS PROFESSIONNELS.

Les dispositions de cette loi sont applicables aux propriétaires et fermiers, ainsi qu'aux moissonneurs, domestiques et ouvriers de la campagne.

Tout limité qu'il soit, ce délit d'atteinte à la liberté du travail peut encore donner lieu, à raison de l'influence qu'il exerce sur l'ordre public, à l'intervention des fonctionnaires chargés de maintenir cet ordre.

Les maires et les officiers de police sont donc appelés, en cas de voies de fait portant atteinte à la liberté du travail, non seulement à user de leur influence pour l'empêcher, et à en déférer, s'il y a lieu, les auteurs aux tribunaux, mais encore à prendre les mesures qui leur incombent pour assurer la tranquillité. Ils peuvent requérir la gendarmerie, faire arrêter les perturbateurs du repos public et les faire conduire à la maison d'arrêt, après avoir dressé procès-verbal des faits qui ont motivé leur arrestation.

Ce procès-verbal est transmis immédiatement au procureur de la République qui est chargé de la recherche et de la poursuite de tous les délits dont la connaissance appartient aux tribunaux de police correctionnelle ou aux cours d'assises. (C. d'inst. crim., art. 22.) — *Dict. des formules*, n° 441.

Quant à la coalition entre les principaux détenteurs d'une même denrée ou marchandise, elle est prévue et punie par les articles 419 et 420 du Code pénal. — Voy. GRAINS, MARCHANDISES, SUBSISTANCES.

Coalition de fonctionnaires. — Tout concert de mesures contraires aux lois, pratiqué soit par la réunion d'individus ou de corps dépositaires de quelque partie de l'autorité, soit par députation ou correspondance entre eux, est puni d'un emprisonnement de deux mois au moins et de six mois au plus, contre chaque coupable, qui peut de plus être condamné à l'interdiction des droits civiques, et de tout emploi public pendant dix ans au plus. (C. P., art. 123.)

S'il a été concerté des mesures contre l'exécution des lois ou contre les ordres du gouvernement, la peine est le banissement. Si ce concert a eu lieu entre les autorités civiles et les corps militaires ou leurs chefs, ceux qui en sont les auteurs ou provocateurs sont punis de la déportation ; les autres coupables sont bannis. (Id., art. 124.)

Dans le cas où ce concert a eu pour objet ou résultat un complot attentoire à la sûreté intérieure de l'Etat, les coupables sont punis de mort. (Id., art. 125.)

Sont coupables de forfaiture, et punis de la dégradation civique, les fonctionnaires publics qui ont, par délibération, arrêté de donner des démissions dont l'objet ou l'effet est d'empêcher ou de suspendre, soit l'administration de la justice, soit l'accomplissement d'un service quelconque. (Id., art. 126.)

Collectes. — Un arrêté du ministre de l'intérieur, du 5 prairial an II, autorise les bureaux de bienfaisance à faire, tous les trois mois, des collectes ou quêtes à domicile. Le produit de ces collectes doit être versé à la caisse du bureau, et employé à ses besoins, conformément aux lois.

Les receveurs sont autorisés à encaisser, sans titre préexistant, le produit des collectes, mais sous la condition d'en informer immédiatement le receveur des finances, et de justifier, comme titre de recette, des états certifiés par les maires. Un double de chaque état est transmis ensuite directement par le maire au sous-préfet, qui le fait parvenir sans aucun retard au receveur des finances. (Article 154, loi 5 avril 1884.)

Sauf les exceptions expressément autorisées par l'administration préfectorale, dans les formes et avec les conditions prescrites par les règlements, les bureaux de bienfaisance ont seuls qualité pour faire des collectes publiques, et, par conséquent, toutes personnes qui, sans mission officielle, se seraient occupées de pareilles quêtes, pourraient être considérées comme s'étant indûment ingérées dans le maniement des deniers des pauvres, et seraient tenues d'en rendre compte et d'en verser le produit à la caisse du bureau.

Il n'appartient pas à un bureau de bienfaisance de charger une commission de faire des collectes à domicile et d'en distribuer les produits en dehors de la comptabilité de l'établissement. Les commissaires ainsi nommés doivent être considérés comme des délégués auxiliaires du bureau, et les sommes recueillies et distribuées par eux doivent être rattachées en recette et en dépense à la comptabilité du receveur, suivant les règles ordinaires. Toute autre marche constituerait une gestion occulte qu'il est du devoir comme du droit du receveur de signaler. — Voy. Aumones, Bureau de bienfaisance, Gestion occulte, Quêtes.

Collège communal. — Etablissement public d'instruction secondaire fondé et entretenu par une commune et pouvant être subventionné par l'Etat. (L. 15 mars 1850, art. 72.)

Pour établir un collège communal, toute ville doit satisfaire aux conditions suivantes : fournir un local approprié à cet usage et en assurer l'entretien ; placer et entretenir dans ce local le mobilier nécessaire à la tenue des cours et à celle du pensionnat, si l'établissement doit recevoir des élèves internes ; garantir pour cinq ans au moins le traitement fixe du principal et des professeurs, lequel est considéré comme

26

dépense obligatoire de la commune, en cas d'insuffisance des revenus propres du collège, de la rétribution collégiale payée par les externes et des produits du pensionnat. (L. 15 mars 1850, art. 73.)

Les fonctionnaires des collèges communaux étant nommés par le ministre et non pas par le maire, ne sont pas considérés comme agents salariés de la commune et par suite sont éligibles au conseil municipal et aux fonctions de maire alors même que les dépenses de leur traitement seraient supportées par la ville et figureraient à son budget. (C. d'Et., arr. 24 mai 1878, Bayeux.) Il n'y a d'exception à ce principe que pour le principal, dans le cas où la commune pourvoyant entièrement aux dépenses, il se serait engagé à percevoir la rétribution payée par les élèves et à la verser à des époques fixes à la caisse municipale après en avoir tenu registre exact, car dans ce cas il est considéré à juste titre comme comptable des deniers communaux. (Cass., 2 janvier 1837.)

Les fonctionnaires des collèges communaux sont : le principal, chargé de l'administration de l'établissement ; les régents, parmi lesquels se trouvent généralement compris l'aumônier et les maîtres d'études.

Toute ville peut mettre en régie ou au compte du principal, par convention formelle, l'administration de son collège, sous l'approbation du ministre.

Dans le premier cas, les bénéfices obtenus sur la gestion du pensionnat, ainsi que le produit de la rétribution collégiale payée par les élèves externes, sont versés dans la caisse municipale, et viennent en déduction de la dépense votée pour les traitements des fonctionnaires. Ces traitements sont garantis indépendamment de toutes les chances que peut offrir l'administration économique de l'établissement.

Dans le second cas, le collège est au compte du principal, qui l'administre à ses risques et périls moyennant une subvention communale.

Les communes sont tenues de tous frais d'établissement, d'entretien et de réparation des bâtiments et du mobilier de leurs collèges.

Près de chaque collège est établi un bureau d'administration désigné par le recteur, et dont les fonctions embrassent l'administration, la discipline et la comptabilité de l'établissement. Le bureau arrête chaque année le compte des recettes et des dépenses, et invite l'administration communale à ajouter aux ressources du collège, lorsqu'elles sont insuffisantes. Il dresse le budget, qui est arrêté par le conseil municipal et transmis ensuite par l'intermédiaire du recteur d'académie au ministre de l'instruction publique, pour être approuvé.

Les communes qui veulent obtenir une allocation sur le fonds de subvention inscrit annuellement au budget pour encouragement aux collèges communaux doivent justifier de l'insuffisance de leurs ressources, en produisant : 1° leur budget de l'exercice courant ; 2° un certificat du receveur de l'arrondissement constatant la situation financière de la commune, ses placements au Trésor, etc. Chaque demande doit, en outre, être accompagnée : 1° d'une délibération du bureau d'administration et d'une délibération du conseil municipal, indiquant l'objet et la quotité de l'allocation demandée ; 2° d'un inventaire du mobilier usuel et scientifique ; 3° d'un plan des bâtiments et des devis des travaux que la commune se proposerait de faire pour suffire aux besoins de l'enseignement. Les demandes d'allocation, instruites comme il est dit ci-dessus, sont transmises, avec un avis motivé, par les recteurs des académies au ministre, qui statue en conseil supérieur. (Arrêté min. 14 novembre 1845.)

Les dons et legs faits aux collèges communaux doivent être acceptés.

non par les maires des communes, mais par les administrateurs de ces collèges. (Avis Cons. d'Etat, 28 novembre 1835.)

Colonies. — Au point de vue de l'administration municipale, le territoire des colonies de la Martinique, de la Guadeloupe et de la Réunion est divisé en communes, qui sont régies par les dispositions de la loi du 5 avril 1884. (Art. 165.)

Les attributions confiées au ministre de l'intérieur et aux préfets sont dévolues au gouverneur.

Celles conférées aux préfets et aux sous-préfets, sont remplies par le directeur de l'intérieur.

Les attributions conférées au conseil de préfecture en matière de réclamation électorale et de démission de conseillers sont exercées par le conseil du contentieux administratif. Les autres attributions du conseil de préfecture sont conférées au conseil privé, et les attributions de la Cour des comptes sont exercées par le conseil privé sauf recours à la Cours des comptes.

Un conseil général, nommé moitié par le gouverneur, moitié par les membres des conseils municipaux, est formé dans chacune des trois colonies.

Les budgets municipaux sont réglés par les gouverneurs, après avoir été soumis à l'examen et aux délibérations des conseils généraux.

Le régime municipal en Algérie est le même, à quelques exceptions près, que celui des communes de France. — Voy. ALGÉRIE.

Colporteurs. — On désigne sous ce nom les petits marchands qui circulent dans les villes et campagnes, portant avec eux leurs marchandises, les criant dans les rues ou allant les offrir de maison en maison. Ce nom s'applique particulièrement à ceux qui colportent des livres, des dessins, gravures, images, etc.

Colporteurs marchands forains. — En principe, le colportage des marchandises est libre comme tout autre genre de négoce, sauf l'obligation pour le colporteur de se pourvoir d'une patente et de se conformer aux règlements de police faits ou à faire. (L. 2 mars 1791, art. 4.) — Voy. CONTRIBUTIONS DIRECTES.

Cependant une foule d'abus, de fraudes et de délits pouvant être commis à l'aide du colportage, cette industrie nécessite de la part de l'administration une surveillance incessante dans l'intérêt du commerce et de la sûreté publique.

Les maires sont chargés par la loi d'exercer cette surveillance, principalement nécessaire dans les communes rurales. Ils doivent s'assurer si les colporteurs sont pourvus de la patente relative à leur commerce; s'ils sont munis, suivant les circonstances, des autorisations nécessaires, et s'ils remplissent les conditions imposées pour le colportage de certaines marchandises; enfin, et c'est peut-être le point le plus grave de la mission de l'autorité municipale à cet égard, si le colportage déclaré ne couvre point un commerce secret d'objets prohibés, contraires aux mœurs ou à la sûreté publique.

A cet effet, ils peuvent exiger l'ouverture des balles et paquets de marchandises des colporteurs. Si cette exhibition amenait la découverte d'articles prohibés, ces articles pourraient être immédiatement saisis et séquestrés jusqu'à ce qu'il fût prononcé conformément à la loi. — Voy. BROCANTEURS, MARCHANDS FORAINS.

Le colportage du tabac est formellement interdit : les contrevenants, qu'ils soient ou non surpris à le vendre, doivent être arrêtés, constitués prisonniers, et condamnés à une amende de 300 francs à 1,000 fr., indépendamment de la confiscation des tabacs saisis, de celle des ustensiles servant à la vente et de celle des moyens de transport. (L. 28 avril 1816, art. 222.)

On ne peut non plus se livrer au colportage des cartes à jouer sans y être autorisé par la régie sous peine de confiscation, d'une amende de 1,000 francs à 3,000 francs et d'un mois d'emprisonnement ; en cas de récidive, l'amende est toujours de 3,000 francs. (L. 28 avril 1816, art. 166.) — Voy. CARTES A JOUER.

Pour colporter des boissons il faut une licence de marchand en gros.

Le colportage des bijoux et autres matières d'or et d'argent est soumis à des règles particulières. — Voy. MATIÈRES D'OR ET D'ARGENT.

Colporteurs de livres, journaux, etc. — Quiconque veut exercer la profession de colporteur ou de distributeur sur la voie publique, ou tout autre lieu public ou privé, de livres, écrits, brochures, journaux, dessins, gravures, lithographies et photographies, est tenu d'en faire la déclaration à la préfecture du département où il a son domicile. Toutefois en ce qui concerne les journaux et autres feuilles périodiques, la déclaration peut être faite, soit à la mairie de la commune dans laquelle doit se faire la distribution, soit à la sous-préfecture. Dans ce dernier cas la déclaration produira son effet pour toutes les communes de l'arrondissement (Loi du 29 juillet 1881, art. 18.)

Cette loi abroge toutes les dispositions des lois, décrets, ordonnances ou règlements antérieurs. L'estampille est supprimée et la simple déclaration dont nous venons de parler est substituée au régime de l'autorisation préalable. De plus la législation sur le colportage est unifiée et s'applique indistinctement à tous les colporteurs ou distributeurs, soit de livres, soit de journaux, soit de toute autre espèce d'écrits ou dessins.

La déclaration doit contenir les nom, prénoms, profession, domicile, âge et lieu de naissance du déclarant. Cette déclaration est faite sur papier libre. Il est délivré immédiatement et sans frais frais au déclarant récépissé de sa déclaration (art. 19).

Désormais celui qui fait la déclaration n'a plus à justifier qu'il est Français et qu'il n'a pas encouru une condamnation pouvant entraîner privation des droits civils et politiques ; il n'a aucune pièce justificative à produire à l'appui de sa déclaration et dès lors il ne peut plus y avoir aucun motif, aucun prétexte de lui refuser la délivrance immédiate, du récépissé de sa déclaration. Le catalogue est également supprimé. Les seules contraventions maintenues sont l'absence de déclaration préalable, la fausseté de la déclaration, le défaut de présentation du récépissé à toute réquisition. (Circul. int., 1er août 1881).

Ces contraventions sont constatées par des procès-verbaux transmis aux parquets.

Les contrevenants seront punis d'une amende de 5 à 15 francs et peuvent l'être en outre d'un emprisonnement de un à cinq jours. En cas de récidive, de déclaration mensongère ou de déclaration faite par un individu incapable, l'emprisonnement est nécessairement prononcé. L'article 463 du Code peut être appliqué. (L. 29 juillet 1881, art. 21.)

De plus les colporteurs et distributeurs peuvent en outre être poursuivis conformément au droit commun s'ils ont sciemment colporté ou
distribué des livres, écrits, etc., présentant un caractère délictueux. (L.
29 juillet 1881, art. 22.)

La distribution et le colportage accidentels ne sont assujettis à aucune
déclaration. (Loi, 29 juillet 1881, art. 2.) Dans l'esprit du législateur, le
colportage et la distribution sont accidentels toutes les fois qu'ils sont
pratiqués par des personnes qui n'en font pas leur profession habituelle.
— Voy. CRIEURS PUBLICS. — *Dict. des formules*, nᵒˢ 442 à 446.

Comestibles.

Comestibles. — Les maires et les commissaires de police ont la
faculté de faire constater la salubrité des comestibles par les gens de
l'art, et de faire saisir ceux qui seraient gâtés, corrompus ou nuisibles ;
sur le procès-verbal par eux dressé, les délinquants traduits devant le
tribunal de police sont condamnés à une amende.

L'article 471 du Code pénal punit d'une amende de 1 à 5 francs les
infractions aux règlements que les maires peuvent prendre, conformément aux lois des 5 avril 1884, article 97, § 5 et 19-22 juillet 1791 pour
assurer l'inspection sur la salubrité et la fidélité du débit des marchandises. En cas de récidive, il y a lieu, en outre, à un emprisonnement
de 3 jours au plus.

Les contraventions peuvent, en outre, tomber sous l'application de
la loi du 27 mars 1851, tendant à la répression des fraudes qui vicient
la fabrication et le débit des substances alimentaires ou médicamenteuses. — Voy. DENRÉES ALIMENTAIRES. — *Dict. des formules*, nᵒ 447.

Comices agricoles.

Comices agricoles. — Associations libres de propriétaires, agro-
nomes et cultivateurs, qui ont pour but de recueillir et de propager la
connaissance des travaux, des découvertes, des essais, des perfectionnements tendant à améliorer les systèmes de culture.

Les comices sont des institutions libres, sous la seule condition de
l'approbation de leurs statuts par le préfet.

Il peut y avoir un ou plusieurs comices agricoles dans chaque arrondissement. (L. 20 mars 1851, art. 1ᵉʳ.)

Ont le droit de faire partie du comice, en se conformant au règlement,
les propriétaires, fermiers, colons et leurs enfants, âgés de vingt et un
ans, domiciliés ou ayant leurs propriétés dans la circonscription du
comice.

Les comices peuvent, en outre, admettre par des délibérations spéciales, prises à la majorité des deux tiers des votants, les personnes
qui ne remplissent pas les conditions prescrites par le paragraphe précédent, jusqu'à concurrence du dixième du nombre de leurs membres.

Le règlement constitutif de chaque comice doit être soumis à l'approbation du préfet. (Id., art. 2.)

Sur la proposition du préfet, le conseil général du département fixe
la circonscription des comices. (Id., art. 4.)

Les comices correspondent avec les chambres consultatives d'agriculture. Ils sont particulièrement chargés des intérêts agricoles pratiques, du jugement des concours, de la distribution des primes ou
autres récompenses, dans leurs circonscriptions. (Id., art. 5.)

Leur budget se compose des cotisations des membres et des subventions qui leur sont allouées par le ministre de l'agriculture, du com-

merce et des travaux publics. C'est devant les tribunaux civils que doivent être portées les contestations relatives au versement des cotisations annuelles. (Cassation, 30 janvier 1878.)— Voy. AGRICULTURE, CHAMBRES CONSULTATIVES. — Dict. des formules, n° 447 bis.

Comité consultatif des arts et manufactures. — Ce comité est établi auprès du ministère de l'agriculture, du commerce et des travaux publics, et c'est au ministre de ce département qu'il appartient de communiquer au comité les affaires dont il doit s'occuper.

Entre autres attributions, ce comité est appelé à donner son avis sur les demandes en autorisation formées par les villes qui veulent établir des abattoirs, ou sur les projets des établissements insalubres, dangereux ou incommodes, lorsque les décisions des préfets sur ces projets donnent lieu à des recours de la part des intéressés. — Voy. ABATTOIRS, CHAMBRE CONSULTATIVE DES ARTS ET MANUFACTURES, ÉTABLISSEMENTS INSALUBRES.

Comité secret. — L'article 54 de la loi municipale du 5 avril 1884, tout en déclarant que les séances des conseils municipaux sont publiques, établit néanmoins que, sur la demande de trois des membres ou du maire, le conseil par assis et levé et sans débats, peut décider qu'il se forme en conseil secret.

Comité d'hygiène. — Un comité consultatif d'hygiène publique est institué près du ministère de l'agriculture et du commerce. Ce comité est chargé de l'étude et de l'examen de toutes les questions qui lui sont renvoyées par le ministre spécialement en ce qui concerne :

Les quarantaines et les services qui s'y rattachent ;

Les mesures à prendre pour prévenir et combattre les épidémies et pour améliorer les conditions sanitaires des populations manufacturières et agricoles ;

La propagation de la vaccine ;

L'amélioration des établissements thermaux et le moyen d'en rendre l'usage de plus en plus accessible aux malades pauvres ou peu aisés ;

Les titres des candidats aux places de médecins inspecteurs des eaux minérales ;

L'institution et l'organisation des conseils et commissions de salubrité ;

Le police médicale et pharmaceutique ;

La salubrité des ateliers et des logements, manufactures et usines ;

Le régime des eaux au point de vue de la salubrité.

De plus, le comité indique au ministre les questions à soumettre à l'Académie de médecine.

Ce comité a été réorganisé par le décret du 1er octobre 1884.

Les membres de ce comité ne peuvent faire partis d'aucun autre conseil ou commissaire d'hygiène de département ou d'arrondissement. Voy. CONSEIL ET COMMISSIONS D'HYGIÈNE.

Command (Déclaration de). — La déclaration de command est la faculté accordée à un adjudicataire par procuration de faire connaître, dans un délai déterminé, la personne pour laquelle il était chargé de faire l'acquisition.

Sont soumises au droit fixe de 3 francs les déclarations ou élections de command d'ami, lorsque la faculté d'élire un command a été réservée dans l'acte d'adjudication ou le contrat de vente, et que la déclararation est faite par acte public et notifiée dans les vingt-quatre heures de l'adjudication ou du contrat. — Voy. ADJUDICATION.

Commerce. — La loi du 2-17 mars 1791, qui a aboli les maîtrises, jurandes et corporations, porte (art. 7): « Il sera libre à toute personne de faire tel négoce ou d'exercer telle profession, art ou métier qu'elle trouvera bon ; mais elle sera tenue de se pourvoir auparavant d'une patente, d'en acquitter le prix suivant les taux déterminés, et de se conformer aux règlements de police qui sont et pourront être faits. »

Toutefois, l'administration a dû apporter au principe de la liberté, inscrit dans la loi, les restrictions que commande l'ordre général de la société.

L'action de l'autorité municipale s'étend à toutes les différentes branches de commerce. Parmi les objets que la loi confie à la vigilance des maires se trouvent notamment : le maintien du bon ordre dans les halles, foires et marchés ; l'inspection sur la fidélité du débit des denrées et marchandises qui se vendent au poids, au mètre ou à la mesure, et sur la salubrité des comestibles exposés en vente. (L. 5 avril 1884, art. 97.)

Il appartient aux maires de faire, à cet effet, tous règlements de police nécessaires, dans la limite de leurs attributions ; de constater, par des procès-verbaux, les délits et contraventions, et d'en traduire les auteurs devant les tribunaux compétents.— Voy. ACCAPAREMENT, ARMES, CABARETS ET CAFÉS, COLPORTAGE, ÉPIZOOTIE, FOIRES, HALLES ET MARCHÉS, IMPRIMERIE, LIBRAIRIE, MATIÈRES D'OR ET D'ARGENT, POIDS ET MESURES, PHARMACIE, POUDRES, SUBSTANCES ET DENRÉES ALIMENTAIRES, VICES RÉDHIBITOIRES, etc.

Commissaires de police. — Agents du pouvoir exécutif particulièrement chargés de veiller au maintien de l'ordre public.

Organisation des commissariats de police. — Aux termes de la loi du 28 pluviôse an VIII, il doit y avoir, dans les villes de 5,000 à 10,000 habitants, un commissaire de police, et dans les villes dont la population excède 10,000 habitants, un commissaire de police de plus par 10,000 habitants d'excédent. De plus, le ministre de l'intérieur est autorisé à établir un commissariat de police dans tout canton où il n'en existe pas et où il est jugé nécessaire.

Dans les villes où il existe plusieurs cantons et plus d'un commissaire de police, la juridiction de chacun de ces fonctionnaires s'étend à toutes les communes de ces cantons ; mais le préfet peut, dans l'intérêt du service, déterminer les limites de la circonscription placée spécialement sous la surveillance de chacun d'eux. (D. 29 janvier 1853, art. 2.)

Dans les localités dont le service exige le concours simultané de plusieurs commissaires de police, des commissaires centraux ont été institués de manière à imprimer au service de la police une direction unique, sans déplacer ni affaiblir l'action incessante que doit avoir sur lui l'administration. (D. 22 mars 1854; Circ. int., 2 avril 1854.)

Nomination, serment, incompatibilités. — Les commissaires de police des villes de 6,000 âmes et au-dessous sont nommés par les préfets, à la suite d'examen dont les conditions sont déterminées par l'arrêté du 18 mai 1879, annexé à la circulaire du 10 mai même année. La révocation, pour être définitive, doit être approuvée par le ministre de l'intérieur.

Ceux des villes de plus de 6,000 âmes sont nommés par le Président de la République, sur la proposition du ministre de l'intérieur. (Décret 28 mars 1852, art. 6.)

Les commissaires de police doivent prêter le serment politique et le serment professionnel entre les mains du préfet ou, en cas d'empêchement, entre celles du sous-préfet de l'arrondissement de leur résidence. (Circ. int., 14 décembre 1854.)

Ils ne peuvent être ni maires, ni adjoints, ni conseillers municipaux. (L. 5 avril 1884.) Ils ne peuvent non plus joindre à leurs fonctions celle de secrétaire de mairie. (Déc. min., 17 mai 1854.)

Les commissaires de police sont installés par les maires. L'accomplissement de cette formalité est constatée par un procès-verbal, dont copie est adressée au sous-préfet.

Traitement. — Les commissaires de police sont répartis en cinq classes, dont les traitements sont fixés par un règlement d'administration publique. Ils peuvent recevoir des frais de bureau, qui varient du dixième au cinquième de leur traitement. (D. 28 mars 1852, art. 5.)

Un décret impérial du 27 février 1855, modifié par un décret du 3 juillet 1883 a réglé, ainsi qu'il suit, le traitement et les frais de bureau attribués à chacune de ces classes :

	Traitement.	Frais de bureau.	Total.
1re classe......	4,000 fr.	800 fr.	4,000 fr.
2e —	3,000	600	3,600
3e —	2,000	400	2,400
4e —	1,500	300	1,800
5e —	1,500	300	1,000

Le traitement des commissaires spéciaux de police et des commissaires centraux de classe exceptionnelle reste fixé à 6,000 francs et celui des commissaires spéciaux hors classe à 7,500.

La répartition entre ces cinq classes des commissaires créés ou à créer est réglée par des décrets, dans les limites déterminées par le décret précité du 27 février 1855.

Les traitements et frais de bureau des commissaires de police constituent une dépense obligatoire, et, en cas de refus des communes, le préfet aurait le droit d'y pourvoir, conformément à l'article 39 de la loi du 5 avril 1884.

Quand le ressort d'un commissaire de police comprend la totalité ou une partie des communes d'un canton, le préfet, en conseil de préfecture, répartit la dépense entre les communes auxquelles leurs ressources permettent d'y faire participer.

Seulement, le chef-lieu de canton qui n'est pas pourvu de commissariat de police, ou la commune dans laquelle est établie la résidence d'un commissaire cantonal, sont tenus de contribuer au traitement et aux frais de bureau de ce fonctionnaire au moyen d'un contingent qui ne peut être moindre de 300 francs, pour les communes dont la popu lation est au-dessous de 1,500 habitants; de 500 francs, pour les communes de 1,500 à 3,000 habitants; et de 600 francs, pour les communes de 3,000 à 5,000 habitants. (D. 28 mars 1852, art. 8.)

L'arrêté ministériel du 10 septembre 1870, qui a supprimé les commissaires de police cantonaux, n'a pu avoir pour effet que d'exonérer les communes autres que le chef-lieu de l'obligation de contribuer au traitement pour une fraction proportionnelle arbitrée par le préfet. Mais un certain nombre de communes n'ayant pas usé de cette faculté, et ayant jugé de leur intérêt de s'assurer, par un sacrifice modéré, la continuation des avantages que leur assurait l'ancien état de choses, leurs contingents, bien que facultatifs, doivent toujours être versés dans la caisse du trésorier-payeur général ou du receveur particulier, comme l'étaient les contingents obligatoires. (Circ. int. 8 mai 1875.)

Ces contingents, réunis à ceux des autres communes rangées dans le ressort du commissaire de police, sont centralisés à la trésorerie générale à titre de cotisations municipales. (Circ. int., 19 mars 1853.)

Les traitements sont payés, en conséquence, sur mandats du préfet. Toutefois, les villes qui pourvoient seules aux traitements et frais de bureau des commissaires de police, sans recevoir, pour ce service, aucune subvention de l'Etat, peuvent acquitter directement la dépense entre les mains des ayants droit. — Voy. COTISATIONS MUNICIPALES, POLICE.

Attributions. — Les commissaires de police exercent à la fois des fonctions dans l'ordre administratif et dans l'ordre judiciaire.

Dans l'ordre administratif, ils concourent, sous l'autorité des maires, à tous les objets de police confiés à la vigilance de ces magistrats, c'est-à-dire aux mesures d'administration qui peuvent concerner les constructions, alignements et démolitions sur la voie publique ; les édifices menaçant ruine ; les dépôts de matériaux; la salubrité et la propreté de la voie publique ; la sûreté, la commodité et la tranquillité publiques ; les incendies, les épidémies, les épizooties, la tenue des lieux ouverts au public, des auberges, cabarets et cafés ; la boucherie; la boulangerie; la tenue des foires et marchés; la fidélité du débit et l'inspection des comestibles.

Les commissaires de police ne sont, à ce point de vue de leurs fonctions, que les délégués du pouvoir municipal. Il ne leur appartient, en aucune manière, de prendre des arrêtés ou de faire des proclamations pour l'exécution des lois.

Les commissaires de police peuvent, au besoin, requérir les gardes champêtres et les gardes forestiers de leur circonscription. Ces gardes doivent les informer de tout ce qui intéresse la tranquillité publique. (D. 28 mars 1852, art. 3.)

Toutefois, dans les cas ordinaires, les gardes forestiers ne doivent pas être employés à un service de police étranger à leurs fonctions, et les commissaires de police doivent recourir à l'intermédiaire des gardes généraux pour les communications qu'ils ont à leur faire parvenir. (Circ. Direct. gén. des forêts, 12 novembre 1853.)

Les commissaires de police sont tenus de faire une visite, chaque trimestre, dans toutes les communes soumises à leur juridiction, et de consigner leurs observations sur des feuilles de tournées établies d'après un modèle uniforme. Les préfets peuvent prescrire que ces tournées auront lieu tous les deux mois dans les cantons dont le chef-lieu est trop peu considérable pour que les déplacements des commis saires de police y offrent des inconvénients. (Circ. int., 28 février et 20 août 1856.)

Dans l'ordre judiciaire, les fonctions que les commissaires de police remplissent sont de deux sortes : ils concourent à la police judiciaire et sont officiers du ministère public près les tribunaux de simple police.

On divise en deux classes leurs fonctions de police judiciaire : les unes leur sont attribuées directement par la loi, ce sont celles qui concernent la constatation des contraventions de police et de certains faits spéciaux ; les autres leur sont dévolues en leur qualité d'auxiliaires de procureur de la République ; ce sont celles qui concernent la constatation des crimes et délits.

Comme officiers de police judiciaire, les commissaires de police sont chargés de rechercher les contraventions de police, même celles qui sont sous la surveillance spéciale des gardes forestiers et des gardes champêtres ; ils ont, en outre, le devoir de recevoir les rapports, dénonciations et plaintes relatifs aux contraventions de police.

Outre cette attribution générale donnée aux commissaires de police pour constater les contraventions de police, ils ont reçu des lois spéciales la mission de rechercher et de constater les délits commis contre la police générale de la pêche ; les contraventions en matière de grande voirie, telles qu'anticipations, dépôts de fumier ou d'autres objets et toute espèce de détériorations commises sur les grandes routes, sur les arbres qui les bordent, sur les fossés, ouvrages d'art et matériaux destinés à leur entretien, sur les canaux, fleuves et rivières navigables, leurs chemins de halage, francs-bords, fossés et ouvrages d'art ; les contraventions à l'arrêté du 27 floréal an X sur les bourses de commerce ; les contraventions aux ordonnances et décrets sur la police des diligences et autres voitures publiques ; les contraventions à la police de l'imprimerie et de la librairie ; la vente illicite, le colportage, la circulation illégale du tabac et des cartes à jouer. Ils doivent procéder à la saisie de ces objets, à celle des ustensiles et mécaniques prohibés ; des chevaux et voitures, bateaux et autres objets servant au transport, et constituer prisonniers les fraudeurs et colporteurs.

Ils sont, de plus, chargés d'arrêter les individus qui voyagent sans papiers.

Enfin, ils doivent veiller à ce que les poids et mesures réguliers soient seuls employés dans le commerce ; ils sont tenus d'assister les inspecteurs dans l'exercice de leurs fonctions, et d'obtempérer à leurs réquisitions pour les visites et la rédaction des procès-verbaux de contravention.

Comme auxiliaires du procureur de la République, les commissaires de police sont appelés à recevoir les dénonciations des crimes et délits commis dans les lieux où ils exercent leurs fonctions. En outre, dans le cas de flagrant délit ou dans le cas de réquisition de la part d'un chef de maison, ils ont le droit de dresser des procès-verbaux, recevoir les déclarations des témoins, faire les visites et tous les actes qui sont dans les mêmes circonstances de la compétence des procureurs de la République.

Les commissaires de police, comme les autres auxiliaires du procureur de la République, doivent avoir le soin d'adresser, sans aucun retard, à ce magistrat, les dénonciations, procès-verbaux et autres actes faits par eux dans les cas de leur compétence.

Les commissaires de police exercent, en outre, comme nous l'avons déjà dit, une autre fonction dans l'ordre judiciaire. Le commissaire de police du lieu où siège le tribunal de justice de paix, comme juge de simple police, remplit près ce tribunal les fonctions du ministère public. S'il y a dans le lieu où siège le tribunal plusieurs commissaires de police, le procureur général près la cour d'appel nomme celui ou ceux d'entre eux qui feront le service. En cas d'empêchement du commissaire de police, ou s'il n'y en a pas, ces fonctions sont remplies par le maire de la commune, qui peut se faire remplacer par son adjoint.

Procès-verbaux.—Les procès-verbaux des commissaires de police ne sont soumis à aucune forme spéciale; ces fonctionnaires y consignent la nature et les circonstances des contraventions, le temps et le lieu où elles ont été commises; les preuves ou indices à la charge de ceux qui en sont présumés coupables. (C. I. C., art. 11.

Les énonciations ne sont pas prescrites à peine de nullité; et si leur omission peut laisser des doutes sur l'exactitude des faits signalés par le procès-verbal et affaiblir ainsi la foi qui lui est due, elle n'entraîne pas cependant son annulation. Ainsi, le procès-verbal ne peut être annulé sous le prétexte qu'il ne désigne pas l'heure à laquelle la contravention a été commise, ou que le prévenu n'a pas été appelé à sa rédaction, et que ses dires n'y ont pas été insérés.

Ces procès-verbaux dressés par les commissaires de police ne sont pas soumis à la formalité de l'affirmation.

Ces procès-verbaux ne sont pas crus jusqu'à inscription de faux, comme ceux des agents forestiers, des agents des contributions indirectes; mais ils font foi, jusqu'à preuve contraire, des faits matériels que le rédacteur du procès-verbal a reconnus.—*Dict. des formules, Suppl.*, nos 448 à 455.

Subordination. — Considérés comme agents de l'administration, les commissaires de police exercent leurs fonctions sous l'autorité immédiate des maires; mais ils sont plus particulièrement soumis aux administrateurs d'un ordre supérieur. C'est à la préfecture ou à la sous-préfecture que se centralise tout ce qui se rattache à la surveillance administrative et politique du département et des arrondissements.

Comme officiers de police judiciaire, ils sont placés sous la surveillance du procureur général.

S'ils sont prévenus de crimes ou délits commis, dans l'exercice de leurs fonctions de police judiciaire, il est procédé contre eux, avec les garanties déterminées par les articles 479, 483 et suivants du Code d'instruction criminelle.

Les commissaires de police sont compris, quant à la répression des outrages et des violences dont ils peuvent être l'objet dans l'exercice de leurs fonctions ou à l'occasion de cet exercice, dans la qualification générale de magistrats de l'ordre administratif ou judiciaire.

Costume. — Le costume des commissaires de police a fait l'objet d'un décret rendu à la date du 31 août 1852. Il convient que les commissaires de police en soient revêtus lorsqu'ils sont dans l'exercice de leurs fonctions; mais l'absence du costume n'empêcherait pas qu'ils pussent constater valablement une contravention. (Cass., 6 juin 1807, 10 mars 1815.)

Le port de l'écharpe ou ceinture tricolore, qui leur sert d'insigne, est au contraire indispensable. (Arrêté 17 floréal an VIII, art. 4 et 5.)

Toutefois, les outrages envers un commissaire de police, dans l'exercice de ses fonctions, seraient considérés et punis comme faits à un fonctionnaire public et non à un simple particulier, quoiqu'il ne fût revêtu ni de son costume, ni de son écharpe, au moment où il les a reçus, si celui qui l'a outragé connaissait sa qualité. (Cass. 5 septembre 1812, 6 mars 1813.) — Voy. AGENT DE POLICE MUNICIPALE.

Commissaires répartiteurs. — Voy. CONTRIBUTIONS DIRECTES.

Commissions administratives des établissements de bienfaisance. — La composition et l'organisation des commissions administratives des hospices et bureaux de bienfaisance a été réglée par la loi du 21 mai 1873, modifiée ainsi qu'il suit par la loi du 5 août 1879.

Les commissions administratives des hospices et hôpitaux et celles des bureaux de bienfaisance sont composées du maire et de six membres renouvelables.

Deux des membres de chaque commission sont élus par le conseil municipal.

Les quatre autres membres sont élus par le préfet. (L. 5 août 1879, art. 1er.)

Le nombre des membres renouvelables, peut, en raison de l'importance des établissements et des circonstances locales, être augmenté par un décret spécial rendu sur l'avis du Conseil d'Etat.

Dans ce cas l'augmentation a lieu par nombre pair, afin que le droit de nomination s'exerce dans une proportion égale par le conseil municipal et par le préfet. (L. 5 août 1879, art. 2.)

La présidence de la commission appartient au maire ou à l'adjoint ou au conseiller municipal, remplissant dans leur plénitude les fonctions de maire. Le président a voix prépondérante en cas de partage.

Les commissions nomment tous les ans un vice-président. En cas d'absence du maire et du vice-président, la présidence appartient au plus ancien des membres présents, et à défaut d'ancienneté au plus âgé.

Les fonctions de membres de commissions sont gratuites. (Art. 3 du 21 mai 1873.)

Les délégués des conseils municipaux suivent le sort de cette assemblée quant à la durée de leur mandat ; mais, en cas de suspension ou de dissolution du conseil municipal, ce mandat est continué jusqu'au jour de la nomination des délégués par le nouveau conseil.

Les autres membres renouvelables sont nommés pour quatre ans. Chaque année, la commission se renouvelle par quart.

Les membres sortants sont rééligibles.

Si le remplacement a lieu dans le cours d'une année, les fonctions du nouveau membre expireront à l'époque où auraient cessé celles du membre qu'il a remplacé.

Ne sont pas éligibles ou sont révoqués de plein droit les membres qui se trouveraient dans un des cas d'incapacité prévus par les lois électorales.

L'élection des délégués du conseil municipal a lieu au scrutin secret, à la majorité absolue des voix. Après deux tours de scrutin, la majorité relative suffit, et, en cas de partage, le plus âgé des candidats est élu. (L. 5 août 1879 art. 4.) — Voy. Dict. des formules, n 456.

Les commissions peuvent être dissoutes et leurs membres révoqués par le ministre de l'intérieur.

En cas de dissolution ou de révocation, la commission sera remplacée ou complétée dans le délai d'un mois.

Les délégués des conseils municipaux ne pourront, s'ils sont révoqués, être réélus pendant une année.

En cas de renouvellement total ou de création nouvelle, les membres que l'article 1er laisse à la nomination du préfet, sont, sur sa proposition, nommés par le ministre de l'intérieur.

Le renouvellement par quart est déterminé par le sort à la première séance d'installation.

Les médecins des hospices, hôpitaux et bureaux de bienfaisance se trouvant placés sous l'autorité des commissions qui les nomment et les révoquent, en vertu de l'article 14 de la loi du 7 mars 1851, ne peuvent être membres de ces commissions.

Le maire qui est en même temps médecin des hospices, hôpitaux ou bureaux de bienfaisance ne peut faire partie de la commission que dans le cas où il se fait remplacer pendant la durée de ses fonctions municipales par un médecin suppléant chargé du service médical et recevant le traitement attribué au titulaire.

Il en est de même des commerçants chargés de la fourniture du pain, du vin, de la viande et autres objets consommés dans les établissements de bienfaisance. Enfin, la jurisprudence du ministère de l'intérieur applique aux commissions administratives la disposition de l'article 35 de la loi du 5 avril 1884, aux termes de laquelle dans les communes de 500 âmes et au-dessus, les parents au degré de père, fils, frère et alliés au même degré, ne peuvent être en même temps membres du conseil municipal. (Circ. int. 26 septembre 1879.)

Autant que possible les membres à la désignation de l'autorité supérieure doivent être choisis en dehors du conseil municipal, dont la représentation dans les commissions est suffisamment assurée par la présence du maire et de ses deux délégués.

Les ministres du culte peuvent parfaitement être élus par le conseil municipal ou nommés par l'administration membres des commissions administratives. Il est même bon qu'il en soit ainsi afin de ne pas rompre les traditions (Circ. précitée). Mais quand ils sont élus par les conseils, ils ne doivent pas l'être sous le titre de *le curé*, leur désignation pour être valable doit être personnelle et nominative, car en cas de décès ou de changement de curé, son successeur ne pourrait remplir les fonctions de délégué qu'autant qu'elles lui seraient conférées par un nouveau vote du conseil municipal.

Les instituteurs publics peuvent être appelés à faire partie des bureaux de bienfaisance dans les communes où l'on éprouve des difficultés à former la commission. Aucune incompatibilité légale ne s'oppose à ce choix.

Les délibérations des conseils municipaux portant nomination des délégués, pouvant être assimilées aux délibérations réglementaires prévues par l'article 61 de la loi du 5 avril 1884, les contestations qu'elles soulèvent doivent être jugées conformément aux règles inscrites dans cette loi.

Commissions d'études nommées dans le sein des conseils municipaux. — La loi du 5 avril 1884 consacre formellement pour les conseils municipaux le droit de former des commissions ; elle établit aussi expressément que ces commissions peuvent tenir leurs séances dans l'intervalle des sessions. Il résulte de la discussion devant le parlement que ces commissions peuvent être nommées aussi bien pour toute une catégorie d'affaires que pour un objet déterminé ; qu'elles peuvent être annuelles et même se perpétuer pendant toute la durée du mandat du conseil, car M. de Marcère, rapporteur de la loi, a reconnu devant la Chambre des députés que les fonctions des commissions n'avaient d'autre terme que l'achèvement de leur mission. (Chambre, séance 6 juillet 1883.)

Mais il ne faut pas perdre de vue que ces commissions ne doivent jamais sortir de leur rôle, elles ne peuvent être que de simples commissions d'études, elles ne sauraient avoir à aucun titre de pouvoir propre, car la loi n'autorise pas le conseil municipal à leur déléguer une partie quelconque de ses fonctions. Elles doivent se borner à préparer et instruire les affaires qui leur sont renvoyées (Circul. inst. 15 mai 1884). Il suit de là qu'elles commettraient un excès de pouvoirs en empiétant soit sur le droit d'administration qui appartient au maire seul, soit sur le droit de décision qui appartient au conseil municipal.

Du reste, afin d'éviter cet abus, la loi a retenu pour le maire le droit de présider et de convoquer toutes les commissions et, si le paragraphe 3 de l'article 59 impose au maire l'obligation de convoquer les commissions dans la huitaine de leur nomination ou à plus bref délai sur la demande de la majorité des membres qui les composent à l'effet d'élire un vice-président, ce n'est pas pour éluder le droit de présidence du maire, mais uniquement pour éviter que l'action des commissions ne se trouve paralysée par l'absence ou l'empêchement de ce magistrat, qui en reste président de droit. La désignation d'un vice-président n'empêche pas non plus le maire de se faire suppléer dans la présidence, s'il le juge convenable, par un de ses adjoints. (Circul. int. 15 mai 1884.)

Commissions syndicales. — Il ne faut pas confondre les commissions syndicales avec les associations syndicales, composées de particuliers, ou de particuliers et de communes, formées en vue de l'exécution de travaux d'intérêt commun, et régies par la loi du 21 mai 1865. (Voy. SYNDICATS.)

Les commissions syndicales qui peuvent être formées au point de vue municipal sont de quatre espèces différentes :

1° Les commissions syndicales nommées pour les changements à apporter dans la circonscription des communes ou les transfèrements de chefs-lieux ;

2° Les commissions syndicales nommées pour l'acceptation des dons et legs faits à un hameau ou quartier ;

3° Les commissions nommées pour soutenir un procès contre la commune ;

4° Les commissions syndicales nommées pour la gestion de biens indivis entre plusieurs communes.

Ces commissions se distinguent les unes des autres non seulement par leur objet mais aussi par leur mode de nomination.

1° *Commissions syndicales nommées pour les changements à apporter dans la circonscription des communes ou les transfèrements des chefs-lieux.* — Aux termes de l'article 4 de la loi du 5 avril 1884, si le projet concerne une section de commune, un arrêté du préfet décidera la création d'une commission syndicale pour cette section, ou pour la section du chef-lieu, si les représentants de la première sont en majorité dans le conseil municipal, et déterminera le nombre des membres de cette commission.

Il résulte de cet article que les commissions syndicales de cette nature sont destinées à représenter le ou les groupes d'habitants ayant des intérêts opposés à ceux que représente la majorité du conseil municipal; toutes les fois que cette circonstance se présente, une commission syndicale doit être instituée; s'il existe plusieurs groupes d'habitants ayant un intérêt distinct dans le projet, il convient d'instituer plusieurs commissions. (Circul. int. 15 mai 1884.)

Cette commission doit être élue par les électeurs domiciliés; les électeurs non domiciliés ne doivent pas prendre part à la nomination des syndics, car on a fait retrancher de la loi les mots *ou propriétaires* dans la section, en observant qu'il y avait des inconvénients à laisser voter des électeurs qui n'ont pas droit à la jouissance et à la propriété des biens communaux.

L'arrêté préfectoral qui convoque les électeurs détermine le nombre de membres dont la commission doit se composer, qui varie en général de trois à cinq, mais qui peut être plus élevé suivant les circonstances. Les règles à suivre pour les élections de ces commissions sont celles exposées dans le titre II de la loi du 5 avril 1884 pour les élections des conseils municipaux. Les réclamations auxquelles peuvent donner lieu ces élections sont également jugées dans la même forme et par les mêmes autorités que les réclamations relatives à l'élection des conseillers municipaux et des maires. (Voy. ELECTIONS MUNICIPALES.)

Une fois nommées, les commissions syndicales élisent dans leur sein un président, et s'il y a lieu, un secrétaire.

Elles délibèrent sur le projet et donnent un avis motivé. (Circul., 15 mai 1884.)

Ces commissions n'ont aucun pouvoir d'administration, leur rôle se borne à émettre un simple avis sur le projet à l'étude, mais cet avis a la même force que celui émanant du conseil municipal, car l'article 6, paragraphe 4, de la loi du 5 avril 1884 assimile l'opposition d'une commission syndicale à celle d'un conseil municipal. (Voy. COMMUNES.)

2°. *Commissions syndicales nommées pour l'acceptation de dons et legs faits à un hameau ou quartier.* — Lorsque des libéralités sont faites à un hameau ou quartier n'ayant pas le caractère de personne civile, le législateur a pensé que l'acceptation des libéralités ainsi faites ayant pour résultat non seulement d'assurer des avantages plus ou moins considérables à une portion de commune et parfois de lui imposer des charges, mais encore de la constituer en personne civile susceptible de recevoir ultérieurement de nouvelles libéralités et d'acquérir, transiger ou plaider, il importait de faire intervenir, avant l'acceptation, une représentation spéciale de la fraction de commune intéressée et d'exiger une sanction émanant de l'autorité administrative supérieure. Ainsi le paragraphe 3 de l'article 111 exige dans ce cas que le décret, en forme de règlement d'administration publique, statuant sur la libéralité, soit précédé non seulement d'un vote du conseil municipal de la commune, mais encore d'une délibération prise par une commission syndicale organisée par le hameau ou le quartier, conformément à l'article 129 de la loi du 5 avril 1884. (Circul. 15 mai 1884.)

Ces commissions ne font, comme les précédentes, que donner un simple avis. Les membres de ces commissions sont élus conformément aux dispositions de l'article 129 dont il est parlé ci-dessus. (Art. 111.)

3. *Commissions syndicales nommées pour soutenir un procès contre une commune.* — Lorsqu'une section de commune se propose d'intenter ou de soutenir une action judiciaire soit contre la commune dont elle dépend, soit contre une autre section de la même commune, il est, aux termes de l'article 128 de la loi du 5 avril 1884, formé pour chacune des sections intéressées, une commission syndicale distincte.

Les membres de cette commission ne sont plus nommés par le préfet comme sous l'empire de l'article 56 de la loi du 18 juillet 1837; l'article 129 de la loi du 5 avril 1884 veut qu'ils soient choisis parmi les éligibles de la commune et nommés par les électeurs de la section qui l'habitent et par les personnes qui, sans être portées sur la liste électorale, y sont propriétaires fonciers. L'article 56 de la loi du 18 juillet 1837 laissait au préfet l'appréciation des cas où la commission syndicale devait être constituée; la loi du 5 avril 1884 innove sur ce point, car l'article 129 impose au préfet l'obligation de convoquer les électeurs dans le délai d'un mois pour nommer la commission syndicale, toutes les fois qu'un tiers des habitants ou des propriétaires de la section lui adresse, à cet effet, une demande motivée sur l'existence d'un droit litigieux à exercer au profit de la section contre la commune ou une section de commune.

Les membres de la commission élisent parmi eux un président chargé de suivre l'action. Ce président est le véritable représentant de la section dans l'instance (Circul. 15 mai 1884). Voy. ACTIONS JUDICIAIRES. PROCÈS. COMMUNES.

Commissions syndicales pour l'administration des biens et droits indivis entre plusieurs communes. — Le législateur de 1884, comme celui de 1837, a pensé qu'il y avait lieu d'instituer une représentation spéciale pour l'administration des biens indivis entre communes et l'exécution des travaux qui s'y rattachent. Aussi l'article 161 de la loi du 5 avril 1884 porte que, lorsque plusieurs communes possèdent des biens ou droits indivis, un décret du Président de la République doit instituer, si l'une d'elles le réclame, une commission syndicale composée de délégués des conseils municipaux des communes intéressées. Chacun des conseils élit alors dans son sein, au scrutin secret, le nombre de délégués qui a été déterminé par le décret présidentiel. Pour la fixation du nombre de délégués à attribuer aux communes, on doit tenir compte, non du chiffre de la population, mais de l'intérêt que peut avoir chacune des communes dans l'administration des biens indivis, en raison de la part plus ou moins grande qu'elle serait en droit, en cas de partage, de revendiquer dans la propriété de ces biens.

La commission syndicale est présidée par un syndic élu par les délégués et pris parmi eux; elle est renouvelée après chaque renouvellement du conseil municipal. (Art. 161, § 3.)

La délibération de la commission syndicale est soumise à toutes les règles établies pour les délibérations du conseil municipal. (Art. 161, dernier paragraphe.) — Voy. CONSEIL MUNICIPAL.

Ces commissions syndicales, appelées aussi intercommunales, ont une mission plus large que celle conférée aux autres commissions syndicales dont nous avons déjà parlé; elles sont spécialement chargées de l'administration des biens communaux et de l'exécution des travaux qui s'y rattachent. A ce point de vue elles ont les mêmes attributions que les conseils municipaux et les maires. Mais les ventes, échanges, partages, acquisitions, transactions, etc., demeurent réservés aux conseils municipaux qui peuvent néanmoins autoriser le président de la commission à passer les actes qui y sont relatifs.

La commission doit donc toujours limiter son action aux mesures de pure administration en laissant au conseil municipal les questions de propriété qui lui sont réservées. (Art. 162.)

L'administration des biens indivis et l'exécution des travaux se rattachant à la jouissance de ces mêmes biens peuvent entraîner des dépenses. Ces dépenses sont votées par les commissions syndicales et réparties entre les communes intéressées par les conseils municipaux. Leurs délibérations sont soumises à l'approbation du préfet. En cas de désaccord entre les conseils municipaux, le préfet prononce, sur l'avis du conseil général ou dans l'intervalle des sessions de la commission départementale. Si les conseils municipaux appartiennent à des départements différents, il est statué par décret. La loi nouvelle n'a pas maintenu la prescription de l'article 72, paragraphe 2 de la loi du 18 juillet 1837 qui exigeait l'avis préalable des conseils d'arrondissement.

De plus, elle se contente de l'avis de la commission départementale dans l'intervalle des sessions du conseil général. Elle a voulu par cette simplification éviter les lenteurs qui pouvaient résulter pour l'instruction des affaires, du laps de temps considérable qui sépare les sessions.

La part de dépense définitivement assignée à chaque commune est au besoin portée d'office aux budgets respectifs, conformément à l'article 149. (Art. 163, loi 5 avril 1884. Circ. 15 mai 1884.) — Voy. BIENS COMMUNAUX, CONSEIL MUNICIPAL.

Commissions de statistique. — Il existe au chef-lieu de chaque canton une commission de statistique dont les membres sont nommés par le préfet. Dans les villes qui comprennent plusieurs cantons, il ne doit y avoir qu'une seule commission ; toutefois, à Paris et à Lyon, il y a une commission par arrondissement communal. (D. 1er juillet 1852, art. 1er, 4 et 5.)

Les fonctions des membres des commissions de statistique sont gratuites ; mais les dépenses de matériel que peuvent exiger leurs travaux sont à la charge de la commune chef-lieu de canton. (Id., art. 22.)

Les percepteurs et les receveurs spéciaux peuvent être appelés par les préfets à concourir aux travaux des commissions cantonales. (Circ. comp. gén. 28 septembre 1852.)

Commissions scolaires. — Ces commissions ont été instituées par l'article 5 de la loi du 28 mars 1882 pour surveiller et encourager la fréquentation des écoles et répartir les secours de la Caisse des écoles. — Voy. INSTRUCTION PUBLIQUE, ÉCOLES.

Commissionnaire stationnant sur la voie publique. — Dans les villes où il existe, comme à Paris, des commissionnaires stationnant sur la voie publique, les maires peuvent les astreindre, par un règlement, aux mesures de police suivantes :

Tout commissionnaire doit être pourvu d'une médaille portant le numéro de son enregistrement à la mairie, au bureau de police, son nom et les lettres initiales de ses prénoms.

Pour obtenir une médaille, le commissionnaire est tenu de faire, devant le commissaire de police de son quartier, une déclaration, certifiée par deux témoins, indiquant ses nom, prénoms, âge, demeure, lieu de naissance, et la place sur laquelle il se propose de stationner.

Lorsque le commissionnaire stationne sur la voie publique, il doit porter sa médaille ostensiblement, de manière que le numéro puisse s'apercevoir aisément.

Si la conduite ou la moralité des commissionnaires donnent lieu à quelque plainte, l'autorité peut leur retirer temporairement ou même définitivement leur médaille.

Les contrevenants aux règlements des maires, sur cet objet, sont passibles des peines de simple police. (Cass., 23 avril 1849.) — Voy. Police municipale.

Commodo et incommodo. — Voy. Enquête.

Commune. — La commune représente, dans la division territoriale de la République, l'unité en quelque sorte élémentaire dont le canton, l'arrondissement et le département sont les multiples. — Voy. Circonscriptions territoriales.

Considérée comme agglomération de citoyens unis par des relations de voisinage, la commune forme une sorte d'individualité politique pourvue d'une administration qui lui est propre.

Considérée comme une agrégation de familles unies par des intérêts, des biens et des intérêts communs à tous ses membres, elle rentre dans la classe des personnes civiles; elle est capable de contracter, d'acquérir, de posséder, d'agir en justice, ainsi que les particuliers. (M. de Cormenin.)

Mais à quelque point de vue qu'on la considère, la commune tient à l'État et doit être soumise à son autorité.

Le lien qui l'unit à l'état est si étroit et indissoluble que la loi du 5 avril 1884, tout en émancipant autant que possible les communes, a dû, malgré ses tendances décentralisatrices, maintenir le principe de la tutelle de l'administration supérieure.

Le territoire des communes a été déterminé, dans le principe, en vertu de la loi du 22 décembre 1789, sur la constitution des municipalités. Mais de nombreux changements ont été apportés depuis à ce premier travail, par suite de suppressions, divisions ou formations de communes.

Aujourd'hui on compte en France trente-six mille quatre-vingt-dix-sept communes.

Changement des noms des communes. — Le changement de nom d'une commune est décidé par décret du Président de la République sur la demande du conseil municipal, le conseil général consulté et le Conseil d'État entendu. (Loi, 5 avril 1884, art. 2.) La législation antérieure n'avait pas organisé de procédure spéciale pour les changements de dénomination des communes. Dans la pratique, il était statué sur ces changements par des décrets rendus en forme de règlements d'administration publique, après avis du conseil municipal, du conseil général et du conseil d'arrondissement. La nouvelle loi consacre cette jurisprudence, mais elle supprime l'intervention obligatoire du conseil d'arrondissement et au lieu de se contenter du simple avis du conseil municipal *elle exige que dans tous les cas l'initiative de la demande appartienne à ce conseil.* Le Sénat a pensé avec raison que, puisqu'il s'agissait de supprimer une dénomination consacrée, dans presque tous les cas, par un usage immémorial, et que la commune a le droit de considérer comme une véritable propriété, l'initiative de la modification ne pouvait être attribuée qu'à la commune elle-même (Sénat, séance 5 février 1884). — Il faut entendre par changement de nom, non seulement la substitution d'un nom à un autre, mais aussi les additions de noms ou les simples rectifications d'orthographe. L'orthographe officielle est celle des tableaux de la population des communes de France, publiés par le ministère de l'intérieur à la suite de chaque recensement quinquennal.

Les dossiers des projets de cette nature doivent comprendre :
1° La demande du conseil municipal ;
2 L'avis du sous-préfet ;
3° L'avis du conseil général ;
4° Le rapport détaillé du préfet.

Quant aux dénominations nouvelles qui résultent soit des transfèrements de chefs-lieux, soit des créations de communes ou d'autres changements aux circonscriptions territoriales, elles sont, pour la procédure et la compétence, soumises aux règles fixées pour les changements dont elles sont la conséquence. (L. 5 avril 1884, art. 8; circul. 15 mai 1884.)

Changements dans la circonscription des communes et transfèrements de chefs-lieux. — Toutes les fois qu'il s'agit de transférer le chef-lieu d'une commune, de réunir plusieurs communes en une seule, ou de distraire une section d'une commune, soit pour la réunir à une autre, soit pour l'ériger en commune séparée, le préfet prescrit dans les communes intéressées une enquête sur ce projet en lui-même et sur ses conditions. Le préfet devra ordonner cette enquête lorsqu'il sera saisi d'une demande à cet effet, soit par le conseil municipal d'une des communes intéressées, soit par le tiers des électeurs inscrits de la commune ou de la section en question ; il pourra aussi l'ordonner d'office. — Après cette enquête, les conseils municipaux et les conseils d'arrondissement donnent leur avis, et la proposition est soumise au conseil général. (Art. 3, loi 5 avril 1884.)

La nouvelle loi, tout en maintenant au préfet le droit de prescrire d'office l'enquête, lui impose l'obligation de l'ordonner lorsqu'il est saisi d'une demande formée soit par le conseil municipal d'une des communes, soit par le tiers des électeurs inscrits de la commune ou de la section. Le préfet est alors tenu de procéder à l'instruction de la demande conformément aux prescriptions de l'article 3.

La première formalité de l'instruction est l'enquête de *commodo et incommodo.* Cette enquête est ouverte dans les formes déterminées par l'ordonnance du 20 août 1825. La désignation du commissaire enquêteur appartient au préfet seul ; il ne peut déléguer ce droit au sous-préfet. (Avis, comité de l'intérieur, 17 mars 1840.) Le choix du préfet ne saurait porter que sur une personne présentant toutes les garanties d'indépendance et d'impartialité. On doit éviter de choisir le maire ou un habitant de la commune ou des communes intéressées. En vertu des instructions de la chancellerie, il faut s'abstenir de désigner les juges de paix. L'enquête est annoncée à l'avance à son de trompe ou de caisse, et par voie d'affiches et publications. L'enquête peut durer plusieurs jours. Tous les habitants sans distinction de sexe sont admis à émettre leur avis sur le projet. Les déclarations sont individuelles, signées des déclarants et du commissaire enquêteur, qui certifie les dépositions orales de ceux qui ne savent pas signer. Le commissaire enquêteur joint au procès-verbal les dires qui lui sont remis par les intéressés, et il clôt l'enquête en rédigeant son avis sur le projet. Le procès-verbal et ses annexes doivent être transmis dans la huitaine à la sous-préfecture ou à la préfecture. (Circ. int., 15 mai 1884.)

Si le projet concerne une section de commune, un arrêté du préfet décidera la création d'une commission syndicale pour cette section ou pour la section du chef-lieu, si les représentants de la première sont en majorité dans le conseil municipal, et déterminera le nombre des membres de cette commission. Ces membres seront élus comme il a été dit plus haut. (Art. 4, loi 5 avril 1884.) — Voy. COMMISSIONS SYN-DICALES.)

En même temps que les commissions syndicales, le conseil municipal ou les conseils municipaux intéressés doivent délibérer tant sur le projet en lui-même que sur ses conditions.

S'il n'a pas été fourni de plan à l'appui de la demande et si le préfet n'a pas jugé indispensable d'en réclamer avant l'enquête, il faut en exiger un avant de pousser plus loin l'instruction. Ces plans, dressés d'après les documents cadastraux et complétés au besoin par les agents voyers au point de vue des voies de communication, doivent toujours être visés par le préfet et le directeur des contributions directes. Dans la plupart des cas, une copie du plan d'assemblage peut suffire; mais elle doit être complétée par des extraits du plan parcellaire si, sur certains points, la limite n'est déterminée que par la limite même des parcelles cadastrales. Tous les plans produits doivent être sur toile. Comme annexe du plan, on doit faire établir un tableau de renseignements statistiques conforme au modèle donné par la circulaire. (Circul. int., 15 mai 1884.) — Voy. *Dictionnaire des formules*, n° 457.

Le dossier ainsi composé est soumis par le préfet au conseil d'arrondissement et au conseil général.

Dans les cas où la décision n'appartient pas au conseil général, le préfet transmet au ministre de l'intérieur un dossier composé des pièces suivantes :

1° Pétition ou délibération du conseil municipal demandant la modification ;

2° Arrêté de nomination du commissaire enquêteur ;

3° Procès-verbal de l'enquête et avis du commissaire ;

4° Arrêté créant la commission ou les commissions syndicales ;

5° Procès-verbaux des opérations électorales relatives à la nomination de ces commissions ;

6° Délibération des conseils municipaux et des commissions syndicales ;

7° Plan, — en simple exemplaire, lorsqu'il s'agira d'un transfèrement de chef-lieu; en triple expédition, lorsqu'il s'agira d'un projet de modification de limites sur lequel un décret doit statuer ; en quadruple expédition, lorsqu'une loi devra intervenir ;

8° Tableau de renseignements statistiques, — modèle A, lorsqu'il s'agira d'un transfèrement de chef-lieu; modèle B, lorsqu'il s'agira de la création d'une commune nouvelle ou d'une réunion de communes; modèle C, lorsqu'il s'agira d'un simple échange de territoire entre deux ou plusieurs communes;

9° Budget et compte du dernier exercice de la commune ou des communes intéressées ;

10° Avis du sous-préfet ;

11° Avis du conseil d'arrondissement ;

12° Avis du conseil général ;

13° Rapport du directeur des contributions directes portant non seulement, ainsi qu'il est dit plus haut, sur les limites proposées, examinées au point de vue du cadastre, mais encore sur les conséquences du projet en ce qui concerne l'assiette de l'impôt et les forces contributives des diverses communes intéressées ;

14° Avis de l'inspecteur d'académie en ce qui concerne le service de l'instruction primaire et les modifications que le projet peut amener dans l'organisation et les dépenses du service ;

15° Avis du préfet, sous forme d'exposé détaillé et complet et non sous forme d'arrêté.

Autorités compétentes pour statuer sur les transfèrements de chefs-lieux de communes ou sur les changements dans la limite des communes.

Les articles 5 et 6 de la loi nouvelle modifient, en les simplifiant, les règles de compétence fixées par l'ancienne législation et la jurisprudence.

A. Il est statué par une loi :

1° Lorsqu'il s'agit de créer une commune nouvelle. Le parlement, en réservant au pouvoir législatif le contrôle des demandes de cette nature, a eu pour but d'éviter la trop grande multiplication des petites communes ayant moins de 300 habitants ;

2° Lorsque le projet modifie les limites d'un département, d'un arrondissement ou d'un canton.

B. Il est statué par le conseil général :

Lorsqu'il s'agit soit d'un transfèrement de chef-lieu, soit d'une suppression de commune, soit d'un changement à la limite des communes déjà existantes, sous la triple condition : 1° que le projet ne touche pas aux limites d'un canton ; 2° qu'il y ait accord complet entre les conseils municipaux et les commissions syndicales, tant sur le projet en lui-même que sur les conditions auxquelles il doit être réalisé ; 3° que le conseil général approuve purement et simplement le projet. Il ne peut en modifier aucune des conditions.

C. Il est statué par décret rendu en la forme des règlements d'administration publique. — Dans tous les autres cas. (Circul. 15 mai 1884.)

Règlement des conditions de la réunion ou de la séparation.

Aux termes de l'article 7 de la loi du 5 avril 1884, la commune réunie à une autre commune conserve la propriété des biens qui lui appartenaient. — Les habitants de cette commune conservent la jouissance de ceux de ces mêmes biens dont les fruits sont perçus en nature. Il en est de même de la section réunie à une autre commune pour les biens qui lui appartiennent exclusivement.

Les édifices et autres immeubles servant à un usage public, et situés sur le territoire de la commune ou section de commune réunie à une autre commune ou de la section érigée en commune séparée, deviendra la propriété de la commune à laquelle est faite la réunion ou de la nouvelle commune. Le paragraphe 6 complète cette disposition en disant qu'en cas de division, la commune ou la section de commune réunie à une autre commune ou érigée en commune séparée, reprend la pleine propriété de tous les biens qu'elle avait apportés.

A l'égard de ces deux natures de biens, il n'y a pas de difficultés possibles, si la propriété de la commune ou de la section n'est pas contestée, les prescriptions de la loi s'appliquant directement. S'il y a contestation sur la propriété des biens, elles sont de la compétence exclusive de l'autorité judiciaire. (Circul. 15 mai 1884.)

Mais indépendamment de la question des biens en jouissance commune et de ceux affectés à un service public, il y en a une foule d'autres qui n'ont pas été tranchées par la loi. Le paragraphe 5 de l'article 4 se borne à établir *que les actes qui prononcent des réunions ou des distractions de communes en déterminent expressément toutes les autres conditions.* — Les principales questions qui restent à résoudre par ces actes sont celles relatives aux biens indivis, au partage des dettes et à leur acquittement, ainsi qu'aux compensations à accorder, dans quelques circonstances extraordinaires, en raison de l'abandon forcé des immeubles servant à un usage public, et enfin au partage des biens des pauvres.

Toutes ces questions aujourd'hui doivent être tranchées par l'acte même qui prononce les réunions ou distractions; il n'est plus possible d'en renvoyer la solution à un décret ultérieur, et cette disposition s'applique aussi bien au cas où la décision appartient au conseil général qu'au cas où il doit être statué par une loi ou un décret. Il importe donc d'instruire simultanément avec le plus grand soin les projets de modifications aux circonscriptions territoriales des communes, et les conditions auxquelles ces modifications doivent être opérées.

Il faut tout d'abord provoquer, sur ces conditions, les délibérations des conseils municipaux et des commissions syndicales, qui sont ensuite soumises au conseil d'arrondissement et au conseil général. Puis, lorsqu'il doit être statué par un décret ou par une loi, le préfet adresse au ministre de l'intérieur avec ses propositions, outre le dossier indiqué ci-dessus : 1° les délibérations des conseils municipaux et des commissions syndicales sur les conditions de la séparation ou de la réunion ; 2° les documents établissant la contenance et l'évaluation des biens indivis immobiliers, si le partage en est demandé ; 3° un certificat du receveur municipal faisant connaître la nature, la provenance et la quotité des biens mobiliers à partager ; en indiquant d'une manière précise la part à attribuer à chacune des communes ou sections intéressées dans ces différents biens indivis, en suivant les règles énoncées dans la circulaire du 29 janvier 1848. (Circul. 15 mai 1884.) La loi n'ayant pas pu trancher toutes ces questions, les a en effet laissées dans le *statu quo*, et il appartient aux autorités, chargées de prononcer, de les résoudre conformément à la jurisprudence.

Dans l'état actuel de cette jurisprudence, les communes qui se réunissent conservent respectivement la propriété des biens patrimoniaux qui appartiennent à chacune d'elles. L'administration en est transférée au conseil municipal de la nouvelle commune, et, s'ils donnent un produit en argent, le montant doit en être versé dans la caisse municipale; mais il doit être employé d'abord à satisfaire aux besoins de la section propriétaire. (Arr. Cons. d'Et., 4 septembre 1856.) Après qu'il a été satisfait à ces besoins, l'excédent doit être affecté à l'acquittement de la part de la section dans les dépenses générales de la commune. (Arr. Cons. d'Et., 10 février 1859, 2 février 1860.) Ce n'est que sous cette condition que le conseil municipal peut changer le mode de jouissance de ces biens après la réunion, ou en opérer la vente ou les affermer. (C. d'Et., avis du comité de l'int. 18 juillet 1836, et de la sect. de l'int. 25 avril 1862.) Les mêmes règles s'appliquent à toute section de commune érigée en commune ou réunie à une autre commune ou à une autre section.

Si la section possède des droits indivis avec la commune dont elle est séparée, on partage immédiatement les biens mobiliers tels que rentes, créances ou deniers. Quant aux immeubles, les parties doivent être mises en demeure de faire connaître leurs intentions. Si elles s'accordent à demander le partage, l'administration supérieure examine si cette mesure est préférable ou non à l'indivision, et elle statue en conséquence. Si le partage est décidé et que des valeurs mobilières soient assignées à la section, il en est disposé conformément à la jurisprudence indiquée ci-dessus.

Au contraire, lorsque les parties maintiennent l'indivision, les revenus sont partagés entre elles, ou l'administration des biens est confiée à une commission syndicale si l'une des parties le réclame.

Les sections emportent également la jouissance des biens meubles et immeubles légués pour assurer la distribution de secours partiels. (Cassation, 24 mars 1863.)

Quant aux dettes, il y a lieu d'en faire connaître le montant, la part afférente à des communes ou sections ainsi que le mode de payement à employer.

Enfin, il faut aussi indiquer le chiffre des indemnités à accorder, s'il y a lieu, par l'une des parties à l'autre pour la privation des édifices servant à usage public.

En ce qui concerne les biens des pauvres, quoique ces biens, administrés soit par le bureau de bienfaisance, soit à défaut d'établissement spécial par la municipalité, ne constituent pas, à proprement parler, des biens communaux, et que, par suite, l'article 7 de la loi du 5 avril 1884 ne leur soit pas applicable, il y a lieu néanmoins de maintenir la jurisprudence antérieure d'après laquelle on étendait, par analogie, à défaut de dispositions spéciales, aux biens des pauvres les règles posées pour les partages résultant de modifications apportées dans la circonscription des communes. En principe, les biens des pauvres doivent être partagés au prorata de la population des circonscriptions intéressées, conformément à la règle posée par la loi du 10 juin 1793. Les conditions concernant le patrimoine charitable doivent être instruites en même temps que les projets de modifications territoriales. Les commissions administratives des bureaux de bienfaisance, quand il en existe, doivent dans ce cas être appelées à délibérer, et les conseils municipaux n'ont qu'un avis à émettre. Quand il n'existe pas de bureau, il appartient aux conseils municipaux et aux commissions syndicales de délibérer sur cette question comme sur les autres.

Lorsqu'il s'agit d'ériger une section en commune distincte, et que le chiffre de sa population, ainsi que l'importance de la part à réserver à ses pauvres dont la dotation charitable permettra la création d'un bureau de bienfaisance, le préfet doit en proposer la constitution.

Dans tous les cas de réunions ou de fractionnement de communes, les conseils municipaux sont dissous de plein droit. Il est procédé immédiatement à des élections nouvelles.

Responsabilité des communes relativement aux crimes et délits com-

mis sur leur territoire. — Chaque commune, étant assimilée à une personne civile, est responsable des délits qu'elle commet ou qu'elle laisse commettre, soit envers les personnes, soit envers les propriétés.

Ce principe, emprunté à l'ancienne législation, avait été formellement établi par la loi du 10 vendémiaire an IV. Cette loi avait édicté en 26 articles une série de dispositions qui, prévoyant les diverses circonstances de tumulte, tranchaient les questions de responsabilité et fixaient les pénalités. Promulguée trois jours avant les événements du 13 vendémiaire, cette loi portait l'empreinte du caractère profondément troublé de l'époque. Non seulement elle contenait plusieurs dispositions absolument transitoires qui n'avaient plus leur raison d'être actuellement, mais, par son ensemble, elle exagérait le principe de la responsabilité au point de le mettre hors de proportion avec l'idée de la solidarité ou même de la réparation de la faute. La seule constatation du délit sous l'empire de cette loi rendait la commune responsable. La nouvelle loi, tout en maintenant le principe de la responsabilité, l'a singulièrement atténué. Elle attache la responsabilité à une présomption de faute *juris tantum* dont l'existence peut toujours être contestée et ses dispositions, au lieu d'établir une solidarité draconienne consacrent l'idée d'une sorte d'assurance mutuelle entre les habitants d'une commune pour mieux garantir le maintien de l'ordre par les maires avec le concours des citoyens. Réduite à ces proportions, la responsabilité est absolument juste, car le maire d'une commune étant chargé par ces attributions de police du soin de prévenir les attroupements ou rassemblements qui peuvent se former sur le territoire de la commune, et, lorsqu'ils ont lieu, de mettre la force publique en mouvement pour les dissiper ; s'il ne remplit pas ce devoir, il est naturel que la responsabilité de la commune soit engagée par la faute ou la négligence de son mandataire élu.

Aux termes de l'article 106 de la loi du 5 avril 1884 les communes sont civilement responsables des dégâts et dommages résultant des crimes ou délits commis à force ouverte ou par violence sur son territoire par des attroupements ou rassemblements armés ou non armés, soit envers les personnes, soit contre les propriétés publiques ou privées.

Les dommages et intérêts dont la commune est responsable sont répartis entre tous les habitants domiciliés dans ladite commune en vertu d'un rôle spécial comprenant les quatre contributions directes.

Si les attroupements ou rassemblements ont été formés d'habitants de plusieurs communes, chacune d'elles est responsable des dégâts et dommages causés dans la proportion qui sera fixée par les tribunaux. (Art. 107.)

Les dispositions des articles 106 et 107 ne sont pas applicables : 1° lorsque la commune peut prouver que tous les moyens qui étaient en son pouvoir ont été pris à l'effet de prévenir les attroupements et rassemblements, et d'en faire connaître les auteurs;

2° Dans les communes où la municipalité n'a pas la disposition de la police locale ni de la force armée;

3° Lorsque les dommages causés sont le résultat d'un fait de guerre. (Art. 108.)

La commune déclarée responsable peut exercer son recours contre les complices et auteurs du désordre.

En outre, l'arrêté du 27 thermidor an IV, rend les communes responsables du pillage des effets naufragés fait à force ouverte par attroupement. — Voy. NAUFRAGES.

Organisation et administration municipales. — L'association communale a pour chef un fonctionnaire qui porte le nom de maire, et qui est à la fois le délégué du Gouvernement pour diverses attributions d'intérêt général et l'administrateur de la commune.

Auprès du maire est établie une assemblée délibérante qui a nom conseil municipal, et dont les membres sont élus par les habitants de la commune.

Les attributions du maire et du conseil municipal ont été déterminées par la loi du 5 avril 1884. Ces attributions sont nombreuses. Pour ne pas nous répéter inutilement, nous devons renvoyer le lecteur aux mots du *Dictionnaire*, sous lesquels se trouvent traitées les différentes matières qui concernent l'organisation et l'administration des communes. — Voy. notamment: ACQUISITION, AFFOUAGE, ALIÉNATION, BAUX, BIENS COMMUNAUX, BOIS COMMUNAUX, CHEMINS VICINAUX, COMPTABILITÉ COMMUNALE, CONSEIL MUNICIPAL, ECHANGES, ELECTIONS, EMPRUNTS COMMUNAUX, ETAT CIVIL, IMPOSITIONS COMMUNALES, INSTRUCTION PRIMAIRE, MAIRES ET ADJOINTS, OCTROI, PARCOURS ET VAINE PATURE, PATURAGES COMMUNAUX, RECRUTEMENT, TRAVAUX COMMUNAUX, VOIRIE.

Compagnies d'assurances. — Voy. ASSURANCES CONTRE L'INCENDIE.

Compétence. — Ce mot est synonyme d'attribution. On l'emploie aussi comme indication de la juridiction à laquelle ressortit une affaire et comme limite des pouvoirs afférents à un juge ou un tribunal. — Voy. ACTES ADMINISTRATIFS, ATTRIBUTIONS, CONSEIL MUNICIPAL, MAIRE, TRIBUNAL DE POLICE.

Comptabilité communale. — La loi d'administration municipale du 18 juillet 1837 est venue fixer toutes les bases de législation antérieure, qui n'était encore que réglementaire.

Ce système a été complété, depuis, par plusieurs règlements d'administration publique et instructions ministérielles, notamment par les ordonnances du 24 janvier 1843 et du 31 mai 1862; par l'instruction générale du ministère des finances du 20 juin 1859, et les circulaires ministérielles des 12 novembre et 28 décembre 1841, 31 août 1842 et 18 novembre 1845; enfin, par le décret du 27 janvier 1866 et la circulaire du 30 du même mois concernant la réforme des comptes de gestion.

La loi du 5 avril 1884, par ses articles 145 à 161, ne fait que confirmer, sauf quelques modifications que nous allons signaler, les règles en vigueur.

Du budget et de l'exercice. — Le budget est l'acte par lequel sont prévues et autorisées annuellement les recettes et dépenses de chaque commune.

L'exercice est la période d'exécution d'un budget.

Les recettes et les dépenses des communes ne peuvent être faites qu'en vertu du budget de chaque exercice ou d'autorisations supplémentaires. (Inst. gén. des fin., 20 juin 1859, art. 811.)

L'exercice commence le 1er janvier et finit le 31 décembre de l'année qui lui donne son nom; néanmoins, il est accordé, pour en compléter les opérations, un délai qui est fixé au 31 mars de l'année suivante. (Ord. 24 janvier 1834; Inst. gén. finances, art. 813.)

Les crédits ouverts par les budgets d'une année ou par des autorisations spéciales ne peuvent être employés qu'à des dépenses effectuées dans l'année même, c'est-à-dire du 1er janvier au 31 décembre. Les mois de la seconde année ne sont accordés que pour payer des dépenses faites au 31 décembre, et non pour en faire de nouvelles. Tout crédit alloué pour une dépense qui n'a pas été réalisée dans le cours de l'année est annulé de droit au 31 décembre; si la dépense a été faite en partie, il n'y a d'annulé que la portion du crédit qui excède le montant de la dépense effectuée. (Circ. int., 10 avril 1836.)

Passé le 31 mars de la seconde année, l'exercice est clos définitivement, les crédits demeurés sans emploi sont annulés, et les restes à recouvrer et à payer sont reportés de droit, et sous un titre spécial, au budget de l'exercice pendant lequel la clôture a lieu. Il en est de même de l'excédent final que présente le compte de l'exercice clos. Les comptes définitifs d'exercice ne comprennent que les recettes et les payements effectués jusqu'à ladite époque. (Ord. 1er mars 1835, art. 1er; D. 31 mai 1862, art. 507.)

Forme du budget. — Le budget est divisé en deux titres principaux savoir : Titre Ier. Recettes.—Titre II. Dépenses.

Chacun de ces titres est subdivisé en chapitres.

Pour le titre des Recettes : Chapitre 1er. Recettes ordinaires.— Chapitre II. Recettes extraordinaires.— Chapitre III. Recettes supplémentaires.

Pour le titre des Dépenses : Chapitre Ier. Dépenses ordinaires. — Chapitre II, Dépenses extraordinaires.—Chapitre III. Dépenses supplémentaires.

Les deux premiers chapitres de l'un et de l'autre titre composent le budget primitif. Le troisième chapitre du titre des Recettes et le troisième chapitre du titre des Dépenses sont intitulés chapitres additionnels et forment le budget supplémentaire.

Les cadres de budget doivent contenir huit colonnes destinées à recevoir les désignations suivantes : 1° le numéro d'ordre de chaque article ; 2° la nature des recettes ou des dépenses; 3° le montant des recettes ou des dépenses constatées au dernier compte; 4° les propositions du maire; 5° le vote du conseil municipal; 6° l'avis du sous-préfet ; 7° la décision de l'autorité qui règle le budget; 8° les observations.

Les sommes portées au budget sont totalisées par chapitres et récapitulées par titres. Le budget se termine par une récapitulation générale.

Le budget supplémentaire, composé de deux chapitres additionnels, sert à rattacher immédiatement au budget en cours d'exécution l'excédent définitif de l'exercice précédent, et à relier, par conséquent, entre eux les exercices successifs. En second lieu, il permet de reporter au budget du nouvel exercice les restes à recouvrer et les restes à payer de l'exercice clos, sans que les sommes ainsi reportées soient confondues avec les autres recettes et dépenses propres à l'exercice courant, mais de telle sorte que l'on puisse conserver la trace et l'origine de ces allocations et les rattacher au service dont elles dépendaient primitivement. Enfin, il sert à compléter le budget de l'exercice courant, en recevant toutes les recettes autorisées ou à autoriser, tous les crédits alloués ou à allouer supplémentairement sur cet exercice depuis la formation du budget primitif.

Les chapitres additionnels sont l'un et l'autre partagés en deux sections. La première (chapitre des recettes supplémentaires) contient : 1° le report de l'excédent de l'exercice clos, dans lequel se trouve le montant des sommes provenant des crédits ou portions de crédits annulés, faute d'emploi, au budget précédent; 2° les restes à recouvrer de l'exercice clos. La même section première (chapitre des dépenses supplémentaires) contient les crédits ou portions de crédits reportés du budget précédent, pour restes à payer, sur les crédits annulés.

La section deuxième du chapitre des recettes supplémentaires reçoit toutes les recettes de quelque nature qu'elles soient, et qui, non prévues au budget primitif, sont autorisées supplémentairement dans le cours de l'année, telles, par exemple, qu'un legs ou une donation, un secours extraordinaire, un remboursement de capitaux, et, en un mot, tout recouvrement qui ne rentre pas, par sa nature, dans l'un des articles de recettes prévus au budget primitif. Il en est de même de la section deuxième du chapitre des dépenses supplémentaires. Cette section reçoit tous les crédits supplémentaires qui ont été ou seront autorisés sur l'exercice courant.

La délibération qui a lieu dans la session ordinaire du mois de mai, pour former les chapitres additionnels, offrant une occasion naturelle de compléter, soit en recette, soit en dépense, le budget primitif, de l'exercice, il est bon, autant que possible, de réserver, pour cette époque, les demandes de crédits supplémentaires. Cependant, cette disposition ne devrait pas être entendue et appliquée dans un sens tellement absolu, qu'elle devînt une gêne et une entrave pour le service. Ainsi, elle ne ferait pas obstacle à ce qu'avant ou après la formation du titre spécial les administrations, en cas d'urgence, pussent demander et obtenir les crédits qui leur seraient indispensables pour pourvoir à une dépense qu'il ne serait pas possible d'ajourner sans inconvénient. (Circ. Int. 10 avril 1835.)

Proposition et vote du budget. — Le budget de chaque exercice est proposé par le maire et voté par le conseil municipal dans sa session ordinaire du mois de mai. (L. 5 avril 1884, art. 145.)

Le maire, chargé de la proposition du budget, doit dresser un cahier d'observations, qui résume, en suivant l'ordre des articles du budget, la nature et les motifs de ses propositions sur chaque article, soit de recette, soit de dépense. Le conseil municipal, lors de sa délibération, consigne de même sur ce cahier la nature et les motifs de ses votes. À cet effet, il est nécessaire que le maire réserve, en regard de chaque article, un espace suffisant pour que les observations du conseil municipal puissent y être transcrites. (Circ. Int. 20 avril 1834 et 10 avril 1835.) — Voy. *Dict. des formules*, n° 457 bis.

Le conseil municipal, après avoir apporté aux propositions du maire les modifications dont il les a jugées susceptibles, dresse le tableau du budget, qui doit être soumis à l'approbation de l'autorité supérieure. La formation de ce tableau ne dispense aucunement le conseil de consigner au registre de ses délibérations ses observations et ses votes sur chaque article de recette et de dépense. La rédaction de ce procès-verbal est simple et facile ; il suffit de faire connaître le résultat et, s'il y a lieu, les motifs de la délibération sur chacune des recettes et des dépenses proposées par le maire.

Le cahier d'observations (s'il en a été rédigé un) est joint au budget dans l'envoi qui doit en être fait au sous-préfet immédiatement après la clôture de la session du conseil municipal. On y joint, en outre, le compte d'administration du maire et le compte de gestion du receveur pour l'exercice clos, ainsi que la délibération portant règlement définitif des recettes et dépenses de cet exercice, ces trois dernières pièces établies comme il est dit ci-après. Toutefois, les communes rurales, où les recettes et les dépenses éprouvent peu de variations d'une année à l'autre, et où les articles du budget sont en petit nombre, on peut se dispenser de fournir le cahier d'observations, lorsque le tableau du budget paraît suffisant pour motiver les décisions de l'administration supérieure.

Il est dressé quatre expéditions du budget.

Toutes ces expéditions doivent être signées par tous les membres du conseil municipal présents à la séance dans laquelle ils sont votés. (Circ. Int. 18 mai 1848.)

Approbation des budgets. — Aussitôt après la clôture de la session du conseil municipal, les budgets proposés doivent être envoyés au sous-préfet, qui donne son avis et les transmet au préfet. Ce fonctionnaire est chargé de régler définitivement les budgets des communes ayant moins de 3 millions de revenus. Les budgets des villes ayant trois millions au moins de revenus sont toujours soumis à l'approbation du Président de la République, sur la proposition du ministre de l'intérieur. Le revenu d'une ville est réputé atteindre trois millions lorsque les recettes constatées dans les comptes se sont élevées à cette somme pendant les trois dernières années. — Il n'est réputé être descendu au-dessous de 3 millions de francs que lorsque, pendant les trois dernières années, les recettes ordinaires sont restées inférieures à cette somme. (Loi 5 avril 1884, art. 145.)

Le décret du Président de la République ou l'arrêté du préfet qui règle le budget d'une commune peut rejeter ou réduire les dépenses qui y sont portées, sauf dans les cas prévus par le paragraphe 2 de l'article 145 et le paragraphe 2 de l'article 147, mais il ne peut les diminuer ni en introduire de nouvelles qu'autant qu'elles sont obligatoires. (Art. 148.)

Lorsque le budget communal pourvoit à toutes les dépenses obligatoires et qu'il n'applique aucune recette extraordinaire aux dépenses, soit obligatoires, soit facultatives, ordinaires ou extraordinaires, les allocations portées audit budget par le conseil municipal pour les dépenses facultatives, ne peuvent être modifiées par l'autorité supérieure. (L. 5 avril 1884, art. 145.)

Si le maire refusait de dresser et de remettre au conseil municipal le budget de la commune, le préfet, après l'en avoir requis, pourrait procéder à ces actes par lui-même, ou par un délégué spécial. (L. 5 avril 1884, art. 85 ; D. 31 mai 1862, art. 493.)

Les conseils municipaux peuvent porter au budget un crédit pour dépenses imprévues. La somme inscrite pour ce crédit ne peut être réduite ou rejetée qu'autant que les revenus ordinaires, après avoir satisfait à toutes les dépenses obligatoires, ne permettraient pas d'y faire face.

Le crédit pour dépenses imprévues est employé par le maire. Dans la première semaine qui suit l'ordonnancement de chaque dépense, le maire rend compte au conseil municipal, avec pièces justificatives à l'appui, de l'emploi de ce crédit. Ces pièces demeureront annexées à la délibération. (Art. 147.)

Si un conseil municipal n'allouait pas les fonds exigés pour une dépense obligatoire, ou n'allouait qu'une somme insuffisante, l'allocation serait inscrite au budget par décret du Président de la République, pour les communes dont le revenu est de 3 millions et au-dessus et par arrêté du préfet, en conseil de préfecture, pour celles dont le revenu est inférieur.

Aucune inscription d'office ne peut être opérée sans que le conseil municipal ait été, au préalable, appelé à prendre une délibération spéciale à ce sujet. (Art. 149.)

S'il s'agit d'une dépense annuelle et variable le chiffre en est inscrit pour sa quotité moyenne pendant les trois dernières années. S'il s'agit d'une dépense annuelle et fixe ou d'une dépense extraordinaire, elle est inscrite pour sa quotité réelle.

Si les ressources de la commune sont insuffisantes pour subvenir aux dépenses obligatoires inscrites d'office, en vertu du présent article, il y est pourvu par le conseil municipal, ou, en cas de refus de sa part, au moyen d'une contribution extraordinaire établie d'office par un décret, si la contribution extraordinaire ne dépasse pas les limites du maximum fixé annuellement par la loi de finances, et par une loi spéciale, si la contribution doit excéder ce maximum. (Art. 149.)

Un exemplaire du budget, rendu exécutoire, est transmis par le préfet au receveur des finances, qui le fait parvenir, avant le commencement de l'exercice auquel il se rapporte, au receveur municipal chargé de l'exécuter. Un second exemplaire est envoyé, à la même époque, au maire par l'intermédiaire du sous-préfet.

Dans le cas où, pour une cause quelconque, le budget d'une commune n'aurait pas été définitivement réglé avant le commencement de l'exercice, les recettes et les dépenses ordinaires continuent jusqu'à l'approbation du budget à être faites conformément à celui de l'année précédente. Dans le cas où il n'y aurait eu aucun budget antérieurement voté, le budget serait établi par le préfet en conseil de Préfecture. (Art. 150, L. 5 avril 1884.)

Les crédits qui seraient reconnus nécessaires après le règlement du budget sont votés et autorisés, conformément à l'article 145 précité. Ces crédits sont délibérés par le conseil municipal et approuvés par le préfet, sauf dans le cas où le budget est réglé par décret, auquel cas les crédits additionnels doivent également être approuvés par décrets, comme les budgets primitifs et les budgets supplémentaires. (Circ. int. 5 mai 1884.)

Exécution du budget. — Le maire et le receveur municipal concourent simultanément à l'exécution du budget.

Le maire peut seul délivrer des mandats. S'il refusait d'ordonnancer une dépense régulièrement autorisée et liquide, il serait prononcé par le préfet, en conseil de préfecture, et l'arrêté du préfet tiendrait lieu de mandat de maire. (L. 5 avril 1884, art. 152.)

Les recettes et les dépenses communales s'effectuent par un comptable, le receveur municipal, chargé seul, et sous sa responsabilité, de poursuivre la rentrée de tous les revenus de la commune et de toutes les sommes qui lui seraient dues, ainsi que d'acquitter les dépenses ordonnancées par le maire jusqu'à concurrence des crédits ouverts. (Id. art. 62.)

Toutes les recettes municipales pour lesquelles les lois et règlements n'ont pas prescrit un mode spécial de recouvrement, s'effectuent sur les états dressés par le maire. Ces états sont exécutoires après qu'ils ont été visés par le préfet ou le sous-préfet. Les oppositions, lorsque la matière est de la compétence des tribunaux ordinaires sont jugées comme affaires sommaires, et la commune peut y défendre sans autorisation du conseil de préfecture. (Art. 154.)

Toute personne, autre que le receveur municipal, qui, sans autorisation légale, se serait ingérée dans le maniement des deniers de la commune, est, par ce seul fait, constituée comptable ; elle peut, en outre, être poursuivie en vertu de l'article 258 du Code pénal, comme s'étant immiscée sans titre, dans les fonctions publiques. (Id. Art. 155.) — Voy. COMPTABILITÉ OCCULTE.

Ainsi, la loi trace une ligne de démarcation absolue entre les fonctions d'ordonnateur et celles de receveur ou payeur. Les maires ont qualité pour ordonnancer ; non seulement ils ne l'ont point pour percevoir et pour payer, ni pour faire percevoir et payer par d'autres que les receveurs municipaux, mais rien ne leur est plus formellement interdit. En matière de gestion financière, tout acte de cette nature, fait sans droit, est jugé en lui-même et non d'après les intentions qu'on a pu y mettre, parce qu'il détruit la responsabilité sur laquelle tout repose. (Circ. int. septembre 1824.)

Le receveur municipal est tenu de remettre au maire, à la fin de chaque trimestre, comme document servant à contrôler et à suivre les diverses opérations d'ordonnancement, un bordereau de situation qui présente, par exercice, les sommes à recouvrer et à dépenser, ainsi que le montant des recouvrements et des payements effectués sur chaque article du budget, et qui fait ressortir l'encaisse à la fin du trimestre, avec la distinction du numéraire immédiatement disponible, et des fonds placés en compte courant au Trésor.

Toutefois, pour les communes rurales peu importantes, le cadre du bordereau peut être réduit aux seuls développements nécessaires pour donner aux maires une connaissance exacte de la situation des crédits ouverts à chaque article du budget.

Le receveur municipal remet, en outre, au maire, à la fin de chacun des deux premiers mois de chaque trimestre, un état présentant, dans la forme de la récapitulation qui termine le bordereau précité, le résumé de ses recettes et de ses dépenses, avec le montant et la composition de son encaisse.

Au moyen de ces documents, le maire peut suivre la situation des crédits du budget, connaître l'encaisse disponible pour l'acquittement de ses mandats et apprécier l'importance des sommes dont il peut y avoir lieu d'opérer le retrait sur les fonds placés par la commune au Trésor.

Le receveur municipal qui négligerait de fournir au maire le bordereau de situation trimestrielle ou l'état mensuel ci-dessus mentionné, ou qui ne les remettrait pas en temps utile, s'exposerait à l'application des dispositions de la loi du 25 nivôse an V, qui prononce, pour des cas semblables, la privation des remises, sans préjudice des mesures plus sévères, s'il y avait lieu. (Circ. Int. 16 mars et 25 mai 1836 ; I. G. Fin., art. 289 à 292.) — *Dict. des formules*, nos 465 et 466.

Il nous suffira d'avoir indiqué sommairement ici quelles sont les attributions respectives du maire et du receveur municipal, en ce qui concerne l'exécution du budget. On trouvera dans d'autres parties de cet ouvrage l'exposé des règles relatives à la perception des revenus, à l'ordonnancement et à l'acquittement des dépenses. — Voy. Dépenses communales, Maire, Ordonnancement, Receveur municipal, Revenus communaux.

Clôture de l'exercice. Règlement définitif du budget. — Lorsque l'époque de la clôture de l'exercice est arrivée, c'est-à-dire le 31 mars de la seconde année, le maire dresse, de concert avec le receveur municipal, un état des dépenses faites au 31 décembre précédent et qui n'ont pas été payées, soit parce que les entrepreneurs ou fournisseurs n'ont pas produit en temps utile les pièces nécessaires pour la liquidation de leurs créances, soit parce qu'ils n'ont pas réclamé, avant la clôture de l'exercice, le payement des mandats qui leur ont été délivrés. Cet état, qui doit être certifié conforme aux écritures, tant par le receveur que par le maire, reste entre les mains du receveur municipal, qui est provisoirement autorisé à solder, sur les fonds de la caisse, les restes à payer constatés par l'Etat, sans pouvoir toutefois dépasser la limite des crédits.

À la même époque du 31 mars, le maire et le receveur dressent de concert un état des restes à recouvrer sur l'exercice expiré. — *Dict. des formules*, nᵒˢ 468-469.

Le maire prépare en même temps le compte de l'exercice clos, qui doit comprendre, en recette et en dépense, toutes les opérations faites sur cet exercice, jusqu'à l'époque de la clôture. Il joint à ce compte en deniers tous les développements et les explications qui en doivent former la partie morale. (Circ. Int. 10 avril 1835 ; I. G. Fin., art. 824 et 825.)

Ce compte n'est autre que celui que le maire est tenu de présenter annuellement au conseil municipal, conformément à l'article 151. (L. 5 avril 1884.) Nous en indiquons la forme ci-après.

Le receveur municipal établit de son côté, d'après ses écritures, son compte de gestion présentant la situation de l'exercice clos. Une expédition de ce compte, visée par le receveur des finances, qui en certifie les résultats conformes aux écritures du comptable, est remise par le receveur au maire, pour être jointe, comme pièce justificative, au compte administratif et aux autres pièces relatives au règlement de l'exercice.

Par la formation de ces comptes et états, la clôture de l'exercice se trouve constatée. Alors, la situation de cet exercice peut être irrévocablement arrêtée, les résultats désormais connus peuvent être reportés avec exactitude et sans craindre les changements ultérieurs dans le chiffre, au budget de l'exercice courant. Pour établir et arrêter cette situation, il ne reste plus qu'à procéder au règlement définitif des recettes et dépenses de l'exercice clos.

A cet effet, et au moyen des documents dont il est parlé ci-dessus, réunis au budget de l'exercice et aux titres de recettes, tels que contrats de vente, baux, etc., que le receveur doit représenter, le maire prépare le procès-verbal de règlement définitif, qu'il présente, avec toutes les pièces justificatives, à la délibération du conseil municipal, dans sa session ordinaire de mai. (Circ. Int. 10 avril 1835 ; I. G., art. 827 et 828.)

Dans cette session, le conseil municipal procède au règlement définitif de l'exercice clos, de la manière suivante :

En ce qui concerne les recettes, le conseil ramène les évaluations du budget au chiffre des produits réels résultant des titres définitifs ; il rapproche ensuite les recouvrements faits de la somme des produits constatés afin de reconnaître s'il y a balance entre eux, ou s'il reste encore des parties à recouvrer.

En général, les receveurs étant responsables de toutes les sommes à recouvrer d'après les budgets, aux époques fixées par les titres justificatifs des créances, ils doivent se charger en recette, dans leurs écritures, et avant la clôture de l'exercice, de tous les produits constatés. Il ne saurait donc y avoir de restes à recouvrer justifiés que ceux qui proviendraient, soit de non-valeurs, dans le cas de l'insolvabilité reconnue des débiteurs, soit des créances litigieuses et pour lesquelles des poursuites seraient entamées ou qui dépendraient, par exemple, d'une succession non liquidée ou enfin de toute autre circonstance imprévue ou accidentelle.

Le conseil apprécie les motifs de non-recouvrement ; il admet, s'il y a lieu, le reliquat en non-valeurs ou il en renvoie la recette à l'exercice suivant, soit que le recouvrement puisse encore en être obtenu, soit que le reliquat doive être mis à la charge du receveur.

Les sommes admises en non-valeurs sont déduites du montant des recettes, ainsi que les sommes dont la recette est renvoyée à l'exercice suivant ; mais, à l'égard de ces dernières, il doit être fait mention de l'obligation imposée au receveur de les comprendre dans son prochain compte.

Dans aucun cas, cependant, le conseil n'apporte de modification au chiffre des comptes présentés, le jugement de ces comptes étant attribué par les règlements, soit à la cour des comptes, soit au conseil de préfecture.

En ce qui concerne les dépenses, le conseil municipal rapproche les payements du montant des crédits alloués par le budget ou par les autorisations supplémentaires ; il fixe les excédents de crédits, et il détermine s'ils proviennent : de dépenses effectives restées inférieures aux crédits présumés ou de dépenses non entreprises dans le courant de la première année de l'exercice ; de dépenses faites, mais non liquidées ou mandatées à l'époque de la clôture de l'exercice ; enfin, de dépenses mandatées, mais pour lesquelles les mandats n'avaient pas été payés à la même époque. Le conseil prononce l'annulation de ces excédents de crédits.

Les opérations du conseil municipal, pour le règlement définitif des recettes et dépenses de l'exercice clos, se bornent à une vérification, à un contrôle des pièces et des comptes qui lui sont soumis. On a vu comment cette vérification pouvait être faite utilement, et sur quels documents la discussion et l'examen devaient porter. Le conseil peut donc, en connaissance de cause, arrêter le chiffre des recouvrements et celui des payements effectués pour l'exercice clos, et, en les comparant, déterminer l'excédent définitif applicable aux ressources de l'exercice suivant.

Lorsqu'au lieu d'un excédent de recettes, il existe un excédent de dépenses qui ne provient pas de payements irréguliers, et n'est pas dès lors de nature à être mis à la charge du receveur, comme cet excédent sera nécessairement couvert par les ressources restant à réaliser et transportées au nouvel exercice, aucune opération spéciale n'est à faire à cet égard ; le procès-verbal du règlement définitif de l'exercice clos doit seulement le constater, en énonçant qu'il cessera d'exister par l'effet du recouvrement des produits restant à rentrer à l'époque de la clôture. (Circ. Int. 10 avril 1835 ; Inst. gén. des fin., art. 823 à 832, 835 et 836.)

Le conseil municipal consigne les résultats de son examen dans une délibération dont le modèle a été donné par la circulaire du ministre de l'intérieur, du 20 avril 1834. — *Dict. des formules*, n° 472.

Lorsque, dans les communes dont le revenu est de peu d'importance, les opérations de l'exercice sont terminées aux époques de clôture, sans qu'il existe ni restes à payer, ni restes à recouvrer, le conseil municipal mentionne cette circonstance dans sa délibération, et cette mention tient lieu de toute autre justification. (Circ. Int. 15 juin 1836 ; I. G. Fin., art. 837.)

Le règlement définitif du budget est soumis à l'approbation de l'autorité chargée de l'arrêter provisoirement avant l'ouverture de l'exercice.

Le compte d'administration du maire, appuyé du compte de gestion formé par le receveur, doit être transmis en double expédition ; le même envoi comprend le budget supplémentaire de l'exercice courant en deux expéditions, l'état des restes à payer de l'exercice clos, et enfin les délibérations du conseil municipal relatives à ces divers objets.

Le procès-verbal du règlement définitif du budget, les délibérations du conseil municipal, les observations du maire et celles du préfet doivent être disposées dans l'ordre des articles des budgets eux-mêmes. (Circ. Int. 10 avril 1835 ; I. G. Fin., art. 838.)

Écritures et compte du maire. — Au fur et à mesure de chaque opération d'ordonnancement, il doit en être tenu écriture sur des registres ouverts dans chaque mairie.

Dans les grandes administrations municipales, les maires doivent faire tenir un journal et un grand livre pour y consigner sommairement toutes les opérations financières concernant la fixation des crédits, la liquidation, l'ordonnancement et le payement des dépenses; et ces mêmes opérations doivent, en même temps, être décrites avec détail dans des livres ou registres auxiliaires, au nombre et dans la forme déterminés par les préfets, suivant la nature et l'importance des diverses parties du service. (Circ. Int. septembre 1824 ; D. 31 mai 1862, art. 509.)

Dans les autres mairies, un seul registre de comptabilité peut suffire. Au commencement de l'exercice, on y ouvre un compte pour chaque nature de dépense prévue au budget. Le numéro et le montant de l'article du budget sont portés en tête de chaque compte. Chaque ordonnancement est inscrit à la suite au moment où il est effectué. Ce registre est indispensable à l'ordonnateur dans l'intérêt de sa responsabilité et pour pouvoir établir, à la fin de chaque exercice le compte d'administration qu'il doit soumettre à l'examen du conseil municipal et présenter à l'approbation de l'autorité supérieure.

Le compte d'exercice à rendre par le maire ordonnateur présente, par colonnes distinctes, et en suivant l'ordre des chapitres et des articles du budget, en recette: 1° la désignation de la nature de recette; 2° l'évaluation admise par le budget; 3° la fixation définitive de la somme à recouvrer, d'après les titres justificatifs; 4° les sommes recouvrées pendant l'année du budget et pendant les trois premiers mois de la seconde année; 5° la somme restant à recouvrer.

En dépense, le compte présente : 1° la désignation des articles de dépenses admis par le budget; 2° le montant des dépenses autorisées par le budget primitif et par le budget supplémentaire; 3° le montant des droits constatés au 31 décembre; 4° le montant des sommes dépensées jusqu'au 31 mars suivant, époque de la clôture de l'exercice; 5° les restes à payer à reporter au budget de l'exercice suivant; 6° les crédits ou portions de crédits à annuler, faute d'emploi dans les délais prescrits.

Le maire joint d'ailleurs à ce compte de deniers tous les développements et explications qui doivent en former la partie morale, et servir tant au conseil municipal qu'à l'autorité supérieure, à apprécier les actes administratifs du maire, pendant l'exercice qui vient de se terminer. (Circ. Int. 10 avril 1835.) — Dict. des formules, n° 470.

Pour établir un contrôle réciproque entre le compte de l'ordonnateur et celui du receveur, le premier doit être accompagné d'une expédition du compte de l'exercice clos, dressé par le receveur comme il a été dit précédemment.

Les comptes du maire ordonnateur, rendus par exercice, et clos au 31 décembre de la seconde année de l'exercice, sont présentés au conseil municipal, avant la délibération du budget. (Loi 5 avril 1884, art. 151, § 1er.)

L'examen du conseil municipal a principalement pour objet de reconnaître si le maire n'a ordonnancé que des dépenses utiles, régulières et autorisées, et si ses ordonnances ont été restreintes dans les limites des fonds alloués au budget et des crédits supplémentaires.

Dans les séances où les comptes d'administration sont débattus, le conseil municipal désigne au scrutin celui de ses membres qui exerce la présidence. Le maire peut assister à la délibération; mais il doit se retirer au moment où le conseil municipal va émettre son vote. Le président adresse directement la délibération au sous-préfet. (L. 5 avril 1884, art. 52.) — Dict. des formules, n° 473.

Le compte du maire pour l'exercice clos est définitivement approuvé par le préfet. (Loi 5 avril 1884, art. 151, § 2.) En vertu de cette disposition, qui ne fait aucune distinction, le préfet a l'approbation des comptes administratifs de toutes les communes, quel que soit le chiffre de leurs revenus, quand même ce chiffre atteindrait 3 millions. Seulement dans ce dernier cas, le préfet doit adresser au ministre de l'intérieur un exemplaire dûment approuvé des comptes des villes dont le revenu est de 3 millions et au-dessus, afin de permettre au ministre de procéder à l'approbation du budget supplémentaire auquel doivent être reportés les excédents de recette et les restes à payer de l'exercice précédent. (Circ. 15 mai 1884.)

Une copie conforme du compte d'administration, tel qu'il a été vérifié par le conseil municipal, et arrêté définitivement ou provisoirement par le préfet, doit être, comme élément de contrôle, jointe au compte de gestion du receveur municipal, lorsque celui-ci est soumis à l'apurement de tribunal compétent. (D. 31 mai 1862, art. 511.)

Ecritures du receveur municipal. — Le percepteur remplit les fonctions de receveur municipal. Néanmoins dans les communes dont les revenus ordinaires dépassent 30,000 francs, ces fonctions peuvent être confiées, sur la demande du conseil municipal, à un receveur spécial. Ce receveur spécial est nommé sur une liste de trois noms présentée par le conseil municipal. La nomination appartient au préfet dans les communes dont le revenu ne dépasse pas 300,000 francs, et au Président de la République, sur la proposition du ministre des finances, dans les communes dont le revenu est supérieur. En cas de refus, le conseil municipal doit faire de nouvelles présentations. (Loi 5 avril 1884, art. 156.)

En principe, le comptable communal, comme tout autre comptable public, doit décrire tout ce qui se fait, et rien que ce qui se fait ; il doit constater les opérations au fur et à mesure qu'elles ont lieu, sans lacune, surchage, ni rature ; conséquemment, les écritures faites ne peuvent jamais éprouver d'altération, et, si des erreurs ont été commises, elles doivent être rectifiées par de nouvelles écritures. (Inst. gén. des fin. art. 1440.)

La responsabilité des receveurs municipaux et les formes de la comptabilité des communes sont déterminées par des règlements d'administration publique. (Loi 5 avril 1884, art. 158, § 1er.)

Au 31 décembre de chaque année, le maire de la commune chef-lieu de perception est appelé à constater l'existence des valeurs matérielles qui représentent, entre les mains du percepteur-receveur municipal, l'excédent des recettes sur les dépenses de chaque commune, à reconnaître la situation du percepteur envers ses divers services, et à procéder à la clôture des registres.

Ce fonctionnaire, assisté d'un membre du conseil municipal, dresse un procès-verbal de cette opération et fait établir à l'appui un bordereau de situation au 31 décembre. Une ampliation de ce procès-verbal et du bordereau est remise au comptable pour lui servir à justifier l'excédent de recette qui résulte de son compte de gestion pour chaque commune. Une autre ampliation des mêmes pièces est envoyée par le comptable au receveur des finances. (Ord. 31 octobre 1821 et 23 avril 1823 ; Circ. int., 8 février et 30 novembre 1822; Instr. gén. fin., art. 1518.)—*Dict. des formules*, n° 467.

Lorsque la recette municipale n'est pas placée entre les mains du percepteur et se trouve confiée à un receveur spécial, c'est le maire de la commune, assisté d'un membre du conseil municipal, qui procède, comme il est dit ci-dessus, à la clôture des registres.

Compte de gestion du receveur.—Le receveur municipal est tenu de rendre, chaque année, un compte de gestion pour ses opérations de l'exercice clos.

Lorsqu'un compte est présenté par une personne autre que le receveur ou le préposé que l'administration aurait commis d'office à sa reddition, le signataire du compte doit justifier de la procuration spéciale à lui donnée par le receveur, et, si celui-ci est décédé ou hors d'état de donner procuration, par ses héritiers ou ayants cause, lesquels auraient eux-mêmes à justifier de leurs qualités. Le commis d'office est tenu de produire sa commission ou une copie de cet acte dûment certifiée. (Instr. gén. des fin., art. 1530.)

Les comptes doivent être formés de manière à comprendre l'exécution entière d'un budget, tout en présentant la distinction des gestions.

Les opérations des deux périodes de l'exercice clos, appuyées de toutes les justifications prescrites par les lois et règlements, et disposées d'une manière distincte par gestion, sont suivies : 1° de la situation du comptable envers la commune au 31 décembre, de telle sorte que l'excédent de recette à cette époque, étant reporté en tête du compte suivant, les comptes sont liés les uns aux autres sans interruption, selon le vœu des règlements ; 2° du résultat final de l'exercice au moment de sa clôture, lequel résultat est également reporté en tête du compte suivant et compris dans la situation du receveur au 31 décembre. (Décr. 27 janvier 1866, art. 2.)

La situation du comptable au 31 décembre doit présenter d'une manière distincte le solde relatif aux services exécutés hors budget, et celui qui représente les fonds appartenant à la commune. Cet excédent doit être justifié : 1° par le procès-verbal de vérification de caisse dressé à la même époque du 31 décembre ; 2° par un bordereau de situation établi également à la date du 31 décembre, et auquel est annexé un état présentant, par commune, le développement des comptes relatifs aux services hors budget. (Instr. gén. des fin., art. 1541.)

Chaque receveur, n'étant comptable que des actes de sa gestion personnelle, doit, en cas de mutation, rendre compte séparément des faits qui le concernent; en conséquence, les comptes de l'année pendant laquelle s'opère la mutation doivent être divisés suivant la durée de la gestion de chacun des titulaires. (Instr. gén. des fin., art. 1545.)

Les comptes du receveur municipal sont apurés par le conseil de préfecture, sauf recours à la cour des comptes pour les communes dont les revenus ordinaires, dans les trois dernières années, n'excèdent pas 300,000 francs. Ils sont apurés et définitivement réglés par la cour des comptes pour les communes dont le revenu est supérieur. Ces distinctions sont applicables aux comptes des trésoriers des hôpitaux et autres établissements de bienfaisance. (L. 5 avril 1884, art. 157.)

Le nombre d'exemplaires des comptes de gestion est fixé à quatre, savoir : 1° la minute, timbrée, à conserver par le comptable ; 2° une expédition à transmettre à la préfecture, par l'entremise du maire ; 3° une expédition pour le conseil municipal ; 4° enfin, une expédition pour la cour des comptes ou pour le conseil de préfecture (Circ. compt. publ., 30 janvier 1866). Le timbre de la minute destinée au comptable est à la charge des communes.

Les comptes doivent être affirmés sincères et véritables tant en recette qu'en dépense, sous les peines de droit, et être datés et signés par le comptable ou ses ayants cause. (L. 11 frimaire an VII ; 19 brumaire, 23 pluviôse an VIII, et 16 septembre 1807.)

Ils doivent, en outre, être parafés sur chaque feuillet, et ne point offrir d'interligne ; les renvois et ratures doivent être approuvés par le comptable. Après la présentation d'un compte, il ne peut y être fait aucun changement. (L. 8 février 1792, art. 21 ; Inst. gén. des fin., art. 1550.)

Les comptes sont, avant d'être soumis aux conseils municipaux, vérifiés et certifiés exacts dans leurs résultats par les receveurs des finances. (D. 27 janvier 1866, art. 3.)

Les conseils municipaux procèdent à l'examen des comptes dans leur session ordinaire du mois de mai. Pendant le temps de cet examen, le receveur tient ses pièces à la disposition du conseil, pour les lui communiquer lui-même, s'il y a lieu ; et, dans le cas où il devrait laisser provisoirement entre les mains du maire une partie des pièces, ce fonctionnaire lui en délivrerait un bordereau détaillé et dûment certifié. Aussitôt après que la délibération du conseil municipal a été prise, le receveur retire une ampliation de cet acte et du compte administratif, ainsi que les pièces dont il se serait momentanément dessaisi, et il réunit ces éléments aux autres justifications qu'il doit produire à l'autorité chargée de l'apurement du compte. (Inst. gén. des fin., art. 1554.) — Voy. Dict. des formules, n° 474.

Dans les dix jours qui suivent la session de mai, les receveurs municipaux font le dépôt à la recette des finances de la minute et d'une expédition de leurs comptes, avec les pièces à l'appui, les délibérations des conseils municipaux, et les livres au moyen desquels les comptes ont été formés. Le receveur des finances procède à la vérification approfondie de ces pièces et comptes, et il consigne ses observations dans un tableau imprimé à la suite des comptes ; le receveur municipal inscrit ses réponses sur le même tableau ; enfin, le receveur des finances, après avoir prescrit les régularisations nécessaires et consigné au tableau, s'il y a lieu, ses dernières observations, fait sans délai le dépôt ou l'envoi à la préfecture d'une expédition des comptes avec toutes les autres justifications que le comptable doit produire. (Circ. 30 janvier 1866.) Quant aux comptes dont le jugement appartient à la cour des comptes, le receveur des finances les rend au comptable, qui doit adresser lui-même l'expédition, avec toutes les pièces justificatives, au greffier en chef de la cour.

Les comptables qui n'ont pas présenté leurs comptes dans les délais prescrits par les règlements peuvent être condamnés, par l'autorité chargée de juger lesdits comptes, à une amende de 10 à 100 francs par chaque mois de retard pour les receveurs et trésoriers justiciables des conseils de préfecture, et de 50 à 500 francs également par mois de retard pour ceux qui sont justiciables de la cour des comptes.

Ces amendes sont attribuées aux communes ou établissements qui concernent les comptes en retard.

Elles sont assimilées, quant au mode de recouvrement et de poursuite, aux débets de comptables des deniers de l'État et la remise n'en peut être accordée que d'après les mêmes règles. (L. 5 avril 1884, art. 159.)

Les arrêts ou arrêtés définitifs rendus sur les comptes peuvent être attaqués : 1° par la voie du pourvoi devant la juridiction supérieure ; 2° par la voie de la revision devant les premiers juges. (Id. art. 1565.)

Les comptables, les administrations locales, les ministres de l'intérieur et des finances, peuvent se pourvoir devant la cour des comptes contre les arrêtés définitifs des conseils de préfecture. Le pourvoi contre les arrêts rendus en premier ressort par la cour des comptes est porté devant le conseil d'État, mais il ne peut être formé que pour violation des formes ou de la loi. Ces pourvois doivent être introduits dans les trois mois de la notification des arrêts ou arrêtés. La revision des arrêts ou arrêtés définitifs, devant les premiers juges, peut être demandée pour erreurs, omissions, faux ou double emploi reconnus par la vérification d'autres comptes, et à raison de pièces justificatives recouvrées depuis l'arrêt ou l'arrêté. Les lois et règlements n'ont pas fixé de délai au delà duquel toute demande en revision dût cesser d'être admise.

Les pourvois, ainsi que les demandes en revision, ne sont pas suspensifs. Toutefois, l'autorité saisie du pourvoi ou de la demande en révision peut, si elle le juge convenable, accorder un sursis. (Inst. gén. des fin., art. 1565 à 1574.) — Voy. CONSEIL DE PRÉFECTURE, COUR DES COMPTES.

Impression des budgets et des comptes. — Les budgets et les comptes des communes restent déposés à la mairie (art. 160). (L. 5 avril 1884.) Tout habitant ou contribuable a le droit d'en demander communication et d'en prendre copie sans déplacement. (L. 5 avril 1884, art. 58.) Ces budgets et comptes sont rendus publics par la voie de l'impression, dans les communes dont le revenu est de 100,000 francs ou plus, et, dans les autres, quand le conseil municipal a voté la dépense de l'impression. (L. 5 avril 1884, art. 160.) — Voy. BUDGET, BUREAU DE BIENFAISANCE, HOSPICES.

Comptabilité occulte. — On entend par ces mots tout ce qui, en matière de comptabilité, est soustrait aux règles prescrites.

Nul autre que le receveur municipal ne doit s'ingérer dans le maniement des deniers communaux, sous peine d'être déclaré comptable et d'être obligé à faire apurer, devant le tribunal duquel relève le véritable receveur, le compte des recettes et dépenses indûment effectuées, sans préjudice des poursuites qui peuvent être exercées, par application de l'article 258 du Code pénal, contre ceux qui s'immiscent sans titre dans des fonctions publiques. (L. 5 avril 1884, art. 155.)

Le conseil de préfecture qui découvre, ou à qui sont signalés des faits de comptabilité occulte doit, par un premier arrêté, déclarer comptable la personne qui s'est ingérée sans qualité dans le maniement des deniers des communes soumises à sa juridiction. Par ce même acte il impartit au comptable irrégulier le délai dans lequel il aura à produire un compte en due forme présentant les recettes et les dépenses, accompagné des pièces justificatives exigées par les règlements et permettant d'établir la balance des opérations effectuées. Le conseil municipal est ensuite appelé à émettre son avis sur le point de savoir si les dépenses faites par le comptable occulte ont un caractère de véritable intérêt communal, et la délibération qui intervient est soumise à l'approbation du préfet (arrêt, C. d'Etat, 8 avril 1842.) Lorsque le conseil de préfecture a reçu la délibération approuvée et le compte de gestion il doit, comme lorsqu'il s'agit d'un comptable régulier, prendre un premier arrêté prononçant les charges et injonctions qu'il y a lieu de relever contre ce comptable, qui a deux mois, à partir de la notification de cet arrêté pour présenter des observations justificatives. (L. 28 pluviôse an III, chap. II, art. 14, arrêté des consuls 29 frimaire an IX, art. 2. Inst. gén., art. 1560. §§ 4 et 5.) Ce délai expiré, le conseil de préfecture arrête par une seconde décision la situation du comptable, le décharge s'il y a lieu, de sa gestion irrégulière, ou au contraire met définitivement à sa charge, tout ou partie des sommes qui ont fait l'objet du premier arrêté, soit qu'après examen, il rejette des pièces de dépense, soit qu'il force le comptable en recettes.

Le conseil de préfecture avant de procéder au jugement de ces sortes de comptabilité irrégulière doit toujours exiger la production d'un compte en due forme et d'un arrêté préfectoral qui, après la délibération du conseil municipal, décide si les dépenses ont été faites ou non dans un intérêt communal.

Un arrêt du Conseil d'Etat du 28 avril 1876 (commune de Mimbaste) a décidé que les comptes de ceux qui se sont illégalement ingérés dans le maniement des deniers appartenant aux communes ou établissements de bienfaisance, ne devaient pas être jugés autrement que les comptes des receveurs desdites communes ou établissements, c'est-à-dire *en séance non publique.*

Si la gestion occulte présente le caractère du crime de détournement de fonds, il doit être procédé conformément à l'article 169 du Code pénal.

Lorsqu'il y a des pièces et mémoires fictifs, ces circonstances peuvent présenter le caractère de faux et donner lieu à une poursuite criminelle.
— Voy. COMPTABILITÉ COMMUNALE.

Compte rendu des délibérations du conseil municipal. — Le compte rendu qu'il ne faut pas confondre avec le procès-verbal de la séance est une analyse exacte, mais néanmoins sommaire, des délibérations. Il doit être rédigé par le secrétaire sous le contrôle du maire. En cas de refus du secrétaire du conseil, le secrétaire de la mairie pourrait être chargé de sa rédaction. Le compte rendu de chaque séance doit dans la huitaine être affiché par extrait à la porte de la mairie. (Art. 56, loi 5 avril 1884.) C'est à partir de l'affichage que court le délai accordé par l'article 66, pour provoquer l'annulation. — Voy. CONSEIL MUNICIPAL.

Concerts publics. — L'autorité municipale, chargée de la police des spectacles, est tenue de surveiller également les concerts publics ; elle accorde ou refuse son autorisation, suivant que l'intérêt de l'ordre l'exige, fixe l'heure de la clôture de la réunion, et, dans tous les cas, elle doit avoir communication préalable des morceaux de chant ou de musique qui doivent être exécutés afin de s'assurer qu'il n'y en a aucun de nature à exciter les mauvaises passions. — Voy. POLICE MUNICIPALE.

Les concerts sont assujettis à l'impôt sur les spectacles, dit droit des pauvres, et qui se perçoit sur les billets d'entrée. — Voy. SPECTACLES, DROIT DES PAUVRES.

Concession. — Attribution à tel ou tel individu, à telle ou telle association du droit exclusif d'entreprendre un travail public déterminé ; de se livrer à quelque exploitation soumise à l'agrément préalable de l'autorité ; de disposer de telle ou telle portion du domaine public.

On appelle concessionnaire celui qui a obtenu une concession.

Les concessions de terres domaniales en Algérie sont régies par les dispositions du décret du 15 juillet 1874, et le programme de colonisation arrêté en 1877 par le gouverneur général civil de l'Algérie. — Voy. ALGÉRIE ET BULLETIN OFFICIEL DE L'INT. 1877, p. 10.

Concessions de terrains dans les cimetières. — La loi du 24 juillet 1867 rangeait au nombre des délibérations réglementaires les délibérations par lesquelles le conseil municipal votait le tarif des concessions dans les cimetières ; elles ne devaient être soumises à l'approbation préfectorale qu'en cas de désaccord entre le maire et le conseil. Sous l'empire de la loi du 5 avril 1884, ces délibérations sont toujours subordonnées à l'approbation du préfet. (Circ. 25 mai 1884.) — Voy. CIMETIÈRES.

Conciliation. — Dans le langage ordinaire, on entend par conciliation, l'action de concilier, de rapprocher deux personnes divisées d'intérêts ou sur le point de l'être. La loi, dans sa prévoyante sollicitude, a voulu tenter d'empêcher les procès par un moyen semblable, et elle a voulu que les plaideurs ne fussent admis à porter leurs différends devant les tribunaux qu'après être allés d'abord en conciliation. C'est devant le juge de paix qu'a lieu la tentative de conciliation.

Les demandes qui intéressent les communes et les établissements publics sont dispensées des préliminaires de la conciliation. (C. Proc. C., art. 49.)

Concussion. — On désigne ainsi une perception illicite faite sciemment par des agents revêtus de l'autorité publique et agissant au nom de cette autorité.

Tous fonctionnaires, tous officiers publics, leurs commis ou préposés, tous percepteurs des droits, taxes, contributions, deniers, revenus publics ou communaux, et leurs commis ou préposés, qui se rendent coupables du crime de concussion, en ordonnant de percevoir ou en exigeant ou en recevant ce qu'ils savaient n'être pas dû, ou en excédant ce qui était dû pour droits, taxes, contributions, deniers ou revenus, ou pour salaires ou traitements, sont punis, savoir : les fonctionnaires ou les officiers publics, de la réclusion ; et les commis ou préposés, d'un emprisonnement de deux ans au moins et de cinq ans au plus.

Les coupables sont de plus condamnés à une amende dont le maximum est le quart des restitutions et des dommages-intérêts, et le minimum le douzième. (C. P., art. 174.)

Condamnés militaires.

—La notification des jugements militaires rencontre quelquefois des difficultés, par suite du changement de domicile ou de l'extinction de la famille du condamné, de sorte que l'ignorance des condamnations prononcées peut produire des erreurs dans l'admission des enrôlés volontaires.

Pour remédier à ces inconvénients, le ministre de la guerre a, par une circulaire du 17 décembre 1832, prescrit de déposer aux mairies des lieux de naissance des condamnés les extraits des jugements.

Les maires des communes où sont nés les condamnés sont ainsi mis à portée de fournir les documents résultant des jugements déposés aux mairies ; aucun enrôlement volontaire, ne peut s'effectuer sans que la moralité de l'homme soit bien constatée, ainsi que sa capacité légale à être admis sous les drapeaux. — Voy. RECRUTEMENT.

Conférences intercommunales.

—Les conseils municipaux, par l'entremise de leurs présidents et après en avoir averti les préfets, peuvent provoquer la réunion de conférences dans lesquelles sont débattues les questions d'intérêt commun entre les communes. Chaque conseil municipal est représenté dans ces conférences par une commission spéciale composée de trois membres nommés au scrutin secret. Ces conférences peuvent faire des conventions d'entreprendre ou de conserver à frais communs des ouvrages ou des institutions d'utilité commune.

Les décisions qui y sont prises ne sont exécutoires qu'après avoir été ratifiées par tous les conseils municipaux intéressés, et sous les réserves énoncées au chapitre III du titre IV de la loi du 5 avril 1884. Les préfets et sous-préfets peuvent toujours assister à ces conférences. (Art. 116 et 118, loi 5 avril 1884.) Si des questions autres que celles prévues par l'article 116 étaient mises en discussion, le préfet du département où la conférence a lieu déclarerait la réunion dissoute. Toute délibération prise après cette déclaration donnerait lieu à l'application des dispositions et pénalités énoncées à l'article 34 de la loi du 10 août 1871. (Art. 118, loi 5 avril 1884.)

Confiscation.

— Attribution au Trésor et, dans quelques cas, aux parties lésées, d'une chose appartenant à un individu condamné pour certaines infractions à la loi.

La peine de la confiscation générale des biens a été définitivement supprimée par l'article 66 de la charte du 4 juin 1814.

L'amende et la confiscation soit du corps du délit, quand la propriété en appartient au condamné, soit des choses produites par le délit, soit de celles qui ont servi et qui ont été destinées à le commettre, sont des peines communes aux matières criminelles et correctionnelles. (C. P., art. 11.)

Les tribunaux de police peuvent aussi, dans les cas déterminés par la loi, prononcer la confiscation, soit des choses saisies en contraven-

tion, soit des choses produites par la contravention, soit des matières ou
des instruments qui ont servi ou étaient destinés à la commettre. (C. P.,
art. 470.)

Les objets confisqués par jugement du tribunal de police restent au
greffe, et sont vendus, au plus tard dans la quinzaine, au plus offrant
et dernier enchérisseur, suivant les formes ordinaires. (Loi 22 juillet
1791.)

Les différents cas dans lesquels la confiscation peut être prononcée
sont indiqués avec soin dans le cours de cet ouvrage. — Voy. ARMES,
ARTIFICIERS, BOIS, BOISSONS, CHASSE, COLPORTAGE, COMESTIBLES, CON-
TREFAÇON, LOTERIE, MATIÈRES D'OR OU D'ARGENT, POIDS ET MESURES,
POUDRES.

Conflit.—On appelle conflit une contestation entre deux ou plusieurs
autorités, dont chacune veut s'attribuer la connaissance d'une même
affaire ; et aussi la difficulté qui se présente lorsque deux ou plusieurs
autorités se sont déclarées incompétentes pour connaître d'une même
affaire.

Dans le premier cas, le conflit est positif ; dans le second, il est négatif.

Une autre distinction dans les conflits résulte de ce qu'en France la
puissance exécutive se partage entre deux autorités : l'autorité judiciaire et l'autorité administrative.

Le conflit positif ou négatif prend le nom de conflit de juridiction,
quand la difficulté naît des prétentions ou des refus d'autorités du même
ordre, soit judiciaire, soit administratif. Ainsi, il y aurait conflit de juridiction dans l'ordre judiciaire, si un juge de paix ou un tribunal d'arrondissement voulaient s'attribuer, à l'exclusion l'un de l'autre, le jugement d'une affaire, ou refusaient d'en connaître ; de même, dans l'ordre
administratif, si des difficultés semblables étaient suscitées par un
conseil de préfecture et un autre tribunal administratif, la Cour des
comptes, par exemple, ou une commission spéciale des travaux
publics.

Le conflit positif ou négatif prend le titre de conflit d'attribution, si la
difficulté s'élève entre une autorité de l'ordre judiciaire et une autorité
de l'ordre administratif. Ainsi, il y a conflit positif d'attribution, quand
un tribunal d'arrondissement, par exemple, et un conseil de préfecture
se prétendent tous deux compétents pour statuer sur une même affaire.
Il y a conflit négatif d'attribution, si ces mêmes tribunal et conseil se
déclarent successivement incompétents pour la même affaire.

Les conflits de juridiction doivent être déférés par l'autorité supérieur
aux autorités qui ont donné lieu à la difficulté.

Tous les conflits positifs d'attribution sont décidés par le tribunal des
conflits, rétabli par la loi du 24 mai 1872, et composé du garde des
sceaux, président, de trois conseillers d'Etat en service ordinaire, de
trois conseillers à la Cour de cassation nommés par leurs collègues, de
deux membres et de deux suppléants élus par la majorité des autres
juges. (Art. 25.)—Voy. TRIBUNAL DES CONFLITS.

Le conflit d'attribution, de beaucoup le plus important de tous, a été
défini par M. Cuvier, le moyen accordé au pouvoir amovible et responsable pour se défendre contre les invasions du pouvoir inamovible et
irresponsable.

L'ordonnance du 1er juin 1818 a décidé qu'à l'avenir le conflit entre les tribunaux et l'autorité administrative ne sera jamais élevé en matière criminelle.

Les préfets ont le droit exclusif d'élever le conflit. (Arrêté 13 brumaire an X et ordonnance 1er juin 1828.) (1).

Aux termes de l'article 128 du Code pénal, les juges qui, sur la revendication formellement faite par l'autorité administrative d'une affaire portée devant eux, auront, néanmoins, procédé au jugement avant la décision de l'autorité supérieure, doivent être punis d'une amende de 16 francs au moins et de 150 francs au plus.

Après la communication au tribunal, l'arrêté du préfet et les pièces sont rétablis au greffe, où ils doivent rester déposés pendant quinze jours. Le procureur de la République donne avis de ce dépôt aux parties ou à leurs avoués, qui peuvent prendre communication des pièces sans déplacement, pendant un délai de quinzaine. Dans le même délai, ils peuvent remettre leurs observations sur la question de compétence, avec tous les documents à l'appui. (Art. 13.)

Après l'expiration de ce délai de quinzaine, le procureur de la République informe immédiatement le ministre de la justice de l'accomplissement de ces formalités, et lui transmet l'arrêté du préfet, ses propres observations, celles des parties, avec toutes les pièces jointes. (Art. 14.)

Dès que le dossier est parvenu au ministère, le ministre de la justice désigne les rapporteurs immédiatement après l'enregistrement des pièces, et, dans les cinq jours de l'arrivée, il les communique au ministre dans les attributions duquel se trouve le service auquel se rapporte le conflit. (Art. 6 et 12, règlement du 26 octobre 1849.)

Le conflit positif est ensuite instruit et jugé par le tribunal des conflits. —Voy. TRIBUNAL DES CONFLITS.

Confréries. — On désigne sous le nom de confréries des associations religieuses que de simples particuliers, membres d'un même culte, appartenant, d'ordinaire, à une même paroisse, forment entre eux, sous l'invocation de la sainte Vierge ou d'un saint, soit pour contribuer à la célébration et à la pompe du culte, soit pour remplir, dans la commune, certains devoirs de charité ou de piété. Supprimées par la loi du 18 août 1792, les confréries ont pu renaître au retour de la liberté religieuse elle-même, mais elles n'ont plus aucun caractère légal ; ce sont de simples associations de particuliers dont l'existence est tolérée en tant qu'elle ne peut porter atteinte à la tranquillité publique ; mais, ni cette tolérance, ni même une autorisation expresse provenant de l'autorité municipale ne peuvent donner aux confréries le caractère d'établissements publics, de personnes civiles étant aptes à recevoir et à posséder.

Congrégations religieuses. — On désigne sous ce nom des associations de personnes religieuses ou séculières, liées entre elles par les mêmes vœux et s'étant engagées à vivre soit en commun, soit séparément, mais, le plus souvent, en commun, sous l'empire des mêmes règles religieuses.

Les congrégations religieuses, supprimées par le décret des 13-19 février 1790 et du 18 août 1792, reparurent avec le décret du 3 messidor

(1) Voir le *Dictionnaire général d'Administration* de MM. Blanche et Ymbert. — Librairie Paul Dupont.

an XII, et furent bientôt appelées à participer efficacement à deux branches importantes des services publics, les établissements de bienfaisance (D. 18 février 1809), et l'instruction primaire. (O. 20 février 1816, art. 36, 37 et 38.) — Voy. Bureau de bienfaisance, Hospice, Instruction primaire.

Les congrégations religieuses n'acquièrent une existence légale qu'après avoir été reconnues par le gouvernement dans les formes prescrites par la loi du 24 mai 1825 et le décret du 31 janvier 1852.

L'autorisation d'une congrégation nouvelle ne peut résulter que d'une loi; l'autorisation d'un établissement dépendant d'une congrégation déjà autorisée peut être accordée par décret du Président de la République. (L. 24 mai 1825, art. 1, 2 et 3.)

Dans l'un et l'autre cas, la demande d'autorisation doit être appuyée de l'avis du conseil municipal de la commune où l'établissement devra être placé. (Circ. min. 8 mars 1852.)

La présentation d'un projet de loi ayant pour but d'autoriser une congrégation nouvelle ne peut avoir lieu qu'après que les statuts de cette congrégation, dûment approuvés par l'évêque diocésain, ont été vérifiés et enregistrés au Conseil d'État, en la forme requise pour les bulles d'institution canonique. Ces statuts ne peuvent être approuvés et enregistrés s'ils ne contiennent la clause que la congrégation est soumise, dans les choses spirituelles, à la juridiction de l'ordinaire. (Id., art. 2.)

Les congrégations religieuses de femmes peuvent déclarer dans leurs statuts que leurs membres se lient par des vœux. Toutefois, les novices ne peuvent pas contracter de vœux si elles n'ont seize ans accomplis; les vœux des novices âgées de moins de vingt et un ans ne peuvent être que pour un an. Jusqu'à leur majorité, les novices sont obligées de représenter les consentements exigés pour le mariage par les articles 148, 149, 150, 159 et 160 du Code civil. (D. 18 février 1809, art. 6.)

A l'âge de vingt et un ans seulement, elles sont libres de s'engager pour cinq ans. Cet engagement doit être fait en présence de l'évêque ou d'un ecclésiastique délégué par le prélat, et de l'officier de l'état civil qui dresse l'acte et le consigne sur un registre double, dont un exemplaire est déposé entre les mains de la supérieure, et l'autre à la municipalité. (Id., art. 8.)

Un décret du 29 mars 1880 a dissout la congrégation religieuse dite Société de Jésus.

Un second décret de la même date enjoint à toute congrégation ou communauté non autorisée, de faire, dans les trois mois de sa publication, les diligences et justifications nécessaires à l'effet d'obtenir la vérification et l'approbation de ses statuts et règlements pour chacun de ses établissements existant de fait. A l'égard des congrégations d'hommes, il sera statué par une loi. En ce qui concerne les congrégations de femmes, la décision sera rendue soit par une loi, soit par un décret rendu par le Conseil d'État, selon les cas et distinctions légales préexistantes.

A l'expiration du délai de trois mois, toute congrégation ou communauté qui n'aurait pas fait la demande d'autorisation encourrait l'application des lois en vigueur. (Bull. off. int. 1880, p. 44, 46, 48.)

Conseil d'arrondissement. — Ainsi que les conseils généraux de département, les conseils d'arrondissement ont été établis par la loi du 28 pluviôse an VIII, concernant la division du territoire. L'organisation et les attributions des conseils d'arrondissement sont aujourd'hui réglées par les lois des 22 juin 1833 et 10 mai 1838, modifiées par le décret du 3 juillet 1848 et par la loi du 7 juillet 1852.

Organisation. — Il y a dans chaque arrondissement de sous-préfecture un conseil d'arrondissement composé d'autant de membres que l'arrondissement a de cantons, sans que le nombre de conseillers puisse être au-dessous de neuf. Si le nombre des cantons d'un arrondissement est inférieur à neuf, le nombre des conseillers à élire par complément est réparti entre les cantons les plus peuplés de l'arrondissement. (L. 22 juin 1823, art. 20 et 21.)

Cette répartition a été faite par l'ordonnance royale du 20 août 1833, modifiée par le décret du 10 avril 1883 *(Bull. off. int.* 1883, p. 143.)

Les conseillers d'arrondissement sont élus, dans chaque canton, par les citoyens inscrits sur les listes dressées pour l'élection des députés au Corps législatif, conformément aux dispositions des décrets du 2 février 1852. — Voy. ELECTIONS.

Sont éligibles au conseil d'arrondissement les électeurs âgés de vingt-cinq ans au moins, domiciliés dans l'arrondissement, et les citoyens ayant atteint le même âge, qui, sans y être domiciliés, y payent une contribution directe. (D. 3 juillet 1848, art. 14.)

Ne peuvent être nommés membres du conseil d'arrondissement: 1° les préfets, sous-préfets, secrétaires généraux et conseillers de préfecture; 2° les agents et comptables employés à la recette, à la perception ou au recouvrement des contributions, et au payement des dépenses publiques de toute nature; 3° les ingénieurs des ponts et chaussées et les architectes actuellement employés par l'administration dans le département; 4° les agents forestiers en fonctions dans le département, et les employés des bureaux des préfectures et des sous-préfectures. (D. 3 juillet 1848, art. 14; L. 22 juillet 1833, art. 24.)

Nul ne peut être membre de plusieurs conseils d'arrondissement, ni d'un conseil d'arrondissement et d'un conseil général. (L. 22 juin 1833, art. 24.)

Les membres des conseils d'arrondissement sont élus pour six ans. Ils sont renouvelés par moitié tous les trois ans. (Id., art. 25.)

Les conseils d'arrondissement ne peuvent se réunir, s'ils n'ont été convoqués par le préfet en vertu d'un décret qui détermine l'époque et la durée de la session.

Au jour indiqué pour la réunion du conseil d'arrondissement, le sous-préfet donne lecture du décret, et déclare que la session est ouverte.

Le conseil, formé sous la présidence du doyen d'âge, le plus jeune faisant les fonctions de secrétaire, nomme, au scrutin et à la majorité absolue des voix, son président et son secrétaire.

Le sous-préfet a entrée dans le conseil d'arrondissement; il est entendu quand il le demande, et assiste aux délibérations. (L. 22 juin 1833, art. 27.)

Attributions. — La session ordinaire du conseil d'arrondissement se divise en deux parties: la première précède et la seconde suit la session du conseil général. (L. 10 mai 1838, art. 39.)

Dans la première partie de la session, le conseil d'arrondissement délibère sur les réclamations auxquelles donnerait lieu la fixation du contingent de l'arrondissement dans les contributions directes.

Il délibère également sur les demandes en réduction de contributions formées par les communes. (Id., art. 40.)

Le conseil d'arrondissement est appelé à donner son avis : 1° sur les changements proposés à la circonscription du territoire de l'arrondissement, des cantons et des communes, et la désignation de leurs chefs-lieux ; 2° sur le classement et la direction des chemins vicinaux de grande communication ; 3° sur l'établissement et la suppression, ou le changement de foires et des marchés ; 4° sur les réclamations élevées au sujet de la part contributive des communes respectives dans les travaux intéressant à la fois plusieurs communes, ou les communes et le département; 5° et généralement sur tous les objets sur lesquels il est appelé à donner son avis en vertu des lois et règlements, ou sur lesquels il serait consulté par l'administration. (L. 10 mai 1838, art. 41.)

Le conseil d'arrondissement peut donner son avis : 1° sur les travaux de route, de navigation et autres objets d'utilité publique qui intéressent l'arrondissement ; 2° sur le classement et la direction des routes départementales qui intéressent l'arrondissement ; 3° sur les acquisitions, aliénations, échanges, constructions et reconstructions des édifices et bâtiments destinés à la sous-préfecture, au tribunal de première instance, à la maison d'arrêt ou à d'autres services publics spéciaux à l'arrondissement, ainsi que sur les changements de destination de ces édifices ; 4° et généralement sur tous les objets sur lesquels le conseil général est appelé à délibérer, en tant qu'ils intéressent l'arrondissement. (L. 10 mai 1838, art. 42.)

Le préfet communique au conseil d'arrondissement le compte de l'emploi des fonds de non-valeurs, en ce qui concerne l'arrondissement. (Id., art. 43.)

Le conseil d'arrondissement peut adresser directement au préfet, par l'intermédiaire de son président, son opinion sur l'état et les besoins des différends services publics, en ce qui touche l'arrondissement. (Id., art. 44.)

Dans la seconde partie de la session, le conseil d'arrondissement répartit entre les communes les contributions directes. (Id., art. 45.)

Le conseil d'arrondissement est tenu de se conformer, dans la répartition de l'impôt, aux décisions rendues par le conseil général sur les réclamations des communes.

Faute par le conseil d'arrondissement de s'y être conformé, le préfet, en conseil de préfecture, établit la répartition d'après lesdites décisions.

En ce cas, la somme dont la contribution de la commune déchargée se trouve réduite est répartie au centime le franc sur toutes les autres communes de l'arrondissement. (Id., art. 46.)

Si le conseil d'arrondissement ne se réunissait pas, ou s'il se séparait sans avoir arrêté la répartition des contributions directes, les mandements des contingents assignés à chaque commune seraient délivrés par le préfet, d'après les bases de la répartition précédente, sauf les modifications à apporter dans le contingent en exécution des lois. (Id. art. 47.)

Les conseillers d'arrondissement sont appelés à faire partie des conseils de revision et ils sont électeurs sénatoriaux. — Voy. ARRONDISSEMENT, DÉPARTEMENT, SOUS-PRÉFET.

Conseil de fabrique. — En regard du conseil municipal, que la loi a chargé de veiller aux intérêts de la commune, le conseil de fabrique a été institué pour veiller aux intérêts de la paroisse ; étranger au spirituel qui appartient exclusivement au clergé, sa mission est de pourvoir aux nécessités matérielles du culte et d'administrer les biens de l'Eglise. — Voy. FABRIQUE.

Conseil de préfecture. — L'institution qui porte ce nom est une création de la loi du 28 pluviôse an VIII, qui a organisé l'administration intérieure.

Organisation. — Le conseil de préfecture est composé de huit membres, y compris le président, dans le département de la Seine ; — de quatre membres dans les départements suivants : Aisne, Bouches-du-Rhône, Calvados, Charente-Inférieure, Côtes-du-Nord, Dordogne, Eure, Finistère, Gard, Haute-Garonne, Gironde, Hérault, Ille-et-Vilaine, Isère, Loire, Loire-Inférieure, Maine-et-Loire, Manche, Meurthe-et-Moselle, Morbihan, Nord, Orne, Pas-de-Calais, Puy-de-Dôme, Rhône, Saône-et-Loire, Seine-Inférieure, Seine-et-Oise, Somme ; — et de trois membres dans les autres départements. (L. 21 juin 1865, art. 1er.)

Nul ne peut être nommé conseiller de préfecture s'il n'est âgé de vingt-cinq ans accomplis, s'il n'est, en outre, licencié en droit, ou s'il n'a rempli, pendant dix ans au moins, des fonctions rétribuées dans l'ordre administratif ou judiciaire, ou bien s'il n'a été pendant le même espace de temps membre d'un conseil général ou maire. (Id., art. 2.)

Les fonctions de conseiller de préfecture sont incompatibles avec un autre emploi public ou avec l'exercice d'une profession. (Id., art. 3.)

Les conseillers de préfecture sont inéligibles au conseil municipal dans le ressort où ils exercent leurs fonctions, mais ils peuvent légalement faire partie d'un conseil municipal hors du ressort. (art. 33, loi 5 avril 1884.)

Les conseillers de préfecture sont nommés par le Président de la République. Lorsque le préfet assiste au conseil de préfecture, il préside ; en cas de partage, il a voix prépondérante. (L. 28 pluviôse an VIII.)

Chaque année, un décret du Président de la République désigne pour chaque département, celui de la Seine excepté, un conseiller de préfecture, qui devra présider le conseil en cas d'absence ou d'empêchement du préfet. L. 21 juin 1865, art. 4.)

Le secrétaire général de la préfecture remplit les fonctions de commissaire du gouvernement; il donne ses conclusions dans les affaires contentieuses. (Id., art. 5.)

Il y a auprès de chaque conseil général un secrétaire greffier, nommé par le préfet et choisi parmi les employés de la préfecture. (Id., art. 7.)

Attributions. — Les conseils de préfecture appartiennent à la fois à l'administration consultative et à l'administration contentieuse. Leurs membres exercent aussi des fonctions individuelles.

Attributions consultatives. — Le conseil de préfecture est toujours appelé à donner son avis sur les affaires que le préfet, d'après des lois spéciales ne doit décider qu'en conseil de préfecture, c'est-à-dire après avoir entendu l'avis de ce conseil, sans être d'ailleurs tenu de s'y conformer. Voici la nomenclature de ces sortes d'affaires :

1° Répartition de l'impôt entre les communes d'un arrondissement si le conseil d'arrondissement ne s'est pas conformé aux décisions du conseil général. (L. 10 mai 1838, art. 48.)

2° Approbation des délibérations des conseils municipaux concernant les aliénations, échanges ou partages. (L. 5 avril 1884, art. 68, §§ 2 et 69.)

3° Approbation des délibérations municipales relatives à l'aliénation de biens à céder pour l'exécution de travaux publics. (L. 5 avril 1884, art. 68 et 69.)

4° Annulation des délibérations des conseils municipaux prises sur des objets étrangers à leurs attributions ou hors de la réunion légale. L. 5 avril 1884, art. 65 et 66.)

5° Homologation des transactions municipales. (L. 5 avril 1884, art. 68, § 4.)

6° Approbation des délibérations des conseils municipaux ayant pour objet les aliénations et échanges de propriétés communales (D. 9 brumaire an XIII, art. 5; avis conseil d'Etat 29 mai 1808; D. 25 mars 1852), les baux de plus de 18 ans, les transactions et la vaine pâture. (L. 5 avril 1884 art. 68, §§ 1, 2, 4, 6 et 69.)

7° Inscription d'office et allocation au budget communal de fonds non votés pour une dépense obligatoire dont le revenu ne dépasse pas 3 millions. (L. 5 avril 1884, art. 149.)

8° Décision sur le refus du maire d'ordonnancer une dépense autorisée et liquidée. (L. 5 avril 1884, art. 152.)

9° Vente sur les lieux des produits façonnés provenant des bois des communes et des établissements publics.

10° Travaux à exécuter dans les forêts communales ou les établissements publics, pour la recherche et la conduite des eaux, la construction des récipients et autres ouvrages analogues, lorsque ces travaux ont un but d'utilité communale. (D. 25 mars 1852.)

11° Approbation des délibérations des conseils municipaux ayant pour objet d'autoriser les maires à donner main levée des hypothèques inscrites au profit des communes. (O. 15 juillet 1840.)

12° Décision à prendre sur la demande des propriétaires riverains d'une route nationale déclassée et délaissée à l'administration des domaines, à l'effet d'obtenir qu'il soit réservé un chemin d'exploitation. (L. 4 mai 1842, art. 2.)

13° Location amiable, après estimation contradictoire des biens de l'Etat, dont le prix annuel n'excède pas 500 francs;

14° Concessions de servitude à titre de tolérance, temporaires et révocables à volonté;

15° Concessions de biens usurpés lorsque le prix n'excède pas 2,000 francs;

16° Cessions de terrains domaniaux compris dans le tracé des routes nationales, départementales et des chemins vicinaux;

17° Echanges de terrains provenant de déclassement des routes. (L. 20 mai 1836, art. 4.)

18° Liquidation de dépenses, si les sommes liquidées ne dépassent pas 2,000 francs;

19° Demandes en autorisation concernant les constructions de four à chaux, briqueteries, maisons ou fermes près des forêts et bois. (Art. 150, 151 du code forestier.)

20° Approbation des adjudications pour la mise en ferme des bois. (D. 25 mars 1852 et 13 avril 1861, tableau C.)

21° Avis sur les oppositions formées contre les demandes d'autorisation pour les établissements dangereux ou insalubres de première classe. (D. 15 octobre 1810.)

22° Transactions sur les contraventions concernant les poudres à feu, lorsque la valeur des amendes et confiscations n'excède pas 1,000 francs. (D. 13 avril 1861, tableau C.)

23° Détermination du nombre d'hectares de terre qu'il est permis de planter en tabac dans les départements où cette culture est autorisée. (L. 28 avril 1836, art. 187.)

24° Option pour la fourniture de tabac aux manufactures nationales, entre la voie de l'adjudication, celle de la soumission, celle de traités avec les planteurs ou tout autre mode. (L. précitée, art. 203.)

25° Détermination du mode de déclaration à prescrire aux planteurs pour l'exportation. (Id., art. 203.)

26° Règlement des subventions pour dégradation extraordinaire des chemins vicinaux.

Attributions individuelles des membres des conseils de préfecture. — Ces attributions la plupart du temps leur sont déléguées par l'autorité supérieure. Ainsi, un conseiller de préfecture peut être appelé à remplacer le préfet ou le sous-préfet absent ou empêché. Le préfet peut déléguer un conseiller de préfecture pour procéder aux actes prescrits par la loi et qu'un maire refuserait d'accomplir. (L. 18 juillet 1837, art. 15.) Il peut également déléguer à un conseiller de préfecture la présidence du conseil de revision (L. 16 août 1872.) Il peut les charger de procéder au récolement du mobilier de l'évêché ou de l'archevêché. (L. 26 juillet 1829.) Il peut leur confier la présidence du jury chargé de juger l'aptitude des candidats aux bourses dans les lycées. (D. 25 juillet 1849.) Mais indépendamment de toute délégation, un conseiller de préfecture désigné par le préfet doit toujours faire partie du conseil de revision.

Attributions contentieuses proprement dites. — En matière d'administration générale et communale, les conseils de préfecture connaissent des contestations qui s'élèvent entre les départements et les hospices relativement aux indemnités réclamées par les asiles d'aliénés (L. 30 juin 1782, art. 38); des difficultés qui peuvent s'élever entre les communes, et les propriétaires de halles, quant au droit de location et d'acquisition des bâtiments (L. 15-28 mars 1790); des usurpations de biens communaux, sauf le cas où les détenteurs se prétendent propriétaires à tout autre titre que celui d'un partage (L. 9 ventôse an XII, avis conseil d'Etat 1809); des contestations sur les partages de biens communaux ayant eu lieu depuis le 10 juin 1793 jusqu'au 9 octobre an XII; des difficultés relatives au mode de partage de biens indivis entre communes ou sections de communes, et des partages de jouissance de biens communaux entre habitants; des contestations sur la répartition des coupes affouagères (Arr. d'Et. C. 5 mai 1861); sur les rentes de biens communaux, faites en vertu de la loi du 20 mars 1813; sur les refus faits par les communes du rachat de droits de pâturage offert par l'Etat ou par des particuliers propriétaires (C. F., art. 64 et 120); des contestations entre l'administration forestière et les communes ou établissements publics, lorsqu'il s'agit de convertir en bois et d'aménager des terrains en pâturage (C. F.) art. 90); des contestations entre les fabriques et les titulaires d'une cure ou leurs héritiers relativement au compte ou à la répartition des revenus de la cure (D. 6 novembre 1813, art. 28 et 47); sur les contestations entre deux fabriques relativement à la préférence d'attributions de biens ou rentes ayant appartenu à des églises supprimées (D. 10 février 1806); sur les contestations entre les chapitres et chanoines relativement à la propriété des maisons canoniales qu'ils habitent (Ar. du conseil, 3 août 1808); sur les contestations entre les entrepreneurs de pompes funèbres et les fabriques relativement à l'interprétation et à l'exécution des actes d'adjudication (D. 18 mai 1806) ; des contestations relatives à la composition des conseils de fabrique ; des contestations entre les entrepreneurs de spectacles, concerts, etc., et les hospices concernant le recouvrement du droit des pauvres (D. 8 fructidor an XIII, art. 3, arr. du conseil 15 mai 1835), et de celles auxquelles donne lieu l'administration des Monts-de-piété ; sur les réclamations contre les arrêtés des préfets qui interdisent, à la demande d'un propriétaire de source minérale déclarée d'utilité publique, les travaux entrepris par un propriétaire voisin, qui pourraient nuire à la source (L. 14 juillet 1856, art. 4) ; sur les contestations entre les villes et les particuliers à raison des constructions élevées sur les canaux de conduits des eaux (Ar. conseil d'Etat 1er mai 1849 et 18 janvier 1851) ; sur les réclamations formées contre les arrêtés préfectoraux qui ont autorisé des établissements dangereux, insalubres ou incommodes de première ou de deuxième classe (D. 15 octobre 1810, art. 7) ; sur les oppositions à l'arrêté du sous-préfet, qui autorise ou refuse d'autoriser un établissement de troisième classe (même D. et D. 25 mars 1852) ; sur les recours contre les décisions des conseils municipaux qui déclarent un logement insalubre et prescrivent des mesures d'assainissement ; ils peuvent dans ce cas aller jusqu'à prononcer l'interdiction absolue d'habitation (L. 13 avril 1850, art. 6 et 10) ; sur les réclamations relatives au bornage des servitudes militaires défensives établies autour des places fortes (D. 10 août 1853, art. 20) ; sur les contestations relatives aux limites des zones de servitudes autour des magasins à poudre de la guerre et de la marine et la fixation des indemnités dans les cas prévus par la loi (L. 22 juin 1854) ; sur la question de savoir si une place est ou non classée comme place de guerre ; sur les diverses contestations relatives aux marais, attribuées par la loi du 16 septembre 1807 à des commissions spéciales. (L. 21 juin 1865, art. 26.)

En matière de grande voirie et de chemins vicinaux, le conseil de préfecture connaît de toutes les difficultés qui peuvent s'élever entre les propriétaires et l'administration, à l'exception toutefois des questions de propriété qui sont du ressort du tribunal civil.

En matière de travaux publics. — Les conseils de préfecture prononcent sur les difficultés entre les entrepreneurs de travaux publics et l'administration, concernant le sens ou l'exécution des clauses de leurs marchés ; sur les réclamations des particuliers qui se plaignent de torts et dommages provenant du fait des travaux publics (1), lorsque lesdits dommages ont été occasionnés soit par les ordres de l'administration, soit par les autorisations données par elle (arrêts 25 février 1867 et 19 février 1869) (2) ; sur les demandes et contesta-

---

(1) La jurisprudence comprend sous la désignation de travaux publics, non seulement les travaux ordonnés par l'Etat, mais ceux exécutés par les départements, les communes, les établissements publics et encore les associations syndicales.

(2) Le conseil est incompétent relativement aux demandes d'indemnités formées par les particuliers blessés (Arrêts 13 novembre 1816, 12 mai 1869) et pour les dommages causés en dehors des ordres ou instructions, de l'administration soit qu'il s'agisse de fouilles faites hors des lieux spécifiés par elle, soit qu'il s'agisse d'extractions faites en vertu de conventions avec les propriétaires (Arr. C. d'Et. 28 août 1827, 5 novembre 1828, 19 décembre 1839. Cass. 3 août 1837).

tions concernant les indemnités dues aux particuliers à raison des terrains occupés momentanément ou fouillés pour la confection des chemins, canaux ou autres ouvrages publics; sur les contestations relatives aux travaux de curage des rivières non navigables ni flottables et les travaux d'entretien des digues et ouvrages d'art qui s'y rapportent (L. 14 floréal an XI, art. 34); les contestations entre l'administration et les riverains des fleuves et rivières, sur l'indemnité due pour l'établissement d'un chemin de halage (décret 22 janvier 1808); sur les contestations relatives à l'exécution des travaux d'assèchement de mines. (L. 27 avril 1838, art. 5); sur les contestations entre les explorateurs de mines et les propriétaires du sol (L. 21 avril 1810, art. 46); sur les difficultés relatives aux frais et honoraires dus à des ingénieurs pour travaux au compte des communes, des départements et même des particuliers, lorsque, par exemple, ils sont intervenus soit pour le règlement des usines et prises d'eau, soit pour la réparation de dommages causés par suite de contravention aux lois et règlements sur la grande voirie (D. 7 fructidor an XII, art. 15); sur les contestations qui s'élèvent entre les administrateurs et les entrepreneurs ou architectes, soit à raison de leur rémunération, soit à raison de la responsabilité décennale des architectes, soit pour toute autre cause (Arr. C., 16 mars 1857, 21 janvier 1869); sur les contestations relatives aux marchés de fournitures concernant la grande voirie (L. 28 pluviôse an VIII); sur les contestations relatives aux marchés de fournitures passés par les préfets (D. 11 juin 1806; O. 27 mai 1816); sur les contestations relatives à la fixation du périmètre compris dans une association syndicale; à la division des terrains en différentes classes; au classement des propriétés en raison de leur intérêt aux travaux, à la répartition, à la perception des taxes et à l'exécution des travaux (L. 21 juin 1865); sur les contestations relatives aux conventions entre l'administration et des particuliers ou des établissements qui donnent une somme ou un terrain pour l'exécution d'un travail public (Arr. C. d'Et. 31 janvier et 21 mai 1867, 26 juin 1874, Cass. 7 juin 1869); sur les contestations entre les fabriques et les entrepreneurs de pompes funèbres (Arr. C. d'Et. 18 mars 1858); sur les contestations relatives aux marchés pour le travail des détenus et le service des prisons (Arr. C. d'État, 2 avril 1852, 7 février 1867, 10 juin 1870); sur les marchés passés pour le nettoyage des rues (Arr. C. d'État, 10 février 1865, 20 février 1868), ou pour l'éclairage des rues par le gaz (Arr. C. d'Et. 29 mai et 13 juin 1867).

En matière électorale. — Il statue sur les opérations de revision des listes électorales qui lui sont déférées par le préfet lorsque les formalités et délais prescrits par la loi n'ont pas été observés et fixe, s'il y a lieu, un nouveau délai dans lequel les opérations doivent être refaites. Il connaît de la validité des élections des conseils d'arrondissement, des conseils municipaux, des commissions syndicales instituées pour représenter les sections de commune, des conseils de prud'hommes sauf les questions d'État qui sont réservées aux tribunaux compétents. (L. 5 avril 1884, art. 37, 38 et 39 et 1er juin 1853.) — Voy. ELECTIONS MUNICIPALES, ELECTIONS DÉPARTEMENTALES.

En matière de contributions directes. — D'après la jurisprudence du conseil d'État, le conseil de préfecture a compétence pour statuer sur tout le contentieux des contributions directes aussi bien sur la légalité de l'impôt que sur la régularité des actes en vertu desquels il est procédé au recouvrement, par exemple la confection et la publication des rôles (Arr. du C. d'Et. 22 février 1821, 26 juillet 1854, 30 mai 1861, 16 décembre 1868). Il prononce en premier ressort sur les demandes en décharge ou réduction présentées par les contribuables (L. 28 pluviôse an VIII, art. 4 ; 21 avril 1832, art. 28 ; 20 février 1849, art. 2) ; sur les états des cotes indûment imposées, présentés par les percepteurs (L. 3 juillet 1846, art. 6) ; sur les demandes à fin d'inscription au rôle ou de mutation de cotes (L. 21 avril 1832, art. 28, arrêté des consuls du 24 floréal an VIII, art. 2, et loi du 24 avril 1844, art. 23) ; sur les demandes en dégrèvement de contribution foncière pour cause de vacances dans les villes de 20,000 âmes et au-dessus (L. 28 juin 1833, art. 5) ; sur les réclamations relatives au classement cadastral des immeubles (L. 15 septembre 1807 ; O. 3 octobre 1821, règlement 15 mars 1827). Sa compétence s'étend aux réclamations individuelles formées contre les taxes assimilées aux contributions directes telles que taxe des biens de main morte (L. 20 février 1849) ; redevances sur les mines (L. 21 avril 1810, art. 33, 34 et 37) ; taxes pour l'assèchement des mines (L. 27 avril 1838, art. 5) ; taxes pour travaux de salubrité et pour travaux relatifs au curage des rivières et canaux non navigables et pour l'entretien des digues et ouvrages d'art qui s'y rapportent (L. 16 septembre 1807, art. 37), ainsi que pour les travaux entrepris par les associations syndicales autorisées (L. 16 septembre 1807, art. 37 ; 21 juin 1865, art. 15, et 14 floréal an XI, art. 4) ; taxes pour la vérification des poids et mesures (L. 1er vendémiaire an IV et 17 avril 1839) ; taxes pour les médecins inspecteurs des eaux thermales (arrêtés 3 floréal an VIII, 6 nivôse an XI, lois annuelles de finances) ; taxes pour le pavage des rues, l'entretien et l'établissement des trottoirs (Av. du C. d'Et. 25 mars 1807, loi 7 juin 1845) ; taxes de pâturage, d'affouage et autres taxes municipales (L. 5 avril 1884, art. 133) ; taxe sur les chiens (L. 5 avril 1884, art 135) ; taxe sur les chevaux et voitures (L. 2 juillet 1862, art. 4 et suiv. et loi du 16 septembre 1871) ; taxes sur les billards, cercles et lieux de réunion (L. 16 septembre 1871, art. 7 et 8, et 18 décembre 1871, art. 5) ; taxes pour frais d'inspection des pharmaciens-droguistes (arrêté 25 thermidor an XI ; L. 15 mai 1818, art. 87, et décret 23 mars 1859) ; taxes pour les dépenses des bourses et chambres de commerce. (L. 23 juillet 1820, 14 juillet 1838, art. 4, et 25 avril 1844, art. 33.)

En matière de contributions indirectes. — Le rôle du conseil de préfecture est très limité, car presque tout le contentieux de cette administration ressortit aux tribunaux de l'ordre judiciaire. Cependant le conseil de préfecture statue sur les contestations relatives au recouvrement de l'impôt sur les boissons (L. 28 avril 1816, art. 49 et 78) ; sur les contestations entre les villes et les régisseurs d'octroi relativement à l'interprétation des baux (D. 17 mai 1809, art. 136) et sur les réclamations formées par les planteurs de tabac qui contestent les résultats des décomptes de leurs fournitures ou plantations. (L. 28 avril 1816, art. 201 et 214.)

En matière de comptabilité des communes et établissements. — Le conseil de préfecture reçoit et juge les comptes des receveurs des communes, hospices, établissements de bienfaisance ainsi que ceux des économes des écoles normales primaires, lorsque le revenu de la commune ou de l'établissement ne dépasse pas 30,000 francs (Ordon. 23 avril 1823 ; ordon. 22 janvier 1831 ; ordon. 7 juillet 1844, L. 5 avril

1884, art. 156). Il est aussi chargé d'apurer, dans les mêmes conditions, les comptes des receveurs des associations syndicales autorisées (L. 21 juin 1865). Enfin il statue également sur les comptes des individus qui, sans être comptables, se sont ingérés dans le maniement des deniers communaux (L. 5 avril 1884, art. 155). Le jugement de tous ces comptes doit avoir lieu en séance non publique (arrêt du C. d'Etat 28 avril 1876). Les appels de décisions des conseils de préfecture en matière de comptabilité sont portés devant la cour des comptes.

Attributions répressives. — Le caractère spécial de la juridiction répressive des conseils de préfecture est qu'il ne saurait jamais infliger de peine corporelle, il ne peut que condamner à des amendes et ordonner la destruction des ouvrages faits en contravention. Le conseil de préfecture est compétent pour réprimer les contraventions de grande voirie, telles qu'anticipations, dépôts de fumiers et autres objets, détériorations commises sur les routes, les arbres qui les bordent sur les fossés, ouvrages d'art et matériaux destinés à leur entretien, ainsi que celles commises sur les canaux, fleuves et rivières navigables, les chemins de halage, francs-bords, fossés et ouvrages d'art. Leur compétence à cet égard s'étend aux ports maritimes et de commerce, aux travaux à la mer et aux chemins de fer ; (L. 29 floréal an X, art. 1er décret du 16 décembre 1811, art. 114 ; D. 10 avril 1812 ; L. 15 juillet 1845, art. 2 et 11). Il en est de même pour les contraventions commises dans les rues de Paris qui ont été placées sous le régime de la grande voirie par le décret du 27 octobre 1808 et l'ordonnance du 24 décembre 1823.

En outre, le conseil de préfecture prononce sur les contraventions à la police du roulage (Loi 30 mai 1851, art. 17) ; sur celles relatives à la conservation des travaux de desséchement, des digues contre les torrents, rivières et fleuves et des ouvrages à la mer (Lois 16 septembre 1807, art. 27 ; D. 10 avril 1812) ; sur les contraventions à la police des carrières et tourbières (Loi 21 avril 1810, art. 50) ; sur les contraventions aux servitudes militaires sur les terrains joignant les places de guerre ou postes militaires, avoisinant les magasins à poudre, ou résultant de la délimitation de la zone frontière (Lois 17 juillet 1819, art. 11 ; 22 juin 1854 et 7 avril 1851) ; enfin sur les contraventions aux lois et règlements sur la police des lignes télégraphiques. (D. 27 décembre 1851.)

Attributions de tutelle. — Le conseil de préfecture exerce un pouvoir propre de tutelle à l'égard des communes et des établissements religieux ou de bienfaisance en ce qui concerne les autorisations de plaider. Les communes, sections de communes, hospices, bureaux de bienfaisance, séminaires, menses épiscopales ou curiales, chapitres, fabriques, consistoires protestants ou israélites, ne peuvent ester en justice sans y avoir été préalablement autorisés par le conseil de préfecture (Loi 5 avril 1884, art. 12 ; Arr. 7 messidor an IX ; D. 6 novembre 1813 ; D. 30 novembre 1809 ; O. 23 mai 1834 et O. 25 mai 1844). D'après un avis du Conseil d'Etat du 21 mai 1841, la nécessité de l'autorisation s'étendrait même aux congrégations religieuses Il appartient aussi au conseil de préfecture d'autoriser les receveurs des établissements de bienfaisance, soit à donner main levée des oppositions formées pour la conservation des droits des pauvres et des hospices, soit à consentir radiation, changement et limitation des inscriptions hypothécaires. (D. 11 thermidor an XII. — Voy. ACTIONS JUDICIAIRES, PROCÈS.

Les séances des conseils de préfecture statuant sur les matières con-tentieuses sont publiques. (L. 21 juin 1865, art. 8.)

Les requêtes et mémoires introductifs d'instance, et en général toutes les pièces concernant les affaires sur lesquelles le conseil de préfecture est appelé à statuer par la voie contentieuse, doivent être déposés au greffe du conseil (D. 12 juillet 1865, art. 1er). La requête à peine de nullité doit être faite sur papier timbré. Il n'y a d'exception qu'en matière électorale et en matière de contributions directes pour les cotes au-dessous de 30 francs.

Immédiatement après l'enregistrement des requêtes et mémoires, le préfet ou le conseiller qui le remplace désigne un rapporteur auquel le dossier de l'affaire est transmis dans les vingt-quatre heures. (Id., art. 3.)

Sur la proposition du rapporteur, le conseil de préfecture règle les communications à faire aux parties intéressées, soit des requêtes et mémoires introductifs d'instance, soit des réponses à ces requêtes et mémoires. Il fixe, eu égard aux circonstances de l'affaire, le délai qui est accordé aux parties pour prendre communication des pièces et fournir leurs défenses ou réponses (Id., art. 4). Mais il ne peut refuser d'examiner un mémoire présenté avant le jour de l'audience, en se fondant sur ce qu'il aurait été produit après l'expiration du délai imparti aux parties. (Arr. C. d'Et. 15 décembre 1876.)

Les décisions prises par le conseil pour l'instruction des affaires sont notifiées aux parties dans la forme administrative. (Id., art. 5.)

Lorsqu'il s'agit de contraventions, le sous-préfet, dans les cinq jours qui suivent la rédaction du procès-verbal et son affirmation, fait faire au contrevenant, dans la forme administrative, notification de la copie du procès-verbal ainsi que de l'affirmation, avec citation devant le conseil de préfecture. La citation doit indiquer au contrevenant qu'il est tenu de fournir ses défenses écrites dans le délai de quinzaine, et l'invite à faire connaître s'il entend user du droit de présenter ses observations orales. Il est dressé acte de la notification et de la citation. (Id., art. 8.)

Le rôle de chaque séance publique est arrêté par le préfet ou par le conseiller qui le remplace sur la proposition du commissaire du gouvernement (art. 11). Les membres du conseil peuvent, comme les juges de droit commun, être récusés avant le commencement des plaidoiries. (Arr. 19 fructidor an IX ; C. de proc. civ. art. 378 et 382.)

Toute partie qui a fait connaître l'intention de présenter des observations orales doit être avertie, à peine de nullité, quatre jours à l'avance par lettre non affranchie, à son domicile ou à celui de son mandataire ou défenseur, du jour où l'affaire sera appelée en séance publique. (Id., art. 12 ; Arr. Cons. d'Etat, 16 juin, 18 août 1866 et 18 décembre 1874.)

Après le rapport qui est fait sur chaque affaire par un des conseillers, les parties peuvent présenter leurs observations, soit en personne, soit par mandataire. La décision doit toujours être motivée, elle est prononcée en audience, après délibéré hors de la présence des parties (L. 21 juin 1855, art. 9). Au cas où un conseiller général ou à défaut de conseiller général, un chef de bureau de la préfecture aurait été appelé à siéger en remplacement d'un conseiller de préfecture, titulaire empêché, l'arrêté doit faire mention de l'empêchement et de la décision qui a appelé à siéger le membre étranger au conseil. L'omission de cette mention constitue un vice de forme susceptible d'entraîner l'annulation de l'arrêté (Arr. Cons. d'Etat, 23 janvier 1880 et 14 juillet 1859). L'arrêté doit aussi mentionner, à peine de nullité, les motifs et le visa des lois appliquées, la mention de la publicité de l'audience et les conclusions du commissaire du gouvernement (Arr. 10 et 12 janvier 1865, 16 juin 1866, 12 février et 20 août 1867, 27 novembre 1874). Le conseil règle les dépens. (Arr. 26 décembre 1867.)

La minute des décisions est conservée au greffe, pour chaque affaire, avec la correspondance et les pièces relatives à l'instruction. Les pièces qui appartiennent aux parties leur sont remises sur récépissé. (D. 2 juillet 1865, art. 14.)

Les expéditions des arrêtés doivent être revêtues de la formule exécutoire; elles sont délivrées aux parties intéressées par le secrétaire général. Le préfet fait transmettre aux administrations publiques expédition des décisions dont l'exécution rentre dans leurs attributions. (Id., art. 15.)

Les comptes des receveurs des communes et des établissements de bienfaisance ne sont pas jugés en séance publique. (L. 21 juin 1865, art. 10.)

Les arrêts des conseils de préfecture ont les effets des jugements ordinaires; ils emportent hypothèque. (Arr. du Cons. d'Et. 12 décembre 1818.)

Recours. — Le recours au Conseil d'Etat, contre les arrêtés du conseil de préfecture, est la seule voie pour les faire annuler. Cet appel est ouvert contre tout arrêté contradictoire dans les trois mois de la signification. L'obligation de se pourvoir dans le délai de trois mois est imposée aux communes comme aux particuliers. Le recours en principe n'est pas suspensif. (Loi 24 mai 1872, voyez CONSEIL D'ETAT.)

Conseil de prud'hommes. — Voy. PRUD'HOMMES.

Conseil d'Etat. — Le Conseil d'Etat est un des trois grands corps de l'Etat. Il prend rang après le Sénat et la Chambre des députés.

Organisation. — L'organisation actuelle du Conseil d'Etat est régie par les lois du 24 mai 1872, du 25 février 1875, celle du 13 juillet 1879 et le règlement d'administration publique du 2 août même année, modifié en ce qui touche la composition des sections par le décret du 26 décembre 1881.

Le Conseil d'Etat se compose : 1° de trente-deux conseillers en service ordinaire; 2° de dix-huit conseillers en service extraordinaire; 3° de trente maîtres des requêtes; 4° de trente-six auditeurs, savoir : douze de première classe et vingt-quatre de seconde.

Attributions. — Le Conseil d'Etat est investi d'attributions législatives, administratives et contentieuses.

Attributions législatives. — Aux termes de l'article 8 de la loi du 24 mai 1872, le Conseil d'Etat donne son avis : 1° sur les projets d'initiative parlementaire que les Chambres jugent à propos de lui renvoyer ; 2° sur les projets de loi préparés par le gouvernement et qu'un décret spécial ordonne de lui soumettre.

Attributions administratives. — Les attributions du Conseil d'Etat en matière administrative sont aussi nombreuses qu'importantes ; elles s'étendent à toutes les branches des services publics. Ainsi, le Conseil d'Etat est associé à la surveillance du gouvernement sur les actes de diverses natures qu'entraîne la pratique des cultes, tant au point de vue spirituel qu'au point de vue temporel.

L'article 7 énumère les principales affaires qui doivent ainsi être soumises à l'assemblée générale du Conseil d'Etat.

Attributions contentieuses. — Le Conseil d'Etat au contentieux statue dans trois conditions différentes : tantôt comme juge du premier et dernier ressort, tantôt comme juge d'appel, tantôt aussi comme Cour de cassation.

Le Conseil d'Etat prononce comme juge de premier et dernier ressort sur l'interprétation des actes du chef de l'Etat ou des souverains antérieurs à 1789 et des ministres.

Le Conseil d'Etat est juge d'appel : 1° des décisions rendues par les conseils de préfecture, notamment en matière de contributions de travaux publics et d'élections ; en ce qui concerne les élections municipales les recours sont régis par les dispositions des articles 38 et 40 de la loi du 5 avril 1884. — Voy. Elections. Le Conseil d'Etat est également juge des recours formés contre les arrêtés préfectoraux déclarant des conseillers municipaux démissionnaires d'office (Art. 36 et 60, loi 5 avril 1884) ; 2° contre les commissions instituées pour fixer les indemnités de plus-value en exécution de l'article 30 de la loi du 16 septembre 1807 ; 3° contre les ministres dans le cas où ils prononcent comme juges ; 4° par les juridictions administratives instituées aux colonies.

Le Conseil d'Etat statue comme Cour de cassation en se bornant à casser les actes irréguliers sans y substituer une autre décision :

1° Sur les recours formés pour incompétence et excès de pouvoirs contre les arrêts de la Cour des comptes (Art. 17, loi 16 septembre 1807) ;

2° Sur les recours formés pour incompétence, et excès de pouvoirs contre les décisions des conseils de revision pour le recrutement de l'armée, ainsi que sur les recours formés par le ministre de la guerre pour violation de la loi contre les décisions de ces conseils (Loi 27 juillet 1872, art. 30) ;

3° Sur les recours pour excès de pouvoirs dirigés contre les autres juridictions administratives qui statuent en dernier ressort, telles que le conseil supérieur d'instruction publique ; le conseil départemental ;

4° Sur les recours formés contre les actes des conseils administratifs, dans le cas où ils ont un pouvoir propre, comme les conseils généraux, les commissions départementales. En ce qui concerne les commissions départementales, il peut dans certains cas annuler leur décision, non seulement pour excès de pouvoirs, mais aussi pour violation de la loi ou d'un règlement d'administration publique ;

5° Sur les recours pour excès de pouvoirs contre les actes de toutes les autorités administratives ; maires, sous-préfets, préfets, ministre, chef de l'Etat. L'article 67, loi 5 avril 1884, a donné le caractère contentieux au recours introduit par un conseil municipal ou toute partie intéressée contre l'arrêté du préfet qui annule une délibération du conseil municipal ;

Mode de procéder. — Des recours peuvent être formés sans intermédiaire d'avocat : 1° en matière de contributions directes et de taxes assimilées (Loi 21 avril 1832, art. 30) ; 2° en matière d'élections aux conseils généraux, aux conseils d'arrondissement et aux conseils municipaux (Lois 22 juin 1833, art. 13 ; 5 avril 1884, art. 45 ; 31 juillet 1875) ; 3° en matière de police du roulage (Loi 30 mai 1851, art. 25), et généralement en matière répressive (Loi 21 juin 1865) ; 4° en matière de pensions (Décret 2 novembre 1864, art. 1er) ; 5° en matière d'excès de pouvoirs commis par les autorités administratives ou commissions départementales. (Décret précité et loi 10 avril 1871, art. 88.)

Le pourvoi doit, en règle générale, être formé dans le délai de trois mois, à dater du jour où la décision attaquée a été notifiée, mais l'article 38 de la loi du 12 août 1871 a réduit à deux mois le délai pour les pourvois formés contre les décisions de la commission départementale. Ce délai doit être calculé par mois et non par jour, et on ne doit y comprendre ni le jour de la notification, ni le jour du terme. L'article 40 de la loi du 5 avril 1884 a réduit ce délai à un mois en matière d'élections municipales.

Le pourvoi n'est jamais suspensif à moins que le Conseil d'Etat n'en ait autrement ordonné. (Art. 3, décret 22 juillet 1806, confirmé par art. 24, loi 24 mai 1872.) Le recours n'est suspensif que dans trois cas : 1° s'il est formé contre une décision d'une commission départementale dans les conditions prévues par l'article 88 de la loi du 10 août 1871 ; 2° s'il est formé par un particulier élu conseiller d'arrondissement, contre un arrêté du conseil de préfecture annulant les opérations électorales (Loi 22 juin 1833, art. 54) ; 3° il est formé en matière d'élections municipales. (L. 5 avril 1884, art. 40.)

Voies de recours. — Les voies de recours contre les décisions du Conseil d'Etat, sont : 1° l'opposition pour les décisions rendues par défaut ; elle doit être formée dans le délai de deux mois (Art. 29, décret de 1806 et art. 4, décret du 2 novembre 1864) ;

2° La tierce opposition de la part de celui dont les droits sont atteints par une décision sans avoir été appelé en cause personnellement ou par représentant (Art. 37, décret de 1806) ;

3° Les décisions contradictoires peuvent être attaquées par voie de requête civile lorsque la décision a été rendue sur pièces fausses, ou si la partie a été condamnée faute de représenter une pièce retenue par son adversaire (Art. 32, décret de 1806) ;

4° Enfin, les décisions contradictoires peuvent également être attaquées par recours en revision pour violation des formes prescrites par les articles 15, 17, 18, 19, 20, 21 et 22 de la loi du 24 mai 1872. Le recours doit alors être formé dans le délai de deux mois.

Conseil général. — Il y a dans chaque département un conseil général, lequel élit dans son sein une commission départementale. (L. 10 août 1871, art. 1 et 2.)

Le préfet est chargé de l'instruction préalable des affaires qui intéressent le département, ainsi que de l'exécution des décisions du conseil général et de la commission départementale. (Id., art. 3.)

Formation des conseils généraux. — Chaque canton du département élit un membre du conseil général. (Id., art. 4.)

L'élection se fait au suffrage universel, dans chaque commune sur les listes électorales dressées pour les élections municipales. (L. 10 août 1871, art. 5.)

Sont éligibles au conseil général tous les citoyens inscrits sur une liste d'électeurs ou justifiant qu'ils devaient y être inscrits avant le jour de l'élection, âgés de vingt-cinq ans accomplis, qui sont domiciliés dans le département; et ceux qui, sans y être domiciliés, y sont inscrits au rôle des quatre contributions directes au 1er janvier de l'année dans laquelle se fait l'élection, ou justifiant qu'ils devaient y être inscrits à ce jour, ou qui ont hérité depuis la même époque d'une propriété foncière dans le département. Toutefois le nombre des conseillers généraux non domiciliés ne peut dépasser le quart du nombre total dont le conseil doit être composé. (Id., art. 6.)

Lorsque le nombre des conseillers non domiciliés dépasse le quart du conseil, le conseil procède à un tirage au sort pour désigner celui ou ceux dont l'élection doit être annulée.

Ne peuvent être élus membres du conseil général: 1° les préfets, sous-préfets, secrétaires généraux et conseillers de préfecture dans toute la France (Circ. Int. 19 septembre 1871); 2° les procureurs généraux, avocats généraux et substituts du procureur général et tous les fonctionnaires énumérés à l'article 8 de la loi du 10 août 1871. Au point de vue communal citons notamment : ... 12° les ministres des différents cultes dans les cantons de leur ressort. Cette inéligibilité ne frappe que les ministres des cultes ayant autorité dans les paroisses et non dans les simples prêtres habitués; 13° les agents et comptables de tout ordre, employés à l'assiette, à la perception et au recouvrement des contributions directes ou indirectes, et au payement des dépenses publiques de toute nature, dans le département où ils exercent leurs fonctions.

Le mandat de conseiller général est incompatible, dans le département, avec les fonctions d'architecte départemental, d'agent voyer, d'employé des bureaux de préfecture et de sous-préfecture, et généralement de tous les agents salariés ou subventionnés sur les fonds départementaux.

La même incompatibilité existe à l'égard des entrepreneurs des services départementaux.

Enfin, aux termes des articles 10 et 11 de la loi du 10 août 1871, nul ne peut être à la fois membre de plusieurs conseils généraux, ni d'un conseil d'arrondissement et d'un conseil général.

Sessions. — Les conseils généraux ont chaque année deux sessions ordinaires. (L. 10 août 1871, art. 23, § 1er.) L'ouverture de la première session annuelle a lieu de plein droit le second lundi qui suit le jour de Pâques; sa durée ne peut excéder 15 jours (12 août 1876, art. 22, § 4. La deuxième session dans laquelle sont délibérés le budget et les comptes commence de droit le 1er lundi qui suit le 15 août et ne peut être retardée que par une loi; sa durée ne peut excéder un mois. (L. 10 août 1871, art. 23, §§ 2 et 4.) En Corse la session ordinaire qui suit le 15 août commence de plein droit le deuxième lundi de septembre. (L. 31 juillet 1875.) Les prorogations comptent dans la durée légale des sessions.

A l'ouverture de la session d'août, le conseil général, sous la présidence du doyen d'âge, le plus jeune membre faisant fonction de secrétaire, nomme au scrutin et à la majorité absolue son président, un ou plusieurs vice-présidents et ses secrétaires. Leurs fonctions durent jusqu'à la session d'août de l'année suivante. (Id., art. 25.) Le conseil général fait son règlement intérieur. (L. 10 août 1871, art. 26.) Les dispositions introduites dans ce règlement peuvent être annulées pour excès de pouvoir. (Décision, conseil d'Etat, 16 juillet 1875.)

Les séances des conseils généraux sont publiques. Néanmoins, sur la demande de cinq membres, du président ou du préfet, le conseil général, par assis et levé, sans débats, décide s'il se formera en comité secret. (Id., art. 28.)

Le préfet a entrée au conseil général, il est entendu, quand il le demande et assiste aux délibérations, excepté lorsqu'il s'agit de l'apurement de ses comptes. Il peut se faire assister ou même représenter par le secrétaire général, sur simple délégation verbale. (Décis. minist. Int., 21 août 1877.)

Tout électeur ou contribuable du département a droit de demander communication et de prendre copie, sans déplacement, des délibérations des conseils généraux, ainsi que des procès-verbaux des séances publiques et de les reproduire par la voie de la presse. (Art. 32 L. 10 août 1871, Circ. du 10 septembre 1874.)

Vérification des pouvoirs.—Les élections au conseil général peuvent être arguées de nullité par tout électeur du canton, par les candidats et par les membres du conseil général. Leur réclamation doit être déposée dans le délai de dix jours après l'élection, soit au secrétariat général du contentieux du Conseil d'État, soit au secrétariat général de la préfecture. Il en est toujours donné récépissé.

Le préfet, de son côté, a vingt jours, à partir de la réception des procès-verbaux, pour attaquer l'élection.

Les réclamations doivent, dans tous les cas, être notifiées aux parties intéressées dans le délai d'un mois, à partir du jour de l'élection.

Durée du mandat. — Renouvellement triennal. — Les conseillers généraux sont élus pour six ans; ils sont renouvelés par moitié tous les trois ans et indéfiniment rééligibles. La période de six ans se calcule non pas de jour à jour, mais d'après le nombre de sessions auxquelles les conseillers doivent prendre part.

En cas de renouvellement intégral, dans la session qui suit ce renouvellement, le conseil général divise les cantons du département en deux séries, et il procède ensuite à un tirage au sort pour régler l'ordre du renouvellement des séries. (Loi 10 août 1871, art. 21.)

ATRIBUTIONS DU CONSEIL GÉNÉRAL. — Le conseil général est investi d'attributions souveraines, délibérantes, consultatives et enfin de fonctions personnelles et politiques.

ATTRIBUTIONS SOUVERAINES. — Il exerce ces attributions : 1° soit comme délégué du pouvoir législatif; 2° soit comme représentant légal du département; 3° soit comme tuteur des communes.

1° *Comme délégué du pouvoir législatif* le conseil général répartit chaque année à la session d'août, les contributions directes assignées au département entre les divers arrondissements en se conformant aux règles établies par les lois. Avant d'effectuer ce répartement, il statue sur les demandes délibérées par les conseils d'arrondissement en réduction de contingent et il prononce définitivement sur celles formées par les communes et préalablement soumises au conseil d'arrondissement.

Il est à remarquer que les décisions du conseil général sur les réclamations des conseils d'arrondissement et des communes sont entièrement souveraines et à l'abri de tout recours. Elles ne pourraient être annulées par décret que pour violation de la loi.

— Si le conseil général ne se réunissait pas ou s'il se séparait sans avoir arrêté la répartition des contributions directes, les mandements des contingents seraient délivrés par le préfet, d'après les bases de la répartition précédente, sauf les modifications à apporter dans le contingent en exécution des lois. (Loi 10 août 1871, art. 37, 38, 39. — Voy. Contributions directes.

2º *Comme représentant légal du département*, le conseil général a un pouvoir propre très étendu qui embrasse à la fois les finances du département, le domaine départemental, les travaux d'utilité publique, la voirie départementale, l'assistance publique, l'instruction publique, le personnel départemental et les caisses de retraite des employés du département (1).

En matière de voirie. — Il appartient au conseil général d'arrêter définitivement le classement et la direction des chemins de grande communication et d'intérêt commun ; de désigner les communes qui doivent concourir à la construction et à l'entretien desdits chemins et de fixer le contingent annuel à fournir par chacune d'elles, le tout sur l'avis des conseils compétents. Il arrête les travaux de construction à subventionner sur le fonds de 80 millions destinés à venir en aide aux communes et aux départements pour l'achèvement de leur vicinalité (Loi du 12 mars 1880) et répartit les subventions accordées sur les fonds de l'état ou du département aux chemins vicinaux de toute catégorie. (Loi 10 août 1871, art. 46, § 7, 2º.)

Il désigne les services auxquels sera confiée l'exécution des travaux sur ces chemins et détermine le mode d'exécution de ceux qui sont à la charge du département. — Il fixe le taux de conversion en argent des journées de prestation. (Loi du 21 mai 1836, art. 4.) Enfin il prononce le déclassement des chemins de grande communication et d'intérêt commun dans les mêmes conditions que celui des routes départementales.

En matière d'assistance publique. — Le conseil général statue définitivement sur les recettes de toute nature et les dépenses des établissements d'aliénés appartenant au département. — Il approuve les traités passés avec des établissements privés ou publics pour le traitement des aliénés du département. — Il règle le service des enfants assistés et fixe la part de dépense des aliénés et enfants assistés qui doit être mise à la charge des communes ainsi que les bases de la répartition à faire entre elles.

Attributions de tutelle sur la gestion des intérêts communaux. — Le conseil général arrête, chaque année, en session d'août, dans les limites fixées annuellement par la loi de finances, le maximum des centimes extraordinaires que les conseils municipaux sont autorisés à voter, pour en affecter le produit à des dépenses extraordinaires d'utilité communale. Il exerce ce pouvoir, qui lui est délégué par le législateur après avoir entendu le rapport de la commission départementale, présentant le relevé de tous les emprunts communaux et de toutes les contributions extraordinaires communales qui ont été votées depuis la précédente session d'août, avec indication du chiffre total des centimes extraordinaires et des dettes dont chaque commune est grevée (Loi 10 août 1871, art. 80). Si le conseil se séparait sans avoir statué sur

(1) Voir pour le détail de ces attributions le texte de la loi de 1871 ou le *Dictionnaire général d'administration*, par Blanche. — Edition Paul Dupont.

cet objet, le maximum fixé pour l'année précédente serait maintenu jusqu'à la session d'août de l'année suivante.

Le conseil général est consulté sur les difficultés élevées relativement à la répartition de la dépense des travaux qui concernent plusieurs communes du département (Loi 10 août 1871, art. 46, § 23). Par suite de l'abrogation de l'article 72 de la loi du 18 juillet 1837 par l'article 168 de la loi du 5 avril 1884, et en vertu de l'article 163 de la dite loi, le conseil général n'a plus qu'à donner un simple avis soit directement, soit par l'intermédiaire de la commission départementale, le conseil d'arrondissement n'est plus appelé à donner son avis et c'est le préfet qui prononce.

Il statue sur les délibérations des conseils municipaux relatives à l'établissement, à la suppression ou aux changements de foires et marchés (Loi 10 août 1871, art. 46, § 24). Lorsqu'il s'agit de foires et marchés établis ou à établir dans des communes situées à moins de deux myriamètres d'un département voisin, le conseil général de ce département doit être préalablement consulté conformément aux dispositions du décret du 13 août 1864. Mais depuis la loi du 16 septembre 1879, il n'a plus à émettre qu'un simple avis et en cas d'opposition de sa part, cette opposition ne peut faire échec au droit de décision du conseil général du département dans lequel est située la commune en instance. (Circ. Int. 9 août 1879.) — Voy. FOIRES ET MARCHÉS.

Le conseil général prononce aussi souverainement sur les changements à la circonscription des communes d'un même canton, et à la désignation de leurs chefs-lieux, lorsqu'il y a accord entre les conseils municipaux et les commissions syndicales intéressées quant au fonds et aux conditions de la réalisation (Loi 10 août 1871, art. 46, § 26 et circ. int. 13 mars 1873). Alors que le conseil général n'a pas le pouvoir de statuer, il est toujours appelé à donner son avis sur les modifications territoriales projetées à la circonscription des communes. (Loi 5 avril 1884, art. 5.) — Voy. COMMUNE.

Enfin, une des plus importantes attributions de tutelle du conseil général est incontestablement celle de reviser les sections électorales des communes, qui leur a été conférée par la loi du 10 août 1871 qui décide qu'aucune section ne doit avoir moins de deux conseillers à élire. La loi du 7 juillet 1874 compléta cette disposition en interdisant de réunir dans la même section des fractions de cantons différents. Sauf ces deux légères restrictions, le conseil général était libre de sectionner où et comme il voulait, sans qu'aucune condition topographique ou numérique lui fut imposée. La loi du 5 avril 1884 a maintenu au conseil général l'attribution qui lui était conférée par la loi de 1871, mais en réduisant à deux cas la faculté de sectionner. Aux termes de l'article 11 de cette loi, le sectionnement ne peut plus avoir lieu que dans deux cas :

1° Lorsque la commune se compose de plusieurs agglomérations distinctes et séparées ;

2° Lorsque la population agglomérée est supérieure à 10,000 habitants.

Dans le premier cas, aucune section ne peut avoir moins de 2 conseillers à élire, dans le second cas, chaque section élit au moins 4 conseillers. (Circ. Int., 15 mai 1884.)

Enfin dans tous les cas où le sectionnement est autorisé, chaque section doit être composée de territoires contigus.

Le sectionnement dans ces conditions est fixé par le conseil général sur l'initiative, soit d'un de ses membres, soit du préfet, soit du conseil municipal ou d'électeurs de la commune intéressée.

Aucune décision en matière de sectionnement ne peut être prise qu'après avoir été demandée avant la session d'avril ou au cours de cette session au plus tard.

Les sectionnements qui seraient établis par les conseils généraux contrairement aux règles tracées par la loi ou sans l'accomplissement des formalités voulues, peuvent être annulées, sur le recours du préfet, par décret rendu en Conseil d'Etat, conformément à l'article 47 de la loi du 10 août 1871. L'annulation pourrait aussi en être prononcée sur la demande du gouvernement en vertu de l'article 33 de la même loi s'il y avait incompétence ou excès de pouvoirs. Mais le recours devant le Conseil d'Etat n'est pas ouvert aux particuliers contre les décisions des conseils généraux; les particuliers peuvent seulement poursuivre devant le conseil de préfecture et ensuite devant le Conseil d'Etat l'annulation des élections en se fondant sur l'irrégularité du sectionnement. (D. Cons. d'Etat, 9 août 1875, 5 juillet 1878, 4 juillet 1879.) — Voy. ÉLECTIONS, SECTIONS ELECTORALES.

Le conseil général ne peut jamais déléguer cette attribution à la commission départementale; il doit toujours l'exercer lui-même. (Avis Int., 24 octobre 1871.)

Enfin, le conseil général est également investi de certaines attributions par lois spéciales. C'est ainsi que la loi du 3 mai 1841, article 29, le charge de dresser, pour chaque arrondissement, la liste générale des membres du jury d'expropriation.

Les délibérations par lesquelles le conseil général statue ainsi définivement, en vertu de son pouvoir propre, sont exécutoires par elles-mêmes, si, dans le délai de 20 jours à partir de la clôture de la session, le préfet n'en a pas demandé l'annulation pour excès de pouvoirs ou violation d'une disposition de la loi ou d'un règlement d'administration publique. Le recours formé par le préfet doit être notifié au président du conseil général et au président de la commission départementale. Si, dans le délai de deux mois à partir de la notification, l'annulation n'a pas été prononcée, la délibération est exécutoire. L'annulation ne peut être prononcée que par un décret rendu dans la forme des règlements d'administration publique.

ATTRIBUTIONS DÉLIBÉRANTES. — Indépendamment de ces attributions réglementaires propres, le conseil général exerce un pouvoir délibérant sur certaines affaires, à l'égard desquelles en raison de leur importance au point de vue d'intérêt général, sa décision ne devient définitive qu'autant qu'elle a été approuvée. Il importe de distinguer ces délibérations soumises à une approbation implicite de celles soumises à une approbation expresse. Les premières sont exécutoires, si elles n'ont pas été suspendues dans un certain délai, les autres ne prennent force exécutoire que par le fait de l'approbation formelle du pouvoir exécutif ou du législateur, suivant l'importance des affaires. Elles sont énumérées aux articles 48, 57 et 67 de la loi de 1871.

ATTRIBUTIONS CONSULTATIVES. — Le conseil général est en outre appelé à donner son avis sur les matières suivantes énumérées dans l'article 50 de la loi du 10 août 1871 :

1° Sur les changements proposés à la circonscription du territoire du département, des arrondissements, des cantons et des communes et la désignation des chefs-lieux, sauf le cas où il statue définitivement, conformément à l'article 46, n° 26;

2° Sur toute question d'octroi autre que la prorogation ou l'augmentation de taxes pour cinq ans, dans la limite du tarif général, et portant sur des objets compris dans ce tarif. Cet avis peut être donné par la commission départementale dans l'intervalle des sessions (art. 137, 138, loi 5 août 1841);

3° Sur l'application des dispositions de l'article 90 du code forestier, relatives à la soumission au régime forestier des bois, taillis ou futaies appartenant aux communes, et à la conversion en bois de terrains en pâturages;

4° Sur les délibérations des conseils municipaux relatives à l'aménagement, au mode d'exploitation, à l'aliénation et au défrichement des bois communaux. L'avis du conseil général est obligatoire dans tous les cas, même lorsqu'il y a accord entre les agents forestiers et les administrations municipales (Circ. fin. 26 juin 1874). Cette même circulaire étend la nécessité de l'avis du conseil général à toutes les questions de même nature intéressant les bois des établissements hospitaliers.

Enfin, le conseil général donne son avis généralement sur tous les objets qui doivent lui être soumis en vertu des lois et règlements, ou sur lesquels il est consulté par le ministre. (Art. 50, loi 10 août 1871.)

Dans cet ordre d'attributions, la loi du 10 août 1871 a encore donné au conseil général une influence considérable sur les intérêts communaux en le faisant intervenir dans la distribution des subventions accordées par l'Etat aux communes et aux institutions d'utilité publique.

En vertu de l'article 68 : les secours pour travaux concernant les églises, presbytères; — les secours généraux à des établissements et institutions de bienfaisance ; — les subventions aux communes pour acquisition, construction et réparation de maisons d'école et de salles d'asile; les subventions aux comices et associations agricoles ne peuvent être alloués par le ministre compétent que sur la proposition du conseil général du département. A cet effet, le conseil général dresse un tableau collectif des propositions en les classant par ordre d'urgence. D'après un avis du conseil d'Etat du 26 février 1874, le conseil général doit remplir lui-même cette attribution, et il ne peut s'en décharger sur la commission départementale. Mais il résulte d'une circulaire de 1879, insérée au *Bulletin officiel de l'intérieur* de 1879, p. 233, que le ministre de l'instruction publique ne voit pas d'inconvénient à ce qu'après avoir dressé le tableau d'ensemble des propositions de subventions sur le budget de l'Etat en faveur des communes pour acquisitions, constructions et réparations de maisons d'école et de salles d'asile, le conseil général délègue à sa commission départementale le soin de donner l'avis favorable nécessaire pour l'obtention de ce secours. Dans la pensée du gouvernement, pareille délégation pourrait même être étendue aux autres crédits de secours mentionnés dans l'article 68 de la loi du 10 août 1871.

Instruction des affaires. Limite des pouvoirs des conseils généraux en cette matière. — L'article 51, § 2, de la loi du 10 août 1871 autorise le conseil général à charger un ou plusieurs de ses membres de recueillir sur les lieux les renseignements qui lui sont nécessaires pour statuer sur les affaires placées dans ses attributions, mais il ne saurait profiter de cette disposition pour organiser des commissions permanentes. La commission départementale seule a une existence régulière en dehors des sessions et les missions qui peuvent être confiées à d'autres commissions doivent toujours avoir un caractère spécial et défini.

Le conseil général ne saurait également s'autoriser du paragraphe de cet article pour organiser l'inspection, par quelques-uns de ses membres d'un service public quelconque; notamment des écoles du département. (Arr., Conseil d'État, 19 juin 1873.) Il n'a jamais à intervenir dans la nomination des délégués cantonaux. (Décision, 1876.)

Enfin, il est formellement interdit au conseil général de se mettre en relation directe avec les municipalités, il ne peut communiquer avec elle que par l'intermédiaire du préfet.

Vœux. — Les assemblées départementales peuvent émettre des vœux non seulement sur les questions intéressant spécialement le département, mais encore sur toutes les questions économiques et d'administration générale. La loi leur interdit formellement les vœux politiques. Il est souvent difficile de distinguer les vœux politiques de ceux qui touchent à l'économie politique et à l'administration générale. La jurisprudence du Conseil d'État a déclaré politiques et illégaux les vœux concernant la forme du gouvernement (Arrêt, 14 mai 1872); le fonctionnement du suffrage universel (25 juin 1873); les élections municipales (4 août 1874); l'amnistie des condamnés politiques (14 mai 1872); la levée de l'état de siège (14 mai 1872; 26 janvier 1874; 23 juin 1874); le remplacement d'une commission municipale par un conseil élu (8 novembre 1873); le mode de nomination des maires (1875-1876); la législation sur les débits de boissons (1875-1876).

Attributions personnelles des conseillers généraux. — Les conseillers généraux sont appelés : 1° à siéger au conseil de revision sur la désignation de la commission départementale (L., 10 août 1871, art. 82); 2° à suppléer, dans certains cas, les conseillers de préfecture (L., 21 juin 1865, art. 6); 3° à faire partie du conseil départemental d'instruction publique, sur la désignation du ministre de l'instruction publique. (L., 15 mars 1850, art. 10; D., 9 mars 1852, art. 3, 14, juin 1854, art. 5); 4° à faire partie du conseil académique également sur la désignation du ministre (L., 27 février 1880, art. 9, 5, 11°); 5° à faire partie, sur la désignation du préfet, de la commission des comptes des établissements charitables, dans chaque arrondissement (L., 7 floréal, an XIII); 6° à faire partie sur la désignation du préfet de la commission d'enquête en matière d'expropriation (L., 3 mai 1841, art. 8); 7° à faire partie, sur la désignation de leurs collègues, ou, à défaut, sur la désignation du préfet, de la commission d'arrondissement chargée d'accorder les permissions de culture du tabac (L., 12 février 1835, art. 2); 8° à faire partie de droit, dans leurs arrondissements respectifs, de la commission d'arrondissement du jury criminel. (L., 21 novembre 1872, art. 11 et 15); 9° enfin le conseiller général du chef-lieu fait partie de la commission de recensement du résultat général des votes des élections consulaires. (L., 10 décembre 1883.)

COMMISSION DÉPARTEMENTALE. — La commission départementale est une délégation du conseil général chargée par lui de contrôler et de guider le préfet dans l'intervalle des sessions.

Elle est élue, chaque année, dans la session d'août au scrutin secret par le conseil général et se compose de quatre membres au moins et de sept membres au plus, qui doivent, autant que possible, être choisis parmi les conseillers élus ou domiciliés dans chaque arrondissement. Les fonctions de membre de la commission ne sont incompatibles qu'avec celle de maire du chef lieu de département et avec le mandat de député. (Art. 70.)

L'organisation et le fonctionnement de la commission sont réglés par la loi de 1871 et par les décrets du 28 février et du 1er juillet 1873 (1).

Attributions de la commission départementale. — Les attributions de la commission départementale peuvent se diviser en deux grandes catégories, les attributions qui lui sont déléguées par les conseils généraux et les attributions qui lui sont conférées directement par la loi.

Attributions, déléguées par le conseil général. — En vertu du principe même de la loi qui a institué une représentation du conseil général pour suppléer à la trop courte durée et à l'éloignement de ses sessions, le conseil général peut, aux termes de l'article 77 de la loi du 10 août 1871, renvoyer à sa commission départementale un certain nombre de questions sur lesquelles cette commission statue directement au lieu et place du conseil dans la limite de la délégation qui lui est faite. La loi n'a pas énuméré les objets qui pouvaient faire l'objet de cette délégation. Les rapporteurs de la loi se sont bornés à dire : « Il appartiendra à chaque conseil général de déterminer les objets pour « lesquels il déléguera ses pouvoirs à la commission, soit d'une façon « permanente, soit temporairement. Parmi ces objets on peut signaler « la surveillance générale de certains services et le soin de régler les « détails de certaines mesures que le conseil aura résolus en principe. » Enfin le conseil ne peut substituer la commission départementale au préfet pour l'instruction des affaires. L'article 3 charge en effet le préfet de l'instruction de toutes les affaires et le conseil général commettrait un empiètement sur les attributions de ce magistrat en chargeant la commission départementale d'étudier une affaire pour lui soumettre des propositions. (Arr. du C. d'Etat, 27 juin, 2 juillet 1874.)

Attributions conférées directement par la loi. — Aux termes de l'article 77, § 2, de la loi du 10 août 1871, la commission départementale délibère sur toutes les questions qui lui sont déférées par la loi, elle donne son avis au préfet sur toutes les questions qu'il lui soumet ou sur lesquelles elle croit devoir appeler son attention dans l'intérêt du département.

Dans l'exercice de la mission qui lui est ainsi confiée, la commission départementale agit, tantôt en exerçant un contrôle sur l'administration du préfet, tantôt en statuant en vertu de ses pouvoirs propres. Tout en attribuant à la commission départementale des attributions jadis réservées au préfet, la loi a laissé à ce magistrat non seulement l'instruction des affaires, comme nous l'avons dit plus haut, mais encore l'exécution des décisions de la commission départementale.

Il est naturel que la commission soit investie du pouvoir de contrôler les actes du préfet.

Ce contrôle se traduit de diverses manières :

Il prend la forme d'une autorisation préventive sans laquelle le préfet ne peut agir dans les cas prévus par l'article 81.

C'est dans le même ordre d'attribution que la commission autorise, dans les cas d'urgence, le préfet à intenter ou à soutenir les actions au nom du département (art. 45, § 15, et 54, § 3), et que lorsqu'un litige s'engage avec l'État, elle désigne un de ses membres pour représenter le département (art. 54, § 3). Son avis conforme est également néces-

_____
(1) Voir le *Dictionnaire général d'administration*, par Blanche. — Librairie administrative Paul Dupont.

saire pour que le préfet puisse passer les contrats au nom du département, dans les conditions antérieurement déterminées par le conseil général.

La commission départementale est chargée d'assigner à chaque membre du conseil général et aux membres du conseil d'arrondissement le canton dans lequel ils doivent siéger dans le conseil de revision. (Loi du 21 juillet 1872, art. 82.) En faisant cette désignation, la commission ne doit jamais perdre de vue que chacun des conseillers a droit acquis à faire partie d'un conseil de revision à son tour, et qu'elle ne peut pas plus le priver de ce droit qu'elle ne peut le faire siéger dans le canton même qu'il représente.

Enfin la commission départementale est chargée de veiller à ce que les collèges électoraux des cantons où une vacance s'est produite soient convoqués dans le délai légal. Elle adresse de ce chef ses réclamations au préfet, et au besoin au ministre de l'intérieur. (Loi, 10 avril 1877, art. 22.)

Enfin, en vertu de l'article 139 de la loi du 5 avril 1884, la commission départementale est, dans l'intervalle des sessions, appelée à donner son avis, au lieu et place du conseil, sur les questions d'octroi qui lui seront soumises, ainsi que sur la répartition des dépenses votées par les commissions syndicales pour la gestion des biens indivis entre plusieurs communes (L. 5 avril 1884, art. 137, 138 et 163.)

Attributions réglementaires. — La commission départementale prononce, sur l'avis des conseils municipaux, la déclaration de vicinalité, le classement, l'ouverture et le redressement des chemins vicinaux ordinaires, la fixation de la largeur et de la limite desdits chemins. Elle exerce à cet égard les pouvoirs conférés aux préfets par les articles 15 et 16 de la loi du 21 mai 1836. (Art. 86.) Mais elle ne peut statuer qu'avec l'assentiment du conseil municipal de la commune à laquelle appartient le chemin. (Arr. C. d'Et., 27 juin, 14 nov., 21 nov. 1873), à moins qu'une autre commune intéressée ne consente à supporter les frais. Elle ne doit jamais non plus rendre une décision sans qu'elle ait été précédée d'une enquête préalable. (Arr. C. d'Et., 28 mars 1881.)

Mais une fois la décision rendue, lorsqu'elle n'a pas été frappée d'appel et que les travaux sont commencés, la commission commettrait un excès de pouvoirs en la rapportant. (Arr. C. d'Et., 5 déc. 1879.)

Mais la commission n'est jamais compétente pour déclarer d'utilité publique l'occupation d'une propriété bâtie pour l'ouverture d'un chemin vicinal; la déclaration d'utilité publique ne peut alors être prononcée que par le Président de la République. (Arr. 1882.)

C'est également à la commission départementale qu'il appartient d'homologuer les plans des chemins vicinaux ordinaires. Elle approuve aussi les abonnements relatifs aux subventions spéciales pour la dégradation de ces chemins. (Art. 86, § 3.) — Voy. CHEMINS VICINAUX.

Le droit de classement entraîne pour la commission le pouvoir de déclasser les chemins vicinaux ordinaires. Mais le pouvoir ainsi conféré à la commission départementale ne lui donne pas le droit d'approuver les projets, plans et devis des travaux à effectuer sur ces lignes. Ce droit continue d'appartenir au préfet.

En vertu des articles 4 et 5 de la loi du 20 août 1881, la commission départementale exerce les mêmes pouvoirs en ce qui concerne la reconnaissance des chemins ruraux. Elle ne peut, en cette matière, agir sans l'avis préalable du conseil municipal; mais cet avis ne la lie pas, et si elle trouve la reconnaissance opportune, elle peut la prononcer malgré

30

l'avis du conseil, de même qu'elle peut refuser de reconnaître un chemin réclamé par lui. Elle doit toujours surseoir à statuer à l'égard des chemins dont la propriété serait contestée. Elle prononce également l'ouverture, le redressement et l'élargissement des chemins ruraux. Mais en ce qui concerne l'élargissement, sa décision n'emporte pas, comme en matière de chemins vicinaux, attribution au chemin du sol nécessaire à l'élargissement. Ce terrain doit, à défaut d'entente avec les propriétaires, être exproprié, et quand il s'agit d'occuper, soit des maisons, soit des cours ou jardins y attenant, soit des terrains clos de murs ou de haies vives, la déclaration d'utilité publique doit être prononcée par décret rendu en Conseil d'Etat. (Circ. Int., 27 août 1881.) — Voy. CHEMINS RURAUX.

La commission départementale approuve le tarif des évaluations cadastrales, et exerce à cet égard les pouvoirs attribués au préfet en conseil de préfecture par la loi du 15 septembre 1807 et le règlement du 15 mars 1827. — Voy. CONTRIBUTION DIRECTE.

Enfin elle nomme les membres des commissions syndicales, dans le cas où il s'agit d'entreprises subventionnées par le département, conformément à l'article 23 de la loi du 21 juin 1865. (Art. 87.)

Recours contre les actes de la commission départementale. — Indépendamment de la procédure organisée par l'article 85 de la loi du 10 août 1871, l'article 88 a organisé un recours spécial contre les décisions prises par la commission départementale en ce qui concerne les matières énumérées dans les articles 86 et 87.

Ces décisions peuvent être frappées d'appel devant le conseil général pour cause d'inopportunité ou de fausse appréciation des faits, soit par le préfet, soit par les conseils municipaux, ou toute autre partie intéressée. L'appel doit être notifié au président de la commission, dans le délai d'un mois, à partir de la communication de la décision. Le conseil statue définitivement à sa plus prochaine session.

Ces décisions peuvent aussi être déférées au Conseil d'Etat, statuant au contentieux, pour cause d'excès de pouvoir ou de violation de la loi, ou d'un règlement d'administration publique.

Le recours au Conseil d'Etat doit être formé dans le délai de deux mois, à partir de la communication de la décision attaquée. Il peut être formé sans frais. Il est suspensif dans tous les cas.

De plus, le Conseil d'Etat a décidé que ce recours n'est point soumis aux droits de timbre et d'enregistrement, et qu'il ne peut donner lieu à aucune condamnation pécuniaire. (Arr. C. d'Et. 13 juin 1873.)

Conférences interdépartementales. — Deux ou plusieurs conseils généraux peuvent provoquer entre eux, par l'entremise de leurs présidents, et après en avoir averti les préfets, une entente sur les objets d'utilité départementale compris dans leurs attributions, et qui intéressent à la fois leurs départements respectifs. Ils peuvent faire des conventions à l'effet d'entreprendre ou de conserver, à frais communs, des ouvrages ou des institutions d'utilité commune. (Art. 89, loi 10 août 1871.)

Les questions d'intérêt commun sont alors débattues dans des conférences, où chaque conseil général est représenté, soit par sa commission départementale, soit par une commission spéciale nommée à cet effet. (Art. 90.)

Il faut remarquer que le droit de se concerter n'a été donné qu'aux conseils généraux. Le Conseil d'Etat a formellement dénié aux commissions départementales le droit de correspondre entre elles pour établir une entente. (Arr. Cons. d'Et. 10 août et 1er juillet 1873.)

Les préfets des départements intéressés peuvent toujours assister à ces conférences. (Art. 90.)

Conseil général d'agriculture. — Le conseil général d'agriculture, tel qu'il existe aujourd'hui, a été organisé, en même temps que les chambres consultatives d'agriculture, par le décret du 25 mars 1852.

Ce conseil est composé de 100 membres : 86 choisis parmi les membres des chambres consultatives d'agriculture et 14 autres pris au dehors. Ces membres sont nommés chaque année par le ministre de l'agriculture, du commerce et des travaux publics et sont toujours rééligibles.

Les sessions du conseil général d'agriculture sont annuelles et ne peuvent durer plus d'un mois.

Le conseil est saisi de toutes les questions d'intérêt général sur lesquelles les chambres consultatives d'agriculture sont appelées à donner leur avis et de toutes celles que le ministre juge à propos de lui soumettre. — Voy. Agriculture, Chambres consultatives d'agriculture.

Conseil général des mines. — Le conseil général des mines a été organisé par le décret du 18 novembre 1810; il se compose des inspecteurs généraux des mines de 1re et de 2e classe. Il donne son avis : sur les demandes en concession ; sur les travaux d'art à imposer aux concessionnaires comme condition de la concession ; sur les reprises des travaux ; sur l'utilité ou les inconvénients des partages de concessions ; sur le perfectionnement des procédés de l'art ; et sur tous les autres objets pour lesquels il est jugé utile de connaître son opinion. Il est nécessairement consulté sur les questions contentieuses qui doivent être décidées, soit par le ministre des travaux publics, soit par le Conseil d'Etat. — Voy. Mines.

Conseil général des ponts et chaussées. — Ce conseil est composé des inspecteurs généraux des ponts et chaussées de 1re et de 2e classe. Ses attributions consistent à donner son avis : 1° sur les projets et plans des travaux, sur toutes les questions d'art qui lui sont soumises ; 2° sur les questions de comptabilité ; 3° sur le contentieux de l'Administration relatif aux usines à eau ; 4° sur toutes les questions contentieuses qui doivent être portées au Conseil d'Etat ou décidées par le ministre. — Voy. Ponts et chaussées.

Conseil municipal. — Auprès du maire, administrateur de la commune, est établie une assemblée délibérante qui a le nom de conseil municipal. Chaque commune a un conseil municipal composé de 10 membres dans les communes de 500 habitants et au-dessous.

De 12 dans celles de	501	à 1,500
16 —	1,501	2,500
21 —	2,501	3,500
23 —	3,001	10,000
27 —	10,001	30,000
30 —	30,001	40,000
32 —	40,001	50,000
34 —	50,001	60,000
36 —	60,000 et au-dessus

Dans les villes divisées en plusieurs mairies, le nombre des conseillers est augmenté de trois par mairie.

L'élection des membres du conseil municipal a lieu au scrutin de liste pour toute la commune, à moins que le conseil général, usant de pouvoirs que lui confère la loi du 10 août 1871, art. 43, n'ait dans certaines communes établi des sections en leur attribuant un certain nombre de membres à élire. Le conseil général ne peut procéder à ce sectionnement que dans deux cas: 1° Lorsque la commune se compose de plusieurs agglomérations d'habitants distinctes et séparées ; dans ce cas, aucune section ne peut avoir moins de deux conseillers à élire ; 2° quand la population agglomérée de la commune est supérieure à 10,000 habitants. Dans ce cas, la section ne peut être formée de fractions de territoire appartenant à des cantons ou arrondissements municipaux différents. Les fractions de territoire ayant des biens propres ne peuvent être divisées entre plusieurs sections électives. Aucune des sections ne peut avoir moins de deux conseillers à élire. Dans tous les cas où le sectionnement est autorisé, chaque section doit être composée de territoires contigus. (Loi 5 avril 1884, art. 11.) Pour les détails et les formes du sectionnement. — Voy. CONSEIL GÉNÉRAL.

ÉLECTIONS MUNICIPALES. SECTIONS ÉLECTORALES.

Les conseillers municipaux sont élus par le suffrage direct universel sur les listes dressées en exécution de l'article 14 de la loi du 5 avril 1884. Lorsqu'il y a lieu de remplacer des conseillers élus par les sections, ces remplacements sont faits par les sections auxquelles appartiennent ces conseillers. (Art. 16, loi précitée.)—Voy. ÉLECTIONS MUNICIPALES.

Les conseillers municipaux proclamés restent en fonctions jusqu'à ce qu'il ait été définitivement statué sur les réclamations. (Art. 40, loi 5 avril 1884.)

Les conseils municipaux sont nommés pour quatre ans. Ils sont renouvelés intégralement, le premier dimanche de mai dans toute la France, lors même qu'ils ont été élus dans l'intervalle. (Art. 41.)

Lorsque le conseil municipal se trouve, par l'effet de vacances survenues, réduit aux trois quarts de ses membres, il est, dans le délai de deux mois, à dater de la dernière vacance, procédé à des élections complémentaires. Toutefois, dans les six mois qui précèdent le renouvellement intégral, les élections complémentaires ne sont obligatoires qu'au cas où le conseil municipal aurait perdu plus de la moitié de ses membres. Dans les communes divisées en sections, il y a toujours lieu à faire des élections partielles, quand la section a perdu la moitié de ses conseillers.

Incapacités, inéligibilités relatives, incompatibilités. — Ne peuvent être élus conseillers municipaux :

1° Les individus privés du droit de vote. Les condamnations qui entraînent l'incapacité électorale sont énumérées dans le décret organique du 2 février 1852, modifié sur ce point par l'article 22 de la loi du 30 novembre 1875. — Voy. ÉLECTIONS ;

2° Ceux qui sont pourvus d'un conseil judiciaire ;

3° Ceux qui sont dispensés de subvenir aux charges communales et ceux qui sont secourus par les bureaux de bienfaisance (1);

(1) Il y a doute sur le point de savoir si les petits contribuables qui, dans certaines villes à octroi sont dispensés de la cote mobilière par suite du prélèvement du montant de ces cotes sur les produits de l'octroi, en vertu de la loi du 21 avril 1832 et 3 juillet 1846, sont frappés par cette incapacité. M. de Heredia a soutenu qu'ils étaient éligibles, le rapporteur, au contraire, a

4° Les domestiques attachés exclusivement à la personne. Ne sont pas considérés comme domestiques, les gardes forestiers, jardiniers, etc. (Loi 5 avril 1884, art. 32.)

Inéligibilités relatives. — Ne sont pas éligibles dans le ressort où ils exercent leurs fonctions :

1° Les préfets, sous-préfets, secrétaires généraux, conseillers de préfecture ; et, dans les colonies régies par la présente loi, les gouverneurs, directeurs de l'intérieur et les membres du conseil privé ;

2° Les commissaires et les agents de police ;

3° Les magistrats des cours d'appel et des tribunaux de première instance, à l'exception des juges suppléants auxquels l'instruction n'est pas confiée ;

4° Les juges de paix titulaires ;

5° Les comptables des deniers communaux et les entrepreneurs de services municipaux ;

6° Les instituteurs publics ;

7° Les employés de préfecture et de sous-préfecture ;

8° Les ingénieurs et les conducteurs des ponts et chaussées, chargés du service de la voirie urbaine et vicinale, et les agents voyers ;

9° Les ministres en exercice d'un culte légalement reconnu ;

10° Les agents salariés de la commune, parmi lesquels ne sont pas compris ceux qui, étant fonctionnaires publics ou exerçant une profession indépendante, ne reçoivent une indemnité de la commune qu'à raison des services qu'ils lui rendent dans l'exercice de cette profession. (Art. 33, loi 5 avril 1884.)

Incompatibilités. — Les fonctions de conseiller municipal sont incompatibles avec celles :

1° De préfet, de sous-préfet et de secrétaire général de préfecture ;

2° De commissaire et d'agent de police ;

3° De gouverneur, directeur de l'intérieur et de membre du conseil privé dans les colonies. (Art. 34, loi 5 avril 1884.)

Les conseillers de préfecture ne figurent plus dans cette énumération. Il en résulte que s'ils sont inéligibles dans leur ressort, ils peuvent parfaitement être nommés conseillers municipaux dans un département autre que celui où ils exercent leurs fonctions.

Les fonctionnaires désignés au présent article, qui seraient élus membres d'un conseil municipal, auront, à partir de la proclamation du résultat du scrutin, un délai de dix jours pour opter entre l'acceptation du mandat et la conservation de leur emploi. A défaut de déclaration adressée dans ce délai à leurs supérieurs hiérarchiques, ils seront réputés avoir opté pour la conservation dudit emploi. (Art. 33, § 2, loi 5 avril 1884.)

Elections multiples. — Nul ne peut être membre de plusieurs conseils municipaux. Un délai de dix jours à partir de la proclamation du

soutenu qu'ils étaient frappés d'une incapacité non pas pénale, mais spéciale et qu'on devait les considérer comme n'étant pas dans un état d'indépendance d'esprit suffisant pour délibérer sur les affaires municipales qui peuvent entraver un vote de charges, auxquelles ils ne contribueraient pas. Le vote a eu lieu ensuite après des explications de M. Plessier, favorables à l'éligibilité, mais le Parlement ne s'est pas prononcé catégoriquement, c'est un point à éclaircir par la jurisprudence. — Voy. *Journ. off.*, 2 juillet 1883.

scrutin, est accordé au conseiller municipal nommé dans plusieurs communes pour faire sa déclaration d'option. Cette déclaration est adressée aux préfets des départements intéressés. Si, dans ce délai, le conseiller n'a pas fait connaître son option, il fait partie de droit du conseil de la commune où le nombre des électeurs est le moins élevé. (Loi 5 avril 1884, art. 37, §§ 1, 2, 3.)

Incompatibilités résultant de l'alliance ou de la parenté. — Dans les communes de 501 habitants et au-dessus, les ascendants et les descendants, les frères et les alliés au même degré ne peuvent être simultanément membres du même conseil municipal. (Art. 35, § 4, loi 5 avril 1884.)

L'irrégularité résultant de l'élection de deux parents ou alliés au même conseil municipal, doit, comme toutes les autres causes d'incapacité, d'incompatibilité ou d'indignité, être relevée dans les délais que la loi accorde aux électeurs et au préfet pour saisir le conseil de préfecture. Elle est par conséquent couverte si les intéressés ont laissé expirer le délai, et le conseil de préfecture commettrait un excès de pouvoir s'il se prononçait sur une réclamation tardive. (C. d'Et., 22 ma 1861.) Le préfet, de son côté, commettrait un excès de pouvoirs s'il prononçait la démission d'office des alliés, alors que l'alliance existait au moment de l'élection.

Tout conseiller municipal qui, pour une cause survenue postérieurement à sa nomination se trouve dans un cas d'exclusion ou d'incompatibilité prévu par la loi, est immédiatement déclaré démissionnaire par le préfet, sauf réclamation au conseil de préfecture dans les dix jours de la notification, et sauf recours au Conseil d'Etat, conformément aux articles 38, 39 et 40. (Loi 5 avril 1884, art. 36.)

Suspension et dissolution des conseils municipaux. — La loi nouvelle arme le gouvernement du droit de dissolution et de suspension pour réprimer les écarts possibles des conseils municipaux, mais les pouvoirs qu'elle lui maintient sont beaucoup plus restreints que ceux qu'il tenait des lois antérieures.

Le droit de dissolution ne peut s'exercer que dans les conditions suivantes : 1° le décret doit être motivé; 2° il doit être pris au conseil des ministres; 3° il doit être inséré au *Journal officiel*; 4° enfin, l'effet de la dissolution est limité à deux mois (art. 45), tandis que sous l'empire de la loi de 1867, l'effet de la dissolution pouvait se prolonger pendant trois ans.

S'il y a urgence, le conseil municipal peut être provisoirement suspendu par *arrêté motivé* du préfet. Le préfet doit rendre compte immédiatement de cette mesure au ministre de l'intérieur.

La durée de la suspension ne peut excéder un mois. Le ministre ne peut plus prolonger la suspension qui n'est plus qu'une mesure transitoire, destinée à laisser au gouvernement le temps de prononcer la dissolution.

Dans les colonies, la suspension comme la dissolution peut être prononcée par arrêté du gouverneur en conseil privé, inséré au *Journal officiel* de la colonie. Le gouverneur rend compte immédiatement de sa décision au ministre de la marine et des colonies. La durée de la suspension ne peut excéder un mois. (Loi 5 avril 1884, art. 43.)

Les décisions portant suspension ou dissolution ne peuvent être attaquées pour excès de pouvoir devant le Conseil d'Etat qu'en cas de violation des conditions ou inobservation des formes imposées par la loi.

Mais l'appréciation des motifs qui ont déterminé la mesure ne saurait être soumise au Conseil d'Etat par la voie contentieuse. (Jurisprudence constante du Conseil d'Etat, arr. 25 juin 1857, 26 février 1872, 4 juin 1875, 31 mai 1878.)

Délégation spéciale. — En cas de dissolution d'un conseil municipal ou de démission de tous ses membres en exercice, et lorsqu'un conseil municipal ne peut être constitué, une délégation spéciale en remplit les fonctions.

Dans les huit jours qui suivent la dissolution ou l'acceptation de la démission, cette délégation spéciale est nommée par décret du Président de la République, et, dans les colonies, par arrêté du gouverneur.

Le nombre des membres qui la composent est fixé à trois dans les communes où la population ne dépasse pas 35,000 habitants. Ce nombre peut être porté jusqu'à sept dans les villes d'une population supérieure. Le décret ou l'arrêté qui l'institue en nomme le président, et, au besoin, le vice-président.

Les pouvoirs de cette délégation spéciale sont limités aux actes de pure administration conservatoire et urgente. Ils sont réglés par les articles 44 et 45 de la loi municipale du 5 avril 1884 et la circulaire du 15 mai 1884.

Fonctionnement des conseils municipaux. — *Sessions ordinaires.* — Les conseils municipaux se réunissent en sessions ordinaires quatre fois l'année : en février, mai, août et novembre.

La durée de chaque session, qui n'était que de dix jours au maximum sous l'empire de la loi du 5 mai 1855, a été portée à quinze jours par la nouvelle loi municipale. Elle peut être prolongée avec l'autorisation du sous-préfet.

La session pendant laquelle le budget est discuté peut durer six semaines.

Pendant les sessions ordinaires, le conseil municipal peut s'occuper de toutes les matières qui rentrent dans ses attributions. (Art. 46, loi 5 avril 1884.)

Sessions extraordinaires. — Le préfet ou le sous-préfet peut prescrire la convocation extraordinaire du conseil municipal.

Le maire peut également réunir le conseil municipal chaque fois qu'il le juge utile.

Il est tenu de le convoquer quand une demande motivée lui en est faite par la majorité en exercice du conseil municipal.

Le maire n'est plus obligé, comme sous l'ancienne législation, d'obtenir l'autorisation préalable du préfet ou du sous-préfet; seulement, dans l'un et l'autre cas, en même temps qu'il convoque le conseil, il doit donner avis au préfet et au sous-préfet de cette réunion et des motifs qui la rendent nécessaire. La convocation contient l'indication des objets spéciaux et déterminés pour lesquels le conseil doit s'assembler, et le conseil ne peut s'occuper que de ces objets. (Art. 47, loi 5 avril 1884.)

Cet article ne limite pas la durée des sessions extraordinaires, qui ne sont limitées que par l'ordre du jour et peuvent durer tant que cet ordre du jour n'est pas épuisé.

Convocation. — Toute convocation est faite par le maire. Elle est mentionnée au registre des délibérations, affichée à la porte de la mairie, et adressée par écrit et à domicile, *trois jours francs* au moins avant celui de la réunion. En cas d'urgence, le délai peut être abrégé par le préfet ou le sous-préfet. (Art. 48, loi 5 avril 1884.)

Le délai de trois jours étant un délai franc, ni le jour de la convocation, ni celui de la réunion n'y sont pas compris.

L'inobservation des délais, les convocations tardives ou irrégulières en la forme, sont autant de causes d'annulation de la délibération. (C. d'Et. 9 mai 1873, 9 novembre 1877, 7 juin 1879, 20 février 1880 et 19 mars 1880.)

Tenue des séances. —Les conseillers municipaux prennent rang dans l'ordre du tableau.

L'ordre du tableau est déterminé, même quand il y a des sections électorales : 1° par la date la plus ancienne des nominations ; 2° entre conseillers élus le même jour par le plus grand nombre de suffrages obtenus ; 3° et à égalité de voix par la priorité d'âge.

Un double du tableau reste déposé dans les bureaux de la mairie, de la sous-préfecture et de la préfecture, où chacun peut en prendre communication ou copie. (Art. 49, loi 5 avril 1884.)

Le conseil municipal ne peut délibérer que lorsque la majorité de ses membres en exercice assiste à la séance.

Quand, après deux convocations successives à trois jours au moins d'intervalle et dûment constatées, le conseil municipal ne s'est pas réuni en nombre suffisant, la délibération prise après la troisième convocation est valable, quel que soit le nombre des membres présents. (Art. 50, loi 5 avril 1884.)

Les délibérations sont prises à la majorité absolue des votants. (Art. 51.) D'après la jurisprudence, il n'y a pas lieu de faire entrer dans le calcul de la majorité les membres de l'assemblée qui, bien que présents à la délibération, se sont retirés ou ont déclaré s'abstenir au moment du vote, car l'abstention systématique de quelques-uns ne saurait entraver l'action utile de tous. (C. d'Et., arrêt 14 juillet 1876.) En cas de partage, sauf le cas de scrutin secret, la voix du maire est prépondérante.

Le vote se fait le plus ordinairement par assis et levé. Il doit avoir lieu au scrutin public, sur la demande *du quart des membres* présents ; les noms des votants, avec la désignation de leurs votes, sont insérés au procès-verbal.

Il est voté au scrutin secret toutes les fois que le tiers des membres présents le réclame, ou qu'il s'agit de procéder à une nomination ou présentation.

Dans ces derniers cas, après deux tours de scrutin, si aucun des candidats n'a obtenu la majorité absolue, il est procédé, non pas à un scrutin de ballottage entre les candidats ayant le plus de voix, mais à un troisième tour de scrutin, et l'élection a lieu à la majorité relative, quel que soit le nombre des candidats et des voix obtenues précédemment par eux. A égalité de voix à ce troisième tour, l'élection est acquise au plus âgé. (Art. 51.)

Le maire, et à défaut celui qui le remplace, préside le conseil municipal.

Dans les séances où les comptes d'administration du maire sont débattus, le conseil municipal élit son président.

Dans ce cas, le maire peut, même quand il ne serait plus en fonctions, assister à la discussion ; mais il doit se retirer au moment du vote. Le président adresse directement la délibération au sous-préfet. (Art. 52.)

Au début de chaque session, et pour sa durée, le conseil municipal nomme un ou plusieurs de ses membres pour remplir les fonctions de secrétaire.

Il peut leur adjoindre des auxiliaires pris en dehors de ses membres, qui assisteront aux séances, mais sans participer aux délibérations. (Art. 52.)

Publicité, comité secret. — Les séances des conseils municipaux sont publiques. (Art. 54, loi 5 avril 1884.) Le principe de la publicité a été l'objet d'un vif débat devant le parlement. Le législateur l'a enfin adopté, parce qu'il a pensé *qu'en présence du public il y aurait moins de laisser-aller dans la délibération, moins de précipitation dans l'expédition des affaires, et qu'une responsabilité plus directe, plus effective, pèserait sur chacun des membres du conseil.* — Voy. *Dict. des formules, n° 476 bis.*

Extraits et procès-verbaux. — Le compte rendu de la séance est, dans la huitaine, affiché par extrait à la porte de la mairie. (Art. 56.)

Le délai de l'article 66, pour provoquer l'annulation, court à partir de l'affichage de cet extrait. (Circ. int. 15 mai 1884.)

Les délibérations sont inscrites, par ordre de date, sur un registre coté et parafé par le préfet ou le sous-préfet. Elles sont signées par tous les membres présents à la séance, où mention est faite de la cause qui les a empêchés de signer. (Art. 57.) Voir aussi la circulaire du 15 mai 1884.

Tout habitant ou contribuable a le droit de demander communication sans déplacement, de prendre copie totale ou partielle des procès-verbaux du conseil municipal, des budgets et des comptes de la commune, des arrêtés municipaux. Chacun peut les publier sous sa responsabilité (art. 58). Cette communication ne peut être refusée aux habitants, mais ils ne doivent la demander qu'aux heures où la mairie est ouverte au public. Ces heures sont indiquées par le règlement du maire ou par l'usage. (*Journ. offic.*, Chambre, 8 juill. 1883.)

Commissions d'études. — L'article 59 de la loi du 5 avril 1884, consacre formellement la faculté pour le conseil municipal de former au cours de chaque session des commissions chargées d'étudier les questions soumises au conseil, soit par l'administration, soit par l'initiative d'un de ses membres, cet article reconnaît que les commissions peuvent tenir leurs séances dans l'intervalle des sessions, et il résulte des débats devant le parlement qu'elles peuvent rester en fonctions tant que dure l'affaire dont elles ont été chargées, à moins que le mandat du conseil n'expire avant la solution. (Rapport, *Journ. offic.*, 8 juillet 1883.) Elles doivent se borner à préparer et à instruire les affaires qui leur auront été renvoyées. (Circul., 15 mai 1884.)

Les commissions sont convoquées par le maire qui en est le président de droit, dans les huit jours qui suivent leur nomination ou à plus bref délai sur la demande de la majorité des membres qui les composent.

Démissions d'office. — Tout membre du conseil municipal qui, sans motifs reconnus légitimes par le conseil, a manqué à trois convocations successives, peut être, après avoir été admis à fournir des explications, déclaré démissionnaire par le préfet, sauf recours, dans les dix jours de la notification, devant le conseil de préfecture. (Art. 60, § 1er.)

Cet article ne fait en réalité que consacrer la jurisprudence qui admettait : 1° que la démission ne pouvait être prononcée sans que le préfet ait mis le conseiller en demeure de faire valoir les motifs qui auraient pu l'empêcher de répondre aux convocations. (Arr. C. d'Ét. 10 février 1869); 2° qu'il fallait que le conseil eût constaté l'absence sans excuse ou refusé d'admettre les excuses présentées. (Arrêté du 29 juillet 1847.) A défaut d'excuses admises par le conseil, le préfet a à examiner s'il doit prononcer la démission d'office ; avant de statuer, il doit mettre l'intéressé en demeure de lui fournir ses explications, c'est là une formalité essentielle, dont l'omission entacherait la décision de nullité. (Circ. int., 15 mai 1884.)

Démissions volontaires. — Avant la loi de 1884, on ne regardait les démissions volontaires comme définitives, que lorsqu'elles avaient été acceptées par le préfet, et l'on tirait de ce principe la conséquence que la démission pouvait être retirée tant qu'elle n'avait pas été acceptée par le préfet. Le 2e paragraphe de l'article 60, de la loi du 5 avril 1884, dispose que les démissions volontaires adressées au sous-préfet, demeurent définitives dès que le préfet en a accusé réception, et, à défaut de cet accusé de réception, un mois après un nouvel envoi de la démission constaté par lettre recommandée. Une acceptation expresse n'est donc plus nécessaire. Cette innovation utile met fin à de nombreuses difficultés d'interprétations.

Attributions des conseils municipaux. — L'article 61 de la loi du 5 avril 1884, porte :

Le conseil municipal règle par ses délibérations les affaires de la commune. Il donne son avis toutes les fois que cet avis est requis par les lois et règlements ou qu'il est demandé par l'administration supérieure.

Il réclame, s'il y a lieu, contre le contingent assigné à la commune dans l'établissement des impôts de répartition.

Il émet des vœux sur tous les objets d'intérêt local.

Il dresse chaque année une liste contenant un nombre double de celui des répartiteurs et des répartiteurs suppléants à nommer ; et, sur cette liste, le sous-préfet nomme les cinq répartiteurs visés dans l'article 9 de la loi du 3 frimaire an VII et les cinq répartiteurs suppléants.

Cet article consacre l'innovation la plus importante, la plus caractéristique de la loi, car il pose pour la première fois en principe que le conseil municipal règle par ses délibérations les affaires de la commune. Il émancipe en quelque sorte la commune de la tutelle administrative. Désormais le conseil sera le véritable arbitre des affaires, il exerce son pouvoir réglementaire sur toutes les affaires de la commune en général, sauf sur celles limitativement énumérées dans l'article 68 ou dans les lois spéciales qui sont réservées, à raison des intérêts en jeu, à l'approbation de l'autorité supérieure.

Les délibérations du conseil municipal sont toujours de cinq espèces différentes :

1° Les délibérations réglementaires ou décisions ;

2° Les délibérations soumises à approbation ;

3° Les délibérations sous forme d'avis ;

4° Les délibérations portant réclamations ;

5° Les délibérations émettant des vœux ;

6° Les délibérations portant désignation à certaines fonctions ou à certains bénéfices.

Délibérations réglementaires ou décisions. — Il résulte de la combinaison des articles 61 et 68 de la loi du 5 avril 1884, que le conseil municipal règle souverainement par ces délibérations :

1° Les conditions des baux dont la durée ne dépasse pas dix-huit ans, sans qu'il y ait à distinguer entre les baux à ferme ou à loyer ou les baux donnés ou pris à loyer par la commune. — Voy. BAUX.

2° Les acquisitions d'immeubles, les constructions nouvelles, les reconstructions entières ou partielles, les projets, plans et devis des grosses réparations et d'entretien, quand la dépense totalisée avec des dépenses de même nature pendant l'exercice courant ne dépasse pas les limites des ressources ordinaires et extraordinaires que les communes peuvent se créer sans autorisation spéciale. Ces ressources sont énumérées par l'article 141 dont nous allons parler tout à l'heure. Mais d'abord il faut faire quelques réserves sur la part de décisions confiée en ces matières au conseil municipal. D'abord, il faut remarquer que toutes les fois qu'il y a lieu de recourir soit pour une acquisition, soit pour une construction à la voie de l'expropriation, une déclaration d'utilité publique émanée de l'autorité compétente est indispensable. (Circ. int. 15 mai 1884.)

D'autre part, alors même que le conseil municipal est compétent pour décider les travaux et arrêter les plans et devis, il ne peut passer pour l'exécution des travaux des marchés de gré à gré. L'adjudication publique demeure la règle, conformément à l'ordonnance du 14 novembre 1837. Il ne peut être passé des marchés de gré à gré que dans les cas exceptionnels prévus par cette ordonnance, et tout marché de gré à gré doit être approuvé par l'administration supérieure. (L. 5 avril 1884, art. 115.) — Voy. AQUEDUCS, TRAVAUX, COMMUNES.

3° Aux termes de l'article 141 de la loi du 5 avril 1884, le conseil règle par un simple vote : 1. dans la limite du maximum fixé chaque année par le conseil général, les contributions extraordinaires n'excédant pas cinq centimes pendant cinq années, pour en affecter le produit à des dépenses extraordinaires d'utilité communale (ces dépenses sont celles prévues par le paragraphe précédent). — 2. Les emprunts remboursables en cinq ans sur ces cinq centimes ou sur les revenus ordinaires, quand l'amortissement dans ce dernier cas ne dépasse pas trente années. — 3. Trois centimes extraordinaires exclusivement affectés aux chemins vicinaux ordinaires, et trois centimes extraordinaires exclusivement affectés aux chemins ruraux reconnus. — Il faut remarquer que les centimes communaux destinés aux dépenses annuelles obligatoires ou facultatives et les centimes votés en vertu des lois du 21 mai 1836 (chem. vic.) et 16 juin 1881 (inst. prim.) et de certaines lois spéciales ne se confondent pas avec les centimes extraordinaires que les conseils municipaux peuvent voter dans la limite du maximum fixé chaque année par le conseil général. On ne devra pas non plus considérer comme compris dans ce maximum les centimes affectés par le paragraphe 2 de l'article 141 aux dépenses des chemins vicinaux ordinaires et des chemins ruraux reconnus, ni les centimes qui pourraient être imposés d'office sur la commune par application de l'article 149 de la loi du 4 avril 1881.

4° Le changement d'affectation d'une propriété communale non affectée à un revenu public. Ainsi le conseil municipal peut parfaitement décider qu'une propriété en jouissance commune sera amodiée ou qu'une propriété louée sera à l'expiration du bail remise en jouissance ; il peut aussi l'affecter à un service public ou à un service assimilé à un service public ; mais il ne saurait jamais l'affecter à une entreprise particulière n'ayant pas le caractère d'une entreprise d'utilité publique.

De plus, une fois la propriété affectée à un service public, il ne peut modifier son affectation sans l'intervention de l'autorité supérieure. (Art. 68.) — Voy. BIENS COMMUNAUX, PARTAGE.

5° L'acceptation ou le refus des dons et legs faits sans charges ni conditions, etc., lorsqu'ils ne donnent pas lieu à des réclamations des familles. (L. 5 avril 1884, art. 111.) Il faut noter cependant qu'en cas de refus, le préfet peut, par arrêté motivé, inviter le conseil municipal à revenir sur sa première délibération. Le refus n'est définitif que si, par une seconde délibération, le conseil municipal déclare y persister (art. 112). Le pouvoir de décision du conseil cesse non seulement quand le don ou legs est fait avec charges ou conditions ou qu'il y a réclamation des familles, mais aussi lorsque le don ou legs est fait à un hameau ou quartier n'ayant pas la personnalité civile, et quand le conseil est d'avis de refuser le legs fait à une section. (Art. 111, § 3 et 112, § 2.) — Voy. DONS et LEGS.

6° La prorogation ou l'augmentation des taxes d'octroi pour une période de cinq ans au plus sous la réserve, toutefois, qu'aucune des taxes ainsi maintenues ou modifiées, n'excédera pas le maximum déterminé par le tarif général et ne portera que sur des objets compris dans ce tarif. (L. 5 avril 1884, art. 139.) — Voy. OCTROI.

7° L'établissement, la suppression ou les changements des simples marchés d'approvisionnement. — Voy. MARCHÉS.

Les délibérations qui n'ont ainsi besoin d'aucune approbation aux termes de l'article 68, dernier paragraphe, de la loi du 5 avril 1884, ne deviennent exécutoires qu'un mois après le dépôt qui aura été fait à la préfecture ou à la sous-préfecture.

Une expédition in-extenso de toute délibération est adressée dans la huitaine par le maire au sous-préfet, qui en constate la réception sur un registre et en délivre immédiatement récépissé. (L. 5 avril 1884, art 62.) Cette règle est absolue et s'applique à toute délibération de quelque nature qu'elle soit.

C'est à partir du dépôt de la délibération constaté, ainsi qu'il a été dit plus haut, par l'inscription sur le registre et de la délivrance du récépissé que court le délai d'un mois accordé au préfet pour examiner la légalité de la délibération et en prononcer l'annulation si elle tombe sous le coup de la loi.

Aujourd'hui le préfet doit se borner à déclarer la nullité des délibérations nulles de plein droit en vertu de l'article 63, ou à prononcer l'annulation des délibérations annulables en vertu de l'article 64. Quant aux délibérations exécutoires par elles-mêmes, qui ne seraient critiquables qu'au point de vue de l'opportunité, il peut seulement inviter le conseil municipal à les rapporter, mais il ne saurait les annuler directement. (Circ., 15 mai 1884.)

La loi nouvelle distingue deux sortes de délibérations entachées de nullité.

Les délibérations nulles de plein droit, qui sont entachées d'un vice originel radical, et les délibérations simplement annulables, dont la nullité est relative.

Aux termes de l'article 63 de la loi du 5 avril 1884,

Sont nulles de plein droit :

1° Les délibérations d'un conseil municipal portant sur un objet étranger à ses attributions ou prises hors de sa réunion légale;

2° Les délibérations prises en violation d'une loi ou d'un règlement d'administration publique.

Ce second paragraphe est une innovation, au lieu de charger l'administration supérieure d'annuler les délibérations violant une loi ou un règlement d'administration publique, le législateur veut que comme celles prévues au premier paragraphe, elles soient réputées nulles parce qu'il n'y a également aucun doute sur leur nullité.

Aux termes de l'article 64 sont annulables, les délibérations auxquelles auraient pris part des membres du conseil intéressés, soit en leur nom personnel, soit comme mandataires, à l'affaire qui en fait l'objet.

La jurisprudence considère comme intéressés dans le sens de la loi : le conseiller municipal qui figure au nombre des propriétaires dont les terrains doivent être atteints par des travaux de voirie projetés. (Déc. minist., 2 février 1870.) ; les détenteurs de biens communaux, s'il s'agit d'une vente à faire à leur profit (Déc., 18 juillet 1868) ; les conseillers déclarés comptables occultes, lorsque le conseil est appelé à donner son avis sur l'admission ou le rejet de dépenses indûment faites par eux (Déc. 3 octobre 1833) ; les propriétaires dont les maisons sont atteintes par un plan d'alignement sur lequel le conseil délibère (Déc. 22 janvier 1879) ; le conseiller qui a coopéré comme expert d'un propriétaire lorsque le conseil délibère sur la fixation de l'indemnité due à ce propriétaire. (Déc. minist., 29 mai 1866.) Mais la loi exigeant un intérêt personnel dans la délibération, les parents ne doivent pas en général être exclus des délibérations dans lesquelles leurs parents ont un intérêt. (Déc. minist., 7 octobre 1864.) Les membres personnellement intéressés à une délibération doivent non seulement s'abstenir de voter, mais de prendre aucune part à la délibération. Leur présence pourrait même gêner leurs collègues ; ils doivent éviter de venir à la séance. (Déc. minist., 7 avril 1883.)

Toutefois les délibérations nulles de plein droit ou simplement annulables subsistent tant que la nullité ou l'annulation n'a pas été prononcée ou déclarée.

L'article 65 porte en effet : La nullité de droit est déclarée par le préfet en conseil de préfecture. Elle peut être prononcée par le préfet et proposée ou opposée par les parties intéressées à toute époque. Il semble que par analogie avec l'obligation qui lui est imposée par l'article 66, il doit statuer avant l'expiration du mois qui suit la délivrance du récépissé. (Circ. int., 15 mai 1884.)

Quand la délibération est simplement annulable, il y aurait de graves inconvénients à ce que l'éventualité de l'annulation se prolongeât un laps de temps considérable ; aussi, après avoir posé en principe que l'annulation des délibérations annulables est prononcée par le préfet en conseil de préfecture, l'article 66 ajoute :

Elle peut être provoquée d'office par le préfet dans un délai de trente jours à partir du dépôt du procès-verbal de la délibération à la sous-préfecture ou à la préfecture.

Elle peut aussi être demandée par toute personne intéressée et par tout contribuable de la commune.

Dans ce dernier cas, la demande en annulation doit être déposée, à peine de déchéance, à la sous-préfecture ou à la préfecture dans un délai de quinze jours à partir de l'affichage à la porte de la mairie.

Il en est donné récépissé.

Le préfet statuera dans le délai d'un mois.

Passé le délai de quinze jours sans qu'aucune demande ait été produite, le préfet peut déclarer qu'il ne s'oppose pas à la délibération.

L'article 67 décide en effet que le conseil municipal, et en dehors du conseil toute partie intéressée, peut se pourvoir contre l'arrêté du préfet devant le conseil d'Etat. *Le pourvoi*, ajoute cet article, *est introduit et jugé dans les formes du recours pour excès de pouvoirs.* Ce recours est ouvert non plus seulement aux conseillers municipaux comme sous l'empire de l'article 23 de la loi du 5 mai 1855, mais à tous les intéressés. Le but de cette innovation est de protéger plus efficacement les attributions du conseil municipal et les droits ou les intérêts privés qui pourraient être lésés. (Circ. 15 mai 1884.) — Voy. *Dict. des formules*, n° 480 *bis.*

Délibérations soumises à approbation, aux termes de l'article 68 de la loi du 5 avril 1884.

Ne sont exécutoires qu'après avoir été approuvées par l'autorité supérieure les délibérations portant sur les objets suivants :

1° Les conditions des baux dont la durée dépasse dix-huit ans ;

2° Les aliénations et échanges de propriétés communales ;

3° Les acquisitions d'immeubles, les constructions nouvelles, les reconstructions entières ou partielles, les projets, plans et devis de grosses réparations et d'entretien, quand la dépense totalisée avec les dépenses de même nature pendant l'exercice courant dépasse les limites des ressources ordinaires et extraordinaires que les communes peuvent se créer sans autorisation spéciale ;

4° Les transactions ;

5° Le changement d'affectation d'une propriété communale déjà affectée à un service public ;

6° La vaine pâture ;

7° Le classement, le déclassement, le redressement ou le prolongement, l'élargissement, la suppression, la dénomination des rues et places publiques, la création et la suppression des promenades, squares ou jardins publics, champs de foire, de tir ou de courses, l'établissement des plans d'alignement et de nivellement des voies publiques municipales, les modifications à des plans d'alignements adoptés, le tarif des droits de voirie, le tarif des droits de stationnement et de location sur les dépendances de la grande voirie, et généralement les tarifs des droits divers à percevoir au profit des communes, en vertu de l'article 133 de la présente loi ;

8° L'acceptation des dons et legs faits à la commune, lorsqu'il y a des charges ou conditions, ou lorsqu'ils donnent lieu à des réclamations des familles ;

9° Le budget communal ;

10° Les crédits supplémentaires ;

11° Les contributions extraordinaires et les emprunts, sauf dans le cas prévu par l'article 141 de la présente loi ;

12° Les octrois, dans les cas prévus aux articles 137 et 138 de la présente loi ;

13° L'établissement, la suppression ou les changements des foires et marchés autres que les simples marchés d'approvisionnement.

En matière de partage de biens communaux, dans le silence de la loi on doit considérer que la compétence directe du conseil municipal reste limitée comme elle l'était déjà par L. 2 prairial an V et D. 9 brumaire an XIII, et qu'il ne peut régler directement que le mode de jouissance et la répartition des pâturages et fruits communaux autres que les bois, ainsi que les conditions à imposer aux parties prenantes et les affouages, en se conformant aux lois forestières. Quant aux partages de biens communaux entre habitants, à titre gratuit et définitif, tels que la loi du 10 juin 1793 les avait autorisés, on doit les considérer comme demeurant interdits. (Avis du conseil d'Etat, 21 février 1839.) — Voy. Biens communaux.

En ce qui concerne les baux, la loi nouvelle supprime la nécessité d'une autorisation préalable pour baux des biens pris à loyer par les communes ; désormais tous les baux, quelle que soit leur nature, ne sont soumis à l'autorisation que s'ils dépassent 18 ans. — Voy. Baux.

Le maire, ou l'adjoint lorsqu'il le remplace, ne peut jamais se rendre adjudicataire des biens appartenant à la commune. (Déc. min. int. 1878. Bull. off. int. 1878, p. 25.) Les échanges ne sont autorisés que lorsqu'ils sont d'une utilité incontestable pour la commune ou lui procurent un avantage évident. Il est de règle de n'autoriser ces sortes de transactions entre communes et particuliers que dans un intérêt de service municipal. — Voy. Aliénation, Échange.

La nouvelle rédaction du paragraphe 3 dispense de l'approbation les acquisitions, constructions et reconstructions indistinctement, quand la dépense, totalisée avec les dépenses de même nature pendant l'exercice courant, ne dépasse pas les limites des ressources ordinaires et extraordinaires que les communes peuvent se créer sans une autorisation spéciale. Quant aux ressources pour la création desquelles les communes ont besoin d'une autorisation spéciale, elles sont indiquées par le paragraphe 11 de l'article 68 et par les articles 141, 142 et 143. — Voy. Acquisition, Travaux communaux.

Les règles restent les mêmes que par le passé pour les transactions ; elles sont toujours soumises à l'approbation préfectorale. Seulement, par suite de l'abrogation formelle par l'article 168 de l'arrêté du 21 frimaire an XII, la consultation des trois jurisconsultes qui devait être donnée préalablement n'est plus obligatoire, mais simplement facultative.

Le paragraphe 7 complète l'énumération de l'article 19 de la loi du 18 juillet 1837 en y ajoutant les modifications des plans d'alignement adoptés, les tarifs des droits de voirie, le tarif des droits de stationnement et de location sur les dépendances de la grande voirie et généralement les tarifs des droits divers à percevoir au profit des communes en vertu de l'article 33 de la présente loi. — Voy. Alignement, Nivellement, Droits de voirie, Droit de stationner.

En ce qui concerne les dons et legs, il faut remarquer que la loi a substitué aux mots charges et conditions les mots charges ou conditions ; du moment que l'une d'elles existe, l'approbation est toujours indispensable. — Voy. Dons et legs.

Pour tout ce qui concerne les budgets, les crédits supplémentaires, les contributions extraordinaires et les emprunts, les octrois, les établissements et la suppression des foires et marchés, — Voy. Budget, Crédits, Contributions extraordinaires, Emprunts, Octrois, Foires et Marchés.

Autorités compétentes pour approuver les délibérations des conseils municipaux. — Généralement c'est au préfet lui-même qu'il appartient de rendre exécutoires par son approbation les délibérations des conseils municipaux sur les objets énoncés dans l'article 68. La sanction peut émaner aussi, selon les distinctions édictées législativement ou réglementairement, soit du Parlement ou du Président de la République, soit d'un ministre, du conseil général ou de la commission départementale.

Le préfet est tenu de statuer en conseil de préfecture lorsqu'il s'agit de délibérations concernant les baux dont la durée dépasse 18 ans, les aliénations, ou échanges de propriétés communales, les transactions ou la vaine pature.

Quand une délibération est incomplète ou irrégulière, le conseil municipal doit être appelé, dès que le préfet l'a examinée, à la compléter ou à la régulariser. Dans ce cas le préfet a, d'après l'esprit, sinon d'après le texte de l'article 69, un nouveau délai de 30 jours, substitué au premier pour statuer à partir de la délivrance du récépissé de la seconde délibération. (Art. 69, L. 5 avril 1884, et Circ. int. 15 mai 1884.)

Lorsque le préfet refuse son approbation, ou qu'il n'a pas fait connaître sa décision dans le délai d'un mois à partir de la date du récépissé, le conseil municipal peut se pourvoir devant le ministre de l'intérieur (art. 69, § 3). Ce recours, qu'il ne faut pas confondre avec le recours contentieux des articles 67 et 68 dont il a été parlé plus haut, est purement administratif.

Les délibérations non réglementaires peuvent, comme les délibérations réglementaires être annulées, soit d'office par le préfet, soit sur la réclamation des tiers, pour les causes prévues par les articles 63 et 64. Seulement, quand il s'agit de délibération soumise à l'approbation, le préfet ne doit évidemment donner ou provoquer l'approbation qu'après qu'il a été statué sur la demande en annulations.

Délibérations émettant un simple avis. — Le conseil municipa est toujours appelé à donner son avis sur les objets suivants :

1° Les circonscriptions relatives aux cultes ;

2° Les circonscriptions relatives à la distribution des secours publics ;

3° Les projets d'alignement et de nivellement de grande voirie dans l'intérieur des villes, bourgs et villages ;

4° La création des bureaux de bienfaisance (1) ;

5° Les budgets et les comptes des hospices, hôpitaux et autres établissements de charité et de bienfaisance, des fabriques et autres administrations préposées aux cultes dont les ministres sont salariés par l'Etat ; les autorisations d'acquérir, d'aliéner, d'emprunter, d'échanger, de plaider ou de transiger, demandées par les mêmes établissements ; l'acceptation des dons et legs qui leur sont faits ;

6° Enfin, tous les objets sur lesquels les conseils municipaux sont appelés par les lois et règlements à donner leur avis, et ceux sur lesquels ils seront consultés par le préfet.

Lorsque le conseil municipal, à ce régulièrement requis et convoqué, refuse ou néglige de donner son avis, il peut être passé outre. (Art. 70, L. 5 avril 1884.)

A l'avenir une copie des budgets et des comptes des fabriques et consistoires, dressés conformément à la circulaire du 21 novembre 1879, devra être transmise, chaque année, au conseil municipal, qui, après avoir examiné les budgets et comptes à la session de mai, pourra toujours faire parvenir à la préfecture telles observations qu'il jugera convenable, touchant les articles portés en recettes ou en dépenses.

En dehors des cas déterminés par les lois, le préfet peut toujours consulter le conseil municipal.

Le conseil municipal délibère aussi sur les comptes d'administration qui lui sont annuellement présentés par le maire conformément à l'article 151 de la présente loi. — Voir plus haut : COMPTABILITÉ COMMUNALE.

Délibérations portant réclamation. — En donnant au conseil municipal le droit de réclamer, s'il y a lieu, contre le contingent assigné à la commune dans l'établissement des impôts de répartition le paragraphe 3 de l'article 61 de la loi du 5 avril 1884, ne fait en réalité que confirmer les principes posés par l'article 45 de la loi du 10 mai 1838, et l'article 38 de la loi du 10 août 1871. Les communes qui se trouvent lésées par cette répartition peuvent en appeler au conseil général, qui prononce définitivement. (L. 10 août 1871, art. 38.)

Délibérations portant vœux. — Le paragraphe 4 de la loi du 5 avril 1884 reconnaît au conseil municipal le droit d'émettre des vœux sur tous les objets d'intérêt local ; mais il établit que le conseil sortirait absolument de la sphère de ses attributions, s'il émettait des vœux sur les questions politiques, sur les questions d'administration générale. C'est ainsi qu'ont été annulés des vœux demandant la revision de la Constitution, la suppression du budget des cultes, la séparation de l'Eglise et de l'Etat (D. 24 mars 1881), la réduction du service militaire, la modification de la loi scolaire, de la législation municipale, le déplacement d'un commissaire de police, le maintien d'une institutrice déplacée par le préfet. (D. 11 décembre 1881.)

Conférences intercommunales. — Le législateur de 1837 s'était déjà préoccupé des questions intercommunales et avait édicté en ce qui les concerne les articles 72 et 73 de la loi du 18 juillet 1837.

L'article 116 de la loi de 1884 commence par établir que deux ou plusieurs conseils municipaux peuvent provoquer entre eux, par l'entremise de leurs présidents, et après en avoir averti les préfets, une entente sur les objets d'utilité communale compris dans leurs attributions et qui intéressent à la fois leurs communes respectives.

Ils peuvent faire des conventions à l'effet d'entreprendre ou de conserver à frais communs des ouvrages ou des institutions d'utilité commune.

C'est au maire qu'il appartient de provoquer l'entente, mais il ne doit en prendre l'initiative qu'autant qu'il est autorisé par le conseil municipal et qu'il en avertit le préfet.

Le concert une fois établi, chaque conseil municipal nomme dans son sein une commission spéciale, composée de trois membres nommés au scrutin secret. Ces trois délégués de chaque conseil municipal intéressé se réunissent ensuite en conférence dans laquelle sont débattues les questions d'intérêt commun.

Les préfets et les sous-préfets des départements et arrondissements comprenant les communes intéressées peuvent toujours assister à ces conférences. Les décisions qui y sont prises ne sont exécutoires qu'après avoir été ratifiées par tous les conseils municipaux intéressés. Elles sont en outre subordonnées à la même sanction que les délibérations des conseils municipaux dans les cas où ces délibérations ne sont exécutoires qu'en vertu de l'approbation résultant d'une loi spéciale, d'un décret du Président de la République, d'un arrêté préfectoral ou de la décision d'une autre autorité. (Loi 5 avril 1884, art. 117.)

Si des questions autres que celles que prévoit l'article 116 étaient mises en discussion, le préfet du département où la conférence a lieu déclarerait la réunion dissoute.

Toute délibération prise après cette déclaration donnerait lieu à l'application des dispositions et pénalités énoncées à l'article 34 de la loi du 10 avril 1871. (Art. 118.) — Voir à ce sujet la circulaire du 15 mai 1884.

Commissions syndicales chargées de l'administration des biens et droits indivis entre plusieurs communes. — Aux termes de l'article 161 de la loi du 5 avril 1884, lorsque plusieurs communes possèdent des biens ou des droits indivis, un décret du Président de la République doit instituer, si l'une d'elles le réclame, une commission syndicale composée de délégués des conseils municipaux des communes intéressées. Chacun des conseils élit ensuite dans son sein, au scrutin secret, le nombre de délégués qui a été déterminé par le décret présidentiel.

Les délibérations de la commission syndicale sont soumises à toutes les règles établies pour les délibérations des conseils municipaux.

L'article 162 définit et limite les attributions de la commission syndicale. Ces attributions comprennent l'administration des biens et droits indivis et l'exécution des travaux qui s'y rattachent; elles sont les conseils municipaux. Néanmoins, lorsque les conseils municipaux sont d'accord sur la nécessité d'un échange, d'un partage, etc., ils peuvent, pour faciliter l'opération et éviter des lenteurs, substituer, aux maires des communes intéressées, le président de la commission, et autoriser ce dernier à passer les actes. (Circ. Int. 15 mai 1884.)

La commission syndicale peut avoir des dépenses à faire, soit pour l'administration des biens et droits indivis, soit pour l'exécution des travaux se rattachant à la jouissance de ces mêmes biens.

D'après le paragraphe 1er de l'article 163, c'est la commission syndicale qui vote ces dépenses; elles sont ensuite réparties entre les communes intéressées par les conseils municipaux. Des propositions peuvent être soumises à ce sujet aux conseils municipaux par la commission syndicale, ou, à défaut, par le préfet.

Les conseils municipaux n'ont pas à contester ce vote pris dans la limite des attributions de la commission syndicale, leur mandataire régulier. Ils ont seulement à établir la part qui doit incomber à chaque commune dans la dépense. Leurs délibérations sont soumises à l'approbation du préfet.

En cas de désaccord entre les conseils municipaux, le préfet prononce sur l'avis du conseil général, ou dans l'intervalle des sessions de la commission départementale. Celui du conseil d'arrondissement n'est plus exigé. Si les conseils municipaux appartiennent à des départements différents, il est statué par décret.

La part de dépense définitivement assignée à chaque commune est portée d'office au budget, conformément à l'article 149 de la loi municipale. Le législateur considère cette part comme rentrant dans la catégorie des dépenses communales obligatoires. (Circ. Int. 15 mai 1884.)

Désaffectation des immeubles consacrés aux cultes ou à des établissements quelconques, ecclésiastiques ou civils. — Aux termes de l'article 167 de la loi du 5 avril 1884 : les conseils municipaux pourront prononcer la désaffectation totale ou partielle d'immeubles consacrés en dehors des prescriptions de la loi organique des cultes du 18 germinal an X, et des dispositions relatives au culte israélite, soit à des services religieux ou à des établissements quelconques, ecclésiastiques ou civils.

Ces désaffectations seront prononcées dans la même forme que les affectations.

Il ressort de la discussion devant les Chambres, qu'il ne s'agit ni des immeubles concordataires affectés au culte catholique, ni de ceux consacrés au culte protestant ou au culte israélite, en vertu des dispositions relatives à ces cultes, ni des immeubles qui, postérieurement au Concordat et à la loi du 18 germinal an X, ont été affectés aux cultes, par suite des obligations résultant du Concordat et des lois organiques.

Les conseils municipaux ne sauraient, dès lors, se prévaloir de l'article 167 pour poursuivre la désaffectation des immeubles compris dans ces diverses catégories.

D'autre part, il n'est pas dérogé aux prescriptions de l'ordonnance du 3 mars 1825, en ce qui concerne la distraction au profit des communes des parties superflues des presbytères.

Lorsqu'il s'agit d'appliquer cet article, il convient, pour déterminer la compétence, de se reporter à la procédure suivie, lors de l'affectation, les mêmes formalités devront être remplies pour la désaffectation. (Circ. Int. 15 mai 1884.)

Actes interdits aux conseils municipaux. — L'article 72 interdit à tout conseil municipal, soit de publier des proclamations ou adresses, soit d'émettre des vœux politiques, soit hors les cas prévus par la loi (conférences intercommunales de l'article 116), de se mettre en communication avec un ou plusieurs conseils municipaux.

La violation des prohibitions de l'article 72 ne peut plus être réprimée que par l'application de l'article 64 ou par la suspension et la dissolution du conseil.

L'annulation doit frapper également, non seulement les délibérations proprement dites, mais encore tous les actes ou manifestations ayant un caractère politique, notamment les manifestations, adresses, ou vœux politiques que les membres des assemblées municipales ou départementales auraient signé soi-disant à titre individuel, mais en indiquant leur qualité officielle, en se réunissant hors session. (Cour de Cass., arrêt 17 mai 1873, C. d'Et., D. 9 et 12 nov. 1873.)

Consignation. — L'appelant en matière civile doit consigner une amende de 5 francs, s'il s'agit d'une sentence de juge de paix, et de 10 francs s'il s'agit d'un jugement du tribunal de première instance ou de commerce. (C. de proc. civ., art. 471.)

Le demandeur en cassation est tenu de consigner la somme de 150 francs, lorsqu'il s'agit d'un jugement ou arrêt contradictoire, et celle de 75 francs, s'il s'agit d'un jugement ou arrêt par défaut. (Règl. 28 juin 1738, titre IV, art. 5.)

Les départements, les communes et les établissements publics sont soumis, comme les particuliers, à la consignation préalable de l'amende.

Les citoyens indigents en sont également affranchis. Ces derniers, pour établir leur indigence, doivent présenter un certificat du maire, visé et approuvé par le préfet; ils doivent y joindre un extrait de leurs impositions. — Voy. CAISSE DES DÉPÔTS ET CONSIGNATIONS.

Consistoire. — Voy. CULTES.

Constitution. — La Constitution qui nous régit aujourd'hui résulte des lois du 25 février 1875 sur l'organisation des pouvoirs publics et du 16 juillet 1875 sur leurs rapports, modifiées par la loi du 15 août 1884.

Le gouvernement de la République française se compose du pouvoir législatif et du pouvoir exécutif.

La forme républicaine du gouvernement ne peut faire l'objet d'aucune proposition de revision.

Les membres des familles ayant régné sur la France sont inéligibles à la Présidence de la République. (L. 14-15 août 1884, art. 2.)

Le pouvoir législatif est exercé par deux assemblées, la Chambre des députés et le Sénat.

Le pouvoir exécutif est exercé par le Président de la République, dans les conditions déterminées par la loi du 25 février 1875 sur l'organisation des pouvoirs publics.

Pouvoir exécutif. — Le Président de la République est élu pour sept ans. Il est rééligible. (L. 25 février 1875, art. 2.) Il a l'initiative des lois, concurremment avec les membres des deux Chambres. Il promulgue les lois lorsqu'elles ont été votées par les deux Chambres. Il en surveille et en assure l'exécution. Il a le droit de faire grâce ; les amnisties ne peuvent être accordées que par une loi. Il dispose de la force armée. Il nomme à tous les emplois civils et militaires. Il préside aux solennités nationales. Les envoyés et les ambassadeurs des puissances étrangères sont accrédités auprès de lui.

Le Président de la République négocie et ratifie les traités ; il en donne connaissance aux Chambres aussitôt que l'intérêt et la sûreté de l'Etat le permettent. Nulle cession, nul échange, nulle adjonction de territoire ne peuvent avoir lieu qu'en vertu d'une loi. (L. du 16 juillet 1875, art. 8.)

Le Président de la République ne peut déclarer la guerre, sans l'assentiment préalable des deux Chambres. (L. du 16 juillet 1875, art. 9.) Il ne peut être mis en accusation que par les Chambres, et ne peut être jugé que par le Sénat. (L. 16 juillet 1875, art. 2.)

Chacun des actes du Président de la République doit être contresigné par un ministre. (Id., art. 4.)

Les ministres sont solidairement responsables devant les Chambres de la politique générale du Gouvernement, et individuellement de leurs actes personnels. Le Président de la République n'est responsable que dans le cas de haute trahison. (Id. , art. 6.)

En cas de vacance par décès ou pour toute autre cause, les deux Chambres réunies procèdent immédiatement à l'élection d'un nouveau Président. Dans l'intervalle, le conseil des ministres est investi du pouvoir exécutif. (Id., art. 7.)

Le siège du pouvoir exécutif et des deux Chambres est à Paris. (L. 21 juin 1879.)

Sénat. — Le Sénat se compose de 300 membres ; 225 élus par les départements et les colonies, et 75 élus par l'Assemblée nationale. (L., 24 février 1875, art. 1er.)

Les sénateurs des départements et des colonies sont élus pour neuf années et renouvelables par tiers, tous les trois ans (Id., art. 9), par un collège qui se réunit au chef-lieu du département ou de la colonie et composé des députés, des conseillers généraux et d'arrondissement, et de délégués des conseils municipaux parmi les électeurs municipaux qui élisent chacun un nombre de délégués proportionnel à celui de leurs membres. (L. 9-10 décembre 1884.) — Voy. SÉNAT.

Nul ne peut être sénateur, s'il n'est Français, âgé de quarante ans au moins et jouissant de ses droits civils et politiques.

Les sénateurs élus par l'Assemblée nationale sont inamovibles. En cas de vacance par décès, démission ou autre cause, il est, dans les deux mois, pourvu au remplacement par le Sénat lui-même. (Id., art. 7.) Aux termes de l'article 3 de la loi du 14-15 août 1884, les articles 1 à 7 de la loi constitutionnelle du 24 février 1875, relatifs à l'organisation du Sénat, n'auront plus le caractère ministériel, et les conditions des élections des sénateurs pourront être changées sans qu'il y ait lieu à congrès par une simple loi votée séparément par les deux Chambres.

Le Sénat a, concurremment avec la Chambre des députés, l'initiative et la confection des lois. Toutefois, les lois des finances doivent être, en premier lieu, présentées à la Chambre des députés et votées par elle. (Id., art. 8.)

Chambre des députés. — Les membres de la Chambre des députés sont élus par le suffrage universel au scrutin de liste, par département. (L. 16-17 juin 1885, art. 1er.)

Tout électeur est éligible, sans condition de cens, à l'âge de vingt-cinq ans accomplis. (L. 30 novembre 1875, art. 6.)

Chaque département élit le nombre de députés qui lui est attribué par le tableau annexé à la loi du 17 juin 1885, à raison d'un député par 70,000 habitants, les étrangers non compris. Néanmoins, il est tenu compte de toute fraction inférieure à 70,000 habitants, et chaque département ne peut avoir moins de trois députés à élire. (Art. 2, L. 17 juin 1885).

Les députés sont élus pour quatre ans. La Chambre se renouvelle intégralement. (L. 25 février 1875.)

Sauf le cas de dissolution, les élections générales ont lieu dans les soixante jours qui précèdent l'expiration des pouvoirs de la Chambre. Il n'est pas pourvu aux vacances survenues dans les six mois qui précèdent le renouvellement. (L. 17 juin 1885, art. 6 et 7.)

Les députés reçoivent une indemnité. (Id., art. 6.)

Rapport des pouvoirs publics. — Le Sénat et la Chambre des députés se réunissent, chaque année, le second mardi de janvier, à moins d'une convocation antérieure faite par le Président de la République. Les deux Chambres doivent être réunies en session cinq mois au moins chaque année. La session de l'une commence et finit en même temps que celle de l'autre. (L. 16 juillet 1875, art. 1er.)

Les séances du Sénat et celles de la Chambre des députés sont publiques. Néanmoins, chaque Chambre peut se former en comité secret, sur la demande d'un certain nombre de ses membres fixé par le règlement. (Id., art. 5.) Le Président de la République prononce la clôture de la session, il a le droit de convoquer extraordinairement les Chambres.

Le Président de la République promulgue les lois dans le mois qui suit la transmission au gouvernement de la loi définitivement adoptée. Il doit promulguer dans les trois jours les lois dont la promulgation, par un vote exprès, dans l'une et l'autre Chambre, aura été déclarée urgente. (Id., art. 7.)

Revision des lois constitutionnelles. — Les Chambres ont le droit, par délibérations séparées, prises dans chacune à la majorité absolue des voix, soit spontanément, soit sur la demande du Président de la République, de déclarer qu'il y a lieu de reviser les lois constitutionnelles.

Après que chacune des deux chambres aura pris cette résolution, elles se réuniront en Assemblée nationale pour procéder à la revision.

Contravention. — L'infraction que les lois punissent des peines de simple police est une contravention. (C. P., art. 1er.)

Les contraventions sont prouvées, soit par procès-verbaux ou rapports, soit par témoins, à défaut de rapports et procès-verbaux, ou à leur appui.

Les maires ne peuvent se refuser à recevoir l'affirmation des procès-verbaux de délit ou contravention en matière forestière, cette formalité est une des obligations inhérentes à leur mandat et leur est expressément prescrite par l'article 165 du Code forestier. En ne se prêtant pas à son accomplissement, les magistrats municipaux, quelque soit le motif de leur abstention, compromettraient les intérêts de la répression et encourreraient une grave responsabilité. (Circul. int., 10 avril 1877.)

Nul n'est admis, à peine de nullité, à faire preuve par témoins outre ou contre le contenu aux procès-verbaux ou rapports des officiers de police ayant reçu de la loi le pouvoir de constater les délits ou les contraventions, jusqu'à inscription de faux.

Les contraventions punies de peines de police sont prescrites après une année révolue, à compter du jour où elles ont été commises, même lorsqu'il y a eu procès-verbal, saisie, instruction ou poursuites, si, dans cet intervalle, il n'est pas intervenu de condamnation. (C. I. C., art. 640.)

— Voy. COMMISSAIRE DE POLICE, DÉLIT, JUGE DE PAIX, GARDE CHAMPÊTRE, MAIRE, PROCÈS-VERBAUX, POLICE MUNICIPALE, TRIBUNAL DE POLICE.

Contreseing. — Le contreseing consiste dans la signature d'un fonctionnaire apposée au-dessous de l'indication de ses fonctions, sur l'enveloppe des lettres ou dépêches, afin d'en assurer la circulation en franchise.

Nul ne peut déléguer son contreseing; ainsi, un adjoint même ne pourrait contresigner valablement qu'autant qu'il remplacerait le maire absent ou empêché, et alors il doit le mentionner dans le contreseing.

— Voy. CORRESPONDANCE, DÉLÉGATION DE FONCTIONS, FRANCHISE DE CORRESPONDANCE.

Contributions directes. — On appelle contribution directe toute imposition foncière ou personnelle, c'est-à-dire assise directement sur les propriétés soit sur les personnes, qui se lève par les voies du cadastre ou des rôles de cotisations, et qui passe immédiatement du contribuable cotisé au percepteur chargé d'en recevoir le produit. (I. 8 janvier 1790.)

Les contributions directes doivent être votées annuellement et ne peuvent être établies que par une loi dite loi de finances.

Les maires interviennent directement ou indirectement dans les opérations qui concernent soit l'assiette, soit la répartition, soit le recouvrement des contributions directes.

Ces contributions sont de quatre natures, savoir :

La contribution foncière qui frappe la propriété immobilière;

La contribution des portes et fenêtres qui frappe le luxe probable des habitations;

La contribution personnelle et mobilière qui frappe la fortune mobilière, en la présumant d'après le loyer de l'habitation.

La contribution des patentes, qui frappe le revenu produit par l'exercice de l'industrie.

On doit voir, en outre, une véritable contribution directe dans la taxe établie par la loi du 20 février 1849 sur les biens de mainmorte. — Voy. MAINMORTE.

Indépendamment de la grande division qui vient d'être indiquée, les contributions directes se subdivisent en impôts de répartition et impôts de quotité.

Impôts de répartition. — Les impôts de répartition sont ceux qui consistent en une somme déterminée, qui se répartit de degré en degré entre les départements, les arrondissements, les communes et les contribuables conformément aux règles particulières de répartition. Telles sont les contributions foncière, personnelle et mobilière, et des portes et fenêtres.

Dans les impôts de cette nature, les contribuables doivent fournir entre eux la somme demandée à la commune et se cotiser chacun de manière à parfaire cette somme. Ces impôts établissent donc entre eux une espèce de solidarité qui se manifeste encore par la réimposition aux rôles de l'année suivante des cotes indûment ouvertes.

La loi des finances annuelle fixe le contingent qui doit être fourni par chaque département. Cette première répartition faite, les conseils généraux fixent le contingent des arrondissements; enfin les conseils d'arrondissement déterminent le contingent des communes. La répartition se fait ensuite, dans les communes, entre les habitants passibles des différentes natures d'impôts.

Le conseil municipal réclame, s'il y a lieu, contre le contingent affecté à la commune dans l'établissement des impôts de répartition. (L. 5 avril 1884, art. 60.)

Les communes qui croient avoir à se plaindre du contingent qui leur a été assigné dans la contribution foncière par le conseil d'arrondissement peuvent demander la réformation des décisions de ce conseil au conseil général.

Les décisions du conseil général sont définitives et sans recours. Si le conseil d'arrondissement ne s'y conforme pas, le préfet établit la répartition et la part de contribution dont la commune est déchargée est répartie au centime le franc, sur toutes les autres communes de l'arrondissement. (L. 10 mai 1838, art. 46.)

Impôts de quotité. — L'impôt de quotité est celui qui s'assied sur chaque contribuable isolément, d'après un tarif qui détermine le montant particulier de chaque cote. Tel est l'impôt des patentes.

Différences entre les impôts de répartition et impôts de quotité. — Dans l'impôt de quotité, il n'y a nulle solidarité entre les contribuables. Chaque cote est indépendante, chacun est entièrement libéré dès qu'il a payé le montant de la sienne et celles mal imposées retombent en non-valeurs; les non-valeurs qui se rencontrent dans cette espèce de contribution sont perdues pour le Trésor public; l'impôt de répartition, au contraire, oblige la commune tout entière pour le contingent qui lui est assigné, de sorte que le montant des décharges et réductions doit être réimposé sur les habitants, afin que la somme à laquelle s'élève le contingent soit toujours atteinte.

Centimes additionnels. — Indépendamment du montant, en principal, de chaque contribution, la loi de finances annuelle ordonne ou autorise l'imposition de centimes additionnels.

Les centimes additionnels pour dépenses départementales sont établis par les conseils généraux, sauf l'approbation du Gouvernement, pour les dépenses d'utilité départementale. En cas d'insuffisance de ces centimes facultatifs, les conseils généraux peuvent demander, dans leurs délibérations, l'établissement d'impositions extraordinaires, qui sont ensuite autorisées par des lois spéciales.

Les centimes additionnels pour dépenses communales sont votés, en vertu des lois de finances, par les conseils municipaux, qui peuvent également, si les centimes ordinaires et leurs autres revenus sont insuffisants, s'imposer un nombre de centimes additionnels proportionné aux besoins extraordinaires. — Voy. IMPOSITIONS COMMUNALES.

Répartiteurs. — La répartition des contributions directes entre les contribuables d'une commune est préparée par un conseil de répartition composé de sept membres, savoir : le maire, un adjoint, répartiteurs de droit et cinq propriétaires choisis parmi les contribuables fonciers de la commune, dont deux au moins non domiciliés dans la commune, s'il s'en trouve de tels. (L. 3 frimaire an VII, art. 9.)

Les répartiteurs sont nommés par le sous-préfet, sur une liste dressée par le conseil municipal et contenant un nombre double de candidats que celui des répartiteurs et des répartiteurs suppléants à nommer. L'administration n'est pas libre de choisir les répartiteurs comme elle l'entend ; elle doit les prendre sur la liste dressée par le conseil municipal en ayant soin de désigner toujours deux répartiteurs non domiciliés. (Art. 61. Loi 5 avril 1884 et 15 mai 1884.)

Les répartiteurs ne sont pas libres de refuser ces fonctions à moins d'excuses légitimes dans les cas prévus par la loi du 3 frimaire an VII, articles 13, 14, 15, 21.

Les maires ou les répartiteurs qui, sous quelque prétexte que ce soit, négligent ou refusent de remplir les obligations qui leur sont imposées, peuvent être personnellement contraints au payement des termes de la contribution assignée à leur commune dont le recouvrement se trouve en retard, par suite de la non-exécution des opérations prescrites. (L. 2 messidor an VII.)

Le maire préside le conseil de répartition, et ce conseil ne peut délibérer valablement que lorsqu'il y a au moins cinq membres présents. (L. 3 frimaire an VII, art. 23.)

Travail des mutations. — Un contrôleur des contributions directes est envoyé tous les ans dans chaque commune pour y faire le relevé des mutations de propriétés ou autres changements que la situation des contribuables a pu éprouver.

Le percepteur doit toujours être présent à la réunion des répartiteurs et du contrôleur pour y donner tous les renseignements qui lui seraient demandés. (Circ. 9 novembre 1846, art. 7.)

Le percepteur tient un cahier de notes sur lequel il inscrit les déclarations de mutations et les renseignements divers touchant l'assiette des contributions.

Pour la préparation du travail des mutations foncières, le contrôleur est autorisé à s'adjoindre, sans qu'il puisse y en avoir plus d'un par perception, des auxiliaires agréés par l'administration centrale. Le contrôleur répond de leur travail, et, à leur défaut, il opère lui-même.

(Circ. 9 novembre 1846, art. 10 à 13, 25, 26 et 27.) Le travail des mutations a été mis à la charge des percepteurs dans tous les endroits où le contrôleur ne réside pas. (Circ. 30 novembre 1881.)

L'époque de la tournée des mutations est annoncée dans la commune au moins dix jours à l'avance au moyen d'affiches que le directeur des contributions envoie au maire. — *Dict. des formules*, n° 426.

Le maire doit tenir prêtes, pour l'arrivée du contrôleur les diverses pièces nécessaires au travail des mutations, notamment. (Circ. direct. des Cont. du 20 décembre 1881.)

Arrivé dans la commune, le contrôleur s'assure si toutes les mutations indiquées par les actes translatifs de propriété et par les notes du percepteur ont été effectuées. Il opère, s'il est possible, les mutations qui auraient été ajournées, ainsi que celles résultant des notes des auxiliaires ou qui seraient déclarées séance tenante. Il vérifie toutes les mutations, parcelle par parcelle, au vu des pièces cadastrales ; il en donne connaissance aux répartiteurs ; il rectifie celles qui sont reconnues défectueuses et envoie les feuilles à la direction avec l'extrait du cahier des notes du percepteur et un relevé des extraits d'actes concernant les mutations non opérées.

Les mutations survenues, chaque année, dans la matrice des contributions personnelle et mobilière, et dans celle des portes et fenêtres, sont effectuées par les répartiteurs, avec l'assistance du contrôleur.

Les formes à observer dans la réunion annuelle des répartiteurs et du contrôleur, et la manière de mentionner les changements à faire sur les matrices des rôles, ont été réglées par une instruction de l'administration des contributions directes, en date du 9 novembre 1846. Quant à l'assiette même de l'impôt, ci-après les bases d'après lesquelles il doit être procédé sont indiquées pour chaque nature de contribution.

Contribution foncière. — La contribution foncière est établie, par égalité proportionnelle, sur toutes les propriétés foncières, bâties ou non bâties, à raison de leur revenu net imposable. (L. 3 frimaire an VII, art. 2.)

Le revenu net imposable est tout ce qui reste sur le produit d'une propriété, déduction faite des frais de production et d'entretien (Id., art. 3.)

La répartition individuelle de la contribution foncière doit avoir lieu d'après les résultats des opérations cadastrales. — Voy. CADASTRE.

Le revenu cadastral afférent aux propriétés bâties, abstraction faite de celui du sol, doit, à partir de 1882, être séparé des autres revenus figurant aux matrices cadastrales et générales, et être inscrit à part dans lesdites matrices. (Loi du 29 juillet 1880.) Aussi lorsque la mutation comprend une propriété bâtie, il est rédigé un premier extrait de matrice pour le sol, le jardin et les autres terrains acquis avec la propriété bâtie ; puis un second extrait (sur papier rose) pour l'élévation des maisons et usines. (Circul. direct. générale des contributions directes, 20 décembre 1881.) La superficie s'évalue sur le pied des meilleures terres labourables, et la construction d'après la valeur locative totale de l'immeuble, déduction faite de l'estimation de la superficie. La valeur locative est calculée sur les dix dernières années, déduction faite d'un quart pour dépérissement et frais.

L'évaluation du revenu imposable des propriétés bâties est toujours susceptible de revision. Si un propriétaire fait à sa maison des changements qui en modifient le revenu réel, il y a lieu de procéder à une nouvelle fixation du revenu cadastral.

Les bâtiments d'exploitations rurales, tels que granges, écuries, greniers, caves, celliers, pressoirs, dont le caractère est déterminé par l'usage habituel, ne sont soumis à la contribution foncière qu'à raison du terrain qu'ils enlèvent à la culture, évalué sur le pied des meilleures terres labourables de la commune ou des communes voisines, s'il n'y a pas de terres labourables dans la commune. (Loi 3 frimaire an VII, art. 85 et 86.)

Le revenu imposable des fabriques, manufactures, forges, moulins et autres usines est déterminé d'après leur valeur locative calculée sur dix années, sous déduction d'un tiers de cette valeur, en considération du dépérissement et des frais d'entretien et de réparation (Loi 3 frimaire an VII, art. 87.)— A défaut de bail la valeur locative peut être estimée à raison de tant pour cent de la valeur vénale, si, dans la contrée, le prix de location des usines se règle généralement de cette manière. (Arrêt du Cons. d'Etat, 27 avril 1869.)

Les maisons, fabriques et manufactures, forges, moulins et autres usines nouvellement construites ne sont soumises à la contribution foncière que la troisième année après leur construction. Le terrain qu'ils enlèvent à la culture continue d'être cotisé jusqu'alors comme il l'était auparavant. Il en de même pour tous autres édifices nouvellement construits ou reconstruits ; le terrain seul est cotisé pendant les deux premières années. (Id., art. 88.)

Le délai de l'exemption court à partir du complet achèvement des travaux nécessaires pour rendre les lieux habitables. (Arrêt Cons. d'Etat, 8 avril 1840.)

L'estimation des propriétés bâties, devenues imposables, est faite par les commissaires répartiteurs, assistés du contrôleur des contributions directes. Elle est arrêtée par le préfet, qui peut, s'il le juge convenable, faire préalablement procéder à la revision par deux experts, dont l'un est nommé par lui, et l'autre par le maire de la commune. (L. 17 août 1835, art. 2.)

D'après la loi de finances du 28 juin 1813, article 5, dans les villes de 20,000 âmes et au-dessus, les propriétaires, en cas de vacances de loyers, pendant un trimestre au moins, de tout ou partie de leurs maisons, peuvent obtenir le dégrèvement de la portion d'impôts afférente au revenu perdu. Ces dégrèvements sont prononcés par les conseils de préfecture, à titre de décharge et réduction, et réimposés au rôle foncier de l'année qui suit. Dans les villes au-dessous de 20.000 âmes, les demandes en réduction fondées sur cette cause sont considérées comme demandes en remise ou modération, et décidées par le préfet. (Arrêt C. d'Et. 26 décembre 1840.)

Les propriétaires des propriétés bâties ont droit à la décharge ou à la réduction de l'impôt dans le cas de la destruction totale ou partielle de leurs bâtiments. (L. 15 septembre 1807, art. 38.)

Chantiers. — La loi de finance du 31 décembre 1884 a établi une nouvelle distinction entre les terrains non bâtis relativement aux chantiers qui doivent être imposés à l'avenir non plus comme les terrains et similaires, mais d'après leur affectation commerciale et industrielle lorsqu'elle a un caractère permanent.

Propriétés non bâties. — Le revenu net des terres non bâties est ce qui reste au propriétaire, déduction faite sur le produit brut des frais de culture, semences, récoltes et entretien. Le revenu imposable est le revenu net moyen calculé sur un nombre d'années déterminé. (Loi 2 frimaire an VII, art. 3 et 4.)

La manière de déterminer le revenu imposable des diverses espèces de terres, suivant qu'elles sont plantées en céréales, vignes, arbres à fruits, bois, herbes, etc., est indiquée très clairement dans la *Notice sur les Contributions directes*, nous y renvoyons nos lecteurs (1).

La loi exempte certains immeubles de l'impôt foncier. Ces exemptions sont permanentes ou temporaires, totales ou partielles.

Exemptions permanentes. — La plupart des exemptions permanentes sont en même temps totales. L'article 103 de la loi du 3 frimaire an VII déclare non cotisables les rues, places publiques servant aux foires et marchés, les grandes routes, les chemins vicinaux et les rivières. Cette disposition s'étend aux carrefours, fontaines, routes, ponts publics, boulevards, lacs, rochers nus et arides, promenades publiques. (*Rec. méthodique du Cadastre*, art. 399.) Mais l'exemption ne s'applique pas à une halle couverte, qui constitue une propriété bâtie, productive de revenus, alors même qu'elle n'est pas close et qu'elle sert de passage. (Arrêt C. d'Et. 28 juillet 1878.)

Les chemins de halage ne participent pas non plus à l'exemption des chemins publics vicinaux; on doit seulement avoir égard, dans l'évaluation, à la perte de revenu résultant de cette servitude. (Circ. 9 janvier 1827; arrêt C d'Et. 6 mars 1835.)

Aux termes de l'article 105 de la loi du 3 frimaire an VII et du décret du 11 août 1808, les propriétés nationales non productives de revenus et réservées pour un service national, ainsi que les propriétés départementales ou communales également affectées à un service public, et généralement tous les établissements dont la destination a pour objet l'utilité générale, ne doivent pas être soumis à la contribution foncière.

L'exemption s'étend aux hospices et jardins y attenant, aux dépôts de mendicité, aux prisons et maisons de détention, aux bureaux de bienfaisance, aux caisses d'épargne, aux asiles publics d'aliénés, aux institutions publiques d'aveugles et sourds-muets, aux congrégations vouées au soulagement des malades. Mais la jurisprudence n'admet pas qu'elle profite aux monts-de-piété. (Décision du 17 juin 1831.) Elle la refuse également aux congrégations hospitalières indépendantes de l'administration, qui sont considérées, malgré l'autorisation, comme des établissements privés. (Décision 30 juin 1831; arrêts C. d'Et. 8 janvier 1836, 12 avril 1843, 10 janvier 1845, 19 décembre 1860.)

La loi du 19 ventôse an IX exempte également les bois et forêts de l'Etat, parce que la plus grande partie de leurs produits est employée pour les services publics. Mais ces bois et forêts supportent les centimes ordinaires et extraordinaires affectés aux dépenses départementales. (Loi 18 juillet 1866, art. 6.) L'exemption cesse de plein droit quand ils passent dans les mains des particuliers.

Exemptions temporaires. — Quelques exemptions temporaires ont été accordées, dans l'intérêt de l'agriculture, aux propriétés non bâties.

La cotisation des marais desséchés ne peut être augmentée pendant les vingt-cinq premières années après le dessèchement. (L. 3 frimaire an VII, art. 111.)

(1) *Notice sur les Contributions directes et le Cadastre*, de M. L. Faire. — Paul Dupont, 1882.

La cotisation des terres en friche depuis dix ans, qui sont plantées ou semées en bois, ne peut être augmentée pendant les trente premières années du semis ou de la plantation. (Id., art. 113.)

La cotisation des terres vaines et vagues, en friche depuis quinze ans, qui sont plantées en vignes, mûriers ou autres arbres fruitiers, ne peut être augmentée pendant les vingt premières années de la plantation. (Id., art. 114.) Celle des terres vaines et vagues depuis quinze ans, qui sont mises en culture autre que celle qui vient d'être désignée, ne peut être augmentée pendant les dix premières années après le défrichement. (Id., art. 112.)

Le revenu imposable des terrains déjà en valeur, qui sont ensuite plantés en vignes, mûriers ou autres arbres fruitiers, ne peut être évalué, pendant les quinze premières années de la plantation, qu'au taux de celui des terres d'égale valeur non plantées. (Id., art. 115.)

Le revenu imposable des terrains déjà en valeur que l'on plante ou sème en bois n'est évalué, pendant les trente premières années de la plantation, qu'au quart de celui des terres d'égale valeur non plantées. (Id., art. 116.)

Les semis et plantations de bois sur le sommet et le penchant des montagnes et sur les dunes sont exempts de tout impôt pendant vingt ans. (C. F., art. 225.) Cette exemption est acquise par le fait seul et sans qu'il soit besoin d'aucune déclaration préalable.

Contribution personnelle et mobilière. — Taxe personnelle. — La taxe personnelle se compose de la valeur de trois journées de travail. Le conseil général, sur la proposition du préfet, détermine le prix moyen de la journée de travail dans chaque commune, sans pouvoir néanmoins le fixer au-dessous de 50 centimes, ni au-dessus de 1 fr. 50 c. (L. 21 avril 1832, art. 10.)

La contribution personnelle et mobilière est due par chaque habitant français et par chaque étranger de tout sexe, jouissant de ses droits et non réputé indigent.

Cependant, les membres du corps diplomatique, sauf les agents consulaires d'Angleterre, ne sont point imposables par droit de réciprocité internationale, à condition qu'ils soient sujets de la nation qu'ils représentent. Une seule dérogation est faite en faveur des Etats-Unis, dont les agents consulaires ont droit à l'exemption, quelle que soit leur nationalité, à moins qu'ils ne soient citoyens français. (Inst. 5 septembre 1860; Circ. 9 janvier 1875 et 2 avril 1878.)

Sont considérés comme jouissant de leurs droits, les veuves et les femmes séparées de leurs maris, les garçons et filles majeurs et mineurs, ayant des moyens suffisants d'existence, soit par leur fortune personnelle, soit par la profession qu'ils exercent, lors même qu'ils habitent avec leur père, mère, tuteur ou curateur. (L. 21 avril 1832, art. 12; arrêt C. d'Et. 7 août 1869.)

Les membres d'une communauté religieuse sont, sauf les cas d'exemption, passibles individuellement de la cote personnelle.

Les employés d'une maison ou d'une exploitation, tels que précepteurs, dames de compagnie, régisseurs, gardes particuliers, maîtres-valets, en sont également passibles. Seuls, les domestiques, logés et nourris chez leurs maîtres, et exclusivement attachés au service de la personne, du ménage ou de l'exploitation, ne sont pas imposables. (Instruct. 14 mai, 30 septembre 1831; arrêt C. d'Et. 20 juin 1844.)

La distinction entre la position d'employé et celle de domestique se résout par l'appréciation des faits dans chaque espèce.

Les mineurs qui n'exercent aucune profession et n'ont aucune fortune personnelle ne peuvent être imposés. (Arrêt C. d'Et. 19 octobre 1837.)

La taxe personnelle n'est due que dans la commune du domicile réel, la contribution mobilière est due pour toute habitation meublée, soit dans la commune du domicile réel, soit dans toute autre commune. (L. 21 avril 1832, art. 13.)

Contribution mobilière. — La contribution mobilière est établie sur les habitants passibles de la taxe personnelle, en raison de la valeur locative de leur habitation, mais seulement pour les parties de bâtiment consacrées à leur habitation personnelle ou aux annexes de leur habitation. (Id., art. 13 et 17.)

On ne comprend point dans l'habitation personnelle les locaux servant à l'agriculture, à un service public, au commerce ou à l'industrie ; les bureaux des fonctionnaires publics, les classes, salles d'études, réfectoires et dortoirs, servant à l'instruction et au logement des élèves dans les écoles, pensionnats et maisons d'éducation. (Art. 8, loi 26 mars 1831, et 17, loi 21 avril 1832.)

Les officiers de terre et de mer, ayant des habitations particulières, soit pour eux, soit pour leur famille, les officiers sans troupe, tels qu'officiers d'état-major, officiers de recrutement, officiers de gendarmerie, employés de la guerre et de la marine, dans les garnisons et dans les ports, les préposés supérieurs des douanes, sont imposables à la contribution personnelle et mobilière, d'après le mode et dans les mêmes proportions que les autres contribuables. (Art. 14, loi 1832.)

Les fonctionnaires, les ecclésiastiques, les employés civils et militaires logés gratuitement dans les bâtiments appartenant à l'Etat, aux départements, aux communes et aux hospices, sont imposables d'après la valeur locative des parties de bâtiments affectées à leur habitation personnelle. (Art. 17.)

Les habitants qui n'occupent que des appartements garnis ne sont imposés qu'à raison de la valeur locative de leur appartement non meublé. (Art. 16.)

Les centimes additionnels au contingent personnel et mobilier des communes ne portent que sur les cotisations mobilières ; la taxe personnelle est imposée en principal seulement. (Loi 21 avril 1832, art. 19.)

La contribution personnelle et mobilière est due pour l'année entière. Lorsqu'un contribuable vient à décéder dans le courant d'une année, ses héritiers sont tenus d'acquitter sa cote. (Art. 21.)

Dans les villes qui ont un octroi, le contingent personnel et mobilier peut être payé, en totalité ou en partie, par les caisses municipales, sur la demande qui en est faite au préfet par les conseils municipaux. Ces conseils déterminent la portion du contingent qui doit être prélevée sur les produits de l'octroi. La portion à percevoir, au moyen d'un rôle, doit être répartie en cote mobilière seulement au centime le franc des loyers d'habitation, après déduction des faibles loyers que les conseils municipaux croient devoir exempter de la cotisation. Les délibérations prises à ce sujet par les conseils municipaux ne doivent recevoir leur exécution qu'après avoir été approuvées par décret. (Loi 21 avril 1832, art. 20.)

Les conseils municipaux, qui veulent user de la faculté que leur donne l'article 20 précité, doivent s'occuper de cet objet à l'ouverture de leur session de novembre, et leurs délibérations doivent être immédiatement adressées au ministère des finances, pour qu'elles puissent être soumises en temps utile à la sanction de l'autorité supérieure. (Circ. int., 21 juillet 1846.)—*Dict. des formules*, n° 484.

Contribution des portes et fenêtres.—La contribution des portes et fenêtres, primitivement établie par la loi du 4 frimaire an VII comme impôt de quotité, est devenue impôt de répartition par la loi du 21 avril 1832.

Cette contribution est due pour les portes et fenêtres qui ne sont pas pratiquées dans l'intérieur des bâtiments, quelles que soient leur forme et leur dimension, du moment qu'elles sont clôturées et qu'elles donnent air, jour ou accès à des bâtiments destinés à l'habitation ou à l'occupation des hommes, d'après le tarif ci-joint.

TARIF établi par la loi du 21 avril 1832.

POPULATION. des VILLES ET DES COMMUNES.	POUR LES MAISONS					POUR LES MAISONS à six ouvertures et au-dessus.		
	À une ouverture.	À deux ouvertures.	À trois ouvertures.	À quatre ouvertures.	À cinq ouvertures.	Portes cochères, charretières et des magasins.	Portes ordinaires et fenêtres du rez-de-chaussée de l'entresol, des 1er et 2e étages.	Fenêtres du 3e étage et des étages supérieurs.
	fr. c.	fr. c.	fr. c.	fr. c.	fr. c.	fr. c.	fr. c.	fr. c.
Au-dessous de 5,000 âmes.	0 30	0 45	0 90	1 60	2 50	1 60	0 60	0 60
De 5,000 à 10,000........	0 40	0 60	1 35	2 20	3 25	3 50	0 75	0 75
De 10,000 à 25,000.......	0 50	0 80	1 80	2 80	4 00	7 40	0 90	0 75
De 25,000 à 50,000.......	0 60	1 00	2 70	4 00	5 50	11 20	1 20	0 75
De 50,000 à 100,000.....	0 80	1 20	3 60	5 20	7 00	15 00	1 50	0 75
Au-dessus de 100,000	1 00	1 50	4 50	6 40	8 50	18 80	1 80	0 75

La loi distingue deux espèces de portes : les portes cochères, charretières et de magasin, et les portes ordinaires.

Quant aux fenêtres, elle ne fait qu'une seule distinction, qui consiste en ce que, dans les villes et communes des cinq plus fortes catégories de population, l'augmentation de taxes qui frappe les étages du rez-de-chaussée, de l'entresol, les premier et deuxième étages, n'a pas lieu pour les étages supérieurs.

Dans les villes ou communes au-dessus de 5,000 âmes, la taxe correspondante au chiffre de leur population ne s'applique qu'aux habitations comprises dans les limites intérieures de l'octroi. Les habitations dépendantes de la banlieue sont portées dans la classe des communes rurales. (Id., art. 24.)

Dans les communes n'ayant pas d'octroi, le tarif correspondant à la population totale est seulement appliqué aux ouvertures des maisons comprises dans la partie du territoire formant l'agglomération urbaine.

En ce qui concerne les communes dont la partie rurale et la partie agglomérée sont comprises dans les limites de l'octroi, on n'applique qu'à la ville proprement dite la taxe correspondante au chiffre de la population totale, et on impose les maisons de banlieue, comme celles des communes rurales.

Ne sont pas soumises à la contribution les portes et les fenêtres servant à éclairer ou aérer les granges, bergeries, étables, greniers, caves et autres locaux non destinés à l'habitation des hommes; les portes et fenêtres des bâtiments employés à un service public, militaire, ou d'instruction, ou aux hospices. (L. 4 frimaire an VII, art. 5.)

L'exemption accordée pour les locaux servant à des usages agricoles a été étendue aux établissements manufacturiers par la loi du 4 germinal an XI (25 mars 1803), qui dispose que les propriétaires de manufactures ne doivent être taxés que pour les fenêtres de leurs habitations personnelles et de celles de leurs commis ou concierges.

La loi du 13 avril 1850 a exempté, pendant trois ans, les ouvertures pratiquées pour l'exécution de travaux d'assainissement, par suite de mesure d'ordre et de police, en vertu d'une décision du conseil municipal ou du conseil de préfecture.

Il ne doit être compté qu'une seule porte charretière pour chaque ferme ou métairie, ou toute autre exploitation rurale. Les portes charretières existant dans les maisons à une, deux, trois, quatre à cinq ouvertures, ne sont comptées et taxées que comme portes ordinaires. (L. 21 avril 1832, art 27.) Néanmoins, les portes charretières des bâtiments à moins de six ouvertures, situés dans les villes de 5,000 âmes et au-dessus, et employées à usage de magasin, sont taxées comme les portes charretières des magasins établis dans les maisons à six ouvertures. (L. 20 juillet 1837, art. 3.)

Sont imposables les fenêtres dites mansardes et autres ouvertures pratiquées dans la toiture des maisons, lorsqu'elles éclairent des appartements habitables.

Les ouvertures non clôturées par des portes et des fenêtres ne sont pas soumises à l'impôt.

Les fonctionnaires, les ecclésiastiques et les employés civils et militaires logés gratuitement dans les bâtiments appartenant à l'Etat, aux départements, aux communes ou aux hospices, sont imposés nominativement pour les portes et fenêtres des parties de ces bâtiments servant à leur habitation personnelle. (L. 21 avril 1832, art. 27.)

Les commissaires répartiteurs, assistés du contrôleur des contributions directes, rédigent la matrice de la contribution des portes et fenêtres d'après les bases ci-dessus.

Si la somme à imposer d'après l'application du tarif aux ouvertures constatées par la matrice, est au-dessus du contingent qui a été assigné à la commune, il est fait une déduction proportionnelle pour chaque cote.

S'il arrivait, au contraire, que le contingent fût supérieur au montant des cotes d'après le tarif, il devrait être fait une augmentation proportionnelle pour chacune d'elles. (L. 21 avril 1832, art. 24.)

Le décret du 17 mars 1852 et les lois des 22 juin 1854 et 5 mars 1855 ont autorisé respectivement les villes de Paris, Lyon et Bordeaux, à établir des tarifs spéciaux combinés de manière à tenir compte à la fois de la valeur locative et du nombre des ouvertures.

Contribution des patentes. — La contribution des patentes est établie, en vertu de la loi du 15 juin 1880, légèrement modifiée par la loi du 29 juin 1881, en ce qui concerne le tableau C, d'après les dispositions suivantes.

Tout individu français ou étranger qui exerce en France un commerce, une industrie ou une profession non compris dans les exceptions déterminées par la loi, est assujetti à la contribution des patentes. (L. 15 juillet 1860, art. 1er.)

La patente se compose d'un droit fixe et d'un droit proportionnel. (Art. 2.)

Les deux droits sont dus par le plus grand nombre des patentables. Quelques-uns, cependant, ne payent que le droit fixe; d'autres ne sont assujettis qu'au droit proportionnel.

Le droit fixe se compose de la taxe ou de toutes les taxes fixes ou variables imposées à chaque patentable autres que le droit proportionnel sur la valeur locative.

Les patentés compris dans les rôles se subdivisent en quatre grandes catégories, savoir :

1° Patentés imposés au droit fixe, eu égard à la population et d'après un tarif général qui comprend ces commerçants proprement dits, les artisans et industries ordinaires divisées en 8 classes.

2° Patentés imposés au droit fixe, également en raison de la population, mais d'après un tarif exceptionnel gradué non par classe, mais pour chaque profession en particulier en raison de la population de la commune, o u de certains avantages dont jouissent les commis tels qu'entrepôt réel, etc. De plus, il est établi une taxe complémentaire par personne employée en sus du nombre cinq. Ce tableau ne renferme que cinq professions considérées comme les plus importantes, agents de change, etc. (Tableau B);

3° Patentés imposés au droit fixe, sans avoir égard à la population, et d'après un tarif spécial à chacune des professions exercées. Cette troisième catégorie se subdivise en cinq parties renfermant la première et la quatrième des professions commerciales proprement dites, les trois autres des professions essentiellement industrielles. Ces droits fixes consistent tantôt en une somme fixe unique, tantôt en sommes fixes variant suivant les circonstances de l'industrie et la composition des établissements, tantôt d'une somme invariable et du produit variable d'une taxe par élement de production ou par ouvrier (Tableau C) (Id., art. 3) ;

4° Patentés exerçant des professions dites libérales, assujettis seulement au droit proportionnel, professions libérales (Tableau D) (1).

Le patentable qui cumule dans le même établissement plusieurs commerces, industries ou professions, ne peut être soumis qu'à un seul droit fixe. Ce droit est le plus élevé de ceux qu'il aurait à payer s'il était assujetti à autant de droits fixes qu'il exerce de professions.

Si les professions exercées dans le même établissement comportent pour le droit fixe, soit seulement des taxes variables à raison du nombre d'employés, d'ouvriers, de machines ou autres éléments d'imposition, soit à la fois des taxes variables et des taxes déterminées, c'est-à-dire arrêtées à un chiffre invariable, le patentable est assujetti aux taxes variables d'après tous les éléments d'imposition afférents aux professions exercées, mais il ne paye que la plus élevée des taxes déterminées. (Id., art. 7.)

Le patentable doit, en outre, pour chacun des autres établissements,

(1) Pour la division des professions entre ces diverses catégories se reporter à la notice sur les contributions directes et le cadastre de M. Faire. — Librairie Paul Dupont, 1882.

boutiques ou magasins de même espèce ou d'espèces différentes, et quel
que soit le tableau auquel il appartient comme patentable, un droit fixe
calculé en raison du commerce, de l'industrie ou de la profession
exercés dans chacun de ces établissements et de la population de la
commune où ils sont situés. (Id., art. 8.)

Droit proportionnel. — Le droit proportionnel est établi sur la valeur
locative tant de la maison d'habitation que des magasins, boutiques,
usines, ateliers, hangars, remises, chantiers et autres locaux servant à
l'exercice des professions imposables. Il doit être imposé dans toutes
les communes où sont situés les établissements.

Il est dû, lors même que le logement et les locaux occupés sont
concédés à titre gratuit.

La valeur locative est déterminée, soit au moyen de baux authentiques ou de déclarations de locations verbales dûment enregistrées, soit
par comparaison avec d'autres locaux dont le loyer aura été réguliè-
ment constaté ou sera notoirement connu, et, à défaut de ces bases,
par voie d'appréciation.

Le droit proportionnel pour les usines et les établissements industriels est calculé sur la valeur locative de ces établissements pris dans
leur ensemble et munis de tous leurs moyens matériels de production
(Id., art. 12) ; il y a donc lieu de comprendre dans leur estimation la
valeur locative des bâtiments, de l'outillage et celle de la force motrice,
c'est-à-dire des cours d'eau, des machines à vapeur, des manèges et de
tous leurs accessoires.

Le droit proportionnel est établi à des taux différents, selon la classe
des patentables et la nature des locaux ou des établissements ; il est fixé
aux taux ci-après, sauf les exceptions spécifiées au tableau D :

Il est du 10e de la valeur locative de tous les locaux occupés par les
patentables compris dans le tableau B, et pour quelques établissements
du tableau C ;

Il est du 15e pour les patentables exerçant les professions dites libérales énumérées au tableau D, ces patentables étant exempts du droit
fixe (§ 143) ;

Il est du 20e pour les patentables des 1re, 2e et 3e classes du tableau A,
et pour ceux de la 1re classe du tableau C ;

Il est du 20e également sur la maison d'habitation des patentables de
la 2e, de la 3e et de la 4e partie du tableau C, et sur la maison d'habitation seulement pour les patentables de la 5e partie du tableau C, ainsi
que pour les concessionnaires, exploitants ou fermiers des droits d'em-
magasinage dans un entrepôt (2e cl., tab. A), les directeurs de diorama,
panorama, géorama, néorama (2e cl., tab. A) et pour les concessionnaires
ou fermiers de péage sur un pont (tab. B) ;

Le droit proportionnel est du 30e de la valeur locative de tous les
locaux occupés par les patentables des 4e, 5e et 6e classes du tableau A,
et de l'habitation seulement, pour les fournisseurs d'objets de consommation dans les cercles et sociétés (5e cl., tab. A) ;

Le droit proportionnel est fixé au 40e de la valeur locative des établissements industriels compris dans la deuxième partie du tableau C,
et des locaux servant à l'exercice de la profession de plusieurs patentables des tableaux A et B, assujettis, pour leurs maisons d'habitation,
au 10e, au 20e ou au 30e, tels que : tableau A, les marchands de farines
en gros, les maîtres d'hôtels garnis, les imprimeurs typographes, les
carrossiers-fabricants ; tableau B, les entrepreneurs de roulage, d'om-
nibus, de cabriolets, de distribution d'eau ;

Le droit proportionnel est du 50ᵉ de la valeur locative de tous les locaux occupés par les patentables des 7ᵉ et 8ᵉ classes du tableau A, dans le cas seulement où ces patentables exercent dans des villes de plus de 200,000 âmes; il est fixé également au 50ᵉ de la valeur locative des établissements industriels compris dans la 3ᵉ partie du tableau C;

Le droit proportionnel n'est que du 60ᵉ de la valeur locative des établissements industriels compris dans la 4ᵉ partie du tableau C.

Sont exempts du droit proportionnel, en vertu des dispositions spéciales insérées aux tableaux A et D : les patentables des 7ᵉ et 8ᵉ classes du tableau A qui exercent leur profession en ambulance, sous échoppe et en étalage, ou qui *résident* dans les communes d'une population de 20,000 âmes et au-dessous; les loueurs d'une chambre meublée; les exploitants à bras de moulins ou autres usines à moudre, battre, triturer, broyer, pulvériser, presser ; les loueurs de chambres ou appartements meublés, mais seulement pour toute habitation personnelle.

Exceptions. — Dans les établissements à raison desquels le droit fixe de patente est réglé d'après le nombre des ouvriers, les individus au-dessous de seize ans et au-dessus de soixante-cinq ne sont comptés dans les éléments de cotisation que pour la moitié de leur nombre (Id., art. 10.)

Dans les usines fonctionnant exclusivement à l'aide de moteurs hydrauliques, le droit fixe est réduit de moitié pour ceux des éléments de cotisation qui, par manque ou par crue d'eau, sont périodiquement forcés de chômer pendant une partie de l'année équivalente au moins à quatre mois. (Id., art. 11.)

Les tarifs mentionnent, en outre, diverses exceptions applicables dans certains cas particuliers. (Voir *Notice sur les contributions directes et le cadastre.*)

La loi reçoit aussi dans son application différents tempéraments lorsque, par suite d'un dénombrement officiel de la population, une commune passe dans une catégorie supérieure à celle dont elle faisait précédemment partie; l'augmentation du droit fixe n'est appliquée que pour moitié pendant les cinq premières années. (Id., art. 5.)

Lorsque, par la même cause, une commune d'une population inférieure à 20,001 âmes passe dans la catégorie des communes de 20,001 âmes et au-dessus, les patentables des 7ᵉ et 8ᵉ classes ne deviennent imposables au droit proportionnel que quand un nouveau décret de dénombrement a maintenu cette commune dans la même catégorie. (Ibid., art 16.)

Personnalité de la patente. Droits d'associés. — Les patentes sont personnelles et ne peuvent servir qu'à ceux à qui elles ont été délivrées. Néanmoins, il n'est dû qu'une patente pour le *mari et la femme*, même lorsqu'ils sont *séparés* de biens, à moins qu'ils n'aient des établissements distincts, auquel cas chacun d'eux doit avoir sa patente et payer séparément les droits fixes et proportionnels. (Ibid., art. 19.)

Dans les sociétés en nom collectif, l'associé principal paye seul le droit fixe entier afférent à l'industrie sociale ; selon les cas, les associés secondaires ne payent qu'une fraction de ce droit ou en sont complètement exemptés.

Si l'industrie sociale est rangée dans le tableau A, ou si appartenant au tableau B ou au tableau C, elle comporte un droit fixe consistant exclusivement en une somme déterminée, le droit fixe afférent à la profession est divisé en autant de parts égales qu'il y a d'associés en nom collectif, y compris l'associé principal, et une de ces parts est imposée à chaque associé secondaire.

Si l'industrie sociale appartient au tableau C et si elle est tarifée, pour le droit fixe, en raison du nombre des ouvriers, machines, instruments, métiers, moyens de production ou autres éléments variables d'imposition, les associés secondaires sont exempts de tout droit fixe, formellement et sans réserve.

Les sociétés ou compagnies anonymes, ayant pour but une entreprise industrielle ou commerciale sont imposées, pour chacun de leurs établissements, à un seul droit fixe, sous la désignation de l'objet de l'entreprise et sans préjudice du droit proportionnel.

Tout individu qui transporte des marchandises de commune en commune, lors même qu'il vend pour le compte de marchands ou de fabricants, est tenu d'avoir une patente personnelle, qui est, selon les cas, celle de colpolteur avec balle, avec bête de somme ou avec voiture. (Ibid., art. 23.)

Les commis voyageurs des nations étrangères sont traités en France, relativement à la patente, sur le même pied que les commis voyageurs français chez ces mêmes nations. (Ibid., art. 24.)

Annualité de la patente. — La contribution des patentes est due pour l'année entière pour tout individu exerçant au mois de janvier une profession imposable.

En cas de cession d'établissement, la patente est, sur la demande du cédant ou du cessionnaire, transférée à ce dernier, mais le transfert ne peut être prononcé que jusqu'à concurrence de la somme susceptible d'être régulièrement mise à la charge du cessionnaire, et le cédant est tenu de payer le surplus de la patente. (Voir au chap. XIV, *Réclamations*, les art. 26, 27, 28, 29 de la loi.)

Exemptions de patente. — Sont exempts de patente :

1º Les fonctionnaires et employés salariés soit par l'État, soit par les administrations départementales et communales, en ce qui concerne seulement l'exercice de leurs fonctions ;

2º Les peintres, sculpteurs, graveurs et dessinateurs, considérés comme artistes et ne vendant que le produit de leur art ; les professeurs de belles-lettres, sciences et arts d'agréments, les instituteurs primaires, à moins qu'ils ne soient en même temps chefs d'institution ou maîtres de pension ; les éditeurs de feuilles périodiques ; les artistes dramatiques ; les sages-femmes ;

3º Les laboureurs et cultivateurs, seulement pour la vente et la manipulation des récoltes et fruits provenant des terrains qui leur appartiennent ou par eux exploités, et pour le bétail qu'ils y élèvent, qu'ils y entretiennent ou qu'ils y engraissent ; les concessionnaires de mines, pour le seul fait de l'extraction et de la vente des matières par eux extraites, l'exemption ne pouvant, en aucun cas, être étendue à la transformation des matières extraites ; les propriétaires ou fermiers de marais salants ; les propriétaires ou locataires louant accidentellement une partie de leur habitation personnelle ; les pêcheurs, lors même que la barque qu'ils montent leur appartient ;

4º Les associés en commandite, les caisses d'épargne et de prévoyance administrées gratuitement, les assurances mutuelles régulièrement autorisées ;

5º Les capitaines de navires de commerce ne naviguant pas pour leur compte ; les cantiniers attachés à l'armée : les écrivains publics ; les commis et toutes les personnes travaillant à gages, à façon et à la journée, dans les maisons, ateliers et boutiques des personnes de leur profession, ainsi que les ouvriers travaillant chez eux ou chez les particuliers, sans compagnon ni apprenti, soit qu'ils travaillent à façon, soit qu'ils travaillent pour leur compte et avec des matières à eux appartenant, qu'ils aient ou non une enseigne ou une boutique ; les ouvriers travaillant *en chambre* avec un apprenti de moins de seize ans ; la veuve qui continue avec l'aide d'un seul ouvrier ou d'un seul apprenti la profession précédemment exercée par son mari ; les personnes qui vendent en ambulance dans les rues, dans les lieux de passage et dans les marchés, soit des fleurs, de l'amadou, des balais, des statues et figures en plâtre, soit des fruits, des légumes, des poissons, du beurre, des œufs, du fromage et autres menus comestibles ; les savetiers, les chiffonniers au crochet, les porteurs d'eau à la bretelle ou avec voiture à bras, les rémouleurs ambulants, les gardes-malades.

La femme travaillant avec son mari, les enfants non mariés travaillant avec leur père et mère, le simple manœuvre dont le concours est indispensable à l'exercice de la profession ne sont point considérés comme compagnons ou apprentis. (Ibid., art. 17.)

Les commerces, industries et professions non dénommés dans les exemptions, et non désignés dans les tarifs, sont néanmoins passibles de la patente. Les droits auxquels ils doivent être soumis sont réglés d'après l'analogie des opérations ou des objets de commerce, par un arrêté spécial du préfet, rendu sur la proposition du directeur des contributions directes, et après avoir pris l'avis du maire.

Tous les cinq ans, des tableaux additionnels contenant la nomenclature des commerces, industries et professions classés par voie d'assimilation, depuis trois années au moins, sont soumis à la sanction législative. (Id., art. 4.)

Recensement des patentes. — Les contrôleurs des contributions directes procèdent chaque année à un recensement général des imposables à la contribution des patentes, et tous les trois mois à des recensements particuliers pour la recherche des patentables qui auraient pu être omis lors du recensement général ou qui, depuis, ont entrepris de nouvelles professions, occupé de nouveaux locaux ou changé de profession.

Ils constatent les résultats du recensement sur des bulletins séparés (n°s 2 et 2 bis) pour chaque établissement, usine, maison, boutique, magasin, atelier, etc., occupé par un même patentable. Ces bulletins indiquent le nom du patentable, la profession et la classe, les circonstances dans lesquelles la profession est exercée, la description du local servant à cet exercice, sa valeur locative, les baux ou locations verbales, enfin tous les renseignements nécessaires à l'assiette exacte des droits et propres à faciliter plus tard la vérification des réclamations s'il en était formé.

Le maire est prévenu des diverses époques de ces recensements. Il peut assister le contrôleur dans ses opérations ou se faire représenter à cet effet par un délégué. — En cas de dissentiment entre le contrôleur et le maire ou son délégué, les observations de ces derniers sont consignées sur la matrice.

La matrice dressée par le contrôleur est déposée pendant dix jours au secrétariat de la mairie, afin que les intéressés puissent en prendre connaissance et remettre leurs observations au maire. A l'expiration d'un second délai de dix jours, le maire, après avoir consigné ses observations sur la matrice, la transmet au directeur des contributions directes qui établit les taxes conformément à la loi, pour tous les articles non contestés.

A l'égard des articles contestés, le directeur adresse au préfet son avis motivé sur les points en contestation. Si le préfet ne croit pas devoir adopter les propositions du directeur, il en est référé au ministre des finances.

A Paris, l'examen de la matrice des patentes a lieu, pour chaque arrondissement municipal, par le maire, assisté soit de l'un des membres de la commission des contributions directes, soit de l'un des agents attachés à cette commission, délégués à cet effet par le préfet. (Id., art. 25.)

Les observations faites par les patentables ou par les maires pendant le dépôt des matrices et la suite dont elles ont été l'objet quelle qu'elle soit, ne portent aucune espèce de préjudice au droit qu'ont les patentables de réclamer par la voie contentieuse, si bon leur semble, après la mise en recouvrement du rôle.

Au moment de la confection du rôle, le directeur expédie, pour chaque patenté, une formule de patente (conforme au modèle n° 11 annexé à l'instruction générale du 6 avril 1881). Cette formule est affranchie du droit de timbre depuis la loi du 4 juin 1885. (Id., art. 21.)

Tout patentable est tenu d'exhiber sa patente (la formule), lorsqu'il en est requis par les maires, adjoints, juges de paix et tous autres officiers et agents de police judiciaire. (Id., art. 32.)

Les individus qui exercent, hors de la commune de leur domicile, une profession imposable, sont tenus de justifier, à toute réquisition de leur imposition à leur patente. Si les individus non munis de patente exercent au lieu de leur domicile, il est dressé un procès-verbal qui est transmis immédiatement aux agents des contributions directes. (Id., art. 33.)

Il est ajouté au principal de la contribution des patentes, ainsi qu'au montant des centimes additionnels départementaux et communaux ordinaires et extraordinaires afférents à cette contribution, cinq centimes par franc, dont le produit est destiné à couvrir les décharges, réductions, remises et modérations, ainsi que les frais d'impression et d'expédition des formules de patente, y compris les duplicata de formules délivrées aux bateliers.

En cas d'insuffisance des cinq centimes, le montant du déficit est prélevé sur le principal des rôles.

Il est en outre prélevé sur le principal huit centimes par franc, dont le produit est versé dans la caisse municipale (Ibid., art. 36.)

Taxes assimilées. — Indépendamment des contributions directes proprement dites, il existe des taxes assimilées aux contributions directes, taxes spéciales qui se perçoivent au moyen de rôles nominatifs, pour le compte de l'Etat, des départements, des communes, des établissements publics et des communautés dûment autorisés. Telles sont les redevances sur les mines à taxe des biens de mainmorte, les contributions sur les chevaux et voitures, la taxe sur les chiens, les prestations, les taxes sur les cercles et lieux de réunion, la taxe sur les billards, les droits de visite chez les pharmaciens, épiciers, droguistes et herboristes, la rétribution pour vérification des poids et mesures, les taxes pour frais de bourse et de chambres de commerce. Nous traiterons de ces diverses taxes sous leur rubrique particulière. — Voy. Mines, Chiens, Mainmorte, etc.

Confection, publication et mise en recouvrement des rôles. — Lorsque la matrice générale des quatre contributions a été complétée, le directeur procède sur cette matrice à l'expédition des rôles en vertu desquels le recouvrement doit être opéré sur les contribuables.

Les rôles sont rendus exécutoires par le préfet, et sont transmis avec les avertissements aux percepteurs des communes par l'intermédiaire des receveurs particuliers.

Les percepteurs les communiquent aux maires pour les viser et en faire la publication. Ceux-ci délivrent certificat de la publication au bas du rôle. Cette publication doit être faite du 1er au 5 janvier de chaque année. (I. min. 15 décembre 1836.)

Les maires reçoivent, en temps utile, de la préfecture, pour être placardés dans chaque commune, des exemplaires de l'arrêté du préfet ordonnant la publication des rôles, et indiquant, en outre, aux contribuables les dispositions de la loi relatives aux modes de demandes en décharge ou réduction de cotes. — *Dict. des formules*, n° 485.

Réclamations. — Les contributions directes peuvent donner lieu à quatre espèces de réclamations, savoir : 1° demandes en décharge ; 2° demandes en réduction ; 3° demandes en remises ; 4° demandes en modération.

Il y a lieu à la demande en décharge de la part de quiconque a été indûment porté sur le rôle, et à la demande en réduction lorsqu'une cote a été surtaxée.

Les contribuables inscrits aux rôles ont seuls le droit de réclamer. (Arrêt Cons. d'Etat, 31 juillet 1833.) Les maires et répartiteurs n'ont pas qualité pour demander la réduction des impositions des contribuables qu'ils prétendent surtaxés. (Id., 11 octobre 1832.) Les conseils municipaux n'ont pas non plus le droit de réclamer pour les contribuables de la commune : ils peuvent seulement réclamer contre le contingent assigné à la commune par le conseil d'arrondissement. (L. 5 avril 1884, art. 61.) Les percepteurs n'ont pas non plus le droit de réclamer au nom des contribuables ; mais ils dressent chaque année un état des cotes indûment imposées, lequel est soumis au conseil de préfecture qui prononce. L. 3 juillet 1846, art. 6.)

Les réclamations doivent être présentées dans un délai de trois mois à partir de la date de la publication des rôles dans chaque commune. (L. 4 août 1844, art. 8.) C'est le certificat signé par le maire au bas du rôle, qui sert à constater cette date. Le percepteur, aussitôt que tous les rôles de sa perception lui ont été rendus par les maires, adresse au directeur des contributions directes, par l'intermédiaire des receveurs généraux, un état indiquant, pour chaque commune, la date de la publication, transmet les états aux sous-préfets qui connaissent ainsi le délai passé lequel les demandes en décharge ou réduction ne sont plus admissibles. (Circ. 31 août 1844.)

Toute demande en décharge et en réduction est adressée, sous forme de pétition, au préfet ou au sous-préfet.

Le réclamant doit joindre à sa pétition la quittance des termes échus de sa cotisation sans pouvoir, sous prétexte de réclamation, différer le payement des termes qui viendront à échoir pendant les trois mois qui suivront la réclamation, dans lesquels elle devra être jugée définitivement.

Les réclamations ayant pour objet une cote moindre de 30 francs ne sont point assujetties au droit de timbre. (L. 21 avril 1832, art. 28.)

La pétition est renvoyée au contrôleur des contributions directes qui vérifie les faits et donne son avis, après avoir pris celui des répartiteurs.

Si le directeur des contributions directes est d'avis qu'il y a lieu d'admettre la demande, il fait son rapport et le conseil de préfecture statue.

Dans le cas contraire, il exprime les motifs de son opinion et transmet le dossier à la sous-préfecture. Il invite, en même temps, le réclamant à en prendre communication et à faire connaître dans les dix jours s'il veut fournir de nouvelles observations ou recourir à la vérification par voie d'experts. Si l'expertise est demandée, les experts sont nommés, l'un par le sous-préfet, l'autre par le réclamant, et il est procédé à la vérification dans les formes prescrites par l'arrêté du gouvernement du 24 floréal an VIII. (Id., art. 29.)

Le recours au conseil d'État contre les arrêtés du conseil de préfecture n'est soumis qu'au droit de timbre. Il peut être transmis au gouvernement, par l'intermédiaire des préfets, sans frais. (Id., art. 30, (*Dict. des formules*, n°s 487 à 494.)

Les ordonnances de décharge ou réduction sont rendues par le préfet : elles énoncent les motifs de la pétition, l'avis du directeur, et le prononcé du conseil de préfecture. (Arrêté 24 floréal an VIII, art. 22.)

Les ordonnances sont remises au directeur, et par celui-ci au receveur particulier qui les transmet au percepteur. Le directeur en prévient par une lettre d'avis la partie intéressée, qui se rend chez le percepteur pour quittancer l'ordonnance après en avoir reçu le montant. (Id., art. 23.)

Il y a lieu à la demande en remise si le contribuable, justement taxé dans l'origine, vient à perdre la totalité des revenus, objets de la taxe, et à la demande en modération lorsqu'il ne perd qu'une partie de ces revenus.

Ces deux dernières réclamations se font par voie de pétition et sont adressées au sous-préfet, quinze jours au plus tard après les pertes et accidents qui y donnent lieu. (Circ. 22 décembre 1826.)

La pétition est renvoyée au contrôleur qui se transporte sur les lieux, vérifie, en présence du maire, les faits, constate la quotité de la perte des revenus fonciers ou des facultés mobilières du réclamant, et en dresse un procès-verbal qu'il envoie au sous-préfet. (Arr. 24 floréal an VIII, art. 25.)

Lorsqu'une commune a éprouvé des pertes de revenus par des événements extraordinaires, elle remet aussi sa pétition au sous-préfet, lequel nomme deux commissaires pour vérifier, en présence du maire, conjointement avec le contrôleur de l'arrondissement, les faits et la quotité des pertes. Le contrôleur dresse un procès-verbal de la vérification, l'envoie au sous-préfet, qui le fait passer, avec son avis, au préfet, lequel prend l'avis du directeur des contributions. (Id., art. 26 et 27.)

Les cotes des différentes contributions qui peuvent, dans le cours de l'année, devenir irrécouvrables pour cause d'absence, décès, insolvabilité, etc., tombent en non-valeurs. Les percepteurs sont tenus de dresser, dans les deux premiers mois de la seconde année de chaque exercice, et par nature de contributions, des états des cotes dont il s'agit. Ces états sont soumis à toutes les formalités d'instruction qui viennent d'être indiquées pour les demandes en remise ou modération formées par les contribuables ou par les communes.

Le préfet réunit les différentes demandes qui lui ont été faites en remise ou modération ; et, l'année expirée, il fait, entre les contribuables ou les communes dont les réclamations ont été reconnues justes et fondées, la distribution des sommes qu'il peut accorder, d'après la portion des fonds de non-valeur mise à sa disposition pour cet objet. (Arr. 24 floréal an VIII, art. 28.)

Les demandes en remise ou modération non accueillies par le préfet peuvent être renouvelées devant le ministre des finances, mais elles ne peuvent être soumises au conseil d'Etat par la voie contentieuse. (Avis cons. d'Et., 23 fév. 1811.)

Les demandes en dégrèvement pour démolition ou vacances de maison constituent des demandes en remise ou modération dont il appartient au préfet et non au conseil de préfecture de connaître. (Id., 17 novembre 1843.)

Toutefois, dans les villes de 20,000 âmes et au-dessus, et lorsque les conseils municipaux en ont formé la demande, les vacances, pendant un trimestre au moins, de tout ou partie des maisons dont les propriétaires ne sont pas dans l'usage de se réserver la jouissance, peuvent, en cas d'insuffisance des sommes allouées sur le fonds de non-valeurs, donner lieu au dégrèvement de la portion d'impôt afférente au revenu perdu. Ces dégrèvements sont prononcés par les conseils de préfecture, à titre de décharges et réductions, et réimposés au rôle foncier de l'année qui suit la décision. (L. 28 juin 1833, art. 5.)

Les demandes en dégrèvement pour vacance de maisons sont admises à toute époque, pourvu qu'elles soient présentées dans les quinze jours qui suivent l'année d'habitation. (Circ. 31 août 1844.)

Les ordonnances pour décharges et réductions, remises et modérations, sont envoyées aux percepteurs, qui doivent en inscrire le montant à l'article de chaque contribuable sur le rôle de l'exercice pour lequel elles ont été émises. Pour constater cette inscription, les ordonnances doivent être revêtues de la signature des contribuables.

Lorsque les contribuables dégrevés ne se présentent pas dans le mois, ou s'ils sont illettrés, absents, décédés ou imposés collectivement, cette formalité est remplie par le maire ou l'adjoint de la commune dans laquelle les contribuables ont leur domicile.

Les maires ou adjoints se font remettre les quittances délivrées au nom des contribuables pour lesquels ils sont intervenus, et ils se chargent de les leur faire parvenir. (I. G., 17 juin 1840, art. 171.)

Recouvrement. — Les contributions directes sont payables en douze portions égales; chaque douzième est exigible le premier de chaque mois pour le mois qui précède. (L. 3 frimaire an VII, art. 146.)

Les marchands forains, les colporteurs, les directeurs de troupes ambulantes, les entrepreneurs d'amusements et jeux publics non sédentaires, et tous autres patentables dont la profession n'est pas exercée à demeure fixe, sont tenus d'acquitter le montant total de leur cote au moment où la patente leur est délivrée. (L. 15 juillet 1880, art. 29.)

En cas de déménagement et de vente volontaire ou forcée, la contribution personnelle et mobilière et la contribution des patentes sont exigibles pour la totalité de l'année courante; en cas de décès, la même disposition s'applique à la contribution personnelle et mobilière; mais la contribution des patentes n'est due que pour le mois entier pendant lequel le décès a eu lieu, et pour les douzièmes antérieurs non soldés.

Les héritiers ou légataires peuvent être poursuivis solidairement, et un pour tous, à raison des contributions de ceux dont ils ont hérité et auxquels ils ont succédé, tant que la mutation n'a pas été opérée sur le rôle.

Les contributions sont quérables dans les communes, mais elles doivent être payées au bureau que le percepteur y a établi pour ses recettes. (L. 3 frimaire an VII ; I. G. 17 juin 1840, art. 42.)

Les percepteurs donnent quittance aux contribuables des sommes qu'ils reçoivent ; elles sont sur papier non timbré et extraites d'un journal à souche. Les percepteurs doivent, en outre, émarger chaque versement au rôle, en présence de la partie versante et à l'instant même du payement. (L. 3 frimaire an VII, art. 141 et 142 ; I. G. 17 juin 1840, art. 42, 54 et 55.)

Le privilège attribué au Trésor public pour le recouvrement des contributions directes, ne préjudicie point aux autres droits qu'il pourrait exercer sur les biens des redevables, comme tout autre créancier. (Id., art. 3.)

Lorsque les locataires ne représentent pas les quittances de contributions, les propriétaires ou principaux locataires sont tenus, sous leur responsabilité, de donner, dans les trois jours, avis du déménagement au percepteur, et de tirer une reconnaissance par écrit de cet avertissement. Si le percepteur refuse de recevoir la déclaration à l'époque prescrite et d'en délivrer une reconnaissance, elle peut lui être notifiée par le ministère d'huissier ; dans ce cas, les frais de l'acte sont à la charge du percepteur. (L. 21 avril 1832, art. 22.)

Dans le cas de déménagement furtif de la part des locataires ou sous-locataires, le propriétaire ou, à sa place, le principal locataire devient responsable des termes échus de leurs contributions jusqu'au jour du payement, si dans les trois jours il n'a pas fait constater ce déménagement furtif par le commissaire de police, le juge de paix ou le maire. (Id., art. 23.)

Poursuites. — Le contribuable qui n'a pas acquitté, le 1er du mois, le douzième échu pour le mois précédent, est dans le cas d'être poursuivi. (L. 17 brumaire an V, art. 3 ; Règl. 21 décembre 1839, art. 20.)

Le percepteur ne peut commencer les poursuites avec frais qu'après avoir prévenu le contribuable par une sommation gratis.

Les degrés de poursuites sont établis ainsi qu'il suit, par la loi du 9 février 1877, abrogeant l'article 3 de la loi du 17 brumaire an V relatif à la garnison collective individuelle, savoir : 1er *degré.* Sommation avec frais. — 2e *degré.* Commandement. — 3e *degré.* Saisie. — 4e *degré.* Vente.

Le commandement ne peut avoir lieu que trois jours après la sommations avec frais.

Si, après le commandement, le contribuable ne se libère pas, il est procédé successivement à la saisie et à la vente des meubles et effets, ou des fruits pendant par racine. (Id., art. 85.)

Les poursuites en matière de contributions directes sont exercées par des porteurs de contraintes.

En arrivant dans une commune, ils font constater, par le maire ou l'adjoint et, à défaut, par l'un des membres du conseil municipal, sur la contrainte ou l'ordre dont ils sont munis, le jour et l'heure de leur arrivée, et de même en se retirant le jour et l'heure de leur départ.

Ils ne peuvent dans aucun cas et sous aucun prétexte recevoir aucune somme des percepteurs ni contribuables, pour leur salaire ou pour les contributions, à peine de destitution.

En cas de rébellion ou d'injures contre les agents de poursuite, ils se retirent auprès du maire pour dresser procès-verbal ; ce procès-verbal, visé par le maire, est enregistré et envoyé au sous-préfet, lequel dénonce le fait aux tribunaux, s'il y a lieu.

Extraits des rôles à délivrer par les percepteurs. — Les percepteurs sont tenus de délivrer, sur papier libre et sans retard, à toute personne portée au rôle, qui en fait la demande, l'extrait relatif à ses contributions.

Ils ont droit à une rétribution de 25 centimes par extrait de rôle concernant le même contribuable.

La même rétribution de 25 centimes est due aux percepteurs lorsque la délivrance de l'extrait du rôle a pour objet une réclamation en dégrèvement ; mais, dans ce cas, les percepteurs sont tenus de délivrer, pour ladite somme, sur la demande du contribuable ou de son représentant légal, autant d'extraits qu'il y a de natures de contributions donnant lieu à la réclamation.

Contributions à la charge des communes et des établissements publics.

— Les receveurs des communes et les receveurs des hospices et autres établissements publics sont tenus d'acquitter les contributions assises sur les propriétés de ces communes ou établissements.

Les contributions des biens des communes constituent une dépense obligatoire ; en conséquence, lorsqu'une commune se trouve dans l'impossibilité d'acquitter ses contributions avec ses revenus ordinaires, il y a lieu, conformément à la loi (art. 144, loi 5 avril 1884), de recourir à une imposition extraordinaire portant sur toutes les contributions directes payées dans la commune.

Les contributions des biens des communes et des établissements publics sont payables par douzièmes, et les mandats relatifs à ces dépenses sont délivrés à la fin de chaque mois.

La dépense est justifiée par les avertissements et les quittances à souche des percepteurs.

Ces dispositions s'appliquent à la taxe des biens de mainmorte établie sur les biens des communes et des établissements de bienfaisance. — Voy. TAXE DES BIENS DE MAINMORTE.

Les contributions de ces biens affermés peuvent être mises à la charge des fermiers. Les avances faites pour le payement de ces contributions donnent lieu à l'ouverture d'un compte d'ordre, qui est débité du montant des avances et crédité des remboursements effectués par les fermiers.

Quant aux contributions dues au Trésor sur les biens appartenant privativement à une section de commune, il a été réglé entre les ministères des finances et de l'intérieur que ces contributions doivent faire l'objet d'un rôle spécial dressé par le directeur des contributions directes, et dans lequel doivent, seuls, être compris les habitants et propriétaires de cette section. La contribution doit être répartie entre eux par addition au principal de toutes les contributions auxquelles ils sont imposés dans le rôle général de la commune. (Circ. int. 9 mai 1855.)

Les percepteurs doivent délivrer gratis les extraits de rôles qui leur sont demandés pour servir à constater l'insolvabilité des redevables de la régie de l'enregistrement. (Inst. gén., 17 juin 1840, art. 40.)

Contributions indirectes.

— Le service des contributions indirectes comprend :

1° La perception des impôts sur les boissons, le sucre indigène, le sel provenant des salines et sources salées de l'intérieur, les cartes à jouer, les voitures publiques, la navigation des fleuves, rivières et canaux non concédés, et le droit de marque ou de contrôle des matières d'or et d'argent ;

2° Le recouvrement des péages sur les bacs ou passages d'eau et sur quelques ponts non concédés ;

3° Le droit de licence pour la plupart des professions ou industries qui sont soumises à l'exercice que commande la perception des impôts ci-dessus énumérés ;

4° Un droit de timbre spécial sur les quittances et expéditions de la régie et des octrois pour tenir lieu du timbre de la régie de l'enregistrement ;

5° La vente exclusive des tabacs et des poudres à feu ;

6° La surveillance générale de l'administration et de la perception des octrois municipaux ; l'encaissement du dixième du produit net de ces octrois et de l'indemnité due à l'Etat par quelques communes, sous le titre de frais de casernement.

A ces attributions ont été ajoutées :

La perception des taxes sur les allumettes chimiques, le papier, la chicorée et les produits similaires (Loi 4 septembre 1871) ; sur les huiles minérales (Lois 16 septembre 1871 et 29 septembre 1873) ; le savon et les bougies stéariques (Loi 30 décembre 1873) ; les huiles végétales et toutes autres que minérales (Loi 31 décembre 1873);

La perception d'un impôt de 5 0/0 sur les transports en petite vitesse par chemin de fer (Loi 18 mars 1875) ;

Enfin, la perception d'un impôt sur les vinaigres et acides acétiques (Loi 17 juillet 1815).

Divers actes du gouvernement ont ordonné, en outre, le concours répressif des employés des contributions indirectes en matières de douanes, d'octrois, d'émission de fausse monnaie, de délits de chasse, d'infraction aux lois sur le timbre des lettres de voiture et connaissements, de contravention aux règlements de grande voirie et de la police du roulage, etc.

L'intervention des maires, en ce qui concerne les contributions indirectes, se borne, en général, à constater les contraventions aux lois qui les régissent, et à faciliter la découverte de ces contraventions aux employés de la régie, en les accompagnant dans leurs recherches. Au reste, ces recherches ne doivent avoir lieu que sur l'ordre d'un employé supérieur du grade de contrôleur au moins, et les maires ne sont tenus de déférer à la réquisition qui leur est faite à cet égard qu'autant que cet ordre leur est exhibé. (L. 5 ventôse an XII.)

Les autorités civiles et militaires et la force publique doivent prêter aide et assistance aux employés des contributions indirectes pour l'exercice de leurs fonctions, toutes les fois qu'elles en sont requises. (Loi 28 avril 1816, art. 245.)

Des articles spéciaux ont été consacrés aux différentes branches de revenus indirects qui exigent particulièrement le concours de l'autorité municipale.—Voy. BACS ET BATEAUX, BOISSONS, CARTES A JOUER, CASERNEMENT, MATIÈRES D'OR ET D'ARGENT, NAVIGATION, POUDRES A FEU, TABACS, VOITURES PUBLIQUES, etc.

Contrôleur.—Voy. CONTRIBUTIONS DIRECTES.

Contumace. — État de l'individu accusé d'un crime, quand il se soustrait aux mandats décernés contre lui.

Lorsqu'après l'arrêt de mise en accusation, l'accusé n'a pu être saisi ou ne se présente pas dans les dix jours de la notification de l'arrêt à son domicile, ou lorsqu'après s'être présenté ou avoir été saisi, il s'est évadé, la loi prescrit les formalités suivantes :

Le président de la cour d'assises, ou, en son absence, le président du tribunal du lieu où se tiennent les assises, et, à défaut de l'un et de l'autre, le plus ancien juge de ce tribunal, rend une ordonnance portant que l'accusé sera tenu de se représenter dans un nouveau délai de dix jours, sinon qu'il sera déclaré rebelle à la loi, qu'il sera suspendu de l'exercice des droits de citoyen, que ses biens seront séquestrés pendant l'instruction de la contumace, que toute action en justice lui sera interdite pendant le même temps, qu'il sera procédé contre lui, et que toute personne est tenue d'indiquer le lieu où il est. Cette ordonnance doit, en outre, faire mention du crime et de l'ordonnance de prise de corps. (C. I. C., art. 465.)

Elle est publiée à son de trompe ou de caisse, le dimanche, et affichée à la porte du domicile de l'accusé, à celle du maire et à celle de l'auditoire de la cour d'assises. (Id., art. 466.)

L'ordonnance est publiée et affichée, par les soins du maire, dans la commune de l'accusé.

Convois militaires. — Le service des convois militaires a pour objet d'assurer le transport par chemins de fer, par terre ou par eau des militaires voyageant en corps, isolément ou sous l'escorte de la gendarmerie, dans toutes les positions où des moyens de transport doivent leur être fournis en nature.

Ce service s'exécute, soit par chemin de fer, soit par voie de terre, soit par eau.

Le service des convois par chemin de fer étant toujours réglé par les fonctionnaires de l'intendance, nous n'avons pas à nous y arrêter ici.

Convois par terre. — En France ce service consiste :

1° A fournir aux corps de troupe et aux détachements voyageant par étapes, les moyens de transport nécessaires pour la caisse, les papiers et les effets d'un usage journalier, transportés à la suite des troupes, ainsi que pour les militaires éclopés et pour les enfants de troupe faisant partie de colonnes en marche ;

2° D'assurer en dehors des voies ferrées, les transports des militaires isolés, lorsque ces militaires ne peuvent voyager dans les conditions prévues par le règlement sur l'indemnité de route.

Le service des convois par terre est fait à l'entreprise, il s'applique à la fois au ministère de la guerre et à celui de la marine, et aux ministères de la justice et celui de l'intérieur.

Chaque entrepreneur régional est tenu d'avoir un préposé dans chaque gîte d'étapes ainsi qu'aux points où cesse le parcours du chemin de fer les plus rapprochés des établissements thermaux où sont traités des militaires; ces préposés sont soumis à l'acceptation des fonctionnaires de l'intendance. (Cahier des charges, 17 avril 1874.) Cependant dans le cas où pour une raison quelconque il n'y aurait pas d'entrepreneur, la fourniture des voitures nécessaires devrait être assurée au fur et à mesure des besoins, par les soins des sous-intendants militaires, de leurs suppléants légaux, ou des maires. (Décision ministérielle, 19 décembre 1876.)

Le service est exécuté sur la production de *bons de convoi* délivrés par les sous-intendants militaires autres que les maires, de résidence à résidence des sous-intendants, sur la route à parcourir jusqu'à destination. Les maires ne peuvent délivrer de bons aux colonnes que pour une étape. S'il s'agit de militaires isolés, ils peuvent en délivrer jusqu'à la plus prochaine résidence de sous-intendant.

Aucune fourniture de convois militaires ne peut être requise ou allouée que sur l'exhibition d'un titre légal, tel que l'ordre de mouvement dont tout détachement doit être porteur, ou la feuille de route individuelle ou nominative pour les isolés. Les soldats, sous-officiers et officiers isolés qui touchent l'indemnité de route n'ont pas droit au convoi.

Les allocations à faire aux corps et détachements, sont fixées de la manière suivante, à raison de leur effectif. (Règlement, 31 décembre 1823 et cahier des charges, 17-24 avril 1874.)

Un détachement de toutes armes, comptant moins de 25 hommes et ne comprenant pas d'officiers, n'a droit à aucune allocation; si au contraire, il comporte un ou plusieurs officiers, il a droit à une voiture à un collier.

De 25 à 160 hommes (avec ou sans officiers) on alloue une voiture à un collier;

De 161 à 320 (avec ou sans officiers) on alloue deux voitures à un collier;

De 321 à 480 hommes (avec ou sans officiers) on alloue trois voitures à un collier;

Et ainsi de suite en allouant une voiture à un collier, par 160 hommes.

Il est en outre accordé une voiture à un collier pour le transport de la caisse et des archives de tout corps ou portion de corps ayant une administration distincte.

Il en est de même pour tout détachement ou dépôt de corps voyageant avec un effectif d'au moins 12 officiers, qui alors quelque soit l'effectif a droit à deux voitures à un collier pour le transport des bagages d'officiers.

L'entrepreneur a la faculté de substituer une voiture à deux, trois et quatre colliers à une, deux, trois ou quatre voitures à un collier, à la condition que le poids total à transporter soit l'équivalent de celui qui est représenté par les voitures à un collier.

Chaque voiture doit porter 625 kilos ou de 1 à 5 hommes au plus. Deux enfants de troupes au-dessous de 12 ans ne comptent que pour un homme, mais un seul est compté pour une place entière.

Les voitures suspendues doivent toujours être couvertes, munies de banquettes et garnies de paille dans les temps froids.

Dans les pays inaccessibles aux voitures, on remplace chaque voiture à un collier par quatre chevaux ou mulets de bât, payés à l'entrepreneur comme deux voitures à un collier.

Convoi des isolés. — En ce qui concerne les militaires isolés, il faut distinguer entre les isolés voyageant sous escorte de la gendarmerie et les isolés voyageant librement.

Les militaires et marins escortés par la gendarmerie sont transportés sur les chemins de fer dans des compartiments réservés de deuxième classe; en dehors des voies ferrées, ils voyagent à pied, de brigade en brigade. Mais si leur état de santé ou des mesures de police et de discipline exigent qu'ils soient transportés par voitures, l'entreprise du convoi doit fournir ces voitures non suspendues. Le besoin en est alors constaté par certificat d'un médecin militaire, ou à défaut, d'un médecin civil désigné par le maire; en cas d'urgence le commandant de l'escorte

peut passer outre à cette formalité, en signant d'office le certificat de
visite.

Les isolés voyageant librement et auxquels leur état de santé ne permet pas de voyager à pied sur les routes ordinaires ainsi que le prescrit
le règlement sur l'indemnité de route, sont soumis à l'examen des médecins et rangés par eux en deux catégories :

1° Les hommes pouvant supporter la diligence. L'entreprise des
convois n'a pas à intervenir dans ce genre de transports ; 2° les hommes
qui ne pourraient supporter la diligence et dont l'état de faiblesse ou
d'infirmité serait une cause d'exclusion des voitures publiques. Dans ce
cas le certificat médical doit porter la mention : convoi *par voitures
suspendues*. Le militaire est alors transporté par des voitures suspendues fournies par l'entreprise des convois. (Art. 11, cahier des charges
17 avril 1874.)

A l'arrivée à chaque étape le voiturier le conduit à la mairie, où il
prend son billet de logement, et le dépose ensuite au gîte qui lui a été
assigné pour la nuit.

Lorsqu'un militaire tombe malade en route dans une commune où il
n'y a pas de sous-intendant, le maire doit le faire visiter immédiatement
par un officier de santé et le faire admettre à l'hôpital militaire ou civil
le plus voisin. Si cet hôpital est éloigné de la commune, le maire l'y
fait diriger en délivrant un bon de convoi jusqu'à la plus prochaine
résidence de sous-intendant.

Dans tous les cas l'exécution du service est constatée par un certificat
daté et délivré au dos du bon, par le sous-intendant ou son suppléant
légal, dans la localité, à défaut par un conseiller municipal, le brigadier
de gendarmerie ou deux notables.

Le porteur d'une feuille de route auquel le transport a été accordé
se présente à la mairie de chaque gîte d'étape, et soumet au maire ou à
son adjoint le mandat en vertu duquel la fourniture doit lui être faite
dans ce même gîte. Le maire ou l'adjoint remplit et signe sur ce mandat
le visa de départ ou *vu bon à exécuter*, indiquant le jour où le transport
doit avoir lieu. Il y fait apposer le cachet de la mairie, et le rend à la
partie prenante. L'ordre délivré par le maire lui-même, dans l'un des
cas que nous avons indiqués, doit être remis à la partie prenante. Les
mandats à exécuter dans les résidences de sous-intendants militaires
ne sont point soumis au visa de départ. (Id., art. 65.)

Convois par mer et convois éventuels. — Les convois militaires par
mer se divisent en fournitures ordinaires et en fournitures éventuelles.

Les convois ordinaires sont ceux qui s'exécutent sur des points de
correspondances habituelles, où il est établi un service périodique. Ils
sont effectués sur les mandats des sous-intendants militaires, et, à leur
défaut, des majors de place, des conseillers de préfecture ou des sous-
préfets.

Les convois éventuels sont ceux qui s'effectuent dans les cas imprévus et sur des points qui sont hors des lignes habituelles. Ils sont exécutés sur les ordres des fonctionnaires de l'intendance ou de leurs
suppléants légaux. (Règl. 31 décembre 1823, art. 152.)

Les convois par mer sont autorisés sur l'exhibition d'un ordre de
mouvement, d'une feuille de route ou d'un sauf-conduit. (Id., art. 155.)

Quant aux convois par la navigation intérieure, ils ne peuvent être
ordonnés que par le ministre de la guerre ou par un officier général
commandant une division ou subdivision. (Id., art. 156.)

Sont d'ailleurs applicables aux convois à exécuter par eau les règles exposées ci-dessus en ce qui concerne l'intervention des maires pour les fournitures accidentelles des convois par terre.

Convois militaires par relais. — Quand le ministre de la guerre, ou quand un officier général ordonne un mouvement accéléré, il adresse au commandant de la troupe, ainsi qu'aux fonctionnaires civils compétents, une instruction sur la part que chacun d'eux doit prendre à l'exécution de ce mouvement. Ces transports s'effectuent alors soit à l'entreprise, soit par voie de réquisition en vertu de la loi du 3 juillet 1877. — *Dict. des formules*, nᵒˢ 495 à 497.

Corps municipal. — Le corps municipal de chaque commune se compose du conseil municipal, du maire et d'un ou de plusieurs adjoints.

Correspondance administrative. — Chaque lettre ne doit traiter qu'une seule affaire. Quand c'est une réponse, il faut rappeler le numéro et le bureau indiqués sur la missive à laquelle on répond. Si la lettre se rattache à une lettre précédente, ou à une affaire déjà en cours d'exécution, on doit rappeler clairement cette lettre ou cette affaire par son objet.

Enfin, si l'on envoie des pièces ou un dossier, il faut y joindre une lettre d'envoi contenant le bordereau ou l'énumération des pièces, qu'on aura eu soin de numéroter. Faute de cette précaution, celui qui recevrait l'envoi ne pourrait s'assurer s'il est complet. — *Dict. des formules*, nᵒ 498.

En outre, c'est un principe général que toute autorité constituée ne peut et ne doit régulièrement correspondre qu'avec l'autorité qui lui est immédiatement supérieure.

Lorsqu'il agit dans l'ordre judiciaire, le maire doit correspondre avec le procureur de la République, qui lui est immédiatement supérieur dans cette partie de ses fonctions. — Voy. ETAT CIVIL, POLICE JUDICIAIRE.

Quant au protocole à suivre, suivant le rang des personnes, pour terminer une lettre, il est des usages reçus desquels il convient de ne point trop s'écarter. En général, les lettres des maires peuvent finir ainsi qu'il suit;

Lorsqu'ils écrivent à un ministre:

« J'ai l'honneur d'être avec des sentiments très respectueux,

Monsieur le Ministre,

Votre très humble et très obéissant serviteur,
Le maire de la ville *ou* commune d..... »

Au préfet *ou* au sous-préfet:

« Agréez, Monsieur le Préfet *ou* le Sous-Préfet, l'expression de mes sentiments respectueux. »

A un fonctionnaire d'un rang élevé:

« Agréez, Monsieur le....., l'expression de ma haute considération. »

A un fonctionnaire d'un rang égal:

« Agréez, Monsieur, *ou* Monsieur et cher collègue, l'assurance de ma considération très distinguée ou de mes sentiments aussi distingués que sincères. »

A un particulier, selon sa profession ou sa qualité :

« Agréez *ou recevez*, Monsieur, l'assurance de ma considération distinguée; *ou* l'expression de mes sentiments très distingués; *ou bien :* J'ai l'honneur de vous saluer. »

On doit tenir, dans chaque mairie, un registre qui sert à enregistrer généralement toutes les lettres et réponses du maire. Chaque lettre doit porter sur ce registre un numéro d'ordre, en sorte que plusieurs lettres de dates diverses venant à traiter de la même affaire, on puisse annoter en marge le numéro de chacune d'elles et y recourir plus facilement au besoin. A ce registre est annexé un répertoire comprenant, par ordre alphabétique, les noms et qualités des destinataires, avec l'indication des folios du registre où les lettres qui les concernent ont été transcrites. — *Dict. des formules*, n° 501. — Voy. ACCUSÉ DE RÉCEPTION, FRANCHISE DE CORRESPONDANCE, POSTE AUX LETTRES.

Corruption. — C'est à la fois le crime du fonctionnaire qui trafique de son autorité pour faire ou ne pas faire un acte de ses fonctions ou de son emploi, et le crime de ceux qui cherchent à le corrompre.

Tout fonctionnaire public de l'ordre administratif ou judiciaire, tout agent ou préposé d'une administration publique, qui aura agréé des offres ou promesses, ou reçu des dons ou présents pour faire un acte de sa fonction ou de son emploi, même juste, mais non sujet à salaire, sera puni de la dégradation civique, et condamné à une amende double de la valeur des promesses agréées ou des choses reçues, sans que ladite amende puisse être inférieure à 200 francs. La présente disposition est applicable à tout fonctionnaire, agent ou préposé de la qualité ci-dessus exprimée, qui, par offres ou promesses agréées, dons ou présents reçus se sera abstenu de faire un acte qui entrait dans l'ordre de ses devoirs. (C. P., art. 177.)

La disposition ci-dessus est applicable aux secrétaires de mairies qui recevraient des dons pour délivrer des passeports. (Cass., 17 juillet 1828.)

Le garde champêtre qui, pour de l'argent, s'abstiendrait de dresser procès-verbal d'un délit rural encourrait les peines portées par le même article. (Cass., 1er octobre 1813.)

Quiconque aura contraint ou tenté de contraindre par voies de fait ou menaces, corrompu ou tenté de corrompre par promesses, offres, dons ou présents, un fonctionnaire public, agent ou préposé d'une administration publique, pour obtenir, soit une opinion favorable, soit des procès-verbaux, états, certificats ou estimations contraires à la vérité, soit des places, emplois, adjudications, entreprises ou autres bénéfices quelconques, soit enfin tout autre acte du ministère du fonctionnaire, agent ou préposé, sera puni des mêmes peines que le fonctionnaire, agent ou préposé corrompu. Toutefois, si les tentatives de contrainte ou corruption n'ont eu aucun effet, les auteurs de ces tentatives seront simplement punis d'un emprisonnement de trois mois au moins et de six mois au plus, et d'une amende de 100 francs à 300 francs. (C. P., art. 179.)

Il ne sera jamais fait au corrupteur restitution des choses par lui livrées, ni de leur valeur; elles seront confisquées au profit des hospices des lieux où la corruption aura été commise. (Id., art. 180.)

Tout juge ou administrateur qui se sera décidé par faveur pour une partie, ou par inimitié contre elle, sera coupable de forfaiture et puni de la dégradation civique. (Id., art. 183.) — Voy. Fonctionnaires.

Costumes. — Voy. Insignes et Costumes.

Cotes irrécouvrables. — On appelle aussi les contributions portées aux rôles, et qui n'ayant pu être recouvrées pour cause d'indigence, de départ, de décès, etc., sont tombées en non-valeurs. — Voy. Contributions directes, État des cotes irrécouvrables.

Cotisations municipales. — On entend par ces mots les contingents fournis par les communes et les établissements de bienfaisance pour subvenir à des dépenses d'intérêt commun. Les sommes que doivent les différentes communes ou établissements sont centralisées à la caisse du trésorier général sous le nom de fonds de cotisations municipales.

Les dépenses que ce fonds sert à solder sont déterminées de concert par le ministre de l'intérieur et le ministre des finances. En voici la nomenclature actuelle :

1° Frais des registres de l'état civil et de confection des tables décennales ;

2° Frais de confection des matrices, rôles et avertissements à la charge des communes;

3° Frais d'impression des comptes, budgets et autres imprimés nécessaires au service des communes ;

4° Frais de timbre des comptes et registre des communes ;

5° Salaire des gardes forestiers qui sont chargés de la conservation des bois des communes et des établissements publics ;

6° Dépenses des aliénés traités dans les hospices départementaux aux frais des communes et des malades, vieillards et incurables indigents, placés par les communes dans les hospices et hôpitaux ;

7° Traitement des instituteurs et institutrices publics ;

8° Dépenses d'intérêt commun et salaires qui s'y rapportent ;

9° Traitements et frais concernant le service de la police ;

10° Dépenses du service médical établi en faveur des indigents ;

11° Prix d'abonnement à diverses publications, etc.

Les recouvrements sont effectués d'après des arrêtés du préfet, qui sont notifiés au trésorier général, lequel en fait parvenir les extraits aux receveurs particuliers pour les sommes à recouvrer dans leur arrondissement. Ces derniers délivrent des récépissés à talon pour les versements qui leur sont faits par les receveurs municipaux.

Afin de faciliter le recouvrement des frais d'abonnement au *Bulletin officiel du ministère de l'intérieur*, au *Bulletin annoté des lois* et le ministre de l'intérieur a décidé qu'ils seraient centralisés au compte des cotisations. Des états des sommes à recouvrer, arrêtés par le préfet, sont en conséquence remis au trésorier général, qui en prend charge à titre de fonds destinés aux frais d'abonnement à diverses publications. Les payements aux éditeurs font l'objet de mandats délivrés à leur profit par les préfets et accompagnés de factures ou mémoires timbrés. (Circ. compt. gén. des fin., 29 février 1856.)

Indépendamment des contingents dont il est parlé ci-dessus, le fonds des cotisations municipales comprend le fonds commun des amendes de police correctionnelle. — Voy. Amendes.

33

Il n'existe pas de solidarité entre les différents comptes du fonds de cotisations municipales. La situation de chacun d'eux est établie séparément au 31 décembre et certifiée par le préfet, qui l'adresse au ministre de l'intérieur. — Voy. ALIÉNÉS, CHEMINS VICINAUX, ÉTAT CIVIL, HOSPICES, IMPRESSIONS, MATRICES, MÉDECINS, POLICE.

Coups et blessures.

— Les maires, adjoints de maires, les commissaires de police, comme les officiers de police auxiliaires du procureur de la République doivent, lorsqu'ils sont informés qu'une personne est blessée sur la voie publique ou ailleurs, se transporter aussitôt sur les lieux, et faire constater par un médecin ou chirurgien, requis à cet effet, l'état du blessé, la cause présumée des blessures, leur gravité, etc. Ils dressent du tout un procès-verbal qu'ils transmettent, avec les pièces à l'appui, au procureur de la République.

Si le blessé est en danger, il faut l'entendre de suite, avec précaution et ménagement, faire opérer sans désemparer le premier pansement et le faire transporter à son domicile ou à l'hospice, s'il n'est pas domicilié dans la commune.

L'auteur des blessures, s'il ne peut fournir caution, doit être provisoirement mis en lieu de dépôt, jusqu'à ce qu'il en ait été autrement ordonné par le procureur de la République.

Les auteurs de blessures et coups volontaires, non qualifiés meurtres sont passibles des peines suivantes :

Sera puni de la réclusion tout individu qui, volontairement, aura fait des blessures ou porté des coups, s'il est résulté de ces sortes de violences une maladie ou incapacité de travail personnel pendant plus de vingt jours. Si les coups portés ou blessures faites volontairement, mais sans intention de donner la mort, l'ont pourtant occasionnée, le coupable sera puni de la peine des travaux forcés à temps. (C. P., art. 309.)

Lorsqu'il y aura eu préméditation ou guet-apens, la peine sera, si la mort s'en est suivie, celle des travaux forcés à perpétuité, et si la mort ne s'en est pas suivie, celle des travaux forcés à temps. (C. P., art. 310.)

Lorsque les blessures ou les coups n'auront occasionné aucune maladie ou incapacité de travail personnel, le coupable sera puni d'un emprisonnement de six jours à deux ans, et d'une amende de 16 francs à 200 francs, ou de l'une de ces deux peines seulement. S'il y a eu préméditation ou guet-apens, l'emprisonnement sera de deux ans à cinq ans, et l'amende de 50 francs à 500 francs. (Id., art. 311.)

Dans les cas prévus par les articles 309, 310 et 311 rapportés ci-dessus, si le coupable a commis le crime envers ses père ou mère légitimes, naturels ou adoptifs, ou autres ascendants légitimes, chaque peine augmente d'un degré. (Voir l'article 312 du Code pénal.)

Les auteurs de blessures ou coups, causés par maladresse, imprudence, inattention, négligence ou inobservation des règlements, sont punis d'un emprisonnement de six jours à deux mois, et d'une amende de 16 francs à 100 francs. (Id., art. 320.)

Le meurtre, ainsi que les blessures et les coups sont excusables, s'ils ont été provoqués par des coups ou violences graves envers les personnes; s'ils ont été commis en repoussant, pendant le jour, l'escalade ou l'effraction des clôtures, murs ou entrées d'une maison ou d'un appartement habité ou de leurs dépendances. (Id., art. 321 et 322.)

Il n'y a ni crime ni délit, lorsque l'homicide, les blessures et les coups étaient commandés par la nécessité actuelle de la légitime défense de soi-même ou d'autrui, c'est-à-dire si l'homicide a été commis, si les blessures ont été faites, ou si les coups ont été portés en repoussant, pendant la nuit, l'escalade ou l'effraction des clôtures, murs ou entrées d'une maison ou d'un appartement habité ou de leurs dépendances. (Id., art. 328 et 329.) — *Dict. des formules*, nos 502 et 503.

Cour d'assises. — Juridiction appelée dans chaque département à prononcer sur les crimes.

Les assises se tiennent tous les trois mois, et plus souvent si le besoin l'exige, dans le chef-lieu du département, à moins que la cour n'ait désigné un autre tribunal comme siège des assises. (C. d'inst. crim., art. 258 et 259.)

Outre les membres des tribunaux désignés conformément aux articles 252, 253 et 257 du Code d'instruction criminelle, les cours d'assises se composent encore d'un jury de douze citoyens, qui prononcent sur la culpabilité de l'accusé. — Voy. JURY.

Le magistrat qui est chargé de présider les assises dans une autre ville que celle où est établi le siège de la cour d'appel doit être logé, soit à l'hôtel de ville, soit au palais de justice, s'il s'y trouve des appartements commodes et meublés, et, sinon, dans une maison particulière et meublée, qui est désignée d'avance par le maire. (D. 27 février 1811, art. 11.)

Les frais de la location sont portés au budget communal et payés sur mandat du maire ; mais le chauffage et l'éclairage ne sont point à la charge de la commune. (Déc. min. 12 décembre 1842.) — Voy. COMPTABILITÉ, DÉPENSES COMMUNALES.

Cour de cassation. — C'est une juridiction suprême établie pour maintenir l'unité de la législation et empêcher que les tribunaux n'étendent ou ne restreignent leurs attributions hors ou en deçà du cercle que la loi leur a tracé. Cette cour est donc investie du droit d'annuler les jugements en dernier ressort, et les arrêts qui, dans la forme ou sur le fond, ont violé les lois, ou leur ont donné une interprétation contraire à leur vrai sens ; elle doit annuler aussi les jugements en dernier ressort, et les arrêts dans lesquels il y a une contravention aux règles de la compétence.

En matière civile, le délai pour se pourvoir en cassation n'est que de trois mois, à partir du jour de la signification de l'arrêt ou du jugement à personne ou à domicile pour tous ceux qui habitent en France.

Il est établi près de la Cour de cassation un nombre fixe d'avocats qui y remplissent aussi les fonctions attribuées aux avoués devant les tribunaux. — Voy. CASSATION.

Les parties qui forment un pourvoi devant la Cour de cassation doivent consigner une amende de 300 francs lorsque le jugement ou l'arrêt attaqué est contradictoire, de 150 francs lorsqu'il est par défaut ou par forclusion, et de 75 francs s'il s'agit de jugements rendus par les tribunaux de première instance. (C. de proc., art. 494.)

La Cour de cassation constitue le conseil supérieur de la magistrature ; elle ne peut statuer en cette qualité que toutes chambres réunies. (Art. 13, L. 30 août 1883.)

Cour des comptes. — La Cour des comptes a été créée par la loi du 16 septembre 1807. Toutes les règles relatives à son organisation et à sa procédure intérieure ont été résumées dans le décret du 21 mai 1862, dont elles forment le titre IV.

Organisation et compétence. — La Cour des comptes est chargée de juger toutes les comptabilités en deniers de l'État. Elle juge également les comptes annuels des receveurs des communes, hospices et établissements de bienfaisance dont le revenu excède 30,000 francs.

Elle statue, en outre, sur les appels formés contre les arrêtés rendus par les conseils de préfecture sur les comptabilités des receveurs des communes, hospices et établissements de bienfaisance.

La Cour des comptes connaît seule des comptabilités occultes qui s'appliquent aux deniers de l'Etat et aux deniers départementaux, celles qui concernent les communes et établissements de bienfaisance sont jugées, soit par la Cour des comptes, soit par les conseils de préfecture en premier ressort suivant que les revenus de ces communes ou établissements sont supérieurs ou inférieurs à 30,000 francs.

Les membres de la Cour des comptes sont nommés à vie par le Président de la République. (D. 31 mai 1862, art. 377.)

La Cour des comptes prend rang immédiatement après la Cour de cassation, et jouit des mêmes prérogatives. (Id., art 378.)

Attributions du ministère public. — Le procureur général fait dresser un état général de tous les comptables qui doivent présenter leurs comptes à la Cour. Il s'assure s'ils sont on non exacts à les présenter dans les délais fixés par les lois ou règlements, et requiert contre ceux qui sont en retard l'application des peines. (D. 31 mai 1862, art. 390.)

Il adresse au ministre des finances les expéditions des arrêts de la Cour, et suit devant elle l'instruction et le jugement des demandes à fin de revision pour cause d'erreurs, omissions, doubles ou faux emplois reconnus à la charge du Trésor public, des départements, des communes, des hospices et des établissements publics et de bienfaisance. (Id., art. 392.)

Toutes les demandes en mainlevée, réduction ou translation d'hypothèques, sont communiquées au procureur général avant d'y être statué, (Id., art. 393.)

Toutes les fois qu'une prévention de faux ou de concussion est élevée contre un comptable, le procureur général est appelé en la chambre et entendu dans ses conclusions, avant d'y être statué. (Id., art. 394.)

Le procureur général peut prendre communication de tous les comptes dans l'examen desquels il croit son ministère nécessaire, et la chambre peut même l'ordonner d'office. (Id., art. 395.)

Il est de droit appelé à donner ses conclusions : 1° sur les questions de compétence ; 2° sur la recevabilité comme sur le fond des requêtes en pourvoi adressés à la Cour contre les arrêtés des conseils de préfecture portant règlement des comptes des receveurs des communes, d'établissements de bienfaisance et des trésoriers d'associations syndicales ; 3° sur la recevabilité des requêtes en appel contre les règlements prononcés par le conseil privé des colonies à l'égard des comptes des comptables soumis à la juridiction de ce conseil ; 4° sur les comptabilités occultes et exceptionnelles ; etc., etc.

Attributions du greffe. — Le greffier en chef est chargé de veiller à la conservation des minutes des arrêts, d'en faire faire les expéditions, de garder les pièces qui lui sont confiées et de concourir à la suppression de ces mêmes pièces aux époques et dans les formes déterminées par les règlements. (D. 31 mai 1862, art. 400.)

Les comptes déposés par les comptables sont enregistrés, par ordre de date et de numéros, du jour qu'ils sont présentés. (Id., art. 401.)

Les premières expéditions des actes et arrêts de la Cour sont délivrées gratuitement aux parties; les autres sont soumises à un droit d'expédition de 75 centimes par rôle. (Id., art. 402.)

Les expéditions exécutoires des arrêts de la Cour sont signées par le premier président de la Cour et par le greffier. (Id., art. 403.)

Le greffier signe et délivre les certificats collationnés et extraits de tous les actes émanant du greffe, des archives et dépôts, et la correspondance avec les comptables. (Id., art. 404.)

Vérification et jugement des comptes. — Le premier président fait entre les référendaires la distribution des comptes, et indique la chambre à laquelle le rapport doit être fait. (D. 31 mai 1862, art. 405.)

Les référendaires rédigent sur chaque compte un rapport raisonné contenant des observations de deux natures ; les premières concernant la ligne de compte seulement, c'est-à-dire les charges et souffrances dont chaque article du compte leur a paru susceptible, relativement au comptable qui le présente; les deuxièmes résultant de la comparaison de la nature des recettes avec les lois, et de la nature des dépenses avec les crédits. (Id., art. 408.)

Les référendaires peuvent entendre les comptables ou leurs fondés de pouvoirs pour l'instruction des comptes. (Id., art. 409.)

Le président de la chambre fait la distribution du rapport du référendaire à un maître des comptes, qui présente à la chambre son opinion motivée sur tout ce qui est relatif à la ligne de compte et aux autres observations du référendaire. (Id., art. 413 et 414.)

Les arrêts de la Cour sont provisoires ou définitifs. (Id., art. 417.)

La Cour règle et apure les comptes qui lui sont présentés.

La Cour juge sur pièces et les comptables ne sont admis à discuter, ni en personne, ni par ministère d'avocat, les articles de leurs comptes. Aussi le premier arrêt rendu sur un compte n'est que provisoire. Cet arrêt est notifié au comptable qui a deux mois pour répondre aux diverses charges ou injonctions qu'il contient et produire les justifications nécessaires.

Dans le cas où les comptables produisent des justifications ou explications en réponse au premier arrêt, la Cour les apprécie et prononce définitivement, s'il y a lieu, sur leurs comptes.

Si au contraire l'arrêt n'a pas été exécuté ou contredit dans le délai de deux mois, la Cour peut rendre à l'expiration de ce délai, un arrêt définitif qui met à la charge du comptable, par des forcements de recettes ou des rejets de dépenses qu'elle prononce, les sommes ou parties de sommes qui ont fait l'objet des charges ou injonctions contenues dans le premier arrêt. (Art. 1560, Inst. gén.) La Cour établit, par ses arrêts définitifs, si les comptables sont quittes, ou en avance ou en débet. Dans les deux premiers cas, elle prononce leur décharge définitive et, si les comptables ont cessé leurs fonctions, ordonne mainlevée et radiation des oppositions hypothécaires mises ou prises sur leurs biens, à raison de la gestion dont le compte est jugé. Dans le troisième cas, elle les condamne à solder leur débet dans le délai prescrit par la loi. Une expédition de ses arrêts sur les comptes des agents du Trésor est adressée au ministre des finances pour en faire suivre l'exécution. (Id., art. 419.)

La Cour, nonobstant l'arrêt qui aurait jugé définitivement un compte, peut procéder à sa revision, soit sur la demande du comptable, appuyée de pièces justificatives recouvrées depuis l'arrêt, soit d'office, soit à la réquisition du procureur général, pour erreurs, omissions, doubles ou faux emplois reconnus par la vérification d'autres comptes. Les demandes en revision sont soumises aux mêmes règles que les pourvois, en ce qui concerne la notification de la demande à la partie adverse et la reddition de deux arrêts ou arrêtés statuant, l'un sur l'admission de cette demande, l'autre sur le fond. (Id., art. 420.)

La Cour prononce sur les demandes en réduction ou translation d'hypothèques, formées par des comptables encore en exercice, ou par ceux hors d'exercice, dont les comptes ne sont pas définitivement apurés, en exigeant les sûretés suffisantes pour la conservation des droits du Trésor. (Id., art. 421.)

Si, dans l'examen des comptes, la Cour trouve des faux ou des concussions, il en est rendu compte au ministre des finances et référé au ministre de la justice, qui fait poursuivre les auteurs devant les tribunaux ordinaires. (Id.,) art. 422.)

Les arrêts de la Cour contre les comptables sont exécutoires, et, dans le cas où un comptable se croit fondé à attaquer un arrêt pour violation des formes ou de la loi, il se pourvoit au Conseil d'Etat, dans les trois mois, pour tout délai, à compter de la notification de l'arrêt.

Le ministre des finances et tout autre ministre, pour ce qui concerne son département, peut, dans le même délai, faire son rapport au Président de la République, et proposer le renvoi, au Conseil d'Etat, de sa demande en cassation des arrêts qu'il croira devoir être cassés pour violation des formes ou de la loi. (D. 31 mai 1862, art. 423.)

La Cour ne peut, en aucun cas, s'attribuer de juridiction sur les ordonnateurs, ni refuser aux payeurs l'allocation des payements par eux faits sur des ordonnances revêtues des formalités prescrites et accompagnées des pièces déterminées par les lois et règlements. (Id., art. 426.)

La Cour des comptes résume et complète, chaque année, ses travaux judiciaires par ses déclarations générales de conformité et son rapport annuel au chef de l'Etat.

Cours d'appel. — Les cours d'appel ont pour attribution générale de connaître souverainement, en matière civile, des appels des jugements de première instance rendus par les tribunaux d'arrondissement et de commerce. (Voir les articles 443 et suivants du Code de procédure civile.)

Les communes autorisées à plaider et qui succombent en première instance ne peuvent appeler du jugement qu'en vertu d'une nouvelle autorisation du conseil de préfecture. — Voy. PROCÈS.

Cours d'adultes. — Voy. INSTRUCTION PRIMAIRE.

Cours d'eau. — On comprend, sous la dénomination générique de cours d'eau, tant les rivières navigables et flottables que les petits cours d'eau qui ne sont ni navigables ni flottables.

Les cours d'eau de l'une et l'autre catégorie, sont régis par des règles différentes qui se trouvent résumées ci-après.

Cours d'eau navigables et flottables. — Le lit des fleuves et rivières navigables ou flottables fait partie du domaine public. (C. civ., art. 538.)

Quant aux rives des fleuves, la loi les a laissées à la propriété privée, en les grevant seulement de la servitude de marchepied. (Id., art. 649 et 650.)

Mais, aux termes des lois des 22 décembre 1789, janvier 1790, section III, article 2, et 22 novembre, 1er décembre 1790, il appartient à l'autorité administrative, non seulement de délimiter les rivières navigables ou flottables dans leur état actuel, mais aussi de reconnaître l'état ancien de ces cours d'eau.

L'exercice de ce droit de délimitation est toujours très délicat. Il a été jugé qu'un préfet qui, en délimitant le lit d'un fleuve, a pris pour point de départ une indication inexacte sur le niveau des plus hautes eaux avant le débordement, commet un excès de pouvoir parce que sa décision a pour résultat d'attribuer au domaine public des propriétés privées. (Arrêt 9 janvier 1868, C. d'Etat.) Aussi la Cour de cassation tout en reconnaissant à l'autorité administrative, le droit exclusif de fixer les limites d'un fleuve, au point de vue et dans l'intérêt d'un service public, a décidé que lorsqu'un propriétaire revendique comme lui appartenant, les terrains dépassant le niveau des plus hautes eaux, les tribunaux civils peuvent ordonner d'office la vérification du point litigieux et charger les agents de l'administration de procéder à cette expertise contradictoirement avec le propriétaire, sous réserve du droit de contrôler et de reviser les résultats de cette opération. (Cass. 5 avril 1876.) De cette manière, les droits des particuliers peuvent être sauvegardés sans qu'il soit porté atteinte au pouvoir de l'administration.

L'importance de la servitude de marchepied varie suivant celle des besoins auxquels elle a pour but de pourvoir ; on distingue, parmi les voies ainsi réservées sur les propriétés riveraines, le long des cours d'eau, le chemin de halage, le marchepied et le simple sentier de flottage.

Le chemin de halage, affecté au halage à l'aide d'animaux de trait, doit avoir 7 mètres 79 centimètres. De plus, il doit encore confiner du côté des cultures, c'est-à-dire du côté opposé à l'eau, à un espace large de 2 mètres environ et dégarni de tout arbre, de toute clôture, de toute haie, de toute construction. En résultat, la servitude de halage s'étend sur un espace de 9 mètres 74 centimètres, dont 7 mètres 79 centimètres consacrés au chemin. (Edit d'août 1669, titre XXVIII, art. 7 ; arrêt du Cons. 24 juin 1777, art. 2.) (1)

Placé sur la rive opposée au chemin de halage, et établi en vue seulement du halage à bras d'homme, le marchepied a beaucoup moins d'importance. Sa largeur n'est, en effet, que de 3 mètres 24 centimètres et sans obligations de servitude accessoire comme pour le chemin de halage.

Sur les bords des simples cours d'eau qui, sans être navigables, ont

_____

(1) Cette servitude, une des plus lourdes qui pèsent sur les riverains, est aussi ancienne que la navigation elle-même. Les anciens monuments de législation qui régissent cette matière ont été maintenus en vigueur par le législateur moderne.

été reconnus par l'administration propres au flottage, les propriétaires riverains de l'une et l'autre rive sont tenus de laisser un chemin de 1 mètre 30 centimètres qui permette aux gens employés au flottage de circuler librement sur le bord de l'eau, soit pour diriger les trains et bois, soit pour veiller à la conservation de la marchandise abandonnée au courant.

Les servitudes de halage et flottage s'appliquent, si l'administration le juge nécessaire, aux îles qui se trouvent dans les fleuves, rivières ou cours d'eau.

Elles ne donnent lieu en faveur de ceux qui les supportent à aucune indemnité à moins qu'il ne s'agisse d'une navigation nouvelle ou d'un flottage nouveau. Dans ce cas, il doit être payé aux propriétaires une indemnité proportionnée aux dommages qu'ils éprouvent et réglée conformément à la loi du 16 septembre 1807. (D. 22 janvier 1808, art. 3.)

Ces servitudes doivent être, d'ailleurs, limitées aux usages pour lesquels elles ont été établies : elles n'emportent que l'obligation de souffrir le passage des animaux de trait et des gens de pied ; elles ne s'étendent ni au passage des voitures, ni à la tolérance d'aucun dépôt permanent, d'aucun établissement fixe.

Les grandes routes ou les chemins vicinaux placés sur les bords des fleuves et rivières, font alors, sans obligation pour les riverains, le service de chemins de halage ou flottage. Il en est de même des digues lorsque leur largeur au sommet est suffisante pour ce service. — Voy. NAVIGATION.

Les propriétaires riverains d'un cours d'eau du domaine public profitent de tout ce qui vient, à titre d'accession, s'unir et s'incorporer à leurs fonds. — Voy. ALLUVION.

L'attribution à l'Etat du droit de pêche est une des conséquences de la domanialité des rivières navigables et flottables ; ce droit est exercé sous la surveillance de l'administration des eaux et forêts. — Voy. PÊCHE FLUVIALE.

La conservation, l'entretien et l'amélioration des voies navigables est une des attributions spécialement déléguées à l'administration des ponts et chaussées. C'est une des charges de l'Etat.

Toute construction ou plantation effectuée sur et le long des rivières navigables et flottables, sans autorisation, constitue une contravention de grande voirie. Les préfets et les maires doivent veiller avec une sévère exactitude à ce qu'il ne soit établi aucun pont, aucune chaussée permanente ou mobile, aucune écluse ou usine, aucun batardeau, moulin, digue ou autre obstacle quelconque au libre cours des eaux dans les rivières navigables ou flottables, sans en avoir préalablement obtenu la permission de l'administration centrale. (Arrêté 19 ventôse an VI, art. 9.)

Le décret du 25 mars 1852 a délégué au préfet le pouvoir d'accorder directement des autorisations pour des établissements temporaires sur les cours d'eau navigables. Ces autorisations, lorsqu'il s'agit de prise d'eau, sont soumises à la redevance, conformément à la loi des finances du 16 juillet 1840. Cette redevance est perçue au profit du Trésor. Quant aux droits de stationnement et de location sur les ports et rivières, ils sont perçus au profit des communes, conformément aux articles 68 et 133 de la loi du 5 avril 1837.

La police des cours d'eau rentre, sous certains rapports, parmi les objets confiés à la vigilance du maire, et ses règlements pourvoient au maintien du bon ordre sur les rivières, dans les gares et ports, aux abreuvoirs, sur les quais et chemins de halage, au passage des gués et bacs, dans les lieux où l'on se livre à l'exercice de la natation, à toutes les mesures propres à assurer le libre écoulement des eaux, à prévenir les débordements et à en réparer les suites.

Les quais et les ports, en même temps qu'ils dépendent de la voirie municipale, sont toujours une dépendance essentielle de la grande voirie. Les maires doivent donc prendre garde, dans les arrêtés qu'ils rendent en matière de voirie vicinale, de porter atteinte aux lois et règlements de la grande voirie et du halage.

Les bras dépendant des rivières navigables et flottables, alors même qu'ils ne sont eux-mêmes ni navigables ni flottables, sont soumis pour la police des eaux aux mêmes règles que les rivières navigables et flottables. (Arrêt, C. d'Et., 30 novembre 1877.)

Les contraventions en matière de grande voirie, telles qu'anticipations, dépôts de fumiers et d'autres objets, et toute espèce de détériorations commises sur les canaux, fleuves et rivières navigables, leurs chemins de halage, francs-bords, fossés, ouvrages d'art et matériaux destinés à leur entretien, sont constatées, réprimées et poursuivies par voie administrative. (L. 29 floréal an X.)

Le soin de constater ces contraventions est confié concurremment aux maires ou adjoints, aux ingénieurs et conducteurs des ponts et chaussées, aux agents de la navigation, aux commissaires de police, à la gendarmerie, aux employés des contributions indirectes et des octrois, et enfin aux gardes champêtres.

En cas de péril imminent, le sous-préfet ou le préfet peuvent ordonner d'office la démolition immédiate des murs, digues ou usines établis sans autorisation et préjudiciables à la navigation et au service public.

Les tribunaux de police correctionnelle sont compétents pour juger les contraventions commises en matière de grande voirie qui auraient le caractère de délit et devraient entraîner des peines corporelles. Mais le conseil de préfecture n'en reste pas moins chargé de prononcer la condamnation à l'amende et d'ordonner, s'il y a lieu, la suppression des ouvrages non autorisés.

Les tribunaux correctionnels jugent les troubles apportés à l'exercice de la navigation et du flottage, ayant surtout le caractère de pures voies de fait et d'altercations personnelles. Les simples contraventions à la loi du 9 juillet 1836, sur les droits de navigation, sont aussi, d'après cette loi, de la compétence des tribunaux de police correctionnelle. Ils connaissent également de tous les délits prévus par la loi du 15 avril 1829, sur la conservation et la police de la pêche fluviale.

Enfin, les infractions aux règlements sur la police des rivières, en tant qu'elles ne constituent pas des contraventions de grande voirie ou des délits correctionnels, sont de la compétence des tribunaux de simple police. Ces infractions tombent sous le coup de l'application de l'article 471, § 15 du Code pénal. — Voy. CANAUX, NAVIGATION, VOIRIE.

Cours d'eau non navigables ni flottables. — On entend sous cette dénomination tous les cours d'eau ayant un cours perpétuel qui ne sont ni navigables ni flottables en trains. Il n'y a aucune distinction à faire entre des cours d'eau qu'on appellerait rivières du second ordre et les simples ruisseaux. Ce n'est pas le volume du cours d'eau, c'est la circonstance que ce cours d'eau est ou n'est pas consacré au service public qui lui assigne son caractère légal.

Deux théories partageaient les jurisconsultes et même les tribunaux, relativement à la propriété des cours d'eau non navigables. L'une attribue cette propriété aux riverains, et l'autre au domaine public. La

Cour de cassation a tranché la question par un arrêt du 18 juin 1846, qui, s'appuyant sur les articles 644 et 563 du Code civil, décide que les droits d'usage spécifiés et limités par ces articles, sont exclusifs du droit à la propriété du cours d'eau et qu'en conséquence les cours d'eau non navigables inflottables rentrent dans la classe des choses qui, aux termes de l'article 714 du Code civil, n'appartiennent à personne, dont l'usage est commun à tous et dont la jouissance est réglée par des lois de police.

Cette jurisprudence est aujourd'hui généralement adoptée. Il résulte de ce principe que les riverains d'un cours d'eau non navigable ni flottable, ne peuvent faire aucun acte de nature à changer la direction des eaux et à nuire aux propriétés riveraines. (Cour d'Aix, arr. 12 avril 1876.)

Les lois des 22 décembre 1789, 12-20 août 1790, 6 octobre 1791, 14 floréal an XI et 16 septembre 1807, et le décret du 25 mars 1852 donnent à l'administration le pouvoir de déterminer toutes les mesures propres à assurer le libre écoulement des eaux et leur distribution dans des vues d'utilité générale. Elle a aussi le droit de régler la direction des rivières, la hauteur des eaux dans les divers bassins, les conditions d'irrigation, de la construction des usines, des barrages pour la pêche, des digues, des plantations sur les berges, du curage, la prohibition des usages industriels qui corrompent les eaux, la police des bains, lavoirs et abreuvoirs publics. Les décisions des préfets s'exécutent sauf recours des intéressés devant le Conseil d'Etat.

Ainsi, personne ne peut disposer des eaux publiques, soit dans leurs canaux, soit par dérivation, sans y être autorisé par l'autorité administrative. Personne ne peut, sans cette autorisation, établir sur leurs cours aucune usine, ni faire dans leur lit aucun ouvrage, sans s'exposer à les voir détruire, à réparer les dégâts et à payer des dommages-intérêts à ceux qui auraient souffert de ces établissements ou de ces travaux. Personne, enfin, ne peut rien changer ni au cours des eaux publiques, ni aux établissements autorisés, sans en avoir reçu la permission de la même autorité.

Les préfets tiennent de la loi des 12-20 août 1790 la mission de rechercher et d'indiquer les moyens de procurer le libre écoulement des eaux, d'empêcher que les prairies ne soient submergées par la trop grande élévation des écluses des moulins et par les autres ouvrages d'art établis sur les rivières ; de diriger enfin, autant qu'il est possible, toutes les eaux de leur territoire vers un but d'utilité générale, d'après les principes de l'irrigation.

Aux termes du décret du 13 avril 1861, les préfets ne peuvent faire la répartition des eaux des rivières non navigables entre l'agriculture et l'industrie, qu'autant qu'ils se conforment aux anciens règlements ou usages locaux. Mais on peut considérer comme ancien règlement celui qui a été approuvé par le préfet à une époque où il appartenait à l'administration supérieure d'approuver définitivement les règlements concernant les cours d'eau. (Arrêt C. d'Et. 26 janvier 1877.)

L'arrêté préfectoral pris pour réglementer la répartition générale des eaux d'un canal d'arrosage dérivé d'un cours d'eau, a pour effet de mettre fin à tout droit antérieur de propriété ou d'usage qui aurait pu être prétendu sur ces eaux par les riverains. (Arrêt de cassation, 21 février 1879.)

La plupart des règlements intervenus sur la police des cours d'eau instituent des syndicats électifs composés mi-partie des propriétaires de prairies et de propriétaires d'usines, chargés de veiller au maintien des dispositions réglementaires.

Les maires peuvent aussi, par mesure de salubrité, pourvoir, par des règlements de police, au libre écoulement des eaux ; et ces règlements doivent être mis à exécution, nonobstant toutes exceptions de propriété. Mais le pouvoir réglementaire des maires est renfermé dans de plus étroites limites que celui des préfets, car ils ont pour unique mission de prévenir toute cause de dommage en prévenant toute cause d'insalubrité ou d'inondation.

Il est fait, à la diligence du maire, injonction aux propriétaires dont les possessions bordent les ruisseaux et autres cours d'eau non navigables, d'avoir à arracher et enlever, dans un délai fixé, tous arbres, arbustes, broussailles, et généralement toutes excroissances de cette nature qui se trouveraient implantées soit dans le lit du cours d'eau, soit sur les talus intérieurs. Faute par les riverains d'obtempérer à l'injonction, les maires dressent procès-verbal contre eux, et les traduisent devant les tribunaux compétents.

Toutes coupures et ouvertures quelconques pratiquées dans les berges, et pour lesquelles les propriétaires ne justifient pas d'un titre légitime, sont fermées et bouchées solidement, sans délai, de manière à intercepter toute infiltration.

Sont punis d'une amende qui ne peut excéder le quart des restitutions et des dommages-intérêts, ni être au-dessous de 50 francs, les propriétaires ou fermiers, ou toute personne jouissant de moulins, usines ou étangs, qui, par l'élévation du déversoir de leurs eaux au-dessus de la hauteur déterminée par l'autorité compétente, ont inondé les chemins ou les propriétés d'autrui. S'il est résulté du fait quelques dégradations, la peine est, outre l'amende, un emprisonnement de six jours à un mois. (C. P., art. 457.)

Lorsque le dommage causé n'a pas été volontaire de la part du propriétaire de l'usine, il ne constitue pas un délit, et n'est pas, par conséquent, de la compétence du tribunal de police correctionnelle ; mais, à moins que le dommage ne résulte de cas fortuit ou de force majeure, il n'y en a pas moins lieu à responsabilité civile, suivant l'article 1382 du Code civil.

Aux tribunaux de simple police appartient la connaissance de toutes les infractions aux règlements sur la police des cours d'eau non navigables ni flottables, en tant qu'elles ne constituent pas des délits correctionnels. Ainsi, ils doivent réprimer les contraventions : 1° aux règlements prescrivant les conditions de l'irrigation ; 2° aux règlements prescrivant les conditions pour la construction des usines ; 3° aux règlements prohibant les barrages ; 4° aux règlements prescrivant les conditions pour l'écoulement des eaux fluviales sur la voie publique ; 5° aux règlements prohibant toute espèce d'entreprise, d'empiétement et d'encombrement ; 6° aux règlements ou arrêtés particuliers prescrivant, pour cause d'utilité publique, le curage d'un canal particulier, d'un étang ou d'une mare ; 7° aux arrêtés administratifs ou règlements particuliers prononçant la mise en chômage d'une usine ; 8° enfin à tous les règlements municipaux, légalement arrêtés et publiés par les maires dans la sphère de leurs attributions. L'article 471, § 15, du Code pénal, contient la sanction pénale de ces règlements.— Voy. IRRIGATION, SYNDICAT, USINES.

Curage et entretien des cours d'eau non navigables ni flottables.— Les riverains d'un cours d'eau doivent tous contribuer aux frais de curage et aux dépenses des travaux de conservation qui sont néces-saires pour assurer et maintenir le libre écoulement des eaux et leur juste répartition dans l'intérêt général.

L'obligation du curage consiste à faire disparaître tout ce qui fait obstacle au libre cours des eaux, non seulement dans le lit, comme les herbes, les vases, les graviers, mais encore le long des berges, comme les cépées, les souches et les éboulements qui forment saillie le long des rives.

Il est pourvu au curage des canaux et rivières non navigables et à l'entretien des digues et ouvrages d'art qui y correspondent de la ma-nière prescrite par les anciens règlements ou d'après les usages locaux. (L. 14 floréal an XI, art. 1er.)

Lorsque l'application des règlements ou l'exécution du mode con-sacré par l'usage éprouve des difficultés, ou lorsque des changements survenus exigent des dispositions nouvelles, il y est pourvu par un arrêté du préfet portant règlement d'administration publique. (D. 25 mars 1852, art. 1er.)

Cet arrêté est rendu d'après un projet préparé par un agent voyer ou tout autre homme de l'art, et après délibération du conseil municipal ou des conseils municipaux des communes traversées par le cours d'eau. (Circ. int. 10 avril 1852.)

Les rôles de répartition des sommes nécessaires au payement des travaux d'entretien, réparation ou reconstruction, sont rendus exécu-toires par le préfet, et le recouvrement s'en opère de la même manière que celui des contributions publiques. La répartition est faite de manière que la quotité de contribution de chaque imposé soit toujours relative au degré d'intérêt qu'il a aux travaux à effectuer. (L. 14 floréal an XI, art. 2 et 3.)

Toutes les contestations relatives au recouvrement des rôles, aux ré-clamations des individus imposés et à la confection des travaux, sont portées devant le conseil de préfecture, sauf le recours au gouvernement, qui décide en Conseil d'Etat. (Id., art. 4.)

La juridiction administrative est également compétente pour statuer sur les dommages qui peuvent résulter du curage, en tant qu'il n'y a pas anticipation, mais il rentre dans le ressort de l'autorité judiciaire de statuer sur la demande formée par un riverain à l'effet d'obtenir une indemnité à raison des anticipations qui auraient été commises sur sa propriété, lors du curage d'un ruisseau ordonné par arrêté préfectoral. L'autorité judiciaire est également compétente pour reconnaître le droit de propriété du riverain et détermine les limites du cours d'eau. (Arrê C. d'Et. 3 août 1877.)

Lorsque le projet de curage comprend aussi des travaux d'élargisse-ment, au moyen de l'occupation de propriétés particulières, c'est-à-dire quand on veut augmenter la largeur naturelle du cours d'eau, le préfet doit s'assurer, avant de le rendre exécutoire, du consentement des pro-priétaires, ainsi que de la réalisation des ressources pour leur payer des indemnités, à moins que la cession ne soit gratuite.

A cet effet, le conseil ou les conseils municipaux doivent voter les fonds nécessaires; car, en pareil cas, on ne peut mettre la dépense des terrains à la charge des propriétaires qui, par la situation de leurs héri-tages, sembleraient les plus intéressés à l'opération.

Dans le cas où il y aurait lieu de recourir à l'expropriation, le préfet ne serait plus compétent, et il devrait adresser le dossier de l'affaire au ministre de l'intérieur pour le mettre à même de préparer le décret à intervenir. (Circ. Int., 10 avril 1852.)

Une commission syndicale composée de trois, de cinq ou de sept membres, selon l'importance du cours d'eau, est ordinairement établie pour diriger et régulariser les travaux de curage et de redressement. Les membres de cette commission sont nommés par le préfet et choisis parmi les propriétaires riverains.

La commission syndicale est spécialement chargée :

1° De chercher et d'indiquer les moyens de procurer le libre écoulement du cours d'eau ;

2° D'en ordonner le curage toutes les fois que cette opération est reconnue nécessaire ;

3° De régler la dimension et l'entretien des berges et d'y faire effectuer les plantations d'arbres qui seraient jugées utiles ;

4° De régler tout ce qui concerne l'extraction, le dépôt et la destination des vases, matières quelconques et déblais provenant du curage ;

5° De veiller à ce que les conditions imposées à tout établissement d'usine, de barrage, retenue ou prise d'eau quelconque, soient strictement observées, et d'indiquer au préfet les barrages qui devront être détruits.

La commission se fait, au besoin, assister d'un ingénieur ou d'un agent voyer, soit pour dresser les projets des travaux de curage, soit pour la levée des plans, l'établissement des devis et la direction des travaux.

Elle propose le mode d'exécution des travaux, soit par adjudication, soit par marché, soit par régie.

Elle présente, s'il y a lieu, un expert qui est chargé de procéder à la fixation de la part contributive de chaque intéressé.

Elle répartit entre les intéressés le montant des taxes reconnues nécessaires pour le curage et tous les travaux autres que ceux d'élargissement.

Elle contrôle et vérifie la comptabilité du receveur de la communauté.

Enfin, elle donne son avis sur tous les objets relatifs aux intérêts de la communauté, lorsqu'elle est consultée par l'administration.

L'exécution des travaux a lieu sous la surveillance du directeur du syndicat, auquel le syndicat peut adjoindre un commissaire qui l'aide dans cette surveillance.

Tous les ans, dans le courant du mois d'août, le syndicat détermine les époques auxquelles le repurgement devra avoir lieu.

Les détenteurs d'usine sont tenus d'ouvrir, sans indemnités, leurs vannes, pendant le temps nécessaire au curage ; ils doivent obtempérer, à cet égard, aux injonctions qu'ils reçoivent du directeur du syndicat.

Il peut être nommé un garde-rivière chargé de veiller à l'exécution des lois et règlements sur la police des eaux. Il agit sous la surveillance et l'autorité du syndicat et du maire de la commune.

Son traitement est prélevé sur les fonds affectés aux travaux de curage et d'entretien.

Lorsqu'il n'existe pas de syndicat, et que le curage est opéré, d'après d'anciens règlements ou les usages locaux, par les riverains eux-mêmes, le maire est chargé de faire dresser le projet des travaux à effectuer, et d'établir un rôle de répartition indiquant les noms des propriétaires intéressés, le nombre de mètres en longueur et en profondeur de la portion du lit de la rivière ou du ruisseau qui borde chaque propriété, et, enfin, le montant de l'évaluation des travaux d'après la mensuration.

Après l'approbation du projet, le maire met individuellement les propriétaires en demeure de faire faire dans un délai déterminé le travail à leurs frais. Les avertissements sont signés par le maire. Ils contiennent: 1° l'indication des travaux à effectuer ; 2° la quotité des frais à payer tant pour l'établissement du projet, des rôles et avertissements que pour la surveillance des travaux.

Dans le délai fixé à compter du jour de la remise des avertissements, les propriétaires riverains sont tenus de travailler ou de faire travailler aux travaux prescrits. Ils sont tenus d'avoir achevé lesdits travaux au jour déterminé,

A l'expiration du dernier délai, et sans qu'il soit besoin d'aucune sommation qu'un avis du maire, donné trois jours à l'avance, des ouvriers sont placés par ce fonctionnaire pour faire opérer le curage d'après le détail du bulletin de chaque rénitent.

L'opération terminée, il dresse l'état de la dépense, et cet état rendu exécutoire par le préfet est mis en recouvrement par le percepteur, pour le produit en être mandaté par le maire au profit de qui de droit.

Pour tenir les états de journées d'ouvriers mis en travail aux frais et dépens des propriétaires riverains, les maires peuvent commettre un chef d'atelier ou commis, à qui il est alloué un vingtième de la dépense pour ses peines et soins. Ce vingtième est compris dans le décompte des sommes à payer par le retardataire.

Il faut remarquer que le maire qui, sur l'invitation du préfet, fait procéder au curage d'une rivière non navigable, fonctionne comme agent de l'administration et non comme représentant de la commune. Par conséquent, les frais des travaux exécutés d'office n'ont pas le caractère d'une dépense communale bien que la commune en ait fait l'avance.

La commune est dès lors sans qualité pour déférer au Conseil d'Etat l'arrêté du conseil de préfecture qui a accordé à un riverain décharge des taxes qui lui avaient été imposées pour sa part dans la dépense. (Arr. C. d'Et., 27 avril 1877. — Voy. CONTRIBUTIONS DIRECTES, SYNDICAT. — *Dict des formules*, n°ˢ 504 à 507.

Courses de chevaux. — Les courses sont un des plus puissants encouragements accordés à l'industrie chevaline. Un arrêté réglementaire du 17 février 1853 a rapporté toutes les dispositions antérieures concernant les courses, Un autre arrêté du même jour fixe la répartition, le classement et les conditions des prix de courses. Nous indiquons ci-après les principales dispositions de ces règlements.

La présidence d'honneur des courses du gouvernement appartient de droit aux préfets des départements.

Les inspecteurs généraux de haras, les inspecteurs d'arrondissement et les directeurs des établissements de haras remplissent les fonctions de commissaires du gouvernement pour les courses. Ils y assistent, les surveillent et en rendent compte au ministre.

Dans tous les cas, les commissaires ont la faculté de ne valider les engagements qu'après avoir obtenu, à l'appui des certificats ou des désignations de chevaux, toutes les preuves qui leur paraîtraient nécessaires. Les épreuves d'étalons et les épreuves de pouliches rentrent dans la catégorie des courses subventionnées par l'Etat. — Voy. CHEVAUX, ELEVEURS, HARAS, — *Dict. des formules*, n°ˢ 627, 628, 629.

Cours publics. — Toute personne qui veut ouvrir un cours public sur les matières de l'enseignement primaire ou secondaire, doit remplir les conditions imposées aux instituteurs primaires ou aux chefs d'établissements d'instruction secondaire par l'article 77 de la loi du 15 mars 1850. Toutefois, les conseils académiques peuvent, selon les degrés de l'enseignement, dispenser ces cours de l'application des dispositions de la loi et spécialement de celle qui défend de recevoir dans les écoles d'adultes des élèves des deux sexes. Une autorisation spéciale du ministre de l'instruction publique est nécessaire pour ouvrir un cours public sur les matières de l'enseignement supérieur. — Voy. INSTRUCTION PRIMAIRE, INSTRUCTION SECONDAIRE, INSTRUCTION SUPÉRIEURE.

Il existe, dans plusieurs villes, des cours où s'enseignent les éléments les plus simples ou plutôt les applications les plus usuelles aux arts et métiers, de la géométrie et de la mécanique.

Les cours du Conservatoire des arts et métiers de Paris offre le modèle que peuvent suivre les villes qui veulent fonder cette utile institution; elle est surtout précieuse dans les pays manufacturiers. Un établissement à former dans ce but doit rester purement municipal, et subsister aux frais de la commune; les fonds départementaux, ayant d'autres destinations, ne sauraient y concourir. (Circ. Int. 11 novembre 1825.)

L'ouverture d'un cours semblable doit être autorisée par le ministre de l'instruction publique, qui désigne le professeur.

Courtiers. — Les courtiers sont, comme les agents de change, des agents intermédiaires reconnus par la loi pour les actes de commerce.

Les articles 73 et suivants du Code de commerce déterminent les règles de gestion, de responsabilité et de garantie, ainsi que les droits et privilèges communs aux agents de change et aux courtiers. — Voy. AGENTS DE CHANGE, BOURSE DE COMMERCE.

Coutres de charrue. — Les cultivateurs sont tenus de faire mettre leurs noms sur les coutres de leurs charrues. Les coutres qui ne portent pas le nom du propriétaire, ou qui sont trouvés dans les champs doivent être enlevés et déposés à la mairie. (O. 18 novembre 1814.)

En outre, aux termes de l'article 471 du Code pénal, ceux qui laissent des coutres de charrue dans les rues, chemins, places, lieux publics ou dans les champs, sont punis d'une amende de police de 1 franc à 5 francs. — Voy. CHARRUE. — *Dict., des formules*, n° 508.

Coutumes. — On entend par ce mot certains droits établis par un long usage dans diverses localités, et qui avaient acquis force de lois, bien qu'ils n'eussent été consacrés par aucune sanction législative. Avant 1780 la France comptait plus de soixante coutumes générales et de trois cents coutumes locales, qui compliquaient toutes les transactions civiles ou commerciales et multipliaient les procès à l'infini.

Toutes les coutumes diverses ont été abolies par le Code civil qui a unifié la législation; cependant il est divers objets d'intérêt communal, notamment les droits d'usage, qui obligent encore les conseils de préfecture et le Conseil d'Etat à consulter souvent le droit coutumier. — Voy. USAGE.

Couvertures en chaume. — Les maires, dans l'intérêt de la sûreté publique, peuvent interdire, par leurs arrêtés, les couvertures de bâtiments en paille, roseaux, bardeaux et autres matières combustibles. Cependant cette prohibition ne saurait être générale et absolue ; elle ne peut s'appliquer qu'aux bâtiments situés dans l'enceinte des villes, bourgs, villages ou hameaux, car il est dans les campagnes des constructions tellement isolées, que la société n'a pas le droit d'exiger du propriétaire, fût-il dans l'aisance, qu'il fasse la dépense de couvertures en ardoises ou en tuiles, par exemple, sur les maisons ou hangars séparés de toute autre habitation par une distance suffisante pour rassurer contre la crainte de la communication de l'incendie. — Voy. Police municipale. — *Dict. des formules*, n°s 509-510.

Couvreurs. — Les maires peuvent prescrire, par un arrêté de police, aux couvreurs et autres ouvriers qui travaillent à la couverture des maisons situées sur la voie publique, de suspendre à une corde tombant du toit à deux mètres du sol, un signal très visible, tel que deux lattes en forme de croix. Ils peuvent aussi leur enjoindre de placer un ouvrier dans la rue pour avertir les passants et prévenir les accidents que pourraient occasionner les pierres, platras, tuiles et autres matériaux ou décombres échappés dans le cours de leurs travaux. — Voy. Voie publique. — *Dict. des formules*, n°s 1421-1422.

Crédit foncier. — Voy. Emprunts communaux.

Crèche. — Les crèches sont des établissements de bienfaisance, fondés et entretenus par la charité privée, et où sont gardés, moyennant une faible rétribution, les enfants encore au berceau des mères pauvres, travaillant hors de leur domicile et se conduisant bien.

L'administration supérieure a recommandé les crèches aux sympathies des administrations locales par deux circulaires, en date des 15 août 1845 et 22 juillet 1846.

En attendant qu'il soit assez âgé pour suivre l'école, l'enfant de deux à six ans est placé à la salle d'asile. On reçoit à la crèche les enfants au-dessous de deux ans, et qui sont arrivés à n'avoir plus besoin de la présence continuelle de leurs mères.

Pour créer une crèche, il faut d'abord consulter le bureau de bienfaisance, le curé de la paroisse et les dames de charité de la localité, pour savoir combien d'enfants pourraient être admis. On choisit alors un local sain, suffisamment aéré et en proportion avec le nombre des enfants qui pourront être admis à la crèche. On évalue les frais ; et, si les ressources que peut produire la charité et les rétributions que fournissent les mères sont suffisantes pour les couvrir, on constitue une société, et les statuts et le règlement sont votés par tous les sociétaires réunis en assemblée générale.

Des petits berceaux, en nombre égal à celui des enfants, sont placés dans la crèche. Des berceuses, une par six enfants, sont chargées des soins à donner à ceux-ci. La crèche est ouverte le matin, à l'heure où les travaux commencent. La mère, qui a obtenu l'admission de son enfant à la crèche, l'apporte en se rendant à son travail ; si l'enfant n'est pas encore complètement sevré, elle vient l'allaiter aux heures des repas, et, le soir, à la sortie des travaux, elle vient le reprendre. Pendant la journée, les berceuses prennent soin de l'enfant, et une petite soupe leur est donnée au moment convenable. Telle est l'organisation très simple de la crèche, et, cependant, cette institution, si modeste, peut rendre, même dans les campagnes, des services réels. — *Dict des formules*, nᵒˢ 511-512.

Crieurs publics. — On appelle crieurs publics les individus qui annoncent, dans les rues, toute espèce d'écrits. La profession de crieur sur la voie publique, comme celle de vendeur et de distributeur, est régie par la loi du 21 juillet 1881 et n'est plus soumise à l'autorisation préalable. Néanmoins le maire a toujours le droit de réglementer l'exercice de cette profession au point de vue de la santé et de la tranquillité publique ; il peut notamment interdire de crier les journaux autrement que par leurs titres, mais dans son arrêté il ne doit introduire aucune disposition pénale ou autre qui soit contraire à l'esprit comme au texte de la loi. (Trib. Besançon en août 1882.) — Voy. AFFICHEUR, COLPORTEUR. — *Dict. des formules*, nᵒ 446.

Cris séditieux. — On appelle ainsi les cris ou menaces proférés dans les lieux publics, avec l'intention de troubler l'ordre.

Les cris séditieux, proférés publiquement, sont punis d'un emprisonnement de six jours à deux ans, et d'une amende de 16 francs à 4,000 fr. Les tribunaux sont autorisés, en pareil cas, à appliquer les dispositions de l'article 463 du Code pénal. (L. 25 mars 1822, art. 8 et 14.)

Mais si les cris séditieux ont pour objet d'attaquer l'autorité légitime ou de troubler la paix intérieure de l'Etat, ils donnent lieu à une pénalité spéciale prévue par le décret du 11 août 1848 et par la loi du 29 juillet 1849.

Les maires, les adjoints et les commissaires de police doivent constater les délits de ce genre par des procès-verbaux, qu'ils transmettent immédiatement au procureur de la République. — Voy. OUTRAGE.

Croix. — Les croix sur les chemins publics ne peuvent être placées qu'avec l'autorisation du maire, si le chemin dépend de la petite voirie, et avec celle du préfet, si le chemin dépend de la grande voirie. — Voy. CULTE.

Culte et cérémonies. — Le culte est l'honneur qu'on rend à Dieu par des actes de religion. Les cultes reconnus et subventionnés par l'Etat sont : le culte catholique ; les deux cultes protestants (Eglise réformée et Eglise de la confession d'Augsbourg) ; le culte israélite.

CULTE CATHOLIQUE. — Le culte catholique est professé par l'immense majorité des Français ; par ce motif, il a reçu de l'Etat, dans l'ordre civil, des concessions qui répondent à l'étendue et à l'importance des services qu'il rend à la société.

Circonscriptions ecclésiastiques. — Le territoire de la France est divisé sous le rapport ecclésiastique, en arrondissements métropolitains ou archevêchés ; les arrondissements métropolitains sont eux-mêmes, subdivisés en diocèses ou évêchés, et les diocèses en cures ou succursales.

La circonscription des arrondissements métropolitains et des diocèses est fixé par le saint-siège, d'accord avec le Gouvernement. (Concordat de 1801, art. 2 ; L. 18 germinal an X, art. 59.)

Il doit y avoir une paroisse au moins dans chaque justice de paix. Il doit être établi, en outre, autant de succursales que le besoin peut l'exiger. (L. 18 germinal an X, art. 60.)

Chaque évêque, de concert avec le préfet, règle le nombre et l'étendue des succursales. Les plans arrêtés doivent être soumis au Gouvernement et ne peuvent être mis à exécution sans son autorisation. (Id., art. 62.)

Aucune partie du territoire français ne peut être érigée en cure ou succursale, sans l'autorisation expresse du Gouvernement (Id., art. 62.)

Outre les circonstances principales qui viennent d'être mentionnées, il peut être établi, dans la cure ou dans la succursale, une sous-division ou circonscription secondaire, la chapelle. Enfin, il peut y être formé différents établissements destinés à la célébration du culte ; ce sont l'annexe, l'oratoire public et l'oratoire particulier.

Organisation du culte catholique. — A Rome réside le Pape, chef suprême de l'Eglise. La convention passée le 26 messidor an IX entre le pape Pie VII et le Gouvernement français, et connue sous le nom de Concordat de 1801, a réglé les rapports de la France avec le saint-siège. Elle réunit tous les caractères d'un traité conclu entre le pouvoir spirituel et le pouvoir temporel, et qui ne peut être modifié que par le concours et le consentement réciproques des deux puissances contractantes.

C'est le chef de l'Etat qui nomme aux archevêchés et évêchés. Le souverain pontife confère l'institution canonique. (Concordat de 1801, art. 4 et 5.)

Les évêques nomment et instituent les curés ; néanmoins, ils ne peuvent manifester leur nomination, et ils ne donnent l'institution canonique qu'après que cette nomination a été agréée par le Gouvernement. (Id., art. 10 ; L. 18 germinal an X, art. 19.)

Les prêtres desservant les succursales et les vicaires sont nommés par les évêques, qui peuvent les révoquer. (L. 18 germinal an X, art. 31 et 63.) Aux termes de l'article 6, paragraphe 2, du décret du 11 prairial an XII, les évêques doivent donner avis de la nomination des desservants au conseiller d'Etat chargé de toutes les affaires concernant les cultes et aux préfets. Une circulaire du ministre de la justice et des cultes, en date du 31 juillet 1882, recommande aux préfets de réclamer à l'avenir un avis officiel de la nomination avant chaque prise de possession des titulaires, et de ne délivrer à ces ecclésiastiques les mandats de traitement attachés à leur titre qu'autant que cette double formalité aura été remplie, cela indépendamment des états de situation du clergé que les secrétaires des évêchés sont tenus de fournir dix jours avant l'expiration de chaque trimestre, en exécution de l'article 13 de la loi de finances du 29 décembre 1876 et de l'expédition du procès-verbal d'installation délivré par le bureau des marguilliers, conformément à l'ordonnance du 13 mars 1832.

Les traitements des archevêques, évêques, curés et desservants sont à la charge de l'Etat (Concordat, art. 14). Il résulte d'un avis de principe du Conseil d'Etat, en date du 25 avril 1883, que le Gouvernement aurait le droit de suspendre ou de supprimer les traitements ecclésiastiques par mesure disciplinaire. Diverses autres dépenses sont, en outre, payées sur les fonds du budget des cultes, notamment les indemnités pour le binage ou double service, pour les vicaires des paroisses, les bourses dans les séminaires, les secours aux communes pour contribuer à l'acquisition, aux constructions et aux réparations des églises et presbytères des paroisses.

Les prêtres catholiques ont le droit de recevoir les oblations autorisées par les règlements épiscopaux que le Gouvernement a approuvés (L. 18 germinal an X, art. 5 et 69). Ces oblations forment ce qu'on nomme vulgairement le casuel.

Indépendamment du traitement et du casuel, le logement est dû aux évêques, curés et desservants. Le logement des évêques est à la charge de l'État ou des départements; celui des curés et desservants est à la charge des communes, lorsqu'il n'existe pas de bâtiment affecté à leur logement et en cas d'insuffisance des ressources des fabriques. (L. 5 avril 1884, art. 136, § 11.)

Exercice du culte catholique. — Le culte catholique est exercé sous la direction des archevêques et évêques dans leurs diocèses, et sous celle des curés dans leurs paroisses. (L. 18 germinal an X, art. 9.)

Les évêques sont tenus de résider dans leurs diocèses. Ils doivent visiter annuellement et en personne une partie de leur diocèse, et, dans l'espace de cinq ans, le diocèse entier. En cas d'empêchement légitime, la visite doit être faite par un vicaire général. (Id., art. 20 et 21.)

Les curés sont tenus de résider dans leurs paroisses. C'est sous leur surveillance et leur direction que les desservants et vicaires exercent leur ministère. Ils sont immédiatement soumis aux évêques dans l'exercice de leurs fonctions, et ne peuvent ordonner des prières publiques extraordinaires dans leurs paroisses sans la permission spéciale de l'évêque. (Id., art. 29, 30, 31 et 40.)

Les curés et desservants doivent se conformer au règlement de l'évêque pour tout ce qui concerne le service divin, les prières, les instructions et l'acquittement des fondations pieuses. (D. 30 décembre 1809, art. 29.)

Ils ne peuvent ordonner des prières publiques extraordinaires dans leurs paroisses, sans la permission expresse de l'évêque. Lorsque le Gouvernement ordonne des prières publiques, les évêques se concertent avec le préfet et le commandant militaire du lieu pour le jour, l'heure et le mode d'exécution des décisions du Gouvernement. (L. 18 germinal an X, art. 40.)

Les cérémonies extérieures du culte catholique, telles que les processions, les plantations de croix, etc., peuvent avoir lieu dans les rues, les places et les chemins publics. Il n'est fait exception que pour les villes où il y a des temples destinés à différents cultes. (Article 45 de la loi organique du 18 germinal an X.)

Des instructions ministérielles, rédigées par Portalis, le 21 nivôse et le 30 germinal an XI, ont décidé que ce texte devait être combiné avec l'article 16 de la loi organique des cultes protestants, d'après lequel il y a une église consistoriale par six mille âmes de la même communion, que, par suite, les cérémonies extérieures ne doivent être interdites que dans les villes qui sont le siège d'une fabrique consistoriale.

Cette interprétation a été très critiquée. On a soutenu que le mot « temple » devait désigner tout édifice légalement consacré à l'exercice d'un culte reconnu, et qu'il avait cette signification dans l'article 45 de la loi organique aussi bien que dans l'article 46 où il est dit que « le même temple ne pourra être consacré qu'à un même culte. »

Le ministre de l'intérieur, saisi de la question, tout en trouvant l'objection fondée, ne s'est pas cru autorisé à déroger à la pratique administrative constamment suivie depuis l'an XI, ni à mettre obstacle à des coutumes locales qui ont consacré l'usage des processions dans certaines villes qui sont le siège d'églises consistoriales. Il s'est borné à rappeler dans la circulaire du 20 mai 1879 qu'il appartient au maire en vertu des pouvoirs de police que lui confère la loi du 5 avril 1884, de prendre sous l'autorité de l'administration supérieure, un arrêté pour interdire les processions, lorsqu'il trouve qu'elles peuvent être une cause de trouble ou de désordre sur le territoire de sa commune, et que l'arrêté pris dans ces conditions est un acte de pure administration qui n'est pas susceptible de recours contentieux. (Arr. Cons. d'Etat, 22 décembre 1876.) L'arrêté du maire est toujours soumis à l'approbation du préfet. L'administration doit toujours laisser l'initiative de semblables mesures à l'autorité municipale, et elle ne devrait intervenir directement que si ces mesures lui paraissaient impérieusement réclamées par des nécessités d'ordre public que l'autorité municipale aurait méconnues.

Quant aux dépenses de la célébration du culte, il y est pourvu par la fabrique, établie conformément à l'article premier du décret du 30 décembre 1809, dans chaque paroisse, pour administrer les biens et les revenus de l'Eglise, assurer l'exercice du culte et le maintien de sa dignité. A défaut des revenus de la fabrique, il est pourvu sur la commune obligatoirement aux dépenses du logement du desservant et à celle des grandes réparations et facultativement seulement pour les autres. (L. 5 avril 1884, art. 136.)

Tels sont les principaux éléments de la législation, en ce qui concerne le culte catholique. L'importance des matières qui s'y rattachent, leurs nombreux points de rapprochement avec les règles de l'administration municipale nous ont déterminé à en traiter séparément, en maintenant chaque matière à son rang dans ce Dictionnaire. — Voy. ANNEXE, BINAGE, CHAPELLE, CIMETIÈRE, CURÉS ET DESSERVANTS, DIMANCHÉS ET FÊTES, EGLISE, FABRIQUE, ORATOIRE, PAROISSE, PRESBYTÈRE, SÉPULTURE, SUCCURSALE, VICAIRE.

CULTE PROTESTANT. — Le culte protestant, tel qu'il est reconnu par l'Etat, se divise en deux grandes communions, savoir : les Eglises réformées de France (calvinistes) et les Eglises de la confession d'Augsbourg (luthériens).

Dispositions communes aux deux cultes protestants. — Les deux cultes protestants reconnus ont une base commune, la base presbytérienne, c'est-à-dire l'absence de hiérarchie entre les pasteurs, qui sont tous égaux, et le droit ecclésiastique résidant dans la société des fidèles.

Un décret du 26 mars 1852 contient une nouvelle organisation des deux cultes protestants. Ce décret a eu pour but de mettre un terme aux réclamations que faisaient naître principalement les rapports des Eglises réformées avec le Gouvernement. De la combinaison de ce décret avec la loi du 18 germinal an X (articles organiques du culte protestant), résulte la législation actuelle sur la matière. Nous en retraçons ci-après les principales dispositions.

Il y a une paroisse partout où l'Etat rétribue un ou plusieurs pasteurs. Chaque paroisse ou section d'Eglise consistoriale a un conseil presbytéral composé de quatre membres laïques au moins, de sept au plus, et présidé par le pasteur ou par l'un des pasteurs. Les conseils presbytéraux administrent les paroisses sous l'autorité des consistoires. Ils sont élus par le suffrage paroissial et renouvelés par moitié tous les trois ans. Sont électeurs les membres de l'Eglise portés sur le registre paroissial. (D. 26 mars 1852, art. 1er.)

Les conseils presbytéraux des chefs-lieux de circonscriptions territoriales reçoivent du Gouvernement le titre de consistoires et les pouvoirs qui y sont attachés. Dans ce cas, le nombre des membres du conseil presbytéral est doublé. Tous les pasteurs du ressort consistorial sont membres du consistoire, et chaque conseil presbytéral y nomme un délégué laïque. (Id., art. 2.)

Le consistoire est renouvelé tous les trois ans comme le conseil presbytéral. Après chaque renouvellement, il élit son président parmi les pasteurs qui en sont membres, et l'élection est soumise à l'agrément du Gouvernement. Le président doit, autant que possible, résider au chef-lieu du ressort. Lorsqu'il a atteint l'âge de soixante-dix ans ou qu'il se trouve empêché par des infirmités, le Gouvernement peut, après avis du consistoire, lui donner le titre de président honoraire, et le consistoire fait un nouveau choix. (D. 26 mars 1852, art. 3.)

Les protestants des localités où le Gouvernement n'a pas encore institué de pasteur sont rattachés administrativement au consistoire le plus voisin. (Id., art. 4.)

Un décret du 7 mai 1881 dispose que les chaires de la faculté mixte de théologie protestante de Paris seront partagées en nombre égal entre les luthériens et les réformés, chacune de ces confessions ayant forcément une chaire de dogme.

Dispositions spéciales à l'Eglise réformée. — Les pasteurs de l'Eglise réformée sont nommés par le consistoire. Le conseil presbytéral de la paroisse intéressée peut présenter une liste de trois candidats classés par ordre alphabétique. (D. 26 mars 1852, art. 5.)

Au-dessus des consistoires réformés se trouvent les synodes. Cinq Eglises consistoriales forment l'arrondissement d'un synode. (L. 18 germinal an X, art. 17.)

Enfin, il est établi à Paris un conseil central des Eglises réformées de France. Ce conseil représente les Eglises auprès du Gouvernement et du chef de l'Etat. Il est appelé à s'occuper des questions d'intérêt général dont il est chargé par l'administration ou par les Eglises. (26 mars 1852, art. 6.)

L'Eglise réformée de Paris a été réorganisée, notamment en ce qui concerne la revision des registres électoraux, par un règlement d'administration publique en date du 25 mars 1882.

Dispositions spéciales à l'Eglise de la confession d'Augsbourg. — La loi du 1er août 1872, complétée par le décret du 12 avril 1880, modifie les articles organiques protestants de la loi du 18 germinal an X et le décret du 26 mars 1852 en organisant comme suit l'administration des affaires de l'Eglise de la confession d'Augsbourg.

Les pasteurs doivent être bacheliers en théologie. Ils sont nommés par le consistoire sur la présentation du conseil presbytéral. Ils peuvent être suspendus ou destitués par le synode particulier, conformément à la discipline ecclésiastique. (Art. 4 et 5.)

Des inspecteurs ecclésiastiques sont chargés de la consécration des candidats au saint ministère, de l'installation des pasteurs, de la consécration des églises. Ils ont la surveillance des pasteurs et des églises de leur ressort ; ils veillent à l'exercice régulier du culte et au maintien du bon ordre dans les paroisses. Ils sont tenus de visiter périodiquement les églises et font chaque année un rapport général sur la circonscription du synode particulier.

Ils sont nommés pour 9 ans par le synode particulier, peuvent être réélus et ne sont révocables que par le synode général. Ils siègent au synode général et sont membres de la commission synodale. (Art. 5 et 6.)

Chaque église, qui ne forme pas à elle seule un consistoire, a un conseil presbytéral composé du ou des pasteurs de la paroisse et d'un nombre d'anciens déterminé par le synode particulier, qui sont élus par les fidèles.

Le conseil presbytéral, présidé par le plus ancien des pasteurs, est chargé de veiller à l'ordre, à la discipline et au développement religieux de la commune, à l'entretien et à la conservation des édifices religieux et des biens curiaux. Il administre les aumônes et ceux des biens et revenus de la communauté qui sont affectés à l'entretien du culte et des édifices religieux, le tout sous la surveillance du consistoire.

Il délibère sur l'acceptation des legs et donations qui peuvent lui être faits. Il propose trois candidats au choix des consistoires pour les fonctions de receveur paroissial. (Art. 7, 8, 9 et 10.) Il est renouvelé par moitié tous les 3 ans.

Le consistoire est composé de tous les pasteurs de la circonscription et d'un nombre double d'anciens délégués par les conseils presbytéraux. Il est renouvelé par moitié tous les 3 ans ; les membres sortants sont rééligibles. A chaque renouvellement, il élit un président ecclésiastique et un secrétaire laïque.

Le consistoire veille au maintien de la discipline, il contrôle l'administration des conseils presbytéraux dont il règle les budgets et arrête les comptes. Il nomme les receveurs des communautés de son ressort et délibère sur l'acceptation des donations et legs faits au consistoire ou confiés à son administration. Il donne son avis sur les délibérations des conseils presbytéraux qui ont pour objet les donations ou legs faits aux communautés de la circonscription. (Art. 11 à 14.)

Les circonscriptions réunies de plusieurs consistoires forment le ressort d'un synode particulier qui se compose de tous les membres du consistoire du ressort.

Le synode général veille au maintien de la constitution de l'Eglise ; il approuve les livres et formulaires liturgiques qui doivent servir au culte et à l'enseignement religieux et juge en dernier ressort les difficultés auxquelles peut donner lieu l'application des règlements concernant le régime intérieur de l'Eglise.

Culte israélite. — L'organisation générale du culte israélite a été réglée d'une manière complète par une ordonnance royale du 25 mai 1844.

Le culte israélite a un consistoire central, des consistoires départementaux, des grands rabbins, des rabbins communaux et des ministres officiants. (O. 25 mai 1844, art. 1er.)

Du consistoire central. — Le consistoire central siège à Paris. Il se compose d'un grand rabbin et d'autant de membres laïques qu'il y a de consistoires départementaux. Les membres laïques du consistoire central sont élus par les notables des circonscriptions consistoriales. Ils sont choisis parmi les notables résidant à Paris. (Id., art 2, 5 et 6.)

Le consistoire central est l'intermédiaire entre le ministre des cultes et les consistoires départementaux. Il est chargé de la haute surveillance des intérêts du culte israélite. (Id., art. 10.)

Le grand rabbin du consistoire central a droit de surveillance et d'admonition à l'égard de tous les ministres du culte israélite, et aucune délibération ne peut être prise par le consistoire central, concernant les objets religieux, sans son approbation. (Id., art. 38.)

Des consistoires départementaux. — Il est établi un consistoire dans chaque département renfermant deux mille âmes de population israélite. S'il ne se trouve pas deux mille israélites dans le même département, la circonscription du consistoire s'étend de proche en proche sur autant de départements qu'il en faut pour que ce nombre soit atteint. Dans aucun cas, il ne peut y avoir plus d'un consistoire par département. (O. 25 mai 1844, art. 3.)

Toutes les synagogues particulières de France sont aujourd'hui réparties dans les circonscriptions de huit consistoires départementaux.

Chaque consistoire départemental se compose du grand rabbin de la circonscription et de quatre membres laïques, dont deux au moins sont choisis parmi les habitants de la ville où siège le consistoire. Le grand rabbin et les membres laïques sont élus par l'assemblée des notables de la circonscription. (Id., art. 14 et 15.)

Le consistoire a l'administration et la police des temples de sa circonscription et des établissements et associations pieuses qui s'y rattachent. Il délivre les diplômes de premier degré pour l'exercice des fonctions rabbiniques, sur le vu des certificats d'aptitude. Il nomme les commissions destinées à procéder à l'élection des rabbins communaux et des ministres officiants. (Id., art. 49.)

Des rabbins communaux et des ministres officiants. — Les rabbins communaux officient et prêchent dans les temples de leur ressort. Les rabbins communaux sont élus par une assemblée de notables désignés par le consistoire départemental. La nomination est soumise à l'approbation du ministre des cultes. (Id., art. 46 et 48.)

Les rabbins ont, sous l'autorité des consistoires, la surveillance et la direction de l'instruction religieuse dans les écoles israélites. (Id., art. 56.)

Les fonctions de rabbins sont incompatibles avec toute profession industrielle ou commerciale (Id., art. 57.)

Les ministres officiants sont de simples chantres, nommés de la même manière que les rabbins communaux. Leur élection est confirmée par le consistoire central. (Id., art. 51.)

Des circonscriptions rabbiniques. — Il ne peut être établi aucune nouvelle circonscription rabbinique, ni être fait aucune modification aux circonscriptions rabbiniques existantes, qu'en vertu d'une autorisation du Président de la République, donnée sur le rapport du ministre des cultes et sur l'avis d'un consistoire central, des communes intéressées et du préfet du département. (Id., art. 60.)

Il ne peut être créé de titre de ministre officiant à la charge de l'Etat que par un arrêté du ministre des cultes, sur la demande du consistoire départemental et l'avis du consistoire central et du préfet. (Id., art. 62.)

Tout chef de famille peut, en rapportant l'avis favorable du consistoire départemental, obtenir l'autorisation d'ouvrir un oratoire chez lui et à ses frais. Cette autorisation est donnée par le Président de la République, sur le rapport du ministre des cultes. (Id., art. 63.)

DISPOSITIONS COMMUNES AUX DIFFÉRENTS CULTES AUTORISÉS. — La loi prévoit et punit à la fois les entraves au libre exercice des cultes et les troubles qui pourraient être apportés par les ministres des cultes dans l'exercice de leur ministère.

Entraves au libre exercice des cultes. — Sont punis des peines de l'emprisonnement et de l'amende, plus ou moins fortes, selon les circonstances : les individus qui, par des voies de fait ou de menaces, contraignent ou empêchent une ou plusieurs personnes d'exercer l'un des cultes autorisés, d'assister à l'exercice de ce culte, de célébrer certaines fêtes, d'observer certains jours de repos, et, en conséquence, d'ouvrir ou de fermer leurs ateliers, boutiques ou magasins, et de faire ou quitter certains travaux. (C. P., art. 260.)

Ceux qui empêchent, retardent ou interrompent les exercices d'un culte par des troubles ou désordres causés dans le temple ou autre lieu destiné ou servant actuellement à ces exercices. (Id., art. 261.)

Ceux qui, par paroles ou gestes, outragent les objets d'un culte dans les lieux destinés ou servant actuellement à son exercice, ou les ministres de ce culte dans leurs fonctions. (Id., art. 262.)

Ceux qui détruisent, abattent, mutilent ou dégradent des monuments, des statues et autres objets destinés à la décoration dans une église, qui brisent une cloche, renversent une croix, un calvaire ou autres signes extérieurs du culte érigés avec la permission de l'autorité civile. (Id., art. 257 ; Cass. 1er avril 1826 ; Av. cons. d'Etat 9 janvier 1810 ; Arrêt cour impériale de Douai, 19 août 1839.)

Ceux qui, par des discours publics, des écrits, des imprimés, des dessins, des gravures, des peintures ou tous autres emblèmes exposés aux regards du public, outragent ou tournent en dérision toute religion dont l'établissement est légalement reconnu en France. (L. 25 mars 1822, art. 1er.)

Quiconque frappe le ministre d'un culte dans l'exercice de ses fonctions est puni de la dégradation civique. (C. P., art. 263.)

Il est défendu d'arrêter un débiteur dans les édifices consacrés au culte, pendant les exercices religieux. (C. Proc., art. 781.) — *Dictionnaire des formules*, n°ˢ 513 à 516.)

Des délits qui peuvent être commis par les ministres des cultes dans l'exercice de leurs fonctions. — Indépendamment des lois générales qui régissent les prêtres catholiques comme les autres citoyens, il est des obligations spéciales qui leur sont imposées à raison de leurs fonctions.

Ainsi, aucun ministre du culte ne peut procéder aux cérémonies religieuses d'un mariage s'il ne lui a été justifié d'un acte de mariage préalablement reçu par un officier de l'état civil, sous peine d'une amende de 16 à 100 francs pour la première infraction, d'un emprisonnement de deux à cinq ans pour la récidive, et de la détention pour la seconde récidive. (L. 18 germinal an X, art. 54 ; C. P., art. 199 et 200.)

Il est défendu à tous curés, desservants et pasteurs d'aller lever aucun corps des personnes décédées ou de les accompagner hors des églises sans qu'on leur représente l'autorisation de les inhumer donnée par l'officier de l'état civil. (D. 4 thermidor an XIII.) Le ministre du culte qui contrevient à cette défense est passible des peines de simple police prévues par les articles 600 et 606 du Code du 3 brumaire an IV. (Cass. 27 janvier 1832.)

Le Code pénal, articles 201 à 208, édicte, en outre, des peines contre les ministres des cultes qui prononceraient, dans l'exercice de leur ministère, et en assemblée publique, des discours contenant la critique ou censure du Gouvernement, d'une loi, d'un décret ou de tout autre acte de l'autorité publique ; contre ceux qui se seraient ingérés de critiquer ou censurer, soit le Gouvernement, soit tout acte de l'autorité publique ; contre ceux, enfin, qui auraient, sur des questions ou matières religieuses, entretenu une correspondance avec une cour ou puissance étrangère, sans en avoir préalablement informé le ministre d'Etat chargé de la surveillance des cultes, et sans avoir obtenu son autorisation.

Dispenses ou prérogatives dont jouissent les ministres des cultes autorisés. — La loi accorde aux ministres des cultes, dans l'intérêt, soit du service, soit de la dignité du culte, certaines dispenses ou prérogatives.

Les élèves des grands séminaires, régulièrement autorisés à continuer leurs études ecclésiastiques, et les jeunes gens autorisés à continuer leurs études pour se vouer au ministère dans les autres cultes salariés par l'Etat, sont provisoirement considérés (1) comme ayant satisfait à l'appel pour le recrutement de l'armée. (Loi, 27 juillet 1872, art. 20.)

Les ecclésiastiques ne peuvent être poursuivis pour faits de leurs fonctions devant les tribunaux sans que le Conseil d'Etat ait été préalablement appelé à en connaître. (Arrêt, Cons. d'Etat, 2 mars 1831 ; cass., 12 mars 1840.)

Les traitements des ministres du culte sont insaisissables dans leur totalité. (Arrêté, 18 nivôse an XI.)

Cultes non autorisés. — Les associations de plus de vingt personnes qui ont pour but de s'occuper d'objets religieux, alors même qu'elles seraient partagées en sections d'un nombre moindre, et qu'elles ne se réuniraient pas tous les jours ou à des jours marqués, ne peuvent se former sans l'autorisation du gouvernement, sous peine de dissolution, d'un emprisonnement de deux mois à un an, et d'une amende de 50 francs à 1,000 francs contre leurs membres. (C. P., art. 291 et 292 ; L. 10 avril 1834, art. 1, 2 et 3 ; D. 25 mars, 2 avril 1852, art. 2.) — Voy ASSOCIATION.

Culture, Cultivateurs. — La liberté de culture ne souffre aucune exception en France, si ce n'est pour le *tabac*, dont la fabrication et la vente sont l'objet d'un monopole en faveur de l'Etat et, lorsqu'il s'agit de *défrichements* (Voy. ces mots).

Le cultivateur ne peut être arrêté, si ce n'est pour crime, lorsqu'il est occupé avec des bestiaux, soit au labourage des terres, soit à quelques

(1) La Chambre des députés (juin 1885) en discutant un nouveau projet de loi sur le recrutement s'est prononcée pour la suppression de cette dispense traditionnelle.

autres travaux de l'agriculture, avant qu'il n'ait été pourvu à la garde et à la sûreté des animaux. (L., 28 septembre 1791.) — Voy. AGRICULTURE, BERGERS.

Cure. — Il y a au moins une cure dans chaque canton. Aucune cure ne peut être établie sans l'autorisation expresse du gouvernement. (L. 18 germinal an X, art. 60 et 62.)

Lorsqu'une demande est formée par le conseil municipal ou par les habitants, l'érection est autorisée, s'il y a lieu, sur la proposition de l'évêque, l'avis du préfet et le rapport du ministre des cultes, par un décret du Président de la République.

Considérée comme titre ecclésiastique, une cure est assimilée à un établissement public. Elle forme une personne civile capable de posséder, d'acquérir, de recevoir des dons et legs, etc., en obtenant l'autorisation du gouvernement.

Le mode d'administration des biens de cure est réglé par le décret du 6 novembre 1813. Les titulaires exercent les droits d'usufruit ; ils en supportent les charges, le tout ainsi qu'il est établi par le Code civil et conformément aux applications et modifications ci-après. (D. 6 novembre 1813, art. 6.)

Le procès-verbal de leur prise de possession, dressé par le juge de paix, porte la promesse par eux souscrite de jouir des biens en bons pères de famille, de les entretenir avec soin et de s'opposer à toute usurpation ou détérioration. (Id., art. 7.)

Sont défendues aux titulaires et déclarées nulles toutes aliénations, échanges, stipulations d'hypothèques, concessions de servitudes, et, en général, toutes dispositions opérant une diminution dans leurs produits, à moins que ces actes ne soient autorisés par le gouvernement. (Id., art. 8.)

Les titulaires ne peuvent faire des baux excédant neuf années que par forme d'adjudication aux enchères, et après que l'utilité en a été constatée par deux experts nommés par le sous-préfet. (D. 6 nov. 1813, art. 9.)

Les titulaires sont tenus de toutes les réparations des biens dont ils jouissent, sauf les grosses réparations à faire aux presbytères. (Id., art. 12.)

Dans toutes les paroisses dont les curés ou desservants possèdent à ce titre des biens-fonds ou rentes, la fabrique établie près de chaque paroisse est chargée de veiller à la conservation desdits biens. En cas de vacance de la cure, le trésorier de la fabrique remplit, à l'égard des biens, les fonctions qui sont attribuées au titulaire. (Id., art. 1 et 28.) — Voy. CULTE.

Curé, Desservant. — Le curé est le titulaire de la cure ; on appelle desservant le prêtre chargé de desservir une succursale. Dans l'usage, on donne aussi au desservant le nom de curé.

Les curés et les desservants sont mis en possession de leur titre par le prêtre que l'évêque désigne. (L. 18 germinal an X, art. 28.)

Leur installation est, en outre, constatée par un procès-verbal dressé par le bureau des marguilliers, et dont la date fixe le jour où ils commencent à jouir de leur traitement. (O. 13 mars 1832, art. 1, 2 et 3.) — *Dict. des formules*, n° 517.

Les curés sont nommés et institués canoniquement par les évêques ;

mais ils doivent être agréés par le Gouvernement. Ils sont inamovibles
et ne peuvent être transférés d'une paroisse dans une autre sans leur
consentement. (L. 18 germinal an X, art. 19 ; arrêt Conseil d'Etat, 14
et 30 juillet 1824.)

Les desservants sont nommés et peuvent être révoqués par l'évêque.
(L. 18 germinal an X, art. 31 et 63.) Avis de leur nomination doit être
donné au préfet et au directeur des cultes.

Le curé n'a sur les desservants qu'une simple autorité de surveillance
qui consiste à signaler à l'évêque les abus et les irrégularités dont il a
connaissance. Du reste, les droits, les attributions et les obligations du
desservant dans l'étendue du territoire dépendant de la succursale sont
les mêmes que ceux du curé dans sa paroisse. (Décis. min. 13 fructidor
an X et 9 brumaire an XIII.)

Immédiatement soumis à l'évêque diocésain, ils doivent se conformer
à ses instructions pour tout ce qui concerne le service divin et l'acquittement des fondations pieuses. (L. 18 germinal an X, art. 30 ; D. 30 décembre 1809, art. 29.)

Ils ont seuls la police de l'intérieur de l'église. (D. 21 pluviôse an XIII.)
Les maires n'auraient le droit d'intervenir que s'il s'y commettait un
délit ou un crime. Il serait alors du devoir du curé ou du desservant
d'avertir l'autorité locale. (Décis. min.)

Indépendamment du traitement qui est payé aux curés et desservants
sur les fonds du budget de l'Etat, les conseils municipaux ont la faculté
de voter en leur faveur un supplément de traitement, lorsque les circonstances l'exigent. Le mandat de payement du traitement des desservants et des vicaires doit être accompagné d'un certificat d'identité
émanant de l'autorité diocésaine et d'un certificat de résidence délivré
sans frais par le maire de la commune et visé par le sous-préfet.
(L. 29 décembre 1876, art. 13.) Un avis de principe du Conseil d'Etat,
en date du 23 avril 1883, reconnaît au gouvernement le droit de suspendre et de supprimer le traitement des curés et desservants par
mesure disciplinaire — Voy. CULTES, CURE, EGLISE, FABRIQUE, SUCCUR-
SALE, et Dict. des formules, n° 518.

D.

Dames de charité. — Les dames de charité sont nommées par
les bureaux de bienfaisance, dans les divers quartiers des villes, pour
les soins qu'ils jugent utile de leur confier. (O. 31 octobre 1821, art. 4.)

En général, les dames de charité visitent les indigents à secourir, s'informent de leur conduite et de leurs besoins, constatent les changements de domicile, transmettent au bureau tous les renseignements qu'elles obtiennent, lui signalent l'urgence et coopèrent à la distribution des secours et lui rendent compte des sommes ou des objets qui leur ont été confiés à cet effet.

Le concours des dames de charité seconde utilement les bureaux de bienfaisance et rend la répartition des secours plus efficace et plus éclairée. — Voy. BUREAU DE BIENFAISANCE.

Date. — Indication de l'époque à laquelle un acte a été passé.

La date s'exprime par la mention du jour, du mois et de l'année. En général, il n'est pas nécessaire que les actes indiquent l'heure à laquelle ils sont passés ; cependant, il y a quelques exceptions ; ainsi, les actes de l'état civil doivent énoncer non seulement l'année et le jour, mais encore l'heure à laquelle ils sont reçus. (C. civ., art. 34.)

Les actes doivent être datés selon le calendrier en vigueur. La date des actes de l'état civil doit être exprimée en toutes lettres. (Id., art. 42.) — Voy. ETAT CIVIL.

Dans les actes sous seing privé, la date peut n'être pas énoncée en toutes lettres, comme dans les actes publics ; cependant, il est utile qu'elle soit exprimée dans cette forme afin d'éviter les altérations.

La date est, en général, une formalité commune à tous les actes. Elle est indispensable dans les exploits et dans tous les actes qui font courir des délais déterminés par la loi comme les délais de déchéance, de prescription, d'affirmation, etc. — Voy. PROCÈS-VERBAUX.

Il est également fort essentiel qu'une administration publique ait le soin de dater avec exactitude les dépêches qu'elle expédie. — Voy. CORRESPONDANCE.

Débâcle. — Rupture subite des glaces occasionnées par le dégel. Pour prévenir les accidents lors de la débâcle des glaces, les maires des communes traversées par de grands cours d'eau doivent faire casser les glaces, débarrasser les ports, mettre les bateaux en ligne de sûreté et prendre les mesures les plus propres à préserver du choc violent des glaces les ponts, digues, berges, etc. Il n'y a pas, et il ne peut pas y avoir de loi à cet égard ; mais chaque maire est investi du droit de prendre tel règlement de police que nécessitent les circonstances. — Voy. GLACES, INONDATION.

Débauche. — Des peines sévères sont prononcées par les articles 334 et 335 du Code pénal contre les individus qui excitent, favorisent ou facilitent habituellement la débauche ou la corruption de la jeunesse de l'un ou de l'autre sexe au-dessous de l'âge de vingt et un ans. — Voy. MOEURS.

Quant aux maisons de tolérance, elles ont été placées sous la surveillance de l'autorité municipale par la loi du 19-22 juillet 1791. — Voy. PROSTITUTION.

Débet. — Le mot débet est à peu près synonyme de reliquat : on dit le débet d'un comptable, comme on dit le reliquat d'un compte.

Les débats des comptables produisent intérêt à 5 0/0 sans retenue, à compter de l'époque fixée tant par l'article 1996 du Code civil que par les lois et règlements sur la matière. (Av. cons. d'Etat, 9 juillet 1818.)

Le montant des débets doit être acquitté avec les intérêts, dans un délai de deux mois, du jour de la notification des arrêts et ce nonobstant l'appel. — Voy. COMPTABILITÉ COMMUNALE.

Débitant. — Voy. BOISSONS.

Débitant de tabac. — Aux termes du décret du 12 janvier 1811, relatif à la fabrication et vente des tabacs, les débitants de tabacs sont commissionnés par l'administration; ils fournissent un cautionnement et reçoivent une rétribution; ils sont classés, comme préposés, dans les mêmes catégories que les entreposeurs principaux et particuliers.

Ils ne peuvent être suspendus de leurs fonctions, pour des faits de quelque nature que ce soit que par les directeurs des contributions indirectes agissant sous le contrôle de l'administration des finances. (Circulaire des finances, 23 septembre 1876.)

Les débitants de tabacs doivent donc être compris parmi les agents et employés des administrations financières, que la loi du 5 mai 1855, article 5, exclut des fonctions de maire et d'adjoint. — Voy. MAIRE ET ADJOINTS, TABAC.

Débordement. — Lorsqu'un débordement d'un cours d'eau est imminent ou lorsqu'il a eu lieu, l'autorité supérieure et même l'autorité municipale a le droit, comme dans tous les cas d'accidents imprévus, de requérir l'assistance de tous les citoyens, et le refus d'obtempérer à cette réquisition est puni des peines de simple police. (C. P., art. 475.) — Voy. INONDATION, RÉQUISITION.

Décès. — Les maires doivent donner avis au commandant de recrutement des décès des hommes de 20 à 40 ans. — D'autre part, ils doivent remettre au receveur de l'enregistrement un état des actes de décès dressé dans la commune à l'expiration de chaque trimestre. (Voy. *Dict. des formules*, n° 519 : ETAT CIVIL, DROIT.)

La circulaire du 5 mars 1875 impose aux maires l'obligation d'adresser périodiquement aux sous-préfets, pour être transmis à la commission d'hygiène de l'arrondissement, un état mensuel très simple des individus décédés, en y annexant les certificats des médecins qui ont constaté le décès, afin d'assurer l'observation de la loi pour la constatation des décès.

Le maire, ou à son défaut le sous-préfet, doit pourvoir d'urgence à ce que toute personne décédée soit ensevelie et inhumée décemment sans distinction de culte ni de croyance. (Art. 93, loi 5 avril 1884.) Il est aussi chargé d'assurer le mode de transport des personnes décédées, les inhumations, les exhumations et le maintien de la décence et du bon ordre dans les cimetières, sans qu'il soit permis d'établir des distinctions ou des prescriptions particulières à raison des croyances ou du culte du défunt, ou des circonstances particulières qui ont accompagné la mort. (Art. 97, § 4, loi 5 avril 1884.) — Voy. Police municipale et Cimetière.

Déclinatoire. — Le déclinatoire est l'exception par laquelle la partie, qui a été appelée devant un autre tribunal que celui qui doit connaître de la contestation, demande son renvoi devant les juges compétents (C. Proc., art. 168). Le déclinatoire peut être proposé devant les tribunaux administratifs comme devant les tribunaux ordinaires.

L'ordonnance réglementaire du 1er juin 1828 a voulu que les préfets fissent précéder leurs arrêtés de conflit d'un déclinatoire qui mit l'autorité judiciaire à portée de statuer sur sa compétence. — Voy. Conflit.

De commodo et incommodo. — Ces mots latins signifient : de l'avantage et du désavantage. Une enquête *de commodo et incommodo* est une enquête qui a pour but de rechercher si telle ou telle opération, tels ou tels travaux publics doivent entraîner pour la contrée, pour les quartiers auxquels ils doivent s'appliquer, plus d'avantage que d'inconvénients, ou, au contraire, plus d'inconvénients que d'avantages. — Voy. Enquête.

Décombres. — Aucun dépôt de matériaux ne peut être formé sur la voie publique, sans l'autorisation de l'autorité municipale; elle est seule juge de la durée du temps pendant lequel les matériaux peuvent y séjourner selon qu'ils sont la suite d'une démolition ou destinés à une construction. — Voy. Voie publique. — *Dict. des formules*, nos 1421 et 1423.

Décompte. — On appelle ainsi un compte fait pour établir ce qui revient à telle ou telle personne, à telle ou telle commune, après déduction de ce que cette personne ou cette commune ont déjà touché ou peuvent devoir. — Voy. Dépenses communales, Receveur municipal.

Décoration. — On emploie le mot décoration pour désigner les marques distinctives des fonctions ou de la dignité de la personne qui en est revêtue, telles que l'écharpe des maires, la ceinture des commissaires de police. — Voy. Insignes.

Dans une autre acception, on entend par décoration les marques distinctives d'ordres français ou étrangers. Toute personne qui porterait publiquement une décoration qui ne lui appartiendrait pas, serait punie d'un emprisonnement de six mois à deux ans. (C. P., art. 259.)

Il est défendu de porter une décoration qu'on aurait reçue d'un prince étranger, avant d'y avoir été autorisé d'une manière spéciale par le Gouvernement. (O. 26 mars 1816, art. 39.) — Voy. Légion d'honneur. — *Dict. des formules*, n° 454.

Il est défendu de paraître sur les tréteaux de saltimbanque avec des décorations officielles, telles que, Légion d'honneur, médaille militaire ou médailles décernées pour actes de dévouement. (Circ. 17 septembre 1875.

Découverte. — Celui qui fait une découverte utile peut, en se fai-sant délivrer un brevet d'invention s'en assurer exclusivement les avan-tages pendant un certain temps. — Voy. BREVET D'INVENTION.

Décret. — On a donné le nom de décret aux actes émanés de l'As-semblée nationale constituante, de l'Assemblée législative et de la Con-vention nationale.

Plus tard, on appela résolutions les actes du conseil des Cinq-Cents et du conseil des Anciens.

Puis le mot loi remplaça toutes les dénominations précédentes.

Celle de décret continua seulement d'être appliquée aux réglements, soit généraux, soit particuliers qui, dans l'intervalle du sénatus-consulte du 28 floréal an XII à la restauration de 1814, émanaient du chef du Gouvernement. On entendait encore par décret la décision que l'Empe-reur rendait en Conseil d'Etat.

Sous l'empire des chartes de 1814 et de 1830, les actes du pouvoir exécutif prirent le nom d'ordonnances royales.

Depuis le 2 juin 1849, les actes du chef de l'Etat portent, comme sous le premier empire, la dénomination de décret.

De même que les ordonnances mentionnées ci-dessus, les décrets du Président de la République ont essentiellement pour objet de pour-voir à l'application des principes posés dans la loi.

Les décrets sont contre-signés par les ministres compétents, et insérés au *Bulletin des lois.*

Défaut. — Jugement ou arrêt rendus sur la demande de l'une des parties, sans que l'autre ait été entendue. — Voy. TRIBUNAL DE POLICE.

Défends, Défensables. — Termes de pratique forestière qui ont une signification opposée. On entend par défends les bois non défen-sables, c'est-à-dire ceux où il n'est pas permis de faire pacager les bes-tiaux, et par défensables les bois où l'on peut les mener paître.

Les bois qui ne sont pas déclarés défensables par l'administration forestière sont par cela même en défends. (C. F., art. 65 et 119.) — Voy. BOIS DES COMMUNES ET DES ETABLISSEMENTS PUBLICS, USAGE.

Déficit. — Constatation matérielle de l'insuffisance des deniers trouvés dans la caisse d'un comptable, lors de la vérification qui peut en être faite. — Voy. PERCEPTEUR, RECEVEUR MUNICIPAL.

Défrichement. — On entend par défrichement en matière forestière l'action d'arracher les bois pour en convertir le sol en pâturage ou en terre de culture.

Aucun particulier ne peut user (sauf les exceptions indiquées plus loin), arracher ou défricher ses bois qu'après en avoir fait la déclaration à la sous-préfecture, au moins quatre mois d'avance, durant lesquels l'administration peut faire signifier au propriétaire son opposition au dé-frichement.

Cette déclaration est faite en double minute; elle doit indiquer la dénomination, la situation et l'étendue des bois, et contenir en outre, élection de domicile dans le canton de la situation de ces bois. Elle est visée par le sous-préfet, qui rend l'une des minutes au déclarant, et transmet l'autre immédiatement à l'agent forestier supérieur de l'arrondissement.

Huit jours au moins après avertissement donné à la partie intéressée, un des agents forestiers de la circonscription procède à la reconnaissance de l'état et de la situation des bois, et en dresse un procès-verbal détaillé, lequel est notifié à la partie avec invitation de présenter, s'il y a lieu, ses observations.

Si le conservateur estime que le bois peut être défriché, il en réfère au directeur général des forêts, qui en rend compte au ministre des finances. Dans le cas contraire, il fait signifier au propriétaire une opposition au défrichement. Le préfet, en conseil de préfecture, donne son avis sur cette opposition. L'avis est notifié à l'agent forestier du département, ainsi qu'au propriétaire des bois, et transmis, avec les pièces à l'appui, au ministre des finances, qui prononce, la section des finances du Conseil d'Etat préalablement entendue. La décision ministérielle est signifiée au propriétaire intéressé dans les six mois, à dater du jour de la signification de l'opposition du conservateur; à défaut, le défrichement peut être effectué. (C. F., art. 219, modifié par la loi du 18 juin 1859; D. 22 novembre 1859.)

L'opposition au défrichement ne peut être formée que pour les bois dont la conservation est reconnue nécessaire : 1° au maintien des terres sur les montagnes ou les pentes ; 2° à la défense du sol contre les érosions et les envahissements des fleuves, rivières ou torrents ; 3° à l'existence des sources ou cours d'eau ; 4° à la protection des dunes et des côtes contre les érosions de la mer et l'envahissement des sables ; 5° à la défense du territoire, dans la partie de la zone frontière déterminée par le règlement d'administration publique du 22 novembre 1759 ; 6° à la salubrité publique. (C. F., art. 220, modifié par la loi du 18 juin 1859.)

En cas de contravention, le propriétaire est condamné à une amende calculée à raison de 500 francs au moins et de 1,500 francs au plus, par hectare de bois défriché.

Il doit, en outre, s'il en est ainsi ordonné par le ministre des finances, rétablir les lieux défrichés en nature de bois, dans un délai qui ne peut excéder trois années. (C. F., art. 221.)

Faute par le propriétaire d'effectuer la plantation ou le semis dans le délai prescrit par la décision ministérielle, il y est pourvu à ses frais par l'administration forestière, sur l'autorisation préalable du préfet, qui arrête le mémoire des travaux faits et le rend exécutoire contre le propriétaire. (Id., art. 222.)

Les dispositions qui précèdent sont applicables aux semis et plantations exécutés par suite de la décision ministérielle, en remplacement des bois défrichés. (Id., art. 223.)

Sont exceptés des mêmes dispositions :

1° Les jeunes bois, pendant les vingt premières années après leur semis ou plantation, sauf le cas prévu en l'article précédent ;

2° Les parcs ou jardins clos ou attenant aux habitations ;

3° Les bois non clos ou d'une étendue au-dessous de dix hectares, lorsqu'ils ne font point partie d'un autre bois qui compléterait une contenance de dix hectares, ou qu'ils ne sont pas situés sur le sommet ou la pente d'une montagne. (Id., art. 224.)

Les actions ayant pour objet des défrichements commis en contravention se prescrivent par deux ans, à dater de l'époque où le défrichement a été consommé. (Id., art. 224.)

Lorsque des maires ou des adjoints ont dressé des procès-verbaux pour constater des défrichements effectués en contravention au titre XV du Code forestier, ils sont tenus, indépendamment de la remise qu'ils en doivent faire au procureur de la République, d'en adresser une copie certifiée à l'agent forestier local. (O., 1er août 1827, art. 196.) — Voy. BOIS DES PARTICULIERS. — *Dict. des formules,* nos 523, 524 et 525.

Les communes et établissements publics ne peuvent faire aucun défrichement de leurs bois sans une autorisation spéciale et expresse du ministre des finances, sous peine d'une amende de 500 francs au moins par hectare contre ceux qui l'auraient ordonné. (C. forest., art. 91.)

Cette disposition est applicable alors même que le délit de défrichement aurait été commis dans un bois communal non soumis au régime forestier, si le terrain est réellement en nature de bois. (Arrêt de la cour d'appel de Nîmes, 20 juin 1833.) — Voy. BOIS DES COMMUNES.

Dégâts et dégradations. — Celui qui dégrade la propriété d'autrui est tenu de réparer le dommage occasionné tant par son fait que par celui des personnes ou animaux dont il est responsable. (C. civ., art. 1382 à 1386.)

Ceux qui ont volontairement causé du dommage aux propriétés mobilières d'autrui sont, indépendamment des dommages-intérêts, passibles d'une amende de 11 à 15 francs inclusivement. (C. pén., art. 479.)

Sont punis de la réclusion et d'une amende qui ne peut excéder le quart des restitutions et indemnités, ni être au-dessous de 100 francs, ceux qui volontairement ont détruit ou renversé, par quelque moyen que ce soit, tout ou partie des édifices, ponts, digues, chaussées ou autres constructions qu'ils savaient appartenir à autrui. (C. P., art. 437.)

Quiconque abat, mutile ou dégrade des monuments, statues et autres objets destinés à l'utilité ou à la décoration publiques et élevés par l'autorité publique ou avec son autorisation, est puni d'un emprisonnement d'un mois à deux ans, et d'une amende de 100 francs à 500 francs. (Id., art. 267.)

Les maires, adjoints et commissaires de police ont le devoir de constater les dégâts et de dresser des procès-verbaux contre leurs auteurs. — Voy. DOMMAGE, POLICE RURALE. — *Dict. des formules,* nos 527-529.

Dégradation civique. — Peine infamante qui consiste dans la privation de certains droits civils et politiques. (C. P., art. 8, 28, 34, 35, 36 et 37.)

Cette peine est ordinairement accessoire; mais elle est quelquefois principale, par exemple, lorsqu'elle est encourue par les fonctionnaires convaincus de forfaiture.

Dégrèvement. — Diminution d'impôt.

En matière de contributions directes, il y a plusieurs sortes de dégrèvements : la décharge ou réduction, qui a lieu lorsque le contribuable a été mal à propos compris dans le rôle ou a été surtaxé; la remise ou modération, qui est accordée lorsque le contribuable, par suite d'événements extraordinaires, a essuyé la perte totale ou partielle des objets pour lesquels il avait été imposé. — Voy. CONTRIBUTIONS DIRECTES.

Déguisement. — Excepté à l'époque du carnaval, aucun traves-
tissement ne doit être toléré sur la voie publique, soit dans l'intérêt des
bonnes mœurs, soit dans celui de la sûreté générale. L'autorité municipale qui, en vertu de son pouvoir réglementaire, a le droit de prendre telles mesures de police qu'elle juge opportunes, ne doit pas surtout permettre que les femmes se produisent dans les rues, revêtues
d'habits d'hommes, ce déguisement étant contraire à la décence. —
Voy. MASQUES.

Délai. — C'est le temps accordé par la loi, le juge ou les parties,
pour accomplir une condition déterminée. Le délai à partir duquel les
lois et décrets sont obligatoires est à Paris d'un jour franc après la
promulgation au *Journal officiel* et partout ailleurs dans l'étendue de
chaque arrondissement un jour franc après que le *Journal officiel* qui
les contient est parvenu au chef-lieu de cet arrondissement (Décret du
5 septembre 1870.) Ordinairement le délai s'augmente à raison des
distances. — Voy. DISTANCE.

L'augmentation, en général, est d'un jour par trois myriamètres de
distance ; elle est du double quand il y a lieu à voyage ou envoi et
retour. (C. civ., art. 411 et 439 ; C. Proc., art. 1033.)

Dans les délais d'ajournements et des autres actes de procédure, on
ne compte ni le jour d'où ils partent, ni celui où ils échoient. (C. Proc.
art. 1033.)

Dans les autres matières, il faut distinguer le jour où finit le délai
d'avec celui où il commence. Le premier est incontestablement compris
dans le délai ; le second n'a jamais été compté dans l'usage.

Les délais accordés par les conventions dépendent de la volonté des
parties.

Dans les délais fixés pour l'enregistrement des actes et déclarations,
le jour de la date de l'acte n'est pas compté. (L. 22 frimaire an VII,
art. 25.)

Les règles tracées par les Codes de procédure et d'instruction criminelle en matière de supputation des délais sont spéciales ; elles ne doivent point être appliquées à d'autres matières, tels que les arrêtés administratifs. Ainsi, le jour fixé, à compter duquel un arrêté préfectoral
suspendrait l'exercice de la chasse, devait être compris dans la prohibition.

Les contrats d'adjudication pour travaux publics fixent d'une manière
absolue les délais pour l'achèvement de ces travaux. — Voy. TRAVAUX.

Délégations remplaçant le conseil municipal. — En cas
de dissolution d'un conseil municipal, ou de démission de tous ses membres
en exercice et lorsqu'aucun conseil ne peut être constitué, une délégation spéciale en remplit les fonctions. Cette délégation est nommée
par décret du Président de la République ou par arrêté du gouverneur
aux colonies, dans les huit jours qui suivent la dissolution ou l'acceptation de la démission.

Le nombre des membres qui la composent est fixé à 3 dans les communes où la population ne dépasse pas 35,000 habitants. Ce nombre
peut être porté jusqu'à 7 dans les villes d'une population supérieure.
Le décret ou l'arrêté qui l'institue en nomme le président qui remplit
les fonctions de maire et le vice-président au besoin. Les pouvoirs de cette délégation spéciale sont limités aux actes de pure

administration conservatoire et urgente. En aucun cas il ne lui est permis d'engager les finances municipales au delà des ressources disponibles de l'exercice courant. Elle ne peut ni préparer le budget communal, ni recevoir les comptes du maire ou du receveur, ni modifier le personnel ou le règne de l'enseignement (Art. 44, loi 5 avril 1884.) Toutes les fois qu'il est nommé une délégation spéciale, il est procédé à la réélection du conseil municipal dans le délai de deux mois de la dissolution ou de la dernière discussion. Les fonctions de la délégation expirent de plein droit dès que le conseil est reconstitué.

Délégation de fonctions.

— C'est l'acte par lequel un fonctionnaire public délègue son mandat au fonctionnaire que l'ordre hiérarchique appelle à être son remplaçant légal.

Le maire peut, sous sa surveillance et sa responsabilité, déléguer une partie de ses attributions, par arrêté, ces délégations subsistent tant qu'elles ne sont pas rapportées, une partie de ses fonctions à un ou plusieurs de ses adjoints : et en l'absence des adjoints, à ceux des conseillers municipaux. (Loi 5 avril 1884, art. 82.)

Un adjoint ne peut refuser une délégation, sous peine de suspension. (Arrêté 14 nivôse an V.)

L'adjoint qui agit par délégation doit se renfermer dans la partie des fonctions du maire qui lui a été dévolue.

En outre, la délégation étant une chose toute personnelle, il ne peut comme lorsqu'il s'agit de suppléance de droit, déléguer lui-même à un autre le pouvoir qui lui a été confié.

Par suite de ce principe, si l'adjoint délégué se trouve lui-même empêché, les fonctions provisoires qu'il exerçait ne passent point à l'adjoint qui le suit dans l'ordre de nomination ; elles retournent au maire, qui a besoin de faire un nouvel acte de délégation pour les conférer à un autre.

Le maire peut retirer en tout ou en partie les délégations qu'il a faites, les rendre au même adjoint ou les donner à un autre, également en tout ou en partie, suivant qu'il le juge à propos ; mais il ne peut déléguer la totalité de ses fonctions. Rien ne s'oppose à ce qu'il délègue à l'un de ses adjoints l'état civil, à un autre la police municipale ; mais la délégation qui contiendrait la totalité de ses pouvoirs serait radicalement nulle. La totalité des attributions municipales ne peut passer à l'adjoint que dans le cas de suppléance de droit, et alors ce fonctionnaire n'est pas le délégataire du maire, il est son remplaçant.

Lorsqu'un fonctionnaire subalterne remplit les fonctions de son supérieur hiérarchique, il est toujours réputé le faire en vertu d'une délégation régulière. Il n'est donc pas indispensable pour la validité des actes, que le fonctionnaire, appelé à remplacer le chef de service, énonce, dans les actes qu'il peut dresser, la cause de l'empêchement du titulaire : par cela même que le remplacement a eu lieu, il y a présomption qu'il a été nécessaire. Toutefois, le fait de la délégation est ordinairement énoncé dans l'acte, et il convient que l'adjoint délégué se conforme à l'usage, en faisant précéder sa signature des mots : *Par délégation du maire.*

Toute délégation et révocation de délégation doivent être inscrites au registre des actes de la mairie. — Voy. ADJOINT, ÉTAT CIVIL, MAIRE, SECRÉTAIRE DE MAIRIE. — *Dict. des formules*, nᵒˢ 681-686.

Le conseil général peut déléguer certaines affaires à la commission départementale, mais il ne peut lui déléguer d'une manière générale toute une catégorie d'affaires. — Voy. Conseil général et Commissions départementales.

Délégué spécial. — Dans le cas où le maire refuserait ou négligerait de faire un des actes qui lui sont prescrits par la loi, le préfet peut, après l'en avoir requis, y procéder par lui-même ou par un délégué spécial. (Art. 85, loi 5 avril 1884.) Les dépenses occasionnées par cette délégation sont rangées au nombre des dépenses obligatoires pour les communes. (Art. 136, loi 5 avril 1884.)

Délibération. — On appelle délibération l'acte par lequel un conseil administratif, un comité ou toute autre assemblée délibérante émet une décision ou un avis sur un des objets qui rentre dans la nature de ses attributions. Les séances des conseils municipaux sont publiques, à moins que le conseil ne décide sur la demande de trois de ses membres ou du maire, qu'il se forme en conseil secret.(Art. 54, loi 5 avril 1884.) Le compte rendu de la séance est dans la huitaine affiché à la porte de la mairie par extrait. (Art. 56). — Voy. au mot Conseil municipal.

Les délibérations des conseils municipaux portant sur des objets étrangers à leurs attributions, ou prises hors de leur réunion légale ou en violation d'une loi ou d'un règlement d'administration publique ainsi que celles contenant des adresses ou vœux politiques sont illégales, nulles de plein droit. (Art. 63 et 72, loi 5 avril 1884.)— Voy. Bureau de bienfaisance, Conseil municipal, Fabrique, Hospice. — *Dict. des formules*, nᵒˢ 462 à 470.

Les délibérations des conseils généraux, celles des commissions départementales et des conseils d'arrondissement peuvent également être annulées pour vœux politiques, excès de pouvoir, illégalités, violation de la loi, incompétence ou fausse application de la loi. — Voy. Conseil général, Commissions départementales, Conseil d'arrondissement.

Délits. — Le Code pénal définit ainsi qu'il suit les crimes, *délits* et contraventions :

L'infraction que les lois punissent des peines de police est une contravention. Ces peines sont un emprisonnement de un à cinq jours, ou une amende de 1 à 15 francs. (C. P., art. 1ᵉʳ, 464, 465 et 466.)

L'infraction que les lois punissent de peines correctionnelles est un délit : ces peines sont l'emprisonnement de six jours au moins et l'amende de 16 francs au moins. (Id., art. 1ᵉʳ, 9 et 40.)

L'infraction que les lois punissent d'une peine afflictive ou infamante est un crime. Or, les peines afflictives et infamantes sont : la mort, les travaux forcés à perpétuité, la déportation, les travaux forcés à temps, la détention, la réclusion ; les peines infamantes seulement sont: le bannissement, la dégradation civique. (Id., art. 1ᵉʳ, 6, 7 et 8.) — Voy. Contraventions, Flagrant délit, Police judiciaire.

Délivrance. — Ce mot s'entend des bois que l'on marque et que l'on délivre aux usagers dans les bois soumis au régime forestier de l'Etat.

Les usagers qui ont droit à des livraisons de bois, de quelque nature que ce soit, ne peuvent prendre ces bois qu'après que la délivrance leur en a été faite par les agents forestiers, sous les peines portées pour les bois coupés en délit. (C. F., art. 79.) — Voy. Bois des communes et des établissements publics.

Déménagement, Déménagement furtif. — Dans les baux à
loyer, il est ordinairement stipulé, conformément à l'article 1752 du
Code civil, que le locataire ou fermier sera tenu de garnir les lieux loués
de meubles suffisants pour garantir au bailleur le payement des loyers.
Dans le cas où le locataire ou fermier voudrait enlever ses meubles
sans avoir payé tous les loyers jusqu'à l'expiration du bail, le bailleur
pourrait demander l'assistance du maire ou du commissaire de police
pour empêcher cet enlèvement. Si le déménagement furtif est consommé,
le propriétaire ou principal locataire fait, assisté de deux témoins, sa
déclaration au maire ou au commissaire de police, qui lui en donne
acte.

Si les lieux ont été laissés ouverts ou les clefs renvoyées au propriétaire, le maire, sur la réquisition du propriétaire, s'y transporte ; il
entre dans les lieux, assisté de deux témoins, en présence desquels il
constate l'état des lieux et des meubles qui pourraient avoir été laissés
par le locataire fugitif. Il dresse du tout procès-verbal que signent
les témoins, et le propriétaire se pourvoit ensuite par les voies ordinaires.

Si le locataire déménagé a emporté les clefs, une ordonnance du
juge est nécessaire pour faire l'ouverture des lieux. Dans ce cas, le
maire, après avoir reçu la déclaration du propriétaire, lui en délivre
expédition en forme, et le renvoie à se pourvoir. — *Diction. des formules*, nos 546-547.

Les propriétaires et principaux locataires encourent une certaine responsabilité relativement aux contributions dues par leurs locataires ou
fermiers. La loi du 21 avril 1832 porte à cet égard ce qui suit :

En cas de déménagement hors du ressort de la perception, comme en
cas de vente volontaire ou forcée, la contribution personnelle et mobilière est exigible pour la totalité de l'année courante. Les propriétaires
et, à leur place, les principaux locataires, doivent, un mois avant l'époque du déménagement de leurs locataires, se faire représenter par ces
derniers les quittances de leurs contributions personnelle et mobilière.
Lorsque les locataires ne représentent point ces quittances, les propriétaires ou principaux locataires sont tenus, sous leur responsabilité
personnelle, de donner, dans les trois jours, avis du déménagement au
percepteur. (L. 21 avril 1832, art. 22.)

Dans le cas de déménagement furtif, les propriétaires, et à leur
place les principaux locataires, deviennent responsables des termes
échus de la contribution de leurs locataires, s'ils n'ont pas fait constater,
dans les trois jours, leur déménagement par le maire, le juge de paix
ou le commissaire de police. Dans tous les cas, et nonobstant toute déclaration de leur part, les propriétaires ou principaux locataires demeurent responsables de la contribution des personnes logées par eux en
garni. (Id., art. 23.)

Les communes sont, comme les particuliers, soumises, quant à leurs
biens, aux lois générales de l'impôt. La responsabilité établie par la
loi du 21 avril 1832 peut être invoquée contre elles, dans les cas où il
s'agirait de fonctionnaires logés par elles dans des bâtiments communaux. Si ces fonctionnaires venaient à déménager, les communes devraient, sous peine de responsabilité, faire les déclarations prescrites
par la loi. Peu importerait que les fonctionnaires fussent logés gratuitement et que la commune ne retirât aucun prix de leurs loyers, puisqu'elles ne font, en les logeant, qu'accomplir une obligation légale ou
une nécessité de service. — Voy. CONTRIBUTIONS DIRECTES.

Démission. — Abandon volontaire d'un mandat ou d'une fonction.
Les démissions de fonctions de maire et d'adjoint doivent être adressées au préfet et ne sont définitives que quand le préfet les a acceptées.

Le maire ou adjoint démissionnaire conserve, en principe, l'exercice de ses fonctions jusqu'à l'installation de son successeur, à moins qu'il ne soit autorisé ou contraint par le préfet à remettre le service à son suppléant, conformément à l'article 84. Au cas d'acceptation de fonctions incompatibles avec les fonctions de maire, le préfet doit enjoindre au maire de remettre immédiatement le service à son suppléant. Le maire ou l'adjoint, dont l'élection, soit comme maire ou adjoint, soit comme conseiller municipal, a été annulée, doit cesser l'exercice de ses fonctions dès la notification de l'arrêt qui a définitivement prononcé l'annulation de son élection. Le maire dont l'élection comme conseiller municipal a été annulée et qui vient à être réélu conseiller municipal ne reprend l'exercice des pouvoirs de maire qu'en vertu d'une autre élection. (Circ. int. 3 février 1885.)

Sont déclarés coupables de forfaiture et punis de la dégradation civique les fonctionnaires publics qui ont, par délibération, arrêté de donner des démissions dont l'objet serait d'empêcher ou de suspendre, soit l'administration de la justice, soit l'accomplissement d'un service quelconque. (C. P., art. 126.) — *Dict. des formules*, n° 548.

Démission d'office. — Tout membre d'un conseil municipal qui, sans motifs reconnus légitimes par ce conseil, a manqué à trois convocations successives, peut être, après avoir été admis à fournir ses explications déclaré démissionnaire par le préfet, sauf recours dans les dix jours de la notification devant le conseil de préfecture. (Art. 60, loi 5 avril 1884.)

Indépendamment du cas de démission d'office spécifié par cet article, il y a deux autres cas de démission d'office :

1° Celui de l'exclusion de tout conseiller qui perd ses droits civiques, ou qui est atteint par une des incompatibilités ou un des empêchements énumérés par les articles 32 et 33 de la loi du 5 avril 1884. — Voy. ELECTIONS MUNICIPALES ;

2° Celui de la loi du 7 juin 1873 (art. 12), toujours en vigueur, qui déclare démissionnaire tout membre d'un conseil électif qui refuse, sans excuse valable, de remplir une des fonctions qui lui seraient dévolues par la loi. Le refus dans ce cas résulte, soit d'une déclaration expresse adressée à qui de droit, soit de l'abstention persistante après avertissement de l'autorité chargée de la convocation (art. 2). Le membre ainsi démissionnaire ne peut être réélu avant le délai d'un an (art. 3), à moins, bien entendu, qu'il n'y ait des élections générales dans la commune.

Les dispositions de cette dernière loi sont appliquées par le conseil d'Etat, sur l'avis transmis au préfet par l'autorité qui a donné l'avertissement. Le ministre de l'intérieur saisit le conseil d'Etat dans le délai d'un mois à peine d'échéance. La constatation est instruite et jugée dans le délai de trois mois.

Démolition. — Il est du devoir de l'autorité municipale, lorsque des démolitions ont lieu sur la voie publique, de faire prendre toutes les précautions nécessaires pour qu'il n'arrive aucun accident. Les principales consistent : à faire entourer de planches, à la distance de deux mètres au moins, le bâtiment ou la partie de bâtiment qui est en démolition, à éclairer la nuit les excavations qui auraient été pratiquées; ainsi que les amas de décombres qu'on aurait été obligé de laisser sur la voie publique.

Les blessures et autres accidents occasionnés en pareil cas, bien qu'involontairement, sont punis des peines portées par les articles 219 et 220 du Code pénal. — Voy. ACCIDENT, BATIMENT EN PÉRIL, DÉCOMBRES, POLICE MUNICIPALE, VOIE PUBLIQUE, VOIRIE. — *Dict. des formules,* nos 982; 1341 et 1343.

Déni de justice. — Le refus de rendre un jugement dans une cause administrative ou judiciaire en état d'être jugée, constitue un déni de justice qui peut être poursuivi et puni d'une amende de 200 francs au moins et de 500 francs au plus, et de l'interdiction de l'exercice des fonctions publiques depuis cinq ans jusqu'à vingt. (C. P., art. 185.)

Dénonciation. — En matière criminelle ou disciplinaire, on appelle dénonciation la déclaration, que l'on fait aux officiers de justice et aux officiers de police judiciaire ou administrative, d'un crime, d'un délit ou même d'une faute, et de celui qui en est l'auteur.

Tout fonctionnaire qui, dans l'exercice de ses fonctions, acquiert la connaissance d'un crime ou d'un délit, est tenu de le dénoncer au procureur de la République. (C. instr. crim., art. 29.)

Toute personne qui a été témoin d'un attentat, soit contre la sûreté publique, soit contre la vie ou la propriété d'un individu, est tenue d'en donner avis au procureur de la République, soit du lieu du crime ou délit, soit du lieu où le prévenu peut être trouvé. (Id., art. 30.)

Les maires, adjoints de maire et les commissaires de police reçoivent également les dénonciations. (Id., art. 50.) L'obligation que la loi leur impose à cet égard est impérative, et, à moins qu'il ne soit évident que le fait qu'on leur dénonce ou dont on se plaint ne constitue ni un crime, ni un délit, ni une contravention, ils doivent déférer à la réquisition qui leur est faite. Ils ne peuvent s'en dispenser, sous peine de commettre un déni de justice.

L'auteur d'une dénonciation calomnieuse par écrit, aux officiers de police administrative ou judiciaire, est puni d'un emprisonnement d'un mois à un an, et d'une amende de 100 francs à 3,000 francs. (C. P., art. 373), sans préjudice des dommages-intérêts s'il y a lieu. — *Dict. des formules,* n° 549.

Denrées et substances alimentaires. — La loi du 5 avril 1884, article 97, paragraphe 5, a rangé parmi les attributions de l'autorité municipale l'inspection sur la salubrité et la fidélité du débit des marchandises, et l'article 471 du Code pénal punit des peines de police les infractions aux règlements que les maires peuvent faire pour faciliter ou assurer cette inspection.

D'un autre côté, l'article 423 du même Code porte que quiconque aura trompé l'acheteur sur la nature de toutes marchandises; quiconque par usage de faux poids ou de fausses mesures aura trompé sur la quantité de la chose vendue, sera puni de l'emprisonnement pendant trois mois au moins, un an au plus, et d'une amende qui ne pourra excéder le quart des restitutions et dommages-intérêts, ni être au-dessous de 50 francs.

Ces dispositions étaient loin de prévoir toutes les falsifications et d'atteindre tous les actes d'improbité dans le débit des marchandises ; elles exigent d'ailleurs que la vente de l'objet dénaturé ou livré à faux poids soit consommée. Une loi du 27 mars 1851 est venue remplir les lacunes qui existaient dans cette législation ; elle porte ce qui suit :

Sont punis des peines édictées par l'article 423 du Code pénal :

1° Ceux qui falsifient des substances ou denrées alimentaires ou médicamenteuses, destinées à être vendues ;

2° Ceux qui vendent ou mettent en vente des substances ou denrées alimentaires ou médicamenteuses qu'ils savent être falsifiées ou corrompues ;

3° Ceux qui ont trompé ou tenté de tromper, sur la quantité des choses livrées, les personnes auxquelles ils vendent ou achètent, soit par l'usage de faux poids, ou de fausses mesures, ou d'instruments inexacts servant au pesage ou mesurage, soit par des manœuvres ou procédés tendant à fausser l'opération du pesage ou mesurage, ou à augmenter frauduleusement le poids ou le volume de la marchandise, même avant cette opération, soit, enfin, par des indications frauduleuses tendant à faire croire à un pesage ou mesurage antérieur et exact. (L. 27 mars 1851, art. 1er.)

Si, dans les cas prévus par l'article 423 du Code pénal ou par l'article 1er de la présente loi, il s'agit d'une marchandise contenant des mixtions nuisibles à la santé, l'amende est de 50 à 500 francs, à moins que le quart des restitutions et dommages-intérêts n'excède cette dernière somme. L'emprisonnement est de trois mois à deux ans. Ces règles sont applicables même au cas où la falsification nuisible serait connue de l'acheteur ou du consommateur. (Id., art. 2.)

Ceux qui, sans motif légitime, ont dans leurs magasins, boutiques, ateliers ou maisons de commerce, ou dans les halles, foires ou marchés, soit des poids ou mesures faux ou d'autres appareils inexacts servant au pesage ou au mesurage, soit des substances alimentaires ou médicamenteuses qu'ils savent être falsifiées ou corrompues, sont passibles, suivant les circonstances, d'une amende de 16 à 25 francs et d'un emprisonnement de six à dix jours, ou de l'une de ces deux peines seulement.

Si la substance falsifiée est nuisible à la santé, l'amende peut être portée à 50 francs et l'emprisonnement à quinze jours. (Id., art. 3.)

En cas de récidive dans le délai de cinq années à partir du premier délit, la peine peut être élevée jusqu'au double du maximum ; l'amende peut être portée jusqu'à 1,000 francs si la moitié des restitutions et dommages-intérêts n'excède pas cette somme, le tout sans préjudice, s'il y a lieu, des articles 57 et 58 du Code pénal. (Id., art. 4.)

Les objets dont la vente, usage et possession constitue le délit sont confisqués conformément aux articles 423, 477 et 481 du Code pénal.

S'ils sont propres à un usage alimentaire ou médical, le tribunal peut les mettre à la disposition de l'administration pour être attribués aux établissements de bienfaisance.

S'ils sont impropres à cet usage ou nuisibles, ces objets sont détruits ou répandus aux frais du condamné. Le tribunal peut ordonner que la destruction ou effusion ait lieu devant l'établissement ou le domicile du condamné. (Id., art. 5.)

Le tribunal peut ordonner l'affiche du jugement dans les lieux qu'il désigne et son insertion intégrale ou par extrait dans tous les journaux qu'il désignera, le tout aux frais du condamné. (L. 27 mars 1851.)

Les deux tiers du produit des amendes sont attribués aux communes dans lesquelles les délits ont été constatés. (Id., art. 8.)

Les dispositions de la loi du 27 mars 1851 ont été rendues applicables aux boissons par une loi du 5 mai 1885. — Voy. Boissons.

La loi défend, en outre, d'opérer la hausse ou la baisse des denrées par des manœuvres ou des moyens frauduleux.

Ainsi, tous ceux qui, par des faits faux ou calomnieux, semés à dessein dans le public, par des suroffres faites aux prix que demandaient les vendeurs eux-mêmes, par réunion ou coalition entre les principaux détenteurs d'une denrée, tendant à ne pas vendre, ou à ne la vendre qu'à certain prix, ou qui, par des voies ou moyens frauduleux quelconques, auront opéré la hausse ou la baisse du prix des denrées au-dessus ou au-dessous des prix qu'aurait déterminés la concurrence naturelle et libre du commerce, seront punis d'un emprisonnement d'un mois au moins et d'un an au plus, et d'une amende de 500 francs à 10,000 francs. Les coupables pourront de plus être mis sous la surveillance de la haute police pendant deux ans au moins et cinq ans au plus. (C. P., art. 419.)

La peine sera d'un emprisonnement de deux mois au moins et de deux ans au plus, et d'une amende de 1,000 à 20,000 francs, si ces manœuvres ont été pratiquées sur grains, grenailles, farines, substances farineuses, pain, vin ou toute autre boisson. La mise en surveillance, qui pourra être prononcée, sera de cinq ans au moins et de dix ans au plus. (Id., art. 420.) — Voy. Grains.

Département. — Nom sous lequel sont spécialement désignées les principales divisions administratives de la France.

Il y a en France quatre-vingt-sept départements. Les départements se composent d'arrondissements et les arrondissements de communes. — Voy. Circonscriptions administratives.

Le préfet est le représentant du pouvoir exécutif dans le département. Il est, en outre, chargé de l'instruction préalable des affaires qui intéressent le département, ainsi que de l'exécution des décisions du conseil général et de la commission départementale. — Voy. Conseil général.

A côté du préfet, le conseil de préfecture, tribunal administratif, juge les affaires contentieuses. — Voy. Conseil de préfecture, Préfet.

Des propriétés départementales. — Les propriétés immobilières des départements sont affectées les unes à des services départementaux obligatoires aux termes de la loi, les autres à des services qui n'ont qu'un intérêt d'utilité départementale ; d'autres enfin, sans affectation spéciale, sont productives de revenu.

Les services à l'installation desquels les départements sont tenus de pourvoir, soit qu'ils affectent à cette installation des immeubles dont ils sont propriétaires, soient qu'ils prennent, à cet effet, charge de loyers, sont les bâtiments des préfectures et des sous-préfectures, ceux des cours d'assises, des tribunaux civils et des tribunaux de commerce, les maisons d'arrêt, de justice et de correction, les casernes de gendarmerie et les établissements publics d'aliénés, les routes départementales.

Les propriétés de la seconde catégorie, c'est-à-dire celles qui sont pour les départements l'objet d'une création facultative, sont les dépôts de mendicité, les édifices consacrés aux évêchés et séminaires, les écoles normales primaires, les pépinières, les fermes modèles, enfin, quelquefois, des monuments historiques.

Quant aux immeubles non affectés à un service public et productifs de revenus, ils sont en très petit nombre et ne produisent dans toute la France qu'un revenu presque insignifiant. Ils consistent surtout en édifices autrefois affectés à des usages départementaux et momentanément sans destination.

La fortune mobilière des départements comprend : 1° Le mobilier des préfectures, des bureaux des sous-préfectures, des prisons départementales, des cours et tribunaux, des écoles normales primaires et des asiles d'aliénés ; 2° les archives, les bibliothèques et les collections d'objets d'art et de sciences ; 3° les droits dits incorporels, tels que les droits de péage, que des lois spéciales autorisent les départements à percevoir à leur profit, notamment pour la construction des ponts ou la rectification des routes départementales. Comme tous les établissements publics auxquels la loi reconnaît une existence civile, les départements sont dans une situation de minorité ; leur capacité civile a besoin, pour être complète, du concours de la tutelle de l'autorité supérieure. Il en est ainsi, notamment, en ce qui concerne la gestion des propriétés départementales pour tout ce qui concerne la gestion et l'aliénation des propriétés communales. — Voy. CONSEIL GÉNÉRAL.

Du budget départemental. — Le service départemental est assuré par des centimes additionnels aux contributions directes, spécialement affectés à des dépenses ordinaires, facultatives et extraordinaires, par des produits éventuels et par des impositions spéciales que des lois particulières ont appliquées à divers services publics des départements. (D. 31 mai 1862, art. 448.)

Le projet de budget du département, préparé et présenté par le préfet, est communiqué à la commission départementale avec pièces à l'appui, dix jours au moins avant l'ouverture de la session. Cette communication n'est pas exigible pour le budget rectificatif. Le budget est ensuite délibéré par le conseil général, et définitivement réglé par décret. Il se subdivise en budget ordinaire et extraordinaire. (L. 28 août 1871, art. 57.)

Le budget ordinaire est divisé en deux chapitres correspondant aux recettes et aux dépenses, et le chapitre des dépenses est divisé en seize sous-chapitres.

Les recettes du budget ordinaire se composent : 1° du produit des centimes ordinaires et additionnels, dont le nombre est fixé annuellement par la loi de finances; 2° du produit des centimes autorisés par les lois pour les dépenses des chemins vicinaux et de l'instruction primaire (1) ; 3° du produit des centimes spéciaux affectés à la confection

_____

(1) Le maximum des centimes prévus par le paragraphe 1er a été fixé à 25 centimes sur les contributions personnelles et mobilières, plus 1 centime sur les quatre contributions directes. (L. du 13 juin 1878, art. 4.)

Le maximum de ces centimes spéciaux pour les chemins vicinaux, d'abord fixé à 5 par la loi du 21 mai 1836, a été porté à 7 par les lois des 31 juillet 1867, 2 août 1868, 8 mai 1869, 27 juillet 1870, 4 septembre 1871, 23 juillet 1872, 24 juillet 1873.

Les centimes spéciaux de l'instruction primaire sont fixés à 4 centimes. (Lois 14 mars 1850, art. 40 ; loi 10 avril 1867, art. 14 ; loi 19 juillet 1875, art. 7.) Ces centimes sont obligatoires, mais les départements ont la faculté d'exonérer le tout ou partie de cette imposition, en inscrivant à leur budget avec la même destination une somme égale au produit des centimes supprimés, somme qui peut être prise sur le revenu des dons et legs ou sur une portion quelconque de leurs ressources ordinaires ou extraordinaires. (Loi du 16 juin 1881, art. 4, § 2.)

du cadastre par la loi du 2 août 1829 ; 4° du revenu et du produit des propriétés départementales ; 5° du produit des expéditions d'anciennes pièces et d'actes de la préfecture déposés aux archives ; 6° du produit des droits de péage des bacs et passages d'eau sur les routes et chemins à la charge du département, des autres droits de péage et de tous autres droits concédés par les lois ; 7° de la part allouée au département sur le fonds inscrit annuellement au budget du ministère de l'intérieur, et réparti, conformément à un tableau annexé à la loi de finances, entre les départements qui, en raison de leur situation financière, doivent recevoir une allocation sur les fonds généraux du budget ; 8° des contingents de l'État et des communes pour le service des aliénés et des enfants assistés, et de toute autre subvention applicable au budget ordinaire ; du contingent des communes et autres ressources éventuelles pour le service vicinal et pour les chemins de fer d'intérêt local. (L. 10 août 1871, art. 58.)

Le budget ordinaire comprend les dépenses obligatoires suivantes : 1° loyer, mobilier et entretien des hôtels de préfecture et de sous-préfecture, du local nécessaire à la réunion du conseil départemental d'instruction publique et du bureau de l'inspecteur d'académie ; 2° casernement ordinaire des brigades de gendarmerie ; 3° loyer, entretien, mobilier et menues dépenses des cours d'assises, tribunaux civils et tribunaux de commerce, et menues dépenses des justices de paix (1) ; 4° frais d'impression et de publication des listes pour les élections consulaires, frais d'impression des cadres pour la formation des listes électorales et des listes du jury ; 5° l'installation première et l'entretien annuel des écoles normales et primaires. (L. 9 août 1879, art. 2 et 3.)

Si un conseil général omet d'inscrire au budget un crédit suffisant pour l'acquittement des dépenses énoncées aux numéros 1, 2, 3 et 4 de l'article précédent, ou pour l'acquittement de dettes exigibles, il y est pourvu au moyen d'une contribution spéciale, portant sur les quatre contributions directes, et établie par un décret, si elle est dans les limites du maximum fixé annuellement par la loi de finances, ou par une loi, si elle doit excéder ce maximum. Ce maximum a été fixé à 0 fr. 12 c. par l'article 6 de la loi du 13 juin 1878. Le décret est rendu dans la forme des règlements d'administration publique et inséré au *Bulletin des lois*. Aucune autre dépense ne peut être inscrite d'office dans le budget ordinaire, et les allocations qui y sont portées par le conseil général ne peuvent être ni changées ni modifiées par le décret qui règle le budget. (Id., art. 61.)

En ce qui concerne les dépenses obligatoires, le droit du conseil général n'est pas entier. Elles peuvent être inscrites au budget dans les formes indiquées plus haut. Cette faculté laissée au gouvernement de pourvoir, au moyen d'une contribution spéciale, à l'acquittement des dépenses que le conseil général n'aurait pas suffisamment dotées, implique le maintien du droit de virement entre les crédits inscrits au sous-chapitre Ier. Mais ce droit de virement n'appartient pas au préfet ; il est réservé exclusivement au Président de la République. (Circ. int., 25 mars 1872.)

Les recettes du budget extraordinaire se composent : 1° du produit

(1) Le maximum des centimes extraordinaires que les conseils généraux peuvent voter en vertu de l'article 40 est fixé pour l'année 1878 à 0 fr. 12 c. y compris les centimes dont l'imposition a été précédemment autorisée par des lois spéciales antérieures à la mise à exécution de la loi du 18 juillet 1866 sur les conseils généraux.

des centimes extraordinaires votées annuellement par le conseil général, dans les limites déterminées par la loi de finances, ou autorisés par des lois spéciales; 2° du produit des emprunts; 3° des dons et legs; 4° du produit des biens aliénés; 5° du remboursement des capitaux exigibles et des rentes rachetées; de toutes autres recettes accidentelles. (Id., art. 59.)

Comptabilité départementale. — Les receveurs des finances sont chargés de recouvrer : 1° les centimes additionnels imposés dans les rôles des contributions directes pour les dépenses départementales; 2° les divers produits éventuels qui sont destinés aux mêmes dépenses et qui appartiennent aux budgets des départements. (D. 31 mai 1862, art. 472.)

Les mandats que le préfet délivre ne doivent pas excéder la limite des crédits votés par le conseil général. Si cette prescription n'était pas obéie, le comptable serait autorisé à refuser d'acquitter les mandats. Dans le cas où les crédits alloués seraient insuffisants, le préfet devrait se borner à mandater jusqu'à concurrence des allocations portées au budget, mais sans dépasser le montant des recouvrements effectifs.

Le préfet ne doit pas seulement restreindre ses mandats à la limite des crédits ouverts; il doit aussi respecter la destination de ces crédits. Deux considérations sont ici déterminantes ; d'une part, le trésorier-payeur général devrait refuser d'acquitter le mandat irrégulièrement imputé ; d'autre part, le préfet ne doit jamais perdre de vue le rôle que la loi du 10 août 1871 lui a tracé. Il prépare le projet de budget, mais il ne le règle pas ; il est chargé d'exécuter les décisions du conseil général, la volonté que le conseil a manifestée doit rester sa loi. Appliquer une allocation votée par l'assemblée départementale pour une dépense déterminée, aux besoins d'un autre service, ce serait faire revivre le droit de virement, qui est absolument retiré au préfet. (Cir. Int. 25 mars 1872.)

L'époque de la clôture de l'exercice est fixée, pour la liquidation et l'ordonnancement des dépenses départementales, au 31 mai de la deuxième année de l'exercice, et, pour les payements, au 30 juin. (D. 31 mai 1862, art. 479.)

Des actions du département. — Le préfet accepte ou refuse les dons et legs faits au département, en vertu, soit de la décision du conseil général, quand il n'y a pas de réclamations des familles, soit de la décision du gouvernement, quand il y a réclamation.

Le préfet peut toujours, à titre conservatoire, accepter les dons et legs. La décision du conseil général ou du département, qui intervient ensuite, a effet du jour de cette acceptation. (L. 10 août 1871, art. 35.)

Le préfet intente les actions en vertu de la décision du conseil général et il peut, sur l'avis conforme de la commission départementale, défendre à toute action intentée contre le département.

Il fait tous les actes conservatoires et interruptifs de déchéance.

En cas de litige entre l'État et le département, l'action est intentée ou soutenue, au nom du département, par un membre de la commission départementale désigné par elle.

Le préfet, sur l'avis conforme de la commission départementale, passe les contrats au nom du département. (Id., art. 34.)

Aucune action judiciaire, autre que les actions possessoires, ne peut, à peine de nullité, être intentée contre un département qu'autant que le demandeur a préalablement adressé au préfet un mémoire exposant l'objet et les motifs de sa réclamation. Il lui en est donné un récépissé. L'action ne peut être portée devant les tribunaux que deux mois après la date du récépissé, sans préjudice des actes conservatoires.

La remise du mémoire interrompt la prescription si elle est suivie d'une demande en justice dans le délai de trois mois. (Id., art. 55.) — Voy. Conseil général, Préfet.

Département ministériel. — On entend par ces mots l'ensemble des attributions de chacun des ministres du Président de la République ; ainsi on dit : Le ministre secrétaire d'État au département de la justice, au département de l'intérieur, au département des finances, etc. — Voy. Ministres.

Dépens. — D'après l'article 130 du Code d'instruction criminelle, toute partie qui succombe dans un procès est condamnée aux dépens. Toutefois, le maire ou l'adjoint faisant fonctions du ministère public, et poursuivant en cette qualité la répression d'une contravention de police, ne peuvent, en aucun cas, être condamnés aux dépens. (Cass. 23 mai 1817.)

Dépenses communales. — Les dépenses du budget ordinaire comprennent les dépenses annuelles et permanentes d'utilité communale.

Les dépenses du budget extraordinaire comprennent les dépenses accidentelles ou temporaires qui sont imputées sur des recettes énumérées à l'article 134 ou sur l'excédent des recettes ordinaires.

Aux termes de la loi du 5 avril 1884, sont obligatoires pour les communes les dépenses suivantes :

1° L'entretien de l'hôtel de ville, ou, si la commune n'en possède pas, la location d'une maison ou d'une salle pour en tenir lieu ;

2° Les frais de bureau et d'impression pour le service de la commune, de conservation des archives communales et du recueil des actes administratifs du département et les frais d'abonnement au *Bulletin des communes*, et, pour les communes chefs-lieux de canton, les frais d'abonnement et de conservation du *Bulletin des lois ;*

3° Les frais de recensement de la population ; ceux des assemblées électorales qui se tiennent dans les communes et ceux des cartes électorales. — Voy. Carte électorale.

4° Les frais des registres de l'état civil et *des livrets de famille* et la portion de la table décennale des actes de l'état civil à la charge des communes ; — Voy. Livrets de famille.

5° Le traitement du receveur municipal, du préposé en chef de l'octroi et les frais de perception ;

6° Les traitements et autres frais du personnel de la police municipale et rurale et des gardes des bois de la commune ;

7° Les pensions à la charge de la commune, lorsqu'elles ont été régulièrement liquidées et approuvées ;

8° Les frais de loyer et de réparation du local de la justice de paix, ainsi que ceux d'achat et d'entretien de son mobilier dans les communes chefs-lieux de canton;

9° Les dépenses relatives à l'instruction publique conformément aux lois ;

10° Le contingent assigné à la commune, conformément aux lois, dans la dépense des enfants assistés et des aliénés ;

11° L'indemnité de logement aux curés et desservants et ministres des autres cultes salariés par l'État, lorsqu'il n'existe pas de bâtiments affectés à leur logement, et lorsque les fabriques ou autres administrations préposées aux cultes ne pourront pourvoir elles-mêmes au payement de cette indemnité.

12° Les grosses réparations aux édifices communaux, sauf, lorsqu'ils sont consacrés aux cultes, l'application préalable des revenus et ressources disponibles des fabriques à ces réparations, et sauf l'exécution des lois spéciales concernant les bâtiments affectés à un service militaire ;

S'il y a désaccord entre la fabrique et la commune, quand le concours financier de cette dernière est réclamé par la fabrique, dans les cas prévus aux paragraphes 11° et 12°, il est statué par décret sur la proposition du ministre de l'intérieur et des cultes ;

13° La clôture des cimetières, leur entretien et leur translation dans les cas déterminés par les lois et règlements d'administration publique ;

14° Les frais d'établissement et de conservation des plans d'alignement et de nivellement. — Voy. NIVELLEMENT.

15° Les frais et dépenses des conseils de prud'hommes pour les communes comprises dans le territoire de leur juridiction et proportionnellement au nombre des électeurs inscrits sur les listes électorales spéciales à l'élection et les menus frais des chambres consultatives des arts et manufactures pour les communes où elles existent ;

16° Les prélèvements et contributions établis par les lois sur les biens et revennus communaux ;

17° L'acquittement des dettes exigibles ;

18° Les dépenses des chemins vicinaux dans les limites fixées par la loi ;

19° Dans les colonies régies par la loi municipale, le traitement du secrétaire et des employés de la mairie ; les contributions assises sur les biens communaux ; les dépenses pour le service de la milice qui ne sont pas à la charge du Trésor ;

20° Les dépenses occasionnées par les délégations spéciales faites par le préfet en vertu de l'article 85 et généralement toutes les dépenses mises à la charge des communes par une disposition de loi. — Voy. CULTES, FABRIQUES, CIMETIÈRES, ALIGNEMENT, NIVELLEMENT, CONSEIL DES PRUDHOMMES, DÉLÉGATION.

Les dépenses obligatoires peuvent être inscrites d'office au budget comme il a été dit ci-dessus. — Voy. COMPTABILITÉ COMMUNALE et CONSEIL MUNICIPAL.

Toutes les dépenses autres que celles qui sont énumérées ci-dessus sont facultatives.

Les dépenses facultatives les plus ordinaires sont les suivantes :

1° L'abonnement à diverses publications administratives ;

2° La dépense des imprimés relatifs aux écritures et comptes de gestion du receveur municipal ;

3° Les frais d'assurances contre l'incendie ;

4° L'entretien des promenades publiques ;

5° L'entretien des fontaines, lavoirs et abreuvoirs ;

6° L'entretien des pompes à incendie ;

7° Les dépenses de l'éclairage ;

8° Le salaire du cantonnier communal ;

9° Les fonds accordés aux hospices et aux bureaux de bienfaisance ;

10° Le supplément de traitement alloué au curé ou desservant;

11° Les secours aux fabriques pour insuffisance de revenus. — Voy. FABRIQUES.

12° Le supplément de traitement alloué aux instituteurs et institutrices, en sus du traitement légal;

13° Le supplément de traitement du receveur municipal. — Voy. RECEVEUR MUNICIPAL ;

14° L'indemnité aux instituteurs et institutrices, chargés de cours d'adultes;

15° L'entretien du mobilier scolaire et du mobilier personnel des instituteurs et institutrices, lorsque ce mobilier appartient à la commune;

16° Les subventions communales pour la bibliothèque scolaire et pour la caisse des écoles;

17° Les trois centimes extraordinaires affectés aux chemins vicinaux ;

18° Les trois centimes extraordinaires affectés aux chemins ruraux;

19° Les dépenses des salles d'asile ;

20° L'indemnité donnée à la sage-femme;

21° Les dépenses des fêtes publiques;

22° Les dépenses imprévues.

La loi du 5 avril 1884, article 136, en établissant cette distinction entre les dépenses des communes, n'a eu d'autre objet que de déterminer celles qui sont obligatoires, sans entendre rien prescrire, d'ailleurs, pour les formes de la comptabilité. Aux termes de l'article 135 de la loi du 5 avril 1884, les dépenses du budget ordinaire comprennent les dépenses annuelles et permanentes d'utilité communale et les dépenses du budget extraordinaire comprennent les dépenses accidentelles ou temporaires qui sont imputées sur les recettes énumérées à l'article 134 ou sur l'excédent des recettes ne figurant pas dans les lois antérieures. Mais en fait, les dépenses étaient séparées dans les budgets, suivant les règles indiquées dans l'article 135. Cet article, dès lors, ne fait que maintenir l'état existant précédemment.

Les dépenses ordinaires sont celles qui ont lieu chaque année, et qui tiennent aux services ordinaires de l'administration municipale. Elles doivent être classées dans les budgets et les comptes communaux dans un ordre qui répond aux subdivisions suivantes : 1° frais d'administration, traitements et salaires des agents et employés communaux ; 2° entretien des biens communaux, contributions et prélèvements sur les biens et revenus, salubrité, sûreté, voirie; 3° établissements de charité, secours, pensions ; 4° instruction publique, beaux-arts; 5° cultes, fêtes publiques, dépenses imprévues.

Les dépenses extraordinaires sont celles qui ne sont pas de nature à se reproduire périodiquement, et qui sont momentanément à la charge des communes pour frais relatifs à des produits extraordinaires, pour travaux communaux de toute nature qui ne pourraient être considérés comme étant de simple entretien, pour indemnités, secours ou subventions extraordinaires, pour l'amortissement des emprunts, etc.

Aucune dépense ne peut être acquittée si elle n'a été préalablement ordonnancée par le maire, sur un crédit régulièrement ouvert. Tout mandat ou ordonnance doit énoncer l'exercice et le crédit auxquels la dépense s'applique, et être accompagné, pour la constatation de la dette et la régularité du payement, des pièces indiquées par les règlements. (O. 23 avril 1823, art. 1er ; D. 31 mai 1862, art. 503.)

L'époque de la clôture de l'exercice est fixée pour la liquidation et l'ordonnancement des dépenses communales au 15 mars de la deuxième année de l'exercice, et, pour les payements, au 31 mars. (O. 1er mars 1835 et 24 janvier 1843 ; I. G., art. 813.) — Voy. COMPTABILITÉ COMMUNALE, CRÉDITS, EXERCICE, ORDONNANCEMENT, PAYEMENT, PIÈCES JUSTIFICATIVES.

Des crédits. — Les dépenses des communes ne peuvent être acquittées que sur les crédits ouverts à chacune d'elles, ni ces crédits être employés par les maires à d'autres dépenses. (D. 31 mai 1862, art. 502.)

Les crédits en vertu desquels les dépenses doivent être acquittées sont ouverts dans les budgets. Chaque crédit doit servir exclusivement à la dépense pour laquelle il a été ouvert. Les maires ne peuvent en changer la destination, sans une décision de l'autorité compétente.

Lorsque, dans le cours d'un exercice, les crédits ouverts par le budget sont reconnus insuffisants, ou lorsqu'il doit être pourvu à des dépenses non prévus lors de la formation de ce budget, les crédits reconnus nécessaires sont votés et autorisés par l'autorité compétente pour régler le budget. (Art. 145 et 146, loi 5 avril 1884.) — Voy. COMPTABILITÉ COMMUNALE.

Les crédits accordés pour un exercice sont affectés au payement des dépenses qui résultent de services faits dans l'année qui donne son nom à l'exercice. Ils restent ouverts jusqu'au 31 mars ; mais ce délai n'est accordé que pour compléter le payement des dépenses auxquelles ils ont été affectés. (O. 24 janvier 1843.) — Voy. COMPTABILITÉ.

Ordonnancement des dépenses. — Les maires ou les adjoints qui les remplacent sont les seuls ordonnateurs des dépenses municipales. Leurs ordonnances ou mandats doivent énoncer l'exercice ou le crédit auxquels ils s'appliquent. Ils sont délivrés au profit et au nom des créanciers directs des communes. Si les maires refusaient d'ordonnancer une dépense régulièrement autorisée et liquidée, il serait prononcé par le préfet en conseil de préfecture. L'arrêté du préfet tiendrait lieu du mandat du maire. (Loi, 5 avril 1884, art. 152.)

Aucune dépense ne peut être ordonnancée passé le 15 du mois de la clôture de l'exercice. (D. 31 mai 1862, art. 508.)

Les frais d'administration, les traitements et prélèvements divers, les contributions des biens communaux, les secours publics et les dépenses du culte, étant payables par douzièmes, les mandats relatifs à ces dépenses sont délivrés à la fin de chaque mois.

Les travaux d'entretien des propriétés communales, ainsi que les dépenses extraordinaires de construction, d'entretien ou de réparation, ne pouvant être payés qu'après que les exercices ont été faits, le montant n'en est ordonnancé qu'au fur et à mesure de l'exécution des travaux.

Les fonds alloués dans les budgets des communes, au profit des hospices et des bureaux de bienfaisance, sont ordonnancés par douzièmes, de mois en mois, au nom des trésoriers de ces établissements, qui en deviennent comptables.

C'est également au nom de ces trésoriers que sont ordonnancés les autres fonds et subventions que les communes fournissent aux établissements de bienfaisance pour acquisitions, reconstructions et réparations extraordinaires ; mais les mandats ne sont délivrés que par acomptes proportionnés aux besoins.

Les fonds que les communes ont à verser pour subvenir aux dépendu culte et des collèges communaux sont ordonnancés par douzièmes, de mois en mois, au profit de ces établissements, qui demeurent chargés d'en justifier l'emploi ; mais les allocations qui leur sont accordées pour acquisitions, constructions et réparations sont ordonnancées, comme les autres dépenses extraordinaires des communes, au profit et au nom des créanciers eux-mêmes, à moins, toutefois, en ce qui concerne les fabriques d'églises, que ces établissements ne supportent la plus forte partie de la dépense, auquel cas les fonds de subvention sont centralisés, avec les autres ressources destinées à la dépense, dans la caisse de la fabrique. (Inst. gén. fin., art. 993, 994 et 996.)

Les maires demeurent chargés, sous leur responsabilité, de la remise aux ayants droit des mandats qu'ils délivrent sur la caisse municipale. (D. 31 mai 1862, art. 504.)

Au fur et à mesure de chaque opération d'ordonnancement, il doit en être tenu écriture dans chaque mairie.

Acquittement des dépenses. — Les mandats des maires ordonnateurs doivent, pour justifier de la réalité de la dette et valider le payement, être appuyés de toutes les pièces voulues par les règlements. Tout payement qui sera effectué sans l'accomplissement de ces formalités resterait à la charge du comptable. (L. 11 frimaire, an VII ; D. 27 février 1811 ; O. 23 avril 1823 ; Inst. gén. des fin., art. 998.)

En conséquence, les receveurs municipaux sont autorisés à refuser le payement des mandats qui ne seraient point accompagnés des justifications prescrites. Mais ce refus est lui-même soumis aux règles suivantes :

Les receveurs municipaux ne peuvent se refuser à acquitter les mandats, ni en retarder le payement que dans les seuls cas suivants, 1° si la somme ordonnancée ne portait pas sur un crédit ouvert, ou excédait ce crédit ; 2° si les pièces produites étaient insuffisantes ou irrégulières ; 3° s'il y avait opposition dûment signifiée entre les mains du comptable, contre le payement réclamé ; 4° enfin, si par suite de retards dans le recouvrement des revenus, il y avait insuffisance de fonds dans la caisse du receveur municipal.

Tout refus ou retard doit être motivé dans une déclaration écrite, immédiatement délivrée par le receveur municipal au porteur du mandat, lequel se retire devant le maire pour que ce dernier avise aux mesures à prendre ou à provoquer.

Le receveur qui aurait indûment refusé ou retardé un payement régulier, ou qui n'aurait pas délivré au porteur du mandat la déclaration motivée de son refus, serait responsable des dommages qui pourraient en résulter, et encourrait, en outre, selon la gravité des cas, la perte de son emploi. (D. 31 mai 1862, art. 520 ; Inst. gén. des fin., art. 1000, 1001 et 1002.)

Les comptables n'ont point qualité pour apprécier le mérite des faits auxquels se rapportent les pièces à l'appui de chaque mandat. Il suffit, pour garantir leur responsabilité, qu'elles soient visées et par conséquent attestées par l'ordonnateur. Si cependant un comptable s'apercevait que l'ordonnateur a été trompé, il devrait, nonobstant l'apparente régularité des pièces, suspendre le payement et avertir l'ordonnateur sans aucun retard ; mais, si ce dernier lui donne alors l'ordre de payer, il doit s'y conformer immédiatement. (Inst. gén. des fin., art. 1003.)

Les receveurs municipaux doivent refuser le payement des mandats qui leur seraient présentés après l'époque fixée pour la clôture de l'exercice ; ces mandats sont annulés, sauf réordonnancement ultérieur. (Id., art. 1004.)

Quittances des parties prenantes. — Les quittances des parties prenantes, pour les payements effectués par les receveurs municipaux, doivent être revêtues du timbre spécial de 10 centimes, sauf toutefois les exceptions qui vont être spécifiées. (L. 13 brumaire an VII ; 23 août 1871.)

Les quittances des sommes de dix francs et au-dessous sont affranchies du timbre, lorsqu'elles n'ont pas pour objet un acompte ou une quittance finale sur une plus forte somme. Sont également exemptes du timbre : 1° les quittances des indigents pour les secours qui leur sont accordés à ce titre, ainsi que celles des indigents employés aux travaux à exécuter sur les chemins vicinaux, à quelques sommes qu'elles puissent s'élever ; 2° les quittances des indemnités accordées pour incendie, inondation, épizootie et autres cas fortuits ; 3° les quittances comme tous les autres actes concernant les gens de guerre ; 4° les récépissés des sommes versées aux receveurs des finances pour le compte des communes ; 5° les quittances des maires au receveur municipal du montant des sommes allouées annuellement pour l'entretien de la maison commune, quand il n'y a pas de mémoires d'ouvriers ou de fournisseurs ; les quittances des sommes allouées pour réparation des chemins par des ateliers de charité, lorsqu'il n'y a ni fournisseurs, ni entrepreneurs, et que l'on n'emploie que des indigents ; 7° les quittances des gratifications payées aux sapeurs-pompiers, et certificats à l'appui ; 8° les quittances de sommes payées par suite d'expropriation pour cause d'utilité publique ; 9° celles qui sont données par les receveurs de l'enregistrement pour prix du papier timbré ; 10° les quittances et décomptes pour les pensions d'aliénés indigents à la charge des communes ; 11° les quittances des sommes payées pour le service des enfants assistés et pour le service médical gratuit ; 12° enfin les quittances des sommes allouées à titre de secours aux bureaux de charité et aux sociétés de secours mutuels. (Inst. gén. des fin., art. 1009.)

Les mandats de payement ne sont assujettis au timbre, quand il s'agit d'une dépense excédant 10 francs, qu'à raison de la quittance qui est mise au bas ; en conséquence, ils cessent de l'être si, indépendamment de cet acquit, lequel, du reste, doit toujours être donné pour ordre, les factures ou mémoires sont quittancés par les parties prenantes, et sont revêtus du timbre spécial des quittances, indépendamment du timbre de dimension. (Id., art. 1012 modifié.)

Les mandats pour le payement du prix de fournitures ou de travaux doivent être appuyés de la facture du fournisseur, et cette facture doit être timbrée ; toutefois, lorsqu'il s'agit d'une dépense qui n'excède pas 10 francs, les maires peuvent dispenser les créanciers de produire une facture ou un mémoire timbré, mais alors le détail des fournitures doit être énoncé dans le corps des mandats ; à défaut de cette énonciation, le receveur est tenu d'exiger la facture timbrée. (Id., art. 1013.)

Les receveurs municipaux sont autorisés à faire usage, pour les quittances et les acquits qui leur sont donnés par les parties prenantes, du timbre mobile (à 10 centimes) créé par la loi du 23 août 1871.

Lorsque les communes n'ont pas pris les mesures convenables pour faire payer les frais de timbre par qui de droit, elles doivent faire porter ces frais dans leurs budgets, comme les autres frais d'administration, l'article 1248 du Code civil mettant les frais du payement à la charge du débiteur. (Inst. gén. des fin., art. 1017.)

Les parties prenantes doivent dater elles-mêmes leurs quittances et y désigner la commune où le payement a lieu. Les receveurs municipaux sont tenus de veiller à l'accomplissement de cette formalité, et de la remplir eux-mêmes si les parties prenantes sont illettrées. Lorsque le porteur d'un mandat n'excédant pas 150 francs ne sait pas signer, le receveur municipal peut en effectuer le payement en présence de deux témoins qui signent avec lui, sur le mandat, la déclaration faite par la partie prenante. Si le mandat excède 150 francs, la quittance doit être donnée devant notaire. (L. 18 messidor an II ; C. civ., art. 1341 ; Instr. gén. des fin., art. 1005.) — Voy. Budget, Comptabilité communale, Cotisations communales, Maire, Receveur municipal.

Dépenses imprévues. — Les conseils municipaux peuvent porter au budget un crédit pour dépenses imprévues. La somme inscrite pour ce crédit ne peut être réduite ou rejetée qu'autant que les revenus ordinaires, après avoir satisfait à toutes les dépenses obligatoires, ne permettraient pas d'y faire face.

Dans la première session qui suit l'ordonnancement de chaque dépense, le maire rend compte au conseil municipal, avec pièces justificatives à l'appui, de l'emploi de ce crédit. Ces pièces demeurent annexées à la délibération (art. 147). Cette prescription doit être entendue en ce sens que le maire est tenu de fournir au conseil municipal les justifications des dépenses qu'il aura ordonnancées. Ces justifications peuvent principalement consister en un état détaillé, appuyé de rapports explicatifs, soit du maire, soit des chefs de service. Quant aux pièces comptables proprement dites, telles que mémoires, factures ou quittances, elles continueront à être remises au receveur municipal, afin qu'il puisse les produire, à l'appui de ses comptes, comme les pièces justificatives des autres dépenses. (Circ. int. 15 mai 1884.)

Le crédit pour dépenses imprévues est employé directement par le maire, sans qu'il soit besoin d'autorisation préalable.

Le fonds des dépenses imprévues ne peut être employé à payer des dépenses qui auraient été faites pendant un exercice autre que celui pour lequel le fonds a été alloué, non plus que des dépenses rejetées du projet de budget.

Le receveur municipal ne peut se rendre juge de l'urgence de la dépense, quant à l'emploi, sans approbation préalable, du crédit pour dépenses imprévues. Il doit payer tout mandat délivré par le maire sur ce crédit lorsque, d'ailleurs, la dépense présente un caractère communal, sauf à transmettre, s'il le juge convenable, à l'autorité supérieure des observations sur la mesure prise par le maire.

Le fonds des dépenses imprévues sert principalement au payement des portions de dépenses qui excéderaient les crédits ouverts primitivement au budget ; dans ce cas, les maires forment ordinairement deux mandats : l'un, avec imputation sur le crédit spécial, du montant de ce crédit ; et l'autre, avec imputation sur le fonds de dépenses imprévues, de l'excédent de la dépense. Cependant, il est quelquefois préférable, pour épargner un double droit de timbre, de ne former qu'un seul mandat, désignant l'imputation faite sur chaque crédit (crédit spécial et dépenses imprévues). — Voy. *Dict. des formules*, n° 550.

Dépôt de mendicité. — Voy. Mendicité.

Dépôts de sûreté. — Ce sont les maisons qui se trouvent dans les lieux de passage où séjournent, pendant leur transfèrement, les prévenus, accusés ou condamnés, et dans lesquelles ils sont temporairement placés. On comprend aussi quelquefois sous cette dénomination, les maisons de police municipale destinées à renfermer les individus arrêtés en flagrant délit, en attendant qu'ils puissent être traduits devant l'autorité compétente, et les personnes condamnées par le tribunal de police.

L'obligation d'entretenir les prisons, maisons d'arrêt, de justice, ou dépôts de sûreté est une charge exclusivement départementale. Aucun texte de loi n'oblige les communes à avoir une prison ; ainsi les dépenses à faire pour cet objet sont entièrement facultatives. — Voy. PRISONS.

Dépôt légal. — Aux termes de l'article 3 de la loi du 29 juillet 1881, au moment de la publication de tout imprimé, il en sera fait par l'imprimeur, sous peine d'une amende de 16 à 300 francs, un dépôt de deux exemplaires, destinés aux collections nationales.

Ce dépôt sera fait au ministère de l'intérieur pour Paris, à la préfecture pour tous les chefs-lieux de département, à la sous-préfecture pour tous les chefs-lieux d'arrondissement, et pour *les autres villes à la Mairie.*

L'acte de dépôt doit mentionner le titre de l'imprimé et le chiffre du tirage.

Ce dépôt doit comprendre trois exemplaires pour les estampes, la musique et en général les reproductions autres que les imprimés.

Il n'y a d'exception à cette règle que pour les bulletins de vote, les circulaires commerciales ou industrielles et les ouvrages dits de ville ou bilboquets.

Au moment de la publication de chaque feuille ou livraison d'un journal ou écrit périodique, le dépôt de deux exemplaires doit en être effectué au parquet du procureur de la République ou à la mairie des villes qui n'ont pas de tribunal.

Pareil dépôt doit être fait à Paris au ministère de l'intérieur, et dans les départements soit à la préfecture, soit à la sous-préfecture ou à la mairie, suivant les villes. Chacun de ces dépôts doit être effectué à peine de 50 francs d'amende contre le gérant. (Art. 10.)

Députés. — Voir CHAMBRE DES DÉPUTÉS, page 485 au mot *Constitution*, et *Élection des députés*, page 623.

Déserteur. — Tout militaire qui abandonne, sans permission ou congé, le drapeau sous lequel la loi l'oblige à servir, est réputé déserteur.

Les maires sont tenus, sous leur responsabilité personnelle, de coopérer de tout leur pouvoir à assurer l'effet des mesures que prend la gendarmerie pour l'arrestation des déserteurs, soit en fournissant la liste de ceux qui se trouveraient dans leur ressort respectif, soit en prêtant main-forte en cas de besoin. (Arr. 3 fructidor an VI.)

L'arrestation des déserteurs et des militaires qui ne seraient pas porteurs de feuilles de route ou de congés en bonne forme appartient exclusivement à la gendarmerie. (O. octobre 1882.)

Les officiers de recrutement, préposés de douanes, agents de police, gardes forestiers et gardes champêtres doivent cependant y coopérer. Une gratification de 25 francs est accordée par chaque arrestation.

Les maires doivent aussi rendre compte aux préfets des arrestations de déserteurs présumés appartenir aux Etats avec lesquels il existe des conventions, des interrogatoires qu'ils ont fait subir, et qui doivent avoir pour but de découvrir : 1° si le déserteur est réellement étranger ; 2° s'il n'est pas sujet français ; 3° s'il n'est pas recherché pour quelque crime ou délit commis en France; 4° l'époque et les circonstances de la désertion. (Inst. min. 8 janvier 1821.)

Est puni de l'emprisonnement et de l'amende tout habitant de l'intérieur qui recèle un déserteur. (L. 24 brumaire an VI.)

Les crimes et délits politiques sont jugés par les conseils de guerre permanents ; mais les tribunaux correctionnels sont seuls compétents pour prononcer sur les peines contre les recéleurs, à moins que ceux-ci ne soient eux-mêmes militaires ou employés à la suite de l'armée. — Voy. INSOUMIS, RECRUTEMENT. — *Dict. des formules*, n°s 551, 552 et 553.

Déshérence. — Etat d'un héritage abandonné.

Tous les biens vacants et sans maîtres, et ceux des personnes qui décèdent sans héritiers, ou dont les successions sont abandonnées, appartiennent au domaine public. (C. civ., art. 539.)

Il y a, toutefois, une exception au principe général consigné dans l'article 539 du Code civil : les effets mobiliers, apportés dans les hospices pour les malades qui y ont été traités gratuitement doivent appartenir auxdits hospices, à l'exclusion des héritiers et du domaine, à titre de déshérence. (Av. cons. d'Et. 3 novembre 1809.)

Désistement. — Le désistement d'une dénonciation ou d'une plainte doit être donné dans les vingt-quatre heures, par le dénonciateur ou le plaignant, et pardevant l'officier municipal ou de police qui a reçu la dénonciation ou la plainte, laquelle se trouve, par l'effet du désistement, comme non avenue. Toutefois, si la dénonciation ou plainte intéresse l'ordre public, l'officier municipal qui l'a reçue ne doit pas moins poursuivre d'office, s'il y a lieu. (L. 3 brumaire an VI; C. civ., art. 2046.) — Voy. DÉNONCIATION. — *Dict. des formules*, n° 554.

Desservant. — C'est la dénomination légale du prêtre chargé de desservir une succursale. Cette dénomination se rencontre d'ailleurs assez rarement dans le langage ordinaire, l'usage et la déférence faisant donner indistinctement à tous les prêtres chargés en chef de l'exercice du culte dans une commune le titre plus élevé de curé. — Voy. CULTE, CURÉ, PAROISSE, SUCCURSALE.

Détenus. — Terme générique servant à désigner tous ceux qui sont enfermés, soit pour un crime, un délit ou une contravention, soit pour dettes. — Voy. CONTRAVENTIONS, DÉLITS, PRISONS.

Dettes des communes. — Les communes, faisant partie des établissements publics que la loi assimile aux personnes civiles, peuvent vendre, échanger, acquérir, emprunter ; elles peuvent donc contracter des dettes, et la législation administrative a dû déterminer, avec les diverses conditions des engagements, les différents modes de libération.

Toutes les dettes des communes antérieures à la loi du 24 août 1793 sont devenues dettes nationales, et les créanciers des communes, créanciers directs de l'État. Les communes sont libérées sans réserve et sans exception, et une déchéance absolue frappe indistinctement les créanciers qui n'ont été ni payés par les communes, ni liquidés par l'État, quels que soient, d'ailleurs, leurs titres, leur caractère et leur position. (Av. cons. d'État 1810.)

Les dettes communales actuelles, c'est-à-dire postérieures à la loi du 24 août 1793, proviennent : 1° d'emprunts légalement contractés ; 2° d'acquisitions immobilières ou de constructions pour le payement desquelles des termes ont été stipulés ; 3° de condamnations judiciaires ; 4° enfin, d'engagements contractés à différents titres et constituant pour la commune une charge de quelque durée.

Les dettes exigibles des communes sont classées au nombre des dépenses obligatoires des communes. (L. 5 avril 1884, art. 136.)

Les communes peuvent acquitter ces dettes au moyen soit de fonds libres, soit d'un emprunt, soit d'une imposition extraordinaire, soit d'une aliénation de biens communaux.

En principe, toute délibération d'un conseil municipal portant vote d'une dépense, même facultative, lorsqu'elle a été prise dans les formes légales et revêtue de l'approbation de l'autorité supérieure, fait titre au profit des tiers intéressés, et constitue, dès lors, un engagement obligatoire pour la commune dont l'autorité supérieure a le devoir d'assurer l'exécution d'office et par les voies de droit.

En ce qui concerne spécialement les condamnations judiciaires, il est nécessaire, pour obtenir l'autorisation de s'imposer, de vendre ou d'emprunter, que la commune produise expédition en forme du jugement et un mémoire des frais dûment taxés. Quant aux intérêts, ils ne sont dus qu'autant qu'ils ont été réclamés en justice et que le jugement les alloue. Ils ne sont exigibles, dans tous les cas, que pour cinq ans.

A l'égard des condamnations judiciaires, des doutes pouvaient s'élever sous l'ancienne législation sur le point de savoir si le décret sur la décentralisation conférait au préfet le pouvoir d'autoriser la vente des biens communaux. Ces doutes ne pourraient se reproduire aujourd'hui, car l'article 110 de la loi du 5 avril 1884, dit formellement : La vente des biens mobiliers et immobiliers des communes, autres que ceux servant à un usage public, peut être autorisée sur la demande de tout créancier porteur de titre exécutoire par un décret du Président de la République qui détermine les formes de la vente. C'est donc désormais au chef de l'État seul qu'il appartient de statuer. (Circ. int. 15 mai 1884.)

Le décret du 5 germinal an XI et l'ordonnance du 26 février 1823 font courir les intérêts des sommes dues par les communes pour travaux, du jour de la demande faite en justice ou devant l'autorité administrative compétente.

Si le maire ou l'adjoint, ou plusieurs habitants ont contracté, en leur propre et privé nom, sans autorisation du conseil municipal, ou avec expression de solidarité ou de garantie, le créancier n'est pas tenu de poursuivre la commune. (O. 20 novembre 1816, 21 mai 1817, 21 avril 1820.)

Déversoir. — C'est l'endroit par lequel le trop-plein de la conduite d'eau d'une usine ou d'un étang s'écoule au moyen d'une vanne. La hauteur des réservoirs doit être fixée par l'autorité administrative. (L. 6 octobre 1791.) — Voy. Canaux, Cours d'eau, Etangs. Usines.

Devins. — On nomme devins des gens qui prétendent découvrir les choses cachées, prédire ce qui doit arriver, expliquer les songes, etc.

Le Code pénal punit d'une amende de 11 à 15 francs inclusivement les gens qui font métier de deviner et pronostiquer, ou d'expliquer les songes. La peine de l'emprisonnement pendant cinq jours au plus peut, en outre, être prononcée contre les interprètes des songes. Sont de plus saisis et confisqués les instruments, ustensiles et costumes, servant ou destinés à l'exercice du métier de devin, pronostiqueur ou interprète de songes (C. P., art. 479, 480 et 481). L'action contre les devins, pronostiqueurs et interprètes de songes est exclusivement attribuée au juge de paix. (C. I. C. art. 130.) — *Dict. des formules*, n° 555.

Devis — Etat détaillé de toutes les parties d'un travail projeté, indiquant la nature des matériaux à employer, leur valeur, le prix de main-d'œuvre, enfin l'évaluation totale de l'ouvrage à exécuter. Lorsqu'il s'agit de travaux communaux, il est indispensable que l'administration fasse dresser préalablement un devis, avant de procéder à la rédaction du cahier des charges de l'adjudication. C'est la base principale du contrat à passer entre l'administration et l'entrepreneur ; c'est d'après le texte du devis que l'on juge les contestations auxquelles peut donner lieu l'exécution du travail. — Voy. Adjudication, Cahier des charges, Etat estimatif, Travaux communaux.

Diffamation. — **Injure**. — Toute allégation ou imputation d'un fait qui porte atteinte à l'honneur ou à la considération de la personne ou du corps auquel le fait est imputé est une diffamation. (L. 17 mai 1819, art. 13.)

Toute expression outrageante, terme de mépris ou invective qui ne renferme l'imputation d'aucun fait, est une injure. (Id.)

La diffamation et l'injure peuvent être commises soit par des discours, des cris ou menaces proférés dans des lieux ou réunions publics, soit par des écrits, des imprimés, des dessins, des gravures, des peintures ou emblèmes vendus ou distribués, mis en vente ou exposés dans les lieux ou réunions publics, soit par des placards ou affiches exposés au regard du public, sont punies d'après les distinctions suivantes. (L. 17 mai 1817, art. 14.) La gravité de la peine varie suivant que l'injure s'adresse à un particulier, à un fonctionnaire public ou à un corps constitué. La poursuite a toujours lieu d'office, lorsque l'injure se mamanifeste contre un fonctionnaire public ou un ministre du culte dans l'exercice de ses fonctions.

Lorsque les maires, les adjoints ou les commissaires de police constatent les délits de diffamation et d'injures publiques, soit en recueillant les déclarations des témoins, soit en recevant la plainte du fonctionnaire ou du simple particulier qui se prétend diffamé ou injurié, il est indispensable de rapporter textuellement, et quelle que puisse être leur grossièreté, les paroles diffamatoires ou injurieuses dont s'est servi le prévenu. — Voy. Dénonciation, Outrages, Police judiciaire.

Digues. — On entend par ce mot tous les ouvrages d'art qui on pour but de protéger les propriétés riveraines contre l'invasion des eaux, soit de la mer, soit des fleuves, rivières et torrents.

Quant aux travaux de même nature entrepris dans l'intérêt de la navigation, et qui ont le caractère de travaux de grande voirie, les questions auxquelles leur exécution peut donner lieu se rattachent à un autre ordre de matières. — Voy. Canaux, Cours d'eau, Navigation, Voirie.

Lorsqu'il s'agit de construire des digues à la mer ou contre les fleuves, riviéves et torrents navigables ou non navigables, la nécessité en est constatée par le gouvernement, et la dépense supportée par les propriétés protégées, dans la proportion de leur intérêt aux travaux, sauf dans les cas où le Gouvernement croirait utile et juste d'accorder des secours sur les fonds publics. (L. 16 septembre 1807, art. 33.)

Lorsqu'il y a lieu de pourvoir aux dépenses d'entretien et de réparation des digues, il est fait des règlements d'administration publique qui fixent la part contributive du Gouvernement et des propriétaires. (Id., art. 34.)

Toute la législation sur la question se résume dans la loi du 16 septembre 1807, dont nous venons de citer les deux articles les plus importants, et dans la loi du 14 floréal an XI, qui détermine le mode de recouvrement des cotisations nécessaires au payement des travaux.

Les préfets statuent, sur l'avis et la proposition des ingénieurs en chef, et, conformément aux règlements ou instructions ministérielles, sur la constitution en associations syndicales des propriétaires intéressés à l'exécution et à l'entretien des travaux d'endiguement contre la mer, les fleuves, rivières et torrents navigables ou non navigables, lorsque ces propriétaires sont d'accord pour l'exécution desdits travaux et la répartition des dépenses. (L. 25 mars 1852, tableau D.)

Lorsque les propriétaires intéressés ne sont pas d'accord, les associations syndicales sont constituées par des règlements d'administration publique, c'est-à-dire par décrets rendus en conseil d'Etat. — Voy. Syndicats.

L'article 437 du Code pénal prononce une peine de 50 francs au moins contre toute personne qui aurait détruit, en tout ou en partie, des digues, ponts ou chaussées, indépendamment du quart des restitutions et indemnités revenant à la partie lésée. — *Dict. des formules*, n° 557.

Diligences. — Voy. Voitures publiques.

Dimanche et jours fériés. — La loi du 12 juillet 1880 a abrogé la loi du 18 novembre 1814 et autres dispositions, lois, décrets ou ordonnances sur l'observation des dimanches et fêtes qui prescrivaient l'interdiction des travaux ordinaires pendant les jours fériés reconnus par la loi.

Mais cette loi ne déroge pas aux dispositions des lois civiles et criminelles qui règlent les vacances des diverses administrations, les délais et l'accomplissement des formalités judiciaires, l'exécution des décisions de la justice, non plus qu'à celles de la loi du 17 mai 1874 sur le travail des enfants et des filles mineures employées dans l'industrie qui reste formellement interdit le dimanche. — Voy. Travail des enfants dans les manufactures.

Le dimanche demeure le jour fixé pour le repos des fonctionnaires.)L. 18 germinal an X, art. 57.)

Les tribunaux continuent à être fermés les jours de fêtes légales, sauf pour les affaires criminelles et correctionnelles et pour les audiences des juges de paix qui, aux termes de l'article 8 du Code de procédure civile, peuvent avoir lieu les jours fériés, le matin et l'après-midi, après les offices. (L. 18 thermidor an VI.)

C'est toujours le dimanche que les publications de mariage et les annonces de baux des biens de l'Etat et des communes doivent avoir lieu. (Code civil et loi des 23 octobre et 5 novembre 1790.)

Diocèse. — Voy. Evêché.

Disparition. — Les maires, leurs adjoints et les commissaires de police sont tenus de recevoir les déclarations des parents, amis ou voisins de toute personne qui aurait disparu furtivement ou se serait absentée sans donner aucun avis. Ils dressent procès-verbal de la déclaration et y relatent les circonstances de la disparition. — Voy. Absence. — *Dict. des formules*, nos 558-559.

Dispensaire. — On entend par ce mot un établissement médical organisé, soit par un bureau de bienfaisance, soit par une association charitable, et qui a pour but de faire soigner gratuitement à domicile les malades indigents.

Pour que l'administration d'un dispensaire soit bien réglée, il convient de la confier à la direction d'un conseil d'administration élu par les souscripteurs. Ce conseil tire de son sein un bureau qui est chargé d'exécuter ses décisions.

Des médecins et des chirurgiens, choisis, autant que possible, parmi les praticiens qui consentent à donner gratuitement leurs soins aux pauvres, sont attachés au dispensaire.

Une circulaire du ministre de l'intérieur, du 25 janvier 1881, recommande aux préfets de favoriser le développement des dispensaires, surtout pour le traitement des jeunes enfants dans la période de l'allaitement.

Dispense. — C'est un relâchement de la rigueur du droit en faveur de quelqu'un, pour des conditions particulières.

Il y a, pour le mariage, dispense d'âge ou de parenté et dispense des publications de bans. — Voy. Etat civil.

Les parents et alliés jusqu'au degré d'oncle et de neveu inclusivement ne peuvent, sans une dispense du Président de la République, être simultanément membres d'un même tribunal ou d'une même cour soit comme juges, soit comme officiers du ministère public, soit comme greffiers. Si l'alliance est survenue depuis la nomination, celui qui l'a contractée ne peut continuer ses fonctions sans obtenir une dispense. (L. 20 avril 1810, art. 63.)

Le Gouvernement peut dispenser de la justification du temps d'étude nécessaire pour arriver au notariat les individus ayant exercé des fonctions administratives ou judiciaires. (L. 23 ventôse an XI.)

Les bureaux d'assistance judiciaire peuvent, en admettant certains justiciables à l'assistance, les dispenser provisoirement des frais de justice. (L. 31 janvier 1851.) — Voy. Assistance judiciaire.

Pour les autres dispenses, telles que les dispenses d'impôt, les dispenses des fonctions de juré, du service militaire, etc., on doit se reporter aux services spéciaux. — Voy. Contributions directes, Jury, Recrutement.

Dispute. — Les maires devant veiller au maintien de la tranquillité publique sont tenus d'interposer leur autorité dans tous les cas de rixes ou de disputes. — Voy. Rixes.

Dissection (*Salles de*). — Il n'est accordé d'autorisation pour l'ouverture des salles de dissection ou laboratoires d'anatomie qu'autant que les lieux désignés pour l'établissement ne présentent aucun inconvénient, sous le rapport de la salubrité publique.

D'après un arrêté du Directoire exécutif, du 3 vendémiaire an VII, les maires sont chargés d'accorder ces autorisations et de prendre, pour l'inspection des salles de dissection, toutes les dispositions qu'ils jugent nécessaires, sous la réserve de l'approbation du ministre de l'intérieur. — Voy. Exhumations, Salubrité publique.

Distance. — On appelle distance l'intervalle d'un lieu à un autre.

La fixation précise de cet intervalle est, sous plusieurs rapports, une nécessité rigoureuse.

Elle peut servir de base aux ajournements et délais de procédure. — Voy. Délai.

Elle détermine certaines prohibitions, telles que celles relatives au droit de planter des arbres et des haies vives ou d'élever des constructions dans le voisinage des cimetières, des forêts, des places de guerre et des postes militaires. — Voy. Arbres, Bois des communes, Chemins vicinaux, Cimetières, Routes, Servitudes.

La distance n'exerce plus d'influence directe sur la promulgation des lois.

L'article 1ᵉʳ du Code civil porte bien : « Les lois sont exécutoires dans tout le territoire français en vertu de la promulgation qui en est faite par le Président de la République. Elles sont exécutées dans chaque partie du territoire du moment où la promulgation pourra en être connue. »

Mais, depuis, l'article 2 du décret du 5 novembre 1870 a fixé pour point de départ de la mise en exécution des lois dans chaque arrondissement l'arrivée du *Journal officiel* au chef-lieu de l'arrondissement. Le délai de promulgation n'a plus besoin d'être calculé d'après la distance puisque la promulgation résulte du fait matériel de la réception. Une circulaire du ministre de l'intérieur en date du 19 juin 1878, prescrit à cet effet de tenir dans chaque sous-préfecture un registre où la date d'arrivée du *Journal officiel* sera exactement notée. La tenue régulière d'un registre est d'autant plus indispensable qu'il peut servir de preuve de la promulgation des lois en justice.

Le législateur a retardé, à raison des distances, l'échéance des sommations et des ajournements. En matière civile, le délai des ajournements, des citations, des sommations et des autres actes faits à personne ou à domicile est, en général, augmenté d'un jour à raison de 3 myriamètres de distance, et, quand il y a lieu à voyage, ou renvoi et retour, l'augmentation est du double. (C. Proc., art. 1033.) — En matière criminelle, les délais sont aussi augmentés à raison des distances. En général, le délai est augmenté d'un jour par 3 myriamètres. Quelquefois, l'augmentation des délais ne se calcule que par 5 myriamètres. (C. I. C., art. 146, 184 et 187.) — Voy. *Tableau des distances de Paris aux chefs-lieux du département.*

Distillerie. — L'exercice de la profession de distillateur, qui consiste à séparer et tirer des mixtes les esprits, les essences, les liqueurs, les sucs, est soumis à la régie des contributions indirectes, comme tout ce qui concerne les boissons.

Les distilleries doivent appeler l'attention de la police à cause des dangers qu'elles présentent pour le feu et des odeurs infectes qu'elles répandent.

Aucune distillerie ne peut s'établir proche des habitations particulières sans l'autorisation du préfet du département. (D. 15 octobre 1810 ; O. 14 janvier 1815.) — Voy. ETABLISSEMENTS DANGEREUX ET INSALUBRES.

Distributeur d'écrits. — Voy. COLPORTEUR, CRIEUR PUBLIC.

Divagation. — Divaguer, c'est errer à l'abandon. La loi punit d'une amende de six francs à dix francs inclusivement ceux qui laissent divaguer des fous et des furieux étant sous leur garde, ou des animaux malfaisants ou féroces (C. P., art. 475, n° 7). Le fait de la divagation suffit pour constituer la contravention ; il n'est pas nécessaire qu'il en soit résulté aucun mal ni dommage.

Si la divagation a été la cause d'un homicide ou de blessures sur les personnes, les articles 319 et 320 du Code pénal peuvent devenir applicables.

Si elle a occasionné la mort ou la blessure des animaux ou bestiaux appartenant à autrui, elle est punie d'une amende de onze francs à quinze francs inclusivement, et elle peut même l'être de l'emprisonnement pendant cinq jours. (C. P., art. 479 et 480.)

Un chien est en état de divagation s'il se trouve dans une cour non close. (Cass. 17 janvier 1823.)

L'article 97, n° 6, de la loi du 5 avril 1884 charge les corps municipaux de remédier aux événements fâcheux qui peuvent être causés par la divagation des animaux malfaisants ou féroces. Les maires peuvent, en conséquence, par leurs arrêtés, prescrire toutes mesures de précaution nécessaires pour prévenir les accidents de cette nature. — Voy. ACCIDENTS, ALIÉNÉS, ANIMAUX, CHIENS, POLICE MUNICIPALE.

Divorce. — La loi du 27-29 juillet 1884 a abrogé la loi du 8 mai 1816 abolissant le divorce. Les dispositions du code civil abrogées par cette loi sont rétablies à l'exception de celles qui sont relatives au divorce par consentement mutuel, avec les modifications suivantes apportées aux articles 230, 232, 234, 235, 261, 263, 295, 296, 298, 299, 306, 307 et 310.

La femme pourra désormais demander le divorce pour cause d'adultère de son mari. (Art. 230.) La femme qui jadis ne pouvait réclamer le divorce que lorsque le mari avait tenu une concubine sous le toit conjugal, est désormais, au point de vue de l'adultère, sur le même pied que le mari, et, comme lui, elle peut demander le divorce quelles que soient les circonstances de l'adultère.

La condamnation de l'un des époux à une peine afflictive et infamante est pour l'autre époux une cause de divorce. (Art. 232)

Procédure du divorce. — La demande en divorce ne peut être formée qu'au tribunal de l'arrondissement dans lequel les époux ont leur domicile. (Art. 234.)

Si quelques-uns des faits allégués par l'époux demandeur donnent lieu à une poursuite criminelle de la part du ministère public, l'action en divorce reste suspendue jusqu'après la décision de la juridiction répressive ; alors elle peut être reprise sans qu'il soit permis d'inférer de cette décision aucune fin de non-recevoir ou exception préjudicielle contre l'époux demandeur. (Art. 235.)

Lorsque le divorce est demandé par la raison qu'un des époux est condamné à une peine afflictive et infamante, les seules formalités à observer consistent à présenter au tribunal de première instance une expédition en bonne forme de la décision portant condamnation, avec un certificat du greffier constatant que cette décision n'est plus susceptible d'être réformée par les voies ordinaires. Le certificat du greffier doit être visé par le procureur général ou par le procureur de la République. (Art. 261). Il importe de remarquer que dans ces deux articles 235 et 261 le législateur a substitué les mots *décision de la juridiction répressive* à ceux de l'arrêt de la cour d'assises afin de bien établir que les peines afflictives et infamantes prononcées par les conseils de guerre et les tribunaux maritimes peuvent aussi bien devenir des causes de divorce que celles émanant des tribunaux ordinaires.

L'appel n'est recevable qu'autant qu'il a été interjeté dans les deux mois à compter du jour de la signification du jugement rendu contradictoirement ou par défaut. Le délai pour se pourvoir à la Cour de cassation contre un jugement en dernier ressort est aussi de deux mois à compter de la signification. Le pourvoi est suspensif. (Art. 264).

Les mesures provisoires auxquelles peut donner lieu la demande en divorce, ainsi que les fins de non-recevoir contre l'action en divorce restent régies par les articles 264 à 274 inclusivement du Code civil qui ne sont pas modifiés par la nouvelle loi.

Effets du divorce. — Les époux divorcés ne pourront plus se réunir, si l'un ou l'autre a, postérieurement au divorce, contracté un second mariage suivi d'un second divorce. Mais la réunion des époux divorcés ne s'opère plus *de plano* en vertu de l'ancien acte de mariage ; la valeur de cet acte a été détruite par le divorce. Il faut pour consacrer la réunion des époux, une nouvelle célébration du mariage dans les formes légales.

De plus, pour éviter que les conjoints ne se servent du divorce comme d'un moyen de changer les conventions matrimoniales, le deuxième paragraphe de l'article 295 interdit aux époux d'adopter un régime matrimonial autre que celui qui réglait originairement leur union.

Après la réunion des époux, il ne sera reçu de leur part aucune nouvelle demande de divorce, pour quelque cause que ce soit, autre que celle d'une condamnation à une peine afflictive et infamante prononcée contre l'un d'eux depuis leur réunion. (Art. 295.)

La femme divorcée ne pourra se remarier que dix mois après que le divorce sera devenu définitif. (Art. 296.) Cet article n'est que la consécration de l'article 228 du Code civil qui ne permet à la veuve de contracter un nouveau mariage que dix mois après la dissolution du premier.

Dans le cas de divorce admis en justice pour cause d'adultère, l'épouse coupable ne pourra jamais se remarier avec son complice. (Art. 298.)

L'époux contre lequel le divorce aura été prononcé perdra tous les avantages que l'autre époux lui avait faits, soit par contrat de mariage, soit depuis le mariage. (Art. 299.)

Séparation de corps. — Dans le cas où il y a lieu à demande en divorce, il sera libre aux époux de former une demande en séparation de corps. (Art. 306.)

Elle est intentée, instruite et jugée de la même manière que toute autre action civile. (Art. 307.)

Lorsque la séparation de corps aura duré trois ans, le jugement pourra être converti en jugement de divorce sur la demande formée par l'un des époux.

Cette nouvelle demande sera introduite par assignation, à huit jours francs en vertu d'une ordonnance rendue par le président.

Elle sera débattue en la chambre du conseil.

L'ordonnance nommera un juge rapporteur, ordonnera la communication au ministère public et fixera le jour de la comparution.

Le jugement sera rendu en audience publique.

Le législateur n'a pas voulu que 3 ans après la séparation de corps, le divorce fut prononcé de droit sur la demande de l'un des époux et particulièrement de l'époux défendeur. Il a voulu qu'une nouvelle instance s'ouvrit, qu'on procédât à une enquête complète et surtout laisser au tribunal la faculté de prononcer le divorce sans lui en imposer l'obligation. Il y a en effet, dans un nouvel et complet examen de l'affaire par les tribunaux, une garantie pour le conjoint-demandeur contre les prétentions du défendeur.

Les articles 233, 275 à 294, 297, 305, 308 et 309 du Code civil sont abrogés. (L. 27-29 juillet 1884, art. 1er.)

Le paragraphe ajouté à l'article 312 du Code civil par la loi du 6 décembre 1850 est modifié comme il suit.

« En cas de jugement ou même de demande soit de divorce, soit de séparation de corps, le mari pourra désavouer l'enfant qui sera né trois cents jours après la décision qui aura autorisé la femme à avoir un domicile séparé, et moins de cent quatre-vingts jours depuis le rejet définitif de la demande ou depuis la réconciliation. L'action en désaveu ne sera pas admise s'il y a eu réunion de fait entre les époux. » (Art. 2, loi 27-29 juillet 1884.)

La reproduction des débats sur les instances en divorce ou en séparation de corps est interdite sous peine de l'amende de 100 à 2,000 francs édictée par l'article 39 de la loi du 30 juillet 1881. (Art. 3, loi 27-29 juillet 1884.)

Dispositions transitoires. — Les instances en séparation de corps pendantes au moment de la promulgation de la présente loi pourront être converties par les demandeurs en instances de divorce. Cette conversion pourra être demandée même en cour d'appel.

La procédure spéciale au divorce sera suivie à partir du dernier acte valable de la prodécure en séparation de corps.

Pourront être convertis en jugement de divorce, comme il est dit à l'article 310, tous jugements de séparation de corps devenus définitifs avant la promulgation de la loi. (Art. 4, loi 27-29 juillet 1884.)

Cette loi est applicable à l'Algérie et aux colonies de la Martinique, de la Guadeloupe, et de la Réunion. — Voy. *Dict. des formules*, n° 724.

Docks. — Bassins creusés autour des ports de mer destinés au stationnement des navires pendant les opérations du déchargement.

Ces bassins sont régis par la police maritime pour ce qui concerne la navigation ; mais, à tous autres égards, ils sont placés sous la surveillance de l'autorité municipale. — Voy. Navigation, Ports.

Domaine. — On comprend sous cette dénomination l'ensemble des biens qui appartiennent à la nation, considérée comme être collectif.

Le domaine national se divise en deux branches distinctes : le domaine public, le domaine de l'État.

Le domaine public comprend les biens dont l'usage est commun à tous, tel que routes, places, chemins, fleuves et rivières, etc. Ces biens appartenant soit à l'État, soit au département, soit aux communes, on trouve dans les articles spéciaux les règles relatives à ces différentes sortes de biens. — Voy. Chemins vicinaux, Chemins de fer, Cours d'eau, Voie publique, etc.

Le domaine de l'État comprend comme tous les biens meubles et immeubles qui sont possédés par l'État à titre de propriété.

La régie du domaine ordinaire est confiée à l'administration de l'enregistrement et des domaines. Quant au domaine forestier, il est confié à une administration spéciale, la direction générale des forêts.

Les fonctions des maires, en ce qui concerne les domaines, se bornent à une simple surveillance sur tout acte ou entreprise qui tendrait soit à détériorer cette portion de la fortune publique, soit à s'emparer, en totalité ou en partie, de l'un des domaines ; ce n'est qu'au sous-préfet de leur arrondissement qu'ils ont à rendre compte de tout ce qui peut exciter leur sollicitude à cet égard.

En matière de bois et forêts de l'État, les maires sont tenus de publier et d'afficher dans leurs communes tous les actes qui doivent être connus du public.

Ils peuvent être chargés de présider aux adjudications de coupes dont la valeur n'excède pas 500 francs.

Ils délivrent des certificats d'indigence pour la mise en liberté des condamnés pour délits forestiers, lorsqu'ils sont hors d'état de payer l'amende.

Ils doivent veiller à ce qu'il ne soit fait aucun défrichement sans l'autorisation du gouvernement. Si une contravention de cette nature était commise, ils en dresseraient procès-verbal, et l'enverraient au procureur de la République, ainsi qu'un duplicata à l'agent forestier.

Enfin ils doivent, sur la réquisition des gardes, les assister dans leurs perquisitions et signer les procès-verbaux. — Voy. Bois des communes et établissements publics.

Le domaine de la couronne se composait des biens dont la nation conserve la propriété, mais dont elle avait distrait la jouissance au profit du chef de l'État. En exécution d'un décret du 6 septembre 1870, tous les biens meubles et immeubles désignés sous le nom de biens de la liste civile, ont fait retour au domaine de l'État.

Domestiques. — Les domestiques attachés à la personne ne peuvent être membres du conseil municipal. (L. 5 avril 1884, art. 7.)

A Paris et dans les villes dont la population est de 50,000 habitants et au-dessus, tous les individus de l'un et de l'autre sexe qui veulent se mettre en service doivent se faire inscrire à la mairie, où il leur est délivré un livret. (D. 3 octobre 1810, art. 1er; D. 25 septembre 1813.)

Si le domestique perd son livret, il doit en faire la déclaration.

Cette prescription est un peu tombée en désuétude mais elle n'a pas été formellement abrogée. — Voy. *Dict. des formules*, nos 560 à 568.

Domicile. — On distingue deux sortes de domicile : le domicile civil et le domicile politique.

Domicile civil. — Le domicile de tout Français, quant à l'exercice de ses droits civils, est au lieu où il a son principal établissement (C. civ., art. 102). Ainsi, ce n'est pas la simple demeure ou résidence qui constitue le domicile ; la loi, pour en reconnaître les caractères, veut qu'au fait d'une habitation réelle vienne se joindre l'intention de fixer son principal établissement. (Id., art. 104.)

Chacun a un domicile originaire qu'il tient de sa naissance, et qu'il est censé n'avoir jamais quitté, à moins de preuves positives : ce domicile est celui des père et mère; il peut être volontairement changé, mais il ne peut être tacitement perdu.

Le Code civil (art. 103) a exigé deux conditions pour opérer la translation du domicile : la résidence et l'intention.

La résidence est un fait qui peut se prouver d'une manière matérielle, c'est à celui qui l'allègue à l'établir, et il doit en administrer des preuves suffisantes. Quant à l'intention, la preuve en résulte d'une déclaration expresse, faite tant à la municipalité du lieu qu'on quitte qu'à celle du lieu où on a transféré son domicile. (Id., art. 104.)

Il doit y avoir dans chaque mairie un registre spécial sur lequel sont inscrites les déclarations de changement de domicile, et c'est à l'aide de ces inscriptions que les maires rectifient leurs tableaux de population. A défaut de déclaration expresse, la preuve de l'intention dépend des circonstances. (Id., art. 105.)

Ces circonstances ne s'apprécient bien que sur les lieux et au moyen de vérification et d'enquête.

Le payement du droit fixe de patente dans une commune, ou de la contribution personnelle, la comparution comme défendeur devant le tribunal, sans y avoir proposé de déclinatoire, sont autant d'éléments d'après lesquels se décide la question de domicile. — *Dict. des formules*, nos 564-565.

L'acceptation de fonctions conférées à vie emporte translation immédiate du domicile du fonctionnaire dans le lieu où il doit exercer ses fonctions. (Id., art. 107.)

Au contraire, le citoyen appelé à une fonction publique temporaire ou révocable conserve le domicile qu'il avait auparavant, s'il n'a pas manifesté d'intention contraire. (Id., art. 106.)

L'acceptation de fonctions ne se manifeste que par le procès-verbal d'installation qui investit le fonctionnaire de son caractère public.

Domicile politique. — Le domicile politique de tout Français est dans le lieu où il exerce ses droits politiques, c'est-à-dire où il a le droit d'être inscrit sur la liste électorale.

Le domicile électoral est, de droit, distinct du domicile civil ; il s'établit par la résidence de six mois dans la commune. (D. 2 février 1852, art. 18.) La loi du 5 avril 1884, article 11, a supprimé à ce point de vue toute distinction entre les élections législatives et les élections municipales en rétablissant l'unité de liste et en exigeant uniformément une résidence de six mois au moins dans la commune pour l'électorat municipal. Mais indépendamment de cette condition de résidence, le domicile électoral municipal s'acquiert encore : 1° par le fait d'être inscrit au rôle d'une des quatre contributions directes de la commune ou au rôle de prestation en nature, bien qu'on ne réside pas dans la commune si l'on a déclaré vouloir y exercer ses droits électoraux ; 2° par le fait d'appartenir à une famille d'électeurs compris dans le rôle de la prestation en nature, alors même qu'on n'y serait pas personnellement porté, de même que les habitants qui à raison de leur âge ou de leur santé auraient cessé d'être soumis à cet impôt ; 3° par le fait de l'option pour la nationalité française en déclarant fixer sa résidence dans la commune conformément à la loi du 19 juin 1871 ; 4° par le fait d'être assujetti à une résidence obligatoire dans la commune en qualité, soit de ministre des cultes reconnus par l'État, soit de fonctionnaire public. — Voy. ELECTIONS.

Domicile spécial. — Le domicile spécial est établi pour certains droits particuliers, et par exception aux principes généraux.

Le domicile matrimonial s'établit par six mois de résidence dans la commune où on veut se marier. (C. civ., art. 74 et 167.)

Le domicile d'élection est celui que les parties ou l'une d'elles choisissent en dehors du domicile réel pour tous les actes qui ont rapport à la convention faite entre elles. (C. civ., art. 111 ; C. proc., art. 420.)

Le domicile communal, proprement dit, s'établit par une année de résidence.

Pour participer à la jouissance des biens communaux, il faut être chef de famille ou de maison, ayant feu et domicile réel et fixe dans la commune. — Voy. AFFOUAGE, BIENS COMMUNAUX.

Le domicile de secours est le lieu où l'homme nécessiteux a droit aux secours publics. Ce domicile, réglé par la loi du 25 vendémiaire an II, s'acquiert par le séjour d'un an dans une commune. — Voy. SECOURS.

Domicile militaire — Le militaire conserve le domicile du lieu de sa naissance tant qu'il est sous les drapeaux. Sa résidence est au lieu du drapeau sous lequel il sert.

Tous les hommes liés au service à un titre quelconque, disponibilité, réserve, armée territoriale, doivent faire connaître leur changement de résidence ou de domicile, même lorsqu'ils font un déplacement de plus de deux mois seulement, à la mairie du lieu qu'ils quittent et à celle du lieu où ils vont, au bureau de recrutement dont ils dépendent et à leurs chefs immédiats ainsi qu'aux consuls de France s'ils sont à l'étranger. — Voy. RECRUTEMENT.

Inviolabilité du domicile. — La maison de toute personne habitant le territoire français est un asile inviolable. Pendant la nuit, nul n'a le droit d'y entrer que dans le cas d'incendie, d'inondation ou de réclamation faite de l'intérieur de la maison. Pendant le jour, on ne peut y entrer que pour un objet spécial déterminé, ou par une loi, ou par un ordre émané de l'autorité publique. (Constit. de l'an VIII, art. 76.) — Voy. ABUS D'AUTORITÉ, ARRESTATION, VISITES DOMICILIAIRES.

Dommages - intérêts.

— C'est l'indemnité, la réparation civile d'un dommage souffert par un individu, dans ses biens ou sa personne.

Tout fait quelconque de l'homme qui cause un dommage à autrui, oblige celui par la faute duquel il est arrivé. (C. civil, art. 1382.)

Chacun est responsable du dommage qu'il a causé non seulement par son fait, mais encore par sa négligence ou son imprudence. (Id., art. 1383.) — Voy. CONTRAVENTION, DÉLIT, POLICE MUNICIPALE.

On est responsable non seulement du dommage que l'on cause par son propre fait, mais encore de celui qui est causé par le fait des personnes dont on doit répondre, ou des choses que l'on a sous sa garde. Le père, et la mère après le décès du mari, sont responsables du dommage causé par leurs enfants mineurs habitant avec eux ; les maîtres et les commettants, du dommage causé par leurs domestiques et préposés, dans les fonctions auxquelles ils les ont employés ; les instituteurs et les artisans, du dommage causé par leurs élèves et apprentis, pendant le temps qu'ils sont sous leur surveillance. La responsabilité ci-dessus a lieu, à moins que les père et mère, instituteurs et artisans ne prouvent qu'ils n'ont pu empêcher le fait qui donne lieu à cette responsabilité. (Id., art. 1384.)

Le propriétaire d'un animal, ou celui qui s'en sert, pendant qu'il est à son usage, est responsable du dommage que l'animal a causé, soit que l'animal fût sous sa garde, soit qu'il fut égaré ou échappé. (Id., art. 1385.) — Voy. ANIMAUX.

Le propriétaire d'un bâtiment est responsable du dommage causé par sa ruine, lorsqu'elle est arrivée par une suite du défaut d'entretien ou par le vice de sa construction. (Id., art. 1386.) — Voy. BATIMENTS.

Dans ces divers cas, les dommages-intérêts sont dus à raison de l'existence du fait même qui cause le préjudice, sans qu'il soit besoin que celui qui souffre le dommage justifie d'aucune mise en demeure ayant pour objet de le faire cesser.

Les juges de paix peuvent prononcer des condamnations de dommages-intérêts, à quelque somme qu'ils s'élèvent.

Lorsque le fait pour lequel il y eu citation ne présente ni délit ni contravention, la citation est annulée, ainsi que tout ce qui a suivi, et le même jugement statue sur les dommages-intérêts. (C. I. C., art. 159.)

Si le prévenu est convaincu de contravention de police, le tribunal prononce la peine et statue par le même jugement sur les demandes en restitution et dommages-intérêts. (Id., art. 161.) — Voy. TRIBUNAL DE POLICE.

L'officier de l'état civil est passible de dommages-intérêts envers les parties, pour altération ou faux commis dans les actes de l'état civil, et pour inscription de ces actes faite sur une feuille volante. (C. civ., art. 52.)

La peine des dommages-intérêts, outre une amende de 300 francs, est encourue par l'officier de l'état civil qui, en cas d'opposition au mariage, l'aurait célébré avant qu'on lui en eût remis mainlevée. (Id., art. 68.)

En cas de réclamation contre des travaux autorisés par l'autorité administrative, la loi ne défère aux tribunaux que l'action en dommages-intérêts résultant de ces travaux.

Les entrepreneurs de travaux publics sont justiciables des conseils de préfecture, à raison des dommages causés par eux aux propriétés privées dans l'exécution de ces travaux, mais autant seulement qu'ils auraient agi à l'occasion de ces travaux avec une autorisation régulière; car, faute par eux de reproduire cette autorisation, ils doivent être poursuivis devant les tribunaux ordinaires. (Cass. 20 août 1834.)

Les dommages-intérêts ne sont dus, en général, qu'à compter de la mise en demeure. La mise en demeure s'opère, soit par une sommation, soit par un autre acte équivalent, par exemple, une demande en justice, soit par l'effet de la convention, lorsque celle-ci porte que, sans qu'il soit besoin d'acte et par la seule échéance du terme déterminé par la loi ou la convention, le débiteur sera mis en demeure. — Voy. TRAVAUX COMMUNAUX.

Dons et legs. — La donation est un acte par lequel le donateur se dépouille actuellement et irrévocablement d'une chose en faveur du donataire qui l'accepte. Le legs est une donation faite par un testament pour le temps où le testateur n'existera plus.

Les dispositions entre vifs ou testamentaires peuvent être faites en faveur des communes, des sections de communes, des départements, et des établissements religieux, des hospices, des pauvres ou des établissements d'utilité publique.

Aux termes de l'article 900 du Code civil les conditions impossibles, celles qui sont contraires aux lois et aux mœurs sont réputées non écrites. Lorsque l'autorité administrative est appelée à statuer sur les libéralités subordonnées à des conditions de cette nature, elle ne refuse pas l'autorisation d'accepter, mais elle insère dans l'acte d'autorisation la mention que l'autorisation est donnée aux conditions imposées en tant qu'elles ne sont pas contraires aux lois. En l'absence de cette mention, l'article 900 du Code civil n'en recevrait pas moins son application.

Dons et legs faits aux départements. — L'article 46, 5°, de la loi du 10 août 1871 abrogeant la loi de 1866, n'exige plus l'intervention du gouvernement que dans le cas de réclamation. En l'absence de réclamation des familles, le conseil général statue définitivement que le don ou legs soit fait avec ou sans charges et conditions.

Dons et legs faits aux communes. — La loi du 5 avril 1884, par ses articles 111, 112 et 113 a sensiblement modifié la législation et la jurisprudence à l'égard des dons et legs faits aux communes.

En principe, les délibérations du conseil municipal portant acceptation de dons ou legs faits à la commune, à une ou plusieurs sections sont exécutoires par elles-mêmes. Elles ne sont subordonnées à l'approbation de l'administration supérieure que lorsqu'il y a, soit charges ou conditions, soit réclamation des héritiers ou lorsque les libéralités sont faites à un hameau ou quartier de la commune qui n'est pas encore à l'état de section ayant la personnalité civile. (Loi du 5 avril 1884, art. 61, 68 et 111.)

L'approbation est donnée par le préfet en conseil de préfecture lorsque les libéralités faites à la commune ou à une section avec charges ou conditions ne soulèvent aucune réclamation de la part des personnes qui prétendent avoir droit à la succession de l'auteur des libéralités.

Lorsqu'il y a réclamation des prétendants droit à la succession, quelles que soient la quotité et la nature de la donation ou du legs, l'autorisation ne peut être accordée que par décret rendu en conseil d'Etat. (Art. 111, § 2.) Il en est ainsi lorsqu'une réclamation est formée, soit contre l'ensemble des libéralités intéressant la commune ou la section et divers établissements publics, soit seulement contre une ou plusieurs des libéralités. Un décret est également nécessaire quand une convention ou transaction intervient entre les héritiers, la commune ou la section et les établissements intéressés avant qu'il ait été statué par l'autorité supérieure sur l'acceptation des libéralités. Cette transaction ou convention suppose, en effet, une réclamation des prétendants droit à la succession et rend nécessaire une décision présidentielle.

Un décret statuant sur l'ensemble des libéralités est encore nécessaire, même s'il n'y a pas réclamation d'héritiers, lorsqu'une ou plusieurs des libéralités concernent des établissements religieux et que le préfet n'est pas compétent pour en autoriser l'acceptation.

Un décret rendu dans la forme des règlements d'administration publique est indispensable dans tous les cas, d'après le dernier paragraphe de l'article 111 de la loi du 5 avril 1884, quand les libéralités sont faites à un hameau ou quartier n'ayant pas le caractère de personne civile. Le décret doit être précédé non seulement d'un vote du conseil municipal de la commune, mais encore d'une délibération prise par une commission syndicale organisée conformément à l'article 129 de la nouvelle loi précitée. Cette exigence s'explique, car l'acceptation des libéralités dans ces circonstances n'a pas seulement pour résultat, quand elle est définitive d'assurer des avantages plus ou moins considérables à une portion de commune et parfois de lui imposer des charges, mais aussi de la constituer en personne civile, pouvant ultérieurement, en remplissant les formalités légales ou réglementaires, recevoir de nouvelles libéralités, acquérir, transiger ou plaider. Il était par suite, nécessaire de faire intervenir préalablement une représentation spéciale de la fraction de commune intéressée, et d'exiger une sanction émanant de l'autorité administrative supérieure. (Circ. 15 mai 1884.)

Lorsque la délibération porte refus de dons ou legs le préfet peut, par un arrêté motivé, inviter le conseil municipal à revenir sur sa première délibération. Le refus n'est définitif que si, par une seconde délibération, le conseil municipal déclare y persister. (Art. 113, § 1er.)

Lorsque le don ou legs est fait à une section de commune, si le conseil municipal est d'avis de le refuser, l'article 112, § 2, exige qu'il soit statué par un décret rendu dans la forme des règlements d'administration publique, à la suite de la délibération d'une commission syndicale élue par les habitants de la section selon les dispositions de l'article 129. (Voy. COMMISSIONS SYNDICALES.) Le décret, dans ce cas, peut autoriser, malgré l'opposition du conseil municipal, l'acceptation de la libéralité. La section se trouve ainsi protégée entre les sentiments de jalousie ou de convoitise qui pourraient amener le conseil municipal à exprimer un refus, afin de la priver des avantages dont toute la commune ne profiterait pas d'autant. (Circ. Int., 15 mai 1884.)

Le maire peut toujours, à titre conservatoire, accepter les dons et legs et former avant l'autorisation toute demande en délivrance. Le décret du Président de la République, l'arrêté du préfet ou la délibération du conseil municipal qui interviennent ultérieurement ont effet du jour de cette acceptation. (Art. 113, loi du 5 avril 1884.)

Dons et legs faits aux hospices et bureaux de bienfaisance. —
Les délibérations des commissions administratives des hospices et
hôpitaux ayant pour objet l'acceptation des dons et legs faits à ces établissements sont soumises à l'avis du conseil municipal, et suivent, quant
aux autorisations, les mêmes règles que les délibérations de ces conseils.
(L. 7 août 1851, art. 10.)

Les sous-préfets sont compétents pour autoriser l'acceptation des dons
et legs d'objets mobiliers ou de sommes d'argent faits aux bureaux de
bienfaisance, lorsque la valeur de ces objets n'excède pas 3,000 francs,
et qu'il n'y a pas de réclamation des héritiers. Lorsque les libéralités
consistent en objets mobiliers ou sommes d'argent excédant 3,000 francs,
ou en immeubles, l'acceptation est autorisée par le préfet. S'il y a réclamation des familles, il est statué par décret du Président de la République. (D. 25 mars 1852, tabl. A, § 42 ; 13 avril 1861, art. 6, § 19.)

Les dons et legs faits pour l'instruction des enfants pauvres sont considérés par l'ordonnance du 2 avril 1817, article 3, § 10 comme ayant un
caractère plutôt communal que charitable et, par suite, c'est à la commune et non au bureau de bienfaisance d'intervenir dans l'acceptation
de ces legs, car il appartient en principe à la commune seule d'accepter
les legs en faveur de l'instruction primaire.

Dons et legs faits aux fabriques. — En vertu du décret du
15 février 1862, articles 1 et 3, l'acceptation des dons et legs faits aux
fabriques des églises est autorisée par les préfets, sur l'avis préalable
des évêques ; lorsque ces libéralités n'excédent pas la valeur de 1,000 francs,
ne donnent lieu à aucune réclamation et ne sont grevées d'autres charges
que l'acquit de fondations pieuses dans les églises paroissiales et de dispositions charitables au profit des pauvres, des hospices et des bureaux
de bienfaisance. Toutefois, les arrêtés des préfets qui seraient contraires
aux lois et règlements, ou qui donneraient lieu aux réclamations des
parties intéressées, peuvent être annulés ou réformés par arrêté ministériel.

Quant aux dons et legs d'une valeur supérieure à 1,000 francs ou
qui sont l'objet de réclamations, ou grevés de charges autres que celles
ci-dessus indiquées, ils ne peuvent être acceptés qu'après avoir été
autorisés par décret rendu en conseil d'État sur l'avis préalable de l'évêque et du préfet. (Ordonnance du 2 avril 1817, art. 1er.)

Dans tous les cas, l'autorisation n'est accordée qu'après approbation
provisoire de l'évêque diocésain s'il y a charge de services religieux.

La jurisprudence a varié sur l'affectation des donations ou legs faits
aux fabriques pour le soulagement des pauvres. D'après la circulaire du
ministre de l'intérieur du 10 avril 1862, les fabriques, curés et desservants n'étaient point habiles à recueillir les donations à eux faites dans
un intérêt communal ou pour le soulagement des pauvres, et ces libéralités devaient être attribuées aux communes ou aux bureaux de bienfaisance. L'avis de principe du conseil d'État en date du 6 mars 1873,
avait modifié cette interprétation en décidant que lorsqu'il s'agissait
simplement d'une somme à distribuer, l'intervention de l'administration
communale ou charitable n'était pas nécessaire, et qu'il y avait seulement lieu, en cas de fondation, de faire accepter par le maire le bénéfice qui en résulterait pour les pauvres et de délivrer à ce magistrat un
duplicata de l'inscription de rente. Cette jurisprudence était encore
formellement consacrée par le décret du 7 septembre 1880 rendu sur
l'avis de la section de l'intérieur et des cultes au conseil d'État du
3 août 1880 portant qu'il n'était pas possible de substituer le bureau de

bienfaisance au curé directement institué par le testament. Mais un décret plus récent du 12 février 1883, est revenu sur cette jurisprudence et, contrairement à l'avis exprimé en 1880 par la section de l'intérieur et des cultes, le conseil d'État a décidé qu'en cas de legs fait à une fabrique ou à un curé pour les pauvres, il y a lieu, après avoir refusé à la fabrique ou au curé l'autorisation d'accepter une pareille disposition, réputée étrangère à ses attributions légales, d'autoriser le bureau de bienfaisance à l'accepter comme s'il était directement institué légataire.

Dons et legs faits à d'autres établissements civils ou religieux. — Quant aux autres établissements civils ou religieux tels que sociétés de secours mutuels, congrégations autorisées, etc., ils restent soumis pour les dons et legs aux règles posées par l'ordonnance du 2 avril 1817, sans qu'il y ait lieu de tenir compte de la nature des biens donnés ou légués, et l'autorisation ne peut être donnée que par décret rendu en conseil d'État. Cependant il faut noter que la loi du 24 mai 1825 (art. 4) ne permet aux congrégations religieuses d'accepter que des legs à titre particulier et spécifie, dans son article 5, que nulle personne faisant partie d'une congrégation ne peut disposer par acte entre-vifs ou par testament en faveur de cette congrégation, au delà du quart de ses biens, à moins que le don ou legs n'excède pas la valeur de dix mille francs Les statuts de certaines congrégations, notamment ceux des petites sœurs des pauvres interdisent en outre à ces congrégations la faculté de posséder des rentes ou des immeubles autres que ceux affectés au logement des sœurs. Enfin l'article 8 du décret du 26 mars 1852 refuse aux sociétés de secours mutuels approuvées, le droit de posséder des immeubles. Il en est de même de l'article 6 de la loi du 21 mars 1884 sur les syndicats professionnels.

De l'acceptation des dons et legs. — En principe l'autorisation doit toujours précéder l'acceptation, mais afin de prévenir la conduite des donataires et aussi de faire courir les intérêts des dons et legs, on a autorisé dans certains cas l'acceptation provisoire à titre conservatoire des dons et legs. Le maire peut toujours, à titre conservatoire, accepter les dons et legs, en vertu de la délibération du conseil municipal ou de la commission administrative, s'il s'agit d'un hospice ou d'un hôpital. L'acceptation doit avoir lieu sans retard par acte notarié, et pour les donations, s'il est possible, dans l'acte même qui les constitue ; sinon, l'acte d'acceptation doit être notifié au donateur, conformément à l'article 932 du Code civil.

La loi du 10 août 1871, article 53 a accordé aux préfets la même faculté d'acceptation provisoire en faveur du département. La loi du 7 août 1851 a conféré le même droit aux présidents des commissions administratives des hospices et hôpitaux.

Mais le bénéfice de l'acceptation provisoire n'a pas encore été étendu aux établissements ecclésiastiques, ni aux autres établissements civils.

La faculté d'accepter ou de répudier les legs ne se prescrit que par le laps de temps requis pour la prescription la plus longue des droits immobiliers, c'est-à-dire par trente ans. (C. civ., art. 789 et 2262.)

Règles particulières aux donations. — Les actes portant donations entre-vifs sont passés devant notaire dans la forme ordinaire des contrats. Le maire en demande une expédition, et le conseil municipal est appelé à délibérer sur l'acceptation de la donation.

Si l'acceptation provisoire du maire n'a pas été insérée dans l'acte public de la donation, le maire remplit cette formalité dans la forme indiquée ci-dessus. Il fait ensuite, s'il y a lieu, procéder par un expert à l'estimation des immeubles ou objets mobiliers compris dans la donation.

Puis il transmet au sous-préfet les pièces de l'instruction, savoir : 1° l'acte de donation ; 2° le budget et un état de la situation financière de la commune ; 3° l'estimation des objets donnés ; 4° le certificat de vie du donateur ; 5° un autre certificat du maire contenant des renseignements aussi exacts que possible sur la position de fortune du donateur ; 6° la délibération du conseil municipal ou de la commission administrative sur l'acceptation provisoire de la libéralité. (Circ. int. 5 mai 1852.)

On joint à ces pièces l'avis du conseil municipal, lorsqu'il s'agit d'une donation au profit d'un établissement de bienfaisance.

Règles particulières aux legs. — Tout notaire dépositaire d'un testament contenant un legs au profit d'une commune est tenu, lors de l'ouverture ou publication dudit testament, d'en donner avis au maire. Le maire réclame une expédition du testament qu'il communique au conseil municipal en l'appelant à délibérer sur l'acceptation du legs. L'expédition du testament est, en outre, communiquée au receveur municipal, et celui-ci doit, en attendant l'acceptation du legs, requérir dans l'intérêt des droits de la commune, tous les actes conservatoires qui seraient jugés nécessaires. (O. 2 avril 1817, art. 5 ; Inst. g. des fin., 20 juin 1859, art. 948.)

Le maire fait ensuite, s'il y a lieu, procéder par un expert à l'estimation des immeubles ou des objets mobiliers mentionnés dans le testament.

Enfin, il met les héritiers naturels en demeure de consentir à la délivrance du legs. Cette mise en demeure n'est autre, le plus souvent, qu'une lettre par laquelle le maire invite tous les héritiers à se présenter à la mairie, ou à lui adresser sur papier timbré leur consentement à la délivrance du legs. S'ils se présentent et s'ils ne font pas de réclamations, il leur fait signer une déclaration collective ; ceux qui ne savent pas signer font une croix en présence du maire et de l'adjoint ou de deux témoins ; mais s'ils ne répondent point à l'invitation, il y a lieu, pour avoir la preuve de la mise en demeure, de leur faire notifier un acte extra-judiciaire par le ministère d'huissier.

Les pièces nécessaires pour l'instruction de l'affaire et qui doivent être transmises à la sous-préfecture, sont les suivantes : 1° une expédition du testament ; 2° l'acte de décès du testateur ; 3° une délibération du conseil municipal ou de la commission administrative sur l'acceptation de l'objet légué ; 4° le rapport de l'expert chargé, s'il y a lieu, de l'estimation des immeubles ou objets mobiliers légués ; 5° le budget et un état de la situation financière de la commune ou de l'établissement ; 6° l'adhésion des héritiers ou leur opposition à la délivrance du legs, ou du moins la preuve de leur mise en demeure ; 7° un état des biens laissés par le testateur, et des renseignements sur la position de fortune des héritiers ; 8° si l'objet légué est un immeuble, un certificat du bureau des hypothèques constatant s'il est libre ou s'il est grevé. (Circ. int. 5 mai 1852.)

S'il s'agit d'un legs au profit d'un établissement de bienfaisance, on produit, en outre, l'avis du conseil municipal sur l'acceptation.

Les droits de mutation auxquels donnent lieu les dons et legs doivent être payés dans les six mois qui suivent le jour où l'arrêté d'autorisation a été reçu à la mairie. — Voy. ENREGISTREMENT. — *Dict. des formules,* nos 970, 971, 972 et 973.

Douanes. — Ce mot signifie soit les taxes auxquelles les marchandises sont soumises à l'entrée ou à la sortie du territoire, soit les lieux où elles sont perçues, soit l'administration chargée de la surveillance.

Le régime des douanes constitue un produit fiscal important pour les finances publiques en même temps qu'il offre une protection au commerce et à l'industrie.

Mais ce régime touche peu aux attributions des maires. Nous nous bornons à rappeler ici que lorsque les préposés des douanes sont appelés à faire des recherches dans les maisons où ils supposent que des dépôts sont formés, ils doivent se faire assister du juge de paix ou, à son défaut, du Maire et du Commissaire de police. Ces visites ne doivent, en aucun cas, être faites la nuit. (L. 16-22 août 1791.)

Drainage. — Ce mot, tiré de l'anglais, désigne une opération qui a pour but d'assécher les terres naturellement trop humides au moyen de tuyaux souterrains qui recueillent les eaux surabondantes et les dirigent sur un point où elles cessent d'être nuisibles.

Le drainage n'est pas, à ce qu'il paraît, une invention moderne; les anciens le connaissaient et le pratiquaient avec succès. Mais, dans ces derniers temps, il est devenu l'objet d'une faveur toute particulière. Une loi du 10 juin 1854 est venue tracer quelques règles destinées à lever les principaux obstacles que le droit civil pouvait opposer à l'extension de ce procédé.

Le principe sur lequel repose la loi est celui qui domine dans la loi du 29 avril 1845 sur les irrigations.

Le drainage, à raison de l'utilité générale qui en résulte pour le pays, est assimilé aux irrigations. A ce titre, la faculté de drainer appartient à chacun, lors même que l'exercice de cette faculté entraînerait pour les propriétés voisines la création d'une servitude, celle de recevoir les eaux provenant du drainage. Mais, conformément aux principes qui, préalablement à toute atteinte au droit de propriété, exigent l'allocation d'une juste indemnité en faveur du propriétaire dépossédé, l'écoulement des eaux provenant du drainage ne peut être imposé aux fonds voisins que moyennant une indemnité. Les maisons, cours, jardins, parcs et enclos attenant aux habitations sont exceptés de cette servitude.

Les propriétaires des fonds voisins ou traversés ont la faculté de se servir des travaux faits en vertu de la règle ci-dessus posée, pour l'écoulement des eaux de leurs fonds. Dans ce cas, ils supportent : 1º une part proportionnelle dans la valeur des travaux dont ils profitent; 2º les dépenses résultant des modifications que l'exercice de cette faculté peut rendre nécessaires et, 3º pour l'avenir, une part contributive dans l'entretien des travaux devenus communs. (L. 29 avril 1845, art. 2.)

Les associations de propriétaires qui veulent, au moyen de travaux d'ensemble, assainir leurs héritages par le drainage ou tout autre moyen d'assèchement, jouissent des droits et supportent les obligations qui résultent des dispositions précédentes. Ces associations peuvent, sur leur demande, être constituées en syndicats par arrêtés préfectoraux. (Id., art. 3.)

Les rôles de répartition des sommes nécessaires au payement des travaux d'entretien, réparations ou reconstructions sont dressés sous la surveillance du préfet, rendus exécutoires par lui, et le recouvrement s'en opère de la même manière que celui des contributions publiques. Toutes les contestations relatives au recouvrement de ces rôles, aux réclamations des individus imposés et à la confection des travaux, sont jugées par le conseil de préfecture, sauf recours au conseil d'Etat. (L. 10 juin 1854, art. 3 ; L. 14 floréal an X, art. 3 et 4.)

Un décret rendu en conseil d'Etat peut déclarer d'utilité publique les travaux que voudraient exécuter les associations syndicales, les communes ou les départements, pour faciliter le drainage ou tout autre mode d'asséchement. Le règlement des indemnités dues pour expropriation est fait conformément aux paragraphes 2 et suivants de l'article 16 de la loi du 21 mai 1836, c'est-à-dire par un jury spécial composé de quatre membres et présidé, soit par un des membres du tribunal, soit par le juge de paix du canton.

Les contestations auxquelles peuvent donner lieu l'établissement et l'exercice de la servitude, la fixation du parcours des eaux, l'exécution des travaux de drainage ou d'asséchement, les indemnités et les frais d'entretien, sont portées en premier ressort devant le juge de paix du canton, qui, en statuant, doit concilier les intérêts de l'opération avec le respect dû à la propriété. S'il y a lieu à expertise, il pourra n'être nommé qu'un seul expert. (L. 10 juin 1854, art. 5.)

La destruction totale ou partielle des conduits d'eau ou fossés évacuateurs est punie des peines portées à l'article 456 du Code pénal. Tout obstacle apporté volontairement au libre écoulement des eaux est puni des peines portées par l'article 457 du même Code, sauf, d'ailleurs, s'il y a lieu, l'application des dispositions de l'article 463 autorisant l'atténuation de la peine. (Id., art. 6.)

Du reste, il n'est dérogé en aucune façon aux lois qui règlent la police des eaux. — Voy. IRRIGATION.

Droguiste. — C'est celui qui fait profession de vendre des drogues.

Les épiciers et droguistes ne peuvent vendre aucune composition ou préparation pharmaceutique, sous peine de 500 francs d'amende, mais ils peuvent faire le commerce de drogues simples, sans pouvoir néanmoins en débiter aucune au poids médicinal. (L. 21 germinal an XI, art. 33.)

Parmi les drogues simples, dont les épiciers et droguistes peuvent faire le commerce, il en est qu'ils ne peuvent conserver chez eux et débiter qu'en se conformant ponctuellement aux prescriptions de la loi et des règlements. Ce sont les substances vénéneuses. — Voy. SUBSTANCES VÉNÉNEUSES.

Les pharmaciens, les épiciers et droguistes doivent, par la nature même de leur commerce, être soumis à une surveillance spéciale. Il est fait, au moins une fois par an, des visites chez les épiciers-droguistes, par les membres des écoles de médecine et de pharmacie, assistés d'un commissaire de police, pour vérifier la qualité des drogues. (Arrêté 25 thermidor an XI.) — Voy. PHARMACIENS, POLICE MUNICIPALE, SALUBRITÉ. — *Dict. des formules*, n° 1197.

Droit. — Ce mot est synonyme de jurisprudence. On l'emploie aussi pour désigner un même ordre de lois, comme dans les acceptions suivantes :

Droit des gens ou international. — C'est celui qui règle les rapports et les intérêts que les peuples ont entre eux, qui détermine leur mode de communication, la manière dont ils doivent agir.

On entend aussi quelquefois par droit des gens cette portion des lois d'un pays qui peut s'appliquer aux étrangers comme aux citoyens, et qui, par conséquent, est commune à tous les hommes. Dans ce sens, les lois sur la manière de vendre, acheter, louer, échanger, sont du droit des gens.

Droit public. — C'est l'ensemble des lois qui règlent les rapports et les intérêts qui existent entre une nation et les individus qui la composent. Le droit public fixe tout ce qui a rapport au culte de la religion, à la distribution de la justice, à l'administration intérieure et extérieure ; en un mot, il constitue la souveraineté et partage les pouvoirs. — Voy. CONSTITUTION.

Droit civil ou privé. — C'est la collection des lois qui ont pour objet de régler les intérêts respectifs des particuliers en tout ce qui concerne les affaires relatives à leurs personnes, à leurs biens et à leurs conventions.

Le droit privé fait l'objet de différents Codes ; les intérêts que les particuliers ont entre eux peuvent être civils ou commerciaux. — Voy. CODES.

Droit administratif. — C'est l'ensemble des règles qui déterminent les rapports réciproques de l'administration et des administrés.

Le but de ce Dictionnaire est précisément d'indiquer quelles sont les règles du droit administratif par rapport aux nombreuses matières qui se rattachent à l'administration des communes.

Il a été pourvu à l'enseignement du droit administratif dans les principales Facultés de droit par la création de chaires spéciales.

Droit commun. — C'est le droit qu'on observe généralement, et qu'on appelle ainsi par opposition aux dispositions spéciales qui le modifient ou l'abrogent en certains cas et qu'on nomme exceptionnelles.

Droit de propriété, d'usage. — Le mot droit exprime ici une faculté légale et devient en ce sens corrélatif du mot devoir.

Le droit de propriété est le droit de jouir et de disposer des choses de la manière la plus absolue, pourvu qu'on n'en fasse pas un usage contraire aux lois et règlements. Le droit d'usage est le droit de jouir d'une chose dont un autre a la propriété. (C. civ., art. 544 et 578.)

Droit des pauvres. — Voy. TAXE AU PROFIT DES INDIGENTS.

Droits civils et politiques. — Les droits civils règlent les rapports des citoyens entre eux, considérés comme personnes privées, et

abstraction faite des relations qui peuvent exister entre ceux qui gou‑
vernent et ceux qui sont gouvernés. Les droits politiques, au contraire,
règlent les rapports des citoyens avec la puissance publique.

Droits civils. — Les principaux droits civils sont : le droit de puissance
paternelle ou maritale, tous les droits de famille, ceux d'être nommé tu‑
teur ou curateur, de voter dans un conseil de famille, d'adopter ou d'être
adopté ; le droit de posséder des propriétés, d'en disposer et de les
transmettre ; celui de recevoir à titre gratuit et de succéder ; celui de
porter témoignage, soit en justice, soit dans les actes publics ; le privi‑
lège de n'être contraignable par corps, et de n'être privé du bénéfice de
cession que dans les cas déterminés par la loi ; enfin, l'avantage de n'être
assujeti à aucune caution, lorsqu'il s'agit d'intenter un procès. Les droits
civils s'acquièrent par la naissance, la naturalisation, le mariage à l'égard
des femmes étrangères ; ils peuvent aussi s'acquérir par les traités di‑
plomatiques.

Les droits civils se perdent, à l'égard du Français, par la perte de la
qualité de Français, et par suite de certaines condamnations.

La qualité de Français se perd : 1° par la naturalisation acquise en
pays étranger ; 2° par l'acceptation, non autorisée par le Président de la
République, de fonctions publiques conférées par un gouvernement étran‑
ger ; 3° enfin, par tout établissement fait en pays étranger sans esprit
de retour. (C. civ., art. 17.)

Les droits civils sont suspendus par la minorité, l'interdiction, l'ab‑
sence, la faillite, la condamnation à des peines correctionnelles, afflic‑
tives ou infamantes. (C. civ., art. 388, 509, 112 et suivants ; C. com.,
art. 440 et suivants ; C. pén., art. 24, 28, 29, 31 et 42.)

Ils se perdent par les condamnations mentionnées aux articles 22, 23,
24 et suivants du Code pénal.

A l'égard de l'étranger domicilié, les droits civils se perdent par sa
non résidence dans la République, et par suite des mêmes condamna‑
tions ; à l'égard de l'étranger passager, par le rapport du traité diplo‑
matique qui les lui avait concédés, et par suite des mêmes condamna‑
tions.

Les droits civils se recouvrent, à l'égard du Français, par le recou‑
vrement de la qualité de Français, par la réhabilitation, la grâce, l'ex‑
piration du temps pendant lequel l'exercice en avait été suspendu ; à
l'égard de l'étranger anciennement domicilié en France, par une nou‑
velle autorisation du gouvernement ; à l'égard de l'étranger passager,
par le rétablissement de la convention diplomatique faite avec la nation
à laquelle il appartient.

Droits politiques ou civiques. — Les droits politiques comprennent :
1° le droit de concourir, comme électeur et comme éligible, à la for‑
mation des conseils municipaux, des conseils d'arrondissement, des
conseils généraux de département, du corps législatif et du Sénat ; 2° le
droit d'exercer des fonctions publiques, notamment les fonctions de
juré. (L. 4 juin 1853.)

Les droits politiques, étant inhérents à la qualité de citoyen, s'ac‑
quièrent, comme elle, par la naissance et par la naturalisation.

Toutefois, la jouissance des droits politiques exige, indépendamment
de la jouissance des droits civils, l'accomplissement de certaines con‑
ditions de capacité qui sont déterminées, savoir : celles qui concernent
l'électorat, l'éligibilité et les fonctions de juré, par le décret du 2 fé‑

vrier 1852, les lois des 4 juin 1853 et 5 mai 1855; et celles qui concernent les fonctions publiques, par les lois ou règlements particuliers aux différentes sortes de fonctions.—Voy. Elections, Jury, Maire, Receveur municipal, etc.

Les droits politiques se perdent par les mêmes causes que les droits civils ou par l'effet de certains changements survenus dans la situation du citoyen, et qui le placent dans un des cas d'incapacité prévus par les lois.

Les tribunaux, jugeant correctionnellement, peuvent, dans certains cas, interdire en tout ou en partie l'exercice des droits civiques, civils et de famille suivants : 1° de vote et d'élection ; 2° d'éligibilité; 3° d'être appelé ou nommé aux fonctions de juré ou autres fonctions publiques, ou aux emplois de l'administration, ou d'exercer ces fonctions ou emplois ; 4° de port d'armes; 5° de vote et de suffrage dans les délibérations de famille ; 6° d'être tuteur, curateur, si ce n'est de ses enfants, et sur l'avis seulement de la famille; 7° d'être expert ou employé comme témoin dans les actes ; 8° de témoignage en justice, autrement que pour y faire de simples déclarations. (C. P., art. 42.)

Les tribunaux ne prononcent l'interdiction mentionnée dans l'article précédent que lorsqu'elle a été autorisée ou ordonnée par une disposition particulière de la loi. (Id., art. 43.)—Voy. Dégradation civique.

On recouvre la jouissance des droits politiques par les mêmes moyens que celle des droits civils.

Droits de locations de places aux halles, foires et marchés. — Le mot *droit* est pris ici comme synonyme de taxe, impôt, contribution.

Le paragraphe 6 de l'article 133 de la loi du 5 avril 1884 range le produit de ces droits dans la catégorie des recettes ordinaires des communes.

La loi du 24 juillet 1867, article premier, paragraphe 4, donnait au conseil municipal un pouvoir de règlement, quand il y avait accord entre le maire et le conseil en ce qui concerne les tarifs des droits de place à percevoir dans les halles, foires et marchés.

L'article 68, § 7 *in fine* de la loi du 5 avril 1884, a complètement changé ce système, en décidant que dans tous les cas, désormais, les délibérations par lesquelles le conseil municipal vote le tarif de ces droits doivent être soumises à l'approbation préfectorale. (Circ. int. 15 mai 1884). — Voy. Halles, Foires et Marchés.

Droits de stationnement.—Le paragraphe 7 de l'article 133 de la loi du 5 avril 1884 range aussi au nombre des recettes ordinaires des communes le produit des permis de stationnement et des locations sur la voie publique, sur les rivières, ports, quais fluviaux et autres lieux publics.

La perception de ce produit en faveur des communes a été autorisée, pour la première fois, dans la législation moderne, par la loi du 11 frimaire an VII (art. 7). La loi du 18 juillet 1837, article 31, n° 7, l'a maintenue.

Elle est consacrée de nouveau par la loi du 5 avril 1884. Elle peut avoir lieu aujourd'hui, comme sous la législation antérieure, non seulement sur les dépendances de la petite voirie, mais encore sur celles de la grande voirie. Toutefois, relativement aux dépendances de la grande voirie, il y a actuellement des restrictions qui n'existaient pas anciennement. En effet, la loi de finances du 20 décembre 1872, article 2, a remis, au profit de l'Etat, les redevances à percevoir à titre d'occupation temporaire ou de location des plages et autres parties du domaine public maritime.

La loi du 5 avril 1884, article 133, n° 7, exclut, en outre, des emplacements dont l'occupation peut donner lieu à la perception de redevances municipales, les ports et quais qui ne sont pas fluviaux.

Par suite, ce n'est que dans le cas où l'Etat renoncerait en faveur des communes, dans les ports de mer ou sur les quais maritimes, à percevoir des redevances à titre d'occupation temporaire ou de location que les municipalités pourraient légalement y faire des perceptions de cette nature. Par ports maritimes, d'après l'esprit suivi d'après le texte de la loi, il faut entendre, indépendamment des ports existant sur le rivage de la mer, ceux qui, dans les limites de l'inscription maritime, sont situés au bord d'un fleuve ou d'une rivière où pénètre le flux de la mer, tels que Bordeaux, Nantes et Rouen et autres moins importants, mais dans une situation analogue.

Des difficultés se sont élevées sur le point de savoir quel est le caractère de l'occupation du domaine public national terrestre ou fluvial à raison de laquelle les communes peuvent être admises à faire des perceptions de la nature de celles prévues au paragraphe 7 de l'article 133 de la loi du 5 avril 1884.

D'après un avis de principe du Conseil d'Etat, en date du 30 novembre 1882, l'occupation entraînant une emprise du domaine public, ou une modification de son assiette, ne rentre pas dans la catégorie de celles à raison desquelles un droit de stationnement ou de location peut être perçu par la commune; mais, dans les autres cas, au point de vue de la perception de ce droit, il n'y a pas à distinguer si l'occupation est seulement momentanée ou si elle se prolonge plus ou moins longtemps.

L'occupation résultant de l'établissement de kiosques qui servent, dans les rues ou places dépendant de la grande voirie, à la publicité ou à la vente des journaux, ne doit pas, aux termes de l'avis du 30 novembre 1882, être considérée, par suite de la légèreté des travaux reliant ces édifices au sol, comme une emprise du domaine public ou une modification de son assiette. Elle tombe dès lors sous l'application du paragraphe 7 de l'article 133 de la loi du 5 avril 1884.

Dans tous les cas, les perceptions faites au profit de la commune doivent avoir lieu en vertu d'un tarif régulièrement homologué.

Ce tarif est d'abord voté par le conseil municipal; il est ensuite soumis à la sanction du préfet, s'il s'agit de droits de stationnement de place ou de location à percevoir sur les dépendances de la petite voirie, ou sur les rivières non navigables ou flottables. A cet égard, le conseil municipal n'a plus le pouvoir de décision propre, le législateur a pensé que la création de semblables redevances exigeait l'intervention de l'administration supérieure pour sauvegarder les divers intérêts qui pourraient être lésés par l'établissement de taxes excessives.

Quant aux droits de stationnement, de place ou de location à percevoir sur les dépendances de la grande voirie, comme ils peuvent affecter directement les intérêts généraux de l'Etat, le pouvoir d'en autoriser la création et d'en approuver le tarif n'a pas été décentralisé. Il est exercé par le Président de la République, sur le rapport du ministre de l'intérieur, après avis du ministre des travaux publics, au sujet des droits à percevoir soit sur les rivières navigables ou flottables, soit sur les berges.

Le ministre de l'intérieur statue lui-même, après avoir consulté son collègue, lorsque la perception doit s'étendre sur d'autres dépendances de la grande voirie.

A l'appui des demandes d'autorisation pour la perception des droits de stationnement, on doit produire :

1° Le tarif de perception voté par le conseil municipal ;

2° Le procès-verbal de l'enquête à laquelle ce tarif aura été soumis, conformément aux prescriptions de l'instruction ministérielle du 20 mars 1825 ;

3° Les documents faisant connaître la situation financière de la commune et les observations des ponts et chaussées au point de vue des intérêts de la circulation et de la navigation.

Les communes ne doivent être autorisées à percevoir des droits de stationnement sur les dépendances de la grande voirie comme sur celles de la petite, qu'autant qu'elles ont besoin de se créer des ressources pour subvenir à leurs dépenses ordinaires. L'administration doit veiller à ce que ces droits soient modérés, afin de ne pas entraver le commerce et l'industrie.

En outre, comme ils représentent, ainsi que les droits de place dans les halles, foires et marchés, le prix de location d'emplacement, ils doivent être calculés d'après la superficie de cet emplacement, et non à raison de la valeur des objets que l'on y dépose ou y fait stationner. L'administration ne doit homologuer ce tarif qu'après avoir reconnu qu'il ne présente pas de sérieux inconvénients au point de vue des intérêts de la navigation et de la circulation. (Circ. int. 15 mai 1884.)

Duel. — Aucune loi ne punit particulièrement le duel ; cependant, il résulte d'un arrêt de la Cour de cassation, du 15 décembre 1837, rendu chambres réunies, que les duellistes doivent être envoyés devant les cours d'assises pour y être punis des peines portées contre l'assassinat, le meurtre ou les auteurs de blessures. La Cour de cassation a décidé, en outre, par quatre arrêts rendus le 22 décembre 1837, que les témoins des duels doivent être poursuivis comme complices, que celui qui a prêté les armes, sachant l'usage qu'on en devait faire, est également complice, et que le fait de tirer sur l'adversaire, même sans l'atteindre constitue une tentative de meurtre.

Les Cours tendent depuis quelque temps à adoucir cette jurisprudence. Néanmoins l'autorité municipale doit : 1° ne rien négliger pour prévenir les duels ; 2° constater ou faire constater par procès-verbal en bonne et due forme, et sans aucun délai, tout duel, même lorsqu'il n'en serait résulté ni blessure grave, ni homicide. — *Dict. des formules*, n° 558.

Dynamite. — La loi du 8 mars 1875 et le décret du 28 octobre 1882 ont réglementé la fabrication, le commerce, l'emploi et la circulation de la poudre dynamite,

Les maires sont appelés à viser les déclarations exigées de toute personne qui veut faire usage de dynamite ou de tout autre explosif à base de nitro-glycérine.

Cette déclaration doit indiquer les noms, prénoms, domicile et profession du déclarant, la quantité de dynamite qu'il désire acheter, l'usage qu'il se propose d'en faire, le lieu précis et la date de l'emploi; le lieu de dépôt; la voie suivie pour le transport et le délai dans lequel le transport doit être effectué.

L'escorte est obligatoire pour tout chargement de dynamite, quel qu'en soit le poids voyageant par roulage. L'escorte est toujours militaire; elle est composée d'un gendarme chef d'escorte et d'un ou deux hommes de troupe. Le droit de réquisition est exercé par le maire de la commune où est située la gare à partir de laquelle le convoi quitte le chemin de fer pour reprendre le roulage.

Le maire s'adresse, pour l'escorte, à la gendarmerie locale; si la commune n'a pas de soldats de cette arme, il fait parvenir la réquisition au commandant de la brigade la plus voisine.

Il doit procéder de même pour assurer la garde des chargements de poudre, de munitions de guerre et de dynamite qui séjournent plus de trois heures après l'arrivée du train dans les gares sans être enlevés par le destinataire.

E

Eaux publiques. — Les eaux dont il est question ici sont celles qui servent à l'usage public dans les villes, bourgs ou villages, ou qui coulent sans utilité sur la voie publique. Quant aux cours d'eau, tels que les fleuves, les rivières, les canaux, ruisseaux, etc., il en est traité dans des articles spéciaux.—Voy. CANAUX, COURS D'EAU, NAVIGATION.

Des aqueducs et égouts publics. — On entend par aqueducs les constructions faites pour amener les eaux aux fontaines publiques, que ces constructions consistent en simples conduits, en galeries souterraines ou en ouvrages posés sur le sol. Par égouts, on entend les canaux artificiels destinés à l'évacuation des eaux pluviales, ménagères et industrielles. Les aqueducs sont la propriété des villes dont ils alimentent les fontaines; et, consacrés à l'usage de tous, ils sont du domaine communal au même titre que les rues, les places, les promenades publiques, etc. Mais si les particuliers ont l'usage des fontaines publiques, il ne leur est pas permis de dériver les eaux du cours même de l'aqueduc, car ce serait un détournement opéré au préjudice de l'usage de tous. Aussi est-il de principe qu'aucun citoyen ne peut arbitrairement pratiquer une prise d'eau sur un aqueduc public. L'autorité municipale, seule juge des convenances ou des besoins publics, décide la question de conservation ou de suppression des prises d'eau concédées sur des aqueducs publics.

Une concession de prise d'eau faite à une maison ne peut pas, si l'héritage est divisé, être partagée entre les nouveaux propriétaires, parce qu'il y aurait nécessairement aggravation, les besoins domestiques s'augmentant en proportion du nombre de ménages qui viennent se pourvoir d'eau à la fontaine commune. Mais une solution contraire devrait être adoptée si, d'après le titre de concession, la dimension de l'orifice étant d'ailleurs fixée, il était dit que l'eau coulerait continuellement, car, dans ce cas, le partage n'aurait aucun inconvénient.

Les canaux souterrains, établis pour transmettre l'eau de la source ou réservoir aux fontaines publiques, constituent, même en l'absence de tout titre d'acquisition et par la force de l'incorporation, un droit de copropriété dans les héritages qu'ils traversent, mais borné à la partie réellement occupée par les canaux.

Quant aux égouts publics, les principes sur la propriété sont les mêmes que pour les aqueducs. Le curage et l'entretien des égouts est à la charge des communes.

Des eaux ménagères et pluviales. — On appelle eaux ménagères, celles qui, dans les villes et les villages, proviennent du service intérieur des habitations. Tous les propriétaires riverains des voies publiques ont la faculté d'y laisser écouler leurs eaux ménagères; mais l'autorité peut, en vertu de l'article 97 de la loi du 5 avril 1884, soumettre, dans l'intérêt public, l'exercice de cette faculté à certaines restrictions, et il peut même être entièrement interdit à certaines professions et, dans certains temps, par exemple, pendant les gelées, à tous les habitants.

Les maires peuvent aussi défendre, par des arrêtés, de jeter les eaux ménagères par les fenêtres, ordonner de combler les mares d'eaux insalubres qui se forment sur une propriété, et, en général, prendre toute mesure qui leur est conseillée par la salubrité publique.

Les eaux pluviales sont celles qui proviennent des pluies ou de la fonte des glaces et des neiges.

Le droit de verser les eaux pluviales sur la voie publique est aussi soumis au pouvoir réglementaire des maires, par cela seul qu'il leur appartient d'assurer la libre et facile circulation des citoyens. C'est ainsi qu'à Paris, par exemple, les gargouilles ont dû être supprimées, et les larmiers garnis de gouttières avec tuyaux pour porter les eaux jusqu'au niveau du sol.

Les eaux pluviales qui coulent sur les chemins publics n'appartiennent à personne et peuvent être dérivées par les riverains. Mais, pour opérer cette dérivation, ceux-ci ne peuvent établir aucun appareil qui nuise à la voie publique.

Nul riverain ne peut se faire un titre des ouvrages qu'il peut avoir pratiqués, afin de dériver le cours des eaux pluviales dans sa propriété, pour prétendre qu'il a acquis, par prescription, le droit de les dériver toujours.

Si une commune avait concédé ses eaux à certains propriétaires, les autres seraient obligés de respecter cette possession.

Lorsqu'un propriétaire, par des travaux pratiqués sur son fonds, a fait refluer les eaux pluviales sur la grande route, et occasionné des détériorations, ce fait constitue une contravention de grande voirie, dont la connaissance appartient au conseil de préfecture. (Arrêt Cons. d'Etat 25 avril 1833.)

Concessions d'eau. — La loi du 5 avril 1884, article 133, met le produit des concessions d'eau au rang des recettes ordinaires des communes.

Les communes qui possèdent des eaux plus que suffisantes pour le service public, peuvent concéder le superflu de ces eaux, soit au moyen d'abonnements annuels à des particuliers, soit pour une durée de plusieurs années, à charge de redevance, au profit de la caisse munipale.

Les concessions d'eau, par voie d'abonnement, sont consenties aux particuliers, d'après un règlement délibéré par le conseil municipal, conformément à l'article 68 de la loi du 5 avril 1884.

Le prix de l'abonnement est fixé dans un tarif voté par le conseil municipal, et approuvé par le préfet.

La fourniture et la pose des tuyaux, et tous les autres travaux nécessaires pour la conduite de l'eau chez l'abonné, sont à sa charge. La conduite principale est placée aux frais de la commune ; elle sert ordinairement à alimenter les fontaines, abreuvoirs et lavoirs publics.

Si, au contraire, les eaux sont insuffisantes pour les besoins publics et particuliers, les communes ont la faculté soit d'entreprendre par elles-mêmes les travaux nécessaires pour en augmenter le volume, soit de concéder à des entrepreneurs le droit exclusif de placer sous les voies communales des tuyaux de conduite, pendant un certain nombre d'années, pour amener des eaux et les distribuer aux particuliers moyennant certains avantages en faveur de la commune. La concession de ce privilège fait, dans ce cas, l'objet d'une adjudication publique ou d'un traité amiable. L'adjudication est de rigueur lorsqu'il se présente plusieurs entrepreneurs pour traiter.

Les entrepreneurs doivent produire un plan de la canalisation des tuyaux, le détail des frais de premier établissement, et un état des produits présumés de l'entreprise et des frais annuels d'exploitation.

Lorsqu'il y a traité de gré à gré, pour ces sortes d'entreprises, le traité est passé entre le maire et l'entrepreneur. Il est ensuite soumis à l'adoption du conseil municipal et adressé en double expédition au sous-préfet, avec les renseignements produits par l'entrepreneur. Il est approuvé par le préfet.

Après l'approbation du traité, le maire le fait réaliser par acte notarié, aux frais de l'entrepreneur.

La fertilisation des terres, une fabrique ou manufacture peuvent rendre nécessaire à un particulier la jouissance des eaux qui se perdent sans utilité avant ou après avoir coulé dans quelques-unes des rues de la commune ; dans ce cas, le propriétaire ne peut détourner le cours d'eau à son profit que sur une délibération du conseil municipal approuvée par le préfet. Les droits d'autrui doivent être réservés. Ces concessions peuvent être gratuites, comme elles peuvent être faites moyennant une redevance en faveur de la commune. Elles sont soumises aux mêmes formalités que les autres concessions d'eau faites directement par les communes et dont il est question plus haut. — Voy. Abreuvoirs, Bains, Fontaines, Lavoirs publics. — *Dict. des formules*, nos 570, 571 et 572.

Eaux minérales et thermales. — Ce sont les eaux qui proviennent des sources soit ferrugineuses, soit sulfureuses, soit imprégnées de toute autre substance minérale.

Les propriétés curatives qu'offrent ces eaux sont d'un secours précieux pour l'humanité, et, à ce titre seul, elles ont dû fixer l'attention du législateur. Des dispositions générales ont été prises pour en assurer la conservation et pour en rendre la jouissance aussi publique que possible.

Tout propriétaire qui découvre une source d'eaux thermales sur son terrain est obligé d'en informer l'administration. (Arr. 29 floréal an VII.) Il ne peut exploiter la source qu'après une autorisation préalable du gouvernement. Mais il a été jugé que les règlements qui ont soumis à une autorisation préalable l'exploitation et la mise en vente des eaux de sources minérales n'ont conféré à l'administration le pouvoir d'apprécier les demandes qui lui sont faites qu'au point de vue de la santé publique et que le ministre ne peut, sans excès de pouvoir, refuser l'autorisation dans le seul but de protéger une source voisine appartenant à l'Etat. (Arr. Cons. d'Etat, 6 décembre 1878.)

Les eaux thermales peuvent appartenir à l'Etat, à des communes ou établissements publics et à des particuliers. Aux termes de l'article 4 de l'arrêté du 3 floréal an VIII, aucun propriétaire d'eau minérale dans le lieu où se trouve des eaux minérales appartenant à l'Etat, ne peut se rendre adjudicataire des eaux de l'Etat. Cet article est toujours en vigueur. (Arr. Cons. d'Etat, 6 mai 1881.)

Les produits des sources, soit qu'elles appartiennent aux communes, soit qu'elles appartiennent à l'Etat, sont spécialement réservés pour l'entretien, les réparations et les améliorations. des sources, bains et établissements en dépendant, ainsi que pour le payement des médecins chargés de leur inspection. L'excédent de ces produits peut alors être versé dans les caisses municipales, pour les sources communales, ou dans la caisse du Trésor, pour celles qui appartiennent à l'Etat. (Arr. 3 floréal an VIII.)

Les sources minérales, qui ont été reconnues offrir quelque intérêt sous le rapport de la santé publique, et spécialement celles qui ont été autorisées, doivent être visitées de temps à autre, au moins une fois l'année, par les ingénieurs ordinaires des mines ou par les agents sous leurs ordres. En outre, lorsque, sur des sources appartenant à l'Etat, aux départements, aux communes ou aux établissements publics, des travaux de captage, de recherche ou d'aménagement s'exécutent, les ingénieurs doivent surveiller cette exécution et rendre immédiatement compte à l'administration locale ou à l'administration supérieure, suivant les cas, des faits qui paraissent devoir attirer toute son attention. (Circ. agr. et com. 15 octobre 1855.)

Les contestations entre une commune et un particulier, à raison de la propriété d'eaux thermales, sont de la compétence exclusive des tribunaux. La connaissance de pareilles contestations entre une commune et l'Etat appartient au contraire exclusivement à l'autorité administrative. (Décis. 15 janvier 1809.)

Les sources d'eaux minérales peuvent être déclarées d'intérêt public, après enquête, par un décret délibéré en Conseil d'Etat. Un périmètre de protection peut être assigné, par un décret rendu dans la même forme, à une source déclarée d'utilité publique. Aucun sondage, aucun travail souterrain, ne peuvent être pratiqués dans le périmètre de protection d'une source minérale déclarée d'intérêt public, sans une autorisation préalable. (L. 14 juillet 1856, art. 1er, 2 et 3.)

Les formes de l'instruction des demandes, soit en déclaration d'intérêt public, soit en fixation d'un périmètre de protection, soit en autorisation de travaux dans l'intérieur du périmètre, ont été fixées par un règlement d'administration publique, en date du 8 septembre 1856.

L'arrêté du 23 vendémiaire an VI a donné aux communes la faculté de présenter quelques malades pauvres pour aller prendre gratuitement les eaux minérales, dans les établissements appartenant à l'État. Depuis lors, diverses circulaires ministérielles, notamment celles des 17 avril et 10 août 1826, ont appelé l'attention des préfets sur l'inconvénient résultant des facilités accordées, dans certains départements, aux malades indigents qui veulent se rendre aux établissements d'eaux minérales, et ont invité ces fonctionnaires à se conformer aux règles établies et qui sont rappelées ci-après.

L'arrêté du 27 floréal an VII porte (art. 69) que les dépenses et frais de route des indigents qui se présentent, en exécution de l'arrêté du 23 vendémiaire an VI, pour recevoir gratuitement les secours des eaux minérales, sont à la charge des communes qui les ont adressés, comme objet de dépense communale. La circulaire explicative du 18 messidor an VII ajoute que les communes doivent pourvoir à cette dépense sur les revenus de leurs établissements de secours à domicile, et, en cas d'insuffisance, sur les fonds affectés aux dépenses municipales. Ce n'est que dans des cas d'exception tout particuliers que le Gouvernement s'est réservé d'allouer les sommes votées par les conseils généraux sur les fonds départementaux, pour subvenir à de pareilles dépenses.

Une circulaire ministérielle du 2 mars 1823 a posé en principe qu'il ne serait pas délivré de passeports avec secours de route aux indigents qui voudraient se rendre aux établissements d'eaux minérales, sans l'autorisation du ministre du commerce et des travaux publics. Cette autorisation est personnelle, et ne peut être accordée que d'après l'avis du maire et du préfet, et sur le certificat d'un médecin constatant que les eaux sur lesquelles le malade se dirige conviennent à son état.

Une circulaire du 9 juin 1834, décide que les frais de voyage et d'entretien des indigents doivent être fournis par les administrations charitables, et que ce n'est qu'en cas d'insuffisance des ressources locales qu'il peut y être pourvu par quelques secours sur les fonds votés pour cet objet par le conseil général ou sur les fonds des dépenses imprévues, avec l'autorisation du ministre.

Vente des eaux minérales naturelles et artificielles. — Quand les eaux minérales sont mises en bouteille pour être expédiées au loin et devenir l'objet d'un commerce, elles doivent être accompagnées d'un certificat d'origine délivré par l'inspecteur. Les pharmaciens ont le droit d'en vendre et tout individu, muni d'une permission de l'autorité, peut en former des dépôts et les débiter. Dans les villes où les dépôts sont nombreux, ils sont assujettis à la surveillance de médecins inspecteurs, et les frais de cette inspection sont répartis entre les dépositaires. Dans les lieux où les dépôts sont trop peu considérables pour comporter l'organisation de cette surveillance, ils sont soumis, comme les pharmaciens, à la visite des jurys médicaux.

Aucune fabrique d'eaux minérales artificielles ne peut être établie sans l'autorisation du ministre de l'agriculture, du commerce et des travaux publics.

Les fabriques d'eaux minérales artificielles sont, comme les établissements d'eaux minérales naturelles, soumises à la surveillance de médecins inspecteurs.

.. Les expéditions sont surveillées par l'inspecteur et accompagnées d'un certificat d'origine. La formation des dépôts et le débit de ces eaux sont également assujettis aux règles établies pour les eaux minérales naturelles.

— Voy. PHARMACIENS.

Échange. — C'est un contrat par lequel les parties se donnent respectivement une chose pour une autre. (C. civ., art. 1702.)

L'échange diffère de la vente en ce que le prix n'est pas fixé en argent : aussi l'on n'a point à distinguer, comme dans la vente, entre la chose et le prix, le vendeur et l'acheteur. Chacune des choses, dans l'échange, est à la fois la chose vendue et le prix de l'autre ; chacun des contractants est à la fois vendeur et acheteur.

De même qu'en matière d'acquisition, les maires ni les administrateurs des établissements de bienfaisance ne peuvent contracter avec les communes ni les établissements.

Les échanges de biens de toute nature appartenant aux communes sont autorisés par arrêté du préfet, quelle que soit la valeur de ces biens. (D. 25 mars 1852.)

Il est procédé pour les échanges comme en matière d'acquisitions et aliénations ordinaires. Le conseil municipal prend une délibération motivée dans laquelle il fait ressortir l'utilité et l'avantage qui peut résulter pour la commune de l'échange projeté.

Cette délibération est transmise au sous-préfet qui nomme un expert pour procéder à l'expertise des immeubles à échanger, et prescrit une enquête *de commodo et incommodo*.

Lorsque le procès-verbal d'expertise, dressé sur papier timbré, a été remis à la mairie, avec le plan figuré des lieux, le maire fait souscrire par l'échangiste une promesse d'échange, également sur papier timbré. Si la valeur de l'immeuble offert à la commune est inférieure à celle de l'immeuble demandé, l'échangiste s'engage à payer une soulte qui représente la différence. Dans les autres cas, il est nécessaire de mentionner que l'échange a lieu sans soulte ni retour. L'échangiste doit produire ses titres de propriété et justifier que son immeuble est libre d'hypothèques.

Enfin, le conseil municipal prend une nouvelle délibération tant sur l'expertise que sur le résultat de l'enquête et sur les oppositions qui auraient été élevées par les habitants.

Les pièces de l'instruction sont :

1° La délibération du conseil municipal portant vote de l'échange ;

2° Le procès-verbal d'expertise, sur papier timbré ;

3° Le procès-verbal d'information *de commodo et incommodo* ;

4° Le plan figuré des lieux ;

5° La soumission de l'échangiste ;

6° Le budget communal ;

7° Un certificat du conservateur des hypothèques constatant que l'immeuble cédé n'est grevé d'aucune hypothèque ;

8° La délibération du conseil municipal sur les résultats de l'expertise et de l'enquête.

C'est sur ces documents qu'est basée la décision du préfet.

L'acte d'échange passé, soit par-devant notaire, soit par le maire, dans la forme des actes administratifs, doit être approuvé par le préfet statuant en conseil de préfecture, articles 38 et 69. (L. 5 avril 1884.) Il est soumis à la formalité de l'enregistrement dans le délai de vingt jours,

— Voy. Acquisition, Aliénation, Biens communaux, Enregistrement.
— *Dict. des formules*, nᵒˢ 880, 881, 882.

Échenillage. — Opération d'économie rurale qui consiste à détruire les toiles et les nids des chenilles.

Les propriétaires, fermiers, locataires ou autres, faisant valoir leurs propres héritages ou exploitant ceux d'autrui, sont tenus d'écheniller ou faire écheniller les arbres étant sur lesdits héritages, à peine d'amende depuis un franc jusqu'à cinq francs. (L. 26 ventôse an IV, art. 1er; C. P., art. 471, n° 8.)

Ils sont tenus, sous les mêmes peines, de brûler sur-le-champ les bourses et toiles qui sont tirées des arbres, haies ou buissons, et ce dans un lieu où il n'y a aucun danger de communication de feu, soit pour les bois, arbres et bruyères, soit pour les maisons et les bâtiments. (L. 26 ventôse an IV, art. 2 et 3.)

Les maires sont tenus de surveiller l'exécution de ces mesures; ils doivent visiter tous les terrains garnis d'arbres, d'arbustes, haies ou buissons, pour s'assurer que l'échenillage a été fait exactement. La gendarmerie doit rechercher et dénoncer à l'autorité locale ceux qui auraient négligé d'écheniller. (Id., art. 4 et 5; O. 29 octobre 1820, art. 179.)

L'échenillage doit avoir lieu chaque année avant le 11 mars. Dans le cas où quelques propriétaires ou fermiers auraient négligé de le faire pour cette époque, les maires devraient le faire faire, aux dépens de ceux qui l'auraient négligé, par des ouvriers qu'ils choisiraient. L'exécutoire des dépenses leur serait délivré par le juge de paix du canton sur les quittances des ouvriers contre lesdits propriétaires ou fermiers, et sans, bien entendu, que cette exécution et ce payement les dispensent des poursuites en contravention devant le tribunal de simple police. (L. 6 ventôse an IV, art. 7.)

Les maires doivent prescrire chaque année l'échenillage par un arrêté ou par la publication de la loi du 26 ventôse an IV. (Id., art. 8, Circul. Int. 16 janvier 1869.) Mais s'ils s'abstiennent de prendre un arrêté à cet égard, le défaut d'échenillage n'en constitue pas moins une infraction à la loi du 26 ventôse an VI, réprimée par l'article 471, n° 8, du Code pénal.

Les procès-verbaux constatant l'infraction aux lois et règlements prescrivant l'échenillage sont dressés par les maires, les gardes champêtres et les gendarmes.

L'obligation d'écheniller, il ne faut pas le perdre de vue, ne s'applique qu'aux arbres, aux haies et aux buissons qui, par leur dissémination même au milieu des champs, présentent un danger certain pour les récoltes. Le propriétaire d'un bois ou d'une forêt ne pourrait être assujetti à l'échenillage. (Inst. Min. 11 avril 1821.) — Voy. Arbres, Police rurale. — *Dict. des formules*, nᵒˢ 574 et 575.

Échoppe. — On appelle échoppe une petite boutique, fixe ou mobile, ordinairement en appentis et adossée contre une muraille.

Nulle échoppe ne peut être établie sans l'autorisation des maires. (L. 16-24 août 1790, titre XI, art. 3, n° 1.)

Les maires peuvent ordonner la destruction des échoppes construites sans autorisation (Cass. 11 germinal an XI). Les contraventions sont, en outre, punies des peines portées par l'article 471, n° 4, du Code pénal. — Voy. Voie publique, Voirie. — *Dict. des formules*, n° 576.

Éclairage. — Bien que la loi du 5 avril 1884 ne comprenne pas l'éclairage de la voie publique au nombre des dépenses obligatoires des communes, toutes les villes qui ont des ressources suffisantes sont dans l'usage d'y pourvoir, soit au moyen d'un service spécial, soit au moyen d'un traité passé avec un entrepreneur ou une compagnie.

L'éclairage public peut s'opérer soit par le gaz, soit par l'huile.

Les entreprises de cette nature sont données avec publicité et concurrence; ou par voie de traité amiable, si les entrepreneurs sont brevetés.

Le mode d'éclairage est déterminé par le conseil municipal qui se prononce, en même temps, sur les clauses et conditions à insérer dans le cahier des charges, lorsque l'entreprise doit être mise en adjudication publique, ou dans les traités amiables à passer entre le maire et les entrepreneurs, lorsqu'il y a lieu à un marché de gré à gré dans les conditions prévues par l'ordonnance du 14 novembre 1837.

Les traités portant concession, à titre exclusif, du service de l'éclairage sont approuvés par le préfet ou par décret suivant qu'ils concernent une ville ayant ou non plus de 3 millions de revenus et suivant que leur durée est inférieure ou supérieure à trente années. (Art. 115 et 145, paragraphe 3 de la loi du 5 avril 1884.)

La durée de l'exploitation de l'éclairage à l'huile peut être fixée, comme les baux des propriétés communales, à trois, six ou neuf années, en réservant à la commune le droit d'y substituer l'éclairage au gaz, s'il était reconnu plus avantageux, sans que l'entrepreneur de l'éclairage à l'huile puisse prétendre à aucune indemnité.

Le traité relatif à l'éclairage au gaz doit, si c'est possible, ne pas excéder dix-huit ans, afin de faire profiter les communes des avantages pouvant résulter des perfectionnements ultérieurs qui pourraient être apportés dans ce mode d'éclairage, ou des nouvelles découvertes.

Le mode d'éclairage au gaz permet aux entrepreneurs de pourvoir simultanément à l'éclairage public et à l'éclairage des particuliers. Cette entreprise ne peut avoir lieu qu'au moyen d'une concession qui donne aux entrepreneurs le droit exclusif de poser des tuyaux sous le sol des voies communales. Les avantages que peut présenter, dans certaines localités, l'exploitation de l'éclairage particulier, offrent aux communes le moyen d'exiger des entrepreneurs, en compensation du privilège qu'elles leur accordent, la fourniture gratuite d'un certain nombre de candélabres ou de consoles, et l'alimentation gratuite d'un certain nombre de becs d'éclairage pour le service public. Elles peuvent aussi obliger les entrepreneurs à leur payer un droit de location pour les emplacements occupés par les tuyaux de leur entreprise.

D'après la jurisprudence du ministère de l'intérieur, la concession du droit exclusif de poser des tuyaux sous le sol des voies communales est assimilée à un bail; elle ne peut conséquemment être accordée, lorsque sa durée doit être de plus de neuf ans, qu'après une enquête publique faite en conformité de la circulaire du 20 août 1825, et après production d'un procès-verbal estimatif de la valeur locative et de l'étendue des emplacements occupés par les tuyaux de conduite du gaz. La valeur locative doit être établie en se basant sur le prix du mètre.

La concession de l'entreprise, soit qu'elle ait lieu par voie d'adjudication, soit qu'elle fasse l'objet d'un traité de gré à gré, est subordonnée à l'approbation du préfet.

Les pièces à produire, pour l'éclairage à l'huile, sont: 1° la délibération du conseil municipal; 2° le plan des rues à éclairer; 3° le projet de cahier des charges ou le traité de gré à gré; 4° le budget de la commune; 5° un bordereau de situation de la caisse municipale.

Pour l'éclairage au gaz, on doit produire les mêmes pièces que ci-dessus, et de plus, le procès-verbal d'enquête et le procès-verbal estimatif de la valeur du terrain.

Les mesures de police à prendre dans les communes, pour ce qui concerne les conduites et appareils à gaz dans l'intérieur des habitations, font partie des attributions des maires, et doivent faire l'objet d'un arrêté. Les maires agiront sagement en publiant, en même temps que cet arrêté, un avis relatif à l'éclairage par le gaz et aux précautions à prendre dans son emploi. Les usines à gaz sont d'ailleurs rangées parmi les établissements dangereux ou incommodes de 2ᵉ classe, et elles sont réglementées spécialement par un décret du 9 février 1867. — *Dict. des formules*, nᵒˢ 518-584.

Outre l'éclairage de la voie publique, dont le soin est laissé à la vigilance des maires, la sûreté publique exige une autre nature d'éclairage, exclusivement à la charge des particuliers. Les matériaux déposés ou les excavations faites dans les rues et places doivent être éclairés. Ceux qui, en contravention aux lois et règlements, négligent cette précaution, sont passibles d'une amende de 1 franc jusqu'à 5 francs inclusivement; en cas de récidive, la peine d'emprisonnement pendant cinq jours peut être prononcée. (C. P., art. 471, 478 et 483.)

L'éclairage des matériaux déposés sur la voie publique est obligatoire, alors même qu'aucun arrêté municipal n'en aurait déterminé le mode. (Cass. 10 avril 1841.)

Le défaut d'éclairage des matériaux ne peut être excusé sous prétexte que l'éclairage aurait été établi, mais que le mauvais temps aurait éteint les lumières. Le propriétaire des matériaux est tenu de le rétablir aussitôt qu'un événement quelconque l'a fait cesser. (Cass. 23 décembre 1841.)

— Voy. MATÉRIAUX; VOIE PUBLIQUE. — *Dict. des formules*, nᵒˢ 1024 et 1423.

Écobuage. — L'écobuage est une opération qui consiste à écrouter la couche supérieure du sol, et à brûler sur place les tranches de gazon ainsi détachées; on répand ensuite, sur la surface du champ, le résidu de cette incinération.

L'article 148 du Code forestier défend de porter et allumer du feu dans l'intérieur et à la distance de 200 mètres des bois et forêts, sous peine d'une amende de 20 à 100 francs, sans préjudice, en cas d'incendie, des peines portées par le Code pénal et de tous dommages-intérêts, s'il y a lieu.

On avait d'abord conclu de cet article que l'écobuage n'était pas permis à moins de 200 mètres des bois de l'État, des communes et des établissements publics. Mais plusieurs départements ayant réclamé contre cette interprétation, un arrêté du ministre des finances, en date du 14 juillet 1841, a autorisé les préfets à accorder au besoin une permission spéciale sur la proposition du conservateur des eaux et forêts. — *Dict. des formules*, nᵒ 457.

Écoles. — Le ministre de l'instruction publique a dans ses attributions tout ce qui concerne l'instruction publique proprement dite. En règle générale, aucun établissement d'instruction ne peut être formé sans son autorisation directe ou celle de ses délégués; nul ne peut ouvrir d'école, ni enseigner publiquement s'il n'est muni d'un diplôme ou brevet obtenu à la suite d'un concours ou d'examens subis dans les formes qu'il a déterminées. (Voy. Instruction publique, Maison d'É-coles.) Cependant il existe, en dehors de ce département ministériel, un certain nombre d'écoles spéciales placées, suivant leur objet, sous la direction de ministres différents. Telles sont : l'Ecole polytechnique, l'Ecole spéciale militaire de Saint-Cyr, l'Ecole supérieure de Guerre, le Prytanée militaire de la Flèche, l'École navale de Brest, l'Ecole d'hy-drographie, les écoles d'arts-et-métiers, les écoles nationales d'agricul-ture, vétérinaires, etc. Les municipalités n'ont à intervenir en ce qui concerne des écoles que pour la légalisation des engagements à con-tracter par des parents, par des avis du Conseil municipal sur les de-mandes de bourses et enfin par les certificats de moralité exigés des candidats. (Voy. Dict. des formules, n°s 585, 586, 587.) Aussi pour les dé-tails concernant les écoles nous renvoyons le lecteur au Dictionnaire général d'Administration de M. Alfred Blanche.

École polytechnique. — L'organisation de cette école est réglée par le décret du 1er novembre 1852, dont nous allons rapporter les princi-pales dispositions.

École spéciale militaire. — L'organisation actuelle de l'école spé-ciale militaire est régie par la loi du 5 juin 1850 et les décrets du 11 août 1850 et du 30 septembre 1853. D'après les articles 1 et 3 du décret du 11 août 1850, l'école spéciale militaire a pour objet d'instruire, dans les différentes branches de l'art de la guerre, et de mettre en état d'entrer, comme officiers, dans les rangs de l'armée, les jeunes gens qui se destinent à la carrière militaire. L'instruction y est dirigée vers un but uniquement militaire.

École supérieure de guerre. — Instituée par le décret du 15 juin 1878 pour développer les hautes études militaires, elle remplace l'école d'application d'état-major et recrute ses élèves par voie de concours entre les officiers de l'armée. La durée des cours est de deux ans, et les offi-ciers élèves qui satisfont à l'examen de sortie reçoivent un brevet d'état-major.

Prytanée militaire de La Flèche. — Ce collège reçoit des pension-naires entretenus en entier aux frais des familles et des élèves entre-tenus aux frais de l'Etat. Ceux-ci sont au nombre de trois cents à bourse entière et de cent à demi-bourse. Les places gratuites sont réservées aux enfants dont les pères ont servi ou servent encore comme officiers ou sous-officiers dans les armées françaises, lorsque leur fortune ou celle de leurs parents ne leur permet pas de pourvoir autrement aux frais de leur éducation.

École navale en rade de Brest. — Le nombre des élèves admis chaque année à cette école varie suivant les besoins du service. Le maximum de l'âge d'admission est fixé à seize ans, au 1er janvier de l'année du con-cours; cette condition est de rigueur, et il n'est accordé aucune dispense d'âge.

École d'hydrographie. — Ces écoles, dont l'institution remonte à

Colbert, ont pour objet de répandre gratuitement l'enseignement des sciences nautiques. Il en existe dans les principaux ports militaires et marchands de la République. (O. 7 août 1825 et 29 février 1836.)

Écoles d'arts et métiers. — Ces écoles, au nombre de trois, sont établies à Aix, à Angers et à Châlons-sur-Marne. Elles ont pour but de former des chefs d'ateliers et des ouvriers instruits et habiles. L'instruction y est à la fois théorique et pratique.

Le nombre des élèves dans les écoles d'arts et métiers est fixé à trois cents par école. (Arrêté 19 décembre 1848, art. 1er.)

Fermes-écoles. — Les fermes-écoles sont des établissements mixtes. c'est-à-dire appartenant à des particuliers, mais subventionnés par l'Etat, Elles sont au nombre de 51.

Pour être admis dans une ferme-école, il faut être âgé de seize ans au moins. Cependant, il peut être accordé des dispenses d'âge.

Écoles nationales d'agriculture. — Il existe trois écoles d'agriculture : 1° une à Grignon, par Neauphle-le-Château (Seine-et-Oise) ; 2° une à Grand-Jouan, par Nozay (Loire-Inférieure) ; 3° une à Saulsaie, par Montluel (Ain).

Les écoles nationales d'agriculture ne reçoivent que des élèves internes, nul ne peut être admis qu'après avoir subi un examen préparatoire d'admissibilité au chef-lieu de son département, et des épreuves générales définitives d'admission au siège même de l'école. Les candidats doivent être âgés au moins de 17 ans révolus.

Ecoles des mineurs de Saint-Étienne et des mineurs d'Alais. — Le but de cet établissement est de former des conducteurs de travaux souterrains, des maîtres mineurs habiles et des chefs d'ateliers capables de suivre tous les détails d'exécution. (Circ. min. 13 avril 1820 ; D. du 2 août 1849.)

Écoles vétérinaires. — Ces écoles sont situées à Alfort, près Paris, à Lyon et à Toulouse. On y enseigne la médecine vétérinaire dans sa théorie et dans sa pratique.

Dans chaque école, il est établi un jury qui procède à l'examen des élèves, à la distribution des prix et à la délivrance des diplômes.

Écrit extorqué. — Les maires doivent recevoir les plaintes qui leur seraient adressées pour des faits de cette nature que punit l'article 405 du Code Pénal, et en dresser procès-verbal. — *Dict. des formules*, n° 588.

Églises. — Lors de la réorganisation du culte, les édifices nécessaires à sa célébration ont été mis par l'Etat à la disposition des évêques (Concordat, 26 messidor an IX, art. 12.)

En conséquence, les préfets ont, par arrêtés, affecté au service de chaque cure ou succursale un des édifices anciennement consacrés au culte. (L. 18 germinal an X, art. 75.)

A l'égard des paroisses où il n'y avait pas d'anciens édifices disponibles, le préfet et l'évêque se sont concertés pour la désignation d'un édifice convenable. (L. 18 germinal an X, art. 77.)

Mais la question ne tarda pas à s'élever de savoir qui, des fabriques ou des communes, étaient propriétaires des églises affectées au culte par application de la loi du 18 germinal an X. Cette question de propriété a été formellement résolue en faveur des communes par les avis du conseil d'Etat des 3 nivôse et 4 pluviôse an XIII, avis approuvés et ayant par conséquent force de lois. (Cass., 15 novembre 1853, 24 décembre 1857.)

Depuis le concordat et sur l'avis précité du Conseil d'Etat, un grand nombre d'églises nouvelles ont été construites, soit à l'aide d'impositions locales et des secours accordés sur le fonds de l'Etat, soit à l'aide des ressources des fabriques et des oblations volontaires des fidèles. — Voy. *Dict. des formules*, n°s 592-593.

Il ne peut s'élever aucune difficulté au sujet de la propriété des édifices qui ont été construits soit par la fabrique seule, soit par la fabrique avec l'aide de la commune et de l'Etat.

La fabrique est évidemment propriétaire de l'église construite avec ses deniers propres, mais du moment que la commune est intervenue dans la dépense c'est elle qui est propriétaire de l'édifice.

On s'est demandé à qui des communes ou des fabriques appartient le produit des souscriptions recueillies au nom des fabriques en vue d'assurer la restauration ou la reconstruction des églises et presbytères. Un avis des sections réunies de l'intérieur, de l'instruction publique, des cultes et des finances du Conseil d'Etat a reconnu que les fabriques ayant une existence distincte de la commune et capacité pour administrer tous les fonds affectés à l'exercice du culte suivant les termes formels de l'article 1er du décret du 30 décembre 1809, il était juste et conforme aux volontés des donateurs que le produit des souscriptions ouvertes ou recueillies *exclusivement* au nom des fabriques paroissiales, pour la reconstruction des églises et presbytères, appartinssent à ces fabriques et non aux communes. (Avis 16 mars 1868.) Il suit de là qu'on doit considérer comme propriété de la fabrique une église construite uniquement avec le montant des souscriptions recueillies exclusivement au nom de la fabrique; mais que si la souscription est faite sans désignation exclusive de l'établissement religieux, les fonds à en provenir doivent être considérés comme communaux et l'édifice construit avec ces fonds comme propriété communale.

La propriété immobilière de l'église ne s'entend pas seulement de l'édifice, mais de toutes les parties qui y sont unies et incorporées d'après l'article 525 du Code civil. Ainsi les chapelles, les autels, les boiseries scellées dans les murs et faisant corps avec le monument, les stalles fixes, la chaire, les tribunes, les grands jeux d'orgues élevés sur une maçonnerie et qui entrent dans la décoration générale de l'édifice, les cloches fixées au clocher par des charpentes en bois, l'horloge, les tableaux et ornements encadrés dans la boiserie et faisant corps avec elle, les statues, dans les niches pratiquées pour les recevoir, tous les objets enfin, scellés en plâtre ou à chaux ou à ciment, ou qui ne peuvent être enlevés sans être fracturés ou détériorés ou sans briser ou détériorer la partie de l'édifice à laquelle ils sont fixés, réputés attachés à l'église à perpétuelle demeure, sont immeubles comme elle. Ils sont, ainsi que l'église elle-même, inaliénables, imprescriptibles, et ne peuvent être modifiés, enlevés ou changés que comme une partie de l'immeubles et en remplissant les mêmes formalités.

La propriété d'une église emporte avec elle non seulement la propriété de ses murs, piliers et ouvrages extérieurs faisant partie de ses constructions, mais encore d'un terrain autour de l'église, terrain sur lequel tombent les égouts de sa toiture, et se posent les échafaudages indispensables à la réparation. C'est dans ce but qu'un avis du Conseil d'Etat du 20 décembre 1806 exige que des chemins soient réservés autour des églises, même dans les communes rurales, lors de l'aliénation des anciens cimetières supprimés.

Les contestations relatives à l'étendue de ces chemins de ronde sont de la compétence des tribunaux civils.

Les fabriques qui ne sont pas propriétaires des églises ne possèdent pas sur elles un droit d'usufruit tel que le définit l'article 582 du Code civil; leur jouissance est d'une nature toute spéciale et elles ne l'exercent qu'au point de vue de la célébration du culte; elles ne sont pas fondées par suite à réclamer les avantages conférés à l'usufruitier ordinaire : ainsi si un colombier existe dans le clocher d'une église paroissiale et que des pigeons viennent s'y fixer spontanément, c'est à la commune, si elle est propriétaire de l'édifice, qu'il appartient de disposer des produits du colombier. (Décision minist. intérieur, 1863.)

Grosses réparations. — Que la fabrique soit ou non propriétaire, toutes les dépenses d'entretien, de réparations ou de construction et reconstruction de l'église paroissiale, sont à sa charge. Et ce n'est que subsidiairement, en cas d'insuffisance des revenus de la fabrique qu'il est pourvu par la commune aux grosses réparations après l'application préalable des revenus et ressources disponibles des fabriques à ces réparations. S'il y a désaccord entre la fabrique et la commune quand le concours financier de cette dernière est réclamé, il est statué par décret sur les propositions du ministre de l'intérieur et des cultes. (Loi 5 avril 1884, art. 136, § 12.)

Lorsque la paroisse comprend plusieurs communes et qu'il surgit une contestation entre les communes intéressées sur le mode de répartition de la somme réclamée par la fabrique, il semble, en présence, de la nouvelle loi, que la difficulté doit être résolue par le conseil général après avis du conseil d'arrondissement.

Il importe de bien remarquer que, à la différence de ce qui se passait sous l'empire de la loi du 18 juillet 1837 et du décret du 30 décembre 1809, l'obligation subsidiaire des grosses réparations n'incombe aux communes que dans le cas où les bâtiments leur appartiennent en propre. Les communes d'après la loi nouvelle n'ont aucune obligation à l'égard des édifices qui sont propriétés des fabriques. — Voy. FABRIQUES.

Il est admis en principe que lorsqu'il s'agit de simples travaux d'entretien, d'appropriation ou d'embellissement, il appartient dans tous les cas à la fabrique de les faire exécuter avec l'autorisation de l'évêque, en vertu des dispositions combinées de la loi du 18 germinal an X et du décret du 30 décembre 1809. Lorsqu'au contraire il s'agit de travaux plus importants pouvant modifier la disposition primitive de l'édifice ou à en compromettre la solidité, la fabrique, simple usufruitière, n'est pas en droit de les entreprendre sans que le conseil municipal, organe de la commune propriétaire, ait été appelé à délibérer sur les projets préalablement à l'approbation de l'autorité compétente.

Alors même que les églises appartiennent aux fabriques, il paraît convenable et nécessaire de prendre au moins l'avis des conseils municipaux avant de procéder, avec les deniers des fabriques, à des travaux qui ne sont pas de pur entretien ou d'embellissement.

L'administration municipale a d'ailleurs toujours le droit, en vertu de ses pouvoirs de police, de faire suspendre les travaux quels qu'ils soient qui s'exécutent dans l'église, quand ils lui paraissent de nature à compromettre la solidité de l'édifice.

Si le conseil municipal doit toujours être consulté pour les travaux un peu importants, il n'a jamais le droit de faire faire à l'église des réparations ou des travaux de quelque nature qu'ils soient, sans l'assentiment formel du conseil de fabrique, c'est même exclusivement à ce dernier qu'appartient l'initiative en matière d'entretien et de simples réparations; c'est à lui de déterminer les mesures à prendre et d'en diriger l'exécution. — Voy. FABRIQUE.

Les fabriques peuvent en outre toujours demander qu'il soit fait aux églises paroissiales, dans leur construction, les changements exigés par les besoins du culte et, lorsque les conseils municipaux des communes intéressées s'opposent à l'exécution, il appartient à l'administration supérieure de trancher la difficulté, après avoir pris l'avis de l'autorité diocésaine. (Décision ministérielle, 1863. *Bulletin off.*, p. 378.)

Reconstruction. — Mais les dispositions de l'article 136 du décret du 30 décembre 1809 qui obligeaient les communes à pourvoir à l'insuffisance des revenus des fabriques pour les travaux d'entretien et de construction ayant été abrogées par l'article 168, § 5 de la loi du 5 avril 1884, le concours des communes pour le payement de ces dernières dépenses est désormais purement facultatif.

Aussi, tant qu'une église ancienne peut être réparée, son ancienneté, à défaut d'autres motifs, doit décider la commune à la conserver. Si elle est devenue absolument insuffisante pour les besoins de la population, il faut étudier les moyens de l'améliorer en conservant les parties essentielles et ne les sacrifier que dans le cas de nécessité absolue.

Ce n'est que lorsque les travaux de réparation et d'agrandissement ont été reconnus impossibles qu'on doit recourir à une reconstruction ou à une construction nouvelle.

Il importe à un haut degré que les fabriques n'entreprennent la reconstruction de leurs églises qu'avec mesure et économie sur un avis sérieusement étudié.

Comme c'est la fabrique qui est seule tenue de pourvoir à l'agrandissement de l'église, du moment où la mesure est reconnue indispensable et où ses ressources lui permettent de subvenir à la dépense, l'assentiment du conseil municipal préalablement consulté, n'est pas nécessaire quand le concours de la commune n'est pas réclamé et le préfet n'a pas à tenir compte d'une opposition qui ne serait pas justifiée. (Décision ministérielle, 1857. Arrêt Conseil d'État, 7 mai 1863.)

Aux termes de l'article 1er du décret du 30 novembre 1809 sur les fabriques, dans le cas où il est reconnu que les habitants d'une paroisse sont dans l'impuissance de fournir aux réparations des églises et presbytères, la commune peut se pourvoir auprès du ministre de l'intérieur et de celui des cultes, afin d'obtenir une subvention sur le crédit spécialement ouvert au budget de l'État pour cette destination.

Subventions. — Ces subventions ne s'appliquent qu'aux constructions ou grosses réparations, jamais aux dépenses d'entretien, d'embellissement, de décoration intérieure ou d'achat de meubles et ornements. (Circ. minist. 6 août 1841 et 15 novembre 1850.) Elles ne sont accordées qu'à la double condition : 1° que l'église soit régulièrement constituée en succursale ou chapelle et régie par un conseil de fabrique; 2° que la commune intéressée ait pris de son côté l'engagement de contribuer à la dépense pour une somme notable. (Circ. 29 juin 1841, 20 janvier 1881, 12 janvier 1882.)

Lorsque les communes ou les fabriques sollicitent le concours de l'Etat, ce ne peut-être qu'en raison de l'insuffisance de leurs ressources comparées à leurs besoins. La limite de ces besoins ne doit donc pas être dépassée dans les projets. Le ministre des cultes a fait dresser un tableau du maximum de la dépense nécessaire pour construire des églises d'une importance graduée sur le chiffre de la population. Voici le tableau sur lequel les demandes de secours doivent se régler :

Population de la paroisse.	Maximum de la dépense.
De 500 et au-dessous.....................	20,000 francs.
De 500 à 1,000.............................	35,000 —
De 1,000 à 1,200.............................	80,000 —
De 1,200 à 3,000.............................	90,000 —
De 3,000 à 4,000.............................	120,000 —
De 4,000 à 5,000.............................	150,000 —
De 5,000 à 6,000.............................	190,000 —
De 6,000 à 7,000.............................	230,000 —
De 7,000 à 8,000.............................	280,000 —
De 8,000 à 9,000.............................	400,000 —

Les demandes de secours doivent toujours être basés sur des projets dressés par des gens d'art, avec plans des travaux, projets, coupes et élévation des édifices, avis motivé de l'architecte diocésain. Une fois les plans et devis approuvés, il ne doit y être fait aucune espèce de changement. Elles sont toujours soumises à l'avis de l'évêque diocésain.

Dans tous les cas le secours n'est accordé que lorsqu'on justifie qu'on a déjà d'autres ressources suffisantes pour couvrir la dépense. (Circul., 15 novembre 1850.)

Le ministre n'admet aucune proposition d'allocation pour les travaux achevés ou en cours d'exécution.

Les dossiers qui comprennent à la fois une demande de secours et le vote d'un impôt extraordinaire doivent être adressés par l'intermédiaire du préfet directement au ministre des cultes, qui les transmet ensuite au ministre de l'intérieur avec avis de la décision sur le secours. (Circul. 1er octobre 1835.)

Les pièces à fournir sont :

1° Délibération du conseil de fabrique ; 2° délibération du conseil municipal ; 3° budget de la fabrique ; 4° le budget de la commune ; 5° plans et devis estimatif des travaux ; 6° état de la situation financière de la commune ; 7° un relevé des recettes et dépenses, d'après les comptes des trois derniers exercices. Les subventions ne sont allouées que sur la proposition du conseil général, qui donne un tableau collectif de ces propositions en les classant par ordre d'urgence. (Loi, 28 août 1871, art. 68.)

Lorsque la subvention est accordée, elle est versée dans la caisse municipale, lors même que la fabrique pourvoit seule, avec le secours de l'Etat, au montant de la dépense. Elle n'est définitivement payée qu'autant que l'architecte diocésain ou, à son défaut, son inspecteur, a pu constater si les conditions auxquelles le secours a été accordé ont été fidèlement observées. Leur attestation est jointe aux pièces justificatives de la dépense. (Circul., 15 novembre 1850.)

Pour en toucher le montant, la commune doit produire un certificat délivré par le maire, sous sa responsabilité personnelle, constatant que les travaux sont terminés ou en plein cours d'exécution et déjà avancés et indiquant la somme payée à compte des travaux avec les fonds de la commune ou de la fabrique.

Quant aux projets relatifs aux églises classées comme monuments historiques, ils doivent toujours être soumis au ministre qui autorise leur mise en exécution qu'après avis des architectes attachés à son administration. (Circ. 22 avril 1852.)

La direction des travaux appartient à la fabrique lorsqu'elle est propriétaire de l'église, dans ce cas il n'y a pas même à rechercher si la commune concourt au payement de la dépense pour une somme plus ou moins forte. La fabrique conserve la direction, quoique n'étant pas propriétaire quand elle supporte la totalité ou la majeure partie de la dépense, si au contraire c'est la commune qui supporte la majeure partie de la dépense, c'est à elle que revient la direction.

Lorsque la commune et la fabrique se partagent également la dépense, c'est au maire de diriger les travaux. Dans ce cas, la fabrique conserve un droit de surveillance, le même droit est exercé par l'administration municipale si c'est la fabrique qui a la direction.

En ce qui concerne les travaux d'entretien, d'appropriation et d'embellissement, il est admis que la direction appartient toujours à la fabrique, conformément à l'article 76 de la loi organique du 18 germinal an X et aux articles 1er, 37, 41 et 48 du décret du 30 décembre 1809.

Désaffectation d'immeubles consacrés aux cultes. — En vertu de l'article 167 de la loi du 5 avril 1884, les conseils municipaux peuvent prononcer la désaffectation totale ou partielle d'immeubles communaux consacrés, soit aux cultes, soit à des services religieux ou à des établissements quelconques ecclésiastiques et civils s'ils sont en dehors des prescriptions de la loi organique des cultes du 18 germinal an X et des dispositions relatives au culte israélite. Ces désaffectations doivent être prononcées dans la même forme que les affectations.

Il ressort de la discussion aux Chambres qu'il ne s'agit dans cet article ni des immeubles concordataires affectés au culte catholique ni de ceux consacrés au culte protestant ou au culte israélite, en vertu des dispositions relatives à ces cultes, ni des immeubles qui postérieurement au concordat et à la loi du 18 germinal an X ont été affectés aux cultes par suite des obligations résultant du concordat et des lois organiques.

Les conseils municipaux ne sauraient dès lors se prévaloir de l'article 167 pour poursuivre la désaffectation des immeubles compris dans ces diverses catégories. (Circ. 15 mai 1884.)

Locations et concessions diverses dans les églises. — Différentes locations ou concessions peuvent être faites dans les églises. Les objets auxquels elles s'appliquent sont : les chaises, les bancs et places, les chapelles, les inscriptions et monuments funèbres ou autres.

Les chaises, les bancs et places de l'église peuvent être loués par le bureau des marguilliers, avec l'autorisation du conseil de fabrique, soit par le mode de régie, soit par le mode de mise en ferme avec adjudication aux enchères. (D. 30 décembre 1809, art. 64.) Des concessions de bancs, tribunes ou places, pour un temps déterminé, peuvent en outre être faites directement aux fidèles. (Id., art. 68, 69 et 70.) Toutefois, il doit être réservé, dans toutes les églises, une place où les fidèles qui ne louent pas de bancs ni de chaises, puissent commodément assister au service divin et entendre les instructions. (Id., art. 65.)

Celui qui a entièrement bâti l'église a le droit de se réserver la propriété d'un banc, d'une place ou d'une chapelle, pour lui et sa famille, tant qu'elle existera. La même concession peut être faite à tout donateur ou bienfaiteur de l'église. (D. 30 décembre 1809, art. 72.)

La permission de placer des cénotaphes, inscriptions, monuments funèbres ou autres dans l'église, ne peut être accordée qu'à deux classes de personnes : 1° à celles qui auraient rendu de grands services et en faveur de qui cette autorisation serait demandée par les habitants; dans ce cas, la délibération de la fabrique, qui exprime le consentement à la concession gratuite, doit être accompagnée de celle du conseil municipal, qui fait connaître le vœu des habitants (Décis. min., mars 1821); 2° à celles qui offriraient d'assurer à l'église des avantages suffisants.

La demande doit en être adressée à la fabrique. Elle doit contenir, s'il s'agit d'une inscription, le texte de cette inscription, et, s'il s'agit d'un monument, son plan général et l'indication de ses détails. La demande et les pièces à l'appui sont adressées à l'évêque, et l'autorisation est accordée, sur sa proposition, par le ministre des cultes. (D. 30 décembre 1809, art. 73.) = *Dict. des formules*, n° 1065.

Police de l'église. — La police intérieure de l'église appartient au curé ou desservant; toutes les mesures propres à y maintenir le bon ordre sont de sa compétence. Il règle, d'accord avec les fabriciens, la distribution intérieure de l'église. Le placement des bancs et des chaises ne peut être fait par le bureau des marguilliers sans son consentement. En cas de désaccord, c'est à l'évêque qu'il appartient de prononcer sur les distributions et d'ordonner la suppression des bancs et aux autres objets, qui pourraient gêner le service divin. (D. 30 décembre 1809, art. 30.)

Dans les communes rurales, c'est encore le curé qui a le droit de nommer et de révoquer les serviteurs de l'église, bedeaux, suisses, enfants de chœur. Dans les villes, la fabrique ne peut les nommer et les révoquer que sur la proposition du curé ou desservant. (O. 12 janvier 1825, art. 7.) Le maire n'a aucun ordre à donner à ces serviteurs.

Les clefs de l'église doivent être remises au curé, et, en cas d'absence, à celui des marguilliers désigné par l'évêque. (Décis. min. 28 avril 1806.) Une autre clé de l'église est remise au maire, si le clocher n'a pas une entrée spéciale et distincte. (L. 5 avril 1884, art. 101.) Le curé dispose de l'intérieur de son église, y commande, y ordonne, et se trouve toujours dans son droit, pourvu qu'il ne prescrive rien qui nuise à la conservation du bâtiment, et qu'il ne viole pas les dispositions relatives à la police des cultes.

En cas de trouble ou de désordre dans l'église, le maire peut être appelé à intervenir. (L. 5 avril 1884, art. 97). Si l'affaire donne lieu à des poursuites, elle se juge par la voie des témoignages que rendent les assistants, car le curé et les employés de l'église n'ont pas caractère pour dresser un procès-verbal qui fasse foi en justice.

Hors de l'édifice et de ses dépendances, par exemple au cimetière, sur une place ou sur un terrain contigu à l'église, ce n'est plus au curé à exercer la police; ce droit appartient à l'autorité municipale. Le curé peut, pour l'exécution, inviter les perturbateurs à se taire, à s'éloigner, mais il doit faire intervenir le maire. (Circ. min. 9 novembre 1833 et 20 juillet 1837.) — Voy. CULTE, CURÉ ET DESSERVANT, FABRIQUE. = *Dict. des formules*, n° 591.

Égouts. — Aqueducs ouverts et souterrains destinés à recevoir les eaux pluviales et ménagères, pour les diriger vers les points d'écoulement.

Les égouts contribuent à l'assainissement des villes en empêchant la stagnation des eaux dans les quartiers les plus bas. Pour éviter toute obstruction dans les égouts, il doit être interdit d'y jeter ou pousser des ordures, boues, immondices, neiges ou glaces. L'autorité municipale peut prendre à cet égard telle disposition réglementaire qu'elle juge utile. Elle doit, dans l'intérêt de la salubrité publique, faire curer et assainir les égouts toutes les fois qu'ils en ont besoin.

La propriété du sol des rues emporte la propriété du dessus et du dessous (C. civ., art. 552). Il en résulte qu'il n'est permis aux particuliers de faire ni au-dessus ni au-dessous aucune entreprise, sans l'autorisation expresse de l'autorité municipale. Ainsi, il est défendu de creuser sous la rues des aqueducs, égouts, etc. La possession, quelque longue qu'elle soit, ne pourrait légitimer de pareilles entreprises et conférer à leur auteur ou à ses ayants droit un titre de propriété.

L'égout des toits doit être établi de manière que les eaux pluviales s'écoulent sur le terrain de celui qui construit ou sur la voie publique, et non sur le fonds du voisin. (C. N., art. 681.) — Voy, EAUX.

Élagage. — Action de couper les branches des arbres ou des haies qui s'avancent sur la voie publique.

L'élagage des arbres plantés sur les grandes routes ne peut être fait qu'en vertu d'arrêtés des préfets, pris sur le rapport des ingénieurs en chef et contenant les instructions nécessaires sur la manière dont l'élagage doit être opéré. (D. 16 décembre 1811, art. 102.)

En conséquence, les particuliers ne peuvent procéder à l'élagage des arbres qui leur appartiennent sur les grandes routes, qu'aux époques et suivant les indications contenues dans l'arrêté du préfet et sous la surveillance des agents des ponts et chaussées, à peine, dans le cas contraire, d'être poursuivis comme coupables de dommages causés aux plantations des routes. (Id., art. 105.)

Les préfets règlent également ce qui est relatif à l'élagage sur les chemins vicinaux. (L. 21 mai 1836, art. 21.)

Il appartient aux maires de prendre des arrêtés pour rappeler, chaque année, aux propriétaires riverains des routes et des chemins vicinaux, l'époque où ils doivent opérer l'élagage des arbres et des haies qui leur appartiennent sur ces voies publiques, ainsi que le mode d'élagage déterminé par les arrêtés du préfet.

A défaut, par les propriétaires, de se conformer aux dispositions des règlements qui prescrivent l'élagage, il y est pourvu d'office, aux frais des contrevenants, qui sont en outre passibles des peines prononcées par le Code pénal pour contraventions aux règlements de police.

Le pouvoir municipal tient de la loi du 5 avril 1884, article 97, la mission de maintenir la sûreté et la commodité du passage dans les rues, quais et autres voies publiques. Les maires peuvent donc, en ce qui concerne les rues, quais et places dépendant de la petite voirie et les chemins ruraux, ordonner, de leur propre autorité, l'élagage des arbres et des haies qui entretiendraient sur le sol une humidité préjudiciable.

En cas de négligence ou de refus d'exécuter l'arrêté pris par le maire à cet effet, les contrevenants seraient passibles des peines portées par l'article 471, n° 5, du Code pénal. — Voy. CHEMINS RURAUX,

Chemins vicinaux, Routes, Voirie. — *Dict.' des formules*, nᵒˢ 409 et 1441.

ÉLECTIONS. — La Chambre des députés, les conseils généraux, les conseils d'arrondissement, les conseils municipaux sont issus de l'élection directe; on la retrouve ainsi à tous les degrés de notre organisation administrative.

Il y a, en outre, dans notre droit public actuel, deux sortes d'élections du second degré : les élections sénatoriales; l'élection des maires et adjoints.

Les élections directes sont faites par les citoyens inscrits sur les listes électorales qui sont dressées dans chaque commune.

Des listes électorales. — Avant 1870, il n'existait qu'une seule catégorie d'électeurs, la même liste servait pour les élections politiques, les élections départementales et les élections municipales. La loi du 14 avril 1871 établit une distinction pour les élections municipales en déclarant dans son article 4 que les conseils municipaux seraient élus par les électeurs, ayant, depuis une année au moins, leur domicile réel dans la commune. La loi du 7 juillet 1874 modifia les conditions d'inscription sur les listes électorales municipales en maintenant la dualité de liste qui fut conservée par la loi du 30 novembre 1875, laquelle simplifia la procédure en étendant à la confection de la liste complémentaire des électeurs politiques les formalités et juridictions instituée en 1874 pour les listes municipales. La loi du 5 avril 1884, revient par son article 14 au système suivi avant 1870; elle supprime la dualité de liste et décide qu'à l'avenir il n'y aura plus qu'une liste électorale unique sur laquelle seront inscrits non seulement ceux qui avaient droit d'être portés sur la liste politique, mais encore ceux qui puisaient, dans la loi du 7 juillet 1874, le droit d'être inscrits sur la liste municipale.

Revision des listes. Autorités chargées de dresser le tableau des rectifications. — Les listes électorales sont permanentes. Elles sont l'objet d'une revision annuelle, conformément au décret réglementaire du 2 février 1852, qui, sur ce point, est toujours en vigueur.

Dans les communes divisées en sections électorales, il doit être dressé par une commission spéciale à chaque section une liste distincte par section. — (V. plus loin, *sections électorales*, Circul., 31 décembre 1875.)

La première formalité à remplir consiste dans l'établissement du tableau des additions et des retranchements à opérer sur la liste électorale. Ce tableau doit, aux termes de l'article 1ᵉʳ du décret réglementaire du 2 février 1852, être dressé, du 1ᵉʳ au 10 janvier.

Il est dressé par une commission composée : 1° du maire ou, à son défaut, d'un adjoint; 2° d'un délégué de l'administration désigné par le préfet; 3° d'un délégué choisi par le conseil municipal. (L. 7 juillet 1874, art. 1ᵉʳ.)

Les conseils municipaux doivent être préalablement convoqués pour faire choix de ce délégué, ainsi que deux autres qui seront adjoints aux membres de la première commission pour le jugement des réclamations (voir ci-après). Il est bon que ces délégués soient pris dans le sein du conseil municipal; mais le conseil peut cependant désigner d'autres personnes en qui il aurait confiance, pourvu que ces personnes soient électeurs dans la commune.

Lorsque la commune est divisée en sections le conseil procède en même temps et de la même manière à la désignation des délégués pour la formation des commissions de section et pour le jugement des réclamations.

De son côté, le préfet nomme sans délai le délégué qui doit le représenter dans chaque commission. Le délégué de l'administration peut être choisi soit parmi les habitants de la commune, soit en dehors de la commune. Il doit en référer au préfet ou au sous-préfet, lorsqu'il rencontre quelque difficulté sérieuse. La franchise postale lui est accordée à cet effet. (Décis. minis. des finances 24 juillet 1874.)

Dans le cas où certains conseils municipaux refuseraient de nommer des délégués, le tableau rectificatif pourrait être dressé par le maire, assisté du délégué de l'administration; il en serait de même si le délégué nommé par l'assemblée communale refusait de remplir son mandat. (Circ. Int. 31 décembre 1875.)

Les commissions, même celles chargées de reviser les listes des diverses sections, doivent, en général et sauf les circonstances exceptionnelles, siéger à la mairie où les demandes en inscription ou en radiation sont toujours déposées et où se trouvent centralisés les documents que les commissions ont besoin de consulter pour leur travail. — Voy. CASIERS ADMINISTRATIFS ÉLECTORAUX.

Les commissions chargées de dresser les tableaux de rectification doivent inscrire sur le tableau des additions les citoyens qu'elles reconnaissent avoir acquis les qualités exigées par la loi et ceux qui rempliront cette condition avant le 1er avril. (D. régl. 2 février 1852, art. 1er.)

Elles doivent rayer des listes: 1° les individus décédés; 2° ceux dont la radiation a été ordonnée par l'autorité compétente; 3° ceux que la commission reconnaîtrait avoir été indûment inscrits, quoique leur inscription n'ait pas été attaquée. (D. régl. 2 février 1852, art. 1er.)

Avis de la radiation doit être donné, sans frais, aux électeurs de cette dernière catégorie, afin qu'ils puissent, s'ils le jugent convenable, présenter leurs observations. (L. 7 juillet 1874, art. 4.)

Les commissions tiennent un registre de toutes leurs décisions, et y mentionnent les motifs et les pièces à l'appui. (D. régl. 2 février 1852, art. 1er.)

Elles arrêtent et signent les tableaux rectificatifs avant le 15 janvier.

Dépôt et publication des tableaux de rectification. — Ces tableaux doivent être déposés au secrétariat de la mairie le 15 janvier au plus tard. (D. régl. 2 février 1852, art. 2.)

Le même jour, des affiches donnent avis du dépôt et font connaître que les demandes en inscription et en radiation seront reçues pendant 20 jours. (D. régl. 2 février 1852, art. 5; D. 13 janvier 1866, et L. 7 juillet 1874, art. 2.)

Le maire dresse un procès-verbal de dépôt qui est transmis au sous-préfet avec une copie des tableaux. Le sous-préfet les adresse dans les deux jours au préfet avec ses observations. (D. régl., art. 3.)

La minute déposée à la mairie est communiquée à tout requérant, qui peut en prendre connaissance ou copie sans déplacement et la reproduire par la voie de l'impression. (Id., art. 2.)

Droit du préfet de déférer les opérations préliminaires au conseil de préfecture. — Si les formalités et les délais prescrits n'ont pas été observés, le préfet peut, dans les deux jours qui suivent la réception des tableaux, déférer les opérations, au conseil de préfecture, qui statuera dans les trois jours et fixera, s'il y a lieu, le délai dans lequel les opérations annulées devront être refaites. (D. régl., art. 4.)

Cette disposition n'est pas applicable dans le cas où le travail de revision aurait été complètement omis. Le conseil de préfecture ne peut alors impartir de nouveaux délais. C'est au préfet, chargé d'assurer dans l'étendue du département l'exécution des lois, qu'il appartient de prendre les mesures nécessaires pour qu'il soit immédiatement procédé au travail de revision et ensuite au dépôt du tableau rectificatif suivant la forme prescrite par le décret réglementaire du 2 février 1852, les délais accordés aux citoyens pour former leurs réclamations ne devant, d'ailleurs, courir que du jour de la publication. (Décis. Cons. d'Etat, 22 mars 1875.)

Ouverture d'un registre des réclamations. — Dans les derniers jours qui précèdent la publication des tableaux rectificatifs, le maire ouvre un registre pour consigner les réclamations présentées à fin d'inscription ou de radiation.

Ces réclamations y sont portées par ordre de date et doivent indiquer d'une manière exacte le nom et domicile du réclamant.

La demande doit contenir, quand il s'agit de radiation, l'énoncé des motifs sur lesquels elle est fondée. Il doit être donné récépissé de toutes les réclamations. Il en est donné récépissé.

Réclamations des tiers. — Le droit de demander une radiation ou une inscription appartient à tout électeur de la circonscription. (D. 2 février 1852, art. 19 et 7 juillet 1874, art. 5 et 6.)

Le même droit appartient au sous-préfet. Il peut aussi être exercé par les membres de la commission chargée de la préparation des tableaux rectificatifs, et, en conséquence, par le délégué du préfet, en tant qu'il agit comme électeur.

Les demandes en inscription ou en radiation doivent être formées dans le délai de vingt jours, à partir de la publication des listes. Ce délai s'applique à toutes les demandes sans distinction. Il se compte par jour et non par heure. (Cass. 4 mai 1880.)

Le maire avertit l'électeur dont l'inscription est contestée pour qu'il ait à présenter ses observations. Cet avertissement est donné sans frais et contient l'indication sommaire des motifs de la demande en radiation.

Formation des commissions chargées de juger les réclamations. Notification de leurs décisions. — Pour le jugement des réclamations, les commissions qui ont préparé les tableaux rectificatifs s'adjoignent les deux autres délégués qui ont été à l'avance, et ainsi qu'il a été dit ci-dessus, désignés par le conseil municipal.

Ces commissions se trouvent donc ainsi composées: 1° le maire ou un adjoint ou un conseiller municipal dans l'ordre du tableau; 2° un délégué de l'administration; 3° trois délégués du conseil municipal.

Le maire, ou le membre qui le supplée, a la présidence; les décisions sont prises à la majorité des suffrages; elles doivent être consignées par ordre de date sur un registre et ne point être inscrites sur des feuilles volantes.

La commission s'occupe des réclamations aussitôt qu'elle en a reçu, et statue dans le plus bref délai possible.

C'est à celui qui demande la radiation d'un électeur figurant depuis plusieurs années sur les listes qu'il incombe de prouver que l'électeur ainsi inscrit a cessé de remplir les conditions exigées par la loi. (Arrêt C. d'Et. 17 avril 1883.)

La loi du 7 juillet 1874 ne limite point le genre de preuves qui pourront être admises par les commissions; elle se borne à édicter des pénalités sévères contre ceux qui, à l'aide de déclarations frauduleuses ou de faux certificats, auraient provoqué des inscriptions ou des radiations irrégulières.

Les décisions sont notifiées dans les trois jours de leur date, par écrit et à domicile, par les soins de l'administration municipale. La loi du 7 juillet 1874 (art. 4) n'exige pas, comme le décret organique du 2 février 1852, l'intervention d'un agent assermenté; mais comme il est utile que la date de la notification, qui fait courir le délai d'appel, soit fixée d'une manière certaine, les maires feront bien d'employer, autant que possible, comme par le passé, un agent assermenté, ou, à défaut, d'exiger un reçu des notifications.

Le principe de l'autorité de la chose jugée s'applique aux décisions de la commission, lorsque les conditions d'identité de demande, de cause et de parties se trouvent réunies.

Appel devant le juge de paix. Pourvoi. — L'appel des décisions de la commission est porté devant le juge de paix du canton par simple déclaration au greffe. (D. org. 2 février 1852, art. 22. L. 7 juillet 1874, art. 3.)

Le droit d'interjeter appel est ouvert aux termes de l'article 4 de la loi du 7 juillet 1874 aux parties auxquelles doit être faite la notification de la décision de la commission municipale et de plus à tout électeur qui peut demander l'inscription ou la radiation des individus omis ou portés indûment sur la liste, lors même qu'il n'aurait pas été partie à la décision de la commission. (Cassation ar. 14 juin 1880, 11 avril 1881.) Les membres de la commission municipale ne peuvent interjeter appel, car après avoir rempli dans une contestation les fonctions de juge, ils ne sauraient prendre en appel le rôle de parties. (Cassation 28 avril 1879.) Les délégués de l'administration ne peuvent pas plus que les autres membres se pourvoir personnellement contre les décisions auxquelles ils auraient participé ; mais toutes les fois qu'un recours leur paraît utile à introduire, leur devoir est d'avertir le sous-préfet ou le préfet auquel l'article 19 du décret de 1852 attribue le droit de former des réclamations contre les inscriptions ou radiations contraires à la loi et qui, en conséquence, sont autorisés également à interjeter appel des décisions des commissions. (Circulaire 31 décembre 1875.) En ce qui concerne le maire, la question se résout par une distinction. S'il n'a pas figuré dans la commission, ce droit lui appartient comme à tout électeur (Cassation 23 avril 1877) ; dans le cas contraire, il ne lui est pas permis de l'exercer soit comme appelant, soit comme intimé. (Cassation 17 novembre 1874.)

L'appel doit être fait dans les cinq jours de la notification des décisions de la commission. (L. 7 juillet 1874, art. 4.)

La jurisprudence de la Cour de cassation accorde aux parties qui n'ont pas figuré dans le débat devant la commission, et à qui par conséquent, les décisions de cette commission ne sont pas notifiées un délai de vingt jours à partir de la décision pour interjeter appel. (Circul. ministérielle 31 août 1874.)

L'appel se forme par simple déclaration au greffe faite par l'appelant ou son mandataire. (Art. 22 décret réglementaire.) Le mandat peut d'ailleurs être verbal. Une lettre missive adressée au juge de paix ne peut remplacer la déclaration exigée par la loi. (Cassation 12 mai 1880.) La demande doit être appuyée des justifications nécessaires.

Le juge de paix doit statuer dans les dix jours, sans frais, ni forme de procédure et sur simple avertissement donné trois jours à l'avance à toutes les parties intéressées. (D. org. 2 février 1852, art. 22.) Il donne avis des infirmations par lui prononcées, au maire et au préfet, dans les trois jours de la décision. (D. régl. 2 février 1852, art. 6.)

Sa sentence doit à peine de nullité être motivée (Cassation 3 mai 1880) et prononcée en audience publique.

Le juge de paix ne doit prononcer que sur l'appel d'une décision de la commission il ne peut connaître de plano d'une réclamation (Cassation 5 juin 1878). Mais, du moment qu'il y a eu décision, le recours est ouvert contre elle sans qu'on ait à se préoccuper de la solution.

Il n'est rien innové en ce qui concerne les pourvois devant la Cour de cassation, qui, aux termes de l'article 23 du décret organique du 2 février 1852, doivent être formés dans les dix jours de la notification. Il est à remarquer seulement que ces affaires sont portées non plus devant la chambre des requêtes, mais devant la chambre civile de la Cour de cassation. (L. 30 novembre 1875, art. 1er, § 3.)

Clôture des listes. — Les pourvois ne doivent pas retarder la clôture des listes, qui sont, conformément aux prescriptions de l'article 7 du décret réglementaire du 2 février 1852, définitivement arrêtées le 31 mars.

A cet effet, les commissions instituées par l'article 1er de la loi du 7 juillet 1874, et fonctionnant sans l'assistance des deux délégués supplémentaires du conseil municipal, apportent aux tableaux publiés le 15 janvier toutes les modifications résultant soit des décisions des juges de paix, soit des arrêts de la Cour de cassation, s'il en est intervenu. De plus, elles retranchent les noms des électeurs dont le décès survenu depuis la formation des tableaux préparatoires, serait dûment constaté, ou qu'un jugement ayant acquis force de chose jugée aurait privés du droit de vote.

Elles dressent le tableau des rectifications, et arrêtent définitivement la liste électorale.

Dépôt et communication. — Les listes, établies par ordre alphabétique et signées par les trois membres de la commission, sont réunies en un registre, lequel reste déposé au secrétariat de la commune pour être communiqué à tout requérant.

Le droit de prendre communication de la liste emporte celui d'en prendre copie, ainsi que l'a formellement prescrit le paragraphe 4 de la loi du 7 juillet 1874. Le refus de donner communication constituerait un excès de pouvoirs de nature à entraver l'annulation d'une élection s'il avait pu exercer une influence sur le résultat du vote. (C. d'Et., arr., 31 juillet 1862.)

Envoi au préfet d'une copie des rectifications. — L'article 7 du décret réglementaire du 2 février 1852 prescrit d'envoyer immédiatement au préfet, pour être déposée au secrétariat général de la préfecture, une copie des tableaux définitifs de rectification.

Changements qui peuvent être apportés à la liste électorale après la clôture. — Les listes, une fois arrêtées, sont définitives, et les seuls changements qui peuvent y être apportés jusqu'à l'époque de la prochaine revision consistent dans la radiation que le maire opère des électeurs décédés ou privés de leurs droits civils et politiques par jugement passé en force de chose jugée, et dans les additions ou retranchements qui seraient ordonnés par des décisions de juge de paix ou les arrêts de cassation rendus après la clôture des listes, mais sur des réclamations formées avant le 4 février.

Époques et délais des diverses opérations relatives à la revision des listes électorales.

	NOMBRE de JOURS.	TERMES des DÉLAIS.
Préparation des tableaux de rectifications	10	10 janvier
Délai accordé pour dresser les tableaux de rectifications.....	4	14 janvier
Publication des tableaux de rectifications..................	1	15 janvier
Délai ouvert aux réclamations........................	20	4 février
Délai pour les décisions des commissions chargées du jugement des réclamations...........................	5	
Délai pour la notification des dernières décisions de ces commissions...........................	3	»
Délai d'appel devant le juge de paix.....................	5	»
Délai pour les décisions du juge de paix....	10	»
Délai pour les notifications des décisions du juge de paix....	3	»
Clôture définitive des listes........................	»	31 mars

Conditions requises pour être électeur. — Ces règles qui n'ont pas varié sont relatives à la nationalité, à l'âge, à la jouissance des droits civils et politiques.

Nationalité. — Il n'y a pas à distinguer entre les Français d'origine ou les étrangers naturalisés français; mais l'étranger admis seulement à jouir en France des droits civils et qui n'a point reçu ses lettres de naturalisation ne peut être inscrit comme électeur. — Voy. NATIONALITÉ, NATURALISATION.

Age. — Il suffit que l'électeur ait vingt et un ans accomplis au jour de la clôture définitive des listes, c'est-à-dire au 31 mars. Peuvent donc être inscrits, lors de la formation des listes préparatoires, tous les citoyens qui auront atteint l'âge de vingt et un ans au 31 mars suivant.

La preuve de l'âge est fournie ordinairement au moyen de l'acte de naissance. Les extraits de ces actes nécessaires pour établir l'âge des électeurs sont délivrés gratuitement sur papier libre à tout réclamant. Ils portent en tête de leur texte l'énonciation de leur destination spéciale et ne peuvent servir à une autre. (Art. 24 décret organique de 1852.)

L'acte de naissance peut d'ailleurs être suppléé par d'autres pièces probantes, telles que l'acte de mariage, le contrat de mariage ou un livret militaire. Mais il ne peut être suppléé par la preuve testimoniale, le serment ou un acte de baptême.

Jouissance des droits civils et politiques. — La jouissance des droits civils et politiques appartient à tous ceux qui ne se trouvent dans aucun des cas d'incapacité prévus par la loi. La capacité est la règle, l'incapacité n'est que l'exception.

Les incapacités électorales sont énumérées par les articles 15 et 16 du décret organique du 2 février 1852.

Elles sont de deux sortes. Les unes ont un caractère pénal qui frappe le citoyen soit à perpétuité, soit à temps. L'autre est en quelque sorte morale et dépend d'un état particulier de l'individu.

Incapacités pénales. — Les incapacités basées sur des condamnations sont perpétuelles ou temporaires.

Incapacités pénales perpétuelles. — Elles atteignent :

1° Les individus privés de leurs droits civils et politiques par suite de condamnation, soit à des peines afflictives (1) ou infamantes (2), soit à des peines infamantes seulement ;

2° Les condamnés pour crime à l'emprisonnement, par application de l'article 463 du Code pénal (3) ;

3° Ceux qui ont été condamnés à trois mois de prison, par application des articles 318 et 423 du Code pénal (4) ;

4° Les condamnés pour vol, escroquerie, abus de confiance, soustraction commise par les dépositaires de deniers publics, ou attentats aux mœurs prévus par les articles 330 et 334 du Code pénal, quelle que soit la durée de l'emprisonnement auquel ils ont été condamnés ;

5° Les individus qui, par application de l'article 8 de la loi du 17 mai 1819 et de l'article 3 du décret du 11 août 1848, auront été condamnés pour outrage à la morale publique et religieuse et aux bonnes mœurs, et pour attaque contre le principe de la propriété et les droits de la famille (5).

---

(1) Les peines afflictives ou infamantes sont : 1° la mort; 2° les travaux forcés à perpétuité ; 3° la déportation ; 4° les travaux forcés à temps ; 5° la détention ; 6° la réclusion.

(2) Les peines infamantes sont : 1° le bannissement ; 2° la dégradation civique.

(3) L'incapacité n'atteint pas les individus condamnés à l'emprisonnement par l'effet de l'admission d'une excuse légale. Ainsi la condamnation à une peine correctionnelle pour homicide involontaire n'entraîne pas la privation du droit de vote. (Arrêt de cassation, 30 mars 1863.)

(4) L'article 318 du Code pénal prévoyait et punissait la vente ou le débit de boissons falsifiées contenant des mixtions nuisibles; il a été abrogé par l'article 2 de la loi du 5 mai 1855, dont l'article premier déclare applicables aux boissons les dispositions de la loi du 27 mars 1851. Nous en parlerons spécialement dans la note relative au paragraphe 14 de cette énumération.

Le paragraphe 1er de l'article 423 du Code pénal est ainsi conçu :

« Quiconque aura trompé l'acheteur sur le titre des matières d'or ou d'argent, sur la qualité d'une pierre fausse vendue pour fine, sur la nature de toute marchandise; quiconque, par usage de faux poids ou de fausses mesures, aura trompé sur la quantité des choses vendues, sera puni de l'emprisonnement pendant trois mois au moins, un an au plus, et d'une amende qui ne pourra excéder le quart des restitutions et dommages-intérêts, ni être au-dessous de cinquante francs. »

(5) Ces articles ont été abrogés par l'article 68 de la loi du 29 juillet 1881 sur la liberté de la presse. Le délit d'outrage à la morale publique et religieuse n'a pas été maintenu dans la loi, mais le délit d'outrage aux bonnes mœurs est puni par l'article 28 d'un emprisonnement de un mois à deux ans et d'une amende de 16 à 2,000 francs. Cet article ajoute que les mêmes peines sont applicables à la mise en vente, à la distribution ou à l'exposition de dessins, gravures, peintures, emblèmes ou images obscènes.

6° Les individus condamnés à plus de trois mois d'emprisonnement, en vertu des articles 31, 33, 34, 35, 36, 38, 40, 41, 42, 45, 46 de la loi électorale. — Voy. *infra*, PÉNALITÉS ;

7° Les notaires, greffiers et officiers ministériels destitués en vertu de jugements ou décisions judiciaires ;

8° Les condamnés pour vagabondage ou mendicité (art. 272, 274, 277 et suiv. C. pén.) ;

9° Ceux qui auront été condamnés à trois mois de prison au moins par application des articles 439, 443, 444, 445, 446, 447 et 452 du Code pénal (1) ;

10° Les militaires condamnés au boulet ou aux travaux publics ;

11° Les individus condamnés à l'emprisonnement par application des articles 38, 41, 43 et 45 de la loi du 21 mars 1832 sur le recrutement de l'armée (2) ;

12° Les individus condamnés à l'emprisonnement par application de l'article 1er de la loi du 27 mars 1851 (3) ;

13° Ceux qui ont été condamnés pour délit d'usure.

Incapacités temporaires. — Ces incapacités sont établies les unes pour une durée variable, les autres pour un temps fixe.

(1) L'article 439 punit la destruction ou l'incinération des registres, minutes ou actes originaires de l'autorité publique, des titres, billets, lettres de change, effets de commerce ou de banque, contenant ou opérant obligation, disposition ou décharge.

L'article 443 punit la détorioration des marchandises, matières ou instruments servant à la fabrication, à l'aide d'une liqueur corrosive ou par tout autre moyen.

L'article 444 punit la dévastation des récoltes sur pied ou des plants venus naturellement ou faits de main d'hommes.

Les articles 445, 446 et 447 punissent l'abatage, la mutilation des arbres et la destruction des greffes appartenant à autrui.

L'article 452 punit l'empoisonnement des chevaux et autres animaux domestiques ainsi que celui des poissons dans les étangs, viviers ou réservoirs.

(2) Les articles cités ci-dessus de la loi de 1832 ont été remplacés par les articles 60, 63 et 66 de la loi du 27 juillet 1872.

L'article 60 punit les fraudes ou manœuvres par suite desquelles les jeunes gens ont été omis sur les tableaux de recrutement, et celles qu'ils ont employées pour s'abstenir de paraître devant le conseil de revision ou se faire dispenser ou exempter.

L'article 63 punit les hommes qui se sont rendus impropres au service militaire.

Enfin l'article 66 punit les médecins, chirurgiens ou officiers de santé qui ont reçu des dons ou promesses, pour être favorables aux jeunes gens qu'ils doivent examiner.

(3) Cet article est ainsi conçu :

« Seront punis des peines portées par l'article 423 du Code pénal : 1° Ceux qui falsifieront des substances ou denrées alimentaires ou médicamenteuses destinées à être vendues;

« 2° Ceux qui vendront ou mettront en vente des substances ou denrées alimentaires ou médicamenteuses qu'ils sauront être falsifiées ou corrompues;

« 3° Ceux qui auront trompé ou tenté de tromper sur la quantité des choses livrées, les personnes auxquelles ils vendent ou achètent, soit par l'usage de faux poids ou de fausses mesures, ou d'instruments inexacts servant au pesage ou mesurage, soit par des manœuvres ou procédés tendant à fausser l'opération du pesage ou mesurage, ou à augmenter frauduleusement le poids ou le volume de la marchandise, même avant cette opération, soit enfin par les indications frauduleuses tendant à faire croire à un pesage ou mesurage antérieur et exact. »

Durée variable. — Les tribunaux sont autorisés à prononcer l'interdiction du droit de vote et à en fixer la durée, en se renfermant dans les limites tracées par la loi (art. 42 et 43 du Code pénal) dans les cas suivants :

1° Attentats et complots dirigés contre l'Etat (art. 89 et 91 du Code pénal) ;

2° Coalition de fonctionnaires (art. 123) ;

3° Faux témoignage en matière correctionnelle ou de police (art. 362) ;

4° Tenue de maisons de jeux de hasard (art. 410) ;

5° Affiliation à l'Internationale (Loi 14 mars 1872) ;

6° Délits commis par les cafetiers, cabaretiers et autres débitants et punis par les articles 3 et 6 de la loi du 23 janvier 1873 ;

7° Contravention à la loi du 21 mai 1836 sur les loteries (L. 30 novembre 1875).

Dans les cas prévus par le paragraphe 2 de l'article 15, les tribunaux ont la faculté d'ajouter ou de ne pas ajouter à la peine principale celle de l'interdiction du droit de vote. Aussi cette dernière peine doit-elle être prononcée par le jugement pour qu'il y ait incapacité (Cass., ch. des requêtes, 5 avril 1869). Il faut remarquer de plus que l'interdiction d'être nommé à des fonctions civiles n'entraîne pas privation du droit de vote. (Cass., ch. crim., 1er octobre 1874.)

Durée fixe. — La privation des droits électoraux pendant cinq années, à dater de l'expiration de la peine, est attachée par la loi elle-même à certaines condamnations. L'article 16 (1) du décret porte :

« Les condamnés à plus d'un mois d'emprisonnement pour rébellion, outrages et violence envers les dépositaires de l'autorité ou de la force publique, pour outrages publics envers un juré à raison de ses fonctions ou envers un témoin à raison de sa déposition, pour délits prévus par la loi sur les attroupements et la loi sur les clubs, et pour infractions à la loi sur le colportage, ne peuvent pas être inscrits sur la liste électorale pendant cinq ans à dater de l'expiration de leur peine. »

Aux termes de l'article 3 de la loi du 23 janvier 1873, l'exclusion pendant deux années est également prononcée contre toute personne qui aura été condamnée deux fois en police correctionnelle, pour délit d'ivresse manifeste, conformément à l'article 2 de la même loi.

Dans ces divers cas, il n'est pas nécessaire que l'interdiction soit énoncée dans le jugement qui a prononcé la condamnation ; elle a lieu de plein droit.

Aux termes de l'article 16, le point de départ de l'incapacité commence au jour de l'expiration de la peine. Mais par exception à cette règle, la loi du 23 janvier 1873 dispose, article 3, que pour les auteurs du

(1) Il faut remarquer que l'abrogation de toutes les lois antérieures sur la peine prononcée par l'article 68 de la loi du 29 juillet 1881, a pour conséquence de modifier les provisions de l'article 16 précité du décret de 1852. La nouvelle loi ne prévoit plus l'outrage public envers un juré ou un témoin ; elle ne s'occupe que de la diffamation et de l'injure (art. 31 et 33). Elle transforme en outre en amples contraventions les infractions à ses dispositions sur le colportage (art. 21).

D'un autre côté, la loi du 30 juin 1881, sur le droit de réunion abroge expressément, par son article 12, la loi sur les clubs du 28 juillet 1848, à l'exception de l'article 13 de cette dernière loi qui interdit les sociétés secrètes, et punit l'infraction à cette prohibition de la privation des droits civiques de 1 à 5 ans.

délit d'ivresse en récidive, l'exclusion compte du jour où la condamnation est irrévocable.

En tout cas, l'incapacité ne peut résulter que d'une condamnation devenue définitive, c'est-à-dire ayant l'autorité de la chose jugée (Cass. 22 mars 1864); mais il importe peu qu'elle ait été prononcée contradictoirement ou par défaut.

Les individus frappés d'incapacité perpétuelle ne peuvent recouvrir la capacité électorale que par l'effet de l'amnistie ou de la réhabilitation. (Cass. 8 avril 1867 et 12 avril 1870, Cons. d'Etat, 20 décembre 1878.)

Incapacités morales. — Les incapacités fondées sur un état particulier de la personne concernent les interdits et les faillis.

L'article 15, paragraphe 16, déclare incapables les interdits. — L'interdiction qui a pour cause l'insanité d'esprit de celui qui en est frappé, doit être prononcée par un jugement (Code civil, art. 492). En l'absence de jugement, il n'y a pas incapacité. Une décision de justice est également nécessaire pour faire cesser l'interdiction.

Le paragraphe 17 de l'article 15 du décret de 1852 met également au nombre des incapables les faillis non réhabilités, dont la faillite a été déclarée, soit par les tribunaux français, soit par des jugements rendus à l'étranger, mais exécutoires en France (Code de comm., art. 437 et suiv.; Cass., 28 avril 1880). L'incapacité ne cesse que par la réhabilitation. Un concordat ne laisse pas à un failli ses droits électoraux. (Cass. 17 mars 1872, 16 novembre 1874.)

Conditions de domicile, d'habitation ou d'inscription au rôle, etc. — Pour exercer le droit de suffrage, il ne suffit pas de réunir les conditions exigées pour la qualité d'électeur, il faut encore être inscrit sur la liste électorale de la commune où l'on doit voter.

La liste unique doit comprendre :

Tous les Français âgés de 21 ans qui, n'étant dans aucun des cas d'incapacités prévus par la loi et que nous venons d'énumérer, et qui *sont domiciliés dans la commune ou y habitent* depuis six mois (Loi du 5 avril 1885, art. 14). Toutes les conditions de résidence, six mois, un an ou deux ans, suivant les cas imposés par la loi du 7 juillet 1874 sont supprimées.

Doivent en outre être inscrits, soit d'office, soit sur leur réclamation :

1º Les électeurs qui, bien que n'habitant pas la commune, y ont leur *domicile réel*, c'est-à-dire leur domicile légal suivant la définition du Code civil;

2º Ceux qui sont inscrits au rôle d'une des quatre contributions directes ou au rôle des prestations en nature, et qui, s'ils ne résident pas dans la commune, auront déclaré vouloir y exercer leurs droits électoraux. — Cette disposition figurait déjà dans la loi du 7 juillet 1874, mais cette loi exigeait l'inscription au rôle depuis un an. Il suffira désormais, pour avoir droit à l'inscription, de justifier qu'on figure sur le rôle au moment où l'on réclame son inscription. — Continuent, du reste, à être assimilés aux citoyens inscrits sur les rôles de prestation, les membres de la famille compris dans la cote des chefs de famille et les habitants qui, à raison de leur âge, auront cessé d'être soumis à cet impôt.

Il faut remarquer que c'est au fait de l'inscription au rôle d'une des quatre contributions directes ou des prestations, et non au fait du payement de l'impôt que le législateur attache l'électorat municipal. Il s'ensuit que l'inscription au rôle d'une autre taxe comme celle des chiens ou des chevaux et voitures ne donne pas ouverture à l'électorat (Cass. 8 mai 1877) ; que le droit à l'inscription n'appartient pas à l'individu qui, sans être inscrit à l'un des rôles indiqués par le paragraphe 2 serait depuis un an propriétaire d'immeubles dans la commune et en acquitterait l'impôt (Cass. 14 avril 1880). Par contre, fût-il de notoriété que celui qui est inscrit a cessé d'être propriétaire, il n'en a pas moins le droit de se prévaloir de l'inscription tant que la mutation n'a pas été opérée sur le rôle (Cass. 28 avril 1879). La décision du conseil de préfecture ordonnant le dégrèvement d'un contribuable par voie de mutation équivaut à l'inscription personnelle et directe du nouvel imposé. Le contribuable ainsi substitué est considéré comme ayant été inscrit personnellement et il est fondé à requérir son inscription sur la liste électorale de la commune (Cass. 5 mai 1875) ;

3° Les Alsaciens et Lorrains qui, en vertu de l'article 2 du traité de paix du 10 mai 1871, ont opté pour la nationalité française et déclaré fixer leur résidence dans la commune, conformément à la loi du 19 juin 1871 ;

4° Les ministres des cultes reconnus par l'Etat et les fonctionnaires publics assujettis à une résidence obligatoire, qui peuvent, sans justifier de six mois de résidence, obtenir leur inscription.

Il s'agit seulement dans ce paragraphe des ministres des cultes reconnus par l'Etat, c'est-à-dire des cultes catholique, protestant et israélite. De plus, le législateur ne vise que les prêtres attachés à un établissement ayant un caractère public, c'est-à-dire relevant de l'autorité civile et politique : tels sont les curés et vicaires de paroisses (Cass. 22 mars 1880) ; les professeurs des séminaires (Cass. 24 avril 1877) ; les aumôniers des hospices, lycées ou écoles du gouvernement.

La disposition de ce paragraphe ne s'étend pas aux prêtres attachés à un établissement privé. (Cass. 19 avril 1880.)

En ce qui concerne les fonctionnaires, on doit comprendre sous cette qualification tous les citoyens revêtus d'un caractère public et chargés d'un service permanent d'utilité publique, qui sont assujettis à une résidence obligatoire, qu'ils soient ou non rétribués sur les fonds de l'Etat.

On considère comme fonctionnaires publics : les officiers publics et ministériels qui résident au lieu qui leur est assigné par l'acte de nomination (Cass. 6 mai 1878) ; les instituteurs communaux (Cass. 24 septembre 1874) ; les cantonniers assermentés (Cass. 23 novembre 1874) ; les gardes champêtres (Cass. 22 avril 1879) ; l'individu employé comme maître d'études à titre provisoire dans un collège, en vertu d'une autorisation du recteur (Cass. 10 novembre 1871) ; l'employé auxiliaire d'une sous-préfecture (Cass. 17 novembre 1874) ; l'employé assermenté d'une compagnie de chemins de fer. (Cass. 28 avril 1880.)

Mais on ne doit pas considérer comme fonctionnaires publics : les avocats (Cass. 23 avril 1879) ; les conseillers municipaux (Cass. 4 mai 1880) ; les frères des écoles chrétiennes, instituteurs libres (Cassation, 19 avril 1880) ; les cantonniers non assermentés, employés au service, soit d'une compagnie de chemins de fer, soit d'une commune (Cassation, 21 avril 1879 et 20 août 1879) ; les gardes particuliers (Cass. 29 avril 1879). Quant aux gendarmes et aux gardes de Paris, il résulte d'une circulaire du ministre de la guerre, du 5 février 1873, qu'ils doivent être considérés comme des militaires présents au corps et par conséquent privés de l'exercice du droit de vote dans la commune de leur résidence.

Du reste, le droit pour les fonctionnaires de réclamer leur inscription sur les listes électorales ne peut s'exercer que lors de la revision annuelle des listes et ils restent soumis pour toutes les formalités relatives à l'inscription, aux règles ordinaires. Ils peuvent donc ne pas être inscrits d'office par la commission chargée de la préparation des listes postérieurement au 15 janvier et ils ne peuvent utilement demander eux-mêmes leur inscription que dans le délai de 20 jours ouvert à tous les électeurs du 15 janvier au 4 février.

5° Doivent également être inscrits les citoyens qui ne remplissant pas les conditions d'âge et de résidence ci-dessus indiquées, lors de la formation des listes, les rempliraient avant la clôture définitive. (L. 5 avril 1884, art. 14.)

La loi en attachant l'électorat au fait de la résidence comme à celui du domicile permet de substituer au domicile réel exigé par l'article 4 de la loi du 14 avril 1871, la résidence de fait et par suite d'avoir égard seulement à cette dernière.

Par suite, les élèves d'un établissement d'instruction, tel qu'une école communale, un grand ou un petit séminaire, une école de pharmacie, doivent être inscrits dans la commune où cet établissement est situé et non au lieu de leur domicile d'origine (Cass. 10 août 1880). Il en est de même pour les pensionnaires d'un hospice d'incurables. (Cass. 24 juillet 1877.)

Pour donner ouverture à l'électorat, la résidence doit précéder immédiatement l'inscription (art. 5, § 1er). Mais il faut remarquer que la loi attache le droit électoral au fait et à la durée de la résidence, sans qu'il y ait lieu de rechercher si le résident a perdu ou non l'esprit de retour dans une autre commuune (Cass., arr. 6 mai 1878). Elle n'exige pas non plus que la résidence ait été continue pourvu qu'elle ait été habituelle (Cass. 21 avril 1879). Ainsi, il a été jugé qu'une émigration périodique, commandée par l'état malsain du pays, ne pouvait faire considérer les habitants comme ayant quitté le pays (Cass. 27 juin 1877); et que l'émigration des bergers des montagnes pendant une certaine saison ne leur faisait pas non plus perdre la résidence. (Cass., arr. 31 mars 1879.)

L'individu qui possède une habitation dans plusieurs communes, et dont la résidence n'est pas mieux déterminée dans l'une que dans l'autre, est autorisé à faire une option.

La loi n'impose l'obligation de résidence d'une certaine durée que dans la commune; dès lors si une commune est divisée en plusieurs sections électorales, l'inscription est faite sur la liste de la section dans laquelle réside l'électeur au jour de la confection de cette liste, lors même qu'il payerait des impôts dans une autre section, à moins de demande contraire de sa part (Cass., arr. 28 avril 1879). Quant à celui qui n'a ni domicile, ni résidence, et qui n'est électeur qu'à raison des contributions qu'il paye, il doit être inscrit dans la section où est l'intérêt sur lequel se fonde son droit électoral. (Cass. 21 et 26 mai 1879.)

Les divers arrondissements de Paris ne formant qu'une seule commune, il a été jugé que l'électeur qui justifie de la résidence légale, doit être inscrit sur la liste de l'arrondissement où il demeure à l'époque de la revision des listes, lors même qu'il y habiterait depuis moins de six mois. (Cass. 23 mai 1863.)

C'est au jour de la clôture des listes, c'est-à-dire au 31 mars de chaque année et non avant que doit être accompli le terme de la résidence fixée par la loi. (Loi du 7 juillet 1874, art. 5, § 6.)

Inscription des militaires. — L'absence de la commune résultant du service militaire ne porte aucune atteinte aux règles édictées pour l'inscription sur les listes électorales. Par conséquent, les jeunes gens inscrits avant leur appel sous les drapeaux doivent être maintenus sur les listes malgré leur absence. Ceux qui n'avaient pas l'âge ou la durée de résidence pour y être portés peuvent l'acquérir pendant leur service et ils ont droit de réclamer leur inscription conformément à l'article 14 du décret du 6 février 1852.

Inscriptions multiples. — Lorsqu'il existait deux listes, une liste politique et une liste municipale, la jurisprudence de la Cour de cassation reconnaissait aux électeurs le droit d'être portés comme électeurs politiques dans la commune de leur résidence et comme électeurs municipaux dans la commune où ils étaient inscrits au rôle des contributions et où ils déclaraient vouloir exercer leurs droits électoraux municipaux. Aujourd'hui, l'électeur qui remplit les conditions voulues pour être inscrit dans plusieurs communes, peut-il, en présence de l'unité de liste, déclarer qu'il veut être électeur municipal dans une commune et électeur politique dans une autre, c'est-à-dire figurer en même temps sur deux listes différentes.

Le rapporteur de la loi municipale devant le Sénat a reconnu expressément, dans la séance du 4 mars 1884, que cette faculté pour l'électeur de réclamer son inscription dans plusieurs communes existe et qu'il y aura en fait des inscriptions multiples. « L'inscription sur plusieurs listes du même électeur, disait-il, a toujours été un fait contre lequel les législations antérieures ont été absolument impuissantes, et la preuve, c'est que dans la loi pénale électorale, dans le décret de 1852, on a prévu le cas où l'électeur porté sur deux ou plusieurs listes différentes aurait abusé de cette inscription multiple pour voter dans plusieurs communes. Il a paru impossible d'empêcher les municipalités de faire figurer sur les listes communales des électeurs qui, au su et vu des administrateurs municipaux réunissent toutes les conditions voulues pour être électeurs. Nous croyons donc que l'inconvénient que je signalais tout à l'heure, qui existe toujours, contre lequel on ne peut opposer aucun remède ne doit pas nous empêcher d'accepter sa rédaction proposée. » Cette rédaction ayant été adoptée, un électeur peut, à notre avis, figurer désormais légalement sur la liste de deux communes différentes, s'il veut exercer dans l'une ses droits électoraux municipaux et dans l'autre ses droits électoraux politiques, à la condition, bien entendu, qu'il n'abuse pas de cette double inscription pour voter deux fois dans une même élection, car alors il tomberait sous le coup des pénalités réprimant les votes illégaux au moyen d'inscription multiple. Toutefois, il y a là encore un point douteux qui a besoin d'être éclairci par la jurisprudence de la Cour de cassation.

PÉRIODE ÉLECTORALE. — *Réunions électorales.* — Durant la période qui précède les élections, c'est-à-dire pendant le temps compris entre le décret ou l'arrêté de convocation du collège électoral et le jour de l'élection, les candidats et les électeurs jouissent d'une latitude plus grande qu'en temps ordinaire pour se réunir, se grouper et manifester leur opinion.

Ainsi la loi du 30 juin 1881, tout en proclamant le principe de la liberté complète des réunions publiques, consacre une faveur spéciale aux réunions électorales, puisqu'elle réduit pour elles *à deux heures* le délai dans lequel la déclaration doit intervenir avant la réunion ; elle va même jusqu'à supprimer tout délai à l'égard des réunions tenues le jour même du vote, quand il s'agit d'élections comportant plusieurs tours de scrutin dans la même journée, telles que les élections sénatoriales ou les élections municipales (art. 2). Mais pour éviter les abus, elle prend soin de définir le caractère de la réunion électorale qui, aux termes de l'article 5, est : *celle qui a pour but le choix ou l'audition des candidats à des fonctions publiques électives.* De plus, elle spécifie les caractères de citoyens qui y ont entrée. Ce sont : 1° les électeurs de la circonscription; 2° les candidats; 3° les membres des deux Chambres; 4° les mandataires de chacun des candidats (art. 5). Sauf ces exceptions, les réunions électorales sont, quant au lieu, à la composition du bureau et à la présence d'un fonctionnaire de l'ordre administratif, soumises aux mêmes règles que les réunions publiques ordinaires. Ce fonctionnaire ne peut dissoudre la réunion que sur la réquisition du président ou pour réprimer des troubles. — Voy. RÉUNIONS PUBLIQUES.

Comités électoraux. — Au moment des élections, il se forme aussi très souvent des comités dans le but d'arrêter, de soutenir et faire triompher certaines candidatures. La loi du 30 juin 1881 n'a rien innové en ce qui touche les comités électoraux qui sont régis, suivant leur nature, soit par la loi sur les associations, soit par la loi sur les réunions.

Les comités électoraux, conséquence logique du droit de suffrage, sont parfaitement licites durant la période électorale et ils restent seulement soumis aux dispositions qui régissent les réunions électorales. Mais s'il s'établit entre leurs membres un lien permanent, une véritable affiliation qui survivent à la période électorale, alors le comité ainsi formé tombe sous l'application des dispositions édictées pour les associations. — Voy. ASSOCIATION.

Candidatures. — Nul n'est candidat sans ou contre son gré. S'il était porté atteinte au droit exclusif pour chacun d'engager son nom ou sa responsabilité il pourrait en résulter un préjudice moral et matériel susceptible de donner ouverture à une action en dommages et intérêts. Une semblable action pourrait également être intentée contre les auteurs ou distributeurs de listes sur lesquelles les candidats figureront sans leur avis. (C. de Rouen, 1878; C. d'Et., 4 avril 1879; Trib. de Nevers, 22 juin 1881).

Circulaires, professions de foi, manifestes, bulletins de vote. — La loi du 29 juillet 1881, sur la liberté de la presse, donne aux candidats la plus grande latitude pour manifester leurs candidatures.

Le candidat n'a plus aujourd'hui aucun dépôt à effectuer. Seul, l'imprimeur doit aux termes de l'article 3 de la loi du 29 juillet 1881, faire le dépôt administratif prescrit pour les collections nationales.

Les professions de foi, circulaires et affiches électorales peuvent être placardées sur tous les édifices publics, à l'exception des édifices consacrés au culte et des emplacements réservés à l'affichage des lois et actes de l'autorité (art. 16). Aucune autorisation n'est nécessaire, la loi veut que l'affichage puisse s'exercer librement, surtout aux abords de la salle du scrutin.

Affichage. — Les affiches doivent être imprimées sur papier de couleur, afin d'éviter la confusion avec les affiches officielles auxquelles le papier blanc est exclusivement réservé (art. 15).

Les affiches électorales émanant d'un candidat, contenant sa profession de foi, une circulaire signée de lui ou seulement son nom sont exemptes de timbre en vertu de l'article 3, § 3 de la loi du 11 mai 1868. Mais cette exemption ne s'étend pas aux tiers et toute affiche émanant d'un tiers et qui ne porte pas la signature du candidat ou son nom est soumise au timbre. (Arr., Cour d'Agen, 19 novembre 1874 et circulaire, int., 3 février 1876.)

La loi protège la conservation des affiches, en punissant d'une amende de 5 à 15 francs, ceux qui enlèvent, déchirent, recouvrent ou altèrent par un procédé quelconque, de manière à les travestir ou les rendre illisibles, des affiches électorales apposées dans d'autres endroits que sur les propriétés de ceux qui ont commis cette lacération ou altération. (Loi, 29 juillet 1881, art. 17.)

La peine est d'une amende de 16 à 100 francs et d'un emprisonnement de six jours à un mois ou de l'une de ces deux peines seulement, si le fait a été commis par un fonctionnaire ou agent de l'autorité publique, à moins que les affiches n'aient été apposées dans les emplacements réservés aux actes de l'autorité (art. 17).

L'infraction à ces dispositions deviendrait une cause de nullité des opérations, si elle avait pu exercer une influence sur leur résultat.

Indépendamment de ces poursuites, la lacération, l'enlèvement des affiches ou les entraves apportées à leur libre distribution peuvent faire invalider l'élection comme ayant porté atteinte à la liberté du vote.

Polémiques de presse. — Les circulaires et professions de foi des candidats peuvent être publiées par la voie des journaux. Les candidatures peuvent également être soutenues et combattues par ces mêmes journaux. L'article 13 de la loi du 29 juillet 1881 donne au candidat nommé ou désigné dans un journal le droit de répondre. Ce droit de réponse comprend en outre celui de répliquer aux observations dont les gérants d'un journal auraient accompagné une réclamation. (Cassation, 24 août 1842; Cour de Riom, 14 janv. 1844; trib. correct. de Paris, 5 décembre 1846.)

La presse périodique demeure d'ailleurs soumise pendant la période électorale à l'égard des candidats et autres citoyens, aux dispositions des lois qui protègent les particuliers contre les injures et les fonctionnaires publics contre les outrages, à raison de leurs fonctions ou de leur qualité. (Loi, 29 juillet 1881, art. 32 et 33.)

Colportage. — Le colportage et la distribution des bulletins de vote et écrits électoraux, rentrent dans la catégorie du colportage et de la distribution *accidentels* qui ne sont assujettis à aucune déclaration. La distribution par la poste de circulaires et professions de foi, n'est également soumise à aucune formalité ni autorisation préalable. (Cassation, 8 avril 1853.) La distribution des bulletins peut s'exercer librement partout, et n'est interdite que dans la salle du vote. Les candidats sont libres de choisir telles personnes qu'il leur plaît, hommes, femmes ou enfants, pour colporter leurs circulaires, bulletins, etc.

Mais la loi du 30 novembre 1875, article 3, § 3, interdit expressément à tout agent de l'autorité publique et municipale de distribuer des bulletins de vote, soit des professions de foi ou circulaires de candidats. Les gardes champêtres ou appariteurs de police, doivent s'abstenir soigneusement de distribuer des écrits de cette nature. Ils peuvent seulement être chargés de la remise à domicile des cartes aux électeurs.

Les deux derniers paragraphes de l'article 14 de la loi du 5 avril 1884 rendent ces dispositions applicables aux élections municipales. — *Dict. des formules*, nᵒˢ 597 à 608.

Élection des députés. — Les membres de la Chambre des députés sont élus au scrutin de liste (L. 16-17 juin 1885), chaque département élit le nombre des députés qui lui est attribué par le tableau annexé à la loi, à raison d'un député par 70,000 habitants, les étrangers non compris. Néanmoins il est tenu compte de toute fraction inférieure à 70,000 (art. 12).

Le département forme une seule circonscription, chaque département élit au moins trois députés.

Il est attribué deux députés au territoire de Belfort, six à l'Algérie et dix aux colonies conformément aux indications du tableau annexé à la loi. (Voy. *Journ. off.*, 17 juin 1885.) Ce tableau ne peut être modifié que par une loi.

Sauf le cas de dissolution prévu et réglé par la Constitution, les élections générales ont lieu dans les soixante jours qui précèdent l'expiration des pouvoirs de la Chambre des députés (L. 17 juin 1885.). Il n'est pas pourvu aux vacances survenues dans les six mois qui précèdent le renouvellement.

Eligibilité. — Aux termes de l'article 6 de la loi du 30 novembre 1875, tout électeur est éligible, sans condition de cens, à l'âge de vingt-cinq ans accomplis. L'éligibilité est attribuée aux électeurs indépendamment de toute inscription.

Cette règle comporte toutefois deux exceptions.

Inéligibilités absolues. — La première est relative aux militaires. Aucun militaire ou marin faisant partie des armées actives de terre ou de mer ne peut, quels que soient son grade ou ses fonctions, être élu membre de la Chambre des députés. (L. 30 novembre 1875, art. 7.)

Cette disposition s'applique aux militaires ou marins en activité, en disponibilité ou en non-activité; mais elle ne s'étend ni aux officiers placés dans la seconde section du cadre de l'état-major général, ni à ceux qui, maintenus dans la première section comme ayant commandé en chef devant l'ennemi, ont cessé d'être employés activement, ni aux officiers qui, ayant des droits acquis à la retraite, sont envoyés ou maintenus dans leurs foyers en attendant la liquidation de leur pension. (*Id.*)

De même, les militaires appartenant à la réserve de l'armée active ou à l'armée territoriale peuvent être valablement élus.

De plus l'article 4 de la loi du 16-17 juin 1885 frappe d'une inéligibilité spéciale les membres des familles qui ont régné sur la France.

Inéligibilités relatives. — A l'inéligibilité absolue qui concerne les militaires, la loi ajoute une prohibition relative qui ne permet point à certains fonctionnaires civils de se présenter dans les arrondissements contenus, en tout ou en partie, dans leur ressort (L. 30 novembre 1875, art. 12).

Voici l'énumération de ces fonctionnaires :

1° Premiers présidents, présidents et membres des parquets des cours d'appel ;

2° Présidents, vice-présidents, juges titulaires, juges d'instruction et membres du parquet des tribunaux de première instance ;

3° Préfet de police, préfets et secrétaires généraux des préfectures, gouverneurs, directeurs de l'intérieur et secrétaires généraux des colonies ;

4° Ingénieurs en chef et d'arrondissement, agents voyers en chef et d'arrondissement ;

5° Recteurs et inspecteurs d'académie ;

6° Inspecteurs des écoles primaires ;

7° Archevêques, évêques et vicaires généraux ;

8° Trésoriers-payeurs généraux et receveurs particuliers des finances ;

9° Directeurs des contributions directes et indirectes, de l'enregistrement et des domaines, et des postes ;

10° Conservateurs et inspecteurs des forêts ;

11° Sous-préfets. Ces derniers sont inéligibles non seulement dans l'arrondissement qu'ils administrent, mais encore dans tous les arrondissements du département où ils exercent leurs fonctions.

L'inéligibilité existe pour tous ces fonctionnaires, même lorsqu'ils ne sont plus en exercice, pendant les six mois qui suivent la cessation de leurs fonctions par démission, destitution, changement de résidence, ou de toute autre manière.

Incompatibilités. — L'exercice des fonctions publiques rétribuées sur les fonds de l'Etat est incompatible avec le mandat de député.

En conséquence, tout fonctionnaire élu député est remplacé dans ses fonctions, si dans les huit jours qui suivent la vérification des pouvoirs, il n'a pas fait connaître qu'il n'accepte pas le mandat de député.

Sont exceptées des dispositions qui précèdent les fonctions de ministre, sous-secrétaire d'Etat, ambassadeur, ministre plénipotentiaire, préfet de la Seine, préfet de police, premier président de la Cour de cassation, premier président de la Cour des comptes, premier président de la Cour d'appel de Paris, procureur général près la Cour de cassation, procureur général près la Cour d'appel de Paris, archevêque et évêque, pasteur président de consistoire dans les circonscriptions consistoriales dont le chef-lieu compte deux pasteurs et au-dessus, grand rabbin du consistoire central, grand rabbin du consistoire de Paris. (L. 30 novembre 1875, art. 8.)

Sont également exceptés des dispositions de l'article 8 ;

1° Les professeurs titulaires de chaires qui sont données au concours ou sur la présentation des corps où la vacance s'est produite ;

2° Les personnes qui ont été chargées d'une mission temporaire; toute mission qui a une durée de plus de six mois cesse d'être temporaire. (*Id.*, art. 9.)

Le fonctionnaire conserve les droits qu'il a acquis à une pension de retraite et peut, après l'expiration de son mandat, être remis en activité.

Le fonctionnaire civil, qui ayant eu vingt ans de services à la date de l'acceptation de son mandat de député, justifierait de cinquante ans d'âge à l'époque de la cassation de ce mandat, peut faire valoir ses droits à une pension de retraite exceptionnelle.

Cette pension sera réglée conformément au troisième paragraphe de l'article 12 de la loi du 9 juin 1859.

Si le fonctionnaire est remis en activité après la cessation de son mandat, les dispositions énoncées dans les articles 3, paragraphes 2 et 28 de la loi du 9 juin 1859, lui seront applicables.

Dans les fonctions où le grade est distinct de l'emploi, le fonctionnaire, par l'acceptation du mandat de député, renonce à l'emploi et ne conserve que le grade. (Id., art. 10.)

Tout député nommé ou promu à une fonction publique salariée cesse d'appartenir à la Chambre par le fait même de son acceptation ; mais il peut être réélu, si la fonction qu'il occupe est compatible avec le mandat de député. Les députés nommés ministres ou sous-secrétaires d'Etat ne sont pas soumis à la réélection. (Id., art. 17.)

Listes électorales. — Le vote a lieu sur les listes électorales dressées en exécution de la loi du 5 avril 1884, article 14 et closes le 31 mars précédant l'élection.

Les seuls électeurs qui doivent être admis à voter sont ceux qui figurent sur ces listes, et aucun autre électeur ne peut y être ajouté, sauf ceux qui seraient porteurs d'une décision du juge de paix ou de la Cour de cassation, rendue postérieurement au 31 mars, mais sur des demandes en inscription formées devant les commissions, du 15 janvier au 4 février suivant.

D'un autre côté les seuls retranchements qui doivent être opérés sur les listes sont ceux qui résulteraient soit de décès, soit de condamnations judiciaires entraînant la privation des droits électoraux, sans qu'il y ait lieu de distinguer entre les condamnations antérieures ou postérieures à la clôture des listes, soit de décisions des juges de paix ou de la Cour de cassation rendues sur des réclamations formées dans les délais légaux, c'est-à-dire du 15 janvier au 4 février suivant.

Les modifications dont il vient d'être parlé sont portées sur un tableau que le maire publie cinq jours avant l'élection. (D. 21 septembre 1877, art. 2.)

Cartes électorales. — L'article 13 de la loi du 5 avril 1884 exige qu'il soit délivré à chaque électeur une carte électorale indiquant le lieu où doit siéger le bureau de vote. Les frais de confection de cartes électorales figurent au nombre des dépenses obligatoires pour les communes. (Art. 136, L. précitée.)

Lieu de vote. — Le vote a lieu au chef-lieu de la commune. (L. 30 novembre 1875, art. 4.) En règle générale les assemblées électorales doivent toujours se tenir à la mairie ou maison communo. A défaut de mairie les électeurs doivent être convoqués autant que possible dans une maison destinée à un service public.

La maison du maire ou toute autre habitation particulière ne pourrait servir de lieu de vote qu'autant que le conseil municipal s'y réunirait habituellement.

Le préfet conserve néanmoins le droit de diviser les communes en autant de sections que peuvent l'exiger les circonstances locales et le nombre des électeurs. Il peut même, en cas de nécessité, fixer le siège de ces sections hors du chef-lieu de la commune.

Ouverture du scrutin. Disposition de la salle des séances. — Le scrutin est ouvert à huit heures du matin. Toutefois, dans les communes où, pour faciliter aux électeurs l'exercice de leurs droits, il paraît utile de devancer cette heure, le préfet prend à cet effet des arrêtés spéciaux qui sont publiés et affichés dans chaque commune intéressée, cinq jours au moins avant la réunion des collèges électoraux. (Déc. 21 septembre 1877, art. 3.)

La salle de vote est ouverte à l'heure indiquée. Tous les électeurs présents y sont admis.

Le bureau où prennent place le président et les assesseurs est disposé de telle sorte qu'on puisse circuler alentour pendant le dépouillement du scrutin.

Des factionnaires sont placés, s'il y a lieu, aux portes de la salle, à l'effet de maintenir l'ordre.

Pièces à déposer sur la table du bureau. — Sont déposées sur la table du bureau :

1° La loi du 30 novembre 1875 ;
2° Le tableau des circonscriptions du département ;
3° Le décret de convocation des électeurs ;
4° Les décrets organiques et réglementaires du 2 février 1852 ;
5° La loi du 5 avril 1884 ;
6° Les instructions qui ont trait aux opérations des assemblées électorales ;
7° La feuille d'inscription des votants ;
8° La liste électorale, close le 31 mars, et le tableau rectificatif publié, s'il y a lieu, cinq jours avant l'élection.

Formation et installation du bureau. — Les bureaux de chaque commune ou section sont composées d'un président, de quatre assesseurs et d'un secrétaire choisi par eux parmi les électeurs.

Dans les délibérations du bureau, le secrétaire n'a que voix consultative. (D. régl., 2 février 1852, art. 12.)

S'il n'y a qu'un bureau, la présidence appartient au maire et, à son défaut, à un des adjoints ou aux conseillers municipaux, suivant l'ordre du tableau.

S'il y a deux bureaux, le maire préside le premier ; l'adjoint, ou le conseiller municipal qui le remplace, préside le second. Le maire conserve toujours la faculté de siéger en qualité de président même lorsqu'il est candidat. (Chambre des députés, 22 mars 1876 ; C. d'Etat, 5 avril 1878, 24 décembre 1880, 28 janvier 1881.)

A défaut d'adjoints et de conseillers municipaux les présidents sont désignés par le maire parmi les électeurs. (D. régl. 1852, art. 13.)

Quelques jours avant l'élection, le maire désigne les membres du conseil municipal qui seront appelés, selon l'ordre du tableau, à remplir les fonctions d'assesseurs. S'il n'y a qu'une seule assemblée électorale, ces assesseurs seront les quatre premiers conseillers municipaux. Si dans la commune il doit se tenir plusieurs assemblées de section, les conseillers municipaux se concerteront entre eux pour fournir quatre assesseurs à chacune d'elles, en suivant l'ordre du tableau, de telle sorte, cependant, que les conseillers soient attachés à la section dans laquelle ils sont inscrits comme électeurs. Dans le cas où, par une cause quelconque, il n'y aurait pas assez de conseillers municipaux pour composer les bureaux, les fonctions d'assesseurs seraient dévolues aux plus âgés et aux plus jeunes des électeurs de la section présents à l'ouverture de la séance. (D. régl. 1852, art. 14.)

Il faut remarquer que le maire n'est pas absolument libre de son choix. Il ne lui est permis de désigner de simples électeurs comme assesseurs, qu'au défaut constaté de conseillers municipaux, et, pour la désignation même de ces derniers, il doit avoir égard au rang d'inscription des conseillers sur le tableau, autrement une protestation de ces derniers serait susceptible d'entraîner l'annulation de l'élection, s'il était démontré que la désignation faite par lui a pu avoir une influence sur le résultat des élections. (Arr. C. d'Etat, 11 août 1859, 28 janvier 1865, 19 novembre 1880.) Du reste la loi ne s'oppose pas à ce que deux individus unis par des liens de parenté siègent dans le même bureau, et un candidat peut être admis également à remplir les fonctions d'assesseur. (C. d'Etat, 24 mars 1876.)

Les présidents désignés par le maire, de même que les assesseurs choisis parmi les conseillers municipaux ou parmi les électeurs, doivent savoir lire et écrire. (Id., art. 13 et 14.)

Doivent toujours être présents au bureau trois au moins des membres qui le composent, parmi lesquels est compté le secrétaire. (Id., art. 15.)

La réduction du nombre des membres du bureau à moins de trois, en cas d'absence momentanée de l'un d'eux, n'a pour effet d'invalider une élection que quand ce fait a pu nuire aux opérations ou déplacer la majorité. (Jurisprudence constante de la Chambre.)

En cas d'absence, le président est remplacé par le plus âgé, et le secrétaire par le plus jeune des assesseurs.

Police de l'assemblée. — Le président du collège ou de la section a seul la police de l'assemblée. Nulle force armée ne peut, sans son autorisation, être placée dans la salle des séances ni aux abords du lieu où se tient l'assemblée. Les autorités civiles et les commandants militaires sont tenus de déférer à ses réquisitions. (Id., art. 11.)

Les électeurs ne peuvent s'occuper que de l'élection pour laquelle ils sont réunis : toutes discussions, toutes délibérations leur sont interdites. (Id., art. 10.) Le président doit rappeler cette règle aux électeurs; si ses recommandations n'étaient pas suivies, il prononcerait, au besoin, la suspension de la séance.

Les électeurs inscrits dans la section ont seuls le droit d'être admis dans la salle. Nul d'entre eux ne pourra entrer s'il est porteur d'armes quelconques. (Id., art. 20.)

Pouvoirs et décisions du bureau. — Le bureau prononce provisoirement, par des décisions motivées, sur les difficultés qui s'élèvent touchant les opérations du collège ou de la section.

Les décisions du bureau sont inscrites au procès-verbal à la suite des réclamations; les pièces ou bulletins qui s'y rapportent sont annexés au procès-verbal, après avoir été paraphés par le bureau. (Id., art. 16.)

Réception des votes. — Le président, après avoir ouvert la boîte et constaté, en présence des électeurs, qu'elle ne renferme aucun bulletin, la ferme avec deux serrures dont les clefs restent, l'une entre ses mains, l'autre dans celles du plus âgé des assesseurs. (Id., art. 22.)

Il ordonne aussitôt l'appel des électeurs dans l'ordre de la liste. Chaque électeur doit apporter le bulletin sur lequel est écrit ou imprimé le nom du candidat qu'il entend élire à la Chambre des députés; il doit aussi apporter la carte qui lui a été délivrée par le maire.

Les bulletins doivent être préparés hors de l'assemblée; le papier du bulletin doit être blanc et sans signes extérieurs.

Les votes qui ne seraient pas sur papier blanc ne devront pas être reçus; tout bulletin de couleur que présenterait un électeur lui sera donc rendu par le président ; l'électeur sera libre de sortir pour en écrire ou en faire écrire un autre sur papier blanc.

Chacun des électeurs présents se rend au bureau et montre sa carte au président. Un des assesseurs le prend et en déchire un coin ; l'électeur remet son bulletin fermé au président, qui après s'être assuré qu'il n'en renferme pas d'autre, le dépose dans la boîte du scrutin : alors l'assesseur qui a déchiré la carte la rend à l'électeur.

L'électeur qui aurait perdu sa carte pourrait être admis à voter après que son identité aurait été constatée par le bureau.

A mesure que chaque électeur dépose son bulletin, un des assesseurs, ou le secrétaire, constate ce vote en apposant sa signature ou son paraphe sur la feuille d'inscription, en regard du nom du votant.

Pendant toute la durée des opérations, une copie de la liste des électeurs, certifiée par le maire, contenant les nom, domicile, qualification de chacun des inscrits, reste déposée sur la table du bureau.

Tout électeur inscrit sur cette liste a le droit de prendre part au vote. Néanmoins ce droit est suspendu pour les détenus, pour les accusés contumaces et pour les personnes non interdites, mais retenues, en vertu de la loi du 30 juin 1838, dans un établissement public d'aliénés. (D. régl., 2 février 1852, art. 18.)

Le président du bureau doit refuser de recevoir le vote de ces électeurs, ainsi que l'a décidé le Conseil d'Etat, par arrêt du 16 août 1866, à l'égard d'un individu légalement détenu.

Vote des militaires. — La situation des militaires, au point de vue électoral, est la même.

Ils ne sont pas privés de la capacité électorale puisqu'ils doivent être inscrits sur la liste de la commune où se trouve leur domicile de recrutement; mais l'exercice du droit de vote est suspendu pour eux tant qu'ils sont présents au corps.

Déjà l'article 5 de la loi du 27 juillet 1872 les écartait des urnes. L'article 2 de la loi du 30 novembre 1875 dispose à son tour que « les militaires et assimilés de tous grades et de toutes armes des armées de terre et de mer ne prennent part à aucun vote quand ils sont présents à leurs corps, à leur poste ou dans l'exercice de leurs fonctions. » Toutefois, « ceux qui, au moment de l'élection, se trouvent en résidence libre, en non-activité ou en possession d'un congé régulier, peuvent voter dans la commune sur les listes de laquelle ils sont régulièrement inscrits. Cette dernière disposition s'applique également aux officiers et assimilés qui sont en disponibilité ou dans le cadre de réserve. »

Par militaire en congé régulier, on doit entendre les militaires qui sont pourvus d'une autorisation régulière d'absence de plus de trente jours. Les autorisations d'absence de cette durée présentent seules, en effet, aux termes du décret du 27 novembre 1868, article 2, les conditions d'un congé. (Circ. min. de la guerre, 24 février 1876.)

Il n'y a plus de distinction à faire, sous ce rapport, entre les militaires de la gendarmerie et les militaires des autres armes. Ni les uns ni les autres ne peuvent voter lorsqu'ils sont présents au corps. (Voir *Bulletin officiel du ministère de l'intérieur*, 1873, p. 211.)

Les présidents des bureaux électoraux doivent, en conséquence, refuser les votes des militaires qui ne se trouveraient pas dans les conditions particulières déterminées par la loi, et qui seules peuvent leur permettre d'exercer leurs droits électoraux.

Durée du scrutin. — Le scrutin ne dure qu'un seul jour. (L. 30 novembre 1875, art. 4.) Il est clos, dans toutes les communes, sans exception, à six heures du soir. (D. 21 septembre 1877, art. 3.)

Dépouillement du scrutin. — Le dépouillement suit immédiatement la clôture du scrutin. (Idem.) Le bureau ne serait pas autorisé à le remettre au lendemain.

Il est procédé à cette opération de la manière suivante :

La boîte du scrutin est ouverte et le nombre des bulletins vérifié. Les six membres du bureau se partagent ce soin.

Le nombre de bulletins trouvés dans la boîte est consigné au procès-verbal. Il est également fait mention du nombre de votants constaté par la feuille d'appel, afin d'établir si le nombre des bulletins est égal, inférieur ou supérieur. (D. régl., 2 février 1852, art. 27.)

S'il existe quelque différence entre les deux nombres, les bulletins doivent être comptés de nouveau. Le plus souvent, ces différences proviennent de ce que les assesseurs ont omis d'émarger les noms de quelques votants; c'est là un inconvénient que les bureaux éviteront en apportant un soin tout particulier à la tenue de la liste d'émargements.

Différence entre le nombre des bulletins trouvés dans l'urne et celui des émargements. — Si malgré cette contre-vérification la différence subsiste, il doit être procédé comme suit :

Lorsque le nombre des bulletins trouvés dans l'urne est inférieur à celui des émargements la jurisprudence considère qu'il n'y a pas lieu de s'arrêter à ce fait, surtout lorsque le nombre des suffrages en moins étant attribué au concurrent du candidat élu, ce dernier conserve encore la majorité et que, par suite, on ne doit tenir compte que du nombre des bulletins trouvés dans l'urne pour le calcul de la majorité. (C. d'Et., 12 mai 1868, 6 août 1878, 30 mai 1879, 26 mars 1885.)

Lorsque, au contraire, le nombre des bulletins trouvés dans l'urne est supérieur à celui des émargements, la majorité doit être fixée non d'après le nombre des bulletins, mais d'après celui des émargements et on doit retrancher au candidat proclamé un nombre de voix égal à la différence. (Ch. des dép., 19 novembre 1881.)

Dépouillement des bulletins. — Après la constatation du nombre des votes, le président fait procéder au dépouillement des bulletins. Cette opération, comme celle du vote, est publique. S'il y a moins de 300 votants, les membres du bureau rempliront les fonctions de scrutateurs. (D. régl. 2 février 1852, art. 28.) La prescription de la loi relative à la présence de trois membres du bureau doit être rigoureusement observée pendant le dépouillement. Il a été jugé qu'il y avait lieu à nullité dans une espèce où le dépouillement avait été effectué par l'intermédiaire d'un seul scrutateur. (C. d'Et., 23 janvier 1872.) S'il y a plus de trois cents votants, le dépouillement est fait par des scrutateurs supplémentaires. A cet effet, le bureau désigne, parmi les électeurs présents, un certain nombre de citoyens sachant lire et écrire, lesquels se divisent par tables de quatre scrutateurs au moins. Le président répartit entre les diverses tables les bulletins à dépouiller. (Id., art. 7.) Il peut faire disposer des liasses ou paquets de cent bulletins, attachés ensemble ou enfermés dans une enveloppe, qui sont rangés en ordre devant lui et qui sont remis aux scrutateurs de chaque table.

Les tables destinées aux scrutateurs supplémentaires, et qui peuvent n'être apportées dans la salle qu'au moment de l'opération, doivent être garnies de feuilles préparées pour servir au dépouillement, d'encre, de plumes. Elles sont placées de telle sorte qu'on puisse circuler alentour. (Id., art. 29.)

Par conséquent, il est loisible aux électeurs d'entrer dans la salle, pourvu qu'il n'y ait pas encombrement et que le silence soit observé. Le président prend, à cet effet, les mesures et donne les ordres nécessaires.

Manière de procéder des scrutateurs. — Un des scrutateurs ouvre chaque bulletin, en lit le contenu à haute voix et le passe à un de ses collègues. Les deux autres scrutateurs inscrivent simultanément, sur les feuilles de dépouillement, les suffrages obtenus par les divers candidats. (Id., art. 27.) Ils doivent s'avertir mutuellement lorsqu'ils ont compté dix voix données au même candidat.

Quand le dépouillement d'un groupe de bulletins est terminé, un des scrutateurs supplémentaires consigne sur la feuille de dépouillement le nombre des suffrages obtenus par chaque candidat. Cette feuille est signée par les scrutateurs supplémentaires.

Ces relevés sont remis au bureau avec les bulletins qui auraient donné lieu à contestation. Lorsque les scrutateurs supplémentaires ne sont pas d'accord sur l'attribution d'un suffrage à tel candidat, ils doivent s'abstenir d'en tenir compte, et l'un d'eux écrit en regard du nom douteux : *à vérifier*, et paraphe ainsi que ses collègues. L'attribution de ce suffrage ne sera faite que par le bureau, qui statuera, les scrutateurs supplémentaires ayant seulement voix consultative.

Lorsque, à raison du nombre des votants, les scrutateurs supplémentaires sont chargés du dépouillement, les membres du bureau surveillent l'opération. (D. régl., 2 février 1852, art. 28.)

Couleur des bulletins. — Si, dans le dépouillement, il se trouvait un billet de couleur, les scrutateurs le remettraient au bureau qui le joindrait au procès-verbal sans l'attribuer au candidat dont il porterait le nom. Ces bulletins entrent en compte pour fixer le chiffre des suffrages exprimés. En l'absence d'un papier type on doit considérer le papier comme étant blanc ou de couleur, suivant qu'il est imposé ou non comme tel, en vertu de la loi du 21 juin 1872. (Chambre des députés, 15 novembre 1881.)

Cette observation s'applique également aux bulletins portant des signes extérieurs. Il n'y a pas lieu de considérer comme portant des signes extérieurs dans le sens de la loi les bulletins sur papier blanc rayé; ces bulletins sont donc valables; mais il en serait différemment des bulletins imprimés sur papier trop transparent. (Chambre des députés, 24 novembre 1877.)

Du reste, s'il y avait doute sur l'existence de ces signes, le bureau pourrait, tout en conservant les bulletins, les attribuer aux candidats, sauf à en faire mention au procès-verbal, s'il le jugeait convenable.

Les bulletins peuvent être indifféremment imprimés, autographiés ou manuscrits. Ils peuvent même être écrits au crayon. (Chambre des députés, 10 mars 1876, *Journ. off.* du 11, p. 1702). Des ratures n'invalideraient pas le vote si l'on peut bien lire les noms substitués. On doit aussi avoir égard aux noms figurant sur une bande gommée qui recouvrirait un autre nom, lors même qu'on aurait laissé subsister les qualités du candidat ainsi rayé à moins que cette circonstance ne constitue une manœuvre de nature à induire les électeurs en erreur. (Ch. des députés, 9 no-

vembre 1877, 16-24 novembre et 1er décembre 1877, 7 février 1878.
(C. d'Et., 11 février 1881.)

Bulletins contenant trop ou pas assez de noms. — Les bulletins
sont valables lorsqu'ils portent plus ou moins de noms qu'il n'y a de
députés à élire. Les derniers noms inscrits au delà de ce nombre ne
sont pas comptés. Si le nom d'un candidat était porté plusieurs fois
sur un même bulletin, ce nom ne devrait être compté qu'une seule fois.
(Ch. des dép., 5 novembre 1881.)

Bulletins qui n'entrent point en compte. — Les bulletins blancs,
c'est-à-dire ceux qui ne contiennent aucun nom, les bulletins ne contenant pas une désignation suffisante ou ceux dans lesquels les votants
se sont fait connaître, n'entrent point en compte ; mais ils sont tous
sans exception, annexés au procès-verbal. (Id., art. 30.)
La désignation est insuffisante quand les scrutateurs ne peuvent déterminer quelle est la personne à laquelle doit être attribué le nom écrit
sur le bulletin. Il convient d'assimiler aux votes contenant une désignation insuffisante ceux qui portent un nom évidemment dérisoire. Dans
ces deux cas, les scrutateurs doivent conserver le bulletin pour le remettre au bureau, qui statuera. (Circ. int., 3 février 1876, C. d'Et., 28 janvier 1881.)
Le bulletin indiquant une qualité, un titre, un nom de terre, un sur-
nom ou un sobriquet ne doit pas être rejeté comme nul, s'il concerne
une personne notoirement connue par l'une de ces désignations, lors
même que les qualifications seraient inexactes, par exemple celle de
maire ou celle de baron. On doit compter également les bulletins dans
lesquels figure le nom du candidat, avec un prénom différent du sien
s'il est le seul candidat de ce nom. (Assemblée nationale, 15 juillet
1871.) Il en est de même pour ceux où le nom du candidat est mal or-
thographié, si l'on ne peut pas douter de l'intention des votants. Lorsqu'il existe dans une commune deux candidats du même nom, les bulletins ne contenant aucune désignation spéciale qui permette de les distinguer, ne peuvent être attribués ni à l'un ni à l'autre. Mais s'il y a
plusieurs individus du même nom et qu'un seul soit candidat, tous les
bulletins portant ce nom doivent lui être comptés. (C. d'Et., 17 janvier,
28 février 1879 — 16 mai 1881.)

Bulletins contenant une désignation inconstitutionnelle ou inju
rieuse. — La loi du 5 mai 1855 rangeait dans la catégorie des bulletins nuls ceux contenant une qualification ou une désignation inconstitutionnelle, la jurisprudence avait appliqué cette disposition aux élections législatives. Mais la loi du 5 avril 1884 ne l'ayant pas reproduit,
on doit en conclure que les bulletins de cette nature entrent en compte
et sont attribués aux candidats.
Les bulletins injurieux ne sont frappés par la loi d'aucune exclusion. Ils doivent être comptés comme suffrages exprimés et attribués
aux candidats qui y sont désignés. Seulement les scrutateurs ne doivent
donner lecture ni des observations ni des injures qui accompagneraient
les noms des candidats. Ils doivent également s'abstenir de les mentionner sur les feuilles de dépouillement.

Bulletins doubles. — Si les scrutateurs supplémentaires, en ouvrant
un bulletin, trouvaient qu'il en renferme un autre portant des noms différents, ils devraient ne tenir compte d'aucun des deux, et les remettre

au bureau qui statuerait. Cependant, si les deux bulletins étaient absolument identiques, il y aurait lieu de tenir compte de l'un d'eux ; le second serait annexé au procès-verbal avec mention de la décision prise. (C. d'Et., 6 décembre, 11 février 1881.)

Le dépouillement terminé, les scrutateurs apportent au bureau tous les bulletins qui leur ont été remis, tant ceux qui n'ont donné lieu à aucune difficulté que ceux dont l'appréciation pourrait faire naître quelque incertitude et qui auraient été réservés pour être vérifiés par le bureau.

Bulletins réservés comme douteux. — Le bureau statue sur les bulletins réservés, qui sont, dans tous les cas, conservés pour être joints au procès-verbal.

Résultat du dépouillement. — Cette opération terminée, le bureau arrête le résultat du scrutin en additionnant les totaux partiels des feuilles de dépouillement des divers groupes, et en ajoutant à chaque candidat les suffrages qu'il a reconnu devoir revenir à chacun d'eux d'après l'examen des bulletins douteux. — Voy. *Dict. des formules,* n° 614.

Incinération des bulletins non réservés. — Puis, le président du bureau fait brûler les bulletins non contestés, en présence des électeurs, après avoir publiquement constaté que l'attribution de ces bulletins ne donne lieu à aucune réclamation. (D. régl., 2 février 1852, art. 31.)

Procès-verbaux. — Le procès-verbal établit le nombre définitif des suffrages obtenus par chacun des candidats et mentionne les observations relatives aux votes contestés et les décisions prises à leur égard.

Il sera dressé en deux expéditions, signées l'une et l'autre par les membres du bureau. — Voy. *Dict. des formules,* n° 615.

Recensement des votes de sections. — Lorsque la commune est partagée en sections, les présidents et membres des divers bureaux portent à la première section le procès-verbal de leurs sections respectives avec les réclamations et annexes, y compris les feuilles d'inscription des votants.

Le bureau de la première section fait, en présence des présidents des autres sections, le recensement des votes émis dans la commune. Le bureau central n'a pas à revenir sur les attributions de bulletins faites par les sections.

Il fait le recensement d'après les procès-verbaux, proclame le résultat des votes du collège et en dresse le procès-verbal en double expédition.

L'un de ces doubles est adressé, avec les annexes, au sous-préfet de l'arrondissement ; l'autre reste déposé au secrétariat de la mairie. (Id., art. 32 et 33.)

Dépôt des listes d'émargement. — Les listes d'émargement doivent être arrêtées par le bureau, c'est-à-dire qu'elles contiennent une formule de clôture signée par le président et le secrétaire et indiquant en toutes lettres le nombre des émargements. Ces listes sont déposées pendant huit jours au secrétariat de la mairie, où elles sont communiquées à tout électeur requérant. (L. 30 novembre 1875, art. 5, § 3.)

La personne qui demande cette communication doit justifier de sa qualité d'électeur par un certificat du maire de sa commune constatant qu'il est inscrit sur les listes électorales.

Recensement général des votes. — Les sous-préfets doivent faire parvenir immédiatement à la préfecture les procès-verbaux des communes que les maires leur ont adressés. Ces procès-verbaux sont classés, par canton, dans chaque arrondissement ou circonscription, et ils sont remis en cet état à la commission chargée du recensement général.

Cette commission doit être composée de trois membres choisis dans le sein du conseil général. (D. régl., 2 février 1852, art. 34.) Elle nomme son président.

Le recensement des votes de toutes les circonscriptions a lieu au chef-lieu de département, dans une séance publique, dont le préfet fixe à l'avance la date.

La commission examine les bulletins annexés aux procès-verbaux; elle consigne dans son procès-verbal les observations que lui aurait suggérées l'attribution de ces bulletins à tel ou tel candidat. Elle donne également son avis sur les réclamations qui auraient été déposées pendant le cours des opérations.

Le recensement des notes étant terminé, le président de la commission proclame député, pour chaque arrondissement ou pour chaque circonscription, celui des candidats qui a réuni la majorité exigée par la loi.

Majorité exigée au premier tour de scrutin. — Nul n'est élu au premier tour de scrutin, s'il n'a réuni :

1° La majorité absolue des suffrages exprimés;

2° Un nombre de suffrages égal au quart des électeurs inscrits. (Art. 5, L. 16-17 juin 1885.)

Les préfets ont soin de faire préparer à l'avance, pour les membres de la commission de recensement, un relevé du nombre des électeurs inscrits dans chaque département, à l'effet d'établir le minimum de voix nécessaire pour la validité de l'élection. Ce relevé est joint au procès-verbal de la commission.

Second tour de scrutin. — Si aucun des candidats n'avait obtenu la majorité nécessaire, l'élection serait continuée au deuxième dimanche qui suivrait le jour de la proclamation de ce résultat négatif.

A cette nouvelle opération, qui forme un second tour de scrutin, la majorité relative suffit, quel que soit le nombre des suffrages exprimés et obtenus.

Si les candidats avaient réuni un nombre égal de suffrages, l'élection demeurerait acquise au plus âgé. (L. 16-17 juin 1885.) Le bénéfice de l'âge s'applique non seulement au second tour de scrutin, mais aussi au premier tour lorsque le nombre des candidats ayant obtenu la majorité, est supérieur à celui de candidats à élire et que plusieurs d'entre eux ont obtenu le même nombre de suffrages.

Rédaction et envoi du procès-verbal de la commission de recensement. — Le procès-verbal de recensement est rédigé en double : l'un des doubles reste déposé aux archives de la préfecture; l'autre est transmis au ministère de l'intérieur avec un des doubles des procès-verbaux des communes, pour être déposé à la Chambre des députés.

Protestations. — Tout candidat et tout électeur, de même que le gouvernement, peut arguer de nullité les opérations électorales. Aucun délai n'est fixé pour l'envoi des protestations ; il suffit qu'elles arrivent avant le jour où la Chambre est saisie de l'élection ; mais il est important de les faire autant que posssible inscrire au procès-verbal.

Vérification des opérations électorales par la Chambre des députés. — Les opérations électorales sont vérifiées par la Chambre des députés, qui est seule juge de leur validité. (D. org. 2 février 1852, art. 5.) Ce droit comprend celui de connaître de toutes les oppositions ou protestations dirigées contre l'élection d'un député.

Le député élu dans plusieurs circonscriptions électorales doit faire connaître son option au président de la Chambre dans les dix jours qui suivront la déclaration de la validité de ces élections. (D. org. 2 février 1852, art. 7.)

Dépenses d'impression. — La loi du 5 avril 1884, article 136, classe au nombre des dépenses obligatoires pour les communes les frais de tenue des assemblées électorales. Les dépenses résultant de l'impression des formules de procès-verbaux et des listes d'émargements sont donc à la charge des communes.

Les frais d'impression des cartes électorales constituent aussi une dépense communale obligatoire. Elles ne peuvent plus être imputées aujourd'hui sur le budget départemental. (L. 5 avril 1884, art. 136, § 4.)

Les autres dépenses d'impressions, telles qu'affiches et insertions au recueil des actes administratifs incombent au fonds d'abonnement de la préfecture. (Circ. 30 juillet 1881.)

Dispositions pénales. — Ceux qui, à l'aide de déclarations frauduleuses ou de faux certificats, se sont fait inscrire ou ont tenté de se faire inscrire indûment sur une liste électorale ; ceux qui, à l'aide des mêmes moyens, ont fait inscrire ou rayer indûment un citoyen, et les complices de ces délits, sont passibles d'un emprisonnement de six jours à un an et d'une amende de 50 à 500 francs. Les coupables peuvent, en outre, être privés, pendant deux ans, de l'exercice de leurs droits civiques. L'article 463 du Code pénal est, dans tous les cas, applicable. (L. 7 juillet 1874, art. 6.)

Toute personne qui s'est fait inscrire sur la liste électorale sous de faux noms ou de fausses qualités, ou, en se faisant inscrire, a dissimulé une incapacité prévue par la loi, ou réclamé et obtenu une inscription sur deux ou plusieurs listes, est punie d'un emprisonnement d'un mois à un an, et d'une amende de 100 à 1,000 francs. (D. org. 2 février 1852, art. 31.)

Celui qui, déchu du droit de voter, soit par suite d'une condamnation judiciaire, soit par suite d'une faillite non suivie de réhabilitation, a voté, soit en vertu d'une inscription sur les listes antérieure à sa déchéance, soit en vertu d'une inscription postérieure, mais opérée sans sa participation, est puni d'un emprisonnement de quinze jours à trois mois, et d'une amende de 20 à 500 francs. (Id., art. 32.)

Quiconque aura voté dans une assemblée électorale, soit en vertu d'une inscription obtenue dans les deux premiers cas prévus par l'article 31, soit en prenant faussement les noms et qualités d'un électeur inscrit, sera puni d'un emprisonnement de six mois à deux ans, et d'une amende de 200 à 2,000 francs. (Id., art. 33.)

Est puni de la même peine tout citoyen qui a profité d'une inscription multiple pour voter plus d'une fois. (Id., art. 34.)

Quiconque, étant chargé dans un scrutin de recevoir, compter ou dépouiller des bulletins contenant les suffrages des citoyens, a soustrait ajouté ou altéré les bulletins, ou lu un autre nom que celui inscrit, est puni d'un emprisonnement d'un an à cinq ans, et d'une amende de 500 à 5,000 francs. (Id., art. 35.)

La même peine est appliquée à tout individu qui, chargé par un électeur d'écrire son suffrage, a inscrit sur le bulletin un nom autre que celui qui lui était désigné. (Id., art. 36.)

L'entrée dans l'assemblée électorale avec armes apparentes est interdite. En cas d'infraction, le contrevenant est passible d'une amende de 16 francs à 100 francs. La peine est d'un emprisonnement de quinze jours à trois mois, et d'une amende de 50 francs à 300 francs, si les armes étaient cachées. (Id., art. 37.)

Quiconque a donné, promis ou reçu des deniers, effets ou valeurs quelconques, sous la condition, soit de donner ou de procurer un suffrage, soit de s'abstenir de voter, est puni d'un emprisonnement de trois mois à deux ans, et d'une amende de 500 francs à 5,000 francs. Sont punis des mêmes peines ceux qui, sous les mêmes conditions, ont fait ou accepté l'offre ou la promesse d'emplois publics ou privés. Si le coupable est fonctionnaire public, la peine est du double. (Id., art. 38.)

Ceux qui, par voies de fait, violences ou menaces contre un électeur, soit en lui faisant craindre de perdre son emploi ou d'exposer à un dommage sa personne, sa famille ou sa fortune, l'ont déterminé à s'abstenir de voter ou ont influencé son vote, sont punis d'un emprisonnement d'un mois à un an, et d'une amende de 100 à 1,000 francs; la peine est du double si le coupable est fonctionnaire public. (D. org. 2 février 1852, art. 39.)

Ceux qui, à l'aide de fausses nouvelles, bruits calomnieux ou autres manœuvres frauduleuses, ont surpris ou détourné des suffrages, déterminé un ou plusieurs électeurs à s'abstenir de voter, sont punis d'un emprisonnement d'un mois à un an, et d'une amende de 100 à 2,000 francs. (Id., art. 40.)

Lorsque, par attroupements, clameurs ou démonstrations menaçantes, on a troublé les opérations d'un collège électoral, porté atteinte à l'exercice du droit électoral ou à la liberté du vote, les coupables sont punis d'un emprisonnement de trois mois à deux ans, et d'une amende de 100 à 2,000 francs. (Id., art 41.)

Toute irruption dans un collège électoral, consommée ou tentée avec violence, en vue d'empêcher un choix, est punie d'un emprisonnement d'un an à cinq ans, et d'une amende de 1,000 francs à 5,000 francs. (Id., art. 42.)

Si les coupables étaient porteurs d'armes ou si le scrutin a été violé, la peine est la réclusion. (Id., art. 43.)

Elle est des travaux forcés à temps si le crime a été commis par suite d'un plan concerté pour être exécuté, soit dans tout le territoire de la République, soit dans un ou plusieurs départements, soit dans un ou plusieurs arrondissements. (Id., art. 44.)

Les membres d'un collège électoral qui, pendant la réunion, se sont rendus coupables d'outrages ou de violences soit envers le bureau, soit envers l'un de ses membres, ou qui, par voies de fait ou menaces, ont retardé ou empêché les réunions électorales, sont punis d'un emprisonnement d'un mois à un an et d'une amende de 100 francs à 2,000 francs.

Si le scrutin a été violé, l'emprisonnement est d'un an à cinq ans, et l'amende de 1,000 à 5,000 francs. (Id., art. 45.)

L'enlèvement de l'urne contenant les suffrages émis et non encore dépouillés est puni d'un emprisonnement d'un an à cinq ans, et d'une amende de 1,000 à 5,000 francs. Si cet enlèvement a été effectué en réunion ou avec violence, la peine est la réclusion. (Id., art. 46.)

La violation du scrutin, faite soit par les membres du bureau, soit par les agents de l'autorité préposés à la garde des bulletins non encore dépouillés, est punie de la réclusion. (Id., art. 47.)

Les crimes prévus par la présente loi sont jugés par la cour d'assises, et les délits par les tribunaux correctionnels; l'article 463 du Code pénal peut être appliqué. (Id., art. 48.)

En cas de conviction de plusieurs crimes ou délits prévus par la présente loi, et commis antérieurement au premier acte de poursuite, la peine la plus forte est seule appliquée. (Id., art. 49.)

L'action publique et l'action civile sont prescrites après trois mois, à partir du jour de la proclamation du résultat de l'élection. (Id., art. 50.)

La condamnation, s'il en est prononcé, ne peut, en aucun cas, avoir pour effet d'annuler l'élection déclarée valide par les pouvoirs compétents, ou dûment définitive par l'absence de toute protestation régulière formée dans les délais voulus par les lois spéciales. (Id., art. 51.)

Élections départementales. — Lorsqu'il s'agit de procéder au renouvellement d'une série sortante des membres des conseils généraux et des conseils d'arrondissement, un décret fixe la date des élections et convoque pour le même jour les électeurs des autres cantons dans lesquels il y a lieu de pourvoir au remplacement de conseillers généraux ou de conseillers d'arrondissement décédés ou démissionnaires.

Le nombre des conseillers d'arrondissement à élire dans chaque canton, pour les arrondissements qui ont moins de neuf cantons a été modifié par le décret du 10 avril 1883 inséré au *Bulletin officiel de l'intérieur*, 1883, p. 143.)

Le préfet prend immédiatement et publie un arrêté indiquant les cantons dans lesquels le scrutin s'ouvrira, en exécution du décret de convocation. — Voy. CONSEIL D'ARRONDISSEMENT, CONSEIL GÉNÉRAL.

Tout ce qui a été dit concernant les listes électorales, l'assemblée des électeurs et le dépouillement du scrutin, en ce qui touche l'élection des députés, s'applique également aux élections départementales avec cette seule différence qu'ici le scrutin est uninominal et a lieu par canton.

Simultanéité des opérations pour les élections au conseil général et les élections au conseil d'arrondissement. — Dans les cantons qui ont à pourvoir à une double élection pour le conseil général et pour le conseil d'arrondissement, les opérations ont lieu simultanément.

Il convient, pour parer aux inconvénients qui peuvent résulter de cette simultanéité, d'installer, partout où la nature des lieux s'y prêtera, deux bureaux destinés, l'un aux élections du conseil général, l'autre aux élections du conseil d'arrondissement.

Ces bureaux seront, à moins d'obstacles matériels, placés dans des locaux voisins, mais distincts.

Dans les communes où il ne sera pas possible de former deux bureaux, on placera devant le président deux boîtes de scrutin portant en gros caractères, l'une la mention : *Conseil général*, et l'autre la mention : *Conseil d'arrondissement.*

Si des bulletins de candidats au conseil général étaient par erreur déposés dans l'urne du conseil d'arrondissement et *vice-versa*, les bulletins de cette nature devront entrer en compte comme suffrages exprimés pour l'élection sortant de l'urne dans laquelle ils ont été placés, mais ils ne sauraient à aucun titre être attribués aux candidats dont ils portent le nom ; ils rentrent dans la catégorie des voix perdues. Si un candidat avait obtenu la majorité par l'addition de suffrages de cette sorte l'élection devrait être annulée. (C. d'Et., 17 et 24 décembre 1880.)

Éligibilité. — Pour les conditions d'éligibilité, voy. Conseil général, Conseil d'arrondissement.

Deuxième tour de scrutin. — Si aucun candidat n'obtient la majorité absolue au premier tour, il est procédé à un nouveau tour de scrutin le dimanche suivant.

A cette seconde opération, qui a lieu dans la même forme que la première, l'élection se fait à la majorité relative, quel que soit le nombre des votants. Si plusieurs candidats obtiennent le même nombre de suffrages, l'élection est acquise au plus âgé. (L. 10 août 1871, art. 14.)

Voies de recours contre les opérations électorales. — Il importe de distinguer entre les élections au conseil général et les élections aux conseils d'arrondissement.

1° *Élection au conseil général.* — La loi du 31 juillet 1875, modifiant les articles 15 et 16 primitif de la loi du 10 août 1871 et revenant au système de la loi du 22 juin 1833, a substitué à la vérification des pouvoirs des conseillers élus, par le conseil lui-même, l'examen, par le Conseil d'Etat, statuant au contentieux, des réclamations formées contre la régularité des opérations électorales ou contre les décisions du bureau de recensement général des votes.

Par conséquent, les conseillers proclamés par les bureaux de recensement et contre l'élection desquels aucune réclamation n'aura été formée dans les délais légaux devront être considérés comme définitivement investis de leur mandat.

Quant aux conseillers dont l'élection aura été attaquée, ils n'en devront pas moins être convoqués à la session du conseil général, et ils pourront prendre provisoirement part aux délibérations en vertu du principe écrit dans la loi des 15-27 mars 1791 (art. 9), portant que « l'exercice provisoire demeure à ceux dont l'élection se trouve attaquée. »

Le droit d'arguer de nullité les opérations électorales appartient à tout électeur du canton, aux candidats, aux préfets (1) et à tous les membre du conseil général.

(1) Le droit du préfet semble, au premier abord, moins étendu que celui des électeurs, car la loi stipule que sa réclamation doit être basée « sur l'inobservation des conditions et formalités prescrites », mais ces expressions sont celles mêmes qu'employait l'article 50 de la loi du 22 juin 1833, elle ont également été reproduites par la loi du 5 avril 1884 (art. 37), en ce qui concerne les élections municipales. De ce rapprochement et de la déclaration faite par le rapporteur (voir. *Journ. offic.* du 31 juillet 1875, p. 6136), il résulte que l'assemblée a entendu se référer purement et simplement aux traditions et à la jurisprudence du Conseil d'Etat. En cas de doute, on doit donc consulter les décisions rendues par cette assemblée en matière d'élections départementales ou municipales.

Le délai, dans lequel la réclamation doit être formée, varie suivant qu'il s'agit du préfet ou des autres intéressés.

Pour le préfet, le délai est de vingt jours à partir du jour de la réception des procès-verbaux des opérations électorales.

Pour les électeurs, les candidats et les membres du conseil général leur réclamation doit, si elle n'a pas été consignée au procès-verbal des élections, être formée dans les dix jours qui suivent l'élection.

Si la réclamation n'est pas annexée au procès-verbal, elle doit être déposée, soit au secrétariat général de la préfecture, soit au secrétariat de la section du contentieux du Conseil d'Etat, dans le délai ci-dessus. Quant aux recours formés par le préfet, ils sont adressés directement au président de la section du contentieux.

Si les réclamations sont ou consignées au procès-verbal d'élection, ou déposées séparément au secrétariat général de la préfecture, le préfet doit, après avoir enregistré les pièces et les avoir frappées du timbre d'arrivée de la préfecture, en donner récépissé et les transmettre *directement*, dans les dix jours, au président de la section du contentieux.

Le préfet ne peut refuser de recevoir une réclamation, sous le prétexte que le signataire n'aurait pas qualité pour protester, ou que la protestation serait tardive. Le Conseil d'Etat a seul qualité pour statuer à cet égard. Le rôle du préfet se borne à transmettre les pièces qui lui sont remises.

C'est également à la section du contentieux qu'appartient le soin de prescrire les mesures d'instruction, l'Assemblée nationale n'a voulu lui imposer à cet égard aucune règle spéciale, et elle a même écarté une disposition du projet primitif qui l'obligeait à charger un des membres du conseil de préfecture des enquêtes à faire dans le département.

La loi ne dit pas dans quelle forme ni par quels agents la notification des réclamations doit être faite. Il conviendra donc de se conformer aux précédents, c'est-à-dire d'employer la voie administrative, mais en ayant soin d'exiger soit un reçu de la partie intéressée, soit un procès-verbal de l'agent chargé de la notification. Cette notification consistera, autant que possible, dans la remise d'une copie certifiée de la réclamation ; exceptionnellement et dans le cas où les pièces seraient trop étendues, la copie pourra être remplacée par un simple avis invitant l'intéressé à prendre sur place, et dans le délai que la section aura fixé, communication du dossier à la préfecture.

Les parties sont en même temps informées qu'elles peuvent, dans le délai que fixera la section, adresser au Conseil d'Etat, soit directement, soit par l'intermédiaire de la préfecture, des observations ou mémoires qu'elles jugeraient utile de produire. Le préfet doit, en renvoyant le dossier y joindre une copie de l'acte de notification et le procès-verbal ou le reçu qui en constatera la remise.

2° *Élections au conseil d'arrondissement.* — Les élections pour le conseil d'arrondissement restent régies par les articles 50 et 54 de la loi du 22 juin 1833 ; les réclamations formées contre ces dernières élections, si elles ne sont pas insérées au procès-verbal, doivent, comme par le passé, être déposées dans les cinq jours, à partir du jour du scrutin, au secrétariat de la préfecture, et jugées par le conseil de préfecture, dans le délai d'un mois.

Le préfet conserve le droit de déférer d'office ces mêmes élections au conseil de préfecture, dans les quinze jours de la réception des procès-verbaux, s'il estime que les conditions et formalités légales n'ont pas été observées, et les intéressés peuvent, dans le délai de trois mois, à partir de la notification de la décision du conseil de préfecture, se pourvoir devant le Conseil d'Etat. — Voy. *Dict. des formules*, n° 616.

ÉLECTIONS MUNICIPALES. — *Membres du conseil municipal.* — Tout ce qui concerne la composition des conseils municipaux, la suspension et la dissolution de ces conseils, les conditions d'éligibilité de leurs membres, etc., ayant été traité au mot CONSEIL MUNICIPAL et d'autre part les règles concernant les élections, le dépouillement du scrutin, etc. étant les mêmes que celles relatives à l'élection des députés, nous devons nous borner ici à l'analyse des dispositions de la loi du 5 avril 1884 qui sont spéciales aux opérations électorales municipales.

Sectionnement. — Les élections municipales doivent avoir lieu au scrutin de liste pour toute la commune. Néanmoins la commune peut être divisée en sections électorales, dont chacune élit un nombre de conseillers proportionné au chiffre *des électeurs inscrits*, mais seulement dans les deux cas suivants :

1° Quand elle se compose de plusieurs agglomérations d'habitants distinctes et séparées, dans ce cas ; aucune section ne peut avoir moins de deux conseillers à élire ;

2° Quand la population agglomérée de la commune est supérieure à 10,000 habitants. Dans ce cas la section ne peut être formée en fractions de territoire appartenant à des cantons ou arrondissemeuts municipaux différents. Les fractions de territoire ayant des biens propres, ne peuvent être divisées, entre plusieurs sections électorales. Aucune de ces sections ne peut avoir moins de quatre conseillers à élire.

Dans tous les cas où le sectionnement est autorisé, chaque section doit être composée de territoires contigus.

Le sectionnement est fait par le conseil général sur l'initiative soit d'un de ses membres, soit du préfet, du conseil municipal ou d'électeurs de la commune intéressée, article 12, loi 5 avril 1884. — Voy. CONSEIL GÉNÉRAL.

La loi nouvelle étend aussi aux simples électeurs de la commune le droit de réclamer le sectionnement qui sous l'empire de l'ancienne législation ne pouvait être demandé que par le préfet, un membre du conseil général ou le conseil municipal.

Désormais aucune décision en matière de sectionnement ne pourra être prise qu'après avoir été demandée avant la session d'avril ou au cours de cette session au plus tard. Dans l'intervalle de la session d'avril à la session d'août, une enquête doit être ouverte dans la commune intéressée. Le procès-verbal de cette enquête est, avec la demande, soumis au conseil municipal qui en délibère. Il est à désirer, bien que la loi ne l'exige pas, que le plan qui doit être annexé à la délibération du conseil général soit soumis au conseil municipal. Ce plan doit, dans tous les cas, être joint au dossier soumis au conseil général. Le conseil général prononce dans la session d'août. La composition et la limite des sections doivent être nettement indiquées, tant dans la délibération que sur le plan qui reste annexé à la délibération du conseil. Les sectionnements ainsi opérés subsistent jusqu'à une nouvelle décision. Le tableau de ces opérations est dressé chaque année par le conseil général dans sa session d'août. Ce tableau sert pour *les élections municipales* à faire dans l'année, c'est-à-dire qu'il devra être suivi, si, pour une cause quelconque (démission collective, dissolution, annulation de l'ensemble des élections) il y a lieu de procéder au renouvellement complet du conseil municipal. Lorsqu'il y a lieu de remplacer des conseillers élus par les sections, conformément à l'article 11, ces remplacements sont toujours faits par les sections auxquelles ces conseillers appartiennent. (Art. 16, loi 5 avril 1884.) Mais ce tableau, arrêté par le conseil général, ne sert pas pour les élections partielles, car les vacances qui viendraient à se produire entre deux renouvellements intégraux du conseil municipal, doivent être comblées par des élections faites de la même manière que les premières, afin qu'il n'y ait point dans le même conseil, des conseillers élus par des collèges différents. (art. 12, loi. 5 avril 1884. (Circ. Int. 15 mai 1884.)

Ce tableau est publié dans les communes intéressées avant la convocation des électeurs par les soins du préfet qui détermine, d'après le chiffre des électeurs inscrits dans chaque section, le nombre des conseillers que la loi lui attribue.

Le sectionnement adopté par le conseil général est représenté par un plan déposé à la préfecture et à la mairie de la commune intéressée. Tout électeur peut le consulter et en prendre copie. Avis de ce dépôt est donné aux intéressés par voie d'affiche à la porte de la mairie.

La loi du 5 avril 1884 n'innove rien en ce qui concerne les voies de recours contre les opérations du sectionnement. Le préfet seul a, en vertu de la loi du 10 août 1871, un recours au conseil d'Etat contre les délibérations du conseil général prononçant des sectionnements irréguliers. Tant qu'aux particuliers ils ne peuvent réclamer que sous forme de protestation contre les élections.

Convocation des électeurs. — L'assemblée des électeurs est convoquée par arrêté du préfet.

L'arrêté de convocation est publié dans la commune quinze jours au moins avant l'élection qui doit toujours avoir lieu un dimanche. Il fixe le local où le scrutin sera ouvert, ainsi que les heures auxquelles il doit être ouvert et fermé. (L. 5 avril 1884, art. 15.)

Bureaux de vote. — L'article 13 de la loi du 5 avril maintient au préfet le droit d'établir autant de bureaux de vote que cela peut être nécessaire pour faciliter aux électeurs l'accès du scrutin. Les arrêtés pris à cet égard doivent être publiés dix jours au moins avant l'élection, mais ne doivent plus être rendus comme auparavant en conseil de préfecture. (Circ. int., 15 avril 1884.)

Cartes électorales. — Ce même article 13 oblige le maire à délivrer à chaque électeur une carte électorale indiquant le lieu où doit siéger le bureau, où il devra voter. La dépense des cartes électorales est rangée par l'article 136 (§ 3,) au nombre des dépenses communales obligatoires. La présentation de cette carte n'est pas d'ailleurs obligatoire pour l'électeur, qui peut être admis à voter s'il n'y a aucun doute sur son identité. (Circ. int., 15 avril 1884.)

Assemblée des électeurs; opérations électorales. — Les bureaux de vote sont présidés par le maire, les adjoints, dans l'ordre de leur nomination, et par les conseillers municipaux, dans l'ordre du tableau.

En cas d'empêchement des adjoints et des conseillers municipaux, le maire peut déléguer de simples électeurs. (L. 5 avril 1884, art. 17.)

Le président a seul la police de l'assemblée.

Ces assemblées ne peuvent s'occuper d'autres objets que des élections qui leur sont attribuées. Toute discussion, toute délibération leur sont interdites. (Id., art. 18.)

Les deux plus âgés et les deux plus jeunes des électeurs présents à l'ouverture de la séance, sachant lire et écrire, remplissent les fonctions d'assesseurs.

Le secrétaire est désigné par le président et les scrutateurs. Dans les délibérations du bureau, il n'a que voix consultative.

Trois membres du bureau, au moins, doivent être présents pendant tout le cours des opérations. (Ibid., art. 19.)

Le bureau juge provisoirement les difficultés qui s'élèvent sur les opérations de l'assemblée.

Ses décisions sont motivées.

Durée et clôture du scrutin. — Aux termes de l'article 20 de la loi du 5 avril 1884, le scrutin ne dure qu'un seul jour. Il ne peut être fermé qu'après avoir été ouvert pendant six heures au moins (art. 26). Il n'appartient plus au maire de fixer les heures du commencement et de la fin des opérations ; l'article 115 exige que les heures d'ouverture et de fermeture du scrutin soient déterminées par l'arrêté préfectoral de convocation.

Le président doit constater, au commencement de l'opération, l'heure à laquelle le scrutin est ouvert.

Il constate également l'heure à laquelle il déclare le scrutin clos, et, après cette déclaration, aucun vote ne peut être reçu. (Art. 26, loi du 5 avril 1884.)

Proclamation des résultats. — Immédiatement après le dépouillement, le président proclame le résultat du scrutin.

Le procès-verbal des opérations électorales est dressé par le secrétaire ; il est signé par lui et les autres membres du bureau. Il doit mentionner, par ordre décroissant, le nombre des suffrages obtenus par tous les candidats élus ou non élus. C'est à tort que, dans quelques communes, on se contente d'indiquer le nombre des suffrages obtenu par les candidats élus. Une copie du procès-verbal, également signée du secrétaire et des membres du bureau, est aussitôt envoyée, par l'intermédiaire du sous-préfet, au préfet qui en constate la réception sur un registre et en donne récépissé. Extrait en est immédiatement affiché par les soins du maire. (Circ., 15 avril 1884.)

Les bulletins, autres que ceux qui doivent être annexés au procès-verbal, sont brûlés en présence des électeurs. (L. 5 avril 1884, art. 29.)

Réclamations contre les opérations électorales. — Tout électeur et tout éligible a le droit d'arguer de nullité les opérations de l'assemblée dont il fait partie.

Les réclamations doivent être consignées au procès-verbal, sinon elles doivent être, à peine de nullité, déposées au secrétariat de la mairie, ou à la sous-préfecture, ou à la préfecture dans le délai de cinq jours, à dater du jour de l'élection. Elles sont immédiatement adressées au préfet, et enregistrées par ses soins au greffe du conseil de préfecture.

Le préfet, s'il estime que les conditions et les formes légalement prescrites n'ont pas été remplies, peut également dans le délai de quinze jours, à dater de la réception du procès-verbal, déférer les opérations électorales au conseil de préfecture.

Les règles pour l'instruction des protestations sont les suivantes :

Le préfet doit donner connaissance par la voie administrative de la réclamation aux conseillers dont l'élection est attaquée, en les prévenant qu'ils ont cinq jours, pour tout délai, à l'effet de déposer leurs défenses au secrétariat de la mairie, de la préfecture ou de la sous-préfecture, et de faire connaître s'ils entendent user du droit de présenter des observations orales. (L. 5 avril 1884, art. 37.) Le préfet est ainsi substitué par la loi nouvelle au conseil de préfecture pour l'instruction première des affaires.

La notification qu'il est chargé de faire aux intéressées doit consister autant que possible, dans la remise d'une copie certifiée de la protestation.

Dans le cas où les pièces seraient trop étendues, la copie pourra être remplacée par un avis invitant l'intéressé à prendre communication du dossier, soit à la préfecture, soit à la sous-préfecture, soit à la mairie. Dans quelques départements, il est d'usage, au lieu de remettre au conseiller dont l'élection est attaquée une copie intégrale, de la lui notifier sous forme d'une analyse précisant les griefs et les points sur lesquels devra porter sa réponse. Ce mode de procéder peut être avantageusement généralisé, à la condition, bien entendu, qu'il ne privera pas les intéressés du droit de prendre, s'ils le désirent, communication intégrale du dossier.

Si les conseillers élus laissent passer le délai de cinq jours qui leur est accordé sans présenter d'observations en défense, le conseil de préfecture peut passer outre et statuer ; mais afin de bien établir le point de départ du délai, il est indispensable de faire dresser un procès-verbal régulier de notifications.

La loi veut également que le fonctionnaire (maire, sous-préfet ou préfet), qui reçoit soit les protestations, soit les mémoires en défense, en donne récépissé. (L. 5 avril 1884, art. 37.)

Si le conseiller dont l'élection est attaquée a fait connaître son intention d'user du droit qui lui est reconnu par la loi de présenter des observations orales, il doit, à peine de nullité de la décision, recevoir dans les formes et délais tracés par l'article 12 du décret du 12 juillet 1865, avis du jour de l'audience dans laquelle son affaire sera appelée. Mais s'il n'a pas demandé à présenter d'observations orales, il ne peut se plaindre de ne pas avoir été convoqué. (C. Int., 15 avril 1884.)

Le conseil de préfecture statue, sauf recours au Conseil d'État. Il prononce sa décision dans le délai d'un mois à compter de l'enregistrement des pièces au greffe de la préfecture, et le préfet la fait notifier dans la huitaine de sa date. En cas de renouvellement général le délai est porté à deux mois.

S'il intervient une décision ordonnant une preuve, le conseil de préfecture doit statuer définitivement dans le mois à partir de cette décision.

Dans tous les cas où une réclamation, formée en vertu de la présente loi, implique la solution préjudicielle d'une question d'État, le conseil de préfecture renvoie les parties à se pourvoir devant les juges compétents, et la partie doit justifier de ses diligences dans le délai de quinzaine ; à défaut de cette justification, il sera passé outre, et la décision du conseil de préfecture devra intervenir dans le mois à partir de l'expiration de ce délai de quinzaine.

Dans ce cas, les délais ci-dessus fixés ne commencent à courir que du jour où le jugement sur la question préjudicielle est devenu définitif.

Faute par le conseil d'avoir statué dans les délais ci-dessus fixés, la réclamation est considérée comme rejetée. Le conseil de préfecture est dessaisi ; le préfet en informe la partie intéressée, qui peut porter sa réclamation devant le Conseil d'Etat. Le recours est notifié dans les cinq jours au secrétariat de la préfecture par le requérant. (Art. 38 et 39, loi 5 avril 1884.)

Recours au Conseil d'Etat contre les décisions du conseil de préfecture. — Le recours au Conseil d'Etat contre la décision du conseil de préfecture est ouvert soit au préfet, soit aux parties intéressées. Il doit, à peine de nullité, être déposé au secrétariat de la sous-préfecture ou de la préfecture, dans le délai d'un mois, qui court, à l'encontre du préfet, à partir de la décision et, à l'encontre des parties, à partir de la notification qui leur est faite.

Le préfet donne immédiatement, par la voie administrative, connaissance du recours aux parties intéressées, en les prévenant qu'elles ont quinze jours pour tout délai, à l'effet de déposer leurs défenses au secrétariat de la préfecture ou de la sous-préfecture. Aussitôt ce nouveau délai expiré, le préfet transmet au ministre de l'intérieur, qui les adresse au Conseil d'Etat, le recours, les défenses, s'il y a lieu, le procès-verbal des opérations électorales, la liste qui a servi aux émargements, une expédition de l'arrêté attaqué et toutes les autres pièces visées dans ledit arrêté ; il y joint son avis motivé.

Les délais pour la constitution d'un avocat et pour la communication au ministre de l'intérieur sont *d'un mois* pour chacune de ces opérations et de *trois mois* en ce qui concerne *les colonies.*

Le pourvoi est jugé comme affaire urgente et sans frais et dispense du timbre et du ministère de l'avocat. (Loi 5 avril 1884, art, 40, § 1 à 6.)

Effet suspensif du pourvoi. — Les conseillers municipaux proclamés restent en fonctions jusqu'à ce qu'il ait été définitivement statué sur les réclamations. (Art. 40, § 7.)

Dans le cas où l'annulation de tout ou partie des élections est devenue définitive, l'assemblée des électeurs est convoquée dans un délai qui ne peut excéder deux mois. (Art. 40, § 8.)

Incompatibilités. — Le 5 août 1885, la Chambre des députés a adopté par 318 voix contre 114 une loi nouvelle sur les incompatibilités ; mais elle a modifié sur deux points importants le texte voté par le Sénat. Il en est résulté que la loi ainsi rédigée devait revenir devant la Chambre haute pour y être discutée de nouveau. La clôture de la session a été prononcée le lendemain, et ce jour a été le dernier de la législature. La loi nouvelle n'a pu être ni définitivement votée ni promulguée. Il n'y a donc rien de changé pour les *incompatibilités* à ce qui est exposé dans le cours de ce volume.

(Voir l'*Appendice.*)

APPENDICE

Caisse des Lycées, Collèges et Écoles. — La loi du 20 juin 1885 est venue complètement modifier l'organisation et le fonctionnement de la caisse des lycées, collèges et écoles primaires. Désormais, cette caisse ne fera plus d'avances aux communes. Son fonds de subvention est augmenté de 34 millions qui seront affectés, jusqu'à concurrence de 22 millions, aux établissements d'enseignement supérieur, et jusqu'à concurrence de 12 millions aux établissements d'enseignement secondaire.

Les communes ne seront plus admises à emprunter à la caisse, elles s'adresseront maintenant aux établissements de crédits ordinaires ou aux particuliers pour obtenir des prêts qui seront remboursables dans un délai qui ne pourra être moindre de trente ans ni dépasser quarante. Le taux de l'intérêt ne pourra excéder 5.63, amortissement compris. En revanche, elles recevront des subventions qui variront de 15 0/0 à 80 0/0, en raison inverse de la valeur des centimes, en tenant compte d'autre part des charges extraordinaires, y compris les centimes pour insuffisance de revenu, et en faisant aussi entrer en ligne de compte la charge qui résulte de la construction elle-même. La proportion de 80 0/0 pourra même être dépassée pour les communes dont le centime est inférieur à 5 francs ; mais les communes dont le centime est supérieur à 6,000 francs ne recevront pas de subventions.

Voir aussi la loi du 22 juillet 1885 ordonnant l'apurement des opérations de la caisse des chemins vicinaux et de la caisse des lycées, collèges et écoles primaires, et autorisant l'émission d'obligations pour 319 millions 1/2, afin de pourvoir aux avances et subventions restant à payer en exécution des lois antérieures.

Caisse des retraites pour la vieillesse. — La Chambre des députés a adopté, le 4 août 1885, une loi qui modifie sur certains points le fonctionnement de cette caisse à laquelle elle ajoute le titre de « caisse *nationale* ».

C'est une discussion en seconde lecture. La loi doit être renvoyée au Sénat. Voir au mot *Vieillesse*.

FIN DU TOME PREMIER.

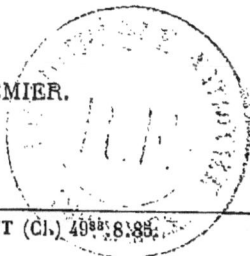

Paris. — Soc. d'imp. PAUL DUPONT (Cl.) 49....8.85.

LIBRAIRIE ADMINISTRATIVE, PAUL DUPONT, DIRECTEUR.

41, RUE JEAN-JACQUES-ROUSSEAU, A PARIS

LE COMPLÉMENT INSÉPARABLE

DU

DICTIONNAIRE MUNICIPAL

EST LE

DICTIONNAIRE DES FORMULES

MAIRIE PRATIQUE

Contenant les modèles de tous les actes de l'Administration municipale, avec des notes et des citations indiquant les lois, règlements et instructions auxquels ils se rapportent.

Les formules correspondent aux articles du « Dictionnaire municipal ».

ÉDITION NOUVELLE

Entièrement refondue, très augmentée, et mise au courant jusqu'en 1886.

PAR T. DE CROISSY

Deux forts volumes in-8°. — Prix : 20 francs.

Sous presse, — pour paraître en avril 1886.

Paris. — Société d'Imprimerie PAUL DUPONT (Cl.) 49 bis.7.85.

www.ingramcontent.com/pod-product-compliance
Lightning Source LLC
Chambersburg PA
CBHW061939220326
41599CB00016BA/2211